Der sozialrechtliche Schutz von Rentnern im europäischen Sekundärrecht

Europäische Hochschulschriften

European University Studies
Publications Universitaires Européennes

Reihe II	**Rechtswissenschaft**
Series II	Law
Série II	Droit

Band/Volume **5620**

Yvonne Kuschminder

Der sozialrechtliche Schutz von Rentnern im europäischen Sekundärrecht

Rechtliche Analyse des Schutzumfangs des nichterwerbstätigen Rentners und des Rentners im Nebenerwerb in Bezug auf Altersdiskriminierung, Freizügigkeit, Soziale Sicherheit und soziale Vergünstigungen im europäischen Sekundärrecht

PL ACADEMIC RESEARCH

Bibliografische Information der Deutschen Nationalbibliothek
Die Deutsche Nationalbibliothek verzeichnet diese Publikation in der Deutschen Nationalbibliografie; detaillierte bibliografische Daten sind im Internet über http://dnb.d-nb.de abrufbar.

Zugl.: Göttingen, Univ., Diss., 2012

D 7
ISSN 0531-7312
ISBN 978-3-631-65319-7 (Print)
E-ISBN 978-3-653-04494-2 (E-Book)
DOI 10.3726/ 978-3-653-04494-2

PL Academic Research ist ein Imprint der Peter Lang GmbH.
Peter Lang – Frankfurt am Main · Bern · Bruxelles · New York · Oxford · Warszawa · Wien

Dieses Buch wurde vor Erscheinen peer reviewed.

www.peterlang.com

Vorwort

Die vorliegende Arbeit wurde im Wintersemester 2012/2013 von der Juristischen Fakultät der Georg-August-Universität Göttingen als Dissertation angenommen. Die mündliche Prüfung fand am 19.12.2012 statt.

Die Dissertation hat den Rechtsstand vom 17.11.2011. Sie ist nach Abschluss des Verfahrens zum Zwecke der Drucklegung an einigen Stellen überarbeitet worden. Hierbei konnte sogar die aktuelle Rechtsprechung und Literatur bis zum 28.02.2014 berücksichtigt werden.

Meine Motivation über das Thema: „Der sozialrechtliche Schutz von Rentnern im europäischen Sekundärrecht" zu promovieren, entwickelte sich während meiner Tätigkeit am Lehrstuhl von Herrn Prof. Dr. Mann. Ihm gilt mein besonderer Dank. Er zeigte ein stetiges Interesse am Fortgang meiner Arbeit und förderte diese durch seine wertvollen Anregungen und fachlichen Hinweise.

Frau Prof. Dr. Langenfeld danke ich für die zügige Erstellung und die hilfreichen Anmerkungen in dem Zweitgutachten.

Ich danke auch dem Studienförderwerk Klaus Murmann für ihre finanzielle und ideelle Förderung vom Studium bis hin zur Promotion.

Ein weiterer Dank gilt dem Verlag Peter Lang GmbH für die Unterstützung bei der Publikation der Dissertation und die Aufnahme in die Reihe der Europäischen Hochschulschriften.

Ganz besonders danken möchte ich meiner Familie. Die Ermutigung, der Rückhalt und die Wärme meiner Familie waren entscheidend für den Erfolg meiner Promotion. Ihr widme ich diese Arbeit.

31.03.2014 Yvonne Kuschminder

Inhaltsverzeichnis

Abkürzungsverzeichnis

Zeitschriften und Entscheidungssammlungen

ABl.	Amtsblatt
ARIEL	Austrian Review of International & European Law
AuA	Arbeit und Arbeitsrecht
AuR	Arbeit und Recht
BayVBl.	Bayerische Verwaltungsblätter
BB	Betriebs- Berater; Zeitschrift für Recht und Wirtschaft
BeckRS	Beck-Rechtsprechung
BG	Die Berufsgenossenschaft Zeitschrift für Unfallversicherung und Betriebssicherheit
BGBl.	Bundesgesetzblatt
BSGE	Entscheidungen des Bundessozialgerichts
CMLR	Common Market Law Review
DAngVers	Die AngestelltenVersicherung
DB	Der Betrieb (Wochenschrift für Betriebswirtschaft, Steuerrecht, Wirtschaftsrecht, Arbeitsrecht)
DÖD	Der Öffentliche Dienst
DÖV	Die Öffentliche Verwaltung
DStR	Deutsches Steuerrecht
DRV-Schriften	Deutsche Rentenversicherung Bund-Schriften
DVBl	Deutsches Verwaltungsblatt
EAS	Europäisches Arbeits- und Sozialrecht
EJML	European Journal of Migration and Law
ELJ	European Law Journal
ELR	European Law Review
EuGRZ	Europäische Grundrechte Zeitschrift
EuR	Europarecht
EuroAS	Informationsdienst Europäisches Arbeits- und Sozialrecht
EuZA	Europäische Zeitschrift für Arbeitsrecht
EuZW	Europäische Zeitschrift für Wirtschaftsrecht
EWS	Europäisches Wirtschafts- und Steuerrecht

FAZ	Frankfurter Allgemeine Zeitung
FuR	Familie und Recht
GiP	Gleichstellung in der Praxis
Ifo-Schnelldienst	Leibnitz-Institut für Wirtschaftsforschung an der Universität München e.V.-Schnelldienst
IJCLLIR	The International Journal of Comparative Labour Law and Industrial Relations
ILJ	Industrial Law Journal
ILR	International Labour Review
IstR	Internationales Steuerrecht
JCMSt	Journal of Common Market Studies
Jura	Juristische Ausbildung
JuS	Juristische Schulung
JZ	Juristenzeitung
KritV	Kritische Vierteljahresschrift für Gesetzgebung und Rechtswissenschaft
MJ	Maastricht Journal of European and Comparative Law
NJ	Neue Justiz
NJW	Neue Juristische Wochenschrift
NVwZ	Neue Zeitschrift für Verwaltungsrecht
NZA	Neue Zeitschrift für Arbeitsrecht
NZA-RR	NZA-Rechtsprechungs-Report
NZS	Neue Zeitschrift für Sozialrecht
PersR	Der Personalrat-Zeitschrift für das Personalrecht im öffentlichen Dienst
öAT	öffentliches Arbeits- und Tarifrecht
ÖJZ	Österreichische Juristen Zeitung
RdA	Recht der Arbeit
RIW	Recht der Internationalen Wirtschaft
RTDH	Revue trimestrielle des droits de l'homme
SAE	Sammlung Arbeitsrechtlicher Entscheidungen
SGb	Die Sozialgerichtsbarkeit
SR	Soziales Recht-Wissenschaftliche Zeitschrift für Arbeits- und Sozialrecht
StudZR	Studentische Zeitschrift für Rechtswissenschaft
UVG	Unterhaltsvorschussgesetz
VBlBW	Verwaltungsblätter für Baden-Württemberg Zeitschrift für öffentliches Recht und öffentliche Verwaltung
VSSR	Vierteljahresschrift für Sozialrecht

VVDStRL	Veröffentlichungen der Vereinigung der Deutschen Staatsrechtslehrer
ZaöRV	Zeitschrift für ausländisches öffentliches Recht und Völkerrecht
ZAR	Zeitschrift für Ausländerrecht und Ausländerpolitik
ZESAR	Zeitschrift für europäisches Sozial- und Arbeitsrecht
ZEuS	Zeitschrift für Europarechtliche Studien
ZevKR	Zeitschrift für evangelisches Kirchenrecht
ZfA	Zeitschrift für Arbeitsrecht
ZfSH/SGB	Zeitschrift für Sozialhilfe und Sozialgesetzbuch
ZFSH/SGB	Zeitschrift für die sozialrechtliche Praxis (Fortsetzung von ZfSH/SGB)
ZIAS	Zeitschrift für ausländisches und internationales Arbeits- und Sozialrecht
ZIP	Zeitschrift für Wirtschaftsrecht
ZögU	Zeitschrift für öffentliche und gemeinwirtschaftliche Unternehmen
ZRP	Zeitschrift für Rechtspolitik
ZTR	Zeitschrift für Tarifrecht (Zeitschrift für Tarif-, Arbeits- und Sozialrecht des öffentlichen Dienstes)
ZversWiss	Zeitschrift für die Gesamte Versicherungs-Wissenschaft

Allgemeine Abkürzungen

a. A.	andere Ansicht
a. F.	alte Fassung
Abs.	Absatz
AEMR	Allgemeine Erklärung der Menschenrechte
AEUV	Vertrag über die Arbeitsweise der Europäischen Union
AGG	Allgemeines Gleichbehandlungsgesetz (Bundesrepublik Deutschland)
ARB	Beschluss des Assoziationsrats EWG/Türkei
Art.	(der) Artikel; (die) Artikel; (den) Artikeln
ASVG	Allgemeines Sozialversicherungsgesetz (Österreich)
bspw.	beispielsweise
BVerfG	Bundesverfassungsgericht

bzw.	beziehungsweise
CCPR	Convenant on Civil and Political Rights (Internationaler Pakt über bürgerliche und Politische Rechte)
CONF	Conference
d.h.	das heißt
Drs.	Drucksache
ebda.	ebenda
etc.	et cetera
EG	Europäische Gemeinschaft; auch Vertrag zur Gründung der Europäischen Gemeinschaft (konsolidierte Fassung 2006)
EGMR	Europäischer Gerichtshof für Menschenrechte
EGV	Vertrag zur Gründung der Europäischen Gemeinschaft (konsolidierte Fassung 2006)
EMRK	Europäische Menschenrechtskonvention
endg.	endgültig
EstG	Einkommensteuergesetz
EU	Europäische Union
EuG	Gericht der Europäischen Union (vor dem Vertrag von Lissabon Gericht erster Instanz)
EuGH	Gerichtshof der Europäischen Union
EUV	Vertrag über die Europäische Union
EWG	Europäische Wirtschaftsgemeinschaft
EWR	Europäischer Wirtschaftsraum
ff.	folgende [Seiten]
FS	Festschrift
GA	Generalanwältin; Generalanwalt am EuGH
GG	Grundgesetz (Bundesrepublik Deutschland)
gem.	gemäß
ggf.	gegebenenfalls
GKV	Gesetzliche Krankenversicherung
GRC	Grundrechtecharta
GRCh	Charta der Grundrechte der Europäischen Union
GS	Gedächtnisschrift
Hdb.	Handbuch
h.M.	herrschende Meinung
HS	Halbsatz
i. d. F.	in der Fassung
i. d. R.	in der Regel
insb.	insbesondere

i. S.	im Sinne
i. S. v.	im Sinne von
i. V. m.	in Verbindung mit
i. w. S.	im weiteren Sinne
IpbpR	Internationaler Pakt über bürgerliche und politische Rechte
IPBürgR	Internationaler Pakt über bürgerliche und politische Rechte
IPwskR	Internationaler Pakt über wirtschaftliche, soziale und kulturelle Rechte
Kap.	Kapitel
KAS	Konrad-Adenauer-Stiftung e.V.
KOM	Europäische Kommission
KSchG	Kündigungsschutzgesetz
lit.	Litera/Buchstabe
Mio.	Millionen
MS	(der) Mitgliedstaat; (des) Mitgliedstaats; (die/den) Mitgliedstaaten
n. F.	neue Fassung
no.	Number
Nr.	Nummer
Parlament	Europäisches Parlament
Rat	Rat der Europäischen Union [wird im EUV/AEUV nur als Rat bezeichnet]
RL	Richtlinie; Richtlinien; in Verbindung mit Artikeln „der Richtlinie“
Rn.	Randnummer; Randnummern
Rs.	(die, der) Rechtssache; (die) Rechtssachen
S.	Satz
SGB	Sozialgesetzbuch
SGB II	Sozialgesetzbuch-Zweites Buch-Grundsicherung für Arbeitsuchende
SGB V	Sozialgesetzbuch-Fünftes Buch-Gesetzliche Krankenversicherung
SGB VI	Sozialgesetzbuch-Sechstes Buch-Gesetzliche Rentenversicherung
SGB XI	Sozialgesetzbuch-Elftes Buch-Soziale Pflegeversicherung
SGB XII	Sozialgesetzbuch-Zwölftes Buch-Sozialhilfe
Slg.	Sammlung
sog.	(das) sogenannte; (ein) sogenannter; (ein) sogenanntes

Spstr.	Spiegelstrich
trESS	Training and reporting on European Social Security
TzBfG	Teilzeit- und Befristungsgesetz (Gesetz über Teilzeitarbeit und befristete Arbeitsverträge)
u.a.	unter anderem; und andere
u.U.	unter Umständen
UA	Unterabsatz
Urt.	Urteil
usw.	und so weiter
v.	vom
v. H.	vom Hundert
verb.	verbundene (Rechtssachen)
VO	Verordnung; Verordnungen; in Verbindung mit Artikeln „der Verordnung"
vol.	Volume
WiR	Studiengesellschaft für Wirtschaft und Recht
z. B.	zum Beispiel
ZEW	Zentrum für Europäisches Wirtschaftsrecht
z. T.	zum Teil

Im Übrigen wird auf Kirchner, Hildebert, Abkürzungsverzeichnis der Rechtssprache, 6. Auflage, Berlin 2008, verwiesen.

Literaturverzeichnis

Agentur der Europäischen Union für Grundrechte/ Europäischer Gerichtshof für Menschenrechte/ Europarat

Handbuch zum europäischen Antidiskriminierungsrecht Luxemburg, 2011
Zitiert: Europarat u.a., Handbuch Antidiskriminierungsrecht, (S.)

Alber, Jens/ Bernardi-Schenkluhn, Brigitte

Westeuropäische Gesundheitssysteme im Vergleich Bundesrepublik Deutschland, Schweiz, Frankreich, Italien, Großbritannien
Frankfurt/New York, 1992
Zitiert: Alber/Bernardi-Schenkluhn, Westeuropäische Gesundheitssysteme, (S.)

Albers, Carsten

Ausschluss trotz Einschluss?
Arbeitsuchende Unionsbürger und die Grundsicherung nach SGB II aus gemeinschaftsrechtlicher Perspektive
Frankfurt/Main, 2012
Zitiert: Albers, Arbeitsuchende Unionsbürger, (S.)

Allen, Robin

Art. 13 und die Suche nach Gleichheit in Europa: ein Überblick
in: Europaforum Wien, Art. 13, Bekämpfung der Diskriminierungen: Orientierungen für die Zukunft, Konferenzdokumentation, 03./04. Dezember 1998
Wien, 1999, 77–87
Zitiert: Allen in: Europaforum, Bekämpfung der Diskriminierungen, 77 (S.)

Althoff, Nina

Die Bekämpfung von Diskriminierungen aus Gründen der Rasse und der ethnischen Herkunft in der Europäischen Gemeinschaft ausgehend von Art. 13 EG
Frankfurt/Main, 2006
Zitiert: Althoff, Bekämpfung von Diskriminierungen (S.)

Altmaier, Peter

Europäisches koordinierendes Sozialrecht-Ende des Territorialitätsprinzips?
in: Eberhard Eichenhofer/Manfred Zuleeg (Hrsg.), Die Rechtsprechung des Europäischen Gerichtshofs zum

Arbeits- und Sozialrecht im Streit
Köln, 1995, 71–91
Zitiert: Altmaier in: Eichenhofer/Zuleeg, Rechtsprechung des Europäischen Gerichtshofs zum Arbeits- und Sozialrecht, 71 (S.)

Apap, Joanna
Freedom of movement of persons
A practitioner's handbook
Den Haag, 2002
Zitiert: Apap, Freedom of movement of persons, (S.)

Armbrecht, Stefanie
Ausbildungsförderung für Studenten-Gleicher Zugang für Unionsbürger?
ZEuS 2005, 175–209

Arndt, Hans-Wolfgang
Europarecht
8. Auflage, Heidelberg, 2006
Zitiert: Arndt, Europarecht, (S.)

Arndt, Hans-Wolfgang/Fischer, Kristian
Europarecht
10. Auflage, Heidelberg, 2010
Zitiert: Arndt/Fischer, Europarecht, Rn. [...]

Baer, Susanne
Demografischer Wandel und Generationengerechtigkeit VVDStRL 68, Erosion von Verfassungsvoraussetzungen, Berichte und Diskussionen auf der Tagung der Deutschen Staatsrechtslehrer in Erlangen vom 01. bis 04.10.2008, 290–354

Baer, Susanne
Recht gegen Fremdenfeindlichkeit und andere Ausgrenzungen-Notwendigkeit und Grenzen eines Gesetzes gegen Diskriminierung
ZRP 2001, 500–504

Bassen, Andreas
Export von Sachleistungen der Pflegeversicherung nach der Entscheidung des EuGH in der Rechtssache von Chamier-Glisczinski
NZS 2010, 479–483

Bauer, Hans-Holger/Kreutzer, Thomas/Klein, Stefanie Deutsche Verbindungsstelle Krankenversicherung-Ausland (DVKA)
Die Verordnung (EG) Nr. 883/2004 und der Entwurf zur Durchführungsverordnung aus Sicht der gesetzlichen Krankenversicherung, in: Die Reform des Europäischen koordinierenden Sozialrechts Von der VO (EWG) Nr. 1408/71 zur VO (EG) Nr. 883/2004,

Deutsche Rentenversicherung Bund in Zusammenarbeit mit dem Max-Planck-Institut für ausländisches und internationales Sozialrecht (Hrsg.)
Bearbeiter: Dr. Bernd Schulte, Ulrike Kraus, Matthias Hauschild
DRV-Schriften Band 71 (Februar 2007), 71–78

Bauer, Jobst-Hubertus — Europäische Antidiskriminierungsrichtlinien und ihr Einfluss auf das deutsche Arbeitsrecht
NJW 2001, 2672–2677

Bauer, Jobst-Hubertus/ Medem, Andreas von — Altersgrenzen zur Beendigung von Arbeitsverhältnissen-Was geht, was geht nicht?
NZA 2012, 945–952

Bauer, Jobst-Hubertus/ Kaufmann, Muriel — Anmerkung zum Urteil des EuGH vom 10.05.2011, Rs. C-147/08 (Jürgen Römer/Freie und Hansestadt Hamburg)
ZESAR 2012, 180–184

Bauer, Jobst-Hubertus/ Gottschalk, Saskia — Beschäftigung von Altersrentnern-Ein Überblick über rechtliche Gestaltungsmöglichkeiten und ein Plädoyer für eine Anerkennung als Sachgrund der Befristung
BB 2013, 501–507

Bauer, Jobst-Hubertus/ Medem, Andreas von — Kücükdeveci = Mangold hoch zwei? Europäische Grundrechte verdrängen deutsches Arbeitsrecht-Zugleich Besprechung EuGH v. 19.01.2010-Rs. C-555/07, ZIP 2010-Kücükdeveci
ZIP 2010, 449–457

Bauer, Kurt/ Hannemann, Klaus/ Kinzel, Dirk — EWG
Verordnungen Nr. 1408/71 und 574/72 aus der Sicht der Rentenversicherung, Textausgabe mit Erläuterungen und systematischer Übersicht, 10. Auflage, Berlin, 1975
Zitiert: Bauer/Hannemann/Kinzel, Art. [...] Erläuterung zu [...]

Baumgartner, Gerhard — EU-Mitgliedschaft und Grundrechtsschutz
Wien, 1997

Bauschke, Hans-Joachim — Alterdiskriminierung und Altersgrenzen-aktuelle Rechtsprechung des EuGH, öAT 2011, 9–9

Bayreuther, Frank Altersgrenzen, Kündigungsschutz nach Erreichen der Altersgrenze und die Befristung von „Altersrentnern"
NJW 2012, 2758–2762

Bayreuther, Frank Anmerkung zum Urt. des EuGH v. 23.09.2008-C-427/06 (Bartsch/Bosch und Siemens Hausgeräte [BSH] Altersführsorge GmbH), EuZW 2008, 698–700

Bayreuther, Frank Drittbezogene und hypothetische Diskriminierungen
NZA 2008, 986–990

Becker, Ulrich EU-Erweiterung und differenzierte Integration
Zu beitrittsbedingten Übergangsregelungen am Beispiel der Arbeitnehmerfreizügigkeit, Baden-Baden, 1999
Zitiert: Becker, EU-Erweiterung, (S.)

Becker, Ulrich Migration und soziale Sicherheit-die Unionsbürgerschaft im Kontext in: Armin Hatje/ Peter M. Huber (Hrsg.), Unionsbürgerschaft und soziale Rechte, EuR, Beiheft 1/2007, 95–111

Becker, Ulrich Freizügigkeit in der EU-auf dem Weg vom Begleitrecht zur Bürgerfreiheit
EuR 1999, 522–533

Becker, Ulrich Sozialrecht in der europäischen Integration-eine Zwischenbilanz
ZFSH/SGB 2007, 134–143

Becker, Ulrich/ Kingreen, Thorsten SGB V
Gesetzliche Krankenversicherung
2. Auflage, München, 2010
Zitiert: Becker/Kingreen, SGB V, § […] Rn. […]

Behrend, Nicola Soziale Rechte entsandter Arbeitnehmer aus den EU-Mitgliedstaaten
ZESAR 2012, 55–62

Bell, Mark Anti-Discrimination Law and the European Union
Oxford, 2002
Zitiert: Bell, Anti-Discrimination Law, (S.)

Bell, Mark	Article 13 EC: The European Commission's Anti-discrimination Proposals ILJ 2000, 79–84
Bell, Mark	The New Article 13 EC Treaty: A Sound Basis for European Anti-Discrimination Law? MJ 1999, 5–23
Bell, Mark/ Waddington, Lisa	Reflecting on inequalities in European equality law ELR 2003, 349–369
Benecke, Martina/ Böglmüller, Matthias	Anmerkung zum Urteil des EuGH vom 25.04.2013, C-81/12 (Asociatia ACCEPT/Consiliul National pentru Combaterea Discriminarii) EuZW 2013, 474–475
Berger-Delhey, Ulf	Alle Tiere sind gleich, aber einige Tiere sind gleicher als andere-Anmerkung zum Vorschlag einer Richtlinie der Europäischen Kommission zur Festlegung eines allgemeinen Rahmens für die Verwirklichung der Gleichbehandlung in Beschäftigung und Beruf ZTR 2001, 162–164
Bergmann, Jan	Das europäische Sozialrecht des Freizügigkeitsabkommens EU-Schweiz NZS 2003, 175–185
Bergmann, Jan/ Lenz, Christofer	Der Amsterdamer Vertrag, Eine Kommentierung der Neuerungen des EU- und EG- Vertrages, Köln, 1998 Zitiert: Bergmann/Lenz, Amsterdamer Vertrag, Kap. [...] Rn. [...]
Berlit, Uwe	Aktuelle Entwicklungen im Ausländerrecht NVwZ 2013, 327–333
Beschorner, Jürgen	Die Geltung der VO (EWG) Nr. 1408/71 für das Pflegeversicherungssystem einer föderalen Einheit unter Ausschluss von Personen aus anderen Teilen des Staatsgebiets ZFSH/SGB 2011, 61–67
Beschorner, Jürgen	Anspruch des Ehegatten eines in einem anderen Mitgliedstaat berufstätigen Wanderarbeitnehmers auf Erziehungsgeld ZFSH/SGB 2007, 643–647

Bieback, Karl-Jürgen
Abgrenzung der grenzüberschreitenden Nachfrage nach Gesundheitsleistungen auf Grund der Patienten-Richtlinie und auf Grund der VO (EG) Nr. 883/2004
ZESAR 2013, 143–152

Bieback, Karl-Jürgen
Marktfreiheit in der EG und nationale Sozialpolitik vor und nach Maastricht
EuR 1993, 150–172

Bieback, Karl-Jürgen
Die mittelbare Diskriminierung wegen des Geschlechts – Ihre Grundlagen im Recht der EU und ihre Auswirkungen auf das Sozialrecht der Mitgliedstaaten, Baden-Baden, 1997
Zitiert: Bieback, Mittelbare Diskriminierung, (S.)

Bieber, Roland/ Epiney, Astrid/ Haag, Marcel
Die Europäische Union
Europarecht und Politik
9. Auflage, Baden-Baden, 2011
Zitiert: Bieber/Epiney/Haag, EU, § […] Rn. […]

Birk, Rolf
Entsendung und Freizügigkeit-Die europarechtliche Stellung entsandter Arbeitnehmer zur Erfüllung von Aufträgen-
in: Wolfhard Kohte/Hans-Jürgen Dörner/Rudolf Anzinger, Arbeitsrecht im sozialen Dialog
Festschrift für Hellmut Wissmann zum 65. Geburtstag, München, 2005, 523–534
Zitiert: Birk in: Kohte/Dörner/Anzinger, FS für Wissmann, 523 (S.)

Blinda, Nina N.
Altersbezogene Regelungen in Sozialplänen-eine Diskriminierung?
Frankfurt am Main, 2010
Zitiert: Blinda, Altersbezogene Regelungen in Sozialplänen, (S.)

Bode, Stephanie
Europarechtliche Gleichbehandlungsansprüche Studierender und ihre Auswirkungen in den Mitgliedstaaten
Zur Reichweite des Diskriminierungsverbots im Hochschulbereich unter besonderer Berücksichtigung der Unionsbürgerschaft
Baden-Baden, 2005
Zitiert: Bode, Europarechtliche Gleichbehandlungsansprüche, (S.)

Bode, Stephanie
Von der Freizügigkeit zur sozialen Gleichstellung aller Unionsbürger? –
Zur Wirkung und Reichweite von Art. 18 EG in der Rechtsprechung des EuGH
EuZW 2003, 552–557

Boecken, Winfried
Die Altersgrenze von 68 Jahren für Vertragsärzte aus EG-rechtlicher Sicht
NZS 2005, 393–400

Boeles, Pieter/ Heijer, Maarten den/ Lodder, Gerrie/ Wouters, Kees
European Migration Law
Antwerpen, 2009
Zitiert: Boeles/Heijer/Lodder/Wouters, European Migration Law, (S.)

Böhm, Monika
Umfang und Grenzen eines europäischen Verbots der Altersdiskriminierung im deutschen Recht
JZ 2008, 324–330

Böhm, Wolfgang
Kettenbefristungen bei Vertretungsfällen-Plädoyer für ein bewährtes und berechenbares Instrument der Personalwirtschaft
DB 2013, 516–519

Böhmer, Michael
EU-Osterweiterung und eingeschränkte Arbeitskräftefreizügigkeit -
Auswirkungen auf Deutschland
Hamburg, 2005
Zitiert: Böhmer, Arbeitskräftefreizügigkeit, (S.)

Böhret, Carl/ Konzendorf, Götz
Eine Gesellschaft für alle Lebensalter? Ein Dialog zum Internationalen Jahr der Senioren,
Deutsche Hochschule für Verwaltungswissenschaften Speyer (Hrsg.)
Speyerer Arbeitshefte 122, Speyer, 1999
Zitiert: Böhret/Konzendorf, Speyerer Arbeitshefte, 1999, (S.)

Boillet, Véronique
L'interdiction de discrimination en raison de la nationalité au sens de l'accord sur la libre circulation des personnes
Basel, 2010
Zitiert: Boillet, libre circulation des personnes, (S.)

Bokeloh, Arno — Die Gleichbehandlung der Staatsangehörigen in der Europäischen Sozialrechtskoordinierung
ZESAR 2013, 398–406

Bokeloh, Arno — Das Petroni-Prinzip des Europäischen Gerichtshofs- Inhalt, Entstehungsgeschichte, heutige Bedeutung-
ZESAR 2012, 121–129

Bokeloh, Arno — Die Übergangsregelungen in den Verordnungen (EG) Nr. 883/04 und 987/09
ZESAR 2011, 18–23

Bokum, Nicky ten/ Flanagan, Tom/ Sands, Roselyn/ Steinau-Steinrück, Robert von (Hrsg.) — Age Discrimination Law in Europe
New York, 2009
Zitiert: Bearbeiter in: Bokum/Flanagan/Sands/Steinau-Steinrück, Age Discrimination, (S.)

Bomsdorf, Eckart — Alternative Modellrechnungen der älteren Bevölkerung Deutschlands bis zum Jahr 2050,
Bergisch Gladbach / Köln, 1994
Zitiert: Bomsdorf, Alternative Modellrechnungen, (S.)

Borchardt, Klaus-Dieter — Der sozialrechtliche Gehalt der Unionsbürgerschaft
NJW 2000, 2057–2061

Borchardt, Klaus-Dieter — Die rechtlichen Grundlagen der Europäischen Union
Eine systematische Darstellung für Studium und Praxis
3. Auflage, Heidelberg, 2006
Zitiert: Borchardt, Grundlagen der Europäischen Union, Rn. […]

Bouchouaf, Ssoufian/ Richter, Tobias — Reichweite und Grenzen des Art. 13 EGV-unmittelbar anwendbares Diskriminierungsverbot oder lediglich Kompetenznorm?
Jura 2006, 651–655

Brall, Natalie — Der Export von Leistungen der sozialen Sicherheit in der Europäischen Union
Baden-Baden, 2003
Zitiert: Brall, Export von Leistungen der sozialen Sicherheit, (S.)

Brock Haus Enzyklopädie in 30 Bänden
Band 1
A-ANAT
21. Auflage, Mannheim, 2006
Zitiert: Brock Haus, Band 1, „Alter"

Brors, Christiane Wann ist eine Altersdiskriminierung nach der Rechtsprechung des EuGH gerechtfertigt?
RdA 2012, 346–353

Buchner, Herbert Zukunft des Arbeitsrechts: Eingriff in das nationale Arbeitsrecht durch den EuGH-Missachtung des Subsidiaritätsprinzips?
BB Special 4 zu BB 2008, 6–11

Buck, Hartmut Alternde Belegschaften als Herausforderung für die betriebliche Personalpolitik
57. Jahrgang-ifo Schnelldienst 14/2004, 3–4

Bundesministerium der Finanzen (Hrsg.) Freizügigkeit und soziale Sicherung in Europa
Gutachten erstattet vom Wissenschaftlichen Beirat beim Bundesministerium der Finanzen
Bonn, 2000
Zitiert: Bundesministerium der Finanzen, Freizügigkeit, (S.)

Burr, Isolde/ Gréciano, Gertrud (Hrsg.) Europa: Sprache und Recht
La construction européenne: aspects linguistiques et juridiques
Baden-Baden, 2003
Zitiert: Bearbeiter in: Burr/Gréciano, (S.)

Buschermöhle, Ulrich Grenzüberschreitende Beschäftigung in der EU-Koordinierung der Systeme der sozialen Sicherheit ab 1.5.2010
DStR 2010, 1845–1848

Caldoro, Stefano Nationaler Kulturgüterschutz und Freizügigkeit der Unionsbürger
Berlin, 2009
Zitiert: Caldoro, Freizügigkeit, (S)

Calliess, Christian Der Unionsbürger: Status, Dogmatik und Dynamik
in: Armin Hatje/Peter M. Huber (Hrsg.), Unionsbürgerschaft und soziale Rechte, EuR, Beiheft 1/2007, 7–42

Calliess, Christian

Subsidiaritäts- und Solidaritätsprinzip in der Europäischen Union
Vorgaben für die Anwendung von Art. 5 (ex Art. 3 b) EGV nach dem Vertrag von Amsterdam
2. Auflage, Baden-Baden, 1999
Zitiert: Calliess, Subsidiaritäts- und Solidaritätsprinzip in der Europäischen Union (S.)

Calliess, Christian/ Ruffert, Matthias

EUV/EGV
Kommentar
Neuwied, 1999
Zitiert: Bearbeiter in: Calliess/Ruffert, EUV/EGV, 1999, Art. […] Rn. […]
3. Auflage, München, 2007
Zitiert: Bearbeiter in: Calliess/Ruffert, EUV/EGV, 3. Auflage, 2007, Art. […] Rn. […]
EUV/AEUV
Das Verfassungsrecht der Europäischen Union mit Europäischer Grundrechtecharta
Kommentar
4. Auflage, München, 2011
Zitiert: Bearbeiter in: Calliess/Ruffert, EUV/AEUV, Art. […] Rn. […]

Chopin, Isabelle

The Starting Line Group: A Harmonised Approach to Fight Racism and to Promote Equal Treatment
EJML, vol. 1, (1999), 111–129

Christensen, Anna/ Malmstedt, Mattias

Lex Loci Laboris versus Lex Loci Domicilii-an Inquiry into the Normative Foundations of European Social Security Law
European Journal of Social Security, vol. 2/1 (2000), 69–111

Cirkel, Johannes

Gleichheitsrechte im Gemeinschaftsrecht
NJW 1998, 3332–3333

Coen, Martin

Neue EU–Antidiskriminierungs-Richtlinien
AuR 2000, 11–12

Colneric, Ninon

Antidiskriminierung-quo vadis?-Europäisches Recht
NZA 2008, Beilage zu Heft 2, 66–73

Constantinesco, Vlad/ Kovar, Robert/ Simon, Denys
Traité sur l'Union Européenne (signé à Maastricht le 7 février 1992), Commentaire article par article
Paris, 1995
Zitiert: Bearbeiter in: Constantinesco u.a., Traité sur l'Union Européenne, Art. […] Rn. […]

Cornelissen, Rob
The Principle Of Territoriality And The Community Regulations On Social Security (Regulations 1408/71 And 574/72)
CMLR vol. 33 (1996), 439–471

Cremer, Wolfram
Negative und positive Integration: Die Europäische Gemeinschaft als Sozial- und Bildungsunion
in: Armin Hatje/ Peter M. Huber (Hrsg.), Unionsbürgerschaft und soziale Rechte, EuR, Beiheft 1/2007, 75–94

Czysz, Armin
Soziale Sicherheit und grenzüberschreitende Mobilität. Was ändert sich?
VO (EG) Nr. 883/2004, 987/2009
abrufbar unter http://www.krankenkassen.de/static/common/files/view/4290/VO_883_Mobilitaet_in_Europa.pdf (Abrufdatum: 31.10.2011)

Damm, Sven Mirko
Menschenwürde, Freiheit, komplexe Gleichheit: Dimensionen grundrechtlichen Gleichheitsschutzes
Der Gleichheitssatz im Europäischen Gemeinschaftsrecht sowie im deutschen und US-amerikanischen Verfassungsrecht
Berlin, 2006
Zitiert: Damm, Dimensionen grundrechtlichen Gleichheitsschutzes, (S.)

Dammann, Jens C.
Die Grenzen zulässiger Diskriminierung im allgemeinen Zivilrecht
Berlin, 2005
Zitiert: Dammann, Grenzen zulässiger Diskriminierung, (S.)

Danwitz, Thomas von
Rechtswirkungen von Richtlinien in der neueren Rechtsprechung des EuGH
JZ 2007, 697–706

Däubler, Wolfgang (Hrsg.)
Sozialstaat EG? Die andere Dimension des Binnenmarktes
Gütersloh, 1989
Zitiert: Bearbeiter in: Däubler, Sozialstaat EG, 35 (S.)

Däubler, Wolfgang/ Bertzbach, Martin Allgemeines Gleichbehandlungsgesetz Handkommentar
2. Auflage, 2008
Zitiert: Bearbeiter in: Däubler/Bertzbach, AGG, Einleitung Rn. […]
bzw. Bearbeiter in: Däubler/Bertzbach, AGG, § […] Rn. […]

Dauses, Manfred A. Die Dienstleistungsrichtlinie-Herkunftsstaatsprinzip oder Bestimmungsstaatsprinzip?
EuZW 2013, 201–202

Dauses, Manfred A. Handbuch des EU-Wirtschaftsrechts, Loseblattsammlung, 28. Ergänzungslieferung, München (Stand Juni 2011)
Zitiert: Bearbeiter in: Dauses, Hdb. d. EU-Wirtschaftsrechts, Band […] Buchstabe […] römische Zahl […] Rn. […]

Davy, Ulrike Soziale Gleichheit: Voraussetzung oder Aufgabe der Verfassung?
VVDStRL 68, Erosion von Verfassungsvoraussetzungen, Berichte und Diskussionen auf der Tagung der Deutschen Staatsrechtslehrer in Erlangen vom 01. bis 04.10.2008, 122–176

Degen, Manfred Die Unionsbürgerschaft nach dem Vertrag über die europäische Union unter besonderer Berücksichtigung des Wahlrechts
DÖV 1993, 749–758

Deinert, Olaf Die Druckkündigung im Lichte der Diskriminierungsverbote
RdA 2007, 275–283

Deinert, Olaf Partizipation europäischer Sozialpartner an der Gemeinschaftsrechtsetzung
RdA 2004, 211–226

Deinert, Olaf Der europäische Kollektivvertrag
Rechtsähnliche und rechtsdogmatische Grundlagen einer gemeineuropäischen Kollektivvertragsautonomie
Baden-Baden, 1999
Zitiert: Deinert, Europäischer Kollektivvertrag, (S.)

Deinert, Olaf Arbeitnehmerentsendung im Rahmen der Erbringung von Dienstleistungen innerhalb der Europäischen Union
Rechtsprobleme der Sonderanknüpfung eines „harten Kerns“ arbeitsrechtlicher Vorschriften des Arbeitsortes
RdA 1996, 339–352

Deinert, Olaf Privatrechtsgestaltung durch Sozialrecht
Begrenzungen des Akzeptanz- und Vermögenswertprinzips durch sozialrechtliche Regelungen
Baden-Baden, 2007
Zitiert: Deinert, Privatrechtsgestaltung durch Sozialrecht, (S.)

Deutscher Sozialgerichtstag e.V. (Hrsg.) Sozialrecht-Tradition und Zukunft, 4. Deutscher Sozialgerichtstag
am 15. und 16. November 2012 in Potsdam
Stuttgart, 2013
Zitiert: Deutscher Sozialgerichtstag, Sozialrecht, (S.)

Devetzi, Stamatia Von „Bosmann“ zu „Hudzinski“ und „Wawrzyniak“- Deutsches Kindergeld in Europa
ZESAR 2012, 447–451

Devetzi, Stamatia Vergleich der Systeme in: Verband Deutscher Rentenversicherungsträger (Hrsg.),
Rentenversicherung im internationalen Vergleich
DRV-Schriften Band 45 (Dezember 2003), Sonderausgabe der DRV, 419–462

Devetzi, Stamatia Die Kollisionsnormen des Europäischen Sozialrechts,
Berlin, 2000
Zitiert: Devetzi, Kollisionsnormen, (S.)

Dieball, Heike Gleichstellung der Geschlechter im Erwerbsleben-neue Vorgaben des EG-Vertrages
EuR 2000, 274–284

Dienelt, Klaus Freizügigkeit nach der EU-Osterweiterung
München, 2004
Zitiert: Dienelt, Freizügigkeit, Rn. […]

Dietrich, Marcel Die Freizügigkeit der Arbeitnehmer in der Europäischen Union unter Berücksichtigung des schweizerischen Ausländerrechts

Zürich, 1995
Zitiert: Dietrich, Freizügigkeit der Arbeitnehmer, (S.)

Doerfert, Carsten — Art. 12, 18 EG: Unionsbürgerschaft/Anspruch auf Sozialleistungen
JA 2002, 464–466

Dolzer, Rudolf/ Kahl, Wolfgang/ Waldhoff, Christian/ Graßhof, Karin — Bonner Kommentar zum Grundgesetz
Loseblattsammlung
153. EGL (August 2011), Heidelberg
Zitiert: Bearbeiter in: Bonner GG Kommentar, Art. [...] Rn [...]

Domröse, Ronny/ Kubicki, Philipp — Das unionsbürgerliche Freizügigkeitsrecht und der Zugang zu sozialen Leistungen des Herkunftsstaates
EuR 2008, 873–891

Düsterhaus, Dominik — Nationalität-Mobilität-Territorialität
Gemeinschaftsrechtliche Ansprüche mobiler Unionsbürger gegen ihre Heimatstaaten
EuZW 2008, 103–107

Eberhard, Harald — Alter im Berufsrecht
in: WiR-Studiengesellschaft für Wirtschaft und Recht (Hrsg.), Alter und Recht, Wien, 2012, 153–179
Zitiert: Eberhard in: WiR, Alter und Recht, (S.)

Ebert, Berit — Gleichstellung und Gender in der Jurisdiktion des Gerichtshofs der Europäischen Union-Eine Analyse unter Berücksichtigung kontemporärer Gerechtigkeitstheorien –
Berlin, 2012
Zitiert: Ebert, Gleichstellung, (S.)

Edelmann, Hervé — Die Europäische Arbeitnehmerfreizügigkeit nach Art. 48 EWGV und ihre Auswirkungen auf den Zugang zum deutschen öffentlichen Dienst
Frankfurt am Main, 1992
Zitiert: Edelmann, Arbeitnehmerfreizügigkeit, (S.)

Eggert-Weyand, Sabine — Belästigung am Arbeitsplatz
Eine Form der verbotenen Benachteiligung wegen des Geschlechts

Frankfurt am Main 2010
Zitiert: Eggert-Weyand, Belästigung, (S.)

Ehlers, Dirk — Europäische Grundrechte und Grundfreiheiten
Dirk Ehlers (Hrsg.)
3. Auflage, Berlin, 2009
Zitiert: Bearbeiter in: Ehlers, Europäische Grundrechte und Grundfreiheiten § […] Rn. […]

Eichenhofer, Eberhard — Veränderungen in der EU-Koordinierung der sozialen Sicherheit 2012
ZESAR 2013, 439–441

Eichenhofer, Eberhard — Soziale Sicherung nichterwerbstätiger EU-Bürger
ZESAR 2012, 357–361

Eichenhofer, Eberhard — Anmerkung zum Urteil des EuGH vom 15.12.2011, Rs. C-257/10 (Försäkringskassan/Bergström)
ZESAR 2012, 339–340

Eichenhofer, Eberhard — Sozialpolitik im Lissabonner Vertrag
VSSR 2011, 125–149

Eichenhofer, Eberhard — Einreisefreiheit und Ausreisefreiheit
ZAR 2013, 135–142

Eichenhofer, Eberhard — 50 Jahre nach dem Anfang-neue Regeln über die Koordination sozialer Sicherheit- Jahrestagung des Europäischen Instituts für Soziale Sicherheit Berlin, 26.–27. September 2008
ZESAR Heft 2008, 339–342

Eichenhofer, Eberhard — Reform des Europäischen Sozialrechts
in: Bernd Schulte/Klaus Barwig (Hrsg.), Freizügigkeit und Soziale Sicherheit
Die Durchführung der Verordnung (EWG) Nr. 1408/71 über die soziale Sicherheit der Wanderarbeitnehmer in Deutschland
Baden-Baden, 1999, 411–424
Zitiert: Eichenhofer in: Schulte/Barwig, Freizügigkeit und Soziale Sicherheit, 411 (S.)

Eichenhofer, Eberhard Sozialleistungen-Sozialhilfe und andere Leistungen für Drittstaatsangehörige
ZAR 2011, 52–54

Eichenhofer, Eberhard Neue Koordination sozialer Sicherheit
[VO (EG) Nrn. 883/2004, 987/2009]
SGb 2010, 185–192

Eichenhofer, Eberhard Koordination sozialrechtlicher Interdependenzen
in: Ulrich Becker/Franz-Xaver Kaufmann/Bernd Baron von Maydell/Winfried Schmähl/Hans F. Zacher (Hrsg.) in Verbindung mit Deutsche Rentenversicherung Bund, Alterssicherung in Deutschland,
Festschrift für Franz Ruland zum 65. Geburtstag,
Baden-Baden, 2007, 643–656
Zitiert: Eichenhofer in: Becker/Kaufmann/von Maydell/Schmähl/Zacher, FS für Ruland, 643 (S.)

Eichenhofer, Eberhard Sozialrecht
7. Auflage, Tübingen, 2010
Zitiert: Eichenhofer, Sozialrecht, Rn. [...]

Eichenhofer, Eberhard Unionsbürgerschaft-Sozialbürgerschaft?
ZIAS 2003, 404–417

Eichenhofer, Eberhard Sozialrecht der Europäischen Union
4. Auflage, Berlin, 2010
Zitiert: Eichenhofer, Sozialrecht der EU, Rn. [...]
3. Auflage, Berlin, 2006
Zitiert: Eichenhofer, Sozialrecht der EU, 3. Auflage, Rn. [...]

Eichenhofer, Eberhard Internationales Sozialrecht
München, 1994
Zitiert: Eichenhofer, Internationales Sozialrecht, § [...] Rn. [...]

Ellis, Evelyn EU Anti-Discrimination Law
Oxford EC Law Library, New York, 2009
Zitiert: Ellis, EU Anti-Discrimination Law, (S.)

ENAR (Hrsg.)
Bekämpfung von Rassismus und Fremdenfeindlichkeit durch Legislativmaßnahmen auf europäischer Ebene (Redaktion: Isabelle Chopin)
Brüssel, 1999
abrufbar unter: http://cms.horus.be/files/99935/Media-Archive/pdf/campaigning_DE.pdf
(Zugriffsdatum: 20.08.2008)
Zitiert: ENAR, Bekämpfung von Rassismus (S.)

Epiney, Astrid
Die Rechtsprechung des EuGH im Jahr 2012-Unionsbürgerschaft, Diskriminierungsverbot, Grundfreiheiten und Gleichstellungsrecht
NVwZ 2013, 692–698

Epiney, Astrid
Die Entwicklung der Rechtsprechung des EuGH im Jahr 2007
NVwZ 2008, 736–746

Epiney, Astrid
Die Rechtsprechung des EuGH im Jahr 2009-Grundfreiheiten und Gleichstellungsrecht
NVwZ 2010, 1065–1070

Europäische Kommission
Sammelwerk über die Gleichbehandlung von Frauen und Männern und die Nichtdiskriminierung in der Europäischen Union
3. Auflage, Luxemburg, 2010
Zitiert: Europäische Kommission, Sammelwerk Gleichbehandlung, (S.)

Europäische Kommission
Active ageing and gender equality policies
The employment and social inclusion of women and men of late working and early retirement age
Luxemburg, 2012
Zitiert: Europäische Kommission, Active ageing, (S.)

Europäische Kommission
Jahresbericht über die Gleichbehandlung und Antidiskriminierung 2003, Hin zur Vielfalt
Luxemburg, 2003
Zitiert: Europäische Kommission, Jahresbericht 2003, (S.)

Europäische Kommission

Möchten Sie gern in einem anderen EU-Mitgliedstaat arbeiten?
Dann informieren Sie sich über Ihre Rechte! Stand 2007
Europäische Kommission, Generaldirektion Beschäftigung, soziale Angelegenheiten und Chancengleichheit, Referat E.3
Luxemburg, 2009
Zitiert: Europäische Kommission, Arbeit in einem anderen EU-Mitgliedstaat, (S.)

Europäische Kommission

MISSOC 2003
Gegenseitiges Informationssystem zur sozialen Sicherheit
Soziale Sicherheit in den Mitgliedstaaten der Europäischen Union, im Europäischen Wirtschaftsraum und in der Schweiz; Stand am 01.01.2003
Zitiert: Europäische Kommission, Soziale Sicherheit in den Mitgliedstaaten der EU, (S.)

Europäische Kommission

Handbuch zur Umsetzung der Dienstleistungsrichtlinie, Luxemburg, Amt für amtliche Veröffentlichungen der Europäischen Gemeinschaften, 2007
zu finden unter: http://ec.europa.eu/internal_market/services/services-dir/proposal_de.htm (Abrufdatum: 11.05.2008)

European Commission

Practical guide on The applicable legislation in the European Union (EU), the European Economic Area (EEA) and in Switzerland, Dezember 2013, abrufbar unter http://ec.europa.eu/social/main.jsp?langId=en&catId=868 (Abrufdatum 25.02.2014)

Everling, Matthias

Leistungsexport der gesetzlichen Krankenversicherer-genügt die VO Nr. 1408/71 den Anforderungen der Dienstleistungsfreiheit, Art. 59 EGV?
in: Zentrum für Europäisches Wirtschaftsrecht (ZEW), Vorträge und Berichte, Sammelband Nr. 83, Sammelband: Vorträge des 8. Bonner Europa-Symposions, Die Krankenversicherung in der Europäischen Union, Bonn 9. Dezember 1996,
Bonn, 1997, 67–114
Zitiert: Everling in: ZEW Nr. 83, 67 (S.)

Everling, Ulrich
Von der Freizügigkeit der Arbeitnehmer zum Europäischen Bürgerrecht?
in: Gert Nicolaysen/Hans-Jürgen Rabe (Hrsg.), Europäisches Arbeits- und Sozialrecht
Referate auf der Tagung der Gesellschaft für Rechtsvergleichung vom 13. bis 16. Sept. 1989 in Augsburg, Arbeitssitzungen der Wissenschaftlichen Gesellschaft für Europarecht (Fachgruppe Europarecht) in Verbindung mit der Fachgruppe für Arbeits- und Sozialrecht,
EuR Beiheft 1/1990, 81–103

Famira, Klaus
Der freie Personenverkehr in Europa
Schengen nach Amsterdam
Wien, Graz, 2004
Zitiert: Famira, Der freie Personenverkehr, (S.)

Fastenrath, Ulrich
Nationales Recht und Europarecht
FAZ Nr. 32 v. 08.02.2010, 6–6

Fedtke, Jörg/
Magnus, Ulrich
Germany
The Impact Of Social Security Law On Tort Law In Germany
in: Ulrich Magnus (Hrsg.), The Impact of Social Security Law on Tort Law
Wien, 2003, 86–115
Zitiert: Fedtke/Magnus in: Magnus, Impact of Social Security Law on Tort Law, 86 (S. Rn. [...])

Fehrenbacher, Ansgar
Freier Personenverkehr zwischen der Schweiz und den Mitgliedstaaten der Europäischen Gemeinschaft-Änderungen durch das bilaterale Abkommen zur Personenfreizügigkeit
NVwZ 2002, 1344–1347

Feik, Rudolf C.
Die Freizügigkeit der Arbeitnehmer nach EG-Recht
Wien, 1993
Zitiert: Feik, Freizügigkeit der Arbeitnehmer, (S.)

Fischer, Georg
Die Unionsbürgerschaft
EuZW 1992, 566–569

Fischer, Hans Georg

Europarecht
Grundkurs des Rechts der Europäischen Union
2. Auflage, München, 2008
Zitiert: Fischer, Europarecht, 2008 [...] Kap. Rn. [...]

Fischer, Hans Georg

Europarecht
Eine Einführung in das Europäische Gemeinschaftsrecht und seine Verbindungen zum deutschen Staats- und Verwaltungsrecht
2. Auflage, München, 1997
Zitiert: Fischer, Europarecht, 1997, § [...] Rn. [...]

Fischer, Peter

Die Unionsbürgerschaft: Ein neues Konzept im Völker- und Europarecht
in: Herbert Haller/Christian Kopetzki/Richard Novak/Stanley L. Paulson/Bernhard Raschauer/Georg Ress/Ewald Wiederin (Hrsg.), Staat und Recht, Festschrift für Günther Winkler
Wien, 1997, 237–269
Zitiert: Fischer in: Haller/Kopetzki/Novak/Paulson/Raschauer/Ress/Wiederin, FS Winkler, 237 (S.)

Flauss, Jean-Francois

L'action De L'Union Européenne Dans Le Domaine De La Lutte Contre Le Racisme Et La Xénophobie
RTDH Nr. 45 (2001), 487–515

Flynn, Leo

The Implications of Article 13 EC-After Amsterdam, will some Forms of Discrimination be more Equal than Others?
CMLR 36 (1999), 1127–1152

Frank, Lothar

Enthalten die Art. 13 bis 17 VO Nr. 1408/71 (EWG) allseitige Kollisionsnormen?
DAngVers 1996, 132–135

Franke, Bernhard/ Steinel, Vivien

Diskriminierungsschutz in den Mitgliedstaaten der EU-Versuch einer exemplarischen Bestandsaufnahme-
ZESAR 2012, 157–163

Franzen, Martin

Die Rechtsprechung des Europäischen Gerichtshofs im Arbeitsrecht seit 2008
EuZA 3 (2010), 306–346

Fredman, Sandra
Discrimination Law
New York, 2009
Zitiert: Fredman, Discrimination Law, (S.)

Freisfeld, Caroline
Keine Lust auf Rente
FAZ Nr. 229 v. 01./02.10.2011, C 3–C 3

Frenz, Walter
Differenzierter Ausweisungsschutz von Unionsbürgern nach dem Urteil Tsakouridis
ZAR 2011, 174–177

Frenz, Walter
Das europäische Freizügigkeitsrecht als umfassendes Gleichstellungsrecht?
ZESAR 2011, 307–316

Fries, Sybilla
Die Grundrechtsbindung der Mitgliedstaaten nach dem Gemeinschaftsrecht
München, 2002
Zitiert: Fries, Grundrechtsbindung nach dem Gemeinschaftsrecht, (S.)

Frings, Dorothee
Grundsicherungsleistungen für Unionsbürger unter dem Einfluss der VO (EG) Nr. 883/2004
ZAR 2012, 317–327

Fuchs, Maximilian (Hrsg.)
Europäisches Sozialrecht
4. Auflage, Baden-Baden, 2005
Zitiert: Bearbeiter in: Fuchs, Europäisches Sozialrecht, 4. Auflage, Art. […] Rn. […]
5. Auflage, Baden-Baden, 2010
Zitiert: Bearbeiter in: Fuchs, Europäisches Sozialrecht, Art. […] Rn. […]
6. Auflage, Baden-Baden, 2013
Zitiert: Bearbeiter in: Fuchs, Europäisches Sozialrecht, 6. Auflage, Art. […], Rn. […]

Fuchs, Maximilian
Die Rechtsprechung des Gerichtshofs der Europäischen Union zum Sozialrecht im Jahr 2013,
NZS 2014, 121–128

Fuchs, Maximilian/ Marhold, Franz
Europäisches Arbeitsrecht
3. Auflage, Wien, 2010
Zitiert: Fuchs/Marhold, Europäisches Arbeitsrecht, (S.)

Füßer, Klaus Grundrecht auf wirtschaftliche Freizügigkeit und Art. 8 a EGV als Auffangbeschränkungsverbot des Gemeinschaftsrechts- Die Wirkungsmacht der Gemeinschaftsgrundrechte -
DÖV 1999, 96–104

Gas, Tonio Die unmittelbare Anwendbarkeit von Richtlinien zu Lasten Privater im Urteil „Mangold"
EuZW 2005, 737–737

Gassner, Ulrich M. Pflegeversicherung und Arbeitnehmerfreizügigkeit
NZS 1998, 313–318

Gebhardt, Jörg Anmerkung zum Urteil des EuGH v. 21.02.2013 Rs. C-619/11 (Dumont de Chassart)
ZESAR 2013, 293–296

Geiger, Rudolf/ Khan, Daniel-Erasmus/ Kotzur, Markus EUV/AEUV
Vertrag über die Europäische Union und Vertrag über die Arbeitsweise der Europäischen Union
Kommentar
5. Auflage, München, 2010
Zitiert: Geiger/Khan/Kotzur, EUV/AEUV, Art. […] Rn. […]

Geipel, Martin Lebensalter im Recht
Zur Rechtmäßigkeit von Altersschranken
Berlin, 2011
Zitiert: Geipel, Lebensalter, (S.)

Geißler, Karl EuGH: Ausgewogene Altersstruktur als legitimes Ziel einer Altersgrenze
Anmerkung EuGH, Urt. v. 21.07.2011-C-159/10, C-160/10, BeckRS 2011, 81148
ArbRAktuell 2011, 482–482 (Beck-online)

Giesen, Richard Die „alternde Arbeitswelt" vor arbeits- und sozialrechtlichen Herausforderungen
NZA 2008, 905–911

Gitter, Wolfgang
Krankenversicherung und Alterssicherung-Die Krankenversicherung der Rentner
in: Ulrich Becker/Franz-Xaver Kaufmann/Bernd Baron von Maydell/Winfried Schmähl/Hans F. Zacher (Hrsg.) in Verbindung mit Deutsche Rentenversicherung Bund, Alterssicherung in Deutschland,
Festschrift für Franz Ruland zum 65. Geburtstag
Baden-Baden, 2007, 511–521
Zitiert: Gitter in: Becker/Kaufmann/von Maydell/Schmähl/Zacher, FS für Ruland, 511 (S.)

Gitter, Wolfgang/ Boerner, Dietmar
Altersgrenzen im nationalen und europäischen Arbeits- und Sozialrecht
ZfSH/SGB 1991, 637–648

Glombik, Manfred
Europäisches Sozialrecht-Anmerkungen am Beispiel der gesetzlichen Rentenversicherung
BayVBl. 2007, 524–527

Gobbers, Horst Dieter
Gestaltungsgrundsätze des zwischenstaatlichen und überstaatlichen Sozialversicherungsrechts
Köln/Berlin/Bonn/München, 1980
Zitiert: Gobbers, Gestaltungsgrundsätze, (S.)

Gooren, Paul
Vertretungsbedingte Kettenbefristungen nach dem Kücük-Urteil des EuGH
ZESAR 2012, 225–230

Gooren, Paul
Anmerkung zum Urt. d. EuGH vom 26.02.2013, C-617/10 (Aklagare/Hans Akerberg Fransson)
NVwZ 2013, 564–564

Grabitz, Eberhard/ Hilf, Meinhard
Das Recht der Europäischen Union
Kommentar
Altband I, Art. 1–136 a EGV (Maastrichter Fassung), München, 1994
Zititert: Bearbeiter in: Grabitz/Hilf, Altband I, 1994, Art. […] Rn. […]
Band I, II, III
Loseblattsammlung, 40. Ergänzungslieferung, München (Oktober 2009)
Zitiert: Bearbeiter in: Grabitz/Hilf, 40. Ergänzungslieferung, Art. […] Rn. […]

Grabitz, Eberhard/ Hilf, Meinhard/ Nettesheim, Martin
Das Recht der Europäischen Union
Kommentar
Band I
Loseblattsammlung, 44. Ergänzungslieferung (Stand Mai 2011)
Art. 1–89 AEUV
Zitiert: Bearbeiter in: Grabitz/Hilf, Art. […] Rn. […]
Band II
Loseblattsammlung, 50. Ergänzungslieferung (Stand Mai 2013)
Art. 90–222 AEUV
Zitiert: Bearbeiter in: Grabitz/Hilf, 50. Ergänzungslieferung, Art. […] Rn. […]

Greiser, Johannes/ Kador, Tobias
Ansprüche eines >>krisengeschädigten<<, arbeitslosen Wanderarbeitnehmers
Leistungen bei Arbeitslosigkeit nach Art. 61 bis 65 EGVO 883/04
ZFSH/SGB 2011, 507–515

Greiser, Johannes
Europarechtliche Spielräume des Gesetzgebers bei der Verhinderung sozialleistungsmotivierter Wanderbewegungen
ZESAR 2014, 18–26

Griese, Thomas/ Preis, Ulrich/ Kruchen, David
Neuordnung der geringfügigen Beschäftigung-Das sozialversicherungspflichtige Nettoarbeitsverhältnis als arbeitsmarkt- und sozialpolitische Alternative
NZA 2013, 113–122

Grillberger, Konrad
Österreichisches Sozialrecht
3. Auflage, Wien, 1996
Zitiert: Grillberger, Österreichisches Sozialrecht, (S.)

Groeben, Hans von der/ Schwarze, Jürgen (Hrsg.)
Kommentar zum Vertrag über die Europäische Union und zur Gründung der Europäischen Gemeinschaft
Bd. 1:
Art. 1–53 EUV
Art. 1–80 EGV
6. Auflage, Baden-Baden, 2003
Bd. 3
Art. 98–188 EGV
6. Auflage, Baden-Baden, 2003
Bd. 4:
Art. 189–314 EGV

6. Auflage, Baden-Baden, 2004
Zitiert: Bearbeiter in: von der Groeben/Schwarze, EU-/EG-Vertrag, Art. […] Rn. […]

Groß, Daniela Die Rechtfertigung einer Altersdiskriminierung auf der Grundlage der Richtlinie 2000/78/EG
Baden-Baden, 2010
Zitiert: Groß, Rechtfertigung einer Altersdiskriminierung, (S.)

Groß, Thomas Migrationsrelevante Freiheitsrechte der EU-Grundrechtecharta
ZAR 2013, 106–110

Grotzer, Werner Die Verordnung (EG) Nr. 883/2004 aus Sicht der gesetzlichen Rentenversicherung
in: Die Reform des Europäischen koordinierenden Sozialrechts
Von der VO (EWG) Nr. 1408/71 zur VO (EG) Nr. 883/2004,
Deutsche Rentenversicherung Bund in Zusammenarbeit mit dem Max-Planck-Institut für ausländisches und internationales Sozialrecht (Hrsg.)
Bearbeiter: Dr. Bernd Schulte, Ulrike Kraus, Matthias Hauschild
DRV-Schriften Band 71 (Februar 2007), 89–92
Zitiert: Grotzer, DRV-Schriften Band 71 (2007), 89 (S.)

Grotzer, Werner/ Kraus, Ulrike/ Hauschild, Matthias 30 Jahre Arbeitsgruppe für zwischenstaatliches Sozialversicherungsrecht
in: Deutsche Rentenversicherung (DRV) 2004, 38–62
Zitiert: Grotzer/Kraus/Hauschild, DRV-Schriften 2004, 38 (S.)

Grünberger, Michael/ Sagan, Adam Diskriminierende Sozialpläne-Urteil des Europäischen Gerichtshofs vom 06.12.2012 (Rechtssache Odar)
EuZA 2013, 324–339

Guckelberger, Annette Die Richtlinie 93/96/EWG über das Aufenthaltsrecht der Studenten und ihre Umsetzung in das nationale Recht
VBlBW 2000, 249–256

Guild, Elspeth
The EC Directive on Race Discrimination: Surprises, Possibilities and Limitations-Council Directive 2000/43/EC of 29 June 2000 implementing the principle of equal treatment between persons irrespective of racial or ethnic origin
ILJ 2000, 416–423

Hadeler, Indra
Die Revision der Gleichbehandlungsrichtlinie 76/207/EWG-Umsetzungsbedarf für das deutsche Arbeitsrecht
NZA 2003, 77–81

Hahn, Oliver
Auswirkungen der europäischen Regelungen zur Altersdiskriminierung im deutschen Arbeitsrecht-Mit rechtsvergleichenden Hinweisen zum U.S.-amerikanischen Recht
Baden-Baden, 2006
Zitiert: Hahn, Altersdiskriminierung, (S.)

Hailbronner, Kay
Freizügigkeit der Arbeitnehmer in Europa
in: Deutsche Sektion der Internationalen Juristen-Kommission, Freizügigkeit von Arbeitnehmern und Niederlassungsfreiheit von Unternehmen in Europa
Arbeitstagung vom 06. bis 08. Juni 1985 in Regensburg
Heidelberg, 1986, 3–28
Zitiert: Hailbronner in: Deutsche Sektion der Internationalen Juristen-Kommission, Freizügigkeit von Arbeitnehmern, 3 (S.)

Hailbronner, Kay
Ausländerrecht
Ein Handbuch
Heidelberg, 1984
Zitiert: Hailbronner, Ausländerrecht, Rn. [...]

Hailbronner, Kay
Die Unionsbürgerschaft und das Ende rationaler Jurisprudenz durch den EuGH?
NJW 2004, 2185–2189

Hailbronner, Kay
Neue Entwicklungen im Personenverkehr für Unionsbürger und Angehörige assoziierter Staaten
ZAR 2002, 7–12

Hailbronner, Kay
Unionsbürgerschaft und Zugang zu den Sozialsystemen
JZ 2005, 1138–1144

Hailbronner, Kay Neue Richtlinie zur Freizügigkeit der Unionsbürger
ZAR 2004, 259–265

Hailbronner, Kay Die Antidiskriminierungsrichtlinien der EU
ZAR 2001, 254–259

Hailbronner, Kay/ Wilms, Heinrich Recht der Europäischen Union
Band II
Loseblattsammlung; 19. Ergänzungslieferung, Stuttgart (Stand Januar 2009)
Zitiert: Bearbeiter in: Hailbronner/Wilms, Recht der EU, Art. [...] Rn. [...]

Haltern, Ulrich Europarecht
Dogmatik im Kontext
2. Auflage, Tübingen, 2007
Zitiert: Haltern, Europarecht, Rn. [...]

Hanau, Hans Anspruch eines abgelehnten Bewerbers auf Auskunft über die Besetzung der Stelle?-Ein Beitrag des EuGH zur Quadratur des Kreises
EuZA 2013, 105–115

Hanau, Peter/ Steinmeyer, Heinz-Dietrich/ Wank, Rolf Handbuch des europäischen Arbeits- und Sozialrechts
München, 2002
Zitiert: Bearbeiter in: Hanau/Steinmeyer/Wank, Hdb. europäisches Arbeits- und Sozialrecht, § [...] Rn. [...]

Haratsch, Andreas Die Antidiskriminierungspolitik der EU-Neue Impulse durch Art. 13 EGV?
in: Eckart Klein (Hrsg.), Rassische Diskriminierung-Erscheinungsformen und Bekämpfungsmöglichkeiten
Tagung in Potsdam, 29./30. September 2000
Berlin 2002, 195–227
Zitiert: Haratsch in: Klein, Rassische Diskriminierung, 195 (S.)

Haratsch, Andreas/ Koenig, Christian/ Pechstein, Matthias Europarecht
7. Auflage, Tübingen, 2010
Zitiert: Haratsch/Koenig/Pechstein, Rn. [...]

Hauck, Karl/ Noftz, Wolfgang
Sozialgesetzbuch
SGB V
Gesetzliche Krankenversicherung
Kommentar
Band 4 Kommentierung ab §132
Loseblattsammlung, 11. Ergänzungslieferung 2008, Berlin (Stand 19.11.2008)
Zitiert: Hauck/Noftz, Sozialgesetzbuch § […] Rn. […]

Hauschild, Matthias
Anmerkung zum Urteil des EuGH v. 18.04.2013 Rs. C-548/11 (Mulders)
ZESAR 2013, 336–339

Haverkate, Görg/ Huster, Stefan
Europäisches Sozialrecht
Eine Einführung
Baden-Baden, 1999
Zitiert: Haverkate/Huster, Europäisches Sozialrecht, (Rn.)

Heinig, Hans Michael
Hüter der Wohltaten?
NVwZ 2006, 771–774

Heinig, Hans Michael
Art. 18 i.V.m. Art. 12 EG als Schlüssel zur Teilhabe von arbeitsuchenden Unionsbürgern aus anderen Mitgliedstaaten an steuerfinanzierten Sozialleistungen in Deutschland
ZESAR 2008, 465–475

Heinig, Hans Michael
Das Sozialstaatsprinzip des Grundgesetzes als Imagination des Politischen
StudZR 1/2007, 3–16

Heinig, Hans Michael
Art. 13 EGV und die korporative Religionsfreiheit nach dem Grundgesetz
Zugleich ein Beitrag zu den Perspektiven eines Europäischen Religions(verfassungs)rechts
in: Andreas Haratsch/Norbert Janz/Sonja Rademacher u.a. (Hrsg.), Religion und Weltanschauung im säkularen Staat, 41. Tagung der Wissenschaftlichen Mitarbeiterinnen und Mitarbeiter der Fachrichtung „Öffentliches Recht", Potsdam 2001,
Stuttgart/München/Hannover/Berlin/Weimar/Dresden, 2001, 215–254
Zitiert: Heinig in: Haratsch u.a., Religion und Weltanschauung, 215 (S.)

Hellmann, Vanessa
Der Vertrag von Lissabon
Vom Verfassungsvertrag zur Änderung der bestehenden Verträge-Einführung mit Synopse und Übersichten
Heidelberg, 2009
Zitiert: Hellmann, Vertrag von Lissabon (S.)

Herdegen, Matthias
Europarecht
13. Auflage, München, 2011
Zitiert: Herdegen, Europarecht, § […] Rn. […]

Hervey, Tamara
European Social Law and Policy
European Law Series
London, New York, 1998
Zitiert: Hervey, European Social Law, (S.)

Heselhaus, Sebastian/ Nowak, Carsten (Hrsg.)
Handbuch der Europäischen Grundrechte,
München, 2006
Zitiert: Bearbeiter in: Heselhaus/Nowak, Hdb. EU-Grundrechte,
§ […] Rn. […]

Heymann-Doat, Arlette
Gründe der Diskriminierung, diskriminierende Praktiken und Mittel zur Bekämpfung
in: Europaforum Wien, Art. 13, Bekämpfung der Diskriminierungen: Orientierungen für die Zukunft, Konferenzdokumentation, 03./04. Dezember 1998
Wien, 1999, 88–90
Zitiert: Heymann-Doat in: Europaforum, Bekämpfung der Diskriminierungen, 88 (S.)

Hobe, Stephan
Europarecht
6. Auflage, München, 2011
Zitiert: Hobe, Europarecht, § […] Rn. […]

Hoff, Konrad von
Kommentar zum Urteil des ArbG Frankfurt a.M. vom 14.03.2007–6 Ca 7405/06, BB 2007, 1739–1740

Hoff, Konrad von
Das Verbot der Altersdiskriminierung aus Sicht der Rechtsvergleichung und der ökonomischen Analyse des Rechts
Berlin, 2009
Zitiert: von Hoff, Verbot der Altersdiskriminierung, (S.)

Höfler, Rosemarie — Europa auf dem Weg zu einer sozialen Union? Die EuGH-Rechtsprechung zu unionsrechtlichen Ansprüchen auf Sozialhilfe
NVwZ 2002, 1206–1208

Höfler, Rosemarie — Freizügigkeit und soziale Gleichheit im Unionsrecht: Eine Herausforderung für die nationalen Sozialsysteme
Aussenwirtschaft, 59 (2004), 303–329

Höfler, Rosemarie — Die Unionsbürgerfreiheit
Ansprüche der Unionsbürger auf allgemeine Freizügigkeit und Gleichheit unter besonderer Berücksichtigung sozialer Rechte
Berlin, 2009
Zitiert: Höfler, Unionsbürgerfreiheit, (S.)

Hofmann, Ekkehard/ Kummer, Marie-Therese — Sozialleistungen im europäischen Mehrebenensystem-Ansprüche auf Leistungen bei Arbeitslosigkeit nach dem SGB II auf dem Prüfstand des europäischen Rechts
ZESAR 2013, 199–208

Högenauer, Nikolaus — Die europäischen Richtlinien gegen Diskriminierung im Arbeitsrecht: Analyse, Umsetzung und Auswirkung der Richtlinien 2000/43/EG und 2000/78/EG im deutschen Arbeitsrecht
Hamburg, 2002
Zitiert: Högenauer, Richtlinien gegen Diskriminierung, (S.)

Holzleithner, Elisabeth — Wurzeln des Verbots der Altersdiskriminierung
in: WiR-Studiengesellschaft für Wirtschaft und Recht (Hrsg.), Alter und Recht, Wien, 2012, 35–45
Zitiert: Holzleithner in: WiR, Alter und Recht, (S.)

Horn, Jan — Die Kollisionsnormen der Verordnung (EWG) 1408/71 und die Rechtsprechung des EuGH
ZIAS 2002, 120–154

Huber, Bertold — Aufenthaltsgesetz -AufenthG-
Freizügigkeitsgesetz/EU, ARB 1/80 und Qualifikationsrichtlinie
Kommentar
München, 2010
Zitiert: Bearbeiter in: Huber, AufenthG, § […] Rn. […]

Huber, Peter M. Die gleiche Freiheit der Unionsbürger -Zu den unterschiedlichen Perspektiven von unionalem und nationalem Recht -
ZaöRV 2008, 307–326

Hümmerich, Klaus/ Boecken, Winfried/ Düwell, Franz Josef AnwaltKommentar
Arbeitsrecht
Band 1
Bonn, 2010
Zitiert: Hümmerich/Boecken/Düwell, AnwaltKommentar Arbeitsrecht, § [...] Rn. [...]

Husmann, Manfred Zur Exportierbarkeit von Leistungen nach dem deutschen Unterhaltsvorschussgesetz im Lichte der VO 883/2004/EG NZS 2013, 121–129

Husmann, Manfred Auswirkungen des neuen Anti-Diskriminierungsrechts auf das Sozialrecht
NZA 2008, Beilage zu Heft 2, 94–102

Husmann, Manfred Das Allgemeine Gleichbehandlungsgesetz (AGG) und seine Auswirkungen auf das Sozialrecht (Teil I)
ZESAR 2007, 13–20

Husmann, Manfred Das Allgemeine Gleichbehandlungsgesetz (AGG) und seine Auswirkungen auf das Sozialrecht (Teil II)
ZESAR 2007, 58–66

Husmann, Manfred Arbeitnehmerfreizügigkeitsregeln in Assoziationsabkommen der EG
ZAR 2009, 305–314

Husmann, Manfred Reformbedarf in der Richtlinie 79/7/EWG
ZESAR 2014, 70–80

Huster, Stefan Grundfragen der Exportpflicht im europäischen Sozialrecht
NZS 1999, 10–17

Iliopoulou, Anastasia/ Toner, Helen Case C-184/99, Rudy Grzelczyk v. Centre public d'aide sociale d'Ottignies-Louvain-la-Neuve, judgment of the Full Court of 20 September 2001 [2001] ECR I-6193
CMLR 39 (2002), 609–620

Janda, Constanze
Soziale Sicherung für Migranten unter besonderer Berücksichtigung der Unionsbürgerschaft-Eine Untersuchung am Beispiel der Grundsicherung für Arbeitsuchende-
KritV 2011, 275–294

Janda, Constanze
Grundsicherung für neue Unionsbürger-Zugleich eine Anmerkung zu BSG v. 30.01.2013-B 4 AS 54/12 R
ZFSH/SGB 2013, 453–460

Janda, Constanze
Die Verteilung der Kostenlast bei ungeplanten Krankenhausaufenthalten in anderen EU-Mitgliedstaaten-zugleich Anmerkung zu EuGH, Urteil vom 15.6.2010, Rs. C-211/08 (Kommission/Spanien)-
ZESAR 2010, 465–470

Jarass, Hans D.
Zum Verhältnis von Grundrechtecharta und sonstigem Recht
EuR 2013, 29–44

Jarass, Hans D.
EU-Grundrechte
Ein Studien- und Handbuch
München, 2005
Zitiert: Jarass, EU-Grundrechte, § […] Rn. […]

Jestaedt, Matthias
Diskriminierungsschutz und Privatautonomie
VVDStRL Band 64, Der Sozialstaat in Deutschland und Europa, Berichte und Diskussionen auf der Vereinigung der Deutschen Staatsrechtslehrer in Jena vom 06. bis 09. Oktober 2004, 298–354

Joussen, Jacob
Die Diskriminierung behinderter Arbeitnehmer-Europäische Vorgaben und das Umsetzungsbedürfnis in Deutschland-
ZESAR 2005, 375–383

Joussen, Jacob
Anmerkung zum Urteil des EuGH Kücükdeveci
ZESAR 2010, 185–192

Jungk, Wolfgang Integrationstheoretische Grundlagen der Sozialpolitik der EG
in: Hagen Lichtenberg (Hrsg.), Sozialpolitik der EG, Referate der Tagung des Arbeitskreises Europäische Integration e.V. in Augsburg vom 18.-20. Oktober 1984
Baden-Baden, 1986, 35–49
Zitiert: Jungk in: Lichtenberg, Sozialpolitik in der EG, 35 (S.)

Junker, Abbo Europarechtliche und verfassungsrechtliche Fragen des deutschen Befristungsrechts
EuZA 2013, 3–19

Junker, Abbo Die Rechtsprechung des EuGH zum europäischen Arbeitsrecht im Jahr 2013
RIW 2014, 2–15

Junker, Abbo Die Rechtsprechung des EuGH zum europäischen Arbeitsrecht im Jahr 2012
RIW 2013, 1–12

Junker, Abbo Die Rechtsprechung des EuGH zum europäischen Arbeitsrecht im Jahr 2010
RIW 2011, 97–111

Junker, Abbo Die Rechtsprechung des EuGH zum europäischen Arbeitsrecht in den Jahren 2008/2009
RIW 2010, 343–351

Kahil, Bettina Europäisches Sozialrecht und Subsidiarität
Baden-Baden, 1996
Zitiert: Kahil, Europäisches Sozialrecht und Subsidiarität, (S.)

Kaiser, Eva Maria Tarifverträge und Altersdiskriminierungsschutz
Prominente tarifvertragliche Klauseln auf dem Prüfstand des Allgemeinen Gleichbehandlungsgesetzes unter besonderer Berücksichtigung der europa- und verfassungsrechtlichen Grundlagen
Baden-Baden, 2012
Zitiert: Kaiser, Altersdiskriminierungsschutz, (S.)

Kamanabrou, Sudabeh Die arbeitsrechtlichen Vorschriften des Allgemeinen Gleichbehandlungsgesetzes
RdA 2006, 321–339

Kamanabrou, Sudabeh Europarechtskonformer Schutz vor Benachteiligungen bei Kündigungen
RdA 2007, 199–207

Kania, Thomas/ Kania, Gabriele Auswirkungen der Andersen-Entscheidung des EuGH auf die Sozialplangestaltung in Deutschland
ZESAR 2012, 62–68

Karpenstein, Ulrich Praxis des EG-Rechts -Anwendung und Durchsetzung des Gemeinschaftsrechts in der Bundesrepublik Deutschland-
München, 2006
Zitiert: Karpenstein, EG-Recht, (S.)

Kaupper, Helmut Familienleistungen
in: Bernd Schulte/Hans F. Zacher (Hrsg.), Wechselwirkungen zwischen dem Europäischen Sozialrecht und dem Sozialrecht der Bundesrepublik Deutschland
Colloquium des Max-Planck-Instituts für ausländisches und internationales Sozialrecht, München, zusammen mit dem Bundesministerium für Arbeit und Sozialordnung, Bonn, in Augsburg am 05. und 06. November 1990
Berlin, 1991, 133–150
Zitiert: Kaupper in: Schulte/Zacher, Wechselwirkungen, 133 (S.)

Kehlen, Detlef Europäische Antidiskriminierung und kirchliches Selbstbestimmungsrecht
Zur Auslegung von Art. 13 EG und Art. 4 der Richtlinie 2000/78/EG
Frankfurt/Main, 2003
Zitiert: Kehlen, Europäische Antidiskriminierung, (S.)

Kern, Jan Professionelle Diskriminierungskläger im Arbeitsrecht
Eine dogmatische und empirische Analyse
Baden-Baden, 2009
Zitiert: Kern, Professionelle Diskriminierungskläger, (S.)

Khan, Shakila The Making and Future of Article 13 of the Treaty of The European Community and Its Implications For Muslims in Europe
The Muslim Lawyer vol. 3, Issue 3, September 1999, 1–4
abrufbar unter: http://aml.org.uk/journal (Zugriffsdatum: 19.08.2008)

Kingreen, Thorsten Die Universalisierung sozialer Rechte im europäischen Gemeinschaftsrecht
in: Armin Hatje/ Peter M. Huber (Hrsg.), Unionsbürgerschaft und soziale Rechte, EuR, Beiheft 1/2007, 43–74

Kingreen, Thorsten Grundrechtsverbund oder Grundrechtsunion? – Zur Entwicklung der subjektiv-öffentlichen Rechte im europäischen Unionsrecht –
in: Armin Hatje/ Peter M. Huber (Hrsg.), Unionsbürgerschaft und soziale Rechte, EuR 2010, 338–363

Kirchner, Hildebert Abkürzungsverzeichnis der Rechtssprache; unter Mitarbeit von Dietrich Pannier, 6. Auflage, Berlin, 2008

Kischel, Uwe Die Kontrolle der Verhältnismäßigkeit durch den Europäischen Gerichtshof
EuR 2000, 380–402

Kittner, Michael/ Kohler, Thomas C. Kündigungsschutz in Deutschland und den USA
BB, Beilage 4 zu Heft 13 (2000), 1–30

Klang, Klaus, A. Soziale Sicherheit und Freizügigkeit im EWG-Vertrag – Analyse der Grundsatzproblematik einer Norminterpretation durch den Gerichtshof der Europäischen Gemeinschaften
Baden-Baden, 1986
Zitiert: Klang, Soziale Sicherheit, (S.)

Klein, Eckart/ Haratsch, Andreas Neuere Entwicklungen des Rechts der Europäischen Gemeinschaften -2. Teil-
DÖV 1994, 133–142

Klein, Eckart/ Haratsch, Andreas Das Aufenthaltsrecht der Studenten, die Unionsbürgerschaft und intertemporales Gemeinschaftsrecht
JuS 1995, 7–12

Klein, Uta Antidiskriminierung
Teil 2: Behinderung und Alter
GiP 4/2007, 22–26

Knospe, Armin Europäische Dimensionen der geringfügigen Beschäftigung-Die geringfügige Beschäftigung im europäischen Vergleich und in der Rechtsprechung des Europäischen Gerichtshofs
ZESAR Heft 2008, 323–333

Koch, Katharina/ Nguyen, Alexander
Schutz vor mittelbarer Diskriminierung-Gleiches Recht für alle?
Das Verbot der mittelbaren Diskriminierung in der höchstrichterlichen Rechtsprechung
EuR 2010, 364–377

Kocher, Eva/ Skowron, Magdalena
Die „soziale Entwicklung" bei der Arbeitsteilung zwischen den Geschlechtern-Das Urteil des polnischen Verfassungsgerichtshofs
zum ungleichen Rentenalter von Frauen und Männern
ZESAR 2012, 274–277

Kokott, Juliane
Die Freizügigkeit der Unionsbürger als neue Grundfreiheit
in: Pierre-Marie Dupuy/ Bardo Fassbender/ Malcolm N. Shaw/ Karl-Peter Sommermann, Völkerrecht als Wertordnung, Festschrift für Christian Tomuschat,
Kehl/ Strasbourg/ Arlington, 2006, 207–226
Zitiert: Kokott in: Dupuy/Fassbender/Shaw/Sommermann, FS für Tomuschat, 207 (S.)

König, Doris
Das Verbot der Altersdiskriminierung-ein Diskriminierungsverbot zweiter Klasse?
in: Charlotte Gaitanides/Stefan Kadelbach/Gil Carlos Rodriguez Iglesias (Hrsg.), Europa und seine Verfassung, Festschrift für Manfred Zuleeg
Baden-Baden, 2005, 341–361
Zitiert: König in: Gaitanides/Kadelbach/Rodriguez Iglesias, FS für Zuleeg, 341 (S.)

Körner, Marita
Diskriminierung von älteren Arbeitnehmern-Abhilfe durch das AGG?
NZA 2008, 497–504

Korthaus, Hannah
Das neue Antidiskriminierungsrecht
– Die Richtlinien 2000/43/EG und 2000/78/EG und die Auswirkungen auf das deutsche Arbeitsrecht –
Aachen, 2006
Zitiert: Korthaus, Das neue Antidiskriminierungsrecht, (S.)

Kötter, Ute — Die Steuerung der ambulanten ärztlichen Versorgung im Recht der gesetzlichen Krankenversicherung
Eine vergleichende Untersuchung des deutschen und des belgischen Rechts
Baden-Baden, 2000
Zitiert: Kötter, Steuerung der ambulanten ärztlichen Versorgung im Recht der gesetzlichen Krankenversicherung, (S.)

Kovàcs, Erika — Anmerkung zum Urteil des EuGH vom 18.10.2012, Rs. C-302/11 bis C-305/11, Rosanna Valenza (C-302/11 und C-304/11), Maria Laura Altavista (C-303/11), Laura Marsella, Simonetta Schettini, Sabrina Tomassini (C-305/11)/Autorità Garante della Concorrenza e del Mercato
ZESAR 2013, 176–182

Kraus, Ulrike/ Hauschild, Matthias — Synopse
VO (EG) Nr. 883/2004 / VO (EWG) Nr. 1408/71
in: Die Reform des Europäischen koordinierenden Sozialrechts
Von der VO (EWG) Nr. 1408/71 zur VO (EG) Nr. 883/2004, Deutsche Rentenversicherung Bund in Zusammenarbeit mit dem Max-Planck-Institut für ausländisches und internationales Sozialrecht (Hrsg.)
Bearbeiter: Dr. Bernd Schulte, Ulrike Kraus, Matthias Hauschild
DRV-Schriften Band 71 (Februar 2007), 99–253
Zitiert: Kraus/Hauschild, DRV-Schriften Band 71 (2007), 99 (S.)

Krause, Jörg — Nationale Versicherungskultur
Die Kultur der Privatversicherung
Köln, 2004
Zitiert: Krause, Nationale Versicherungskultur, (S.)

Krieger, Steffen — EuGH: Altersgrenze von 60 Jahren für Piloten ist europarechtswidrig
Anmerkung EuGH Urt. v. 13.09.2011-C-447/09, BeckRS 2011, 81332-„Prigge“
ArbRAktuell 2011, 323029 (Beck-online)

Krüger, Astrid — Missbrauchskontrolle bei Kettenbefristungen zur Vertretung
AuA 2013, 180–181

Kruse, Jürgen/ Reinhard, Hans-Joachim/ Winkler, Jürgen
SGB II
Grundsicherung für Arbeitsuchende
Kommentar
2. Auflage, München, 2010
Zitiert: Bearbeiter in: Kruse/Reinhard/Winkler, SGB II, § […] Rn. […]

Kubicki, Philipp
Die subjektivrechtliche Komponente der Unionsbürgerschaft
EuR 2006, 489–511

Kühling, Jürgen/ Bertelsmann, Klaus
Höchstaltersgrenzen bei der Einstellung von Beamten
NVwZ 2010, 87–94

Kummer, Pierre M.
Umsetzungsanforderungen der neuen arbeitsrechtlichen Antidiskriminierungsrichtlinie (RL 2000/78/EG)
Frankfurt am Main, 2003
Zitiert: Kummer, Umsetzungsanforderungen der neuen arbeitsrechtlichen Antidiskriminierungsrichtlinie, (S.)

Kutzscher, Dirk Martin
Der grenzüberschreitende Sachverhalt in der Rechtsprechung des EuGH und deren Auswirkungen auf die Freizügigkeit der Unionsbürger
Frankfurt am Main, 2011
Zitiert: Kutzscher, Freizügigkeit der Unionsbürger, (S.)

Langenfeld, Christine
Die Gleichbehandlung von Mann und Frau im Europäischen Gemeinschaftsrecht, Baden-Baden, 1990
Zitiert: Langenfeld, Gleichbehandlung, (S.)

Langenfeld, Christine
Die neue Rechtsprechung zur Unionsbürgerschaft-Wie weit geht der Expansionskurs des EuGH?
in: Baus, Ralf Thomas/Borchard, Michael/Gelinsky, Katja/Krings, Günter (Hrsg.), 60 Jahre Bundesverfassungsgericht-grenzüberschreitende Herausforderungen für Karlsruhe
6. Berliner Rechtspolitische Konferenz
Sankt Augustin/Berlin, 2012, 69–80
Zitiert: Langenfeld in: Baus/Borchard/Gelinsky/Krings, 60 Jahre BVerfG, 69 (S.)

Langenfeld, Christine
Geschlecht-Kein Thema mehr für das Recht?
DVBl. 2010, 1019–1028

Langer, Rose

Zukunftsperspektiven des europäischen Sozialrechts Koordinierendes Sozialrecht und Gleichbehandlung von Männern und Frauen
in: Bernd Baron von Maydell/Bernd Schulte (Hrsg.), Zukunftsperspektiven des Europäischen Sozialrechts
Berlin, 1995, 25–44
Zitiert: Langer in: von Maydell/Schulte, Zukunftsperspektiven des europäischen Sozialrechts, 25 (S.)

Laske, Caroline

The Impact Of The Single European Market On Social Protection For Migrant Workers
CMLR vol. 30 (1993), 515–539

Léger, Philippe

Commentaire article par article des traités UE et CE
Genf/München/Paris/Brüssel, 2000
Zitiert: Bearbeiter in: Léger, Commentaire CE, Art. [...] Rn. [...]

Lengauer, A.

The New General Principle of Non-Discrimination in the EC Treaty as Amended by the Treaty of Amsterdam
ARIEL vol. 3 (1998), 369–395

Lenz, Carl Otto

Vorkehrungen des europäischen Gemeinschaftsrechts gegen Diskriminierungen aus Gründen des Alters
in: Konrad-Adenauer-Stiftung e.V. (Hrsg.), Wie lange dürfen wir arbeiten? Gesetzliche Altersgrenzen als Verfassungsproblem, Zukunftsforum Politik Nr. 70, 31–47
Sankt Augustin, 2006
Zitiert: Lenz in: KAS, Zukunftsforum Politik Nr. 70, 31 (S.)

Lenz, Carl Otto/ Borchardt, Klaus-Dieter

EU-Verträge
Kommentar nach dem Vertrag von Lissabon
5. Auflage, Köln, 2010
Zitiert: Bearbeiter in: Lenz/Borchardt, EU-Verträge, Art. [...] Rn. [...]
4. Auflage, Köln, 2006
Zitiert: Bearbeiter in: Lenz/Borchardt, EU-/EG-Vertrag, 4. Auflage, 2006, Art. [...] Rn. [...]
2. Auflage, Köln, 1999
Zitiert: Bearbeiter in: Lenz, EG-Vertrag, 2. Auflage, Art. [...] Rn. [...]

Leopold, Anders/ Semmelmann, Constanze
Civis europaeus sum
Gewährleistungen und Grenzen der Freizügigkeit der Unionsbürger
ZEuS 2008, 275–304

Leuchten, Alexius
Der Einfluss der EG-Richtlinien zur Gleichbehandlung auf das deutsche Arbeitsrecht
NZA 2002, 1254–1261

Lewis, Richard
England and Wales
The Impact Of Social Security Law On Private Tort Law in England and Wales
in: Ulrich Magnus (Hrsg.), The Impact of Social Security Law on Tort Law
Wien, 2003, 56–73
Zitiert: Lewis in: Magnus, Impact of Social Security Law on Tort Law, 56 (S. Rn. […])

Lingscheid, Anja
Antidiskriminierung im Arbeitsrecht
Neue Entwicklungen im Gemeinschaftsrecht auf Grund der Richtlinien 2000/43/EG und 2000/78/EG und ihre Einfügung in das deutsche Gleichbehandlungsrecht
Berlin, 2004
Zitiert: Lingscheid, Antidiskriminierung, (S.)

Link, Christoph
Staat und Kirche im Rahmen des europäischen Einigungsprozesses
ZevKR 42 (1997), 130–154

Linka, Gerhard
Neuerungen in der Koordinierung des europäischen Krankenversicherungsrechts-Die Verordnung (EG) Nr. 883/2004 des Europäischen Parlaments und des Rates vom 29. April 2004 zur Koordinierung der Systeme der sozialen Sicherheit
in: Das neue Sozialrecht der EU,
Franz Marhold (Hrsg.)
Wien, 2005, 65–77
Zitiert: Linka in: Marhold, Sozialrecht der EU, 65 (S.)

Linneweber, Axel
Aktuelle Entwicklungen im Europäischen Arbeitsrecht 2011/2012
ZESAR 2012, 461–467

Linsenmaier, Wolfgang Das Verbot der Diskriminierung wegen des Alters
RdA 2003, Sonderbeilage Heft 5, 22–33

Lippert, Ralf Soziale Vergünstigungen und Arbeitnehmerfreizügigkeit in Europa
Aachen, 1995
Zitiert: Lippert, Soziale Vergünstigungen und Arbeitnehmerfreizügigkeit, (S.)

Liu, Shih-Hao Arbeitsrechtliche Diskriminierung durch Arbeitnehmer
Frankfurt/Main, 2002
Zitiert: Liu, Arbeitsrechtliche Diskriminierung, (S.)

Löwisch, Manfred/ Caspers, Georg/ Neumann, Daniela Beschäftigung und demographischer Wandel-Beschäftigung älterer Arbeitnehmerinnen und Arbeitnehmer als Gegenstand von Arbeits- und Sozialrecht
Baden-Baden, 2003
Zitiert: Löwisch/Caspers/Neumann, Beschäftigung und demographischer Wandel, (S.)

Lüderitz, Martin Altersdiskriminierung durch Altersgrenzen
Auswirkungen der Antidiskriminierungsrichtlinie 2000/78/EG auf das deutsche Arbeitsrecht
Frankfurt/Main, 2005
Zitiert: Lüderitz, Altersdiskriminierung durch Altersgrenzen, (S.)

Maaßen, Hans-Georg Zum Stand der Umsetzung von elf aufenthalts- und asylrechtlichen Richtlinien der Europäischen Union
ZAR 2006, 161–167

Mair, Andreas Anmerkung zum Urteil des EuGH vom 08.09.2011, verbundene Rs. C-297/10 Sabine Hennigs/Eisenbahn-Bundesamt und Rs. C-298/10 Land Berlin/Alexander Mai
ZESAR 2012, 243–245

Maiß, Sebastian Die Entsendung von Arbeitnehmern aus den MOE-Staaten auf Werkvertragsbasis nach der EU-Osterweiterung
Eine Untersuchung der grenzüberschreitenden Beschäftigungsmöglichkeiten von Staatsangehörigen aus den Beitrittsstaaten-insbesondere im Baugewerbe-im Kontext der Übergangsbestimmungen zur Arbeitnehmerfreizügigkeit, der Dienstleistungsfreiheit und des Niederlassungsrechts

Frankfurt am Main, 2008
Zitiert: Maiß, Entsendung von Arbeitnehmern, (S.)

Mangoldt, Hermann von/ Klein, Friedrich/ Starck, Christian
Kommentar zum Grundgesetz
Band 2: Art. 20 bis 82
5. Auflage, München, 2005
Zitiert: Bearbeiter in: Mangoldt/Klein/Starck, Art. […] Rn. […]

Mann, Thomas
Altersrelevante Gleichheitsgebote im deutschen Verfassungsrecht
in: Konrad-Adenauer-Stiftung e.V., Wie lange dürfen wir arbeiten? Gesetzliche Altersgrenzen als Verfassungsproblem, Zukunftsforum Politik Nr. 70, 63–84
Sankt Augustin, 2006
Zitiert: Mann in: KAS, Zukunftsforum Politik Nr. 70, 63 (S.)

Mann, Thomas
Zum Alten Eisen
Zwangsweise Berufsbeendigung durch Höchstaltersgrenzen? Ein verfassungsrechtliches Gutachten aus Göttingen will Klarheit schaffen
Niedersächsisches Ärzteblatt, 01/2007, 17–18

Mann, Thomas
Altersdiskriminierung durch gesetzliche Höchstaltersgrenzen -Zur Verfassungswidrigkeit berufsbeendender Altersgrenzen-
Rechtsgutachten (2006), Essen, 2009
Zitiert: Mann, Altersdiskriminierung, (S.)

Mann, Thomas
Die öffentlich-rechtliche Gesellschaft
Zur Fortentwicklung des Rechtsformenspektrums für öffentliche Unternehmen, Tübingen, 2002
Zitiert: Mann, öffentlich-rechtliche Gesellschaft, (S.)

Mann, Thomas
Gesetzliche Höchstaltersgrenzen und Verfassungsrecht
Ansätze zu einer verfassungsrechtlichen Neubestimmung
in: Rainer Grote/Ines Härtel/Karl-E. Hain/Thorsten Ingo Schmidt/Thomas Schmitz/Gunnar Folke Schuppert/ Christian Winterhoff, Die Ordnung der Freiheit, Festschrift für Christian Starck zum siebzigsten Geburtstag
Tübingen, 2007, 319–334
Zitiert: Mann in: Grote/Härtel/Hain/Schmidt/Schmitz/ u.a., FS für Starck, 319 (S.)

Mann, Thomas Die „Friedensgrenze“ zwischen Anwaltsversorgung und gesetzlicher Rentenversicherung
NJW 1996, 1315–1320

Mann, Thomas Das Recht auf Zugang zu Dienstleistungen von allgemeinem wirtschaftlichem Interesse
ZögU 28 (2005), 174–186

Marburger, Horst Sozialversicherungsrechtliche Änderungen zum 01.01.2013
DÖD 2013, 25–31

Marhold, Franz Vorwort
in: Das neue Sozialrecht der EU,
Franz Marhold (Hrsg.)
Wien, 2005, 7–7
Zitiert: Marhold in: Marhold, Sozialrecht der EU, 7 (S.)

Marhold, Franz Neuordnung der Koordinierung der Familienleistungen
in: Das neue Sozialrecht der EU,
Franz Marhold (Hrsg.)
Wien, 2005, 55–64
Zitiert: Marhold in: Marhold, Sozialrecht der EU, 55 (S.)

Martin, Janire Mimentza Die sozialrechtliche Stellung von Ausländern mit fehlendem Aufenthaltsrecht-Deutschland und Spanien im Rechtsvergleich -
München, 2012
Zitiert: Martin, Ausländer ohne Aufenthaltsrecht, S.

Marx, Reinhard Aktuelle Entwicklungen im gemeinschaftsrechtlichen Ausweisungsschutz
ZAR 2007, 142–149

Marzo, Claire La dimension sociale de la citoyenneté européenne
Aix-en-Provence, 2011
Zitiert, Marzo, dimension sociale, (S.)

Maxeiner, Helmut/ Raschke, Ullrich Erste Hinweise zur Verordnung (EG) Nr. 883/2004 aus Sicht der gesetzlichen Unfallversicherung
in: Die Reform des Europäischen koordinierenden Sozialrechts

Von der VO (EWG) Nr. 1408/71 zur VO (EG) Nr. 883/2004, Deutsche Rentenversicherung Bund in Zusammenarbeit mit dem Max-Planck-Institut für ausländisches und internationales Sozialrecht (Hrsg.)
Bearbeiter: Dr. Bernd Schulte, Ulrike Kraus, Matthias Hauschild
DRV-Schriften Band 71 (Februar 2007), 79–84
Zitiert: Maxeiner/Raschke, DRV-Schriften Band 71 (2007), 79 (S.)

Maydell, Bernd Baron von/ Ruland, Franz/ Becker, Ulrich
Sozialrechtshandbuch (SRH)
4. Auflage, Baden-Baden, 2008
Zitiert: Bearbeiter in: von Maydell/Ruland/Becker, Sozialrechtshandbuch, § [...] Rn. [...]

Maydell, Bernd von
Erbringung von Sozialleistungen (insbesondere im Gesundheitswesen) und Marktfreiheit
in: Bernd von Maydell/Friedrich E. Schnapp (Hrsg.), Die Auswirkungen des EG-Rechts auf das Arbeits- und Sozialrecht der Bundesrepublik -Unter besonderer Berücksichtigung der neuen Bundesländer-
Berlin, 1992, 25–43
Zitiert: von Maydell in: von Maydell/Schnapp, Auswirkungen des EG-Rechts auf das Arbeits- und Sozialrecht der Bundesrepublik, 25 (S.)

Maydell, Bernd von
Das Recht der Europäischen Gemeinschaften und die Sozialversicherung
– Supranationales Sozialversicherungsrecht und Auswirkungen des EG-Rechts auf die nationale Sozialversicherung-
Zeitschrift für die Gesamte Versicherungswissenschaft (ZVersWiss), 78. Band (1989), 1–24

Mayer, Heinz (Hrsg.)
Kommentar zu EUV und AEUV
unter Berücksichtigung der österreichischen Judikatur und Literatur
1. Band
89. Lieferung: Art. 20, 21 AEUV, bearbeitet von Dieter Kolonovits
Wien, 2010
Zitiert: Bearbeiter in: Mayer, EUV/AEUV, Art. [...] Rn. [...]

Medem, Andreas von
Kündigungsschutz und Allgemeines Gleichbehandlungsgesetz
Die Integration der Diskriminierungsverbote der Richtlinien 2000/78/EG, 2000/43/EG und 76/207/EWG in das deutsche Kündigungsschutzrecht
Berlin, 2008
Zitiert: von Medem, Kündigungsschutz und Allgemeines Gleichbehandlungsgesetz, (S.)

Meenan, Helen
Age Equality after the Employment Directive
MJ vol. 10, Number 1 (2003), 9–38

Mehlhorn, Lutz
Der Bundespräsident der Bundesrepublik Deutschland und der Republik Österreich
Baden-Baden, 2010
Zitiert: Mehlhorn, Bundespräsident, (S.)

Meinel, Gernod/ Heyn, Judith/ Herms, Sascha
Allgemeines Gleichbehandlungsgesetz
Arbeitsrechtlicher Kommentar
2. Auflage, München, 2010
Zitiert: Meinel/Heyn/Herms, AGG § […] Rn. […]

Ménil, Georges de
EU-Erweiterung: Herausforderungen durch die Zuwanderung aus den neuen Mitgliedsländern, Rede beim Munich Economic Summit am 18. Juni 2004
57. Jahrgang-ifo Schnelldienst 14/2004, 15–19

Merkel, Günter/ Vießmann, Thomas
Familienleistungen unter dem Regime der Verordnung (EG) Nr. 883/2004 -Leistungen für Rentner und Waisen im Fokus-
VSSR 2012, 249–278

Meyer, Jürgen
Charta der Grundrechte der Europäischen Union
Kommentar
3. Auflage, Baden-Baden, 2011
Zitiert: Bearbeiter in: Meyer, GRCh, Art. [..] Rn. […]

Meyer, Michael
Das Diskriminierungsverbot des Gemeinschaftsrechtsrechts als Grundsatznorm und Gleichheitsrecht
Frankfurt am Main, 2002
Zitiert: Meyer, Diskriminierungsverbot, (S.)

Mleczko, Klaus Grundsicherung im Alter bzw. bei Erwerbsminderung und Unterhalt
FuR 2013, 122–124

Mohr, Jochen Unwirksamkeit tariflicher Altersgrenzen für das Cockpitpersonal von Fluggesellschaften-Besprechungsaufsatz zu den BAG-Urteilen vom 18.01.2012–7 AZR 112/08, DB0470183 und 7 AZR 221/09 und vom 15.02.2012–7 AZR 946/07 –
SAE 2013, 36–44

Mohr, Jochen Schutz vor Diskriminierungen im Europäischen Arbeitsrecht
Die Rahmenrichtlinie 2000/78/EG vom 27. November 2000 -Religion, Weltanschauung, Behinderung, Alter oder sexuelle Ausrichtung-
Darstellung der methodischen Grundlagen und Auslegung insbesondere des Anwendungsbereiches Arbeitsentgelt-unter Berücksichtigung der aktuellen Rechtsprechung zur Geschlechtergleichheit
Berlin, 2004
Zitiert: Mohr, Diskriminierungen im Europäischen Arbeitsrecht, (S.)

Mohr, Jochen Bestätigung der unmittelbaren Drittwirkung eines europarechtlichen Verbots von Altersdiskriminierung durch das BAG-zur vermeintlichen Unwirksamkeit von § 14 Abs. 3 S. 1 und 4 TzBfG
SAE 2007, 16–34

Möller, Maren Die Entwicklung des Rechts der Unionsbürger auf Freizügigkeit und freien Aufenthalt und seine Bedeutung in der Rechtsprechung des Europäischen Gerichtshofs
Kiel, Univ., Diss., 2004
Zitiert: Möller, Entwicklung des Rechts der Unionsbürger, (S.)

Mörsdorf, Oliver Unmittelbare Anwendung von EG-Richtlinien zwischen Privaten in der Rechtsprechung des EuGH
EuR 2009, 219–240

Mosley, Hugh G. The social dimension of European integration
ILR vol. 129 (1990) no. 2, 147–164

Muckel, Stefan
Sozialrecht
2. Auflage, München, 2007
Zitiert: Muckel, Sozialrecht, 2. Auflage, § […] Rn. […]

Muckel, Stefan/ Ogorek, Markus
Sozialrecht
4. Auflage, München, 2011
Zitiert: Muckel/Ogorek, Sozialrecht, § […] Rn. […]

Müller, Peter
Punitive damages und deutsches Schadensersatzrecht
Berlin, 2000
Zitiert: Müller, Punitive damages und deutsches Schadensersatzrecht, (S.)

Müller, Thomas
Alter und Recht
Das menschliche Alter und seine Bedeutung für das Recht unter besonderer Berücksichtigung des europäischen und nationalen Antidiskriminierungsrechts
Frankfurt am Main, 2011
Zitiert: Müller, Alter und Recht, (S.)

Müller-Glöge, Rudi/ Preis, Ulrich/ Schmidt, Ingrid
Erfurter Kommentar zum Arbeitsrecht
13. Auflage, München, 2012
Zitiert: Bearbeiter in: Müller-Glöge/Preis/Schmidt, Erfurter Kommentar zum Arbeitsrecht, Art. […] Rn. […]

Nettesheim, Martin
Diskriminierungsschutz ohne Benachteiligung?-Die EuGH-Rechtsprechung zu Altersgrenzen im Beschäftigungsverhältnis
EuZW 2013, 48–53

Neumann-Duesberg, Rüdiger
Krankenversicherung
in: Bernd Schulte/Hans F. Zacher (Hrsg.), Wechselwirkungen zwischen dem Europäischen Sozialrecht und dem Sozialrecht der Bundesrepublik Deutschland
Colloquium des Max-Planck-Instituts für ausländisches und internationales Sozialrecht, München, zusammen mit dem Bundesministerium für Arbeit und Sozialordnung, Bonn, in Augsburg am 05. und 06. November 1990
Berlin, 1991, 83–109
Zitiert: Neumann-Duesberg in: Schulte/Zacher, Wechselwirkungen, 83 (S.)

Neuner, Jörg	Diskriminierungsschutz im Privatrecht JZ 2003, 57–66
Nickel, Rainer	Gleichheit und Differenz in der vielfältigen Republik Plädoyer für ein erweitertes Antidiskriminierungsrecht Baden-Baden, 1999 Zitiert: Nickel, Gleichheit und Differenz, (S.)
Nickel, Rainer	Handlungsaufträge zur Bekämpfung von ethnischen Diskriminierungen in der neuen Gleichbehandlungsrichtlinie 2000/43/EG NJW 2001, 2668–2672
Niemann, Ingo	Von der Unionsbürgerschaft zur Sozialunion?- Anmerkung zum Urteil des EuGH vom 23. März 2004, Rs. C-138/02 (Collins) EuR 2004, 946–953
Nußberger, Angelika	Altersgrenzen als Problem des Verfassungsrechts unter Einbeziehung der Verfassungen der Mitgliedstaaten der EU, insbesondere Osteuropas in: Konrad-Adenauer-Stiftung e.V. (Hrsg.), Wie lange dürfen wir arbeiten? Gesetzliche Altersgrenzen als Verfassungsproblem, Zukunftsforum Politik Nr. 70, 49–62 Sankt Augustin, 2006 Zitiert: Nußberger in: KAS, Zukunftsforum Politik Nr. 70, 49 (S.)
Nußberger, Angelika	Altersgrenzen als Problem des Verfassungsrechts JZ 2002, 524–532
Oetker, Hartmut/ Preis, Ulrich (Hrsg.)	Europäisches Arbeits- und Sozialrecht EAS Rechtsvorschriften, Systematische Darstellungen, Entscheidungssammlung Teil B Systematische Darstellungen B 1000-B 4400 Loseblattsammlung, 162. Ergänzungslieferung, Stand Mai 2011 Zitiert: Bearbeiter in: Oetker/Preis, EAS B […] Rn. […]

Okresek, Wolf
Art. 13 und sein rechtliches Umfeld-Ein Baustein im Kampf gegen Diskriminierungen
in: Europaforum Wien, Art. 13, Bekämpfung der Diskriminierungen: Orientierungen für die Zukunft, Konferenzdokumentation, 03./04. Dezember 1998
Wien, 1999, 96–97
Zitiert: Okresek in: Europaforum, Bekämpfung der Diskriminierungen, 96 (S.)

Oppermann, Thomas/ Classen, Claus Dieter/ Nettesheim, Martin
Europarecht
Ein Studienbuch
4. Auflage, München, 2009
Zitiert: Oppermann/Classen/Nettesheim, Europarecht, § […] Rn. […]

Orlowski, Ulrich/Rau, Ferdinand/Schermer, Joachim/Wasem, Jürgen/ Zipperer, Manfred
GKV-Kommentar
SGB V
Loseblattsammlung, Heidelberg, 3. Aktualisierung (Stand Mai 2007)
Ordner 1 (Gesetzestext, Kommentar §§ 1–68)
Ordner 2 (Gesetzestext, Kommentar §§ 69–185)
Ordner 3 (Gesetzestext, Kommentar §§ 186–314)
Zitiert: Bearbeiter in: Orlowski/Rau/Schermer/Wasem/ Zipperer, GKV-Kommentar, SGB V, § […] Rn. […]

Otting, Albrecht
Die Verordnung aus der Sicht der deutschen Sozialpolitik
in: Die Reform des Europäischen koordinierenden Sozialrechts
Von der VO (EWG) Nr. 1408/71 zur VO (EG) Nr. 883/2004, Deutsche Rentenversicherung Bund in Zusammenarbeit mit dem Max-Planck-Institut für ausländisches und internationales Sozialrecht (Hrsg.)
Bearbeiter: Dr. Bernd Schulte, Ulrike Kraus, Matthias Hauschild
DRV-Schriften Band 71 (Februar 2007), 23–24
Zitiert: Otting, DRV-Schriften Band 71 (2007), 23 (S.)

Over, Henrik
Das Verbot der Altersdiskriminierung im Arbeitsrecht nach dem Allgemeinen Gleichbehandlungsgesetz
Frankfurt am Main, 2009
Zitiert: Over, Alterdiskriminierung, (S.)

Pechstein, Matthias
Entscheidungen des EuGH
Kommentierte Studienauswahl
6. Auflage, Tübingen, 2011
Zitiert: Pechstein, Entscheidungen EuGH, (S.)

Pechstein, Matthias/ Bunk, Artur
Das Aufenthaltsrecht als Auffangrecht-Die fehlende unmittelbare Anwendbarkeit sowie die Reichweite des Art. 8a Abs. 1 EGV
EuGRZ 1997, 547–554

Pennings, Frans
Introduction to European Social Security Law
4. Auflage, Antwerpen/Oxford/New York, 2003
Zitiert: Pennings, European Social Security Law, (S.)

Pennings, Frans
Posting and Social Security Coordination
in: Roger Blanpain (Hrsg.), Freedom of Services in the European Union-Labour and Social Security Law: The Bolkestein Initiative
Den Haag, 2006, 239–255
Zitiert: Pennings in: Blanpain, Freedom of Services, 239 (S).

Peters, Anne
Frauenquoten im Rechtsvergleich
Neueste Entwicklungen im Verfassungsrecht der Bundesrepublik Deutschland und der Vereinigten Staaten von Amerika sowie im Europarecht
in: Jan C. Joerden (Hrsg.), Diskriminierung, Anti–diskriminierung,
Heidelberg, 1996, 235–263
Zitiert: Peters in: Joerden, Diskriminierung, 235 (S.)

Petersen, Jorn Henrik
Harmonization of Social Security in the EC Revisited
JCMSt 1991, 505–526

Pieters, Danny
Europäisches und nationales Recht der Sozialen Sicherheit -Zukunftsperspektiven-
ZIAS 1991, 72–94

Plagemann, Hermann
Anmerkung zum Urteil des EuGH v. 21.02.2013 Rs. C-282/11 (González)
ZESAR 2013, 330–331

Plötscher, Stefan
Der Begriff der Diskriminierung im Europäischen Gemeinschaftsrecht Zugleich ein Betrag zur einheitlichen Dogmatik der Grundfreiheiten des EG-Vertrages
Berlin, 2003
Zitiert: Plötscher, Begriff der Diskriminierung (S.)

Poguntke, David
Das Hinausschieben der Altersgrenze auf Initiative des Beamten -Die Verlängerung des Beamtenverhältnisses auf Antrag des Beamten in Nordrhein-Westfalen, Baden-Württemberg, Niedersachsen, Schleswig-Holstein, Hamburg und Bremen-
DÖV 2011, 561–568

Polloczek, Tobias
Altersdiskriminierung im Licht des Europarechts
Baden-Baden, 2008
Zitiert: Polloczek, Altersdiskriminierung, (S.)

Pompe, Peter
Leistungen der sozialen Sicherheit bei Alter und Invalidität für Wanderarbeitnehmer nach Europäischen Gemeinschaftsrecht
Köln/Berlin/Bonn/München, 1986
Zitiert: Pompe, Leistungen der sozialen Sicherheit, (S.)

Posch, Albert
Bindung der Mitgliedstaaten an die Grundrechtecharta der EU-Anmerkungen zum Urteil des EuGH v. 26.02.2013 in der Rechtssache C-617/10 (Akerberg Fransson)
ÖJZ 2013, 380–382

Pöttering, Hans-Gert
Der Vertrag von Lissabon bleibt wichtig für die Demokratisierung der Europäischen Union
EWS 2008, Die erste Seite

Pöttering, Hans-Gert
Rede von Prof. Dr. Hans-Gert Pöttering, MdEP, Vorsitzender der EVP-ED-Fraktion im Europäischen Parlament im Königlichen Universitätszentrum Escorial Maria Christina vom 04.05.2006 mit dem Titel:
Die Europäische Union: Werte – Politik – Wirtschaft abrufbar unter http://cdu-europa.de/blog/2006/05/04/rede-von-prof-dr-hans-gert-pottering-mdep-vorsitzender-der-evp-ed-fraktion-im-europaischen-parlament-im-koniglichen-universitatszentrum-escorial-maria-cristina/ (Abrufdatum: 11.12.2008)

Pottschmidt, Daniela Arbeitnehmerähnliche Personen in Europa
Die Behandlung wirtschaftlich abhängiger Erwerbstätiger im europäischen Arbeitsrecht sowie im (Arbeits-) Recht der EU-Mitgliedstaaten
Baden-Baden, 2004
Zitiert: Pottschmidt, Arbeitnehmerähnliche Personen in Europa, (S.)

Prechtl, Babette Fraktionierte Besteuerung aus gemeinschaftsrechtlicher Sicht
IStR 2003, 586–589

Preis, Ulrich Schlangenlinien in der Rechtsprechung des EuGH zur Altersdiskriminierung
NZA 2010, 1323–1328

Preis, Ulrich Ein modernisiertes Arbeits- und Sozialrecht für eine alternde Gesellschaft
NZA 2008, 922–926

Preis, Ulrich/ Temming, Felipe Der EuGH, das BVerfG und der Gesetzgeber-Lehren aus Mangold II
NZA 2010, 185–198

Przeszlowska, Dominika Keine Altersdiskriminierung bei Nichtberücksichtigung konzerninterner Berufserfahrung-Urt. des EuGH v. 07.06.2012-Rechtssache Tyrolean Airways
EuZA 2013, 96–104

Radiguet, Raymond Le bal du comte d'Orgel
Paris-Coulommiers, 1924
Zitiert : Radiguet, Le bal du comte d'Orgel, (S.)

Raschka, Johannes Freizügigkeit von Unionsbürgern und Zugang zu sozialen Leistungen
EuR 2013, 116–126

Rebhahn, Robert Altersdiskriminierung und Unionsrecht
in: WiR-Studiengesellschaft für Wirtschaft und Recht (Hrsg.), Alter und Recht, Wien, 2012, 71–86
Zitiert: Rebhahn in: WiR, Alter und Recht, (S.)

Recchi, Ettore/ Favell, Adrian Pioneers of European Integration
Citizenship and Mobility in the EU
Cheltenham, 2009
Zitiert : Recchi/Favell, Integration, (S.)

Reich, Norbert Anmerkung zu EuGH Rs. C-144/04 (Mangold)
EuZW 2006, 20–22

Reichegger, Heidi Die Auswirkungen der Richtlinie 2000/78/EG auf das kirchliche Arbeitsrecht unter Berücksichtigung von Gemeinschaftsgrundrechten als Auslegungsmaxime
Peter Lang, 2005
Zitiert: Reichegger, Auswirkungen der Richtlinie 2000/78/EG, (S.)

Reinhard, Hans-Joachim Anmerkung zum Urteil des EuGH vom 20.10.2011, Rs. C-225/10 (Pérez García u.a./Familienkasse Nürnberg)
ZESAR 2012, 430–433

Resch, Reinhard Fehlerhafte Rechtsbereinigung nach Feststellung der Altersdiskriminierung
ZESAR 2012, 257–263

Ress, Georg/ Stein, Thorsten Europäischer Sozialraum
Baden-Baden, 1995
Zitiert: Bearbeiter in: Ress/Stein, Europäischer Sozialraum, (S.)

Richter, Ronald/ Schmidt, Bettina/ Klatt, Michael/ Doering-Striening, Gudrun Seniorenrecht in der anwaltlichen Praxis
Baden-Baden, 2006
Zitiert: Bearbeiter in: Richter/Schmidt/Klatt/Doering-Striening, Seniorenrecht, § […] Rn. […]

Rieble, Volker/ Zedler, Marc Alexander Altersdiskriminierung in Tarifverträgen
ZfA 2006, 273–304

Riesenhuber, Karl/ Frank, Jens-Uwe Verbot der Geschlechtsdiskriminierung im Europäischen Vertragsrecht
JZ 2004, 529–538

Röbke, Marc Anmerkung zum Urteil des EuGH v. 12.01.2010-C-229/08 (Wolf/Stadt Frankfurt a.M.)
EuZW 2010, 145–146

Rodière, Pierre Droit Social de l'Union Européenne
2. Auflage, Paris, 2002
Zitiert : Rodière, Droit Social, (S.)

Roetteken, Torsten von Unionsrechtliche Aspekte des Schadensersatzes und der Entschädigung bei Diskriminierungen
NZA-RR 2013, 337–346

Roetteken, Torsten von Gleichberechtigung und Europarecht-alte und neue Aufgaben
PersR 2002, 12–17

Rolfs, Christian Diskriminierungsschutz in der betrieblichen Altersversorgung
SR 2013, 41–52

Rolfs, Christian Altersdiskriminierung: EuGH –Rechtsprechung bleibt konturenlos
EuZA 2 (2009), 235–244

Roloff, Sebastian Das Beschränkungsverbot des Art. 39 EG (Freizügigkeit) und seine Auswirkungen auf das nationale Arbeitsrecht
Berlin, 2003
Zitiert: Roloff, Das Beschränkungsverbot des Art. 39 EG, (S.)

Rombach, Annett „Age Concern Germany": Zur gemeinschaftsrechtlichen (Un-) Zulässigkeit von Altershöchstgrenzen im öffentlichen Dienst
NVwZ 2010, 102–104

Rossi, Matthias Das Diskriminierungsverbot nach Art. 12 EGV
EuR 2000, 197–217

Rothermund, Klaus/ Mayer, Anne-Kathrin Altersdiskriminierung
Erscheinungsformen, Erklärungen und Interventionsansätze
Stuttgart, 2009
Zitiert: Rothermund/Mayer, Altersdiskriminierung, (S.)

Rothfuchs, Hermann Die traditionellen Personenverkehrsfreiheiten des EG-Vertrages und das Aufenthaltsrecht der Unionsbürger – eine Gegenüberstellung der vertraglichen Gewährleistungen

Frankfurt/Main, Berlin, Bern, New York, Paris, Wien, 1999
Zitiert: Rothfuchs, Personenverkehrsfreiheiten und Aufenthaltsrecht der Unionsbürger, (S.)

Rudolf, Beate/ Mahlmann, Matthias (Hrsg.)
Gleichbehandlungsrecht
Handbuch
Baden-Baden, 2007
Zitiert: Bearbeiter in: Rudolf/Mahlmann, Gleichbehandlungsrecht, (S.)

Ruland, Franz
Der Europäische Binnenmarkt und die sozialen Alterssicherungssysteme
EuR 1989, 303–337

Runggaldier, Ulrich
Aktuelle Tendenzen in der europäischen Rechtsentwicklung, insbesondere hinichtlich des Alters und der Arbeitszeit
RdA 2009, Sonderbeilage Heft 5, 40–48

Rust, Ursula/Däubler, Wolfgang/Falke, Josef/Lange, Joachim/Plett, Konstanze/Scheiwe, Kirsten/ Sieveking, Klaus (Hrsg.)
Loccumer Protokolle 40/03
Die Gleichbehandlungsrichtlinien der EU und ihre Umsetzung in Deutschland
Rehburg-Loccum, 2003
Zitiert: Bearbeiter in: Loccumer Protokolle 40/03, (S.)

Rust, Ursula/ Falke, Josef (Hrsg.)
AGG
Allgemeines Gleichbehandlungsgesetz mit weiterführenden Vorschriften
Kommentar
Berlin, 2007
Zitiert: Bearbeiter in: Rust/Falke, AGG, § […] Rn. […]

Sachs, Michael (Hrsg.)
Grundgesetz, Kommentar, 5. Auflage, München, 2009
Zitiert: Bearbeiter in: Sachs, GG, Art. […] Rn. […]

Säcker, Franz Jürgen/ Rixecker, Roland (Hrsg.)
Münchener Kommentar zum Bürgerlichen Gesetzbuch
Band 1
Allgemeiner Teil
2. Halbband: AGG
5. Auflage, München, 2007
Zitiert: Bearbeiter in: Säcker/Rixecker, MüKo BGB AT, AGG, § […] Rn. […]

Sagan, Adam Anmerkung zum Urteil des EuGH, Rs. C-411/05 (Palacios de la Villa/Cortefiel Servicios SA)
EuZW 2007, 765–767

Sahmer, Sybille Krankenversicherung in Europa
Die wettbewerbsrechtliche Stellung der Kranken- und Pflegeversicherungsträger im Bereich der freiwilligen Versicherung
in: Zentrum für Europäisches Wirtschaftsrecht (ZEW), Vorträge und Berichte, Sammelband Nr. 83, Sammelband: Vorträge des 8. Bonner Europa-Symposions, Die Krankenversicherung in der Europäischen Union, Bonn 9. Dezember 1996, Bonn, 1997, 33–66
Zitiert: Sahmer in: ZEW Nr. 83, 33 (S.)

Sargeant, Malcolm Age Discrimination and Diversity
Multiple Discrimination from an Age Perspective
Cambridge, 2011
Zitiert: Bearbeiter in: Sargeant, Age Discrimination, (S.)

Sasse, Stefan Rechtsprechungsübersicht zum Mobbing
BB 2008, 1450–1454

Schaumberg, Torsten Das Jahr 2012 im Spiegel arbeitsgerichtlicher Entscheidungen-Teil 1: Das Arbeitsrecht im ungekündigten Arbeitsverhältnis
NJ 2013, 265–273

Scheuing, Dieter H. Die Freizügigkeit der Unionsbürger in der Europäischen Union
in: Horst Dreier/Hans Forkel/Klaus Laubenthal, Raum und Recht, Festschrift 600 Jahre Würzburger Juristenfakultät, Berlin, 2002, 103–142
Zitiert: Scheuing in: Dreier/Forkel/Laubenthal, FS 600 Jahre Würzburger Juristenfakultät, 103 (S.)

Scheuing, Dieter H. Freizügigkeit als Unionsbürgerrecht
EuR 2003, 744–792

Schieffer, Martin Die neue Freizügigkeitsverordnung/EG-Inhalt und Voraussetzungen des Aufenthaltsrechts nichterwerbstätiger Unionsbürger und ihrer Familienangehörigen im Bundesgebiet
NVwZ 1998, 31–34

Schiek, Dagmar A New Framework on Equal Treatment of Persons in EC Law?
Directives 2000/43/EC, 2000/78/EC changing Directive 76/207/EEC in context
ELJ 2002, 290–314

Schiek, Dagmar Differenzierte Gerechtigkeit-Diskriminierungsschutz und Vertragsrecht
Baden-Baden, 2000
Zitiert: Schiek, Differenzierte Gerechtigkeit-Diskriminierungsschutz und Vertragsrecht, (S.)

Schiek, Dagmar Diskriminierung wegen „Rasse“ oder „ethnischer Herkunft“-Probleme der Umsetzung der RL 2000/43/EG im Arbeitsrecht
AuR 2003, 44–51

Schirrmacher, Frank Das Methusalem-Komplott
20. Auflage, München, 2004
Zitiert: Schirrmacher, Methusalem-Komplott, (S.)

Schlachter, Monika Wege zur Gleichberechtigung-Vergleich des Arbeitsrechts der Bundesrepublik Deutschland und der Vereinigten Staaten
München, 1993
Zitiert: Schlachter, Gleichberechtigung, (S.)

Schlachter, Monika The Prohibition of Age Discrimination in Labour Relations
Reports to the XVIIIth International Congress of Comparative Law
Washington D.C., July 25-August 1, 2010
Baden-Baden, 2011
Zitiert: Bearbeiter in: Schlachter, Prohibition of Age, (S.)

Schlachter, Monika Altersgrenzen angesichts des gemeinschaftsrechtlichen Verbots der Altersdiskriminierung
in: Reinhard, Richardi/ Hermann Reichold (Hrsg.), Altersgrenzen und Alterssicherung im Arbeitsrecht-Wolfgang Blomeyer zum Gedenken
München, 2003, 355–373
Zitiert: Schlachter in: Richardi/Reichold, GS Blomeyer, 355 (S.)

Schlegel, Rainer/ Voelzke, Thomas

Juris PraxisKommentar
SGB XII, Sozialgesetzbuch, Zwölftes Buch
-Sozialhilfe – Asylbewerberleistungsgesetz (AsylbLG)
Saarbrücken, 2011
Zitiert: Bearbeiter in: Schlegel/Voelzke, SGB XII, § […] Rn. […]

Schlegel, Rainer/ Voelzke, Thomas

Juris PraxisKommentar
SGB IV, Sozialgesetzbuch Viertes Buch
- Gemeinsame Vorschriften zur Sozialversicherung -
2. Auflage, Saarbrücken, 2011
Zitiert: Bearbeiter in: Schlegel/Voelzke, Juris Praxis-Kommentar, SGB IV, § […] Rn. […]

Schleusener, Aino/ Suckow, Jens/ Voigt, Burkhard

AGG
Kommentar zum Allgemeinen Gleichbehandlungsgesetz
3. Auflage, Köln, 2011
Zitiert: Bearbeiter in: Schleusener/Suckow/Voigt, § […] Rn. […]

Schmidt, Marlene/ Senne, Daniela

Das gemeinschaftsrechtliche Verbot der Altersdiskriminierung und seine Bedeutung für das deutsche Arbeitsrecht
RdA 2002, 80–89

Schmidt, Thomas

Zum Nachweis einer Diskriminierung im Einstellungsverfahren-Auskunftsanspruch des abgelehnten Bewerbers durch die Hintertür?
ZESAR 2012, 417–421

Schneider, Jens-Peter

Verwaltungsrechtliche Instrumente des Sozialstaates
VVDStRL 64, Der Sozialstaat in Deutschland und Europa, Berichte und Diskussionen auf der Vereinigung der Deutschen Staatsrechtslehrer in Jena vom 06. bis 09. Oktober 2004, 238–273

Schollmeyer, Mario

Derivative Teilhabe Studierender an sozialen Transferleistungen im Gemeinschaftsrecht -Zugleich Besprechung von EuGH C-158/07, Jaquelin Förster v Hoofddirectie van de Informatie Beheer Groep, Urt. v. 18.11.2008 (Große Kammer)-
DVBl. 2009, 823–829

Schönberger, Christoph Die Unionsbürgerschaft als Sozialbürgerschaft
Aufenthaltsrecht und soziale Gleichbehandlung von Unionsbürgern im Regelungssystem der Unionsbürgerrichtlinie
ZAR 2006, 226–231

Schönberger, Christoph Unionsbürger
Europas föderales Bürgerrecht in vergleichender Sicht
Tübingen, 2005
Zitiert: Schönberger, Unionsbürger, (S.)

Schreiber, Frank Europäische Sozialrechtskoordinierung und Arbeitslosengeld II-Anspruch
NZS 2012, 647–652

Schreiber, Frank Die Bedeutung des Gleichbehandlungsanspruchs aus Art. 12 i.V.m. Art. 18 EGV für Grundsicherungsleistungen (SGB II und SGB XII)
ZESAR 2006, 423–431

Schreiber, Frank Anmerkung zum Urteil des EuGH vom 19.9.2013, Rs. C-140/12 Pensionsversicherungsanstalt ./. Peter Brey
ZESAR 2014, 44–48

Schreiber, Frank/ Wunder, Annett/ Dern, Susanne VO (EG) Nr. 883/2004
Europäische Verordnung zur Koordinierung der Systeme der sozialen Sicherheit, Kommentar
München, 2012
Zitiert: Bearbeiter in: Schreiber/Wunder/Dern, Art. […] Rn. […]

Schuler, Rolf Das Internationale Sozialrecht der Bundesrepublik Deutschland
Grundlagen und systematische Zusammenschau des für die Bundesrepublik Deutschland geltenden Internationalen Sozialrechts
Baden-Baden, 1988
Zitiert: Schuler, Das Internationale Sozialrecht, (S.)

Schuler, Rolf Zwischenstaatliche und gemeinschaftsrechtliche Sozialrechtsintegration im Vergleich
EuR 1985, 113–137

Schulte, Bernd	Anmerkung zum Urteil des EuGH vom 13.09.2011, Rs. C-447/09 (Prigge, Fromm, Lambach/Deutsche Lufthansa AG) ZESAR 2012, 398–400
Schulte, Bernd	Das Sozialrecht in der Rechtsprechung des Europäischen Gerichtshofs im Jahre 2011 Jahrbuch des Sozialrechts, Band 33, 2012, 509–540
Schulte, Bernd	Das Sozialrecht in der Rechtsprechung des Europäischen Gerichtshofs in den Jahren 2004 und 2005 Jahrbuch des Sozialrechts, Band 27 (2005/2006), 619–658
Schulte, Bernd	Einführung in die Thematik der Tagung: Freizügigkeit und soziale Sicherheit in: Bernd Schulte/Klaus Barwig (Hrsg.), Freizügigkeit und Soziale Sicherheit Die Durchführung der Verordnung (EWG) Nr. 1408/71 über die soziale Sicherheit der Wanderarbeitnehmer in Deutschland Baden-Baden, 1999, 39–88 Zitiert: Schulte in: Schulte/Barwig, Freizügigkeit und Soziale Sicherheit, 39 (S.)
Schulte, Bernd	Europäisches Sozialrecht als Gegenstand rechtswissenschaftlicher Forschung in: Bernd Baron von Maydell/Bernd Schulte (Hrsg.), Zukunftsperspektiven des Europäischen Sozialrechts, Berlin, 1995, 45–110 Zitiert: Schulte in: von Maydell/Schulte, Zukunftsperspektiven, 45 (S.)
Schulte, Bernd	50 Jahre Römische Verträge-50 Jahre Europäisches Sozialrecht-Teil 2 ZFSH/SGB 2007, 323–330
Schulte, Bernd	Die neue europäische Sozialrechtskoordinierung (Teil I) -Die Verordnungen (EG) Nr. 883/04 und Nr. 987/09- ZESAR 2010, 143–154
Schulte, Bernd	Die neue europäische Sozialrechtskoordinierung (Teil II)-Die Verordnungen (EG) Nr. 883/04 und Nr. 987/09 - ZESAR 2010, 202–216

Schulte, Bernd 50 Jahre Römische Verträge-50 Jahre Europäisches Sozialrecht-Teil 1
ZFSH/SGB 2007, 259–270

Schulte, Bernd Soziale Daseinsvorsorge und Europäisches Gemeinschaftsrecht-Teil 1
Dienstleistungsfreiheit und gesundheitliche und soziale Dienstleistungen in der Europäischen Union
ZFSH/SGB 2006, 719–732

Schulte, Bernd Soziale Daseinsvorsorge und Europäisches Gemeinschaftsrecht-Teil 2
Dienstleistungsfreiheit und gesundheitliche und soziale Dienstleistungen in der Europäischen Union
ZFSH/SGB 2007, 13–27

Schulte, Bernd Die Geschichte der Reform der Verordnung (EWG) Nr. 1408/71
in: Die Reform des Europäischen koordinierenden Sozialrechts
Von der VO (EWG) Nr. 1408/71 zur VO (EG) Nr. 883/2004, Deutsche Rentenversicherung Bund in Zusammenarbeit mit dem Max-Planck-Institut für ausländisches und internationales Sozialrecht (Hrsg.)
Bearbeiter: Dr. Bernd Schulte, Ulrike Kraus, Matthias Hauschild
DRV-Schriften Band 71 (Februar 2007), 9–19

Schulte, Bernd Politik der Aktivierung, Recht auf Teilhabe und das „EU-Recht auf Jobsuche im Ausland“: Herausforderungen für das Europäische Koordinierungsrecht (Teil I)
ZESAR 2014, 58–69

Schulz, Guido Freizügigkeit für Unionsbürger
Frankfurt am Main, 1997
Zitiert: Schulz, Freizügigkeit für Unionsbürger, (S.)

Schulz, Otto Maastricht und die Grundlagen einer Europäischen Sozialpolitik;
Der Weg-Die Verhandlungen-Die Ergebnisse-Die Perspektiven
Köln, Berlin, Bonn, München, 1996
Zitiert: Schulz, Maastricht und die Grundlagen einer Europäischen Sozialpolitik, (S.)

Schulze, Reiner/ Zuleeg, Manfred/ Kadelbach, Stefan
Europarecht
Handbuch für die deutsche Rechtspraxis
2. Auflage, Baden-Baden, 2010
Zitiert: Bearbeiter in: Schulze/Zuleeg/Kadelbach, § […] Rn. […]

Schüren, Peter/ Wilde, Anna
Die neue Entsendebescheinigung A-1 und die Voraussetzungen ihrer Erteilung
NZS 2011, 121–124

Schwarze, Jürgen
Die Abwägung von Zielen der europäischen Integration und mitgliedstaatlichen Interessen in der Rechtsprechung des EuGH
EuR 2013, 253–271

Schwarze, Jürgen (Hrsg.)/Becker, Ulrich/Hatje, Armin/Schoo, Johann (Mitherausgeber)
EU-Kommentar
2. Auflage, Baden-Baden, 2009
Zitiert: Bearbeiter in: Schwarze, EU-Kommentar, Art. […] Rn. […]

Schweitzer, Michael/ Hummer, Waldemar/ Obwexer, Walter
Europarecht
Das Recht der Europäischen Union
Wien, 2007
Zitiert: Schweitzer/Hummer/Obwexer, Europarecht, Rn. […]

Seifert, Achim
Zur Horizontalwirkung sozialer Grundrechte
EuZA 2013, 299–311

Seifert, Achim
Mangold und kein Ende-die Entscheidung der Großen Kammer des EuGH v. 19.1.2010 in der Rechtssache Kücükdeveci
EuR 2010, 802–810

Semmelmann, Constanze
Die Grenzen der Unionsbürgerschaft im Urteil Förster
EuR 2009, 683–692

Sendler, Hans
Themenbereich Krankenversicherung
Einführender Diskussionsbeitrag
in: Bernd Schulte/Hans F. Zacher (Hrsg.), Wechselwirkungen zwischen dem Europäischen Sozialrecht und dem Sozialrecht der Bundesrepublik Deutschland, Colloquium des Max-Planck-Instituts für ausländisches und internationales Sozialrecht, München, zusammen mit dem Bundesministerium für Arbeit und Sozialordnung, Bonn, in Augsburg am 05. und 06. November 1990
Berlin, 1991, 169–176
Zitiert: Sendler in: Schulte/Zacher, Wechselwirkungen, 169 (S.)

Sinn, Hans-Werner
Sozialunion, Migration und die europäische Verfassung –
Rede beim Munich Economic Summit am 18. Juni 2004,
57. Jahrgang-ifo Schnelldienst 13/2004, 13–16

Skidmore, Paul
EC Framework Directive on Equal Treatment in Employment: Towards a Comprehensive Community Anti-Discrimination Policy?-Council Directive 2000/78/EC of 27 November 2000 establishing a general framework for equal treatment in employment and occupation
ILJ 2001, 126–132

Sommer, Erik
Der Einfluss der Freizügigkeit auf Namen und Status von Unionsbürgern
-Zu den Auswirkungen des Gemeinschaftsrechts auf hinkende Rechtslagen im Internationalen Familien- und Namensrecht -
Jena, Univ., Diss., 2009
Zitiert: Sommer, Freizügigkeit, (S.)

Spaventa, Eleanor/ Dougan, Michael
Social Welfare and EU Law
Oxford and Portland, Oregon, 2005
Zitiert: Bearbeiter in: Spaventa/Dougan, Social Welfare, (S.)

Spiegel, Bernhard

Die neue europäische Sozialrechtskoordinierung
Überlegungen zur Verordnung (EG) Nr. 883/2004
in: Die Reform des Europäischen koordinierenden Sozialrechts
Von der VO (EWG) Nr. 1408/71 zur VO (EG) Nr. 883/2004, Deutsche Rentenversicherung Bund in Zusammenarbeit mit dem Max-Planck-Institut für ausländisches und internationales Sozialrecht (Hrsg.)
Bearbeiter: Dr. Bernd Schulte, Ulrike Kraus, Matthias Hauschild
DRV-Schriften Band 71 (Februar 2007), 25–70
Zitiert: Spiegel, DRV-Schriften Band 71 (2007), 25 (S.)

Spiegel, Bernhard

Die neue europäische Sozialrechtskoordinierung
Wie neu ist die Verordnung 883/2004?
Allgemeine Überlegungen
in: Das neue Sozialrecht der EU,
Franz Marhold (Hrsg.)
Wien, 2005, 9–38
Zitiert: Spiegel in: Marhold, Sozialrecht der EU, 9 (S.)

Spiegel, Bernhard

Die neue europäische Sozialrechtskoordinierung-Überlegungen zur Verordnung (EG) Nr. 883/2004
ZIAS 2006, 85–145

Stalder, Patricia

Antidiskriminierungsmaßnahmen der Europäischen Gemeinschaft nach Art. 13 EG-Vertrag
– unter besonderer Berücksichtigung der Rassismusbekämpfung und des Minderheitenschutzes-
Bonn, 2001
Zitiert: Stalder, Antidiskriminierungsmaßnahmen, (S.)

Steinebach, Alexandra/ Günes, Levent

Prekärer Aufenthaltsstatus? Ausweisungsschutz von Unionsbürgern und
Drittstaatsangehörigen in der EU-ein Überblick
ZAR 2010, 97–101

Steiner, Udo

Das Deutsche Arbeitsrecht im Kraftfeld von Grundgesetz und Europäischem Gemeinschaftsrecht
NZA 2008, 73–77

Steinmeyer, Heinz-Dietrich Die Einstrahlung im internationalen Sozialversicherungsrecht
Kollisionsnormen für ins Inland entsandte Arbeitnehmer und vergleichbare Selbständige
Berlin, 1981
Zitiert: Steinmeyer, Einstrahlung, (S.)

Steinmeyer, Heinz-Dietrich Gesundheitsreform in den Mitgliedstaaten der Europäischen Union
in: Zentrum für Europäisches Wirtschaftsrecht (ZEW), Vorträge und Berichte, Sammelband Nr. 83, Sammelband: Vorträge des 8. Bonner Europa-Symposions, Die Krankenversicherung in der Europäischen Union, Bonn 9. Dezember 1996,
Bonn, 1997, 1–31
Zitiert: Steinmeyer in: ZEW Nr. 83, 1 (S.)

Stenslik, Bastian-Peter Diskriminierende Arbeitgeberkündigungen und die europäischen Diskriminierungsverbote
Schriften zum Sozial- und Arbeitsrecht, Band 286
Berlin, 2010
Zitiert: Stenslik, Diskriminierende Arbeitgeberkündigungen (S.)

Stewen, Susanne Die Entwicklung des allgemeinen Freizügigkeitsrechts der Unionsbürger und seiner sozialen Begleitrechte
Tübingen, 2011
Zitiert: Stewen, Freizügigkeitsrecht und soziale Begleitrechte, (S.)

Stöbener, Patricia Sarah Kompetenzen ohne Grenzen-Der Vorschlag der EU-Kommission zur Frauenquote für Aufsichtsräte
EuZW 2013, 371–377

Stork, Florian Das Anti-Diskriminierungsrecht der Europäischen Union und seine Umsetzung in das deutsche Zivilrecht,
Peter Lang, 2006
Zitiert: Stork, Anti-Diskriminierungsrecht der EU, (S.)

Streinz, Rudolf Die Freizügigkeit für Sportlehrer im Binnenmarkt
in: Georg Crezelius/ Heribert Hirte/ Klaus Vieweg (Hrsg.),
Festschrift für Volker Röhricht zum 65. Geburtstag, Gesellschaftsrecht, Rechnungslegung, Sportrecht

Köln, 2005, 1239–1254
Zitiert: Streinz in: Crezelius/Hirte/Vieweg, FS für Röhricht, 1239 (S.)

Streinz, Rudolf
EUV/EGV
Vertrag über die Europäische Union und Vertrag zur Gründung der Europäischen Gemeinschaft, München, 2003
Zitiert: Bearbeiter in: Streinz, EUV/EGV, Art. […] Rn. […]

Streinz, Rudolf
Auswirkungen des Europarechts auf das deutsche Staatskirchenrecht
in: die Staat-Kirche-Ordnung im Blick auf die Europäische Union,
Essener Gespräche zum Thema Staat und Kirche 31 (1997), begründet von Joseph Krautscheidt, Heiner Marré, herausgegeben von Heiner Marré, Dieter Schümmelfelder, Burkhard Kämper
Münster, 1997, 53–84
Zitiert: Streinz in: Essener Gespräche 31 (1997), 53 (S.)

Streinz, Rudolf
Europarecht
8. Auflage, 2008
Zitiert: Streinz, Europarecht, Rn. […]

Streinz, Rudolf/ Ohler, Christoph/ Herrmann, Christoph
Der Vertrag von Lissabon zur Reform der EU
Einführung mit Synopse
3. Auflage, München, 2010
Zitiert: Streinz/Ohler/Herrmann, Vertrag von Lissabon, (S.)

Streit, Arnold
Das Abkommen über den Europäischen Wirtschaftsraum
NJW 1994, 555–558

Tagger, Jörg
Die Erweiterung-Herausforderung für die Sozialrechtskoordinierung
in: Franz Marhold (Hrsg.)
Das neue Sozialrecht der EU,
Wien, 2005, 79–96
Zitiert: Tagger in: Marhold, Sozialrecht der EU, 79 (S.)

Temming, Felipe Altersdiskriminierung im Arbeitsleben
Eine rechtsmethodische Analyse
München, 2008
Zitiert: Temming, Altersdiskriminierung im Arbeitsleben, (S.)

Tempelmann, Achim/ Stenslik, Bastian-Peter Altersgrenzenregelungen im Arbeitsrecht
DStR 2011, 577–581

Tettinger, Peter J. Rechtsprechungslinien des Bundesverfassungsgerichts zu Höchstaltersgrenzen als berufsbezogene Regelungen in: Konrad-Adenauer-Stiftung e.V. (Hrsg.), Wie lange dürfen wir arbeiten? Gesetzliche Altersgrenzen als Verfassungsproblem, Zukunftsforum Politik Nr. 70, 85–109, Sankt Augustin, 2006
Zitiert: Tettinger in: KAS, Zukunftsforum Politik Nr. 70, 85 (S.)

Tettinger, Peter J./ Stern, Klaus (Hrsg.) Kölner Gemeinschaftskommentar zur Europäischen Grundrechte-Charta, München, 2006
Zitiert: Bearbeiter in: Tettinger/Stern, Kölner Gemeinschaftskommentar zur Europäischen GRCh, Art. […] Rn. […]

Tettinger, Peter J./ Erbguth, Wilfried/ Mann, Thomas Besonderes Verwaltungsrecht
Kommunalrecht, Polizeirecht und Ordnungsrecht, Baurecht
10. Auflage, Heidelberg

Thüsing, Gregor Blick in das europäische und ausländische Arbeitsrecht
RdA 2008, 51–56

Thüsing, Gregor Arbeitsrechtlicher Diskriminierungsschutz
Das neue Allgemeine Gleichbehandlungsgesetz und andere arbeitsrechtliche Benachteiligungsverbote
München 2007
Zitiert: Thüsing, Arbeitsrechtlicher Diskriminierungsschutz, (S.)

Thüsing, Gregor Unmittelbare Wirkung der Anti-Diskriminierungsrichtlinien?-Urteil im Verfahren Kücükdeveci (C-555/07) v. 19.1.2010
RdA 2010, 187–190

Thüsing, Gregor Following the U.S. Example: European Employment Discrimination Law and the Impact of Council Directives 2000/43/EC and 2000/78/EC
IJCLLIR 2003, 187–218

Thüsing, Gregor Zulässige Ungleichbehandlung weiblicher und männlicher Arbeitnehmer-Zur Unverzichtbarkeit i.S. des § 611 a Abs. 1 Satz 2 BGB
RdA 2001, 319–325

Thüsing, Gregor Der Fortschritt des Diskriminierungsschutzes im Europäischen Arbeitsrecht
– Anmerkungen zu den Richtlinien 2000/43/EG und 2000/78/EG
ZfA 2001, 397–418

Thüsing, Gregor Handlungsbedarf im Diskriminierungsrecht-Die Umsetzungserfordernisse auf Grund der Richtlinien 2000/78/EG und 2000/43/EG
NZA 2001, 1061–1064

Thüsing, Gregor Richtlinienkonforme Auslegung und unmittelbare Geltung von EG-Richtlinien im Anti-Diskriminierungsrecht
NJW 2003, 3441–3445

Thüsing, Gregor Das Arbeitsrecht der Zukunft?-Die deutsche Umsetzung der Anti-Diskriminierungsrichtlinien im internationalen Vergleich
NZA 2004, Sonderbeilage Heft 22, 3–16

Thym, Daniel Die Reichweite der EU-Grundrechte-Charta-Zu viel Grundrechtsschutz?
NVwZ 2013, 889–896

Thym, Daniel Sozialleistungen für und Aufenthalt von nichterwerbstätigen Unionsbürgern
NZS 2014, 81–90

Tiedemann, Michael Pflicht zur Vorabgenehmigung der grenzüberschreitenden Inanspruchnahme von Gesundheitsleistungen in der EU
ZESAR 2012, 14–22

Tiedemann, Michael Die Regelungen der Patientenrechte-Richtlinie zur grenzüberschreitenden Inanspruchnahme von Gesundheitsdienstleistungen in der EU
ZFSH/SGB 2011, 462–474

Tiedemann, Michael Aktuelle Rechtsprechung zur europäischen Koordinierung der Systeme der sozialen Sicherheit
ZFSH/SGB 2012, 266–276

Tomuschat, Christian Anmerkung zum Urteil des EuGH, Rs. C-85/96 (María Martínez Sala), CMLR, 37 (2000), 449–457

Triebel, Matthias Bekämpfung von Diskriminierungen nach Art. 13 EG
ZESAR 2007, 211–216

Triebel, Matthias Das europäische Religionsrecht am Beispiel der arbeitsrechtlichen Anti-Diskriminierungsrichtlinie 2000/78/EG
Frankfurt/Main, 2005
Zitiert: Triebel, Das europäische Religionsrecht (S.)

Tyson, Adam The Negotiation of the European Community Directive on Racial Discrimination
EJML, vol. 3 (2001), 199–229

Uffmann, Katharina Altersdiskriminierung bei der Sozialauswahl-eine Gratwanderung auf unionsrechtlich schwankendem Boden-Besprechungsaufsatz zu den BAG Urteilen vom 28.06.2012–6 AZR 682/10, DB0491656 und vom 15.12.2011–2 AZR 42/10, DB0480433 –
SAE 2013, 1–8

Van Overmeiren, Filip/ Eichenhofer, Eberhard/ Verschueren, Herwig trESS Training and reporting on European Social Security
Analytical Study 2011-Social security coverage of non-active persons moving to another Member State
Gent, 2011
Zitiert: Van Overmeiren/Eichenhofer/Verschueren, tress Analytical Study 2011, 1–54

Voigt, Dieter Die Reform des koordinierenden europäischen Sozialrechts (Teil II u. Schluss)
– Anmerkungen aus der Sicht der deutschen gesetzlichen Kranken-, Unfall- und Alterssicherung –
ZESAR 2004, 121–127

Waas, Bernd Die neue EG-Richtlinie zum Verbot der Diskriminierung aus rassischen oder ethnischen Gründen im Arbeitsverhältnis
ZIP 2000, 2151–2155

Wachter, Gustav Anmerkung zum Urteil des EuGH vom 05.07.2012, Rs. C-141/11 (Torsten Hörnfeldt/Posten Meddelande AB)
ZESAR 2013, 129–133

Waddington, Lisa/ Bell, Mark More Equal Than Others: Distinguishing European Union Equality Directives
CMLR, vol. 38 (2001), 587–611

Wahle, Corinna Der allgemeine Gleichheitssatz in der Europäischen Union
Neuere Entwicklungen und Perspektiven unter Berücksichtigung der Europäischen Menschenrechtskonvention (EMRK) sowie der Rechtsordnungen Deutschlands, Frankreichs und Großbritanniens
Osnabrück, Univ., Diss., 2002
Zitiert: Wahle, Der allgemeine Gleichheitssatz in der Europäischen Union, (S.)

Waldhoff, Christian Kirchliche Selbstbestimmung und Europarecht
JZ 2003, 978–986

Wallrab, Annette Die Verpflichteten der Gemeinschaftsgrundrechte-Umfang und Grenzen der Bindung der Europäischen Gemeinschaft und der Mitgliedstaaten an die Grundrechte des Europäischen Gemeinschaftsrechts –
Baden-Baden, 2004
Zitiert: Wallrab, Die Verpflichteten der Gemeinschaftsgrundrechte, (S.)

Waltermann, Raimund Verbot der Altersdiskriminierung-Richtlinie und Umsetzung
NZA 2005, 1265–1270

Waltermann, Raimund Sozialrecht
9. Auflage, Heidelberg, 2011
Zitiert: Waltermann, Sozialrecht, Rn. […]

Waltermann, Raimund
Übergang vom Erwerbsleben in den Ruhestand und arbeitsrechtliche Altersgrenzen
in: Reinhard, Richardi/ Hermann Reichold (Hrsg.), Altersgrenzen und Alterssicherung im Arbeitsrecht-Wolfgang Blomeyer zum Gedenken
München, 2003, 495–515
Zitiert: Waltermann in: Richardi/Reichold, GS Blomeyer, 495 (S.)

Wanders, Wilhelm
Freizügigkeit statt Sozialunion-Zur Kompetenz der Sozialrechtsintegration in der Gemeinschaft-
EuR 1985, 138–157

Warnecke, Frank
Koordinierendes Arbeitsförderungsrecht und Freizügigkeit, EU und USA im Vergleich
Baden-Baden, 1995
Zitiert: Warnecke, Koordinierendes Arbeitsförderungsrecht, (S.)

Watermann, Friedrich
Die Neuregelung der Entschädigung von Berufskrankheiten nach der EWG-Verordnung Nr. 8/63
BG 1963, 321–327

Watson, Philippa
Social Security Law of the European Communities
London, 1980
Zitiert: Watson, Social Security Law of the European Communities, (S.)

Weber, Claus
Das Verbot altersbedingter Diskriminierung nach der Richtlinie 2000/78/EG-eine neue arbeitsrechtliche Dimension
AuR 2002, 401–405

Weber, Sebastian
Anmerkung zum Urteil des EuGH vom 14.06.2012, Rs. C-542/09 (Europäische Kommission/Königreich der Niederlande)
ZESAR 2013, 44–47

Weber, Sebastian
Anmerkung zum Urteil des EuGH vom 05.05.2011, Rs. C-206/10 (Kommission/Deutschland)
ZESAR 2012, 288–291

Weiß, Wolfgang
Grundrechtsschutz durch den EuGH: Tendenzen seit Lissabon
EuZW 2013, 287–292

Welte, Hans-Peter Inanspruchnahme von Sozialhilfeleistungen durch Unionsbürger und deren Familienangehörigen
ZAR 2009, 229–233

Welte, Hans-Peter Von der Ausweisung zur Rechtsverlustfeststellung bei Unionsbürgern
ZAR 2009, 336–345

Welti, Felix Behinderung und Rehabilitation im sozialen Rechtsstaat
Freiheit, Gleichheit und Teilhabe behinderter Menschen
Tübingen, 2005
Zitiert: Welti, sozialer Rechtsstaat, (S.)

Wendeling-Schröder, Ulrike Der Prüfungsmaßstab bei Altersdiskriminierungen
NZA 2007, 1399–1405

Wendtland, Carsten Der sozialrechtliche Begriff des gewöhnlichen Aufenthalts im gemeinschaftsrechtlichen Kontext
ZESAR 2013, 435–439

Wenger, Frank Die Unionsbürgerschaft als aufenthaltsrechtlicher „Hebel"?
NVwZ 2002, 1342–1343

Wernsmann, Rainer Bindung Privater an Diskriminierungsverbote durch Gemeinschaftsrecht
JZ 2005, 224–233

Wesseling, Anke Die Europäischen Antidiskriminierungsrichtlinien zwischen Privatautonomie und Gleichheitsgrundsatz
Analyse, Umsetzung und Auswirkungen der Richtlinien 2000/43/EG, 2000/78/EG und 2004/113/EG im deutschen Zivilrecht
Univ., Diss., Bonn, 2009
Zitiert: Wesseling, Europäische Antidiskriminierungsrichtlinien, (S.)

Whittle, Richard European Communities and EEA
Disability Discrimination and the Amsterdam Treaty
ELR 1998, 50–58

Whittle, Richard The Framework Directive for equal treatment in employment and occupation: an analysis from a disability rights perspective
ELR 2002, 303–326

Whittle, Richard/ Bell, Mark Between social policy and Union citizenship: the Framework Directive on equal treatment in employment
ELR 2002, 677–691

Wiedemann, Herbert Die Gleichbehandlungsgebote im Arbeitsrecht
Tübingen, 2001
Zitiert: Wiedemann, Gleichbehandlungsgebote, (S.)

Wiedemann, Herbert/ Thüsing, Gregor Fragen zum Entwurf eines zivilrechtlichen Anti-Diskriminierungsgesetzes
DB 2002, 463–470

Wiedemann, Herbert/ Thüsing, Gregor Der Schutz älterer Arbeitnehmer und die Umsetzung der Richtlinie 2000/78/EG
NZA 2002, 1234–1242

Wienbracke, Mike „Innerhalb der Union ist die Freizügigkeit der Arbeitnehmer gewährleistet"-eine aktuelle Bestandsaufnahme zu Art. 45 AEUV –
EuR 2012, 483–510

Wiesbrock, Anja Legal Migration to the European Union
Leiden, 2010
Zitiert: Wiesbrock, Legal Migration, (S.)

Wildasin, David E. Wirtschaftliche Integration und der Sozialstaat-Rede beim Munich Economic Summit am 18. Juni 2004,
57. Jahrgang-ifo Schnelldienst, 17/2004, 18–23

Willms, Benno Soziale Sicherung durch Europäische Integration – Auswirkungen des Gemeinschaftsrechts auf Ansprüche gegen deutsche Sozialleistungsträger
Baden-Baden, 1990
Zitiert: Willms, Soziale Sicherung, (S.)

Windisch-Graetz, Michaela Anmerkung zum Urteil des Obersten Gerichtshofs in Österreich vom 21.07.2011–10 ObS 172/10g
ZESAR 2012, 189–192

Windisch-Graetz, Michaela Europäisches Krankenversicherungsrecht
Wien, 2003
Zitiert: Windisch-Graetz, Europäisches Krankenversicherungsrecht, (S.)

Winter, Regine Deutliche Worte des EuGH im Grundrechtsbereich
NZA 2013, 473–477

Wollenschläger, Ferdinand Grundfreiheit ohne Markt
Die Herausbildung der Unionsbürgerschaft im unionsrechtlichen Freizügigkeitsregime, Tübingen, 2007
Zitiert: Wollenschläger, Grundfreiheit ohne Markt, (S.)

Wollenschläger, Ferdinand Kommunalabgabenrecht unter europäischem Einfluss: Die Zweitwohnungsteuer auf dem Prüfstand des Gemeinschaftsrechts
NVwZ 2008, 506–513

Wollenschläger, Ferdinand Anmerkung zum EuGH, Urt. v. 07.09.2004-C-456/02 (Michel Trojani)
EuZW 2005, 309–312

Wollenweber, Hinnerk Das „Mangold“-Urteil und die unmittelbare Wirkung gemeinschaftsrechtlicher Diskriminierungsverbote im deutschen Arbeitsrecht
Berlin, 2008
Zitiert: Wollenweber, Diskriminierungsverbote, (S.)

Wulff, Otto Rechtliche Herausforderungen einer alternden Gesellschaft
in: Jörg Ennuschat/Jörg Geerlings/Thomas Mann/Johann-Christian Pielow (Hrsg.), Wirtschaft und Gesellschaft im Staat der Gegenwart,
Gedächtnisschrift für Peter J. Tettinger,
Köln, 2007, 645–659
Zitiert: Wulff in: Ennuschat/Geerlings/Mann/Pielow, GS für Tettinger, 645 (S.)

Wyatt, Derrick/ Dashwood, Alan/ Arnull, Anny/ Ross, Malcolm Wyatt and Dashwood’s
European Union Law
4. Auflage, London, 2000
Zitiert: Wyatt/Dashwood, European Union Law, (S.)

Zacher, Hans F. Wechselwirkungen zwischen dem Europäischen Sozialrecht und dem Sozialrecht der Bundesrepublik Deutschland-Einführungsreferat aus sozialrechtlicher Sicht, in: Bernd Schulte/Hans F. Zacher (Hrsg.), Wechselwirkungen zwischen dem Europäischen Sozialrecht und dem Sozialrecht der Bundesrepublik Deutschland, Colloquium des Max-Planck-Instituts für ausländisches und internationales Sozialrecht, München, zusammen mit dem Bundesministerium für Arbeit und Sozialordnung, Bonn, in Augsburg am 05. und 06. November 1990, Berlin, 1991, 11–26
Zitiert: Zacher in: Schulte/Zacher, Wechselwirkungen zw. EU- und BRD Sozialrecht, 11 (S.)

Zacher, Hans F. 1. Abschnitt
Ziele der Alterssicherung und Formen ihrer Verwirklichung
in: Hans F. Zacher (Hrsg.), Alterssicherung im Rechtsvergleich,
Baden-Baden, 1991, 25–113
Zitiert: Zacher in: Zacher, Alterssicherung im Rechtsvergleich, 25 (S.)

Zange, Julia Diskriminierung bei Berechnung einer Sozialplanabfindung-Nicht wegen des Alters, wohl aber wegen Schwerbehinderung
NZA 2013, 601–605

Zapf, Sebastian Zivilrechtliche Diskriminierungsnormen
Eine rechtsethische und rechtstheoretische Untersuchung
Göttingen, 2009
Zitiert: Zapf, Zivilrechtliche Diskriminierungsnormen, (S.)

Ziegenhorn, Gero Kontrolle von mitgliedstaatlichen Gesetzen „im Anwendungsbereich des Unionsrechts“ am Maßstab der Unionsgrundrechte
NVwZ 2010, 803–808

Zöllner, Wolfgang Altersgrenzen beim Arbeitsverhältnis jetzt und nach Einführung eines Verbots der Altersdiskriminierung
in: Reinhard, Richardi/ Hermann Reichold (Hrsg.), Altersgrenzen und Alterssicherung im Arbeitsrecht-Wolfgang Blomeyer zum Gedenken
München, 2003, 517–533
Zitiert: Zöllner in: Richardi/Reichold, GS Blomeyer, 517 (S.)

Zuleeg, Manfred Der Inhalt des Art.13 EGV in der Fassung des Vertrags von Amsterdam
in: Europaforum Wien, Art. 13, Bekämpfung der Diskriminierungen: Orientierungen für die Zukunft, Konferenzdokumentation, 03./04. Dezember 1998
Wien, 1999, 104–106
Zitiert: Zuleeg in: Europaforum, Bekämpfung der Diskriminierungen, 104 (S.)

Teil 1 Einleitung

A. Allgemeine Einleitung

Die Europäische Union umfasst derzeit 28 Mitgliedstaaten.[1] Die Erweiterung der Union um neue Mitgliedstaaten ist begleitet von Wanderungsbewegungen. Gründe für zukünftige Wanderungsströme sind u.a. in den Unterschieden im Lebensstandard, in der geographischen Nähe zu den ehemals 15 Mitgliedstaaten der Europäischen Union und der gemeinsamen Unionsbürgerschaft[2] zu sehen.[3] Die Zuwanderung[4] in die ehemals 15 Mitgliedstaaten der Europäischen Union soll sich durch die Erweiterung bis 2019 um insgesamt 1,5 bis 2,0 Mio. Menschen

---

1 Als neuer EU-Mitgliedstaat ist Kroatien am 01.07.2013 der Europäischen Union beigetreten.

2 Nach Art. 20 Abs. 1 S. 2 AEUV ist Unionsbürger, wer die Staatsangehörigkeit eines Mitgliedstaats besitzt. Unionsbürgerschaft und Staatsangehörigkeit eines Mitgliedstaats sind somit untrennbar miteinander verbunden. Allerdings können die Mitgliedstaaten ihre Staatsangehörigkeit für die Zwecke des Unionsrechts eigenständig definieren und daher Unionsbürger, die eigentlich staatsrechtlich nicht ihre Staatsangehörigen sind, durch Verschaffung der Staatsangehörigkeit zu Unionsbürgern machen. Vgl. dazu *Schönberger*, Unionsbürger, 299. *Calliess,* EuR Beiheft 1/2007, 7 (19 f.), weist zutreffend darauf hin, dass die Mitgliedstaaten wegen der untrennbaren Verbundenheit von Staatsangehörigkeit und Unionsbürgerschaft die Konsequenzen im Blick haben müssen, die sich daraus für den persönlichen Anwendungsbereich der Unionsbürgerschaft ergeben. Sie sollten daher bei ihrer Einbürgerungspolitik die Interessen der anderen Mitgliedstaaten und der Europäischen Union beachten. Dies ergibt sich nicht zuletzt aus der Loyalitätsverpflichtung des Art. 4 Abs. 3 EUV (ex Art. 10 EG). Vgl. zur Entstehungsgeschichte der Unionsbürgerschaft und zu dem Vorschlag in der Literatur den Status als Unionsbürger an den Wohnort gem. Art. 1 lit. j) VO 883/2004 zu knüpfen und eben gerade nicht an die Staatsangehörigkeit *Stewen,* Freizügigkeitsrecht und soziale Begleitrechte, 11 ff., 23 ff., 25 ff., Stewen lehnt diesen Vorschlag letztlich ab.

3 *Ménil,* 57. Jahrgang – ifo Schnelldienst 14/2004, 15 (15).

4 Dabei weist *Martin,* Ausländer ohne Aufenthaltsrecht, 27 daraufhin, dass es sich bei dem Begriff „Zuwanderung“ um eine rein deutsche Begrifflichkeit handelt, für den es international keine genaue Entsprechung gibt. Demgegenüber sei der Begriff „Migration“ international anerkannt.

aus den neuen Mitgliedstaaten der Europäischen Union erhöhen.[5] Insgesamt sollen in die Europäische Union bis zum Jahr 2060 ca. 60,0 Mio. Menschen zuwandern.[6] Unter diesen Zuwanderern befinden sich in Zukunft höchstwahrscheinlich auch viele Rentner.[7] Gründe dafür können die steigende Lebenserwartung der Menschen und der daraus resultierende hohe Anteil älterer Menschen an der Gesamtbevölkerung sein.[8] Die Europäische Union prognostiziert bereits, dass im Jahr 2060 jeder dritte Unionsbürger über 65 Jahre alt sein wird.[9] Die Lebenserwartung wird erheblich ansteigen (bei Frauen im Jahr 2060 auf 89,1 Jahre und bei Männern auf 84,6 Jahre).[10] Sind die Rentner in der Lage, neben dem Bezug der Altersrente einen Beruf auszuüben, was aufgrund eines bereits gesunkenen und auch zukünftig weiterhin sinkenden Rentenniveaus[11] in den Mitgliedstaaten der Europäischen Union zunehmend notwendig erscheint, so müssen die Arbeitsmärkte flexibel genug sein, um sie aufzunehmen.[12] Als nicht erwerbstätige Rentner könnten sie im Aufnahmestaat Sozialleistungen erhalten. Dass insgesamt Handlungsbedarf besteht, ältere Menschen und somit auch Rentner in ihren Rechten zu stärken und auf ihre Belange Rücksicht zu nehmen, hat das

---

5 Dabei kommen diese nach einer Studie von Alvarez-Plata, Sinn, Boeri aus Bulgarien, Estland, Lettland, Litauen, Polen, Rumänien, der Slowakei, Slowenien, der Tschechischen Republik und Ungarn. Vgl. dazu *Ménil*, 57. Jahrgang – ifo Schnelldienst 14/2004, 15 (15).

6 Vgl. „2012 Ageing Report – Economic and budgetary projections for the 27 EU Member States (2010–2060)", besprochen in ZESAR 2012, 356 (356).

7 Was genau sich hinter dem Begriff Rentner verbirgt und welche Gruppe daher in der folgenden Ausarbeitung im Zentrum steht, wird unter Teil 2 „Nichterwerbstätige Rentner" und „Rentner im Nebenerwerb" im Fokus untersucht. Der „Rentner" ist dabei geschlechtsneutral zu verstehen.

8 Vgl. dazu *Mann* in: Tettinger/Stern, Kölner Gemeinschaftskommentar zur Europäischen GRCh, Art. 25 Rn. 8; *Gitter/Boerner*, ZFSH/SGB 1991, 637 (638). Vgl. auch *Wulff* in: Ennuschat/Geerlings/Mann/Pielow, GS für Tettinger, 645 (646). Wulff prognostiziert, dass im Jahre 2050 in Deutschland der Anteil der 60-jährigen an der Gesamtbevölkerung doppelt so hoch sein werde, wie derjenige der unter 20-jährigen.

9 Vgl. *Europäische Kommission*, Active ageing, 27.

10 Vgl. dazu „2012 Ageing Report – Economic and budgetary projections for the 27 EU Member States (2010–2060)", besprochen in ZESAR 2012, 356 (356).

11 Vgl. *Kommission Gesetzliche Rentenversicherung*, Deutscher Sozialgerichtstag, Sozialrecht, 221.

12 *Ménil*, 57. Jahrgang – ifo Schnelldienst 14/2004, 15 (16).

Europäische Parlament bereits frühzeitig erkannt.[13] Welche Rechte den Rentnern nach dem europäischen Sekundärrecht in Bezug auf den Schutz vor Diskriminierung aufgrund des Alters und der Freizügigkeit sowie die Inanspruchnahme von Sozialleistungen und sozialen Vergünstigungen zukommen und welchen Regelungen diese in den angesprochenen Konstellationen unterliegen, ist der Untersuchungsgegenstand.

B. Inhaltsüberblick

Gegenstand der Arbeit ist es, anhand von ausgewählten Sekundärrechtsakten der Europäischen Union, welche sich mit Diskriminierungen aufgrund des Alters, der Freizügigkeit innerhalb der Europäischen Union, des Anspruches auf Sozialleistungen und sozialen Vergünstigungen beschäftigten, zu analysieren, ob der Schutzgehalt dieser Rechtsakte für Rentner auf europäischer Ebene ausreichend ist. Sollte dies möglicherweise nicht bzw. nicht hinreichend der Fall sein, wird weiterführend untersucht, wo im Einzelnen die Schwachpunkte der verschiedenen europäischen Sekundärrechtsakte liegen und inwieweit die Rechtsakte einer Modifizierung zugänglich sind.

Unter „sekundäres Unionsrecht" versteht man die Rechtsakte der Union, die gestützt auf die in den Unionsverträgen (dem primären Unionsrecht[14]) enthaltenen Ermächtigungen gesetzt worden sind. Als sekundäres Unionsrecht lassen

---

13 Vgl. Entschließung des Europäischen Parlaments zur Stellung und den Problemen älterer Menschen in der Europäischen Gemeinschaft vom 18.02.1982, ABl. 1982 Nr. C 66/71 ff.; Entschließung des Europäischen Parlaments über gemeinschaftliche Aktionen zugunsten älterer Menschen v. 12.11.1990, ABl. 1990 Nr. C 284/146.

14 Zum primären Unionsrecht gehören neben den Europäischen Gründungsverträgen in ihrer aktuellen Fassung, weitere völkerrechtliche Vereinbarungen zwischen den Mitgliedstaaten sowie die allgemeinen Grundsätze des Unionsrechts, vgl. *Schulte*, ZFSH/SGB 2006, 719 (722).

sich Verordnungen (VO)[15], Richtlinien (RL)[16], Beschlüsse[17], Empfehlungen und Stellungnahmen sowie sonstige Rechtsakte anführen.

C. Gang der Untersuchung

Üblicherweise fokussiert sich die Literatur im Europäischen Sekundärrecht auf den Arbeitnehmer, so dass viele Abhandlungen einen direkten Wirtschaftsbezug aufweisen. Aus diesem Grund werden in der vorliegenden rechtlichen Analyse der Rentner als Nichterwerbstätiger und der Rentner im Nebenerwerb in das Zentrum der Betrachtungen gestellt. Eine Untersuchung über europäische Sekundärrechtsakte, die den Rentner im Speziellen betreffen, ist bisher nicht erfolgt. Im Blickfeld stehen insgesamt vier Sekundärrechtsakte in ihrem Schutzumfang für nichterwerbstätige Rentner und Rentner im Nebenerwerb, um für diese in Zukunft immer bedeutender werdende Gruppe sekundärrechtlich Regelungsanstöße zu entwickeln und ggf. vorhandene Lücken zu schließen. Zu Beginn steht die These, dass europäische Rentner nur in sehr beschränktem Umfang vom Sekundärrecht vor Altersdiskriminierungen, Beschränkungen der Freizügigkeit und dem Verlust ihrer erworbenen Leistungsansprüche sowie dem Verlust von sozialen Vergünstigungen geschützt werden und es daher noch Spielraum für den Erlass von Empfehlungen und Änderungsvorschlägen gibt.

---

15 VO sind abstrakt-generelle Regelungen, die in allen Teilen verbindlich sind und unmittelbar in jedem Mitgliedstaat gelten, vgl. Art. 288 Abs. 2 AEUV. Vgl. zu den einzelnen Tatbestandsmerkmalen unter Abgrenzung zur RL *Haltern*, Europarecht, Rn. 661 ff.; vgl. zur VO auch *Herdegen*, Europarecht, § 8 Rn. 35; *Schmidt* in: von der Groeben/Schwarze, EU-/EG-Vertrag, Art. 249 EG Rn. 28 ff.

16 RL sind grundsätzlich nur hinsichtlich des von ihnen angestrebten Ziels verbindlich und überlassen es im Übrigen den Mitgliedstaaten, die zur Verwirklichung dieser Ziele geeigneten und notwendigen Mittel, d.h. die entsprechenden Umsetzungsmaßnahmen i.d.R. innerhalb einer in der RL bestimmten Frist für die Umsetzung, zu ergreifen. Bei der RL handelt es sich somit um ein zweistufiges Verfahren: Auf der ersten Stufe wird das Regelungsprogramm mit Verbindlichkeit für die Mitgliedstaaten erlassen (die eigentliche RL). Auf der zweiten Stufe setzen die Mitgliedstaaten den Richtlinieninhalt durch innerstaatliche Rechtsakte in nationales Recht um (nationale Durchführungsbestimmungen). Vgl. zur RL Art. 288 Abs. 3 AEUV. Vgl. ebenfalls *Schmidt* in: von der Groeben/Schwarze, EU-/EG-Vertrag, Art. 249 EG Rn. 36 ff.; *Herdegen*, Europarecht, § 8 Rn. 36.

17 Beschlüsse richten sich gem. Art. 288 Abs. 4 AEUV an bestimmte Adressaten, sind in allen Teilen nur für diese verbindlich. Sie lösen daher die vormals existierende Entscheidung ab. Vgl. dazu *Geiger/Khan/Kotzur*, EUV/AEUV, Art. 288 Rn. 21.

Die Abhandlung stellt in ihrem Aufbau zunächst den Sekundärrechtsakt vor und ermittelt anschließend auf welcher Rechtsgrundlage dieser beruht. Hierbei wird auf die Notwendigkeit der Rechtsgrundlage eingegangen und eruiert, ob diese eine konkrete und hinreichende Rechtsgrundlage für den Rechtsakt darstellt. Im Weiteren wird untersucht, ob bei dem Erlass des Sekundärrechtsakts die Vorgaben der Rechtsgrundlage Berücksichtigung fanden. Dabei wird eine Analyse der sich speziell aus dem Wortlaut der Rechtsgrundlage ergebenen Restriktionen vorgenommen. Danach erfolgt eine Prüfung der unmittelbaren Anwendbarkeit der Rechtsgrundlage. Im Anschluss werden die Verfahrensanforderungen der Rechtsgrundlage für den Erlass des Sekundärrechtsakts erläutert. Weiterführend wird der Geltungsbereich der Ermächtigungsgrundlage vorgestellt, unterteilt in persönlichen und sachlichen Geltungsbereich. Dem folgend wird der Regelungsgehalt der Sekundärrechtsakte – unterteilt in Erfüllung genereller Restriktionen bei Erlass des Sekundärrechtsakts (Subsidiaritätsgrundsatz, Verhältnismäßigkeitsgrundsatz, die Pflicht zur Benennung der Vertragsartikel und den Bestimmtheitsgrundsatz), der Aufbau, die Zielsetzung und der Geltungsbereich – vorgestellt. Sollten Ausnahmen vom sachlichen Geltungsbereich oder Rechtfertigungsmöglichkeiten zulässig sein, werden diese inhaltlich benannt und in ihrem Schutzumfang für den Rentner bewertet. Anschließend werden die besonderen Vorschriften der Sekundärrechtsakte in Bezug auf deren Rechtsdurchsetzung, Rechtsfolgen und deren unmittelbare Anwendbarkeit geprüft.

Nach einer kritischen Auseinandersetzung mit den Sekundärrechtsakten, werden Empfehlungen sowie Änderungsvorschläge in einer abschließenden Stellungnahme für den Unionsgesetzgeber unterbreitet. Abschließend wird eine thesenartige Zusammenstellung der Ergebnisse der Untersuchung mit Gesamtbewertung zur Bestätigung oder Verwerfung der eingangs gestellten These vorgenommen.

Teil 2 „Nichterwerbstätige Rentner“ und „Rentner im Nebenerwerb“ im Fokus

Vorab ist für die Bestimmung des Fokus der rechtlichen Analyse zu klären, ob es tatsächlich wissenschaftlich interessant ist, „ältere Menschen“ in das Zentrum der Betrachtungen zu stellen. Dazu ist es zunächst notwendig, den Begriff des „älteren Menschen“ zu definieren. Eng verbunden mit dem Begriff des „älteren Menschen“ ist der des Alters. Eine allgemein verbindliche Begriffsdefinition des Merkmals „Alter“, die allen erdenklichen Erscheinungsformen Rechnung tragen kann, ist derzeit nicht eruierbar, dennoch werden verschiedene Ansätze zur Umschreibung dieses Begriffs herangezogen.[18] Das biologische Alter wird als vergangene Zeit des Lebens eines Menschen beschrieben.[19] Nach dieser Definition sind auch jüngere Menschen unter den Begriff des „Alters“ zu fassen,[20] so dass Kinder, junge Menschen und alle sonstigen Altersstufen vom Begriff des Alters erfasst sind.[21]

---

18 Vgl. dazu weiterführend *Mann*, Altersdiskriminierung, 5. Mann zählt hierzu beispielhaft ein kalendarisches, biologisches, psychisch-intellektuelles, soziales und administratives Alter auf. Überzeugend stellt Mann im Rahmen einer sozialwissenschaftlichen (8 f.), gesellschaftspolitischen (9 ff.) und volkswirtschaftlichen (14 ff.) Analyse mögliche Folgen einer alternden Bevölkerung für die älteren Menschen selbst und die Gesellschaft insgesamt dar. Vgl. auch *Müller*, Alter und Recht, 33 ff., der bis auf das administrative Alter sämtliche von Mann gewählten Altersbegriffe erläutert.

19 *Von Hoff*, Verbot der Altersdiskriminierung, 54; *Thüsing*, NZA, Sonderbeilage zu Heft 22/2004, 3 (12), der bei der Definition des Begriffs Alter sich auf den Entwurf des Antidiskriminierungsgesetzes zur Umsetzung der Vorgaben der Antidiskriminierungsrichtlinien in Deutschland bezieht. Vgl. zur Definition des biologischen Alters *Mann*, Altersdiskriminierung, 5 f. Dieser beschreibt das biologische Alter umfassender als „Gesamtheit der morphologischen, biochemischen und funktionellen Veränderungen“, die sich als „irreversible Veränderungen der lebendigen Substanz“, als Funktion der Zeit im Lebensverlauf darstellen und „seelischgeistige Erscheinungen“ sowie den sozialen Kontext mit einbeziehen.

20 *Bauer*, NJW 2001, 2672 (2673); *Korthaus*, das neue Antidiskriminierungsrecht, 55. Vgl. *Przeszlowska*, EuZA 2013, 96 (98).

21 *Groß*, Rechtfertigung einer Altersdiskriminierung, 36; *Stork*, Anti-Diskriminierungsrecht der EU, 95. Vgl. ebenfalls *Thüsing*, NZA, Sonderbeilage zu Heft 22/2004, 3 (12), der im Zusammenhang mit dem Entwurf zum deutschen Antidiskriminierungsgesetz

Grundsätzlich ist das Leben des Menschen in bestimmte Altersstufen einteilbar, die sich aus dem Wachstumsstand eines Organismus ergeben und sich insb. an Veränderungen der Gewebe und Organe sowie typischen psychischen und physischen Merkmalen festmachen lassen.[22] Mit „Alter“ wird häufig, aber nicht durchgängig, nur der letzte Abschnitt des Lebens vor dem „Greisenalter“ bezeichnet.[23] Da schon der Begriff „Alter“ weit gefasst ist,[24] stellt es sich als besonders schwierig dar, den „älteren Menschen“ begrifflich zu bestimmen. In der Regel werden zumindest die Älteren im Arbeitsrecht definiert als eine Beschäftigtengruppe, die sich dem Ruhestand annähert.[25] Eine genaue Bestimmung dieser Gruppe nach Lebensjahren ist nicht möglich, da die Einstufung als jünger oder älter von diversen Faktoren wie Berufsbranche, Grad individueller Bildung, Alterszusammensetzung der Belegschaft usw. abhängt.[26] Bei dem Begriff „ältere Menschen“ handelt es sich insoweit um einen „relativen Begriff“.[27] So existieren das chronologische, soziale

---

anführt, dass das Merkmal Alter keine Altersbeschränkung nach „oben oder nach unten hin“ enthält, sondern vielmehr jeder Arbeitnehmer vom Begriff Alter umfasst wird „unabhängig von einem Mindest- oder Höchstalter“.

22 *Brock Haus*, Band 1, „Alter“, 625.

23 *Stork*, Anti-Diskriminierungsrecht der EU, 95. Vgl. *Jarass*, EU-Grundrechte, § 28 Rn. 4, der vorsichtig darauf hinweist, dass altersbedingte Einschränkungen nicht eher als bei dem 40. Lebensjahr häufiger auftreten und man erst ab diesem Zeitpunkt von einem älteren Menschen sprechen könne. Allerdings weist auch Jarass darauf hin, dass im Normalfall der Schutz älterer Menschen nicht vor dem Rentenalter gewährt werde. Vgl. *Rothermund/Mayer*, Altersdiskriminierung, 32, die anführen, dass Altersdiskriminierung vordergründig die Diskriminierung von Menschen mit einem hohen Lebensalter und somit eine Benachteiligung Älterer meint.

24 Siehe auch *Mann*, Altersdiskriminierung, 6. Mann resümiert, dass es sich bei dem Alter um eine „relative Größe“ handele. Ebenso *Nußberger* in: KAS (Hrsg.), Zukunftsforum Politik Nr. 70, 49 (49).

25 *Körner*, NZA 2008, 497 (497). Ebenso *Mann* in: Tettinger/Stern, Kölner Gemeinschaftskommentar zur Europäischen GRCh, Art. 25 Rn. 11, der ebenfalls davon ausgeht, dass ältere Menschen zumindest i. S. des Art. 25 GRCh Menschen am Ende des Berufslebens seien, also Personen ab 60 Jahren. Siehe *Hölscheidt* in: Meyer, GRCh, Art. 25 Rn. 10. A.A. *Rothermund/Mayer*, Altersdiskriminierung, 49. Diese differenzieren je nach Branche und weisen darauf hin, dass z. B. in der Werbebranche bereits jemand als älterer Arbeitnehmer gelte, wenn er 35 bis 49 Jahre alt ist. Dem gegenüber würden Arbeitnehmer ansonsten erst ab 50 bis 55 Jahre als ältere Menschen bezeichnet.

26 Vgl. *Körner*, NZA 2008, 497 (497); *Nußberger* in: KAS (Hrsg.), Zukunftsforum Politik Nr. 70, 49 (57).

27 *Kingreen* in: Calliess/Ruffert, EUV/AEUV, Art. 25 GRC Rn. 2. Vgl. *Mann* in: Tettinger/Stern, Kölner Gemeinschaftskommentar zur Europäischen GRCh, Art. 25 Rn. 11,

und ökonomische Altern.[28] Die weite Auslegung des Begriffs der „älteren Menschen" ist nach Abwägung des Für und Wider als zu unbestimmt und weitläufig anzusehen, um ihn dieser Untersuchung zu Grunde legen zu können. Die vorliegende rechtliche Analyse konzentriert sich daher auf Rentner, da diese je nach mitgliedstaatlichem Recht als feste Gruppe ausgemacht werden können, wenn sie das Rentenzugangsalter bzw. die Regelaltersgrenze, das bzw. die von Mitgliedstaat zu Mitgliedstaat variiert, erreicht haben.[29] In der Gruppe der Rentner, welche die

---

der anführt, dass die von dem Begriff „ältere Menschen" umfasste Personengruppe „nicht trennscharf" bestimmt werden könne. Vgl. ebenso *Hölscheidt* in: Meyer, GRCh, Art. 25 Rn. 10. Hölscheidt betont, dass sich der Begriff „ältere Menschen" nicht „exakt definieren" lasse.

28 Vgl. bei *Schirrmacher*, Methusalem-Komplott, zum sozialen Altern 90 ff. und zum ökonomischen Altern 107 ff. Vgl. ebenfalls *Kingreen* in: Calliess/Ruffert, EUV/AEUV, Art. 25 GRC Rn. 2.

29 Im Folgenden wird das Alter bezogen auf den regelmäßigen Rentenbeginn in den Mitgliedstaaten der Europäischen Union nach „Land Regelaltersgrenze Männer/Regelaltersgrenze Frauen" aufgelistet. Die Angaben erfolgen in vollen Jahren. Zusätzliche Monate werden nach dem Komma berücksichtigt. Sollte der regelmäßige Rentenbeginn zwischen Männern und Frauen nicht unterschiedlich sein, unterbleibt eine Differenzierung. Belgien 65; Bulgarien 63,8/60,8; Tschechische Republik 62,6/61,4–57,4 (je nach Anzahl der Kinder); Dänemark 65; Deutschland 67; Estland 63/62 (schrittweise Erhöhung für beide Geschlechter bis auf 65 im Jahr 2026); Griechenland 67 (bei 15 Versicherungsjahren), 62 (bei 40 Versicherungsjahren); Spanien 65–65,1 (Anhebung auf 65 oder 67 im Jahr 2027 je nach Beitragszeit); Frankreich 60–65 und 65–67 (je nach Erfüllung Versicherungszeiten); Irland 65 oder 66; Italien 66,3/62,3; Zypern 65; Lettland 62; Litauen 62,10/60,8; Luxemburg 65; Ungarn 62 (schrittweise Erhöhung bis auf 65 im Jahr 2022); Malta 60–65; Niederlande 65,1; Österreich 65/60 (stufenweise Erhöhung bis auf 65 im Jahr 2033); Polen 65/60 (ab 01.01.2013 schrittweise Erhöhung bis auf 67); Portugal 65; Rumänien 64,6/59,6 (schrittweise Erhöhung auf 65/63 im Jahr 2015/2030); Finnland 65 (Volksrente-flexibel 63–68 einkommensbezogene Rente); Slowenien 65; Slowakei 62; Schweden flexibel zwischen 61 und 67 (mit Zustimmung des Arbeitgebers über 67 Jahre hinaus); Vereinigtes Königreich 65/60 (ab April 2010 schrittweise Erhöhung bis auf 65 im Jahr 2018; ab 2020 für beide Geschlechter 66 Jahre). Vgl. zu den Zahlen MISSOC, Vergleichende Tabellen Datenbank zur sozialen Sicherheit in den Mitgliedstaaten der EU; abrufbar unter: http://www.missoc.org/MISSOC/INFORMATIONBASE/COMPARATIVETABLES/MISSOCDATABASE/comparativeTableSearch_de.jsp (Abrufdatum: 08.12.2013); im Anschluss anklicken „Alle EU-Länder" bei der Auswahl der zu vergleichenden Länder und unter „VI. Alter" unter dem Ordner „VI. Alter" den Ordner „Bedingungen" und den Ordner „Gesetzlichen Altersgrenzen" anklicken. Dann werden die Ergebnisse in HTML wiedergegeben und haben den aktuellen Stand vom 01. Januar 2013.

Regelaltersgrenze überschritten haben, lassen sich zwei Untergruppen ausmachen: Zum einen die Rentner, welche keiner Tätigkeit nachgehen und daher im Folgenden als „nichterwerbstätige Rentner“ und zum anderen diejenigen, die sich als Rentner in einem abhängigen Beschäftigungsverhältnis befinden und im Folgenden daher „Rentner im Nebenerwerb“ genannt werden.[30] Im Zentrum dieser Arbeit steht die Frage, inwieweit diese beiden Rentnergruppen und der arbeitsuchende Rentner durch die Sekundärrechtsakte in Bezug auf die Altersdiskriminierung, die Beschränkung der Freizügigkeit, die erworbenen Ansprüche auf Sozialleistungen und soziale Vergünstigungen geschützt werden. Zielgerichtet werden zentrale ausgewählte Sekundärrechtsakte der Europäischen Union untersucht. Bei dem Rentner im Nebenerwerb besteht, wie bei jedem anderen Arbeitnehmer, die Gefahr der Diskriminierung durch seinen Arbeitgeber. Im Besonderen sind bei Rentnern Diskriminierungen aufgrund des Alters denkbar. Im Rahmen des vierten und sechsten Teils der Untersuchung werden als Sonderkonstellationen der verbleibeberechtigte Rentner und der daueraufenthaltsberechtigte Rentner betrachtet.

Selbstverständlich sind Altersdiskriminierungen nicht die einzige Möglichkeit Rentner zu diskriminieren. So können diese auch unmittelbar wegen ihres Geschlechts ungleich behandelt werden. Beispielhaft ist hierfür die nach Art. 7 Abs. 1 lit. a) RL 79/7/EWG auch heute noch zulässige Festlegung unterschiedlicher, für Frauen früherer Renteneintrittsalter zu nennen.[31] Darüber hinaus

---

30 Die Abgrenzung zwischen beiden Rentnergruppen ist nicht ganz einfach und kann teilweise „gekünstelt“ wirken. So gibt es viele Überschneidungspunkte. Die Abgrenzung ist, wie die vorliegende Arbeit zeigen wird, unter Umständen sehr schwierig. Es könnte die Frage aufgeworfen werden, ob die Unterscheidung in die Gruppe der „nichterwerbstätigen Rentner“ und der „Rentner im Nebenerwerb“ tragfähig ist. Zum einen wird, vielfach nur der „Rentner im Nebenerwerb“ vom Sekundärrechtsakt erfasst, insb. wenn dieser vordergründig einen Wirtschaftsbezug aufweist. Der „Rentner im Nebenerwerb“ stellt letztlich einen Arbeitnehmer dar. Der „nichterwerbstätige Rentner“ ist ein wirtschaftlich inaktiver Unionsbürger bzw. Ruhestandsrentner. Der Rentner kann auch als ehemaliger Arbeitnehmer angesehen werden, der dann unter den persönlichen Geltungsbereich des Sekundärrechtsakts fällt. Dies kommt z. B. in Betracht, wenn er ein Verbleiberecht im Aufnahmemitgliedstaat besitzt. Dann stellt der verbleibeberechtigte Rentner nichts anderes dar, als ein Arbeitnehmer, der im Wohnsitzstaat aus dem Arbeitsleben ausgeschieden ist. In der Ausarbeitung wird, trotz dieser Einwände, diese Unterscheidung beibehalten, da sich nur so Unterschiede zwischen den beiden Gruppen im Schutzumfang der zu untersuchenden Sekundärrechtsakte veranschaulicht darstellen und erklären lassen.

31 So eröffnet Art. 7 Abs. 1 lit. a) RL 79/7/EWG den Mitgliedstaaten die Möglichkeit im Bereich der Festsetzung des Rentenalters für die Gewährung der Altersrente oder

Ruhestandsrente und damit verbundene etwaige Auswirkungen auf andere Leistungen für Frauen und Männer Ausnahmen vom Grundsatz der Gleichbehandlung vorzusehen. Vgl. zur RL 79/7/EWG ausführlich *Langenfeld* in: Grabitz/Hilf, 50. Ergänzungslieferung, Art. 157 Rn. 126 ff, insb. 135. Vgl. *Langenfeld*, Gleichbehandlung, 188, 265 f. Siehe *Bieback* in: Fuchs, Europäisches Sozialrecht, 6. Auflage, Teil 6, Art. 7 RL 79/7/ EWG, Rn. 5f. Siehe *Ebert*, Gleichstellung, 128, 153 ff. Dabei weisen *Kocher/Skowron*, ZESAR 2012, 274 (275 ff.) zutreffend darauf hin, dass wenn die Mitgliedstaaten Art. 7 Abs. 1 lit. a) RL 79/7/EWG anwenden, sie in regelmäßigen Abständen zu prüfen haben, ob dies „unter Berücksichtigung der sozialen Entwicklung in dem Bereich gerechtfertigt ist". In diesem Zusammenhang analysieren sie kritisch unter Bezugnahme auf ein bestätigendes Urt. des polnischen Verfassungsgerichtshofs die Zulässigkeit der polnischen Regelungen zum unterschiedlichen Renteneintrittsalter von Frauen und Männern. Sie weisen unter Bezugnahme auf Sondervoten darauf hin, dass biologische Unterschiede zwischen Mann und Frau nicht geeignet sind ein ungleiches Rentenalter zu rechtfertigen. Auch verweisen sie auf die Rechtsprechung des EuGH, wonach Art. 7 Abs. 1 lit. a) RL 79/7/EWG eng auszulegen sei. Siehe zu Art. 7 Abs. 1 lit. a) RL 79/7/EWG *Husmann*, ZESAR 2014, 70 (70, 74, 76 f., 78 ff.) der eine Fortgeltung der Vorschrift bis zum Jahr 2040 als gerade noch hinnehmbar erachtet. Insgesamt konstatiert Husmann, dass die RL nur unvollkommen den Rentner vor Diskriminierungen schütze und daher aufgrund des Art. 23 Abs. 1 Grundrechtecharta stark reformbedürftig sei. Die Fortgeltung der Ausnahmevorschriften des Art. 7 Abs. 1 lit. b), c) und d) sei vor dem Hintergrund des Art. 23 Grundrechtecharta nicht mehr tragbar. Für eine solche bestünden keine objektiven Rechtfertigungsgründe. Darüber hinaus kritisiert Husmann, dass die RL nicht dieselben Zweige der sozialen Sicherheit wie Art. 3 Abs. 1 VO 883/2004 erfasse. Vgl. zur Diskriminierung des Geschlechts bei der betrieblichen Altersversorgung *Rolfs*, SR 2013, 41 (47). Ebenfalls eine Diskriminierung wegen des Geschlechts dürfte vorliegen, wenn die Möglichkeit des vorgezogenen Renteneintritts für Frauen (z. B. § 237 a Abs. 2 SGB VI nach deutschem Recht) als Bezugspunkt für eine Kürzung von Abfindungen nach einem von den Betriebsparteien geschlossenen Sozialplan bei betriebsbedingten Kündigungen genommen wird. Vgl. dazu *Zange*, NZA 2013, 601 (603). Vgl. auch EuGH Urt. v. 18.11.2010 Rs. C-356/09 (Pensionsversicherungsanstalt/Christine Kleist) NJW 2011, 39. In der Rechtssache Kleist hat der EuGH entschieden, eine Regelung, die es Arbeitgebern erlaubte, zur Förderung der Beschäftigung jüngerer Menschen den Arbeitnehmern zu kündigen, die einen Anspruch auf Alterspension erworben haben, eine unmittelbare Diskriminierung aufgrund des Geschlechts darstelle, wenn Frauen schon mit 60 Jahren und Männer erst mit 65 Jahren zwangsweise in den Ruhestand geschickt werden könnten. Dies verstoße gegen Art. 3 Abs. 1 lit. c) RL 76/207/EWG vom 09.02.1976 (ABl. EG 1976 Nr. L 39/40 ff.) in der durch die RL 2002/73/EG vom 23.09.2002 (ABl. EG Nr. L 269/15 ff.) geänderten Fassung. Bestätigt hat der EuGH diese Rechtsprechung noch einmal im Urt. v. 12.09.2013 Rs. C-614/11 (Niederösterreichische Landes- Landwirtschaftskammer/Anneliese Kuso) NZA 2013, 1071 (1071 ff.). In dieser Rechtssache urteilte er,

ermöglicht Art. 7 Abs. 1 lit. a) RL 79/7/EWG, dass Auswirkungen aus der unterschiedlichen Festsetzung des Renteneintrittsalters neben dem Bezug einer Alters- oder Ruhestandsrente ab diesem Zeitpunkt auch auf andere Leistungen der sozialen Sicherheit[32] im Zusammenhang mit dem Eintritt in den Ruhestand vom Anwendungsbereich des Gleichbehandlungsgrundsatzes ausgenommen sind, wenn diese anderen Leistungen ebenfalls an das unterschiedliche Renteneintrittsalter anknüpfen.[33] Als mittelbare Geschlechtsdiskriminierung ist hierbei die unterschiedliche Behandlung von Vollzeit- und Teilzeitbeschäftigten im Hinblick auf Leistungen

---

dass eine Dienstordnung, die vorsehe, dass das Arbeitsverhältnis durch Erreichen des Pensionsantrittsalters ende, das nach dem Geschlecht der Arbeitnehmer unterschiedlich festgesetzt war, eine unzulässige unmittelbare Diskriminierung i. S. der zuvor genannten Richtlinien darstelle. Dies gelte auch, wenn die Dienstordnung Bestandteil eines vor dem Beitritt des betreffenden Mitgliedstaats zur Union geschlossenen Arbeitsvertrags sei, wenn der Arbeitnehmer das Pensionsantrittsalter nach dem Beitritt erreicht habe. Vgl. dazu auch *Junker*, RIW 2014, 2 (5 f.).

32 Vgl. dazu *Bieback* in: Fuchs, Europäisches Sozialrecht, 6. Auflage, Teil 6 RL 79/7/EWG, Art. 7 Rn. 7. Siehe auch EuGH Urt. v. 20.10.2011 Rs. C-123/10 (Waltraud Brachner/Pensionsversicherungsanstalt) ZESAR 2013, 78 (78). In dieser Rechtssache hat der EuGH festgestellt, dass ein System der jährlichen Pensionsanpassung in den Geltungsbereich der RL 79/7/EWG und somit unter das Diskriminierungsverbot von Art. 4 Abs. 1 RL fällt. Der EuGH stellte fest, dass wenn das nationale Gericht zum Ergebnis kommen sollte, dass der Ausschluss von Kleinstpensionen von der außerordentlichen Erhöhung, tatsächlich geeignet war, einen erheblich höheren Prozentsatz weiblicher als männlicher Pensionsbezieher zu benachteiligen, dass dann diese Benachteiligung weder mit dem früheren Pensionsanfallalter erwerbstätiger Frauen, noch mit der bei ihnen längeren Bezugsdauer der Pension oder damit gerechtfertigt werden könne, dass auch der Ausgleichszulagerichtsatz für das Jahr 2008 überproportional erhöht wurde.

33 Vgl. *Langenfeld*, Gleichbehandlung, 188. Vgl. auch *Bieback* in: Fuchs, Europäisches Sozialrecht, 6. Auflage, Teil 6 RL 79/7/EWG, Art. 7 Rn. 8. So liegt nach Bieback z. B. eine mittelbare Diskriminierung vor, wenn Leistungen der sozialen Sicherheit Frauen mit dem früheren Renteneintrittsalter versagt werden und für die Frauen somit der Zwang besteht, eine frühere, möglicherweise mit Abschlägen verbundene und somit niedrigere Rente zu beziehen. Demgegenüber seien nach der Rechtsprechung des EuGH Auswirkungen, die notwendige, erforderliche, angemessene und zwangsläufige Konsequenzen der ungleichen Renteneintrittsalter seien und an den tatsächlichen Bezug von Altersrenten anknüpfen und objektiv erforderlich sind, um eine Gefahr für das finanzielle Gleichgewicht des Systems der sozialen Sicherheit zu verhindern oder um die Kohärenz zwischen den Ruhestandsrenten und dem System der anderen Leistungen zu gewährleisten, gerechtfertigt. Siehe auch *Ebert*, Gleichstellung, 168 der Teilzeitbeschäftigte generell als „Verlierer der Rechtsprechung des Europäischen Gerichtshofs" bezeichnet. Vgl. *Husmann*, ZESAR 2014, 70 (77).

im Zusammenhang mit dem Ruhestand zu nennen. So können nationale Regelungen Teilzeitbeschäftigte diskriminieren, wenn sie als Beitragszeiten für den Erwerb von z. B. Rentenansprüchen nur Zeiträume berücksichtigen, in denen tatsächlich gearbeitet worden ist.[34] Teilzeitbeschäftigte sind nach wie vor überwiegend Frauen.[35] So sind statistisch gesehen, in Zukunft größtenteils Frauen aufgrund ihres

---

34 Der EuGH hat dem einen Riegel vorgeschoben und gefordert, dass die Zeiten zur Berechnung eines Anspruchs auf Altersversorgung bei einem Teilzeitbeschäftigten so zu berechnen seien, als hätte dieser eine Vollzeitstelle inne gehabt. Arbeitsfreie Zeiträume sollen insoweit in vollem Umfang Berücksichtigung finden. Vgl. dazu EuGH Urt. v. 10.06.2010 Rs. C-395/08 und Rs. C-396/08 [Istituto nazionale della previdenza sociale (INPS)] zitiert nach Juris Rn. 66. Da der unterschiedliche Umfang der Arbeitsleistung bei Teil- und Vollzeitbeschäftigten ein objektives Kriterium darstelle, sei allerdings eine anteilige Kürzung der Altersversorgung von Teilzeitbeschäftigten zulässig. Vgl. dazu *Kovàcs*, ZESAR 2013, 176 (177) unter Verweis auf EuGH Urt. v. 10.06.2010 Rs. C-395/08 und Rs. C-396/08 [Istituto nazionale della previdenza sociale (INPS)].

35 Vgl. zu der Problematik eingehend *Langenfeld*, Gleichbehandlung, 215. Vgl. zur mittelbaren Diskriminierung die Rechtssache Bilka, zusammengefasst in *Europäische Kommission*, Sammelwerk Gleichbehandlung, 81 ff.; *Ebert*, Gleichstellung, 144 ff. Vgl. zu der Problematik auch *Langenfeld* in: Grabitz/Hilf, 50. Ergänzungslieferung, Art. 157 Rn. 31, 39, 98. Siehe auch zur Judikatur des EuGH im Bereich der mittelbaren Diskriminierung von Teilzeitbeschäftigten, die überwiegend Frauen sind, *Przeszlowska*, EuZA 2013, 96 (100). Vgl. zur Problematik der Versorgung von geringfügig Beschäftigten, die überwiegend Frauen sind, bei denen eine soziale Absicherung über die Hinterbliebenenversicherung in der Rentenversicherung und über die Familienversicherung in der Gesetzlichen Krankenversicherung in Deutschland erfolgt und „Minijob" gleichzusetzen sei mit „Minirente" *Griese/Preis/Kruchen*, NZA 2013, 113 (113 f.). Vgl. zur RL 1999/70/EG und zum Urt. des EuGH v. 26.01.2012 Rs. C-586/10 (Kücük) auch *Junker*, EuZA 2013, 3 (5 ff.). Vgl. zu den negativen Auswirkungen von Teilzeitarbeit im Hinblick auf eine Ungleichbehandlung von zumeist Frauen auch *Langenfeld*, DVBl. 2010, 1019 (1024). Dennoch sind auch positive Tendenzen im Hinblick auf die Gleichbehandlung bzw. Förderung der Frau in der Europäischen Politik zu erkennen. Erzielt diese ein höheres Einkommen hat sie eine höhere Rente und ist nicht mehr von ihrem Mann abhängig. Diesbezüglich ist der Vorschlag der EU-Kommission zur Frauenquote für Aufsichtsräte zu nennen, vgl. hierzu kritisch *Stöbener*, EuZW 2013, 371 (372 ff.), welche diesen als Verstoß gegen Europarecht, mangels Rechtsgrundlage und Einhaltung des Subsidiaritätsprinzips erachtet. Siehe auch EuGH Urt. v. 22.11.2012 Rs. C-385/11 (Moreno/Instituto Nacional de la Seguridad Social) ZESAR 2013, 85 (85). Der EuGH hat hier eine nationale Regelung für mit Art. 4 RL 79/7/EWG unvereinbar gehalten, nach welcher Teilzeitbeschäftigte, bei denen es sich überwiegend um Frauen handelt, gegenüber

häufig irregulären und unterbrochenen beruflichen Werdegangs und damit verbunden geringeren Rentenansprüchen als Männer von Altersarmut betroffen.[36]

Auch sind Diskriminierungen neben dem Geschlecht aufgrund anderer Merkmale der RL 2000/78/EG denkbar, wie z. B. aufgrund einer Behinderung[37] des Rentners oder aufgrund von dessen sexueller Ausrichtung[38]. Dies alles sind wichtige Themen, die den Rentner in seinem täglichen Leben betreffen. Dennoch

---

Vollzeitbeschäftigten proportional längere Beitragszeiten zurücklegen mussten, um einen Anspruch auf eine beitragsbezogene Altersrente zu haben, deren Höhe proportional zu ihrer Arbeitszeit herabgesetzt war. Siehe dazu auch *Junker*, RIW 2014, 2 (4).

36 Siehe *Europäische Kommission*, Active ageing, 28, 53, 63. Die Europäische Kommission führt weitere Faktoren für eine Altersarmut von Frauen an, wie z. B. das Frauen statistisch gesehen eine höhere Lebenserwartung als Männer aufweisen oder das ihnen oft die häusliche Pflege und Betreuung von Verwandten obliegt.

37 Vgl. zum Begriff der Behinderung EuGH Urt. v. 11.04.2013 Rs. C-335/11, C-337/11 NZA 2013, 553 (556). Siehe dazu *Junker*, RIW 2014, 2 (8), der darauf verweist, dass die Rs. klarstelle, dass die RL angeborene, aus Unfällen resultierende und auch solche Behinderungen erfasse, die durch eine Krankheit verursacht worden sind. Vgl. zum Diskriminierungsmerkmal Behinderung im Unionsrecht und einzelnen Mitgliedstaaten der EU auch *Franke/Steinel*, ZESAR 2012, 157 (159 f.).

38 Mit diesem Diskriminierungsmerkmal wurde der Schutz vor Diskriminierungen auch auf Trans- und Homosexuelle erstreckt. Vgl. *Ebert*, Gleichstellung, 132. Vgl. zu den Äußerungen eines Geschäftsführers eines Fußballclubs, mit denen er die Einstellung bzw. Verpflichtung eines homosexuellen Profifußballspielers ausschloss. EuGH Urt. v. 25.04.2013 Rs. C-81/12 (Asociatia ACCEPT/Consiliul National pentru Combaterea Discriminarii). Das Urt. ist abgedruckt in EuGH, NZA 2013, 891 (891 ff.). Vgl. zur Besprechung des Urt. *Benecke/Böglmüller*, EuZW 2013, 474 (474 f.). Siehe *Junker*, RIW 2014, 2 (8 f.). Vgl. auch EuGH Urt. v. 10.05.2011 Rs. C-147/08 (Jürgen Römer/Freie und Hansestadt Hamburg) ZESAR 2012, 173 (173 ff.); *Bauer/Kaufmann*, ZESAR 2012, 180 (180 ff.). In dieser Entscheidung hat der EuGH festgestellt, dass eingetragene Lebenspartner mit Verheirateten bei den Leistungen der betrieblichen Altersversorgung gleich zu behandeln sind. So durfte Herr Römer, als eingetragener Lebenspartner, nicht dadurch diskriminiert werden, dass bei verheirateten Versorgungsempfängern ein günstigerer Lohnsteuerabzug vorgenommen wurde. Herr Römer hatte somit eine geringere Zusatzversorgung als verheiratete Versorgungsempfänger. Eine Diskriminierung wegen sexueller Ausrichtung ist nach dem Urt. gegeben, wenn der Mitgliedstaat neben der heterosexuellen Ehe für gleichgeschlechtliche Partner eine Lebenspartnerschaft vorsieht und sich Verheiratete und Lebenspartner als Versorgungsempfänger in einer vergleichbaren Situation befinden. Dabei müssen sich für die Beurteilung der Vergleichbarkeit Verheiratete und Lebenspartner in einer identischen Situation befinden, was anhand der gegenseitigen Rechte und Pflichten in Bezug auf die gegenständliche Leistung zu ermitteln sei.

müssen diese vorliegend aus Gründen der thematischen Konzentration auf Diskriminierungsfragen wegen des Alters ausgeblendet bleiben.

Für den nichterwerbstätigen Rentner ist von Belang, ob er im Ruhestand von seinem Freizügigkeitsrecht Gebrauch machen kann und wie weit der Umfang dieses Rechts zu fassen ist. Dabei werden, soweit vorhanden, Unterschiede zum Freizügigkeitsrecht des Rentners im Nebenerwerb ermittelt. Schließlich ist bei beiden Rentnergruppen und dem arbeitsuchenden Rentner zu untersuchen, inwieweit diese erworbene Sozialleistungsansprüche und soziale Vergünstigungen in den Mitgliedstaaten der Union in Anspruch nehmen können.

Teil 3 Richtlinie 2000/78/EG zur Altersdiskriminierung

A. Einführung in die Problematik

Es ist keine Neuigkeit mehr für die Europäische Union, dass die sogenannte Bevölkerungspyramide kippt, so dass es immer mehr ältere Menschen gibt, denen eine steigende Lebenserwartung zugutekommt und im Verhältnis dazu immer weniger Geburten zu verzeichnen sind und somit die moderne Gesellschaft „heranaltert".[39] Dies führt wiederum in der Konsequenz zu einer Veränderung der Altersstrukturen auf dem Arbeitsmarkt in Europa.[40] Infolge des Fachkräftemangels in einigen Unternehmensbranchen hat sich der Trend ältere Arbeitnehmer zum frühestmöglichen Zeitpunkt in Rente zu schicken, bereits ins Gegenteil verkehrt.[41] Dennoch haben Wirtschaftsunternehmen im Allgemeinen nach wie vor ein großes Interesse daran, ihre Arbeitnehmer nur bis zu einem gewissen Alter zu beschäftigen, um z. B. die Produktivität sicherstellen zu können. So ist ein Vorgehen gegen die Altersdiskriminierung nicht geboren aus dem plötzlichen „Bedürfnis nach Fairness", sondern basiert auf wirtschaftlichen und makro-ökonomischen Gründen.[42] Es sollte aber nicht außer Acht gelassen werden, dass viele Unternehmen ihre Rentner im Nebenerwerb mit umfassendem „Know-How" nicht so einfach durch jüngeres Personal ersetzen können und daher sehr wohl auf eine Weiterbeschäftigung dieser auch nach Überschreiten der

---

39 *Böhret/Konzendorf*, Speyerer Arbeitshefte, 1999, 2. Vgl. ebenfalls *Bomsdorf*, Alternative Modellrechnungen, 20; *Buck*, 57. Jahrgang-ifo Schnelldienst, 14/2004, 3 (3). Vgl. auch *Mann* in: Tettinger/Stern, Kölner Gemeinschaftskommentar zur Europäischen GRCh, Art. 25 Rn. 8. Siehe auch *Europäische Kommission*, Active ageing, 19, 27.

40 Vgl. diesbezüglich *Wulff* in: Ennuschat/Geerlings/Mann/Pielow, GS für Tettinger, 645 (649 f.). Wulff weist darauf hin, dass in Deutschland bis zum Jahr 2050 die Erwerbstätigen von 41 auf 34 Mio. zurückgehen werden und der heute bestehende Mangel an Arbeit sich dann in einen Mangel an Arbeitskräften umwandeln könnte, dem wiederum nicht ohne Rückgriff auf ältere Arbeitnehmer zu begegnen sei.

41 Vgl. dazu *Bauer/Gottschalk*, BB 2013, 501 (501).

42 Vgl. *Fredman*, Discrimination Law, 62. Vgl. zu diesen Gründen im Detail auch *Blinda*, Altersbezogene Regelungen in Sozialplänen, 25.

Regelaltersgrenze angewiesen sind.[43] Die Altersdiskriminierung zieht erhebliche wirtschaftliche Konsequenzen nach sich, so reduziert sich die Beschäftigungsfähigkeit, das Potential älterer Menschen bleibt ungenutzt und darüber hinaus ist ein Verlust von humanen Ressourcen für die freie Wirtschaft zu beklagen.[44] Im Gegensatz dazu wollen Arbeitgeber bei der Einstellung ihrer Mitarbeiter auch von deren Berufserfahrung profitieren, die wiederum ein gewisses Alter der Arbeitnehmer voraussetzt, und den Einzelnen möglichst lange an das Unternehmen binden.[45] Forschungsergebnisse beweisen, dass Innovation, Belastbarkeit, Veränderungs- und Leistungsfähigkeit sowie Produktivität davon abhängen, ob Menschen in ihrem Lebens- und Berufsalltag Bedingungen unterliegen, die sie fördern oder hemmen; das biologische Alter hat damit weniger zu tun.[46] Das hohe chronologische Alter kann, da Menschen unterschiedlich altern, vielmehr lediglich ein Indikator für die körperliche Fitness sein, aber keinesfalls herangezogen werden, um eine immer größer werdende Anzahl von älteren Arbeitnehmern aus dem Arbeitsmarkt zu verdrängen.[47] Vielmehr stellen Rentner aufgrund ihrer Erfahrungen, Qualifikationen und Kenntnissen am Arbeitsplatz heutzutage ein bedeutendes „Potenzial für die soziale und wirtschaftliche Entwicklung" dar.[48] Die Unternehmen haben ein großes wirtschaftliches Interesse daran, Maßnahmen an das Alter ihrer (zukünftigen) Mitarbeiter knüpfen zu können.[49] Um dies

---

43 So auch *Bauer/Gottschalk*, BB 2013, 501 (501 ff., 503 f.). Diese liefern auch gleich einen Überblick über die rechtlichen Gestaltungsmöglichkeiten einer solchen Beschäftigung des Rentners im Nebenerwerb nach deutschem Recht. So könne dieser mit seinem ehemaligen Arbeitgeber ein unbefristetes oder befristetes Arbeitsverhältnis eingehen, als freier Mitarbeiter für diesen tätig sein und ein befristetes Arbeitsverhältnis mit einem Zeitarbeitsunternehmen begründen, welches den Rentner im Nebenerwerb dann wieder an den ehemaligen Arbeitgeber überlässt. Dabei gehen die Autoren unter Einbeziehung der Rechtsprechung des EuGH davon aus, dass auch befristete Arbeitsverhältnisse nach Unionsrecht zulässig seien. Voraussetzung dafür sei allein, dass der Arbeitnehmer mit Erreichen der Regelaltersgrenze einen Anspruch auf eine Altersrente habe.

44 *Stalder*, Antidiskriminierungsmaßnahmen, 8.

45 So im Ergebnis auch *Meenan*, MJ 2003, 9 (13, 17), die darauf hinweist, dass auch Unternehmer den Wert älterer Menschen erkannt haben und diese vorzugsweise einstellen.

46 *Buck*, 57. Jahrgang-ifo Schnelldienst, 14/2004, 3 (3). So auch *Rothermund/Mayer*, Altersdiskriminierung, 49 f.; *Over*, Altersdiskriminierung, 52 f., 80. Im Ergebnis ebenso *Müller*, Alter und Recht, 43. Vgl. auch *Bauer/von Medem*, NZA 2012, 945 (950).

47 Vgl. *Baer*, VVDStRL 68, 290 (346 f., 353).

48 Siehe auch *Europäische Kommission*, Active ageing, 19, 23.

49 *Korthaus*, das neue Antidiskriminierungsrecht, 120.

sekundärrechtlich abzusichern, kommt dem Verbot der Altersdiskriminierung und somit der RL 2000/78/EG ein hoher Stellenwert zu.

Die RL 2000/78/EG[50] des Rates vom 27.11.2000 zur Festlegung eines allgemeinen Rahmens für die Verwirklichung der Gleichbehandlung in Beschäftigung und Beruf soll nicht nur vor Diskriminierungen aufgrund des Alters schützen. Vielmehr ist es ihre Aufgabe sämtliche in ihrem sachlichen Geltungsbereich benannten Diskriminierungen zu bekämpfen. Sie soll somit neben der Altersdiskriminierung, Diskriminierungen wegen der Religion oder der Weltanschauung, einer Behinderung oder der sexuellen Ausrichtung verhindern. Dabei legt die RL, wie sich aus ihrem sachlichen Geltungsbereich ergibt, einen eindeutigen Fokus auf die Verhinderung jedweder Diskriminierung im Bereich des Zugangs zur Beschäftigung, den Arbeitsbedingungen, der beruflichen Weiterbildung und der Mitgliedschaft in Arbeitnehmer- oder Arbeitgeberorganisationen. Die RL zielt auf eine Verwirklichung des Gleichbehandlungsgrundsatzes in den Bereichen Beschäftigung und Beruf ab. Sie dient in erster Linie dem Schutz der Arbeitnehmer im Allgemeinen vor Diskriminierungen aufgrund eines der genannten Diskriminierungsmerkmale im Bereich von Beschäftigung und Beruf. Im persönlichen Geltungsbereich der RL 2000/78/EG geht es nicht automatisch um eine spezielle Diskriminierung von Rentnern. Die Altersdiskriminierung schützt, wie noch zu zeigen sein wird, jedes Alter.[51] Die RL knüpft an die Arbeitnehmereigenschaft an und erfasst somit jeden Arbeitnehmer unabhängig von seinem konkreten Alter.[52] Es geht vordergründig um die Diskriminierung eines Arbeitnehmers wegen seines Alters im Bereich von Beschäftigung und Beruf. Dass der Arbeitnehmer zudem Rentner ist und die Regelaltersgrenze überschritten hat, spielt dabei nur insoweit eine Rolle, als ein Anknüpfen an die Regelaltersgrenzen und der bei Erfüllung der gesetzlichen Voraussetzungen verbundende Rentenbezug eine Altersdiskriminierung möglicherweise einfacher einer Rechtfertigung zugänglich macht. Eine spezifische Diskriminierung von Rentnern kann daher ein mittelbarer Teilaspekt der Altersdiskriminierung sein.

---

50 RL 2000/78/EG des Rats v. 27.11.2000 zur Festlegung eines allgemeinen Rahmens für die Verwirklichung der Gleichbehandlung in Beschäftigung und Beruf, ABl. EG 2000 Nr. L 303/16 ff. v. 02.12.2000. Vgl. zur Entstehungsgeschichte der RL *Temming*, Altersdiskriminierung im Arbeitsleben, 496 ff.

51 *Blinda*, Altersbezogene Regelungen in Sozialplänen, 83; *Korthaus*, das neue Antidiskriminierungsrecht, 55; *Stork*, Anti-Diskriminierungsrecht der EU, 95; *Eichenhofer*, Sozialrecht der EU, Rn. 356; *Klein*, GiP 2007, 22 (22); *Geipel*, Lebensalter, 9.

52 *Groß*, Rechtfertigung einer Altersdiskriminierung, 36.

Dennoch soll gerade die Altersdiskriminierung, die Rentner erleben, das alleinige Untersuchungsinteresse der Ausarbeitung sein. Insoweit wird sich thematisch ausschließlich auf das Diskriminierungsmerkmal „Alter“ bei Ungleichbehandlungen in Bezug auf Rentner und die damit zusammenhängenden Fragen wie z. B. Zulässigkeit von pauschalen Altersgrenzen konzentriert. Inwiefern der nichterwerbstätige Rentner und der Rentner im Nebenerwerb als Arbeitnehmer erfasst sind, wird vorliegend untersucht.

Die RL 2000/78/EG wird auch als Rahmenrichtlinie bezeichnet.[53] Dies äußert sich dadurch, dass die RL es den Mitgliedstaaten ermöglicht, ihre bisherigen nationalen Regelungen, wenn sie mit dem Richtlinienzweck vereinbar sind, beizubehalten und ihnen zugleich in einigen Artikeln die Möglichkeit eröffnet Ausnahmen vom Verbot der Ungleichbehandlung vorzusehen.[54] Die besondere Bedeutung der RL erschließt sich, wenn man bedenkt, dass bei dem Erlass der RL 2000/78/EG der Schutz vor Altersdiskriminierungen, insb. im Arbeitsrecht in vielen Mitgliedstaaten noch keine konkreten Formen angenommen hatte.[55] Derzeit erstrebt der Unionsgesetzgeber den Erlass einer neuen Rahmenrichtlinie, welche den Anwendungsbereich des Verbots der Altersdiskriminierung auf die „Sozialsphäre“ erstrecken möchte.[56]

---

53 *Ellis*, EU Anti-Discrimination Law, 18; *Korthaus*, das neue Antidiskriminierungsrecht, 84 Fn. 486. Vgl. zur Bedeutung der Bezeichnung „Rahmenrichtlinie“ auch *Riesenhuber* in: Bokum/Flanagan/Sands/Steinau-Steinrück, Age Discrimination, xxxii.

54 *Reichegger*, Auswirkungen der RL 2000/78/EG, 1.

55 *Thüsing*, IJCLLIR 2003, 187 (188 f.).

56 Diese ist von der Kommission 2008 vorgeschlagen worden, vgl. KOM(2008) 426 endg. Sie wurde vom Europäischen Parlament im Jahr 2009, allerdings unter zahlreichen Änderungsvorschlägen, angenommen (vgl. dazu Dokument EP P 6_TA (2009) 0211. Eine denkbare mittelbare Diskriminierung wegen des Alters bestehe darin, wenn bestimmte medizinische Behandlungen auf Kosten der gesetzlichen Krankenversicherung nur noch durchgeführt werden, wenn ein ausreichender allgemeiner Gesundheitszustand besteht, was sich überwiegend zum Nachteil Älterer auswirke. Nach Art. 2 Abs. 6 des RLvorschlags können die Mitgliedstaaten festlegen, dass eine Ungleichbehandlung wegen des Alters keine verbotene Altersdiskriminierung darstellt, wenn diese durch ein legitimes Ziel gerechtfertigt ist und die Mittel zur Erreichung des Ziels angemessen und erforderlich sind. Der RLvorschlag schließt dabei die Festlegung von Altersgrenzen für den Zugang zu sozialen Vergünstigungen, zur Bildung und zu bestimmten Gütern und Dienstleistungen nicht aus. Rebhahn schließt daraus, dass in Zukunft Ermäßigungen für Rentner stets zulässig seien, obwohl dies auch als sozial ungerecht angesehen werden könnte, wenn objektiv das Rentnereinkommen mit dem vieler junger Berufsanfänger verglichen werde. Vgl. dazu und zum Richtlinienvorschlag *Rebhahn* in: WiR, Alter und Recht, 71 (74, 79, 85).

Zunächst ist zu eruieren, auf welcher Rechtsgrundlage die RL beruht, um anschließend zu ermitteln, ob die RL auch deren Voraussetzungen einhält oder über ihre eigentliche Ermächtigungsgrundlage hinausgeht.

B. Rechtsgrundlage der Union für den Erlass der Richtlinie 2000/78/EG -Art. 19 AEUV

I. Notwendigkeit einer solchen Rechtsgrundlage

Da die Union über keine allgemeine Rechtsetzungskompetenz verfügt,[57] dürfen die Rechtsetzungsorgane der Union nur aufgrund einer ausdrücklichen Rechtsgrundlage (oder Kompetenzzuweisung bzw. einer Ermächtigungsgrundlage) in den Verträgen tätig werden.[58] Dies ergibt sich aus dem in Art. 5 Abs. 2 EUV (ex Art. 5 EGV) explizit genannten Prinzip der begrenzten Einzelermächtigung.[59] Nach diesem darf die Union nur in den ihr aus den Verträgen gesetzten Zielen und zugewiesenen Befugnissen tätig werden.[60]

Ist eine solche Kompetenzzuweisung in den Verträgen vorhanden, darf diese wiederum nicht überschritten werden.[61] Da Rechtsgrundlagen für die politischen Entscheidungsprozesse bei dem Erlass von Sekundärrechtsakten wichtig sind,[62] werden diese in der vorliegenden Bearbeitung besonders vorgestellt. Die Kommission sieht Art. 19 AEUV (ex Art. 13 EGV) als richtige Rechtsgrundlage für die RL 2000/78/EG an.[63]

---

57 *Lienbacher* in: Schwarze, EU-Kommentar, Art. 5 EGV Rn. 9.

58 *Streinz*, Europarecht, Rn. 498; *Streinz* in: Essener Gespräche 31 (1997), 53 (66); *Reichegger*, Auswirkungen der RL 2000/78/EG, 29.

59 *Calliess* in: Calliess/Ruffert, EUV/AEUV, Art. 5 EUV Rn. 6; *Streinz*, Europarecht, Rn. 498; *Schulte*, ZFSH/SGB 2006, 719 (722 f.).

60 EuGH Urt. v. 09.03.2010 Rs. C-518/07 (Kommission./.Deutschland) Rn. 47 unter: http://www.curia.europa.eu/ abrufbar. Siehe auch *Geiger/Khan/Kotzur*, EUV/AEUV, Art. 5 EUV Rn. 3; *Schulte*, ZFSH/SGB 2006, 719 (724).

61 So auch Schlussanträge der GA Kokott in der EuGH Rs. C-217/04 (Vereinigtes Königreich./. Europäisches Parlament und Rat der Europäischen Union) Slg. 2006, I-3771, I-3783 Rn. 39. Kokott führt aus, dass eine Maßnahme nicht erlassen werden darf, wenn diese nicht von der Rechtsgrundlage der Union gedeckt ist. Vgl. auch *Link*, ZevKR 1997, 130 (133).

62 *Spiegel* in: Marhold, Sozialrecht der EU, 9 (11); *Spiegel*, ZIAS 2006, 85 (88).

63 Vgl. dazu Vorschlag für eine RL des Rates zur Festlegung eines allgemeinen Rahmens für die Verwirklichung der Gleichbehandlung in Beschäftigung und Beruf, KOM (1999) 565 endg., 8.

II. Art. 19 AEUV – eine konkrete und hinreichende Rechtsgrundlage?

Die RL 2000/78/EG basiert auf Art. 19 AEUV.[64] Dieser wurde durch den Vertrag von Amsterdam vom 02.10.1997 mit Wirkung zum 01.05.1999 in den AEUV eingeführt.[65] Mit Art. 19 AEUV wurde erstmalig eine „grundrechtsrelevante Norm" in den AEUV aufgenommen,[66] die eine spezifische Zuständigkeit für den Erlass von Rechtsakten im Bereich des Diskriminierungstatbestandes „Alter" darstellte.[67]

Der Art. 19 Abs. 1 AEUV ermächtigt den Rat, geeignete Vorkehrungen zu treffen, um Diskriminierungen aus Gründen des Geschlechts, der Rasse, der ethnischen Herkunft, der Religion oder der Weltanschauung, einer Behinderung, des Alters oder der sexuellen Ausrichtung zu bekämpfen. Da Art. 19 AEUV das vordergründige Ziel der Bekämpfung von Diskriminierung aus den genannten Gründen verfolgt, konkretisiert er keinen allgemeinen Gleichbehandlungsgrundsatz, sondern erweitert den Schutz bestimmter Personen durch weitere besondere Gleichheitssätze.[68] Art. 19 AEUV ist für Verbote von Altersdiskriminierung elementar, denn bis 1999 gab es im AEUV kein Diskriminierungsverbot aus Gründen des Alters.[69]

---

64 Vgl. auch *Stork*, Anti-Diskriminierungsrecht der EU, 47.

65 Vertrag von Amsterdam zur Änderung des Vertrags über die EU, der Verträge zur Gründung der Europäischen Gemeinschaften sowie einiger damit zusammenhängender Rechtsakte, ABl. EG 1997 Nr. C 340/1 ff. vom 10.11.1997, 1 ff. In der Bundesrepublik Deutschland ist der Vertrag von Amsterdam am 01.05.1999 in Kraft getreten. Vgl. dazu Bekanntmachung über das Inkrafttreten des Vertrags von Amsterdam vom 02.10.1997 vom 06.04.1999, BGBl. 1999 II, 296 und Bekanntmachung über eine Berichtigung der authentischen Fassung vom 28.04.1999, BGBl. 1999 II, 416. Vgl. zur Entstehungsgeschichte des Art. 19 AEUV *Stork*, AntiDiskriminierungsrecht der EU, 19 f., 47; *Bell*, MJ 1999, 5 (6 f.).

66 *Triebel*, ZESAR 2007, 211 (211); Denkschrift der Bundesregierung zum Vertrag von Amsterdam vom 02.10.1997, Bundestags Drs. 13/9339, 139, Art. 2 Ziffer 7: Art. 6 a, in welcher sie betont, dass Art. 6a (nunmehr Art. 19 AEUV) dem Grundrechtsschutz diene.

67 Vgl. dazu *Stork*, Anti-Diskriminierungsrecht der EU, 19 f., der darauf hinweist, dass anders als bei dem Diskriminierungstatbestand „Geschlecht" die Rechtsangleichung nach Art. 114 f. AEUV und die Vertragslückenschließungskompetenz des Art. 352 AEUV keine ausreichenden Rechtsgrundlagen darstellten bzw. insb. Art. 352 AEUV aufgrund mangelndem politischen Willen nicht als solche in Anspruch genommen wurde.

68 *Lingscheid*, Antidiskriminierung, 15.

69 *Korthaus*, das neue Antidiskriminierungsrecht, 33.

Vielmehr war das Verbot der Altersdiskriminierung lediglich in völkerrechtlichen Verträgen enthalten und wurde mit der Charta der Grundrechte vom 07.12.2000 feierlich proklamiert.[70] Die Charta der Grundrechte ist gem. Art. 6 Abs. 1 UA 1 EUV

---

70 Siehe zur Verankerung des primärrechtlichen Verbots der Altersdiskriminierung in Art. 21 Abs. 1 und 25 der Europäischen Grundrechtecharta und in den völkerrechtlichen Verträgen (Art. 14 EMRK, Art. 2 Abs. 1, 26 IPbpR, Art. 2 Abs. 2, 6 Abs. 1 IPwskR, Art. 1, 2, 23 AEMR) ausführlich *Mann*, Altersdiskriminierung, 36 ff., 60 ff. Im Rahmen der Besprechung der EuGH Rs. C-144/04 (Mangold) Slg. 2005, I-9981, I-10040 Rn. 75, holt Mann die durch den EuGH unterlassene methodisch saubere Herleitung des allgemeinen Grundsatzes des Unionsrechts aus den gemeinsamen Verfassungsüberlieferungen der Mitgliedstaaten und den Gewährleistungen der EMRK (Art. 6 Abs. 3 EUV) nach. Dazu geht er neben der EMRK auch auf Gewährleistungen in den vorgenannten völkerrechtlichen Verträgen ein. Des Weiteren erörtert Mann die Ausprägungen des Verbots der Altersdiskriminierung in den gemeinsamen Verfassungsüberlieferungen der Mitgliedstaaten und stützt somit das Ergebnis des EuGH, dass das Verbot der Altersdiskriminierung einen allgemeinen Grundsatz des Primärrechts darstellt. Vgl. hierzu *Mann*, Altersdiskriminierung, 66 ff., 75. Kritisch zur Herleitung des primärrechtlichen Verbots der Altersdiskriminierung aus den Verfassungstraditionen der Mitgliedstaaten und dem Völkerrecht *von Medem*, Kündigungsschutz und Allgemeines Gleichbehandlungsgesetz, 88 ff., 92 und *Over*, Altersdiskriminierung, 96 ff. Vgl. zur Herleitung von ungeschriebenen unionsrechtlichen Verboten der Diskriminierung und zur Überschreitung der Grenzen der Rechtsfortbildung durch den EuGH bei Schaffung eines primärrechtlichen Verbots der Altersdiskriminierung, *Wollenweber*, Diskriminierungsverbote, 55 ff., 58 ff. Wollenweber ist der Ansicht, dass Art. 19 AEUV nach Wortlaut und Systematik die Rechtsfortbildung des EuGH zur Entwicklung eines primärrechtlichen unmittelbaren Diskriminierungsverbots nicht zuließe und ein solches auch nicht voraussetze. Vielmehr habe der EuGH es zu akzeptieren, dass der Unionsgesetzgeber mit den RL bereits normgebend tätig geworden ist, so dass ein Eingriff in die Normgestaltung durch Rechtsfortbildung durch den EuGH nicht mehr von den Kompetenzen des Gerichtshofs gedeckt sei. Auch gegen das Prinzip der begrenzten Einzelermächtigung sei verstoßen worden, da die Mitgliedstaaten Art. 19 AEUV extra unter strenge Voraussetzungen gestellt haben, um die Kontrolle über die Vorschrift nicht zu verlieren. Für ein primärrechtliches Diskriminierungsverbot bilde Art. 19 AEUV keine hinreichende Kompetenzgrundlage. Auch sei es eine Umgehung, wenn ein primärrechtliches Diskriminierungsverbot aus dem allgemeinen Gleichbehandlungsgrundsatz abgeleitet werde, nur weil dies nicht direkt auf Art. 19 AEUV gestützt werden könne. *Wollenweber*, ebda. 60 ff. Demgegenüber sah das Bundesverfassungsgericht in der Rechtssache „Honeywell“ das Prinzip der begrenzten Einzelermächtigung als gewahrt an. Denn ein Verstoß durch die Herleitung des Verbots der Altersdiskriminierung gegen dieses Prinzip bestehe erst, wenn die Rechtsfortbildung auch kompetenzbegründend sei. Dies sei aber gerade nicht der Fall. BVerfG, Beschluss des

den Verträgen rechtlich gleichrangig und enthält einen rechtsverbindlichen Grundrechtskatalog,[71] wobei Art. 21 Grundrechtecharta u.a. Diskriminierungen aufgrund des Alters verbietet. Art. 21 Grundrechtecharta enthält mit dem Verbot der Altersdiskriminierung ein „geschriebenes unionsrechtliches Grundrecht".[72] Mit Art. 19 AEUV wird erstmalig eine gesteigerte „moralische Verpflichtung" der Union zum Erlass von Sekundärrecht begründet, rechtlich werden die gesetzgeberischen Organe der Europäischen Union nicht zum Erlass europäischen Sekundärrechts verpflichtet.[73] Durch die Einführung von Art. 19 AEUV sollten die

---

Zweiten Senats v. 06.07.2010 2 BvR 2661/06, Rn. 68, 78, BVerfGE 126.Band Lieferung 1–4, 286 (312). Vgl. zur Entscheidung *Langenfeld* in: Baus/Borchard/Gelinsky/Krings, 60 Jahre BVerfG, 69 (75) unter Verweis auf die EuGH Rs. C-34/09 (Zambrano/Office national de l'emploi) NJW 2011, 2033 (2033 ff.). Vgl. zur Entscheidung, *Müller*, Alter und Recht, 137 ff. Vgl. zum allgemeinen Grundsatz des Verbots der Altersdiskriminierung im Unionsrecht auch EuGH Rs. C-144/04 (Mangold) Slg. 2005, I-9981, I-10040 Rn. 75.

71 Siehe zur Verbindlichkeit und Entstehungsgeschichte der Grundrechtecharta *Epiney* in: Calliess/Ruffert, EUV/AEUV, Art. 6 EUV Rn. 8 ff. Siehe zum Rang der Grundrechtecharta als Primärrecht, welches den gleichen Rang aufweist wie die Verträge und dem Verhältnis der Grundrechtecharta zu sonstigem EU-Recht, *Jarass*, EuR 2013, 29 (29 ff.). Vgl. zur Grundrechtecharta auch *Groß*, ZAR 2013, 106 (106). Vgl. hinsichtlich der großzügigen Auslegung des Art. 51 Abs. 1 Grundrechtecharta in der Rechtsprechung des EuGH Rs. C-617/10 (Akerberg Fransson) wonach sinngemäß bei der Anwendung des Unionsrechts durch nationale Gerichte auch stets die Grundrechtecharta zu beachten sei und die daraufhin ergehende restriktivere Rechtsprechung des BVerfG *Thym*, NVwZ 2013, 889 (890 ff.). Siehe zum Urt. Aklagare/Hans Akerberg Fransson auch EuGRZ 2013, 137 (137 ff.). Siehe auch EuGH NVwZ 2013, 561 (561 ff.) mit Anmerkung *Gooren*, NVwZ 2013, 564 (564). Vgl. auch *Posch*, ÖJZ 2013, 380 (380 ff.) und *Winter*, NZA 2013, 473 (473 f.). Siehe auch *Weiß*, EuZW 2013, 287 (288 ff.).

72 *Bauer/von Medem*, ZIP 2010, 449 (450). Vgl. zu Art. 21 Abs. 1 Grundrechtecharta auch *Seifert*, EuZA 2013, 299 (307 f.). Kritisch zu Art. 21 Grundrechtecharta *Rebhahn* in: WiR, Alter und Recht, 71 (83). Art. 21 Grundrechtecharta sei ebenso wie das primärrechtliche Verbot der Altersdiskriminierung nicht auf das Arbeitsleben oder die Sozialsphäre in seinem sachlichen Anwendungsbereich beschränkt, sondern gelte für die Organe der Union bei dem Erlass aller Sekundärrechtsakte. Außerdem sei ungeklärt, inwiefern auch nationale Vorschriften, die eine Grundfreiheit beschränken, an die Grundrechtecharta gebunden seien. Sollte dies der Fall sein, führe es zu einem „uferlosen" Anwendungsbereich.

73 So *Korthaus*, das neue Antidiskriminierungsrecht, 40, 252. Allerdings gibt Korthaus zu Bedenken, dass unter Berücksichtigung der Tatsache, dass Diskriminierungen die „Grundmauern der Gemeinschaft bedrohen", die Europäische Union dennoch

Rechtsgrundlagen zur Schaffung von Maßnahmen gegen Diskriminierungen außerhalb der Staatsangehörigkeit[74] oder des Geschlechts erweitert[75] und ein verbindlicher Mindeststandard eines europaweiten Diskriminierungsschutzes eingeführt werden.[76] Art. 19 AEUV soll unfaire Marktvorteile verhindern und so die Marktintegration vorantreiben.[77] Art. 19 AEUV stellt eine konkrete und hinreichende[78] Kompetenznorm dar.

III. Voraussetzungen des Art. 19 AEUV

Es ist zu untersuchen, ob die besonderen Beschränkungen im Wortlaut von Art. 19 Abs. 1 AEUV als Rechtsgrundlage beachtet wurden. Art. 19 AEUV bestimmt, dass unbeschadet der sonstigen Bestimmungen der Verträge der Rat im Rahmen der durch die Verträge auf die Union übertragenen Zuständigkeiten einstimmig geeignete Vorkehrungen treffen kann, um Diskriminierungen aus Gründen des Geschlechts, der Rasse, der ethnischen Herkunft, der Religion oder der Weltanschauung, einer Behinderung, des Alters oder der sexuellen Ausrichtung zu bekämpfen. Insoweit beschränkt sich Art. 19 AEUV hinsichtlich seiner legislativen Ausgestaltung im Sekundärrecht durch seinen eigenen Wortlaut.[79] Art. 19 AEUV wird deshalb vorliegend als „eingeschränkte Ermächtigungsnorm" bezeichnet.[80]

---

mehr als rein moralisch verpflichtet sei. Vgl. auch *Lenz* in: Lenz/Borchardt, EU-/EG-Vertrag, 4. Auflage, 2006, Art. 13 EGV Rn. 24, der ebenfalls unter Hinweis auf den Wortlaut anführt, das Art. 19 Abs. 1 AEUV mit der Formulierung „kann" nur die Möglichkeit zur Diskriminierungsbekämpfung einräume.

74 Staatsangehörigkeit ist die Grundzuordnung einer Person zum Staatsverband mit völkerrechtlichen und nationalen Dimensionen. So definieren die Staaten die Staatsangehörigkeit als Kernbegriff des nationalen Rechts und determinieren zugleich, welche Personen im Verhältnis zu anderen Staaten als ihre Angehörigen angesehen werden müssen. Vgl. zum Begriff der Staatsangehörigkeit *Schönberger*, Unionsbürger, 24.

75 *Bell*, MJ 1999, 5 (5).

76 So *Stalder*, Antidiskriminierungsmaßnahmen, 10.

77 *Bell*, Anti-Discrimination Law, 191 f.

78 Vgl. dazu allerdings Teil 3, B, III, 3. a., b., d., wonach es noch zusätzlich der Heranziehung der Art. 153 Abs. 2 lit. b), Abs. 1 AEUV und der Art. 165, 166 AEUV bedarf zur Ausfüllung der Tatbestandsvoraussetzungen des Art. 19 AEUV.

79 *Whittle/Bell*, ELR 2002, 677 (680).

80 *Högenauer*, Richtlinien gegen Diskriminierung, 34.

1. „Geeignete Vorkehrungen"

Entsprechend Art. 19 Abs. 1 AEUV muss der Rat „geeignete Vorkehrungen" treffen, um Diskriminierungen zu bekämpfen. Dabei versteht man unter „geeigneten Vorkehrungen" gemeinhin sämtliche durch die Verträge eröffneten Handlungsmöglichkeiten[81] und somit auch die in Art. 288 Abs. 3 AEUV enthaltene RL.[82] Die Union kann rechtsverbindliche Diskriminierungsverbote oder rechtlich unverbindliche Maßnahmen, so z. B. Fördermaßnahmen oder Programme, die einen Anreiz zur Gleichbehandlung bieten sollen, erlassen[83].

Da die RL 2000/78/EG eine Handlungsmöglichkeit i. S. des Art. 288 Abs. 3 AEUV beinhaltet, ist sie als Rechtsakt eine „geeignete Vorkehrung" i. S. des Art. 19 Abs. 1 AEUV.

2. „im Rahmen der durch die Verträge auf die Union übertragenen Zuständigkeiten"

Problematisch ist, was die Restriktion „im Rahmen der durch die Verträge auf die Union übertragenen Zuständigkeiten" und insb. der Begriff der „Zuständigkeiten" besagen.

Eine stark „akzessorische"[84] Auffassung in der Literatur geht davon aus, dass Art. 19 AEUV enger als Art. 18 AEUV auszulegen sei und nur im Bereich bereits bestehender Unionszuständigkeiten als Rechtsgrundlage dienen könne.[85] Danach

81 *Mann*, Altersdiskriminierung, 42; *Epiney* in: Calliess/Ruffert, EUV/AEUV, Art. 19 AEUV Rn. 7.

82 *Holoubek*, in: Schwarze, EU-Kommentar, Art. 13 EGV Rn. 11. Als Handlungsmöglichkeiten benennt Holoubek die in 288 AEUV (ex Art. 249 EGV) genannten Verordnungen, Richtlinien, Beschlüsse, Empfehlungen und Stellungnahmen.

83 Vgl. *Grabenwarter* in: Grabitz/Hilf, 40. Ergänzungslieferung, Art. 19 AEUV Rn. 42; *Zuleeg* in: von der Groeben/Schwarze, EU-/EG-Vertrag, Art. 13 EG Rn. 9; *Lenz* in: Lenz/Borchardt, EU-Verträge, Art. 19 AEUV Rn. 17; *Zuleeg* in: Europaforum, Bekämpfung der Diskriminierungen, 104 (105); *Mann*, Altersdiskriminierung, 42.

84 Laut *Grabenwarter* in: Grabitz/Hilf, 40. Ergänzungslieferung, Art. 19 AEUV Rn. 12 habe Art. 19 AEUV „akzessorischen" Charakter insoweit, als der Rat nur in den Gebieten tätig werden könne, in denen die Union auch die sachliche Zuständigkeit zur Regelung bestimmter Bereiche besitze.

85 *Streinz* in: Streinz, EUV/EGV, Art. 13 EGV Rn. 12, der übertragene Zuständigkeiten in Art. 19 AEUV mit tatsächlichen Rechtsetzungsbefugnissen der Union gleichsetzt. Vgl. auch *Mohr*, Diskriminierungen im Europäischen Arbeitsrecht, 182; *Wollenweber*, Diskriminierungsverbote, 50; *Waldhoff*, JZ 2003, 978 (982 f.);

wäre ein Tätigwerden der Union nur zulässig, wenn eine ausdrückliche zusätzliche Zuständigkeitsvorschrift der Union existieren würde, wobei die Vertragsziele als Grundlage nicht ausreichen würden.[86]

Eine weite Auffassung in der Literatur geht davon aus, dass Art. 19 AEUV lediglich voraussetze, dass der Anwendungsbereich der Verträge eröffnet sein müsse. Eine Zuständigkeitsnorm brauche demgegenüber nicht vorzuliegen.[87] Nach diesem Verständnis wäre der Begriff der „Zuständigkeiten" mit dem des „Anwendungsbereichs" in Art. 18 AEUV gleichzusetzen.[88] Da der EuGH den Anwendungsbereich von Art. 18 AEUV bereits dann für eröffnet erachtet, wenn sich Personen in einer „gemeinschaftsrechtlich [nunmehr unionsrechtlich] geregelten Situation befinden",[89] erstrecke sich der Anwendungsbereich des Art. 19 AEUV auf die materiellen Zuständigkeiten der Europäischen Union.[90] Insoweit reiche ein Rückgriff auf Art. 3 EUV(ex Art. 2 EGV) und die Art. 3 bis 6 EUV (ex Art. 3 Abs. 1 EGV), Art. 8 EUV (ex Art. 3 Abs. 2 EGV) und die darin enthaltenen Aufgaben, so dass nahezu jeder Bereich durch Art. 19 AEUV geregelt werden könnte.[91] Nach dieser weit gefassten Ansicht können auf Art. 19 AEUV auch Maßnahmen gestützt werden, in denen der Vertrag kaum Befugnisse enthält, wie z. B. Antidiskriminierungsmaßnahmen im Bereich der Bildungspolitik nach Art. 165 AEUV (ex Art. 149 EGV), Art. 166 AEUV (ex Art. 150 EGV).[92]

Eine weitere Ansicht geht von einem Mittelweg aus. Nach ihr sei Art. 19 Abs. 1 AEUV als „eingeschränkte Ermächtigungsnorm" anzusehen. Dies bedeute,

---

Wernsmann, JZ 2005, 224 (229 f.); *Flynn*, CMLR 1999, 1127 (1134 f.); *Holoubek*, in: Schwarze, EU-Kommentar, Art. 13 EGV Rn. 5; *Zuleeg* in: Europaforum, Bekämpfung der Diskriminierungen, 104 (105); *Epiney* in: Calliess/Ruffert, EUV/AEUV, Art. 19 AEUV Rn. 6.

86 Vgl. dazu *Whittle*, ELR 1998, 50 (53); *Bell*, MJ 1999, 5 (14); *Waldhoff*, JZ 2003, 978 (982); *Temming*, Altersdiskriminierung im Arbeitsleben, 502 f.

87 *Fries*, Grundrechtsbindung nach dem Gemeinschaftsrecht, 146; *Kummer*, Umsetzungsanforderungen der neuen arbeitsrechtlichen Antidiskriminierungsrichtlinie, 142; *Haratsch* in: Klein, Rassische Diskriminierung, 195 (208 f.); *Okresek* in: Europaforum, Bekämpfung der Diskriminierungen, 96 (96); *Geiger/Khan/Kotzur*, EUV/AEUV, Art. 19 AEUV Rn. 8, Art. 18 AEUV Rn. 12.

88 *Bergmann* in: Bergmann/Lenz, Amsterdamer Vertrag, Kap. 1, Rn. 30; *Geiger/Khan/Kotzur*, EUV/AEUV, Art. 19 AEUV Rn. 8.

89 EuGH Rs. C-274/96 (Bickel) Slg. 1998, I-7637, I-7655 Rn. 14; *Rossi*, EuR 2000, 197 (204); *Polloczek*, Altersdiskriminierung, 70.

90 *Epiney* in: Calliess/Ruffert, EUV/AEUV, Art. 19 AEUV Rn. 6.

91 Vgl. *Stork*, Anti-Diskriminierungsrecht der EU, 74.

92 *Bell*, MJ 1999, 5 (16 f.).

dass eine bestehende Zuständigkeit der Union ausreiche, wie immer sie beschaffen sein möge. Insoweit müssten diese ergänzenden Vertragsartikel keine echten Rechtsetzungsermächtigungen enthalten. Vielmehr seien rechtsverbindliche Diskriminierungsverbote i. V. m. Vorschriften des AEUV ausreichend, welche die Union zumindest berechtigten, hoheitlich tätig zu werden.[93]

Für die akzessorische Ansicht wird zunächst auf den Wortlaut des Art. 19 AEUV verwiesen, der ausdrücklich nicht wie in Art. 18 AEUV formuliert sei. So sei auf die Differenzierung in der deutschen, englischen und französischen Fassung des Vertrages hinzuweisen, wobei im Art. 18 AEUV von „Anwendungsbereich", „the scope of application" und „domaine d'application" die Rede ist, während bei dem Art. 19 AEUV von „Zuständigkeiten", „powers" und „compétences" gesprochen werde.[94] Darüber hinaus ist auf die Entstehungsgeschichte hinzuweisen, nach welcher der Rat von Dublin im Jahr 1996 noch eine mit Art. 18 AEUV deckungsgleiche Vorschrift vorgesehen hatte, welche zu Gunsten des jetzigen Art. 19 AEUV aufgegeben wurde.[95] Mithin spricht die Entstehungsgeschichte für eine engere Behandlung des Art. 19 AEUV im Vergleich zu Art. 18 AEUV. Auch lässt sich systematisch argumentieren, wenn man bedenkt, dass Art. 19 AEUV nun nicht mehr wie ex Art. 13 EGV im Ersten Teil unter Grundsätze des ex EGV zu finden ist, sondern nunmehr systematisch im Zweiten Teil des AEUV, der mit Nichtdiskriminierung und Unionsbürgerschaft überschrieben ist. Wenn man von der Prämisse ausgeht, dass „Grundsätze" des AEUV übergreifend für die folgenden Vorschriften des AEUV gelten, könnte man annehmen, dass sie die Union mit einer übergreifenden Zuständigkeit ausstatten und es daher keiner weiteren zusätzlichen Unionszuständigkeit mehr bedürfe.[96] Da der Art. 19 AEUV sich nunmehr nicht mehr im Ersten, sondern im Zweiten Teil befindet, ist

---

93 *Stork*, Anti-Diskriminierungsrecht der EU, 77 f.

94 *Grabenwarter* in: Grabitz/Hilf, 40. Ergänzungslieferung, Art. 19 AEUV Rn. 11; *Heinig* in: Haratsch u.a., Religion und Weltanschauung, 215 (220 f.); *Bell*, MJ 1999, 5 (9, 14).

95 So sprach der damalige Art. 6 a EGV („non discrimination") noch von „Anwendungsbereich" bzw. „scope of application" vgl. dazu CONF/2500/96 vom 05.12.1996, http://www.proyectos.cchs.csic.es/euroconstitution/documents/Outline%20draft%20revisions.pdf (Abrufdatum: 12.08.2011), S. 16.

96 *Bell*, MJ 1999, 5, 10; A.A. *Korthaus*, das neue Antidiskriminierungsrecht, 44 f. Korthaus geht davon aus, dass die vorherige Eingruppierung des Art. 19 AEUV unter „Grundsätze" nicht bedeuten würde, dass Art. 19 AEUV „autonome Kompetenzen" zugewiesen seien, weil diese Aufgabe gerade dem zweiten Teil des AEUV zukomme.

eine übergreifende Zuständigkeit im Umkehrschluss zu dieser Ansicht gerade nicht mehr gegeben.[97] Es bedarf daher einer Unionszuständigkeit für den insoweit „akzessorischen" Art. 19 AEUV. Der EuGH geht ebenfalls von der Erheblichkeit der unterschiedlichen Begriffsverwendung in Art. 19 AEUV und 18 AEUV aus.[98] So wird in der Rechtssache „Forcheri" ebenfalls zwischen den Begriffen der Zuständigkeit und des Anwendungsbereichs differenziert. Aus dieser Rechtssache kann geschlussfolgert werden, dass der Begriff „Anwendungsbereich" in Art. 18 AEUV weiter als der Begriff der „Zuständigkeiten" in Art. 19 AEUV gefasst sein muss.[99] Gegen die erste Auffassung spreche zudem, dass es unverständlich sei, warum Art. 19 Abs. 1 AEUV Einstimmigkeit im Rat verlange, wenn es noch zusätzlich auf das Vorhandensein einer speziellen Rechtsgrundlage ankomme.[100]

Für die weite Ansicht und somit gegen die akzessorische Auffassung lässt sich ins Feld führen, dass Art. 19 AEUV bei restriktiver Handhabung „leer laufen würde".[101] So komme ihm nur noch deklaratorische Bedeutung und die klarstellende Funktion zu, dass die jeweilige Sachkompetenz Antidiskriminierungsmaßnahmen zulasse.[102] Außerdem spreche für die weite Ansicht eine extensive teleologische Auslegung dahingehend, dass der Rat immer dort Rechtsakte erlassen darf, wo Diskriminierungen entstehen, also unabhängig von bestehenden Unionszuständigkeiten.[103] Allerdings lässt sich gegen die weite Ansicht, neben dem Wortlautargument auch die unterschiedliche Bedeutung von Art. 18 und 19 AEUV

---

97 A.A. *Korthaus*, das neue Antidiskriminierungsrecht, 44f. Diese geht davon aus, dass der Zweite Teil des Vertrags „autonome Kompetenzen" zuweise, so dass es einer weiteren Zuständigkeit nicht bedürfe.

98 Der EuGH äußerte sich in der Rechtssache Forcheri zu Art. 18 AEUV folgendermaßen: „Daraus folgt, daß [sic] zwar die Bildungs- und Ausbildungspolitik als solche nicht zu den Gebieten gehört, die nach dem Vertrag in die Zuständigkeit der Gemeinschaftsorgane fallen, daß [sic] aber der Zugang zu derartigen Formen der Ausbildung in den Anwendungsbereich des Vertrages fällt." Vgl. dazu EuGH Rs. 152/82 (Forcheri) Slg. 1983, 2323, 2336 Rn. 17.

99 Vgl. *Meyer*, Diskriminierungsverbot, 60.

100 *Allen* in: Europaforum, Bekämpfung der Diskriminierungen, 77 (80).

101 *Kummer*, Umsetzungsanforderungen der neuen arbeitsrechtlichen Antidiskriminierungsrichtlinie, 142.

102 *Heinig* in: Haratsch u.a., Religion und Weltanschauung, 215 (221); *Waldhoff*, JZ 2003, 978 (982).

103 Dies führt *Stalder*, Antidiskriminierungsmaßnahmen, 52 unter Verweis auf die bereits erfolgte extensive Auslegung zur Vorgängerregelung des Art. 19 AEUV, ex Art. 6 a EGV an.

im AEUV anführen. Art. 18 AEUV gehöre zu den „Leitmotiven des materiellen Gemeinschaftsrechts“ [nunmehr Unionsrechts] und sei „mit der Verwirklichung des Binnenmarktes sowie den Grundfreiheiten untrennbar verknüpft“. Er sei daher weit auszulegen. Demgegenüber sei Art. 19 AEUV nur eine Ergänzung des durch Art. 18 AEUV gewährten Schutzes und gerade nicht „unabdingbarer Bestandteil des Binnenmarktes“.[104]

Nach der weiten Ansicht sei Art. 19 Abs. 1 AEUV als Rechtsgrundlage ausreichend, wenn sich Personen in einer „unionsrechtlich geregelten Situation befänden“, wobei dies nicht als tatsächliche Restriktion anzusehen sei, da gewissermaßen alle diskriminierungsrelevanten Bereiche zumindest im AEUV Erwähnung finden würden.[105]

Zielführend ist es, entsprechend der letztgenannten Auffassung einen Mittelweg zwischen der akzessorischen und der weiten Auffassung zu finden. Eine bloße Herabstufung des Art. 19 AEUV zu einer reinen Deklaration und Klarstellung durch die restriktive Handhabung des Art. 19 AEUV ist nicht sachdienlich. Eine Abhängigkeit der Anwendbarkeit von Art. 19 AEUV von dem Bestehen zusätzlicher Rechtsetzungskompetenzen würde bei Nichtvorliegen derselbigen Art. 19 Abs. 1 AEUV auf rechtlich unverbindliche Maßnahmen beschränken. Hier erscheint dann eine Abgrenzung der Vorschrift zu Art. 19 Abs. 2 AEUV völlig unklar. Um eine Aushebelung des Art. 19 Abs. 1 AEUV (Einstimmigkeit im Rat, die Begrenzung auf bestehende Unionszuständigkeiten) durch Art. 19 Abs. 2 AEUV zu vermeiden, sollte die Befugnis zum Erlass hoheitlicher Maßnahmen genügen.[106] Dies ist auch im Interesse des effet utile (der praktischen Wirksamkeit des Unionsrechts) ausreichend.[107]

Art. 19 Abs. 1 AEUV ist zutreffend als „eingeschränkte Ermächtigungsnorm“ anzusehen. So sind rechtsverbindliche Diskriminierungsverbote nur i. V. m. solchen Artikeln der Verträge möglich, welche die Union zumindest zu hoheitlichen Maßnahmen ermächtigen. Hierbei erfüllt Art. 19 AEUV zwei Funktionen. Art. 19 AEUV stellt klar, dass die entsprechende Norm überhaupt zu Antidiskriminierungsmaßnahmen ermächtigt, und erweitert gleichzeitig noch das Ausmaß der Handlungsmöglichkeiten. Danach sind Verordnungen oder Richtlinien des Art. 19 AEUV dort möglich, wo Normen nur zum Erlass

---

104 Vgl. dazu *Odendahl* in: Heselhaus/Nowak, Hdb. EU-Grundrechte, § 45 Rn. 47.

105 Vgl. *Bergmann* in: Bergmann/Lenz, Amsterdamer Vertrag, Kap. 1, Rn. 30; *Korthaus*, das neue Antidiskriminierungsrecht, 43.

106 So auch zutreffend *Stork*, Anti-Diskriminierungsrecht der EU, 77.

107 So ebenfalls *Stork*, Anti-Diskriminierungsrecht der EU, 76.

rechtlich unverbindlicher Maßnahmen ermächtigen.[108] Es wird vorliegend der vermittelnden Ansicht gefolgt.

3. „unbeschadet der sonstigen Bestimmungen der Verträge“

Das Merkmal „unbeschadet der sonstigen Bestimmungen der Verträge“ betrifft das Verhältnis des Art. 19 AEUV zu den übrigen Bestimmungen des AEUV, die sich mit der Bekämpfung von Altersdiskriminierung beschäftigen. Subsidiär ist Art. 19 AEUV zunächst gegenüber den Art. 48 AEUV (ex Art. 42 EGV) und Art. 157 AEUV (ex Art. 141 EGV).[109] Allerdings stellt Art. 48 AEUV eine Koordinierungsvorschrift für die Systeme der sozialen Sicherheit und somit für die Altersrenten dar, wobei Art. 157 AEUV ausschließlich die Entgeltgleichbehandlung von Frauen und Männern betrifft. Diese Vorschriften enthalten keine dem Art. 19 AEUV vergleichbaren Verbote der Altersdiskriminierung. Als Diskriminierungsbeschränkungsvorschriften sind vordergründig die Art. 153 AEUV (ex Art. 137 EGV), 165 AEUV (ex Art. 149 EGV), Art. 166 AEUV (ex Art. 150 EGV), Art. 115 AEUV (ex Art. 94 EGV), Art. 114 AEUV (ex Art. 95 EGV) und Art. 352 AEUV (ex Art. 308 EGV) zu untersuchen.

a. Art. 153 Abs. 2 lit. b), Abs. 1 AEUV i. V. m. Art. 19 AEUV als mögliche Rechtsgrundlage für die Richtlinie 2000/78/EG

Der Art. 153 Abs. 2 lit. b), Abs. 1 AEUV i. V. m. Art. 19 AEUV kommt als Rechtsgrundlage für die RL 2000/78/EG und das Verbot der Altersdiskriminierung in der RL in Betracht.[110] Die Europäische Kommission steht dem ablehnend gegenüber.

---

108 Vgl. dazu *Heinig* in: Haratsch u.a., Religion und Weltanschauung, 215 (222); *Plötscher*, Begriff der Diskriminierung, 261. Plötscher weist darauf hin, dass Art. 19 AEUV eine „gewisse Abrundungsfunktion“ zuzusprechen sei. Art. 19 AEUV sei aber nicht auf die Bereiche der Sozial- und Beschäftigungspolitik beschränkt, sondern komme als Ergänzung auch aller anderen Kompetenzen, wie z. B. im Bereich Binnenmarkt in Betracht.

109 *Mann*, Altersdiskriminierung, 42. Zum Streit, ob Art. 19 AEUV stets nur subsidiär eingreift, wenn alle übrigen Vorschriften der Verträge den Erlass entsprechender Vorschriften gegen Altersdiskriminierung nicht gestatten oder kumulativ neben alle übrigen Vorschriften der Verträge zur Anwendung gelangen kann, vgl. *Polloczek*, Altersdiskriminierung, 66 ff.; *Mohr*, Diskriminierungen im Europäischen Arbeitsrecht, 181 f.

110 So auch *von Medem*, Kündigungsschutz und Allgemeines Gleichbehandlungsgesetz, 36, der aber allgemein als Rechtsgrundlage Art. 153 Abs. 2 i. V. m. Abs. 1 AEUV

So führte sie in ihrem Vorschlag zur Rahmenrichtlinie an, dass allein Art. 19 AEUV die Rechtsgrundlage darstelle. Art. 19 AEUV sei in seinem persönlichen Geltungsbereich nicht nur auf abhängige Beschäftigung beschränkt, sondern schließe auch die selbstständige Erwerbstätigkeit und die freien Berufe in seinen Diskriminierungsschutz mit ein. Zudem erfasse Art. 153 Abs. 2 lit. b) AEUV sachlich nicht den in Art. 3 Abs. 1 lit. a) und b) RL 2000/78/EG enthaltenen Zugang zu einem Arbeitsverhältnis, sondern sei auf die Bekämpfung der Ausgrenzung von Personen aus dem Arbeitsmarkt beschränkt. Vielmehr regle Art. 153 AEUV die Bedingungen während eines bestehenden Arbeitsverhältnisses.[111] Dagegen lässt sich systematisch argumentieren. Art. 153 AEUV steht unter Titel X-Sozialpolitik des AEUV. Art. 151 Abs. 1 AEUV benennt als eines seiner Ziele die Bekämpfung von Ausgrenzungen. Aufgrund der Verwendung des Plurals „Ausgrenzungen" wird angenommen, dass Ausgrenzungen im umfassenden Sinne gemeint seien, z. B. Altersausgrenzungen des arbeitsuchenden Rentners beim Zugang zur Beschäftigung.[112] Dies muss dann systematisch auch bei Art. 153 AEUV gelten, der in seinem Abs. 1 sich auf die Ziele von Art. 151 AEUV ausdrücklich bezieht. Bei einem Verständnis von Art. 19 AEUV, wie vorliegend, als „eingeschränkter Ermächtigungsnorm" ist dies aber unerheblich, da eine ausreichende Rechtsgrundlage lediglich voraussetzt, dass eine andere Norm zu hoheitlichen Maßnahmen ermächtigt. Art. 153 Abs. 2 lit. b) AEUV ermächtigt die Union in dem Bereich der Beschäftigung unter gewissen Voraussetzungen, Richtlinien mit dem Zweck zu erlassen, die in Art. 151 AEUV genannten Ziele zu unterstützen und zu ergänzen (Art. 153 Abs. 1 AEUV). Art. 153 Abs. 2 lit. b) AEUV ist somit eine Vertragsvorschrift, welche die Union zu hoheitlichen Maßnahmen ermächtigt.[113] Bei einem

---

benennt. Vgl. auch *Stork*, Anti-Diskriminierungsrecht der EU, 59, der sich explizit auf Art. 153 Abs. 1 lit. h) AEUV und damit auf die berufliche Eingliederung der aus dem Arbeitsmarkt ausgegrenzten Personen bezieht. *Mohr*, Diskriminierungen im Europäischen Arbeitsrecht, 181. Dieser geht davon aus, dass die RL 2000/78/EG ergänzend auf Art. 153 Abs. 2 i. V. m. Art. 153 Abs. 1, lit. b) und lit. h) AEUV gestützt sei, wonach die Union Mindestvorschriften im Bereich der beruflichen Eingliederung der aus dem Arbeitsmarkt ausgeschlossenen Personen treffen kann.

111 Vorschlag für eine RL des Rates zur Festlegung eines allgemeinen Rahmens für die Verwirklichung der Gleichbehandlung in Beschäftigung und Beruf, KOM (1999), 565 endg. 8.

112 *Krebber* in: Calliess/Ruffert, EUV/AEUV, Art. 151 AEUV Rn. 31.

113 *Bell*, MJ 1999, 5 (15) geht sogar noch viel weiter. Bell will aus dem Zusammenspiel der Art. 151, 153 Abs. 1, 2 und 3 AEUV klar erkennen können, dass die Regulierung der Arbeits- und Beschäftigungsfragen durchaus in der Unionskompetenz liege. Insoweit sei Art. 151, 153 AEUV i. V. m. Art. 19 AEUV durchaus

Verständnis des Art. 19 AEUV als „eingeschränkter Ermächtigungsnorm“ ist die Problematik des beschränkten persönlichen und sachlichen Geltungsbereichs des Art. 153 Abs. 2, 1 AEUV gar nicht gegeben, da dieser durch die Gewährleistungen des Art. 19 AEUV in zulässiger Weise ergänzt wird. Auch kommt es nicht darauf an, dass Art. 153 Abs. 2 S. 3 AEUV das ordentliche Gesetzgebungsverfahren (Art. 289 Abs. 1, Art. 294 AEUV) vorschreibt und Art. 19 Abs. 1 AEUV das besondere Gesetzgebungsverfahren (Art. 289 Abs. 2 AEUV) vorsieht. Es wird als ausreichend angesehen, dass die RL 2000/78/EG vordergründig auf Art. 19 AEUV beruht und Art. 153 AEUV nur zur Ergänzung des Art. 19 AEUV heranzuziehen ist, um dessen Tatbestandsmerkmale auszufüllen.[114]

b. Art. 165, 166 AEUV i. V. m. Art. 19 AEUV als mögliche Rechtsgrundlage für die Richtlinie 2000/78/EG

Darüber hinaus wird diskutiert, ob die Art. 165, 166 AEUV (allgemeine und berufliche Bildung) als mögliche Rechtsgrundlagen für die RL 2000/78/EG in Betracht kommen.[115] Dagegen lässt sich anführen, dass der sachliche Regelungsbereich der RL sich hauptsächlich auf das Arbeitsrecht, also das konkrete Verhalten von Arbeitgebern und zukünftigen Arbeitnehmern, beziehe, wohingegen Art. 165 Abs. 1 AEUV regele, inwieweit die Mitgliedstaaten für die Ausgestaltung des Bildungssystems und die Lehrinhalte verantwortlich seien.[116] Die Europäische Kommission sieht in der unterschiedlichen Regelung im sachlichen Anwendungsbereich allerdings keinen Widerspruch. Vielmehr sei die Gleichbehandlung im Bereich der Ausbildung unabdingbare Voraussetzung für eine Gleichbehandlung in Bezug auf die Beschäftigung.[117] Mit der vorliegend vertretenen Auffassung,

---

eine Unionskompetenz zur Regelung von Angelegenheiten, die mit dem Beschäftigungsverhältnis zusammenhängen.

114 So zutreffend auch *Korthaus*, das neue Antidiskriminierungsrecht, 91.

115 Dies bejahend *Epiney* in: Calliess/Ruffert, EUV/AEUV Art. 19 AEUV Rn. 6. Vgl. zudem *Althoff*, Bekämpfung von Diskriminierungen, 190. Nach Triebel haben die übrigen Bestimmungen der Verträge keinen Einfluss auf Art. 19 AEUV, der kumulativ neben sie treten würde. Einzig Art. 157 AEUV sei lex speciales zu Art. 19 AEUV und Art. 352 AEUV werde durch Art. 19 AEUV verdrängt. Vgl. auch *Triebel*, das europäische Religionsrecht, 74.

116 *Korthaus*, das neue Antidiskriminierungsrecht, 92. Zu Art. 165 AEUV vgl. *Ruffert* in: Calliess/Ruffert, EUV/AEUV, Art. 165 AEUV Rn. 2.

117 Vgl. Vorschlag für eine RL des Rates zur Festlegung eines allgemeinen Rahmens für die Verwirklichung der Gleichbehandlung in Beschäftigung und Beruf, KOM (1999), 565 endg. 11.

dass es sich bei Art. 19 AEUV um eine „eingeschränkte Ermächtigungsnorm" handelt, ist zudem entscheidend, dass die Art. 165 Abs. 4, 166 Abs. 4 AEUV „Fördermaßnahmen" bzw. „Maßnahmen" unter Ausschluss jeglicher Harmonisierung[118] vorsehen und daher rechtlich unverbindliche Maßnahmen erlassen werden können.[119] Dennoch wurden sie vom Unionsgesetzgeber erlassen und sind daher als hoheitliche Maßnahmen anzusehen. Der Ausschluss absolut jeglicher Harmonisierung lässst die Gewährleistungen der Art. 165 und 166 AEUV wertlos erscheinen. Die Mitgliedstaaten wollen verhindern, dass die Union ein einheitliches System für allgemeine und berufliche Bildung schafft. Diesem Interesse der Mitgliedstaaten wird genüge getan, denn die RL regelt den Zugang zur allgemeinen und beruflichen Bildung,[120] aber schafft kein einheitliches Bildungssystem. Die Art. 165, 166 AEUV i. V. m. Art. 19 AEUV dienen ebenfalls als Ermächtigungsgrundlage für die RL 2000/78/EG.

c. Art. 114, 115, 352 AEUV

Gemäß Art. 114 (ex Art. 95 EGV) und 115 AEUV (ex Art. 94 EGV) können diejenigen Rechts- und Verwaltungsvorschriften der Mitgliedstaaten angeglichen werden, die sich unmittelbar auf die Errichtung und das Funktionieren des Binnenmarkts auswirken. Allerdings ist nunmehr Art. 114 AEUV die Grundnorm, so dass Art. 115 AEUV nur noch subsidiär als Auffangnorm anzuwenden ist.[121] Nach der Vertragsergänzungskompetenz[122] des Art. 352 AEUV kann die Union tätig werden, wenn dies erforderlich ist, um im Rahmen der in den Verträgen festgelegten Politikbereiche eines der Ziele der Verträge zu verwirklichen, ohne dass

---

118 Harmonisierung soll das nationale Recht an den durch die RL vorgegebenen Zielen ausrichten. Harmonisierung bedeutet auch inhaltliche Angleichung oder Annäherung. Vgl. *Eichenhofer*, Sozialrecht der EU, Rn. 8; *Pennings*, European Social Security Law, 7.

119 *Fischer* in: Lenz/Borchardt, EU-Verträge, Art. 165 AEUV Rn. 16. A.A. *Ruffert* in: Calliess/Ruffert, EUV/AEUV, Art. 165 AEUV Rn. 23.

120 EuGH Rs. 152/82 (Forcheri) Slg. 1983, 2323, 2336 Rn. 17, in welcher der EuGH feststellte, dass zwar die Bildungs- und Ausbildungspolitik nicht zu den Zuständigkeiten der Union gehöre, dass der Zugang zu dieser aber in den Anwendungsbereich der Verträge falle. Hier müsse gleichbehandelt werden. Konkret ging es um eine Bildungsveranstaltung in einem Mitgliedstaat, die insb. der Berufsausbildung dienen sollte und bei der Staatsangehörige aus anderen Mitgliedstaaten zusätzliche Studiengebühren zu entrichten hatten. Vgl. auch *Bell*, MJ 1999, 5 (17).

121 *Kahl* in: Calliess/Ruffert, EUV/AEUV, Art. 115 AEUV Rn. 3.

122 Vgl. zu den verschiedenen Bezeichnungen für Art. 352 AEUV *Rossi* in: Calliess/Ruffert, EUV/AEUV, Art. 352 AEUV Rn. 11.

die dafür erforderlichen Befugnisse im Vertrag vorgesehen sind. Vor Einführung des Art. 19 AEUV war streitig, ob diese Vorschriften als Rechtsgrundlage für Antidiskriminierungsmaßnahmen in Betracht kommen.[123] Mit der Schaffung des Art. 19 AEUV ist nunmehr eine spezifische Rechtsgrundlage für Verbote der Diskriminierung aufgrund des Alters erlassen worden, so dass auf die Art. 114, 115 und 352 AEUV nicht mehr zurückgegriffen werden muss.[124]

d. Ergebnis

Im Ergebnis stellt Art. 19 AEUV i. V. m. Art. 153 Abs. 2, Abs. 1 AEUV und Art. 165, 166 AEUV, eine hinreichende Ermächtigungsgrundlage für die RL 2000/78/EG dar. Insoweit ist die Kompetenz der Union sowohl in Bezug auf die Sozialpolitik als auch den Bildungsbereich als gegeben anzusehen. Die

---

123 Vgl. zu der Frage, ob die Art. 114 AEUV (ex Art. 95 EGV), 115 AEUV (ex Art. 94 EGV) als Annex die Kompetenz zu Antidiskriminierungsmaßnahmen der Union enthalten *Stalder*, Antidiskriminierungsmaßnahmen, 21 f., der sich dafür ausspricht. So seien die Art. 114, 115 AEUV ausreichend zur Harmonisierung der unterschiedlich bestehenden Antidiskriminierungsmaßnahmen gewesen. A.A. *Flauss*, RTDH 2001, 487 (489). Flauss weist darauf hin, dass die Kommission vor Einführung des Art. 19 AEUV es ablehnte, auf der Grundlage von anderen Rechtssetzungsvorschriften Sekundärrechtsakte gegen die Diskriminierung wegen Rassimus zu erlassen, weil sie dies aus Gründen der Subsidiarität für erforderlich und zudem die Mitgliedstaaten für primär zuständig hielt. Hinsichtlich Art. 352 AEUV ebenso ablehnend *Chopin*, EJML 1999, 111 (115). Andere hingegen führen an, dass ein Rückgriff auf Art. 352 AEUV zwar möglich gewesen wäre, es jedoch am politischen Willen, den Art. 308 für derartige Maßnahmen zu nutzen, gefehlt habe. Vgl. dazu *Khan*, The Muslim Lawyer, 3 (1999), 1 (2); *ENAR*, Bekämpfung von Rassismus, 4.

124 So auch *Stork*, Anti-Diskriminierungsrecht der EU, 60 f. Allerdings will Stork Art. 114 AEUV (ex Art. 95 EGV) zumindest als ergänzende Rechtsgrundlage heranziehen. Danach können auf Art. 114 AEUV gestützte Maßnahmen zumindest einen Diskriminierungsbezug haben. Stork lässt hinsichtlich des Diskriminierungsmerkmals „Alter" unter Bezugnahme auf die Erklärung Nr. 22 und das „Gender Mainstreaming" eine Anwendung des Art. 114 AEUV im Diskriminierungsbereich zu, wenn er anführt, dass „Maßnahmen aufgrund von Art. 114 AEUV auch andere in Art. 19 Abs. 1 AEUV genannte Merkmale i.S.e. ‚Mainstreaming' berücksichtigen könnten". Ebenso *Stalder*, Antidiskriminierungsmaßnahmen, 21. A.A. *Plötscher*, Begriff der Diskriminierung, 261. Plötscher geht davon aus, dass Art. 19 AEUV nur als Ergänzung der vorhandenen Kompetenzen im Binnenmarkt in Betracht komme. Einheitlich wird heutzutage vertreten, dass Art. 19 AEUV dem Art. 352 AEUV vorgeht. Vgl. dazu: *Lenz* in: Lenz/Borchardt, EU-Verträge, Art. 19 AEUV Rn. 10; *Streinz* in: Streinz (Hrsg.), EUV/EGV, Art. 13 Rn. 5.

Restriktion unbeschadet der sonstigen Bestimmungen der Verträge ist ebenfalls beachtet worden.

4. Unmittelbare Anwendbarkeit von Art. 19 AEUV

Fraglich erscheint, ob Art. 19 AEUV unmittelbar anwendbar ist, d.h., ob er den Einzelpersonen Rechte verleiht, welche von diesen vor dem EuGH oder einem Gericht des betreffenden Mitgliedstaats geltend gemacht werden können.[125]

Teilweise wird vertreten, dass Art. 19 AEUV ein unmittelbar anwendbares Diskriminierungsverbot sei.[126] Art. 19 AEUV müsse insoweit ebenso wie andere grundrechtliche Gewährleistungen des Unionsrechts für den Einzelnen einen einklagbaren Anspruch enthalten.[127]

Die derzeit herrschende Ansicht geht demgegenüber davon aus, dass Art. 19 AEUV nicht unmittelbar anwendbar sei[128] und keinen allgemeinen Gleichheitssatz,[129]

---

125 *Triebel*, ZESAR 2007, 211 (212). A.A. *Mohr*, Diskriminierungen im Europäischen Arbeitsrecht, 184. Mohr geht davon aus, das nach dem Ablauf der Umsetzungsfrist der RL 2000/78/EG die Frage, ob Art. 19 AEUV unmittelbar anwendbar ist, nicht mehr aktuell sei. Vielmehr komme es jetzt darauf an, ob einzelne Vorschriften der RL, wenn der Staat diese nur fehlerhaft in das nationale Recht transportiert habe, gegenüber dem Staat unmittelbar vertikal anwendbar seien.

126 *Cirkel*, NJW 1998, 3332 (3333); *Holoubek* in: Schwarze, EU-Kommentar, Art. 13 EGV Rn. 9; *Reichegger*, Auswirkungen der RL 2000/78/EG, 32; *Lengauer*, ARIEL 1998, 369 (380 f.).

127 *Cirkel*, NJW 1998, 3332 (3333).

128 Schlussanträge des Generalanwalts Geelhoed v. 16.03.2006 zur Rs. C-13/05 (Chacón Navas) Slg. 2006, I-6467, Rn. 50, wonach die Diskriminierungsverbote des Art. 19 AEUV im nationalen Bereich durch den Gesetzgeber genau zu umschreiben seien. Vgl. auch *Kaufmann-Bühler* in: Lenz/Borchardt, EU-Verträge, Art. 19 Rn. 18; *Husmann*, NZA 2008, Beilage zu Heft 2, 94 (101); *Däubler* in: Däubler/Bertzbach, AGG, Einleitung Rn. 105; *Zuleeg* in: von der Groeben/Schwarze, EU-/EG-Vertrag, Art. 13 EG Rn. 5; *Odendahl* in: Heselhaus/Nowak, Hdb. EU-Grundrechte, § 45 Rn. 48; *Pingel-Lenuzza* in: Léger, Commentaire CE, Art. 13 Rn. 2; *Mann*, Altersdiskriminierung, 42; *Stork*, Anti-Diskriminierungsrecht der EU, 48; *Haratsch* in: Klein, Rassische Diskriminierung, 195 (209); *Zuleeg* in: Europaforum, Bekämpfung der Diskriminierungen, 104 (105); *Geiger/Khan/Kotzur*, EUV/AEUV, Art. 19 AEUV Rn. 7; *Flynn*, CMLR 1999, 1127 (1132); *Triebel*, ZESAR 2007, 211 (212); *Stenslik*, Diskriminierende Arbeitgeberkündigungen, 22.

129 Vgl. zur Entstehung des allgemeinen Gleichheitssatzes, seinem Inhalt und seinen Grenzen ausführlich, *Wahle*, der allgemeine Gleichheitssatz in der Europäischen Union, 36 ff., 48 ff., 74 ff.

sondern lediglich eine „Kompetenzgrundlage“ für den Rat enthalte.[130] Es bedürfe daher auf Art. 19 AEUV beruhender Gesetzgebungsakte, wie z. B. Richtlinien, um die in Art. 19 AEUV genannten Diskriminierungen zu bekämpfen.[131]

Für die unmittelbare Anwendbarkeit des Art. 19 AEUV wird angeführt, dass der Schutzzweck des Art. 19 AEUV zur Bekämpfung bestimmter Diskriminierungen, ein damit einhergehendes Verbot dieser Diskriminierungen voraussetze und Art. 19 AEUV „als grundrechtliche Rechtsgewährung“ letztlich die effektive Durchsetzung dieses Diskriminierungsverbots sicherstellen solle.[132] Auch wird auf die menschenrechtlichen Bezüge von Art. 19 AEUV verwiesen.[133]

Diese Argumentation ist grundsätzlich als nachvollziehbar anzusehen. Der Charakter des Art. 19 AEUV als Ermessensnorm stehe dem nicht entgegen, da es nur im Ermessen der Union stehe „geeignete Vorschriften“ zu erlassen und ihr gerade nicht anheimgestellt sei, über die Beachtung des Diskriminierungsverbots frei nach ihrem Ermessen zu befinden.[134] Ansonsten wäre die Union selbst nicht an Diskriminierungsverbote gebunden, hätte aber die Macht zu entscheiden, wann sie entsprechende Gesetzgebungsakte des Sekundärrechts erlässt, die den Mitgliedstaaten die in Art. 19 AEUV genannten Diskriminierungen untersagen, die bis zu diesem Zeitpunkt „ungeschoren“ diskriminieren könnten.[135] Gegen das Argument, dass ansonsten Diskriminierungen bis zum Erlass von Sekundärrechtsakten zulässig wären, wird angeführt, dass ein allgemeines zu beachtendes Altersdiskriminierungsverbot einen von Art. 19 Abs. 1 AEUV unabhängigen allgemeinen Grundsatz des Unionsrechts darstelle, wovon der EuGH explizit in seiner Rechtsprechung ausgehe.[136] Darüber hinaus, vermag die Ansicht, welche von einer unmittelbaren Wirkung

---

130 *Joussen*, ZESAR 2005, 375 (376); *Epiney* in: Calliess/Ruffert, EUV/AEUV, Art. 19 Rn. 1, 2; *Geiger/Khan/Kotzur*, EUV/AEUV, Art. 19 AEUV Rn. 7; *Bell* MJ 1999, 5 (8); *Bouchouaf/Richter*, Jura 2006, 651 (654); *Damm*, Dimensionen des grundrechtlichen Gleichheitsschutzes, 305.

131 *Joussen*, ZESAR 2005, 375 (376).

132 *Cirkel*, NJW 1998, 3332 (3333); *Holoubek*, in: Schwarze, EU-Kommentar, Art. 13 EGV Rn. 9.

133 So *Bouchouaf/Richter*, Jura 2006, 651 (654).

134 *Holoubek*, in: Schwarze, EU-Kommentar, Art. 13 EGV Rn. 9.

135 *Odendahl* in: Heselhaus/Nowak, Hdb. EU-Grundrechte, § 45 Rn. 48.

136 So auch der EuGH Rs. C-144/04 (Mangold) Slg. 2005, I-9981, I-10040 Rn. 75. Vgl. dazu auch *Mann*, Altersdiskriminierung, 53 f. Vgl. zum allgemeinen Grundsatz der Gleichbehandlung auch *Colneric*, NZA 2008, Beilage zu Heft 2, 66 (71). Vgl. auch *Grabenwarter* in: Grabitz/Hilf, Art. 19 AEUV Rn. 6 f.

ausgeht, nicht den Wortlaut des Art. 19 AEUV zu erklären. So ist Art. 19 AEUV als „Kann"-Bestimmung ausgestaltet, die den Rat ermächtigt, unter bestimmten Voraussetzungen Maßnahmen gegen Diskriminierungen zu erlassen.[137] Art. 19 Abs. 1 AEUV stellt dem Rat die Bekämpfung der Diskriminierungen anheim, indem er ihn lediglich dazu verpflichtet „geeignete Vorkehrungen" durch Gesetzgebungsakte im Sekundärrecht zu treffen und ihm somit Entschließungs- und Auswahlermessen überantwortet.[138] So sehe Art. 19 AEUV explizit vor, dass er zunächst durch Sekundärrecht umgesetzt werden müsse und bindet dies noch an das strenge Erfordernis des einstimmigen Beschlusses im Rat.[139] Art. 19 Abs. 1 AEUV bilde lediglich die Kompetenzgrundlage für gezielte Maßnahmen zur Diskriminierungsbekämpfung und stelle kein unmittelbar anwendbares Diskriminierungsverbot dar.[140] Auch erfülle Art. 19 AEUV nicht die Voraussetzungen der unmittelbaren Anwendbarkeit. Diese setzt voraus, dass eine Norm unbedingt und hinreichend genau ist. Dies bedeutet, dass die Norm die Mitgliedstaaten unbedingt zum Handeln verpflichten muss, so dass die Mitgliedstaaten keinen Ermessensspielraum mehr auf ihrer Seite haben und die Norm ohne eine zusätzliche Konkretisierung anwendbar ist.[141] Das dies gerade bei Art. 19 AEUV nicht der Fall ist, wird bei einem systematischen Vergleich mit Art. 18 AEUV deutlich. Art. 19 Abs. 1 AEUV räume im Gegensatz zu Art. 18 AEUV den Unionsorganen einen weiten Gestaltungsspielraum ein bei der Bekämpfung von Diskriminierungen durch noch zu erlassende Gesetzgebungsakte. Art. 18 AEUV dagegen unterbinde ausdrücklich jegliche Diskriminierung aus Gründen der Staatsangehörigkeit, bedarf keines mitgliedstaatlichen Vollzugsakts, eröffne den Adressaten keinen Ermessensspielraum und sei deshalb völlig zu Recht unmittelbar anwendbar.[142]

---

137 Vgl. *Damm*, Dimensionen grundrechtlichen Gleichheitsschutzes, 305; *Korthaus*, das neue Antidiskriminierungsrecht, 41.

138 *Zuleeg* in: von der Groeben/Schwarze, EU-/EG-Vertrag, Art. 13 EG Rn. 5; *Triebel*, ZESAR 2007, 211 (212); *Grabenwarter* in: Grabitz/Hilf, Art. 19 AEUV Rn. 6; *Bouchouaf/Richter*, Jura 2006, 651 (654).

139 *Bieback* in: Fuchs, Europäisches Sozialrecht, Teil 4, Art. 19 AEUV Rn. 1.

140 *Bouchouaf/Richter*, Jura 2006, 651 (654).

141 Vgl. *Streinz*, Europarecht, Rn. 407; EuGH Rs. 26/62 (Van Gend & Loos) Slg. 1963, 1/24 ff.

142 *Bouchouaf/Richter*, Jura 2006, 651 (655); *Mahlmann* in: Rudolf/Mahlmann, Gleichbehandlungsrecht, 104; *Wollenweber*, Diskriminierungsverbote, 51. Vgl. zur unmittelbaren Anwendbarkeit von Art. 18 AEUV *von Bogdandy* in: Grabitz/Hilf, Art. 18 AEUV Rn. 2.

Die Entstehungsgeschichte spricht entscheidend für die Ablehnung der unmittelbaren Anwendbarkeit des Art. 19 AEUV, da bereits im Jahre 1996 eine mit Art. 18 AEUV deckungsgleiche Vorschrift eingeführt werden sollte, die zu einer unmittelbaren Anwendbarkeit der entsprechenden Norm geführt hätte. Die Schaffung der Norm unterblieb jedoch, so dass davon ausgegangen werden kann, dass eine unmittelbare Wirkung, so wie sie in Art. 18 AEUV gegeben ist, nicht gewollt war.[143] Auch sollte Art. 19 AEUV nur den Art. 18 AEUV um andere Diskriminierungsmerkmale[144] ergänzen, die außerhalb der Diskriminierung aufgrund der Staatsangehörigkeit liegen und keinen allgemeinen Gleichheitssatz aus anderen als in Art. 18 AEUV genannten Gründen einführen.[145] Insoweit ist auf der Grundlage der derzeit herrschenden Ansicht eine unmittelbare Wirkung und daher eine entsprechende vertikale oder horizontale Drittwirkung des Art. 19 AEUV abzulehnen.

IV. Verfahren

Der Reformvertrag von Lissabon[146], der die „Reflexionsphase" der EU nach dem Scheitern des Verfassungsvertrages beendete, wurde am 13. Dezember 2007 in Lissabon unterzeichnet.[147] Er trat nachdem ihn alle Mitgliedstaaten ratifiziert hatten, am

---

143 So zutreffend auch *Reichegger*, Auswirkungen der RL 2000/78/EG, 31.

144 Diskriminierungsmerkmale werden auch als „Differenzierungsmerkmale" oder „Distinktionsmerkmale" bezeichnet. Vgl. zu dieser Formulierung *Holzleithner* in: WiR, Alter und Recht, 35 (36).

145 *Joussen*, ZESAR 2005, 375 (376).

146 Vgl. Vertrag von Lissabon zur Änderung des Vertrags über die Europäische Union und des Vertrags zur Gründung der Europäischen Gemeinschaften (2007/C 306/01), ABl. 2007 Nr. C 306/1 ff. Vgl. zudem konsolidierte Fassungen des Vertrags über die Europäische Union und des Vertrags über die Arbeitsweise der Europäischen Union (2008/C 115/01), ABl. 2008 Nr. C 115/1 ff. Vgl. zu den allgemeinen, institutionellen, kompetentiellen und sonstigen Änderungen durch den Vertrag von Lissabon weiterführend *Schwarze*, EU-Kommentar, Einführung: der Reformvertrag von Lissabon, Rn. 7, 13 ff., 25 ff., 28 ff. Vgl. ebenfalls *Streinz/Ohler/Herrmann*, Vertrag von Lissabon, 45 ff.

147 Der Vertrag über eine Verfassung von Europa, der im Oktober 2004 in Rom unterzeichnet wurde, scheiterte an den Referenden in Frankreich vom 29.05.2005 und den Niederlanden vom 01.06.2005. Vgl. dazu und zu den Motiven für die negativen Referenden *Streinz/Ohler/Herrmann*, Vertrag von Lissabon, 14 f. Im Anschluss daran wurde der Reformprozess ausgesetzt und eine zweijährige Phase der Reflexion begann. Im Juni 2007 entschied sich der Europäische Rat dazu, das „Verfassungskonzept" fallen zu lassen. Es wurde in der Folgezeit der Vertrag von Lissabon ausgehandelt, welcher

01. Dezember 2009 in Kraft.[148] Der Vertrag von Lissabon ist begrüßenswert, da er zu mehr „Transparenz, zu mehr Handlungsfähigkeit und mehr Demokratie" führt und in der Lage ist, „das politische Profil der Europäischen Union zu stärken".[149] Nach dem Vertrag von Lissabon wird Art. 19 AEUV (ex Art. 13 EGV) im Zweiten Teil des AEUV unter dem Titel „Nichtdiskriminierung und Unionsbürgerschaft" genannt. Nach Art. 19 Abs. 1 AEUV kann der Rat im Rahmen der durch die Verträge auf die Union übertragenen Zuständigkeiten gem. einem besonderen Gesetzgebungsverfahren und nach Zustimmung des Europäischen Parlaments einstimmig, geeignete Vorkehrungen treffen, um Diskriminierungen zu bekämpfen. Es haben sich somit im Vergleich zur Vorgängerregelung einige redaktionelle Veränderungen ergeben.[150] Darüber hinaus wurde das Verfahren modifiziert. Verbessert hat sich im Vergleich zur Vorgängerregelung, dass das Parlament in Art. 19 Abs. 1 AEUV nunmehr über ein Zustimmungsrecht verfügt. Zuvor besaß das Europäische Parlament lediglich ein Anhörungsrecht, wobei seine Stellungnahmen keinerlei rechtliche Bindung entfalteten. Das Parlament spielte somit bei der Rechtsgrundlage des Art. 19 AEUV nur eine untergeordnete Rolle.[151] Das Europäische Parlament erhielt in Art. 19 AEUV formal eine Aufwertung.[152] Das Zustimmungsrecht stellt eine erhebliche Steigerung der parlamentarischen Mitwirkung dar.[153] Art. 19 Abs. 1 AEUV verlangt ein

---

die Verträge über die Europäische Union (EUV) und den ehemaligen Vertrag zur Gründung der Europäischen Gemeinschaft (EGV), nunmehr als Vertrag über die Arbeitsweise der Europäischen Union (AEUV) bezeichnet, änderte. Durch den Vertrag von Lissabon wird im Wesentlichen der Bestand des materiellen Inhalts des gescheiterten Verfassungsvertrags in die Verträge übernommen. Vgl. dazu *Streinz/Ohler/Herrmann*, Vertrag von Lissabon, 17. Vgl. zur Entstehungsgeschichte des Vertrags von Lissabon auch *Hellmann*, Vertrag von Lissabon, 6 ff.

148 Vgl. *Streinz/Ohler/Herrmann*, Vertrag von Lissabon, 29.

149 *Pöttering*, EWS 2008, die Erste Seite.

150 In redaktioneller Hinsicht wird in Art. 19 Abs. 1 AEUV im Vergleich zu ex Art. 13 Abs. 1 EGV „unbeschadet der sonstigen Bestimmungen dieses Vertrags" in „unbeschadet der sonstigen Bestimmungen der Verträge" geändert. Anstelle von der „Gemeinschaft übertragenen Zuständigkeiten" in ex Art. 13 EGV spricht Art. 19 Abs. 1 AEUV von der „Union übertragenen Zuständigkeiten".

151 *Dieball*, EuR 2000, 274 (279), die insoweit die marginale Rolle des Parlaments im Vergleich zu Art. 18 AEUV, in welchem das Parlament nach Art. 294 AEUV beteiligt ist, herausstellt.

152 Vgl. *Stork*, Antidiskriminierungsrecht der EU, 72, der das Europäische Parlament im „politischen Entscheidungsprozess" nunmehr als aufgewertet ansieht.

153 A.A. *Ruffert* in: Calliess/Ruffert, EUV/AEUV, Art. 289 AEUV Rn. 5. Ruffert geht davon aus, dass bei dem Erlass der Gesetzgebungsakte nach Art. 289 Abs. 2, 2.

„besonderes Gesetzgebungsverfahren". Dieses ist in Art. 289 Abs. 2 AEUV geregelt. Gemäß Art. 289 Abs. 2 AEUV erfolgt die Annahme einer RL in bestimmten, in den Verträgen vorgesehenen Fällen, wie vorliegend in Art. 19 Abs. 1 AEUV im besonderen Gesetzgebungsverfahren durch das Europäische Parlament mit Beteiligung des Rates oder durch den Rat mit Beteiligung des Europäischen Parlaments. Bei Art. 19 Abs. 1 AEUV, bei dem der Rat einstimmig unter Zustimmung des Parlaments entscheidet, kommt § 289 Abs. 2, 2. Alt. AEUV zum Tragen. Im Gegensatz zur Vorgängerregelung, in welcher die Kommission noch ein Vorschlagsrecht hatte, wird sie nunmehr nicht mehr beteiligt. Da das Europäische Parlament durch Zustimmung lediglich beteiligt wird und anschließend ausschließlich der Rat die RL einstimmig annimmt, ist Art. 19 Abs. 1 AEUV als Kompetenznorm des Rates anzusehen[154], der eindeutig ein Übergewicht bei der Rechtsetzung hat. Das einzige „Hemmnis" für ihn stellt die Einstimmigkeit der Beschlussfassung dar. Hier hilft Art. 48 Abs. 7 UA 2 EUV weiter. Dieser bestimmt, dass der Rat durch Beschluss in den Fällen, in denen Verfahrensvorschriften ein besonderes Gesetzgebungsverfahren vorsehen, auf das „ordentliche Gesetzgebungsverfahren" umstellen kann. Dieses ist in Art. 289 Abs. 1, Art. 294 AEUV geregelt und entspricht weitestgehend dem zuvor in ex Art. 251 EGV geregelten Mitentscheidungsverfahren.[155] In Bezug auf das Verfahren des Art. 19 Abs. 1 AEUV hat sich daher bis auf eine Ausweitung der Mitwirkung des Europäischen Parlaments und die Nichtbeteiligung der Kommission nichts geändert. Der Vertrag von Lissabon bringt für Art. 19 Abs. 1 AEUV insoweit keine bahnbrechenden Veränderungen mit sich. Hinsichtlich eines möglichen Tätigwerdens des Rates signalisiert „kann", dass der Rat über Ermessen i. S. eines Entschließungsermessens verfügt, da das Auswahlermessen bereits in den „geeigneten Vorkehrungen" zum Ausdruck kommt.[156] Der Rat hat sich zum Erlass einer RL entschlossen. Diese ist gem. Art. 289 Abs. 3 AEUV ein Gesetzgebungsakt. Die Verfahrensvoraussetzungen des Art. 19 AEUV sind beim Erlass der RL gewahrt worden.[157]

Alt. AEUV der Rat das entscheidende Organ sei. Demgegenüber würde das Europäische Parlament lediglich beteiligt. Daraus folge, dass Gesetzgebungsakte nicht unbedingt eine verstärkte Parlamentsbeteiligung und damit einen höheren Legitimationsrang aufweisen würden.

154 So *Dieball*, EuR 2000, 274 (279).

155 Vgl. dazu *Streinz/Ohler/Herrmann*, Vertrag von Lissabon, 113.

156 *Stalder*, Antidiskriminierungsmaßnahmen, 17.

157 Vgl. ebenso *Lenz* in: KAS (Hrsg.), Zukunftsforum Politik Nr. 70, 31 (33).

V. Geltungsbereich

1. Persönlicher Geltungsbereich

Mit Art. 19 AEUV sollen Diskriminierungen u.a. aus Gründen des Alters gegenüber natürlichen Personen bekämpft werden. Der Art. 19 AEUV beschränkt sich nach seinem Wortlaut nicht auf Unionsbürger als Berechtigte, so dass auch Drittstaatsangehörige von seinem persönlichen Geltungsbereich umfasst sind.[158] Drittstaatsangehörige können sich aber nicht auf diejenigen Vorschriften der Verträge berufen, die bestimmte Rechte ausdrücklich Unionsbürgern vorbehalten.[159] Juristische Personen sind demgegenüber nicht vom persönlichen Geltungsbereich des Art. 19 AEUV umfasst.[160] Aufgrund des persönlichen Geltungsbereichs des Art. 19 AEUV ist der Unionsgesetzgeber bei der Sekundärrechtssetzung relativ frei und kann allein auf der Grundlage des Art. 19 AEUV bestimmen, welche Personen vom persönlichen Geltungsbereich der RL erfasst sein sollen; er darf also „Unterschiede machen", solange er nicht diskriminiert.[161] Neben demjenigen, der wegen seines Alters diskriminiert wird, können auch Personen, die mit der diskriminierten Person gerade wegen des verbotenen Kriteriums sehr eng verbunden sind, wie z. B. pflegende Kinder in den Schutzbereich mit einbezogen werden.[162]

---

158 *Grabenwarter* in: Grabitz/Hilf, Art. 19 AEUV Rn. 24; *Odendahl* in: Heselhaus/Nowak, Hdb. EU-Grundrechte, 45 Rn. 51; *Mohr*, Diskriminierungen im Europäischen Arbeitsrecht, 183 f.

159 *Holoubek* in: Schwarze, EU-Kommentar, Art. 13 EGV Rn. 7.

160 *Geiger/Khan/Kotzur*, EUV/AEUV, Art. 19 AEUV Rn. 3. Dies gelte deshalb, weil Art. 19 AEUV nur an „menschliche Eigenschaften" anknüpfe. *Odendahl* in: Heselhaus/Nowak, Hdb. EU-Grundrechte, 45 Rn. 51. Einschränkend diesbezüglich *Grabenwarter* in: Grabitz/Hilf, Art. 19 AEUV Rn. 23. Dieser weist darauf hin, dass juristische Personen zumindest hinsichtlich der Diskriminierungsmerkmale Religion und Weltanschauung in den persönlichen Geltungsbereich des Art. 19 AEUV mit einbezogen werden können. Anders auch *Zuleeg* in: von der Groeben/Schwarze (Hrsg.), EU-/EG-Vertrag, Art. 13 EG Rn. 13, der anführt, dass sich juristische Personen zumindest dann auf Art. 19 AEUV berufen können, wenn sie „wegen ihrer Mitglieder oder Bediensteten Diskriminierungen erleiden".

161 *Zuleeg* in: von der Groeben/Schwarze (Hrsg.), EU-/EG-Vertrag, Art. 13 EG Rn. 13.

162 Vgl. EuGH Rs. C-303/06 (Coleman) EuZW 2008, 497 f., wo es aber eigentlich um die Eltern eines behinderten Kindes ging, welche wegen der Pflege ihres Kindes am Arbeitsplatz benachteiligt worden sind und nicht um die Altersdiskriminierung. Denkbar wäre aber auch, dass Kinder ihre Eltern pflegen und deshalb am Arbeitsplatz diskriminiert werden. Dies ergibt sich auch aus dem Zweck der RL, jegliche Altersdiskriminierung zu bekämpfen. Unklar geblieben ist hier die Nähebeziehung, die zwischen

Art. 19 AEUV kann sowohl die Organe der Union, die Mitgliedstaaten als auch Private verpflichten und gilt daher ebenfalls in Privatrechtsverhältnissen.[163] Insoweit kann das Verhalten Privater durchaus Gegenstand von Antidiskriminierungsmaßnahmen sein.[164] Der Arbeitgeber ist somit im Arbeitsverhältnis Verpflichteter. Der Arbeitgeber hat darüber hinaus die Pflicht, diskriminierenden Äußerungen Dritter durch ein „ausdrückliches Dementi" entgegenzutreten.[165]

Da auf Seiten der Diskriminierenden Privatpersonen in Betracht kommen, ist auf Seiten des Diskriminierten die Privatperson in den persönlichen Schutzbereich mit einzubeziehen. Dies gilt umso mehr, als Art. 19 AEUV alle Unionsbürger und daher Nichterwerbstätige und Arbeitnehmer gleichermaßen betrifft. Insoweit werden der nichterwerbstätige Rentner, der Rentner im Nebenerwerb und der arbeitsuchende Rentner von dem persönlichen Geltungsbereich des Art. 19 AEUV erfasst.

2. Sachlicher Geltungsbereich

Nach Art. 19 Abs. 1 AEUV kann der Rat geeignete Vorkehrungen treffen, um Diskriminierungen aus Gründen des Geschlechts,[166] der Rasse, der ethnischen

---

dem Diskriminierten und dem Dritten bestehen muss. Nach Bayreuther reicht dabei jede enge Beziehung zwischen dem Arbeitnehmer und dem Dritten. Dabei zählt er beispielhaft Kind, Ehegatte, Lebenspartner, Elternteil oder Geschwister auf. Vgl. dazu *Bayreuther*, NZA 2008, 986 (987).

163 *Epiney* in: Calliess/Ruffert, EUV/AEUV, Art. 19 AEUV Rn. 5; *Geiger/Khan/Kotzur*, EUV/AEUV, Art. 19 AEUV Rn. 4.

164 *Zuleeg* in: von der Groeben/Schwarze (Hrsg.), EU-/EG-Vertrag, Art. 13 Rn. 14; *Streinz* in: Streinz, EUV/EGV, Art. 13 Rn. 18; *Wernsmann*, JZ 2005, 224 (227).

165 Dies ist nach der EuGH-Rechtsprechung dann der Fall, wenn der Dritte sich anmaßt, Einfluss auf Personalfragen zu haben, was die Öffentlichkeit ebenfalls so sieht und wenn irgendeine tatsächliche Verbindung zum Verein besteht, die im vorliegenden Fall dadurch gegeben war, dass es sich bei dem diskriminierenden Dritten um den Hauptaktionär des Vereins handelte. Allerdings ging es im zugrunde liegenden Fall um eine Diskriminierung aufgrund der sexuellen Ausrichtung, in concreto um die Äußerungen eines Geschäftsführers eines Fußballclubs, mit denen er die Einstellung bzw. Verpflichtung eines homosexuellen Profifußballspielers ausschloss. EuGH Urt. v. 25.04.2013 Rs. C-81/12 (Asociatia ACCEPT/Consiliul National pentru Combaterea Discriminarii) AuR 2013, 231 (231). Vgl. zur Rechtssache *Benecke/Böglmüller*, EuZW 2013, 474 (474); *Junker*, RIW 2014, 2 (8 f.).

166 Eine unmittelbare Diskriminierung wegen des Geschlechts stellt, wie bereits in Teil 2 mit zahlreichen Nachweisen angeführt, Art. 7 Abs. 1 lit. a) RL 79/7/EWG dar. Nach dieser Vorschrift ist die für Frauen frühere Festlegung des Renteneintrittsalters zulässig.

Herkunft, der Religion oder der Weltanschauung, einer Behinderung, des Alters oder der sexuellen Ausrichtung zu bekämpfen. Die einzelnen Diskriminierungsmerkmale sind abschließend und einer Analogie nicht zugänglich, da Art. 19 Abs. 1 AEUV keinen Vorbehalt wie „unter anderem“ oder „insbesondere“ enthält.[167]

a. Begriff der Diskriminierung im Europarecht

Der Diskriminierungsbegriff wird rechtlich i. S. einer ungerechten, ungerechtfertigten, von der Rechtsordnung nicht gebilligten Ungleichbehandlung verstanden, unabhängig davon, ob diese bezweckt oder beabsichtigt ist.[168] Der Begriff der „Diskriminierung“ beinhaltet somit ein Unwerturteil.[169] Nach der Rechtsprechung des EuGH liegt eine Diskriminierung dann vor, wenn auf gleiche Sachverhalte unterschiedliche Vorschriften oder auf ungleiche Sachverhalte dieselbe Vorschrift

---

Darüber hinaus ermöglicht Art. 7 Abs. 1 lit. a) RL 79/7/EWG, dass Auswirkungen aus der unterschiedlichen Festsetzung des Renteneintrittsalters neben dem Bezug einer Alters- oder Ruhestandsrente ab diesem Zeitpunkt auch auf andere Leistungen der sozialen Sicherheit im Zusammenhang mit dem Eintritt in den Ruhestand vom Anwendungsbereich des Gleichbehandlungsgrundsatzes ausgenommen sind, wenn diese anderen Leistungen ebenfalls an das unterschiedliche Renteneintrittsalter anknüpfen. Als mittelbare Geschlechtsdiskriminierung ist hierbei die unterschiedliche Behandlung von Vollzeit- und Teilzeitbeschäftigten im Hinblick auf Leistungen im Zusammenhang mit dem Ruhestand zu nennen. So können nationale Regelungen Teilzeitbeschäftigte mittelbar diskriminieren, wenn sie als Beitragszeiten für den Erwerb von z. B. Rentenansprüchen nur Zeiträume berücksichtigen, in denen tatsächlich gearbeitet worden ist.

167 *Triebel*, ZESAR 2007, 211 (211); *Epiney* in: Calliess/Ruffert, EUV/AEUV, Art. 19 Rn. 4; *Streinz* in: Streinz, EUV/EGV, Art. 13 EGV Rn. 15. A.A. *Stork*, Anti-Diskriminierungsrecht der EU, 50, der sich im Rahmen seiner Überlegungen, ob Art. 19 AEUV als Enumeration oder Generalklausel ausgestaltet werden sollte, im Ergebnis für eine restriktiv zu verstehende Generalklausel entscheidet. In den Tatbestand des Art. 19 Abs. 1 AEUV sollten nach Stork nur solche Diskriminierungsmerkmale aufgenommen werden, die ähnlich den unveränderbaren Merkmalen die Persönlichkeit des Diskriminierten herabwürdigen können. Vgl. dazu *Stork*, Anti-Diskriminierungsrecht der EU, 52.

168 *Schiek*, Differenzierte Gerechtigkeit – Diskriminierungsschutz und Vertragsrecht, 24; *Zuleeg* in: von der Groeben/Schwarze (Hrsg.), EU-/EG-Vertrag, Art. 13 EG Rn. 1; *Bouchouaf/Richter*, Jura 2006, 651 (652 f.). Stork differenziert diesbezüglich. So führt er an, dass der unionsrechtliche Diskriminierungsbegriff lediglich die Schlechterstellung zwischen Personen oder Personengruppen beinhalte. Ob eine solche Schlechterstellung gerechtfertigt sei, will Stork erst in einem zweiten Schritt ermitteln, vgl. dazu *Stork*, Anti-Diskriminierungsrecht der EU, 82 f.

169 Vgl. *Husmann*, ZESAR 2007, 13 (14).

angewendet werde.[170] Wenn ein Sachverhalt im Vergleich zu einem oder mehreren anderen Sachverhalten wesentlich gleiche Merkmale aufweist, sind gleiche Sachverhalte gegeben.[171] Allerdings gibt Art. 19 AEUV spezielle Diskriminierungskriterien, wie z. B. Alter zur Gleichbehandlung bestimmter Gruppen vor. Daraus folgt, dass ungleiche Sachverhalte von Art. 19 AEUV nicht behandelt werden.[172] Eine nähere Definition der einzelnen Diskriminierungsmerkmale selbst erfolgt nicht.[173] Der Art. 19 AEUV soll nicht nur aktuell stattfindende Diskriminierungen bekämpfen, sondern auch die Entstehung von Diskriminierung in der Zukunft verhüten.[174]

b. Arten von Diskriminierung in Art. 19 AEUV

Art. 19 AEUV unterscheidet in unmittelbare und mittelbare Diskriminierung. Eine unmittelbare Altersdiskriminierung ist gegeben, wenn eine Person in einer vergleichbaren Situation eine weniger günstige Behandlung erfährt als eine andere, wobei die Schlechterstellung direkt an das im Tatbestand des Art. 19 AEUV genannte Differenzierungsmerkmal Alter geknüpft ist.[175] Eine unmittelbare Diskriminierung aufgrund des Alters[176] wäre z. B. gegeben, wenn der nichterwerbstätige Rentner allein wegen seines Alters im Gegensatz zu jüngeren Konsumenten nicht in einem „Young Fashion"-Geschäft bedient werden würde und mithin seinen speziellen Kaufwunsch nicht

---

170 EuGH Rs. C-279/93 (Schumacker) Slg. 1995, I-225, I- 259 Rn. 30; EuGH Rs. C-411/96 (Boyle) Slg. 1998, I-6401, I-6455 Rn. 39; *Zuleeg* in: von der Groeben/Schwarze, EU-/EG-Vertrag, Art. 13 Rn. 3. A.A. *Bouchouaf/Richter*, Jura 2006, 651 (653), die davon ausgehen, dass eine mögliche Rechtfertigung nicht dazu führen könne, dass schon begrifflich keine Diskriminierung vorläge. Vgl. zum Begriff der Diskriminierung *Langenfeld*, Gleichbehandlung, 211.

171 *Zuleeg* in: Zuleeg in: von der Groeben/Schwarze (Hrsg.), EU-/EG-Vertrag, Art. 13 Rn. 3.

172 *Meyer*, Diskriminierungsverbot, 35.

173 So *Korthaus*, das neue Antidiskriminierungsrecht, 253.

174 *Zuleeg* in: von der Groeben/Schwarze (Hrsg.), EU-/EG-Vertrag, Art. 13 Rn. 1.

175 Vgl. *von Bogdandy* in: Grabitz/Hilf, Art. 18 AEUV Rn. 10, der die unmittelbare Diskriminierung hier aber im Zusammenhang mit der Staatsangehörigkeit als Differenzierungsmerkmal erläutert. Vgl. auch *Schlachter* in: Schlachter, Prohibition of Age, 31. Die unmittelbare Diskriminierung wird auch als formelle, offene oder direkte Diskriminierung bezeichnet. Vgl. dazu *Epiney* in: Calliess/Ruffert, EUV/AEUV, Art. 18 AEUV Rn. 12; *Müller*, Alter und Recht, 110; *Lingscheid*, Antidiskriminierung, 8. Vgl. auch *Europarat* u.a., Hdb. Antidiskriminierungsrecht, 26 ff.

176 Siehe zudem *Mann*, Altersdiskriminierung, 28. Mann kritisiert die Praxis der Neueinstellungen in Deutschland und zählt beispielhaft Fälle der unmittelbaren Diskriminierung in Stellenanzeigen und Arbeitsangeboten auf.

realisieren könnte. Dem Rentner im Nebenerwerb könnte im Gegensatz zu jüngeren Arbeitnehmern im Beschäftigungsverhältnis eine Beförderung, Weiterbildung[177] etc. mit der Begründung, dass er zu alt sei, versagt werden. Der arbeitsuchende Rentner könnte eine Arbeitsstelle nicht erhalten mit der Begründung, dass er zu alt sei.

Bei einer mittelbaren Diskriminierung geht es um eine Regelung oder Behandlung, die zunächst neutral erscheint, weil sie für alle Unterworfenen gleichermaßen gilt, typischerweise und tatsächlich aber eine Gruppe schlechter stellt als die andere.[178] Der EuGH sieht eine mittelbare Diskriminierung als gegeben an, wenn die Verwendung anderer Unterscheidungsmerkmale zu dem gleichen Ergebnis führt wie eine Altersdiskriminierung.[179] Das Vorhandensein einer mittelbaren Diskriminierung kann fakultativ anhand statistischer Daten oder anderer geeigneter Mittel (wie z. B. durch soziologische Studien), die belegen, dass sich eine Vorschrift nachteilig für Rentner auswirkt, nachgewiesen werden.[180] Die mittelbare Diskriminierung ist im Unterschied zur unmittelbaren Diskriminierung, die nur zulässig ist, wenn Ausnahmen und Rechtfertigungsgründe im Unionsrecht ausdrücklich vorgesehen sind (wie z. B. Art. 6 Abs. 1 RL 2000/78/EG), stets zumindest mittels eines sachlichen Grunds, der bereits den Tatbestand entfallen lässt, gerechtfertigt.[181] Andere wiederum wollen die unmittelbare und mittelbare

---

177 Gerade in Bezug auf die Weiterbildung gibt es statistische Erhebungen, wonach im Jahr 2003 Arbeitnehmer in Höhe von 50 bis zu 64 Jahren in Deutschland nur zu einem Anteil von 10 % die Möglichkeit hatten an beruflichen Weiterbildungsmaßnahmen teilzunehmen, obwohl diese durchaus Interesse an solchen Maßnahmen bekundet hatten. Vgl. dazu *Rothermund/Mayer*, Altersdiskriminierung, 55.

178 *Von Bogdandy* in: Grabitz/Hilf, Art. 18 AEUV Rn. 10; *Schlachter* in: Schlachter, Prohibition of Age, 32; *Nickel*, Gleichheit und Differenz, 71; *Bieback*, Mittelbare Diskriminierung, 25; *Deinert*, RdA 2007, 275 (278); *von Bogdandy* in: Grabitz/Hilf, Art. 18 AEUV Rn. 10. Die mittelbare Diskriminierung wird auch als indirekte, substantielle, verdeckte, versteckte und materielle Diskriminierung bezeichnet, die als Synonyme verwendet werden. Vgl. *Lingscheid*, Antidiskriminierung, 8. Vgl. dazu *Epiney* in: Calliess/Ruffert, EUV/AEUV, Art. 18 AEUV Rn. 12; *Müller*, Alter und Recht, 110. Vgl. zum Begriff der mittelbaren Diskriminierung *Langenfeld*, Gleichbehandlung, 212 ff.

179 Vgl. EuGH Rs. C-398/92 (Mund und Fester) Slg. 1994 I-467, I-479 Rn. 16; EuGH Rs. 152/73 (Sotgiu/Deutsche Bundespost) Slg. 1974, 153, 164 Rn. 11, dort aber jeweils zum Diskriminierungsmerkmal Staatsangehörigkeit.

180 Vgl. Erwägungsgrund 15 RL 2000/78/EG. Siehe dazu auch *Bieback* in: Fuchs, Europäisches Sozialrecht, Teil 4, Art. 19 AEUV Rn. 32 f. Vgl. auch *Blinda,* Altersbezogene Regelungen in Sozialplänen, 119.

181 Vgl. allgemein dazu *Bieback* in: Fuchs, Europäisches Sozialrecht, Teil 4, Art. 19 AEUV Rn. 29, 43 ff. Vgl. auch *Stork*, Anti-Diskriminierungsrecht der

Diskriminierung gleichermaßen gerechtfertigt sehen, wobei der Rechtfertigungsmaßstab für beide vom bloßen Willkürverbot bis zur Verhältnismäßigkeitsprüfung reicht. Denn unabhängig davon, ob ein neutrales Kriterium vorliegt (mittelbare Diskriminierung) oder direkt an das Alter bei der Diskriminierung angeknüpft wird (unmittelbare Diskriminierung) liegt eine Altersdiskriminierung vor.[182]

Eine mittelbare Diskriminierung des nichterwerbstätigen Rentners läge vor, wenn z. B. in einem Geschäft ausschließlich mit Kreditkarte gezahlt werden kann, obwohl die Statistik beweist, dass Rentner überwiegend Barzahler sind und somit vom Einkauf ausgeschlossen werden. Rentner im Nebenerwerb unterlägen einer mittelbaren Diskriminierung, wenn sich aus der Statistik ergäbe, dass sie im Vergleich zu jüngeren Arbeitnehmern trotz der grundsätzlichen Aufforderung des Unternehmens an alle Arbeitnehmer, Fort- und Weiterbildungen zu nutzen, im Ergebnis nicht berücksichtigt würden. Der arbeitsuchende Rentner könnte mittelbar diskriminiert werden, wenn für den Zugang zu einer Stelle allgemein ein eintägiges Training verlangt wird, bei dem der arbeitsuchende Rentner sich an der Firmensoftware versuchen soll. Hier ist eine mittelbare Diskriminierung gegeben, wenn sich statistisch beweisen lässt, dass dies dazu führt, das arbeitsuchende Rentner aufgrund mangelnder Kenntnisse im Umgang mit der Software, trotz gleicher fachlicher Befähigung und Eignung faktisch aufgrund mangelnder IT-Kenntnisse vom Zugang zur Arbeitsstelle ausgeschlossen werden.

c. Generelle Ausführungen zu den Diskriminierungskriterien

aa. Eingruppierung der einzelnen Diskriminierungsmerkmale

Die sechs Diskriminierungsgründe des Art. 19 AEUV lassen sich in zwei Gruppen einteilen. Die erste Gruppe stellen die Merkmale dar, die der Person „unveränderlich

---

EU, 85, der anführt, dass bei unmittelbaren Diskriminierungen eine Rechtfertigung nur ausnahmsweise möglich ist, wenn eine Bereichsausnahme vorliege. Siehe auch *Zapf*, Zivilrechtliche Diskriminierungsnormen, 11, 14. Vgl. zur unmittelbaren Diskriminierung auch *Mohr*, SAE 2007, 16 (19). Vgl. auch *Lüderitz*, Altersdiskriminierung durch Altersgrenzen, 52, der anführt, dass unmittelbare Diskriminierungen grundsätzlich nicht gerechtfertigt werden können und nur die Ausnahme- und Rechtfertigungsmöglichkeiten der RL imstande seien, daran etwas zu ändern. A.A. *Ellis*, EU Anti-Discrimination Law, 295, die darauf hinweist, dass Art. 6 RL ein Rechtfertigungsgrund und keine Ausnahme ist und nicht nur auf die mittelbare, sondern auch die unmittelbare Diskriminierung anwendbar ist. Allerdings findet auch Ellis diesen Umstand „verwirrend" bzw. „disturbing". Auch in der vorliegenden Arbeit wird Art. 6 RL als Rechtfertigungsgrund angesehen.

182 *Wollenweber*, Diskriminierungsverbote, 119.

anhaften", wie Geschlecht, ethnische Herkunft, Rasse, Behinderung, Alter, und die zweite Gruppe solche, die dispositiv sind, wie Religion, Weltanschauung und sexuelle Ausrichtung.[183] Die erste Gruppe schützt die Freiheit, „anders zu sein", die zweite Gruppe, die Freiheit „anders zu bleiben".[184]

bb. Hierarchie der Diskriminierungsmerkmale

Hinsichtlich einer möglichen Hierarchie der Merkmale untereinander führte die Kommission in ihrem Vorschlag zur RL vom 25.11.1999 aus, dass die RL keine Gewichtung bei der Übernahme der meisten der in Art. 19 AEUV enthaltenen Diskriminierungsmerkmale vornehme. Vielmehr verzichte sie auf die Festlegung einer „qualitativen Hierarchie".[185] Der Rat formuliert diesbezüglich: „Für die verschiedenen Formen der Diskriminierung lässt sich keine Rangordnung nach ihrer Bedeutung aufstellen, sie sind alle gleichermaßen inakzeptabel."[186] Auch in der Literatur wird teilweise eine Hierarchie negiert.[187]

Eine a. A. stimmt dem insoweit zu, als sie bestätigt, dass es „de jure" keine Rangfolge zwischen den Differenzierungsmerkmalen gebe, sich jedoch „de facto" aus der gewählten Reihenfolge eine Hierarchie der Merkmale ableiten lasse.[188]

---

183 Vgl. *Triebel*, ZESAR 2007, 211 (211). Siehe auch *Stork*, Anti-Diskriminierungsrecht der EU, 107, wobei Stork nur Merkmale wie Geschlecht, Rasse und ethnische Herkunft als „angeborene, unveränderbare Merkmale" ansieht und die Religion sowie Weltanschauung als „nicht angeborene", unveränderbare Differenzierungsmerkmale. Er eröffnet auch eine dritte Gruppe, in welcher die Differenzierungsmerkmale Alter, Behinderung und sexuelle Ausrichtung als „schwer veränderbare, persönliche Unterscheidungskriterien" angeführt werden.

184 *Triebel*, ZESAR 2007, 211 (212).

185 Vorschlag für eine RL des Rates zur Festlegung eines allgemeinen Rahmens für die Verwirklichung der Gleichbehandlung in Beschäftigung und Beruf, KOM (1999), 565 endg., 7. Vgl. zudem *Heymann-Doat* in: Europaforum, Bekämpfung der Diskriminierungen, 88 (88). Diese hält eine Hierarchie unter den Diskriminierungsmerkmalen des Art. 19 AEUV weder für möglich noch für wünschenswert. Ebenso *Bell/Waddington*, ELR 2003, 349 (362).

186 Vgl. 5. Erwägungsgrund des Beschlusses des Rates vom 27.11.2000 über ein Aktionsprogramm der Gemeinschaft zur Bekämpfung von Diskriminierungen (2001 – 2006), ABl. EG 2000 Nr. L 303/23 ff.

187 *Bauschke*, öAT 2011, 9 (9); *Müller*, Alter und Recht, 328. Siehe auch *Brors*, RdA 2012, 346 (352 f.).

188 *Flynn*, CMLR 1999, 1127 (1138); *Triebel*, ZESAR 2007, 211 (212); *Temming*, Altersdiskriminierung im Arbeitsleben, 506.

Für die Gleichrangigkeit der Diskriminierungskriterien lässt sich ins Feld führen, dass eine Hierarchie, bei der man davon ausgeht, dass die Bekämpfung bestimmter Diskriminierungen wichtiger erscheint als eine Bekämpfung aus anderen Gründen, dem egalitären Aufbau, Sinn und Zweck des Art. 19 Abs. 1 AEUV widerspräche und insb. bei mehrfacher Diskriminierung von großer Bedeutung sei.[189] Denn eine solche Hierarchie führe dazu, dass aufgrund des Unterfallens unter ein höherwertiges Kriterium, dieses stärker geschützt würde, so dass bei Anwendung der Antidiskriminierungsklausel weitere Diskriminierungen entstünden.[190] Für eine Gleichrangigkeit spricht, dass Art. 21 der Grundrechtecharta alle Diskriminierungsmerkmale auf eine Stufe stellt und das Recht auf Nichtdiskriminierung als grundsätzliches in der Menschenwürde verankertes Recht versteht.[191] Darüber hinaus lässt sich für die Werthaltigkeit des Diskriminierungsmerkmals Alter, das eben gerade nicht hinter die vor ihm im Wortlaut genannten Diskriminierungsmerkmale zurücktreten soll, anführen, dass das Merkmal „Alter" im Vergleich zu den anderen Merkmalen viele Besonderheiten aufweist. So verfüge es über einen besonderen „Zeitaspekt" und lasse einen systematischen Nachweis einer Zurücksetzung als anders, fremd oder nicht dazugehörig, wie er bei den anderen Diskriminierungsmerkmalen möglich ist, nicht zu.[192]

Für die letztgenannte Ansicht lässt sich überzeugend ins Feld führen, dass eine de-facto-Reihenfolge durch die Praxis aufgrund der unterschiedlichen Schutzintensität der erlassenen Rechtsakte als bestätigt angesehen werden

---

189 So auch KOM (1999), 565 endg., 7.

190 *Korthaus*, das neue Antidiskriminierungsrecht, 49. Vgl. auch *Lingscheid*, Antidiskriminierung, 286, die zu bedenken gibt, dass die Annahme von höherwertigen Kriterien zu einem „selektiven Diskriminierungsschutz" führe.

191 Vgl. dazu *Brors*, RdA 2012, 346 (352).

192 Vgl. zu den Besonderheiten des Diskriminierungsmerkmals „Alter" im Vergleich zu den Diskriminierungsmerkmalen ethnische Herkunft, Geschlecht, sexuelle Ausrichtung *Nettesheim*, EuZW 2013, 48 (48, 49 f.). Vgl. zu den Besonderheiten auch Mohr, SAE 2013, 36 (39), der anführt, dass anders als das Diskriminierungsmerkmal Geschlecht, das Alter „ein ambivalentes, relatives Diskriminierungsmerkmal" ist. Siehe auch *Rebhahn* in: WiR, Alter und Recht, 71 (73 f.) der hinsichtlich des „Zeitaspekts" des Alters anführt, dass jeder Mensch die verschiedenen Altersstufen (z. B. unterteilt in Kindheit, Jugend, Erwachsensein, Ruhestand, Hochbetagt) durchläuft. Im Unterschied zu anderen Diskriminierungsmerkmalen existiert bei der Altersdiskriminierung gerade keine Gruppe, die durch kaum veränderbare Merkmale bestimmt werde. Vgl. auch *Brors*, RdA 2012, 346 (351). Das Alter sei nicht auf eine „statische Gruppe" gerichtet, sondern vielmehr altert jeder Mensch, solange er lebt.

könne.[193] Dies zeigt sich insb. darin, dass das Verbot der Altersdiskriminierung wegen seiner Reichweite und Eigenart im Arbeitsleben durchaus im Gegensatz zu den Diskriminierungsmerkmalen Geschlecht oder Rasse stärker beschränkt werden kann. Hier ergeben sich einfach viel mehr legitime Ziele, die für eine Rechtfertigung, insb. im Hinblick auf den speziell dafür vorgesehenen Rechtfertigungsgrund des Art. 6 Abs. 1 RL, herangezogen werden können.[194] Das Diskriminierungsmerkmal Alter ist daher aufgrund seiner Position im Wortlaut des Art. 19 Abs. 1 AEUV schutzwürdiger als solche aufgrund der sexuellen Ausrichtung, tritt aber hinter solchen aufgrund des Geschlechts, der Rasse, der ethnischen Herkunft, der Religion oder der Weltanschauung, einer Behinderung in ihrer Schutzintensität zurück.[195]

cc. Diskriminierungsmerkmal „Alter"

Nach dem Wortlaut des Art. 19 AEUV kann der Rat geeignete Vorkehrungen treffen, um Diskriminierungen aufgrund des Alters zu bekämpfen. Das Diskriminierungskriterium „Alter" ist begrifflich keiner klaren Definition und zeitlichen Abgrenzung zugänglich. Vielmehr hängt der Begriff des Alters von den bestehenden sozialen Systemen ab.[196] Vielfach wird angeführt, dass sich Art. 19 AEUV seinem Schutzzweck nach eher auf ältere Menschen erstrecke, denn er solle vor allem alte Menschen im Erwerbsleben und in der Gesellschaft vor allen erdenklichen Ungleichbehandlungen schützen.[197] Dass Art. 19 AEUV jedoch in seinem Schutzbereich unter den Begriff „Alter" auch jüngere Menschen erfasst wissen will, ergibt sich nicht zuletzt aus einem Vergleich der französischen und englischen

---

193 Vgl. dazu ausführlich *Schiek*, ELJ 2002, 290 (299 ff.); *Triebel*, ZESAR 2007, 211 (212); *Mahlmann* in: Loccumer Protokolle 40/03, 47 (50 f.); *Waddington/Bell*, CMLR 2001, 587 (610), die anführen, dass zwischen den Diskriminierungsmerkmalen eine klare Hierarchie bestehe und z. B. die Vorrangposition des Diskriminierungsmerkmals Geschlecht, welches historisch dominierte, durch das der Rasse ersetzt wurde.

194 *Temming*, Altersdiskriminierung im Arbeitsleben, 506. A.A. *Müller*, Alter und Recht, 168. Dieser geht davon aus, dass sich eine Hierarchie in der Norm des Art. 19 AEUV hätte niederschlagen müssen. Mit dem Gleichbehandlungsrecht an sich hält er jedoch eine Abstufung zwischen Diskriminierungsmerkmalen für vereinbar.

195 A.A. *Temming*, Altersdiskriminierung im Arbeitsleben, 506, der die Altersdiskriminierung an unterster Stelle verortet sehen möchte.

196 *Kingreen* in: Calliess/Ruffert, EUV/AEUV, Art. 25 GRC Rn. 2.

197 *Korthaus*, das neue Antidiskriminierungsrecht, 55; *Eichenhofer* in: Loccumer Protokolle 40/03, 73 (80); *Bauer*, NJW 2001, 2672 (2673).

Fassung des Art. 19 AEUV.[198] Aus dem Wortlaut der RL 2000/78/EG ist eine Altersbeschränkung nicht ableitbar, da die RL für den Schutz vor Altersdiskriminierung keine Mindest- oder Höchstaltersgrenzen[199] vorhält.[200] Darüber hinaus folgt aus Art. 6 Abs. 1 UA 2 lit. a) und b) RL 2000/78/EG, dass von dieser Vorschrift auch Beschäftigte mit einem geringeren Alter erfasst sind, denn diese Norm regelt die Anforderungen an die Qualifikation Jugendlicher bei Einstellung und Zugangsschranken.[201] Der Schutzzweck des Art. 19 AEUV und der RL erstreckt sich generell darauf wegen des Alters unterschiedlich behandelt zu werden und betrifft somit nicht nur die Diskriminierung älterer Menschen.[202] Insoweit schützt der Begriff „Alter" in Art. 19 AEUV Kinder und junge Menschen und alle sonstigen Altersstufen.[203] Demzufolge ist jedes rechtserhebliche Verhalten, das an das Lebensalter der Person, egal welcher Altersstufe, mit dem Zweck der Unterscheidung anknüpft, tatbestandlich eine Diskriminierung. Allerdings wird wegen höheren Alters viel öfter diskriminiert,[204] so dass das Thema der rechtlichen Analyse der Schutz der Rentner

---

198 So spricht die französische Textvariante von „âge" und die englische von „age", obwohl eine Unterscheidung im Wortlaut in „âge" und „vielleisse" im Französischen sowie „age" und „old age" im Englischen möglich gewesen wäre. Vgl. *Nußberger*, JZ 2002, 524 (524 Rn. 1).

199 Im Berufsrecht sind Mindestaltersgrenzen solche, die festlegen, dass bestimmte Berufe erst ab einem bestimmten Alter ausgeübt werden dürfen, wohingegen Höchstaltersgrenzen die berufliche Tätigkeit altersmäßig begrenzen bzw. beschränken. Dabei werden Mindestaltersgrenzen zumeist damit begründet, dass erst ab Erreichen eines bestimmten Mindestalters ein gewisser Grad an Lebenserfahrung und die persönliche geistige Reife für die Erfüllung von Anforderungen vorhanden sei, die ein bestimmtes Berufsfeld voraussetze. Höchstaltersgrenzen stellen zumeist in den Vordergrund der Überlegungen, dass die körperliche und geistige Leistungsfähigkeit ab Erreichen eines bestimmten Alters i. d. R. abnehme. Siehe dazu *Eberhard* in: WiR, Alter und Recht, 153 (154 ff., 175).

200 *Bauer*, NJW 2001, 2672 (2673), der anführt, dass „Alter" für sich allein stehend neutral sei. Aus diesem Grunde sei auch denkbar, dass ein jüngerer Arbeitnehmer über ein Alter verfüge. Vgl. auch *Grabenwarter* in: Grabitz/Hilf, Art. 19 AEUV Rn. 39.

201 *Klein*, GiP 2007, 22 (22); *Eichenhofer* in: Loccumer Protokolle 40/03, 73 (80).

202 *Körner*, NZA 2008, 497 (498).

203 *Blinda*, Altersbezogene Regelungen in Sozialplänen, 83; *Korthaus*, das neue Antidiskriminierungsrecht, 55; *Stork*, Anti-Diskriminierungsrecht der EU, 95; *Eichenhofer*, Sozialrecht der EU, Rn. 356; *Klein*, GiP 2007, 22 (22); *Geipel*, Lebensalter, 9.

204 Vgl. *Bieback* in: Fuchs, Europäisches Sozialrecht, Teil 4, Art. 19 AEUV Rn. 23; *Stalder*, Antidiskriminierungsmaßnahmen, 183. Vgl. auch *Rust/Bertelsmann* in: Rust/Falke, AGG, § 1 AGG Rn. 83, der davon spricht, dass Altersdiskriminierung ältere Menschen schwerpunktmäßig treffe. Vgl. auch *Blinda*, Altersbezogene Regelungen in Sozialplänen, 81 f.

und im Speziellen die Altersdiskriminierung darstellt und hier auch ausschließlich zu behandeln ist. Da der Streit, ob eine Person unter den Begriff des „Alters" fällt, nur hinsichtlich der Gruppe jüngerer Menschen besteht, ist davon auszugehen, dass ältere Menschen egal welchen Alters unter den Begriff Alter zu fassen sind. Der nichterwerbstätige Rentner, der Rentner im Nebenerwerb und der arbeitsuchende Rentner können daher unter den Begriff Alter subsumiert werden.

dd. Askription

Fraglich ist, ob es für die Diskriminierung wegen des Alters ausreicht, wenn einer Person ein sehr hohes Alter nur zugeschrieben wird. Die Zuschreibung (Askription) ist eine Besonderheit der Diskriminierung aus rassischen oder ethnischen Gründen.[205] Bei der Askription wird unabhängig vom tatsächlichen Vorliegen des jeweiligen Merkmals einer Person dann eine Diskriminierung angenommen, wenn der Diskriminierende das die Benachteiligung begründende Merkmal nur annimmt, voraussetzt oder vermutet und die Betroffenen angesichts dieser Zuschreibung diskriminiert werden.[206] Es kommt also nicht auf das tatsächliche Vorliegen des Diskriminierungsmerkmals an, sondern die Motivation zu diskriminieren.[207] Bei der Diskriminierung aufgrund des Alters kann nichts anderes gelten, denn es macht keinen Unterschied, ob die Andersartigkeit in der Realität gegeben ist oder nur dem Vorstellungsbild des Diskriminierenden entspringt. Es genügt daher, wenn einem älteren Menschen, wie dem nichterwerbstätigen Rentner, bestimmte diskriminierende Eigenschaften, wie z. B. kein Know-How im Technologiebereich, Demenz, geringe physische und psychische Leistungsfähigkeit, Produktivität und Motivation, fehlende Flexibilität, häufige Krankmeldungen, keine Bereitschaft sich weiterzubilden, schlechte Kapazitäten zur Informationsverarbeitung[208] per

---

205 Vgl. zur Askription bei „rassischer" oder „ethnischer" Diskriminierung, *Stork*, Anti-Diskriminierungsrecht der EU, 89. Vgl. zur Zuschreibung bzw. Askription bei rassischer und ethnischer Diskriminierung auch *Schiek*, AuR 2003, 44 (45). Diese geht davon aus, dass es bei der rassischen Diskriminierung für eine Zuschreibung reicht, wenn jemand als „fremd, anders, nicht zugehörig" wahrgenommen werde. Vgl. auch *Bieback* in: Fuchs, Europäisches Sozialrecht, Teil 4, Art. 19 AEUV Rn. 18.

206 Vorschlag für eine RL des Rates zur Anwendung des Gleichbehandlungsgrundsatzes ohne Unterschied der Rasse oder der ethnischen Herkunft, KOM (1999) 566 endg., 7. So auch *Falke* in: Rust/Falke, AGG, § 1 AGG Rn. 14.

207 Vgl. *Falke* in: Rust/Falke, AGG, § 1 AGG Rn. 14.

208 Siehe zu den Beispielen der Askription *Bertelsmann* in: Rust/Falke, AGG, § 1 AGG Rn. 89. Vgl. auch *Blinda*, Altersbezogene Regelungen in Sozialplänen, 24; *Over*, Altersdiskriminierung, 58.

se zugeschrieben werden. Deshalb werden mit dem Rentner im Nebenerwerb Geschäftsbeziehungen möglicherweise nicht eingegangen.[209] Bei dem arbeitsuchenden Rentner genügt es ebenfalls, wenn ihm ein bestimmtes hohes Alter zugeschrieben wird, worauf automatisch eine nachteilige Behandlung erfolgt, z. B. die Nichteinstellung im IT-Bereich.

C. Regelungsgehalt der Richtlinie 2000/78/EG

I. Erfüllung genereller Restriktionen bei dem Erlass der RL 2000/78/EG

1. Subsidiaritätsgrundsatz und Verhältnismäßigkeitsgrundsatz

Bei dem Erlass von Gesetzgebungsakten i. S. von Art. 289 AEUV[210] und somit auch Richtlinien als Antidiskriminierungsmaßnahmen ist der Rat an das allgemeine Subsidiaritätsprinzip (Art. 5 Abs. 3 EUV-ex Art. 5 Abs. 2 EGV)[211] gebunden. Zudem ist der Verhältnismäßigkeitsgrundsatz (Art. 5 Abs. 4

---

209 So zutreffend auch *Stork*, Anti-Diskriminierungsrecht der EU, 96. Einschränkend zur Altersdiskriminierung durch Askription demgegenüber *Bieback* in: Fuchs, Europäisches Sozialrecht, Teil 4, Art. 19 AEUV Rn. 24, der das Alter nicht als „feste Zuschreibung" ansieht. Danach würden alle Menschen ständig wechselnde Altersstadien durchlaufen, „solche Stufen und permanente, gleitende Übergänge" gebe es bei den anderen Diskriminierungstatbeständen wie Rasse, Religion oder ethnische Herkunft aber gerade nicht.

210 Vgl. *Bast/von Bogdandy* in: Grabitz/Hilf, Art. 5 EUV Rn. 50. Angeführt wird, dass Art. 5 Abs. 3 EUV grundsätzlich für „jegliches Handeln" der Union gelte. Allerdings sei das Subsidiaritätsprotokoll enger und erfasse nur Gesetzgebungsakte i.S.d. Art. 289 AEUV.

211 Vgl. ausführlich zum Subsidiaritätsprinzip: *Buchner*, BB-Special 4 zu BB 2008, 6 (9 ff.); *Reichegger*, Auswirkungen der RL 2000/78/EG, 45 ff. Vgl. ebenfalls *Mann*, öffentlich-rechtliche Gesellschaft, 25, 27. Mann hebt die hohe Bedeutung des allgemeinen Subsidiaritätsprinzips in Art. 5 Abs. 3 EUV im Vergleich zum Verfassungsrecht der Bundesrepublik Deutschland dadurch hervor, dass der EUV ein allgemeines Subsidiaritätsprinzip enthalte. Demgegenüber werde im deutschen Grundgesetz die Subsidiarität lediglich gem. Art. 23 GG in Bezug auf die Europäische Union postuliert. Vgl. außerdem *Deinert*, RdA 2004, 211 (217). Deinert geht davon aus, dass Art. 5 Abs. 3 EUV nur teilweise ein umfassendes unionsrechtliches Subsidiaritätsprinzip normiere und stellt insb. die von der Präambel vorgesehene Bürgernähe des Subsidiaritätsprinzips heraus.

EUV-ex Art. 5 Abs. 3 EGV)[212] zu beachten. Das Protokoll Nr. 2 über die Anwendung der Grundsätze der Subsidiarität und der Verhältnismäßigkeit,[213] welches dem Vertrag von Lissabon angehängt ist, ersetzt das Amsterdamer Protokoll Nr. 30.[214] Allerdings enthält es im Gegensatz zum Amsterdamer Protokoll Nr. 30 keine materiellen, sondern nur „prozedurale Kriterien" für die Anwendung des Subsidiaritätsgrundsatzes, was gemeinhin als Rückschritt und „Entmaterialisierung" kritisiert werde, da lediglich auf die vom Europäischen Rat[215] von Edinburgh am 11. und 12.12.1992 vereinbarte Richtschnur zum Subsidiaritätsprinzip zurückgegriffen werden könne.[216]

---

212 Vgl. zum Verhältnismäßigkeitsprinzip *Reichegger*, Auswirkungen der RL 2000/78/ EG, 54 ff.

213 Vgl. Protokoll Nr. 2, ABl. 2007 Nr. C 306/150.

214 Vgl. Protokoll über die Anwendung der Grundsätze der Subsidiarität und der Verhältnismäßigkeit vom 02.10.1997, ABl. EG 1997 Nr. C 340/105 ff.; Protokoll (Nr. 30) über die Anwendung der Grundsätze der Subsidiarität und der Verhältnismäßigkeit (1997), Sart. II, Nr. 151 Protokolle, 30 ff. Dieses Protokoll wird allerdings bei In-Kraft-Treten des Vertrags von Lissabon und nach der Ratifizierung des Vertrags durch sämtliche Mitgliedstaaten der EU aufgehoben. Es wird dann durch ein Protokoll des Vertrags von Lissabon ersetzt, welches diese Kriterien leider nicht mehr enthält, sondern bestimmte Verfahrensanforderungen für eine ordnungsgemäße Wahrung des Grundsatzes der Subsidiarität und der Verhältnismäßigkeit vorschreibt. Vgl. dazu Art. 1 Abs. 9 lit. g) des Protokolls Nr. 1 zum Vertrag von Lissabon vom 13.12.2007, ABl. EU 2007 Nr. C 306/169. Das geänderte Protokoll ist im ABl. EU 2007 Nr. C 306/150 ff. zu finden.

215 Der Europäische Rat setzt sich aus den Staats- und Regierungschefs der Mitgliedstaaten sowie dem Präsidenten des Europäischen Rates und dem Präsidenten der Kommission zusammen (Art. 15 Abs. 2 EUV). Er gibt der Union die für ihre Entwicklung nötigen Impulse vor und legt die allgemeinen politischen Zielvorstellungen und Prioritäten hierfür fest (Art. 15 Abs. 1 EUV). Vgl. zum Europäischen Rat auch Art. 235 f. AEUV. Der Europäische Rat ist abzugrenzen von dem Rat der Europäischen Union. Der Rat besteht aus je einem Vertreter jedes Mitgliedstaats der Union auf Ebene der Minister, der befugt ist, für die Regierung des von ihm vertretenen Mitgliedstaats verbindlich zu handeln und das Stimmrecht wahrzunehmen (Art. 16 Abs. 2 EUV). Der Rat ist gemeinsam mit dem Europäischen Parlament als Gesetzgeber tätig und übt auch gemeinsam mit dem Parlament die Haushaltsbefugnisse aus. Daneben beschäftigt er sich mit der Festlegung der Politik und der Koordinierung nach Maßgabe der Verträge (Art. 16 Abs. 1 EUV). Vgl. zum Rat der Europäischen Union auch die Art. 237 bis 243 AEUV.

216 Vgl. *Calliess* in: Calliess/Ruffert, EUV/AEUV, Art. 5 EUV Rn. 26, 33. Die Schlussfolgerungen des Vorsitzes des Europäischen Rates von Edinburgh, Anlage 1 sind

a. Subsidiaritätsgrundsatz

Art. 5 Abs. 3 EUV bestimmt für Bereiche, die nicht in die ausschließliche Zuständigkeit der Union fallen, dass die Union nur tätig werden darf, sofern und soweit die Ziele der in Betracht gezogenen Maßnahmen von den Mitgliedstaaten weder auf zentraler, regionaler oder lokaler Ebene ausreichend erreicht („Negativkriterium")[217] und dadurch wegen ihres Umfangs oder ihrer Wirkungen besser auf Unionsebene erzielt werden können („Positivkriterium" bzw. „Effizienzkriterium")[218]. Es darf sich daher zunächst nicht um eine ausschließliche Zuständigkeit der Union handeln. Gemäß Art. 2 Abs. 1 AEUV müssen die Verträge der Union für einen bestimmten Bereich eine ausschließliche Zuständigkeit übertragen. In einem solchen Fall kann nur die Union gesetzgeberisch tätig werden und verbindliche Rechtsakte erlassen. Gemäß Art. 3 Abs. 1 AEUV hat die Union die ausschließliche Zuständigkeit nur in den Bereichen der Zollunion, der Festlegung der Wettbewerbsregeln, der Währungspolitik mit Euro-Währung, der Erhaltung der Meeresschätze im Rahmen der Fischereipolitik und der gemeinsamen Handelspolitik inne.[219] Für Maßnahmen, die nicht im Katalog der ausschließlichen Kompetenzen genannt worden sind, gilt, dass auf sie das Subsidiaritätsprinzip Anwendung findet.[220] Art. 19 AEUV ist vorliegend als „eingeschränkte Ermächtigungsnorm" zu verstehen. Rechtsverbindliche Diskriminierungsverbote mit Hilfe der RL 2000/78/EG können daher nur erlassen werden, wenn die Union zum Erlass von hoheitlichen Maßnahmen durch die Art. 153 oder 165, 166 AEUV

---

abgedruckt in *Calliess*, Subsidiaritäts- und Solidaritätsprinzip in der Europäischen Union, 391 ff.

217 *Calliess* in: Calliess/Ruffert, EUV/AEUV, Art. 5 EUV Rn. 37, der statt dem früher verwendeten Begriff des „Erforderlichkeitskriteriums" von „Negativkriterium" spricht und anführt, dass sich weder aus dem Wortlaut von Art. 5 EUV noch den Vertragsverhandlungen ergebe, dass das Negativkriterium i. S. von „Erforderlichkeit" zu verstehen sei. Ebenso *Bast/von Bogdandy* in: Grabitz/Hilf, Art. 5 EUV Rn. 54, welche das „Negativkriterium" noch als „Insuffizienzkriterium" bezeichnen.

218 In Abgrenzung zum „Negativkriterium" nennt Calliess das „Effizienzkriterium" nunmehr „Positivkriterium". Vgl. zur Auslegung dieses Kriteriums *Calliess* in: Calliess/Ruffert, EUV/AEUV, Art. 5 EUV Rn. 40 ff. Ebenso *Bast/von Bogdandy* in: Grabitz/Hilf, Art. 5 EUV Rn. 57, allerdings lassen diese daneben auch den Begriff „Effizienzkriterium" weiterhin gelten.

219 Darüber hinaus gehören noch zu den ausschließlichen Zuständigkeiten der Union das „interne Verfahrens- und Organisationsrecht", wie z. B. die Ausgestaltung des Unionsbeamtenstatus. Vgl. dazu *Nettesheim* in: Grabitz/Hilf, Art. 5 EUV Rn. 50.

220 So *Calliess* in: Calliess/Ruffert, EUV/AEUV, Art. 5 EUV Rn. 28.

ermächtigt ist. Gemäß Art. 4 Abs. 2 lit. b) AEUV hat die Union die geteilte Zuständigkeit für die Sozialpolitik hinsichtlich der im Vertrag genannten Aspekte inne. Die Sozialpolitik ist in Titel X und XI AEUV (Art. 151 bis 164 AEUV) geregelt und umfasst daher auch den Art. 153 AEUV. Gemäß Art. 6 lit. e) AEUV kann die Union Unterstützungs-, Koordinierungs- und Ergänzungsmaßnahmen im Bereich der allgemeinen und beruflichen Bildung treffen. Diese sind im Titel XII enthalten und umfassen die Art. 165 und 166 AEUV. In den genannten Bereichen besteht keine ausschließliche Kompetenz der Union. Die RL 2000/78/EG ist somit an Art. 5 Abs. 3 AEUV zu messen.

Nach den Vorgaben des Europäischen Rates von Edinburgh kommt es zunächst für die Erfüllung des „Negativkriteriums“ darauf an, ob die betreffende Maßnahme „transnationale Aspekte“ aufweist, die durch Maßnahmen der Mitgliedstaaten nicht ausreichend geregelt werden können.[221] Diskriminierungen an sich sind nicht auf Landesgrenzen beschränkt, sondern vielmehr eine grenzüberschreitende bzw. transnationale Problematik. Gerade Diskriminierungen bedürfen, hält man sich die in der Vergangenheit stetige Erweiterung der Europäischen Union und die dadurch notwendige Integration der neuen Mitgliedstaaten vor Augen, einer unionsweiten Lösung.[222] Darüber hinaus werden durch die Schaffung der RL 2000/78/EG noch weitere zahlreiche grenzüberschreitende „Aspekte“ berührt, wie ein unionsweites hohes Beschäftigungsniveau, Freizügigkeit, ein höherer Lebensstandard, eine hohe Lebensqualität, Solidarität, sozialer Schutz und wirtschaftlicher sowie sozialer Zusammenhalt.[223]

Das „Negativkriterium“ ist erfüllt, wenn in erheblichem Maße Interessen der Mitgliedstaaten verletzt werden. Heute ist es wichtiger denn je, ältere Menschen in die Gesellschaft und auch in das Wirtschaftsleben zu integrieren. Die RL dient dadurch, dass sie u.a. Diskriminierungen aufgrund des Alters verbietet, der Stärkung des wirtschaftlichen und vor allem sozialen Zusammenhaltes und der Vermeidung von Wettbewerbsverzerrungen, die durchaus durch Diskriminierungen eintreten

---

221 Vgl. Teil A Anlage 1 Gesamtkonzept für die Anwendung des Subsidiaritätsprinzips und des Art. 3 b des Vertrags über die Europäische Union durch den Rat, II. Leitlinien i) und ii), Europäischer Rat Edinburgh, 11. bis 12. Dezember 1992, Schlussfolgerungen des Vorsitzes, European Council – DOC/92/8 zu finden unter: http://europa.eu/rapid/press-release_DOC-92-8_de.htm (Abrufdatum 28.08.2013).

222 *Kehlen*, Europäische Antidiskriminierung, 119.

223 Vgl. Stellungnahme des Wirtschafts- und Sozialausschusses vom 25.05.2000, ABl. EG 2000, Nr. C 204/83, Erwägungen 1.4. der RL 2000/78/EG vom 27.11.2000, ABl. EG 2000 Nr. L 303/16 f. Erwägungsgrund 11. Vgl. zum Aspekt des sozialen Zusammenhalts als Ziel der Union auch den 17. Erwägungsgrund der RL.

können.[224] Jeder einzelne Mitgliedstaat für sich allein betrachtet, könnte die Altersdiskriminierung unionsweit nicht bekämpfen, so dass das „Negativkriterium" zu bejahen ist.

Des Weiteren ist es erfüllt, wenn Maßnahmen der Mitgliedstaaten sowie das Fehlen von Unionsmaßnahmen gegen die Anforderungen der Verträge verstoßen. Als Anforderungen kommen bspw. das Ziel verschleierte Handelsbeschränkungen zu vermeiden, Verzerrungen des Wettbewerbs zu korrigieren oder den sozialen und wirtschaftlichen Zusammenhalt zu stärken in Betracht.[225]

Bei der Analyse der RL 2000/78/EG ist auf die bereits vor Erlass der RL existierenden Bestimmungen der Mitgliedstaaten hinzuweisen, welche Diskriminierungsverbote u.a. wegen des Alters in Beschäftigung und Beruf enthielten. Diese waren gekennzeichnet durch erhebliche Unterschiede in Bezug auf den persönlichen und sachlichen Anwendungsbereich und die mögliche Durchsetzung der Diskriminierungsverbote. Erforderlich war deshalb, dass die Europäische Union einheitliche Mindeststandards in allen Mitgliedstaaten zur Anerkennung des Rechts des Einzelnen auf Gleichbehandlung in Beschäftigung und Beruf setzt.[226] Das „Negativkriterium" ist somit erfüllt.[227]

---

224 *Allen* in: Europaforum, Bekämpfung der Diskriminierungen, 77 (84).

225 Vgl. *Calliess* in: Calliess/Ruffert, EUV/AEUV, Art. 5 EUV Rn. 34; *Geiger/Khan/Kotzur*, EUV/AEUV, Art. 5 EUV Rn. 13.

226 Vgl. zu der Lage in den Mitgliedstaaten und der Notwendigkeit der Rahmenrichtlinie, Vorschlag für eine RL des Rates zur Festlegung eines allgemeinen Rahmens für die Verwirklichung der Gleichbehandlung in Beschäftigung und Beruf, KOM (1999), 565 endg. 5. Vgl. auch *Allen* in: Europaforum, Bekämpfung der Diskriminierungen, 77 (83). Allen weist speziell in Bezug auf das Diskriminierungsmerkmal „Alter" darauf hin, dass nur wenige europäische Mitgliedstaaten über spezielle Gesetze verfügen, die sich mit dem Schutz älterer Arbeitnehmer befassen. Hinzu komme, dass existierende Vorschriften oft nicht beachtet würden.

227 A.A. *Wesseling*, Europäische Antidiskriminierungsrichtlinien, 163 f. Wesseling weist darauf hin, dass die RL auf ein hohes Beschäftigungsniveau abzielt. Sie bezweifelt aufgrund der in der RL vorgesehenen Sanktionen und den finanziellen Konsequenzen, dass die RL tatsächlich zu einer höheren Arbeitsplatzanzahl führe, sondern der Arbeitgeber eher Neueinstellung vermeiden werde. Sie kritisiert weiterhin, dass die Union arbeitsrechtliche Schutzvorschriften einzig zugunsten des Arbeitnehmers vorsehe und die Arbeitgeberregelungen den Mitgliedstaaten vorbehalten blieben, was zu „Systembrüchen" führen würde. Solange die Union keine einheitliche Regelungskompetenz für die Rechte der Arbeitnehmer und Arbeitgeber habe, dürfe sie insgesamt keine Gesetzgebungsakte erlassen. Nach Ansicht von Wesseling könnten die Mitgliedstaaten die Diskriminierungsbekämpfung allein bewerkstelligen. Das „Negativkriterium" sei nicht erfüllt.

Auch müssen die Maßnahmen der Union effizienter als solche der Mitgliedstaaten sein, um die Verhinderung von Altersdiskriminierung besser auf Unionsebene erreichen zu können. Das Effizienzkriterium ist erfüllt, wenn ein Vergleich zwischen dem Kompetenzverlust auf Seiten der Mitgliedstaaten und dem Integrationsgewinn auf Seiten der Unionsebene eindeutig zum Vorteil der Regelung der Problematik auf Unionsebene ausfällt.[228] Nach dem Erwägungsgrund 37 der RL 2000/78/EG ist es Ziel der RL gleiche Ausgangsbedingungen in der Union für die Gleichbehandlung in Beschäftigung und Beruf zu schaffen. Dies könne wegen des Umfangs und der Wirkung der Maßnahme besser auf Unionsebene verwirklicht werden. Wird berücksichtigt, dass jeder Mitgliedstaat nur innerhalb seiner Landesgrenzen verbindliche Vorschriften gegen Altersdiskriminierungen in Beschäftigung und Beruf erlassen kann und die Mitgliedstaaten dies ohne eine unionsweite RL in unterschiedlichem Maße tun würden, ist das Effizienzkriterium aufgrund der vielen grenzüberschreitenden Bezugspunkte erfüllt, insb. weil die RL auf die Verbesserung des sozialen Schutzes abzielt und dies für die Optimierung des Binnenmarkts unerlässlich sei.[229] Auch die Kommission führt unter Verweis auf die unterschiedliche Tragweite und Durchsetzbarkeit des Rechts auf Nichtdiskriminierung in dem nationalen Recht an, dass die RL darauf abziele, allen Unionsbürgern die gleichen Chancen durch einheitliche Mindeststandards zu gewähren und nur so der einzelne Unionsbürger Gewissheit darüber habe, in welchem Umfang er in allen Mitgliedstaaten vor Diskriminierung geschützt sei.[230] Die Europäische Kommission geht somit selbst von der Erfüllung des Effizienzkriteriums aus. Zur Schaffung einheitlicher Mindeststandards kommt vorzugswürdig die RL in Betracht,[231] die weniger einschneidend ist als eine VO, da sie den Mitgliedstaaten die Umsetzung des wesentlichen Gehalts der RL in nationales Recht überlässt. Fraglich ist, ob nicht auch eine Teilharmonisierung denkbar wäre. Allerdings können gleiche Ausgangsbedingungen für alle Mitgliedstaaten im Bereich der Beschäftigung und des Berufs nur erzielt werden, wenn eine Vollharmonisierung auf Unionsebene stattfindet, eine reine Teilharmonisierung ist dafür nicht ausreichend.[232] So wird der sozialen Wanderung von Arbeitnehmern nur durch einheitliche Standards in allen Mitgliedstaaten der Europäischen Union

228 Vgl. auch *Kehlen*, Europäische Antidiskriminierung, 121 f.

229 Vgl. dazu *Kummer*, Umsetzungsanforderungen der neuen arbeitsrechtlichen Antidiskriminierungsrichtlinie, 148.

230 KOM (1999) 564 endg., unter Punkt 6., S. 12.

231 Siehe *von Danwitz*, JZ 2007, 697 (698).

232 So auch *Mohr*, Diskriminierungen im Europäischen Arbeitsrecht, 186.

entgegengewirkt. Für die Lösung auf Unionsebene spricht, dass nur unionsweite Mindeststandards auf Seiten der Mitgliedstaaten dazu beitragen, die Altersdiskriminierung zu verhindern und darüber hinaus, dass die RL 2000/78/EG mit ihren Diskriminierungsverboten dem Konzept der „europäischen Staatsbürgerschaft" diene.[233] Durch den Erlass der RL 2000/78/EG ist das Effizienzkriterium erfüllt und das Subsidiaritätsprinzip gewahrt worden.

b. Verhältnismäßigkeitsgrundsatz

Art. 5 Abs. 4 EUV legt fest, dass die Maßnahmen der Union nicht über das für die Erreichung der Ziele der Verträge erforderliche Maß hinausgehen dürfen. Dieser Verhältnismäßigkeitsgrundsatz stellt einen allgemeinen Rechtsgrundsatz des Unionsrechts dar.[234] Das unionsrechtliche Verhältnismäßigkeitsprinzip ist dreigeteilt. Das Tatbestandsmerkmal „geeignet" ist erfüllt, wenn das angegebene Ziel auch durch die Maßnahme erreicht werden kann. Die Maßnahme ist „erforderlich", wenn das angegebene Ziel nicht durch weniger beeinträchtigende Maßnahmen erreichbar ist. „Übermäßig" (bzw. unverhältnismäßig im engeren Sinne oder disproportional) ist die Maßnahme, wenn sie nach einer Abwägung zwischen dem Nutzen der Maßnahme für die Allgemeinheit und der Einschränkung geschützter Rechtspositionen der Unionsbürger mehr Schaden als Nutzen mit sich bringt.[235] Hinsichtlich der Gleichbehandlung bedeutet dies, dass das Ausmaß der Differenzierung und Benachteiligung durch die Regelung in keinem Verhältnis mehr zu den objektiven Gründen und Zielen der Regelung steht.[236]

Ziel der RL 2000/78/EG ist die Förderung von Beschäftigung.[237] Sämtliche Diskriminierungsgründe, die in der RL enthalten sind, kommen in den Bereichen Beschäftigung und Beruf zum Tragen. Darüber hinaus sind Beschäftigung und Beruf die wichtigsten Garanten für die soziale Eingliederung, die volle Teilhabe am wirtschaftlichen, kulturellen und sozialen Leben, die Menschenrechte und die Grundfreiheiten.[238] Da die RL 2000/78/EG Diskriminierungen beim Zugang zur Beschäftigung

---

233 Vgl. zu den Argumenten zur Erfüllung des Effizienzkriteriums auch *Allen* in: Europaforum, Bekämpfung der Diskriminierungen, 77 (84).

234 *Oppermann/Classen/Nettesheim*, Europarecht, § 12 Rn. 30.

235 *Calliess* in: Calliess/Ruffert, EUV/AEUV, Art. 5 EUV Rn. 45.

236 *Bieback* in: Fuchs, Europäisches Sozialrecht, 4. Auflage, Art. 141 EGV Rn. 100.

237 *Korthaus*, das neue Antidiskriminierungsrecht, 85 f.

238 Vorschlag für eine RL des Rates zur Festlegung eines allgemeinen Rahmens für die Verwirklichung der Gleichbehandlung in Beschäftigung und Beruf, KOM (1999), 565 endg. 7.

und zum Beruf verbietet, kann durch sie das Ziel der Beschäftigungsförderung erreicht werden. Die RL 2000/78/EG erfüllt mithin das Merkmal der Geeignetheit.

Die Beschäftigungsförderung kann auch nicht durch weniger beeinträchtigende Maßnahmen erreicht werden, denn eine RL ist generell nur hinsichtlich des zu erreichenden Ziels verbindlich und überlässt den innerstaatlichen Stellen die Wahl der Form und der Mittel (Art. 288 Abs. 3 AEUV). Insoweit legt sie nur einen Mindeststandard[239] fest und gibt den Mitgliedstaaten weit reichende Gestaltungsspielräume. Der Richtlinienerlass war somit erforderlich.

Als „übermäßig" ist die RL nicht anzusehen. Eine Abwägung zwischen dem Nutzen der Maßnahme für die Allgemeinheit und der Einschränkung geschützter Rechtspositionen der Unionsbürger fördert nicht mehr Schaden als Nutzen zu Tage. Vielmehr legt die RL 2000/78/EG einen unionsrechtlichen Rahmen allgemeiner Vorschriften zum Schutz vor Diskriminierungen fest. Gerade die Ausgestaltung als Rahmenrichtlinie lässt auf den Willen des Unionsgesetzgebers schließen, den Mitgliedstaaten hinreichende Flexibilität einzuräumen. Der Wortlaut der RL ist derart allgemein formuliert, dass den unterschiedlichen politischen Präferenzen und politischen Prioritäten in den Mitgliedstaaten durchaus entsprochen werde.[240] Durch die Einführung eines auf viele Diskriminierungsmerkmale bezogenen Schutzes in Beschäftigung und Beruf bringt die RL daher mehr Nutzen als Schaden für die Mitgliedstaaten.

Insoweit ist die RL 2000/78/EG verhältnismäßig.

2. Pflicht zur Benennung der Vertragsartikel

Die Begründungspflicht nach Art. 296 AEUV umfasst die Pflicht, den Vertragsartikel, also die Rechtsgrundlage für alle Rechtsakte zu benennen.[241] Die RL 2000/78/EG erklärt eingangs in der Präambel, dass sie auf den AEUV und insb. auf Art. 19 Abs. 1 AEUV gestützt ist. Art. 19 Abs. 1 AEUV stellt eine „eingeschränkte Ermächtigungsnorm" dar. Insoweit muss ergänzend auf andere Bestimmungen zurückgegriffen werden, die hoheitliche Maßnahmen vorsehen. Vorliegend kommen als Bestimmungen Art. 153 Abs. 1, Abs. 2 und Art. 165, 166 AEUV in Betracht. In dem Umstand, dass diese Artikel nicht neben Art. 19 Abs. 1 AEUV in der Präambel

---

239 *Korthaus*, das neue Antidiskriminierungsrecht, 112; *Stalder*, Antidiskriminierungsmaßnahmen, 216, die statt „Mindeststandard" von „Mindestrahmen" sprechen.

240 Siehe Vorschlag für eine RL des Rates zur Festlegung eines allgemeinen Rahmens für die Verwirklichung der Gleichbehandlung in Beschäftigung und Beruf, KOM (1999) 565 endg. 7.

241 *Calliess* in: Calliess/Ruffert, EUV/AEUV, Art. 296 AEUV, Rn. 8, 16.

genannt sind, könnte eine Verletzung der Pflicht zur Benennung der Vertragsartikel zu erblicken sein. Bei dem hiesigen Verständnis des Art. 19 Abs. 1 AEUV als „eingeschränkter Ermächtigungsnorm" ist Art. 19 Abs. 1 AEUV als Hauptnorm anzusehen. Die Hauptnorm wurde in der Präambel aufgeführt, ergänzend kommen die Art. 153, 165, 166 AEUV in Betracht. Daher muss es als ausreichend angesehen werden, wenn ausschließlich die Hauptnorm genannt wird. Das ergänzend weitere Normen als Rechtsgrundlage i. V. m. Art. 19 Abs. 1 AEUV herangezogen werden können, macht der Wortlaut deutlich. Die RL bezeichnet Art. 19 Abs. 1 AEUV in den Erwägungsgründen „insbesondere" als Rechtsgrundlage und trifft gerade keine abschließende Benennung von Rechtsgrundlagen. Daraus ergibt sich, dass die RL ergänzend auf andere Vorschriften des AEUV gestützt ist. Bei dem Verständnis von Art. 19 Abs. 1 AEUV als eingeschränkter Ermächtigungsnorm ist die ausschließliche Benennung von Art. 19 AEUV als Hauptnorm unschädlich. Die Pflicht zur Benennung der Vertragsartikel ist erfüllt.

3. Bestimmtheitsgrundsatz

Der Bestimmtheitsgrundsatz ist in Art. 19 Abs. 1 UA 1 EUV (ex Art. 220 EGV) enthalten, da dieser den Gerichtshof der Europäischen Union zur „Wahrung des Rechts" bei der Auslegung und Anwendung der Verträge verpflichtet und unter „Wahrung des Rechts" auch allgemeine Rechtsgrundsätze aufstellt, wie das Prinzip der Rechtssicherheit, aus welchem wiederum der Bestimmtheitsgrundsatz folgt.[242] Dieser bindet die Organe der Union in der Rechtsetzung. Nach dem Bestimmtheitsgrundsatz muss eine belastende Regelung eindeutig und klar abgefasst sein, so dass der Betroffene sich ohne weiteres seiner Rechte und Pflichten bewusst werden und entsprechende Vorkehrungen treffen kann.[243] Die RL 2000/78/EG bestimmt in Art. 3 Abs. 1, dass die RL „im Rahmen der auf die Gemeinschaft [Union] übertragenen Zuständigkeiten" gilt. Insoweit wiederholt Art. 3 Abs. 1 RL 2000/78/EG lediglich den Wortlaut des Art. 19 Abs. 1 AEUV.[244] Diesbezüglich wird zu Bedenken gegeben, dass eine solche unspezifizierte „dynamische Verweisung" den Kompetenzschranken des AEUV nicht gerecht werde[245] und das dies ein

---

242 *Calliess* in: Calliess/Ruffert, EUV/AEUV, Art. 19 AEUV, Rn. 9, 37.

243 *Geiger/Khan/Kotzur*, EUV/AEUV, Art. 19 EUV Rn. 24, Art. 6 EUV Rn. 38.

244 Dieser spricht davon, dass der Rat im Rahmen der durch die Verträge auf die Union übertragenen Zuständigkeiten geeignete Vorkehrungen treffen kann.

245 Vgl. *Riesenhuber/Franck*, JZ 2004, 529 (530). Diese hatten die Feststellung aber auf die Auslegung von Art. 1 Abs. 2 RL 2000/43/EG bezogen. Allerdings ist die Formulierung bei RL 2000/43/EG wortlautidentisch mit der RL 2000/78/EG.

„unbestimmter Anwendungsbereich“ sei, da es nunmehr Aufgabe der Mitgliedstaaten wäre, diese Bestimmung auszulegen und zu ermitteln, was genau unter „die übertragenen Zuständigkeiten“ falle und letztlich den Anwendungsbereich gem. Art. 3 Abs. 1 RL 2000/78/EG daraufhin zu überprüfen, ob er von den auf die Union übertragenen Zuständigkeiten gedeckt sei.[246] Allerdings ergibt sich aus den Erwägungsgründen und insb. aus dem Erwägungsgrund Nr. 11, dass die Union die RL erlassen hat, um Diskriminierungen in Bereichen zu bekämpfen, die ihre Ziele, wie ein hohes Beschäftigungsniveau, sozialen Schutz und Solidarität usw. berühren. Damit gibt die Europäische Union indirekt zu erkennen, dass sie von den Zuständigkeiten in diesen Bereichen bei dem Erlass der Richtlinie Gebrauch gemacht hat. Zudem zählt der Art. 3 Abs. 1 lit. a) bis d) RL die Regelungsbereiche detailliert auf, worunter mit Art. 3 Abs. 1 lit. b) RL der Zugang zur beruflichen Bildung (Art. 166 und bei einem weiten Verständnis auch Art. 165 AEUV) erfasst ist. Oder gem. Art. 3 Abs. 1 lit. c) RL die Gleichbehandlung bei Beschäftigungs- und Arbeitsbedingungen, wodurch entsprechend der Kompetenzgrundlage des Art. 153 lit. j) RL vor sozialen Ausgrenzungen geschützt werden soll. Daraus, dass sich mit dem Verständnis des Art. 19 AEUV als „eingeschränkte Ermächtigungsnorm“ auch die anderen Rechtsgrundlagen für die RL aus den Erwägungsgründen und dem Geltungsbereich des Art. 3 RL ergeben, ist dem Bestimmtheitsgrundsatz insoweit Rechnung getragen worden.

Zu Beginn der Erwägungsgründe bestimmt die RL 2000/78/EG, dass sie insb. auf Art. 19 Abs. 1 AEUV gestützt ist. Die Benennung weiterer Zuständigkeitsnormen erfolgt nicht. Dies ist, wenn sie z. B. mit der RL 2004/38/EG verglichen wird, ungewöhnlich, da diese RL auf verschiedene Artikel des AEUV gestützt wurde.[247] Danach beruht die RL 2004/38/EG „insbesondere“ auf den Art. 21, 24, 52, 57 und 66 AEUV (ex Art. 18, 21, 46, 50 und 59 EGV). Allerdings wird hier „insbesondere“ und damit gerade keine abschließende Aufzählung gewählt. Daraus lässt sich entnehmen, dass die Union ihre Rechtsetzungsakte bewusst nicht auf bestimmte Bereiche beschränkt, um die Freizügigkeit möglichst umfassend herzustellen und in den verschiedenen Bereichen wirken zu lassen. Da auf die Erwägungsgründe und den Geltungsbereich der RL 2000/78/EG zurückgegriffen

246 Vgl. *Högenauer*, Richtlinien gegen Diskriminierung, 77; *Stork*, Anti-Diskriminierungsrecht der EU, 136. Stork befürchtet, dass dies zu einem unterschiedlichen Schutzniveau in den Mitgliedstaaten und zu großer Rechtsunsicherheit führe, wenn für die Mitgliedstaaten nicht genau erkennbar sei, auf welche übertragenen Zuständigkeiten die EU nun die RL gestützt habe.

247 Vgl. RL 2004/38/EG v. 29. April 2004, ABl. EU Nr. L 158/77.

werden kann, um zu ermitteln, welche Zuständigkeiten der Union und welche Rechte und Pflichten sich daraus für die Mitgliedstaaten ergeben, ist der Bestimmtheitsgrundsatz gewahrt.

II. Aufbau

Die RL 2000/78/EG enthält vier Kapitel: Allgemeine Bestimmungen, Rechtsbehelfe und Rechtsdurchsetzung, Besondere Bestimmungen und als letztes Kapitel die Schlussbestimmungen. Das erste Kapitel -Allgemeine Bestimmungen-, beinhaltet den Zweck der RL, den Begriff der Diskriminierung, Ausnahmen, Rechtfertigungsgründe und den Geltungsbereich der RL.

III. Zielsetzung

Der Zweck der RL ergibt sich aus Art. 1 RL 2000/78/EG, wonach die RL einen allgemeinen Rahmen zur Bekämpfung von Diskriminierungen, u.a. wegen des Alters in Beschäftigung und Beruf schaffen soll, um den Grundsatz der Gleichbehandlung in den Mitgliedstaaten zu verwirklichen. „Gleichbehandlungsgrundsatz" i. S. der RL meint, dass es keine unmittelbare oder mittelbare Diskriminierung wegen des Alters geben darf (Art. 2 Abs. 1 RL). Dabei sollen der gleiche Zugang zur Beschäftigung und zum Beruf, die berufliche Bildung und der Aufstieg, gleiche Arbeits- und Beschäftigungsbedingungen und die Mitgliedschaft in Vereinigungen garantiert werden.[248] Ziel der RL ist es schließlich, angesichts des demographischen Wandels für eine möglichst hohe Beschäftigungszahl solcher Personen zu sorgen, die sich in einem „erwerbsfähigen" Alter befinden.[249] So gilt es durch die RL gerade im Bereich der Altersdiskriminierung Phänomene wie Diskriminierungen bei der Einstellung, dem Ausschluss von Aus- und Weiterbildungsmaßnahmen für Rentner im Nebenerwerb und Verlust des Arbeitsplatzes allein wegen des Alters zu bekämpfen.[250] Um hier gegenzusteuern soll durch die RL das Unionsziel der

248 Vorschlag für eine RL des Rates zur Festlegung eines allgemeinen Rahmens für die Verwirklichung der Gleichbehandlung in Beschäftigung und Beruf, KOM (1999) 565 endg. 2.

249 KOM (1999), 565 endg., 3.

250 Vgl. KOM (1999) 565 endg. 3. Danach bestätigte eine in 11 Ländern durchgeführte Untersuchung, dass gerade ältere Menschen mit diesen Phänomenen zu kämpfen haben. Darüber hinaus seien dies noch Diskriminierungen beim Eintritt in den

Koordinierung der Beschäftigungspolitiken der Mitgliedstaaten gefördert werden.[251] Letztlich dient die RL dem „Opferschutz". So legt sie einen unionsweiten Mindeststandard eines Schutzes vor Diskriminierungen fest, definiert, was rechtswidrige Diskriminierungen sind und eröffnet dem Diskriminierungsopfer einheitliche Mindestanforderungen für die Geltendmachung seiner Rechte.[252]

IV. Geltungsbereich

1. Persönlicher Geltungsbereich

Die RL 2000/78/EG verbietet die Altersdiskriminierung. Die Diskriminierung setzt begriffsnotwendig einen Diskriminierenden und einen Diskriminierten voraus. Hinsichtlich des Diskriminierenden gilt die RL gem. Art. 3 Abs. 1, 1. HS für alle Personen des öffentlichen und privaten Bereichs, inklusive der öffentlichen Stellen. Unter den Begriff der „öffentlichen Stellen" werden sämtliche Behörden der Mitgliedstaaten (inklusive der Gerichte), unabhängig davon, ob der Staat in privatrechtlicher oder in hoheitlicher Organisationsform dem Bürger gegenübertritt, gefasst.[253] Die RL erfasst daher insgesamt Arbeitgeber und Arbeitnehmer in öffentlichen und privaten Arbeitsverhältnissen und Personen des öffentlich-rechtlichen Dienstes wie z. B. Richter, Beamte oder Soldaten, aber auch Freiberufler und selbstständig Erwerbstätige.[254] Dabei regelt die RL die Diskriminierung durch den Arbeitgeber, nicht jedoch durch andere Arbeitskollegen.[255]

Auf der Seite des Diskriminierten werden vom Schutzbereich der RL abhängig Beschäftigte, Selbstständige, Freiberufler und Stellenbewerber erfasst.[256] Dadurch, dass das Merkmal Alter alle Altersgruppen einschließt, wird auch vom

---

Ruhestand und Ausschluss für Maßnahmen für Arbeitslose, die bei den Nichterwerbstätigen Rentnern und Rentnern im Nebenerwerb weniger bedeutend sind.

251 Vgl. 7. Erwägungsgrund zur RL 2000/78/EG des Rates vom 27.11.2000 zur Festlegung eines allgemeinen Rahmens für die Verwirklichung der Gleichbehandlung in Beschäftigung und Beruf, ABl. EG 2000, Nr. L 303/16 vom 02.12.2000.

252 Vgl. *Nickel*, NJW 2001, 2668 (2669); *Coen*, AuR 2000, 11 (11), beide allerdings zur RL 2000/43/EG.

253 *Hetmeier* in: Lenz/Borchardt, EU-Verträge, Art. 288 AEUV Rn. 12.

254 *Polloczek*, Altersdiskriminierung, 79; *Müller*, Alter und Recht, 190; *Mohr*, Diskriminierungen im Europäischen Arbeitsrecht, 351.

255 *Liu*, Arbeitsrechtliche Diskriminierung, 56.

256 *Roetteken*, PersR 2002, 12 (13); *Lüderitz*, Altersdiskriminierung durch Altersgrenzen, 56.

persönlichen Schutzbereich jeder Arbeitnehmer unabhängig von seinem konkreten Alter umfasst.[257]

Insoweit bezieht die RL alle Arbeitgeber (als Diskriminierende) und Arbeitnehmer (als Diskriminierte) in ihren persönlichen Geltungsbereich mit ein.[258] Arbeitnehmer i. S. des Arbeitsrechts ist jeder, der einen Arbeitsvertrag hat.[259] Der nichterwerbstätige Rentner, der i. S. des Arbeitsrechts mangels Arbeitsvertrags eben gerade kein Arbeitnehmer ist, fällt nicht in den Geltungsbereich der RL. Der Rentner im Nebenerwerb, der sein Arbeitsverhältnis i. d. R. auf eine arbeitsvertragliche Grundlage stützen kann, ist vom persönlichen Geltungsbereich der RL erfasst.

Fraglich ist, ob der arbeitsuchende Rentner von der RL umfasst ist. Die Einbeziehung des arbeitsuchenden Rentners entspricht dem Sinn und Zweck der RL 2000/78/EG, für eine möglichst hohe Beschäftigungszahl Sorge zu tragen, um aufgrund der immer höheren Lebenserwartung den wachsenden Anteil an Menschen im Rentenalter finanzieren zu können. Die RL zielt letztlich auf die Förderung von Beschäftigung ab. Für die Einbeziehung des arbeitsuchenden Rentners spricht, dass die RL nicht nur während des Bestehens des Arbeitsverhältnisses, sondern im Vorfeld, z. B. im Bewerbungs- und Auswahlverfahren, greift.[260] So könnte das Diskriminierungsverbot hinsichtlich der Bedingungen für den Zugang zur Beschäftigung dazu führen, dass Bewerbungen ohne Foto erforderlich sind und die Frage nach dem Alter des Bewerbers unzulässig ist.[261] Ziel dieser Untersuchung ist es, den nichterwerbstätigen Rentner als jemanden, der endg. die Berufstätigkeit aufgegeben hat und den Ruhestand genießen will, und den Rentner im Nebenerwerb, der noch eine abhängige Beschäftigung ausübt, voneinander abzugrenzen. Darüber hinaus soll die Besonderheit des arbeitsuchenden Rentners behandelt werden. Dieser ist im Bewerbungsverfahren in den persönlichen Geltungsbereich der RL einbezogen. Der Rentner im Nebenerwerb und der arbeitsuchende Rentner sind vom persönlichen Geltungsbereich der RL 2000/78/EG erfasst.

Der Rentner im Nebenerwerb und der arbeitsuchende Rentner sollten in den persönlichen Geltungsbereich des Art. 3 Abs. 1, 1. HS RL explizit als besonders schutzwürdige Gruppe aufgenommen werden. Dies führt dazu, dass Diskriminierungen für diese Rentnergruppen in den Bereichen Beschäftigung und Beruf verhindert werden können.

---

257 *Groß*, Rechtfertigung einer Altersdiskriminierung, 36.

258 Art. 3 Abs. 1 HS. 1 RL 2000/78/EG; *Hahn*, Altersdiskriminierung, 78.

259 *Pennings*, European Social Security Law, 36.

260 *Whittle*, ELR 2002, 303 (320 Fn. 56).

261 *Korthaus*, das neue Antidiskriminierungsrecht, 123 f.

2. Sachlicher Geltungsbereich

Nach Art. 1 RL 2000/78/EG soll die Diskriminierung u.a. wegen des Alters in Beschäftigung und Beruf bekämpft werden. Die RL bezieht sich sachlich auf die Bereiche Beschäftigung und Beruf, weil diese für die Garantie gleicher Chancen für alle vom persönlichen Geltungsbereich umfassten Personen und eine volle Teilhabe der Bürger sowie die individuelle Entfaltung von entscheidender Bedeutung sind.[262] Die RL 2000/78/EG umfasst in ihrem sich aus Art. 3 Abs. 1 RL ergebenden materiell sachlichen Geltungsbereich den Zugang zur Erwerbstätigkeit, die Aus- und Fortbildung zum und im Beruf, die konkreten Bedingungen der Beschäftigung und Entlassung[263] und die Mitgliedschaft in einer Arbeitnehmer- oder Arbeitgeberorganisation.[264] So sind zunächst Bedingungen für den Zugang zur Erwerbstätigkeit und somit im Zusammenhang mit der Arbeitsuche und daher außerhalb eines aktuell bestehenden Arbeitsverhältnisses von der RL umfasst.[265] Vor Diskriminierungen werden arbeitsuchende Rentner in Bezug auf Stellenausschreibungen geschützt, die z. B. nicht bestimmte Mindest- und/oder Höchstaltersgrenzen enthalten dürfen.[266] In concreto sind Bedingungen für den Zugang zur Erwerbstätigkeit, Auswahlkriterien und Einstellungsbedingungen für jeden Stellenbewerber auf jeder Hierarchiestufe in irgendeiner entgeltlichen Beschäftigung vom sachlichen Geltungsbereich der RL

---

262 Vgl. 9. Erwägungsgrund zur RL 2000/78/EG, ABl. EG 2000 Nr. L 303/16 v. 02.12.2000.

263 Art. 3 Abs. 1 lit. c) RL 2000/78/EG. Vom EuGH wurde auch der Anwendungsbereich in der Rs. Kücükdeveci bejaht. Vgl. EuGH Urt. v. 19.01.2010 Rs. C-555/07 (Kücükdeveci) EuR 2010, 791 (796 f. Rn. 26). Vgl. dazu *Bauer/von Medem*, ZIP 2010, 449 (451). Vgl. zu dem Streit, ob Art. 3 Abs. 1 lit. c) RL 2000/78/EG kompetenzwidrig erlassen wurde, weil in Art. 3 Abs. 1 lit. c) RL auch Entgeltfragen geregelt wurden, *Polloczek*, Altersdiskriminierung, 80 f.

264 Art. 3 Abs. 1 lit. a) bis d) RL 2000/78/EG. Vgl. zur Definition von Erwerbstätigkeit als Tätigkeit bei der der Tätigwerdende für seine Leistung eine Gegenleistung erhält und die von einem Erwerbszweck getragen ist [Art. 3 Abs. 1 lit. a) RL 2000/78/EG] und Arbeitsbedingungen als entweder im Arbeitsvertrag geregelte oder bei bestehendem Arbeitsverhältnis verwendete Bedingungen sowie sämtliche mit dem Arbeitsverhältnis notwendig verbundene Leistungen [Art. 3 Abs. 1 lit. c) RL] sowie Entlassungsbedingungen als einseitige Beendigung des Arbeitsverhältnisses durch Kündigung seitens des Arbeitgebers oder durch Erreichen von festgelegten Altersgrenzen, die das Beschäftigungsverhältnis automatisch beenden und die Nichtigkeit oder die Anfechtung des Arbeitsvertrags [Art. 3 Abs. 1 lit. c) RL] nach sich ziehen. *Müller*, Alter und Recht, 187 f.; Lingscheid, Antidiskriminierung, 88 f.

265 Art. 3 Abs. 1 lit. a) RL 2000/78/EG.

266 *Lüderitz*, Altersdiskriminierung durch Altersgrenzen, 58.

erfasst.[267] Für den Rentner im Nebenerwerb der sich auf eine andere Stelle bewirbt und den arbeitsuchenden Rentner bedeutet dies einen weiten Anwendungsbereich. Dies ist vorteilhaft für den Rentner im Nebenerwerb und den arbeitsuchenden Rentner, da sie durchaus ein Interesse daran haben, im Bewerbungsverfahren geschützt zu werden, um z. B. nicht aufgrund eines Bewerbungsfotos, aus welchem sich das tatsächliche Alter ergeben könnte, diskriminiert zu werden.

Für die sozialrechtliche Komponente des Rentners im Nebenerwerb ist relevant, dass die RL neben den Bedingungen u.a. für den Zugang zu unselbstständiger und selbstständiger Tätigkeit einschließlich des beruflichen Aufstiegs [Art. 3 Abs. 1 lit. a) RL] auch den Zugang zu allen Formen und allen Ebenen der Berufsberatung, Berufsausbildung, der beruflichen Weiterbildung und der Umschulung, einschließlich der praktischen Berufserfahrung [Art. 3 Abs. 1 lit. b) RL] schafft.[268] Altersgrenzen als Ausschlusskriterium für einen beruflichen Aufstieg des Rentners im Nebenerwerb z. B. durch Beförderung sind daher grundsätzlich als diskriminierend anzusehen, es sei denn, die Beförderung wird von anderen Kriterien (z. B. der Betriebszugehörigkeit oder dem Dienstalter) abhängig gemacht.[269] Von der Berufsberatung sind dabei alle Formen einer aktiven Arbeitsförderung durch öffentliche und private Träger und von der Berufsbildung die Aneignung oder Erweiterung der für den Beruf notwendigen fachlichen Kenntnisse und Fähigkeiten im Rahmen der Aus- und Fortbildung sowie Umschulung umfasst.[270] Im bestehenden Arbeitsverhältnis werden die Höhe des Entgelts und das Arbeitsverhältnis mit seinen konkreten Arbeits- und Beschäftigungsbedingungen vor Diskriminierungen geschützt.[271]

Der sachliche Geltungsbereich, der ein Diskriminierungsverbot hinsichtlich des Zugangs zur Beschäftigung [Art. 3 Abs. 1 lit. a) RL], zur Berufsberatung, Aus- und Weiterbildung [Art. 3 Abs. 1 lit. b) RL], der Beschäftigungs- und Arbeitsbedingungen [Art. 3 Abs. 1 lit. c) RL][272] sowie hinsichtlich der Mitgliedschaft

267 *Kummer*, Umsetzungsanforderungen der neuen arbeitsrechtlichen Antidiskriminierungsrichtlinie, 35 f; *Polloczek*, Altersdiskriminierung, 80.

268 *Husmann*, ZESAR 2007, 13 (15).

269 *Lüderitz*, Altersdiskriminierung durch Altersgrenzen, 58 f.

270 *Kummer*, Umsetzungsanforderungen der neuen arbeitsrechtlichen Antidiskriminierungsrichtlinie, 37; *Geipel*, Lebensalter, 50 f.

271 Art. 3 Abs. 1 lit. c) RL 2000/78/EG.

272 Der GA Bot geht in seinen Schlussanträgen zu den verb. Rs. C-501/12 bis C-506/12, C-540/12 und C-541/12 davon aus, dass Art. 3 Abs. 1 lit. c) RL dahin gegehend auszulegen sei, dass er für die Bedingungen des Arbeitsentgelts von Beamten gelte. Vgl. Schlussanträge zu den verb. Rs. C-501/12 bis C-506/12, C-540/12 und C-541/12,

und Mitwirkung in einer Arbeitnehmer- oder Arbeitgeberorganisation [Art. 3 Abs. 1 lit. d) RL] betrifft, wirkt sich vordergründig auf den Rentner im Nebenerwerb aus. Der arbeitsuchende Rentner ist diesbezüglich von den Zugangsbedingungen zur Beschäftigung [Art. 3 Abs. 1 lit. a) RL], der Berufsberatung, Aus- und Weiterbildung [Art. 3 Abs. 1 lit. b) RL] betroffen. Zu betonen bleibt weiterhin, dass die RL nicht Rentner im Nebenerwerb oder arbeitsuchende Rentner im Speziellen vor Diskriminierungen schützt, sondern generell auf den Arbeitnehmer oder den Arbeitsuchenden abstellt. Es geht nach dem sachlichen Geltungsbereich um jegliche Diskriminierung eines Arbeitnehmers oder Arbeitsuchenden i. d. R. wegen des Alters in den vorgenannten Bereichen. Das Ziel ist ein umfassendes Diskriminierungsverbot in den Bereichen Beschäftigung und Beruf zu erwirken. Der Rentner im Nebenerwerb und der arbeitsuchende Rentner sind in die zentralen Betrachtungen einzubeziehen, da diese sich von anderen Arbeitnehmern dadurch unterscheiden, dass sie die Regelaltersgrenze überschritten haben und sich deshalb bestimmte Zulässigkeitsfragen hinsichtlich der Anknüpfung gerade an die Regelaltersgrenze zur Rechtfertigung von pauschalen Altersgrenzen stellen. Gerade diese Rentnergruppen haben ein Interesse gerichtlich überprüfen zu lassen, ob ihr möglicherweise unfreiwilliges Ausscheiden aus dem Arbeitsleben unionsrechtlich zu beanstanden ist. Von diesen Problematiken sind jüngere Arbeitnehmer weit unterhalb der Regelaltersgrenze freigestellt bzw. nicht betroffen. Insoweit ist es wissenschaftlich durchaus zielführend zwischen dem „Arbeitnehmer" und dem „Arbeitsuchenden" und im Speziellen dem Rentner im Nebenerwerb und dem arbeitsuchenden Rentner zu differenzieren.

Rn. 50, 76, 92, 108, abzurufen unter http://curia.europa.eu/juris/liste.jsf?language=-de&jur=C,T,F&num=C-501/12&td=ALL (Abrufdatum: 30.12.2013). Der GA Bot geht davon aus, dass Art. 2 und 6 Abs. 1 RL dahin auszulegen seien, dass sie einer nationalen Regelung entgegenstehen, nach der die Höhe des Grundgehalts eines Beamten bei der Begründung des Beamtenverhältnisses maßgeblich von seinem Lebensalter abhänge und anschließend vor allem in Abhängigkeit der Dauer des Beamtenverhältnisses ansteige. Zu den nationalen Überleitungsregelungen führte der GA Bot aus, dass diese Vorschriften dahingehend auszulegen seien, dass sie einem Überleitungssystem entgegenstehen, welches bei der Zuordnung von Bestandsbeamten zu den Stufen des neuen Besoldungssystems lediglich dem vorherigen Grundgehalt Rechnung trage und für den Aufstieg in die höhere Stufe nur die ab Inkrafttreten des Überleitungssystems erworbene Erfahrung berücksichtige, unabhängig von der absoluten Erfahrungszeit des Beamten. Hinsichtlich der Rechtsfolge führt er an, dass der Gleichbehandlungsgrundsatz nur dann gewahrt sei, wenn die diskriminierten Beamten in dieselbe Besoldungsstufe eingestuft werden, wie ein älterer Beamter, der über eine gleichwertige Berufserfahrung verfüge.

Nach dem Erwägungsgrund 14 der Präambel der RL 2000/78/EG lässt diese von vornherein die nationalen „Bestimmungen über die Festsetzung der Altersgrenzen für den Eintritt in den Ruhestand“ unberührt. Dies bestätigt die fehlende Aussagekraft der RL für die Ziehung der Grenze zwischen der Phase der Erwerbstätigkeit und jener des Bezugs der Rente.[273]

Die RL 2000/78/EG erfasst Diskriminierungen aufgrund der Religion und Weltanschauung, der Behinderung, des Alters und der sexuellen Orientierung. Insoweit übernimmt sie auf dem Beschäftigungssektor die meisten der in Art. 19 AEUV genannten Diskriminierungsgründe.[274]

Was eine Diskriminierung darstellt, definiert Art. 2 RL 2000/78/EG. Demnach darf es keine unmittelbare oder mittelbare Diskriminierung wegen der in Art. 1 RL genannten Gründe geben.

a. Vier Arten von Diskriminierung in der Richtlinie 2000/78/EG

Angelehnt an Art. 2 Abs. 2 lit. a) RL liegt eine unmittelbare Diskriminierung aufgrund des Alters vor, wenn eine Person wegen ihres Alters in einer vergleichbaren Situation eine weniger günstige Behandlung erfährt als eine andere Person diese Behandlung erfährt, erfahren hat oder erfahren würde.[275] Dabei reicht es für die

---

273 *Becker*, ZFSH/SGB 2007, 134 (135). A.A. *Thüsing*, NZA 2001, 1061 (1064 Fn. 28). Thüsing geht davon aus, dass der 14. Erwägungsgrund ein „bloßer Programmsatz“ sei, der im Wortlaut der RL selbst keinen Niederschlag gefunden habe. Als bloßer Programmsatz könne der 14. Erwägungsgrund nicht als Begründung des Ausschlusses der Altersgrenzen aus dem Anwendungsbereich der RL herangezogen werden.

274 Gemäß Art. 19 Abs. 1 AEUV sind auch noch Diskriminierungen aus Gründen des Geschlechts, der Rasse und der ethnischen Herkunft verboten. Diese werden jedoch von anderen RL erfasst. So verbietet die RL des Rates vom 09.02.1976 zur Verwirklichung des Grundsatzes der Gleichbehandlung von Männern und Frauen hinsichtlich des Zugangs zur Beschäftigung, zur Berufsbildung und zum beruflichen Aufstieg sowie in Bezug auf die Arbeitsbedingungen die geschlechtsbezogene Diskriminierung (RL 76/207/EWG), ABl. EG 1976 Nr. L 39/40 ff., geändert durch die RL 2002/73/EG des Europäischen Parlaments und des Rates vom 23.09.2002 zur Änderung der RL 76/207/EWG, ABl. EG 2002 Nr. L 269/15 ff. Demgegenüber erfasst die RL 2000/43/EG des Rates vom 29.06.2000 zur Anwendung des Gleichbehandlungsgrundsatzes ohne Unterschied der Rasse oder der ethnischen Herkunft (ABl. EG 2000 Nr. L 180/22 ff.) Diskriminierungen aus diesen Gründen.

275 Vgl. Art. 2 Abs. 2 lit. a) RL 2000/78/EG. Vgl. zur RL 2006/54/EG, ABl. EU Nr. L 204/23 ff. vom 26.07.2006. So auch *Dammann*, Grenzen zulässiger Diskriminierung, 198 ff. Dammann erläutert, dass der Begriff der unmittelbaren Diskriminierung in den RL 2000/78/EG, 2000/43/EG, 2006/54/EG in einheitlicher Weise auszulegen

Erfüllung von Art. 2 Abs. 2 lit. a) RL aus, wenn jemand wegen seines Alters im Vergleich zu jemand anderem rein hypothetisch ungleich behandelt worden ist.[276] Der Begriff der Diskriminierung ist anhand der vorliegenden objektiven Umstände zu bestimmen. Eine bestimmte Motivation oder Intention des Benachteiligenden (z. B. des Arbeitgebers), also ein subjektives Element, wie z. B. der Diskriminierungsvorsatz, ist nicht erforderlich.[277]

Teilweise wird davon ausgegangen, dass eine unmittelbare Diskriminierung nur dann zulässig sei, wenn spezielle Ausnahmen in der RL vorlägen.[278] Andere

---

sei. Vgl. zur Begründung, *Dammann,* Grenzen zulässiger Diskriminierung, 200 ff. Dammann begründet dies insb. mit den Gesetzesmaterialien zu den Richtlinien und dem Willen des Unionsgesetzgebers, vgl. dazu insb. *Dammann,* ebda. 200, 240. Vgl. zur Entstehungsgeschichte des Begriffs der unmittelbaren Diskriminierung in der RL 2000/78/EG *Blinda,* Altersbezogene Regelungen in Sozialplänen, 86 f. Die Definition der unmittelbaren Diskriminierung in der RL 2000/78/EG wird demgegenüber abgelehnt von *Bauer*, NJW 2001, 2672 (2674) und *Zöllner* in: Richardi/Reichold, GS Blomeyer, 517 (527 f.). Bauer sieht als problematisch an, dass die Definition ziemlich weit sei, da eine Einschränkung durch sachliche Gründe gerade nicht erfolge und darüber hinaus auch hypothetische Vergleiche zulasse, was er für nicht praxistauglich hält. Zöllner sieht insb. als problematisch an, dass diese Regelung auf individuelle Fälle abstelle und somit in Betrieben mit gleichartigen Arbeitnehmern für die gleiche Altersgrenzen gelten würden, jeder Arbeitnehmer sich auf jeden anders entschiedenen Fall berufen könnte und zwar „sowohl nach oben wie nach unten". Dies sei in der Praxis nicht einfach zu handhaben, da es nach wie vor in Einzelfällen die Möglichkeit der Sonderbehandlung geben müsse.

276 So deute „erfahren würde" darauf hin, dass auch auf eine hypothetische Vergleichsperson abgestellt werden könne. Vgl. *von Medem*, Kündigungsschutz und Allgemeines Gleichbehandlungsgesetz, 49. Vgl. zur Kritik an dem Abstellen auf eine bloß hypothetisch besser behandelte Vergleichsperson *Lingscheid*, Antidiskriminierung, 57. Vgl. zur hypothetischen Ungleichbehandlung im Bereich der Diskriminierung wegen sexueller Ausrichtung EuGH Urt. v. 25.04.2013 Rs. C-81/12 (Asociatia ACCEPT/ Consiliul National pentru Combaterea Discriminarii). Vgl. dazu *Benecke/Böglmüller*, EuZW 2013, 474 (474). In dieser Rechtssache war noch keine konkrete Diskriminierung bei der Einstellung vorhanden, da noch keine Vertragsverhandlungen mit dem Diskriminierten aufgenommen wurden. Siehe dazu *Junker*, RIW 2014, 2 (8).

277 Vgl. *Baer*, ZRP 2001, 500 (502 Fn. 17), wonach allein die Perspektive des Diskriminierungsopfers für das europäische Recht maßgeblich sei. Vgl. ebenfalls *Hahn*, Altersdiskriminierung, 98; *von Medem*, Kündigungsschutz und Allgemeines Gleichbehandlungsgesetz, 55; *Müller*, Alter und Recht, 300.

278 *Polloczek*, Altersdiskriminierung, 86; *Lingscheid*, Antidiskriminierung, 93; *Lüderitz*, Altersdiskriminierung durch Altersgrenzen, 52. Lüderitz zählt zu den Ausnahme- und Rechtfertigungsmöglichkeiten beispielhaft Art. 2 Abs. 5, 3 Abs. 4, 4 Abs. 1, 6 Abs. 1

wiederum gehen davon aus, dass eine unmittelbare Diskriminierung sowohl durch Ausnahmen zugelassen als auch durch Rechtfertigungsgründe gerechtfertigt werden könne, wenn diese ausdrücklich vorgesehen seien.[279]

Für die erste Ansicht lässt sich anführen, dass bei Vorliegen eines sachlichen Grunds für die Benachteiligung, der Tatbestand der Diskriminierung entfalle.[280] Des Weiteren wäre ansonsten nicht zu erklären, warum in der Legaldefinition der unmittelbaren Diskriminierung im Gegensatz zur Definition der mittelbaren Diskriminierung auf jegliches Rechtfertigungselement verzichtet wurde.[281] Die zweite Ansicht überzeugt, weil Art. 6 Abs. 1 RL als Rechtfertigungsgrund ausdrücklich die unmittelbare und die mittelbare Diskriminierungen gleichermaßen erfasst.

Eine unmittelbare Diskriminierung des Rentners im Nebenerwerb und des arbeitsuchenden Rentners aufgrund des Alters läge vor, wenn in einer Stellenanzeige ein „junger, flexibler Mitarbeiter (m/w)[282] garantiert weit unterhalb der Regelaltersgrenze" gesucht werden würde.

Eine mittelbare Diskriminierung ist nach Art. 2 Abs. 2 lit. b) i) RL 2000/78/EG gegeben, wenn dem Anschein nach neutrale Vorschriften, Kriterien oder Verfahren Personen mit einem bestimmten Alter gegenüber anderen Personen in besonderer Weise benachteiligen können, es sei denn, diese Vorschriften, Kriterien oder Verfahren sind durch ein rechtmäßiges Ziel sachlich gerechtfertigt und die Mittel sind zur Erreichung dieses Ziels angemessen und erforderlich.[283]

---

und 7 RL auf. Vgl. auch *Wernsmann*, JZ 2005, 224 (227). Nach Wernsmann werden die Mitgliedstaaten nur ermächtigt durch die Art. 4 (bei Vorliegen einer wesentlichen und entscheidenden beruflichen Anforderung) und 6 RL 2000/78/EG eine bestimmte Diskriminierung nicht als solche zu definieren.

279 *Koch/Nguyen*, EuR 2010, 364 (376); *Müller*, Alter und Recht, 196. Vgl. auch *Wollenweber*, Diskriminierungsverbote, 119, der die unmittelbare und mittelbare Diskriminierung generell demselben Rechtfertigungsmaßstab unterwerfen will. Auch die unmittelbare Diskriminierung muss daher durch Rechtfertigungsgründe einer Rechtfertigung zugänglich sein.

280 *Mohr*, SAE 2007, 16 (18).

281 *Lingscheid*, Antidiskriminierung, 93.

282 Der (m/w) Zusatz hinter der maskulinen Bezeichnung im Singular Mitarbeiter ist erforderlich, um eine zusätzliche Diskriminierung wegen des Geschlechts in Stellenausschreibungen auszuschließen. Anders ist dies wenn allgemein „Mitarbeiter" (maskuline Berufsbezeichnung im Plural) gesucht werden. Vgl. zur Geschlechtsdiskriminierung im AGG in Stellenanzeigen umfassend, *Kern*, Professionelle Diskriminierungskläger, 115 ff.

283 Hierbei wird Dammann gefolgt, der die RL 2000/78/EG mit den RL 2000/43/EG und 2006/54/EG einheitlich auslegen will. Der Wortlaut des Art. 2 Abs. 1 lit. b) i) der

Bei Erfüllung der in Art. 2 Abs. 2 lit. b) i) RL genannten Vorgaben läge nach teilweise vertretener Ansicht in der Literatur bereits begrifflich und somit auf Tatbestandsebene keine mittelbare Ungleichbehandlung vor, so dass in einem solchen Fall Rechtfertigungsgründe nicht mehr zu prüfen seien.[284] Art. 2 Abs. 2 lit. b) i) RL stelle demnach ein negatives Tatbestandsmerkmal dar und bewirke, dass eine mittelbare Diskriminierung nur vorläge, wenn eine fehlende Rechtfertigung feststehe.[285] Dogmatisch würde es sich dann um eine Ausnahme handeln.

Teilweise wird vorgeschlagen, die mittelbare Diskriminierung anhand des „allgemeinen Rechtfertigungsgrunds" des Art. 2 Abs. 2 lit. b) i) RL zu prüfen, so dass es auf die speziellen Rechtfertigungsgründe wie z. B. Art. 6 RL nicht mehr ankäme.[286] Nach dieser Ansicht handelt es sich bei Art. 2 Abs. 2 lit. b) i) RL um einen Rechtfertigungsgrund.

RL 2000/78/EG ist identisch mit dem Wortlaut der Art. 2 Abs. 2 lit. b) RL 2000/43/EG und Art. 2 Abs. 1 lit. b) RL 2006/54/EG, ABl. EU Nr. L 204/26 vom 26.07.2006. Vgl. zur Begründung der einheitlichen Auslegung *Dammann*, Grenzen zulässiger Diskriminierung, 264 ff. Beispiele für eine mittelbare Diskriminierung aufgrund des Alters sind das Erfordernis von hoher körperlicher Belastbarkeit und Mobilität als Einstellungskriterien, vgl. dazu *Polloczek*, Altersdiskriminierung, 89. Mittlerweile ist auch die erste Entscheidung des EuGH zur mittelbaren Diskriminierung ergangen. In der Rs. C-132/11 v. 07.06.2012 (Tyrolean Airways/Betriebsrat) hat der EuGH eine mittelbare Altersdiskriminierung in dem Fall abgelehnt, in dem eine Fluggesellschaft bei der Einstufung ihrer Flugbegleiter in eine Vergütungsgruppe des Kollektivvertrags nur die Vordienstzeiten bei einer bestimmten Fluggesellschaft berücksichtigte, obwohl die andere Fluggesellschaft ebenfalls zu demselben Konzern gehörte. Vgl. zu der Entscheidung EuGH, ZESAR 2012, 438 (438 ff.). Siehe zur Entscheidung ausführlich *Junker*, RIW 2013, 1 (3 ff.).

284 Vgl. *Polloczek*, Altersdiskriminierung, 87, 89; *Wernsmann*, JZ 2005, 224 (227); *von Medem*, Kündigungsschutz und Allgemeines Gleichbehandlungsgesetz, 71, 646, wobei dieser die dogmatische Eingruppierung letztlich für unerheblich hält, sondern es ihm vielmehr allein auf die Beweislast ankommt, so dass in der praktischen Anwendung Art. 2 Abs. 2 lit. b) i) RL wie ein Rechtfertigungsgrund zu behandeln sei, da dann dem Arbeitgeber die Beweislast auferlegt werden müsse. Im Ergebnis so auch *Lingscheid*, Antidiskriminierung, 49 f. Nach dieser wird das Kriterium durch Vorliegen des sachlichen Grunds nach Art. 2 Abs. 2 lit. b) i) „tatsächlich neutral", so dass jeglicher Zusammenhang mit einem verbotenen Diskriminierungsmerkmal fehle und daher auch tatbestandlich eine Diskriminierung ausscheiden müsse.

285 *Lingscheid*, Antidiskriminierung, 96; *Over*, Altersdiskriminierung, 161 f., 168.

286 Vgl. auch *Blinda*, Altersbezogene Regelungen in Sozialplänen, 115 ff., 125. Diese geht davon aus, dass Art. 2 Abs. 2 lit. b) i) RL Diskriminierungen wegen des Alters neben Art. 6 RL rechtfertigen könne. Je nachdem, ob davon ausgegangen werde, dass

Andere wiederum stellen eher auf die Formulierung „durch ein rechtmäßiges Ziel sachlich gerechtfertigt" ab und entnehmen Art. 2 Abs. 2 lit. b) i) RL nach dem „es sei denn" einen „Rechtfertigungsmaßstab", den sie als niedriger als bei der unmittelbaren Diskriminierung einstufen, weil hier jedes rechtmäßige Ziel eine Diskriminierung rechtfertigen könne.[287] Das „legitime Ziel" sei somit i. S. von „rechtmäßiges Ziel" auszulegen.[288] Nach dieser Ansicht würde es sich bei Art. 2 Abs. 2 lit. b) i) RL ebenfalls um einen Rechtfertigungsgrund handeln.

Der EuGH hat in der Rechtssache *Age Concern* entschieden, dass Art. 6 RL und die Anforderungen des Art. 2 Abs. 2 lit. b) i) RL „nicht völlig deckungsgleich" seien. So sehe Art. 2 Abs. 2 lit. b) i) RL ausschließlich für mittelbare Diskriminierungen die „Ausnahme" des Art. 2 Abs. 2 lit. b) i) R L vor. Demgegenüber sei Art. 6 Abs. 1 RL eine „Ausnahmeregelung" speziell für Differenzierungen aufgrund des Alters. Allerdings würde es, wenn Vorschriften wegen des Vorliegens eines sachlichen Rechtfertigungsgrunds nach Art. 2 Abs. 2 lit. b) i) RL keine Diskriminierung i. S. der RL darstellen, nicht mehr des Rückgriffs auf Art. 6 Abs. 1 RL bedürfen, der insb. dann zum Zug kommen solle, wenn Ungleichbehandlungen gerechtfertigt werden, die ohne Vorliegen des Art. 6 Abs. 1 RL eine Diskriminierung darstellen würden.[289] Der EuGH scheint sich der Lösung anzuschließen, dass es sich bei Art. 2 Abs. 2 lit. b) i) RL um eine Ausnahme handelt, die tatbestandsmäßig keine Diskriminierung darstellt. Dies ist jedoch nicht zwingend. Dagegen lässt

---

sich der Maßstab der Rechtfertigung zwischen beiden Maßstäben entspreche [also „sachlich" in Art. 2 Abs. 2 lit. b) i) RL „objektiv und angemessen" in Art. 6 RL] oder dass Art. 6 RL einen strengeren Maßstab enthalte, sei das Ergebnis der Prüfung identisch oder unterschiedlich. Jedenfalls seien mittelbare Diskriminierungen anhand von Art. 2 Abs. 2 lit. b) i) RL zu prüfen, so dass nur die unmittelbare Diskriminierung nach Art. 6 Abs. 1 RL gerechtfertigt werden könne.

287 Vgl. kritisch zum unterschiedlichen Rechtfertigungsmaßstab zwischen unmittelbarer und mittelbarer Diskriminierung *Koch/Nguyen*, EuR 2010, 364 (369, 376 f.), wobei es sich allerdings um „zwingende Gründe des Allgemeininteresses" handeln müsse.

288 *Blinda*, Altersbezogene Regelungen in Sozialplänen, 125. Dies ergebe sich aus anderen Sprachfassungen, in denen die Art. 2 Abs. 2 lit. b) i) RL und Art. 6 Abs. 1 RL beide das Wort „legitim" enthalten.

289 EuGH Urt. v. 05.03.2009 Rs. C-388/07 (Age Concern England) Slg. 2009, I-1569, I-1622 ff. Rn. 58 ff., 66. Im EuGH Urt. v. 11.04.2013 Rs. C-335/11 (HK Danmark) NZA 2013, 553 (558 Rn. 83) spricht der EuGH von „sachlich rechtfertigen" im Zusammenhang mit Art. 2 Abs. 2 lit. b) i) RL, was darauf hindeuten könnte, dass er die Vorschrift als Rechtfertigungsgrund ansieht. Vgl. zur Rs. auch *Junker* RIW 2014, 2 (8), der ebenfalls von Rechtfertigung im Zusammenhang mit dem Artikel spricht.

sich einwenden, dass dadurch die Frage, ob eine mittelbare Diskriminierung gerechtfertigt werden müsse, nunmehr auf Tatbestandsebene aufgehängt werde, indem bereits der Diskriminierungsbegriff mit einem „immanenten Rechtfertigungselement“ ausgestattet werden würde.[290] Art. 2 Abs. 2 lit. b) i) RL als auch Art. 6 Abs. 1 RL enthält das Wort „gerechtfertigt“, was auf das Vorliegen eines Rechtfertigungsgrunds schließen lässt. Dennoch bedeutet die Verwendung des Worts „gerechtfertigt“ in Art. 2 Abs. 2 lit. b) i) RL nicht zwingend, dass auch der Unionsgesetzgeber davon ausging, dass es sich hierbei um einen Rechtfertigungsgrund handelt. So verwendet er sowohl in Art. 4 Abs. 1 RL, als auch Art. 6 Abs. 2 RL die Formulierung „können vorsehen [...] keine Diskriminierung darstellt“, obwohl es sich bei Art. 4 Abs. 1 RL um eine Ausnahme handelt und Art. 6 Abs. 2 RL einen Rechtfertigungsgrund darstellt. Die Terminologie der RL ist insoweit kein überzeugendes Argument für die Eingruppierung in eine Ausnahme oder einen Rechtfertigungsgrund. So kann der Teil nach dem „es sei denn“ als Fortsetzung einer einheitlichen Definition angesehen werden, so dass die Formulierung nach dem „es sei denn“ eine Art Negativdefinition darstellen könne.[291] Es ist dem EuGH zu folgen und Art. 2 Abs. 2 lit. b) i) RL als Ausnahme für eine mittelbare Diskriminierung anzusehen, die bereits den Diskriminierungstatbestand entfallen lässt.

Unabhängig davon, ob man Art. 2 Abs. 2 lit. b) i) RL auf der Tatbestandsebene oder Rechtfertigungsebene einordnet, wird der Formulierung „angemessen und erforderlich“ entnommen, dass das Mittel zur Erreichung des Zwecks verhältnismäßig sein muss.[292] Eine genaue Aufzählung der rechtmäßigen Ziele erfolgt nicht. Als Ziele zur Rechtfertigung einer mittelbaren Diskriminierung kommen nur solche in Betracht, die nicht gegen das primärrechtliche Verbot der Altersdiskriminierung und die Unionsgrundrechte verstoßen.[293]

Mittelbare Diskriminierungen können mit allen Mitteln, die die Gefahr einer nachteiligen Auswirkung einer Regelung auf eine Person begründen, nachgewiesen

---

290 Vgl. *Wollenweber*, Diskriminierungsverbote, 119.

291 Vgl. *Lingscheid*, Antidiskriminierung, 96. So argumentiert im Ergebnis auch *Groß*, Rechtfertigung einer Altersdiskriminierung, 43, 166, die allerdings von „negative Tatbestandsmerkmale“ spricht. Allerdings geht diese nicht von einer Ausnahme aus, sondern vertritt die Auffassung, dass sich Art. 2 Abs. 2 lit. b) i) RL auf die Feststellung des Tatbestands einer mittelbaren Diskriminierung reduziere und Art. 2 RL damit insgesamt lediglich die Funktion der Begriffsdefinition der unmittelbaren und mittelbaren Diskriminierung zukomme.

292 Vgl. *von Medem*, Kündigungsschutz und Allgemeines Gleichbehandlungsgesetz, 315.

293 *Lingscheid*, Antidiskriminierung, 97.

werden.[294] Es kommt somit gerade nicht zwingend auf einen statistischen Nachweis an.[295] „In besonderer Weise“ ist dabei weit auszulegen und kann sich sowohl aus den konkreten Umständen ergeben als auch daraus, dass nach allgemeiner Lebenserfahrung die Vorschriften, Kriterien oder Verfahren geeignet sind, die Rentner im Nebenerwerb und die arbeitsuchenden Rentner in besonderer Weise zu benachteiligen.[296] Nach dem Erwägungsgrund 15 der RL verbleibt den Mitgliedstaaten bei der Wahl der Mittel zum Nachweis der mittelbaren Diskriminierung ein Handlungsspielraum.[297] Eine mittelbare Diskriminierung des Rentners im Nebenerwerb und des arbeitsuchenden Rentners wegen des Alters läge vor, wenn in einer Stellenanzeige, in der ein Mitarbeiter gesucht wird, damit geworben würde, dass der eventuell zukünftige Arbeitgeber „viele junge, flexible Mitarbeiter (m/w)[298] garantiert weit unterhalb der Regelaltersgrenze“ beschäftigt.

Nach Art. 2 Abs. 3 RL fällt die Belästigung[299] unter den Begriff der Diskriminierung. Nach Art. 2 Abs. 3 RL kommt es für das Vorliegen einer Belästigung darauf an, dass unerwünschte Verhaltensweisen, die mit dem Alter in Zusammenhang stehen, bezwecken oder bewirken, dass die Würde einer Person verletzt und ein von

---

294 Vgl. Erwägungsgrund 15 RL 2000/78/EG. Vgl. zudem *Hahn*, Altersdiskriminierung, 100. Vgl. zu den Fallgruppen der Altersdiskriminierung anhand statistischer Erhebungen im Arbeitsleben, *Rothermund/Mayer*, Altersdiskriminierung, 49 f.

295 Vorschlag für eine RL des Rates zur Festlegung eines allgemeinen Rahmens für die Verwirklichung der Gleichbehandlung in Beschäftigung und Beruf, KOM (1999), 565 endg., 9, die darauf hinweist, dass die Benachteiligungsgefahr durch entsprechende statistische Daten oder andere geeignete Mittel nachgewiesen werden könne. Vgl. zudem *Guild*, ILJ 2000, 416 (420).

296 *Dammann*, Grenzen zulässiger Diskriminierung, 386.

297 *Baer*, ZRP 2001, 500 (502).

298 Der (m/w) Zusatz hinter der maskulinen Bezeichnung im Singular Mitarbeiter ist erforderlich, um eine zusätzliche Diskriminierung wegen des Geschlechts in Stellenausschreibungen auszuschließen. Anders ist dies wenn allgemein „Mitarbeiter“ (maskuline Berufsbezeichnung im Plural) gesucht werden. Vgl. zur Geschlechtsdiskriminierung im AGG in Stellenanzeigen umfassend, *Kern*, Professionelle Diskriminierungskläger, 115 ff.

299 Vgl. zum Begriff der Belästigung und zu sprachlichen Alternativbegriffen wie z. B. Mobbing allgemein *Eggert-Weyand*, Belästigung, 49 ff. *Husmann*, ZESAR 2007, 13 (18) geht davon aus, dass die Belästigung und Anweisung zur Diskriminierung Sonderformen der unmittelbaren Diskriminierung seien. Dies ist nachvollziehbar, zumal auch der europarechtliche Begriff der Diskriminierung gem. Art. 19 AEUV nur in unmittelbare und mittelbare Diskriminierung differenziert und somit diese beiden Formen durchaus als Unterkategorien der unmittelbaren Diskriminierung angesehen werden können.

Anfeindungen, Beleidigungen, Einschüchterungen, Erniedrigungen oder Entwürdigungen gekennzeichnetes Umfeld geschaffen wird. Dabei können die Mitgliedstaaten den Begriff der Belästigung definieren. Trotz der Verwendung des verbindenden „und" zwischen den Alternativen, was darauf schließen lässt, dass diese Voraussetzungen kumulativ zu lesen sind, handelt es sich um alternative Voraussetzungen.[300] Ordnet man den Belästigten einer geschützten Gruppe zu und sieht den Gleichbehandlungsgrundsatz deshalb als verletzt an, weil der Belästigte wegen seiner Gruppenzugehörigkeit belästigt und damit benachteiligt wird, ist eine Belästigung als Diskriminierung zu qualifizieren.[301] Um als Belästigung i.S. des Art. 2 Abs. 3 RL eingestuft werden zu können, muss das Verhalten oder die Äußerung als schwerwiegend betrachtet werden können und daher insgesamt ein feindliches oder störendes Arbeitsumfeld schaffen[302], wobei dem Belästigenden dabei „kontinuierliches bzw. systematisches Handeln" vorwerfbar sein muss.[303] Es muss also eine bestimmte „Erheblichkeitsschwelle" überschritten sein.[304] Für die Erfüllung des Belästigungsmerkmals ist ausreichend, wenn das Verhalten des Belästigenden darauf abzielt, eine Person herabzuwürdigen oder eine solche Herabwürdigung zu bewirken.[305] Insoweit ist das sog. „Mobbing" von dem Begriff der „Belästigung" erfasst.[306] Hierbei sind Belästigungen durch Gesten sowie mündliche und schriftliche Äußerungen möglich.[307] Auch bei der Belästigung ist kein subjektives Element wie z. B. der Vorsatz erforderlich.[308] Diese Ausweitung

---

300 Vgl. *Müller*, Alter und Recht, 199. Müller gibt zu Bedenken, dass bei kumulativer Geltung der Voraussetzungen insb. die Ausgestaltung des Schutzes der Menschenwürde zu einem unterschiedlichem Schutzumfang innerhalb der Mitgliedstaaten führen würde, da die unterschiedlichen Verfassungstraditionen der Mitgliedstaaten bei der Ausgestaltung zu berücksichtigen wären.

301 *Hahn*, Altersdiskriminierung, 103.

302 Vorschlag für eine RL des Rates zur Festlegung eines allgemeinen Rahmens für die Verwirklichung der Gleichbehandlung in Beschäftigung und Beruf, KOM (1999), 565 endg., 10.

303 *Over*, Altersdiskriminierung, 181.

304 *Kummer*, Umsetzungsanforderungen der neuen arbeitsrechtlichen Antidiskriminierungsrichtlinie, 19 f.; Over, Altersdiskriminierung, 180.

305 *Korthaus*, das neue Antidiskriminierungsrecht, 103.

306 *Stalder*, Antidiskriminierungsmaßnahmen, 122; Vgl. zur Definition des Begriffs „Mobbing" *Sasse*, BB 2008, 1450 (1450).

307 Vorschlag für eine RL des Rates zur Anwendung des Gleichbehandlungsgrundsatzes ohne Unterschied der Rasse oder der ethnischen Herkunft, KOM (1999) 566, endg., 7; *Stalder*, Antidiskriminierungsmaßnahmen, 122.

308 *Baer*, ZRP 2001, 500 (503); *Hahn*, Altersdiskriminierung, 104 f.; *Tyson*, EJML 2001, 199 (205).

des Diskriminierungstatbestands durch die Aufnahme der Belästigung ist als positiv zu bewerten, da nur auf eine solche Weise ein vollumfänglicher Schutz vor Diskriminierungen erzielt werden kann.[309] Eine Belästigung des Rentners im Nebenerwerb ist gegeben, wenn jeden Morgen der Arbeitgeber den Arbeitnehmer vor seinen Kollegen als „leistungsunfähigen Rentner" betitelt, der doch lieber nach Hause gehen solle und wie alle anderen Rentner auf Staatskosten Urlaub machen könne, um so den Arbeitnehmer systematisch herabzuwürdigen. Eine Belästigung des arbeitsuchenden Rentners wäre gegeben, wenn im Vorstellungsgespräch z. B. der Vertreter des Arbeitgebers sagen würde, für jeden laut hörbar: „Schauen Sie mal, jetzt bewerben sich schon Halbtote und aus dem Altenheim Entflohene bei uns."

Nach Art. 2 Abs. 4 RL gilt die Anweisung zur Diskriminierung einer Person wegen des Alters als Diskriminierung.[310] Unter den Begriff der Anweisung fällt die „Aufstachelung" oder Ermutigung Rentner aufgrund ihres Alters nachteilig zu behandeln, die durch explizite und implizite Anweisungen bewirkt werden kann.[311] Von der Anweisung ist eine solche Aufstachelung aber nur erfasst, wenn eine Person befugt ist jemand anderen anzuweisen, um zu erreichen, dass dieser den Benachteiligten als dessen Kollege oder Vorgesetzter diskriminiert, unabhängig davon, ob eine solche Diskriminierung tatsächlich stattfindet.[312] Die Anweisung ist der unmittelbaren und mittelbaren Diskriminierung insoweit vorgelagert, als eine diskriminierende nach außen getretene Verhaltensweise gerade nicht abgewartet werden muss.[313]

Eine Anweisung ist gegeben, wenn der Arbeitgeber den zuständigen Personalverantwortlichen anwiese, den Rentner im Nebenerwerb, obwohl er die gleiche Tätigkeit und Leistung vollbringt wie seine jüngeren Kollegen, nur zur Hälfte zu entlohnen, da er ausreichend durch seine Rente abgesichert sei und allen anderen nur Arbeitsplätze wegnehme.

Eine Anweisung wäre gegeben, wenn der Arbeitgeber den zuständigen Personalverantwortlichen anwiese, den arbeitsuchenden Rentner zum Schluss ins

---

309 *Korthaus*, das neue Antidiskriminierungsrecht, 127. A.A. *Berger-Delhey*, ZTR 2001, 162 (163), der der Ansicht ist, das bloße Belästigungen nicht unter die Diskriminierung gefasst werden sollen, um eine „Anspruchsinflation" zu verhindern.

310 Vgl. zum Begriff der Anweisung *Baer*, ZRP 2001, 500 (503); *Hadeler*, NZA 2003, 77 (79).

311 *Tyson*, EJML 2001, 199 (207); *Europarat* u.a., Hdb. Antidiskriminierungsrecht, 40.

312 *Thüsing*, NZA 2004, Sonderbeilage Heft 22, 3 (8). A.A. *Over*, Altersdiskriminierung, 188. Dieser gibt zu Bedenken, dass bei einer Anweisungsbefugnis eine Anweisung unter Kollegen nicht sanktionierbar wäre.

313 *Kummer*, Umsetzungsanforderungen der neuen arbeitsrechtlichen Antidiskriminierungsrichtlinie, 30.

Vorstellungsgespräch zu lassen und ihm dann nach acht stündiger Wartezeit zu eröffnen, dass er als „Greis“ sowieso keine Chancen auf eine Stelle im Unternehmen habe.

Die Aufnahme der vier Arten von Diskriminierung (unmittelbare, mittelbare Diskriminierung, Belästigung, Anweisung) in die RL bereitet den Boden für eine verstärkte Diskriminierungsbekämpfung, da die Schwelle zur Eröffnung des sachlichen Geltungsbereiches als äußerst niedrig anzusehen ist.[314]

b. Diskriminierungsmerkmal „Alter“

Die Definition des Merkmals Alter in der RL 2000/78/EG deckt sich mit der Definition in Art. 19 AEUV.[315] Aus diesem Grund schützt das Verbot der Altersdiskriminierung nach Art. 2 Abs. 2 lit. a) und b) RL nicht nur ältere Menschen vor Benachteiligungen gegenüber jüngeren Personen, sondern umgekehrt auch jüngere vor Benachteiligungen gegenüber älteren Arbeitnehmern[316]. Dem steht nicht entgegen, dass den Erwägungsgründen zur RL zu entnehmen ist, dass gerade der Schutz älterer Menschen ein Ziel des europäischen Gesetzgebers bei dem Erlass der RL war, denn Erwägungsgründe sind nicht rechtsverbindlich.[317] Auch ohne Einfluss auf das Diskriminierungsmerkmal Alter bleibt hierbei die demographische Entwicklung in Europa hin zu einem immer stärker wachsenden Anteil älterer Menschen im Vergleich zur Gesamtanzahl der

314 *Mann*, Altersdiskriminierung, 43.

315 Vgl. *Korthaus*, das neue Antidiskriminierungsrecht, 114.

316 *Schlachter* in: Richardi/Reichold, GS Blomeyer, 355 (357); *Weber*, AuR 2002, 401 (402); *Blinda*, Altersbezogene Regelungen in Sozialplänen, 19; *Ellis*, EU Anti-Discrimination Law, 36. A.A. *Mohr*, Diskriminierungen im Europäischen Arbeitsrecht, 207 f., der die RL 2000/78/EG dahingehend korrigierend auslegt, dass nur „ältere Arbeitnehmer“ von der RL und dem Begriff des „Alters“ als erfasst anzusehen seien. In Bezug auf die Benachteiligung i. S. einer „spezifischen Belastungswirkung“ wird an der Rechtsprechung des EuGH kritisiert, dass dieser automatisch eine Diskriminierung annehme und dann sogleich zur Prüfung von Ausnahmen und Rechtfertigungsgründen übergehe, ohne sich damit zu beschäftigten, worin konkret die „spezifische Belastung“ der Altersgrenze liege. Es müsse vielmehr positiv festgestellt werden, dass sich Altersgrenzen notwendig individuell oder gruppenspezifisch besonders auswirken. Es müsse somit der Nachweis erbracht werden, dass ein Mensch innerhalb einer „Alterskohorte“ oder zwischen verschiedenen Altersgruppen tatsächlich zurückgesetzt behandelt werde. Vgl. dazu ausführlich *Nettesheim*, EuZW 2013, 48 (48, 53). Vgl. dazu auch *Mohr*, SAE 2013, 36 (39), der ebenfalls den konkreten Nachweis einer „materiellen Zurücksetzung“ für eine Benachteiligung verlangt.

317 *Körner*, NZA 2008, 497 (498).

Unionsbürger.[318] In der Ausarbeitung steht der Rentner im Fokus, der unstrittig als älterer Mensch vom Begriff des Alters erfasst wird. Die RL verfügt über umfangreiche Rechtfertigungsmöglichkeiten in Art. 6 RL und lässt positive Maßnahmen nach Art. 7 RL zu. Dadurch wird das Diskriminierungsverbot wieder aufgeweicht und der Schluss bestärkt, dass letztlich die RL doch nur konkrete soziale Personengruppen schützt.[319] Der Rentner im Nebenerwerb und der arbeitsuchende Rentner werden vom Tatbestandsmerkmal Alter erfasst.

c. *Verfahren bei dem Zusammentreffen von mehreren Diskriminierungsmerkmalen*

Es wäre denkbar, dass bei einer Person mehrere Diskriminierungsmerkmale der RL gegeben sind.[320] So könnte z. B. dem Rentner im Nebenerwerb aufgrund seines Alters und gleichzeitig seiner Zugehörigkeit zu einem bestimmten Geschlecht gekündigt werden.[321] Denkbar ist eine Kündigung wegen Überschreitens einer Altersgrenze und dem gleichzeitigen Vorliegen einer Behinderung. Hinsichtlich des Begriffs Behinderung wird vertreten, dass spezielle altersbedingte Krankheiten ab einer bestimmten Schwere eine Behinderung i. S. des Art. 1 RL 2000/78/EG darstellen können[322], so dass in Zukunft davon auszugehen ist, dass bei dem Rentner

318 *Ellis*, EU Anti-Discrimination Law, 36.

319 *Körner*, NZA 2008, 497 (498).

320 So wird eine „multiple Diskriminierung“ angenommen, wenn zwei oder mehrere Diskriminierungsmerkmale eines Europäischen Antidiskriminierungsgesetzgebungsakts verletzt sind. Vgl. zum Begriff der multiplen Diskriminierung insgesamt *Roseberry* in: Sargeant, Age Discrimination, 16 (18).

321 Als Beispiel führt *Roseberry* in: Sargeant, Age Discrimination, 16 (37) die Diskriminierung arbeitender Frauen an, die wegen ihres Geschlechts, ihres hohen Alters und ihrer Hautfarbe diskriminiert werden.

322 Vgl. zu den Argumenten diesbezüglich und warum hier der Behindertenbegriff autonom europarechtlich ausgelegt werden sollte, ausführlich *Müller*, Alter und Recht, 201 ff., 206 ff. Vgl. zum Begriff der Behinderung EuGH Urt. v. 11.07.2006 Rs. C-13/05 (Chacón Navas) Slg. I-6467, I-6504 Rn. 43, 45 f., wonach eine Behinderung als Einschränkung zu verstehen sei, die insb. auf „physische, geistige oder psychische Beeinträchtigungen zurückzuführen ist und die ein Hindernis für die Teilhabe des Betreffenden am Berufsleben bildet“. Dabei müsse aber wahrscheinlich sein, dass die Einschränkung von langer Dauer ist. Gerade letzteres grenzt den Begriff der „Behinderung“ auch von dem der „Krankheit“ ab, der gerade nicht unter den Schutzbereich der RL falle. Aus dieser Definition leitet Müller ab, dass auch altersbedingte Leistungsminderungen unter den europarechtlichen Begriff der Behinderung fielen, wenn sie die Teilhabe am Berufsleben einschränken. Der nunmehr anzulegende Vergleichsmaßstab

im Nebenerwerb eine Doppeldiskriminierung im stärkeren Maße auftreten wird. Eine mögliche Rechtfertigung dieser „Doppeldiskriminierung“ muss dabei für jedes einzelne betroffene Diskriminierungsmerkmal gesondert erfolgen.[323] Auch kommt eine Zweifachsanktionierung nicht in Betracht, sondern vielmehr wird in der Praxis das diskriminierende Verhalten bei Doppeldiskriminierungen nur einmal sanktioniert. Die Doppeldiskriminierung wird daher nur einmal bei der Bemessung des zu leistenden Schadensersatzes berücksichtigt.[324] Klärungsbedürftig bleibt, ob diese Verfahrensweise dem Schutz des Diskriminierten gerecht wird.

3. Ausnahmen vom Diskriminierungsverbot

Vom Diskriminierungsverbot ausgenommen sind Differenzierungen wegen des Alters, die sich auf die in der RL 2000/78/EG angeführten Ausnahmen und Rechtfertigungsgründe stützen lassen. Hierbei sind zunächst die zulässigen Ausnahmen zu untersuchen.

a. Abgrenzung zu Rechtfertigungsgründen und Adressaten der Ausnahmen

Die Ausnahmen oder Bereichsausnahmen müssen zunächst von den Rechtfertigungsgründen abgegrenzt werden.[325] Bei dem Vorliegen einer Bereichsausnahme

---

sei allein der Vergleich des durch alterstypische Leistungsminderungen beeinträchtigten Rentner im Nebenerwerb mit einem gesunden Menschen unabhängig von dessen Alter, um zu einer Subsumtion unter den Begriff Behinderung zu gelangen. Vgl. dazu *Müller*, Alter und Recht, 205. So im Ergebnis auch *von Medem*, Kündigungsschutz und Allgemeines Gleichbehandlungsgesetz, 43, 431 f., 448. Allerdings erkennt von Medem eine Behinderung nur dort an, wo Krankheiten schwerwiegend sind und zwar im Alter gehäuft aber nicht durchgängig bei allen Menschen vorhanden sind, wie z. B. Alzheimer oder schwere Herzerkrankungen. Diese gingen laut von Medem über bloße Alterserscheinungen hinaus. Dabei seien allerdings Langzeiterkrankungen, die unter 6 Monate dauern, nicht als Behinderung zu qualifizieren. Vgl. zu den Voraussetzungen für das Vorliegen einer Behinderung, die auch eine Krankheit einschließt, die eine physische, geistige oder psychische lang andauernde Einschränkung mit sich bringt, in aktueller Rechtsprechung EuGH Urt. v. 11.04.2013 Rs. C-335/11 und C-337/11 (Ring u. Skouboe Werge) NZA 2013, 553 (556); AuR 2013, 230 (230). Siehe dazu *Junker*, RIW 2014, 2 (7 f.).

323 *Korthaus*, das neue Antidiskriminierungsrecht, 115; *Lingscheid*, Antidiskriminierung, 285.

324 *Hahn*, Altersdiskriminierung, 160; *Lingscheid*, Antidiskriminierung, 126 f, 285.

325 A.A. Kummer, der davon ausgeht, dass eine saubere Trennung zwischen Rechtfertigungsgründen und Bereichsausnahmen nicht möglich sei. So gehöre z. B. Art. 2 Abs. 5

ist die RL auf einen bestimmten Sachverhalt nicht anwendbar. Im Gegensatz dazu wird eine bestehende tatbestandsmäßige Diskriminierung bei dem Vorliegen von Rechtfertigungsgründen gerechtfertigt.[326] Vorliegend werden Art. 2 Abs. 5, Art. 3 Abs. 3, Art. 3 Abs. 4, Art. 4 Abs. 1 RL als Ausnahmevorschriften angesehen und Art. 6 Abs. 1, Art. 6 Abs. 2 RL sowie Art. 7 RL als Rechtfertigungsgründe.[327] Dabei sind diese Artikel nebeneinander anwendbar und verdrängen sich nicht gegenseitig.[328]

RL zu den „Mischformen" aus Bereichsausnahmen und Rechtfertigungsgründen. Vgl. dazu *Kummer*, Umsetzungsanforderungen der neuen arbeitsrechtlichen Antidiskriminierungsrichtlinie, 42 f. So im Ergebnis auch *Polloczek*, Altersdiskriminierung, 94, der Art. 4 RL 2000/78/EG als allgemeinen und Art. 6 RL als besonderen Rechtfertigungsgrund bezeichnet.

326 *Stork*, Anti-Diskriminierungsrecht der EU, 131. *Runggaldier*, RdA 2009, Sonderbeilage Heft 5, 40 (41) scheint keine Abgrenzung vorzunehmen, da er Art. 6 RL, der formal einen Rechtfertigungsgrund darstellt, als „Ausnahmebestimmung" bezeichnet.

327 Allerdings ist diese Eingruppierung nicht zwingend. So wird in der Literatur oft auch anstatt von Rechtfertigung insgesamt von „Ausnahme" gesprochen und damit beide Wörter synonym verwandt. Vgl. dazu *Müller*, Alter und Recht, 214, der sowohl Art. 4, Art. 6 als auch Art. 7 der RL als „Ausnahmen" bezeichnet. Vgl. auch *Waltermann*, NZA 2005, 1265 (1266 ff.), der Art. 2 Abs. 2 lit. b) i), Art. 4 Abs. 1 und 6 Abs. 1 RL gleichermaßen als „Ausnahmen" bezeichnet, die Prüfung des Art. 6 Abs. 1 RL aber mit „gerechtfertigte Ungleichbehandlung wegen des Alters" überschreibt. Auch in Bezug auf Art. 4 Abs. 1 RL schreibt er später: „ist zum einen gerechtfertigt, wenn besondere berufliche Anforderungen i.S.v. Art. 4 Abs. 1 Richtlinie" bestehen. Ähnlich auch *Wiedemann/Thüsing*, NZA 2002, 1234 (1237 f.); *Boecken*, NZS 2005, 393 (395 ff.). Andere wiederum gruppieren die Art. anders unter die Oberkategorien Ausnahmen und Rechtfertigungsgründe ein. Vgl. dazu z. B. *Groß*, Rechtfertigung einer Altersdiskriminierung, 40, welche lediglich die Art. 4 Abs. 1, 6 Abs. 1 und 7 Abs. 1 RL als Rechtfertigungsgründe ansieht. Weitergehend *Preis/Temming*, NZA 2010, 185 (195 f.), die sowohl Art. 2 Abs. 5, Art. 4 Abs. 1 und 6 Abs. 1 RL als „Rechtfertigungsgründe" bezeichnen. *Von Medem*, Kündigungsschutz und Allgemeines Gleichbehandlungsgesetz, 71 führt an, dass die Ausnahmen „rechtsdogmatisch als Rechtfertigungsgründe" einzuordnen seien, zählt dann aber wiederum beispielhaft die Art. 4, 6, 7 RL 2000/78/EG auf. Vgl. auch *Lingscheid*, Antidiskriminierung, 92 ff., welche Art. 4 Abs. 1, Art. 2 Abs. 2 lit. b) i) und Art. 7 Abs. 1 RL als Ausnahmen eingruppiert.

328 So *Groß*, Rechtfertigung einer Altersdiskriminierung, 51 ff. zumindest im Verhältnis von Art. 4 Abs. 1 RL bzw. Art. 7 Abs. 1 RL zu Art. 6 Abs. 1 RL 2000/78/EG. Ebenso *von Medem*, Kündigungsschutz und Allgemeines Gleichbehandlungsgesetz, 303 f. für das Verhältnis von Art. 4 Abs. 1 und Art. 6 Abs. 1 RL. Art. 4 Abs. 1 RL greife nur, wenn spezielle Anforderungen an den Arbeitsplatz selbst gestellt werden. Für Ungleichbehandlungen außerhalb der Anforderungen an den Arbeitsplatz greife dann Art. 6 Abs. 1 RL.

Nach Art. 2 Abs. 5; Art. 3 Abs. 3 und 4; Art. 4 Abs. 1 und Art. 6 Abs. 1 RL werden die Mitgliedstaaten als Adressaten angeführt. In diesen ist nur der Träger hoheitlicher Gewalt von dem Begriff des Mitgliedstaats erfasst und damit insb. der nationale Gesetzgeber.[329] Dabei kommen selbst bei einer extensiven Auslegung des Begriffs „Mitgliedstaaten" nur Träger staatlicher Hoheitsgewalt in Betracht.[330] Die Bereichsausnahmen und Rechtfertigungsgründe der RL 2000/78/EG eröffnen für die Mitgliedstaaten einen großen Gestaltungsspielraum hinsichtlich der Normsetzung.[331]

b. Ausnahmen vom Diskriminierungsverbot aufgrund des Alters (Art. 2 Abs. 5, Art. 3 Abs. 3 und Art. 3 Abs. 4 RL)

Nach Art. 2 Abs. 5 lässt die RL nationale Vorschriften, die für die Gewährleistung der öffentlichen Sicherheit, Verteidigung der Ordnung, Verhütung von Straftaten, zum Schutz der Gesundheit sowie zum Schutz der Rechte und Freiheiten notwendig sind, unberührt. Diese Aufzählung besonderer Rechtsgüter ist dabei nach h.M. nicht abschließend.[332] Hinter Art. 2 Abs. 5 RL steht der 18. Erwägungsgrund der RL, der bestimmt, dass die Einsatzbereitschaft der Polizei, der Haftanstalten, Notfalldienste oder der Streitkräfte gewahrt bleiben muss und daher keine der genannten Stellen gezwungen werden dürfen, Personen einzustellen oder weiterzubeschäftigen, die nicht den jeweiligen Anforderungen entsprechen, die ihnen zur Aufgabenerfüllung übertragen werden.[333] Die danach zulässigen unmittelbaren und mittelbaren Ungleichbehandlungen wegen des Alters müssen aber nachgewiesenermaßen „notwendig", d.h. im Einzelfall geeignet und erforderlich und mithin verhältnismäßig sein.[334]

---

329 *Schlachter* in: Richardi/Reichold, GS Blomeyer, 355 (368); *Wiedemann/Thüsing*, NZA 2002, 1234 (1237); *Groß*, Rechtfertigung einer Altersdiskriminierung, 44.

330 *Stalder*, Antidiskriminierungsmaßnahmen, 97.

331 *Wollenweber*, Diskriminierungsverbote, 161.

332 *Meenan*, MJ 2003, 9 (16), die allerdings ausdrücklich Erwägungsgrund 18 der RL 2000/78/EG für nicht abschließend erklärt.

333 Vgl. zum Streit, ob Art. 2 Abs. 5 RL auf Diskriminierungen wegen des Alters hinsichtlich der Einstellung oder der Entlassung in Berufen, in denen der körperlichen Leistungsfähigkeit der Person wesentliche Bedeutung für das Funktionieren der staatlichen Ordnung zukommt, ohne Rückgriff auf Art. 4 und 6 RL vorrangig anzuwenden sei, vgl. *Polloczek*, Altersdiskriminierung, 83 f., der dies ablehnt. Dies befürwortend insb. für die Bereiche Flugsicherheit, Feuerwehr, Polizei, Haftanstalten und Notfalldienste, *Schlachter* in: Richardi/Reichold, GS Blomeyer, 355 (356 f.)

334 *Müller*, Alter und Recht, 190; *Lüderitz*, Altersdiskriminierung durch Altersgrenzen, 54. Der EuGH hat entschieden, dass die Altersgrenze für Piloten von 60 Jahren

Dies lässt auf eine gemäßigte Verhältnismäßigkeitsprüfung schließen. Dem entsprechend hat der EuGH in der Rechtssache *Petersen* entschieden, dass eine Regelung, welche eine Höchstaltersgrenze für Kassenärzte vorsieht, dann von Art. 2 Abs. 5 RL gedeckt ist, wenn ansonsten das finanzielle Gleichgewicht des öffentlichen Gesundheitssystems und das Ziel des hohen Niveaus des Gesundheitsschutzes gefährdet sei und durch eine solche Regelung dem entgegengewirkt werden könne, wohingegen die alleinige Berufung auf den Schutz der Gesundheit der Patienten, nicht ausreichen würde, da die Kassenärzte nach dem Überschreiten der Höchstaltersgrenze auch außerhalb des Vertragsärztesystems weiterhin praktizieren dürften.[335] Aus der Rechtssache Petersen wird abgeleitet, dass der EuGH im Vergleich zur abhängigen Beschäftigung bei selbstständiger Tätigkeit relativ hohe Hürden für eine Rechtfertigung aufstellt und eine strengere Verhältnismäßigkeitsprüfung vornimmt.[336] Dieses Urt. des EuGH ist dennoch ein richtungsweisendes Beispiel dafür, dass inzwischen der EuGH im Hinblick auf die Leistungsfähigkeit und Belastbarkeit von Rentnern zu deren Gunsten umdenkt. Denn das Urt. verdeutlicht konsequent, dass die Mitgliedstaaten nicht auf der einen Seite gesetzliche Höchstaltersgrenzen mit einer reduzierten Leistungsfähigkeit und damit verbundenen Risiken für die Gesundheit von einer Gruppe von Personen (Kassenpatienten) rechtfertigen und auf der anderen Seite außerhalb der nationalen Regelungen diese Tätigkeit mit denselben Risiken für andere Personen (Privatpatienten) zulassen können.[337]

Dennoch können für den Rentner im Nebenerwerb mitgliedstaatliche Ausnahmen vom Diskriminierungsverbot aufgrund des Alters z. B. pauschale Altersgrenzen bei der Einstellung und Entlassung für die Polizei, festgelegt werden, wenn die Mitgliedstaaten die körperliche Belastbarkeit für wesentlich für das Funktionieren der staatlichen Ordnung und der öffentlichen Sicherheit halten, womit ihnen eine weite „Einschätzungsprärogative" zukomme.[338]

---

gerade nicht notwendig i. S. des Art. 2 Abs. 5 RL zum Schutz der Gesundheit und für die öffentliche Sicherheit ist, da nationale und internationale Vorschriften dieses Alter auf 65 Jahre festlegen. Art. 2 Abs. 5 RL müsse als Ausnahmevorschrift eng ausgelegt werden. Vgl. EuZW 2011, 751 (752 f. Rn. 56, 63, 64).

335 Vgl. Urt. des EuGH v. 12.01.2010 Rs. C-341/08 (Petersen) EuZW 2010, 137 (137, 140 f. Rn. 58, 61 ff.). Vgl. zur Rechtssache Petersen auch *Mohr*, SAE 2013, 36 (40).

336 So *Eberhard* in: WiR, Alter und Recht, 153 (170).

337 Vgl. so auch *Müller*, Alter und Recht, 227.

338 Vgl. *Groß*, Rechtfertigung einer Altersdiskriminierung, 38; *Schlachter* in: GS Blomeyer, 355 (356). So ist nach dem EuGH insb. bei Feuerwehrmännern die Höchstaltersgrenze von 30 Jahren für die Einstellung der Beamten in die Laufbahn bei der Feuerwehr nicht als Altersdiskriminierung anzusehen. Vgl. dazu EuGH Urt. v. 12.01.2010 Rs.

Die RL 2000/78/EG gilt nach der deutschen Textfassung nicht „für Leistungen jeder Art“ seitens der staatlichen Systeme oder der damit gleichgestellten Systeme einschließlich der staatlichen Systeme der sozialen Sicherheit oder des sozialen Schutzes (Art. 3 Abs. 3 RL). Dem lässt sich entnehmen, dass das Sozialrecht vom Anwendungsbereich der RL weitestgehend ausgenommen wurde.[339] Dies ist nicht Ausdruck eines besonderen europäischen Diskriminierungskonzepts, sondern beruht vielmehr darauf, dass die Union in diesem Bereich keine ausreichenden Kompetenzen innehat.[340] Die Mitgliedstaaten können damit den Zugang zu ihren Sozialversicherungssystemen oder Systemen des sozialen Schutzes frei regeln und deren Gliederung im Einzelnen bestimmen ohne auf das Diskriminierungsmerkmal Alter Rücksicht zu nehmen.[341] Demgegenüber wird eingewendet, dass der soziale Schutz eines Unionsbürgers sehr wohl über den Zugang zur Beschäftigung entscheide, so dass die Vorschriften über die Versicherungsberechtigung und Versicherungspflicht trotz der Vorschrift des Art. 3 Abs. 3 RL an den Diskriminierungsverboten im Hinblick auf den Zugang zur Erwerbstätigkeit gemessen werden müssten.[342] Im Gegensatz dazu lässt sich durchaus schlussfolgern, dass Art. 3 Abs. 3 RL nur deklaratorische Bedeutung habe, da sich der sachliche Geltungsbereich bereits aus Art. 3 Abs. 1 lit. a) bis d) RL ergebe.[343] Dies gilt allerdings nur einschränkend. Dem kann der englische und französische Wortlaut der RL entgegengehalten werden, in welchem von „Geldleistungen“ („payments of any kind“/„versements de toute

---

C-229/08 (Wolf) EuZW 2010, 142 (142). Der nichterwerbstätige Rentner kann sich also nicht mit Erfolg dagegen wehren, dass die 30 Jahre Grenze unzulässig wäre und er trotzdem hätte eingestellt werden müssen. Vgl. zu den Ausnahmen aufgrund des Alters *Korthaus*, das neue Antidiskriminierungsrecht, 117; *Meenan*, MJ 2003, 9 (16). A.A. *Lüderitz*, Altersdiskriminierung durch Altersgrenzen, 54. Lüderitz hält feste Altersgrenzen für die Einstellung bei der Polizei, Notfalldiensten und der Feuerwehr zum Erhalt der Einsatzbereitschaft nicht für geeignet und auch nicht für erforderlich. Ungeeignetheit bestehe, wenn sie angewendet werden ohne das Rücksicht auf die unterschiedlichen körperlichen und geistigen Belastungen der Tätigkeit im konkreten Einzelfall genommen werde. Ein gleich geeignetes Mittel seien dabei individuelle Leistungstests, so dass auch die Erforderlichkeit zu verneinen sei.

339 *Becker*, ZFSH/SGB 2007, 134 (135). Vgl. auch 13. Erwägungsgrund der RL 2000/78/EG, wonach die RL keine Anwendung auf Sozialversicherungs- und Sozialschutzsysteme findet.

340 *Schlachter* in: Schlachter, Prohibition of Age, 30.

341 *Kummer*, Umsetzungsanforderungen der neuen arbeitsrechtlichen Antidiskriminierungsrichtlinie, 48 f.

342 *Eichenhofer*, VSSR 2011, 125 (142).

343 Vgl. *Müller*, Alter und Recht, 191.

nature“) die Rede ist. Dieser lässt darauf schließen, dass eine Einschränkung bei den Leistungsarten gewollt ist, ohne damit die Anwendbarkeit der RL im Sozialrecht völlig auszuschließen. Vielmehr besteht nach dieser Interpretation noch Raum für eine Anwendung der RL, soweit es sich um Rechte auf Dienst- und/oder Sachleistungen handele.[344] Aus der Sicht des Rentners im Nebenerwerb ist nicht nachvollziehbar, warum bei staatlichen Systemen oder den damit gleichgestellten Systemen einschließlich der staatlichen Systeme der sozialen Sicherheit oder des sozialen Schutzes ein jüngerer Mensch das Recht haben soll, Dienst- und/oder Sachleistungen zu erhalten, der Rentner im Nebenerwerb aber aufgrund seines Alters diskriminiert werden dürfe. Vielmehr hat er durch seine Arbeitstätigkeit Ansprüche erworben, die ihn gerade im Bereich der Krankenversicherung zum Erhalt von Dienst- und/oder Sachleistungen genauso berechtigen können müssen wie jeden anderen jüngeren Menschen. Es kann bei der Krankenversicherung für die Kostenübernahme z. B. eines Herzschrittmachers oder eines Hüftgelenks nicht darauf ankommen, ob es sich um eine 30-jährige Person oder um einen Rentner im Nebenerwerb und den arbeitsuchenden Rentner handelt. Insoweit ist für Dienst- und/oder Sachleistungen in der RL festzuhalten, dass diese vom Anwendungsbereich der RL erfasst werden. Die deutsche Textfassung erscheint als sprachlich und sachlich nicht tragfähig und ist entsprechend der englischen und französischen Version anzupassen.[345]

Nach Art. 3 Abs. 4 RL können die Mitgliedstaaten vorsehen, dass die RL nicht für Altersdiskriminierungen bei den Streitkräften gilt. Aufgrund des klaren Wortlauts ist die Vorschrift als Möglichkeit der Mitgliedstaaten Ausnahmen vom sachlichen Geltungsbereich der RL für die Streitkräfte vorzusehen, zu verstehen.[346] Dahinter steht der Zweck, die Einsatzbereitschaft und Effizienz der Streitkräfte garantieren zu können, aufgrund der hohen geistigen und körperlichen Leistungsanforderungen die „Schlagkraft der Streitkräfte“ zu erhalten.[347] In Abgrenzung zu

---

344 Vgl. *Husmann*, ZESAR 2007, 13 (15).

345 So im Ergebnis auch *Husmann*, ZESAR 2007, 13 (15).

346 A.A. *Kummer*, Umsetzungsanforderungen der neuen arbeitsrechtlichen Antidiskriminierungsrichtlinie, 43. Kummer führt an, dass der Sinn und Zweck der Vorschrift, nämlich die besondere Erhaltung der Einsatzbereitschaft der Streitkräfte aufgrund der besonders hohen körperlichen und geistigen Leistungsanforderungen eines Mitgliedstaats, eher für das Vorliegen eines Rechtfertigungsgrunds spricht. Da die Eingruppierung als Bereichsausnahme oder Rechtfertigungsgrund nach Kummer davon abhänge, ob der Wortlautauslegung gefolgt oder auf den Sinn und Zweck abgestellt werde, bezeichnet er diese als „fast immer willkürlich“. Vgl. *Kummer* ebda. 44.

347 *Kummer*, Umsetzungsanforderungen der neuen arbeitsrechtlichen Antidiskriminierungsrichtlinie, 50.

Art. 2 Abs. 5 RL gilt hier ein abgeschwächter Prüfungsumfang, da die Notwendigkeit der mitgliedstaatlichen Bestimmung bei Art. 3 Abs. 4 RL nicht im Einzelnen festgestellt werden muss.[348] Auch erfordert die Vorschrift nicht wie Art. 6 RL die Ermittlung eines konkreten legitimen Zwecks.[349] Der Rentner im Nebenerwerb und der arbeitsuchende Rentner könnten somit, vorausgesetzt es existieren bestimmte Altersgrenzen im Mitgliedstaat, von dem Einsatz bei den Streitkräften in zulässigerweise ausgeschlossen werden.

c. Ausnahme vom Diskriminierungsverbot aufgrund des Alters (Art. 4 Abs. 1 RL)

Nach Art. 4 Abs. 1 RL können Altersdiskriminierungen, sofern sie erstens eine wesentliche und entscheidende berufliche Anforderung darstellen, zweitens einen rechtmäßigen Zweck verfolgen und drittens sich die berufliche Anforderung als angemessen erweist, keine unterschiedliche Behandlung wegen des Alters und somit (mittelbare oder unmittelbare) Diskriminierung[350] darstellen, wenn die Mitgliedstaaten diese als Ausnahme vorsehen. Dass Art. 4 Abs. 1 RL restriktiv zu handhaben ist,[351] betont auch der Erwägungsgrund 23 RL, der Ausnahmen vom Gleichbehandlungsgrundsatz nur „unter sehr engen Bedingungen" zulassen will. Art. 4 RL soll anwendbar sein, wenn entweder tatsächliche Unmöglichkeit der Arbeitsverrichtung vorliegt oder ein überwiegendes öffentliches Schutzinteresse besteht.[352] Um zu garantieren, dass Arbeitnehmer physisch als auch psychisch zur Arbeitsverrichtung in der Lage sind, muss das Alter bei Ungleichbehandlungen, um den Anforderungen des Art. 4 Abs. 1 RL zu genügen, mit der konkreten Erwerbstätigkeit so eng verbunden sein, dass die Vornahme der Tätigkeit durch

---

348 Art. 2 Abs. 5 RL verlangt, dass die Maßnahmen für die Gewährleistung der öffentlichen Sicherheit, die Verteidigung der Ordnung anderer etc. „notwendig sind". Vgl. zu diesem Erfordernis auch *Polloczek*, Altersdiskriminierung, 84.

349 *Geipel*, Lebensalter, 55.

350 So auch *Müller*, Alter und Recht, 198. A.A. *Temming*, Altersdiskriminierung im Arbeitsleben, 505. Temming geht davon aus, dass, obwohl Art. 4 Abs. 1 eigentlich auf Art. 2 Abs. 1 und 2 verweist, er seiner Systematik nach zu urteilen nur eine unmittelbare Altersdiskriminierung erfasse. Dies resultiere daher, dass die Voraussetzung der Rechtfertigung bereits Bestandteil der in Art. 2 Abs. 2 lit. b) i) RL legaldefinierten mittelbaren Diskriminierung sei. Ebenso argumentiert *Over*, Altersdiskriminierung, 202.

351 Dazu *Mann*, Altersdiskriminierung, 47.

352 Wobei die tatsächliche Unmöglichkeit z. B. bestehe, wenn ein Rentner einen jugendlichen Liebhaber in einem Theaterstück darstellen soll. Das öffentliche Schutzinteresse sei bei den Anforderungen der unabdingbaren körperlichen Belastbarkeit im Beruf gegeben. Vgl. dazu *Mohr*, Diskriminierungen im Europäischen Arbeitsrecht, 352.

einen Angehörigen einer anderen Altersgruppe bzw. eines anderen Alters wie z. B. eines Rentners im Nebenerwerb nicht zufriedenstellend ist.[353] Insoweit sind nur solche beruflichen Anforderungen zulässig, die zur Aufnahme und Ausführung der betroffenen Tätigkeit unbedingt notwendig sind,[354] wie z. B. die jederzeitige körperliche Belastbarkeit und Resistenz gegen Stress als unverzichtbare Voraussetzung der Beschäftigung.[355] Die unbedingte Notwendigkeit muss sich anhand vernünftiger und objektiver Gründe aus der Erwerbstätigkeit selbst ergeben und darf nicht nur darauf beruhen, dass mit einem bestimmten Alter eine fehlende oder verringerte körperliche Belastbarkeit verbunden wird.[356] Keinesfalls ausreichend für wesentliche und entscheidende berufliche Anforderungen eines bestimmten Alters bei der Einstellung des Rentners im Nebenerwerb können daher subjektiv geprägte Kundenpräferenzen sein.[357] Erfasst werden bezogen auf das Alter vielmehr Fälle, in denen ein öffentliches Interesse am Schutz vor Ungleichbehandlung besteht.[358] Dieses kann bei Fluglotsen, Piloten[359],

---

353 *Groß*, Rechtfertigung einer Altersdiskriminierung, 46, 66.

354 *Meyer*, Diskriminierungsverbot, 122 f.; *Müller*, Alter und Recht, 216, die in diesem Zusammenhang von „unerlässlich" sprechen. Vgl. auch *Tyson*, EJML 2001, 199 (210).

355 *Kummer*, Umsetzungsanforderungen der neuen arbeitsrechtlichen Antidiskriminierungsrichtlinie, 51.

356 *Groß*, Rechtfertigung einer Altersdiskriminierung, 46.

357 Vgl. *von Medem*, Kündigungsschutz und Allgemeines Gleichbehandlungsgesetz, 292 f. Siehe auch *Müller*, Alter und Recht, 217 ff. der ein an den Kundenpräferenzen orientiertes „Unternehmenskonzept" daher nur unter „engen Grenzen" für gerechtfertigt erachte, wobei stets eine wertende Betrachtung im Einzelfall zu erfolgen habe, bei der das Interesse des Unternehmers gegen das des Arbeitnehmers an Gleichbehandlung abzuwägen sei. Siehe auch *Over*, Altersdiskriminierung, 212, 214. Dieser hält das Abstellen auf Kundenpräferenzen nur i. V. m. einem entsprechenden Unternehmenskonzept (Modekette die ausschließlich Mode für Jugendliche anbietet, die nur eine etwa gleichaltrige Verkäuferin einstellen möchte) für zulässig, wenn die Kundenpräferenz selbst nicht diskriminierend sei und die Ausrichtung auf eine bestimmte Zielgruppe „konstitutiver Teil des Unternehmenskonzepts" sei. Die jugendliche Ausrichtung müsse einen konkreten Bezug zur ursprünglichen Aufgabe des Unternehmens haben.

358 *Wiedemann/Thüsing*, NZA 2002, 1234 (1237).

359 Allerdings hat der EuGH mit Urt. v. 13.09.2011 Rs. C-447/09 entschieden, dass die in einem Tarifvertrag enthaltene Altersgrenze, wonach das Arbeitsverhältnis für Piloten, ohne Kündigung, automatisch mit der Vollendung des 60. Lebensjahrs ende, eine Diskriminierung wegen des Alters darstelle. Ab diesem Alter sei eine Beschränkung der Tätigkeit möglich, ein vollständiges Verbot gehe aber über das zum Schutz der Flugsicherheit notwendige hinaus. In dieser Rechtssache schied eine Rechtfertigung gem. Art. 4 Abs. 1 RL der Festlegung der tariflichen Altersgrenze auf 60 Jahre aus. Bei

Feuerwehrmännern, Busfahrern und Lastkraftwagenfahrern bejaht werden, weil deren körperliche Belastbarkeit ein wesentlicher Bestandteil ihres Berufs ist und die körperliche Belastbarkeit typischerweise mit zunehmendem Alter abnehme.[360] So hat der EuGH in der Rechtssache *Wolf* entschieden, dass Art. 4 Abs. 1 RL einer nationalen Regelung nicht entgegenstehe, welche das Höchstalter für die Einstellung in die Laufbahn des mittleren Dienstes bei der Feuerwehr auf 30 Jahre festschrieb.[361] Daraus wird von der Literatur geschlossen, dass der EuGH bei erheblichen Belastungen im Beruf bereits nach dem allgemeinen Art. 4 Abs. 1 RL eine Altersdiskriminierung für zulässig erachte und das in diesem Fall nicht auf Art. 6 RL als besondere Vorschrift zurückgegriffen werden müsse, wenn die mitgliedstaatliche Regelung ein legitimes Ziel konsequent verfolgt.[362] Im vorliegenden Fall bestand der legitime Zweck darin, das Funktionieren der Feuerwehr und die Einsatzbereitschaft der Berufsfeuerwehrmänner zu sichern, da der mittlere Feuerwehrdienst für bestimmte Einsätze außergewöhnlich hohe körperliche Anforderungen aufweise, die nur von den jüngsten Beamten erfüllbar seien.[363] Rentner können somit in zulässiger Weise von der Beschäftigung als Berufsfeuerwehrmann ausgeschlossen werden.

Art. 4 Abs. 1 RL verlangt, dass die Anforderung „angemessen" ist. Dabei wird nicht definiert, was unter „angemessen" zu verstehen ist. So könnte eine bloße Willkürkontrolle, die irgendeinen sachlichen Grund erfordert[364] oder eine strenge Verhältnismäßigkeitskontrolle (Geeignetheit, Erforderlichkeit, Angemessenheit) mit dieser Formulierung gemeint sein, worauf die englische und französische

---

Verkehrspiloten seien besondere körperliche Fähigkeiten zwar wesentliche berufliche Anforderungen, da deren Nichtvorliegen zu erheblichen Folgen führen könne. Allerdings sei die automatische Altersgrenze von 60 Jahren eine unverhältnismäßige Anforderung, da nationale und internationale Regelungen dieses Alter auf 65 Jahre festlegen. Vgl. EuZW 2011, 751 (751 ff. Rn. 41, 43, 67, 75, 76).

360 Vgl. *Wiedemann/Thüsing*, NZA 2002, 1234 (1237); *Thüsing*, ZfA 2001, 397 (408); *Korthaus*, das neue Antidiskriminierungsrecht, 105; *Polloczek*, Altersdiskriminierung, 95. Vgl. auch *Kaiser*, Altersdiskriminierungsschutz, 66.

361 Vgl. EuGH Urt. v. 12.01.2010 Rs. C-229/08 EuZW 2010, 142 (142).

362 Vgl. dazu *Röbke*, EuZW 2010, 145 (145); *Franzen*, EuZA 3 (2010), 306 (311).

363 Vgl. EuGH Rs. C-229/08 (Wolf/Stadt Frankfurt a.M.) Rn. 33 f., 39, 41 in EuZW 2010, 142 (143 f.), wobei die deutsche Regierung durch arbeits- und sportmedizinische Gutachten bewiesen habe, dass die für die Einsatzbereitschaft zur Brandbekämpfung erforderliche Leistungsfähigkeit der Lungen und Muskulatur ab 45 Jahre in nur noch geringem Maße vorhanden sei.

364 *Wollenweber*, Diskriminierungsverbote, 130 f. Vgl. auch *Kingreen* in: Ehlers, Europäische Grundrechte und Grundfreiheiten § 17 IV 1 Rn. 21.

Fassung der Richtlinientexte hindeutet.[365] Da die Ausnahmebestimmungen wie z. B. Art. 4 Abs. 1 RL eng und unter Wahrung des Verhältnismäßigkeitsgrundsatzes auszulegen sind, sollte geprüft werden, ob Gesundheitsüberprüfungen im Einzelfall nicht ein milderes Mittel darstellten, wobei auch neue gerontologische Erkenntnisse, wonach das steigende Lebensalter einhergeht mit längerer Gesundheit und Leistungsfähigkeit, zu berücksichtigen seien.[366] Wird das Differenzierungsmerkmal Alter durch ein anderes Kriterium, wie Leistungsfähigkeit (nachgewiesen durch medizinische Leistungstests sowie Gesundheitsüberprüfungen zur Ermittlung der physischen und psychischen Belastbarkeit) ersetzt, kann die Anknüpfung an die Leistungsfähigkeit nicht als milderes Mittel angesehen werden. Denn durch die Tests kann nur die momentan vorhandene oder eben gerade nicht vorhandene Leistungsfähigkeit oder Gesundheit abgebildet werden. Sie können demgegenüber keine Auskunft darüber geben, dass es nicht in Zukunft zu einem altersbedingten Leistungsaus- bzw. abfall kommen könne.[367] Darüber hinaus wird zu Bedenken gegeben, dass diese regelmäßigen Gesundheitstests ab einem bestimmten Alter den Rentner im Nebenerwerb besonders stigmatisieren und erheblich in seiner Persönlichkeit verletzen können.[368] Allerdings könnte man vor dem Hintergrund eines möglichen Leistungsab- bzw. ausfalls eines Rentners im Nebenerwerb an regelmäßig zu überprüfende medizinische Erfahrungswerte anknüpfen.[369]

---

365 *Husmann*, NZA 2008, Beilage zu Heft 2, 94 (98). In der englischen Fassung heißt es „the requirement is proportionate" und in der französischen Variante der Richtlinie „l'exigence soit proportionnée", so dass beide Fassungen, da man diese mit „verhältnismäßig" und „angemessen" übersetzen kann, auf eine Verhältnismäßigkeitsprüfung im engeren Sinne hindeuten würden. So auch *Müller*, Alter und Recht, 384 f. Auch *von Medem*, Kündigungsschutz und Allgemeines Gleichbehandlungsgesetz, 321 ff. prüft bei den Art. 2 Abs. 2 lit. b) i), 4 Abs. 1, 6 Abs. 1 RL die Verhältnismäßigkeit unterteilt in Geeignetheit, Erforderlichkeit und Angemessenheit.

366 Vgl. *Nettesheim*, EuZW 2013, 48 (51). Siehe auch *Polloczek*, Altersdiskriminierung, 95 f. Vgl. zu neuen gerontologischen Erkenntnissen, wonach eine generelle an das Alter geknüpfte Abnahme der Leistungsfähigkeit erst ab dem 70. Lebensjahr stattfinde, *Over*, Altersdiskriminierung, 52. Hinsichtlich neuer gerontologischer Erkenntnisse, wonach sich jede Pauschalisierung in Bezug auf die komplexen Altersvorgänge verbiete, vgl. auch *Uffmann*, SAE 2013, 1 (3).

367 Dies gelte z. B. für Piloten. Hier könnten die Leistungstests dazu dienen Altersgrenzen zu bestimmen, indem anhand von Erfahrungswerten ermittelt wird, ab welchem Alter das Risiko des altersbedingten Ausfalls besonders hoch ist. Dazu insgesamt *Groß*, Rechtfertigung einer Altersdiskriminierung, 81 ff.

368 Vgl. dazu *Nettesheim*, EuZW 2013, 48 (51 f.).

369 Vgl. *Lingscheid*, Antidiskriminierung, 205.

Daher können Rentner im Nebenerwerb in den genannten Berufszweigen in zulässiger Weise diskriminiert werden, da schwer zu negieren ist, dass die körperliche Belastbarkeit ab dem Rentenalter nachlässt. Allerdings sind auch hier das Individualinteresse des Arbeitnehmers an der Fortführung seiner Berufstätigkeit und das Allgemeininteresse des Schutzes der öffentlichen Sicherheit miteinander in Einklang zu bringen, so dass sich eine pauschale Annahme der Leistungsreduzierung ab einem bestimmten Alter eindeutig verbietet.[370] Vielmehr muss die Leistungsverringerung immer im Einzelfall festgestellt werden, was der Gruppe der Rentner im Nebenerwerb zugutekommt, da diesen möglicherweise aufgrund des Alters Eigenschaften, wie z. B. sinkende Leistungsbereitschaft, mangelnde physische und psychische Belastbarkeit, zugeschrieben werden können, die ihnen im Einzelfall nicht gerecht werden.

Fälle der tatsächlichen Unmöglichkeit bzw. Unverzichtbarkeit einer Person eines bestimmten Alters für eine Arbeitsverrichtung sind insb. solche, wo es auf die Wahrung der Authentizität ankomme.[371] So greift Art. 4 Abs. 1 RL, wenn nur ein bestimmtes Alter eine authentische Erfüllung garantiert, wie z. B. bei der Besetzung von Film- oder Theaterrollen mit jugendlichen Darstellern, wenn das Alter für die authentische Vermittlung oder Verkörperung der Tätigkeit derart wichtig ist, dass es einen notwendigen Teil der zu erbringenden Dienstleistung[372] darstellt.[373] In diesem Fall könnten ein Rentner im Nebenerwerb und der arbeitsuchende Rentner in zulässiger Weise diskriminiert werden.

4. Rechtfertigungsmöglichkeiten von Diskriminierungen aufgrund des Alters

Da Rechtfertigungsgründe den Schutz des Diskriminierungsopfers beschränken, stärken sie den Handelnden und tragen zu einer Schwächung der rechtlichen

---

370 *Hahn*, Altersdiskriminierung, 115 f.

371 Vgl. *Thüsing* in: Säcker/Rixecker, MüKo BGB AT, AGG, § 8 AGG Rn. 12; *von Medem*, Kündigungsschutz und Allgemeines Gleichbehandlungsgesetz, 290, 294.

372 Vgl. zum Begriff der Dienstleistung Art. 57 AEUV. Vgl. auch *Mann*, ZögU 2005, 174 (180). Siehe auch *Mann* in: Heselhaus/Nowak, Hdb. EU-Grundrechte, § 34 Rn. 21.

373 Vgl. *Schlachter*, Gleichberechtigung, 340; *Müller*, Alter und Recht, 216; *Thüsing*, RdA 2001, 319 (322), die solche Differenzierungen für zulässig erachten, wenn es wie bei Schauspielern um Authentizität geht. Vgl. auch *Thüsing* in: Säcker/Rixecker, MüKo BGB AT, AGG, § 8 AGG Rn. 28. Dieser nennt als Beispiel den jugendlichen Liebhaber im Theater der in zulässiger Weise nur von einem jüngeren Darsteller „performed" werden dürfe. Vgl. außerdem *Mann*, Altersdiskriminierung, 47, der zusätzlich noch die Modebranche beispielhaft unter Art. 4 Abs. 1 RL fasst.

Position des Diskriminierten bei.[374] Die RL benennt für die Mitgliedstaaten den Katalog möglicher Rechtfertigungsgründe abschließend.[375] Insoweit kann der Katalog nicht zu Lasten der vom persönlichen Geltungsbereich umfassten Personen abgeändert werden, was Rechtssicherheit schafft.

a. Erwägungsgrund 14 der Richtlinie

Erwägungsgrund 14 RL lässt einzelstaatliche Bestimmungen über die Festsetzung von Altersgrenzen für den Eintritt in den Ruhestand[376] von vornherein unberührt. Danach könnten z. B. diskriminierende Vereinbarungen zulässig sein, die eine Beendigung des Beschäftigungsverhältnisses ohne Kündigung zu einem Zeitpunkt vorsehen, in dem eine Person Altersrente beantragen kann.[377] Dies betrifft den Rentner im Nebenerwerb, der neben dem Bezug der Rente durchaus beabsichtigt, noch einer Beschäftigung nachzugehen. Umstritten war, ob der 14. Erwägungsgrund den sachlichen Anwendungsbereich der RL beschränken könne.[378] Andere wiederum wollten den 14. Erwägungsgrund bei der Auslegung des Art. 6 Abs. 1 RL dahingehend heranziehen, dass an die Rechtfertigung von Altersgrenzen für den

374 Vgl. *Husmann*, ZESAR 2007, 58 (63).

375 *Husmann*, ZESAR 2007, 58 (63).

376 Vgl. zu einer Zusammenstellung von amts- und berufsbezogenen Höchstaltersgrenzen im deutschen Recht *Mann*, Altersdiskriminierung, 17 ff. und zu Höchstaltersgrenzen im deutschen Recht bei den freien Berufen und in gewerblichen Sektoren, 24. Vgl. auch *Tettinger* in: KAS (Hrsg.), Zukunftsforum Politik Nr. 70, 85 (85 f.).

377 Vgl. hierzu z. B. § 10 S. 3 Nr. 5 AGG, Allgemeines Gleichbehandlungsgesetz Deutschland, BGBl. 2006 I, 1897 in der Fassung v. 12.12.2007, BGBl. 2007 I, 2840. § 10 S. 3 Nr. 5 AGG wird als europarechtswidrig angesehen. Vgl. *Kamanabrou*, RdA 2006, 321 (331). Vgl. zudem *Mann*, Altersdiskriminierung, 154 Fn. 533. Vgl. außerdem zur Zulässigkeit von gesetzlichen Höchstaltersgrenzen nach deutschem Recht und einer verfassungsrechtlichen Neubewertung *Mann* in: Grote/Härtel/Hain/Schmidt/Schmitz/u.a., FS für Starck, 319 (325 ff.); *Mann*, Altersdiskriminierung, 88 ff., 155 ff.; *Mann*, Niedersächsisches Ärzteblatt, 2007, 17 (17 f.); *Mann* in: KAS (Hrsg.), Zukunftsforum Politik Nr. 70, 63 (68 ff.). Vgl. zur Kritik der Einordnung von Höchstaltersgrenzen im Rahmen des Art. 12 GG im deutschen Verfassungsrecht als subjektive Berufszugangsvoraussetzung zudem *Mann* in: Sachs, GG, Art. 12 Rn. 130.

378 Dafür *Nußberger* JZ 2002, 524 (530); *Leuchten*, NZA 2002, 1254 (1258). Dagegen ausführlich *Lüderitz*, Altersdiskriminierung durch Altersgrenzen, 62 ff. *Schlachter* in: Richardi/Reichhold, GS Blomeyer, 355 (363); *Hahn*, Altersdiskriminierung, 133 ff.; *Thüsing*, NZA 2001, 1061 (1064 Fn. 28); *Schmidt/Senne*, RdA 2002, 84 f.

Ruhestand geringere Anforderungen zu stellen seien.[379] Gegen das Verständnis des 14. Erwägungsgrunds der RL als Rechtfertigungsgrund spricht zunächst die Entstehungsgeschichte der RL. Es wurde im Ergebnis unterlassen, den Inhalt des Erwägungsgrunds 14 RL auch zusätzlich in die Bereichsausnahmen des Art. 3 Abs. 2 und 3 RL oder als Rechtfertigungsgrund in die Aufzählung des Art. 6 Abs. 1 UA 2 zu integrieren, was zu der Schlussfolgerung veranlasst, dass eine Einigung über diesen Punkt eben gerade nicht erreicht werden konnte.[380] Darüber hinaus regelt Art. 3 RL mit der Überschrift „Geltungsbereich" diesen und von ihm auszunehmende Bereichsausnahmen abschließend.[381] Daneben wäre die separate Regelung des Geltungsbereichs der RL in Art. 3 RL überflüssig, wenn sich der Geltungsbereich tatsächlich aus den Begründungserwägungen ergebe.[382] Entscheidend ist, dass die alleinige Funktion von Erwägungsgründen in der Begründung liegt, ihnen keinerlei rechtliche Bindungswirkung zukommt und sie daher gerade nicht in der Lage sind den sachlichen Geltungsbereich der RL 2000/78/EG zu beschränken.[383] Die RL ist daher auch auf Vereinbarungen anwendbar, die eine Beendigung

---

379 *Zöllner* in: Richardi/Reichold, GS Blomeyer, 517 (530), der den 14. Erwägungsgrund allerdings allgemein für erleichterte Möglichkeiten des nationalen Gesetzgebers Altersgrenzen für den Eintritt in den Ruhestand festzulegen (also Ausnahmen und Rechtfertigungsgründe) als Auslegungshilfe heranziehen möchte. Vgl. *Rieble/Zedler*, ZFA 2006, 273 (297), die anführen, dass der 14. Erwägungsgrund dazu führe, dass Altersgrenzen im nationalen Recht einem weniger strengen Maßstab der Rechtfertigung unterworfen seien.

380 So im Ergebnis auch *Wiedemann/Thüsing*, NZA 2002, 1234 (1238); *Schmidt/Senne*, RdA 2002, 80 (84 Fn. 51). Vgl. auch *Lüderitz*, Altersdiskriminierung durch Altersgrenzen, 66, wonach dem Vorschlag Großbritanniens Erwägungsgrund 14 als Rechtfertigungsnorm in Art. 6 Abs. 1 UA 2 der RL aufzunehmen, nicht gefolgt wurde. Vgl. auch *Kamanabrou*, RdA 2006, 321 (331), die generell darauf hinweist, dass der Erwägungsgrund 14 in Art. 3 RL, welcher den sachlichen Geltungsbereich regelt, keine Erwähnung findet und daher den Anwendungsbereich der RL auch nicht beschränken könne. Siehe dazu ebenfalls *Mann*, Altersdiskriminierung, 49, 154.

381 Art. 2 Abs. 5 RL sei eine Bereichsausnahme vom Diskriminierungsverbot und nicht vom sachlichen Geltungsbereich. Art. 4 Abs. 1 RL gelte ungeachtet von Art. 2 Abs. 2 RL und nehme ausdrücklich Bezug auf das Diskriminierungsverbot und eben gerade nicht auf den sachlichen Geltungsbereich des Art. 3 RL. Vgl. *Lüderitz*, Altersdiskriminierung durch Altersgrenzen, 67.

382 *Zöllner* in: Richardi/Reichold, GS Blomeyer, 517 (529 f.); *Schlachter* in: Richardi/Reichold, GS Blomeyer, 355 (364).

383 *Schlachter* in: Richardi/Reichold, GS Blomeyer, 355 (363 f.); *Schmidt/Senne*, RdA 2002, 80 (84 f.); *Boecken*, NZS 2005, 393 (395); *Hahn*, Altersdiskriminierung, 133. A.A. *Leuchten* NZA 2002, 1254 (1258). Leuchten sieht den Inhalt des 14.

des Beschäftigungsverhältnisses ohne Kündigung zu einem Zeitpunkt vorsehen, in dem eine Person Altersrente beantragen kann. In dem Urt. *Palacios* hat der EuGH entschieden, dass Altersgrenzen, die Arbeitsverhältnisse zwischen Arbeitgeber und Arbeitnehmer beim Erreichen eines bestimmten Alters automatisch beenden, sehr wohl unter Art. 3 Abs. 1 lit. c) RL („Beschäftigungs- und Arbeitsbedingungen, einschließlich der Entlassungsbedingungen und des Arbeitsentgelts") fallen. Der Erwägungsgrund 14. der RL soll lediglich klarstellen, dass die RL nicht die Zuständigkeit der Mitgliedstaaten berühre, das Alter für den Eintritt in den Ruhestand festzusetzen. Er stehe aber in keinster Weise der Anwendung der RL auf nationale Bestimmungen entgegen, mit denen die Bedingungen geregelt werden, unter denen ein Arbeitsvertrag ende, wenn das auf diese Weise vorgeschriebene Ruhestandsalter erreicht werde.[384] Der 14. Erwägungsgrund der RL kann daher nicht als zulässiger Rechtfertigungsgrund für diskriminierende Ruhestandsvereinbarungen zu Lasten des Rentners im Nebenerwerb herangezogen werden.[385]

b. Rechtfertigung nach Art. 6 Abs. 1 RL

Nach dieser Vorschrift stellen die Ziele der Beschäftigungspolitik, des Arbeitsmarkts und der beruflichen Bildung einen Rechtfertigungsgrund dar, wenn die Ungleichbehandlung zur Erreichung dieser Ziele angemessen (i. S. von geeignet) und erforderlich ist. Auch knüpft Art. 6 Abs. 1 RL mit seinem Wortlaut an die Definition des Art. 2 Abs. 2 lit. b) i) RL zur mittelbaren Diskriminierung an, obwohl er gleichzeitig die unmittelbare Diskriminierung erfasst und mithin bei dem Diskriminierungsmerkmal Alter im Gegensatz zu allen anderen Diskriminierungsmerkmalen die Ungleichbehandlung nach denselben Maßstäben rechtfertigt.[386] Damit

---

Erwägungsgrunds der RL durch Art. 6 Abs. 2 RL bestätigt, wonach die Mitgliedstaaten festlegen dürfen, dass bei den betrieblichen Sozialversicherungssystemen Altersgrenzen weiterhin als Bezugsvoraussetzung für Leistungen wegen des Alters oder wegen Invalidität dienen können. Allgemein zur Bedeutung von Erwägungsgründen *Müller*, Alter und Recht, 127.

384 EuGH Urt. v. 16.10.2007 Rs. C-411/05 (Palacios) Slg. 2007, I-8531, I-8586 Rz. 44 ff.

385 *Kamanabrou*, RdA 2006, 321 (331) geht darüber hinaus zutreffend davon aus, dass allgemeine Pensionsgrenzen nach § 10 S. 3 Nr. 5 AGG auch nicht durch Art. 4 Abs. 1 und 6 Abs. 1 RL 2000/78/EG gerechtfertigt werden können, da ein bestimmtes Alter nur in Ausnahmefällen eine wesentliche und entscheidende berufliche Anforderung darstelle. Zudem würden allgemeine Pensionsgrenzen die Berufsfreiheit der betroffenen Arbeitnehmer unverhältnismäßig beschränken.

386 Vgl. *Blinda*, Altersbezogene Regelungen in Sozialplänen, 106; *Thüsing* in: Säcker/Rixecker, MüKo BGB AT, AGG, § 3 AGG Rn. 45.

greift Art. 6 Abs. 1 RL sowohl für die mittelbare als auch die unmittelbare Diskriminierung, was unter Berücksichtigung des Umstands, dass die unmittelbare Diskriminierung eigentlich nicht gerechtfertigt werden könne und nur bei Ausnahmen (z. B. Art. 4 Abs. 1 RL) zulässig sein soll, verwunderlich erscheint.[387] Der Grund für die Rechtfertigung auch unmittelbarer Diskriminierungen liegt in dem schrankenlosen persönlichen Anwendungsbereich der RL.[388] In diesem Zusammenhang wird auf die Besonderheiten des Merkmals „Alter" hingewiesen, wonach jeder ein Alter habe und es daher keine eindeutig Begünstigten oder Belasteten gebe, so dass die Differenzierungsleistung selbst bei der unmittelbaren Diskriminierung als gering einzustufen sei.[389]

Aus der faktischen Identität des Wortlauts „angemessen und erforderlich" wird der Schluss gezogen, dass eine unmittelbare Diskriminierung nach Art. 6 Abs. 1 RL nur gerechtfertigt werden könne, wenn sie würde man an ein anderes Merkmal als das des Alters anknüpfen eine gerechtfertigte mittelbare Diskriminierung darstellen würde.[390] Demgegenüber werde eine solche Schlussfolgerung abgelehnt, da eine mittelbare Ungleichbehandlung von geringerer Intensität als die unmittelbare Diskriminierung sei, wobei dennoch bei der unmittelbaren Diskriminierung derselbe Prüfungsmaßstab wie bei der mittelbaren Diskriminierung gelte.[391]

Die in Art. 6 Abs. 1 UA 2 lit. a) bis c) RL enthaltenen Fallkonstellationen, welche sich auf Art. 6 Abs. 1 UA 2 RL beziehen („derartige Ungleichbehandlungen") und daher dessen Verhältnismäßigkeitsvoraussetzungen erfüllen müssen, sind lediglich beispielhaft („insbesondere") zur Rechtfertigung einer Diskriminierung

---

387 *Blinda,* Altersbezogene Regelungen in Sozialplänen, 106. In diesem Sinne wohl auch *Ellis*, EU Anti-Discrimination Law, 295, die von „disturbing" spricht. A.A. *Mohr*, Diskriminierungen im Europäischen Arbeitsrecht, 352, der die Möglichkeit der Rechtfertigung unmittelbarer Diskriminierungen durch Art. 4 und 6 RL bejaht. In der Entstehung des Art. 6 Abs. 1 RL wurde die zunächst vorhandene Formulierung „unmittelbare Diskriminierung" durch das beide Formen umfassende Wort „Diskriminierung" ersetzt. Vgl. dazu *Blinda*, Altersbezogene Regelungen in Sozialplänen, 72.

388 *Schlachter* in: Richardi/Reichold, GS Blomeyer, 355 (366 f.). Schlachter weist zutreffend darauf hin, dass bei dem Diskriminierungsmerkmal „Alter" im Gegensatz zum Geschlecht gerade die Besonderheit bestehe, dass es keine eindeutig begünstigte und keine eindeutig belastete Gruppe gebe, da jeder irgendein Alter vorzuweisen hat. Außerdem verzichte die RL darauf, sich auf bestimmte Altersstufen festzulegen. Vgl. zur Möglichkeit der Rechtfertigung einer unmittelbaren Altersdiskriminierung durch Art. 6 Abs. 1 RL 2000/78/EG auch *Schmidt/Senne*, RdA 2002, 80 (85).

389 Vgl. *Lingscheid*, Antidiskriminierung, 209.

390 Siehe *Thüsing* in: Säcker/Rixecker, MüKo BGB AT, AGG, § 10 AGG Rn. 10.

391 So auch *von Medem*, Kündigungsschutz und Allgemeines Gleichbehandlungsgesetz, 305.

aufgrund des Alters aufgezählt.[392] Danach können bestimmte Bedingungen für den Zugang zur Beschäftigung und zur beruflichen Bildung sowie besondere Arbeits- und Beschäftigungsbedingungen, einschließlich Bedingungen für die Entlohnung und Entlassung festgelegt werden, um die berufliche Eingliederung älterer Arbeitnehmer zu fördern [Art. 6 Abs. 1 UA 2 lit. a) RL]. Hierbei handelt es sich um Fälle positiver Diskriminierung, die sich nachteilig auf andere Arbeitnehmer auswirken können.[393] Diese Fälle kommen dem Rentner im Nebenerwerb zugute, da zu seinem Schutz positive Maßnahmen ergriffen werden können.

Gemäß Art. 6 Abs. 1 UA 2 lit. b) RL könnten Mindestanforderungen an das Alter, die Berufserfahrung oder das Dienstalter u.a. beim Zugang zur Beschäftigung gestellt werden. Als Beispiel dient hier das Amt des Bundespräsidenten, welches erst ab einem Alter von 40 Jahren ausgeübt werden kann.[394] Begründet wird dies damit, dass dieses Amt Lebenserfahrung und persönliche Reife voraussetzt.[395] Dieser Rechtfertigungsgrund ist für den Rentner im Nebenerwerb von Vorteil,

---

392 Vgl. *Groß*, Rechtfertigung einer Altersdiskriminierung, 71; *Mohr*, SAE 2007, 16 (19). Vgl. zur beispielhaften Aufzählung in Art. 6 Abs. 1 UA 2 lit. a) bis c) Vorschlag für eine RL des Rates zur Festlegung eines allgemeinen Rahmens für die Verwirklichung der Gleichbehandlung in Beschäftigung und Beruf, KOM (1999), 565 endg., 12; *Thüsing*, NZA 2001, 1061 (1063).

393 *Linsenmaier*, RdA 2003, Sonderbeilage Heft 5, 22 (26). Diese Annahme setzt jedoch voraus, dass die Förderung bzw. der Schutz nicht durch Absenkung des Bestandsschutzes erreicht wird. Vgl. *Temming*, Altersdiskriminierung im Arbeitsleben, 471. A.A. *Thüsing*, NZA 2001, 1061 (1064). Thüsing misst die Zulässigkeit von Diskriminierungen wegen des Alters zur Sicherstellung des Schutzes von älteren Arbeitnehmern als positive Maßnahme ausschließlich an der Vorschrift des Art. 7 RL.

394 Vgl. Art. 54 Abs. 1 S. 2 GG.

395 *Hahn*, Altersdiskriminierung, 124 f. Fn. 545. Vgl. auch *Hümmerich/Boecken/Düwell*, Anwaltkommentar Arbeitsrecht, § 10 AGG Rn. 18, der davon spricht, dass 40 Jahre Mindestalter für die Reife und Lebenserfahrung für das Amt des Bundespräsidenten ausreichen. Siehe auch *Fritz* in: Bonner GG Kommentar, Art. 54 GG Rn. 148; *Fink* in: Mangoldt/Klein/Starck, Art. 54 Abs. 1 GG Rn. 22. Diese weisen darauf hin, dass das Mindestalter noch von 35 Jahre in Art. 41 S. 2 der Weimarer Reichsverfassung auf 40 Jahre erhöht wurde. Insoweit gingen die Väter des Grundgesetzes selbst davon aus, dass ein gewisses Alter für das Amt des Bundespräsidenten unabkömmlich sei. Vgl. auch *Hümmerich/Boecken/Düwell*, Anwaltkommentar Arbeitsrecht, Band 1, § 10 AGG Rn. 18, der davon spricht, dass 40 Jahre Mindestalter für die Reife für das Amt des Bundespräsidenten ausreichen. Vgl. zur Wählbarkeit des Bundespräsidenten im deutschen und österreichischen Recht ausführlich *Mehlhorn*, Bundespräsident, 93, 333.

da bei diesem i. d. R. Berufserfahrung aufgrund der langjährigen Arbeitstätigkeit vorauszusetzen ist.

Hingegen ermöglicht Art. 6 Abs. 1 UA 2 lit. c) RL die Festsetzung von Höchstaltersgrenzen für die Einstellung[396] aufgrund der Notwendigkeit einer angemessenen Beschäftigungszeit vor dem Eintritt in den Ruhestand oder spezifischer Ausbildungsanforderungen eines bestimmten Arbeitsplatzes. Hierbei wird dies vielfach dahingehend einschränkend verstanden, dass Art. 6 Abs. 1 UA 2 lit. c) Alt. 1 RL die Höchstaltersgrenzen für den Eintritt in die Laufbahnen des öffentlichen Dienstes für zulässig erachte.[397] Diese Vorschrift geht somit eindeutig zu Lasten des Rentners im Nebenerwerb und des arbeitsuchenden Rentners, die bereits die Regelaltersgrenze überschritten haben. Sie werden dadurch dauerhaft von Beschäftigungsmöglichkeiten ausgeschlossen, die Höchstaltersgrenzen vorsehen. Problematisch ist, dass oft fundierte gerontologische Erhebungen darüber fehlen, ob ein Rentner im Nebenerwerb die Ausbildungs- oder Arbeitsplatzanforderungen erfülle, so dass ein sachlicher Grund nicht nachvollziehbar und plausibel vorgetragen werden könne.[398]

Im Sozialrecht kann eine Diskriminierung aufgrund des Alters insb., wenn es um den Erwerb des Leistungsanspruchs, den Beginn oder die Beendigung der Versicherungspflicht, die Leistungsdauer, die Höhe der Leistung oder den Zugang zur selbstständigen Erwerbstätigkeit geht, gerechtfertigt werden.[399] Der Rentner im Nebenerwerb, der die Regelaltersgrenze nach einer abhängigen Beschäftigung erreicht hat, wird i. d. R. auf eine langjährige Versicherungsbiographie zurückgreifen können, womit Diskriminierungen in diesem Bereich eher selten sein dürften.

Der EuGH hat entschieden, dass selbst, wenn das Ziel nicht genau in dem nationalen Rechtsakt angegeben wurde, eine Rechtfertigung nach Art. 6 Abs. 1 RL in Betracht komme, wenn andere, aus dem allgemeinen Kontext der betreffenden Maßnahme abgeleitete Anhaltspunkte zur Zielfeststellung herangezogen werden

---

396 Vgl. zur rechtlichen Europarechtswidrigkeit der in den deutschen Bundesländern noch vorhandenen Höchstaltersgrenzen für die Einstellung von Beamten, ohne das an diese hohe körperliche Anforderungen gestellt werden, *Kühling/Bertelsmann*, NVwZ 2010, 87 (93 f.). Vgl. auch *Rombach, NVwZ* 2010, 102 (103 f.); *Poguntke*, DÖV 2011, 561 (567 f.).

397 Vgl. *Hahn*, Altersdiskriminierung, 129.

398 *Nußberger*, JZ 2002, 524 (532); *Kummer*, Umsetzungsanforderungen der neuen arbeitsrechtlichen Antidiskriminierungsrichtlinie, 59.

399 *Husmann*, ZESAR 2007, 58 (60).

können.[400] Auch in der Folgezeit hat der EuGH den Mitgliedstaaten zugestanden, dass eine mitgliedstaatliche Regelung die Ziele nicht genau aufzählen müsse.[401]

---

400 In der Rechtssache Palacios v. 16.10.2007 hatte der EuGH dem Kontext entnommen, dass die tarifvertragliche Regelung, die eine automatische Beendigung des Arbeitsverhältnisses vorsah, wenn der Arbeitnehmer das 65. Lebensjahr vollendet und einen Anspruch auf eine Altersrente erworben hatte, darauf abzielte, den nationalen Arbeitsmarkt zu regulieren, um unter anderem die Arbeitslosigkeit einzudämmen. Diese Erwägung sah der EuGH als legitimes Ziel i. S. des Art. 6 Abs. 1 RL an. Außerdem räumt der EuGH den Mitgliedstaaten bei der Findung des legitimen Ziels einen ausgesprochen weiten Ermessensspielraum ein. Vgl. dazu EuGH Rs. C-411/05 (Palacios) Slg. 2007 I-8531, I-8592 Rz. 68; EuZW 2007, 762 (762). Vgl. ebenfalls *Sagan*, EuZW 2007, 765 (766). Vgl. auch *Colneric*, NZA 2008, Beilage zu Heft 2, 66 (72); *Epiney*, NVwZ 2008, 736 (740 Fn. 34). Siehe auch *Thüsing*, RdA 2008, 51 (51). Thüsing setzt auf Seite 52 die Rechtssache Palacios in Beziehung zur Rechtssache Mangold und führt an, dass die Rs. Palacios keine Bestätigung aber auch keine Abkehr von Mangold darstelle. Beide Rechtssachen betreffen nach Thüsing zwei unterschiedliche Regelungsebenen. Bei Mangold gehe es um eine Ungleichbehandlung seitens des nationalen Gesetzgebers, der bei der Umsetzung europäischen Rechts diskriminierte, wohingegen bei Palacios der Arbeitgeber ungleich behandelt habe, was durch ein spanisches Gesetz erlaubt war, das jedoch nicht in der Umsetzung europäischen Rechts geschaffen wurde. Bei Mangold konnte der allgemeine Gleichbehandlungsgrundsatz herangezogen werden und der EuGH selbst über eine mögliche Rechtfertigung befinden, wohingegen bei Palacios demgegenüber nur die RL selbst als Maßstab dienen und daher das nationale Gericht über eine mögliche Rechtfertigung entscheidungsbefugt sein sollte. A.A. *Sagan*, EuZW 2007, 765 (766). Sagan geht davon aus, dass Palacios gezeigt habe, dass nach dem EuGH das Verbot der Altersdiskriminierung keinen über die RL 2000/78/EG hinausgehenden Gehalt enthalte. Dies bedeutet, dass auch die weitreichenden Rechtfertigungsmöglichkeiten der RL beim unionsrechtlichen Verbot der Altersdiskriminierung greifen, womit eine erhebliche „Verengung der tatbestandlichen Voraussetzungen des ‚Mangold-Durchgriffs'" gegeben sei. Vgl. zur Entnahme von Zielen aus dem Kontext auch EuGH Urt. v. 18.11.2010 Rs. C-250, 268/09 (Georgiev) NZA 2011, 29 (31 Rn. 40).

401 EuGH Urt. v. 05.03.2009 Rs. C-388/07 (Age Concern England) Slg. 2009, I-1569, I-1618 Rn. 44 ff. Diese Rechtsprechung hat der EuGH auch in einer aktuellen Entscheidung wieder bestätigt. So hat der EuGH in der Rs. C-141/11 v. 05.07.2012 (Hörnfeldt/Posten Meddelande) entschieden, dass auch eine schwedische Altersgrenze von 67 Jahren nach Art. 6 Abs. 1 RL 2000/78/EG gerechtfertigt sein könne, wenn sie weder ihr Ziel noch den ihr zugrunde liegenden Zweck erkennen lässt. Der EuGH führte hier an, dass eine genaue Benennung des Ziels nicht erforderlich sei. Vielmehr erleichtere die Altersgrenze den Zugang jüngerer Menschen zum Arbeitsmarkt, was durchaus ein legitimes Ziel der Beschäftigungspolitik darstelle. Vgl. dazu EuGH, ZESAR 2013, 125 (125, 127). Vgl. dazu auch *Junker*, RIW 2013, 1 (4).

Dennoch wird dem nationalen Gesetzgeber empfohlen, den Zweck der Altersdiskriminierung immer ausdrücklich festzulegen.[402]

Nach Art. 6 Abs. 1 UA 1 RL ist eine Diskriminierung nicht gegeben, wenn die Ungleichbehandlung „objektiv und angemessen" sowie durch ein legitimes Ziel des nationalen Rechts gerechtfertigt ist und die Mittel zur Erreichung des Ziels „angemessen und erforderlich" sind. Es ist jedoch unklar, was genau darunter zu verstehen ist bzw. welche Rechtfertigungselemente Art. 6 Abs. 1 RL enthält. Die RL definiert diese Begriffe nicht. Insgesamt ist unklar wie Diskriminierungen wegen des Alters zu rechtfertigen sind. Denkbar ist dabei zunächst eine reine Willkürkontrolle vorzunehmen. Das leicht erfüllte Willkürverbot verlangt, dass irgendein sachlicher Grund bzw. die von den Verträgen anerkannten, legitimen Ziele für eine Diskriminierung vorliegen.[403] Die Spannweite kann aber bis zur strengen Verhältnismäßigkeitsprüfung (Geeignetheit, Erforderlichkeit und Angemessenheit) gehen, wobei dann dem

---

Im Verfahren Hörnfeldt ging es um eine nationale Regelung, bei der der gesetzliche Kündigungsschutz mit Vollendung des 67. Lebensjahrs automatisch weggefallen ist. Ohne anderslautende Vereinbarung zwischen Arbeitgeber und Arbeitnehmer endet dann das Arbeitsverhältnis ohne Kündigung. Problematisch an der Regelung ist, dass sie unabhängig davon greift, ob der Arbeitnehmer ab dem 67. Lebensjahr einen finanziellen Ausgleich in Gestalt einer Altersrente erhält oder nicht. Der EuGH berücksichtigt diesen Umstand nicht, sondern lässt es genügen, dass die Altersgrenze der Förderung der Einstellung jüngerer Arbeitnehmer diene. Deshalb zieht Wachter Bilanz, dass das Verbot der Altersdiskriminierung durch diese Rechtsprechung schon wenige Jahre nach der Schaffung „zu Grabe getragen" werde. Vgl. *Wachter*, ZESAR 2013, 129 (129, 131 f.). Demgegenüber wenden *Bauer/von Medem*, NZA 2012, 945 (947) ein, dass der EuGH richtig entschieden habe, denn der Arbeitgeber sei für die Erwerbsbiographie des Arbeitnehmers nicht verantwortlich. Müsse der Arbeitgeber eine ausreichende Absicherung berücksichtigen, wäre eine „vorausschauende Personalplanung" unmöglich.

402 Vgl. *Röbke*, EuZW 2010, 145 (146). Dieser bezieht sich in diesem Zusammenhang insb. auf das Urt. des EuGH v. 12.01.2010 Rs. C-341/08 (Petersen) EuZW 2010, 137 ff. indem der Regelungszweck der nationalen Regelung unklar war. In der Rechtssache Petersen entschied der EuGH, dass eine nationale Regelung, die eine Höchstaltersgrenze von 68 Jahren für Kassenzahnärzte vorsieht, dann nicht gegen Art. 6 Abs. 1 RL verstoße, wenn ihr Ziel die Verteilung der Berufschancen zwischen den Generationen ist und dieses Ziel unter Berücksichtigung des konkreten Arbeitsmarkts „angemessen und erforderlich" sei. Vgl. EuZW 2010, 137 (137).

403 *Wollenweber*, Diskriminierungsverbote, 130 f. Vgl. auch *Kingreen* in: Ehlers, Europäische Grundrechte und Grundfreiheiten § 17 IV 1 Rn. 21. Dieser favorisiert bei dem Diskriminierungsmerkmal Alter ein Willkürverbot, da er hier eine Rechtfertigung durch sachliche Gründe als nahe liegend ansieht.

mitgliedstaatlichen Gesetzgeber keine weite Einschätzungsprärogative zukommt (wie beim Willkürverbot), sondern er in seiner Gesetzgebung viel stärker beschränkt ist.[404] Dies gelte schon deshalb, weil es sich bei dem primärrechtlichen Altersdiskriminierungsverbot um ein besonderes grundrechtliches Diskriminierungsverbot handele, welches einen „menschenrechtlichen Kernbereich" beträfe, da es an höchstpersönlichen Eigenschaften des Menschen anknüpfe, was wiederum zur Folge habe, dass dieses im Vergleich zum allgemeinen Gleichheitssatz eine Gleichstellung der benachteiligten mit der bevorzugten Gruppe und somit „Anpassung nach oben" zulasse und gleichzeitig strengeren Rechtfertigungsvoraussetzungen unterworfen sein müsse.[405]

Zu prüfen ist im Folgenden, welcher Rechtfertigungsmaßstab bei Art. 6 RL angelegt werden sollte. Die Formulierung „objektiv und angemessen" in Art. 6 Abs. 1 RL beziehe sich lediglich auf die Legitimität des mit der Maßnahme verfolgten Ziels und habe keine eigenständige Bedeutung, wohingegen „angemessen und erforderlich" gemeinhin dahingehend verstanden werde, dass eine vollständige strenge Verhältnismäßigkeitsprüfung durchzuführen sei.[406] Demgegenüber wird

---

404 Vgl. zu den Beschränkungsmöglichkeiten im Einzelnen *Wollenweber*, Diskriminierungsverbote, 132. Vgl. auch *Uffmann*, SAE 2013, 1 (4), die anführt, dass es nicht die Verhältnismäßigkeitsprüfung gebe, sondern unterschiedliche strenge Prüfungen von Seiten des EuGH, dessen Maßstäbe bei der Rechtfertigung einer Altersdiskriminierung durchaus unterschiedlich seien. Vgl. auch *Kaiser*, Altersdiskriminierungsschutz, 71 f., die auch davon ausgeht, dass eine strenge Verhältnismäßigkeitsprüfung im engeren Sinne durchzuführen sei.

405 Vgl. *Kaisers*, Altersdiskriminierungsschutz, 76, 236.

406 EuGH Schlussanträge des GA Mazák v. 23.09.2008 Rs. C-388/07 (Age Concern) I-1573, I-1594 Rn. 79. So auch *Blinda*, Altersbezogene Regelungen in Sozialplänen, 132, 134. Vgl. *von Medem*, Kündigungsschutz und Allgemeines Gleichbehandlungsgesetz, 617 ff., der bei der Verhältnismäßigkeit von Unkündbarkeitsregelungen des nationalen Rechts, welche die diesen unterliegenden Arbeitnehmer generell von der Sozialauswahl des KSchG ausnehmen, die Geeignetheit, Erforderlichkeit und Angemessenheit durchprüft. Er hält dabei solche Unkündbarkeitsklauseln für zulässig, die neben dem Lebensalter an die Dauer der Betriebszugehörigkeit anknüpfen, wobei auf letzterem Merkmal der Schwerpunkt liegen müsse. Ebenso *Wollenweber*, Diskriminierungsverbote, 134. Dieser geht bei der Verwendung des Worts „objektiv" in Bezug auf eine Ungleichbehandlung davon aus, dass es sich dann immer um einen sachlichen Grund bzw. ein legitimes Ziel handele. A.A. *Husmann*, NZA 2008, Beilage zu Heft 2, 94 (99); *Meinel/Heyn/Herms*, AGG, § 10 Rn. 17. Diese messen zwar dem Merkmal „angemessen" keine Bedeutung bei, definieren demgegenüber aber „objektiv" eigenständig und sehen eine Ungleichbehandlung als „objektiv" an, wenn sie nicht an subjektive, willkürliche Elemente anknüpfe. Vgl. auch *Voigt* in: Schleusener/Suckow/Voigt, AGG, § 10 Rn. 21

eingewendet, dass entgegen der Fassung des Art. 6 Abs. 1 UA 1 RL, welcher fordert, dass die Mittel zur Erreichung des Ziels auch „angemessen“ sein müssen, eine solche Angemessenheit nicht gefordert werden könne, sondern eine Verhältnismäßigkeitsprüfung i. w. S. vorzunehmen sei, die geringere Anforderungen stelle, wofür die englische und französische Textfassung des Art. 6 Abs. 1 UA 1 RL anzuführen seien.[407] Daneben deuten die Ziel-Mittel-Relation und das Adjektiv „erforderlich“ darauf hin, dass eine Verhältnismäßigkeitsprüfung vorzunehmen und deshalb „angemessen“ i. S. von „geeignet“ zu interpretieren sei.[408] Im Anschluss daran wird geprüft, ob der Einsatz des Mittels erforderlich ist, also es sich um das mildeste Mittel handelt.[409] Dies würde nur eine eingeschränkte bzw. gemäßigte[410] Verhältnismäßigkeitsprüfung (beschränkt auf Geeignetheit und Erforderlichkeit) bedeuten. Kritisiert wird an der Anwendung des Willkürverbots und der gemäßigten Verhältnismäßigkeitsprüfung, dass die zurückhaltende Kontrolldichte den Anforderungen von Art. 52 Abs. 3 der Charta der Grundrechte widerspricht. Art. 52 Abs. 3 Grundrechtecharta verlange den „Gleichlauf paralleler Verbürgerungen“ in der Grundrechtecharta und der EMRK, was bedeute, dass die intensive Kontrolldichte des EGMR auch für die Grundrechtecharta gelten müsse, der eine bloße „Vertretbarkeitskontrolle“ ablehnt und die nationalen Gerichte verpflichtet, eine substantielle Verhältnismäßigkeitskontrolle vorzunehmen.[411] Letztlich entscheidet der EuGH über den Prüfungsmaßstab der Verhältnismäßigkeit im konkreten Einzelfall.[412]

---

407 *Husmann*, NZA 2008, Beilage zu Heft 2, 94 (97, 99). Dies gelte, soweit die Ungleichbehandlungen objektiv und „angemessen“ sein müssen von „reasonably“/„raisonnablement“ spricht, was sich mit „vernünftigem“ Ziel übersetzen lasse, wohingegen sie im Rahmen der Mittel-Ziel-Relation neben „necessary“/„nécessaires“ die Ausdrücke „appropriate“/„appropriés“ verwendet. Diese lassen sich sowohl mit „angemessen“ als auch mit „geeignet“ übersetzen.

408 *Husmann*, ZESAR 2007, 58 (60).

409 *Blinda*, Altersbezogene Regelungen in Sozialplänen, 134; *Meinel/Heyn/Herms*, AGG, § 10 Rn. 20. So auch *Müller*, Alter und Recht, 220, der ebenfalls davon ausgeht, dass Art. 6 Abs. 1 RL nur die Erforderlichkeitsprüfung verlange, da er im Zusammenhang mit der Anforderung „angemessen und erforderlich“ anführt, dass das Ziel nicht durch ein milderes aber gleich wirksames Mittel erreichbar sein dürfe.

410 *Husmann*, NZA 2008, Beilage zu Heft 2, 94 (97, 99). Husmann spricht bei Prüfung lediglich der Geeignetheit und Erforderlichkeit einer Maßnahme von „Verhältnismäßigkeit i. w. S.“.

411 Vgl. dazu ausführlich *Weiß*, EuZW 2013, 287 (290).

412 *Temming*, Altersdiskriminierung im Arbeitsleben, 506. Vgl. zur Prüfung der Verhältnismäßigkeit des EuGH in Bezug auf den allgemeinen Gleichheitssatz *Damm*, Dimensionen grundrechtlichen Gleichheitsschutzes, 362 ff.

Der EuGH hat in der Rechtssache *Mangold* geprüft, ob das Ziel geeignet und erforderlich ist.[413] Darüber hinaus hielt er die nationale Rechtsvorschrift, die es erlaubte allen Arbeitnehmern ab dem 52. Lebensjahr sachgrundlos befristete Arbeitsverträge anzubieten für unangemessen, weil sie über das zur Erreichung des Ziels angemessene und erforderliche hinausginge und der Grundsatz der Verhältnismäßigkeit nur gewahrt sei, wenn „bei Ausnahmen von einem Individualrecht die Erfordernisse des Gleichbehandlungsgrundsatzes so weit wie möglich mit denen des angestrebten Zieles in Einklang gebracht werden müssen."[414] Unklar ist, ob der EuGH in der *Mangold*-Entscheidung seine Verhältnismäßigkeitsprüfung an der Geeignetheit, Erforderlichkeit oder Angemessenheit hat scheitern lassen.[415] Überwiegend wird vertreten, dass der EuGH bei Mangold im Zuge der Anwendung der schematischen Prüfung der Verhältnismäßigkeit die Maßnahme an der Erforderlichkeit scheitern ließ, da pauschale Altersgrenzen durch

---

413 Der EuGH verlangt, dass die Festlegung der Altersgrenze zur Erreichung des Ziels der beruflichen Eingliederung arbeitsloser älterer Arbeitnehmer „objektiv erforderlich ist" und über das hinausgeht, was zur Erreichung des verfolgten Ziels „angemessen und erforderlich ist". Die Anordnung des Worts angemessen vor dem Wort erforderlich, spreche dafür, dass der EuGH lediglich prüft, ob das Ziel geeignet und erforderlich sei. Vgl. EuGH Rs. C-144/04 (Mangold) Slg. 2005, I-9981, I-10037 Rn. 65. Einen Überblick über die Kritik zum Mangold Urt. des EuGH liefert *Polloczek*, Altersdiskriminierung, 149 ff. Insbesondere wird an Mangold kritisiert, dass der EuGH hier nur unzureichend die Unions- und mitgliedstaatlichen Interessen gegeneinander abgewägt und ohne eine Bindung an die Rechtsordnungen der Mitgliedstaaten den unionsrechtlichen allgemeinen Rechtsgrundsatz des Verbots der Altersdiskriminierung angenommen habe. Vgl. dazu im Speziellen zur Kritik *Schwarze*, EuR 2013, 253 (261). Auch prüfte der EuGH in Rs. C-555/07 (Kücükdeveci) EuR 2010, 791 (798 Rn. 40 ff.) die Geeignetheit (im Urt. „Angemessenheit") der Maßnahme. Er urteilte, dass eine Regelung, wonach bei der Berechnung der verlängerten Kündigungsfristen Beschäftigungszeiten, die vor der Vollendung des 25. Lebensjahres liegen, keine Berücksichtigung finden (§ 622 Abs. 2 S. 2 BGB), nicht geeignet sei, das Ziel, den Schutz der Arbeitnehmer entsprechend der Dauer der Betriebszugehörigkeit zu verstärken, zu erreichen. Der § 622 Abs. 2 S. 2 BGB wurde daher vom EuGH wegen Verstoßes gegen das primärrechtliche Verbot der Altersdiskriminierung für unanwendbar erklärt. Vgl. auch *Bauer/von Medem*, ZIP 2010, 449 (450, 456).

414 EuGH Rs. C-144/04 (Mangold) Slg. 2005, I-9981, I-10037 Rn. 65; NZA 2005, 1345 (1347 Rn. 65). Vgl. auch *Riesenhuber* in: Bokum/Flanagan/Sands/Steinau-Steinrück, Age Discrimination, xxxix. Vgl. zur Europarechtswidrigkeit der Nachfolgeregelung des § 14 Abs. 3 S. 1, 4 TzBfG n.F., *Groß*, Rechtfertigung einer Altersdiskriminierung, 151 f.

415 *Mohr*, SAE 2007, 16 (21).

Berücksichtigung individueller Belange vermeidbar seien und somit pauschale Altersgrenzen nicht das mildeste Mittel zur Beschäftigungsförderung langzeitarbeitsloser Arbeitnehmer wären, vielmehr könnte z. B. an die Dauer der Langzeitarbeitslosigkeit angeknüpft werden.[416] Danach würde nur eine eingeschränkte Verhältnismäßigkeitsprüfung stattgefunden haben. Die nationale Regelung hätte zur Konsequenz, dass ältere Arbeitnehmer für den Rest des Erwerbslebens von festen Beschäftigungsverhältnissen allein wegen des Alters ausgeschlossen seien, ohne dass die Struktur des jeweiligen Arbeitsmarkts und individuelle Belange berücksichtigt würden.[417] Danach lässt sich aber auch überzeugend vertreten, dass der EuGH eine Verhältnismäßigkeitsprüfung im engeren Sinne vornehme, da er abwägt, zwischen dem Nutzen der Maßnahme für die Allgemeinheit und der Einschränkung geschützter Individualrechtspositionen oder aber eine „Zumutbarkeitsprüfung" anstellt, bei der er untersucht, ob das gefundene Ergebnis nach eingehender Würdigung der Interessenlage zu billigen sei.[418] Somit prüft der EuGH letztlich, ob eine Maßnahme zur Erreichung eines bestimmten legitimen Ziels geeignet, erforderlich und angemessen ist, auch wenn er diese Tatbestandsmerkmale nicht im Einzelnen strikt nacheinander durchprüft, sondern vielmehr in einer „Gesamtschau" das Interesse der Allgemeinheit mit dem gegenüberstehenden Interesse des Individuums abwägt.[419] Danach hätte der EuGH einen strengen Maßstab für die Verhältnismäßigkeitsprüfung angelegt. Kritisiert wird an der *Mangold*-Entscheidung, dass der EuGH durch seine strenge Verhältnismäßigkeitsprüfung die Einschätzungsprärogative der Mitgliedstaaten unterlaufen habe.[420]

---

416 EuGH Rs. C-144/04 (Mangold) Slg. 2005, I-9981, I-10037 Rn. 65. Vgl. zum Vorschlag der Anknüpfung an das Kriterium der Langzeitarbeitslosigkeit *Groß*, Rechtfertigung einer Altersdiskriminierung, 165. Vgl. auch *Mohr*, SAE 2007, 16 (24).

417 EuGH Rs. C-144/04 (Mangold) Slg. 2005, I-9981, I-10037 Rn. 65.

418 *Kischel*, EuR 2000, 380 (384); *Wendeling-Schröder*, NZA 2007, 1399 (1401); *Blinda*, Altersbezogene Regelungen in Sozialplänen, 134.

419 Vgl. auch *Groß*, Rechtfertigung einer Altersdiskriminierung, 57 f. So im Ergebnis auch *Müller*, Alter und Recht, 158. Dieser entnimmt der Rechtsprechung des EuGH für den Rechtfertigungsmaßstab ebenfalls, dass eine mit der Ungleichbehandlung wegen des Alters verfolgte Zielsetzung erkennbar sein müsse, wobei sich das Ziel auch aus dem Kontext ergeben könne und das Ziel gerichtlich auf seine Erforderlichkeit sowie Angemessenheit zu überprüfen sei. Darüber hinaus räume der EuGH den Mitgliedstaaten noch eine große Einschätzungsprärogative ein.

420 *Mohr*, SAE 2007, 16 (19).

Generell kann aber nicht pauschal davon ausgegangen werden, dass der EuGH bei seiner Rechtsprechung im Hinblick auf die Rechtfertigung von Diskriminierungen stets die Voraussetzungen der strengen Verhältnismäßigkeitsprüfung stringent abarbeitet, sondern es ist davon auszugehen, dass er von Fall zu Fall entscheidet, ob er einen sachlichen Grund und somit eine „Willkürkontrolle" vornimmt oder mehr oder weniger streng die Maßstäbe der „Verhältnismäßigkeitsprüfung" anlegt.[421] Dies werden die folgenden Rechtssachen belegen.

In der Palacios-Entscheidung nimmt der EuGH grundsätzlich eine zweistufige Prüfung vor. So soll eine Maßnahme zulässig sein, auch wenn sie auf das Alter abstellt, wenn sie objektiv und angemessen ist und durch ein legitimes Ziel im nationalen Recht, das in Beziehung zur Beschäftigungspolitik und zum Arbeitsmarkt stehe, gerechtfertigt ist und die Mittel zur Erreichung des Ziels angemessen und erforderlich seien.[422] Als Ziele kommen dabei wirtschaftliche, politische, soziale, demographische und/oder haushaltsbezogene Erwägungen in Betracht.[423] Trotz dieser Vorgaben hat der EuGH pauschal die Verhältnismäßigkeit einer nationalen gesetzlichen Regelung bejaht, die die Festsetzung des Rentenalters aufgrund einer gesetzlichen Ermächtigung den Tarifvertragsparteien überließ, ohne in eine dezidierte Prüfung der Geeignetheit und Erforderlichkeit einzusteigen.[424] Er hielt es für ausreichend, dass die Regelung auf

---

421 Vgl. zur Rechtfertigungsprüfung durch den EuGH allgemein *Wollenweber*, Diskriminierungsverbote, 133 ff.

422 Vgl. dazu EuGH Rs. C-411/05 (Palacios) Slg. 2007 I-8531, I-8594 Rn. 77.

423 Vgl. dazu EuGH Rs. C-411/05 (Palacios) Slg. 2007 I-8531, I-8592 Rn. 69.

424 Vielmehr stellt der EuGH lediglich allgemein fest, dass die Annahme der Stellen eines Mitgliedstaats, dass eine Maßnahme wie die im Ausgangsverfahren in Rede stehende angemessen und erforderlich sein kann, um im Rahmen der nationalen Beschäftigungspolitik angeführte legitime Ziele zu erreichen „nicht unvernünftig" erscheine. Vgl. EuGH, EuZW 2007, 762 (765). Vgl. auch *Bauschke,* öAT 2011, 9 (9), der die Palacios-Entscheidung allgemein als Aufgeben der harten Konsequenzen aus Mangold ansehe. Im Ergebnis auch *Preis,* NZA 2010, 1323 (1324), der die äußerst strenge Verhältnismäßigkeitsprüfung der Entscheidung Mangold in der Entscheidung Palacios nicht wiederfinde. Nach Preis nähere der EuGH sich hinsichtlich seines Prüfungsmaßstabs einer Willkürprüfung an, so dass letztlich nach dem Urt. Palacios nahezu jede arbeitsmarktpolitische Erwägung die Regelaltersgrenzen rechtfertigen könne. Vgl. zur allgemeinen Willkürkontrolle durch den EuGH *Damm*, Dimensionen grundrechtlichen Gleichheitsschutzes, 353 ff. Damm sieht nach der Rechtsprechung des EuGH zur Willkürformel den grundrechtlichen Gleichheitssatz nur dann als verletzt an, wenn für die Ungleichbehandlung keine objektiven Gründe bestehen und das Fehlen der objektiven Gründe offensichtlich sei. *Damm*, ebda., 357. Dabei entspreche die Prüfung des Willkürverbots der Prüfung

die Gewährleistung von Chancen Arbeitsplatzsuchender, die Erhöhung der Beschäftigungsquote jüngerer Arbeitnehmer abziele und dadurch die Lebensarbeitszeit eines Arbeitnehmers aufgrund der begrenzten Anzahl von zur Verfügung stehenden Arbeitsplätzen durch die Altersgrenzenregelung gezielt begrenzt werden sollte. Der EuGH betonte den weiten Ermessensspielraum der Mitgliedstaaten bei der Wahl der Mittel, um die Arbeits- und Sozialpolitik zu fördern.[425] Hintergrund für die Einschätzungsprärogative ist, dass sich meistens erst nach dem Ablauf einer bestimmten Zeitspanne zeigt, ob eine mitgliedstaatliche Regelung effektiv und verhältnismäßig ist.[426] Die Regelung sei nicht „unvernünftig" zur Zielerreichung. Die Altersgrenze von 65 Jahren für das Ende des Arbeitsverhältnisses sei aber nur gerechtfertigt, wenn ein „angemessener" finanzieller Ausgleich in Gestalt eines Anspruchs auf eine Regelaltersrente bestehe.[427] Fraglich ist, ob diese Erwägungen des EuGH als Rechtfertigung der Beendigung der Berufstätigkeit von Rentnern im Nebenerwerb ausreichen. Das Abstellen auf den Erhalt der Regelaltersrente und damit darauf, dass die Rentner im Nebenerwerb wirtschaftlich „ausgesorgt" hätten, reicht sicher nicht aus, denn die wirtschaftliche Gestaltungsfreiheit durch den Rentenbezug kompensiert lediglich finanzielle Nachteile, die der Verlust von Arbeit mit sich bringt, ist aber nicht in der Lage den Verlust auszugleichen, der dadurch entsteht, dass einem die „Freiheit zur beruflichen Entfaltung" genommen wird.[428] Zum Teil wird angenommen, bei der Rechtssache *Palacios* hätte der EuGH die Erforderlichkeit geprüft, bei der legitime Ziele vorliegen und sich kein milderes und gleich effektives Mittel zur Zielerreichung als pauschalisierte Altersgrenzen finden lassen, so dass die gerade nicht ersetzbare Differenzierung damit auch verhältnismäßig sei.[429] Danach wäre eine gemäßigte oder eingeschränkte Verhältnismäßigkeitskontrolle erfolgt. Andere sehen in der Prüfung des EuGH den Grundsatz der Verhältnismäßigkeit hier „vollkommen aufgeweicht"[430] und nur noch einer „Vernünftigkeitskontrolle", „Willkürprüfung" bzw. „Plausibilitätskontrolle" unterworfen.[431] Danach wäre nur dem

---

der „Geeignetheit" bei der Verhältnismäßigkeitsprüfung des EuGH, denn wenn die Maßnahme geeignet sei, liege bereits ein sachlicher Grund i. S. der Willkürformel vor. Vgl. *Damm*, ebda 374.

425 EuGH Rs. C-411/05 (Palacios) Slg. 2007 I-8531, I-8589 ff. Rn. 58, 62 ff. 68.

426 *Mohr*, SAE 2007, 16 (24).

427 EuGH Rs. C-411/05 (Palacios) Slg. 2007 I-8531, I-8593 Rn. 72 f.

428 Vgl. *Schlachter* in: Richardi/Reichold, GS Blomeyer, 355 (370).

429 So *Groß*, Rechtfertigung einer Altersdiskriminierung, 165.

430 So *Temming*, Altersdiskriminierung im Arbeitsleben, 506. Im Ergebnis so auch *Preis*, NZA 2010, 1323 (1324).

431 Vgl. zur Willkürprüfung des EuGH kritisch *Müller*, Alter und Recht, 148 ff, 156. Nach Müller scheint der EuGH auf den Einzelfall bei seiner Prüfung abzustellen,

Willkürverbot genüge getan worden. Entscheidend ist für eine Abgrenzung, wie die Formulierung „nicht unvernünftig" auszulegen ist. Die Befürworter der strengen Verhältnismäßigkeitsprüfung verweisen darauf, dass der EuGH diese Formulierung im Rahmen der strengen Verhältnismäßigkeitsprüfung unter der Voraussetzung der Geeignetheit verwendet, um eine ungesicherte Tatsache (z. B. die ungewisse Entwicklung der Beschäftigungssituation des jeweiligen Arbeitsmarkts) im Rahmen der Interessenabwägung einstellen zu können, was bedinge, dass er eine zurückhaltende Formulierung zu verwenden habe. Keinesfalls ziele die Verwendung der Formulierung auf eine Schwächung des Prüfungsmaßstabs im Vergleich zu Mangold ab.[432] Demgegenüber kann angeführt werden, dass „nicht unvernünftig" sich auch als Vornahme einer bloßen Plausibilitätskontrolle durch den EuGH interpretieren lasse.[433]

In der Rechtssache *Age Concern* hat der EuGH eine nationale Regelung für zulässig erachtet, die es den Arbeitgebern erlaubte, Arbeitnehmer zu entlassen, die die Altersgrenze von 65 Jahren erreichten.[434] Er verlangte eine Verhältnismäßigkeitsprüfung[435] und stellte klar, dass die Mitgliedstaaten zwar über einen weiten Ermessensspielraum verfügen, dieser aber nicht dazu führen dürfe, dass der Grundsatz des Verbots der Altersdiskriminierung ausgehöhlt werden würde.[436]

In der Rechtssache *Petersen* hat der EuGH die Altersgrenze von 68 Jahren für Vertragsärzte hinsichtlich des Ziels der Verteilung der Berufschancen zwischen den Generationen geprüft. Er hielt die Altersgrenze, die dazu führe, dass die ältesten Zahnärzte aus dem Arbeitsmarkt ausscheiden, nicht für „unvernünftig", um die Beschäftigung jüngerer Arbeitnehmer zu begünstigen. Die Altersgrenze von 68 Jahren sei hinreichend weit fortgeschritten, um eine Beendigung zu rechtfertigen, solange wie jedenfalls die Zahl der Vertragszahnärzte auf dem betreffenden

---

wobei mangels handhabbarer Vorgabe von Kriterien die Kontrolldichte des EuGH für die Überprüfung von Sachverhalten nicht nachvollziehbar sei. Dies gelte umso mehr, da bei Palacios eine viel stärkere Altersdiskriminierung vorliege als bei Mangold, da es um den Verlust des Arbeitsplatzes ging und nicht um die bloße Zugangsmöglichkeit.

432 Siehe dazu *Kaiser*, Altersdiskriminierungsschutz, 78.

433 Vgl. zur Willkürprüfung des EuGH kritisch *Müller*, Alter und Recht, 148 ff, 156.

434 EuGH Urt. v. 05.03.2009 Rs. C-388/07 (Age Concern England) Slg. 2009, I-1569, I-1610 Rn. 20. Vgl. auch *Bauschke*, öAT 2011, 9 (9).

435 EuGH Urt. v. 05.03.2009 Rs. C-388/07 (Age Concern England) Slg. 2009, I-1569, I-1618 Rn. 44 ff.

436 EuGH Urt. v. 05.03.2009 Rs. C-388/07 (Age Concern England) Slg. 2009, I-1569, I-1619 Rn. 51.

Arbeitsmarkt erhöht sei oder eine solche Situation eintrete.[437] Hier nimmt der EuGH also wiederum eine Willkürkontrolle vor.[438]

Auch in der Rechtssache *Rosenbladt* verlangte der EuGH die zweistufige Prüfung rein formal und urteilte, dass Art. 6 Abs. 1 RL bei Erfüllung dieser Verhältnismäßigkeitsanforderungen einer nationalen Regelung nicht entgegenstehe, wonach Klauseln in Rahmentarifverträgen über die automatische Beendigung von Arbeitsverhältnissen ab Erreichen des Rentenalters zulässig seien.[439] Er nahm somit gerade keine strenge Verhältnismäßigkeitskontrolle vor.[440] Konkret ging es um einen Arbeitsvertrag, in welchem festgelegt wurde, dass entsprechend des Rahmentarifvertrags für die gewerblich Beschäftigte *Rosenbladt* in der Gebäudereinigung das Arbeitsverhältnis automatisch mit dem Ablauf des Kalendermonats ende, in dem sie Anspruch auf eine Altersrente erworben habe. Frau *Rosenbladt* wehrte sich gegen die Beendigung des Arbeitsverhältnisses, da ihre Regelaltersrente in der Höhe zu gering sei.[441] Der EuGH hat in dieser Entscheidung nochmals den weiten Ermessensspielraum der Mitgliedstaaten betont, den er auch schon in *Palacios* postuliert hatte. Dabei soll sich der Ermessensspielraum nicht nur bei der Entscheidung, welches konkrete Ziel die Mitgliedstaaten im Bereich der Arbeits- und Sozialpolitik verfolgen äußern, sondern auch bei der Festlegung der Maßnahmen zur Zielerreichung.[442] Hinsichtlich der Ziele erkennt der EuGH nunmehr ausdrücklich Ziele an, die nicht nur Allgemeinwohlinteressen betreffen, wie z. B. eine in der Altersstruktur ausgewogene Personalverwaltung und Nachwuchsplanung in Unternehmen.[443] Dies erscheint konsequent, da sich Allgemeinwohlinteressen nicht immer eindeutig von Arbeitgeberinteressen separieren lassen.[444]

---

437 EuGH Urt. v. 12.01.2010 Rs. C-341/08 (Petersen) EuZW 2010, 137 (141 Rn. 70 f.).

438 A.A. *Brors*, RdA 2012, 346 (350). Diese geht davon aus, dass der EuGH in den Rechtssachen Prigge, Kücükdeveci, Hütter, Petersen, Mai und Hennigs eine strenge Verhältnismäßigkeitsprüfung vornahm, da er sich bei seiner Prüfung streng am konkreten Regelungsziel orientierte. Darüber hinaus ist sie der Auffassung, dass der EuGH in seiner Prüfung lediglich zwischen einer weiten und einer engen Verhältnismäßigkeitsprüfung unterscheide und gerade keine Willkürkontrolle, wie sie vorliegend vertreten wird, vornehme.

439 EuGH Urt. v. 12.10.2010 Rs. C-45/09 (Rosenbladt) EuZW 2010, 869 (870 Rn. 38, 873 Rn. 77).

440 So auch *Kaiser*, Altersdiskriminierungsschutz, 79.

441 EuGH Urt. v. 12.10.2010 Rs. C-45/09 (Rosenbladt) EuZW 2010, 869 (870).

442 EuGH Urt. v. 12.10.2010 Rs. C-45/09 (Rosenbladt) EuZW 2010, 869 (873 Rn. 69).

443 EuGH Urt. v. 12.10.2010 Rs. C-45/09 (Rosenbladt) NJW 2010, 3767 (3771 Rn. 60, 62); *Tempelmann/Stenslik*, DStR 2011, 577 (580).

444 *Von Medem*, Kündigungsschutz und Allgemeines Gleichbehandlungsgesetz, 298 f.

Kritisiert wird an dem Urt. *Rosenbladt*, dass der EuGH wiederum großzügig die Erforderlichkeit der Regelung prüft und einfach behaupten würde, dass Altersgrenzen auf das allgemeine Rentenalter nicht als eine übermäßige Beeinträchtigung der berechtigten Interessen der betroffenen Arbeitnehmer angesehen werden könnten, da sie doch eine Altersrente bezögen und somit die reine Möglichkeit des Bezugs von Altersrente beim Überschreiten der Altersgrenze genügen lässt, ohne auf die tatsächliche „Angemessenheit" der Rente einzugehen,[445] wohingegen der EuGH noch bei *Palacios* einen „angemessenen" finanziellen Ausgleich verlangte. In seiner später ergangenen Entscheidung *Hörnfeldt* hat der EuGH dann zurückgerudert und entschieden, dass es auf die Höhe und Angemessenheit der Regelaltersrente nur dann nicht ankomme, wenn der Mitgliedstaat für den Fall, dass diese sehr niedrig sei, dem Rentner eine hinreichende Grundversorgung gewähre.[446] Auch der weite Ermessensspielraum der Mitgliedstaaten und Tarifparteien ist zu weitgehend. Dies selbst erkennend, hat der EuGH in der Entscheidung *Prigge*, sich von seiner *Rosenbladt*-Entscheidung abgewendet. Während er in *Rosenbladt* den Tarifparteien bei der Festlegung der von ihnen avisierten Ziele noch einen weiten Ermessensspielraum zugestand, hat er in *Prigge* den Tarifparteien der Luftfahrt die über die gesetzlichen Regelungen hinausgehende Vereinbarung von strengeren Vorschriften zum Schutze der Flugsicherheit eindeutig untersagt.[447] Der EuGH

---

445 Vgl. *Preis,* NZA 2010, 1323 (1325). Vgl. zu den Passagen des Urteils auf die sich Preis bezieht EuGH Urt. v. 12.10.2010 Rs. C-45/09 (Rosenbladt) EuZW 2010, 869 (871 Rz. 47f.). A.A. *Tempelmann/Stenslik*, DStR 2011, 577 (579) die dies befürworten und darauf abstellen, dass eine Betrachtung des konkreten Einzelfalls zu erheblicher Rechtsunsicherheit führen würde und es darüber hinaus noch die Möglichkeit der anderweitigen privaten Altersvorsorge gebe.

446 Vgl. EuGH Urt. v. 05.07.2012 Rs. C-141/11 (Hörnfeldt/Posten Meddelande) zitiert nach Juris Rn. 44. Vgl. dazu auch *Bayreuther*, NJW 2012, 2758 (2761), der die vom EuGH angeführte „Garantierente" dafür nur als Beispiel möglicher Versorgungsarten ansieht und auch allgemeine Sozialleistungen, wie solche des SGB II unter die vom EuGH geforderte Grundversorgung fallen lassen möchte.

447 Vgl. dazu *Krieger*, ArbRAktuell 2011, 323029, abzurufen unter Beck-online (Abrufdatum: 06.10.2011). Vgl. zum Urt. Prigge auch *Mohr*, SAE 2013, 36 (37). Im Urt. Prigge hat der EuGH entschieden, dass die Art. 2 Abs. 5 und 4 Abs. 1 der RL einer Regelung entgegenstehen, die in einer tarifvertraglichen Klausel die Altersgrenze, ab der Piloten ihrer Beschäftigung nicht mehr nachgehen dürfen, auf 60 Jahre fixiert, wohingegen nationale und internationale Vorschriften die Regelaltersgrenze auf 65 Jahre festlegen. Des Weiteren stellte der EuGH fest, dass die Flugsicherheit kein legitimes Ziel i. S. von Art. 6 Abs. 1 RL darstelle. Vgl. dazu EuGH, ZESAR 2012, 391 (391).

nahm hier wiederum eine strenge Verhältnismäßigkeitsprüfung vor.[448] Daraus lässt sich schließen, dass mitgliedstaatliche Altersgrenzen unterhalb der national und international vorgesehenen Regelaltersgrenzen, die speziellen Leistungs- oder Eignungsanforderungen Rechnung tragen sollen, sich nur noch unter sehr engen Voraussetzungen mit Einzelfallprüfung rechtfertigen lassen.[449] Möglich erscheint eine Rechtfertigung zum Schutz der Rechtsgüter Leben und Gesundheit, wobei die Regelung stets kohärent zu sein hat.[450] Im Umkehrschluss lässt sich konstatieren, dass der EuGH Altersgrenzen, wenn die Möglichkeit für den Unionsbürger besteht, die reguläre nach den nationalen Vorschriften vorgesehene Regelalterssicherung zu erhalten, ohne Weiteres als gerechtfertigt ansieht.[451] Dies gilt dabei unabhängig vom Rechtscharakter der Beendigungsklausel (z. B. Gesetz, Tarifvertrag, Arbeitsvertrag), unabhängig von der konkreten Personalsituation beim Arbeitgeber und unabhängig von der konkreten Höhe der Alterssicherung des Unionsbürgers.[452]

Der EuGH hat in den Rechtssachen *Mai und Hennigs* entschieden, dass die Art. 2 und 6 Abs. 1 RL 2000/78/EG einer tarifvertraglichen Maßnahme entgegenstehen, die bestimmt, dass innerhalb der jeweiligen Vergütungsgruppe die Grundvergütung eines Angestellten im öffentlichen Dienst bei dessen Einstellung nach dessen Lebensalter bemessen wird.[453] Auch in der Rechtssache *Georgiev*

---

448 Vgl. *Brors*, RdA 2012, 346 (350).

449 Vgl. dazu *Schulte*, ZESAR 2012, 398 (399). Siehe auch *Rebhahn* in: WiR, Alter und Recht, 71 (77). Demgegenüber sei der EuGH bei der Bewertung von Altersgrenzen, die mit der allgemeinen nationalen Regelaltersgrenze übereinstimmen, durchaus großzügig, wie auch das Urt. in der Rechtssache Rosenbladt zeige. Siehe auch *Bauer/von Medem*, NZA 2012, 945 (945, 949 f.).

450 Vgl. *Bauer/von Medem*, NZA 2012, 945 (950).

451 Vgl. dazu *Brors*, RdA 2012, 346 (349, 352). Siehe auch *Bauer/von Medem*, NZA 2012, 945 (949), die im Zusammenhang mit der Prüfung der Verhältnismäßigkeit des EuGH von Altersgrenzen, die an die Regelaltersgrenze anknüpfen, davon sprechen, dass diese nur ein „letztlich folgenloses Lippenbekenntnis" sei.

452 Siehe auch *Bauer/von Medem*, NZA 2012, 945 (947 f.).

453 Demgegenüber sei ein System, welches auf das Dienstalter oder die Berufserfahrung im öffentlichen Dienst abstelle, geeigneter als legitimes Ziel. Vgl. dazu EuGH, ZESAR 2012, 234 (241). Die Regelung sei somit auf der Ebene der Geeignetheit bzw. Angemessenheit gescheitert. Vgl. dazu *Mair*, ZESAR 2012, 243 (245). Allerdings stehen die Art. 2 und 6 Abs. 1 RL 2000/78/EG einer tarifvertraglich vorgesehenen Maßnahme nicht entgegen, die ein zur Altersdiskriminierung führendes Vergütungssystem vorsieht, welches jedoch durch ein auf objektive Kriterien gestütztes Vergütungssystem ersetzt werde und zugleich für einen befristeten Übergangszeitraum einige der diskriminierenden Auswirkungen des alten Systems bestehen lasse, wenn

übernimmt der EuGH die Verhältnismäßigkeitsprüfung aus *Palacios* und geht davon aus, dass eine Regelung die Universitätsprofessoren spätestens ab Erreichen des 68. Lebensjahres zwangsweise in den Ruhestand versetzt und ihre Tätigkeit ab dem 65. Lebensjahr nur auf Grund eines auf ein Jahr befristeten und höchstens zweimalig verlängerbaren Vertrags weiterführen lässt, durch Art. 6 Abs. 1 RL gerechtfertigt sei. Die Literatur entnimmt der Rechtssache *Georgiev* die grundsätzliche Zulässigkeit von befristeten Verlängerungen von Beschäftigungsverhältnissen von Arbeitnehmern, die normalerweise mit dem Erreichen der Regelaltersgrenze aus dem Arbeitsverhältnis ausscheiden hätten müssen.[454] Der EuGH erkannte als legitimes Ziel die „Schaffung einer hochwertigen Lehre" und „die optimale Verteilung der Professorenstellen auf die Generationen" an.[455] Er sieht es somit als legitimes Ziel an, für eine ausgewogene Altersstruktur bzw. eine ausgewogene Verteilung der Berufschancen zwischen den Generationen zu sorgen.[456]

In der Entscheidung *Fuchs* hat der EuGH die zwangsweise Versetzung von Beamten auf Lebenszeit (konkret von zwei Oberstaatsanwälten) in den Ruhestand ab Erreichen der Altersgrenze von 65 Jahren durch Art. 6 Abs. 1 RL als gerechtfertigt und damit europarechtskonform angesehen. Der EuGH hat hier die Schaffung einer ausgewogenen Altersstruktur, um eine Begünstigung der Einstellung und Beförderung Jüngerer zu erzielen, die Personalplanung zu optimieren, um Rechtsstreitigkeiten zu vermeiden, als legitimes Ziel der Beschäftigungs- und Arbeitsmarktpolitik angesehen. Anknüpfend an *Georgiev* geht der EuGH davon aus,

---

dies erforderlich sei, um für die bereits im Beschäftigungsverhältnis stehenden Angestellten den Übergang zum neuen System ohne einen damit einhergehenden Verlust an Einkommen zu gewährleisten. Vgl. dazu EuGH Urt. v. 08.09.2011 Rs. C-297/10 und C-298/10, BeckRS 2011, 81324 Rn. 78, 99. Rebhahn schließt daraus, dass man Altersgrenzen mit lang anhaltender Diskriminierungswirkung nicht sofort abschaffen müsse, sondern auch ein „sanfter Übergang" zulässig sei. Vgl. dazu *Rebhahn* in: WiR, Alter und Recht, 71 (81).

454 Dabei seien die Sachgründe für die befristete Beschäftigung im Anschluss an das Erreichen der Regelaltersgrenze identisch mit den Gründen für eine Rechtfertigung einer Altersgrenze selbst, zumindest dann, wenn Zahl und Dauer der Verlängerung eingeschränkt worden sei. Vgl. dazu *Bauer/von Medem*, NZA 2012, 945 (951). Ebenso *Bayreuther*, NJW 2012, 2758 (2760) unter Bezugnahme auf die EuGH Urt. v. 05.07.2012 Rs. C-141/11 (Hörnfeldt/Posten Meddelande) und v. 21.07.2011 Rs. C-159, 160/10 (Gerhard Fuchs, Peter Köhler/Land Hessen) EuZW 2011, 767 (767 ff.).

455 EuGH Urt. v. 18.11.2010, Rs. C-250, 268/09 (Georgiev) NZA 2011, 29 (33 Rn. 68); NJW 2011, 42 (46 Rn. 68).

456 Vgl. auch *Eberhard* in: WiR, Alter und Recht, 153 (169 f.) der insoweit von einer „Optimierung der Altersstruktur" spricht.

dass die Zusammenarbeit von Jung und Alt auch die Qualität der Tätigkeit, insb. durch den Erfahrungsaustausch fördern könne.[457] Diese Entscheidung wird Folgen haben für die Versetzung von Beamten in den Ruhestand, die andere Beamtenstellen, z. B. in Bereichen von Feuerwehr oder Polizei, ausfüllen.[458] Der EuGH hielt die Maßnahme hierbei für angemessen und erforderlich, wenn sie im Hinblick auf das anvisierte Ziel „nicht unvernünftig" erscheine und sich auf Beweismittel stütze, deren Beweiskraft das nationale Gericht zu evaluieren habe.[459] Hierin kann wiederum eine reine Willkürkontrolle gesehen werden.

In der Rechtssache *Odar*, in welcher der EuGH es als legitimes Ziel für Sozialpläne ansah, dass sie ein legitimes Ziel i. S. von Art. 6 Abs. 1 RL verfolgen und die Abfindung Personen zugutekomme, die eine Rente beziehen wollen, prüfte der EuGH die Geeignetheit und Erforderlichkeit des Sozialplans[460] und nahm mithin eine eingeschränkte Verhältnismäßigkeitsprüfung vor.

---

457 Konkret ging es um die Oberstaatsanwälte Fuchs und Köhler, denen es verweigert wurde den Eintritt in den Ruhestand um ein Jahr nach hinten zu schieben. Das hessische Beamtengesetz (HessBG) sieht vor, dass Beamte auf Lebenszeit zwischen dem 65. und 68. Lebensjahr weiterarbeiten können, wenn dafür ein dienstliches Interesse besteht. Hier läge insb. auch keine Inkohärenz nur deshalb vor, weil die Staatsanwälte hier mit 65 Jahren in den Ruhestand zwangsversetzt werden, obwohl das Gesetz das freiwillige Ausscheiden durch Kürzung des Ruhegehaltsanspruchs vor Vollendung des 65. Lebensjahrs erschwere, andere bis zum 68. Lebensjahr weiterzuarbeiten haben und das Ruhestandsalter schrittweise von 65 auf 67 Jahre aufgestockt werde. EuGH Urt. v. 21.07.2011 Rs. C-159, 160/10 (Gerhard Fuchs, Peter Köhler/Land Hessen) EuZW 2011, 767 (767 f.); BeckRS 2011, 81148 Rn. 19, 49, 50, 68, 84, 98, abzurufen über Beck-online (Abrufdatum: 06.10.2011). Vgl. auch *Geißler*, ArbRAktuell 2011, 482 (482), abzurufen unter Beck-online (Abrufdatum: 06.10.2011).

458 Vgl. *Linneweber*, ZESAR 2012, 461 (467).

459 EuGH Urt. v. 21.07.2011 Rs. C-159, 160/10 (Gerhard Fuchs, Peter Köhler/Land Hessen) EuZW 2011, 767 (768); BeckRS 2011, 81148 Rn. 83, abzurufen über Beck-online (Abrufdatum: 06.10.2011).

460 In dem konkreten Fall sah eine Regelung eines betrieblichen Systems der sozialen Sicherheit (Sozialplan) es vor, dass Mitarbeitern, die älter als 54 Jahre alt sind und denen man betriebsbedingt gekündigt hat, die ihnen zustehende Abfindung auf der Grundlage des frühestmöglichen Rentenbeginns errechnet werden konnte und denen so im Vergleich zur Standardberechnung eine geringere Abfindungssumme, mindestens jedoch die Hälfte der Standardsumme zu zahlen war. Der EuGH lehnte eine Altersdiskriminierung aufgrund der angeführten Rechtfertigungsmöglichkeiten ab. Er bejahte demgegenüber eine mittelbare Diskriminierung des Klägers aufgrund seiner Behinderung, die allerdings nicht zu rechtfertigen sei. Vgl. EuGH Urt. v. 06.12.2012 Rs. C-152/11 (Odar) NZA 2012, 1435 (1439 f. Rn. 54, 67, 72). Siehe dazu *Junker*,

In der Tendenz seiner Rechtsprechung wird dem EuGH daher vorgeworfen, dass er allgemeine Altersgrenzen für den Eintritt in den Ruhestand, welche i. d. R. die Rentenzugangsberechtigung voraussetzen, als gerechtfertigt ansieht, spezielle berufsspezifische Altersgrenzen jedoch einer besonders genauen Prüfung unterziehe und diese „insbesondere bei innerer Widersprüchlichkeit verwirft".[461] So würden dem EuGH rein pauschale Gründe für die Rechtfertigung genereller Altersgrenzen reichen, wohingegen er bei speziellen Altersgrenzen ganz hohe Maßstäbe der Rechtfertigung ansetzt.[462]

Demgegenüber hat der EuGH in der Rechtssache *Andersen* eine nationale Regelung für unvereinbar mit den Art. 2, 6 Abs. 1 RL gehalten, in der es nicht um die Beendigung des Arbeitsverhältnisses bei Erreichen der Regelaltersgrenze ging, sondern um eine Regelung, die zwischen verschiedenen Altersstufen hinsichtlich des Erhalts einer Abfindung bei der Entlassung unterschieden hat. Nach dieser Entscheidung hatte der Arbeitgeber keine Abfindung zu zahlen, wenn der Arbeitnehmer bei seinem Ausscheiden durch Kündigung nach einer bestimmten Anzahl von Jahren der Betriebszugehörigkeit, der Überschreitung eines bestimmten Mindestalters und dem Beitritt zu einem Rentensystem des Arbeitgebers vor dem 50. Lebensjahr die Möglichkeit hat eine Betriebsrente, zu erhalten.[463] Diese Regelung gehe über das hinaus, was für die Verwirklichung der von der Vorschrift verfolgten sozialpolitischen Ziele erforderlich sei. Denn Arbeitnehmer die arbeiten wollen, anstatt eine Rente zu beziehen wird die Abfindung wegen Kündigung allein aus dem Grund verwehrt, dass sie die Möglichkeit haben, eine solche Betriebsrente

---

RIW 2014, 2 (6 f.). Vgl. dazu auch *Grünberger/Sagan*, EuZA 2013, 324 (324, 327 f., 331). Vgl. zur Rechtssache Odar auch *Zange*, NZA 2013, 601 (602 f.).

461 *Preis*, NZA 2010, 1323 (1327). So äußert sich auch Stoffels in dem Art. von *Freisfeld*, „Keine Lust auf Rente", FAZ Nr. 229 v. 01./02.10.2011, C 3-C 3. Zu dem Ergebnis der Rechtfertigung allgemeiner Altersgrenzen gelangt auch *Groß*, Rechtfertigung einer Altersdiskriminierung, 108, 110, nicht zuletzt, weil der Begriff des legitimen Ziels weit zu verstehen sei und den Mitgliedstaaten hierbei eine große „Einschätzungsprärogative" zukomme. Demgegenüber sieht Groß berufsspezifische und damit spezielle Altersgrenzen als durch Art. 4 Abs. 1 und Art. 6 Abs. 1 RL gerechtfertigt an, da insb. jede berufsspezifische Altersgrenze bei Art. 6 Abs. 1 RL durch ein staatliches Ziel gerechtfertigt werden könne. Dies gelte insb. bei Piloten, nicht jedoch bei Kabinenpersonal. Vgl. *Groß* ebda. 116 f., 122, 123 f.

462 Vgl. dazu Stoffels in dem Art. von *Freisfeld*, „Keine Lust auf Rente", FAZ Nr. 229 v. 01./02.10.2011, C 3-C 3.

463 EuGH Urt. v. 12.10.2010 Rs. C-499/08 (Andersen) EuZW 2010, 904 (905 Rn. 23). Vgl. zu Andersen auch *Zange*, NZA 2013, 601 (602). Siehe auch *Kania/Kania*, ZESAR 2012, 62 (62 ff.).

aufgrund ihres Alters in Anspruch nehmen zu können. Dies erschwere diesen Arbeitnehmern das Recht zu arbeiten, weil sie in einem neuen Beschäftigungsverhältnis im Gegensatz zu Arbeitnehmern mit gleichlanger Betriebszugehörigkeit keine Abfindung wegen der Kündigung erhalten.[464] Der EuGH hat insgesamt einen „differenzierten, allerdings nicht immer konsistenten Standpunkt zu Fragen der Altersdiskriminierung eingenommen, der eine Prognose [...] schwierig macht" und daher jegliche Rechtssicherheit vermissen lässt, wobei insb. unklar ist, welche „rechtspolitischen Zielsetzungen" den Tarifparteien und/oder dem Gesetzgeber ausreichen, um eine Altersdiskriminierung rechtfertigen zu können.[465]

Unklar ist somit, wie der EuGH sich in Zukunft bezüglich der Prüfung der Verhältnismäßigkeit im Allgemeinen positionieren wird.[466] Hintergrund ist das Dilemma in dem sich der EuGH bewegt, einem Gewühl komplett konträrer Grundsätze verpflichtet zu sein. So ist er auf der einen Seite bei seiner Auslegung gem. Art. 267 Abs. 1 lit. a) AEUV den Prinzipien der begrenzten Einzelermächtigung (Art. 5 Abs. 1 EUV), der Verhältnismäßigkeit (Art. 5 Abs. 4 EUV) und der Subsidiarität (Art. 5 Abs. 3 EUV) verpflichtet und trägt aber auf der anderen Seite auch für die Einheitlichkeit und Wirksamkeit des Unionsrechts (effet utile) Sorge, was ihn aufgrund der unionsrechtlichen Kompetenzverteilung dazu verpflichtet, die den Mitgliedstaaten vom Unionsgesetzgeber eingeräumten Gestaltungsspielräume bei der Gesetzgebung nicht durch eine zu strenge Verhältnismäßigkeitsprüfung zu umgehen.[467] Im Gegensatz dazu ist es mit der Anwendung der Willkürverbotskontrolle dem EuGH quasi stets möglich Altersgrenzen zu rechtfertigen, da für „nicht unvernünftig" es bereits als ausreichend angesehen wird, wenn allgemeine Erwägungen zur Personalplanung, Altersstruktur oder zur Förderung der jüngeren Generation angeführt werden.[468]

Wird der EuGH in seiner Rechtsprechung eine reine Willkürverbotskontrolle (*Palacios*), streng die Verhältnismäßigkeit (*Mangold*) durchprüfen oder vielmehr zukünftig gemäßigte Prüfungsmaßstäbe anlegen? Für Rentner ist von besonderer Bedeutung die Frage, wie der EuGH zukünftig mit pauschalen Altersgrenzen umgehen wird. Vorzugswürdig aus Sicht des Rentners ist es dabei, wenn der EuGH diesbezüglich eine strenge Verhältnismäßigkeitsprüfung vornimmt und bei pauschalen Altersgrenzen strengere Maßstäbe an die Erforderlichkeit und Angemessenheit

464 EuGH Urt. v. 12.10.2010 Rs. C-499/08 (Andersen) EuZW 2010, 904 (906 Rn. 44 ff.).

465 *Bauschke*, öAT 2011, 9 (9).

466 So auch *Temming*, Altersdiskriminierung im Arbeitsleben, 507.

467 *Wollenweber*, Diskriminierungsverbote, 157 ff.

468 Vgl. *Bauer/von Medem*, NZA 2012, 945 (946 f.).

anlegt. Er sollte generell seine Rechtsprechung bezüglich pauschaler Altersgrenzen an die Erkenntnisse der aktuellen Altersforschung anpassen, wonach die Leistungsfähigkeit eben gerade nicht ab einem bestimmten Alter abnimmt. Der EuGH müsste pauschale Altersgrenzen, die zum automatischen Ausscheiden aus dem Beruf führen, für europarechtswidrig erklären, da mildere Mittel vorhanden sind. So könnte der EuGH z. B. die Leistungsfähigkeit und den Gesundheitszustand im Einzelfall überprüfen lassen (umso zu flexiblen Altersgrenzen zu kommen, bei denen das Arbeitsverhältnis zwar ab Eintritt einer bestimmten Altersgrenze endet, bei fortbestehendem Leistungsvermögen und guter Gesundheit aber eine Verlängerung beansprucht werden kann oder sie automatisch eintritt). Alternativen zu den pauschalen Altersgrenzen sind die Förderung freiwillig auszuhandelnder Aufhebungsverträge oder die Verkürzung der Arbeitszeit pro Woche[469] bei angepasstem Entgelt, wobei auch das Arbeitspensum an diese reduzierte Arbeitszeit anzupassen ist. Denkbar wäre es, den Rentner im Nebenerwerb in Teilzeit (statt bspw. 8 Stunden pro Tag nur 4 Stunden pro Tag) arbeiten zu lassen und während der anderen Hälfte des Tages eine Person zu beschäftigen, die von dem Rentner im Nebenerwerb eingearbeitet wird, so dass sie die Stelle beim späteren, flexiblen Ausscheiden des Rentners im Nebenerwerb vollumfänglich ausfüllen könnte. Damit könnte dem arbeitgeberbezogenen Ziel der Schaffung einer ausgeglichenen Altersstruktur im Unternehmen Rechnung getragen werden und zugleich die Möglichkeit für den neuen Beschäftigten geschaffen werden, von dem umfassenden „Know-How" des ausscheidenden Rentners im Nebenerwerb zu profitieren. Eine klassische „Win-Win" Situation. Dazu bleiben weitere Urteile abzuwarten. Wünschenswert aus Sicht des Rentners im Nebenerwerb und des arbeitsuchenden

469 Vgl. zu den milderen Mitteln *Müller*, Alter und Recht, 283 f., 294, 358, 385. Dieser führt die milderen Mittel im Zusammenhang mit der Rechtsprechung des Bundesverfassungsgerichts zu beruflichen Höchstaltersgrenzen an und nennt zusätzlich noch die sozial gerechtfertigte Kündigung im Einzelfall nach Maßgabe des Kündigungsschutzgesetzes als milderes Mittel, wenn dieses auf den Betrieb anwendbar ist. Die Verkürzung der Arbeitszeit sieht Müller als durch Art. 6 Abs. 1 UA 2 lit. a) RL gerechtfertigt an, da diese dem Schutz älterer Arbeitnehmer diene. Vgl. *Müller*, ebda. 350. So auch *Lingscheid*, Antidiskriminierung, 211 ff., 226 ff., 305, die Senioritätsregelungen (z. B. Verdienstsicherung, Verkürzung von Arbeitszeit, Abfindungen) durch Art. 6 Abs. 1 UA 2 lit. a) RL grundsätzlich als gerechtfertigt und zulässig ansieht. Vgl. *Over*, Altersdiskriminierung, 68 ff., welcher Senioritätsregelungen wie z. B. Verkürzung von Arbeitszeit bei gleich bleibendem Verdienst in Unternehmen, längeren Urlaub für ältere Arbeitnehmer, Verdienstsicherungsklauseln in Tarifverträgen als hemmend für eine mögliche Weiterbeschäftigung bzw. eine Wiedereinstellung ansieht. Vgl. zum Vorschlag der flexiblen Altersgrenze auch *Preis*, NZA 2008, 922 (925).

Rentners ist es, wenn der EuGH die Verhältnismäßigkeit mitgliedstaatlicher Regelungen zur Altersdiskriminierung streng prüft und nicht nur auf eine bloße Willkürkontrolle beschränkt. Der EuGH sollte möglichst viele den Rentner im Nebenerwerb und den arbeitsuchenden Rentner diskriminierende Regelungen für unanwendbar erklären. Die begrüßenswerte Konsequenz wäre, dass dann viele der in den Mitgliedstaaten derzeit noch bestehenden unmittelbaren Benachteiligungen von Rentnern, die starr an das Alter anknüpfen, nicht mehr anwendbar seien.[470]

In diesem Zusammenhang ist klärungsbedürftig, welche anderen Ausnahmen vom Diskriminierungsverbot und welche Ungleichbehandlungen außer den in Art. 6 Abs. 1 RL genannten noch in Frage kommen. Aus Art. 6 Abs. 1 RL wird gefolgert, dass jede objektiv und sachlich durch ein legitimes Ziel gerechtfertigte Ungleichbehandlung erlaubt werden könne.[471] Dabei seien die legitimen Ziele i. S. von Art. 6 Abs. 1 RL nicht auf die Interessen der Allgemeinheit beschränkt.[472] Dies ergebe sich insb. aus dem Fakt, dass die Art. 6 Abs. 1 UA 2 lit. a) bis c) RL rechtfertigungsfähige Diskriminierungen benennen, die auch den Interessen des Arbeitgebers zu dienen bestimmt sind.[473] Allerdings müssen andere Ziele und Fallkonstellationen den Anforderungen der explizit aufgezählten entsprechen bzw. mit ihnen vergleichbar oder sogar gleichwertig sein.[474] Dem nationalen Gesetzgeber obliegt hierbei die Bestimmung, welche Maßnahmen er zur Erreichung legitimer Ziele für geeignet und erforderlich

---

470 Vgl. zu den in Deutschland vorhandenen pauschalen Schlechterstellungen älterer Menschen im nationalen Recht, die es gilt zu vermeiden (z. B. durch die sachgrundlose Befristung von Arbeitsverhältnissen gem. § 14 Abs. 2 S. 1 TzBfG n.F., die Ermöglichung einer Vertragsbeendigung wegen Erreichens der Regelaltersgrenze und damit verbundener Rentenbezugsberechtigung gem. § 41 SGB VI, den Sozialplänen, bei der Berechnung von Abfindungen) *Giesen*, NZA 2008, 905 (908 ff., 910 f.); *Preis*, NZA 2008, 922 (924); *Over*, Altersdiskriminierung, 64 ff., der sich darüber hinaus zu den Nachteilen des KSchG als „Einstellungshemmer“ und der Senioritätsentlohnung als Hindernis für eine Weiterbeschäftigung in Deutschland äußert. Vgl. zur Zulässigkeit der Kettenbefristung und der vom EuGH verlangten Missbrauchskontrolle unter Verweis auf das EuGH Urt. v. 26.01.2012 Rs. C-586/10 (Bianca Kücük) *Schaumberg*, NJ 2013, 265 (267). Siehe auch *Böhm*, DB 2013, 516 (516) und *Krüger*, AuA 2013, 180 (180). Siehe auch *Gooren*, ZESAR 2012, 225 (225 ff.). Vgl. auch *Linneweber*, ZESAR 2012, 461 (463 f.).

471 *Thüsing*, ZfA 2001, 397 (409); *Thüsing*, IJCLLIR 2003, 187 (203).

472 Vgl. zu dem Streit, ob nur die Interessen der Allgemeinheit als legitime Ziele i. S. von Art. 6 Abs. 1 RL in Betracht kommen, *von Hoff*, Verbot der Altersdiskriminierung, 218.

473 *Von Hoff*, Verbot der Altersdiskriminierung, 219.

474 *Schlachter* in: Richardi/Reichold, GS Blomeyer, 355 (368).

hält, um eine altersbedingte Diskriminierung rechtfertigen zu können.[475] In der Rechtssache *Age Concern* hat der EuGH einschränkend verlangt, dass es sich zumindest um „sozialpolitische Ziele" handeln müsse, wie solche aus den Bereichen der Beschäftigungspolitik, der beruflichen Bildung und des Arbeitsmarkts, so dass reine Ziele des Arbeitgebers, wie die Verbesserung der Wettbewerbsfähigkeit und die Reduzierung von Kosten, nicht erfasst seien.[476] In der Rechtssache *Kücükdeveci* ließ er arbeitgeberbezogene Ziele zu. Die Arbeitgeber sollten in dieser Rechtssache von Belastungen durch längere Kündigungsfristen freigestellt werden.[477] Dagegen wird eingewendet, dass Art. 6 Abs. 1 RL gerade nicht die arbeitgeberbezogenen Interessen, wie z. B. die Beschäftigung von jüngeren und deshalb angeblich leistungsfähigeren Arbeitnehmern schütze.[478] Kritisiert wird deswegen nicht zu Unrecht, dass Art. 6 RL die Ungleichbehandlung wegen des Alters zugunsten rein kommerzieller Interessen opfere.[479] Andererseits ist es Sinn und Zweck von Art. 6 RL, den Mitgliedstaaten im Bereich der Altersdiskriminierung erweiterte Möglichkeiten zur Rechtfertigung zu eröffnen[480],

475 *Schlachter* in: Richardi/Reichold, GS Blomeyer, 355 (368); *Waltermann* in: Richardi/Reichold, GS Blomeyer, 495 (513).

476 EuGH Urt. v. 05.03.2009 Rs. C-388/07 (Age Concern England) Slg. 2009, I-1569, I-1618 Rz. 44, 46. In der Rechtssache Age Concern England ging es um eine nationale Verordnung, die es ermöglichte, Arbeitnehmer, die das 65. Lebensjahr erreicht hatten, wegen der Versetzung in den Ruhestand zu entlassen. Der EuGH urteilte, dass es Sache des nationalen Gerichts sei zu prüfen, ob die sozialpolitischen Zwecke durch die nationale Regelung verfolgt werden und ob bei dem den Mitgliedstaaten eingeräumten „Wertungsspielraum" der Gesetz- und Verordnungsgeber davon ausgehen durfte, dass die von ihm gewählten Mittel zur Erreichung des Ziels erforderlich und angemessen waren (EuGH ebda. I-1625). Vgl. zur Rechtssache Age Concern auch *Uffmann*, SAE 2013, 1 (2).

477 Nach der streitigen nationalen Regelung verlängern sich zwar die vom Arbeitgeber einzuhaltenden Kündigungsfristen mit zunehmender Beschäftigungsdauer, allerdings bleiben dabei Beschäftigungszeiten vor Vollendung des 25. Lebensjahrs unberücksichtigt. Der EuGH sah hier die größere personalwirtschaftliche Flexibilität für den Arbeitgeber als ein legitimes Ziel an. Allerdings sei die Ungleichbehandlung unangemessen, da ein Arbeitnehmer unter 25 Jahren trotz einer vorhandenen langen Betriebszugehörigkeit, gemessen an seinem Alter, allein aufgrund des Alters benachteiligt werde. EuGH (Kücükdeveci) ZIP 2010, 196 (198 Rn. 18, 39 f.). Sinnvoller wäre es gewesen an die Betriebszugehörigkeit anzuknüpfen. Vgl. dazu *Groß*, Rechtfertigung einer Altersdiskriminierung, 169.

478 *Thüsing*, ZfA 2001, 397 (409); *Kummer*, Umsetzungsanforderungen der neuen arbeitsrechtlichen Antidiskriminierungsrichtlinie, 59.

479 So *Ellis*, EU Anti-Discrimination Law, 296.

480 *Polloczek*, Altersdiskriminierung, 97.

was wiederum auch für die Einbeziehung arbeitgeberbezogener Interessen spricht. Teilweise wird gefordert, dass der EuGH sich von seiner Rechtsprechung in der Rechtssache *Age Concern* explizit löst[481] und folglich das legitime Ziel eng auslegen möge, da ansonsten die Altersdiskriminierung faktisch durch Art. 6 Abs. 1 RL für zulässig befunden werden würde, was insb. vor dem Hintergrund der aktuellen demographischen Entwicklung äußerst bedenklich sei.[482] Begrüßenswert ist, dass der EuGH in der Rechtssache *Prigge* urteilte, dass die Ziele zwar nicht erschöpfend aufgezählt seien, aber dennoch mit den dort genannten Zielen deutlich im Zusammenhang stehen und es sich deshalb um sozialpolitische Ziele aus den Bereichen der Beschäftigungspolitik, des Arbeitsmarkts oder der beruflichen Bildung handeln müsse.[483] Damit hat der EuGH eindeutig den unternehmerischen Zielen eine Absage erteilt, da nunmehr nur noch Ziele der Sozialpolitik legitime Ziele i. S. von Art. 6 Abs. 1 RL sein können.[484] Für den Rentner im Nebenerwerb ist dies eine richtungsweisende Entscheidung, die eine Klarstellung der bisherigen uneinheitlichen Rechtsprechung des EuGH bewirkt. Die Vielfalt der zulässigen Ziele ist für den Rentner im Nebenerwerb als nachteilig zu werten. Je mehr zulässige Ziele es gibt, umso eher besteht die Möglichkeit, sollten die übrigen Voraussetzungen des Art. 6 Abs. 1 RL erfüllt sein, den Rentner im Nebenerwerb aufgrund seines Alters zu diskriminieren. Dies wirkt sich dann wiederum nachteilig auf den durch die RL 2000/78/EG gewährten Schutzumfang zugunsten des Rentners im Nebenerwerb aus. Durch die Beschränkung auf sozialpolitische Ziele erscheint eine Rechtfertigung nur noch in eingeschränktem Umfang möglich, was für den Rentner im Nebenerwerb vorteilhaft ist.

In Art. 6 Abs. 1 RL kommt die Schwierigkeit der Vereinbarung gegensätzlicher Belange zum Ausdruck. Auf der einen Seite soll Art. 6 Abs. 1 RL auf „ganz besondere, außergewöhnliche Umstände" beschränkt werden,[485] um dem Verbot der Altersdiskriminierung Rechnung zu tragen. Auf der anderen Seite soll auch

---

481 So *Bauer/von Medem*, ZIP 2010, 449 (455).

482 Vgl. dazu *Ellis*, EU Anti-Discrimination Law, 296.

483 EuGH Urt. v. 13.09.2011 Rs. C-447/09 (Reinhard Prigge u.a./Deutsche Lufthansa AG) EuZW 2011, 751 (754 Rn. 80, 81, 82). Dem konsequent folgend, hat er dann auch das Ziel der „Flugsicherheit" nicht unter die genannten Ziele des Art. 6 Abs. 1 RL subsumiert und eine Rechtfertigung nach Art. 6 Abs. 1 RL somit nicht angenommen. Vgl. auch *Schulte*, ZESAR 2012, 398 (399 f.).

484 So auch *Krieger*, ArbRAktuell 2011, 323029, abzurufen unter Beck-online (Abrufdatum: 06.10.2011).

485 Vorschlag für eine RL des Rates zur Festlegung eines allgemeinen Rahmens für die Verwirklichung der Gleichbehandlung in Beschäftigung und Beruf, KOM (1999), 565 endg., 12.

mit besonderen Ausnahmebestimmungen auf die Situation in den Mitgliedstaaten reagiert werden und ihnen im Einklang mit ihrer Rechtstradition und ihrer Prioritätensetzung in der Politik eine flexible Handhabung der RL ermöglicht werden.[486] Insoweit stellt Art. 6 RL wohl eher eine „Kompromissformel" dar.[487]

Die vielen Rechtfertigungsmöglichkeiten einer Altersdiskriminierung in Art. 6 RL werden vielfach als zu weit empfunden[488] und kritisiert, dass Art. 6 RL unter viel leichteren Voraussetzungen gerechtfertigt werden könne, als Ungleichbehandlungen wegen anderer in Art. 1 RL genannter Diskriminierungsmerkmale,[489] weshalb das Diskriminierungsverbot wegen des Alters oft als „Diskriminierungsverbot zweiter Klasse" bezeichnet werde.[490] Dies ist jedoch unzutreffend, da das Diskriminierungsmerkmal „Alter" schwächer im Bereich des Berufs und der Beschäftigung im Vergleich zu den anderen Diskriminierungsverboten ausgestaltet sein müsse.[491] Auch wird eine solche Herabstufung zumindest für den Fall abgelehnt, dass bei Art. 6 RL eine ordnungsgemäße und strenge Verhältnismäßigkeitsprüfung stattfinde.[492] Dennoch sind die vielen Rechtfertigungsmöglichkeiten im Hinblick auf den Schutz des Rentners im Nebenerwerb und des arbeitsuchenden Rentners durch die RL als zu umfangreich zu werten. Gerade der Rentner im Nebenerwerb und der arbeitsuchende Rentner, die ihre langjährige Berufserfahrung, ihr Wissen und ihr Können in eine Beschäftigung einbringen möchten, sollten vor Diskriminierungen geschützt werden.

---

486 Erwägungsgrund 25 S. 2 RL 2000/78/EG; Vorschlag für eine RL des Rates zur Festlegung eines allgemeinen Rahmens für die Verwirklichung der Gleichbehandlung in Beschäftigung und Beruf, KOM (1999), 565 endg., 12.

487 *Hahn*, Altersdiskriminierung, 119.

488 Vgl. *Wiedemann*, Gleichbehandlungsgebote, 71, welcher an Art. 6 RL kritisiert, dass diese Vorschrift dem nationalen Gesetzgeber einen zu weiten Spielraum einräume, weil sie Diskriminierungen wegen des Alters bis zur Grenze der vorsätzlichen Diskriminierung zulasse. Vgl. insgesamt zur Kritik an der Vielzahl der Rechtfertigungsgründe der RL 2000/78/EWG allgemein *Nettesheim*, EuZW 2013, 48 (50).

489 *Polloczek*, Altersdiskriminierung, 99.

490 *Schmidt/Senne*, RdA 2002, 80 (89).

491 Vgl. *Zöllner* in: Richardi/Reichold, GS Blomeyer, 517 (528 f.), wobei dieser explizit darauf hinweist, dass eine unmittelbare Diskriminierung aufgrund des Geschlechts nicht sachlich zu rechtfertigen sei. Dies solle bei der Altersdiskriminierung nicht gelten, wie die vielfältigen Ausnahmen und Rechtfertigungsmöglichkeiten der RL 2000/78/EG zeigen würden.

492 *König* in: Gaitanides/Kadelbach/Rodriguez Iglesias, FS für Zuleeg, 341 (352); *Polloczek*, Altersdiskriminierung, 99.

c. Rechtfertigung nach Art. 6 Abs. 2 RL

Nach Art. 6 Abs. 2 RL können die Mitgliedstaaten Ausnahmen von Diskriminierungen bei der Festlegung von Altersgrenzen im Rahmen von betrieblichen Systemen der sozialen Sicherheit vorsehen. Hier können Altersgrenzen als Voraussetzung für die Mitgliedschaft oder den Bezug von Altersrente und Leistungen bei Invalidität eingeführt werden. Auch die Einführung bestimmter Altersgruppen für bestimmte Beschäftigte, Gruppen oder Kategorien von Beschäftigten und die Verwendung von Alterskriterien für die versicherungsmathematische Berechnung im Rahmen der betrieblichen Systeme der sozialen Sicherheit sind zulässig. Da hier weder der Zweck noch das Mittel für eine solche Ausnahme vom Verbot der Altersdiskriminierung begründet werden müssen (wie z. B. bei Art. 6 Abs. 1 UA 1 RL) und somit gerade keine Verhältnismäßigkeitsprüfung erfolgt, stellt dieser Absatz eine „unbedingte" oder „absolute" Ausnahmevorschrift vom Verbot der Altersdiskriminierung dar.[493] Mithin sind z. B. betriebliche Versorgungssysteme, die die Aufnahme eines Arbeitnehmers von dessen Lebensalter in Form von Mindest- oder Höchstaltersgrenzen abhängig machen, nicht zu beanstanden.[494] Dies kann durch mitgliedstaatliches Gesetz auch auf die Sozialpartner delegiert werden, die Altersgrenzen in privatrechtlichen Abreden einschließlich Tarifverträgen und Betriebsvereinbarungen festlegen können.[495] Der Rentner im Nebenerwerb und der arbeitsuchende Rentner können von solchen Versorgungssystemen in zulässiger Weise ausgeschlossen werden, was für sie eindeutig von Nachteil ist. Ein Anspruch auf eine das eigene Einkommen aufbessernde betriebliche Zusatzrente wird ihnen dadurch vorenthalten.

d. Rechtfertigung nach Art. 7 Abs. 1 RL

Art. 7 Abs. 1 RL 2000/78/EG ermöglicht es den Mitgliedstaaten, positive Maßnahmen[496] zu erlassen oder beizubehalten, die eine volle Gleichstellung gewährleisten

---

493 Vgl. *Lingscheid*, Antidiskriminierung, 207; *Schlachter* in: Richardi/Reichold, GS Blomeyer, 355 (368), die davon spricht, dass derartige Altersgrenzen nicht der „doppelten Einschränkung" des Art. 6 Abs. 1 RL unterliegen. Vgl. ebenfalls *Hahn*, Altersdiskriminierung, 130. Vgl. auch *Mohr*, Diskriminierungen im Europäischen Arbeitsrecht, 280.

494 Vgl. den Wortlaut Art. 6 Abs. 2 RL: „...bei den betrieblichen Systemen der sozialen Sicherheit ...Altersgrenzen als Voraussetzung für die Mitgliedschaft... keine Diskriminierung wegen des Alters darstellt".

495 Vgl. dazu *Rolfs*, SR 2013, 41 (43).

496 „Positive Maßnahmen" werden auch als „positive oder umgekehrte Diskriminierung, Vorzugsbehandlung oder zeitweilige Sondermaßnahmen bezeichnet. Vgl. dazu *Europarat* u.a., Hdb. Antidiskriminierungsrecht, 44 f.

sollen. Andere wiederum werfen ein, dass es bei der Altersdiskriminierung nicht um eine völlige Gleichstellung, sondern nur um den Ausgleich von Nachteilen im Berufsleben gehen könne.[497] Bei Art. 7 Abs. 1 RL handelt es sich um einen Rechtfertigungsgrund und nicht etwa um eine Ermächtigungsgrundlage für die Mitgliedstaaten zum Erlass „positiver Maßnahmen“.[498] Was unter „positive Maßnahmen“ zu verstehen ist, hat der EuGH bisher noch nicht definiert.[499] In formaler Hinsicht ist der Rechtfertigungsgrund „positive Maßnahmen“ auf alle vier Diskriminierungsarten (unmittelbare, mittelbare Diskriminierung, Belästigung und Anweisung zur Diskriminierung) bezogen, faktisch sind Fälle in denen Art. 7 Abs. 1 RL bei einer Belästigung greift, nicht zu eruieren.[500] Die Maßnahmen sollen festgestellte spezifische Benachteiligungen bei einer Gruppe von Trägern eines Merkmals (Rentner im Nebenerwerb und arbeitsuchende Rentner als ältere Menschen) durch gezielte, zeitlich begrenzte Ungleichbehandlung bei einer anderen Gruppe (jüngere Menschen) ausgleichen, wobei diese Maßnahmen weder hinsichtlich ihrer Dauer, noch ihrer Reichweite über das für die Lösung des Problems der Diskriminierung erforderliche Maß hinausgehen dürfen.[501] Ziel ist es, die Grundsätze der Chancengleichheit und Gleichberechtigung in der sozialen Wirklichkeit durchzusetzen und letztlich die benachteiligte Gruppe auf das Niveau der begünstigten Mehrheit zu heben.[502] Bei der Altersdiskriminierung ist folgendermaßen vorzugehen: Zunächst einmal ist festzustellen, in welchem Bereich der Rentner im Nebenerwerb gefördert werden soll. Anschließend ist das Ausmaß der tatsächlich vorhandenen Benachteiligungen zu ermitteln. Danach ist die Frage zu beantworten, ob die positive Maßnahme erhebliche nachteilige Auswirkungen bei den dadurch betroffenen jüngeren Arbeitnehmern zur Folge hat. Dies ist notwendig, da die Bevorzugung der privilegierten Gruppe (der Rentner

---

497 Vgl. zu den Gründen hierfür *Blinda*, Altersbezogene Regelungen in Sozialplänen, 186.

498 Vgl. zum Streit, ob es sich um einen Rechtfertigungsgrund oder eine Ermächtigungsgrundlage handelt *Groß*, Rechtfertigung einer Altersdiskriminierung, 42. A.A. *Lingscheid*, Antidiskriminierung, 98. Lingscheid geht davon aus, dass positive Maßnahmen zwar dem Anschein nach diskriminierend seien, aber tatsächlich faktische Ungleichbehandlungen in der sozialen Wirklichkeit beseitigten und somit zur Gleichstellung führten, was die Diskriminierung legitimiere und die positive Maßnahme daher eine „systemwidrige Erscheinung“ sei, die eine Ausnahme vom Diskriminierungsverbot darstellen würde.

499 *Ellis*, EU Anti-Discrimination Law, 297.

500 *Husmann*, ZESAR 2007, 13 (18).

501 *Ellis*, EU Anti-Discrimination Law, 297 f.; *Europarat* u.a., Hdb. Antidiskriminierungsrecht, 45.

502 *Peters* in: Joerden, Diskriminierung, 235 (257).

im Nebenerwerb und der arbeitsuchende Rentner) faktisch zur Benachteiligung der anderen Gruppe führe und daher selbst eine Ungleichbehandlung darstellen könnte.[503] Zuletzt sind die Förderung bei der Gruppe der Rentner im Nebenerwerb und der arbeitsuchenden Rentner mit der Benachteiligung auf Seiten der jüngeren Arbeitnehmer verhältnismäßig miteinander in Einklang zu bringen.[504] Es ist darzulegen, dass die positiven Maßnahmen erforderlich sind, dass sie einen spezifischen Nachteil ausgleichen sollen, dass sie zeitlich befristet und nur so lange in Kraft bleiben, wie dies erforderlich ist, um das betreffende Problem zu lösen.[505] Es ist daher ebenso wie bei den anderen Ausnahmen und Rechtfertigungsgründen zu prüfen, ob die Diskriminierungsmaßnahme geeignet, erforderlich und angemessen ist, wobei dem EuGH eine sog. „Gesamtschau" genügt, bei der er das Interesse der Allgemeinheit mit dem gegenüberstehenden Interesse des Individuums abwägt.[506] Diese enge Begrenzung durch den Verhältnismäßigkeitsgrundsatz garantiert, dass der staatliche Eingriff auf ein Mindestmaß beschränkt bleibt.[507] Ist das Merkmal Alter nicht durch ein anderes Differenzierungsmerkmal ersetzbar, ist zusätzlich zu prüfen, ob das Ziel nicht anders als durch direkte Bevorzugung älterer Arbeitnehmer erreicht werden kann, also z. B. anstatt tariflicher Sonderkündigungsbestimmungen zum Schutz älterer Arbeitnehmer Maßnahmen ergriffen werden, die die Rahmenbedingungen für Einstellungen von Rentnern verbessern oder die Ursachen für die schlechte Arbeitsmarktsituation von Rentnern im Nebenerwerb und arbeitsuchenden Rentnern beseitigen.[508] Sollten diese Maßnahmen nicht möglich

---

503 *Thüsing*, ZFA 2001, 397 (415); *Korthaus*, das neue Antidiskriminierungsrecht, 129.

504 *Hahn*, Altersdiskriminierung, 139.

505 Vorschlag für eine RL des Rates zur Verwirklichung des Grundsatzes der Gleichbehandlung von Frauen und Männern beim Zugang zu und bei der Versorgung mit Gütern und Dienstleistungen, KOM (2003), 657, 17.

506 So auch *Groß*, Rechtfertigung einer Altersdiskriminierung, 57 f., 92. Diese geht von der Geltung des Verhältnismäßigkeitsgrundsatzes in diesem Sinne zumindest bei Art. 4 Abs. 1, 6 Abs. 1 und 7 Abs. 1 RL aus, wobei bei Art. 7 Abs. 1 RL das Differenzierungsmerkmal „Alter" dafür ersetzbar sein muss. Vgl. auch *von Medem*, Kündigungsschutz und Allgemeines Gleichbehandlungsgesetz, 617 f., der bei Unkündbarkeitsregelungen des nationalen Rechts, welche die diesen unterliegenden Arbeitnehmer generell von der Sozialauswahl des KSchG ausnehmen, die Verhältnismäßigkeit in dem Dreier-Schritt (Geeignetheit, Erforderlichkeit und Angemessenheit) geprüft sehen will.

507 *Riesenhuber/Frank*, JZ 2004, 529 (535).

508 Diese Zusatzvoraussetzung ergibt sich aus einer Übertragung der Rechtsprechung zu Fördermaßnahmen bei der Geschlechtergleichstellung. In einem solchen Fall, schließt Art. 7 Abs. 1 RL die Prüfung des Art. 6 Abs. 1 RL aus, da Art. 7 Abs. 1 RL insoweit

sein, ist die Altersdiskriminierung daraufhin zu überprüfen, ob sie Ausnahmen enthält bzw. die Diskriminierung nicht ausschließlich an das Alter anknüpft um den Grundsatz der Verhältnismäßigkeit zu wahren.[509] Denn positive Maßnahmen sollen nur als ultima ratio in Betracht kommen.[510]

Ausgeschlossen ist es, Rentnern im Nebenerwerb und arbeitsuchenden Rentnern den absoluten und unbedingten Vorrang vor jüngeren Arbeitnehmern einzuräumen.[511] Vielmehr muss es möglich sein, von der Bevorzugung wegen des Alters abzuweichen, wenn die Gründe in der Person des anderen überwiegen. Denkbar wären als positive Maßnahmen gezielte Anwerbung von Rentnern, flexible Einstellungsrichtzahlen oder Beförderungszahlen und weiche Quotenregelungen zugunsten von Rentnern.[512]

Ob Art. 7 Abs. 1 RL in der Praxis bezogen auf die Altersdiskriminierung zur Anwendung neben Art. 6 Abs. 1 RL gereicht, erscheint fraglich. Beide Vorschriften haben unterschiedliche Zielrichtungen, so wird bei Art. 6 Abs. 1 RL die Altersdiskriminierung benutzt, um ein legitimes staatliches Ziel zu erreichen, wohingegen die positiven Maßnahmen des Art. 7 Abs. 1 RL gerade auf eine Altersdiskriminierung abzielen.[513] Mit Art. 6 Abs. 1 UA 2 lit. a) RL wird bereits die berufliche Eingliederung der Rentner im Nebenerwerb und arbeitsuchenden Rentner

---

auch strengere Verhältnismäßigkeitsanforderungen enthält, die nicht durch Prüfung des Art. 6 Abs. 1 RL umgangen werden sollen. Vgl. dazu *Groß*, Rechtfertigung einer Altersdiskriminierung, 89 ff., 95.

509 Vgl. dazu *Groß*, Rechtfertigung einer Altersdiskriminierung, 91.

510 *Europarat* u.a., Hdb. Antidiskriminierungsrecht, 50.

511 Vgl. dazu EuGH Rs. C-450/93 (Kalanke/Freie Hansestadt Bremen) Slg. 1995, I-3051, I-3078 Rn. 22. Diese Rechtssache erging allerdings zum Diskriminierungsmerkmal Geschlecht.

512 Dies ergibt sich im Umkehrschluss zu den Ausführungen von Kummer, der solche Quoten nur bei den Differenzierungsmerkmalen der sexuellen Ausrichtung, Religion und Weltanschauung ausschließt. Vgl. dazu *Kummer*, Umsetzungsanforderungen der neuen arbeitsrechtlichen Antidiskriminierungsrichtlinie, 169 ff. Vgl. zu den möglichen positiven Maßnahmen auch *Mohr*, Diskriminierungen im Europäischen Arbeitsrecht, 194. Vgl. zur Definition von „weichen Quoten" *Over*, Altersdiskriminierung, 192, wonach diese zahlenmäßige Vorgaben bei der Einstellung, Beförderung usw. seien, die nicht absolut und unbedingt einer benachteiligten Gruppe (z. B. der Rentner im Nebenerwerb) bis zur Erreichung eines Gleichgewichts im Verhältnis zu einer bevorzugten Gruppe (die 30 bis 40 Jährigen) den Vorrang einräumen und die Anzahl der Angehörigen der benachteiligten Gruppe somit schrittweise erhöhen. Vgl. auch *Europarat* u.a., Hdb. Antidiskriminierungsrecht, 45 f.

513 *Groß*, Rechtfertigung einer Altersdiskriminierung, 78.

als ältere Arbeitnehmer gefördert und der Schutz dieser Gruppe sichergestellt.[514] Art. 7 Abs. 1 RL ist daher für Rentner im Nebenerwerb in seiner Bedeutung als gering einzustufen.

V. Besonderheiten der Richtlinie 2000/78/EG

1. Rechtsdurchsetzung

Der Erfolg der Bekämpfung von Diskriminierungen hängt zu einem großen Teil auch von den prozessualen Realisierungsmöglichkeiten ab.[515] In den vor Erlass der RL bestehenden völkerrechtlichen Verträgen war die Durchsetzungskraft leider nicht vorhanden.[516] Die RL 2000/78/EG trägt diesem Umstand Rechnung, indem sie in ihrem Kap. II Regelungen über Rechtsbehelfe und die Rechtsdurchsetzung enthält.

a. Schutz vor Viktimisierung

Nach Art. 11 RL 2000/78/EG soll der Rentner im Nebenerwerb als Diskriminierter vor Benachteiligungen (z. B. Entlassung oder Nichterteilung eines Arbeitszeugnisses) durch den Arbeitgeber geschützt werden, die dadurch entstehen, dass er eine Beschwerde erhoben oder ein Verfahren zur Durchsetzung des Gleichbehandlungsgrundsatzes eingeleitet und damit Maßnahmen ergriffen hat, mit denen er seine Rechte aus der RL geltend machen wollte.[517] Hier wird kritisiert, dass Art. 11 RL 2000/78/EG jedem Arbeitnehmer zunächst die Möglichkeit eröffne, zu behaupten, dass die beanstandete Kündigung eine Reaktion auf eine Beschwerde über eine diskriminierende Handlung sei und es dem Arbeitgeber nachträglich obliege zu beweisen, dass keine Diskriminierung vorliege. Insoweit würde ein erhebliches

---

514 Nach Art. 6 Abs. 1 UA 2 lit. a) RL sind Ungleichbehandlungen zugunsten der älteren Arbeitnehmer bzgl. des Zugangs zur Beschäftigung bzw. zur beruflichen Bildung und bei der Festlegung der Beschäftigungs- und Arbeitsbedingungen, einschließlich der Entlassung und Entlohnung, zulässig. Insoweit bleibt kein Raum mehr für positive Maßnahmen nach Art. 7 Abs. 1 RL. Vgl. dazu auch *Hahn*, Altersdiskriminierung, 139 f.; *Löwisch/Caspers/Neumann*, Beschäftigung und demographischer Wandel, 19; *Temming*, Altersdiskriminierung im Arbeitsleben, 509. Vgl. auch *Mohr*, SAE 2007, 16 (20), der sogar davon spricht, dass Art. 6 Abs. 1 RL den Art. 7 Abs. 1 RL im Bereich der Altersdiskriminierung komplett verdränge.

515 *Schlachter*, Gleichberechtigung, 437; *Bell*, ILJ 2000, 79 (80).

516 *Korthaus*, das neue Antidiskriminierungsrecht, 131.

517 *Lingscheid*, Antidiskriminierung, 105.

Missbrauchspotential geschaffen.[518] Diese Ansicht übersieht jedoch, dass sich die Beweislasterleichterung nach Art. 10 RL nicht auf die Viktimisierung bezieht und somit der Arbeitnehmer die allgemeine Beweislast dafür trägt, dass die Kündigung eine Reaktion auf die Beschwerde wegen der Diskriminierung darstellt.[519] Allerdings muss man wohl diesbezüglich einräumen, dass ein wirksamer und effektiver Rechtsschutz nur dann ermöglicht werden kann, wenn dieser auch den Schutz vor Repressalien einschließt.[520] Daneben sollen Personen, die nicht wie der Rentner im Nebenerwerb und der arbeitsuchende Rentner Diskriminierungsopfer geworden sind, aber eine Beschwerde unterstützen bzw. sich anderweitig an einem Verfahren beteiligen (z. B. Zeugen), von dem Viktimisierungsschutz erfasst werden.[521]

b. Beweislast

Art. 10 RL 2000/78/EG enthält eine Beweislastregelung zugunsten des diskriminierten Rentners im Nebenerwerb und des arbeitsuchenden Rentners. Danach obliegt es den Mitgliedstaaten, dafür Sorge zu tragen, dass immer dann, wenn der Rentner im Nebenerwerb sich durch die Nichtanwendung des Gleichbehandlungsgrundsatzes für verletzt hält, es dem Beklagten zukommt zu beweisen, dass keine Verletzung des Diskriminierungsverbots erfolgt ist. Es wird somit eine Art Beweislastumkehr eingeführt.[522] Dabei handelt es sich jedoch nicht um eine klassische Beweislastumkehr, sondern um eine bloße Erleichterung der Beweisführung für den Diskriminierten.[523] Dazu müssen die Rentner im Nebenerwerb allerdings Umstände glaubhaft machen,[524] die das Vorliegen einer unmittelbaren oder mittelbaren Diskriminierung „vermuten lassen". Bei der mittelbaren

518 *Berger-Delhey*, ZTR 2001, 162 (164). A.A. *Högenauer*, Richtlinien gegen Diskriminierung, 151.

519 Vgl. *Lingscheid*, Antidiskriminierung, 107.

520 Vorschlag für eine RL des Rates zur Festlegung eines allgemeinen Rahmens für die Verwirklichung der Gleichbehandlung in Beschäftigung und Beruf, KOM (1999), 565 endg., 14; Vorschlag für eine RL des Rates zur Anwendung des Gleichbehandlungsgrundsatzes ohne Unterschied der Rasse oder der ethnischen Herkunft, KOM (1999), 566 endg., 10.

521 Stellungnahme des Wirtschafts- und Sozialausschusses zu dem „Vorschlag für eine RL des Rates zur Festlegung eines allgemeinen Rahmens für die Verwirklichung der Gleichbehandlung in Beschäftigung und Beruf", ABl. EG 2000 Nr. C 204/82, 88 Ziffer 5.10.; *Europäische Kommission*, Jahresbericht 2003, 6.

522 *Hailbronner*, ZAR 2001, 254 (256).

523 *Hahn*, Altersdiskriminierung, 151.

524 Zu der Rechtsunsicherheit bei der Auslegung des Begriffs der „Glaubhaftmachung" vgl. *Korthaus*, das neue Antidiskriminierungsrecht, 106 f.

Diskriminierung gilt diese Erleichterung der Beweisführung auch, wenn man Art. 2 Abs. 2 lit. b) i) RL als negatives Tatbestandsmerkmal und nicht als Rechtfertigungsgrund einordnet.[525] Dabei ist unter Glaubhaftmachung eine Darlegung gemeint, bei der eine Diskriminierung als überwiegend wahrscheinlich erscheint.[526] Die Anknüpfung an das Diskriminierungsmerkmal „Alter" und damit letztlich die Diskriminierung muss somit nur überwiegend wahrscheinlich sein. Allerdings müssen der Rentner im Nebenerwerb und der arbeitsuchende Rentner durch Vortragen der notwendigen Tatsachen den Vollbeweis erbringen, dass das Merkmal das „verpönte" Diskriminierungsmerkmal Alter und sie Träger dieses Merkmals sind, da sich die Beweiserleichterung darauf nicht beziehe.[527] Sie können diesbezüglich z. B. vortragen, sie seien aufgrund ihres Alters nicht zum Gespräch eingeladen, die Stelle sei deshalb nicht mit ihnen besetzt worden und dass ihnen der Zugang zu Informationen verweigert wurde, die das Bewerbungsverfahren betrafen.[528] Der Arbeitgeber trägt dafür, dass er nicht wegen des Alters diskriminiert hat, z. B. weil ihm dieses unbekannt war oder für einen hinreichenden sachlichen Grund bei der mittelbaren Diskriminierung die Beweislast und muss daher ständig

---

525 Vgl. dazu *von Medem*, Kündigungsschutz und Allgemeines Gleichbehandlungsgesetz, 71, 265.

526 *Hahn*, Altersdiskriminierung, 150 Fn. 683; *von Medem*, Kündigungsschutz und Allgemeines Gleichbehandlungsgesetz, 266; *Schlachter*, Gleichberechtigung, 405. Vgl. auch *Kern*, Professionelle Diskriminierungskläger, 59 ff., der die Definition der Glaubhaftmachung dem hinter Art. 10 Abs. 1 RL stehenden Zweck entnimmt, dass wenn der Diskriminierte den Anscheinsbeweis erbringt, der Arbeitgeber den Beweis des Gegenteils erbringen müsse.

527 Vgl. zu den Gründen hierfür *von Medem*, Kündigungsschutz und Allgemeines Gleichbehandlungsgesetz, 266 ff. A.A. *Lingscheid*, Antidiskriminierung, 99.

528 Dies folgt *Epiney* aus der EuGH Rs. C-415/10 (Meister) NVwZ 2013, 692 (698). Vgl. zur Rs. selbst EuZW 2012, 462 (462 ff.). In der Rechtssache Meister hat der EuGH den materiell-rechtlichen Auskunftsanspruch des Diskriminierten verneint, ob der Arbeitgeber am Ende des Bewerbungsverfahrens einen anderen Bewerber eingestellt hat. Allerdings sei die Verweigerung des Zugangs zur Information ein Kriterium, welches im Rahmen des Nachweises von Tatsachen, die das Vorliegen einer unmittelbaren oder mittelbaren Diskriminierung vermuten lassen, herangezogen werden könne. Vgl. auch *Hanau*, EuZA 2013, 105 (108 ff.). Kritisch zur Entscheidung des EuGH *Schmidt*, ZESAR 2012, 417 (420 f.). Schmidt sieht es als widersprüchlich an, dass der EuGH auf der einen Seite einen Auskunftsanspruch ablehnt und auf der anderen Seite die Verweigerung des Zugangs zu Informationen als Tatsache wertet, die sich auf die Darlegungs- und Beweislast zugunsten des Bewerbers positiv auswirke. Er gibt zu Bedenken, dass bei Nichtbestehen einer Auskunftspflicht die Verweigerung des Zugangs zu Informationen als „neutral" zu bewerten sei.

damit rechnen, nach der Glaubhaftmachung durch den vermeintlich Diskriminierten den Gegenbeweis führen zu müssen.[529] Der EuGH lässt dabei den Gegenbeweis durch alle rechtlich vorgesehenen Mittel zu, die belegen, dass die Politik der Einstellung auf Faktoren beruhte, die mit der Diskriminierung aufgrund eines bestimmten Merkmals nichts zu tun haben.[530] Als Beispiele für solche Faktoren zur Erbringung des Gegenbeweises dienen ein klares Abrücken von der diskriminierenden öffentlichen Äußerung oder die Vorlage der ausdrücklichen anwendbaren Bestimmungen im Bereich der Einstellungspolitik, die frei von jeglicher Diskriminierung zu formulieren sind.[531] Kritisiert wird an dieser Regelung, dass sie umfangreiche Dokumentationspflichten und einen damit verbundenen hohen bürokratischen Aufwand und Folgekosten zulasten der Arbeitgeber bedinge, die zur adäquaten Führung eines Gegenbeweises unerlässlich seien.[532] Dieser Kritik ist jedoch entgegenzuhalten, dass die Dokumentationspflichten eine Chance darstellen, um transparentere Personalentscheidungen zu entwickeln und zu einer objektiveren Gestaltung des Arbeitsverhältnisses zu gelangen.[533] Art. 10 RL dient der effektiven Durchsetzung der Rechte der Rentner im Nebenerwerb und der arbeitsuchenden Rentner, da der Nachweis der Diskriminierung für diese insb. im Arbeitsrecht sehr schwer zu erbringen ist, da sich in solchen Fällen die relevanten Informationen zumeist im Besitz des Beklagten befinden.[534]

c. Geltendmachung von Ansprüchen und Verbandsklagen

Die Mitgliedstaaten müssen gem. Art. 9 Abs. 1 RL sicherstellen, dass alle Personen ihre Ansprüche aus der RL auf dem Gerichts- und/oder Verwaltungsweg geltend machen können, wenn sie sich durch die Nichtbeachtung des Gleichbehandlungsgrundsatzes in ihren Rechten verletzt sehen. Gemäß Art. 9 Abs. 3 RL bleiben

---

529 *Kummer*, Umsetzungsanforderungen der neuen arbeitsrechtlichen Antidiskriminierungsrichtlinie, 163; *von Medem*, Kündigungsschutz und Allgemeines Gleichbehandlungsgesetz, 284.

530 Vgl. EuGH Urt. v. 25.04.2013 Rs. C-81/12 (Asociatia ACCEPT/Consiliul National pentru Combaterea Discriminarii) EuZW 2013, 469 (472).

531 Vgl. dazu *Benecke/Böglmüller*, EuZW 2013, 474 (475). Siehe EuGH, NZA 2013, 891 (894 Rn. 58); vgl. auch *Junker* RIW 2014, 2 (9).

532 *Weber*, AuR 2002, 401 (404); *Bauer*, NJW 2001, 2672 (2675); *Kummer*, Umsetzungsanforderungen der neuen arbeitsrechtlichen Antidiskriminierungsrichtlinie, 164.

533 *Kittner/Kohler*, BB 2000, Beilage 4, 1 (10).

534 Vorschlag für eine RL des Rates zur Festlegung eines allgemeinen Rahmens für die Verwirklichung der Gleichbehandlung in Beschäftigung und Beruf, KOM (1999), 565 endg., 14, 32.

von dieser Verpflichtung der Mitgliedstaaten Fristen für die Rechtsverfolgung in Bezug auf den Gleichbehandlungsgrundsatz unberührt. Dem folgend entschied der EuGH in der Rechtssache *Bulicke*, dass das Primärrecht der Union und Art. 9 RL einer gesetzlichen Ausschlussfrist von zwei Monaten für die Geltendmachung von Schäden aus der Verletzung des Altersdiskriminierungsverbots bei der Einstellung nicht entgegenstehe, sofern die Frist nicht ungünstiger sei, als die für vergleichbare innerstaatliche Rechtsbehelfe im Bereich des Arbeitsrechts (Grundsatz der Äquivalenz) und der Fristbeginn die Ausübung der Rechte aus der RL nicht unmöglich mache oder übermäßig erschwere (Grundsatz der Effektivität).[535]

Die Mitgliedstaaten stellen zudem nach Art. 9 Abs. 2 RL sicher, dass Verbände, Organisationen oder andere juristische Personen, welche ein rechtmäßiges Interesse daran haben, für die Einhaltung der Bestimmungen der RL zu sorgen, sich entweder im Namen der beschwerten Personen oder zu deren Unterstützung und mit deren Einwilligung an den zur Durchsetzung der Ansprüche vorgesehenen Gerichts- und/oder Verwaltungsweg beteiligen können. Daraus wird z. T. ein eigenes Klagerecht von Verbänden gefolgert.[536] Dagegen spricht jedoch der eindeutige Wortlaut des Art. 9 Abs. 2 RL, der lediglich ein Beteiligungsrecht der Verbände an Gerichtsverfahren der beschwerten Personen vorsieht.[537] Hintergrund dessen ist auch, dass bei der Diskriminierung höchstpersönliche Rechtsgüter verletzt werden, die nur unter Mitwirkung des Opfers kollektiv geltend gemacht werden dürfen.[538] So besitzt ein Verband das Klagerecht nur, wenn er eine eigene Rechtsverletzung geltend machen kann.[539] Durch diese Vorschrift treten Alten- bzw. Rentnerverbände nunmehr im Arbeits- und Sozialrecht neben die zuvor bestehenden Gewerkschaften, Arbeitgeber- und Behindertenverbände auf.[540] Dies ist als positiv für

535 EuGH Urt. v. 08.07.2010 Rs. C-246/09 (Bulicke) NJW 2010, 2713 (2715 Rn. 42).

536 *Wiedemann*, Gleichbehandlungsgebote, 80; *Coen*, AuR 2000, 11 (12); *Nickel*, NJW 2001, 2668 (2671); *Hailbronner*, ZAR 2001, 254 (259).

537 So auch *Bauer*, NJW 2001, 2672 (2675); *Högenauer*, Richtlinien gegen Diskriminierung, 150. Nach Högenauer lässt die RL offen, ob im nationalen Recht ein selbstständiges Klagerecht der Verbände bestehe, diesen lediglich ein Beteiligungsrecht eingeräumt werden sollte oder ob die Mitgliedstaaten bei der Umsetzung der RL in nationales Recht ein egoistisches Verbandsklagerecht einführen sollten. Dies resultiere daher, dass die RL lediglich Mindeststandards setzt. Einschränkend *Mahlmann* in: Rudolf/Mahlmann, Gleichbehandlungsrecht, 128, der zwar anführt, dass mit Art. 9 RL kein Verbandsklagerecht vorgeschrieben werde durch die RL, dieses aber unionsrechtlich auch nicht ausgeschlossen sei.

538 So *Lingscheid*, Antidiskriminierung, 107.

539 *Hahn*, Altersdiskriminierung, 147.

540 *Eichenhofer* in: Loccumer Protokolle 40/03, 73 (85).

den Rentner im Nebenerwerb und den arbeitsuchenden Rentner zu werten, da sie nun im Rahmen von Alten- und Rentnerverbänden ihre rechtlichen Interessen mit Hilfe des Beteiligungsrechts des Verbands vor Gericht oder bei eigener Rechtsverletzung des Verbands mit einer Verbandsklage durchsetzen können.

2. Rechtsfolgen bei Verletzung der Richtlinie

Nach Art. 17 RL legen die Mitgliedstaaten die Sanktionen fest, die bei einem Verstoß gegen die mitgliedstaatlichen Vorschriften zur Anwendung der RL zu verhängen sind, und treffen alle erforderlichen Maßnahmen, um die Durchführung der RL zu gewährleisten. Allerdings müssen diese Maßnahmen wirksam, verhältnismäßig und abschreckend sein (Art. 17 Abs. 1 S. 2 RL). Der Begriff „Verstoß" ist dabei weit zu verstehen und umfasst Verstöße im vertraglichen, gesetzgeberischen, aber auch sonstigen nicht gesetzgeberischen Bereich.[541] Da die RL die Wahl konkreter Sanktionen in das Ermessen der Mitgliedstaaten stellt, kommen als Sanktionen z. B. eine Wiedereinsetzung in den vorherigen Stand, Wiedereinstellungs- bzw. Beförderungsverpflichtung des Arbeitgebers, Ansprüche auf vollständigen Ersatz des sicheren und tatsächlichen, materiellen oder immateriellen Schadens mit Angabe von Mindestbeträgen oder Unterlassungsansprüche in Betracht.[542] Zwar ist eine Verpflichtung der Mitgliedstaaten zur Gewährung von Schadensersatzansprüchen nicht aus Art. 17 RL ablesbar, allerdings sollen diese wohl von der RL angeregt werden.[543] Der Schadensersatzanspruch ist verschuldensunabhängig, schließt bloße

---

541 *Husmann*, NZA 2008, Beilage zu Heft 2, 94 (99 Fn. 42, 100). Husmann betont diesbezüglich, dass der Wortlaut der Richtlinientexte dagegen spräche. Der nationale Gesetzgeber müsse demnach keine Sanktionen für den Fall legislativen Unrechts festlegen. In Betracht käme lediglich eine unionsrechtliche Staatshaftung gegen diskriminierende Legislativakte nach den unionsrechtlichen Grundsätzen, die der EuGH in den Rechtssachen Francovich und Brasserie du pêcheur/Factortame entwickelte. Husmann rückt somit von seiner Auffassung ab, dass der Begriff des Verstoßes auch den legislativen Bereich erfasse. Dies vertrat er noch in *Husmann*, ZESAR 2007, 58 (61).

542 *Lingscheid*, Antidiskriminierung, 102 ff. Vgl. auch *Roetteken*, NZA-RR 2013, 337 (338, 345). Möglich sind aber auch Geld- und Haftstrafen und somit „straf- oder ordnungswidrigkeitenrechtliche Bewehrung". Dabei wird auch auf die Ausgestaltung der Sanktion in einzelnen Mitgliedstaaten der EU eingegangen. Vgl. dazu *Franke/Steinel*, ZESAR 2012, 157 (161 ff.).

543 Vgl. Formulierung: „[…] die auch Schadensersatzleistungen an die Opfer umfassen können, […]" in Art. 17 S. 2 RL; vgl. dazu auch *Husmann*, ZESAR 2007, 58 (61). Ebenso *Riesenhuber* in: Bokum/Flanagan/Sands/Steinau-Steinrück, Age Discrimination, xxxv. A.A. *Temming*, Altersdiskriminierung im Arbeitsleben, 510, der

Verfahrensfehler ein, ohne dass sich diese auf das Verfahrensergebnis ausgewirkt haben müssen und ist selbst zu gewähren, wenn eine bloße Chance auf Einstellung oder Beförderung durch eine Ungleichbehandlung beeinträchtigt worden ist.[544]

Daher können der Rentner im Nebenerwerb und der arbeitsuchende Rentner von dem Diskriminierenden Schadensersatz verlangen, wenn das mitgliedstaatliche Recht dies vorsieht.

3. Unmittelbare Anwendbarkeit der Richtlinie

a. Vertikale Wirkung der Richtlinie

Adressaten von RL sind grundsätzlich die Mitgliedstaaten, so dass die Richtlinien nicht unmittelbar Rechte oder Pflichten Einzelner begründen können.[545] Sie sind unter bestimmten Voraussetzungen für den Rentner im Nebenerwerb unmittelbar anwendbar[546]. Die RL bzw. eine ihrer Bestimmungen müssen erstens den Rentner im Nebenerwerb begünstigen und zweitens für die Anwendung im Einzelfall „inhaltlich unbedingt" sowie „hinreichend bestimmt" sein. Drittens muss die Frist zur Umsetzung der RL abgelaufen sein, ohne dass der betreffende Mitgliedstaat seiner Verpflichtung zur Umsetzung des Inhalts der RL in nationales Recht nachgekommen ist,[547] indem er sie also entweder gar nicht oder nur fehlerhaft in das mitgliedstaatliche Recht transformiert hat.[548] In einem solchen Fall kann sich der Bürger gegenüber seinem Staat auf den Richtlinieninhalt berufen (sog. „vertikale Drittwirkung").[549] Davon abzugrenzen ist die Frage, ob eine Berufung

---

offensichtlich auch Schadensersatzleistungen von Art. 17 als erfasst ansieht. Vgl. dazu auch *Deinert* in: Däubler/Bertzbach, AGG, § 15 Rn. 4.

544 Vgl. dazu *Roetteken,* NZA-RR 2013, 337 (340 f., 344, 346).

545 *Herdegen*, Europarecht, § 8 Rn. 45.

546 Die unmittelbare Anwendbarkeit der RL wird auch als unmittelbare Wirkung, direkte Wirkung, Direktwirkung, Durchgriffswirkung etc. bezeichnet, vgl. *Herdegen*, Europarecht, § 8 Rn. 47 ff.; *Haltern*, Europarecht, Rn. 601; *Arndt*, Europarecht, 93.

547 Vgl. zu den Voraussetzungen für die unmittelbare Anwendbarkeit von RL, in ständiger Rechtsprechung EuGH Rs. 41/74 (van Duyn/Home Office) Slg. 1974, 1337, 1349 Rn. 13/14; Rs. C-431/92 (Kommission/Deutschland) Slg. 1995, I-2189, I-2220 Rn. 26. Vgl. ebenfalls *Borchardt*, Grundlagen der EU, Rn. 150, 152. *Ziegenhorn*, NVwZ 2010, 803 (806); *Schulte*, ZFSH/SGB 2006, 719 (722); *Herdegen*, Europarecht, § 8 Rn. 45; *Schmidt* in: von der Groeben/Schwarze, EU-/EG-Vertrag, Art. 249 Rn. 42; *Karpenstein*, EG-Recht, Rn. 57; Mörsdorf, EuR 2009, 219 (221); *Polloczek*, Altersdiskriminierung, 184; *Welti*, sozialer Rechtsstaat, 419.

548 *Mohr*, Diskriminierungen im Europäischen Arbeitsrecht, 184.

549 Vgl. zur vertikalen Wirkung, *Däubler* in: Däubler/Bertzbach, AGG, Einleitung Rn. 92.

auf die RL auch im Verhältnis zwischen Privatpersonen möglich ist („horizontale Drittwirkung").[550] Letzteres wird vom EuGH[551] und in der Literatur[552] abgelehnt. Diesbezüglich sei nur eine „europarechtskonforme Auslegung" möglich.[553]

Fraglich ist, ob eine unmittelbare „vertikale" Anwendbarkeit der RL 2000/78/EG tatsächlich anzunehmen ist.

Die unmittelbare vertikale Anwendbarkeit der RL wird z. T. abgelehnt.[554]

Wie sich in den Urteilen *Mangold*, *Palacios* und *Kücükdeveci* gezeigt habe, sieht der EuGH die Bestimmungen der RL 2000/78/EG als „inhaltlich unbedingt" und „hinreichend genau" an. Dies hat der Generalanwalt Mazák in den Schlussanträgen zu *Palacios* klargestellt.[555] Die Umsetzungsfrist ist ebenfalls abgelaufen.[556] Die RL könnte somit bei vorhandenen Umsetzungsfehlern im nationalen Recht

---

550 Siehe zur vertikalen und horizontalen Drittwirkung *Thüsing*, NJW 2003, 3441 (3441f.).

551 Vgl. EuGH Rs. C-555/07 (Kücükdeveci) EuR 2010, 791 (799 Rn. 46). Vgl. ebenso *Bauer/von Medem*, ZIP 2010, 449 (450). Der EuGH nennt als Grund für seine Ablehnung, dass er ansonsten seine Kompetenz im Rahmen des Art. 19 Abs. 1 S. 2 EUV ex Art. 220 EGV überschreiten würde. Vgl. dazu EuGH Urt. v. 14.07.1994 Rs. C-91/92 (Paola Faccini Dori) Slg. 1994, I-3325, I-3356 Rn. 24 f.

552 *Thüsing*, NJW 2003, 3441 (3442); *Thüsing*, RdA 2010, 187 (187); *Welti*, sozialer Rechtsstaat, 419. Vgl. zu den einzelnen Argumenten für und gegen eine horizontale Wirkung von Richtlinien umfassend *Wollenweber*, Diskriminierungsverbote, 96 ff. Nach dessen Ansicht muss der durch eine mögliche horizontale Wirkung der RL beabsichtigte effet utile hinter dem Vertrauensschutz des Bürgers in die ordnungsgemäße Umsetzung der RL und damit Veränderung der Rechtslage zu seinen Gunsten zurücktreten. Vgl. auch *Bauer/von Medem*, ZIP 2010, 449 (450, 456). Diese geben allerdings zu Bedenken, dass die RL 2000/78/EG faktisch eine horizontale Drittwirkung aufweise, da sie den Anwendungsbereich für primärrechtliche Diskriminierungsverbote eröffne, die ihrerseits wiederum direkt entgegenstehende nationale Vorschriften verdrängen.

553 *Thüsing*, NJW 2003, 3441 (3442). Weitergehender *Wollenweber*, Diskriminierungsverbote, 105. Dieser sieht nur in einem Zusammenspiel von richtlinienkonformer Auslegung, Vertragsverletzungsverfahren und Staatshaftung eine Wahrung des effet utile.

554 Vgl. dazu *Stork*, Anti-Diskriminierungsrecht der EU, 156 ff.

555 Generalanwalt Mazák in Rs. C-411/05 (Palacios) Slg. 2007, I-8531, I-8559 Rz. 114. Danach hat Mazák keinen Zweifel daran, das zumindest Art. 1 und 6 der RL und das darin niedergelegte Verbot der Diskriminierung aufgrund des Alters inhaltlich bestimmt und unbedingt sei und die RL 2000/78/EG daher die materiellen Voraussetzungen der unmittelbaren Wirkung erfülle. So auch *Ziegenhorn*, NVwZ 2010, 803 (806).

556 Dies habe auch der EuGH insb. in der Rechtssache Kücükdeveci herausgestellt, um die Anwendung des primärrechtlichen Diskriminierungsverbots zu begründen, dies wäre aber nach Ziegenhorn hier gar nicht notwendig gewesen, da die Voraussetzungen einer „unmittelbaren Wirkung" der RL vorlagen. Vgl. *Ziegenhorn*, NVwZ 2010, 803 (807).

unmittelbare Wirkung haben.[557] Auch die überwiegende Auffassung in der Literatur sieht die Voraussetzungen der unmittelbaren vertikalen Anwendbarkeit als erfüllt an, da die RL ein Recht des Einzelnen auf einen Mindestschutz vor Diskriminierung festschreibe.[558]

Dafür spricht, dass das Diskriminierungsverbot in Art. 2 RL 2000/78/EG im Hinblick auf das Vorliegen einer Diskriminierung hinreichend genau sei, da Art. 2 RL ein spezifisches, genau bezeichnetes Verhalten verbiete. So sei die Konzeption des Art. 2 RL 2000/78/EG ähnlich dem Art. 157 AEUV, dessen unmittelbare Anwendbarkeit seit langem unbestritten sei.[559]

Die ablehnende Auffassung führt demgegenüber an, dass der Anwendungsbereich des Art. 3 Abs. 1 RL nur „im Rahmen der auf die Gemeinschaft [nunmehr Union] übertragenen Zuständigkeiten" eröffnet sei, wobei unklar bleibe, welche genauen Zuständigkeiten das vorliegend seien. Gegen die Annahme der „hinreichenden Genauigkeit" spreche deshalb, dass sich weder aus der RL selbst noch aus der Begründung des Vorschlags der Kommission Kriterien für eine Auslegung der Formulierung „im Rahmen der auf die Gemeinschaft [nunmehr Union] übertragenen Zuständigkeiten" ergäben.[560] Aus der Gesamtschau der Erwägungsgründe und der Aufzählung der Regelungsbereiche der RL in Art. 3 Abs. 1 lit. a) bis d) RL, ergibt sich, dass diese neben Art. 19 AEUV als „eingeschränkter Ermächtigungsnorm" zusätzlich auf den Rechtsgrundlagen der Art. 153 lit. j), 165, 166 AEUV beruht.[561] Die RL 2000/78/EG ist somit hinreichend genau.

Teilweise wird aufgrund der in der RL enthaltenen Ausnahmen diese nur dann als „inhaltlich unbedingt" angesehen, wenn sich die Ausnahme aus der RL selbst ergebe, nicht aber, wenn durch sie den Mitgliedstaaten die bloße Befugnis zum Maßnahmenerlass eingeräumt werde.[562] Nach dieser Ansicht wäre Art. 4 Abs. 1 RL 2000/78/EG nicht inhaltlich unbedingt, da er den Mitgliedstaaten durch die Formulierung in Art. 4 Abs. 1 RL „können die Mitgliedstaaten vorsehen" nur eine Befugnis zum Erlass von Maßnahmen gewährt. Nach der zutreffenden Rechtsprechung des EuGH

---

557 So auch *Müller*, Alter und Recht, 298.

558 *Husmann*, NZA 2008, Beilage zu Heft 2, 94 (101); *Thüsing*, Arbeitsrechtlicher Diskriminierungsschutz, 19 f; *Welti*, sozialer Rechtsstaat, 419; *Riesenhuber* in: Bokum/Flanagan/Sands/Steinau-Steinrück, Age Discrimination, xxxvii.

559 Siehe dazu *Thüsing*, Arbeitsrechtlicher Diskriminierungsschutz, 20. Vgl. zu der Erfüllung der Voraussetzungen für eine unmittelbar vertikale Wirkung der RL auch *von Medem*, Kündigungsschutz und Allgemeines Gleichbehandlungsgesetz, 224.

560 Ebenso *Stork*, Anti-Diskriminierungsrecht der EU, 158.

561 Vgl. Teil 3, B., III., 3., a., b. und d.

562 Ebenso *Stork*, Anti-Diskriminierungsrecht der EU, 160.

ist die RL auch dann „inhaltlich unbedingt, wenn sie Ausnahmen zulässt, die die Mitgliedstaaten erlassen können.[563] Dies erscheint nachvollziehbar, da es Sinn und Zweck von Ausnahmen ist, für bestimmte Sonderkonstellationen Abweichungen von der RL zuzulassen bzw. die RL auf einen bestimmten Sachverhalt nicht anzuwenden.[564] Denn die RL kann nicht umfassend jeden Ausnahmefall vorsehen, wie es die Literaturansicht vertritt. Dies führt eindeutig zu weit. Denn es würde bedeuten, dass die Union sämtliche Ausnahme- bzw. Sonderkonstellationen, die auch von der Ausgestaltung des Rechts im betreffenden Mitgliedstaat abhängen, selbst regeln müsste. Damit wäre höchstwahrscheinlich selbst der Unionsgesetzgeber überfordert.

Der Ansatz der überwiegenden Literatur überzeugt, dass die RL inhaltlich unbedingt und hinreichend genau dem Einzelnen ein Recht auf einen Mindestschutz vor Diskriminierung vermittelt, welcher sich auch aus dem Erwägungsgrund 28 zur RL ergibt.[565] Dem folgend hält der EuGH es für ausreichend, dass die RL in Art. 17 nur verlangt, dass die Sanktionen „wirksam, verhältnismäßig und abschreckend" sein müssen. Er sieht es für die unmittelbare Anwendbarkeit der RL als ausreichend an, wenn sich aus den Vorgaben gewisse Mindestsanktionen ableiten lassen.[566]

Die RL 2000/78/EG ist somit inhaltlich unbedingt und genau.

Des Weiteren muss die Frist zur Umsetzung der RL abgelaufen sein, ohne dass der jeweilige Mitgliedstaat seiner Verpflichtung zur Umsetzung des Inhalts der RL in nationales Recht nachgekommen oder nicht hinreichend nachgekommen ist. Die RL war bis zum 02.12.2003 umzusetzen. Hinsichtlich des Diskriminierungsmerkmals Alter lief die Umsetzungsfrist am 02.12.2006 ab.[567] Insoweit ist nach dem 02.12.2006 ein Fristablauf zu verzeichnen. Die RL ist mithin unmittelbar anwendbar. Die RL begründet daher unmittelbar Rechte für den Rentner im Nebenerwerb und den arbeitsuchenden Rentner.

---

563 EuGH Rs. 8/81 (Becker/Finanzamt Münster-Innenstadt) Slg. 1982, 53, 72 Rn. 30; Rs. C-156/91 (Hansa Fleisch) Slg. 1992, 5567, 5594 Rn. 15; Rs. C-91/92 (Paola Faccini Dori) Slg. 1994, I-3325, I-3354 Rn. 17.

564 Vgl. zur Definition von Ausnahmen und Bereichsausnahmen *Stork*, Anti-Diskriminierungsrecht der EU, 131.

565 Vgl. *von Medem*, Kündigungsschutz und Allgemeines Gleichbehandlungsgesetz, 224. Vgl. auch Erwägungsgrund Nr. 28 RL 2000/78/EG, wonach in der RL „Mindestanforderungen" festgelegt werden und es den Mitgliedstaaten freistehe darüber hinaus günstigere Vorschriften einzuführen.

566 EuGH Urt. v. 19.11.1991 verb. Rs. C-6/90 und 9/90 (Francovich u.a.) Slg. 1991, I-5357, I-5415 Rn. 41; *Thüsing*, NJW 2003, 3441 (3444).

567 Art. 18 RL 2000/78/EG.

b. primärrechtliches Verbot der Altersdiskriminierung als allgemeiner Grundsatz des Unionsrechts i.S.v. Art. 6 Abs. 3 EUV

Wie zuvor festgestellt, muss grundsätzlich die Umsetzungsfrist abgelaufen sein, für die unmittelbare Anwendbarkeit der RL. Kurios ist daher, dass der EuGH in der Rechtssache *Mangold*, trotz noch nicht abgelaufener Umsetzungsfrist der RL, implizit von einer unmittelbaren Anwendbarkeit des Diskriminierungsverbots der RL 2000/78/EG ausging.[568] So prüfte er die Regelung des § 14 Abs. 3 TzBfG an der RL 2000/78/EG, ohne dies zu begründen. Eigentlich wäre aber, um überhaupt einen Verstoß gegen die RL 2000/78/EG konstatieren zu können, zunächst einmal die Frage zu beantworten gewesen, ob die RL dem Einzelnen ein unmittelbar anwendbares Recht verleiht. Somit konnte die RL vor Ablauf der Umsetzungsfrist zumindest in Bezug auf das Diskriminierungsmerkmal Alter angewendet werden.[569]

568 *Mann*, Altersdiskriminierung, 55 ff. Vgl. außerdem *Reich*, EuZW 2006, 20 (22) der zudem eine horizontale Wirkung der RL bejaht und insoweit von „Dritt-Vor-Wirkung" spricht sowie *Gas*, EuZW 2005, 737 (737). *Böhm*, JZ 2008, 324 (328, 330) geht davon aus, dass eine „faktische horizontale Wirkung" bei Abstellung auf die Konsequenzen der Mangold-Entscheidung des EuGH bestehe. Nach Böhm hat der EuGH dadurch gegen das Prinzip der begrenzten Einzelermächtigung und das Subsidiaritätsprinzip verstoßen. Böhm begründet dies damit, dass die Ableitung eines Verbots der Altersdiskriminierung als allgemeiner Rechtsgrundsatz in erster Linie Maßstab für Maßnahmen der Union selbst sei. Für die Mitgliedstaaten sei er nur insoweit von Relevanz, als er bei der Umsetzung von Unionsrecht zu beachten sei. In keinem Fall stelle er eine Ermächtigungsnorm dar. Der EuGH habe aber aus einem allgemeinen Rechtsgrundsatz eine Rechtsfolge abgeleitet, die über die in Art. 19 AEUV enthaltene Ermächtigung hinausgehe und somit die Kompetenzen der Union unzulässigerweise erweitert, denn damit komme letztlich auch der RL eine faktische horizontale Wirkung zu. A.A. *Kamanabrou*, RdA 2007, 199 (205). Kamanabrou geht davon aus, dass auch nach der Entscheidung des EuGH in der Rechtssache Mangold die RL zwischen Privaten keine unmittelbare und somit horizontale Wirkung entfalte. Dies liege darin begründet, dass die RL keine bestimmte Sanktion vorsieht und es daher an einer hinreichend genauen Richtlinienbestimmung fehlen würde, aus der sich konkrete Ansprüche des Bürgers ergeben. Demgegenüber schreibt Pollaczek aber zumindest dem primärrechtlichen Altersdiskriminierungsverbot horizontale Wirkung zu. Vgl. *Polloczek*, Altersdiskriminierung, 212, 220. Vgl. auch *Müller*, Alter und Recht, 133 f., der anführt, dass der EuGH bei Mangold die Frage gar nicht entschieden habe, ob Richtlinien unmittelbare horizontale Wirkung haben, sondern lediglich, dass nur der primärrechtliche allgemeine Gleichbehandlungsgrundsatz des Unionsrechts eine solche aufweise.

569 Dies begründete der EuGH damit, dass „das Verbot der Diskriminierung wegen des Alters … als allgemeiner Grundsatz des Gemeinschaftsrechts anzusehen" sei. Daher

Der EuGH griff dabei aber nicht auf die Gewährleistungen der RL zurück, was deren unmittelbare Anwendbarkeit vorausgesetzt hätte, sondern führte aus, dass sich die Betroffenen auf ein primärrechtliches Verbot der Altersdiskriminierung als allgemeinen Grundsatz des Unionsrechts berufen könnten.[570] Es kam somit in der *Mangold*-Entscheidung gar nicht darauf an, ob eine unmittelbare Wirkung der RL bestand. Gerechtfertigt werden kann ein Verstoß gegen das primärrechtliche Altersdiskriminierungsverbot nur durch eine strenge Verhältnismäßigkeitsprüfung, bei der ein „wirkliches Bedürfnis" für eine Diskriminierung vorliegen und die Geeignetheit, Erforderlichkeit und Angemessenheit im engeren Sinne bejaht werden müsse.[571] In der Rechtssache *Palacios* hatte der EuGH zwar eine tarifvertragliche Regelung zur Zwangsversetzung in den Ruhestand ab einem Alter von

---

könne auch „die Wahrung des allgemeinen Grundsatzes der Gleichbehandlung, insb. im Hinblick auf das Alter, … nicht vom Ablauf der Frist abhängen". Vgl. dazu EuGH Rs. C-144/04 (Mangold) Slg. 2005, I-9981, I-10040 Rn. 75 f. Vgl. zur Kritik am Verbot der Altersdiskriminierung als allgemeinem Rechtsgrundsatz, *Böhm*, JZ 2008, 324 (327 ff.). Ebenfalls kritisch zu Mangold äußert sich *Kingreen*, EuR 2010, 338 (345, 362f.). Danach habe sich der EuGH mit der Schaffung eines allgemeinen Verbots der Altersdiskriminierung als allgemeinen Rechtsgrundsatz und einem quasi „Grundrecht" Legislativbefugnisse angemaßt und so gegen den Grundsatz der Gewaltenteilung verstoßen. Er gibt zu bedenken, dass sich die Union auf dem Weg zu einer „Grundrechtsunion" befinde. Dies sei allerdings kein „Mehrwert", da die Mitgliedstaaten die Grundrechte ausreichend gewährleisten würden. Dies sei nur der zweifelhafte Versuch eine „abgeschwächte demokratische Legitimation durch ein Maximum individueller Freiheit" zu kompensieren. Der EuGH sollte sich gerade im Sozialrecht diesbezüglich in Selbstbeschränkung üben. Die Herleitung des primärrechtlichen Verbots der Altersdiskriminierung halten *Bauer/von Medem* ZIP 2010, 449 (450) zwar für angreifbar, allerdings komme es hierauf künftig nicht mehr an, da das Verbot der Altersdiskriminierung wegen Art. 21 Abs. 1 Grundrechtecharta ein „geschriebenes unionsrechtliches Grundrecht" sei.

570 EuGH Rs. 144/04 (Mangold) Slg. 2005, I-9981, I-10040 Rn. 75; EuZW 2006, 17 (20 Rn. 75). Vgl. zur Kritik an der Herleitung eines unionsrechtlichen Gleichheitssatzes in Mangold, *Polloczek*, Altersdiskriminierung, 150 f., 171 ff. Vgl. auch *Müller*, Alter und Recht, 127 ff.

571 So *Polloczek*, Altersdiskriminierung, 211 f., welcher die Rechtfertigungsmöglichkeiten des primärrechtlichen Geschlechterdiskriminierungsverbots auf das primärrechtliche Altersdiskriminierungsverbot überträgt. Allerdings hatte der EuGH in der Rs. Bilka zum primärrechtlichen Geschlechtsdiskriminierungsverbot nur gefordert, dass die „Mittel einem wirklichen Bedürfnis des Unternehmens dienen und zur Erreichung dieses Ziels geeignet und erforderlich sind. Vgl. EuGH Urt. v. 13.5.1986 Rs. 170/84 (Bilka) Slg. 1986, 1607 (1628 f. Rn. 37). Polloczek fordert somit zusätzlich die Angemessenheit i.e.S.

65 Jahren, wenn der betroffene Arbeitnehmer einen Anspruch auf Altersrente hat, anhand des primärrechtlichen Verbots der Altersdiskriminierung geprüft, die Regelung aber durch Art. 6 RL als gerechtfertigt angesehen. Vielfach wird kritisiert, dass der EuGH somit das primärrechtliche Verbot der Altersdiskriminierung durch die ausdehnende Anwendung von Art. 6 RL wieder relativiere.[572] So wird gerade bei den besonderen Diskriminierungsverboten eine äußerst strenge Verhältnismäßigkeitsprüfung mit allen Elementen durch den EuGH vorausgesetzt, da diese einer stärkeren Legitimation bedürften.[573] In der Rechtssache *Bartsch* verlangte der EuGH für die Bindung des primärrechtlichen Verbots der Altersdiskriminierung, dass ein Sachverhalt mit unionsrechtlichem Bezug bestehe. Ein solcher werde u. a. durch die RL nach Ablauf ihrer Umsetzungsfrist hergestellt.[574] Kritisiert wird an der Entscheidung *Bartsch*, dass der EuGH hier offenbar versäumte, das Merkmal des „unionsrechtlichen Bezugs" zu konkretisieren.[575] In der Rechtssache *Hütter* hat der EuGH eine nationale österreichische Regelung für unzulässig erklärt, die

---

572 Vgl. *Runggaldier*, RdA 2009, Sonderbeilage Heft 5, 40 (42). A.A. *Kaiser*, Altersdiskriminierungsschutz, 44 f. Diese geht davon aus, dass der EuGH nicht auf den primärrechtlichen Grundsatz der Altersdiskriminierung einging in seinem Urt., sondern den Fall Palacios nur anhand der RL 2000/78/EG prüfte.

573 Siehe *Wollenweber*, Diskriminierungsverbote, 136, 154.

574 EuGH Urt. v. 23.09.2008 Rs. C-427/06 (Bartsch/Bosch und Siemens Hausgeräte [BSH] Altersfürsorge GmbH) Slg. 2008, I-7245, I-7296 Rn. 25, I-7290. Konkret ging es in der Rechtssache Bartsch um eine nationale Regelung einer Kasse zur betrieblichen Altersversorgung, wonach solche Hinterbliebenen eines verstorbenen Arbeitnehmers von den Leistungen der Kasse ausgeschlossen wurden, wenn sie 15 Jahre jünger als der Verstorbene sind. Vorliegend hat der EuGH den unionsrechtlichen Bezug verneint, da die nationale Regelung nicht wie z. B. bei Mangold der Umsetzung einer europarechtlichen RL diente. Siehe EuGH Urt. v. 23.09.2008 Rs. C-427/06 (Bartsch/Bosch und Siemens Hausgeräte [BSH] Altersfürsorge GmbH) Slg. 2008, I-7245, I-7290 Rn.7, I-7296 Rn. 24, I-7290. Vgl. dazu auch *Müller*, Alter und Recht, 147. A.A. *Kaiser*, Altersdiskriminierungsschutz, 45 ff. Diese geht davon aus, dass der EuGH in der Entscheidung Bartsch und den Folgeentscheidungen Hütter, Age Concern, Wolf und Petersen nicht auf den primärrechtlichen Grundsatz der Altersdiskriminierung einging, sondern diese Fälle ausschließlich anhand der RL 2000/78/EG prüfte. Insoweit könne aus diesen Entscheidungen auch nicht negativ abgeleitet werden, dass durch den EuGH eine Schwächung des primärrechtlichen Verbots der Altersdiskriminierung beabsichtigt wurde. Vielmehr sei davon auszugehen, dass der EuGH hier keine weitere Aussage zu dem Altersdiskriminierungsverbot treffen wollte.

575 Vgl. zur Kritik am Urt. Bartsch, *Bayreuther*, EuZW 2008, 698 (699 f.). Rolfs kritisiert zudem, dass der EuGH mit dem Urt. Bartsch nahezu keine Aussagen zum primärrechtlichen Verbot der Altersdiskriminierung treffe und darüber hinaus sich noch in

für die Festlegung von vergütungsrelevanten Altersstufen im öffentlichen Dienst die Berücksichtigung von vor Vollendung des 18. Lebensjahres liegenden Dienstzeiten ausschloss, da die Zielsetzungen nicht in sich kohärent seien.[576] So sei zwar die Honorierung von Berufserfahrung eines Arbeitnehmers ein legitimes Ziel, dies gelte aber nicht, wenn allein das Alter des Arbeitnehmers trotz möglicherweise gesammelter Berufserfahrung zur Diskriminierung führe. Hier stehen die Honorierung der Berufserfahrung und das Alter in keinerlei Zusammenhang.[577]

Auch in der Rechtssache *Kücükdeveci* sah der EuGH in der Nichtberücksichtigung der im Betrieb verbrachten Arbeitszeiten vor Vollendung des 25. Lebensjahres bei der Kündigungsfrist eine ungerechtfertigte Altersdiskriminierung und prüfte diese anhand seines in der *Mangold*-Entscheidung primärrechtlich entwickelten Verbots der Altersdiskriminierung, da die RL 2000/78/EG lediglich eine Konkretisierung dieses allgemeinen Grundsatzes sei.[578] Das Verbot der Altersdiskriminierung sei eine „spezifische Anwendung des allgemeinen Gleichbehandlungsgrundsatzes“ und als solcher ein allgemeiner Rechtsgrundsatz des Unionsrechts. Wegen des Vorrangs des Unionsrechts bestehe eine Verpflichtung der Mitgliedstaaten Normen nicht anzuwenden, die gegen diesen Grundsatz verstoßen und nicht unionsrechtskonform ausgelegt werden können.[579] Kritisch an der Anknüpfung des primärrechtlichen Verbots der Altersdiskriminierung an den allgemeinen Gleichheitssatz ist, dass damit völlig unklar bleibt, ob dieses hinsichtlich des Inhalts und des Kontrollmaßstabs dem Art. 21 Grundrechtecharta entspreche.[580] Der EuGH hat sein *Mangold*-Urteil durch *Kücükdeveci* vollumfänglich als

---

Widerspruch zu seiner Mangold-Entscheidung setze. Vgl. dazu *Rolfs, EuZA* 2 (2009), 235 (237). Vgl. dazu auch *Junker*, RIW 2010, 343 (344).

576 EuGH Urt. v. 18.6.2009 Rs. C-88/08 (David Hütter/Technische Universität Graz) NZA 2009, 891 (892 f. Rn. 38, 46 ff.). Vgl. *Bauschke*, öAT 2011, 9 (9); *Müller*, Alter und Recht, 154 ff.; *Resch*, ZESAR 2012, 257 (257 f.).

577 EuGH Urt. v. 18.6.2009 Rs. C-88/08 (David Hütter/Technische Universität Graz) NZA 2009, 891 (892 f. Rn. 47).

578 In der Rechtssache Kücükdeveci entschied der EuGH, dass eine nationale Regelung, die die Beschäftigungszeiten vor Vollendung des 25. Lebensjahrs von Arbeitnehmern bei der Berechnung der Kündigungsfrist nicht einbezieht gegen das Unionsrecht, insb. das Verbot der Altersdiskriminierung, welches durch die RL 2000/78/EG konkretisiert werde, verstoße. Vgl. EuGH Urt. v. 19.01.2010 Rs. C-555/07 (Kücükdeveci) EuZW 2010, 177 (177). Vgl. auch *Bauer/von Medem*, ZIP 2010, 449 (449).

579 EuGH Urt. v. 19.01.2010 Rs. C-555/07 (Kücükdeveci) EuZW 2010, 177 (180 Rn. 50 ff.); *Bauer/von Medem*, ZIP 2010, 449 (450).

580 Vgl. dazu kritisch *Rebhahn* in: WiR, Alter und Recht, 71 (82). Sollte der allgemeine Gleichheitsgrundsatz den spezifischen Diskriminierungsverboten inhaltlich

richtig hingestellt und somit allen kritischen Stimmen zu diesem Urt. eine Absage erteilt.[581] Für die Anwendbarkeit des Gleichbehandlungsgrundsatzes muss die zu regelnde Materie in den Anwendungsbereich des Unionsrechts fallen, was bisher bejaht wurde, wenn die Norm Unionsrecht umsetzt, sich auf eine nach Unionsrecht zugelassene Ausnahme beruft oder sonst wie in den Anwendungsbereich fällt, weil z. B. eine bestimmte materielle Vorschrift des Unionsrechts auf den Sachverhalt anwendbar ist.[582] Nunmehr sieht der EuGH den Anwendungsbereich des Unionsrechts als eröffnet an, wenn eine Norm des mitgliedstaatlichen Rechts Bereiche tangiert, die in den Anwendungsbereich einer RL fallen. Konsequenz dessen könne sein, dass jedes nationale Gericht in jeder Materie mitgliedstaatliches Recht ohne Anrufung des Bundesverfassungsgerichts verwerfen könnte.[583] Dadurch, dass der EuGH das Verbot der Altersdiskriminierung extensiv verwendet, könnte er zudem die Grenzen seiner Rechtsprechung zur beschränkten Wirkung von Richtlinien umgehen. Durch Abstellung auf das primärrechtliche Verbot der Altersdiskriminierung komme es jetzt auf die Subsumtion des Verpflichteten unter den Staatsbegriff oder die richtlinienkonforme Auslegung unionsrechtswidriger nationaler Bestimmungen sowie die Staatshaftung bei Verstößen gegen Unionsrecht nicht mehr an. Vielmehr erfolge ein „Stufenwechsel in das primäre Unionsrecht“, dessen subjektive Rechte unmittelbar anwendbar seien und mit dessen Hilfe entgegenstehendes mitgliedstaatliches Recht für nicht anwendbar erklärt werden könne.[584] Demgegenüber sieht eine Literaturansicht diese Problematik nicht so streng und verweist darauf, dass es eine langjährige Rechtsprechung des EuGH zur Unanwendbarkeit des nationalen Rechts durch jeden nationalen Richter gebe, welche nicht mit dem Europarecht im Einklang stehe und der Wertungswiderspruch zwischen der zwingenden Aufhebung durch das BVerfG, wenn deutsche Gesetze gegen das Grundgesetz verstoßen und der

entsprechen, hätte es deren gesonderter Normierung nicht bedurft. Geht man davon aus, dass die spezifischen Diskriminierungsverbote inhaltlich schärfer seien, könne man zur Konkretisierung des schärferen, weil spezielleren Altersdiskriminierungsverbots, wohl kaum auf das allgemeinere Verbot zurückgreifen.

581 *Junker*, RIW 2011, 97 (103); *Franzen, EuZA* 3 (2010) 306 (314); *Joussen*, ZESAR 2010, 185 (188).

582 Schlussanträge der Generalanwältin Sharpston v. 22.5.2008 Rs. C-427/06 (Bartsch/Bosch und Siemens Hausgeräte Altersfürsorge GmbH) I-7247, I-7267 Rn. 69.

583 Vgl. *Thüsing*, RdA 2010, 187 (187). Die Voraussetzung der Unanwendbarkeit im Ergebnis zustimmend *Seifert*, EuR 2010, 802 (805).

584 Vgl. zu der Überwindung der Grenzen der Rechtsprechung des EuGH durch das Verbot der Altersdiskriminierung *Preis/Temming*, NZA 2010, 185 (189).

zwingenden Unanwendbarkeit europarechtswidriger Gesetze durch jedes beliebige Gericht, im deutschen Recht gelöst werden müsse. Man könnte z. B. in den Prozessordnungen eine Pflicht zur Vorlage an den EuGH durch jedes Gericht normieren, wenn zu klären ist, ob eine nationale Regelung mit dem Europarecht unvereinbar ist.[585]

Inwieweit der EuGH durch den zukünftigen extensiven Gebrauch des Verbots der Altersdiskriminierung die Grenzen seiner Rechtsprechung zur beschränkten Wirkung der RL 2000/78/EG umgeht, bleibt abzuwarten.[586] Allerdings ist zu bedenken, dass das Sekundärrecht und somit auch die RL 2000/78/EG, deren unmittelbare vertikale Anwendbarkeit bejaht wurde, über dem nationalen Recht steht, und daher eine richtlinienkonforme Auslegung des nationalen Rechts erfordern kann. Offen ist derzeit, ob der EuGH das primärrechtliche Verbot der Altersdiskriminierung zukünftig ausschließlich aus der Grundrechtecharta ableitet oder ob er diesem als allgemeinen Unionsgrundsatz eine über Art. 21 Grundrechtecharta hinausgehende Bedeutung beimisst.[587]

VI. Würdigung des Art. 19 AEUV und der Richtlinie 2000/78/EG

1. Allgemeines

Durch Art. 19 Abs. 1 AEUV und die RL 2000/78/EG ist es erstmals explizit verboten worden, wegen Alters zu diskriminieren. Im europäischen Antidiskriminierungsrecht stellt die Verankerung des Verbots der Altersdiskriminierung für den nichterwerbstätigen Rentner, den Rentner im Nebenerwerb und den arbeitsuchenden Rentner einen Meilenstein in der Rechtsetzung dar und reflektiert das gesellschaftlich bedingte Erfordernis einer solchen Regelung.

Die RL greift nach ihrem Zweck (Art. 1 RL) für die Bereiche Beschäftigung, Beruf und Berufsausbildung. Das Altersdiskriminierungen nicht nur in diesem Bereich virulent werden, hat die Kommission inzwischen erkannt und einen Vorschlag für eine RL des Rates zur Anwendung des Grundsatzes der Gleichbehandlung

---

585 Vgl. *Fastenrath*, FAZ Nr. 32 v. 08.02.2010, 6 (6). Siehe auch *Junker*, RIW 2011, 97 (103).

586 So kommt es durch die Abstellung auf ein allgemeines Verbot der Altersdiskriminierung nicht mehr darauf an, ob der Verpflichtete noch unter den weit auszulegenden Begriff des Staats fällt oder ob die unionsrechtswidrige mitgliedstaatliche Vorschrift richtlinienkonform ausgelegt werden könne.

587 Vgl. *Rebhahn* in: WiR, Alter und Recht, 71 (82).

ungeachtet u.a. des Alters eingereicht, der auf die Anwendung des Gleichbehandlungsgrundsatzes außerhalb des Arbeitsmarkts und somit auch auf „alle anderen Lebensbereiche“ abzielt.[588] Da der Richtlinienentwurf das Diskriminierungsverbot für alle Personen im öffentlichen und privaten Bereich vorsieht, ist auch der nichterwerbstätige Rentner, der keiner Beschäftigung bzw. keinem Beruf nachgeht, umfassend vor Altersdiskriminierung geschützt.

2. Diskriminierungsmerkmale der Richtlinie 2000/78/EG

a. Abschließende Aufzählung und Anzahl der Diskriminierungsmerkmale

An der abschließenden Aufzählung von nur fünf Diskriminierungsmerkmalen in der RL 2000/78/EG wird kritisiert, dass die Berücksichtigung nur bestimmter Gruppen andere vernachlässigt und dies wieder zu einer Ungleichbehandlung führe.[589] Dem kann jedoch entgegengehalten werden, dass sich die fünf Diskriminierungsmerkmale in der Vergangenheit als „besonders diskriminierungsrelevant“ gezeigt haben.[590] Zudem kann durch die Begrenzung ein „überschaubarer Rahmen“ vorgegeben werden, den die Mitgliedstaaten ausfüllen dürfen.[591] Eine solche beschränkende Regelung auf fünf Diskriminierungsmerkmale ist für den Rentner im Nebenerwerb bedeutend, denn nur durch die Beschränkung kann er einerseits genau erkennen, welche Diskriminierungsmerkmale zu einer Diskriminierung führen, und anderseits ist er abgesichert, dass bei Nichtvorliegen der Rechtfertigung der Diskriminierung in genau diesen Diskriminierungsfällen Sanktionen erfolgen.

Bei einer großen Anzahl von Diskriminierungsmerkmalen besteht die Gefahr, dass sowohl die Bereichsausnahmen als auch die Rechtfertigungsmöglichkeiten zu stark ausgedehnt werden. Eine an sich nicht abschließende Aufzählung vieler verschiedener Diskriminierungsmerkmale in einer RL, die zur Festlegung eines

---

588 Vgl. Vorschlag für eine RL des Rates zur Anwendung des Grundsatzes der Gleichstellung ungeachtet der Religion oder der Weltanschauung, einer Behinderung, des Alters oder der sexuellen Ausrichtung, KOM (2008) 426 endg. Vgl. zum Inhalt des Richtlinienentwurfs *Grabenwarter* in: Grabitz/Hilf, Art. 19 AEUV Rn. 73. Vgl. dazu *Geiger/Khan/Kotzur*, Art. 19 AEUV Rn. 12. Die RL befindet sich in der 4. Erörterung im Rat. Vgl. http://ec.europa.eu/prelex/detail_dossier_real.cfm?CL=de&DosId=197196 (Abrufdatum: 25.09.2011).

589 *Thüsing*, ZfA 2001, 397 (414). So lässt die RL aufgrund ihrer amtlichen Überschrift Rahmenrichtlinie einen umfassenderen Schutz vermuten. Siehe auch *Waas*, ZIP 2000, 2151 (2154 Fn. 38).

590 *Neuner*, JZ 2003, 57 (62).

591 *Stalder*, Antidiskriminierungsmaßnahmen, 92.

allgemeinen Rahmens für die Verwirklichung der Gleichbehandlung in Beschäftigung und Beruf dienen soll, ginge viel zu weit und würde den „allgemeinen Rahmen" sprengen. Arbeitgeber müssten dann in der Praxis bei Handlungen oder Äußerungen in Bezug auf den Rentner im Nebenerwerb als Arbeitnehmer erst einmal gedanklich z. B. zehn oder mehr möglicherweise einschlägige Diskriminierungsmerkmale prüfen und wären so im täglichen Umgang gehemmt. Auch kann von dem Arbeitgeber eine solche Prüfung nicht permanent verlangt werden. Insoweit ist die Beschränkung auf wenige und ggf. abschließende Diskriminierungsmerkmale, die den Schutz garantieren, durchaus sinnvoll und beizubehalten.

b. Bedeutung der Definition von Diskriminierungsmerkmalen

Problematisch ist, dass die einzelnen Diskriminierungsmerkmale, wie z. B. „Alter" nicht abschließend definiert wurden. Dies ist jedoch aufgrund der Vielfalt und Weite der vom Diskriminierungsmerkmal „Alter" erfassten Sachverhalte letztendlich nachvollziehbar.[592] Allerdings weist dies wiederum dem EuGH eine große Verantwortung zu, weil dieser nunmehr die effektive Durchsetzung der RL durch Auslegung der einzelnen Begriffe sicherzustellen habe.[593] Aus Sicht des Rentners im Nebenerwerb und des arbeitsuchenden Rentners ist die Definition des Begriffs Alter unumgänglich.

c. Doppel- und Mehrfachdiskriminierung

Es ist zu bedenken, dass Personen wegen mehrerer Diskriminierungsmerkmale gleichzeitig beschwert sein können. Die rechtliche Würdigung dieser Problematik insb. hinsichtlich der Sanktionsmaßnahmen wird von der RL nicht behandelt. So ist eine mehrfache Entschädigung für die Verletzung mehrerer Diskriminierungsmerkmale ausgeschlossen. Die Doppeldiskriminierung wird daher nur einmal beim Schadensersatz berücksichtigt, was jedoch nicht heißt, dass dies vom Unionsgesetzgeber so gewollt ist. Dass eine Doppel- oder Mehrfachdiskriminierung in der Rechtsprechungspraxis der Mitgliedstaaten, die eine Schadensersatzverpflichtung kennen, nur ein einziges Mal bei der Bemessung des Schadensersatzes berücksichtigt wird, ist nicht sachgerecht. Vielmehr ist der „Unwertgehalt" einer Diskriminierung erhöht, wenn der Diskriminierende nicht nur ein Diskriminierungsmerkmal verletzt, sondern gleich mehrere. Der Rentner im Nebenerwerb und der arbeitsuchende Rentner

---

592 *Mahlmann* in: Rudolf/Mahlmann, Gleichbehandlungsrecht, 117; *Ellis*, EU-Anti-Discrimination Law, 35.

593 *Korthaus*, das neue Antidiskriminierungsrecht, 127.

haben durchaus ein Interesse, dass die Doppel- oder Mehrfachdiskriminierung ausdrücklich in der RL geregelt wird. Es ist nicht unwahrscheinlich, dass der Rentner im Nebenerwerb und der arbeitsuchende Rentner nicht nur den Diskriminierungen aufgrund des Alters, sondern z. B. auch solchen wegen einer Behinderung oder der sexuellen Ausrichtung unterliegen. Das Rechtsempfinden des Rentners im Nebenerwerb und des arbeitsuchenden Rentners kann durch das tatsächliche Vorliegen einer mehrfachen Diskriminierung so beeinträchtigt sein, dass sie es nur als ausreichend empfinden, wenn der Diskriminierende in mehreren Entschädigungsprozessen separat verurteilt wird, um den Rentnern nicht nur bei der Höhe des Schadens das sichere Gefühl zu geben, die Doppel- oder Mehrfachdiskriminierungen seien berücksichtigt worden. Die Intention zur Berücksichtigung der Doppel- oder Mehrfachdiskriminierung beim Schadensersatz stellt darauf ab, dass mehrere Gerichtsprozesse vermieden werden sollen. Dies erscheint nachvollziehbar. Zudem kann auch die einmalige Entschädigung, die alle Diskriminierungen berücksichtigt, die Ausgleichsfunktion des Schadensersatzes[594] erfüllen. Dennoch ist eine ausdrückliche Normierung der Doppel- oder Mehrfachdiskriminierung in der RL notwendig.

3. Ausnahmebestimmungen und Rechtfertigungsmöglichkeiten der Richtlinie 2000/78/EG

a. Allgemeines

Die RL 2000/78/EG eröffnet weitreichende Rechtfertigungsmöglichkeiten und enthält zahlreiche Ausnahmebestimmungen vom grundsätzlichen Diskriminierungsverbot aufgrund des Alters.[595] Altersbedingte Benachteiligungen sind im Vergleich zu anderen Diskriminierungsmerkmalen sehr einfach zu rechtfertigen.[596] So sind

594 Vgl. zur Ausgleichsfunktion des Schadensersatzes z. B. im deutschen Recht *Müller*, punitive damages und deutsches Schadensersatzrecht, 164. Vgl. auch *Deinert* in: Däubler/Bertzbach, AGG, § 15 Rn. 13.

595 Vgl. auch *Przeszlowska*, EuZA 2013, 96 (98). Siehe auch *Ellis*, EU Anti-Discrimination Law, 36. Vgl. auch *Grabenwarter* in: Grabitz/Hilf, Art. 19 AEUV Rn. 63. Siehe auch *Jestaedt*, VVDStRL 64, 298 (319 Fn. 87). Jestaedt führt an, dass die „Vielzahl und Heterogenität der Ausnahme- und Rechtfertigungstatbestände nicht gerade ein Zeichen hoher dogmatischer Präzision und Perfektion, Konsequenz und Konsistenz sind." Die weiten Rechtfertigungsmöglichkeiten führt Mahlmann auf die Weite und die Vielfalt der vom Diskriminierungsmerkmal „Alter" erfassten Sachverhalte zurück, vgl. *Mahlmann* in: Rudolf/Mahlmann, Gleichbehandlungsrecht, 117.

596 *König* in: Gaitanides/Kadelbach/Rodriguez Iglesias, FS für Zuleeg, 341 (352); *Steiner*, NZA 2008, 73 (77).

z. B. Altersdiskriminierungen viel leichter zu rechtfertigen als Diskriminierungen aufgrund einer Behinderung, was den Eindruck eines „willkürlich hierarchischen Schutzsystems" erweckt.[597] Ein Grund dafür kann in dem Umstand gesehen werden, dass das „Lebensalter" anders als bei den anderen Unterscheidungsmerkmalen auf keine langjährige Geschichte der Diskriminierung als Teil des allgemeinen Rechtsbewusstseins zurückblicken kann.[598] Die weitreichenden Ausnahmebestimmungen und Rechtfertigungsmöglichkeiten eröffnen einen großen Spielraum für zulässige Diskriminierungen zulasten des Rentners im Nebenerwerb, die wiederum den Schutz vor Altersdiskriminierung eindämmen. Schärfer formuliert verfestigt sich der Eindruck, der Unionsgesetzgeber wollte mit der Schaffung dieser zahlreichen Ausnahmen und Rechtfertigungsgründe die Rechtfertigung einer Ungleichbehandlung wegen des Alters zur Regel machen.[599] Deshalb ist es wichtig für den Schutz, der dem Rentner durch das europäische Sekundärrecht im Bereich der Altersdiskriminierung gewährt wird, dass die Bereichsausnahmen und Rechtfertigungsgründe auf das Nötigste beschränkt werden und sich so aus Sicht des Rentners im Nebenerwerb und des arbeitsuchenden Rentners wenige Möglichkeiten für zulässige Diskriminierungen bieten. Andererseits dienen die Rechtfertigungsgründe auch dem Schutz des Rentners im Nebenerwerb und des arbeitsuchenden Rentners, da bei bestimmten Berufen, z. B. im Polizeidienst, hohe Anforderungen an die Kondition und Reaktionsfähigkeit des Arbeitnehmers gestellt werden und diese erfahrungsgemäß im Alter abnehmen. Daher wäre ein völliger Verzicht auf Rechtfertigungsgründe für Diskriminierungen nicht sinnvoll.

b. Ausnahme vom Diskriminierungsverbot nach Art. 2 Abs. 5 RL

Hinsichtlich der Ausnahmeermächtigungen steht insb. Art. 2 Abs. 5 RL 2000/78/EG im Zentrum der Kritik. Problematisch ist, dass gem. Art. 2 Abs. 5 RL bestimmten Personen aufgrund ihrer Gruppenzugehörigkeit stereotyp Eigenschaften zugeordnet werden, die dazu führen könnten, dass die Ungleichbehandlung dieser Gruppe wegen Art. 2 Abs. 5 RL 2000/78/EG als zulässig erachtet wird.[600] Fraglich ist auch das Verhältnis zwischen Art. 2 Abs. 5 und Art. 4 RL. Besteht

---

597 *Kummer*, Umsetzungsanforderungen der neuen arbeitsrechtlichen Antidiskriminierungsrichtlinie, 169.

598 So *Steiner*, NZA 2008, 73 (77).

599 So auch *Müller*, Alter und Recht, 228.

600 Vgl. dazu *Skidmore*, ILJ 2001, 126 (130), der zu Bedenken gibt, dass Art. 2 Abs. 5 RL durch die Mitgliedstaaten dazu benutzt werden könne, die Diskriminierungen noch zu verfestigen.

eine Interdependenz der Vorschriften voneinander, ein Widerspruch zwischen den Vorschriften oder ist vielleicht Art. 2 Abs. 5 RL aufgrund der möglicherweise spezielleren Regelung des Art. 4 RL sogar überflüssig? Nach Art. 4 RL können die Mitgliedstaaten bestimmen, dass Ungleichbehandlungen nach Art. 4 RL im Fall wesentlicher und entscheidender beruflicher Anforderungen keine Diskriminierung darstellen (Art. 4 Abs. 1 RL). Vereinzelt wird daher vertreten, dass sämtliche Fallgruppen des Art. 2 Abs. 5 RL schon von Art. 4 RL erfasst seien bzw. Art. 4 RL in seinem Anwendungsbereich noch über Art. 2 Abs. 5 RL hinausgehe.[601] Dennoch hat der EuGH mit der Entscheidung *Petersen* zu erkennen gegeben, dass für Art. 2 Abs. 5 RL durchaus ein eigenständiger Anwendungsbereich verbleibe, da er die Höchstaltersgrenze für Kassenärzte dann als von Art. 2 Abs. 5 RL gedeckt ansah, wenn ansonsten das finanzielle Gleichgewicht des öffentlichen Gesundheitssystems gefährdet ist und durch eine solche Regelung dem entgegengewirkt werden könne. Dies könnte unter den Begriff der öffentlichen Sicherheit zu subsumieren sein. Es handelt sich bei den Begriffen der öffentlichen Sicherheit und Ordnung um autonome Begriffe des Unionsrechts, wobei allerdings die Mitgliedstaaten eine gewisse Einschätzungsprärogative innehaben.[602] Da es hier vordergründig um den Schutz der öffentlichen Sicherheit und damit der staatlichen Einrichtungen (z. B. des staatlichen Gesundheitssystems) geht,[603] kann dies nicht mit einer „wesentlichen und entscheidenden beruflichen Anforderung" i. S. des Art. 4 Abs. 1 RL gleichgestellt werden. Für die vereinzelte Auffassung lässt sich ins Feld führen, dass die RL 2000/78/EG dem Rentner im Nebenerwerb und dem arbeitsuchenden Rentner Klarheit darüber verschaffen soll, welche Diskriminierungen in Bezug auf ihre Person unzulässig sind und welche Bereichsausnahmen und Rechtfertigungsgründe eine Diskriminierung ermöglichen. Bereichsausnahmen, die jedoch in anderen Ausnahmen (Art. 4 RL) bereits enthalten sind und hinter diesen somit zurücktreten

---

601 *Skidmore*, ILJ 2001, 126 (130).

602 *Bröhmer* in: Calliess/Ruffert, EUV/AEUV, Art. 52 Rn. 4.

603 Vgl. zum autonom europarechtlich zu bestimmenden Begriff der öffentlichen Sicherheit als Teilbereich der öffentlichen Ordnung, welche die äußere und innere Sicherheit des Staats und damit auch wichtige öffentliche Einrichtungen und Dienste schütze *Frenz*, ZAR 2011, 174 (174). Dieser deckt, sich ohne dass es darauf ankäme insoweit mit dem Begriff der öffentlichen Sicherheit im deutschen Polizeirecht, *Tettinger/Erbguth/Mann*, Besonderes Verwaltungsrecht, Rn. 440, 443. Eine autonome Auslegung auch favorisierend *Bröhmer* in: Calliess/Ruffert, EUV/AEUV, Art. 52 Rn. 4, der zu bedenken gibt, dass der innerstaatliche Polizeirechtsbegriff zur Definition nur „bedingt hilfreich" sei.

müssen, sind nicht dazu geeignet, dieses Klarheitserfordernis zu erfüllen. Vielmehr bringen diese Bereichsausnahmen für den Rentner im Nebenerwerb zwingend die Prüfung mit sich, ob die Diskriminierung unter die Ausnahme des Art. 2 Abs. 5 RL oder Art. 4 RL fällt. Dies erschwert die Rechtsfindung, mit der Folge, dass Art. 2 Abs. 5 RL zukünftig nur auf Fälle angewendet werden sollte, bei denen es primär nicht um die körperliche Belastbarkeit des Rentners im Nebenerwerb und des arbeitsuchenden Rentners geht, sondern wirklich um den Schutz der in Art. 2 Abs. 5 RL genannten Rechtsgüter. In Art. 2 Abs. 5 RL sollte daher klargestellt werden, dass diese Ausnahme nicht für den Fall der körperlichen Belastbarkeit herangezogen werden kann, um die speziellen Voraussetzungen des Art. 4 Abs. 1 RL nicht zu umgehen. Denn Art. 4 Abs. 1 RL verlangt eine strenge Verhältnismäßigkeitsprüfung, wohingegen bei Art. 2 Abs. 5 RL nur die eingeschränkte Prüfung der Verhältnismäßigkeit untergliedert in Geeignetheit und Erforderlichkeit vorzunehmen ist. Der 18. Erwägungsgrund ist zu streichen, da er gerade Bereiche enthält, wo es speziell auf die körperlichen und geistigen Anforderungen für einen Beruf ankommt und insoweit neben Art. 4 Abs. 1 RL sich als überflüssig erweist.

c. Rechtfertigungsgründe der Richtlinie

aa. Art. 6 Abs. 1 RL 2000/78/EG

Problematisch erscheint die Kompromissformel des Art. 6 RL als ein spezieller Rechtfertigungsgrund zum Schutz vor Altersdiskriminierung, welcher den Mitgliedstaaten weitreichende Möglichkeiten einräumt, Ausnahmen vom Anwendungsbereich der RL zuzulassen. Bedenklich ist, dass Art. 6 Abs. 1 RL als Rechtfertigungsgrund neben mittelbaren Diskriminierungen auch für unmittelbare Diskriminierungen gilt, obwohl diese bei Ausnahmen zulässig sein sollen und einer Rechtfertigung eigentlich gar nicht zugänglich sind.[604] Damit unterwirft der Unionsgesetzgeber beide Diskriminierungsformen dem Maßstab der mittelbaren Diskriminierung [Art. 2 Abs. 2 lit. b) i) RL]. Dies scheint die Abgrenzung zwischen Bereichsausnahmen und Rechtfertigungsgründen zu verwischen und ist auch für eine Abgrenzung von unmittelbarer und mittelbarer Diskriminierung nicht gerade förderlich. Diese Durchbrechung der Dogmatik des Unionsrechts, dass unmittelbare Diskriminierungen nicht gerechtfertigt werden können ist aber unproblematisch, da dieser Grundsatz nicht gilt, wenn wie vorliegend das

604 Vgl. dazu *Ellis*, EU Anti-Discrimination Law, 295.

Sekundärrecht ausdrücklich einen Rechtfertigungsgrund für die unmittelbare Diskriminierung (hier Art. 6 RL) vorsieht.[605]

Auch erscheint ungeklärt, ob die Rechtfertigungsmöglichkeit des Art. 6 RL mit dem Erwägungsgrund 25 S. 1 der RL 2000/78/EG im Einklang steht, der explizit bestimmt, dass das Verbot der Altersdiskriminierung ein wesentliches Element zur Erreichung der Ziele der beschäftigungspolitischen Leitlinien und zur Förderung der Vielfalt im Bereich der Beschäftigung darstellt.[606] Denn Vielfalt im Bereich der Beschäftigung bedeutet ein Gleichgewicht zwischen jungen und älteren Arbeitnehmern (wie z. B. dem Rentner im Nebenerwerb und dem arbeitsuchenden Rentner). Wenn diesen beiden Gruppen durch die in Art. 6 Abs. 1 RL gerechtfertigten Mindestaltersgrenzen oder Höchstaltersgrenzen der Zutritt zur Beschäftigung verweigert wird, kann das Ziel der Vielfalt nicht erreicht werden. Nicht schlüssig erscheint der zweite Satz des Erwägungsgrunds 25, der zu streichen ist. So bestimmt dieser, dass unbedingt zwischen einer Ungleichbehandlung, die durch rechtmäßige Ziele im Bereich der Beschäftigungspolitik gerechtfertigt wird und einer Diskriminierung zu unterscheiden ist. Hier hätte es noch der Klarstellung bedurft, dass die Diskriminierung zu rechtfertigen ist, denn eine solche Rechtfertigung ermöglicht der Wortlaut der RL (siehe Art. 6 Abs. 1 RL der für mittelbare und unmittelbare Diskriminierungen gilt). Ansonsten würde die Gegenüberstellung beider Begriffe keinen Sinn machen. Andererseits ist nicht klar, warum eine Diskriminierung gerade nicht gerechtfertigt werden soll, wo Art. 6 Abs. 1 RL dies doch gerade vorsieht. Im Ergebnis hat der Unionsgesetzgeber Ungleichbehandlung und Diskriminierung synonym verwendet, so dass der Unterschied zwischen

605 Vgl. allgemein dazu *Bieback* in: Fuchs, Europäisches Sozialrecht, Teil 4, Art. 19 AEUV Rn. 29, 43 ff. Vgl. auch *Stork*, Anti-Diskriminierungsrecht der EU, 85, der anführt, dass bei unmittelbaren Diskriminierungen eine Rechtfertigung nur ausnahmsweise möglich ist, wenn eine Bereichsausnahme vorliege. Siehe auch *Zapf*, Zivilrechtliche Diskriminierungsnormen, 11, 14. Vgl. zur unmittelbaren Diskriminierung auch *Mohr*, SAE 2007, 16 (19). Vgl. auch *Lüderitz*, Altersdiskriminierung durch Altersgrenzen, 52, der anführt, dass unmittelbare Diskriminierungen grundsätzlich nicht gerechtfertigt werden können und nur die Ausnahme- und Rechtfertigungsmöglichkeiten der RL imstande seien, daran etwas zu ändern. A.A. *Ellis*, EU Anti-Discrimination Law, 295, die darauf hinweist, dass Art. 6 RL ein Rechtfertigungsgrund und keine Ausnahme ist und nicht nur auf die mittelbare, sondern auch die unmittelbare Diskriminierung anwendbar ist. Allerdings findet auch Ellis diesen Umstand „verwirrend“ bzw. „disturbing“. Auch in der vorliegenden Arbeit wird Art. 6 RL als Rechtfertigungsgrund angesehen.

606 Erwägungsgrund 25 RL 2000/78/EG; *Korthaus*, das neue Antidiskriminierungsrecht, 124.

beiden nicht ganz klar und eine Streichung des zweiten Satzes des 25. Erwägungsgrunds erforderlich wird.

Durch weitreichende Rechtfertigungsmöglichkeiten, die Art. 6 RL eröffnet, und durch die Vielfalt der Ziele, die sich lediglich aus dem Kontext einer Regelung ergeben müssen, besteht die Gefahr, dass Art. 6 Abs. 1 RL zur Beschäftigungsförderung junger Arbeitnehmer benutzt wird, mit der Folge, dass der Rentner im Nebenerwerb und der arbeitsuchende Rentner systematisch aus dem Beschäftigungsverhältnis gedrängt werden. Dies ist vor dem Hintergrund des Erwägungsgrunds 25 der RL bedenklich. Allerdings ist dieser nur eine Begründungserwägung und vermag nicht den Anwendungsbereich der RL zu beschränken. Aus Sicht des Rentners im Nebenerwerb und des arbeitsuchenden Rentners sind die zulässigen Ziele auf solche der ausdrücklich in Art. 6 Abs. 1 RL genannten zu beschränken. Es ist aus Sicht der Mitgliedstaaten nachvollziehbar, dass es um den Ermessensspielraum und die Flexibilität der Mitgliedstaaten zu wahren, ausreichen kann, wenn die Ziele sich aus dem Kontext ergeben. Da die Ausarbeitung explizit die Interessen des Rentners berücksichtigt, ist aus Sicht des Rentners im Nebenerwerb und des arbeitsuchenden Rentners zu fordern, dass die Ziele sich nicht aus dem Kontext ergeben dürfen, sondern diese immer ausdrücklich genannt werden müssen. Nur dies schafft Rechtsklarheit und Rechtssicherheit. Dass sich eine Regelung lediglich aus dem Zusammenhang ergibt, ist für den Schutz des Rentners nicht ausreichend. Vielmehr sollte der Rentner ausdrücklich aus dem nationalen Rechtsakt ablesen können, welche Ziele mit der Regelung verfolgt werden.

So ist vor dem Hintergrund der unterschiedlichen Rechtsprechung des EuGH bei *Kücükdeveci* und *Age Concern* nicht mehr ganz klar, ob der EuGH zukünftig auch rein kommerzielle, arbeitgeberbezogene Ziele zulassen möchte. Er erweitert den Kreis möglicher Rechtfertigungsziele zu Lasten des Rentners im Nebenerwerb erheblich. Dies wiederum nährt die Befürchtung, dass der EuGH das Verbot der Altersdiskriminierung durch einen umfassenden Zielkatalog aushebelt und gerade vor dem Hintergrund der zukünftigen demographischen Entwicklung fehlsteuert. Vielmehr sollte er die Ziele streng interpretieren.[607] In diese Richtung geht die Entscheidung des EuGH zur Rechtssache *Prigge*.

Im Ergebnis lässt sich aus der Untersuchung des Art. 6 Abs. 1 RL eruieren, dass der EuGH trotz des Wortlauts der RL die Prüfung der Angemessenheit nicht durchgehend verlangte. Diese abgeschwächte Verhältnismäßigkeitsprüfung eröffnet einen viel zu großen Spielraum für die Mitgliedstaaten. Hier sollte der Unionsgesetzgeber explizit in allen Sprachfassungen eine Prüfung der Angemessenheit

607 So auch *Ellis*, EU Anti-Discrimination Law, 295.

und somit eine strenge Verhältnismäßigkeitsprüfung in Art. 6 Abs. 1 RL verlangen. Dies würde den Widerspruch mit dem Erwägungsgrund 25 abschwächen. Bei einer Nichtregelung hätte der Unionsgesetzgeber eine „Allround-Rechtfertigung“ geschaffen, die so nicht von ihm geplant worden sein kann.

Außerdem wird in Frage gestellt, ob Art. 4 Abs. 1 RL als lex specialis Sperrwirkung gegenüber Art. 6 Abs. 1 RL entfalte.[608] Dagegen spricht die Systematik der RL, wonach Art. 6 Abs. 1 RL zusätzlich neben dem Art. 4 Abs. 1 RL, der für jedes der Diskriminierungsmerkmale der RL greift, speziell für das Alter einen Rechtfertigungsgrund liefere.[609] Insoweit sind beide Vorschriften parallel anwendbar. Für eine separate Auflistung des Art. 6 Abs. 1 RL spricht, dass Art. 4 Abs. 1 RL eine Bereichsausnahme, wohingegen Art. 6 Abs. 1 RL einen Rechtfertigungsgrund darstellt. Ausnahmen und Rechtfertigungsgründe sind begrifflich voneinander zu trennen.[610] Aus Sicht des Rentners im Nebenerwerb ist die Einfügung des Art. 6 Abs. 1 in die RL ein zweischneidiges Schwert. So hat die Erwähnung eines gesonderten Rechtfertigungsgrunds für Diskriminierungen aufgrund des Alters in Art. 6 Abs. 1 RL sicherlich die Funktion die besondere Bedeutung von Altersdiskriminierungen herauszustellen. Andererseits liefert Art. 6 Abs. 1 RL einen zusätzlichen Rechtfertigungsgrund. Letztlich kann Art. 6 Abs. 1 RL aber auch Diskriminierungen von jüngeren Personen zugunsten des Rentners im Nebenerwerb rechtfertigen und zur Integration der Rentner im Nebenerwerb in den Beschäftigungsmarkt z. B. aufgrund eines Fachkräftemangels führen. Insoweit sollte Art. 6 Abs. 1 RL neben Art. 4 Abs. 1 RL wie bisher getrennt angeführt werden.

bb. Art. 7 Abs. 1 RL 2000/78/EG

Aufgrund von Art. 7 Abs. 1 RL können Mitgliedstaaten positive Maßnahmen erlassen, die eine volle Gleichstellung gewährleisten sollen. Dennoch besteht nach wie vor Ungewissheit über die Rechtfertigung durch positive Maßnahmen. Aufgabe des Unionsgesetzgebers ist es daher zu präzisieren, wann er eine „volle bzw. faktische Gleichstellung“ für gegeben hält.[611] So kann durch positive Maßnahmen eine zeitlich begrenzte Ungleichbehandlung bei der Gruppe der jungen Menschen zulässig sein, um die benachteiligte Gruppe der Rentner im Nebenerwerb und der

608 Dies befürwortend *Hahn*, Altersdiskriminierung, 125. Dagegen *von Hoff*, BB 2007, 1739 (1739).

609 *Temming*, Altersdiskriminierung im Arbeitsleben, 507; *von Hoff*, BB 2007, 1739 (1739).

610 Vgl. Teil 3, C., IV., 3., a.

611 *Hahn*, Altersdiskriminierung, 136; *Wiedemann/Thüsing*, DB 2002, 463 (468 f.).

arbeitsuchenden Rentner auf das Niveau der begünstigten Mehrheit zu heben. Offen bleibt aber, wann dieses Niveau der begünstigten Mehrheit erreicht ist. Diese Fragen könnten dazu verleiten, die faktische Gleichstellung letztlich auf eine Willkürentscheidung hinauslaufen zu lassen. Allerdings garantiert der Verhältnismäßigkeitsgrundsatz, dass der staatliche Eingriff auf ein Mindestmaß beschränkt wird. So kommen dem Rentner im Nebenerwerb zwar positive Maßnahmen zugute, aber nur solche, die den Maßstab des Verhältnismäßigkeitsgrundsatzes nicht überschreiten. Zudem ist strittig, ob Art. 7 Abs. 1 RL hier zur Anwendung gereicht, da bereits Art. 6 Abs. 1 UA 2 lit. a) RL die berufliche Eingliederung älterer Arbeitnehmer fördert und den Schutz dieser Gruppe sicherstellt.[612] Nach der hier vertretenen Ansicht sind positive Maßnahmen zugunsten des Rentners im Nebenerwerb und des arbeitsuchenden Rentners von Art. 6 Abs. 1 UA 2 lit. a) RL erfasst und die Bedeutung des Art. 7 Abs. 1 RL daher als nachrangig zu würdigen. Die positiven Maßnahmen werden von Art. 6 Abs. 1 UA 2 lit. a) RL für den Rentner im Nebenerwerb als älteren Arbeitnehmer erfasst, so dass Art. 7 Abs. 1 RL aus Sicht des Rentners im Nebenerwerb und des arbeitsuchenden Rentners als überflüssig anzusehen und deshalb zu streichen ist.

4. Maßnahmen zur Prävention von Altersdiskriminierung begleitend zur Richtlinie 2000/78/EG

Eine restriktive Interpretation der Ausnahmetatbestände- und Rechtfertigungsgründe mittels der strengen Verhältnismäßigkeitsprüfung wird jedoch nicht ausreichen, um die Situation der Rentner im Nebenerwerb und der arbeitsuchenden Rentner dauerhaft zu verbessern. Wichtig ist, dass der Rentner im Nebenerwerb und der arbeitsuchende Rentner in den Köpfen der Gesellschaft insgesamt einen höheren Stellenwert einnehmen. Um dies zu erreichen, reicht die RL allein, die unter anderem Altersdiskriminierungen bekämpfen will nicht aus, sondern es ist antizipierend auf Menschen einzuwirken, so dass es erst gar nicht zu Diskriminierungen kommt, indem man z. B. in Schulen und in Seminaren der Arbeitswelt Aufklärungsarbeit hinsichtlich des demographischen Wandels und den damit verbundenen Konsequenzen für die Gesamtgesellschaft leistet. Die Union

612 Art 6 Abs. 1 S. 2 lit. a) RL: Nach diesem sind Ungleichbehandlungen zugunsten der älteren Arbeitnehmer bzgl. des Zugangs zur Beschäftigung bzw. zur beruflichen Bildung und bei der Festlegung der Beschäftigungs- und Arbeitsbedingungen, einschließlich der Entlassung und Entlohnung, zulässig. Insoweit bleibe kein Raum mehr für positive Maßnahmen nach Art. 7 Abs. 1 RL; vgl. dazu auch *Hahn*, Altersdiskriminierung, 139 f.; *Löwisch/Caspers/Neumann*, Beschäftigung und demographischer Wandel, 19.

ist hier im Besonderen gefordert und sollte gezielt durch Qualifizierungs- und Förderprogramme[613] die Arbeitgeber zur fortgesetzten Bildung von Rentnern im Nebenerwerb verpflichten und frühzeitig Aufklärungsarbeit im Hinblick auf den demographischen Wandel betreiben. Die Europäische Kommission hat dies erkannt und bekennt sich nunmehr dazu den Wissens-, Qualifikations- und Erfahrungstransfer zwischen den Generationen, ein „angepasstes Altersmanagement am Arbeitsplatz“ und lebenslanges Lernen, fördern zu wollen. Außerdem hat sie erkannt, dass neue flexible Arbeitszeitmodelle auch auf Rentner erstreckt werden müssen, wie z. B. der Rentner in Teilzeit, der aber dieselben Rechte genießt wie Vollzeitbeschäftigte, z. B. im Hinblick auf Beförderungen oder Selbstständigkeit von Rentnern neben dem Rentenbezug, um deren Beschäftigung zukünftig zu fördern und Altersarmut zu verhindern.[614]

Insbesondere der Unionsgesetzgeber, die Mitgliedstaaten, die mitgliedstaatlichen Behörden, die Unionsbürger sollten insgesamt umdenken, um dem Rentner im Nebenerwerb und dem arbeitsuchenden Rentner in der Gesellschaft und im Arbeitsleben die Stellung zukommen zu lassen, die ihnen unter Nutzung der vorhandenen Potenziale gebührt.

VII. Zusammenfassung zu Art. 19 AEUV und zur Richtlinie 2000/78/EG

Die im Rahmen der Auseinandersetzung mit dem Thema gewonnenen Erkenntnisse lassen sich thesenhaft zusammenfassen:

1. Art. 19 Abs. 1 AEUV

(1) Art. 19 Abs. 1 AEUV ermächtigt den Rat, geeignete Vorkehrungen zu treffen, um Diskriminierungen aus Gründen des Alters zu bekämpfen. Dies ist von Bedeutung, da Art. 19 Abs. 1 AEUV erstmals die Möglichkeit bot, auch

613 So auch *Preis*, NZA 2008, 922 (924). Dieser erkennt, dass ältere Menschen im Bereich der aktiveren Arbeitsmarktpolitik besonderer Förderung bedürfen. Dazu seien Förder- und Qualifizierungsprogramme des Staats notwendig. Um die Beschäftigungsfähigkeit zu erhalten sei des Weiteren eine entsprechende staatliche und betriebliche Gesundheitspolitik erforderlich. Siehe auch *Over*, Altersdiskriminierung, 77 ff., der kritisiert, dass gerade den älteren Menschen berufliche Fort-, Weiterbildungs- und Qualifizierungsmaßnahmen zumeist vorenthalten werden.

614 Vgl. dazu *Europäische Kommission*, Active ageing, 24, 36, 68, 83 ff.

gegen andere außerhalb der Staatsangehörigkeit und des Geschlechts liegende Diskriminierungen vorzugehen.

(2) Mit Art. 19 Abs. 1 AEUV wird eine gesteigerte moralische Verpflichtung der Europäischen Union zum Erlass von Sekundärrecht begründet. Eine rechtliche Verpflichtung ist aus Art. 19 Abs. 1 AEUV nicht abzuleiten.

(3) Durch Art. 19 Abs. 1 AEUV wurde ein unionsweiter verbindlicher Mindeststandard eines Diskriminierungsschutzes eingeführt.

(4) Art. 19 Abs. 1 AEUV verhindert unfaire Marktvorteile und fördert die Marktintegration.

(5) Art. 19 Abs. 1 AEUV unterliegt zahlreichen Restriktionen. Der Rat kann nur „geeignete Vorkehrungen" treffen. Dies sind sämtliche durch den Vertrag eröffneten Handlungsmöglichkeiten, worunter auch die RL 2000/78/EG fällt. Des Weiteren gilt Art. 19 Abs. 1 AEUV nur „im Rahmen der durch die Verträge auf die Union übertragenen Zuständigkeiten". Art. 19 Abs. 1 AEUV stellt nach der hier vertretenen Auffassung eine eingeschränkte Ermächtigungsnorm dar. Insoweit müssen ergänzend zusätzliche Vorschriften der Verträge herangezogen werden, die zu hoheitlichen Maßnahmen ermächtigen. Erst dann ist eine Rechtsetzungskompetenz der Union zum Erlass von Unionsrechtsakten in dem jeweiligen Diskriminierungsbereich gegeben. Darüber hinaus entfaltet Art. 19 Abs. 1 AEUV nur „unbeschadet der sonstigen Bestimmungen des Vertrages" Geltung. Als sonstige Bestimmungen des Vertrages sind die Art. 153 Abs. 2 lit. b), Abs. 1 AEUV bzw. 165, 166 AEUV zu nennen. Die eingeschränkte Ermächtigungsnorm des Art. 19 Abs. 1 AEUV wird durch die Zuständigkeiten der Union (Art. 153 AEUV, Art. 165, 166 AEUV) ausreichend ergänzt. Der Unionsgesetzgeber verfügte bei der Schaffung der RL über eine Regelungskompetenz. Art. 19 Abs. 1 AEUV ist weder horizontal noch vertikal unmittelbar anwendbar.

(6) Die Verfahrensvoraussetzungen des Art. 19 Abs. 1 AEUV wurden bei Erlass der RL gewahrt.

(7) Art. 19 Abs. 1 AEUV erfasst nach seinem Wortlaut in seinem sachlichen Geltungsbereich generell „Diskriminierungen". Insoweit ist Art. 19 Abs. 1 AEUV nicht auf ein bestehendes Arbeitsverhältnis oder lediglich auf Diskriminierungen im Bereich des Arbeitslebens beschränkt, sondern kann auch Rechtsverhältnisse außerhalb der Arbeitswelt betreffen. Da auf Seiten der Diskriminierenden Privatpersonen in Betracht kommen, ist auf Seiten des Diskriminierten ebenfalls die Privatperson in den persönlichen Schutzbereich mit einzubeziehen. Insoweit sind der nichterwerbstätige Rentner, der Rentner im Nebenerwerb und der arbeitsuchende Rentner von dem persönlichen Geltungsbereich des Art. 19 AEUV erfasst.

(8) Art. 19 Abs. 1 AEUV bekämpft Diskriminierungen u.a. des nichterwerbstätigen Rentners, des Rentners im Nebenerwerb und des arbeitsuchenden Rentners. Die Aufzählung der einzelnen Diskriminierungsmerkmale des Art. 19 Abs. 1 AEUV ist abschließend und nicht analogiefähig. Die Diskriminierungsmerkmale, wie z. B. das Alter, werden nicht definiert. Zur Klarstellung hat eine Definition sämtlicher Diskriminierungsmerkmale zu erfolgen.

(9) Der europarechtliche Diskriminierungsbegriff des Art. 19 Abs. 1 AEUV erfasst nicht die Behandlung ungleicher Sachverhalte. Vielmehr betrifft Art. 19 Abs. 1 AEUV nur Diskriminierungen i. S. einer zurücksetzenden Behandlung einer oder mehrerer Personen im Vergleich zu anderen, die von der Rechtsordnung nicht gebilligt wird.

(10) Der europarechtliche Diskriminierungsbegriff differenziert in unmittelbare und mittelbare Diskriminierung zulasten des nichterwerbstätigen Rentners, des Rentners im Nebenerwerb und des arbeitsuchenden Rentners.

(11) Das Diskriminierungsmerkmal „Alter" haftet dem nichterwerbstätigen Rentner, dem Rentner im Nebenerwerb und dem arbeitsuchenden Rentner unveränderlich an und schützt die Freiheit, „anders zu sein".

(12) Zwischen den einzelnen Diskriminierungsmerkmalen des Art. 19 Abs. 1 AEUV besteht „de facto" eine Hierarchie. Das Diskriminierungsmerkmal „Alter" ist schutzwürdiger als Diskriminierungen aufgrund der sexuellen Ausrichtung, tritt aber hinter Diskriminierungen aufgrund des Geschlechts, der Rasse, der ethnischen Herkunft, der Religion oder der Weltanschauung und einer Behinderung in seiner Schutzintensität zurück.

(13) Das Diskriminierungsmerkmal „Alter" ist begrifflich keiner klaren Definition und zeitlichen Abgrenzung zugänglich. Es erstreckt sich vielmehr ganz generell auf den Schutz vor unterschiedlicher Behandlung, welche an das Lebensalter anknüpft. Der Begriff „Alter" in Art. 19 Abs. 1 AEUV erfasst alle Altersstufen und somit neben Kindern und jungen Menschen auch den nichterwerbstätigen Rentner, den Rentner im Nebenerwerb und den arbeitsuchenden Rentner.

(14) Für die Altersdiskriminierung ist eine bloße Diskriminierung zulasten des nichterwerbstätigen Rentners, des Rentners im Nebenerwerb und des arbeitsuchenden Rentners durch Askription ausreichend, wenn dadurch bei einem bestimmten Lebensalter Geschäftsbeziehungen nicht eingegangen bzw. unter Diskriminierung der anderen Person geschlossen werden.

2. Richtlinie 2000/78/EG

(1) Generelle Restriktionen wie der Subsidiaritätsgrundsatz und das Verhältnismäßigkeitsprinzip wurden bei dem Erlass der RL eingehalten. Die Begründungspflicht nach Art. 296 AEUV umfasst auch die Pflicht, den Vertragsartikel, also die Rechtsgrundlage für alle Rechtsakte zu benennen. Die Pflicht zur Benennung der Vertragsartikel ist erfüllt worden. Der Bestimmtheitsgrundsatz wurde bei Erlass der RL 2000/78/EG beachtet. Die RL leidet daher nicht unter formalen Fehlern.

(2) Die RL 2000/78/EG des Rates vom 27.11.2000 zur Festlegung eines allgemeinen Rahmens für die Verwirklichung der Gleichbehandlung in Beschäftigung und Beruf bekämpft Diskriminierungen u.a. wegen des Alters in Beschäftigung und Beruf im Hinblick auf die Verwirklichung des Grundsatzes der Gleichbehandlung in den Mitgliedstaaten. Die RL 2000/78/EG wird auch als Beschäftigungsrichtlinie oder Rahmenrichtlinie bezeichnet.

(3) Die RL 2000/78/EG bezweckt die Förderung von Beschäftigung. Die RL legt des Weiteren einen Mindeststandard an Rechten fest, der unionsweit einen einheitlichen Schutz vor Diskriminierungen regelt.

(4) Die RL erstreckt sich in ihrem persönlichen Anwendungsbereich auf Arbeitnehmer. Arbeitnehmer i. S. des Arbeitsrechts ist jeder, der einen Arbeitsvertrag hat. Der nichterwerbstätige Rentner, der kein Arbeitnehmer ist, fällt nicht in den Geltungsbereich der RL. Der Rentner im Nebenerwerb, der sein Arbeitsverhältnis i. d. R. auf eine arbeitsvertragliche Grundlage stützt, ist vom persönlichen Geltungsbereich der RL erfasst. Der arbeitsuchende Rentner ist im Bewerbungsverfahren in den persönlichen Geltungsbereich der RL einbezogen.

(5) Die RL umfasst in ihrem materiell sachlichen Geltungsbereich den Zugang zu Beschäftigung und Beruf, berufliche Bildung, Beschäftigungs- und Arbeitsbedingungen sowie die Mitgliedschaft in bestimmten Vereinen auch zugunsten des Rentners im Nebenerwerb. Der Schutzbereich der RL greift während des Bestehens des Arbeitsverhältnisses und im Vorfeld und ist daher weit gefasst, was sich vorteilhaft auf die Rechtsposition des Rentners im Nebenerwerb und des arbeitsuchenden Rentners auswirkt.

(6) Art. 2 RL verbietet die unmittelbare und mittelbare Diskriminierung, die Belästigung sowie die Anweisung zur Diskriminierung des Rentners im Nebenerwerb und des arbeitsuchenden Rentners im Bewerbungsverfahren. Um einen umfassenden Diskriminierungsschutz zu erreichen, ist die Erstreckung auf „Anweisung“ und „Belästigung“ in der RL durchaus zu begrüßen. Die

Fülle der sanktionierbaren Möglichkeiten einer Diskriminierung aufgrund des Alters bietet für den Rentner im Nebenerwerb einen umfassenden Schutz vor Diskriminierungen in Beschäftigung und Beruf.

(7) Die RL schützt den Rentner im Nebenerwerb und den arbeitsuchenden Rentner vor Diskriminierungen aufgrund des Alters. Durch die Aufnahme des neuen Diskriminierungsgrunds „Alter" in die RL wurde der Weg bereitet für ein neues, erweitertes Verständnis der rechtlichen Bekämpfung von Ungleichbehandlungen, die bisher in erster Linie auf das Diskriminierungskriterium Geschlecht beschränkt waren. Die Definition des Merkmals Alter in der RL 2000/78/EG, wie sie sich in der Rechtsprechung und Literatur durchgesetzt hat, deckt sich mit der Definition in Art. 19 Abs. 1 AEUV. Der Rentner im Nebenerwerb und der arbeitsuchende Rentner werden vom Tatbestandsmerkmal Alter erfasst.

(8) Bei einer Doppel- oder Mehrfachdiskriminierung wegen des Diskriminierungsmerkmals „Alter" und z. B. der Behinderung oder Religion erstreckt sich die Rechtfertigung auf jedes einzelne Diskriminierungsmerkmal. Im Ergebnis wird nur einmal sanktioniert. Mehrfachentschädigungen scheiden aus. Vielmehr wird die Doppeldiskriminierung nur einmal beim Schadensersatz berücksichtigt. Die Doppel- oder Mehrfachdiskriminierung ist ausdrücklich in der RL zu normieren.

(9) Die Art. 2 Abs. 5, Art. 3 Abs. 3, Art. 3 Abs. 4, Art. 4 Abs. 1 RL stellen Ausnahmevorschriften dar und die Art. 6 Abs. 1, Art. 6 Abs. 2 und Art. 7 Abs. 1 RL beinhalten Rechtfertigungsgründe. Diese Artikel sind nebeneinander anwendbar und verdrängen sich nicht gegenseitig.

Die RL gilt nach Art. 3 Abs. 3 RL in der deutschen Textfassung nicht „für Leistungen jeder Art". Entsprechend dem englischen und französischen Wortlaut ist eine Einschränkung bei den Leistungsarten zwar gewollt, die RL aber anwendbar, soweit es sich um Rechte auf Dienst- und/oder Sachleistungen handelt. Die deutsche Fassung ist zur Wahrung der Rechtssicherheit zugunsten des Rentners im Nebenerwerb und des arbeitsuchenden Rentners entsprechend der englischen und französischen Version anzupassen.

Nach Art. 3 Abs. 4 RL können im Vergleich zu Art. 2 Abs. 5 RL, da hier die Notwendigkeit der nationalen Regelung nicht festgestellt werden muss, Ausnahmen vom Geltungsbereich der RL für die Streitkräfte vorgesehen werden.

Art. 4 Abs. 1 RL geht über den Anwendungsbereich von Art. 2 Abs. 5 RL hinaus. Der 18. Erwägungsgrund ist zu streichen. In Art. 2 Abs. 5 RL ist klarzustellen, dass sich dieser nicht auf unverzichtbare berufliche

Anforderungen (wie z. B. körperliche Belastbarkeit) erstreckt, da diese bereits von Art. 4 Abs. 1 RL erfasst sind.

In Art. 4 Abs. 1 RL ist im Einzelfall als milderes Mittel an medizinische Erfahrungswerte im Rahmen der Verhältnismäßigkeitsprüfung anzuknüpfen, anstatt pauschale Altersgrenzen bei Berufen mit hoher körperlicher und geistiger Belastung zu normieren. Medizinische Leistungstests und Gesundheitsüberprüfungen helfen nur bedingt weiter, da sie nur die momentane Leistungsfähigkeit und Gesundheit abbilden.

(10) Abschließende Rechtfertigungsgründe stellen die Art. 6 Abs. 1 RL, Art. 6 Abs. 2 RL und Art. 7 Abs. 1 RL dar.

Der 14. Erwägungsgrund der RL kommt als Rechtfertigungsgrund nicht in Betracht, so dass die RL durchaus die nationalen Vorschriften zu Lebensaltersgrenzen beeinflussen kann.

Der Art. 6 Abs. 1 RL wird weit ausgelegt. So genügt auch ein Ziel zur Rechtfertigung, welches nicht ausdrücklich genannt, sondern nur dem allgemeinen Kontext entnommen wird. Zur Wahrung der Rechte des Rentners im Nebenerwerb sind die zulässigen Ziele auf die in Art. 6 Abs. 1 RL genannten zu beschränken und müssen ausdrücklich in dem jeweiligen nationalen Rechtsakt genannt werden. Es müssten keine arbeitgeberbezogenen Ziele, sondern nur sozialpolitische Ziele zulässig sein. In diese, wieder restriktive Richtung der Interpretation des Art. 6 Abs. 1 RL, geht die Rechtsprechung des EuGH in der Rechtssache *Prigge*. Hinsichtlich der Verhältnismäßigkeitsprüfung muss der Unionsgesetzgeber explizit in allen Sprachfassungen eine Prüfung der Angemessenheit in Art. 6 Abs. 1 RL verlangen. Dies gilt insb. deshalb, um dem EuGH einen klaren Prüfungsmaßstab vorzugeben und die Nachvollziehbarkeit von EuGH-Entscheidungen zu ermöglichen.

Das Diskriminierungsmerkmal Alter ist trotz seiner vielen Rechtfertigungsmöglichkeiten kein Diskriminierungsverbot zweiter Klasse. Allerdings ergibt sich dennoch ein Widerspruch zwischen den vielfachen Rechtfertigungsmöglichkeiten des Art. 6 Abs. 1 RL und dem Erwägungsgrund 25 der RL, der die Altersdiskriminierung zur Förderung der Vielfalt im Bereich der Beschäftigung verbietet.

Art. 6 Abs. 2 RL ermöglicht den Mitgliedstaaten die Festlegung von Altersgrenzen im Rahmen von betrieblichen Systemen der sozialen Sicherheit (Betriebsrenten). Diesbezüglich müssen weder der Zweck noch die Mittel begründet werden.

Art. 7 Abs. 1 RL 2000/78/EG ermöglicht es den Mitgliedstaaten, positive Maßnahmen für alle in der RL genannten Diskriminierungsmerkmale zu erlassen. Art. 7 Abs. 1 RL spielt in der Praxis bezogen auf die Altersdiskriminierung der Rentner im Nebenerwerb keine Rolle, da hier bereits Art. 6 Abs. 1 UA 2 lit. a) RL die berufliche Eingliederung älterer Arbeitnehmer fördert und den Schutz dieser Gruppe sicherstellt.

Im Europarecht ist der Verhältnismäßigkeitsgrundsatz bei der Prüfung der Ausnahmen und Rechtfertigungsgründe zu wahren. Auch wenn der EuGH die Bestandteile nicht immer im Einzelnen stringent durchprüft und anders bezeichnet, prüft er letztlich, ob eine Maßnahme zur Erreichung eines bestimmten legitimen Ziels geeignet, erforderlich und angemessen ist, indem er in einer sog. „Gesamtschau" das Interesse der Allgemeinheit mit dem gegenüberstehenden Interesse des Individuums abwägt. Bei Art. 6 Abs. 2 RL ist ausnahmsweise keine Verhältnismäßigkeit zu prüfen. Bei Art. 7 Abs. 1 RL haben wie angeführt bei Nichtersetzbarkeit des Differenzierungsmerkmals Alter durch ein anderes Merkmal noch zusätzliche Verhältnismäßigkeitsvoraussetzungen vorzuliegen.

(11) Die RL enthält mit der Anti-Viktimisierung, der Erleichterung der Beweisführung und der Möglichkeit einer Verbandsklage ausreichend wirksame Mechanismen zur Durchsetzung der Rechte des Rentners im Nebenerwerb und des arbeitsuchenden Rentners, an welchen es vor dem Erlass der RL im Hinblick auf die bestehenden völkerrechtlichen Verträge noch mangelte. Dadurch wurde die rechtliche Stellung der Rentner im Nebenerwerb und der arbeitsuchenden Rentner durch die RL erheblich gestärkt. Die Anti-Viktimisierung umfasst nicht nur den Rentner im Nebenerwerb als Diskriminierten, sondern auch die Zeugen. Art. 10 RL sieht eine Erleichterung der Beweisführung für den Rentner im Nebenerwerb und den arbeitsuchenden Rentner vor. Art. 9 Abs. 2 RL enthält die Möglichkeit der Verbandsklage, welche allerdings den Verbänden, wie z. B. dem Verband der Rentner, nur ein Beteiligungsrecht einräumt. Daher ist dem Rentenverband ein eigenständiges Klagerecht in der RL zuzugestehen.

(12) Die Rechtsfolgen bei Verletzung der RL ergeben sich aus Art. 17 RL. Danach wird die Sanktionenfestlegung den Mitgliedstaaten überlassen. Eine Schadensersatzverpflichtung enthält Art. 17 RL nicht, diese ist aber durchaus für einen effektiven Rechtsschutz des Rentners im Nebenerwerb und des arbeitsuchenden Rentners einzuführen.

(13) Trotz Bedenken hinsichtlich der hinreichenden Genauigkeit und der inhaltlichen Unbedingtheit der RL vermittelt die RL unbedingt und hinreichend genau ein Recht des Rentners im Nebenerwerb auf einen Mindestschutz vor Diskriminierung. Die Frist zur Umsetzung der RL ist abgelaufen. Die RL ist zugunsten des Rentners im Nebenerwerb und des arbeitsuchenden Rentners unmittelbar anwendbar.

(14) Die RL 2000/78/EG geht einen Schritt weiter in Richtung Integration, da sie die Beschäftigung der Rentner im Nebenerwerb und der arbeitsuchenden Rentner fördert und einen Mindeststandard an Rechten des Rentners festlegt, der unionsweit einen einheitlichen Schutz vor Diskriminierungen gewährleistet. Der Gehalt des Art. 19 Abs. 1 AEUV hat über die sekundärrechtliche Ausgestaltung durch die RL 2000/78/EG Wirksamkeit für sämtliche Mitgliedstaaten erlangt.

VIII. Empfehlungen für den Unionsgesetzgeber

Als Ergebnis der vorangegangenen Untersuchung können nun Empfehlungen für den Unionsgesetzgeber in Bezug auf die Verbesserungen des Schutzes vor Altersdiskriminierung zugunsten des nichterwerbstätigen Rentners, des Rentners im Nebenerwerb und des arbeitsuchenden Rentners angeführt werden.

(1) Dem Unionsgesetzgeber wird empfohlen zur Klarstellung die Vertragsartikel zu benennen. Art. 19 Abs. 1 AEUV stellt eine eingeschränkte Ermächtigungsnorm dar. Es wird vorgeschlagen, daher ergänzend die Bestimmungen der Art. 153 Abs. 1, Abs. 2 AEUV und Art. 165, 166 AEUV als Rechtsgrundlage in der RL aufzunehmen. Dies dient den Mitgliedstaaten zum eindeutigen Verständnis, was unter der Klausel „im Rahmen der durch die Verträge auf die Union übertragenen Zuständigkeiten" gemeint ist.

(2) Der Unionsgesetzgeber sollte zukünftig typische Beispiele für Fälle unzulässiger Diskriminierung im Anhang der RL formulieren, auf den Art. 3 Abs. 5 RL im Geltungsbereich verweist, um den Anwendungsbereich der RL zu präzisieren, zu erweitern und ein höheres Maß an Rechtssicherheit zu schaffen. Die Einfügung von Beispielen für den besonderen Schutz des Rentners im Nebenerwerb und des arbeitsuchenden Rentners vor Diskriminierungen aufgrund des Alters bietet sich an.

(3) Es ist für den Rentner im Nebenerwerb und den arbeitsuchenden Rentner sowie deren Schutz vor Diskriminierungen aufgrund des Alters äußerst nachteilig, dass zwischen den einzelnen Diskriminierungsmerkmalen des Art. 19 Abs. 1 AEUV „de facto" eine Hierarchie besteht. Geht man von der Prämisse aus, dass entsprechend der Bevölkerungspyramide es in Zukunft immer mehr ältere als jüngere Menschen gibt, lässt sich der Schluss, dass der Boden für eine Altersdiskriminierung zukünftig stärker bereitet wird, nicht von der Hand weisen. Davon sind im Besonderen der Rentner im Nebenerwerb und der arbeitsuchende Rentner betroffen. Ob zukünftig eine Diskriminierung aus Gründen des Alters, des Geschlechts oder aus anderen in der

RL genannten Gründen erfolgt, ist für den Rentner im Nebenerwerb und den arbeitsuchenden Rentner nicht entscheidend, da das Ergebnis dasselbe ist. Die „de facto"-Hierarchie in Art. 19 Abs. 1 AEUV und in der RL 2000/78/EG ist bezüglich der Diskriminierungsmerkmale nicht mehr zeitgemäß. Der Unionsgesetzgeber sollte in Art. 1 RL einen Satz aufnehmen, der die rechtliche Gleichstellung sämtlicher Diskriminierungsmerkmale regelt.

(4) In dem Art. 3 RL sollte der Unionsgesetzgeber den Rentner im Nebenerwerb und den arbeitsuchenden Rentner als besonders schutzwürdige Gruppe in Art. 3 Abs. 1, 1. HS RL des persönlichen Geltungsbereichs bestimmen.

(5) Die deutsche Textfassung in Art. 3 Abs. 3 RL ist der englischen und französischen Fassung anzupassen und klarzustellen, dass die RL auch anwendbar ist, soweit es sich um Rechte auf Dienst- und/oder Sachleistungen handelt. Es ist nicht nachvollziehbar, warum der Rentner im Nebenerwerb, wenn staatliche oder mit diesen gleichgestellte Systeme, einschließlich der staatlichen Systeme der sozialen Sicherheit oder des sozialen Schutzes Leistungen im Dienst- und/oder Sachleistungsbereich erbringen, im Vergleich zu nichtverrenteten jüngeren Personen unterschiedlich behandelt werden soll.

(6) Der Rechtssicherheit dient es, wenn bei Doppel- oder Mehrfachdiskriminierungen in der RL 2000/78/EG geregelt wird, wie diese zu sanktionieren sind. Derzeit enthält Art. 17 RL als Vorschrift über Sanktionen keine Verpflichtung der Mitgliedstaaten, überhaupt eine Schadensersatzleistung bei Verletzung der Diskriminierungsverbote der RL zu erbringen.[615] Eine entsprechende Regelung der Sanktionierung von Doppel- oder Mehrfachdiskriminierungen in der RL durch den Unionsgesetzgeber wird deshalb empfohlen. Darüber hinaus sollten die Mitgliedstaaten in der RL durch den Unionsgesetzgeber verpflichtet werden, Schadensersatzleistungen als Sanktionen zwingend einzuführen. In Art. 17 S. 2 RL sollte deshalb die grundsätzliche Verpflichtung Schadensersatzleistungen als Sanktionen vorzusehen geregelt und in Art. 17 S. 4 RL explizit eine solche Verpflichtung in Bezug auf Doppel- und Mehrfachdiskriminierungen aufgenommen werden. Dem Rentner im Nebenerwerb und dem arbeitsuchenden Rentner kommt somit die Ausgleichsfunktion des Schadensersatzes zugute. Außerdem würde

615 In Art. 17 RL 2000/78/EG heißt es, dass die von den Mitgliedstaaten festzulegenden Sanktionen „auch Schadensersatzleistungen an die Opfer umfassen können", nicht jedoch, dass die Mitgliedstaaten zwingend zum Schadensersatz verpflichten müssen.

so für sie Rechtsklarheit hinsichtlich der Sanktionierung von Doppel- oder Mehrfachdiskriminierungen geschaffen.

(7) Dem Unionsgesetzgeber obliegt es zu entscheiden, ob es nicht sachgemäßer wäre, das Diskriminierungsmerkmal „Alter" abschließend zu definieren.

(8) Bei den Ausnahmen vom Diskriminierungsverbot wird angeregt, in Art. 2 Abs. 5 RL klarzustellen, dass dieser nicht für Bereiche gilt, in denen ein konkretes Alter unverzichtbare Anforderung für den Beruf ist. Dies ist in Art. 2 Abs. 5 S. 2 RL aufzunehmen.

(9) Der Rechtfertigungsgrund des Art. 6 Abs. 1 RL ist auf die in ihm enthaltenen Ziele zu beschränken, welche als abschließend formuliert werden sollten. Dazu sollte in Art. 6 Abs. 1 S. 1 RL das Wort „insbesondere" ersatzlos gestrichen werden. Ansonsten könnte das Verbot der Altersdiskriminierung quasi durch jedes Ziel gerechtfertigt werden, was dem Grundgedanken der RL zur Förderung der Beschäftigung auch von Rentnern im Nebenerwerb und arbeitsuchenden Rentnern elementar zuwiderliefe. Erforderlich ist, dass sich das mit der nationalen Regelung verfolgte zulässige Ziel nicht lediglich aus dem Kontext ergibt, sondern im nationalen Rechtsakt ausdrücklich bezeichnet wird. Es sollte die Rechtfertigung nur hinsichtlich der genannten sozialpolitischen Ziele möglich sein.

(10) Auch die abgeschwächte Verhältnismäßigkeitsprüfung, indem man die Prüfung der Angemessenheit nicht verlangt, eröffnet im Hinblick auf die Interessen des Rentners im Nebenerwerb und des arbeitsuchenden Rentners einen viel zu großen Spielraum für die Mitgliedstaaten. Hier wird empfohlen, dass der Unionsgesetzgeber explizit in allen Sprachfassungen eine Prüfung der Angemessenheit in Art. 6 Abs. 1 RL und damit eine strenge Verhältnismäßigkeitsprüfung verlangt. Dies würde den Widerspruch mit dem Erwägungsgrund 25 abschwächen. Ansonsten bliebe Art. 6 Abs. 1 RL eine „Allround-Rechtfertigung", die so nicht beabsichtigt sein kann. Bei Art. 7 Abs. 1 RL sollte der Unionsgesetzgeber regeln, wann er eine „volle bzw. faktische Gleichstellung" für gegeben hält, oder aber die Norm, die in Art. 6 Abs. 1 UA 2 lit. a) RL aufgeht, ersatzlos aus der RL streichen.

(11) Es wird zudem empfohlen, hinsichtlich der Rechtsdurchsetzung ein eigenständiges Klagerecht von Verbänden in Art. 9 Abs. 2 S. 2 RL zu regeln. Dies würde es Rentnern im Nebenerwerb und arbeitsuchenden Rentnern, die einen kostenintensiven und langwierigen Gerichtsprozess oftmals scheuen, ermöglichen, über den Rentenverband von ihrem Recht Gebrauch zu machen und auf diesem Weg von Musterprozessen zu profitieren.

(12) Der Unionsgesetzgeber sollte über die vorgenannte Modifizierung der RL 2000/78/EG hinaus noch flankierend durch Aktions- und Förderprogramme zugunsten der Rentner im Nebenerwerb und der arbeitsuchenden Rentner die Personalpolitik der Arbeitgeber zielgerichtet steuern, um den Schutz dieser Rentnergruppen vor Diskriminierungen wegen des Alters zu sichern und die Anzahl der Rentner im Nebenerwerb und der arbeitsuchenden Rentner in einem sie ausfüllenden Beschäftigungsverhältnis zu erhöhen.

Teil 4 Richtlinie 2004/38/EG zur Freizügigkeit

A. Einführung in die Problematik

Der nichterwerbstätige Rentner, der Rentner im Nebenerwerb und der arbeitsuchende Rentner können ihren Wohnsitz auch in einem anderen Mitgliedstaat nehmen. Der nichterwerbstätige Rentner wechselt, was vor Jahren noch undenkbar war, ins Ausland, um dort in den Ruhestand einzutreten und den Rest des Lebensabends zu verbringen. Insbesondere die südlich gelegenen europäischen Länder laden dazu u.a. aufgrund des angenehmen und gesundheitlich verträglichen Klimas förmlich ein. Der Rentner im Nebenerwerb hat die Möglichkeit, im Aufnahmemitgliedstaat eine Arbeitstätigkeit neben dem Bezug der Altersrente in Fortsetzung seiner Arbeitstätigkeit im Heimatland aufzunehmen.

Fraglich ist, ob der nichterwerbstätige Rentner, der Rentner im Nebenerwerb und der arbeitsuchende Rentner das Recht haben, sich in einen anderen Mitgliedstaat zu begeben und sich dort ohne weiteres aufzuhalten und wenn ja, unter welchen Bedingungen ein solches möglicherweise bestehendes Aufenthaltsrecht gewährt wird.

Bei dem Rentner im Nebenerwerb, der sich im Rahmen seiner beruflichen Tätigkeit in einen anderen Mitgliedstaat begibt, handelt es sich um einen „Arbeitnehmer", der von seiner durch Art. 45 Abs. 1 AEUV (ex Art. 39 Abs. 1 EGV) gewährleisteten Arbeitnehmerfreizügigkeit Gebrauch macht. Dem Rentner im Nebenerwerb wird aufgrund der primärrechtlichen Garantie der Freizügigkeit der Arbeitnehmer in Art. 45 Abs. 1 AEUV (ex Art. 39 Abs. 1 EGV) unproblematisch ein Freizügigkeitsrecht zugestanden. Zur Herstellung des Freizügigkeitsrechts des Arbeitnehmers sind Richtlinien oder VO nach Art. 46 AEUV ergangen.[616] Der Rentner im Nebenerwerb ist Arbeitnehmer. Eine Person gilt als Arbeitnehmer, die eine echte und tatsächliche Tätigkeit im Lohn- oder Gehaltsverhältnis ausübt und während einer konkreten Zeit für einen anderen nach dessen Weisung Leistungen erbringt, für die sie im Gegenzug eine Vergütung erhält, wobei der EuGH weder

616 Eine dieser Richtlinien stellt die RL 2004/38/EG dar. Vgl. die einleitenden Worte der RL, wonach diese für Arbeitnehmer auf Art. 46 AEUV gestützt ist, ABl. EU 2004 Nr. L 158/77 v. 30.04.2004. Vgl. auch KOM (2003) 199 endg., 3.

eine bestimmte Mindestvergütung, noch ein Minimum an Arbeitszeit verlangt.[617] Der Rentner im Nebenerwerb ist demnach selbst bei einer Tätigkeit mit zeitlich und finanziell geringem Umfang als Arbeitnehmer anzusehen.

Neu ist der Schutz von nichterwerbstätigen Rentnern, welche generell als Nichterwerbstätige unter Art. 21 AEUV fallen. Im Vergleich beider Rentnergruppen zueinander, also einmal zwischen dem Rentner im Nebenerwerb als abhängig beschäftigten Arbeitnehmer[618] und dem nichterwerbstätigen Rentner ergeben sich erhebliche Unterschiede im sozialen Schutz.[619] Hier ist genau zu untersuchen, inwiefern auch nichterwerbstätige Rentner das Recht auf Freizügigkeit i. V. m. etwaigen Gleichbehandlungsrechten im Hinblick auf die soziale Sicherung beanspruchen können. Es wird die besondere Bedeutung des Art. 21 AEUV aufzuzeigen sein, mit dem sich der Unionsgesetzgeber erstmalig vom wirtschaftlichen Bezug der Grundfreiheiten löste und die Freizügigkeit auf alle Unionsbürger und somit auch auf nichterwerbstätige Rentner, Studierende oder aus sonstigen Gründen Nichterwerbstätige erstreckte.[620] Darüber hinaus ist die Sonderkonstellation des arbeitsuchenden Rentners zu betrachten.

---

617 EuGH Rs. 66/85 (Lawrie-Blum) Slg. 1986, 2121, 2144 Rn. 17; *Brechmann* in: Calliess/Ruffert, EUV/AEUV, Art. 45 AEUV, Rn. 13; *Feik*, Freizügigkeit der Arbeitnehmer, 53 f., 61; *Devetzi*, Kollisionsnormen, 29; *Willms*, Soziale Sicherung, 65 f.; *Stewen*, Freizügigkeitsrecht und soziale Begleitrechte, 150. Stewen betont, dass danach auch derjenige zu den Arbeitnehmern zähle, der Leistungen für eine Vergütung unter dem Existenzminimum erbringe und aus diesem Grunde ergänzende Sozialansprüche geltend machen müsse gem. Art. 7 Abs. 2 VO 492/2011.

618 Selbstverständlich schützt die RL auch den Rentner im Nebenerwerb der einer selbstständigen und somit unabhängigen Tätigkeit nachgeht. In der vorliegenden Arbeit wird der Rentner im Nebenerwerb lediglich als abhängig Beschäftigter verstanden. Der Schutz Selbstständiger, der dem der abhängig Beschäftigten vergleichbar ist, bleibt außer Betracht.

619 Inwiefern vorliegend die Verwendung der Formulierungen „Rentner im Nebenerwerb“ und „nichterwerbstätiger Rentner“ zur Abgrenzung beider Gruppen voneinander im Zusammenhang mit Art. 21 AEUV und der RL 2004/38/EG tatsächlich weiterführend ist, wurde bereits eingehend erläutert. Möglich ist es in der Tat anstelle der Formulierung „Rentner im Nebenerwerb“ den Begriff des „Arbeitnehmers“ und anstelle der Formulierung „nichterwerbstätiger Rentner“ den Begriff „Nichterwerbstätige“ im Allgemeinen zu verwenden. Dennoch würde dies nicht in ausreichendem Maße verdeutlichen, dass sich die Arbeit gerade auf die Personen konzentriert, die die Regelaltersgrenze überschritten haben. Um diese Besonderheit in der Arbeit durchgehend deutlich zu machen, erscheint die Formulierung „Rentner im Nebenerwerb“ und „nichterwerbstätiger Rentner“ in der vorliegenden Arbeit zielführend.

620 *Kolonovits* in: Mayer, EUV/AEUV, Art. 21 AEUV Rn. 1, 2; *Haag* in: von der Groeben/Schwarze, EU-/EG-Vertrag, Art. 18 Rn. 6.

Dabei stellt die vorliegende Untersuchung bei der Erörterung der Rechtsgrundlage der RL 2004/38/EG Art. 21 AEUV in das Zentrum der Betrachtungen. Dies erscheint insb. deshalb zielführend, weil Art. 21 AEUV im Vergleich zu Art. 46 AEUV die weniger in der Wissenschaft ausgeleuchtete Vorschrift darstellt und die jüngere der beiden Vorschriften ist. Auf Art. 46 AEUV als Rechtsgrundlage für den Schutz des Rentners im Nebenerwerb wird daher nicht im Detail eingegangen. Die RL 2004/38/EG beinhaltet das Recht der Unionsbürger und ihrer Familienangehörigen, sich im Hoheitsgebiet der Mitgliedstaaten frei zu bewegen und aufzuhalten[621]. Mit der RL wurden die fragmentarisch und bereichsspezifisch geregelten Bestimmungen über die Freizügigkeit für Arbeitnehmer, Selbstständige und Dienstleistende aufgehoben und die Leitsätze bzw. Kernaussagen zentraler Entscheidungen des EuGH in ihre Erwägungsgründe integriert.[622] Darüber hinaus inkorporierte sie drei RL, welche Anfang 1990 ein allgemeines Aufenthaltsrecht im Sekundärrecht für jene Personen regelten, welche mangels Erwerbstätigkeit nicht unter den primärrechtlichen wirtschaftsbezogenen Schutz der Freizügigkeit im Rahmen der Personenverkehrsfreiheiten fielen.[623] Dies betrifft insb. den nichterwerbstätigen Rentner, welcher 1990 noch keiner primärrechtlichen Freizügigkeitsgarantie unterlag.[624] Die RL 2004/38/

---

621 ABl. EU 2004 Nr. L 158/77 ff. v. 30.04.2004 [zuletzt geändert durch VO (EU) Nr. 492/2011, des Europäischen Parlaments und des Rates v. 5. April 2011, ABl. EU Nr. L 141/1 ff. v. 27.05.2011]

622 Vgl. *Kluth* in: Calliess/Ruffert, EUV/AEUV, Art. 21 AEUV Rn. 2. Siehe dazu auch den Titel der RL: RL 2004/38/EG [...] zur Änderung der VO (EWG) Nr. 1612/68 zur Aufhebung der RL 64/221/EWG, 68/360/EWG, 72/194/EWG, 73/148/EWG, 75/34/EWG, 75/35/EWG, ABl. EU 2004 L 158/77 ff. v. 30.04.2004. Vgl. auch zur RL *Hailbronner*, ZAR 2004, 259 (259); *Haratsch/Koenig/Pechstein*, Rn. 745. Vgl. zu den einzelnen im Bereich der Grundfreiheiten bestehenden VO und RL, die freizügigkeitsrelevant waren, *Giegerich* in: Schulze/Zuleeg/Kadelbach, § 9 Rn. 38; *Recchi/Favell*, Integration, 8. Vgl. zur Geschichte des Freizügigkeitsrechts *Recchi/Favell*, Integration, 5 ff.

623 Die drei RL sind: Die RL für Rentner (RL über die aus dem Erwerbsleben ausgeschiedenen Arbeitnehmer und selbstständig Erwerbstätigen 90/365/EWG, ABl. 1990 Nr. L 180/28), die RL der Studenten (RL 90/366/EWG, ABl. 1990 Nr. L 180/30 und später nach deren Aufhebung RL 93/96/EWG, ABl. 1993 Nr. L 317/59) und die RL über andere nichterwerbstätige Personen (RL 90/364/EWG, ABl. 1990 Nr. L 180/26). Die zuletzt genannte RL setzte sich mit den sonstigen Angehörigen der Mitgliedstaaten auseinander, denn gem. Art. 1 RL gilt sie für alle Angehörigen der Mitgliedstaaten, denen das Aufenthaltsrecht nicht bereits aufgrund anderer Bestimmungen des Unionsrechts gewährt wird.

624 Der Art. 21 AEUV wurde erst mit dem Vertrag von Maastricht vom 07.02.1992 in den AEUV eingefügt. Dem verbleibeberechtigten Rentner stand lediglich im Aufnahmemitgliedstaat als ehemaligem Beschäftigungsstaat ein Verbleiberecht nach Art. 45 Abs. 3 lit. d) AEUV zu. Danach haben auch Arbeitnehmer nach Beendigung

EG basiert auf einem Vorschlag der Kommission, das bisher für Rentner, Studenten und sonstige Angehörige der Mitgliedstaaten getrennte Aufenthaltsrecht für alle Personengruppen einheitlich in ein und derselben RL zu regeln.[625] Die Schaffung der RL 2004/38/EG war notwendig geworden, da die Ausübung der Freizügigkeit für jeden Unionsbürger die Reichweite der Integration verständlich macht und insoweit elementar für das Selbstverständnis der Europäischen Union ist.[626]

B. Rechtsgrundlage der Union für den Erlass der Richtlinie 2004/38/EG–Art. 21 Abs. 2 AEUV

Die Rechtsgrundlage für die RL 2004/38/EG ergibt sich u.a. aus Art. 21 Abs. 2 AEUV (ex Art. 18 Abs. 2 EGV).[627] Von Art. 21 Abs. 2 AEUV als eigenständiger Rechtsgrundlage zum Erlass sekundärrechtlicher Regelungen darf nur Gebrauch gemacht werden, wenn dies erforderlich ist, um die Zielsetzung des Art. 21 Abs. 1 AEUV zu erreichen und die Verträge hierfür keine anderweitigen Befugnisse vorsehen.[628] Der ex Art. 18 Abs. 2 EGV wurde mit dem Vertrag von Maastricht in den AEUV (ex EGV) eingefügt.[629]

I. Notwendigkeit einer solchen Rechtsgrundlage

Aufgrund der fehlenden allgemeinen Rechtsetzungskompetenz der Europäischen Union dürfen die Unionsorgane nur aufgrund einer ausdrücklichen Rechtsgrundlage in den Verträgen tätig werden. Die Rechtsgrundlage folgt u.a. aus Art. 21 Abs. 2 AEUV.

---

einer Beschäftigung im Hoheitsgebiet eines Mitgliedstaats unter Bedingungen, welche die Kommission durch Verordnungen festlegt, das Recht zu verbleiben.

625 Vorschlag für eine RL des Europäischen Parlaments und des Rates über das Recht der Unionsbürger und ihrer Familienangehörigen, sich im Hoheitsgebiet der Mitgliedstaaten frei zu bewegen und aufzuhalten, KOM (2001) 257 endg. sowie siehe geänderter Vorschlag für eine RL des Europäischen Parlaments und des Rates über das Recht der Unionsbürger und ihrer Familienangehörigen, sich im Hoheitsgebiet der Mitgliedstaaten frei zu bewegen und aufzuhalten, KOM (2003) 199 endg.

626 *Kluth* in: Calliess/Ruffert, EUV/AEUV, Art. 21 AEUV Rn. 3.

627 Vgl. die einleitenden Worte der RL, wonach diese insb. auf die Art. 18, 21, 46, 50 und 59 AEUV (ex Art. 12, 18, 40, 44 und 52 des EGV) gestützt ist, ABl. EU 2004 Nr. L 158/77 v. 30.04.2004. Vgl. dazu ebenfalls *Haratsch/Koenig/Pechstein*, Rn. 745.

628 *Haratsch/Koenig/Pechstein*, Rn. 744.

629 *Kluth* in: Calliess/Ruffert, EUV/AEUV, Art. 21 AEUV Rn. 1.

II. Art. 21 AEUV eine konkrete und hinreichende Rechtsgrundlage?

Die RL 2004/38/EG wurde insb. auf die Art. 18, 21 Abs. 2, 46, 50 und 59 AEUV (ex Art. 12, 18 Abs. 2, 40, 44, 52 EGV) gestützt.[630] Art. 21 Abs. 2 AEUV ist nicht als „vollwertige“ Rechtsgrundlage anzusehen und kann nur für Bestimmungen über Nichterwerbstätige, wie z. B. den nichterwerbstätigen Rentner, herangezogen werden.[631] Daher musste die RL zudem die Art. 46, 50 und 59 AEUV als Rechtsgrundlagen berücksichtigen, welche Personen erfassen, die im Aufnahmemitgliedstaat einer Erwerbstätigkeit nachgehen. Der Rentner im Nebenerwerb besaß bereits vor der Einführung der Unionsbürgerschaft und des damit zusammenhängenden Aufenthaltsrechts unproblematisch ein Recht auf Freizügigkeit aus Art. 45 Abs. 1 AEUV. Zur Herstellung des Freizügigkeitsrechts des Arbeitnehmers sind RL oder VO nach Art. 46 AEUV ergangen. Mithin war das Freizügigkeitsrecht für Rentner im Nebenerwerb seit jeher unproblematisch abgesichert worden. Dies erscheint nachvollziehbar, da die Union die Mobilität der Arbeitnehmer und somit auch der Rentner im Nebenerwerb fördern wollte. Ihnen sollten keine Nachteile dadurch entstehen, dass sie von einem Mitgliedstaat in einen anderen wandern, die sich möglicherweise auf ihren Willen zur Wahrnehmung der Freizügigkeit nicht förderlich ausgewirkt hätten. Der nichterwerbstätige Rentner ist erst seit der Einführung der Unionsbürgerschaft in den Fokus der Betrachtungen gerückt. Aus diesem Grunde konzentriert sich die weitere Darstellung zur Rechtsgrundlage auf Art. 21 Abs. 2 AEUV. Erst im Rahmen der RL 2004/38/EG werden Rechte des nichterwerbstätigen Rentners mit den Rechten des Rentners im Nebenerwerb gegenübergestellt. Darüber hinaus werden in der RL Besonderheiten, die den arbeitsuchenden Rentner betreffen, aufgezeigt. Insoweit ist in der vorliegenden Untersuchung bei der Rechtsgrundlage das Freizügigkeits- und Aufenthaltsrecht nichterwerbstätiger Rentner vorzustellen und aufzuzeigen, unter welchen speziellen Bedingungen diese von ihrem Freizügigkeitsrecht Gebrauch machen können. Dafür ist Art. 21 Abs. 2 AEUV die maßgebliche Rechtsgrundlage.

---

630 Vgl. die einleitenden Worte der RL, wonach diese insb. auf die Art. 18, 21, 46, 50 und 59 AEUV gestützt ist, ABl. EU 2004 Nr. L 158/77 v. 30.04.2004. Vgl. auch KOM (2003) 199 endg., 3.

631 Vorschlag für eine RL des Europäischen Parlaments und des Rates über das Recht der Unionsbürger und ihrer Familienangehörigen, sich im Hoheitsgebiet der Mitgliedstaaten frei zu bewegen und aufzuhalten, KOM (2001) 257 endg. 6.

Art. 21 AEUV garantiert in seinem Abs. 1, dass jeder Unionsbürger das Recht hat, sich im Hoheitsgebiet der Mitgliedstaaten, vorbehaltlich der in den Verträgen und in den Durchführungsvorschriften vorgesehenen Beschränkungen und Bedingungen frei zu bewegen und aufzuhalten, das sog. Recht auf Freizügigkeit in den Mitgliedstaaten der Union, und zwar unabhängig von einer wirtschaftlichen Tätigkeit.[632] Dies stellt eine erhebliche Neuerung dar, da zuvor die Freizügigkeit nur im Rahmen der Personenverkehrsfreiheiten (Art. 45 Abs. 3, Art. 49 ff., Art. 56 ff. AEUV) zuerkannt worden war und die Aufenthalts- und die Bewegungsfreiheit nur im Zusammenhang mit einer wirtschaftlichen Tätigkeit garantiert wurde.[633] Hierbei knüpft Art. 21 AEUV an die Unionsbürgerschaft (Art. 20 Abs. 1 AEUV, ex Art. 17 Abs. 1 EGV) an, welche eine Voraussetzung für die Anwendbarkeit des Freizügigkeitsrechts auf den nichterwerbstätigen Rentner ist, da dieser keine wirtschaftliche Tätigkeit im Aufnahmemitgliedstaat ausübt. Um dem nichterwerbstätigen Rentner das Freizügigkeitsrecht vollumfänglich zu garantieren, ist der Rückgriff auf Art. 21 Abs. 2 AEUV notwendig. Bei Art. 21 AEUV handelt es sich um ein subjektiv-öffentliches Recht.[634] Ein Rückgriff auf Art. 352 AEUV wie bei den vor der RL 2004/38/EG bestehenden drei Aufenthaltsrichtlinien ist nicht mehr nötig, da Art. 21 Abs. 2 AEUV vorrangig gegenüber Art. 352 AEUV und Art. 18 Abs. 2 AEUV ist.[635] Im Ergebnis stellt Art. 21 Abs. 2 AEUV eine konkrete und hinreichende Rechtsgrundlage für den nichterwerbstätigen Rentner dar.

III. Voraussetzungen des Art. 21 AEUV

Fraglich ist, ob die RL 2004/38/EG die zahlreichen Restriktionen des Art. 21 Abs. 2 AEUV einhält. Dazu ist zunächst zu untersuchen, ob die besonderen Beschränkungen im Wortlaut von Art. 21 Abs. 2 AEUV erfüllt wurden. Nach Art. 21 Abs. 2 AEUV können das Europäische Parlament und der Rat gem. dem ordentlichen Gesetzgebungsverfahren Vorschriften erlassen, wenn zur Erreichung der Zielsetzung des Art. 21 Abs. 1 AEUV ein Tätigwerden der Union erforderlich erscheint und die Verträge hierfür keine Befugnisse vorsehen.

---

632 *Kolonovits* in: Mayer, EUV/AEUV, Art. 21 AEUV Rn. 1, 2; *Haag* in: von der Groeben/Schwarze, EU-/EG-Vertrag, Art. 18 Rn. 6.

633 *Kolonovits* in: Mayer, EUV/AEUV, Art. 21 AEUV Rn. 1.

634 *Magiera* in: Streinz, EUV/EGV, Art. 18 Rn. 10.

635 *Rothfuchs*, Personenverkehrsfreiheiten und Aufenthaltsrecht der Unionsbürger, 243.

1. „Vorschriften“

„Vorschriften“ i. S. des Art. 21 Abs. 2 AEUV können insb. als Richtlinien, Verordnungen oder Entscheidungen (vgl. Art. 288 AEUV) erlassen werden.[636] Unter Vorschriften i. S. des Art. 21 Abs. 2 AEUV sind daher auch RL gefasst. Der Unionsgesetzgeber verfügt mithin über die Befugnis, die RL 2004/38/EG als Vorschrift zu erlassen.

2. „zur Erreichung dieses Ziels … erforderlich“

Die RL 2004/38/EG muss nach Art. 21 Abs. 2 AEUV zur Erreichung des Ziels des Art. 21 Abs. 1 AEUV erforderlich sein. Art. 21 Abs. 1 AEUV garantiert jedem Unionsbürger das Recht, sich im Hoheitsgebiet der Mitgliedstaaten frei zu bewegen und aufzuhalten. Die RL präzisiert die Freizügigkeitsgarantie des Art. 21 Abs. 1 AEUV, indem sie regelt, wann ein Recht auf Aufenthalt besteht und unter welchen Voraussetzungen das Aufenthaltsrecht dabei den einzelnen von der RL erfassten Personengruppen zukommt. Damit verbunden gewährleistet sie das Recht, sich in den Mitgliedstaaten frei zu bewegen. Im Ergebnis dient die RL der Freizügigkeit des Art. 21 Abs. 1 AEUV. Fraglich ist, ob die RL 2004/38/EG, welche neben der Gewähr auch Beschränkungen und Bedingungen des Aufenthaltsrechts vorsieht, wie z. B. die Notwendigkeit von Existenzmitteln[637],

---

636 *Magiera* in: Streinz, EUV/EGV, Art. 18 EGV Rn. 23; *Hatje* in: Schwarze, EU-Kommentar, Art. 18 EGV Rn. 20.

637 Vgl. zum Begriff der Existenzmittel als alle gesetzlich zulässigen Einkommen und Vermögen in Geld oder Geldeswert oder sonstige eigene Mittel (z. B. Unterhaltsleistungen von Familienangehörigen) *Welte*, ZAR 2009, 229 (231 f.). Vgl. auch *Höfler*, Unionsbürgerfreiheit, 93. Diese legt den Begriff der Existenzmittel restriktiver aus. Danach können nur Sozialleistungen, welche auf die Lebensunterhaltssicherung selbst abzielen, wie z. B. die soziale Grundsicherung zu einer Aufenthaltsbeendigung führen, nicht jedoch solche wie z. B. Kindergeld, Erziehungsgeld, Opferentschädigung usw. Siehe zum Begriff auch *Windisch-Graetz*, ZESAR 2012, 189 (190). Diese geht davon aus, dass als Existenzmittel nicht nur Guthaben auf Sparbüchern und Konten, sondern auch Bürgschaftserklärungen von im Mitgliedstaat wohnenden Verwandten oder sogar künftige Rechtspositionen gegenüber Sozialversicherungsträgern im Aufnahmemitgliedstaat berücksichtigt werden müssen. *Eichenhofer*, ZESAR 2012, 357 (359) weist in diesem Zusammenhang zutreffend auch auf die Bedeutung der VO 883/2004 hin, mit Hilfe derer die notwendigen Existenzmittel (durch den Leistungsexport von Renten) bzw. der ausreichende Krankenversicherungsschutz (durch die Sachleistungsaushilfe) auch im neuen Wohnsitzstaat garantiert werden.

zur Erreichung des Freizügigkeitsrechts des Art. 21 Abs. 1 AEUV erforderlich ist. Art. 21 Abs. 1 AEUV gewährt jedem Unionsbürger das Freizügigkeitsrecht jedoch nur vorbehaltlich der in den Verträgen und in den sekundärrechtlichen Durchführungsvorschriften vorgesehenen Beschränkungen und Bedingungen. Klärungsbedürftig erscheint, was unter diesen Begrifflichkeiten zu verstehen ist. Der EuGH hält die Differenzierung im Wortlaut des Art. 21 Abs. 1 AEUV in Beschränkungen und Bedingungen nicht für erheblich. Er geht bei beiden Begriffen von einem „allgemeinen Schrankenvorbehalt" aus.[638] Art. 21 Abs. 2 AEUV kommt zur Anwendung, wenn „diese Verträge hierfür keine Befugnisse" vorsehen. Mit „diesen Verträgen" sind die Bestimmungen des EUV und des AEUV gemeint.[639] Mit dem Verweis auf die anderen Befugnisse der Verträge beabsichtigte der Unionsgesetzgeber, die besondere Schrankensystematik vor allem im Anwendungsbereich der Grundfreiheiten auf Art. 21 Abs. 1 AEUV zu übertragen.[640] Soweit Freizügigkeitsrechte der Unionsbürger schon in anderen Vorschriften (Art. 45, 49, 56 AEUV) geregelt sind, insb. bei den Grundfreiheiten und dem sie konkretisierenden Sekundärrecht, gehen diese dem Art. 21 AEUV als Spezialvorschriften vor.[641] Besteht kein Bezug zu einer wirtschaftlichen Betätigung, wie ihn die Grundfreiheiten voraussetzen, gereicht Art. 21 AEUV als subsidiär zur Anwendung.[642] Im Rahmen des Art. 21 AEUV ist deshalb wie

638 *Huber*, ZaöRV 2008, 307 (317); *Stewen*, Freizügigkeitsrecht und soziale Begleitrechte, 138, 264; *Kluth* in: Calliess/Ruffert, EUV/AEUV, Art. 21 AEUV Rn. 18. Vgl. auch *Herdegen*, Europarecht, § 12 Rn. 4, der insoweit von „Regelungsvorbehalt" spricht.

639 *Kolonovits* in: Mayer, EUV/AEUV, Art. 21 AEUV Rn. 32. Dieser weist darauf hin, dass dies im Vergleich zur alten Rechtslage eine Neuerung darstelle, weil nunmehr auch Einschränkungen des EUV, wie z. B. solche der §§ 23 ff. EUV (gemeinsame Außen- und Sicherheitspolitik) zu beachten seien. A.A. *Kluth* in: Calliess/Ruffert, EUV/AEUV, Art. 21 AEUV Rn. 19. Dieser geht davon aus, dass sich der Verweis nur auf den AEUV beziehe; *Haag* in: von der Groeben/Schwarze, EU-/EG-Vertrag, Art. 18 Rn. 15.

640 *Pechstein/Bunk*, EuGRZ 1997, 547 (552 Fn. 37); *Kluth* in: Calliess/Ruffert, EUV/AEUV, Art. 21 AEUV Rn. 18.

641 EuGH Rs. C-318/05 (Kommission/Deutschland) Slg. 2007, I-6957, I-6973 Rn. 32 ff.; EuGH Rs. C-208/05 (ITC) Slg. 2007, I-181, I-234 Rn. 64 f.; *Giegerich* in: Schulze/Zuleeg/Kadelbach, § 9 Rn. 45; *Roloff*, das Beschränkungsverbot des Art. 39 EG, 79; *Schönberger*, Unionsbürger, 325; *Oppermann/Classen/Nettesheim*, Europarecht, § 17 Rn. 16.

642 Vgl. EuGH Rs. C-100/01 (Olazabal) Slg. 2002, I-10981, I-11011 Rn. 26; *Scheuing*, EuR 2003, 744 (763 f.); *Wollenschläger*, NVwZ 2008, 506 (507); *Oppermann/Classen/Nettesheim*, Europarecht, § 17 Rn. 16; *Huber*, ZaöRV 2008, 307 (319); *Leopold/Semmelmann*, ZEuS 2008, 275 (282); *Haltern*, Europarecht, Rn. 1265; *Caldoro*,

bei den Grundfreiheiten unterteilt in Schutzbereich, Eingriff und Rechtfertigung zu prüfen.[643] In der Rechtfertigung wird deshalb der Grundsatz der Verhältnismäßigkeit entsprechend geprüft.[644] Darüber hinaus sind einschränkende Vorschriften stets vor dem Hintergrund der Bedeutung des Freizügigkeits- und Aufenthaltsrechts des Unionsbürgers auszulegen und so zu interpretieren, dass dem besonderen Wesensgehalt des Rechts Rechnung getragen wird.[645] Beispiele für in diesen Verträgen und in den Durchführungsvorschriften, d.h. sekundärrechtlichen Bestimmungen[646], bestehende Beschränkungen und Bedingungen sind z. B. hinsichtlich der primärrechtlichen Schranken die Art. 45 Abs. 3, 52 Abs. 1 und 62 AEUV, welche Beschränkungen aus Gründen der öffentlichen Ordnung, Sicherheit oder Gesundheit (Ordre-public-Vorbehalt)[647] zulassen. Hinsichtlich der Durchführungsvorschriften des Sekundärrechts ist z. B. der in Art. 1 lit. c) RL i. V. m. Art. 27 bis 33 RL 2004/38/EG enthaltene Ordre-public-Vorbehalt und die in Art. 1 lit. a) RL i. V. m. Art. 7 Abs. 1 lit. b) und lit. c) RL 2004/38/EG verankerte Bedingung, welche das Freizügigkeitsrecht vom Nachweis einer bestehenden Krankenversicherung und ausreichender Existenzmittel abhängig macht (sog. Vorbehalt sozialer Absicherung), zu nennen.[648] Insoweit hat der Unionsgesetzgeber die traditionelle Differenzierung

---

Freizügigkeit, 11 f. Zu den vertretenen Argumenten bezüglich der einzelnen Grundfreiheiten im Detail *Stewen*, Freizügigkeitsrecht und soziale Begleitrechte, 92 ff. Vgl. auch *Boillet*, libre circulation des personnes, 9.

643 Siehe *Haratsch/Koenig/Pechstein*, Rn. 730 ff. Vgl. zur Prüfung der Grundfreiheiten *Hobe*, Europarecht, § 13 Rn. 36.

644 *Kluth* in: Calliess/Ruffert, EUV/AEUV, Art. 21 Rn. 20; *Hatje* in: Schwarze, EU-Kommentar, Art. 18 EGV Rn. 15.

645 *Haag* in: von der Groeben/Schwarze, EU-/EG-Vertrag, Art. 18 Rn. 16; *Hilf* in: Grabitz/Hilf, Art. 18 AEUV Rn. 13.

646 *Kolonovits* in: Mayer, EUV/AEUV, Art. 21 AEUV Rn. 32.

647 Vgl. zum Ordre-public-Vorbehalt *Wollenschläger*, Grundfreiheit ohne Markt, 4, 27. Siehe auch *Feik*, Freizügigkeit der Arbeitnehmer, 142, der darauf verweist, dass die Möglichkeit Beschränkungen des Einreise- und Aufenthaltsrechts aus Gründen der öffentlichen Ordnung, Sicherheit oder Gesundheit vorzusehen, keine „Ordre-public-Klausel“ im eigentlichen Sinne sei. Denn im Internationalen Privatrecht würde die Ordre-public-Klausel zur Lösung von Kollisionsfällen ein bestimmtes nationales Recht allein für anwendbar bzw. ein anderes Recht für unanwendbar erklären. Die Bezeichnung hätte sich im Rahmen des Freizügigkeitsrechts aber nach Feik „eingebürgert“.

648 Vgl. zu den Beispielen für mögliche Beschränkungen und Bedingungen *Hilf* in: Grabitz/Hilf, 40. Ergänzungslieferung, Art. 18 Rn. 10; *Kolonits* in: Mayer, EUV/

zwischen Erwerbstätigen und Nichterwerbstätigen partiell beibehalten.[649] In seiner Rechtsprechung hat der EuGH die Beschränkungen des Freizügigkeitsrechts des Art. 21 AEUV durch das Sekundärrecht, insb. unter Berücksichtigung des Verhältnismäßigkeitsgrundsatzes eng ausgelegt.[650] Der EuGH hat darüber hinaus einen ungeschriebenen allgemeinen Rechtfertigungsgrund für Eingriffe in die Freizügigkeit des Art. 21 Abs. 1 AEUV anerkannt. Danach können die Mitgliedstaaten Art. 21 Abs. 1 AEUV auch zur Wahrung berechtigter Interessen einschränken.[651] Hierbei handelt es sich um einen offenen Katalog, der den Mitgliedstaaten einen der Kontrolle des EuGH unterworfenen Einschränkungsspielraum ermöglicht.[652] Die RL 2004/38/EG gewährt das Freizügigkeitsrecht nur vorbehaltlich der in der RL vorgesehenen Beschränkungen und Bedingungen sowie in Übereinstimmung mit den Vorschriften des AEUV und EUV. Die Restriktion des Art. 21 Abs. 2 AEUV ist vorliegend als erfüllt zu betrachten. Selbst die in Frage gestellten Regelungen der RL, wie z. B. der Vorbehalt sozialer Absicherung, sind erforderlich zur Erreichung der Freizügigkeit als Zielsetzung des Art. 21 Abs. 1 AEUV.

3. „Vertrag hierfür keine Befugnisse“ vorsieht

Wie angeführt wurde die Freizügigkeit bis zur Einfügung des Art. 21 AEUV in den AEUV nur im Rahmen der Personenverkehrsfreiheiten (Art. 45 Abs. 3,

---

AEUV, Art. 21 AEUV Rn. 37; *Haratsch/Koenig/Pechstein*, Rn. 733 f.; *Giegerich* in: Schulze/Zuleeg/Kadelbach, § 9 Rn. 49 f.; *Dienelt*, Freizügigkeit, Rn. 93; *Schweitzer/Hummer/Obwexer*, Europarecht, Rn. 1171. Vgl. zum Vorbehalt sozialer Absicherung *Haratsch/Koenig/Pechstein*, Rn. 734; *Dienelt*, Freizügigkeit, Rn. 100; *Kokott* in: Dupuy/Fassbender/Shaw/Sommermann, FS für Tomuschat, 207 (215); *Rothfuchs*, Personenverkehrsfreiheiten und Aufenthaltsrecht der Unionsbürger, 200, 208 f.

649 *Kingreen*, EuR Beiheft 1/2007, 43 (55).

650 EuGH Rs. C-413/99 (Baumbast) Slg. 2002, I-7091, I-7168 Rn. 91; Rs. C-200/02 (Zhu und Chen) Slg. 2004, I-9925, I-9966 Rn. 32; Rs. C-408/03 (Kommission/Belgien) Slg. 2006, I-2647, I-2678 Rn. 39. Vgl. dazu ebenfalls *Kokott* in: Dupuy/Fassbender/Shaw/Sommermann, FS für Tomuschat, 207 (215); *Caldoro,* Freizügigkeit, 9. Vgl. auch *Kutzscher*, Freizügigkeit der Unionsbürger, 167, wonach sich die enge Auslegung sekundärrechtlicher Beschränkungen des Art. 21 AEUV auch aus dem primären Grundsatz der größtmöglichen Wirksamkeit des Unionsrechts ergebe.

651 EuGH Rs. C-413/99 (Baumbast) Slg. 2002, I-7091, I-7167 Rn. 90; Rs. C-200/02 (Zhu und Chen) Slg. 2004, I-9925, I-9966 Rn. 32. Vgl. auch *Haratsch/Koenig/Pechstein*, Rn. 735.

652 *Haratsch/Koenig/Pechstein*, Rn. 735.

Art. 49 ff., Art. 56 ff. AEUV) und daher nur im Zusammenhang mit einer wirtschaftlichen Tätigkeit garantiert. Mit Art. 21 Abs. 1 AEUV konnte das Freizügigkeitsrecht darüber hinaus auf jeden Unionsbürger und somit auch auf Nichterwerbstätige primärrechtlich erstreckt werden. Als primärrechtliche Regelung kann für den verbleibeberechtigten Rentner das Verbleiberecht des Art. 45 Abs. 3 lit. d) AEUV herangezogen werden. Nach dieser Vorschrift haben auch Arbeitnehmer nach Beendigung einer Beschäftigung im Hoheitsgebiet eines Mitgliedstaats das Recht unter Bedingungen, welche die Kommission durch Verordnungen festlegt, zu verbleiben. Allerdings bezieht sich das Verbleiberecht für verbleibeberechtigte Rentner nur auf den Aufnahmemitgliedstaat als ehemaligen Beschäftigungsstaat. Das Verbleiberecht aus Art. 45 Abs. 3 lit. d) AEUV gilt jedoch nicht für den Rentner, der erst in einen anderen Aufnahmemitgliedstaat reisen und sich dort aufhalten will. Vor Einführung des Art. 21 AEUV bestand das Recht, sich in einem anderen Mitgliedstaat als dem ehemaligen Beschäftigungsstaat aufzuhalten, lediglich sekundärrechtlich durch eine Aufenthaltsrichtlinie[653] und war nicht primärrechtlich im AEUV verankert. Nach der Einführung des Art. 21 AEUV ist außerhalb des Art. 21 Abs. 1 AEUV, auf welchen sich Art. 21 Abs. 2 AEUV bezieht, keine Befugnis für eine Regelung des Freizügigkeitsrechts nichterwerbstätiger Rentner im AEUV oder EUV ersichtlich.

4. „Ausübung der Rechte nach Abs. 1 erleichtert wird“

Die vom Rat erlassenen Vorschriften müssen die Ausübung des Freizügigkeitsrechts nach Art. 21 Abs. 1 AEUV erleichtern. Erleichterung könne dabei als Konkretisierung, Vereinfachung, Ausgestaltung oder sogar als konstitutives Ermöglichen der Inanspruchnahme zu verstehen sein.[654] Eine „Erleichterung“ könne auch eine konkretere Inhaltsbestimmung sein, womit der RL eine inhaltsbestimmende Wirkung zukomme.[655] Indem die RL 2004/38/EG Voraussetzungen des

653 RL über die aus dem Erwerbsleben ausgeschiedenen Arbeitnehmer und selbstständig Erwerbstätigen 90/365/EWG, ABl. 1990 Nr. L 180/28.

654 *Pechstein/Bunk*, EuGRZ 1997, 547 (548).

655 So ebenfalls *Klein/Haratsch*, JuS 1995, 7 (12); *Maiß, Entsendung* von Arbeitnehmern, 312 f. A.A. *Stewen*, Freizügigkeitsrecht und soziale Begleitrechte, 89 ff., welche eine solche inhaltsbestimmende Wirkung zumindest hinsichtlich des Vorbehalts der sozialen Absicherung und des Erfordernisses des Krankenversicherungsschutzes in der RL ablehnt. Diese entfalteten vielmehr lediglich ihre Wirkung auf der Rechtfertigungsebene.

Freizügigkeitsrechts für verschiedene Personengruppen enthält, bestimmt sie den Inhalt des sich direkt und konstitutiv aus Art. 21 Abs. 1 AEUV gewährleisteten Aufenthaltsrechts und erleichtert somit dessen Ausübung.

5. Unmittelbare Anwendbarkeit von Art. 21 AEUV

Im Gegensatz zu der von vornherein abzulehnenden horizontalen Drittwirkung[656] wird in Zweifel gezogen, ob Art. 21 AEUV unmittelbar vertikal anwendbar ist.

Eine Auffassung in der Literatur lehnt die unmittelbare vertikale Anwendbarkeit des Art. 21 AEUV ab[657] und geht davon aus, dass das Aufenthaltsrecht erst konstitutiv durch das Sekundärrecht gewährt werde.[658] Art. 21 Abs. 1 AEUV sei daher auch einem „Ausgestaltungsvorbehalt" durch sekundäres Unionsrecht unterstellt.[659] Jede Ausformung des Freizügigkeitsrechts, wie z. B. die Unabhängigkeit von sozialen Transfers im Aufnahmemitgliedstaat in Art. 7 Abs. 1 lit. b) i. V. m. Art. 14 Abs. 2 RL 2004/38/EG, stelle sich demnach als Ausgestaltung des Freizügigkeitsrechts dar.

---

656 Hinsichtlich der Frage der horizontalen Drittwirkung des Art. 21 AEUV wird diese in Bezug auf Unionsbürger und juristische Personen des Privatrechts kategorisch abgelehnt. Allerdings soll sie zumindest dann greifen, wenn zwischen dem Unionsbürger und dem Dritten ein Verhältnis bestehe, welches befürchten lasse, dass die Macht des Dritten (insb. von großen Verbänden) dazu geeignet erscheine, eine Gefahr für die Ausübung und Wahrnehmung des Freizügigkeitsrechts darzustellen. Denn in einem solchen Fall liege eine dem Verhältnis zwischen Staat und Bürger und somit der vertikalen unmittelbaren Anwendbarkeit vergleichbare Unterordnungskonstellation vor. Vgl. dazu *Höfler*, Unionsbürgerfreiheit, 84 ff. Diese Ansicht ist jedoch abzulehnen, zumindest hinsichtlich der Verbände. Der Verband an sich ist im Verhältnis zum Unionsbürger nicht im Hinblick auf ein Über- und Unterordnungsverhältnis vergleichbar, da er nicht wie es dem Staat zusteht, z. B. Ausweisungen mit Zwang und Gewalt durchsetzen kann. Insoweit besteht insgesamt keine horizontale Drittwirkung des Art. 21 AEUV.

657 *Fischer*, Europarecht, 1997, § 14 Rn. 7; *Kaufmann-Bühler* in: Lenz, EG-Vertrag, 2. Auflage, Art. 18 Rn. 1; *Gautier* in: Constantinesco u.a., Traité sur l'Union Européenne, Art. 8 A Rn. 3; *Degen*, DÖV 1993, 749 (752); *Pechstein/Bunk*, EuGRZ 1997, 547 (547).

658 *Degen*, DÖV 1993, 749 (752); *Pechstein/Bunk*, EuGRZ 1997, 547 (547, 548); *Kaufmann-Bühler* in: Lenz, EG-Vertrag, 2. Auflage, Art. 18 Rn. 1; *Wenger*, NVwZ 2002, 1342 (1343).

659 *Degen*, DÖV 1993, 749 (752); *Kaufmann-Bühler* in: Lenz, EG-Vertrag, 2. Auflage, Art. 18 Rn. 1; *Pechstein/Bunk*, EuGRZ 1997, 547 (547).

Die überwiegende Ansicht in der Literatur[660] sowie der EuGH[661] gehen davon aus, dass Art. 21 AEUV unmittelbar anwendbar sei.[662] Jede Ausformung des Freizügigkeitsrechts, wie z. B. die Unabhängigkeit von sozialen Transfers in der Unionsbürgerrichtlinie, stelle sich als Schranke des unmittelbar durch Art. 21 AEUV garantierten Freizügigkeitsrechts dar.

Der Wortlaut des Art. 21 Abs. 1 AEUV sei nach der ersten Auffassung dahingehend zu interpretieren, dass jedem Unionsbürger das Recht auf Aufenthalt nur vorbehaltlich der in diesem Vertrag und in den Durchführungsbestimmungen genannten

660 Vgl. *Stewen*, Freizügigkeitsrecht und soziale Begleitrechte, 1, 85 ff., 139; *Kutzscher*, Freizügigkeit der Unionsbürger, 136, 167; *Oppermann/Classen/Nettesheim*, Europarecht, § 17 Rn. 11; *Caldoro*, Freizügigkeit, 10 f.; *Geiger/Khan/Kotzur*, EUV/AEUV, Art. 20 AEUV Rn. 5; *Höfler*, Unionsbürgerfreiheit, 67 ff.; *Armbrecht*, ZEuS 2005, 175 (201); *Herdegen*, Europarecht, § 12 Rn. 3; *Haag* in: von der Groeben/Schwarze, EU-/EG-Vertrag, Art. 18 Rn. 7; *Haratsch/Koenig/Pechstein*, Rn. 728; *Kluth* in: Calliess/Ruffert, EUV/AEUV, Art. 21 AEUV Rn. 15; *Wollenschläger*, NVwZ 2008, 506 (507); *Fischer*, Europarecht, 2008, 11. Kap. Rn. 383; *Hilf* in: Grabitz/Hilf, 40. Ergänzungslieferung, Art. 18 Rn. 1; *Kaufmann-Bühler* in: Lenz/Borchardt, EU-Verträge, Art. 21 AEUV Rn. 4. Vgl. zudem *Fischer* in: Haller/Kopetzki/Novak/Paulson/Raschauer/Ress/Wiederin, FS Winkler, 237 (256); *Wollenschläger*, EuZW 2005, 309 (310); *Dienelt*, Freizügigkeit, Rn. 90; *Streinz*, Europarecht, Rn. 955; *Rothfuchs*, Personenverkehrsfreiheiten und Aufenthaltsrecht der Unionsbürger, 214; *Füßer*, DÖV 1999, 96 (100); *Höfler*, Außenwirtschaft 2004, 303 (306); *Scheuing* in: Dreier/Forkel/Laubenthal, FS 600 Jahre Würzburger Juristenfakultät, 103 (119 ff.); *Leopold/Semmelmann*, ZEuS 2008, 275 (285); *Heinig*, ZESAR 2008, 465 (468). Vgl. auch Erwägungsgrund 11 der RL 2004/38/EG, wonach das Recht auf Aufenthalt in einem Mitgliedstaat den Unionsbürgern unmittelbar aus dem Vertrag erwachse.

661 EuGH Rs. C-413/99 (Baumbast) Slg. 2002, I-7091, I-7166 Rn. 84. Danach wird das Recht auf Aufenthalt aus Art. 21 Abs. 1 AEUV jedem Unionsbürger „durch eine klare und präzise Vorschrift des EG-Vertrags [nunmehr AEUV] unmittelbar zuerkannt“. Vgl. zudem Rs. C-200/02 (Zhu und Chen) Slg. 2004, I-9925, I-9965 Rn. 26; EuGH Rs. C-456/02 (Trojani) Slg. 2004, I-7573, I-7608 Rn. 31. Vgl. auch *Brinkmann* in: Huber, AufenthG, § 1 FreizügG/EU Rn. 7.

662 *Haag* in: von der Groeben/Schwarze, EU-/EG-Vertrag, Art. 18 Rn. 7; *Fischer* in: Haller/Kopetzki/Novak/Paulson/Raschauer/Ress/Wiederin, FS Winkler, 237 (256); *Kolonvits* in: Mayer, EUV/AEUV, Art. 21 AEUV Rn. 5; EuGH Rs. C-413/99 (Baumbast) Slg. 2002, I-7091, I-7166 Rn. 86; *Fischer*, Europarecht, 2008, 11. Kap., Rn. 383; *Schulz*, Freizügigkeit für Unionsbürger, 88; *Hatje* in: Schwarze, EU-Kommentar, Art. 18 EGV Rn. 7; *Fischer*, EuZW 1992, 566 (567); *Klein/Haratsch*, JuS 1995, 7 (12); *Armbrecht*, ZEuS 2005, 175 (201).

Bedingungen und Beschränkungen gewährt werde.[663] Daraus ergebe sich, dass Art. 21 AEUV nicht unmittelbar vertikal anwendbar sei und das Aufenthaltsrecht erst konstitutiv durch seine Ausgestaltung in der Freizügigkeitsrichtlinie gewährt werde.

Verstehe man Art. 21 Abs. 1 AEUV als eigenständige Grundfreiheit[664], dann stelle der Verweis auf das Sekundärrecht nach der zweiten Auffassung einen

---

663 *Klein/Haratsch*, DÖV 1994, 133 (134 Fn. 24); *Pechstein/Bunk*, EuGRZ 1997, 547 (547); *Fischer*, Europarecht, 1997, § 14 Rn. 7.

664 Es ist in der Literatur noch ungeklärt, ob das Recht der Freizügigkeit im Unionsrecht ein Grundrecht, eine Grundfreiheit i. S. einer Marktfreiheit oder ein Recht sui generis darstelle. Selbst der EuGH ging so weit, Art. 21 Abs. 1 AEUV als „Grundfreiheit“ zu bezeichnen. Vgl. EuGH Rs. C-224/98 (D'Hoop) Slg. 2002, I-6191, I-6223 Rn. 29; Rs. C-148/02 (Garcia Avello) Slg. 2003, I-11613, I-11645 Rn. 24; EuGH verb. Rs. C-11/06 und C-12/06 (Morgan und Bucher) Slg. 2007, I-9161, I-9205 Rn. 23. Auch in der Literatur wird von Art. 21 Abs. 1 AEUV als „eigenständiger Grundfreiheit“ gesprochen. So *Kokott* in: Dupuy/Fassbender/Shaw/Sommermann, FS für Tomuschat, 207 (214). Siehe zu den vertretenen Argumenten ausführlich auch *Kutzscher*, Freizügigkeit der Unionsbürger, 142, 198 ff.; *Stewen*, Freizügigkeitsrecht und soziale Begleitrechte, 83 f., 138, 264. Vgl. auch *Calliess*, EuR Beiheft 1/2007, 7 (26). Dieser sieht Art. 21 AEUV als „politische Grundfreiheit“ an. Andere halten Art. 21 Abs. 1 AEUV ebenfalls für eine Grundfreiheit, vgl. *Kluth* in: Calliess/Ruffert, EUV/AEUV, Art. 21 AEUV Rn. 15 a; *Höfler*, Unionsbürgerfreiheit, 66; *Kaufmann-Bühler* in: Lenz/Borchardt, EU-Verträge, Art. 21 AEUV Rn. 2; *Höfler*, Unionsbürgerfreiheit, 71 f. Vgl. auch *Kutzscher*, Freizügigkeit der Unionsbürger, 167, der davon spricht, dass es sich bei dem in Art. 21 Abs. 1 AEUV verankerten Freizügigkeitsrecht um eine fünfte Grundfreiheit handele. Doch selbst die Ansicht, die davon ausgeht, dass Art. 21 Abs. 1 AEUV eine Grundfreiheit sei, sieht diese als subsidiär zu den spezielleren Grundfreiheiten an, welche „speziellere Verhaltensformen“ erfassen würden. Diese Ansicht entspricht der h.M. in der Literatur und der Rechtsprechung. Vgl. EuGH Rs. C-92/01 (Stylianakis) Slg. 2003, I-1291, I-1311 f. Rn. 18 ff.; EuGH Rs. C-76/05 (Schwarz und Gootjes-Schwarz) Slg. 2007, I-6849, I-6890 Rn. 35. Vgl. dazu *Kluth* in: Calliess/Ruffert, EUV/AEUV, Art. 21 AEUV Rn. 16; *Haratsch/Koenig/Pechstein*, Rn. 728. Vgl. auch EuGH Rs. C-100/01 (Olazabal) Slg. 2002, I-10981, I-11011 Rn. 26; *Roloff*, das Beschränkungsverbot des Art. 39 EG, 79. A.A. *Rothfuchs*, Personenverkehrsfreiheiten und Aufenthaltsrecht der Unionsbürger, 181 f., 246. Das Recht der wirtschaftlichen Personenverkehrsfreiheiten wolle vorrangig den Produktionsfaktor Arbeit begünstigen, wohingegen Art. 21 Abs. 1 AEUV den Unionsbürger als Inhaber eines konkreten Anspruchs in den Mittelpunkt der Betrachtungen stelle. Art. 21 Abs. 1 AEUV habe somit einen höheren „persönlichkeitsanerkennenden Gehalt“ als die Grundfreiheiten. Rothfuchs betont allerdings den Charakter des Aufenthaltsrechts als „Unionsbürgerrecht“. Vgl. dazu *Rothfuchs*, Personenverkehrsfreiheiten und Aufenthaltsrecht der Unionsbürger, 189 f.

bloßen Hinweis auf Möglichkeiten der Beschränkung der Freizügigkeit durch den Gesetzgeber dar, genauso wie dies bei allen anderen Grundfreiheiten der Fall sei.[665] Die „Beschränkungen und Bedingungen" in Art. 21 AEUV seien somit „nachrangige Ausschlussgründe" für ein bereits gem. Art. 21 AEUV existentes bzw. entstandenes Aufenthaltsrecht.[666] Art. 21 AEUV sollte bei seiner Aufnahme in den Vertrag die bereits bestehenden Rechte auf Einreise und Aufenthalt unberührt lassen, da sich solche aber nicht nur aus dem Vertrag, sondern auch aus dem Sekundärrecht ergäben, sei die Einfügung eines entsprechenden Vorbehalts in Art. 21 AEUV unumgänglich gewesen.[667] Auch seien Rechtsgrundlagen die unter Vorbehalt stehen, wie Art. 21 AEUV dann unmittelbar anwendbar, wenn der Vorbehalt (also die Beschränkungen und Bedingungen des Art. 21 AEUV) vollumfänglich einer gerichtlichen Kontrolle unterworfen werde, was vorliegend

---

Andere wiederum gehen davon aus, dass Art. 21 AEUV nach dem In-Kraft-Treten der Grundrechtecharta und seiner inhaltsgleichen Verbürgerung in Art. 45 GRC nunmehr unstrittig ein Grundrecht darstelle. Siehe auch *Kluth* in: Calliess/Ruffert, EUV/AEUV, Art. 21 Rn. 15 a; *Hatje* in: Schwarze, EU-Kommentar, Art. 18 EGV Rn. 1; *Kolonovits* in: Mayer, EUV/AEUV, Art. 21 AEUV Rn. 7, 8; *Caldoro*, Freizügigkeit, 9 f. A.A. *Baumgartner*, EU-Mitgliedschaft und Grundrechtsschutz, 138 ff., der das Freizügigkeitsrecht lediglich in die Gruppe der „grundrechtsähnlichen Rechte" einordnet. A.A. auch *Schönberger*, Unionsbürger, 324, 330. Dieser ordnet das Freizügigkeitsrecht aus Art. 21 Abs. 1 AEUV systematisch zwischen den Grundfreiheiten und den Grundrechten des Unionsrechts ein. Ebenso *Kubicki*, EuR 2006, 489 (498 f.), der das unionsbürgerliche Recht auf Freizügigkeit als Recht sui generis bezeichnet. Sollte das Freizügigkeitsrecht eine echte Grundfreiheit i. S. einer Marktfreiheit darstellen, sei nicht zu erklären, warum es dann anderen Grundfreiheiten gegenüber subsidiär sein soll. Andererseits passe die Bezeichnung als Grundrecht nicht ganz, zumal das Freizügigkeitsrecht aus Art. 21 Abs. 1 AEUV zumindest hinsichtlich seines Gewährleistungsgehalts den Grundfreiheiten strukturell vergleichbar sei. So *Wollenschläger*, NVwZ 2008, 506 (507). Außerdem verbürge Art. 21 Abs. 1 AEUV ausdrücklich das Recht auf Freizügigkeit, wohingegen die Grundrechte sich nicht explizit aus den Unionsverträgen ergeben, sondern vielmehr aus verschiedenen Rechtsquellen resultieren und insb. auf die Rechtsprechung des EuGH gestützt werden. Vgl. http://www.bpb.de/themen/K1FE86,0,0,Grundrechte.html (Abrufdatum: 13.11.2008). Insofern stellt nach hier vertretener Ansicht das Freizügigkeitsrecht ein Recht sui generis dar.

665 *Kokott* in: Dupuy/Fassbender/Shaw/Sommermann, FS für Tomuschat, 207 (214).

666 *Rothfuchs*, Personenverkehrsfreiheiten und Aufenthaltsrecht der Unionsbürger, 214; *Maiß*, Entsendung von Arbeitnehmern, 313. A.A. *Möller*, Entwicklung des Rechts der Unionsbürger, 28, die anführt, dass der Unionsbürger, der den Vorbehalt sozialer Absicherung nicht erfülle, auch keine Rechte aus Art. 21 AEUV beanspruchen könne.

667 *Schulz*, Freizügigkeit für Unionsbürger, 87; *Becker*, EuR 1999, 522 (528 f.).

erfüllt sei.[668] Insoweit stehe der Vorbehalt der unmittelbaren Anwendbarkeit des Art. 21 Abs. 1 AEUV nicht entgegen. Vielmehr spreche gerade der Wortlaut des Art. 21 AEUV für eine unmittelbare Anwendbarkeit, da danach jedem Unionsbürger das Aufenthaltsrecht zustehe.[669] Die erstgenannte Auffassung geht davon aus, dass Art. 21 Abs. 1 AEUV durch die RL 2004/38/EG konkretisiert werde, welche ihrerseits bereits hinreichend die materielle Rechtsstellung der Unionsbürger verbessere, so dass für eine unmittelbare Anwendbarkeit des Art. 21 AEUV keine zusätzliche Verbesserung der Rechtsposition der Unionsbürger mehr bewirkt werden könne.[670] Die erste Auffassung führt gegen die unmittelbare Anwendbarkeit von Art. 21 Abs. 1 AEUV zudem den Art. 21 Abs. 2 AEUV an, welcher den Rat nur zum Erlass von Vorschriften ermächtige, die die Ausübung des Aufenthaltsrechts nach Art. 21 Abs. 1 AEUV erleichtern. Eine Erleichterung könne dabei als Konkretisierung, Vereinfachung, Ausgestaltung oder sogar als konstitutives Ermöglichen der Inanspruchnahme zu verstehen sein.[671] Dies rechtfertige die Unabhängigkeit von sozialen Transfers als Ausgestaltung des Freizügigkeitsrechts anzusehen, welches durch diese Ausgestaltung erst in Anspruch genommen werden könne.

Die zweite Ansicht führt demgegenüber an, dass eine „Erleichterung“ auch eine konkretere Inhaltsbestimmung sein könne. Danach ergebe sich das Aufenthaltsrecht direkt aus Art. 21 Abs. 1 AEUV, wohingegen der RL 2004/38/EG nur inhaltsbestimmende Wirkung zukomme.[672] Darüber hinaus habe der EuGH

---

668 Vgl. dazu *Höfler*, Unionsbürgerfreiheit, 70.

669 *Haag* in: von der Groeben/Schwarze, EU-/EG-Vertrag, Art. 18 Rn. 7; *Hatje* in: Schwarze, EU-Kommentar, Art. 18 EGV Rn. 7. Vgl. auch *Dienelt*, Freizügigkeit, Rn. 88, der anführt, dass der Wortlaut des Art. 21 Abs. 1 AEUV eindeutig für ein Individualrecht spreche.

670 Vgl. dazu *Pechstein/Bunk*, EuGRZ 1997, 547 (547).

671 *Pechstein/Bunk*, EuGRZ 1997, 547 (548). Vgl. zum Streit, ob die Vorschriften der RL 2004/38/EG inhaltskonstituierend seien und somit das Freizügigkeitsrecht erst begründen oder ob Art. 21 AEUV jedem Unionsbürger selbst, ohne weitere Voraussetzungen ein Freizügigkeitsrecht zugestehe, wobei es sich bei den Vorschriften der RL in einem solchen Fall um Beschränkungsbestimmungen handele. Vgl. *Höfler*, Unionsbürgerfreiheit, 71 ff.

672 So ebenfalls *Klein/Haratsch*, JuS 1995, 7 (12); *Höfler*, Unionsbürgerfreiheit, 74, 76, 82. Höfler argumentiert hier damit, dass die Freizügigkeit des Art. 21 AEUV gerade frei von einem wirtschaftlichen Bezug garantiert werde, im Gegensatz zu den speziellen Grundfreiheiten. Würden aber die Existenz ausreichender Finanzierung und des Krankenversicherungsschutzes zur Voraussetzung für die Entstehung des Rechts gemacht, wäre damit letztlich doch ein wirtschaftlicher Bezug gegeben. Es bestehe ein Widerspruch zum primären Unionsrecht. Die Bedingungen seien daher

ebenfalls die Rechtsgrundlage des Art. 53 Abs. 1 AEUV, welche Erleichterungsvorschriften im Rahmen der Niederlassungsfreiheit vorsieht, für unmittelbar anwendbar gehalten.[673]

Vorliegend wird mit der zweiten Auffassung davon ausgegangen, dass Art. 21 AEUV unmittelbar vertikal anwendbar ist. Art. 21 AEUV ist nach herrschender Ansicht subsidiär zu den Grundfreiheiten[674], die rein wirtschaftlich orientiert sind. Dennoch ist insb. die wertsetzende Bedeutung des Art. 21 Abs. 1 AEUV als explizite Verankerung des Schutzes Nichterwerbstätiger im Primärrecht ausschlaggebend. Art. 21 Abs. 1 AEUV bildet das „zentrale Recht der Unionsbürgerschaft".[675] Nach dem EuGH sind die Unionsbürgerschaft und das mit ihr zusammenhängende Freizügigkeitsrecht besonders zu schützen. Danach existiert ein „Kernbereich" der Unionsbürgerschaft, womit diese eine „Quelle autonomer Rechte" darstelle, die auch gegenüber dem eigenen Staat geltend gemacht werden könnten.[676] Art. 21 AEUV gestattet es jedem Unionsbürger und damit auch dem nichterwerbstätigen Rentner, sein Aufenthaltsrecht auszuüben. Der besonderen Bedeutung des

---

i. S. von Beschränkungsmöglichkeiten bzw. Schranken zu verstehen. Auch führt sie Art. 20 Abs. 2 S. 3 AEUV an, der davon spricht, dass das Freizügigkeitsrecht gem. Art. 20 Abs. 2 lit. a) AEUV unter den „Bedingungen und innerhalb der Grenzen ausgeübt" werde. Aus dem Wort „ausgeübt" ergebe sich, dass das Freizügigkeitsrecht des Art. 21 Abs. 1 AEUV selbst ohne Vorbehalt entstehe. A.A. wiederum *Stewen*, Freizügigkeitsrecht und soziale Begleitrechte, 89 ff., bzgl. des Vorbehalts der sozialen Absicherung und des Erfordernisses des Krankenversicherungsschutzes der RL, welche nur auf der Rechtfertigungsebene Wirkung entfalteten.

673 Vgl. EuGH Rs. 2/74 (Reyners) Slg. 1974, 631, 651 Rn. 21/23, 24/28, 29/31. Vgl. hierzu auch *Höfler*, Unionsbürgerfreiheit, 70.

674 Nach der von der Verfasserin vertretenen Ansicht sind die Grundfreiheiten, welche „speziellere Verhaltensformen" erfassen als Art. 21 AEUV, als die spezielleren Vorschriften zu betrachten. Vgl. EuGH Rs. C-100/01 (Olazabal) Slg. 2002, I-10981, I-11011 Rn. 26. So auch *Kluth* in: Calliess/Ruffert, EUV/AEUV, Art. 21 AEUV Rn. 16; *Haratsch/Koenig/Pechstein*, Rn. 728; *Roloff*, das Beschränkungsverbot des Art. 39 EG, 79; *Rothfuchs*, Personenverkehrsfreiheiten und Aufenthaltsrecht der Unionsbürger, 227; *Wollenschläger*, NVwZ 2008, 506 (507).

675 *Kaufmann-Bühler* in: Lenz/Borchardt, EU-Verträge, Art. 21 AEUV Rn. 4.

676 Vgl. Dazu kritisch *Langenfeld* in: Baus/Borchard/Gelinsky/Krings, 60 Jahre BVerfG, 69 (69, 75 f.) unter Verweis auf die Rechtssache Zambrano des EuGH Rs. C-34/09 (Zambrano/Office national de l'emploi) NJW 2011, 2033 (2033 ff.). Diese sieht in dem Urt. Zambrano einen «Paradigmenwechsel». Langenfeld sieht in dem Verzicht auf einen grenzüberschreitenden Bezug und der Formulierung „Kernbereich der Unionsbürgerschaft" eine Rechtsfortbildung „ohne vertragliche Absicherung", die nicht dogmatisch begründet und gefährlich für die Rechtssicherheit sei.

Art. 21 Abs. 1 AEUV, das Freizügigkeitsrecht auf alle Unionsbürger auszudehnen, würde es nicht gerecht werden, wenn man lediglich aus den Durchführungsbestimmungen ein unmittelbares Individualrecht ableiten könnte und nur diese und nicht Art. 21 AEUV das Freizügigkeitsrecht ausgestalten würden. Vielmehr muss sich bereits aus der Primärrechtsvorschrift ein solches ergeben. Vorliegend ist daher der zweitgenannten Ansicht zu folgen. Art. 21 AEUV entfaltet zwar keine horizontale Drittwirkung, ist aber vertikal unmittelbar anwendbar. Damit stellt jede Ausformung des Freizügigkeitsrechts, wie z. B. die Unabhängigkeit von sozialen Transfers in der Unionsbürgerrichtlinie sich nicht als Ausgestaltung des Freizügigkeitsrechts, sondern als Schranke des durch Art. 21 AEUV unmittelbar vertikal garantierten Freizügigkeitsrechts dar.

IV. Verfahren

Die Rechtsgrundlage für den Erlass der RL 2004/38/EG findet sich im Vertrag von Lissabon im Zweiten Teil „Nichtdiskriminierung und Unionsbürgerschaft“ wieder. In diesem Teil sind nunmehr die vormals in unterschiedlichen Titeln geregelten Vorschriften des Art. 18 AEUV und 21 AEUV in einem Titel verknüpft. Welche Schlussfolgerungen die Rechtsanwendungspraxis aus dieser legislatorischen Verknüpfung in einem Titel zieht, bleibt abzuwarten.[677] Die Rechtsgrundlage für die RL 2004/38/EG ist u. a. Art. 21 Abs. 2 AEUV. Der Art. 21 Abs. 2 AEUV stellt eine eigenständige Rechtsgrundlage zum Erlass sekundärrechtlicher Regelungen dar.[678] Art. 21 Abs. 2 AEUV ist dabei Rechtsgrundlage für Erleichterungsvorschriften, kann aber nicht für den Erlass von über Art. 21 Abs. 1 AEUV hinausgehenden Beschränkungen herangezogen werden.[679] Der Art. 21 Abs. 1 und 2 AEUV enthält lediglich minimale Wortlautänderungen im Vergleich zum ex Art. 18 Abs. 1 und 2 EGV.[680] Allerdings

---

677 Vgl. dazu ebenfalls *Leopold/Semmelmann*, ZEuS 2008, 275 (302).

678 *Haratsch/Koenig/Pechstein*, Rn. 744.

679 *Kluth* in: Calliess/Ruffert, EUV/AEUV, Art. 21 AEUV Rn. 22.

680 Umformuliert wird „in diesem Vertrag“ (ex Art. 18 Abs. 1 EGV) zu „in den Verträgen“ (Art. 21 Abs. 1 AEUV). Außerdem wird „Tätigwerden der Gemeinschaft erforderlich und sieht dieser Vertrag“ (ex Art. 18 Abs. 2 EGV) zu „Tätigwerden der Union erforderlich und sehen die Verträge“ (Art. 21 Abs. 2 AEUV) umgestaltet. Anstatt dem Hinweis auf das Mitentscheidungsverfahren des ex Art. 251 EGV in ex Art. 18 Abs. 2 EGV wird in Art. 21 Abs. 2 AEUV darauf hingewiesen, dass „das Europäische Parlament und der Rat gem. dem ordentlichen Gesetzgebungsverfahren

wird die bisherige Beschränkung der Wirkung des ex Art. 18 Abs. 1, 2 EGV auf den AEUV aufgehoben.[681] Auch hat es Änderungen im Gesetzgebungsverfahren gegeben. Nach Art. 21 Abs. 2 AEUV können das Europäische Parlament und der Rat gem. dem ordentlichen Gesetzgebungsverfahren Durchführungsvorschriften erlassen, wenn dies für die Freizügigkeit erforderlich ist und die Verträge hierfür keine Befugnisse vorsehen. Im ordentlichen Gesetzgebungsverfahren nach Art. 289 Abs. 1, 294 AEUV erlassen der Rat und das Europäische Parlament die Gesetzgebungsakte gemeinsam, wobei der Rat diese grundsätzlich mit qualifizierter Mehrheit beschließt.[682] Im Vergleich zum noch bei ex Art. 18 Abs. 2 EGV bestehenden „Mitentscheidungsverfahren" des ex Art. 251 EGV wurde die Position des Europäischen Parlaments beim Erlass von Durchführungsvorschriften deutlich verbessert[683], einem eventuell bestehenden Demokratiedefizit entgegengewirkt und zu einer höheren Akzeptanz der Rechtsakte innerhalb der Bevölkerung der Mitgliedstaaten beigetragen[684]. Nunmehr ist im ordentlichen Gesetzgebungsverfahren nach Art. 294 AEUV (ex Art. 251 EGV) eine positive Übereinstimmung des Europäischen Parlaments und des Rates erforderlich. Sollte zwischen beiden Organen Dissens bestehen, kommt der Rechtsakt nicht zustande.[685]

Art. 21 Abs. 2 AEUV wird nicht mehr wie vorher durch ex Art. 18 Abs. 3 EGV beschränkt. Da Vorschriften betreffend Personalausweise, Pässe, Aufenthaltstitel oder diesen äquivalenten Dokumenten nicht mehr von Art. 21 Abs. 2 AEUV ausgenommen werden, können solche durchaus nach Art. 21 Abs. 2 AEUV erlassen werden.[686] Darüber hinaus ermöglicht der neu gefasste Art. 21 Abs. 3 AEUV erstmalig dem Unionsgesetzgeber im besonderen Gesetzgebungsverfahren den Erlass von Maßnahmen, die den sozialen Schutz oder die soziale Sicherheit betreffen[687]

Vorschriften erlassen" können, welches allerdings dem Mitentscheidungsverfahren inhaltlich entspricht. Vgl. dazu *Streinz/Ohler/Herrmann*, Vertrag von Lissabon, 113.

681 Statt „diesem Vertrag" (ex Art. 18 Abs. 1 EGV) oder „dieser Vertrag" (ex Art. 18 Abs. 2 EGV) steht nunmehr in Art. 21 Abs. 1 AEUV „den Verträgen" und in Art. 21 Abs. 2 AEUV „die Verträge". Art. 21 AEUV bezieht daher auch den EUV n.F. in seinen Geltungsbereich mit ein.

682 *Giegerich* in: Schulze/Zuleeg/Kadelbach, § 9 Rn. 55.

683 *Kolonovits* in: Mayer, EUV/AEUV, Art. 21 AEUV Rn. 41.

684 *Rothfuchs*, Personenverkehrsfreiheiten und Aufenthaltsrecht der Unionsbürger, 258 f.

685 *Kluth* in: Calliess/Ruffert, EUV/AEUV, Art. 293 Rn. 4.

686 So auch *Kolonovits* in: Mayer, EUV/AEUV, Art. 21 AEUV Rn. 42.

687 *Kolonovits* in: Mayer, EUV/AEUV, Art. 21 AEUV Rn. 4, 42; *Hatje* in: Schwarze, EU-Kommentar, Art. 18 EGV Rn. 21.

einschließlich der Schaffung von grenzüberschreitenden Sozialansprüchen[688] nach dem Muster der VO 883/2004[689] durch ein Koordinierungssystem der „sozialen Fürsorge".[690] Diesbezüglich beschließt der Rat gem. Art. 21 Abs. 3 AEUV i. V. m. Art. 289 Abs. 2 AEUV in dem besonderen Gesetzgebungsverfahren nach bloßer Anhörung des Europäischen Parlaments einstimmig. Hierbei können die Maßnahmen des Rates zu den gleichen wie in Art. 21 Abs. 1 AEUV enthaltenen Zwecken erlassen werden. Damit geht Art. 21 Abs. 3 AEUV weiter als Art. 21 Abs. 2 AEUV, da er nicht nur Erleichterungsmaßnahmen, sondern auch Maßnahmen erfasst, die Beschränkungen und Bedingungen des Freizügigkeitsrechts enthalten können.[691] Mit Art. 21 Abs. 3 AEUV bekennt sich die Union stärker zu ihrer sozialen Verantwortung und geht daher in die Richtung des EuGH, welcher in seiner Rechtsprechung die „Herausbildung einer Sozialbürgerschaft" begünstigt hat.[692] Durch die Aufwertung der Position des Europäischen Parlaments im ordentlichen Gesetzgebungsverfahren und die Aufhebung der Beschränkung durch ex Art. 18 Abs. 3 AEUV ist der Anwendungsbereich von Art. 21 AEUV durch den Vertrag von Lissabon in begrüßenswertem Umfang erweitert worden. Bei Erlass der RL wurden die Verfahrensvoraussetzungen des ex Art. 18 Abs. 2 EGV, nunmehr Art. 21 AEUV gewahrt.

---

688 Vgl. Art. 21 Abs. 3 AEUV, der bestimmt, dass der Rat, sofern die Verträge hierfür keine Befugnisse vorsehen, gem. einem besonderen Gesetzgebungsverfahren Maßnahmen erlassen kann, die die soziale Sicherheit oder den sozialen Schutz betreffen. Der Rat beschließt dann einstimmig nach Anhörung des Europäischen Parlaments. Die durch Art. 21 Abs. 3 AEUV dem Unionsgesetzgeber gewährte Befugnis wurde durch ex Art. 18 EGV noch explizit ausgeschlossen. Vgl. dazu ebenfalls *Leopold/ Semmelmann*, ZEuS 2008, 275 (302).

689 VO 883/2004, abgedruckt in ABl. EU 2004 Nr. L 166/1 ff. v. 30.04.2004; zuletzt geändert durch VO (EU) Nr. 1244/2010 der Kommission v. 09.12.2010, ABl. EU 2010 Nr. L 338/35 ff. v. 22.12.2010. Vgl. zur Durchführungsverordnung 987/2009 des Europäischen Parlaments und des Rates v. 16.09.2009, ABl. 2009, Nr. L 284/1 ff. v. 30.10.2009. Die DVO wurde zuletzt geändert durch Art. 2 Änderungsverordnung (EU) 1244/2010 v. 09.12.2010, ABl. EU 2010 Nr. L 338/35 ff.

690 Vgl. *Stewen*, Freizügigkeitsrecht und soziale Begleitrechte, 26 Fn. 106, die gleich darauf hinweist, dass eine solche Koordinierung des Rechts der sozialen Fürsorge hin auf einen gemeinsamen sozialen Schutz aufgrund der Einstimmigkeit im Rat und der „besonderen Sensibilität der Regelungsmaterie" in nächster Zeit nicht zu erwarten sei.

691 Vgl. *Kolonovits* in: Mayer, EUV/AEUV, Art. 21 AEUV Rn. 42.

692 Siehe *Kluth* in: Calliess/Ruffert, EUV/AEUV, Art. 21 AEUV Rn. 28. Vgl. zur Rechtsprechung des EuGH betreffend die Herausbildung einer Sozialbürgerschaft, *Kingreen*, EuR Beiheft 1/2007, 43 (47 ff.).

V. Geltungsbereich

1. Persönlicher Geltungsbereich

Art. 21 Abs. 1 AEUV knüpft ausschließlich an den Status der Unionsbürgerschaft an. Unionsbürger ist dabei jeder, der die Staatsangehörigkeit eines Mitgliedstaats besitzt (vgl. dazu Art. 20 Abs. 1 S. 2 AEUV). Die Unionsbürgerschaft verlangt keine wirtschaftliche Integration in den Aufnahmemitgliedstaat, keinen Status als Arbeitnehmer oder Selbstständiger, sondern bezieht auch Nichterwerbstätige mit ein.[693] Art. 21 Abs. 1 AEUV ist ein Aufenthaltsrecht für Drittstaatsangehörige nicht zu entnehmen.[694] Für Drittstaatsangehörige bedeutet dies wiederum, dass

---

693 *Oppermann/Classen/Nettesheim*, Europarecht, § 17 Rn. 12; *Schulte*, ZFSH/SGB 2007, 259 (266); *Düsterhaus*, EuZW 2008, 103 (103).

694 *Rothfuchs*, Personenverkehrsfreiheiten und Aufenthaltsrecht der Unionsbürger, 250; *Maiß*, Entsendung von Arbeitnehmern, 312. In der Literatur wird über eine Erweiterung des Art. 21 AEUV auf Drittstaatsangehörige diskutiert, welche insb. auf die Einbeziehung der Drittstaatsangehörigen als Familienangehörige von Unionsbürgern gestützt wird. Vgl. dazu *Leopold/Semmelmann*, ZEuS 2008, 275 (284). Vgl. zu dem Schutz Drittstaatsangehöriger durch fünf Einwanderungsrichtlinien, die für bestimmte Personengruppen (z. B. Studenten, Forscher, Hochqualifizierte, Familienzusammenführung) Einreise- und Aufenthaltsrechte enthalten, sehr ausführlich *Wiesbrock*, Legal Migration, 253 ff., 753 f. Vgl. zu dem Recht auf Aufenthalt von türkischen Arbeitnehmern, *Huber* in: Huber, AufenthG, Art. 6 ARB 1/80, Rn. 2, wonach Art. 6 Abs. 1 ARB 1/80 ganz klar ein Aufenthaltsrecht für türkische Arbeitnehmer enthalte, welches qualitativ den Aufenthaltsrechten aus den Grundfreiheiten angenähert sei. Vgl. auch Beschluss Nr. 1/80 des Assoziationsrats EWG/Türkei über die Entwicklung der Assoziation, abgedruckt unter: http://www.migrationsrecht.net/doc_details/1438-arb-180-nur-deutsche-fassung.html. Der Beschluss beruht auf der Beschlusskompetenz des Assoziationsrats, welche sich wiederum aus Art. 22 Abs. 1 des Abkommens zur Gründung einer Assoziation zwischen der EWG und der Türkei ergibt. Vgl. dazu Beschluss des Rates vom 23.12.1963 über den Abschluss des Abkommens zur Gründung einer Assoziation zwischen der Europäischen Wirtschaftsgemeinschaft und der Türkei (64/732/EWG), ABl. EG 1964, 3685/64 ff. Das Abkommen wurde modifiziert durch ein Ergänzungsprotokoll (vgl. Ergänzungsprotokoll zum Assoziierungsabkommen zwischen der Europäischen Wirtschaftsgemeinschaft und der Türkei infolge des Beitritts neuer Mitgliedstaaten zu der Gemeinschaft vom 31.12.1977, ABl. EG 1977 Nr. L 361/2 ff.). Der EuGH hat im Jahr 1987 entschieden, dass er zur Vorabentscheidung über die Auslegung des Abkommens befugt sei, da es seit seinem Inkrafttreten einen integralen Bestandteil der Unionsrechtsordnung bilde. Vgl. EuGH Rs. 12/86 (Meryem Demirel) Slg. 1987, 3719, 3720, 1. Leitsatz. In der Rechtssache Sevince entschied der EuGH dann, dass die Bestimmungen der vom

sie sich als Familienangehörige von Unionsbürgern nur auf die Bestimmungen von sekundärem Unionsrecht stützen können.[695] Den Drittstaatsangehörigen kann

---

Assoziationsrat geschaffenen Beschlüsse, wie z. B. der Beschluss 1/80 selbst genauso wie das Abkommen integrierender Bestandteil der Unionsrechtsordnung seien und er deshalb auch über deren Auslegung befinden könne. Darüber hinaus seien die Bestimmungen des Beschlusses auch unmittelbar anwendbar. Dies gelte insb. für Art. 6 Abs. 1 dritter Gedankenstrich und Art. 13 des Beschlusses 1/80. Vgl. EuGH Rs. C-192/89 (Sevince) Slg. I-3461, I-3462 1. und 2. Leitsatz. Ebenso wie der türkische Arbeitnehmer haben auch seine türkischen Familienmitglieder im Aufnahmemitgliedstaat nach dreijährigem ordnungsgemäßen Wohnsitz in diesem Staat ein Recht auf Arbeit bzw. sich auf jedes Stellenangebot gem. Art. 7 Abs. 2 ARB zu bewerben, was zwangsläufig bedeute, dass ihr Aufenthaltsrecht neben dem des türkischen Arbeitnehmers anerkannt werde. Vgl. EuGH Rs. C-355/93 (Eroglu) Slg. 1994, I-5113, I-5140 Rn. 20. Vgl. *Boeles/Heijer/Lodder/Wouters*, European Migration Law, dazu 95, 97, 106 ff. und generell zu den Abkommen der Union im Bereich der Freizügigkeit mit Drittstaaten (z. B. der Schweiz, Marokko) 91 ff. Vgl. zum Freizügigkeitsabkommen der EG mit der Schweiz ausführlich *Boillet*, libre circulation des personnes, 13 ff. Da es vorliegend aber um den nichterwerbstätigen Rentner, den Rentner im Nebenerwerb und den arbeitsuchenden Rentner als Unionsbürger geht, wird auf weitergehende Ausführungen zu den Aufenthaltsrechten von türkischen Staatsangehörigen in der Union verzichtet.

695 *Kolonovits* in: Mayer, EUV/AEUV, Art. 21 AEUV Rn. 11; *Kluth* in: Calliess/Ruffert, EUV/AEUV, Art. 20 AEUV Rn. 8; *Haratsch/Koenig/Pechstein*, Rn. 731; *Hilf* in: Grabitz/Hilf, 40. Ergänzungslieferung, Art. 17 Rn. 49. Vgl. auch *Höfler*, Unionsbürgerfreiheit, 58. Höfler geht hier weiter und entnimmt ein von den Unionsbürgern abgeleitetes Aufenthaltsrecht für Familienangehörige von Unionsbürgern, die die Staatsangehörigkeit eines Drittstaats besitzen, nicht nur der RL 2004/38/EG sondern auch dem Art. 21 AEUV. Der EuGH hat im Fall einer drittstaatsangehörigen Mutter einer minderjährigen Unionsbürgerin, die für den Aufenthalt ihres aufenthaltsberechtigten Kindes durch ausreichende Existenzmittel und einen Krankenversicherungsschutz aufkam, das Aufenthaltsrecht gem. Art. 21 Abs. 1 AEUV ausnahmsweise bejaht. Als Argument wurde hier die Sicherung der praktischen Wirksamkeit des primärrechtlich gewährleisteten Aufenthaltsrechts des Kindes angeführt. Vgl. dazu EuGH Rs. C-200/02 (Zhu und Chen) Slg. 2004, I-9925, I-9968 Rn. 42 ff., insb. Rn. 45. Rothfuchs lehnt die Einbeziehung von Drittstaatsangehörigen in das Aufenthaltsrecht durch das Sekundärrecht ab. Vgl. hierzu *Rothfuchs*, Personenverkehrsfreiheiten und Aufenthaltsrecht der Unionsbürger, 253. Ebenfalls kritisch *Huber*, ZaöRV 2008, 307 (320). A.A. *Boeles/Heijer/Lodder/Wouters,* European Migration Law, 87, die anführen, dass vor dem Hintergrund der durch die Art. 45, 49, 56 AEUV und der RL 2004/38/EG den Familienmitgliedern von Unionsbürgern gewährten Rechte auch Art. 21 Abs. 1 AEUV Drittstaatsangehörige bevorzugen sollte, um ihren besonderen Status als Familienangehörige von Unionsbürgern gerecht zu werden. Durch die Rechtsprechung wurde bestätigt, dass sich Familienangehörige eines Unionsbürgers aus Drittstaaten nur auf die RL 2004/38/EG

jedoch aufgrund von Art. 77 Abs. 2 lit. c) AEUV (ex Art. 62 Nr. 3 EGV) und Art. 79 Abs. 2 lit. b) AEUV (ex Art. 63 Nr. 4 EGV) die Reise- und Aufenthaltsfreiheit eingeräumt werden. Insoweit ist durch die Schaffung des Art. 21 AEUV die Freizügigkeit auf eine allgemeine Personenfreizügigkeit ausgedehnt worden.[696] Der nichterwerbstätige Rentner wird als Unionsbürger von Art. 21 AEUV erfasst.[697]

2. Sachlicher Geltungsbereich

a. Art. 21 AEUV und die von ihm gewährte Freizügigkeit

Die Freizügigkeit ist in Art. 21 AEUV unabhängig von einem früher geforderten Bezug zur wirtschaftlichen Betätigung[698] als Recht aller Unionsbürger geregelt.[699] Freizügigkeit bedeutet, dass der einzelne nichterwerbstätige Rentner ein allgemeines Bewegungs- und Aufenthaltsrecht in den Mitgliedstaaten der Union innehat.[700] Das Freizügigkeitsrecht ist weit auszulegen.[701] Danach steht dem nichterwerbstätigen Rentner zunächst das Recht zu, einen Mitgliedstaat zu verlassen, dann in einen anderen Mitgliedstaat einzureisen sowie das Recht, sich innerhalb eines Mitgliedstaats frei zu bewegen (Bewegungsfreiheit),

---

stützen können, wenn der Unionsbürger, von dem sie ihr Recht ableiten, sein Recht auf Freizügigkeit selbst ausgeübt habe, indem er sich in einen anderen Mitgliedstaat, als den Staat niedergelassen habe, dessen Staatsangehörigkeit er besitze. Vgl. EuGH Urt. v. 06.12.2012 Rs. C-356/11, C 357/11 (O. und S./Maahanmuuttovirasto) NVwZ 2013, 419 (420); EuGRZ 2013, 53 (56).

696 *Böhmer*, Arbeitskräftefreizügigkeit, 10.

697 Der Rentner im Nebenerwerb ist als Arbeitnehmer bereits in den persönlichen Geltungsbereich des Art. 45 AEUV einbezogen, hinter welchen mit der hier vertretenen Ansicht Art. 21 Abs. 1 AEUV als subsidiär zurücktreten muss. Da die RL 2004/38/EG auch auf Art. 46 AEUV als Rechtsgrundlage für die Herstellung der Freizügigkeit der Arbeitnehmer nach Art. 45 Abs. 1 AEUV gestützt wurde, ist auch der Rentner im Nebenerwerb von der RL erfasst. Außerdem hat der EuGH auch dem Rentner das Freizügigkeitsrecht zugestanden. Vgl. EuGH Urt. v. 09.11.2006 Rs. C-520/04 (Turpeinen) Slg. 2006, I-10685, I-10710 Rn. 16 f.

698 Bevor Art. 21 AEUV existierte, hat der EuGH das Recht auf Freizügigkeit als Annexgewährleistung oder Begleitrecht primärrechtlich aus der Arbeitnehmerfreizügigkeit, Dienstleistungs- und Niederlassungsfreiheit abgeleitet. Vgl. dazu EuGH Rs. C-292/89 (Antonissen) Slg. 1991, I-745, I-777 Rn. 13; Rs. C-171/91 (Tsiotras) Slg. 1993, I-2925, I-2956 Rn. 8; *Becker*, EuR 1999, 522 (523 f.); *Giegerich* in: Schulze/Zuleeg/Kadelbach, § 9 Rn. 36.

699 *Kluth* in: Calliess/Ruffert, EUV/AEUV, Art. 21 Rn. 1.

700 *Kolonovits* in: Mayer, EUV/AEUV, Art. 21 AEUV Rn. 1.

701 EuGH Rs. C-357/98 (Yiadom) Slg. 2000, I-9265, I-9297 Rn. 24.

aufzuhalten (Aufenthaltsrecht) und längerfristig im Hoheitsgebiet eines anderen Mitgliedstaats zu verbleiben (Verbleiberecht).[702] Innerhalb eines Mitgliedstaats steht es dem nichterwerbstätigen Rentner dabei frei, sowohl umherzureisen als auch sich in einem Mitgliedstaat niederzulassen und dort seinen ständigen Aufenthalt, worunter ebenfalls der feste Wohnsitz fällt, zu nehmen.[703] Erforderlich ist aber, dass der nichterwerbstätige Rentner überhaupt von seinem Freizügigkeitsrecht Gebrauch macht, es sei denn, er ist Maßnahmen eines Mitgliedstaats ausgesetzt, die bewirkten, dass ihm der „Kernbestand der durch den Unionsbürgerstatus verliehenen Rechte verwehrt" oder die Ausübung seines Freizügigkeitsrechts beeinträchtigt würde.[704]

Da die Freizügigkeit der Realisierung eines europäischen Arbeitsmarkts dient, hat sie einen funktionalen Charakter.[705] Das Recht auf Aufenthalt als das Recht an einer bestimmten Örtlichkeit zu verweilen, erfasst Aufenthalte, die nur von kurzer Dauer sind bis hin zum Daueraufenthalt.[706] Das Aufenthaltsrecht besteht dabei ohne zeitliche Einschränkung, es sei denn, die Europäische Union oder die Mitgliedstaaten haben durch entsprechende Vorschriften dem Freizügigkeitsrecht Schranken auferlegt.[707] Alle Formalitäten zur Einreise, Ausreise und zum Aufenthalt müssen ohne Behinderung oder Diskriminierungsauswirkung hinsichtlich des Freizügigkeitsrechts

---

702 Vgl. EuGH verb. Rs. C-11/06 und C-12/06 (Morgan und Bucher) Slg. 2007, I-9161, I-9206 Rn. 25; EuGH Rs. C-499/06 (Nerkowska) Slg. 2008, I-3993, 4013 Rn. 32; *Kolonovits* in: Mayer, EUV/AEUV, Art. 21 AEUV Rn. 13; *Leopold/Semmelmann*, ZEuS 2008, 275 (283 f.); *Höfler*, Unionsbürgerfreiheit, 60 f; *Europäische Kommission*, Arbeit in einem anderen EU-Mitgliedstaat, 8. Vgl. auch *Stewen*, Freizügigkeitsrecht und soziale Begleitrechte, 53, die darauf hinweist, dass Art. 45 Grundrechtecharta insoweit enger sei, da nach dessen Verständnis die Freizügigkeit nur die Bewegungsfreiheit erfasse, welcher dann ein Aufenthaltsrecht zur Seite gestellt werde.

703 *Magiera* in: Streinz, EUV/EGV, Art. 18 Rn. 14; *Haag* in: von der Groeben/Schwarze, EU-/EG-Vertrag, Art. 18 Rn 8; *Kluth* in: Calliess/Ruffert, EUV/AEUV, Art. 21 AEUV Rn. 4; *Hatje* in: Schwarze, EU-Kommentar, Art. 18 EGV Rn. 9. Siehe auch *Eichenhofer*, ZAR 2013, 135 (137).

704 Vgl. EuGH Urt. v. 05.05.2011 Rs. C-434/09 (Shirly Mc Carthy/Secretary of State for the Home Department) EuZW 2011, 522 (524 Rn. 56). So sei Art. 21 AEUV auf Unionsbürger, die in der Vergangenheit noch nie ihr Freizügigkeitsrecht ausgeübt, sondern sich immer in einem Mitgliedstaat aufgehalten haben, dessen Staatsangehörige sie sind und sich zudem im Besitz der Staatsangehörigkeit eines anderen Mitgliedstaats befinden, nicht anwendbar.

705 *Fuchs* in: Fuchs, Europäisches Sozialrecht, 4. Auflage, Eine Einleitung Rn. 40.

706 *Kubicki*, EuR 2006, 489 (491). Vgl. zum Inhalt des Aufenthaltsrechts auch *Höfler*, Unionsbürgerfreiheit, 61.

707 *Kluth* in: Calliess/Ruffert, EUV/AEUV, Art. 21 AEUV Rn. 12; *Haag* in: von der Groeben/Schwarze, EU-/EG-Vertrag, Art. 18 Rn. 12.

gestaltet sein.[708] Nationale Regelungen die die Ein- oder Ausreise beschränken, wie z. B. Ein- bzw. Ausreiseverbote, Kontingente und besondere Belastungen durch spezielle Besteuerungen sind danach unzulässig.[709] Zulässig ist lediglich, dass die jeweilige Staatsangehörigkeit mittels Ausweispapiere nachgewiesen werden kann.[710] In summa kommt den von den Mitgliedstaaten erteilten Aufenthaltserlaubnissen nur noch deklaratorische Bedeutung zu.[711] Da die mitgliedstaatlichen Verfassungen oft explizit nur den eigenen Staatsangehörigen das Recht einräumen, sich im Hoheitsgebiet aufzuhalten, wird durch das „unionsweite Aufenthaltsrechtspostulat" eine Gleichstellung in einem höchst sensiblen Bereich staatsbürgerlicher Rechte erreicht.[712] Nach dem EuGH ist das Freizügigkeitsrecht weit auszulegen.[713] So sind Vorschriften, die dem Schutz von Unionsbürgern, wie z. B. dem nichterwerbstätigen Rentner, dienen, die das Freizügigkeitsrecht ausüben, zu ihrem Vorteil auszulegen.[714] Darüber hinaus verlangt der EuGH eine auf den Einzelfall gerichtete Verhältnismäßigkeitskontrolle, wenn jemand nach einem längeren rechtmäßigen Aufenthalt nicht mehr über die notwendigen Existenzmittel verfügt und das Recht auf Aufenthalt beendet werden soll.[715] Nicht in

---

708 So dürfe z. B. weder ein Einreise- noch Ausreisesichtvermerk, noch ein gleichwertiges Erfordernis aufgestellt werden. Vgl. dazu *Schulz*, Freizügigkeit der Unionsbürger, 214 f.

709 Siehe dazu *Feik*, Freizügigkeit der Arbeitnehmer, 94.

710 *Schulz*, Freizügigkeit der Unionsbürger, 215 f.; EuGH Rs. C-378/97 (Wijsenbeek) Slg. 1999, I-6207, I-6265 Rn. 43.

711 EuGH Rs. C-85/86 (Martínez Sala) Slg. 1998, I-2691, I-2724 Rn. 53. Vgl. Auch EuGH Urt. v. 21.07.2011, Rs. C-325/09 (Dias) zitiert nach Juris Rn. 48, 54f., wonach die Aufenthaltserlaubnis nur einen deklaratorischen und keinen rechtsbegründenden Charakter aufweise. Daraus folge, dass der Aufenthalt des Unionsbürgers nicht allein deshalb als illegal gewertet werden könne, weil er keine Aufenthaltserlaubnis besitzt, genauso wenig, wie er nicht allein deshalb als legal angesehen werden dürfe, weil dem Unionsbürger eine solche rechtsgültig erteilt wurde. In der Konsequenz könnten Zeiten die allein auf der Grundlage einer gültigen Aufenthaltserlaubnis zurückgelegt wurden, ohne dass die Voraussetzungen für ein Aufenthaltsrecht erfüllt waren, nicht dazu führen, dass der Aufenthalt als rechtmäßig anzusehen sei. Vgl. *Thym*, NZS 2014, 81 (86), der der Rs. entnimmt, dass derjenige das Freizügigkeitsrecht automatisch verliert, der dessen tatbestandliche Voraussetzungen nicht mehr erfüllt und somit die Feststellung des Verlusts dieses Rechts aufgrund von Art. 7 RL rein deklaratorischen Charakter habe.

712 So auch *Kluth* in: Calliess/Ruffert, EUV/AEUV, Art. 21 AEUV Rn. 3.

713 EuGH Rs. C-292/89 (Antonissen) Slg. 1991, I-745, I-777 Rn. 11; Rs. C-344/95 (Kommission/Belgien) Slg. 1997, I-1035, I-1052 Rn. 14.

714 EuGH Rs. C-357/98 (Yiadom) Slg. 2000, I-9265, I-9297, Rn. 25.

715 EuGH Rs. C-184/99 (Grzelczyk) Slg. 2001, I-6193, I-6245 Rn. 43 ff. Vgl. auch *Kluth* in: Calliess/Ruffert, EUV/AEUV, Art. 21 AEUV Rn. 4. Nach *Höfler*, Unionsbürgerfreiheit, 80

Zweifel gezogen wird, dass das Freizügigkeitsrecht aus Art. 21 Abs. 1 AEUV neben der Erfassung der transnationalen Fortbewegung und dem Recht auf Aufenthalt im Aufnahmemitgliedstaat auch vor sonstigen Maßnahmen, die seine Ausübung behindern oder weniger attraktiv machen, schützt, da es ansonsten seiner praktischen Wirksamkeit beraubt wäre.[716] Dennoch ist der genaue Gehalt des in Art. 21 Abs. 1 AEUV verankerten Freizügigkeitsrechts noch nicht vollständig ausjudiziert, sondern wird vom EuGH Schritt für Schritt konkretisiert.[717] In seiner Rechtsprechung hat der EuGH sogar den Anwendungsbereich des Art. 21 AEUV verneint, da das Freizügigkeitsrecht durch völkerrechtliche Vorgaben beschränkt werden könne. Dies gelte aber nur, wenn der erfasste Personenkreis klar abgrenzbar sei und der Aufenthaltsstaat besondere völkerrechtliche Pflichten in Bezug auf diese Person innehabe.[718] Größtenteils Einigkeit besteht dahingehend, dass Art. 21 Abs. 1 AEUV zumindest ein Beschränkungsverbot[719] darstellt[720].

---

entstehe das Aufenthaltsrecht des Art. 18 AEUV dabei unabhängig von der Erfüllung des Vorbehalts der sozialen Absicherung, der eine Schranke des Rechts darstelle und seinerseits von der Schranken-Schranke der Verhältnismäßigkeit gedeckt sein müsse.

716 *Wollenschläger*, NVwZ 2008, 506 (513).

717 *Düsterhaus*, EuZW 2008, 103 (103).

718 Vgl. hierzu Rs. C-364/10 BeckRS 2012, 82022 (Ungarn/Slowakei), in welcher der EuGH feststellte, dass es unionsrechtskonform sei, dem ungarischen Präsidenten in der Slowakei die Einreise zu verweigern. Vgl. dazu auch *Epiney*, NVwZ 2013, 692 (693), die aus der Entscheidung schließt, dass das Freizügigkeitsrecht aller Personen eingeschränkt werden könne, die völkerrechtlich verankert Immunität besitzen, wobei nicht geklärt sei, ob die Einschränkung nur für die dienstliche Tätigkeit von z.B. Diplomaten gelte.

719 Vgl. zum Begriff des Beschränkungsverbots als Vorschrift zum Schutz vor Beeinträchtigungen, d.h. unterschiedslosen Beschränkungen des Freizügigkeitsrechts in jeglicher Hinsicht *Höfler*, Unionsbürgerfreiheit, 114. Dabei sei eine Beschränkung des Freizügigkeitsrechts nach Art. 21 AEUV genau wie bei den Grundfreiheiten nach der Entscheidung des EuGH in der Rechtssache Gebhard gerechtfertigt. Vgl. hierzu *Höfler*, Unionsbürgerfreiheit, 146 f.; *Boillet*, libre circulation des personnes, 12; *Caldoro*, Freizügigkeit, 150. Nach EuGH Rs. C-55/94 (Gebhard) Slg. 1995, I-4165, I-4197 Rn. 37. Danach dürfen die nationalen Maßnahmen, welche die Freizügigkeitsausübung behindern, nicht in diskriminierender Weise angewendet werden. Es müsse eine Rechtfertigung aus zwingenden Gründen des Allgemeininteresses bestehen, die Maßnahmen müssen sich zur Verwirklichung des mit ihnen verfolgten Ziels eignen und dürfen nicht über das für die Erreichung des Ziels erforderliche hinausgehen.

720 Vgl. Schlussanträge des GA Jacobs in der Rs. C-224/02 (Pusa) Slg. 2004, I-5763, I-5769 Rn. 21; Rs. C-406/04 (De Cuyper) Slg. 2006, I-6947, I-6987 Rn. 39; Rs. C-152/05

b. Diskriminierungsverbot aus Gründen der Staatsangehörigkeit aus Art. 21 AEUV i. V. m. Art. 18 AEUV

aa. Inhalt des Diskriminierungsverbots

Art. 21 Abs. 1 AEUV ist für sich betrachtet ein Beschränkungsverbot und enthält als eigenständige Rechtsgrundlage kein Diskriminierungsverbot.[721] Begründet

---

(Kommission/Deutschland) Slg. 2008, I-39, I-65, I-67 Rn. 22, 29 f. Vgl. auch *Füßer*, DÖV 1999, 96 (101); *Sommer*, Freizügigkeit, 51; *Herdegen*, Europarecht, § 12 Rn. 11. Vgl. auch *Kluth* in: Calliess/Ruffert, EUV/AEUV, Art. 21 Rn. 6, der das Beschränkungsverbot nur hinsichtlich der Bewegungsfreiheit annimmt. Vgl. zur grammatikalischen, systematischen und teleologischen Auslegung als Beschränkungsverbot *Höfler*, Unionsbürgerfreiheit, 139 ff. A.A. *Kubicki*, EuR 2006, 489 (494, 508 f.); *Scheuing* in: Dreier/Forkel/Laubenthal, FS 600 Jahre Würzburger Juristenfakultät, 103 (134); *Domröse/Kubicki*, EuR 2008, 873 (884); *Schweitzer/Hummer/Obwexer*, Rn. 1187 f. Einige gehen sogar davon aus, dass bei Maßnahmen des Herkunftsstaats Art. 21 AEUV sogar eigenständig ein allgemeines Diskriminierungs- und Beschränkungsverbot beinhalten könne. Vgl. dazu *Semmelmann*, EuR 2009, 683 (687). Dabei gelte das Diskriminierungsverbot auch gegenüber dem eigenen Mitgliedstaat. Vgl. EuGH Rs. C-224/02 (Pusa) Slg. 2004, I-5763, I-5781 Rn. 18; *Schweitzer/Hummer/Obwexer*, Europarecht Rn. 1181; *Domröse/Kubicki*, EuR 2008, 873 (884). So letztlich auch *Höfler*, Unionsbürgerfreiheit, 151, die anführt, dass Art. 21 AEUV zunächst ein Beschränkungsverbot enthalte. Allerdings sei ein Unterfall der Beschränkung die Diskriminierung aufgrund der Staatsangehörigkeit und somit ein Diskriminierungsverbot. Art. 21 AEUV enthalte somit auch bereits einen Gleichbehandlungsgrundsatz. Allerdings ist Höfler dann doch nicht konsequent, da sie anführt, dass solange sich dies nicht eindeutig aus Art. 21 AEUV ergebe, weiterhin zur Klarstellung Art. 18 AEUV heranzuziehen sei.

721 *Kubicki*, EuR 2006, 489 (492). Ein Diskriminierungsverbot ist erst im Zusammenspiel des Art. 21 Abs. 1 AEUV mit dem Art. 18 AEUV anzunehmen. Vgl. dazu *Pechstein/Bunk*, EuGRZ 1997, 547 (553 f.). A.A. *Scheuing*, EuR 2003, 744 (783 f.). Dieser möchte allein Art. 21 AEUV ein „spezielles freizügigkeitsrechtliches Diskriminierungsverbot" entnehmen. Im Ergebnis geht aber auch Scheuing davon aus, dass es letztlich ohne Belang ist, ob das Diskriminierungsverbot aus Art. 21 AEUV i. V. m. Art. 18 AEUV oder nur aus Art. 21 AEUV hergeleitet werde, wenn er anführt „werde es nun direkt aus Art. 21 AEUV abgeleitet oder noch aus der ergänzenden Anwendung des Art. 18 AEUV gewonnen". Ebenfalls Art. 21 AEUV als speziellere Ausprägung des allgemeinen Diskriminierungsverbots des Art. 18 AEUV ansehend, *Magiera* in: Streinz, EUV/EGV Art. 18 EGV Rn. 7. Vgl. auch *Frenz*, ZESAR 2011, 307 (313). Dieser führt an, dass Art. 21 AEUV ebenso wie die anderen Grundfreiheiten selbst ein Diskriminierungsverbot enthalte, ohne dass auf Art. 18 AEUV zurückgegriffen werden müsse. Vielmehr sei Art. 21 AEUV lex specialis.

liegt dieser Umstand darin, dass Art. 21 Abs. 1 AEUV in seinem sachlichen Geltungsbereich lediglich das Recht auf Aufenthalt mit einbezieht (das „Ob“) und die Frage beantwortet, ob und unter welchen Voraussetzungen der Aufenthalt verweigert bzw. beendet werden kann.[722] Daher ergibt sich ausschließlich auf Art. 21 AEUV gestützt auch kein Anspruch auf die Gewährung von Sozialleistungen durch den Aufnahmemitgliedstaat. Vielmehr klärt Art. 21 Abs. 1 AEUV lediglich die Frage, ob und unter welchen Voraussetzungen der Aufenthalt verweigert oder beendet werden kann, wenn der nichterwerbstätige Rentner Sozialleistungen beansprucht.[723]

Möglicherweise lässt sich ein Diskriminierungsverbot aus Art. 21 AEUV i. V. m. dem allgemeinen Diskriminierungsverbot des Art. 18 AEUV ableiten.[724] Art. 18 AEUV normiert das Recht im Aufenthalt (das „Wie“) und beantwortet daher die Frage, ob und ggf. in welchem Maße ein Mitgliedstaat eine Differenzierung zwischen eigenen Staatsangehörigen und Unionsbürgern bei der Erbringung sozialer Leistungen vornehmen dürfe.[725] Das Diskriminierungsverbot komme nur zum Tragen, wenn der sachliche Anwendungsbereich der Verträge tangiert sei.[726] Zum sachlichen Anwendungsbereich der Verträge gehöre jede Situation, in der es um die Ausübung der in Art. 21 AEUV garantierten Freizügigkeit geht.[727] Im sachlichen Anwendungsbereich der Verträge sind

---

722 Vgl. *Kingreen*, EuR Beiheft 1/2007, 43 (56, 61); *Leopold/Semmelmann*, ZEuS 2008, 275 (289).

723 *Kingreen*, EuR Beiheft 1/2007, 43 (56, 61).

724 Es ist umstritten, ob Art. 21 AEUV zur dogmatischen Begründung für ein Diskriminierungsverbot ausreichend ist oder ob es der zusätzlichen Abstützung auf Art. 18 AEUV bedürfe. Vgl. dazu eingehend *Sommer*, Freizügigkeit, 47 f.

725 *Kingreen*, EuR Beiheft 1/2007, 43 (61).

726 *Magiera* in: Streinz, EUV/EGV, Art. 18 Rn. 15; EuGH Rs. C-184/99 (Grzelczyk) Slg. 2001, I-6193, I-6242 Rn. 30; EuGH Rs. C-85/96 (Martínez Sala) Slg. 1998, I-2691, I-2726 Rn. 63. Siehe allgemein zum Begriff des Anwendungsbereichs der Verträge und der Auslegung dieses Begriffs in Rechtsprechung und Literatur, *Epiney* in: Calliess/Ruffert, EUV/AEUV, Art. 18 AEUV Rn. 15 ff. Der EuGH prüft, ob die konkrete Leistung (z. B. Fahrpreisermäßigung) in den sachlichen Anwendungsbereich der Verträge fällt. Ein rechtmäßiger Aufenthalt allein soll den sachlichen Anwendungsbereich der Verträge nicht eröffnen. Vgl. dazu EuGH Urt. v. 04.10.2012 Rs. C-75/11 (Europäische Kommission/Republik Österreich) BeckRS 2012, 81991. Siehe auch *Epiney*, NVwZ 2013, 692 (694).

727 EuGH Rs. C-184/99 (Grzelczyk) Slg. 2001, I-6193, I-6243 Rn. 33; Rs. C-148/02 (Avello) Slg. 2003, I-11613, I-11644 Rn. 24; EuGH Rs. C-158/07 (Förster) Slg. 2008 I-8507, I-8561 Rn. 37; EuGH Rs. C-103/08 (Gottwald) Slg. 2009, I-9117, I-9142

Ungleichbehandlungen verboten, soweit diese nicht durch objektive Gründe gerechtfertigt seien und mit dem von ihnen verfolgten Zweck in einem angemessenen Verhältnis stehen.[728] Nach Art. 21 AEUV i. V. m. Art. 18 AEUV ist jede Diskriminierung von Unionsbürgern, die rechtmäßig zur Ausübung ihres Freizügigkeitsrechts in einem anderen Mitgliedstaat weilen, aus Gründen der Staatsangehörigkeit verboten.[729] Bei einem rechtmäßigen Aufenthalt[730] im

---

Rn. 25; EuGH Rs. C-73/08 (Bressol) NVwZ 2010, 1141 (1142 Rn. 31; 1145 Rn. 82). In der Rechtssache Bressol entschied der EuGH deshalb auch, dass Art. 18 i. V. m. Art. 21 AEUV einer nationalen Regelung entgegenstehen, die die Zahl der möglichen erstmaligen Einschreibungen für nichtansässige Studierende für einen medizinischen oder paramedizinischen Studiengang beschränke. Eine Ausnahme liege nur dann vor, wenn eine Würdigung aller Gesichtspunkte ergebe, dass diese Regelung im Hinblick auf die öffentliche Gesundheit gerechtfertigt sei. Vgl. zum Inhalt des Begriffs „sachlicher Anwendungsbereich" auch *Höfler*, Unionsbürgerfreiheit, 151 ff. Diese sieht ihn allerdings nur restriktiv als eröffnet an, wenn entweder eine Unionskompetenz für den Regelungsbereich, wie z. B. Art. 21 AEUV oder ein Zusammenhang mit der Errichtung und dem Funktionieren des Binnenmarkts bestehe.

728 *Haratsch/Koenig/Pechstein*, Rn. 743. Vgl. auch *Höfler*, Unionsbürgerfreiheit, 176 f. Diese geht davon aus, dass es sich bei Art. 18 AEUV um ein „relatives Diskriminierungsverbot" handele, welches als Ausprägung des allgemeinen Gleichheitssatzes sowohl die mittelbare als auch die unmittelbare Diskriminierung einer Rechtfertigung unterziehe. Sie weist darauf hin, dass bei einem Verständnis als „absolutes Diskriminierungsverbot", was z. T. im Schrifttum vertreten wird, die unmittelbare Diskriminierung gerade nicht zu rechtfertigen wäre. So auch *Albers,* Arbeitsuchende Unionsbürger, 65, siehe auch *Greiser*, ZESAR 2014, 18 (20 ff. Fn. 26, 28) mit Verweis u.a. auf EuGH Rs. C-123/08 (Wolzenburger), Slg. 2009, I-9621 Rn. 63 ff. Greiser geht unter Verweis u.a. auf Rs. C-138/02 (Collins), Slg. 2004, I-2703, I-2755 Rn. 71 ff. davon aus, dass eine unmittelbare Diskriminierung in Bezug auf Art. 18 AEUV durch von der Staatsangehörigkeit unabhängige, objektive Gründe wie z.B. dem Bestehen einer tatsächlichen Verbindung zum Arbeitsmarkt oder der Gesellschaft des Aufnahmemitgliedstaats gerechtfertigt werden könne. Generell sei bei der Sozialleistungsgewährung zu prüfen, ob eine solche zu einer unangemessenen Belastung des nationalen Sozialhilfesystems führe.

729 EuGH Rs. C-85/96 (Martínez Sala) Slg. 1998, I-2691, I-2726 Rn. 63. So können Unionsbürger in einem anderen Mitgliedstaat Sozialhilfe erhalten, wenn sie nach dem innerstaatlichen Recht über eine Aufenthaltserlaubnis verfügen. Vgl. dazu EuGH Rs. C-456/02 (Trojani) Slg. 2004, I-7573, I-7610 Rn. 42 f.; *Magiera* in: Streinz, EUV/EGV, Art. 18 EGV Rn. 15; *Haag* in: von der Groeben/Schwarze, EU-/EG-Vertrag, Art. 18 Rn. 8; *Düsterhaus*, EuZW 2008, 103 (104).

730 Vgl. zum Begriff des rechtmäßigen Aufenthalts *Frenz*, ZESAR 2011, 307 (309). Dieser sieht einen solchen im Einklang mit der Rechtsprechung als gegeben an, wenn er kurzzeitig, also während des Urlaubs erfolgt. Bei längerfristigen Aufenthalten sei

Aufnahmemitgliedstaat besteht ein Recht auf Gleichbehandlung mit den Staatsangehörigen dieses Staats, die sich in der gleichen Situation befinden[731], welches auch nichterwerbstätige Rentner einbezieht, die sich nur kurzzeitig, z. B. während des Urlaubs im Mitgliedstaat befinden.[732] Diesbezüglich wird zu Bedenken gegeben, dass der sachliche Anwendungsbereich des Art. 18 AEUV, wenn man ein rechtmäßiges Aufenthaltsrecht rein nach nationalem Recht für ausreichend erachte, damit unabhängig von dem Vorliegen einer „unionsrechtlich geregelten Situation" (d. h. eines Bezugs zum Unionsrecht) eröffnet sei und damit die Wirkung des Art. 18 AEUV vollständig überdehnt werde.[733] Diese Ansicht übersieht, dass der EuGH die „inhaltliche Tragweite" des Begriffs des sachlichen Anwendungsbereichs der Verträge stets im Einzelfall determiniert und das Abstellen auf den rechtmäßigen Aufenthalt, sei er unionsrechtlich oder national begründet, der Aufgabe des EuGH entspricht, das Unionsrecht weiterzuentwickeln.[734] Der sachliche Anwendungsbereich der Verträge sei nach der Rechtsprechung allein durch das Kriterium des rechtmäßigen Aufenthalts eines Unionsbürgers im Aufnahmemitgliedstaat eröffnet, ohne das zu prüfen sei, ob die Differenzierung nach der Staatsangehörigkeit selbst in einem Bezug zum Aufenthalt steht oder in den sachlichen Anwendungsbereich der Verträge falle.[735]

---

entweder einmal ein rechtmäßiger Aufenthalt i. S. der RL 2004/38/EG in der Vergangenheit gegeben gewesen oder es läge nach nationalem Recht eine Aufenthaltsgenehmigung im Aufnahmemitgliedstaat vor. Letztlich nimmt er eine Vermutung des rechtmäßigen Aufenthalts an, bis der Aufnahmemitgliedstaat die nach nationalem Recht einschlägigen Maßnahmen zur Beendigung des Aufenthalts ergriffen hat.

731 EuGH Rs. C-158/07 (Förster) Slg. 2008 I-8507, I-8562 Rn. 39.

732 Vgl. EuGH Rs. C-103/08 (Gottwald) Slg. 2009, I-9117, I-9138, I-9142 Rn. 8, 23 ff. Vgl. auch *Frenz*, ZESAR 2011, 307 (309).

733 *Höfler*, Unionsbürgerfreiheit, 79 f.

734 So auch *Epiney* in: Calliess/Ruffert, EUV/AEUV, Art. 18 AEUV Rn. 16, 19, 23.

735 Vgl. *Epiney* in: Calliess/Ruffert, EUV/AEUV, Art. 18 AEUV Rn. 19 mit Verweis in Fußnote 60 auf EuGH Rs. C-164/07 (Wood) Slg. 2008, I-4143, I-4164 Rn. 16 (Einbeziehung eines britischen Staatsangehörigen in die Entschädigung eines französischen Garantiefonds für die Folgen von Beeinträchtigungen einer Person durch eine Straftat durch den französischen Staat); Rs. C-158/07 (Förster) Slg. 2008, I-8507, I-8562 Rn. 39, I-8567 Rn. 60 (Erhalt eines Unterhaltsstipendiums für Studenten bei einer rechtmäßigen Aufenthaltsdauer von 5 Jahren im Aufnahmemitgliedstaat); Rs. C-103/08 (Gottwald) Slg. 2009, I-9117, I-9146 Rn. 41 (kostenlose Jahresstraßenvignette für Behinderte mit Wohnsitz und gewöhnlichen Aufenthalt im Aufnahmemitgliedstaat und für solche, die sich aus beruflichen und persönlichen Gründen regelmäßig in einen anderen Mitgliedstaat begeben).

Der EuGH räumte somit den Unionsbürgern, wie dem nichterwerbstätigen Rentner, gem. Art. 21 AEUV i. V. m. Art. 18 AEUV einen umfassenden Anspruch auf Inländergleichbehandlung ein, wenn der Sachverhalt in den Anwendungsbereich der Verträge fällt und der AEUV bzw. die RL 2004/38/EG (z. B. Vorbehalt sozialer Absicherung) keine Beschränkungen und Bedingungen vorsehen, die gerade diese konkrete Ungleichbehandlung rechtfertigen.[736] Kritisch an diesem Abstellen auf den sachlichen Anwendungsbereich der Verträge wird vielfach gesehen, dass der EuGH so ein „radikales" Konzept der Gleichbehandlung durchsetzen könne, da der Anwendungsbereich der Verträge allumfassend zu verstehen sei. Ausgenommen von diesem seien lediglich solche politischen Rechte, die ausschließliche Rechte der Staatsangehörigen der Mitgliedstaaten darstellen, oder Bestimmungen des AEUV, die bestimmte Leistungen ausdrücklich vom Anwendungsbereich der Verträge ausnehmen.[737] Aus diesem Grund wird begrenzend gefordert, dass die Zielsetzung der erstrebten Leistung ihrerseits in den Anwendungsbereich der Verträge fallen müsse.[738]

Das Diskriminierungsverbot gilt im Falle einer Grenzüberschreitung sowohl gegenüber dem Aufnahme- als auch dem Herkunftsstaat und somit ebenfalls im Verhältnis zum eigenen Mitgliedstaat.[739] Eine Ausnahme ist allerdings dort zu machen, wo es um rein inländische Sachverhalte geht, die keinen Bezug zum Unionsrecht erkennen lassen.[740] Für den Bezug zum Unionsrecht wird aber keine

---

736 *Kolonovits* in: Mayer, EUV/AEUV, Art. 21 AEUV Rn. 17.

737 Vgl. zu dieser Kritik *Tomuschat*, CMLR 2000, 449 (457); *Iliopoulou/Toner*, CMLR 2002, 609 (616).

738 *Heinig*, ZESAR 2008, 465 (474).

739 EuGH Rs. C-224/98 (D'Hoop) Slg. 2002, I-6191, I-6223 Rn. 30; *Haratsch/Koenig/Pechstein*, Rn. 729; *Leopold/Semmelmann*, ZEuS 2008, 275 (288). A.A. *Schönberger*, Unionsbürger, 405 f. Anders ebenfalls *Domröse/Kubicki*, EuR 2008, 873 (880), diese wollen in Übereinstimmung mit der Rechtsprechung des EuGH das Diskriminierungsverbot im Vergleich zum Herkunftsstaat allein aus Art. 21 Abs. 1 AEUV herleiten. Ebenso *Semmelmann*, EuR 2009, 683 (687). Vgl. auch *Stewen*, Freizügigkeitsrecht und soziale Begleitrechte, 111, 122, 139. Danach stelle sich die Diskriminierung eigener Staatsangehörige durch den Herkunftsstaat bei grenzüberschreitenden Sachverhalten insgesamt als Beschränkung dar und gerade nicht als eine mittelbare Diskriminierung aufgrund der Staatsangehörigkeit. Insoweit sei auch Art. 21 Abs. 1 AEUV alleiniger Prüfungsmaßstab. Vgl. zum Erfordernis der Grenzüberschreitung in der Rechtsprechung des EuGH und der Literatur ausführlich *Kutzscher*, Freizügigkeit der Unionsbürger, 168 ff., 190.

740 EuGH verb. Rs. C-64/96 und C-65/96 (Uecker und Jacquet) Slg. 1997, I-3171, I-3190 Rn. 23; Rs. C-148/02 (Avello) Slg. 2003, I-11613, I-11645 Rn. 26. Vgl. auch *Kutzscher*, Freizügigkeit der Unionsbürger, 202 f. Kutzscher führt an, dass in der

tatsächliche Grenzüberschreitung mehr verlangt, sondern es als ausreichend angesehen, dass sich der nichterwerbstätige Rentner in einem Mitgliedstaat aufhält dessen Staatsangehörigkeit er nicht besitzt.[741]

bb. Reichweite des Diskriminierungsverbots

(1) Diskriminierungsverbot aus Art. 21 AEUV i. V. m. Art. 18 AEUV und soziale Leistungen

Die Reichweite des Gewährleistungsgehalts des sich aus Art. 21 AEUV i. V. m. Art. 18 AEUV ergebenden Diskriminierungsverbots wird uneinheitlich gesehen. Strittig ist insb., ob sich aus diesen Vorschriften ein Anspruch auf völlige Gleichstellung mit den Staatsangehörigen des Aufnahmemitgliedstaats und somit ein Anspruch auf Teilhabe an allen sozialen Leistungen bzw. allen außerhalb des Freizügigkeitsrechts befindlichen Belangen[742] ergebe (sog. Vollintegration).

Pkt. 1 Negation der Vollintegration

Die erste Ansicht lehnt die Vollintegration ab. Sie begrenzt vielmehr den Anspruch auf Inländergleichbehandlung nach Art. 21 AEUV i. V. m. Art. 18 Abs. 1 AEUV

Rechtsprechung des EuGH das Erfordernis des grenzüberschreitenden Sachverhalts in seiner Bedeutung zunehmend reduziert würde, was mit der Praxis des EuGH zusammenhänge, sich auch dann für zuständig zu erklären, wenn der Sachverhalt zwar rein innerstaatlich wäre, es dem nationalen Gericht, welches vorgelegt habe, aber helfen würde, wenn der Gerichtshof die Vorlagefrage beantworte, was aufgrund der Vorlage durch das nationale Recht der europarechtliche Regelfall sei.

741 Vgl. hierzu *Höfler*, Unionsbürgerfreiheit, 170 mit Verweise auf EuGH Rs. C-148/02 (Avello) Slg. 2003, I-11613, I-11645 Rn. 27; Rs. C-200/02 (Zhu und Chen) Slg. 2004, I-9925, I-9965 Rn. 26. Vgl. ebenfalls *Sommer*, Freizügigkeit, 63. Vgl. ebenfalls *Stewen*, Freizügigkeitsrecht und soziale Begleitrechte, 164. A.A. *Kutzscher*, Freizügigkeit der Unionsbürger, 170, 202, der anführt, dass der EuGH in der Rechtssache Zhu und Chen durch das Abstellen auf die Staatsangehörigkeit eines anderen Mitgliedstaats, als demjenigen in dem sich das Kind aufhielt, zeige, dass der EuGH nach wie vor auf das Kriterium des grenzüberschreitenden Bezugs abstelle. Auch hat der EuGH es im Fall Zambrano genügen lassen, dass unrechtmäßig in der EU lebende Ausländer in der Union bleiben dürfen, wenn ihr Kind EU-Bürger ist und sie ihm Unterhalt gewähren, auch wenn dieses EU-Kind zu keinem Zeitpunkt sein Land verlassen habe und damit ein grenzüberschreitender Bezug gar nicht vorhanden sei. Vgl. dazu *Langenfeld* in: Baus/Borchard/Gelinsky/Krings, 60 Jahre BVerfG, 69 (70) unter Verweis auf die Rechtssache Zambrano des EuGH Rs. C-34/09 (Zambrano/Office national de l'emploi) NJW 2011, 2033 (2033 ff.).

742 So weit gehend jedenfalls *Kluth* in: Calliess/Ruffert, EUV/AEUV, Art. 21 AEUV Rn. 3.

auf Handlungen, die in einem engen sachlichen Zusammenhang mit dem jeweiligen Zweck des Aufenthalts stehen und der effektiven Ausübung bzw. wirksamen Wahrnehmung des Aufenthaltsrechts dienen.[743]

Pkt. 2 Bejahung der Vollintegration

Eine weitere Ansicht fordert eine völlige Gleichstellung mit den Staatsangehörigen des Mitgliedstaats und somit einen Anspruch auf Teilhabe an allen sozialen Leistungen.[744] Lediglich die Rechtsgrundlagen und die Art der Begründung eines solchen Anspruchs differieren innerhalb dieser Auffassung.

---

743 *Schulz*, Freizügigkeit für Unionsbürger, 273; *Wallrab*, die Verpflichteten der Gemeinschaftsgrundrechte, 124; *Kluth* in: Calliess/Ruffert, EUV/EGV, 1. Auflage, 1999, Art. 18 Rn. 5; *Geiger/Khan/Kotzur*, EUV/AEUV, Art. 21 AEUV Rn. 7; *Bode*, Europarechtliche Gleichbehandlungsansprüche, 262. Vgl. zudem *Fuchs* in: Fuchs: Europäisches Sozialrecht, 4. Auflage, Eine Einführung, Rn. 115, der nicht davon ausgeht, dass der maximalistische Ansatz der Vollintegration derzeit allgemein Akzeptanz finden könne. Allerdings nimmt Fuchs in der 5. Auflage dazu keine Stellung mehr. Vgl. *Fuchs* in: Fuchs, Europäisches Sozialrecht, Einführung, Rn. 99. Vgl. zudem *Frenz*, ZESAR 2011, 307 (314).

744 *Herdegen*, Europarecht, § 12 Rn. 7; *Caldoro*, Freizügigkeit, 11; *Giegerich* in: Schulze/Zuleeg/Kadelbach, § 9 Rn. 56; *Recchi/Favell*, Integration, 7; *Kokott* in: Dupuy/Fassbender/Shaw/Sommermann, FS für Tomuschat, 207 (219, 221); *Wollenschläger*, NVwZ 2008, 506 (508); *Oppermann/Classen/Nettesheim*, Europarecht, § 17 Rn. 20; *Iliopoulou/Toner*, CMLR 2002, 609 (616); *Scheuing*, EuR 2003, 744 (785). Vgl. auch *Schönberger*, Unionsbürger, 326. Dieser spricht von einem „umfassenden Anspruch auf Inländerbehandlung". Vgl. auch *Schollmeyer*, DVBl. 2009, 823 (824) der insoweit von einem „Anspruch auf derivative Teilhabe an sozialen Transferleistungen" spricht. Ebenso *Domröse/Kubicki*, EuR 2008, 873 (889 f.). Diese entnehmen Art. 21 Abs. 1 i. V. m. Art. 18 AEUV das derivative Teilhaberecht im Verhältnis zu Inländern im Aufnahmemitgliedstaat. Das Teilhaberecht im Verhältnis zu Inländern im Herkunftsstaat bei grenzüberschreitenden Sachverhalten ergebe sich aber nur aus der Anwendung des Art. 21 AEUV, da hier keine Diskriminierung aus Gründen der Staatsangehörigkeit existiere, welche aber für die Anwendbarkeit von Art. 18 AEUV notwendig sei. Ebenso *Stewen*, Freizügigkeitsrecht und soziale Begleitrechte, 142. Nach Stewen ergebe sich hier bereits aus Art. 21 AEUV als Beschränkungsverbot, dass dieser bei Sachverhalten mit Grenzüberschreitung die Herkunftsstaaten verpflichte, diese Sachverhalte nicht schlechter zu stellen als rein innerstaatliche. Vgl. auch *Höfler, Unionsbürgerfreiheit*, 166, 172 f. Dadurch, dass die Unionsbürger, wenn sie von bestimmten Sozialleistungen des Aufnahmemitgliedstaats ausgeschlossen werden automatisch einer Diskriminierung aus Gründen der Staatsangehörigkeit unterliegen, stehe ihnen gegenüber diesem Staat ein Leistungsrecht auf derivative Teilhabe an den Sozialleistungen zu. Ein originäres Teilhaberecht sei aber nicht gegeben, da die Mitgliedstaaten

Die erste Strömung geht davon aus, dass Art. 21 AEUV i. V. m. Art. 18 AEUV jede Handlung, die sich in einem sachlichen Zusammenhang mit der Ausübung des Aufenthaltsrechts befindet, erfasse. Darüber hinaus soll sich aus Art. 21 AEUV i. V. m. Art. 18 Abs. 1 AEUV ergeben, dass der nichterwerbstätige Rentner als Unionsbürger bei der Ausübung des Freizügigkeitsrechts vollständig mit den Staatsangehörigen des Mitgliedstaats gleichgestellt werde.[745] Die Vollintegration schließe dabei allerdings nicht aus, dass das Aufenthaltsrecht von Nichterwerbstätigen an bestimmte wirtschaftliche Bedingungen gebunden werde und Ungleichbehandlungen aus Gründen der Staatsangehörigkeit aus bestimmten Gesichtspunkten gerechtfertigt werden können.[746]

---

selbst bestimmen können, welche Sozialleistungen sie gewähren. Vgl. auch Erwägungsgrund 20 RL 2004/38/EG, wonach sich aus dem Verbot der Diskriminierung aus Gründen der Staatsangehörigkeit ergebe, dass alle Unionsbürger, die sich aufgrund dieser RL in einem Mitgliedstaat aufhalten, in diesem Mitgliedstaat in den Anwendungsbereichen des Vertrags die gleiche Behandlung wie Inländer genießen, was allerdings vorbehaltlich spezifischer und ausdrücklich im Vertrag und im abgeleiteten Recht vorgesehener Vorschriften gelte.

745 *Kluth* in: Calliess/Ruffert, EUV/AEUV, Art. 21 Rn. 3; *Schreiber*, ZESAR 2006, 423 (428); *Pechstein/Bunk*, EuGRZ 1997, 547 (547, 553); *Borchardt*, NJW 2000, 2057 (2059 f); *Scheuing* in: Dreier/Forkel/Laubenthal, FS 600 Jahre Würzburger Juristenfakultät, 103 (138). Vgl. auch *Schönberger*, Unionsbürger, 403 f. Schönberger geht davon aus, dass „jede grenzüberschreitende rechtliche Berührung des Unionsbürgers mit der Staatsgewalt eines anderen Mitgliedstaats" in den Anwendungsbereich des allgemeinen Diskriminierungsverbots fällt, es sei denn, der Vertrag enthält selbst konkrete Ausnahmen. Vgl. ebenfalls *Wollenschläger*, NVwZ 2008, 506 (508). Wollenschläger geht davon aus, dass der Anspruch aus Art. 21 Abs. 1 AEUV i. V. m. Art. 18 AEUV gegenständlich grundsätzlich allumfassend zu verstehen sei.

746 *Schönberger*, Unionsbürger, 403. Schönberger erörtert auf den Seiten 413 ff. die möglichen Rechtfertigungsgründe wie z. B. die erhebliche Gefährdung des finanziellen Gleichgewichts der nationalen Sozialleistungssysteme; der durch die Staatsangehörigkeit der Mitgliedstaaten konstituierte Mitgliedschaftsverband, welcher es z. B. Weltkriegsveteranen des eigenen Mitgliedstaats exklusiv ermögliche, in die Frühverrentung zu gehen ohne einer Kürzung der Rentenbeiträge zu unterliegen; das Erfordernis der Kenntnis der Landessprache; die tatsächliche Verbindung von Arbeitsuchenden und dem betroffenen räumlichen Arbeitsmarkt bzw. vorheriger Integration in die Gesellschaft des Mitgliedstaats bei Studenten durch Wohnsitzerfordernis um eine Beihilfe zu erhalten. Auch *Bode*, EuZW 2003, 552 (556) bestätigt, dass das Recht auf Gleichbehandlung hinsichtlich sozialer Leistungen der Konkretisierung durch das Sekundärrecht bedürfe. Vgl. dazu auch *Oppermann/Classen/Nettesheim*, Europarecht, §17 Rn. 22. Das Merkmal der Verbundenheit mit dem Aufnahmemitgliedstaat ist dabei anhand der Merkmale der konkreten in Frage stehenden

Der EuGH ging in der Rechtssache *Trojani* davon aus, dass der Unionsbürger aus Art. 18 AEUV i. V. m. Art. 20 AEUV einen Anspruch auf Sozialhilfe[747] habe.[748]

Eine dritte Strömung verbindet dogmatisch die Art. 18, 20 und 21 AEUV miteinander. So beinhalte Art. 20 AEUV den rechtlichen Status der Unionsbürgerschaft. Dieser Status sei nach Art. 20 Abs. 2 AEUV mit bestimmten Rechten verbunden. Eines dieser Rechte sei die Freizügigkeit des Art. 21 AEUV. Auf Grundlage des

---

Vergünstigung zu ermitteln, wobei deren Art und die mit ihr verfolgten Zwecke in die Überlegungen mit einzustellen seien. Bei Fahrpreisermäßigungen für Studierende sei die Verbundenheit durch die Immatrikulation an der Hochschule des Aufnahmemitgliedstaats belegt. Vgl. EuGH Urt. v. 04.10.2012 Rs. C-75/11 (Europäische Kommission/Republik Österreich) BeckRS 2012, 81991. Vgl. auch *Epiney*, NVwZ 2013, 692 (693 f.).

747 Interessant ist, dass es in der Diskussion im Primärrecht und in der RL 2004/38/EG lediglich um die Frage geht, ob den Unionsbürgern Sozialhilfe zu gewähren ist. Dabei ist der Begriff der Sozialhilfe unionsrechtlich zu bestimmen. Die Sozialhilfe ist in Abgrenzung zu den Leistungen des Art. 3 Abs. 1 VO 883/2004 steuer- und nicht beitragsfinanziert und von der Bedürftigkeit des Sozialhilfeempfängers abhängig. Vgl. dazu *Windisch-Graetz*, ZESAR 2012, 189 (191). *Eichenhofer*, ZESAR 2012, 357 (359) ergänzt diesbezüglich unter Verweis auf die Rechtsprechung des EuGH Rs. C-22/08 und C-23/08 (Vatsouras und Koupatantze) Slg. 2009, I-4585, I-4626 Rn. 45, dass es sich um Leistungen handele, auf die in dem betreffenden Mitgliedstaat kein Rechtsanspruch bestehe und die bedarfsabhängig gewährt werden. Keine Sozialhilfe stellen daher Leistungen der Krankenhilfe oder die in Art. 70 VO 883/2004 genannten besonderen beitragsunabhängigen Geldleistungen dar. Vgl. in der Rechtsprechung des EuGH Urt. v. 19.09.2013 Rs. C-140/12 (Pensionsversicherungsanstalt/Brey) ZESAR 2014, 36 (42 f. Rn. 58 ff.). Danach kann der Begriff der Leistungen der Sozialhilfe in Art. 7 Abs. 1 lit. b) RL 2004/38/EG nicht auf die Leistungen der Fürsorge reduziert werden, die nach Art. 3 Abs. 5 lit. a) VO 883/2004 nicht in den Anwendungsbereich der VO fallen. Der Begriff der Sozialhilfe sei anhand des mit der Bestimmung verfolgten Ziels zu determinieren. Der Begriff sei nach dem EuGH daher so zu verstehen, dass er sich auf sämtliche von öffentlichen Stellen eingerichteten Hilfssystemen beziehe, die auf nationaler, regionaler oder örtlicher Ebene bestehen und die ein Einzelner in Anspruch nimmt, der nicht über ausreichende Existenzmittel zur Bestreitung seiner Grundbedürfnisse und derjenigen seiner Familie verfüge und deshalb während seines Aufenthalts möglicherweise die öffentlichen Finanzen des Aufnahmemitgliedstaats belasten müsse, was Auswirkungen auf das gesamte Niveau der Beihilfe habe, die dieser Staat gewähren kann. Danach sei bspw. eine minimale Rente, die ein Existenzminimum sichern soll, ohne jeden Beitrag des Versicherten, vollständig durch die öffentliche Hand finanziert und somit eine Leistung der Sozialhilfe.

748 EuGH Rs. C-456/02 (Trojani) Slg. 2004, I-7573, I-7611 Rn. 46.

von Art. 21 AEUV gewährten Freizügigkeitsrechts würde der Anwendungsbereich der Verträge i. S. von Art. 18 Abs. 1 AEUV eröffnet.[749]

Pkt. 3 Streitentscheid unter Einbeziehung der Rechtsprechung des EuGH

Die erste Ansicht führt gegen die völlige Gleichstellung mit den Staatsangehörigen in Bezug auf alle Sozialleistungen an, dass dies eine schleichende Ausweitung der Rechtswirkungen der Unionsbürgerschaft in den Bereich der Systeme der sozialen Sicherung bedinge.[750] Für ein restriktives Verständnis des Anspruchs auf Inländergleichbehandlung lasse sich zudem die Rechtssache *Martinez Sala* anführen, in welcher der EuGH urteilte, dass ein Unionsbürger, der sich rechtmäßig im Gebiet des Aufnahmemitgliedstaats aufhält, sich in allen vom persönlichen und sachlichen Anwendungsbereich des Unionsrechts umfassten Fällen auf Art. 18 Abs. 1 AEUV berufen könne.[751] Daraus lasse sich ableiten, dass der EuGH Art. 21 AEUV i. V. m. Art. 18 AEUV auf Fälle begrenze, für die eine EU-Gesetzgebungskompetenz bestehe, d.h., die in einem sachlichen Zusammenhang mit sonstigen Vorschriften des europäischen Primär- und Sekundärrechts stehen.[752]

Demgegenüber verweist die zweite Ansicht auf Art. 13 Abs. 2 EUV (ex Art. 5 Abs. 1 EGV). Dieser spreche von „Befugnisse" und meine somit vor allem Rechtsetzungskompetenzen der Union. Daraus ergebe sich, dass der „sachliche Anwendungsbereich" im Rahmen des Art. 18 Abs. 1 AEUV weiter sei und dieser über „Gesetzgebungskompetenzen" hinausgehen müsse.[753] Bestätigt werde dies dadurch, dass der EuGH feststellte, dass Sozialhilfeleistungen in den sachlichen Anwendungsbereich des AEUV fallen.[754] Den persönlichen Anwendungsbereich des

749 EuGH Rs. C-184/99 (Grzelczyk) Slg. 2001, I-6193, I-6242 Rn. 31 ff. Vgl. ebenfalls *Kubicki*, EuR 2006, 489 (492); *Calliess*, EuR Beiheft 1/2007, 7 (33 f.); *Kingreen*, EuR Beiheft 1/2007, 43 (47, 58); *Cremer*, EuR Beiheft 1/2007, 75 (87).

750 So *Kluth* in: Calliess/Ruffert, EUV/AEUV, Art. 21 AEUV Rn. 6.

751 EuGH Rs. C-85/96 (Martínez Sala) Slg. 1998, I-2691, I-2726 Rn. 63. Vgl. ebenfalls *Giegerich* in: Schulze/Zuleeg/Kadelbach, § 9 Rn. 56.

752 *Kluth* in: Calliess/Ruffert, EUV/AEUV, Art. 21 Rn. 7; *Zuleeg* in: von der Groeben/Schwarze, EU-/EG-Vertrag, Art. 12 EG Rn. 12.

753 *Streinz* in: Streinz, EUV/EGV, Art. 2 Rn. 14 ff., wonach bereits Zielbestimmungen den sachlichen Anwendungsbereich des Vertrags ausfüllen können. Vgl. auch *Kubicki*, EuR 2006, 489 (502).

754 EuGH Rs. C-456/02 (Trojani) Slg. 2004, I-7573, I-7610 Rn. 42, wonach eine Leistung der Sozialhilfe wie das „Minimex" in den sachlichen Anwendungsbereich des Vertrags falle. A.A. *Wollenschläger*, EuZW 2005, 309 (311 f.), der nicht davon aus-

Vertrags begründete der EuGH mit Art. 21 Abs. 1 AEUV, wenn der nichterwerbstätige Rentner sich aufgrund seines Freizügigkeitsrechts in einem anderen Mitgliedstaat aufhält und dort die Gleichbehandlung bei dem Erhalt von Sozialleistungen beanspruche.[755] Der EuGH stellte in der Rechtssache *Grzelczyk* fest, dass der Unionsbürgerstatus der grundlegende Status der Angehörigen der Mitgliedstaaten sei und zur selben rechtlichen Behandlung berechtige, die die Staatsangehörigen des Mitgliedstaats genießen, die sich in der gleichen Situation befinden, unbeschadet der explizit geregelten Ausnahmen, was soziale Leistungen einschließe.[756] Der Anwendungsbereich der Verträge würde damit bereits durch den Erhalt des Status der Unionsbürgerschaft eröffnet, was für eine Vollintegration spreche.[757] Aus der darin liegenden Aufgabe der Differenzierung zwischen Arbeitnehmern und Nichterwerbstätigen wird z. T. gefolgert, dass der EuGH durch die Weiterentwicklung der Unionsbürgerschaft ein neues Konzept der „Sozialbürgerschaft" geschaffen habe.[758] Es würde mit Hilfe der RL ein universelles Sozialsystem geschaffen.[759] Bei Nichterwerbstätigen, bei denen das Sekundärrecht notwendige Existenzmittel für den Aufenthalt voraussetzt, dürfe der Wegfall dieser nicht zum automatischen Wegfall des Aufenthaltsrechts führen. Vielmehr habe eine Einzelfallprüfung

---

geht, dass Sozialhilfe generell von dem sachlichen Anwendungsbereich des AEUV umfasst sei.

755 EuGH Rs. C-209/03 (Bidar) Slg. 2005, I-2119, I-2165 Rn. 38 ff. Vgl. auch *Giegerich* in: Schulze/Zuleeg/Kadelbach, § 9 Rn. 56. Der EuGH war in seiner Rechtsprechung nicht immer konsequent und hatte oft eine einheitliche Linie vermissen lassen. Vgl. zur Kritik an der Rechtsprechung des EuGH im Allgemeinen, *Hailbronner*, JZ 2005, 1138 (1138 ff.). Vgl. auch *Wollenschläger*, EuZW 2005, 309 (311). Wollenschläger geht davon aus, dass bei der dogmatischen Herleitung des Gleichbehandlungsgrundsatzes der EuGH keinen kohärenten Ansatz erkennen lasse. Vgl. zudem *Heinig*, ZESAR 2008, 465 (468), wonach der EuGH „dogmatische Konsistenz und Konsequenz" vermissen ließ.

756 EuGH Rs. C-184/99 (Grzelczyk) Slg. 2001, I-6193, I-6242 ff. Rn. 30, 31, 34 f., 44; Rs. C-224/98 (D'Hoop) Slg. 2002, I-6191, I-6223 Rn. 28; Rs. C-138/02 (Collins) Slg. 2004, I-2703, I-2753 Rn. 61; *Becker*, ZFSH/SGB 2007, 134 (137).

757 So auch *Schreiber*, ZESAR 2006, 423 (427).

758 Vgl. dazu *Wiesbrock*, Legal Migration, 95. Vgl. auch *Dougan/Spaventa* in: Spaventa/Dougan, Social Welfare, 181 (183, 189). Diese gehen davon aus, dass die Union diese „Sozialbürgerschaft" wegen des Mangels an Harmonisierungskompetenzen im Bereich der sozialen Leistungen nur dann erreichen könne, wenn sie den Gleichbehandlungsgrundsatz extensiv anwende, so dass Unionsbürger in das System der sozialen Sicherheit des Aufnahmemitgliedstaats vollständig integriert werden.

759 Vgl. *Recchi/Favell*, Integration, 8, die insoweit von „unitary welfare system" sprechen.

stattzufinden.[760] So könne eine vorhandene Bedürftigkeit des nichterwerbstätigen Rentners zwar dazu führen, dass es an den Voraussetzungen für ein bestehendes Aufenthaltsrecht fehle, was aber gerade nicht zum Ausschluss des Diskriminierungsverbots führe.[761] Im Rahmen dieses Diskriminierungsverbots bestehe ein Anspruch auf Sozialleistungen, der erst entfiele, wenn tatsächlich aufenthaltsbeendende Maßnahmen ergriffen würden, da bis zu diesem Zeitpunkt der Aufenthalt rechtmäßig sei.[762] Insoweit profitieren nichterwerbstätige Rentner vor einer „förmlichen mitgliedstaatlichen Feststellung" des Wegfalls des Aufenthaltsrechts von sämtlichen Sozialleistungen und haben daher Anspruch auf gleichberechtigten

---

760 EuGH Rs. C-184/99 (Grzelczyk) Slg. 2001, I-6193, I-6245 Rn. 44 f. Vgl. ebenfalls *Haratsch/Koenig/Pechstein*, Rn. 736. Die Rechtssache stieß in Teilen der Literatur auf herbe Kritik, da sie sich nicht im Rahmen des bis zum Erlass der RL 2004/38/EG geltenden Sekundärrechts hielt, welches als Durchführungsvorschrift zu beachten war. Mit dem geltenden Sekundärrecht sind dabei insb. die RL 93/96/EWG über das Aufenthaltsrecht der Studenten und die RL 90/364/EWG über das allgemeine Aufenthaltsrecht der nichterwerbstätigen Unionsbürger gemeint. Vgl. *Hailbronner*, NJW 2004, 2185 (2186 f.). Die Aufenthaltsrichtlinien knüpften das Aufenthaltsrecht für nichterwerbstätige Unionsbürger an das Erfordernis des Vorbehalts sozialer Absicherung, so dass sich für die nichterwerbstätigen Rentner nach dem Willen des Unionsgesetzgebers ein Anspruch auf Sozialhilfe aus dem Aufenthalt eben gerade nicht ergeben sollte. Vgl. dazu *Hailbronner*, NJW 2004, 2185 (2187). Vgl. auch Art.1 Abs. 1 RL 90/364/EWG, abrufbar unter: http://eur-lex.europa.eu/LexUriServ/LexUriServ.do?uri=CELEX:31990L0364:DE:HTML. Vgl. auch Art. 1 Abs. 1 90/365/EWG, abrufbar unter: http://eur-lex.europa.eu/LexUriServ/LexUriServ.douri=CELEX:31990L0365:DE:HTML. Vgl. zudem Art. 1 RL 3/96/EWG, abrufbar unter: http://eur-lex.europa.eu/LexUriServ/LexUriServ.do?Uri=CELEX:31993L0096:DE:HTML (Abrufdatum: 14.09.2011). Außerdem sehen die RL vor, dass das Aufenthaltsrecht nur solange besteht, wie diese Bedingungen erfüllt werden können, vgl. dazu Art. 3 RL 90/364/EWG, 90/365/EWG und Art. 4 RL 93/96/EWG. Vgl. auch *Herdegen*, Europarecht, § 12 Rn. 8, 10. Diese Literaturmeinung ist abzulehnen, wenn man davon ausgeht, dass das Aufenthaltsrecht sich unmittelbar aus Art. 21 AEUV ergibt und Art. 21 AEUV insoweit Geltungsvorrang als Primärrecht vor dem Sekundärrecht beansprucht. So *Fischer*, EuZW 1992, 566 (567); *Klein/Haratsch*, JuS 1995, 7 (12).

761 *Schreiber*, ZESAR 2006, 423 (428). Vgl. auch *Albers*, Arbeitsuchende Unionsbürger, 95, 97 denn in Grzelczyk, EuGH Urt. v. 20.09.2011 (Grzelczyk) Rs. C-184/99, Slg. 2011, I-6193, war der Aufenthalt des Studenten zunächst rechtmäßig, da er zu Beginn seines Aufenthalts über ausreichende Existenzmittel verfügte. Er hatte eine Erklärung über das Vorhandensein ausreichender Existenzmittel abgegeben, so dass dann zunächst einmal das Aufenthaltsrecht bestehe.

762 Vgl. *Scheuing*, EuR 2003, 744 (786); *Höfler*, Unionsbürgerfreiheit, 168. A.A. *Frenz*, ZESAR 2011, 307 (315).

Zugang zu Sozialsystemen.[763] Die mitgliedstaatlichen Interessen werden dadurch ausreichend geschützt, da die Mitgliedstaaten das Aufenthaltsrecht aus Gründen der öffentlichen Sicherheit und Ordnung oder Nichterfüllung des Vorbehalts sozialer Absicherung beenden können.[764] Festzustellen ist, dass der EuGH der „sozialen Dimension der Unionsbürgerschaft" entnimmt, dass nichterwerbstätige Rentner, die sich rechtmäßig in einem anderen Mitgliedstaat aufhalten, Rechtsansprüche auf Sozialleistungen haben, die über die Leistungen der sozialen Sicherheit (VO 883/2004) und die „sonstigen sozialen und steuerlichen Vergünstigungen" (Art. 7 Abs. 2 VO 492/2011) hinausgehen können und insb. auch Nichterwerbstätige berechtigen.[765] Der EuGH entschied, dass die RL 2004/38/EG auch auf Unionsbürger Anwendung findet, die sich nicht rechtmäßig in einem anderen Mitgliedstaat aufhalten.[766] Unionsbürger, die sich in der gleichen Situation befinden, sollen unabhängig von der Staatsangehörigkeit und unbeschadet der ausdrücklich vorgesehenen Ausnahmen einen Inländergleichbehandlungsanspruch haben.[767] Insoweit besteht bei dem EuGH letztendlich eine Tendenz hin zur Vollintegration, so dass die Rechtsprechung doch eher der zweiten Ansicht zu folgen scheint.[768]

---

763 Vgl. *Albers*, Arbeitsuchende Unionsbürger, 36, 98, 109, 130, 135 f., 247. Mit förmlicher Feststellung entstehe eine Ausreiseverpflichtung des Unionsbürgers. Dabei sei diese Ausreiseverpflichtung frühestens ab Unanfechtbarkeit der förmlichen Feststellung des Verlusts vollziehbar. Albers geht ebenfalls davon aus, dass erst ab dem Zeitpunkt der Unanfechtbarkeit der förmlichen Feststellung der Ausreisepflicht der Anspruch auf die Sozialleistungen ende. Vgl. auch *Schreiber*, ZESAR 2014, 44 (48).

764 So auch *Höfler*, Unionsbürgerfreiheit, 177, 168, 213.

765 *Schulte*, ZFSH/SGB 2007, 259 (266 Fn. 42); *Schulte*, ZFSH/SGB 2006, 719 (725). Schulte entnimmt der Judikatur des EuGH zur sozialrechtlichen Bedeutung der Unionsbürgerschaft den Anspruch auf das soziale Existenzminimum. Die als Unionsbürgerschaft verbriefte Freizügigkeit vermittle auf diese Weise den Unionsbürgern Teilhabe an der Gesellschaft des Aufnahmemitgliedstaats, die unter bestimmten Voraussetzungen die Teilhabe an Rechtsansprüchen auf Sozialleistungen einschließe.

766 Um juristisch genau zu arbeiten, entschied der EuGH, dass die RL 62/221/EWG auch auf Unionsbürger anwendbar sei, die sich nicht rechtmäßig in einem anderen Mitgliedstaat aufhalten. Vgl. dazu EuGH Rs. C-50/06 (Kommission/Niederlande) Informationsbrief Ausländerrecht, 2007, 266 (266 f.). Diese grundsätzliche Aussage des EuGH ist auch auf die RL 2004/38/EG übertragbar. Vgl. hierzu *Epiney*, NVwZ 2008, 736 (740 Fn. 34).

767 EuGH Rs. C-184/99 (Grzelczyk) Slg. 2001, I-6193, I-6242 Rn. 30

768 So auch *Kluth* in: Calliess/Ruffert, EUV/AEUV, Art. 21 AEUV Rn. 8, der davon spricht, dass der EuGH die Rechtssache Martínez Sala in seinen Folgerechtssachen wieder relativiert und Rn. 11, wo Kluth anführt, dass der EuGH in seiner Entscheidung zur Rechtssache D'Hoop die bisherige Rechtsprechungstendenz bestätigt habe.

Einschränkend muss zugegeben werden, dass der EuGH diese Vollintegration nicht ausnahmslos verfolgt. So erlaubt der EuGH dem Aufnahmemitgliedstaat mittelbare Diskriminierungen hinsichtlich des Bezugs von Sozialhilfeleistungen, bei denen als Unterscheidungskriterium nicht die Staatsangehörigkeit, sondern ein anderes Merkmal der Integration in den Aufnahmemitgliedstaat vorgebracht wird, wie z. B. der Wohnsitz, die dauerhafte Ansässigkeit, der Erwerb eines Schulabschlusses, das Beherrschen der Muttersprache, die Ausübung einer Erwerbstätigkeit oder die längere Suche eines Arbeitsplatzes, welche von inländischen Personen typischerweise eher als von EU-Ausländern erfüllt werden können.[769] Die Rechtsprechung des EuGH ist letztlich doch als konsequent anzusehen[770].

Die erste Ansicht gibt zu Bedenken, dass sich die Reichweite des Diskriminierungsverbots an Art. 21 Abs. 1 AEUV zu orientieren habe, der aber nur hinsichtlich des allgemeinen Aufenthalts- und Bewegungsrechts inhaltlich offen sei, wohingegen die speziellen Personenverkehrsfreiheiten ihre Funktion verlieren würden, wenn auch aus Art. 21 Abs. 1 AEUV über diese Rechte hinaus ein umfassender Inländergleichbehandlungsanspruch anzuerkennen wäre.[771] Denn es stimmt zwar,

---

769 *Giegerich* in: Schulze/Zuleeg/Kadelbach, § 9 Rn. 59; *Schönberger*, Unionsbürgerschaft, 417 f.; *Höfler*, Unionsbürgerfreiheit, 171. Vgl. zu den Kriterien, welche eine Integration in den Aufnahmemitgliedstaat vermuten lassen auch *Janda*, ZFSH/SGB 2013, 453 (455).

770 *Becker*, ZFSH/SGB 2007, 134 (137).

771 Vgl. *Frenz*, ZESAR 2011, 307 (313 f.). So ähnlich auch *Domröse/Kubicki*, EuR 2008, 873 (880), die zu Bedenken geben, dass Art. 21 Abs. 1 AEUV zumindest den Fall nicht erfasse, in dem erst die Förderung einer Ausbildung im Ausland durch den Herkunftsstaat und somit der Zugang zu sozialen Leistungen im Herkunftsstaat das Übersiedeln in den Aufnahmemitgliedstaat und somit die Ausübung des Freizügigkeitsrechts erst möglich machen. Der Zugang zu den sozialen Leistungen könnte dann nicht an den Maßstäben von Art. 21 AEUV geprüft werden. Dies überzeugt im Fall des nichterwerbstätigen Rentners nicht. Dieser bezieht auch im Aufnahmemitgliedstaat zumindest Altersrente und ist somit nicht völlig mittellos. Es ergibt sich für ihn daher in Bezug auf den Rentenbezug auch keine Veränderung, ob er nun im Herkunftsstaat bleibt oder in den Aufnahmemitgliedstaat übersiedelt. Er wird also nicht erst durch die Gewährung von Rente oder Sozialhilfe durch den Herkunftsstaat die Möglichkeit haben, in einen anderen Mitgliedstaat überzusiedeln. Auch ist der Fall nicht vergleichbar mit der Förderung von Ausbildung im Ausland durch den Herkunftsstaat, da zwar die Rente, aber nicht die Sozialleistungen exportierbar sind (vgl. dazu VO 492/2011). Auch muss der Rentner gem. Art. 7 Abs. 1 lit. b) der RL 2004/38/EG im Aufnahmemitgliedstaat über ausreichende Existenzmittel verfügen, so dass der Erhalt von Sozialhilfe sein Übersiedeln nicht ermöglichen, sondern den Aufenthalt vielmehr angenehmer machen wird.

dass Art. 21 Abs. 1 AEUV nicht verlangt, dass man in einem Mitgliedstaat einer wirtschaftlichen Beschäftigung nachgeht, um von seinem Freizügigkeitsrecht Gebrauch zu machen,[772] denn die Union betreibt keine rein wirtschaftliche Integration mehr, sondern erstrebt im Lichte des Art. 1 Abs. 2 EUV eine immer engere Union der Völker Europas.[773] Dennoch heißt das nicht, dass wenn der Aufnahmemitgliedstaat dem Betroffenen Sozialleistungen zukommen lässt, auch diese Sozialleistungsgewährung durch Art. 21 AEUV ausgeschlossen sein soll. Vielmehr wird die Freizügigkeit erleichtert und befördert, wenn man es sich auch leisten kann, in einem anderen Mitgliedstaat von seinem Freizügigkeitsrecht Gebrauch zu machen. Zudem wirkt Art. 21 Abs. 1 AEUV selbst begrenzend, indem er seine Gewährleistungen unter den Vorbehalt der Beschränkungen und Bedingungen des Unionsrechts stellt.[774] Die Prüfung des sachlichen Anwendungsbereichs des Unionsrechts muss dahingehend erfolgen, dass zu ermitteln ist, wie weit dieser im konkreten Fall reiche.[775] Ebenso ist nicht nachvollziehbar, warum die Vollintegration auf Arbeitnehmerfreizügigkeit und Niederlassungsfreiheit und somit lediglich auf wirtschaftliche Tatbestände begrenzt werden sollte. Vielmehr müsse Art. 21 Abs. 1 AEUV die Vollintegration garantieren, auch wenn das Aufenthaltsrecht ohne wirtschaftliche Betätigung ausgeübt werde.[776] Die Vollintegration mit dem Argument der hohen Folgekosten abzulehnen, überzeugt nicht, da in der Realität eine geringe Mobilität der nichterwerbstätigen Rentner zwischen den Mitgliedstaaten zu verzeichnen ist, welche eher auf kulturellen, sprachlichen und mentalitätsbezogenen Hindernissen als auf Freizügigkeitshindernissen beruhe.[777]

Die Auswertung der Rechtsprechung des EuGH liefert keine einheitliche Vorgabe hinsichtlich der Abstützung des Anspruchs auf Vollintegration auf die Vertragsartikel des AEUV, sondern lässt eine einheitliche Dogmatik schmerzlich vermissen. Im Fall *Martinez Sala* hatte der EuGH den Anspruch auf die Sozialleistung noch aus Art. 21 AEUV i. V. m. 18 AEUV abgeleitet.[778] Durch den

---

772 *Schönberger*, Unionsbürger, 403.

773 So *Pechstein/Bunk*, EuGRZ 1997, 547 (553).

774 *Kingreen*, EuR Beiheft 1/2007, 43 (59).

775 *Kingreen*, EuR Beiheft 1/2007, 43 (59).

776 Siehe *Pechstein/Bunk*, EuGRZ 1997, 547 (553).

777 *Schönberger*, Unionsbürger, 519 f.; *Höfler*, Unionsbürgerfreiheit, 174.

778 Der EuGH führte aus, dass ein „Unionsbürger, der sich […] rechtmäßig im Gebiet des Aufnahmemitgliedstaats aufhält, sich in allen vom sachlichen Anwendungsbereich des Gemeinschaftsrechts erfassten Fällen auf Art. 6 des Vertrages berufen“ könne. Art. 6 EGV ist heutzutage Art. 18 AEUV. Vgl. dazu EuGH Rs. C-85/96 (Martínez Sala) Slg. 1998, I-2691, I-2726 Rn. 63.

rechtmäßigen Aufenthalt nach Art. 21 AEUV wurde der „Anwendungsbereich der Verträge“ und damit Art. 18 AEUV eröffnet. Art. 21 AEUV sei somit die „Schleuse“ zu Art. 18 AEUV in der Rechtsprechung des EuGH gewesen.[779] Im Urt. *Trojani* ging der EuGH dann einen ganz anderen Weg, indem er das Aufenthaltsrecht nach Art. 21 AEUV, mangels der notwendigen Existenzmittel verneinte und erklärte, dass die Sozialhilfe in den von Art. 18 AEUV vorausgesetzten „Anwendungsbereich der Verträge“ falle.[780] Hier reichte es dem EuGH, dass der Betroffene sich nur rechtmäßig für einen bestimmten Zeitraum im Mitgliedstaat aufhielt und eine Leistung beanspruchte, die unter Anknüpfung an die Staatsangehörigkeit und nicht den Aufenthalt gewährt wurde, da ein Aufenthaltsrecht mangels vorhandener Existenzmittel nicht bestand[781], woraus geschlossen wird, dass der rechtmäßige Aufenthalt nur „irgendwie“ begründet werden müsse, um zur Anwendung des Diskriminierungsverbots des Art. 18 AEUV zu gelangen. Ein weiterer „sachlicher Anwendungsbereich“ oder die Erfüllung von sekundärrechtlichen Bedingungen und Begrenzungen des Aufenthaltsrechts, werde nicht mehr verlangt.[782] Aus der Tatsache, dass im Urt. Trojani ein unionsrechtliches Aufenthaltsrecht mangels vorhandener Existenzmittel nicht bestand und dennoch der Zugang zu Sozialleistungen beansprucht werden kann, wird abgeleitet, dass ein nach nationalem Recht aufenthaltsberechtigter Unionsbürger mit dem unionsrechtlich aufenthaltsberechtigten Unionsbürger im Kern rechtlich gleichgestellt sei.[783] Aus Art. 18 AEUV i. V. m. Art. 20 AEUV ergebe sich, dass zwar die Mitgliedstaaten befugt seien, denjenigen, der Sozialleistungen beantragt, auszuweisen, die Ablehnung des Antrags auf soziale Leistungen per Bescheid stelle jedoch eine Diskriminierung aus Gründen der Staatsangehörigkeit dar.[784] Für eine Vollintegration spreche, der Sinn und Zweck des Art. 21 AEUV, der darauf abzielt, dass der nichterwerbstätige Rentner als Unionsbürger sich nicht nur vorübergehend im Aufnahmemitgliedstaat aufhalte, sondern sich vielmehr dauerhaft in diesen integriert, was wiederum zur Voraussetzung habe, dass dieser Unionsbürger vollständig mit den Staatsangehörigen des Mitgliedstaats in allen Lebenslagen gleichbehandelt werde.[785]

---

779 *Calliess*, EuR Beiheft 1/2007, 7 (32).

780 EuGH Rs. C-456/02 (Trojani) Slg. 2004, I-7573, I-7610 Rn. 36, 39, 42.

781 EuGH Rs. C-456/02 (Trojani) Slg. 2004, I-7573, 7610 Rn. 36, 3, 40, 43.

782 Vgl. *Schreiber*, ZESAR 2006, 423 (427).

783 Vgl. dazu *Albers*, Arbeitsuchende Unionsbürger, 105.

784 EuGH Rs. C-456/02 (Trojani) Slg. 2004, I-7573, I-7610 Rn. 44 ff. Vgl. dazu ebenfalls *Calliess*, EuR Beiheft 1/2007, 7 (33).

785 So auch *Höfler*, Unionsbürgerfreiheit, 166.

Es besteht mit der überzeugenden zweiten Auffassung ein Anspruch auf Vollintegration, welcher nicht unbegrenzt Geltung entfalten sollte. Gewisse Eingrenzungen sind durch das Sekundärrecht und den EuGH bereits vorgegeben worden. Dazu gehören Beschränkungen der Freizügigkeit, wie z. B. der Ordre-public-Vorbehalt und der Vorbehalt sozialer Absicherung.[786] Darüber hinaus sollte der EuGH eine strengere Verhältnismäßigkeitsprüfung vornehmen. So ist nicht nachvollziehbar, warum ein nichterwerbstätiger Rentner unbegrenzt Zugang zu sämtlichen Sozialleistungen des Staats erhalten soll. Vielmehr sollte hier durchaus eine Beendigung des Aufenthaltsrechts in Einzelfällen in Betracht kommen, aber unter äußerst strenger Verhältnismäßigkeitsprüfung. Der EuGH hat in der Vergangenheit den Verhältnismäßigkeitsgrundsatz angewendet, um gesetzliche Beschränkungen eines Grundrechts oder einer Grundfreiheit durch die Mitgliedstaaten oder die Union einzugrenzen.[787] Auch hat er in seiner Rechtsprechung eine strenge Verhältnismäßigkeitsprüfung verlangt.[788] Vielfach wird kritisiert, dass der EuGH viel zu vage bei der Anwendung der Maßstäbe der Verhältnismäßigkeit sei.[789] So konstatiere der EuGH, dass es dem Mitgliedstaat unbenommen bleibe, das Aufenthaltsrecht durch eine Ausweisungsmaßnahme zu beenden, die Inanspruchnahme des Sozialhilfesystems durch einen Unionsbürger

786 Vgl. dazu auch *Scheuing*, EuR 2003, 744 (784).

787 *Kolonovits* in: Mayer, EUV/AEUV, Art. 21 AEUV Rn. 21. A.A. *Hailbronner*, NJW 2004, 2185 (2188). Nach Hailbronner ziehe der EuGH zunehmend undifferenziert und unreflektiert den Verhältnismäßigkeitsgrundsatz heran. Die Anwendung des Grundsatzes der Verhältnismäßigkeit setze voraus, dass die Wahrung einer „gemeinschaftsrechtlich vorgegebenen Rechtsposition" angestrebt wird und ein Eingriff in „gemeinschaftsrechtlich gewährleistete Rechtsgüter" erfolgt ist. Dies wäre aber nur denkbar, wenn die Unionsbürgerschaft ein umfassendes unionsrechtliches Aufenthaltsrecht aller Unionsbürger, unabhängig von Einkommen und Erwerbstätigkeit, verbürgen würde. Ein solches hätte dann aus Gründen der Verhältnismäßigkeit zur Wahrung besonderer öffentlicher Interessen ausnahmsweise eingeschränkt werden dürfen. Dagegen sprächen jedoch Wortlaut und Systematik des Vertrags sowie das Sekundärrecht. Die Heranziehung des Grundsatzes der Verhältnismäßigkeit sei deshalb willkürlich und mit enormer Rechtsunsicherheit verbunden.

788 So entschied der EuGH in der Rechtssache Baumbast, dass der Mitgliedstaat streng an den Verhältnismäßigkeitsgrundsatz gebunden ist. Vgl. dazu EuGH Rs. C-413/99 (Baumbast) Slg. 2002, I-7091, I-7169 Rn. 94. Vgl. auch *Schulte* in: von Maydell/Ruland/Becker, Sozialrechtshandbuch, § 33 Rn. 177.

789 *Hailbronner*, NJW 2004, 2185 (2188 f.).

dürfe jedoch „nicht automatisch“ eine solche Maßnahme zur Folge haben.[790] Allerdings kommt dort letztendlich wieder der Verhältnismäßigkeitsgrundsatz zum Ausdruck, der auf eine Einzelfallprüfung abhebt, so dass diese Kritik im Ergebnis haltlos bleibt. Eine Person muss Zugang zur Sozialhilfe gleich einem Inländer haben, wenn sie die sozialen Leistungssysteme nicht „über Gebühr“ belastet. In einem solchen Fall soll sein Aufenthaltsrecht ausnahmsweise aus Gründen der Verhältnismäßigkeit fortbestehen.[791] Andernfalls hätte Art. 21 Abs. 1 AEUV keine Wirkung, da der nichterwerbstätige Rentner ansonsten in seinen Heimatstaat zurückkehren müsste, um dort die nationalen Sozialhilfeleistungen in Anspruch nehmen zu können.[792] Hinsichtlich des Verweises zur Begründung der Vollintegration im AEUV ist die alleinige Abstützung auf Art. 20 AEUV i. V. m. Art. 18 AEUV nicht ratsam, da sie zu einem „absoluten Recht auf

790 EuGH Rs. C-184/99 (Grzelczyk) Slg. 2001, I-6193, I-6245 Rn. 42 f.; Rs. C-456/02 (Trojani) Slg. 2004, I-7573, I-7610 Rn. 45.

791 Vgl. ebenfalls, *Bode*, EuZW 2003, 552 (556).

792 Vgl. dazu *Bode*, EuZW 2003, 552 (556), welche statt Sozialhilfeleistungen von „Unterstützungsleistungen“ spricht. In Deutschland ist der nichterwerbstätige Rentner nach Erreichen der Regelaltersgrenze gem. § 41 Abs. 1 S. 1 SGB XII Leistungsberechtigter. Ihm ist auf Antrag Grundsicherung im Alter zu leisten, wenn er hilfsbedürftig i. S. von § 41 Abs. 1 S. 1 und 2 SGB XII ist. Dies ist der Fall, wenn er seinen notwendigen Lebensunterhalt nicht aus seinem Vermögen und Einkommen bestreiten könne. Vgl. hierzu *Blüggel* in: Schlegel/Voelzke, Juris Praxis Kommentar, SGB XII, § 41 Rn. 137. Als wiederkehrende Leistungen sind Renten aus der gesetzlichen Rentenversicherung als Einkommen i. S. von § 82 Abs. 1 S. 1 SGB XII anzusehen. Vgl. hierzu *Schmidt* in: Schlegel/Voelzke, Juris Praxis Kommentar, SGB XII, § 82 Rn. 39. Der Umfang der Leistungen nach dem SGB XII für den nichterwerbstätigen Rentner bestimmt sich nach § 42 SGB XII. Eine Person, die bereits Altersrente bezieht, aber die maßgebliche Regelaltersgrenze noch nicht überschritten hat und somit auch kein nichterwerbstätiger Rentner i. S. dieser Ausarbeitung ist, hat die Möglichkeit, wenn er ein erwerbsfähiger Leistungsberechtigter ist, Grundsicherung gem. § 7 Abs. 1 SGB II i. V. m. §§ 8, 9 SGB II zu erhalten. Gemäß § 7 Abs. 1 S. 1 Nr. 1 SGB II sind Berechtigte i. S. des SGB II nur solche Personen, die die Altersgrenze nach § 7 a SGB II noch nicht erreicht haben. Die Altersgrenze i. S. des § 7 a SGB II ist dabei identisch mit der nach § 235 SGB VI enthaltenen Regelaltersgrenze für den Eintritt in den Ruhestand. Wegen § 12 a SGB II sind diese Personen verpflichtet einen Antrag auf vorzeitige Altersrente beim Rentenversicherungsträger zu stellen. Hat dieser Erfolg, besteht bei Erhalt der Altersrente entweder gar kein oder ein geminderter Anspruch auf eine Leistung nach dem SGB II. Vgl. dazu auch *Reinhard* in: Kruse/Reinhard/Winkler, SGB II, § 7 a Rn. 3, § 12 a Rn. 6; *Blüggel* in: Schlegel/Voelzke, Juris Praxis Kommentar, SGB XII, § 41 Rn. 9.

Sozialtourismus" führen[793] würde. Es kann nicht sein, dass einzig und allein bereits der Unionsbürgerstatus des Art. 20 AEUV den „Anwendungsbereich der Verträge" eröffnet und somit ohne zusätzliche Voraussetzungen, wie z. B. eigene Existenzmittel, das Recht begründet, sich in einem anderen Mitgliedstaat aufzuhalten und dessen Sozialleistungssystem zu beanspruchen.[794] Dies erscheint insb. deshalb nicht nachvollziehbar, weil die in Art. 20 AEUV enthaltene Unionsbürgerschaft lediglich einen Status beschreibt, an den subjektive Rechte anknüpfen (vgl. Art. 20 Abs. 2 AEUV), der selbst aber gar keine subjektiven Rechte enthält.[795] Auch ein alleiniges Abstützen des Diskriminierungsverbots auf Art. 21 Abs. 1 AEUV scheint selbst vom EuGH nicht gewollt, wie er in seiner Rechtsprechung in der Rechtssache *Rüffler* zum Ausdruck gebracht hat.[796] Nur eine Stützung der Vollintegration auf die Art. 20, 21 AEUV i. V. m. 18 AEUV kann einerseits die Rechte der nichterwerbstätigen Rentner als Unionsbürger, aber andererseits auch die Interessen der Mitgliedstaaten an der Vermeidung eines allseits befürchteten „Sozialleistungstourismus" hinreichend wahren.

Insoweit ist eine begrenzte Vollintegration für den nichterwerbstätigen Rentner aus den Art. 20, 21 AEUV i. V. m. Art. 18 AEUV anzunehmen, die streng an dem Maßstab des Verhältnismäßigkeitsgrundsatzes zu messen ist.

---

793 So ebenfalls *Calliess*, EuR Beiheft 1/2007, 7 (37).

794 So auch *Calliess*, EuR Beiheft 1/2007, 7 (35).

795 Vgl. ebenfalls *Kingreen*, EuR Beiheft 1/2007, 43 (53); *Kubicki*, EuR 2006, 489 (504).

796 In dieser Rechtssache prüfte der EuGH die Situation des Herrn Rüffler zunächst anhand von Art. 21 AEUV und stellte lediglich fest, dass sich aus Art. 18 AEUV das Diskriminierungsverbot aus Gründen der Staatsangehörigkeit ergebe. Der EuGH entschied, dass Art. 21 Abs. 1 AEUV einer nationalen Regelung entgegenstehe, die den Abzug der entrichteten Krankenversicherungsbeiträge von der Einkommenssteuer davon abhängig mache, ob die Beiträge nach den Vorschriften des nationalen Rechts gezahlt worden seien. Der EuGH lehnt den Abzug ab, wenn die Beiträge, die abgezogen werden sollen im Rahmen der gesetzlichen Krankenversicherung eines anderen Mitgliedstaats gezahlt wurden. Vgl. EuGH Rs. C-544/07 (Rüffler) Slg. 2009, I-3389, I-3413 Rn. 58 f., I-3420 Rn. 87. Vgl. auch *Pechstein*, Entscheidungen EuGH, 388. Pechstein zieht hier aus der Tatsache, dass der EuGH zwar den Anspruch auf Absetzung der an eine deutsche Krankenversicherung gezahlten Krankenversicherungsbeiträge in Polen ausschließlich an Art. 21 AEUV geprüft habe und das Diskriminierungsverbot des Art. 18 AEUV später kurz anspricht den Schluss, dass aus dem „prinzipiellen prüfungstechnischen Nebeneinander" folge, dass Art. 21 Abs. 1 AEUV kein Verbot der Diskriminierung aus Gründen der Staatsangehörigkeit enthalte und dem Art. 18 AEUV auch nicht als lex specialis vorgehe.

(2) Diskriminierungsverbot und die Ausgestaltung der Systeme der sozialen Sicherheit

Der EuGH hat in seiner Rechtsprechung zum Diskriminierungsverbot des Art. 21 AEUV i. V. m. 18 AEUV auch die unterschiedliche Ausgestaltung der Systeme der sozialen Sicherheit ins Visier genommen. Diese fällt grundsätzlich in die Zuständigkeit der Mitgliedstaaten, so dass nur ihnen die Einrichtung und der Bestand der Systeme der sozialen Sicherheit obliegen.[797] Es ist damit Sache der Mitgliedstaaten in ihrem nationalen Recht zu determinieren, unter welchen Voraussetzungen eine Person ihrem System der sozialen Sicherheit unterfällt und wann die Person konkret soziale Leistungen beanspruchen kann.[798] Die unterschiedliche Ausgestaltung der Systeme der sozialen Sicherheit ist für die Beachtung des Diskriminierungsverbots insoweit problematisch, als sie die Ausübung des durch Art. 21 AEUV gewährten Freizügigkeitsrechts zumindest mittelbar erschweren kann.[799] So hat der EuGH entschieden, dass die Ausgestaltung der Systeme der sozialen Sicherheit zwar weiterhin eine Zuständigkeit der Mitgliedstaaten darstelle, die Mitgliedstaaten aber das Unionsrecht und damit insb. die Rechte der Unionsbürger nach den Art. 21, 45 und 48 AEUV zu wahren hätten.[800] Daran ändert auch der neu eingefügte Art. 21 Abs. 3 AEUV nichts, der nur eine „subsidiäre Regelungskompetenz" des Rates enthält, welche die Freizügigkeit gewährleisten soll und allenfalls „vorübergehende" Sozialhilfe zulässt,[801] aber nicht die Zuständigkeit der Mitgliedstaaten für die Ausgestaltung der Systeme der sozialen Sicherheit betrifft. Dennoch müsse die eigenverantwortliche Ausgestaltung der staatlichen Systeme der sozialen Sicherheit durch die Mitgliedstaaten das „Untermaßverbot" der „Entsolidarisierung" bei einer „staatsmonopolartigen Ausgestaltung der Systeme" der sozialen Sicherheit wahren. Können die Mitgliedstaaten

---

797 EuGH Rs. 41/84 (Pinna) Slg. 1986, 1 (24 Rn. 20); Rs. 313/86 (Lenoir) Slg. 1988, 5391, 5423 Rn. 13. So auch *Schulte*, ZFSH/SGB 2007, 13 (21, 27); *Everling* in: ZEW Nr. 83, 67 (72). Vgl. dazu auch ausführlich *Randelzhofer/Forsthoff* in: Grabitz/Hilf, 40. Ergänzungslieferung, Vor Art. 39–55 Rn. 190, 194 ff.

798 Siehe *Schulte*, Jahrbuch des Sozialrechts, Band 33, 2012, 509 (513 f.).

799 *Kolonovits* in: Mayer, EUV/AEUV, Art. 21 AEUV Rn. 25.

800 Aus diesen Vorschriften ergebe sich auch die Verpflichtung, im Ausland erbrachte Kindererziehungszeiten für die Altersrente anzurechnen. Vgl. dazu EuGH Rs. C-135/99 (Elsen) Slg. 2000, I-10409, I-10436 Rn. 36; Rs. C-28/00 (Kauer) Slg. 2002, I-1343, I-1386 Rn. 52. Vgl. dazu auch EuGH Urt. v. 27.01.2011 Rs. C-490/09 (Europäische Kommission/Großherzogtum Luxemburg) ZESAR 2012, 382 (385).

801 Vgl. zu Art. 21 Abs. 3 AEUV *Kaufmann-Bühler* in: Lenz/Borchardt, EU-Verträge, Art. 21 AEUV Rn. 13.

ihre eigenverantwortliche Ausgestaltung nicht mit einer Herstellung des finanziellen Gleichgewichts des Zweigs der sozialen Sicherheit oder der Wahrung des Grundsatzes der Solidarität rechtfertigen und entfalle so z. B. der Solidargedanke im Beitragsrecht, können die Mitgliedstaaten gleichzeitig ihr System nicht mehr rechtfertigen.[802]

c. Rechtfertigung einer Verletzung

Art. 21 Abs. 1 AEUV sieht vor, dass Verletzungen des Freizügigkeitsrechts unter dem Vorbehalt der Beschränkungen und Bedingungen stehen, die in den Verträgen und in den Durchführungsbestimmungen und somit der RL 2004/38/EG enthalten sind.

Als unmittelbare Beeinträchtigung bzw. Verletzung der durch Art. 21 Abs. 1 AEUV gewährleisteten Rechte auf Bewegung und Aufenthalt im Herkunfts- und Aufnahmemitgliedstaat ist insb. das Verbot auszureisen oder die Verweigerung des Rechts auf Aufenthalt zu nennen.[803] Als mittelbare Beeinträchtigungen der Freiheit sich frei zu bewegen, kommen persönliche Unannehmlichkeiten, wie Kosten oder Verzögerungen der Inanspruchnahme des Freizügigkeitsrechts in Betracht.[804] So hat der EuGH die Benachteiligung von Unionsbürgern im Aufnahmemitgliedstaat bei der ergänzenden Altersversorgung gerügt.[805] Der Begriff der Verletzung bzw. Beeinträchtigung des Art. 21 AEUV wird somit vom EuGH als umfassend ausgelegt.[806] Das Diskriminierungsverbot des Art. 21 Abs. 1 AEUV i. V. m. Art. 18 AEUV wird insb. durch Erfordernisse wie Aufenthalt, Wohnsitz oder Bezug zum Arbeitsmarkt für den Bezug von Sozialleistungen beeinträchtigt.[807]

Als Schranken kommen neben primärrechtlichen auch sekundärrechtliche Schranken infrage, womit es der europäische Gesetzgeber grundsätzlich in der Hand habe, die Voraussetzungen für die Wahrnehmung der Freizügigkeit zu determinieren.[808] Als primärrechtliche Schranken des EUV und AEUV für diese Verletzung kann z. B. der Ordre-public-Vorbehalt der marktbezogenen Grundfreiheiten (Art. 45 Abs. 3, 52 Abs. 1 und 62 AEUV) herangezogen werden, der auch auf

---

802 Siehe dazu *Schreiber* in: Schreiber/Wunder/Dern, Einl. Rn. 52.

803 *Haratsch/Koenig/Pechstein*, Rn. 729.

804 EuGH verb. Rs. C-11/06 und C-12/06 (Morgan und Bucher) Slg. 2007, I-9161, I-9207 Rn. 30.

805 EuGH Rs. C-269/07 (Kommission/Bundesrepublik Deutschland) Slg. 2009, I-7811, I-7872 Rn. 98 ff., 116 f.

806 Siehe *Oppermann/Classen/Nettesheim*, Europarecht, § 17 Rn. 17.

807 Vgl. *Stewen*, Freizügigkeitsrecht und soziale Begleitrechte, 215.

808 Siehe *Oppermann/Classen/Nettesheim*, Europarecht, § 17 Rn. 18.

Art. 21 Abs. 1 AEUV zu übertragen sei.[809] Als Schranke der RL 2004/38/EG kommt insb. der in dieser verankerte Vorbehalt der sozialen Absicherung zum Tragen.[810] Darüber hinaus beinhalten die Art. 27 ff. RL 2004/38/EG spezielle Beschränkungen, die dem Schutz der öffentlichen Ordnung, Sicherheit oder Gesundheit dienen. Hinsichtlich der Anwendung der RL 2004/38/EG ist zu bedenken, dass Art. 21 AEUV nach der hier vertretenen Ansicht unmittelbar anwendbar ist und somit das Aufenthaltsrecht bereits primärrechtlich gewährleistet wird. Die RL kann daher nicht auf die Entstehung des Aufenthaltsrechts selbst, sondern lediglich auf dessen Ausübung bezogen werden und stellt daher eine Ermächtigungsgrundlage zu Einschränkungsmaßnahmen des Aufenthaltsrechts im Einzelfall dar.[811] Der Vorbehalt sozialer Absicherung des Sekundärrechts hat keinen Einfluss auf das bereits entstandene Aufenthaltsrecht, ermöglicht aber die Rechtfertigung aufenthaltsbeschränkender- oder beendender mitgliedstaatlicher Maßnahmen.[812] Bezieht sich die RL als Beschränkung auf die inhaltliche Ausgestaltung des Aufenthaltsrechts, wird sie grundsätzlich als zulässig erachtet, solange sie den Grundsatz der Verhältnismäßigkeit wahrt.[813] Zudem hat der EuGH in den Rechtssachen *Baumbast* und *De Cuyper* noch einen ungeschriebenen und abstrakt formulierten Rechtfertigungsgrund bejaht, indem er in seinen Urteilen davon spricht, dass die „Wahrnehmung des Aufenthaltsrechts der Unionsbürger von der Wahrung der berechtigten Interessen der Mitgliedstaaten abhängig gemacht werden kann“ oder auf den Begriff des „Allgemeininteresses“ zurückgreift.[814] Zulässig ist es, den

---

809 Vgl. *Scheuing*, EuR 2003, 744 (767). Vgl. zum Ordre-public-Vorbehalt *Wollenschläger*, Grundfreiheit ohne Markt, 4, 27. Durch den Vertrag von Lissabon sind als primärrechtliche Schranken des EUV auch die Art. 67 ff. AEUV und somit die Art. für den Raum der Freiheit und Sicherheit und des Rechts von den Beschränkungen i. S. des Art. 21 Abs. 1 AEUV umfasst. Dies gilt auch für die Art. 23 ff AEUV, welche sich mit der Gemeinsamen Außen- und Sicherheitspolitik der Union beschäftigen. Vgl. hierzu *Kolonovits* in: Mayer, EUV/AEUV, Art. 21 AEUV Rn. 32.

810 *Kubicki*, EuR 2006, 489 (496).

811 *Höfler*, NVwZ 2002, 1206 (1207); *Scheuing* in: Dreier/Forkel/Laubenthal, FS 600 Jahre Würzburger Juristenfakultät, 103 (126). So auch *Stewen*, Freizügigkeitsrecht und soziale Begleitrechte, 66, 89 ff., die insoweit auch von „Einschränkungsvorbehalte“ spricht.

812 Vgl. *Stewen*, Freizügigkeitsrecht und soziale Begleitrechte, 138, 264.

813 *Armbrecht*, ZEuS 2005, 175 (201).

814 Vgl. zur Wahrung der berechtigten Interessen EuGH Rs. C-413/99 (Baumbast) Slg. 2002, I-7091, I-7167 Rn. 90. Vgl. zum Begriff des Allgemeininteresses EuGH Rs. C-406/04 (De Cuyper) Slg. 2006, I-6947, I-6987 Rn. 40. Andere wollen diese Gründe des Allgemeininteresses nur subsidiär zur Anwendung gelangen lassen.

Schutz der nationalen Sozialleistungssysteme als Rechtfertigungsgrund zu benennen.[815] So wird vertreten, dass die Inanspruchnahme von Sozialleistungen zu aufenthaltsbeendenden Maßnahmen führen könne und somit das Aufenthaltsrecht des Art. 21 Abs. 1 AEUV insgesamt unter einem „Sozialhilfevorbehalt" stehe. Dadurch unterscheide sich Art. 21 Abs. 1 AEUV eklatant von den Grundfreiheiten, da diese eine Rechtfertigung von Eingriffen durch finanzpolitische oder wirtschaftliche Erwägungen gerade nicht zuließen.[816] Auch entschied der EuGH in den Rechtssachen *D'Hoop* und *Pusa*, dass trotz des Diskriminierungsverbots des Art. 21 AEUV i. V. m. 18 AEUV nationale Vorschriften, welche Inländer allein deshalb benachteiligen, weil sie ihr Freizügigkeitsrecht gebrauchen, gerechtfertigt sein können, wenn sie auf objektiven, von der Staatsangehörigkeit unabhängigen Erwägungen beruhen und in einem angemessenen Verhältnis zu einem legitimen Zweck stehen, den die nationalen Vorschriften verfolgen.[817] Insoweit räumt der EuGH den Mitgliedstaaten einen Spielraum ein, die Freizügigkeit außerhalb von finanziell motivierten Gründen zu beschränken, soweit hier neben den Schutzgütern der öffentlichen Ordnung, Sicherheit und Gesundheit überhaupt noch ein Bedürfnis besteht.[818] Auch kann vor Zahlung von Sozialleistungen ein gewisses

---

So dürfen z. B. die öffentlichen Finanzen nicht „über Gebühr belastet" werden, wie sich bereits aus dem Grzelczyk-Urt. ergebe. Vgl. hierzu *Höfler*, Unionsbürgerfreiheit, 112 f.

815 *Armbrecht*, ZEuS 2005, 175 (203).

816 Vgl. *Stewen*, Freizügigkeitsrecht und soziale Begleitrechte, 133, 138.

817 Dafür EuGH Rs. C-224/98 (D'Hoop) Slg. 2002, I-6191, I-6224 Rn. 36; Rs. C-224/02 (Pusa) Slg. 2004, I-5763, I-5781 Rn. 20; EuGH Rs. C-76/05 (Schwarz und Gootjes-Schwarz) Slg. 2007, I-6849, I-6906 Rn. 94. Dagegen ist z. T. das Schrifttum, welches die Auffassung vertritt, dass unmittelbare Diskriminierungen wegen der Staatsangehörigkeit überhaupt nicht vor Art. 18 Abs. 1 AEUV gerechtfertigt werden können. Vgl. dazu *von Bogdandy* in: Grabitz/Hilf, Altband I, 1994, Art. 6 Rn. 23; *Holoubek* in: Schwarze, EU-Kommentar, Art. 12 EGV Rn. 58 ff. Vereinzelt wird gefordert, dass der EuGH unmittelbare Diskriminierungen einer strengeren Prüfung der Rechtfertigung unterwirft, als es bei der mittelbaren Diskriminierung der Fall ist. Vgl. hierzu EuGH Rs. C-388/01 (Kommission/Italien) Slg. 2003, I-721 I-739 Rn. 19, 21. Dagegen *Kingreen* in: Ehlers, Europäische Grundrechte und Grundfreiheiten, § 13 II 2 Rn. 25; *Kingreen*, EuR Beiheft 1/2007, 43 (66), der eine unterschiedliche Behandlung von unmittelbarer und mittelbarer Diskriminierung ablehnt und beide gleichermaßen einer Rechtfertigungsprüfung unterwirft.

818 *Kubicki*, EuR 2006, 489 (497). Kubicki geht davon aus, dass noch nicht geklärt sei, ob es sich dabei um eine eigenständige Rechtfertigungskategorie handele oder sich hierbei angelehnt werde an die zwingenden Gründe des Allgemeininteresses, welche als Rechtfertigungsterminologie bei den Grundfreiheiten verwendet werden.

Maß an Integration in den Aufnahmemitgliedstaat (nachgewiesen z. B. durch eine bestimmte Wohn- oder Aufenthaltsdauer) gefordert werden.[819]

d. Schranken-Schranke

Ungeklärt ist nach wie vor die Frage, ob Eingriffe der Mitgliedstaaten in Art. 21 Abs. 1 AEUV, wie auch bei den Grundfreiheiten an den EU-Grundrechten als Schranken-Schranke zu messen sind. Dafür spräche, dass es sich bei Art. 21 Abs. 1 AEUV um eine vom AEUV garantierte Rechtsposition des Einzelnen handele, deren Beeinträchtigungen durch die Mitgliedstaaten mit dem primären Unionsrecht im Übrigen und somit auch den Grundrechten vereinbar sein müssen.[820] Insoweit ist Art. 21 AEUV hinsichtlich der Schranken-Schranke an den Unionsgrundrechten zu messen.[821] Darüber hinaus ist, wie bereits im Rahmen der Rechtfertigung einer Verletzung angedeutet, der Grundsatz der Verhältnismäßigkeit als Schranken-Schranke zu wahren. Nach der Rechtsprechung sind nationale Maßnahmen i. S. des Art. 21 Abs. 1 AEUV zulässig, wenn sie zur Erreichung des avisierten Ziels geeignet und erforderlich sind.[822] In der Literatur wird zudem verlangt, dass die beeinträchtigenden nationalen Maßnahmen und das anvisierte Ziel in einer angemessenen Zweck-Mittel-Relation zueinander stehen (Angemessenheitsprüfung).[823] Die Maßnahme, welche die Freizügigkeit beeinträchtigt (z. B. die Aufenthaltsbeendigung) ist daher nur zulässig, wenn eine Abwägung

---

819 EuGH Rs. C-158/07 (Förster) Slg. 2008, I-8507, I-8565 Rn. 51, 59. So zumindest wird vor Erhalt von Studienbeihilfen eine ununterbrochene Aufenthaltsdauer von 5 Jahren für angemessen gehalten. Hierbei stehe es den Mitgliedstaaten frei Unterhaltsstipendien auch an Studierende zu vergeben, die das Kriterium des fünfjährigen ununterbrochenen Aufenthalts noch nicht erfüllen. Vgl. auch *Stewen*, Freizügigkeitsrecht und soziale Begleitrechte, 223, 261, die anführt, dass hinter dem Erfordernis der Integration in die Gesellschaft des Aufnahmemitgliedstaats letztlich auch wieder finanzielle oder organisatorische Interessen stehen. Aufenthaltsklauseln seien dabei grundsätzlich geeignet, um eine ausreichende Integration in den Aufnahmemitgliedstaat nachzuweisen, allerdings müsse der Mitgliedstaat auch prüfen, ob sich ein ausreichender Integrationsgrad bereits aus anderen Tatsachen ergibt, die dann zum Vorteil des Betroffenen zu berücksichtigen seien. Vgl. *Thym*, NZS 2014, 81 (88) der anführt, dass derzeit noch keine „kohärenten Leitlinien" des EuGH existieren, die den Mitgliedstaaten vorgeben, wie der Integrationsgrad zu bestimmen sei.

820 So ebenfalls *Kubicki*, EuR 2006, 489 (498).

821 Vgl. *Stewen*, Freizügigkeitsrecht und soziale Begleitrechte, 66.

822 EuGH Rs. C-413/99 (Baumbast) Slg. 2002, I-7091, I-7168 Rn. 91 ff.; EuGH Rs. C-456/02 (Trojani) Slg. 2004, I-7573, I-7608 Rn. 34 ff.

823 *Caldoro*, Freizügigkeit, 233.

zwischen mitgliedstaatlichem und Individualinteresse ergibt, dass sie angemessen ist.[824] Dabei bedarf es einer kohärenten und substantiierten Darlegung der Verhältnismäßigkeit durch den Mitgliedstaat.[825] Nach der RL 2004/38/EG hängt das Aufenthaltsrecht von nichterwerbstätigen Rentnern davon ab, ob diese über einen hinreichenden Krankenversicherungsschutz in ihrem Heimatland verfügen und überdies glaubhaft machen, dass sie die notwendigen finanziellen Mittel haben, um ihren Lebensunterhalt bestreiten zu können.[826] Der nichterwerbstätige Rentner kann sich während seines Aufenthalts im Aufnahmemitgliedstaat auf den Grundsatz der Gleichbehandlung aus Art. 18 AEUV berufen, so dass ihm u. U. ein Anspruch auf Leistungen der Sozialhilfe zusteht. Die Sozialhilfeleistungen fallen in den Anwendungsbereich der Verträge[827], so dass nur unter angemessener Berücksichtigung des Verhältnismäßigkeitsgrundsatzes und einer entsprechenden Interessenabwägung über eine mögliche Ausweisung aufgrund des Fehlens ausreichender finanzieller Mittel entschieden werden kann. Es sind auf der einen Seite z. B. die finanziellen Interessen des Staats an der Ausweisung des mittellosen nichterwerbstätigen Rentners und auf der anderen Seite das Interesse dieses nichterwerbstätigen Rentners, bspw. aus familiären Gründen im Aufnahmemitgliedstaat zu verbleiben, gegeneinander abzuwägen.[828] Zudem sind einschränkende Vorschriften vor dem Hintergrund der Bedeutung des Freizügigkeits- und Aufenthaltsrechts des nichterwerbstätigen Rentners auszulegen und so zu interpretieren, dass dem besonderen Gehalt dieses Rechts Rechnung getragen wird.[829]

---

824 *Oppermann/Classen/Nettesheim*, Europarecht, § 17 Rn. 18.

825 So *Frenz*, ZESAR 2011, 307 (313), welcher die Aussagen des EuGH zur Rechtssache Bressol über den Zugang zum Medizinstudium auf den Zugang zu Sozialleistungen beziehe, wenn sich dabei „Rückwirkungen auf die Wahrnehmung des Freizügigkeitsrechts ergeben." Frenz verweist dabei in Fn. 67 auf die EuGH Rs. C-73/08 (Bressol) EuZW 2010, 465 (469 Rn. 71).

826 *Schulte*, ZFSH/SGB 2007, 259 (267).

827 EuGH Rs. C-184/99 (Grzelczyk) Slg. 2001, I-6193, I-6246 Rn. 46.

828 *Schulte*, ZFSH/SGB 2007, 259 (267).

829 *Haag* in: von der Groeben/Schwarze, EU-/EG-Vertrag, Art. 18 Rn. 16; *Hilf* in: Grabitz/Hilf, 40. Ergänzungslieferung Art. 18 Rn. 13.

C. Regelungsgehalt der Richtlinie 2004/38/EG

I. Erfüllung genereller Restriktionen bei dem Erlass der RL 2004/38/EG

1. Subsidiaritätsgrundsatz und Verhältnismäßigkeitsgrundsatz

Auch beim Erlass der RL 2004/38/EG ist der Rat an das Subsidiaritätsprinzip (Art. 5 Abs. 3 EUV) und den Verhältnismäßigkeitsgrundsatz (Art. 5 Abs. 4 EUV) gebunden.

a. Subsidiaritätsgrundsatz

Um den Subsidiaritätsgrundsatz zu wahren, müssen das „Negativkriterium" und das „Positivkriterium" bzw. Effizienzkriterium bei der RL 2004/38/EG erfüllt sein.

Zunächst müsste eine nicht ausschließliche Zuständigkeit der Union vorliegen. Die Regelung der Freizügigkeit fällt nicht unter den Katalog der ausschließlichen Zuständigkeiten des Art. 3 AEUV. Insbesondere ist sie nicht unter Art. 3 Abs. 1 lit. b) AEUV zu subsumieren, welcher als ausschließliche Zuständigkeit die für das Funktionieren des Binnenmarkts erforderlichen Wettbewerbsregeln enthält, wie z. B. das Wettbewerbsrecht des gemeinsamen Binnenmarkts (Art. 101 ff. AEUV).[830] Es spricht vieles dafür, die Freizügigkeit unter die geteilte Zuständigkeit des Art. 4 Abs. 2 lit. a) AEUV -Binnenmarkt- zu fassen. Der Binnenmarkt umfasst insb. die Grundfreiheiten der Art. 26 ff. AEUV. So werden in Art. 26 Abs. 2 AEUV insb. die Grundfreiheiten genannt. Da das in Art. 21 Abs. 1 AEUV enthaltene Freizügigkeitsrecht als Recht sui generis den Grundfreiheiten ähnlich ist, fällt es auch darunter. Die Kommission geht in der Mitteilung zur „Beseitigung der Kontrollen an den Binnengrenzen" ebenfalls explizit davon aus, dass der Raum ohne Binnengrenzen i. S. des Art. 26 Abs. 2 AEUV die Freizügigkeit aller Personen und somit auch von Nichterwerbstätigen, wie dem

830 Vgl. *Geiger/Khan/Kotzur*, EUV/AEUV, Art. 3 AEUV Rn. 3. Vgl. auch *Calliess* in: Calliess/Ruffert, EUV/AEUV, Art. 3 AEUV Rn. 7 ff., der anführt, dass es umstritten sei, ob die gesamten Regelungen des Wettbewerbsrechts unter Art. 3 Abs. 1 lit. b) AEUV fallen oder nur die Rechtsetzungskompetenzen. Dabei vertritt er die letztgenannte, restriktive Ansicht und führt einschränkend aus, dass nur die Rechtsetzungskompetenzen der Art. 101 ff. AEUV von Art. 3 Abs. 1 lit. b) AEUV erfasst seien. Dies seien insb. die Art. 103, 105 Abs. 3, 106 Abs. 3, Art. 108 Abs. 4 und 109 AEUV. Ebenso *Lenski* in: Lenz/Borchardt, EU-Verträge, Art. 3 AEUV Rn. 9, 11.

nichterwerbstätigen Rentner erfasst.[831] Darüber hinaus lässt sich mit dem Wortlaut des Art. 26 Abs. 2 AEUV argumentieren, der allgemein von „Personen“ spricht und somit neben Arbeitnehmern und selbstständig Erwerbstätigen den nichterwerbstätigen Rentner mit einbezieht und mit „Raum ohne Binnengrenzen“ über eine reine Wirtschaftsunion hinausgeht und damit eine „politische Union“ bzw. ein „Europa der Bürger“ anstrebt, womit die Freizügigkeit nichterwerbstätiger Rentner eines der „Kernelemente des Binnenmarktes“ darstellt.[832] Art. 21 Abs. 2 AEUV ist wie angeführt eine Rechtsgrundlage und somit eine Zuständigkeit zum Erlass von Richtlinien im Freizügigkeitsbereich als Teil der o.a. Kernelemente des Binnenmarkts, womit es sich bei Art. 21 Abs. 2 AEUV um eine geteilte Zuständigkeit i. S. des Art. 4 Abs. 2 lit. a) AEUV handelt und gerade nicht um eine ausschließliche Zuständigkeit der Union.

Des Weiteren müsste das Negativkriterium gem. Art. 5 Abs. 3 EUV erfüllt sein, wonach die Union nur tätig werden darf, wenn und soweit die Ziele der in Betracht gezogenen Maßnahmen von den Mitgliedstaaten weder auf zentraler, regionaler oder lokaler Ebene ausreichend erreicht werden können. Die RL zur Freizügigkeit beinhaltet das Recht, sich im Hoheitsgebiet der Mitgliedstaaten frei zu bewegen und aufzuhalten. Dabei ist die freie Wahl nicht auf das Gebiet eines Mitgliedstaats beschränkt, sondern bezieht die Gebiete aller Mitgliedstaaten mit ein. Um zu erreichen, dass die Unionsbürger in den verschiedenen Mitgliedstaaten die Freizügigkeit unter ähnlichen Bedingungen wie die Staatsangehörigen des Mitgliedstaats ausüben können, die sich innerhalb des eigenen Mitgliedstaats bewegen und ihren Wohnsitz wechseln, sollten rechtliche Vorgaben oder Verwaltungsverpflichtungen auf das Notwendigste reduziert werden.[833] Der „Mitgliedstaat A“ ist nicht in der

---

831 Vgl. Mitteilung der Kommission v. 08.05.1992 an den Rat und an das Parlament, Dok. SEK (92) 877 endg. abrufbar unter: http://aei.pitt.edu/5141/1/001622_1.pdf (Abrufdatum: 12.09.2011). Siehe auch *Pipkorn/Bardenhewer-Rating/Taschner* in: von der Groeben/Schwarze, EU-/EG-Vertrag, Art. 14 EG Rn. 9, welche neben dieser Mitteilung der Kommission noch auf die Einführung des Art. 21 AEUV abstellen, welcher ein allgemeines Recht auf Freizügigkeit gewährleiste, ohne einen wirtschaftlichen Bezug und somit auch Nichterwerbstätige mit einbeziehe.

832 Siehe auch *Kahl* in: Calliess/Ruffert, EUV/AEUV, Art. 21, 26 Rn. 28.

833 Vgl. Vorschlag für eine RL des Europäischen Parlaments und des Rates über das Recht der Unionsbürger und ihrer Familienangehörigen, sich im Hoheitsgebiet der Mitgliedstaaten frei zu bewegen und aufzuhalten, KOM (2001) 257 endg., 2. Vgl. auch geänderter Vorschlag für eine RL des Europäischen Parlaments und des Rates über das Recht der Unionsbürger und ihrer Familienangehörigen, sich im Hoheitsgebiet der Mitgliedstaaten frei zu bewegen und aufzuhalten, KOM (2003) 199 endg. 2. Vgl. auch Erwägungsgrund 11 RL 2004/38/EG, wonach das Recht auf Aufenthalt

Lage, für sich selbst als 28. Mitgliedstaat und für die restlichen 27 Mitgliedstaaten die Freizügigkeit und das Aufenthaltsrecht einheitlich zu regeln, so dass es sich hierbei um eine die nationalen Grenzen überschreitende Problematik handelt. Da der Unionsgesetzgeber dies erkannte hat er das Einreise- und Aufenthaltsrecht in neun Richtlinien und zwei Verordnungen geregelt.[834] Mit der RL 2004/38/EG sollten diese Regelungen in einem einzigen Rechtsakt zusammengefasst und Änderungen vorgenommen werden, die darauf abzielen, die Ausübung der Rechte aus den Vorgängerregelungen zu erleichtern.[835] So ist z. B. durch die RL 2004/38/EG in Art. 16 RL ein Daueraufenthaltsrecht eingeführt worden. Außerdem enthält die RL in Art. 24 Abs. 1 ein Diskriminierungsverbot. Diskriminierungen sind nicht auf Landesgrenzen beschränkt, sondern stellen eine grenzüberschreitende Problematik dar. Die RL 2004/38/EG weist transnationale Aspekte auf, die durch Maßnahmen der Mitgliedstaaten nicht ausreichend geregelt werden können. Eine detaillierte und für alle Mitgliedstaaten einheitliche Regelung des Aufenthaltsrechts für alle Unionsbürger und auch für den nichterwerbstätigen Rentner dient dazu, den sozialen Zusammenhalt zu fördern.[836] Darüber hinaus dient sie wie angesprochen der Verwirklichung des Binnenmarkts und damit eines Raums ohne Binnengrenzen, wenn Arbeitnehmer, Selbstständige und Nichterwerbstätige (letztere vorbehaltlich der Erfüllung der Beschränkungen und Bedingungen des Art. 21 Abs. 1 AEUV) sich frei im Hoheitsgebiet der Mitgliedstaaten bewegen und aufhalten können. Die RL 2004/38/EG gibt den nichterwerbstätigen Rentnern die Möglichkeit, sich unter den gleichen Bedingungen in jeden Mitgliedstaat zu begeben, sich dort dauerhaft aufzuhalten und somit auch dauerhaft in die Gesellschaft zu integrieren. Durch

---

nicht von der Einhaltung von Verwaltungsverfahren abhängig ist. Vgl. auch Erwägungsgrund 14, der verlangt, dass die benötigten Dokumente abschließend festgelegt werden in der RL, um es zu vermeiden, dass eine abweichende Verwaltungspraxis, die Wahrnehmung des Freizügigkeitsrechts der Unionsbürger unangemessen behindert. Vgl. auch *Möller*, Entwicklung des Rechts der Unionsbürger, 183, welche anführte, dass die „Bedingungen und Formalitäten“, insb. die „administrativen Formalitäten“, welche vor Erlass der RL im Hinblick auf die Ausübung des Freizügigkeitsrechts bestanden haben, durch diese RL erleichtert werden sollten.

834 Vgl. dazu den Titel der RL: RL 2004/38/EG [...] zur Änderung der VO (EWG) Nr. 1612/68 zur Aufhebung der RL 64/221/EWG, 68/360/EWG, 72/194/EWG, 73/148/EWG, 75/34/EWG, 75/35/EWG, ABl. EU 2004 Nr. L 158/77 ff. v. 30.04.2004.

835 Erwägungsgrund 4 RL 2004/38/EG; *Geiger/Khan/Kotzur*, EUV/AEUV, Art. 21 AEUV Rn. 6.

836 Hierbei verweist die Kommission insb. auf die Funktion des in der RL neu eingeführten Daueraufenthaltsrechts für die Förderung des sozialen Zusammenhalts. Vgl. KOM (2001) 257 endg., 17 f. Vgl. auch 17. Erwägungsgrund der RL 2004/38/EG.

die einheitliche Regelung eines Aufenthaltsrechts für nichterwerbstätige Rentner wird den Wettbewerbsverzerrungen vorgebeugt, denn nunmehr kann Mitgliedstaat A nicht mehr nur Arbeitnehmer aufnehmen, sondern muss sich ebenso wie Mitgliedstaat B auch Nichterwerbstätigen gegenüber hinsichtlich des Aufenthaltsrechts öffnen. Da die Mitgliedstaaten für sich betrachtet nicht in der Lage sind, die Diskriminierungen unionsweit zu bekämpfen bzw. einheitlich das Aufenthaltsrecht für die Nichterwerbstätigen zu regeln, sondern dies nur im Zusammenspiel aller Mitgliedstaaten denkbar ist, wurde das „Negativkriterium" eingehalten.

Die Maßnahme muss des Weiteren wegen ihres Umfangs oder ihrer Wirkungen besser auf Unionsebene erzielt werden können („Positivkriterium"). Für die Lösung auf Unionsebene spricht eindeutig, dass nur einheitliche Standards auf Seiten der Mitgliedstaaten dazu beitragen, die Diskriminierung und somit zwangsweise Behinderung des Integrationsprozesses zu verhindern. Außerdem kann nur die Regelung durch eine RL auf Unionsebene bewirken, dass ein einziger Rechtsakt für alle bisherigen Regelungen des Einreise- und Aufenthaltsrechts geschaffen wird.[837] Durch ein einheitliches Regelungskonzept wäre es potentiellen Mitgliedstaaten möglich, zu erkennen, welche Grundregeln es in der Union hinsichtlich des Aufenthaltsrechts gibt. Die RL 2004/38/EG, welche z. B. notwendige Existenzmittel voraussetzt [Art. 7 Abs. 2 lit. b), Art. 14 Abs. 2 RL] dämmt zudem „Sozialleistungstourismus" ein, wirkt der sozialen Wanderung innerhalb der Union entgegen und dient mit ihrem Diskriminierungsverbot der Vertiefung des Konzepts der europäischen Staatsbürgerschaft[838], wenn nicht sogar der „europäischen Sozialbürgerschaft".[839] Insoweit ist das „Positivkriterium" oder „Effizienzkriterium" gegeben und das Subsidiaritätsprinzip insgesamt gewahrt worden.

---

837 Vgl. 4. Erwägungsgrund der RL 2004/38/EG. Vgl. auch Vorschlag für eine RL des Europäischen Parlaments und des Rates über das Recht der Unionsbürger und ihrer Familienangehörigen, sich im Hoheitsgebiet der Mitgliedstaaten frei zu bewegen und aufzuhalten, KOM (2001) 257 endg., 6.

838 *Allen* in: Europaforum, Bekämpfung der Diskriminierungen, 77 (84). Zwar bezog sich Allens Argument auf die RL 2000/78/EG. Doch greift der Gedanke hier ebenfalls durch, denn die Schaffung eines allgemeinen Aufenthaltsrechts für alle Unionsbürger wirkt sehr integrationsfördernd. A.A. *Herdegen*, Europarecht, § 12 Rn. 2, der anhand zahlreicher Argumente darlegt, warum die Staatsbürgerschaft und die Unionsbürgerschaft „wesensverschieden" seien.

839 Der Begriff „Sozialbürgerschaft" wurde von Wiesbrock geprägt, die diesen im Zusammenhang mit der Weiterentwicklung der Unionsbürgerschaft verwendete. Vgl. dazu *Wiesbrock*, Legal Migration, 95. Vgl. auch *Stewen*, Freizügigkeitsrecht und soziale Begleitrechte, 141.

b. Verhältnismäßigkeitsgrundsatz

Die RL 2004/38/EG muss gem. Art. 5 Abs. 4 EUV verhältnismäßig sein. Ziel der RL ist es, die Ausübung des Freizügigkeitsrechts zu erleichtern.[840] Sie bezieht Nichterwerbstätige in ihren persönlichen Geltungsbereich mit ein und regelt erstmalig das Daueraufenthaltsrecht. Mit der RL werden für jeden Unionsbürger und nicht nur für den Arbeitnehmer, wie den Rentner im Nebenerwerb, die Bedingungen für die Ausübung der Freizügigkeit geschaffen und nunmehr auch dem nichterwerbstätigen Rentner die Ausübung dieses Rechts erleichtert. Ein zulässiges Richtlinienziel ist gegeben und die RL ist auch geeignet zur Zielerreichung.

Die RL ist generell nur hinsichtlich des zu erreichenden Ziels verbindlich und überlässt den innerstaatlichen Stellen die Wahl der Form und der Mittel (Art. 288 UA 3 AEUV). Da die RL im Vergleich zur VO, die unmittelbar in jedem Mitgliedstaat gilt, das mildere Mittel ist und dennoch sämtliche Regelungen zur Vereinfachung in einer einzigen RL zusammengefasst werden können, ist sie zur Erleichterung der Ausübung der Freizügigkeit erforderlich.

Die RL ist nicht „übermäßig“. Eine Abwägung zwischen dem Nutzen der Maßnahme für die Allgemeinheit und der Einschränkung geschützter Rechtspositionen der Unionsgüter fördert nicht mehr Schaden als Nutzen zu Tage. Die RL fasst die bisherigen vereinzelt geregelten Bestimmungen zum Aufenthaltsrecht in einem einzigen Rechtsakt zusammen. Die Rechtsform der RL erlaubt es weiterhin, verbindliche Mindestvorgaben für die Ausübung des Freizügigkeitsrechts zu determinieren und überlässt es den Mitgliedstaaten, zu entscheiden, wie sie diese Grundsätze in ihrem nationalen Recht umsetzen.[841] Sollten einzelne Bestimmungen sehr detaillierte Vorgaben machen, so ist dies dennoch begründet, weil der Unionsgesetzgeber keine abweichenden Verwaltungsverfahren oder Auslegungen zulassen möchte, die die Ausübung der garantierten Rechte beeinträchtigen könnten.[842] Insoweit verbleibt den Mitgliedstaaten hinreichende

---

840 Geänderter Vorschlag für eine RL des Europäischen Parlaments und des Rates über das Recht der Unionsbürger und ihrer Familienangehörigen, sich im Hoheitsgebiet der Mitgliedstaaten frei zu bewegen und aufzuhalten, KOM (2003) 199 endg. 2.

841 Vgl. auch Art. 288 UA 3 AEUV, wonach die RL nur hinsichtlich des Ziels verbindlich ist, den Mitgliedstaaten aber die Wahl der Form und Mittel überantwortet. Vgl. zudem KOM (2001) 257 endg. 7.

842 Vorschlag für eine RL des Europäischen Parlaments und des Rates über das Recht der Unionsbürger und ihrer Familienangehörigen, sich im Hoheitsgebiet der Mitgliedstaaten frei zu bewegen und aufzuhalten, KOM (2001) 257 endg., 7.

Flexibilität, auch wenn diese zuweilen begründet gelenkt wird. Durch die Einführung allgemeiner Bedingungen für die Freizügigkeit der Unionsbürger und damit einer einheitlichen Regelung des Einreise- und Aufenthaltsrechts, welches jedem Unionsbürger transparent in einem Rechtsakt zusammengefasst aufzeigt, welche Rechte er in allen Mitgliedstaaten der EU hat, ist mehr Nutzen als Schaden für den Unionsbürger und die Mitgliedstaaten erlangt worden. Der Verhältnismäßigkeitsgrundsatz ist erfüllt.

2. Pflicht zur Benennung der Vertragsartikel

Als Ermächtigungsgrundlagen für die RL werden die Art. 18, 21, 46, 50 und 59 AEUV genannt. Insoweit ist der Unionsgesetzgeber seiner Verpflichtung zur Benennung der Vertragsartikel nachgekommen.

3. Bestimmtheitsgrundsatz

Ein Verstoß gegen das Bestimmtheitserfordernis nach Art. 19 Abs. 1 UA 1 EUV[843] ist in der RL 2004/38/EG nicht ersichtlich.

II. Aufbau

Die RL besteht aus 7 Kapiteln und 42 Art. Kap. 1 enthält allgemeine Bestimmungen, wie z. B. den Gegenstand der RL, die Begriffsbestimmungen und den persönlichen Geltungsbereich. Kap. 2 beschäftigt sich mit dem Recht auf Ausreise und Einreise. Kap. 3 beinhaltet die für die vorliegende Untersuchung entscheidenden Bestimmungen über das Aufenthaltsrecht der Unionsbürger und ihrer Familienangehörigen. Kap. 4 regelt die Bestimmungen über das Recht auf Daueraufenthalt. Im Kap. 5 werden die gemeinsamen Bestimmungen über das Aufenthaltsrecht und das Recht auf Daueraufenthalt zusammengefasst. Hier ist insb. auf den Grundsatz der Gleichbehandlung hinzuweisen. Kap. 6 enthält die Bedingungen und Voraussetzungen möglicher Beschränkungen des Einreise- und Aufenthaltsrechts im Einzelfall aus Gründen der öffentlichen Ordnung, Sicherheit oder Gesundheit. Das letzte, das 7. Kap. umfasst die Schlussbestimmungen, wie z. B. Sanktionen.

---

843 Vgl. zum Inhalt des Bestimmtheitsgrundsatzes Teil 3, C., I., 3.

III. Zielsetzung

Ziel der RL 2004/38/EG ist es, die unterschiedlichen sekundärrechtlichen Bestimmungen zum Aufenthaltsrecht in einem einzigen Sekundärrechtsakt zusammenzufassen[844], um die Transparenz und Verständlichkeit zu verbessern.[845] Erreichen wollte man dieses Ziel, indem administrative Hürden abgebaut, das Recht auf Daueraufenthalt geschaffen und Möglichkeiten zur Verweigerung des Aufenthalts aus Gründen der öffentlichen Ordnung und Sicherheit eingegrenzt werden.[846] Des Weiteren sollte mit Hilfe der RL die Entwicklung der Rechtsprechung des EuGH im Bereich der Freizügigkeit abgebildet[847] und die Ausübung des Freizügigkeitsrechts erleichtert werden.[848]

IV. Geltungsbereich

1. Persönlicher Geltungsbereich

Nach Art. 3 Abs. 1 RL 2004/38/EG gilt die RL für jeden Unionsbürger, der sich in einen anderen als den Mitgliedstaat begibt oder sich dort aufhält, dessen Staatsangehörigkeit er besitzt. Außerdem fallen neben den Unionsbürgern auch die diese begleitenden oder nachziehenden Familienangehörigen unter den Schutz der RL.[849] Wichtig ist, dass der Unionsbürger nur dann als Berechtigter i. S. von Art. 3 Abs. 1 RL gilt, wenn er von seinem Recht auf Freizügigkeit

---

844 *Bieber/Epiney/Haag*, EU, § 11 Rn. 86; *Giegerich* in: Schulze/Zuleeg/Kadelbach, § 9 Rn. 38; *Maaßen*, ZAR 2006, 161 (166).

845 Vorschlag für eine RL des Europäischen Parlaments und des Rates über das Recht der Unionsbürger und ihrer Familienangehörigen, sich im Hoheitsgebiet der Mitgliedstaaten frei zu bewegen und aufzuhalten, KOM (2001) 257 endg., 2.

846 *Bieber/Epiney/Haag*, EU, § 11 Rn. 86.

847 *Stewen*, Freizügigkeitsrecht und soziale Begleitrechte, 138.

848 Vorschlag für eine RL des Europäischen Parlaments und des Rates über das Recht der Unionsbürger und ihrer Familienangehörigen, sich im Hoheitsgebiet der Mitgliedstaaten frei zu bewegen und aufzuhalten, KOM (2001) 257 endg., 2; *Maaßen*, ZAR 2006, 161 (166).

849 Diesbezüglich hat der EuGH in der Rechtssache Metock entschieden, dass eine Drittstaatsangehörige, welche einen Unionsbürger begleitet oder ihm nachzieht, der sich in einem Mitgliedstaat aufhält, dessen Staatsangehörigkeit er nicht besitzt, von den Vorschriften der RL auch in vollem Umfang profitiert, unabhängig davon, wo und wann die Ehe geschlossen wurde oder wie der Drittstaatsangehörige in den Aufnahmemitgliedstaat gelangte. Vgl. dazu EuGH Rs. 127/08 (Metock) Slg. 2008, I-6241, I-6288 Rn. 99.

Gebrauch gemacht hat.[850] Der Unionsgesetzgeber ist hinsichtlich des persönlichen Geltungsbereiches insoweit dem Vorschlag der Kommission gefolgt, die ebenfalls sämtliche Personengruppen erfasste.[851] Nach dem Vorschlag der Kommission enthalte die Bestimmung keine Hinweise auf den Zweck des Aufenthalts, es verstehe sich aber von selbst, dass der Unionsbürger sich in einen anderen Mitgliedstaat begebe, um dort z. B. einer abhängigen Beschäftigung nachzugehen oder als Nichterwerbstätiger, Rentner, Student oder als Erbringer bzw. Empfänger von Dienstleistungen zu leben.[852] Daher sind von Art. 3 Abs. 1 der RL 2000/78/EG der nichterwerbstätige Rentner, der Rentner im Nebenerwerb und der arbeitsuchende Rentner erfasst, solange sie Staatsangehörige eines Mitgliedstaats der Europäischen Union sind und mithin die Unionsbürgerschaft besitzen.[853]

Siehe auch EuGH Urt. v. 06.12.2012 Rs. C-356/11, C 357/11 (O. und S./Maahanmuuttovirasto u.a.) NVwZ 2013, 419 (420).

850 Vgl. EuGH Urt. v. 05.05.2011 Rs. C-434/09 (Shirly Mc Carthy/Secretary of State for the Home Department) EuZW 2011, 522 (524 Rn. 39 ff.). Nach dieser Entscheidung fallen nicht unter den Berechtigtenbegriff des Art. 3 Abs. 1 RL Unionsbürger, die sich stets in ihrem Heimatstaat, dessen Staatsangehörigkeit sie besitzen, aufgehalten und in der Vergangenheit nicht ihr Freizügigkeitsrecht ausgeübt haben. Daran ändert sich auch nichts, wenn der Unionsbürger die Staatsangehörigkeit mehrerer Staaten besitze, da dies nicht heißt, dass er auch von seinem Freizügigkeitsrecht Gebrauch gemacht habe. Da Frau Carthy keine „Berechtigte" i. S. der RL sei, könne sie auch ihrem jamaikanischen Ehemann nicht den Schutz der RL vermitteln, da Familienangehörige keine eigenen, sondern nur abgeleitete Rechte besäßen, die sie nur als Familienangehörige eines Berechtigten erwerben könnten.

851 Vorschlag für eine RL des Europäischen Parlaments und des Rates über das Recht der Unionsbürger und ihrer Familienangehörigen, sich im Hoheitsgebiet der Mitgliedstaaten frei zu bewegen und aufzuhalten, KOM (2001) 257 endg. 3.

852 Vorschlag für eine RL des Europäischen Parlaments und des Rates über das Recht der Unionsbürger und ihrer Familienangehörigen, sich im Hoheitsgebiet der Mitgliedstaaten frei zu bewegen und aufzuhalten, KOM (2001) 257 endg. 9.

853 Vgl. zur Akzessorietät und Komplementarität der Unionsbürgerschaft zur Staatsangehörigkeit eines Mitgliedstaats EuGH Urt. v. 02.03.2010 Rs. C-135/08 (Rottmann) NVwZ 2010, 509 (511 f. Rn. 42, 45, 51, 54 ff.) In dieser Rechtssache entschied der EuGH, dass die Rücknahme einer Einbürgerung wegen betrügerischer Handlungen als im Allgemeininteresse liegenden Grund, durch einen Mitgliedstaat nach nationalem Recht, welche zugleich bedeutet, dass der Betroffene den Unionsbürgerstatus des Art. 20 AEUV und die damit verbundenen Rechte und letztlich die Unionsbürgerschaft verliere, unter das Unionsrecht falle. Allerdings sei auch hierbei das Unionsrecht und damit insb. der Verhältnismäßigkeitsgrundsatz zu wahren. Dabei sei insb.

2. Sachlicher Geltungsbereich

a. Allgemeine Bestimmungen der Richtlinie

Art. 1 RL zählt die Regelungsgegenstände auf. Dazu zählen die Bedingungen, unter denen der nichterwerbstätige Rentner, der Rentner im Nebenerwerb und der arbeitsuchende Rentner sowie ihre Familienangehörigen das Recht auf Freizügigkeit und Aufenthalt genießen können, das Recht auf Daueraufenthalt und die Beschränkungen dieser Rechte aus Gründen der öffentlichen Ordnung, Sicherheit oder Gesundheit. Hinsichtlich des „Rechts auf Freizügigkeit und Aufenthalt“ [Art. 1 lit. a) RL] fällt auf, dass dieses unter Freizügigkeit nur die Bewegungsfreiheit versteht, die neben einem separat genannten Recht auf Aufenthalt gewährt wird.[854] Art. 2 RL enthält die Begriffsbestimmungen, wie Unionsbürger, Familienangehöriger und Aufnahmemitgliedstaat. Die Art. 4 und 5 RL garantieren das Recht auf Aus- und Einreise, welche jeweils unter die Bedingung der Mitführung eines gültigen Personalausweises oder Reisepasses gestellt werden.[855] Bei Familienangehörigen, die nicht die Staatsangehörigkeit eines Mitgliedstaats besitzen, ist ein Einreisevisum oder eine gültige Aufenthaltskarte gem. Art. 10 RL zu fordern (Art. 5 Abs. 2 RL). Durch die Feststellung der Gleichwertigkeit des Visums und des von einem Mitgliedstaat ausgestellten Aufenthaltstitels wurde ein begrüßenswertes Novum geschaffen.[856]

b. Aufenthaltsrecht bis zu drei Monaten

Nach Art. 6 Abs. 1 RL 2004/38/EG können sich der nichterwerbstätige Rentner, der Rentner im Nebenerwerb und der arbeitsuchende Rentner bis zu drei Monaten

---

zu überprüfen, ob der Verlust der Unionsbürgerschaft im Verhältnis zur Schwere des Verstoßes, zur Zeit, die zwischen der Einbürgerung und der Rücknahme derselbigen vergangen ist, und zur Möglichkeit des Betroffenen seine ursprüngliche Staatsangehörigkeit wiederzuerlangen, gerechtfertigt sei. Vgl. dazu auch *Pechstein*, Entscheidungen EuGH, 393 f. Dieser führt an, dass der EuGH allein mit dem Unionsbürgerstatus an sich, den sachlichen Anwendungsbereich des Unionsrechts begründe. Vgl. hierzu auch *Giegerich* in: Schulze/Zuleeg/Kadelbach, § 9 Rn. 19 ff. Vgl. auch *Rothfuchs*, Personenverkehrsfreiheiten und Aufenthaltsrecht der Unionsbürger, 190.

854 So auch *Stewen*, Freizügigkeitsrecht und soziale Begleitrechte, 53.

855 Wobei dies nur für Unionsbürger gilt. Die Familienangehörigen, die Drittstaatsangehörige sind, bedürfen eines gültigen Reisepasses.

856 Vorschlag für eine RL des Europäischen Parlaments und des Rates über das Recht der Unionsbürger und ihrer Familienangehörigen, sich im Hoheitsgebiet der Mitgliedstaaten frei zu bewegen und aufzuhalten, KOM (2001) 257 endg., 10.

in einem anderen Mitgliedstaat aufhalten und brauchen lediglich im Besitz eines gültigen Personalausweises oder Reisepasses zu sein. Ansonsten werden an das Aufenthaltsrecht keine weiteren materiell-rechtlichen Voraussetzungen oder etwaige Formalitäten geknüpft.[857] Dies bedeutet, dass die Entstehung des dreimonatigen Aufenthaltsrechts nicht von dem Vorliegen ausreichender Existenzmittel abhängig gemacht werden darf.[858] Insoweit dürfen die EU-Mitgliedstaaten auch bei Grenzübertritt keine Prüfung vornehmen, ob Existenzmittel vorhanden sind.[859] Die Mitgliedstaaten entscheiden selbst, ob sie den nichterwerbstätigen Unionsbürgern (z. B. dem nichterwerbstätigen Rentner) während dieses Zeitraums Sozialhilfe gewähren.[860] Dies ergibt sich aus einem Umkehrschluss zu Art. 24 Abs. 2 RL, wonach der Aufnahmemitgliedstaat nicht verpflichtet ist, anderen Personen als Arbeitnehmern (wie dem Rentner im Nebenerwerb), Selbstständigen und Personen, denen dieser Status erhalten bleibt, und ihren Familienangehörigen während der ersten drei Monate des Aufenthalts Sozialhilfe zu gewähren oder ggf. während des längeren Zeitraums nach Art. 14 Abs. 4 lit. b) RL einen Anspruch auf Sozialhilfe zu gewähren. Hintergrund der Regelung ist, dass der Unionsgesetzgeber durch die Einbeziehung Nichterwerbstätiger in den Gewährleistungsgehalt des Freizügigkeitsrechts verhindern wollte, dass dadurch soziale Leistungspflichten für die einzelnen EU-Mitgliedstaaten entstehen.[861] Des Weiteren wollten sich die EU-Nordstaaten vor einer Massenzuwanderung von Arbeitslosen aus den Staaten der EU-Osterweiterung schützen. Auch aktuell ist diese Vorschrift als Schutz vor einer Zuwanderung der Arbeitslosen aus den „krisengeschädigten Staaten Südeuropas“ relevant.[862] Der arbeitsuchende Rentner kann als Arbeitsuchender qualifiziert werden, wenn man von einem weiten Verständnis dieses Begriffs ausgeht. Der Arbeitsuchende wird definiert als Person, die arbeitswillig und arbeitsfähig ist und in einen anderen Mitgliedstaat einreist, um dort auf Arbeitsuche zu gehen.[863] Dies trifft auch auf den arbeitsuchenden

857 *Hailbronner*, ZAR 2004, 259 (259).

858 *Höfler*, Unionsbürgerfreiheit, 83.

859 Vgl. *Windisch-Graetz*, ZESAR 2012, 189 (190).

860 *Calliess*, EuR Beiheft 1/2007, 7 (39); *Kingreen*, EuR Beiheft 1/2007, 43 (62 f.).

861 Vgl. *Eichenhofer*, ZESAR 2012, 357 (357).

862 Vgl. dazu *Frings*, ZAR 2012, 317 (317), die die Vorschrift allerdings in Bezug zur Zuwanderung in deutsche Sozialleistungssysteme durch diese Staaten setzt.

863 Vgl. dazu *Steinmeyer* in: Fuchs, Europäisches Sozialrecht, Teil 3, Art. 7 VO 1612/68 Rn. 15. Bei einem engen Verständnis des Begriffs arbeitsuchend auf Personen, die finanzielle Mittel nach nationalem Recht wegen Arbeitslosigkeit beanspruchen können, um ihre Eingliederung in den Arbeitsmarkt zu erleichtern, wäre

Rentner zu, der zur erstmaligen Aufnahme einer Arbeitstätigkeit in einen anderen Mitgliedstaat einreist. Das Aufenthaltsrecht steht den Unionsbürgern gem. Art. 14 Abs. 1 RL i. V. m. Art. 6 RL nur zu, solange sie im Falle des Erhalts von Sozialhilfeleistungen des Aufnahmemitgliedstaats diese „nicht unangemessen" in Anspruch nehmen. Gemäß Art. 14 Abs. 3 RL darf die Sozialhilfeinanspruchnahme im Aufnahmemitgliedstaat nicht dazu führen, dass der Unionsbürger oder dessen Familienangehörige aus dem Aufnahmemitgliedstaat automatisch ausgewiesen werden. Allerdings bestimmt Art. 14 Abs. 4 RL, das der Rentner im Nebenerwerb als Arbeitnehmer, Selbstständiger oder der arbeitsuchende Rentner als ernsthaft und mit begründeter Erfolgsaussicht Arbeitsuchender[864] auf keinen Fall vom Aufnahmemitgliedstaat ausgewiesen werden dürfen. Durch Art. 14 Abs. 4 lit. b) RL wird während der ersten drei Monate und später über drei Monate hinaus für den Zeitraum der Erfolg versprechenden Arbeitsuche die Anwendbarkeit von Art. 14 Abs. 1 und Art. 14 Abs. 2 RL für arbeitsuchende Rentner ausgeschlossen. Durch diesen Ausschluss verfügen die arbeitsuchenden Rentner über ein Aufenthaltsrecht, wobei selbst die Inanspruchnahme von Sozialhilfeleistungen unschädlich ist.[865] Anders sieht es bei dem Rentner im Nebenerwerb aus, der bereits im Aufnahmemitgliedstaat beschäftigt war und seine Arbeit verloren hat. Dieser gilt für weitere sechs Monate als Arbeitnehmer, wenn er nach einem Jahr Beschäftigung unfreiwillig arbeitslos geworden ist. Ist der Rentner im Nebenerwerb nach mehr als einem Jahr Beschäftigung unfreiwillig arbeitslos geworden, gilt er weiterhin uneingeschränkt und unbegrenzt als Arbeitnehmer (Art. 7 Abs. 3 RL 2004/38/EG).[866] Das Aufenthaltsrecht des Rentners im Nebenerwerb und das des arbeitsuchenden Rentners sind daher besonders geschützt. Insoweit bezieht sich Art. 14 Abs. 1 RL i. V. m. Art. 6 RL ausschließlich auf den nichterwerbstätigen Rentner, der keine Arbeitsstelle sucht. Fragwürdig ist, ob diese Norm den Mitgliedstaaten wirklich so viel Entscheidungsspielraum

der arbeitsuchende Rentner nicht erfasst, da dieser als ehemaliger Arbeitnehmer ab Erreichen der Regelaltersgrenze nach deutschem Recht keinen Anspruch auf Arbeitslosengeld habe. Vorliegend wird aber ein weites Verständnis des Begriffs arbeitsuchend im rein tatsächlichen Sinne vertreten.

864 Der EuGH hat anerkannt, dass zumindest ein Zeitraum von 6 Monaten ausreichend ist zur Arbeitsuche. Erbringt er nach Ablauf dieses Zeitraums einen Nachweis, dass er weiterhin und mit begründeter Erfolgsaussicht Arbeit sucht, ist eine Ausweisung dennoch nicht möglich. Vgl. EuGH Rs. C-292/89 (Antonissen) Slg. 1991, I-745, I-779 Rn. 21. Vgl. auch *Höfler*, Unionsbürgerfreiheit, 40.

865 Siehe *Albers*, Arbeitsuchende Unionsbürger, 120.

866 Vgl. dazu auch *Raschka*, EuR 2013, 116 (121).

einräumt, wie es im ersten Moment den Anschein haben mag und die Präambel vermuten lässt.[867] So wird den Mitgliedstaaten i. d. R. der Beweis, dass eine „unangemessene Inanspruchnahme" gegeben ist, nicht gelingen, da grundsätzlich jede Bedürftigkeit die Last für die Sozialleistungssysteme erhöht, so dass die Frage, ob nun eine unverhältnismäßige Belastung für die Sozialsysteme vorliegt oder nicht, letztlich wieder eine Einzelfallentscheidung darstellt.[868] Entscheidend werden hier die Art, das Ausmaß und die Dauer der Inanspruchnahme von Sozialleistungen in die Betrachtungen einzustellen sein.[869] In der Regel werden die Mitgliedstaaten nach nationalem Recht Sozialhilfe leisten müssen, einhergehend mit der Gewährung des Aufenthaltsrechts.[870]

---

867 So heißt es in Erwägungsgrund 21 RL 2004/38/EG, dass es dem Aufnahmemitgliedstaat überlassen bleibt, zu entscheiden, ob er anderen Personen als Arbeitnehmern Sozialhilfe während der ersten drei Monate des Aufenthalts gewährt.

868 Vgl. *Hailbronner*, JZ 2005, 1138 (1142).

869 Vgl. dazu *Raschka*, EuR 2013, 116 (119).

870 So auch *Hailbronner*, JZ 2005, 1138 (1142). Vgl. ebenfalls *Heinig*, ZESAR 2008, 465 (470, 473). Heinig weist im nationalen Recht darauf hin, dass auch nichterwerbstätige Unionsbürger in den ersten drei Monaten zum Bezug von Sozialhilfe nach § 23 Abs. 1 SGB XII im deutschen Recht berechtigt seien und deren Ausschluss durch § 7 Abs. 1 S. 2 Nr. 1 SGB II eher symbolische Bedeutung habe. Zudem würde ein dauerhafter Ausschluss des arbeitsuchenden Unionsbürgers im deutschen Grundsicherungsrecht durch § 23 SGB XII und § 7 SGB II der Prüfung des EuGH nicht standhalten. Siehe auch *Albers*, Arbeitsuchende Unionsbürger, 36, 229 f., 243 f. Nach Albers ist der Ausschlussgrund des § 7 Abs. 1 S. 2 Nr. 2 SGB II gar nicht anwendbar auf nichterwerbstätige Rentner, da dieser Ausschlussgrund nur arbeitsuchende Unionsbürger und nicht „wirtschaftlich nicht aktive Unionsbürger" erfasse. Diese können zwar in den ersten drei Monaten vom Bezug nach dem SGB II ausgeschlossen werden (§ 7 Abs. 1 S. 2 Nr. 1 SGB II), anschließend können sie aber grundsätzlich Sozialleistungen beanspruchen. Hinsichtlich der Unionsrechtswidrigkeit von § 7 Abs. 1 S. 2 Nr. 2 SGB II stellt Albers fest, dass es sich bei den Leistungen nach dem SGB II nicht um Sozialhilfe handele, da die SGB II-Leistungen die Arbeitsmarktintegration bezwecken würden. In der Folge unterfalle auch der Ausschlussgrund des § 7 Abs. 1 S. 2 Nr. 1 und 2 SGB II nicht dem Art. 24 Abs. 2 RL 2004/38/EG. Es gelte vielmehr der Gleichbehandlungsgrundsatz des Art. 24 Abs. 1 RL. Albers stellt fest, dass der Ausschluss des § 7 Abs. 1 S. 2 Nr. 2 SGB II gegen Art. 24 Abs. 1 RL 2004/38/EG und Art. 5 VO 492/2011 verstoße, da er durch fortgesetzte Arbeitsuche in den deutschen Arbeitsmarkt integrierte Unionsbürger dauerhaft von den SGB II-Leistungen ausschließe. Diesbezüglich habe eine unionsrechtskonforme Auslegung dahingehend zu erfolgen, dass bei nachgewiesener, nachhaltiger Arbeitsuche und der damit bewiesenen ausreichenden Verbindung zum deutschen Arbeitsmarkt nach Ablauf von drei Monaten, kein Ausschluss von Leistungen nach dem SGB II mehr zu erfolgen habe, sondern diese dem Leistungsberechtigten in vol-

lem Umfang zu gewähren seien. § 7 Abs. 1 S. 2 Nr. 1 SGB II sei demgegenüber nicht unionsrechtswidrig, aber in Ausnahmefällen dahingehend unionsrechtskonform auszulegen, dass eine im Einzelfall vorgebrachte ausreichende Verbindung zum Arbeitsmarkt bereits vor Ablauf der drei Monate zu einem SGB II-Leistungsanspruch führen könne. Vgl. auch Hessisches Landessozialgericht, Beschluss v. 14.07.2011, Az.: L 7 AS 107/11 B ER, zitiert nach Juris Rn. 17 ff. Das Hessische LSG lässt den Ausschluss für Ausländer nach § 7 Abs. 1 S. 2 SGB II bei unionrechtskonformer Auslegung zumindest dann nicht für Unionsbürger gelten, wenn diese Leistungen nach Art. 3 Abs. 1 VO 883/2004 erhalten oder erhalten haben. In einem solchen Fall würden diese nämlich unter das Unionsgebot der Inländergleichbehandlung des Art. 4 VO 883/2004 fallen. Der Ausschlussgrund des Art. 70 Abs. 3 VO 883/2004 betreffe nicht Art. 4 VO 883/2004. So auch Hessisches Landessozialgericht, Beschluss v. 30.09.2013, Az.: L 6 AS 433/13 B ER, zitiert nach Juris Rn. 21 ff., 36. Danach entfaltet § 7 Abs. 1 S. 2 Nr. 2 SGB II wegen des Anwendungsvorrangs von Art. 70 i. V. m. Art. 4 VO 883/2004 keine Wirkung. Zudem wird Art. 24 Abs. 2 RL unter Hinweis auf die Rechtsprechung des EuGH, Urt. v. 19.09.2013, Rs. C-140/12 (Brey) ZESAR 2014, 36 (43 ff. Rn. 63 ff.) primärrechtskonform ausgelegt. Danach entspräche § 7 Abs. 1 S. 2 Nr. 2 SGB II dem vom EuGH in der Rechtssache Brey kritisierten Automatismus. Vgl. ebenfalls Bayerisches Landessozialgericht Urt. v. 19.06.2013 Az.: L 16 AS 847/12, zitiert nach Juris Rn. 47, 57. Danach sei § 7 Abs. 1 S. 2 Nr. 2 SGB II nicht von Art. 24 Abs. 2 RL 2004/38/EG gedeckt, weil es sich bei den Leistungen nach dem SGB II nicht um Leistungen der Sozialhilfe handele. Vielmehr sei § 7 Abs. 1 S. 2 Nr. 2 SGB II wegen Verstoßes gegen Art. 4 VO 883/2004 und aufgrund von Art. 24 Abs. 1 RL 2004/38/EG auf den Kläger nicht anwendbar. A.A. LSG Berlin-Brandenburg Beschluss v. 05.03.2012 Az.: L 29 AS 414/12 B ER, zitiert nach Juris Rn. 34 ff.; LSG Berlin-Brandenburg Beschluss v. 03.04.2012 Az.: L 5 AS 2157/11 B ER, L 5 AS 2177/11 B PKH, zitiert nach Juris Rn. 5 ff., 9. Das LSG Berlin-Brandenburg vertritt, dass es sich bei den Leistungen nach dem SGB II um Sozialhilfeleistungen i. S. von Art. 24 Abs. 2 RL 2004/38/EG handele. Es ist der Rechtsauffassung, dass die Bestimmungen der Unionsbürgerrichtlinie spezieller seien und somit Vorrang vor der VO 883/2004 hätten. Des Weiteren geht von der Vereinbarkeit des Ausschlusses des § 7 Abs. 1 SGB II mit Unionsrecht aus. Vgl. *Greiser*, ZESAR 2014, 18 (21 f., 24 f., 26) der § 7 Abs. 1 S. 2 Nr. 2 SGB II im Lichte von Art. 45 AEUV europarechtskonform im Sinne der Arbeitnehmerfreizügigkeit auslegen will. Zudem könne auch im Rahmen der Prüfung des Art. 4 VO in primärrechtskonformer Auslegung wie bei Art. 45 Abs. 2 AEUV das Erfordernis der tatsächlichen Verbindung zum jeweiligen nationalen Arbeitsmarkt verlangt werden. Als Änderungsvorschläge der Vorschriften für den nationalen Gesetzgeber führt Greiser an, dass zwar grundsätzlich eine Mindestaufenthaltsvorgabe z.B. von drei Monaten zulässig sei, § 7 Abs. 1 S. 2 Nr. 2 n.F. aber Ausnahmen für Härtefälle und für den Fall des kurzfristigen und vorübergehenden oder geringfügig ergänzenden Leistungsbezug vorsehen müsse. § 23 Abs. 3 S. 1 Alt. 2 SGB XII sei demgegenüber im Lichte von Art. 18 AEUV auszulegen. Die Vorschrift ist für die vorliegend betrachteten arbeitsuchenden Rentner von Bedeutung.

c. Aufenthaltsrecht ab drei Monaten

Gemäß Art. 7 Abs. 1 RL 2004/38/EG müssen die Unionsbürger bei einem Aufenthalt ab drei Monaten bis zu maximal fünf Jahren Arbeitnehmer oder Selbstständige sein [Art. 7 Abs. 1 lit. a) RL]. Der Rentner im Nebenerwerb, der basierend auf einem Arbeitsvertrag einem abhängigen Beschäftigungsverhältnis unterliegt, ist Arbeitnehmer und besitzt somit ein Recht auf Aufenthalt ab drei Monaten.

Ein Aufenthaltsrecht über den Zeitraum von drei Monaten hinaus haben auch Nichterwerbstätige, wenn sie für sich selbst und ihre Familienangehörigen über ausreichende Existenzmittel verfügen, so dass sie keine Sozialleistungen des Aufnahmemitgliedstaats beanspruchen müssen. Des Weiteren wird ein umfassender Krankenversicherungsschutz im Aufnahmemitgliedstaat für den Nichterwerbstätigen und dessen Familienangehörigen verlangt [Art. 7 Abs. 1 lit. b) RL]. Dies betrifft den nichterwerbstätigen Rentner. Der Vorbehalt der sozialen Absicherung für Nichterwerbstätige sollte den Bedenken der Mitgliedstaaten mit hohen Sozialstandards Rechnung tragen, die eine zunehmende Inanspruchnahme von nationalen Sozialleistungen durch nichterwerbstätige „Sozialleistungstouristen" aus anderen Mitgliedstaaten befürchteten.[871] Insoweit hängt das Freizügigkeitsrecht für den nichterwerbstätigen Rentner in der RL 2004/38/EG von dessen Unabhängigkeit von sozialen Transfers im Aufnahmemitgliedstaat ab.

Art. 8 RL betrifft die Verwaltungsformalitäten für den nichterwerbstätigen Rentner, den Rentner im Nebenerwerb und den arbeitsuchenden Rentner bei einem Aufenthalt von über drei Monaten und enthält insb. die Verpflichtung, sich bei der zuständigen Behörde des Aufnahmemitgliedstaats anzumelden (Art. 8 Abs. 1 RL). Sinn der Regelung ist es, dass der nichterwerbstätige Rentner als Unionsbürger sich gleich dem inländischen Staatsangehörigen in ein Bevölkerungsregister oder in ein für Inländer maßgebliches Verzeichnis eintragen lässt, um den Behörden Kenntnis von seiner Anwesenheit zu verschaffen.[872] Die Mitgliedstaaten haben in einem solchen Fall unverzüglich eine Anmeldebescheinigung auszustellen (Art. 8 Abs. 2 RL). Für einen Rentner im Nebenerwerb wird hierbei ein gültiger Personalausweis oder Reisepass und die Einstellungs- bzw. Beschäftigungsbescheinigung des Arbeitgebers

871 Der Vorbehalt war aus diesem Grund bereits in die drei Aufenthaltsrichtlinien vor Schaffung des Art. 21 Abs. 1 AEUV eingefügt worden. Vgl. *Dienelt*, Freizügigkeit, Rn. 100.

872 Vgl. Art. 8 Abs. 1 UA 2 Vorschlag für eine RL des Europäischen Parlaments und des Rates über das Recht der Unionsbürger und ihrer Familienangehörigen, sich im Hoheitsgebiet der Mitgliedstaaten frei zu bewegen und aufzuhalten, KOM (2001) 257 endg., 12.

verlangt (Art. 8 Abs. 3, 1. Spstr. RL). Bei dem nichterwerbstätigen Rentner kommt neben dem Personalausweis und Reisepass noch der Nachweis über die Erfüllung des Vorbehalts sozialer Absicherung hinzu, wobei kein fester Betrag für die Höhe der Existenzmittel von den Mitgliedstaaten festgesetzt werden darf (Art. 8 Abs. 3, 2. Spstr., Abs. 4 RL). Dass der als ausreichend zu betrachtende Betrag in der RL nicht genannt wird und von den Mitgliedstaaten auch nicht festgelegt werden darf, stellt eine Lockerung im Vergleich zu den bisherigen Bedingungen für den Aufenthalt Nichterwerbstätiger dar.[873] Vielmehr ist die persönliche Situation des Betroffenen zu berücksichtigen. Auf keinen Fall darf der Betrag über dem Schwellenbetrag liegen, unter dem der Aufnahmemitgliedstaat den eigenen Staatsangehörigen Sozialhilfe gewährt, hilfsweise nicht über der Mindestrente der Sozialversicherung des Aufnahmemitgliedstaats (vgl. Art. 8 Abs. 4 RL). Eine Aufenthaltskarte für nichterwerbstätige Rentner als Unionsbürger wird nicht mehr vorgeschrieben.[874]

---

873 So Vorschlag für eine RL des Europäischen Parlaments und des Rates über das Recht der Unionsbürger und ihrer Familienangehörigen, sich im Hoheitsgebiet der Mitgliedstaaten frei zu bewegen und aufzuhalten, KOM (2001) 257 endg., 3, 13. Vgl. ebenfalls RL des Rates vom 28.06.1990 über das Aufenthaltsrecht der aus dem Erwerbsleben ausgeschiedenen Arbeitnehmer und selbstständigen Erwerbstätigen (RL 90/365/EWG), ABl. 1990, Nr. L 180/28. In Art. 1 UA 2 RL 90/365/EWG war noch bestimmt, dass die Existenzmittel des Antragstellers als ausreichend gelten, wenn sie einen Betrag übersteigen, unterhalb dessen der Aufnahmemitgliedstaat seinen Staatsangehörigen aufgrund der persönlichen Situation des Antragstellers und ggf. der Situation der nach Art. 1 Abs. 2 aufgenommenen Personen Sozialhilfe gewähren kann. In Art. 8 Abs. 4 RL 2004/38/EG heißt es nunmehr explizit, dass die Mitgliedstaaten keinen festen Betrag für die Existenzmittel festlegen dürfen, sondern die persönliche Situation des Betroffenen zu berücksichtigen haben. Außerdem ist schärfer formuliert, dass der Betrag in keinem Fall über den Schwellenbetrag der Sozialhilfe bzw. der Mindestrente der Sozialversicherung des Aufnahmemitgliedstaats liegen dürfe.

874 In Art. 4 Abs. 2 RL 68/360/EWG des Rates vom 15.10.1968 zur Aufhebung der Reise und Aufenthaltsbeschränkungen für Arbeitnehmer der Mitgliedstaaten und ihre Familienangehörigen innerhalb der Gemeinschaft, ABl. EG 1968 Nr. L 257/14 wird zum Nachweis des Aufenthaltsrechts eine Bescheinigung, die „Aufenthaltserlaubnis für Angehörige eines Mitgliedstaates“ der Union, erteilt. Dies galt gem. Art. 1 RL 68/360/EWG für die Staatsangehörigen der Mitgliedstaaten und ihre Familienangehörigen, auf die die VO 1612/68 Anwendung findet und somit für Unionsbürger. Der EuGH hat in der Rechtssache Royer bestätigt, dass „das Recht der Staatsangehörigen eines Mitgliedstaats, in das Hoheitsgebiet eines anderen Mitgliedstaats einzureisen und sich dort aufzuhalten, jedem, der unter den Anwendungsbereich des Gemeinschaftsrechts fällt, unabhängig von der Erteilung einer Aufenthaltserlaubnis oder dergleichen seitens des Aufnahmemitgliedstaats unmittelbar im Vertrag“

Nach Art. 14 Abs. 2 UA 1 RL i. V. m. Art. 7 RL steht das Aufenthaltsrecht dem nichterwerbstätigen Rentner nur zu, solange er die dort genannten Voraussetzungen erfüllt. Bei begründeten Zweifeln diesbezüglich darf der Mitgliedstaat eine Prüfung vornehmen, die allerdings nicht systematisch erfolgen darf (Art. 14 Abs. 2 UA 2 RL). Ergibt diese, dass es sich gar nicht um einen Rentner im Nebenerwerb handelt, der einem abhängigen Beschäftigungsverhältnis unterliegt, muss dieser ebenso wie der nichterwerbstätige Rentner die Voraussetzungen des Art. 7 Abs. 1 lit. b) RL erfüllen. Sollte sich jedoch herausstellen, dass es sich um einen Rentner im Nebenerwerb handelt, besteht sein Aufenthaltsrecht ohne diese besonderen Anforderungen allein aufgrund seiner Arbeitnehmereigenschaft fort. Ein Ausweisungsschutz ergibt sich dann aus Art. 14 Abs. 4 lit. a) RL, so dass dieser quasi ein Daueraufenthaltsrecht genießt und auch Sozialleistungen in Anspruch nehmen könne.[875] Auch der arbeitsuchende Rentner kann einer Prüfung nach Art. 14 Abs. 2 UA 2 RL unterzogen werden. Ergibt die Prüfung, dass der arbeitsuchende Rentner in den Aufnahmemitgliedstaat eingereist ist, um Arbeit zu suchen und begründete Erfolgsaussichten bestehen, greift für ihn ebenfalls ein faktischer Ausweisungsschutz, allerdings gem. Art. 14 Abs. 4 lit. b) RL. Denn Art. 14 Abs. 4 lit. b) RL schließt Art. 14 Abs. 2 RL, der den Aufenthalt an Existenzmittel (Art. 7 RL) knüpft, aus.[876] Stellt sich heraus, dass bei dem nichterwerbstätigen Rentner, der keine Arbeit sucht, die betreffenden Voraussetzungen nachträglich wegfallen oder gänzlich fehlen und er daher z. B. den Vorbehalt sozialer Absicherung nicht mehr erfüllt, ist es dem Mitgliedstaat möglich, unter Beachtung unionsrechtlicher Grenzen aufenthaltsverweigernde oder -beendende Maßnahmen zu ergreifen, welche dann zum Entzug des Aufenthaltsrechts führen. Ein automatischer Verlust wurde vom EuGH erstmals in

---

gewährt werde. Die Gewährung ergibt sich aus den Art. 39, 43, 49 EG [nunmehr Art. 45, 49, 56 AEUV] oder in den zu seiner Durchführung ergangenen Bestimmungen". Vgl. dazu EuGH Rs. 48/75 (Royer) Slg. 1976, 497, 514 Rn. 50/51. Demnach hätte auch eine Aufenthaltskarte für Unionsbürger nur deklaratorische Wirkung, da sie ja lediglich nur das Bestehen eines Rechts feststellen könnte. Aus diesem Grunde sah auch schon die Kommission in ihrem Vorschlag keine Notwendigkeit für eine Aufenthaltskarte für Unionsbürger. Vgl. Vorschlag für eine RL des Europäischen Parlaments und des Rates über das Recht der Unionsbürger und ihrer Familienangehörigen, sich im Hoheitsgebiet der Mitgliedstaaten frei zu bewegen und aufzuhalten, KOM (2001) 257 endg., 12.

875 Siehe *Albers*, Arbeitsuchende Unionsbürger 123 f. Eine Ausweisung ist für den Rentner im Nebenerwerb nur aus Gründen der öffentlichen Ordnung, Sicherheit oder Gesundheit möglich (Vgl. Art. 27 ff. RL).

876 Vgl. *Albers*, Arbeitsuchende Unionsbürger, 121.

der Rechtssache *Grzelczyk* kategorisch ausgeschlossen.[877] Der Unionsgesetzgeber hat ausdrücklich in Art. 14 Abs. 3 RL geregelt, dass z. B. die Inanspruchnahme von Sozialleistungen durch den nichterwerbstätigen Rentner nicht automatisch zu einer Ausweisung führen darf. In der Rechtssache *Brey* hat der EuGH dem folgend festgestellt, dass die Art. 7 Abs. 1 lit. b), 8 Abs. 4 und 24 Abs. 1 und 2 RL 2004/38/EG dahingehend auszulegen seien, dass sie einer Regelung eines Mitgliedstaats entgegenstehen, wonach selbst in der Zeit nach Ablauf der ersten drei Aufenthaltsmonate die Gewährung einer Leistung (österreichische Ausgleichszulage) an einen wirtschaftlich inaktiven Unionsbürger eines anderen EU-Mitgliedstaats „unter allen Umständen und automatisch" aufgrund der Tatsache ausgeschlossen sei, dass dieser, obwohl er über eine Anmeldebescheinigung verfügt, die Voraussetzungen für einen rechtmäßigen Aufenthalt für mehr als drei Monate deshalb nicht erfülle, weil dieses Aufenthaltsrecht davon abhängig ist, dass der Unionsbürger über ausreichende Existenzmittel verfügt, um diese Leistung nicht beantragen zu müssen.[878] Allerdings versäumte es der EuGH, für den Fall, dass aufenthaltsverweigernde oder -beendende

---

877 EuGH Rs. C-184/99 (Grzelczyk) Slg. 2001, I-6193, I-6245 Rn. 43; Rs. C-456/02 (Trojani) Slg. 2004, I-7573, I-7611 Rn. 45. Vgl. Auch *Haratsch/Koenig/Pechstein*, Rn. 734.

878 Tenor des EuGH Urt. v. 19.09.2013 Rs. C-140/12 (Pensionsversicherungsanstalt/Brey) ZESAR 2014, 36 (36, 39, 44 Rn. 14, 76 ff.). Vgl. dazu auch ABl. EU 2013 Nr. C 344/26 v. 23.11.2013. In der Rechtssache begehrte Herr Brey von der Pensionsversicherungsanstalt zur Ergänzung seiner deutschen Rente ihm eine nach dem österreichischen Recht vorgesehene Ausgleichszulage zu gewähren. Diese war von § 292 Abs. 1 des Allgemeinen Sozialversicherungsgesetzes in der Fassung durch das Budgetbegleitgesetz 2011 geänderte Fassung ab dem 01.01.2012 vorgesehen. Danach hatten Pensionsberechtigte, wenn die Pension zuzüglich eines aus seinen übrigen Einkünften erwachsenen Nettoeinkommens und sonstiger zu berücksichtigender Beträge nicht die Höhe eines sogenannten Richtsatzes erreicht, Anspruch auf eine Ausgleichszulage, welche in Höhe des Unterschiedsbetrags zwischen dem Richtsatz und dem persönlichen Einkommen bemessen wurde, solange der Pensionist seinen rechtmäßigen gewöhnlichen Aufenthalt in Österreich hatte. Die Pensionsversicherungsanstalt lehnte den Antrag von Herrn Brey auf die Ausgleichszulage mit der Begründung ab, dass dieser aufgrund seiner minimalen Rente nicht über ausreichende Existenzmittel verfüge, um einen rechtmäßigen Aufenthalt in Österreich zu begründen. Vgl. kritisch zur Rs. Brey *Thym*, NZS 2014, 81 (81, 85) der anführt, dass der EuGH mit der Rs. Brey einen Rechtsmaßstab vorgab, der viele Fragen offen lasse und die Einzelfallentscheidung erschwere. Dennoch habe der EuGH klar herausgestellt, dass der Sozialleistungsbezug der Freizügigkeit nicht entgegenstehe, wenn das Sozialsystem des Aufnahmemitgliedstaats nicht unangemessen beansprucht werde. Dies liege daran, dass Vorschriften wie Art. 8 Abs. 4 und Art. 14 Abs. 3 RL die Grundregel des Art. 7 Abs. 1 lit b) RL wiederum relativieren. Kritisch zum Urt. Brey merkt auch *Schreiber*,

Maßnahmen unterbleiben und das Aufenthaltsrecht somit fortbesteht, die Voraussetzungen für den Zugang zu den Sozialleistungen zu benennen.[879] Der Unionsgesetzgeber unterließ ebenfalls eine Regelung dieser Voraussetzungen in der RL. Der EuGH hat sein Urt. in der Rechtssache *Grzelczyk* auf die Präambeln der ehemals gültigen drei Aufenthaltsrichtlinien gestützt, die beinhalteten, dass die Aufenthaltsberechtigten die öffentlichen Finanzen des Aufnahmemitgliedstaats nicht „über Gebühr" belasten dürfen.[880] Daraus schloss der EuGH, dass das Sekundärrecht eine bestimmte finanzielle Solidarität der Angehörigen des Aufenthaltsstaats mit Angehörigen anderer Mitgliedstaaten anerkenne, insb., wenn die finanziellen Probleme nur vorübergehender Natur seien.[881] Auch in der Literatur wird aus dieser Normierung geschlossen, dass eine „begrenzte, gewisse oder bestimmte Belastung zu tolerieren ist."[882] Der Mitgliedstaat ist streng an den Verhältnismäßigkeitsgrundsatz gebunden.[883] Der Aufnahmemitgliedstaat kann zwar das Aufenthaltsrecht vom Nachweis ausreichender Existenzmittel abhängig machen, die Herkunft dieser Mittel ist jedoch nicht entscheidend. So genügt für einen nahezu mittellosen nichterwerbstätigen Rentner die faktische Unterhaltsgewährung durch dessen Lebenspartner.[884] Danach könnte der Lebenspartner des nichterwerbstätigen

---

ZESAR 2014, 44 (44) an, dass der EuGH hier die Erwartungen an die „dogmatische Systembildung" enttäuscht habe.

879 *Kluth* in: Calliess/Ruffert, EUV/AEUV, Art. 21 AEUV Rn. 8.

880 4. Präambelerwägung RL 90/364/EWG; 4. Präambelerwägung RL 90/365/EWG; 6. Präambelerwägung RL 93/96/EWG. Vgl. auch *Stewen*, Freizügigkeitsrecht und soziale Begleitrechte, 200, die anführt, dass diese Formulierung in der RL 2004/38/EG im 16. Erwägungsgrund ihren Niederschlag fand und in der RL dafür als Formulierungsäquivalent die „unangemessene Inanspruchnahme" verwendet werde.

881 EuGH Rs. C-184/99 (Grzelczyk) Slg. 2001, I-6193, I-6245 Rn. 44.

882 *Kokott* in: Dupuy/Fassbender/Shaw/Sommermann, FS für Tomuschat, 207 (220). A.A. *Hailbronner*, NJW 2004, 2185 (2187). Hailbronner kritisiert, dass der EuGH eine Begründungserwägung dazu verwendet, eine Regelung der RL entgegen ihrem eindeutigen Wortlaut (der die notwendigen Existenzmittel und den Krankenversicherungsschutz voraussetzt) umzukehren. Vielmehr bedeute „nicht über Gebühr", dass zusätzlich zu den finanziellen Belastungen, die aus dem Aufenthalt von Studenten und aus dem gebührenfreien bzw. nicht kostendeckenden Studium entstehen, keine darüber hinaus gehende Belastung der nationalen Sozialsysteme gegeben sein dürfe.

883 EuGH Rs. C-413/99 (Baumbast) Slg. 2002, I-7091, I-7169 Rn. 94. Vgl. zur Verhältnismäßigkeitsprüfung im Zusammenhang mit Art. 7 Abs. 1 lit. b) RL auch *Thym*, NZS 2014, 81 (85).

884 Eine Unterhaltsverpflichtung im Rechtssinne wird nicht notwendigerweise vorausgesetzt. Der EuGH geht davon aus, dass der Wegfall ausreichender Existenzmittel ein latentes Risiko darstelle, welches auch bestehe, wenn Dritte zur Erbringung der

Rentners für diesen die Existenzmittel aufbringen, so dass der Rentner, sollten seine Mittel nicht reichen, den Vorbehalt sozialer Absicherung erfüllen kann. Bei der Anwendung des Verhältnismäßigkeitsgrundsatzes ist Sinn und Zweck des Vorbehalts der sozialen Absicherung, zuallererst den „Sozialleistungstourismus“ zu verhindern. Insoweit enthält Art. 21 Abs. 1 AEUV mit „Beschränkungen und Bedingungen“ nach vorliegender Auffassung einen „Missbrauchsvorbehalt“.[885] Missbrauch liegt vor, wenn von dem Freizügigkeitsrecht lediglich Gebrauch gemacht wird, um (höhere) Sozialleistungen zu erlangen. Dies sei jedoch nur der Fall, wenn die Bedürftigkeit bereits bei der Einreise vorgelegen habe, nicht aber, wenn sie erst zu einem späteren Zeitpunkt ohne Verschulden eingetreten sei.[886] So wird von einer weiten Ansicht in der Literatur angeführt, dass der Nachweis ausreichender Existenzmittel nur bei der Aufenthaltsbegründung zu erbringen sei und nicht während des gesamten Aufenthalts gefordert werden könne.[887] Es sei nach dieser Ansicht nicht rechtens, dass Unionsbürger das Aufenthaltsrecht als Bürgerrecht verlieren[888], nur weil sie

---

Leistung gesetzlich verpflichtet seien. Vgl. dazu EuGH Rs. C-408/03 (Kommission/Belgien) Slg. 2006, I-2647, I-2681 Rn. 47. A.A. *Kingreen*, EuR Beiheft 1/2007, 43 (63). Kingreen vertritt demgegenüber, dass Existenzmittel Dritter nur berücksichtigt werden sollen, wenn diese aufgrund rechtlicher Verpflichtungen, insb. bürgerlich-rechtlicher Unterhaltspflichten geleistet werden. Bei der Frage des Rechtsgrunds gehe es nicht um das tatsächliche Risiko der Zahlungsfähigkeit, auf welches der EuGH bei seiner Urteilsbegründung abstellt, sondern um die Möglichkeit des Mitgliedstaats, Rückgriff bei einem Dritten zu nehmen, der zwar zahlungsfähig, aber nicht zahlungswillig sei.

885 *Scheuing* in: Dreier/Forkel/Laubenthal, FS 600 Jahre Würzburger Juristenfakultät, 103 (130 f.); *Borchardt*, NJW 2000, 2057 (2060). A.A. *Schönberger*, Unionsbürger, 342 f. Schönberger verweist hierbei auf den Entstehungshintergrund für den Verweis auf die sekundärrechtlichen Bestimmungen des Art. 21 AEUV, der die Sorge der Mitgliedstaaten um eine angemessene Verteilung der Unterstützungslasten zum Ziel hatte. Dies war auch der Grund, das Sekundärrecht mit der Bedingung des Vorhandenseins von hinreichenden Existenzmitteln zur Ausübung der Freizügigkeit bei Nichterwerbstätigen zu versehen. Ebenfalls ablehnend *Forsthoff* in: Grabitz/Hilf, Art. 45 AEUV Rn. 289 mit Verweis auf die Kommentierung von *Randelzhofer/Forsthoff* in: Grabitz/Hilf, 40. Ergänzungslieferung Art. 39 EGV Rn. 193. Den „Missbrauchsvorbehalt“ bzw. „Zugangsvorbehalt“ ebenfalls ablehnend *Höfler*, Unionsbürgerfreiheit, 99.

886 *Kokott* in: Dupuy/Fassbender/Shaw/Sommermann, FS für Tomuschat, 207 (222); *Borchardt*, NJW 2000, 2057 (2060); *Scheuing* in: Dreier/Forkel/Laubenthal, FS 600 Jahre Würzburger Juristenfakultät, 103 (131).

887 *Eichenhofer*, Sozialrecht der EU, Rn. 336.

888 Vgl. *Langenfeld* in: Baus/Borchard/Gelinsky/Krings, 60 Jahre BVerfG, 69 (74) unter Verweis auf die Rechtssache Zambrano des EuGH Rs. C-34/09 (Zambrano/Office

öffentliche Mittel beanspruchen, denn auch die Inanspruchnahme öffentlicher Unterstützung stelle ein soziales Bürgerrecht dar.[889] Die andere strenge Ansicht argumentiert mit dem Wortlaut des Art. 14 Abs. 2 UA 1 RL 2004/38/EG, wonach Unionsbürgern und ihren Familienangehörigen das Aufenthaltsrecht nur, „solange sie die [...] genannten Voraussetzungen erfüllen", zustehe. So müssen ausreichende Existenzmittel und der umfassende Krankenversicherungsschutz während der gesamten Dauer des Aufenthalts in den Mitgliedstaaten vorliegen.[890] Dies hat mittlerweile der EuGH durch seine Rechtsprechung so bestätigt.[891] Insoweit geht der EuGH davon aus, dass die RL nicht nur die Erfüllung des Vorbehalts der sozialen Absicherung bei Einreise verlangt, sondern zudem den Fortbestand der Erfüllung dieser Voraussetzungen.[892] Im Umkehrschluss bedeutet dies, dass gegen nichterwerbstätige Rentner, die nicht über die notwendigen Existenzmittel in den ersten Jahren des Aufenthalts und damit nicht nur vorübergehend verfügen, Maßnahmen zur Beendigung des Aufenthalts ergriffen werden können.[893] Allerdings ist auch nach dieser Auffassung eine Beendigung des Aufenthaltsrechts allein wegen des Fehlens ausreichender Existenzmittel oder einer nicht umfassenden Krankenversicherung unverhältnismäßig.[894] Des Weiteren darf eine Aufenthaltsbeendigung nicht automatische Folge der nachträglichen Inanspruchnahme von Sozialhilfe im Aufnahmemitgliedstaat sein.[895] Notwendig ist vielmehr, dass der Aufnahmemitgliedstaat eine umfassende Beurteilung der Frage vornehme, welche Belastung dem nationalen Sozialsystem in seiner Gesamtheit aus der Gewährung der Sozialleistung nach Maßgabe der individuellen Umstände die für die Lage des Leistungsberechtigten

---

national de l'emploi) NJW 2011, 2033 (2033 ff.). Diese sieht in dem Urt. Zambrano einen Paradigmenwechsel mit dem der EuGH die Unionsbürgerschaft verselbständigt habe und sie zu einem „autonomen Bürgerrecht" entwickelte. Die Unionsbürgerschaft löse sich von ihrer Akzessorietät zur Staatsangehörigkeit.

889 *Eichenhofer*, Sozialrecht der EU, Rn. 336.

890 *Schieffer*, NVwZ 1998, 31 (31); *Schönberger*, Unionsbürgerschaft, 336 f; *Bode*, EuZW 2003, 552 (555); *Guckelberger*, VBlBW 2000, 249 (255).

891 So EuGH Rs. C-456/02 (Trojani) Slg. 2004, I-7573, 7609 Rn. 36.

892 So auch *Scheuing* in: Dreier/Forkel/Laubenthal, FS 600 Jahre Würzburger Juristenfakultät, 103 (132).

893 *Becker*, EuR Beiheft 1/2007, 95 (110); *Guckelberger*, VBlBW 2000, 249 (255). So auch *Schieffer*, NVwZ 1998, 31 (31), wenn er schreibt, dass das Aufenthaltsrecht nur bei Erfüllung des Vorbehalts sozialer Absicherung bestehe und daher auflösend bedingt sei.

894 EuGH Rs. C-413/99 (Baumbast) Slg. 2002, I-7091, I-7168 Rn. 93; Rs. C-408/03 (Kommission/Belgien) Slg. 2006, I-2647, I-2686 Rn. 68; Rs. C-184/99 (Grzelczyk) Slg. 2001, I-6193, I-6245 Rn. 42 ff.; Vgl. auch *Wollenschläger*, EuZW 2005, 309 (310).

895 EuGH Rs. C-184/99 (Grzelczyk) Slg. 2001, I-6193, I-6245 Rn. 42 f.

kennzeichnend sind, entstehe.[896] Der Aufnahmemitgliedstaat hat demnach alle Umstände des Einzelfalls bei seiner Entscheidung kumulativ zu berücksichtigen. So z. B. die Höhe und Dauer der Inanspruchnahme von Sozialleistungen, die Höhe und die Regelmäßigkeit der dem Unionsbürger zur Verfügung stehenden Einkünfte; die Fakten, die nationale Behörden zur Ausstellung einer Anmeldebescheinigung bewogen haben, die Länge des vorherigen Aufenthalts ohne Inanspruchnahme finanzieller Hilfe, inwiefern der nichterwerbstätige Rentner selbst für diese Situation verantwortlich ist und ob er bereits besondere Beziehungen im Aufenthaltsstaat geknüpft hat.[897] Diese Kriterien können bei der Prüfung der Verhältnismäßigkeit einfließen, bei welcher auf die „Gesamtsituation" des Betroffenen abzustellen ist.[898] Der betreffende Mitgliedstaat hat demnach eine Prognoseentscheidung unter Einbeziehung der vorgenannten Kriterien dahingehend zu treffen, ob es sich im konkreten Fall um einen lediglich vorübergehenden oder dauerhaften Sozialhilfebezug handeln wird, wobei nur im letzteren Fall ein Entzug des Aufenthaltsrechts möglich wäre.[899] Zwischen diesen beiden Denkansätzen ist der Mittelweg als Königsweg zu wählen. So ist mit der weiten Ansicht auf jeden Fall die Erfüllung des Vorbehalts sozialer Absicherung bei der Einreise zu verlangen, denn nur auf diese Weise kann mit Erfolg der gezielte „Sozialleistungstourismus" nichterwerbstätiger Rentner verhindert werden. Auf der anderen Seite kann es nicht so weit gehen, dass Mitgliedstaaten bis zum Erhalt des Daueraufenthaltsrechts nach Art. 16 bzw. 17 RL von

---

896 Vgl. dazu EuGH Urt. v. 19.09.2013 Rs. C-140/12 (Pensionsversicherungsanstalt/Brey) ZESAR 2014, 36 (43 f. Rn. 64, 76 ff.). In dieser Rechtssache wurde Herr Brey von der Gewährung der Ausgleichszulage in unzulässiger Weise aufgrund des bloßen Umstands, dass er die Ausgleichszulage beantragt hatte, als nichterwerbstätiger Unionsbürger eines anderen Mitgliedstaats, unabhängig von der Dauer des Aufenthalts, der Höhe der Leistung und dem Zeitraum der Gewährung und somit unabhängig von den für das gesamte Sozialhilfesystem erwachsenen Belastung ausgeschlossen. Ein solch „automatischer Ausschluss" sei nach Ansicht des EuGH unzulässig.

897 EuGH Rs. C-184/99 (Grzelczyk) Slg. 2001, I-6193, I-6245 Rn. 44 f.; EuGH Urt. v. 19.09.2013 Rs. C-140/12 (Pensionsversicherungsanstalt/Brey) ZESAR 2014, 36 (44 Rn. 76 ff.). Vgl. ebenfalls Erwägungsgrund 16 RL 2004/38/EG; *Haratsch/Koenig/Pechstein*, Rn. 736; *Bode*, EuZW 2003, 552 (555). Bode führt diesbezüglich an, dass das Aufenthaltsrecht nur versagt werden dürfe, wenn jemand nur kurzfristig im Aufnahmemitgliedstaat lebt und ohne einen besonderen Grund, welcher eine Ausnahme vom Grundsatz der Eigenverantwortlichkeit rechtfertigen würde sozialhilfebedürftig wird oder die finanzielle Notlage nicht nur „vorübergehend" sei. Vgl. zur Präzisierung der einzelnen Abwägungskriterien im Einzelfall auch *Höfler*, Unionsbürgerfreiheit, 101 f.

898 Siehe auch *Stewen*, Freizügigkeitsrecht und soziale Begleitrechte, 136, 138.

899 Siehe dazu *Windisch-Graetz*, ZESAR 2012, 189 (191).

nichterwerbstätigen Rentnern verlangen können, dass diese den Vorbehalt sozialer Absicherung erfüllen. In einem solchen Fall könnte der Mitgliedstaat noch nach langem Aufenthalt (z. B. nach Art. 16 RL bis zu einem Aufenthalt von fünf Jahren) aufenthaltsbeendende Maßnahmen ergreifen. Da das Aufenthaltsrecht Integration in den Aufnahmemitgliedstaat bezweckt und nach langem Aufenthalt eine solche anzunehmen ist, ist dies nicht überzeugend.[900] Andererseits trägt die strenge Ansicht den „legitimen Hilfsbedürfnissen und -erwartungen" der Unionsbürger Rechnung und berücksichtigt zudem die Befürchtungen des Aufnahmemitgliedstaats einem „Sozialleistungstourismus" zu unterliegen, indem der Vorbehalt sozialer Absicherung auch nach der Einreise noch erfüllt werden muss.[901] Hinsichtlich der Länge der möglichen Ausweisung enthält die strenge Ansicht bereits notwendige Ansätze zur Selbstbeschränkung, indem sie u. a. die Länge des Voraufenthalts bei der Ausweisungsentscheidung berücksichtigt. Hier sollte den Mitgliedstaaten eine einheitliche Handhabe gewährt werden und überlegt werden, ob man ab einem bestimmten, kürzer zu bemessenden Zeitraum (nach drei Jahren) schon von einer hinreichenden Integration in den Aufnahmemitgliedstaat ausgehen kann. Zur Begründung dieses Zeitraums kann vorliegend Art. 17 Abs. 1 UA 1 lit. a), b) oder c) RL herangezogen werden, da offensichtlich auch der Unionsgesetzgeber bei diesem Zeitraum von einer gewissen Integration in den Mitgliedstaat ausgeht. Im Regelfall soll nach der hier vertretenen Ansicht an dem Vorbehalt sozialer Absicherung festgehalten werden.[902] Insoweit hängt das Freizügigkeitsrecht für den nichterwerbstätigen Rentner auch zukünftig übereinstimmend mit den Regelungen in der RL 2004/38/EG von dessen Unabhängigkeit von sozialen Transfers im Aufnahmemitgliedstaat ab. Es darf insb. keine übermäßige finanzielle Belastung des Aufnahmemitgliedstaats

900 Vgl. dazu auch *Schönberger*, Unionsbürger, 343.

901 So auch *Scheuing* in: Dreier/Forkel/Laubenthal, FS 600 Jahre Würzburger Juristenfakultät, 103 (131, 133).

902 Eine Bestätigung des Festhaltens am Vorbehalt der sozialen Absicherung über die Einreise hinaus findet sich auch in der Rechtsprechung des EuGH wieder. Ähnlich entschied der EuGH in der Rechtssache Trojani, in welcher er ein Aufenthaltsrecht aus Art. 21 Abs. 1 AEUV verneinte, da Herr Trojani mittellos war. Vgl. hierzu EuGH Rs. C-456/02 (Trojani) Slg. 2004, I-7573, I-7609 Rn. 36; *Wollenschläger*, EuZW 2005, 309 (310). Wollenschläger kritisierte, dass diese Rechtsprechung im Widerspruch zur Rechtsprechung des EuGH zu den Personenverkehrsfreiheiten stehe. Bei den Personenverkehrsfreiheiten habe der EuGH entschieden, dass die primär- und sekundärrechtlichen Einschränkungsmöglichkeiten die Entstehung des Aufenthaltsrechts nicht beeinträchtigen können. Sie können vielmehr lediglich dem Aufnahmemitgliedstaat die Möglichkeit geben, aufenthaltsbeendende Maßnahmen zu ergreifen.

entstehen. Vermeiden lässt sich eine solche, indem Sozialhilfeleistungen weiterhin an die Voraussetzung des inländischen Wohnsitzes geknüpft werden.[903] Das Wohnsitzerfordernis sei zwar rechtfertigungsbedürftig, lasse sich nach dem EuGH aber verhältnismäßig ausgestalten.[904] So hat der EuGH entschieden, dass eine „Wohnsitzklausel" für den Bezug einer beitragsunabhängigen Leistung der sozialen Sicherheit durchaus mit Art. 21 AEUV und der RL 2004/38/EG vereinbar sein könne, wenn Ausnahmen möglich seien.[905] In anderen Rechtssachen hat der EuGH das Wohnsitzerfordernis für unverhältnismäßig erklärt.[906] In diesen Rechtssachen ging der EuGH, gefolgt von der Literatur, davon aus, dass der Wohnsitz allein keiner Rechtfertigung zugänglich sei, dass jedoch für die Gewährung von Sozialleistungen eine tatsächliche Verbindung bzw. hinreichend enge Beziehung eines Aufenthaltsberechtigten zum Mitgliedstaat oder seine tatsächliche Integration in den Mitgliedstaat zu fordern sei, für deren Vorliegen der Wohnsitz ein Kriterium neben anderen bilden könne.[907] Beide Ansichten beziehen das Wohnsitzerfordernis in ihre Überlegungen mit ein. Ob sie das Wohnsitzerfordernis nun selbstständig zulassen wollen oder es nur für verhältnismäßig ansehen, wenn es eine tatsächliche Verbindung zum Aufnahmemitgliedstaat bewirken kann, erscheint letztlich unerheblich. Entscheidend ist

---

903 *Düsterhaus*, EuZW 2008, 103 (103); Vgl. auch EuGH Rs. C-406/04 (De Cuyper) Slg. 2006, I-6947; Rs. C-192/05 (Tas-Hagen) Slg. 2006, I-10451, I-10452.

904 *Düsterhaus*, EuZW 2008, 103 (106 f.); EuGH Rs. C-406/04 (De Cuyper) Slg. 2006, I-6947, I-6986 Rn. 47.

905 EuGH Rs. C-287/05 (Hendrix) ZAR 2007, 415 f.

906 EuGH Rs. C-192/05 (Tas-Hagen) Slg. 2006, I-10451, I-10483 Rn. 37 ff.; Rs. C-499/06 (Nerkowska) Slg. 2008, I-3993, 4016 Rn. 43 f.

907 So hat der EuGH in der Rs. Tas-Hagen das Wohnsitzerfordernis für unverhältnismäßig erklärt, weil es ausschließlich auf den Zeitpunkt der Einreichung des Leistungsantrags abstellte und daher kein Kriterium ist, das „den Grad der Verbundenheit des Antragstellers mit der Gesellschaft" des jeweiligen Mitgliedstaats aufweise. Vgl. dazu EuGH Rs. C-192/05 (Tas-Hagen) Slg. 2006, I-10451, I-10483 Rn. 39. Vgl. auch EuGH verb. Rs. C-11/06 und C-12/06 (Morgan und Bucher) Slg. 2007, I-9161, I-9211 Rn. 43, 45. Vgl. zu der Literaturansicht diesbezüglich *Kokott* in: Dupuy/Fassbender/Shaw/Sommermann, FS für Tomuschat, 207 (226); *Becker*, EuR Beiheft 1/2007, 95 (110). Vgl. ebenfalls *Epiney*, NVwZ 2008, 736 (742 f.). Diese leitet als verallgemeinernden Grundsatz aus den Rechtssachen C-213/05 und C-212/05 des EuGH ab, dass eine gewisse Integration bzw. eine hinreichend enge Bindung an den jeweiligen Mitgliedstaat als Rechtfertigungsgrund in Frage komme, obwohl es bei diesen Rechtssachen um soziale Vergünstigungen nach Art. 7 Abs. 2 VO 1612/68 geht und überträgt diesen Grundsatz dann auch auf den Zugang von Unionsbürgern zu bestimmten Sozialleistungen im Rahmen des Art. 18 AEUV.

die Zulassung des Wohnsitzerfordernisses, welches insb. deshalb als begründbar erscheint, weil eine längere Aufenthaltsdauer selbstverständlich auch eine längere Zeit der Übernahme finanzieller Lasten bedeute, welche für Sozialleistungen aufzubringen sind.[908]

Art. 14 Abs. 3 RL bestimmt für den nichterwerbstätigen Rentner, dass die Inanspruchnahme von Sozialleistungen nicht automatisch zu einer Ausweisung führen darf. Auch heißt es in der Präambel, dass im Falle eines angemessenen Bezugs von Sozialhilfe keine Ausweisung erfolgen solle (Erwägungsgrund 16 der Präambel zur RL 2004/38/EG). Allerdings ergibt sich aus der Regelung, dass die Mitgliedstaaten die Aufenthaltsbeendigung grundsätzlich in der Hand haben, wobei eine Prüfung der individuellen Umstände des Unionsbürgers vorzunehmen ist.[909] Die darin angelegte Paradoxie, nämlich dem nichterwerbstätigen Rentner einerseits ab drei Monaten den Zugang zu der Sozialhilfe zu gewähren und andererseits bei Inanspruchnahme solcher aufenthaltsbeendende Maßnahmen zu ergreifen, liegt darin begründet, dass das Freizügigkeitsrecht nach Maßgabe der Unionsbürgerrichtlinie für nichterwerbstätige Unionsbürger die Unabhängigkeit von sozialen Transfers im Aufnahmemitgliedstaat verlangt. Nach der bisherigen Rechtslage war es möglich, nichterwerbstätigen Rentnern und solchen Unionsbürgern, die aus anderen Gründen nicht arbeiteten (z. B. ältere arbeitslose Menschen, wenn sie Sozialhilfe beantragt hatten), das Aufenthaltsrecht automatisch zu entziehen. Diese wurden dann nach Erhalt einer Fahrkarte in ihren Heimatmitgliedstaat zurückgeschickt.[910] Im Ergebnis erschwert Art. 14 Abs. 3 RL es dem Aufnahmemitgliedstaat als Umsetzung der EuGH-Entscheidung in der Rechtssache *Grzelczyk*, im Gegensatz zur geltenden Rechtslage, die Zeit des Aufenthalts zu reduzieren, wenn der nichterwerbstätige Rentner Sozialhilfe beansprucht, weil er bedürftig geworden ist.[911] Insoweit wird die beschriebene Paradoxie dadurch abgemildert, dass eine Aufenthaltsbeendigung nur bei unangemessener Inanspruchnahme von Sozialtransfers möglich ist.[912] Darüber hinaus darf der Unionsbürger nicht automatisch bzw. systematisch ausgewiesen werden. Vielmehr hat eine Prüfung der Unangemessenheit der Inanspruchnahme von Sozialhilfeleistungen im Einzelfall zu erfolgen, bei der z. B. persönliche

---

908 *Becker*, EuR Beiheft 1/2007, 95 (111).

909 *Hailbronner*, ZAR 2004, 259 (260).

910 *Sinn*, 57. Jahrgang-ifo Schnelldienst, 13/2004, 13 (15).

911 *Sinn*, 57. Jahrgang-ifo Schnelldienst, 13/2004, 13 (15).

912 Vgl. innerhalb der ersten drei Monate 10. Erwägungsgrund und Art. 14 Abs. 1 RL i. V. m. Art. 6 RL. Bei einem Aufenthalt von über drei Monaten ergibt sich dies aus dem Erwägungsgrund 16.

Umstände und die Höhe des gewährten Sozialhilfebetrags zu berücksichtigen sind und letztlich eine Verhältnismäßigkeitsprüfung stattzufinden hat.[913]

Art. 15 RL enthält Verfahrensgarantien bei aufenthaltsverweigernden- oder beschränkenden Maßnahmen, die in den beschriebenen Fällen und somit nicht aus Gründen der öffentlichen Ordnung, Sicherheit oder Gesundheit angewendet werden.

d. Recht auf Daueraufenthalt

Eine wesentliche Neuerung im Vergleich zur bisherigen Rechtslage stellt die Schaffung eines dauerhaften Aufenthaltsrechts dar, welches lediglich voraussetzt, dass der nichterwerbstätige Rentner, der Rentner im Nebenerwerb und der arbeitsuchende Rentner sich bereits fünf Jahre ununterbrochen im Aufnahmemitgliedstaat rechtmäßig aufgehalten haben (Art. 16 Abs. 1 S. 1 RL).[914] Einer deklaratorischen Aufenthaltserlaubnis bedarf es nicht, da für den Erhalt des Daueraufenthaltsrechts nicht nur ein „gewährendes Aufenthaltsrecht", sondern ein unbedingtes Aufenthaltsrecht erforderlich ist, in welches der Aufnahmemitgliedstaat durch nationale behördliche Maßnahmen nicht hätte eingreifen können.[915] Das Recht auf Daueraufenthalt wurde eingeführt, weil der nichterwerbstätige Rentner, der Rentner im Nebenerwerb und der arbeitsuchende Rentner nach einem hinreichend langen Aufenthalt enge Bindungen zum Aufnahmemitgliedstaat entwickelt haben und sich eine entsprechende Integration in die Gesellschaft desselbigen vollzogen hat.[916] Dabei sei bei dem Grad der Integration im Aufnahmemitgliedstaat auf

---

913 Vgl. dazu Erwägungsgrund 16. Der Aufnahmemitgliedstaat hat zu prüfen, ob es sich um vorübergehende Schwierigkeiten handele, ferner sind die Dauer des Aufenthalts, persönliche Umstände und die Höhe des gewährten Sozialhilfebetrags zu berücksichtigen. Anhand dieser Kriterien habe er zu beurteilen, ob der nichterwerbstätige Rentner die Sozialhilfeleistungen unangemessen in Anspruch nehme.

914 *Kluth* in: Calliess/Ruffert, EUV/AEUV, Art. 21 AEUV Rn. 25. Interessant ist, dass Art. 14 Abs. 1 des Vorschlags der Kommission noch vorsah, dass das Recht auf Daueraufenthalt nach vier Jahren ununterbrochenen Aufenthalts gewährt werden sollte. Außerdem weist die Kommission darauf hin, dass das Recht auf Daueraufenthalt in mehreren Mitgliedstaaten schon existiert, wobei es aber immer an eine bestimmte Aufenthaltsdauer geknüpft ist. Vgl. Vorschlag für eine RL des Europäischen Parlaments und des Rates über das Recht der Unionsbürger und ihrer Familienangehörigen, sich im Hoheitsgebiet der Mitgliedstaaten frei zu bewegen und aufzuhalten, KOM (2001) 257 endg., 17.

915 Vgl. *Frings*, ZAR 2012, 317 (323).

916 Vgl. dazu 18. Erwägungsgrund der RL 2004/38/EG; KOM (2001) 257 endg., 17.

territoriale, zeitliche und qualitative Elemente abzustellen.[917] Neben dem rechtmäßigen Aufenthalt werden keine weiteren Bedingungen vorausgesetzt und somit auch für nichterwerbstätige Rentner die Erfüllung des Vorbehalts sozialer Absicherung[918] oder eine Arbeitnehmereigenschaft nicht mehr verlangt.[919] Der EuGH hat die Formulierung im Art. 16 Abs. 1 RL 2004/38/EG „sich rechtmäßig" im Aufnahmemitgliedstaat „aufgehalten hat" in den Rechtssachen des EuGH *Ziolkowski und Szeja* als „autonomen Begriff des Unionsrechts" unter Verweis auf das „abgestufte System" der RL hinsichtlich des Aufenthaltsrechts ausgelegt. Der rechtmäßige Aufenthalt habe im Einklang mit den in der RL vorgesehenen, insb. mit den in Art. 7 Abs. 1 RL aufgeführten Voraussetzungen zu stehen. Daher könne ein im Einklang mit dem Recht eines Mitgliedstaats stehender Aufenthalt, der die Voraussetzungen des Art. 7 Abs. 1 RL nicht erfülle, nur als „unrechtmäßiger" Aufenthalt i. S. von Art. 16 Abs. 1 RL angesehen werden.[920] Nichterwerbstätige, wie der nichterwerbstätige Rentner, erlangen bei Erhalt des Daueraufenthaltsrechts einen Anspruch auf völlige Inländergleichbehandlung.[921] Die Intention des Unionsgesetzgebers die dahinter steckt ist es, dass der nichterwerbstätige Rentner ab einem Aufenthaltszeitraum von fünf Jahren vollumfänglich zur Gesellschaft des Aufnahmemitgliedstaats gehört[922] und damit auch von allen Rechten die dieser Aufnahmemitgliedstaat seinen Angehörigen gewährt, profitieren soll. Ihnen wird das Aufenthaltsrecht als Daueraufenthaltsberechtigte somit selbst dann gewährleistet, wenn ihre Rentenansprüche derart gering sind, dass sie dauerhaft von Sozialhilfe abhängig sind.[923] Nach den fünf Jahren Daueraufenthaltsrecht besteht somit ein definitiver Anspruch auf den Erhalt von Sozialhilfe.[924] Mit dem Erwerb

---

917 Vgl. dazu EuGH Urt. v. 21.07.2011 Rs. C-325/09 (Dias) zitiert nach Juris Rn. 64.

918 Vgl. Art. 16 Abs. 1 S. 2 RL 2004/38/EG; 18. Erwägungsgrund RL 2004/38/EG. Vgl. dazu auch *Schweitzer/Hummer/Obwexer*, Europarecht, Rn. 1182; *Calliess*, EuR Beiheft 1/2007, 7 (39); *Hailbronner*, ZAR 2004, 259 (259); *Boeles/Heijer/Lodder/Wouters*, European Migration Law, 52.

919 *Raschka*, EuR 2013, 116 (118).

920 EuGH Urt. v. 21.12.2011 Rs. C-424/10 und C-425/10 (Ziolkowski und Szeja) zitiert nach Juris Rn. 33, 37 ff., 46 ff. Siehe auch EuGH Urt. v. 08.05.2013 Rs. C-529/11 (Olaitan Ajoke Alarpe, Olukayode Azeez Tijani/Secretary of State for the Home Department, AIRE Centre) zitiert nach Juris Rn. 35.

921 *Kluth* in: Calliess/Ruffert, EUV/AEUV, Art. 21 AEUV Rn. 25; *Kolonovits* in: Mayer, EUV/AEUV, Art. 21 AEUV Rn. 17.

922 *Raschka*, EuR 2013, 116 (118).

923 *Hailbronner*, ZAR 2002, 7 (9); *Schönberger*, Unionsbürger, 369.

924 Vgl. *Eichenhofer*, ZESAR 2012, 357 (357, 359). Eichenhofer entnimmt Art. 24 Abs. 2 RL, dass dieser in den ersten drei Monaten der Arbeitsuche den Anspruch auf

des Daueraufenthaltsrechts wird von dem bisherigen auf Tätigkeiten und Gruppen reduzierten Ansatz des unionsrechtlichen Freizügigkeitsrechts endg. Abstand genommen.[925] Ab Erlangung des Daueraufenthaltsrechts ist für den nichterwerbstätigen Rentner, den Rentner im Nebenerwerb und den arbeitsuchenden Rentner von einer völligen Gleichbehandlung zu sprechen. Der nichterwerbstätige Rentner und der Rentner im Nebenerwerb können das Recht auf Daueraufenthalt nicht mehr ohne weiteres verlieren. Unschädlich sind vorübergehende Abwesenheiten von bis zu sechs Monaten im Jahr oder eine einzige Abwesenheit von maximal zwölf aufeinanderfolgenden Monaten aus wichtigen Gründen[926], wie z. B. eine schwere Krankheit oder berufliche Entsendung in einen anderen Mitgliedstaat oder Drittstaat (Art. 16 Abs. 3 RL). Einzig die Abwesenheit vom Aufnahmemitgliedstaat, die zwei aufeinanderfolgende Jahre überschreitet, führt einen Verlust des Daueraufenthaltsrechts herbei (Art. 16 Abs. 4 RL).[927] Diese Maßnahme ist dadurch gerechtfertigt, dass nach einer solchen Abwesenheit die Verbindung zum Aufnahmemitgliedstaat „gelockert“ ist.[928] Darüber hinaus kann das Daueraufenthaltsrecht „unter außergewöhnlichen Umständen aus zwingenden Gründen der öffentlichen Sicherheit“ beendet werden.[929]

Nach Art. 17 RL besteht für den Rentner im Nebenerwerb die Möglichkeit, das Daueraufenthaltsrecht vor dem Ablauf von fünf Jahren zu erwerben. Als Konditionen für Rentner benennt Art. 17 Abs. 1 UA 1 lit. a) S. 1 RL, dass Rentner als Arbeitnehmer im Aufnahmemitgliedstaat aus dem Erwerbsleben ausgeschieden sind, das in diesem Mitgliedstaat für die Geltendmachung einer Altersrente gesetzlich vorgesehene Alter erreicht und mindestens während der letzten zwölf

---

Sozialleistungen ausschließe und es ermögliche, dass Ansprüche auf Sozialhilfe spätestens mit dem Daueraufenthaltsrecht nach fünf Jahren entstehen. Hintergrund sei, dass Art. 24 Abs. 2 RL die Entstehung von Sozialleistungsansprüchen im Wohnsitzstaat ausschließen soll durch die Erstreckung des Freizügigkeitsrechts auf Nichterwerbstätige. Sie treffe aber keine Aussage über die „Leistungsberechtigung im Übrigen“.

925 So auch *Schönberger*, Unionsbürger, 368.

926 Weitere Gründe für eine zwölfmonatige zulässige Abwesenheit können Schwangerschaft, Berufsausbildung oder Studium sein. Vgl. *Europäische Kommission*, Arbeit in einem anderen EU-Mitgliedstaat, 18.

927 Interessant ist, dass der Kommissionsvorschlag diesbezüglich noch großzügiger war und in Art. 14 Abs. 3 des Vorschlags noch auf vier aufeinanderfolgende Jahre abstellte. Vgl. KOM (2001) 257 endg., 17, 38. Erst ab diesem Zeitraum wurde eine vollumfängliche Integration für gegeben erachtet. Vermutlich war dies den Mitgliedstaaten aber zu weitgehend.

928 Vgl. dazu EuGH Urt. v. 21.07.2011 Rs. C-325/09 (Dias) zitiert nach Juris Rn. 59.

929 *Hailbronner*, ZAR 2004, 259 (259).

Monate eine Erwerbstätigkeit im Aufnahmemitgliedstaat ausgeübt sowie sich dort seit mindestens drei Jahren ununterbrochen aufgehalten haben müssen. Art. 17 Abs. 1 UA 1 lit. a) S. 1 RL hat die Aufgabe, die geltenden Bestimmungen über das Verbleiberecht aufrechtzuerhalten.[930] Der Rentner kann dann als verbleibeberechtigter Rentner bezeichnet werden. Nach Art. 17 Abs. 2 RL entfällt die in Art. 17 Abs. 1 UA 1 lit. a) S. 1 RL enthaltene Voraussetzung der Aufenthaltsdauer und der Dauer der Erwerbstätigkeit, wenn der Ehegatte oder Lebenspartner des Arbeitnehmers die Staatsangehörigkeit des Aufnahmemitgliedstaats besitzt oder die Staatsangehörigkeit des Aufnahmemitgliedstaats durch die Eheschließung mit dem Arbeitnehmer verloren hat.

Für den Rentner im Nebenerwerb ist Art. 17 Abs. 1 UA 1 lit. c) S. 1 RL von Bedeutung, der bestimmt, dass Arbeitnehmer, die nach drei Jahren ununterbrochener Erwerbstätigkeit und ununterbrochenen Aufenthalts im Aufnahmemitgliedstaat

930 Dies ergibt sich aus einem Vergleich zwischen Art. 2 Abs. 1 lit. a) VO 1251/70 und dem Art. 17 Abs. 1 UA 1 lit. a) S. 1 RL 2004/38/EG. Nach Art. 17 RL 2004/38/EG erwerben Personen vor Ablauf der fünfjährigen Frist für den Erhalt des Daueraufenthaltsrechts gem. Art. 16 Abs. 1 RL das Recht auf Daueraufenthalt im Aufnahmemitgliedstaat, wenn sie gem. Art. 17 Abs. 1 UA 1 lit. a) S. 1 RL als Arbeitnehmer oder Selbstständige, die zum Zeitpunkt des Ausscheidens aus dem Erwerbsleben das in den betreffenden Mitgliedstaaten für die Geltendmachung einer Altersrente gesetzlich vorgesehene Alter erreicht haben, sofern sie diese Erwerbstätigkeit in dem betreffenden Mitgliedstaat mindestens während der letzten zwölf Monate ausgeübt und sich dort seit mindestens drei Jahren ununterbrochen aufgehalten haben. Insoweit entspricht Art. 17 Abs. 1 UA 1 lit. a) S. 1 RL 2004/38/EG inhaltlich dem Art. 2 Abs. 1 lit. a) VO 1251/70, welche die Modalitäten des Verbleiberechts regelte und zur Ausführung des Art. 45 Abs. 3 lit. d) AEUV ergangen war und mittlerweile durch die VO 635/2006 aufgehoben wurde. Vgl. Vorschlag für eine RL des Europäischen Parlaments und des Rates über das Recht der Unionsbürger und ihrer Familienangehörigen, sich im Hoheitsgebiet der Mitgliedstaaten frei zu bewegen und aufzuhalten, KOM (2001) 257 endg., 6, 17f. In diesem merkte die Kommission an, dass sie angesichts des Ziels, den Erwerbstätigen und Nichterwerbstätigen in einem einzigen Rechtsakt zu regeln, auf ihre in Art. 45 Abs. 3 lit. d) AEUV enthaltene Befugnis, Durchführungsverordnungen festzulegen, verzichtet habe. Dies erklärte sie damit, dass in der RL 2004/38/EG Bestimmungen der VO 1251/70 der Kommission, die das Verbleiberecht regeln, aufgenommen wurden. Art. 17 Abs. 1 UA 1 lit. a) RL 2004/38/EG ist mit Art. 2 Abs. 1 lit. a) VO 1251/70 inhaltlich identisch. Art. 17 Abs. 2 RL 2004/38/EG stimmt inhaltlich mit Art. 2 Abs. 2 VO 1251/70 überein. Dasselbe gilt für Art. 17 Abs. 3 RL 2004/38/EG mit Art. 3 Abs. 1 VO 1251/70. Art. 17 Abs. 4 RL 2004/38/EG entspricht inhaltlich Art. 3 Abs. 2 VO 1251/70. Die VO 1251/70 war daher aufzuheben.

eine abhängige Erwerbstätigkeit in einem anderen Mitgliedstaat ausüben, ihren Wohnsitz im Aufnahmemitgliedstaat beibehalten sowie i. d. R. jeden Tag oder mindestens einmal in der Woche in den Aufnahmemitgliedstaat zurückkehren, das Recht auf Daueraufenthalt abweichend von Art. 16 RL erwerben können. Nach Art. 17 Abs. 1 UA 2 RL gelten vom Willen des Betroffenen unabhängige Arbeitsunterbrechungen sowie krankheits- oder unfallbedingte Fehlzeiten oder Unterbrechungen als Zeiten der Erwerbstätigkeit.

Art. 19 Abs. 1 RL eröffnet den nichterwerbstätigen Rentnern, den Rentnern im Nebenerwerb und dem arbeitsuchenden Rentner die Möglichkeit, ein Dokument zur Bescheinigung ihres Daueraufenthalts zu beantragen. Dies ist deshalb von Bedeutung, weil der Daueraufenthalt wichtige Rechte, wie z. B. das Recht auf Sozialhilfe im Aufnahmemitgliedstaat oder das Verbot von Abschiebung, beinhaltet. Daraus resultiert die Notwendigkeit einer förmlichen Bestätigung dieses Rechts.[931] Allerdings ist auch bei dem Daueraufenthalt eine Ausweisung der Unionsbürger unter verschärften Voraussetzungen aus „schwerwiegenden Gründen der öffentlichen Ordnung oder Sicherheit“ (Art. 28 Abs. 2 RL) oder aus „zwingenden Gründen der öffentlichen Sicherheit“ (Art. 28 Abs. 3 RL) möglich.

Nach Art. 21 RL kann die Kontinuität des Aufenthalts durch eines der im Aufenthaltsmitgliedstaat üblichen Beweismittel nachgewiesen werden. In Betracht kommen hier der Nachweis über die Ausübung einer Erwerbstätigkeit durch Vorlage des Arbeitsvertrags oder der Nachweis des Aufenthalts durch die Vorlage von Mietquittungen.[932] Die rechtmäßig vollstreckte Ausweisungsverfügung stellt eine Unterbrechung des Aufenthalts dar. Eine solche Ausweisungsverfügung kann gegenüber dem nichterwerbstätigen Rentner, dem Rentner im Nebenerwerb und dem arbeitsuchenden Rentner ergehen.[933]

---

931 KOM (2001) 257 endg., 18.

932 KOM (2001) 257 endg., 19.

933 Das Kap. VI RL 2004/38/EG ermöglicht in den Art. 27 ff. RL Beschränkungen des Aufenthaltsrechts aus Gründen der öffentlichen Ordnung, Sicherheit oder Gesundheit. Dies betrifft den nichterwerbstätigen Rentner, den Rentner im Nebenerwerb und den arbeitsuchenden Rentner. Zwar kann gegen den Rentner im Nebenerwerb hinsichtlich des Rechts auf Aufenthalt bis zu drei Monaten (Art. 6 RL) und über drei Monate (Art. 7 RL) nach Art. 14 Abs. 4 lit. a) RL keine Ausweisung verfügt werden. Dies gilt nach Art. 14 Abs. 4 lit. a) RL ausdrücklich „unbeschadet der Bestimmungen des Kap. VI“, die Ausweisungsverfügungen auch für den Rentner im Nebenerwerb durchaus zulassen.

e. Räumlicher Geltungsbereich

Das Recht auf Aufenthalt nach Art. 6, 7, 14 RL sowie das Recht auf Daueraufenthalt nach Art. 16, 17 RL des nichterwerbstätigen Rentners, des Rentners im Nebenerwerb und des arbeitsuchenden Rentners erstreckt sich auf das gesamte Hoheitsgebiet des Aufnahmemitgliedstaats und ist nur in den Fällen räumlich enger beschränkt, in denen diese Beschränkung auch für die eigenen Staatsangehörigen gilt (Art. 22 RL).

f. Diskriminierungsverbot aus Gründen der Staatsangehörigkeit

Nach Art. 24 Abs. 1 RL 2004/38/EG genießen der nichterwerbstätige Rentner, der Rentner im Nebenerwerb und der arbeitsuchende Rentner, die sich aufgrund der RL im Hoheitsgebiet des Aufnahmemitgliedstaats aufhalten, im Anwendungsbereich des AEUV -vorbehaltlich spezifischer und ausdrücklich im AEUV und im Sekundärrecht vorgesehener Bestimmungen- die gleiche Behandlung wie Staatsangehörige des Mitgliedstaats. Dieses Gleichbehandlungsgebot erstreckt sich ebenfalls auf Familienangehörige, die nicht die Staatsangehörigkeit eines Mitgliedstaats besitzen und das Recht auf Aufenthalt oder auf Daueraufenthalt genießen. Art. 24 Abs. 1 RL bekräftigt die sich aus Art. 18 AEUV i. V. m. Art. 21 AEUV ergebende primärrechtliche Verpflichtung zur Gleichbehandlung.[934] Neu ist allerdings, dass nunmehr sekundärrechtlich auch die Familienangehörigen im Anwendungsbereich des Unionsrechts den eigenen Staatsangehörigen entsprechend gleich zu behandeln sind.[935] Der in Art. 24 Abs. 1 RL enthaltene Vorbehalt bezieht sich vordergründig auf spezielle Ausgestaltungen der Inländergleichbehandlung im Sekundärrecht, wie

934 *Schweitzer/Hummer/Obwexer*, Europarecht, Rn. 1183. KOM (2001) 257 endg. 19. Nach der Kommission ist Art. 24 RL Ausdruck der Rechtssache María Martínez Sala und stelle einen direkten Bezug zwischen dem Diskriminierungsverbot und dem Aufenthaltsrecht her (Art. 18 AEUV i. V. m. Art. 21 Abs. 1 AEUV). Vgl. auch *Stewen*, Freizügigkeitsrecht und soziale Begleitrechte, 260, wonach Art. 24 Abs. 1 RL ein spezielles Diskriminierungsverbot darstelle. Vgl. *Thym*, NZS 2014, 81 (88), der davon ausgeht, dass der EuGH Art. 24 Abs. 1 RL im Einklang mit dem Primärrecht und sonstigen Diskriminierungsverboten dahingehend auslegen werde, dass eine Rechtfertigung von Ungleichbehandlungen durch objektive, von der Staatsangehörigkeit unabhängige Kriterien zulässig sei. Die Sozialleistungsgewährung könne somit von einem gewissen Integrationsgrad oder einer tatsächlichen Verbindung zum Arbeitsmarkt des Aufnahmemitgliedstaats abhängig gemacht werden.

935 *Schweitzer/Hummer/Obwexer*, Europarecht, Rn. 1183.

z. B. Art. 7 Abs. 2 VO 492/2011.[936] Der Vorbehalt der sozialen Absicherung des Art. 7 Abs. 1 RL 2004/38/EG ist kein Fall des von Art. 24 Abs. 1 RL erfassten Vorbehalts. Der Vorbehalt der sozialen Absicherung betrifft allein das Aufenthaltsrecht der Nichterwerbstätigen und somit auch des nichterwerbstätigen Rentners, nicht aber den Inländergleichbehandlungsanspruch.[937] Dies erscheint widersprüchlich, beruhe aber darauf, dass der Sozialhilfeanspruch und das Aufenthaltsrecht einander nicht entsprechen müssen. Das Recht auf Aufenthalt und das Sozialrecht seien somit nicht aufeinander abgestimmt. So kann dem nichterwerbstätigen Rentner zwar ein aus der Inländergleichbehandlung nach Art. 24 Abs. 1, 2 RL abgeleiteter Anspruch auf Sozialhilfe zustehen, sollte die Sozialhilfe in Anspruch genommen werden, kann dies dann trotzdem zu aufenthaltsbeendenden Maßnahmen führen.[938] Dies bedeutet unter Beachtung der Anforderungen des 16. Erwägungsgrunds der RL[939] und des Art. 14 Abs. 3 RL, dass ein nichterwerbstätiger Rentner, der die Sozialhilfe des Aufnahmemitgliedstaats in Anspruch nimmt, nicht länger die Voraussetzungen des Art. 7 Abs. 1 RL hinsichtlich des Vorbehalts sozialer Absicherung erfüllt. Das Aufenthaltsrecht kann ihm daher entzogen werden. Die darin angelegte Paradoxie, dem nichterwerbstätigen Rentner einerseits ab drei Monaten den Zugang zu Sozialleistungen und Sozialhilfe zu gewähren und andererseits bei Inanspruchnahme solcher aufenthaltsbeendende Maßnahmen zu ergreifen, liegt darin begründet, dass das

---

936 *Schönberger*, Unionsbürger, 371.

937 *Forsthoff* in: Grabitz/Hilf, Art. 45 AEUV Rn. 289; *Randelzhofer/Forsthoff* in: Grabitz/Hilf, 40. Ergänzungslieferung Art. 39 EGV Rn. 193. *Schönberger*, Unionsbürger, 371.

938 Vgl. dazu insgesamt *Forsthoff* in: Grabitz/Hilf, Art. 45 AEUV Rn. 289; *Randelzhofer/Forsthoff* in: Grabitz/Hilf, 40. Ergänzungslieferung Art. 39 EGV Rn. 193; *Schönberger*, Unionsbürger, 375; *Kingreen*, EuR Beiheft 1/2007, 43 (63 f.). A.A. *Boeles/Heijer/Lodder/Wouters*, European Migration Law, 54, die unter den Gleichbehandlungsgrundsatz nach Art. 24 Abs. 1 RL nicht nur direkte Diskriminierungen, wie z. B. diskriminierende, nationale Vorschriften für den Zugang und die Bedingungen der Beschäftigung fassen, sondern auch indirekte Diskriminierungen, wie den Zugang zur Sozialhilfe und sonstige staatliche Leistungen. Allerdings werde Art. 24 Abs. 1 RL durch Art. 24 Abs. 2 RL begrenzt.

939 Der 16. Erwägungsgrund bestimmt, dass es nicht automatisch zu einer Ausweisung kommen darf, sondern der Aufnahmemitgliedstaat vielmehr prüfen sollte, ob es sich bei dem betreffenden Fall um vorübergehende Schwierigkeiten handelt. Es sind ferner die Dauer des Aufenthalts, die persönlichen Umstände und der gewährte Sozialhilfebetrag zu berücksichtigen, um beurteilen zu können, ob der Leistungsempfänger die Sozialhilfeleistungen unangemessen in Anspruch genommen hat. Nur dann sollte der Aufnahmemitgliedstaat eine Ausweisung veranlassen.

Freizügigkeitsrecht nach Maßgabe der Unionsbürgerrichtlinie für nichterwerbstätige Unionsbürger die Unabhängigkeit von sozialen Transfers im Aufnahmemitgliedstaat voraussetzt. Art. 14 Abs. 3 RL verankert die Rechtsprechung des EuGH zur Prüfung des Verhältnismäßigkeitsgrundsatzes bei Art. 18 AEUV i. V. m. Art. 21 AEUV, da er festschreibt, dass die Inanspruchnahme von Sozialhilfeleistungen durch einen Unionsbürger oder einen seiner Familienangehörigen im Aufnahmemitgliedstaat nicht automatisch zu einer Ausweisung führen darf. Insoweit ist wiederum eine umfassende Prüfung der Verhältnismäßigkeit bei der Entscheidung über die Ausweisung vorzunehmen, die als Schranken-Schranke der Ausweisungsbefugnis dient.[940]

Nach Art. 24 Abs. 2 RL i. V. m. der 21. Präambelerwägung RL ist der Aufnahmemitgliedstaat abweichend vom Gleichbehandlungsgrundsatz des Art. 24 Abs. 1 RL nicht verpflichtet, anderen Personen als Arbeitnehmern und solchen Personen, denen dieser Status erhalten bleibt sowie deren Familienangehörigen während der ersten drei Monate des Aufenthalts oder ggf. während des längeren Zeitraums nach Art. 14 Abs. 4 lit. b) einen Anspruch auf Sozialhilfe oder vor Erwerb des Rechts auf Daueraufenthalt Studienbeihilfen einschließlich Beihilfen zur Berufsausbildung zu gewähren. Insoweit haben Nichterwerbstätige und folglich der nichterwerbstätige Rentner[941] im Gegensatz zu allen anderen Unionsbürgern in den ersten drei Monaten keinen Anspruch auf Sozialhilfe.[942] Im Umkehrschluss dazu sind die Mitgliedstaaten verpflichtet, erst nach dem Ablauf der drei Monate bei der Sozialhilfe Nichterwerbstätige mit den eigenen Staatsangehörigen gleich zu behandeln.[943] Der Rentner im Nebenerwerb als Arbeitnehmer hat demgegenüber einen Anspruch auf Sozialhilfe, den er aufgrund des

940 *Kingreen*, EuR Beiheft 1/2007, 43 (64).

941 Dies gilt allerdings nicht, wenn ihnen der Arbeitnehmerstatus erhalten bleibt, weil der verbleibeberechtigte Rentner die Voraussetzungen des Art. 17 Abs. 1 UA 1 lit. a) S. 1 RL erfüllt. In einem solchen Fall greift der Gleichbehandlungsgrundsatz nach Art. 24 Abs. 1 RL (vgl. Art. 24 Abs. 2 RL).

942 So auch *Schönberger*, Unionsbürger, 370. Dass dies für andere Unionsbürger nicht gelte, ergebe sich insb. aus der Regelungstechnik, wonach gegenüber den Arbeitsuchenden und Nichterwerbstätigen gem. Art. 24 Abs. 2 RL abweichend von Abs. 1 RL keine Verpflichtung zur Sozialhilfegewähr bestehe. Der Richtliniengeber geht davon aus, dass die Inländergleichbehandlung nach Art. 24 Abs. 1 RL auch die Gewährung von Sozialhilfe einschließe und er aus diesem Grunde Ausnahmen für spezielle Bereiche ausdrücklich festlegen müsse.

943 *Höfler*, Außenwirtschaft 2004, 303 (314). So auch *Schönberger*, Unionsbürger, 372 ff., der diesbezüglich auch auf die Entstehungsgeschichte des Art. 24 Abs. 2 RL verweist.

Rentenbezuges und des Verdienstes aus der Nebentätigkeit i. d. R. nicht beanspruchen wird. Art. 24 Abs. 2 RL i. V. m. der 21. Präambelerwägung RL ist als Versuch des europäischen Gesetzgebers zu werten, die Reichweite des allgemeinen Diskriminierungsverbots aus Art. 18 Abs. 2 AEUV zu begrenzen und der „gleichbehandlungsfreundlichen Rechtsprechung" des EuGH entgegenzutreten.[944] Allerdings ist bei einem Vergleich des Kommissionsvorschlags, der die drei Monate noch nicht vorsah, sondern die Möglichkeit des Ausschlusses der Sozialhilfe sogar bis zum Erwerb des Daueraufenthaltsrechts erstreckte, die vom Rat letztlich verabschiedete Dreimonatsregelung noch vergleichsweise milde ausgefallen.[945] Dennoch ist nicht ganz klar, warum der Richtliniengeber sich auf drei Monate beschränkte, denn diese kurze Frist dürfte wohl kaum dem Interesse der Mitgliedstaaten, ihre Sozialsysteme nicht übermäßig finanziell belasten zu müssen, Rechnung tragen. Letztlich führt diese Dreimonatsfrist zur raschen Gewährung eines Sozialhilfeanspruchs im Gegensatz zur Frist von fünf Jahren für den Erhalt eines Daueraufenthaltsrechts und somit zur Möglichkeit des jeweiligen Mitgliedstaats, dem nichterwerbstätigen Rentner gerade aufgrund der Inanspruchnahme der Sozialhilfe das Aufenthaltsrecht zu entziehen, da er nicht mehr den Vorbehalt sozialer Absicherung erfüllt. Dies stellt eine wenig überzeugende, zumindest aber „fragwürdige Diskrepanz" dar und ist deshalb „auf Dauer nicht praktikabel".[946]

g. *Ausweisung aus Gründen der öffentlichen Ordnung, Sicherheit oder Gesundheit*

Nach Art. 27 Abs. 1 RL dürfen die Mitgliedstaaten die Freizügigkeit und das Aufenthaltsrecht des nichterwerbstätigen Rentners, des Rentners im Nebenerwerb und des arbeitsuchenden Rentners aus Gründen der öffentlichen Ordnung, Sicherheit oder Gesundheit beschränken. Die Begriffe der öffentlichen Ordnung und Sicherheit werden dabei autonom und nicht deckungsgleich mit den einzelnen Begriffsbestimmungen in den Mitgliedstaaten definiert.[947] Vielmehr ist bei der Begriffsdefinition

944 *Giegerich* in: Schulze/Zuleeg/Kadelbach, § 9 Rn. 57.

945 Vgl. Art. 21 Abs. 2 des Vorschlags der Kommission, KOM (2001), 257 endg. 20, 42.

946 Vgl. hierzu auch *Schönberger*, Unionsbürger, 379 ff. Schönberger hält eine einjährige Frist für angemessen, um den Sozialhilfeanspruch auf Nichterwerbstätige auszudehnen.

947 Auf die Begriffe des nationalen Polizei- und Ordnungsrechts dürfe deshalb auch nicht zurückgegriffen werden. Vgl. *Frenz*, ZAR 2011, 174 (174). Vgl. auch *Marx*, ZAR 2007, 142 (142), der anführt, dass anders als im Polizeirecht hier ein spezifischer

auf die für die Grundfreiheiten geltenden Grundsätze zurückzugreifen.[948] Für die Erfüllung des Begriffs der öffentlichen Ordnung müsste ein gewisses, nicht rein wirtschaftliches Grundinteresse der Gesellschaft berührt sein. Es ist weiterhin einzelfallbezogen anhand des Art. 21 RL zu prüfen, ob eine hinreichend schwere Gefährdung der öffentlichen Ordnung besteht, bei welcher der Aufnahmemitgliedstaat bei dem gleichen Verhalten der eigenen Staatsangehörigen vergleichbare und effektive Maßnahmen zur Bekämpfung des jeweiligen Verhaltens ergreifen würde. Darüber hinaus ist festzustellen, ob die nationale Maßnahme verhältnismäßig ist.[949] Eine ausschließlich auf generalpräventiven Gründen beruhende Ausweisung ist somit unzulässig.[950] Aufgrund des Spielraums, den der EuGH den Mitgliedstaaten bei der Frage einräumt, welches die Grundinteressen der Gesellschaft sind, können diese von Mitgliedstaat zu Mitgliedstaat divergieren.[951] Ausgeschlossen ist dabei, diese Gründe aus wirtschaftlichen Zwecken geltend zu machen.[952] Nach der Rechtsprechung des EuGH ist der dieser Regelung zu Grunde liegende Vorbehalt in Art. 45 Abs. 3 AEUV nicht als eine Bedingung für den Erwerb des Einreise- und Aufenthaltsrechts zu verstehen, sondern erlaubt lediglich in Einzelfällen und mit ordnungsgemäßer Begründung, die Ausübung des unmittelbar im AEUV begründeten Rechts zu beschränken.[953] Die öffentliche Sicherheit als Teilbereich der öffentlichen Ordnung umfasse in ihrem Schutz die äußere und innere Sicherheit des Staats und daher z. B. wichtige öffentliche Einrichtungen und Dienste, das Überleben der

---

Rechtsgüterschutz bestehe, nämlich das Grundinteresse der Gesellschaft, welches vorliegen müsse.

948 *Steinebach/Günes*, ZAR 2010, 97 (97).

949 Vgl. zum Begriff der öffentlichen Ordnung: EuGH Rs. C-168/01 (Bosal Holding BV) Slg. 2003, I-9409, I-9446 Rn. 42; EuGH Rs. C-54/99 (Scientology) Slg. 2000, I-1335, I-1361 Rn. 17; C-36/02 (Omega Spielhallen- und Automatenaufstellungs-GmbH) Slg. 2004, I-9609, I-9651 Rn. 30; EuGH Urt. v. 23.11.2010 Rs. C-145/09 (Tsakouridis/Land Baden-Württemberg) NVwZ 2011, 221 (223 Rn. 48). Vgl. hierzu auch Art. 27 Abs. 2 RL 2004/38/EG; *Steinebach/Günes*, ZAR 2010, 97 (97). Siehe zur Verhältnismäßigkeit auch Art. 27 Abs. 2 UA 1 S. 1 RL 2004/38/EG.

950 Siehe dazu *Berlit*, NVwZ 2013, 327 (332).

951 Vgl. hierzu *Frenz*, ZAR 2011, 174 (174), der als Beispiel für ein solches Grundinteresse der Gesellschaft die Verhütung von Straftaten von einigem Gewicht anführt. Siehe auch *Welte*, ZAR 2009, 336 (338).

952 Vgl. Art. 27 Abs. 1 S. 2 RL 2004/38/EG. So rechtfertigt die Inanspruchnahme von Sozialleistungen in keinem Fall eine Ausweisung aus Gründen der öffentlichen Ordnung. Vgl. dazu *Stewen*, Freizügigkeitsrecht und soziale Begleitrechte, 70.

953 EuGH Rs. 157/79 (Pieck) Slg. 1980, 2171, 2185 Rn. 9.

Bevölkerung, die militärischen Interessen[954] und die Terrorismusbekämpfung[955]. Strafrechtliche Verurteilungen allein für sich können nicht ohne weiteres eine Ausweisungsmaßnahme begründen (vgl. Art. 27 Abs. 2 S. 2 RL 2007/38/EG). Allerdings hat der EuGH diesbezüglich entschieden, dass es den Mitgliedstaaten freistehe, Straftaten wie sie in Art. 83 Abs. 1 UA 2 AEUV angeführt sind (Terrorismus, Menschenhandel, sexuelle Ausbeutung von Frauen und Kindern, illegaler Drogenhandel, illegaler Waffenhandel, Geldwäsche, Korruption, Fälschung von Zahlungsmitteln, Computerkriminalität, organisierte Kriminalität) als besonders schwere Beeinträchtigung eines grundlegenden gesellschaftlichen Interesses anzusehen. Diese Straftaten würden die Ruhe und die physische Sicherheit der Bevölkerung unmittelbar bedrohen und fallen daher unter den Begriff der zwingenden Gründe der öffentlichen Sicherheit, bei denen nach Art. 28 Abs. 3 RL 2004/38/EG eine Ausweisungsverfügung gerechtfertigt werden könne.[956] Die Maßnahme müsste insgesamt verhältnismäßig sein. Eine Ausweisungsmaßnahme sei dies nach der Rechtsprechung des EuGH nur, wenn sie im Verhältnis zum legitimen Zweck (öffentliche Ordnung oder öffentliche Sicherheit) stehe und die Art und Schwere der Zuwiderhandlung, die Aufenthaltsdauer, die bereits vergangene Zeit nach der Zuwiderhandlung und das Verhalten des Betroffenen zu dieser Zeit sowie die Intensität der Bindung an den Mitgliedstaat Berücksichtigung gefunden haben.[957] Als

---

954 Siehe zum Begriff der öffentlichen Sicherheit EuGH Urt. v. 23.11.2010 Rs. C-145/09 (Tsakouridis/Land Baden-Württemberg) NVwZ 2011, 221 (223 Rn. 43, 44). Im konkreten Fall entschied der EuGH, dass Art. 28 Abs. 3 RL dahingehend auszulegen sei, dass die Kriminalität welche typischerweise mit der Bekämpfung von bandenmäßigem Handel mit Betäubungsmitteln in Verbindung gebracht wird unter den Ausdruck „zwingende Gründe der öffentlichen Sicherheit“ fallen könne, mit denen die Ausweisungsmaßnahme, selbst bei einer Person, die sich schon in den letzten 10 Jahren im Aufnahmemitgliedstaat befand, gerechtfertigt werden könne. Vgl. auch *Frenz*, ZAR 2011, 174 (175).

955 Vgl. dazu *Berlit*, NVwZ 2013, 327 (332 f.).

956 Dabei sei Voraussetzung für die Ausweisungsverfügung, dass die Art und Weise der Begehung der Straftaten besonders schwerwiegende Merkmale aufweise, was als Umstand wiederum vom vorliegenden Gericht auf der Grundlage einer individuellen Prüfung des konkreten Falls zu klären sei. Vgl. EuGH Urt. v. 22.05.2012 Rs. C-348/09 (P.I./Stadt Remscheid) NVwZ 2012, 1095 (1095).

957 Siehe EuGH Urt. v. 23.11.2010 Rs. C-145/09 (Tsakouridis/Land Baden-Württemberg) NVwZ 2011, 221 (224 Rn. 53). Vgl. auch 23. Erwägungsgrund der RL 2004/38/EG. Vgl. auch EuGH Urt. v. 22.05.2012 Rs. C-348/09 (P.I./Stadt Remscheid) NVwZ 2012, 1095 (1095 f.). Hier präzisiert der EuGH nochmals die Voraussetzungen einer Ausweisungsverfügung. Danach sei erforderlich, dass das persönliche Verhalten des jeweiligen Auszuweisenden eine tatsächlich und gegenwärtige Gefahr darstelle (so

Maßnahme zum Schutz der Gesundheit kommt grundsätzlich nur eine Quarantäne in Betracht, allerdings nur bei den in Art. 29 Abs. 1 RL genannten Krankheiten.[958] Art. 27 RL enthält hierbei die allgemeinen Grundsätze zur Anwendung der Beschränkung. Art. 28 Abs. 3 RL bietet durch gewisse Anforderungen einen Schutz vor Ausweisung.

V. Besonderheiten der Richtlinie

1. Rechtsdurchsetzung

a. Informationsverbreitungspflicht und Verhinderung von Rechtsmissbrauch

Nach Art. 34 RL haben die Mitgliedstaaten dem nichterwerbstätigen Rentner, dem Rentner im Nebenerwerb und dem arbeitsuchenden Rentner die ihnen aus der RL entstehenden Rechte und Pflichten kundzutun. Dies ist eine wichtige Vorschrift zur Rechtsdurchsetzung, da die RL durch ihre Gewährleistungen ein neues Regime hinsichtlich der Personenfreizügigkeit und des Aufenthaltsrechts der Unionsbürger einführt.[959] Darüber hinaus können sie Maßnahmen erlassen, die notwendig sind, um die durch die RL verliehenen Rechte im Falle des Rechtsmissbrauchs zu verweigern, aufzuheben oder zu widerrufen (Art. 35 RL).

b. Rechtsschutz gegen Ausweisung

Art. 31 Abs. 1 RL legt den Mitgliedstaaten die Verpflichtung auf, dem nichterwerbstätigen Rentner, dem Rentner im Nebenerwerb und dem arbeitsuchenden Rentner als Betroffene von Ausweisungsentscheidungen das Einlegen von Rechtsbehelfen oder Rechtsmitteln zu ermöglichen. Art. 30 Abs. 3 RL bestimmt explizit, dass in der schriftlichen Mitteilung von Ausweisungsentscheidungen aus Gründen der

---

auch in Art. 27 Abs. 2 UA 2 RL 2004/38/EG), die ein Grundinteresse der Gesellschaft des Aufnahmemitgliedstaats berühre, wobei diese Feststellung bedeute, dass weiterhin eine Neigung des Auszuweisenden bestehen müsse, das Verhalten in Zukunft beizubehalten. Der Mitgliedstaat habe vor der Ausweisung insb. die Aufenthaltsdauer, das Alter, den Gesundheitszustand, die familiäre und wirtschaftliche Lage, die soziale und kulturelle Integration in den Aufnahmemitgliedstaat und das Ausmaß der Bindung zum Herkunftsstaat zu berücksichtigen (so auch Art. 28 Abs. 1 RL 2004/38/EG).

958 Eine Ausweisung ist hier nicht erforderlich, da insoweit die Quarantäne das mildere Mittel darstelle. Vgl. dazu und allgemein zum Schutz der Gesundheit ausführlich *Frenz*, ZAR 2011, 174 (174).

959 So KOM (2001), 257 endg. 25.

öffentlichen Ordnung, Sicherheit oder Gesundheit angegeben werden muss, bei welchem Gericht oder welcher Verwaltungsbehörde der betroffene nichterwerbstätige Rentner, der Rentner im Nebenerwerb oder der arbeitsuchende Rentner einen Rechtsbehelf einlegen können. Daneben sind die Rechtsbehelfsfrist und ggf. die Frist mitzuteilen, innerhalb welcher der nichterwerbstätige Rentner, der Rentner im Nebenerwerb und der arbeitsuchende Rentner das Hoheitsgebiet des Mitgliedstaats zu verlassen haben. Im Hinblick auf Art. 30 Abs. 2 und Art. 31 der RL hat der EuGH entschieden, dass diese im Lichte des Art. 47 der Grundrechtecharta so ausgelegt werden müssten, dass ein nationales Gericht dafür Sorge zu tragen habe, dass dem Betroffenen der wesentliche Inhalt der Gründe für eine Entscheidung nach Art. 27 RL in einer Weise mitgeteilt werde, die die erforderliche Geheimhaltung der Beweise entsprechend berücksichtige. Eine Nichtoffenlegung der Gründe müsse auf das unbedingt Erforderliche beschränkt bleiben.[960]

2. Rechtsfolgen bei Verletzung der Richtlinie

Art. 36 RL verpflichtet die Mitgliedstaaten, die Sanktionen zu reglementieren, die bei einem Verstoß gegen nationale Vorschriften zur Umsetzung der RL zu verhängen sind und die zur Durchsetzung dieser Sanktionen erforderlichen Maßnahmen zu treffen. Die Sanktionen müssen dabei, so wie der EuGH entschieden hat, wirksam und verhältnismäßig sein.[961] Denkbar sind als Sanktionen bspw. Bußgeld, Geldstrafe und Ausweisung.[962]

3. Unmittelbare Anwendbarkeit der Richtlinie

Die Art. 40, 41 RL bestimmen, dass die Mitgliedstaaten die Rechts- und Verwaltungsvorschriften zur Umsetzung der RL ins nationale Recht bis zum 30.04.2006 zu erlassen hatten. Die Art. 27 ff. RL stellen als Schranke eine Begünstigung für den Unionsbürger dar, sind hinreichend klar formuliert und entfalten daher unmittelbare Wirkung.[963] Auch alle sonstigen Bestimmungen der RL sind unmittelbar anwendbar.[964]

---

960 EuGH Urt. v. 04.06.2013 Rs. C-300/11 (ZZ/Secretary of State for the Home Department) DVBl. 2013, 1116 (1116); EuGRZ 2013, 281 (287).

961 EuGH Rs. C-265/88 (Messner) Slg. 1989, 4209, 4225 Rn. 14.

962 Siehe *Feik*, Freizügigkeit der Arbeitnehmer, 110 f.

963 So auch *Streinz*, Europarecht, Rn. 884.

964 *Cremer*, EuR Beiheft 1/2007, 75 (93); *Giegerich* in: Schulze/Zuleeg/Kadelbach, § 9 Rn. 40. *Oppermann/Classen/Nettesheim*, Europarecht, § 17 Rn. 15 gehen sogar

VI. Würdigung des Art. 21 AEUV und der Richtlinie 2004/38/EG

1. Anmerkungen zu Art. 21 AEUV und der Richtlinie 2004/38/EG

a. Allgemeines

Die RL 2004/38/EG sollte das Freizügigkeits- und Aufenthaltsrecht aller Unionsbürger vereinfachen und verstärken.[965] Die bestehenden Unterschiede zwischen dem nichterwerbstätigen Rentner, dem Rentner im Nebenerwerb und dem arbeitsuchenden Rentner sind nicht vollständig beseitigt worden.[966] Der nichterwerbstätige Rentner wird nicht dem Rentner im Nebenerwerb in Bezug auf das Freizügigkeitsrecht entsprechend gleich behandelt. So gilt auch nach der Einführung der RL 2004/38/EG die VO 492/2011, welche besondere Vergünstigungen für Wanderarbeitnehmer und deren Familienangehörige vorsieht, fort. Die RL 2004/38/EG hat die VO 492/2011[967] für den Rentner im Nebenerwerb und den arbeitsuchenden Rentner nicht aufgehoben.

b. Der Freizügigkeitsbegriff

Die RL enthält in Art. 1 lit. a) RL einen engeren Freizügigkeitsbegriff als Art. 21 Abs. 1 AEUV, da sie das Freizügigkeitsrecht nur auf die Bewegungsfreiheit bezieht und das Aufenthaltsrecht nur neben diese tritt, jedoch beide Begriffe nicht unter den Freizügigkeitsbegriff gefasst werden.[968] Für den Umfang der Gewährleistung des Bewegungs- und Aufenthaltsrechts in Art. 21 Abs. 1 AEUV und der RL 2004/38/EG ergeben sich in der Gesamtschau daraus keine Unterschiede.

---

so weit zu behaupten, dass die Bestimmungen der RL lex specialis zu Art. 21 AEUV seien und daher die Freizügigkeit abschließend konkretisieren würden und auch „nicht unter Berufung auf Primärrecht überspielt werden können". Vgl. zu den einzelnen Prüfungsvoraussetzungen der unmittelbaren Anwendbarkeit der RL 2004/38/EG ausführlich *Frenz*, ZAR 2011, 174 (177).

965 Vgl. 3. Erwägungsgrund RL 2004/38/EG. Vgl. *Thym*, NZS 2014, 81 (90). Dieser betont, dass der RL kein in sich schlüssiges Gesamtkonzept zugrunde liege und bei den offen gefassten Vorschriften noch viel Spielraum für einen „ungeregelten Aufenthalt mit abgeschwächtem Sozialhilfebezug" verbliebe. Daraus lässt sich verallgemeinernd folgern, dass das Ziel der Vereinfachung nur bedingt erreicht werden konnte.

966 So auch *Armbrecht*, ZEuS 2005, 175 (183); *Hailbronner*, ZAR 2004, 259 (259).

967 Vgl. zur VO 492/2011 Teil 6, C.

968 Siehe auch *Stewen*, Freizügigkeitsrecht und soziale Begleitrechte, 53.

c. Das Aufenthaltsrecht bis zu drei Monaten

Der nichterwerbstätige Rentner, der Rentner im Nebenerwerb und der arbeitsuchende Rentner können das Aufenthaltsrecht nur bis zu einem Zeitraum von drei Monaten im Hoheitsgebiet eines anderen Mitgliedstaats erhalten. Hierbei dürfen die Rentner die Sozialhilfeleistungen nicht unangemessen in Anspruch nehmen (Art. 14 Abs. 1 RL i. V. m. Art. 6 RL). Allerdings wird bei der Inanspruchnahme der Sozialleistungen der Rentner im Nebenerwerb im Vergleich zum nichterwerbstätigen Rentner privilegiert, da er nach Art. 14 Abs. 4 lit. a) RL i. V. m. Art. 6 Abs. 1 RL unbeschadet der Vorschriften der Art. 27 ff. RL nicht ausgewiesen werden darf. Nach Art. 24 Abs. 2 RL muss der Mitgliedstaat nur dem Rentner im Nebenerwerb als Arbeitnehmer Sozialhilfe während der ersten drei Monate gewähren. Art. 24 Abs. 2 RL gewährt dem Rentner im Nebenerwerb daher sofort und dem nichterwerbstätigen Rentner erst nach Ablauf von drei Monaten Sozialhilfe. Der arbeitsuchende Rentner verfügt nach Ablauf des Suchzeitraums über einen Sozialhilfeanspruch. Der Arbeitsuchende sei rein nach dem Wortlaut des Art. 24 Abs. 2 RL kein Arbeitnehmer und daher für den Zeitraum der Arbeitsuche, der sich durchaus über drei Monate hinaus erstrecken könne, von der Sozialhilfe ausgeschlossen.[969] So hat der EuGH in der Rechtssache *Vatsouras/Koupatantze* festgestellt, dass der Aufnahmemitgliedstaat nicht verpflichtet sei Arbeitsuchenden während des längeren Zeitraums, während dessen sie dort ein Aufenthaltsrecht haben, einen Anspruch auf Sozialhilfe zu gewähren. Allerdings hat der EuGH des Weiteren entschieden, dass Art. 24 Abs. 2 RL 2004/38/EG im Sinne von Art. 45 Abs. 2 AEUV auszulegen sei und sich deshalb Arbeitsuchende, wenn sie eine tatsächliche Verbindung mit dem Arbeitsmarkt des Staats nachweisen können, eine finanzielle Leistung beanspruchen können, die den Zugang zum Arbeitsmarkt erleichtern soll. Diese Leistungen könnten nicht als „Sozialhilfeleistungen“ i. S. von Art. 24 Abs. 2 RL angesehen werden. Die tatsächliche Verbindung könne darin gesehen werden, dass sie tatsächlich eine Beschäftigung in dem Staat gesucht haben.[970]

Leistet der Aufnahmemitgliedstaat Sozialhilfe an den nichterwerbstätigen Rentner, der bedürftig ist, da seine Rente und sein sonstiges Vermögen nicht ausreichend sind, bleibt weiterhin fraglich, wann genau eine „unangemessene

969 Vgl. *Heinig*, ZESAR 2008, 465 (470).

970 Vgl. EuGH Urt. v. 04.06.2009 Rs. C-22/08, C-23/08 (Vatsouras/Koupatantze) zitiert nach Juris Rn. 35, 36, 38 f., 45.

Inanspruchnahme“ vorliegt. Ob nun eine Unverhältnismäßigkeit gegeben ist, bleibt letztlich eine Einzelfallentscheidung. In der Regel werden die Mitgliedstaaten nach nationalem Recht Sozialhilfe leisten müssen, einhergehend mit der Gewährung des Aufenthaltsrechts.[971] Insoweit sollte diese Regelung vom EuGH oder dem Unionsgesetzgeber präzisiert werden. Sie wirkt sich letztlich, vergleicht man die Vorschriften für Arbeitnehmer und Nichterwerbstätige, wiederum negativ für Letztere aus, da nur diese i. d. R. sozialhilfebedürftig werden.

Weiterhin ist in Bezug auf die Sozialhilfegewährung nicht verständlich, warum der Heimatstaat nicht in die Gewährung der Sozialhilfe mit einbezogen wird, sondern die Fürsorge für nichterwerbstätige Rentner bereits nach kurzer Zeit dem Aufnahmemitgliedstaat obliegt. So wird vielfach gefordert, dass für nichterwerbstätige Unionsbürger, z. B. die nichterwerbstätigen Rentner, wie bereits vor dem Erlass der RL der Heimatstaat für die Zahlung von Sozialleistungen und nicht der Aufnahmemitgliedstaat verantwortlich sei.[972] In der Rechtssache *Collins* hat der EuGH entschieden, dass der Arbeitsuchende nach der Rechtsprechung des EuGH einen Anspruch auf Sozialhilfe habe, wenn er eine Mindestaufenthaltsdauer absolviert hat, aus der die nationalen Behörden, schließen können, dass der Betroffene tatsächlich eine Beschäftigungssuche auf dem Arbeitsmarkt des Aufnahmemitgliedstaats vornehme.[973] Diese Rechtsprechung ist aber wiederum nicht vereinbar mit der Vorschrift des Art. 24 Abs. 2 RL, welche das Recht auf Sozialhilfe für drei Monate ausschließt, da der in der Rechtssache *Collins* verlangte Zeitraum durchaus kürzer sein kann und somit primärrechtlich bei Begründung des „gewöhnlichen Aufenthalts“ ein Anspruch auf Inländergleichbehandlung auch in Bezug auf Sozialleistungen bis zur Ausweisung bestehe.[974] Demgegenüber wird eingewandt, dass Art. 24 Abs. 2 RL in Übereinstimmung mit Art. 45 Abs. 2 AEUV auszulegen sei, so dass finanzielle Leistungen, die den Zugang zum Arbeitsmarkt erleichtern sollen (z. B. die Grundsicherung nach dem SGB II), wie in der Rechtssache *Collins*, nicht als Sozialhilfeleistungen gem. Art. 24 Abs. 2 RL verstanden werden können.[975] Es wird der Verweis auf

---

971 So auch *Hailbronner*, JZ 2005, 1138 (1142).

972 *Sinn*, 57. Jahrgang – ifo Schnelldienst, 13/2004, 13 (16).

973 EuGH Rs. C-138/02 (Collins) Slg. 2004, I-2703, I-2755 Rn. 72.

974 Vgl. *Frenz*, ZESAR 2011, 307 (310); *Schreiber*, ZESAR 2006, 423 (429); *Höfler*, Unionsbürgerfreiheit, 188.

975 Vgl. EuGH Rs. C-22/08 und C-23/08 (Vatsouras und Koupatantze) Slg. 2009, I-4585, I-4626 Rn. 45. *Epiney*, NVwZ 2010, 1065 (1067). Epiney kritisiert diesbezüglich, dass das Urt. des EuGH gänzlich offen lasse, unter welchen Voraussetzungen bei finanziellen Leistungen der erleichterte Zugang zum Arbeitsmarkt erfolgen solle.

Art. 14 Abs. 4 lit. b) RL in Art. 24 Abs. 2 RL mit der Konsequenz, dass der Aufnahmemitgliedstaat nicht verpflichtet ist, dem arbeitsuchenden Rentner vor Ablauf des Zeitraums der Arbeitsuche Sozialhilfe zu gewähren, als zu lang angesehen, da sich dieser im Zweifel bis zum Erhalt des Daueraufenthaltsrechts erstrecken kann. Der Ausschluss des Sozialhilfebezugs während des gesamten Zeitraums der Arbeitsuche berücksichtigt zu wenig, dass für den nichterwerbstätigen Rentner der Zeitraum von drei Monaten maßgeblich ist, wohingegen bei dem arbeitsuchenden Rentner durch den Verweis auf Art. 14 Abs. 4 lit. b) RL eine Zeit der Arbeitsuche genannt wird, die auch über die drei Monate hinausgehen kann. So wird eine Mindestaufenthaltsdauer von drei Monaten für den arbeitsuchenden Rentner für den Sozialhilfebezug verlangt.

d. Das Aufenthaltsrecht ab drei Monaten bis zu fünf Jahren

Sollten sich der nichterwerbstätige Rentner und der Rentner im Nebenerwerb mehr als drei Monate im Aufnahmemitgliedstaat aufhalten wollen, wird wiederum differenziert. So kommt dem Rentner im Nebenerwerb nach Art. 7 Abs. 1 lit. a) RL i. V. m. Art. 14 Abs. 2 RL ein unbeschränktes Aufenthaltsrecht zu, wohingegen der nichterwerbstätige Rentner nach Art. 7 Abs. 1 lit. b) RL i. V. m. Art. 14 Abs. 2 RL den Vorbehalt der sozialen Absicherung erfüllen muss. Außerdem kann hier gegen den Rentner im Nebenerwerb gem. Art. 7 Abs. 1 lit. a) RL i. V. m. Art. 14 Abs. 2 und 4 lit. a) RL keine Ausweisungsverfügung ergehen.

e. Sonderkonstellation: Der arbeitsuchende Rentner

Eine Konstellation zwischen dem nichterwerbstätigen Rentner und dem Rentner im Nebenerwerb nimmt der arbeitsuchende Rentner ein, welcher sich zur Arbeitsuche in einen anderen Mitgliedstaat der EU begibt. Dieser kann ebenso wie der Rentner im Nebenerwerb nicht ausgewiesen werden [Art. 14 Abs. 4 lit. b) RL]. Andererseits kann der Aufnahmemitgliedstaat ihn für die Dauer seiner Arbeitsuche von sämtlichen Sozialleistungen ausschließen (Art. 24 Abs. 2 RL, wonach die Mitgliedstaaten explizit nur verpflichtet sind, Arbeitnehmern oder Selbstständigen

A.A. *Albers*, Arbeitsuchende Unionsbürger, 195, 229 f. Dieser führt an, dass der Gerichtshof in der Entscheidung Vatsouras/Koupatantze die Frage gerade nicht beantwortet habe, ob die Leistungen nach dem SGB II der Sozialhilfe zuzuordnen sind oder nicht und die Beantwortung der Frage vielmehr den nationalen Gerichten überlassen habe. Allerdings geht auch Albers davon aus, dass es sich bei den Leistungen nach dem SGB II nicht um Sozialhilfe handele, da das SGB II den Zweck der Arbeitsmarktintegration verfolge.

Sozialhilfe zukommen zu lassen und gerade nicht allen anderen Unionsbürgern, die sich in dem Aufnahmemitgliedstaat während der ersten drei Monate aufhalten oder auf Arbeitsuche befinden). Einen Ausweisungsschutz zu gewähren und gleichzeitig dem arbeitsuchenden Rentner den Anspruch auf Gleichbehandlung hinsichtlich der Sozialhilfe mit Inländern zu versagen, erscheint als „wenig praxistauglicher politischer Kompromiss".[976] Der EuGH hat diesen Widerspruch noch nicht aufgelöst und noch nicht entschieden, ob der arbeitsuchende Rentner doch den Arbeitnehmern im Aufnahmemitgliedstaat gleichzustellen ist und damit ein Anspruch auf Sozialhilfe hat.[977]

f. Das Daueraufenthaltsrecht

Nach fünf Jahren rechtmäßigen Aufenthalts erhalten der nichterwerbstätige Rentner, der Rentner im Nebenerwerb und der arbeitsuchende Rentner im Aufnahmemitgliedstaat ein Daueraufenthaltsrecht. Dieses Recht ist von der Erfüllung des Vorbehalts der sozialen Absicherung unabhängig. Nach Art. 17 Abs. 1 UA 1 lit. a) S. 1 RL kann ein Arbeitnehmer, der in Rente geht, im ehemaligen Beschäftigungsstaat schon nach drei Jahren ununterbrochenen Aufenthalts das Aufenthaltsrecht erwerben (verbleibeberechtigter Rentner). Demgegenüber benötigt der Rentner, der vorher im Beschäftigungsstaat nicht erwerbstätig war, fünf Jahre ununterbrochenen Aufenthalts, um ein dauerhaftes Aufenthaltsrecht zu erwerben (Art. 16 Abs. 1 RL; daueraufenthaltsberechtigter Rentner). Insoweit ist der nichterwerbstätige Rentner im Vergleich zu Arbeitnehmern, wie dem Rentner im Nebenerwerb teilweise schlechter gestellt.[978] Vor dem Ablauf der fünf Jahre und somit vor dem Erwerb des Daueraufenthaltsrechts ist unklar, wann das Aufenthaltsrecht bei Nichterfüllung des Vorbehalts sozialer Absicherung entzogen werden kann. Einige gehen davon aus, dass dies nur bei Einreise geschehen kann, andere vertreten, dass das Aufenthaltsrecht auch noch nach langem Aufenthalt entzogen werden darf (und zwar bis zum Erhalt des Daueraufenthaltsrechts nach Art. 16, Art. 17 RL). Vorliegend ist einem Mittelweg zu folgen, der den Entzug ab einem bestimmten Zeitraum, z. B. drei Jahre, nicht mehr ermöglicht. Hier sollte der Unionsgesetzgeber, um zu einer wirklichen Freizügigkeit beizutragen, einen genauen Zeitraum in der RL benennen. Der

---

976 Siehe dazu *Stewen*, Freizügigkeitsrecht und soziale Begleitrechte, 58.

977 Vgl. zu dieser Problematik auch *Frenz*, ZESAR 2011, 307 (311), der insb. kritisiert, dass der EuGH sich in der Rs. Vatsouras/Koupatantze einer Klärung dieses Widerspruchs entzogen habe.

978 Die generelle Schlechterstellung ohne konkrete Nachweise und Vergleiche in den Artikeln kritisierend *Pottschmidt*, Arbeitnehmerähnliche Personen in Europa, 133.

vorgeschlagene Zeitraum von drei Jahren orientiert sich dabei an den von Art. 17 A bs. 1 UA 1 lit. a), b) oder c) RL vorgegebenen Zeiträumen, die ein vorzeitiges Daueraufenthaltsrecht einräumen, welches den Betroffenen vor Ausweisungen schützt und unabhängig von der Erfüllung des Vorbehalts der sozialen Absicherung ist. Hintergrund der Gewährung des vorzeitigen Daueraufenthaltsrechts von den durch Art. 17 Abs. 1 RL erfassten Personen ist die Annahme einer entsprechenden vorzeitigen Integration dieser Personengruppen in den Aufnahmemitgliedstaat. Nun ließe sich argumentieren, dass die Gruppe der Arbeitnehmer aufgrund der Verfestigung mit der Gesellschaft des ehemaligen Beschäftigungsstaats aus Wertungsgesichtspunkten letztlich schutzwürdiger ist. Diese Integration kann aber genauso bei einem nichterwerbstätigen Rentner gegeben sein, der nach drei Jahren dauerhaftem Aufenthalt in dem Mitgliedstaat den Vorbehalt sozialer Absicherung nicht mehr erfüllen kann und dem deshalb die Erteilung einer Ausweisungsverfügung droht. Ebenso kann die Beschäftigungssuche bei einem arbeitsuchenden Rentner dessen Integration in den Aufnahmemitgliedstaat belegen. Denn Integration ist mehr als Erwerbstätigkeit, sie ist von mehreren Faktoren, wie Sprachfähigkeit, Offenheit den Mitmenschen gegenüber, den unbedingten Willen zur Integration, der Fähigkeit, sich schnell in andere Situationen, Gebräuche, Sitten und Kulturkreise einzufühlen, also insoweit stark von der persönlichen geistigen Flexibilität abhängig. Diese kann bei einem nichterwerbstätigen Rentner, der sich drei Jahre im Aufnahmemitgliedstaat befand, im selben Maße vorhanden sein wie bei einem Arbeitnehmer, der sich drei Jahre im Aufnahmemitgliedstaat aufhielt und davon zwei Jahre in diesem beschäftigt war.

Problematisch erscheint der Umstand, dass der nichterwerbstätige Rentner gem. der RL 2004/38/EG nach dem Ablauf von fünf Jahren ein unbefristetes Aufenthaltsrecht erhält, auch wenn er dann keine Eigenmittel und keinen Krankenversicherungsschutz mehr nachweisen kann (Art. 16 Abs. 1 RL). In einem solchen Fall steht ihm ein Anspruch auf sämtliche Sozialleistungen, die den Bürgern des Mitgliedstaats zukommen, zu.[979] Da der EuGH davon ausgeht, dass die Inanspruchnahme von Sozialhilfe durch den nichterwerbstätigen Rentner nicht automatisch zur Beendigung des Aufenthalts führen darf, müsste es eigentlich in konsequenter Weiterführung der Rechtsprechung für die Erreichung der fünf Jahre Daueraufenthalt genügen, wenn jemand nicht unangemessen Sozialhilfe im Aufnahmemitgliedstaat bezogen hat. Dies widerspräche der Idee, die hinter der Gewährung des Daueraufenthaltsrechts steht, dass jemand, der sich fünf Jahre ununterbrochen im Aufnahmemitgliedstaat aufgehalten hat, fähig ist, seinen Lebensunterhalt selbst

979 *Sinn*, 57. Jahrgang – ifo Schnelldienst, 13/2004, 13 (15).

zu bestreiten.[980] Denkbar ist, dass der EuGH das Daueraufenthaltsrecht vor diesem Hintergrund zukünftig restriktiv interpretiert. So könnte er zumindest die in dem Zeitraum von drei Jahren Aufenthalt bezogene Sozialhilfe nicht in den für den Daueraufenthalt veranschlagten Fünfjahreszeitraum[981] mit einrechnen. Andererseits ist das Daueraufenthaltsrecht ein Spiegel der Integration des nichterwerbstätigen Rentners in den Aufnahmemitgliedstaat. Die Integration ist, wie dargestellt, von vielen Faktoren abhängig. Eine finanzielle Bedürftigkeit aufgrund einer niedrigen Rente und somit ergänzende Inanspruchnahme von Sozialhilfe stehen einer vertieften Integration nicht entgegen. Der Unionsgesetzgeber hat es versäumt zu regeln, ob der Zeitraum, in dem der Rentner Sozialleistungen bezieht in den Fünf-Jahres-Zeitraum für den Erhalt des Daueraufenthalts einzubeziehen ist. Diesbezüglich ist eine Klarstellung in der RL erforderlich. Es sollten auch die Zeiten des Sozialhilfebezugs in den fünfjährigen Zeitraum bis zum Erhalt des Daueraufenthaltsrechts einbezogen werden, wenn diese nicht unangemessen in Anspruch genommen wird und daher keine Ausweisung erfolgt ist.

g. *Die Einschränkungen der Geltung des Gleichbehandlungsgrundsatzes [Art. 24 Abs. 1 RL] durch den Vorbehalt sozialer Absicherung [Art. 7 Abs. 1 lit. b) RL]*

aa. Der Vorbehalt sozialer Absicherung als Einschränkungsvorbehalt des Art. 21 Abs. 1 AEUV

Zu untersuchen ist ebenfalls die Effektivität des Gleichbehandlungsgrundsatzes vor dem Hintergrund des Erfordernisses des Vorbehalts sozialer Absicherung bei dem nichterwerbstätigen Rentner. Der klare und eindeutige Wortlaut, der für den nichterwerbstätigen Rentner das Vorhandensein notwendiger Existenzmittel und einen umfassenden Krankenversicherungsschutz verlangt, deutet darauf hin, dass ein Nichterwerbstätiger nicht dem Aufnahmemitgliedstaat zur Last fallen soll.[982] Da das Freizügigkeitsrecht nach Art. 21 Abs. 1 AEUV nur „vorbehaltlich der in den Verträgen und in den Durchführungsvorschriften vorgesehenen Beschränkungen und Bedingungen" gilt, kann der Gleichbehandlungsgrundsatz des Art. 24 Abs. 1 RL hier nicht greifen, da primäres [Art. 21 Abs. 1 AEUV] und

---

980 *Hailbronner*, JZ 2005, 1138 (1143).

981 Sollte der Unionsgesetzgeber der Auffassung in der vorliegenden Untersuchung folgen, würde das Daueraufenthaltsrecht faktisch nach drei Jahren durch den nichterwerbstätigen Rentner, den Rentner im Nebenerwerb und den arbeitsuchenden Rentner erworben werden.

982 *Tomuschat*, CMLR 2000, 449 (455).

sekundäres Recht [Art. 7 Abs. 1 lit. b) RL] einen solchen, ihrem Wortlaut nach zu urteilen, nicht verlangen.[983] Die Rechtsprechung des EuGH sieht den Vorbehalt sozialer Absicherung als den Regelfall an, von dem nur im Einzelfall abgewichen werden dürfe. Das Aufenthaltsrecht nach Art. 21 Abs. 1 AEUV bestehe daher i. d. R. nicht, wenn der Unionsbürger mittellos ist.[984] Dieser Umstand ist aus der Sicht des nichterwerbstätigen Rentners als defizitär einzustufen. Dies gilt besonders deshalb, weil Art. 21 Abs. 1 AEUV, wie angeführt, als subsidiär zu den Grundfreiheiten angesehen wird. Gerade bei den Grundfreiheiten hat der EuGH entschieden, dass die primär- und sekundärrechtlichen Einschränkungsmöglichkeiten die Entstehung des Aufenthaltsrechts nicht beeinträchtigen können, sondern dem Aufnahmemitgliedstaat lediglich die Möglichkeit einräumen, aufenthaltsbeendende Maßnahmen zu ergreifen.[985] Darüber hinaus entwickelte der EuGH durch seine Rechtsprechung die Grundfreiheiten weiter zu nahezu allumfassenden Gleichbehandlungsgeboten, die sich auch auf qualifizierte Bereiche des Privat- und Soziallebens erstrecken. Dafür wird von dem EuGH im Ergebnis allein die Ansässigkeit des Berechtigten im Aufnahmemitgliedstaat vorausgesetzt.[986] Es ist nicht schlüssig, warum im Rahmen des Art. 21 Abs. 1 AEUV etwas anderes gelten soll. Dies ist schon aus Wertungsgesichtspunkten nicht nachvollziehbar. Es erscheint unbillig, wenn eine Person, die ihr Aufenthaltsrecht aus den Grundfreiheiten ableitet und deren Aufenthalt eine Gefahr für die öffentliche Ordnung darstellt, die somit tatsächlich und hinreichend schwer Grundinteressen des Staats gefährdet, in den Genuss eines beschränkbaren Aufenthaltsrechts kommen soll und demgegenüber einer mittellosen Person das Aufenthaltsrecht rein nach dem Wortlaut des Art. 21 Abs. 1 AEUV i. V. m. Art. 7 Abs. 1 lit. b) RL verwehrt bleiben solle.[987] Daher gilt mit der hier vertretenen Auffassung der im Rahmen der unmittelbaren Anwendbarkeit des Art. 21 AEUV ermittelte Grundsatz, dass jede Ausformung des Freizügigkeitsrechts, wie z. B. die Unabhängigkeit von sozialen

---

983 *Tomuschat*, CMLR 2000, 449 (455); *Frenz*, ZAR 2011, 174 (176).

984 Vgl. dazu auch *Wollenschläger*, EuZW 2005, 309 (310).

985 EuGH Rs. 48/75 (Royer) Slg. 1976, I-497, I-512 Rn. 28/29; Rs. 157/79 (Pieck) Slg. 1980, II-2171, II-2185 Rn. 9. Danach ist „nicht Vorbedingung für den Erwerb des Rechts auf Einreise und Aufenthalt, dass der den Schutz der öffentlichen Ordnung, Sicherheit und Gesundheit betreffende Vorbehalt nach Art. 48 Abs. 3 und nach Art. 56 Abs. 1 des Vertrags nicht eingreift; vielmehr ist dieser Vorbehalt aufzufassen als eine Handhabe, im Einzelfall bei Vorliegen geeigneter Gründe die Ausübung eines unmittelbar aus dem Vertrag fließenden Rechts einzuschränken."

986 Vgl. dazu *Wollenschläger*, NVwZ 2008, 506 (508).

987 *Wollenschläger*, EuZW 2005, 309 (310).

Transfers im Aufnahmemitgliedstaat in der Unionsbürgerrichtlinie sich mithin nicht als Ausgestaltung des Freizügigkeitsrechts, sondern als Schranke des durch Art. 21 AEUV unmittelbar vertikal garantierten Freizügigkeitsrechts darstellt.

Um den Interessen der Mitgliedstaaten gerecht zu werden, könnte man den Vorbehalt sozialer Absicherung durch primärrechtskonforme Auslegung auf einen Einschränkungsvorbehalt reduzieren, bis wirklich von der Entstehung einer europäischen Sozialunion gesprochen werden kann.[988] Deshalb sollte explizit in Art. 21 Abs. 1 AEUV klarstellend formuliert werden, dass die Beschränkungen und Bedingungen die Entstehung des Aufenthaltsrechts nicht berühren, sondern lediglich auf dessen Ausübung im Einzelfall bezogen sind. Auch der EuGH hat in seiner Rechtsprechung den Vorbehalt sozialer Absicherung und somit die „wirtschaftlichen Aufenthaltsvoraussetzungen" stets mit Hilfe des Verhältnismäßigkeitsgrundsatzes implizit relativiert.[989]

bb. Korrekturen des Vorbehalts sozialer Absicherung in der Rechtsprechung des EuGH

In der Rechtssache *Grzelczyk* hatte der EuGH festgestellt, dass Unionsbürger, die die Bedingungen für ein Aufenthaltsrecht (Vorbehalt sozialer Absicherung aus der RL 2004/38/EG) nicht mehr erfüllen, im Hinblick auf die Gewährung beitragsunabhängiger Sozialleistungen sich auf den Gleichbehandlungsgrundsatz berufen können.[990] Aufenthaltsbeendende Maßnahmen dürften nicht die automatische Folge sein, wenn ein Unionsbürger die Sozialhilfe des Aufnahmemitgliedstaats in Anspruch nehme.[991] Unklar ist der genaue Kern, der hinter dieser Aussage des EuGH steht.[992] Interpretieren könnte man diese Aussage dahingehend, dass aufenthaltsbeendende Maßnahmen in keinem Fall und somit auch beim nichterwerbstätigen Rentner die automatische Folge der Inanspruchnahme von Sozialhilfe sein dürfen. Daraus ließe sich ableiten, dass der EuGH und der Unionsgesetzgeber durch Art. 14 Abs. 3 RL grundsätzlich eine direkte Zuwanderung des nichterwerbstätigen Rentners trotz konkreter Schutzvorkehrungen in den Sozialstaat ermöglichen.[993] Erschwerend für ein klares Verständnis der Rechtsprechung kommt hinzu,

---

988 *Scheuing*, EuR 2003, 744 (772).

989 Siehe auch *Stewen*, Freizügigkeitsrecht und soziale Begleitrechte, 264.

990 EuGH Rs. C-184/99 (Grzelczyk) Slg. 2001, I-6193, I-6246 Rn. 46.

991 EuGH Rs. C-184/99 (Grzelczyk) Slg. 2001, I-6193, I-6245 Rn. 43.

992 Vgl. *Hailbronner*, NJW 2004, 2185 (2188). Hailbronner fragt sich, was es bedeute, wenn wie im Fall Grzelczyk die Aufenthaltsbeendigung nicht „automatische Folge" des Bezugs von Sozialhilfe sein dürfe.

993 *Sinn*, 57. Jahrgang-ifo Schnelldienst, 13/2004, 13 (15).

dass der EuGH in dieser Rechtssache leider die Chance zur Klärung, unter welchen Voraussetzungen im konkreten Fall das Aufenthaltsrecht beendet werden darf, ungenutzt ließ.[994] Die Literatur kritisiert daher zu Recht, dass diesbezüglich zu viele Fragen offen blieben, wie z. B. die Frage, was „bestimmte finanzielle Solidarität" bedeute bzw. welchen Umfang diese habe.[995] Nach dem EuGH greife die Solidarität insb. dann, wenn der Aufenthaltsberechtigte nur vorübergehend finanziellen Schwierigkeiten unterliegt, so dass es letztlich auf die Umstände des konkreten Einzelfalls ankomme.[996] In der Rechtssache *Bidar* stellt der EuGH demgegenüber auf die objektiven Wirkungen der Teilhabe an Sozialleistungen ab.[997] Die Mitgliedstaaten dürften danach einen bestimmten Grad an Integration in den Aufnahmemitgliedstaaten voraussetzen, bevor sie Sozialleistungen erbringen.[998] Selbst eine Mindestfrist bis zur Gewährung von Studienbeihilfen und Stipendien von fünf Jahren könne hierbei verhältnismäßig sein.[999] Dies führe faktisch dazu, dass die Mitgliedstaaten nicht mehr verpflichtet seien, nichterwerbstätigen Rentnern Sozialleistungen vor Erwerb des Rechts auf Daueraufenthalt zu gewähren, was ganz klar die Intention hinter dem Art. 24 Abs. 2 RL 2004/38/EG ins Gegenteil verkehre.[1000] Der Fall ist nicht auf den Rentner im Nebenerwerb übertragbar.

994 Vgl. zu dieser Kritik *Hailbronner*, ZAR 2004, 259 (265); *Höfler*, NVwZ 2002, 1206 (1207); *Heinig*, ZESAR 2008, 465 (468).

995 Vgl. zur Kritik insgesamt *Heinig*, ZESAR 2008, 465 (469).

996 EuGH Rs. C-184/99 (Grzelczyk) Slg. 2001, I-6193, I-6245 Rn. 44.

997 So darf der Mitgliedstaat darauf achten, dass die Gewährung von Sozialleistungen für Unionsbürger, die von ihrem Freizügigkeitsrecht nach Art. 21 AEUV Gebrauch machen, „nicht zu einer übermäßigen Belastung wird, die Auswirkungen auf das gesamte Niveau der Beihilfe haben könnte, die dieser Staat gewähren kann". Vgl. EuGH Rs. C-209/03 (Bidar) Slg. 2005 I-2119, I-2170 Rn. 56.

998 EuGH Rs. C-209/03 (Bidar) Slg. 2005, I-2119, I-2170 Rn. 57, 59. Im vorliegenden Fall hielt der EuGH drei Jahre für eine ordnungsgemäße Integration für angemessen.

999 EuGH Rs. C-158/07 (Förster) Slg. 2008, I-8507, I-8565 Rn. 54, 60. Konkret ging es in der Rechtssache Förster um eine Studienbeihilfe (Unterhaltsstipendium), die erst nach einem ununterbrochenen fünfjährigen Aufenthalt nach niederländischem Recht zu gewähren war, was der EuGH für verhältnismäßig und ausreichend für einen gewissen Grad der Integration erachtete. Vgl. auch Art. 24 Abs. 2 RL i. V. m. Art. 16 Abs. 2 RL, welche für Stipendien und Studienbeihilfen auch das Daueraufenthaltsrecht, also einen Aufenthalt von fünf Jahren voraussetzen und eine Nichtgewährungsfrist von fünf Jahren festlegen.

1000 Vgl. *Frenz*, ZESAR 2011, 307 (308, 312). Frenz kritisiert an dem Fünfjahreszeitraum, welchen der EuGH erst einmal nur für Studienbeihilfen in der Rechtssache Förster vorsah, dass diese nicht erforderlich sei. Ein gewisser Grad der Integration könne auch an anderen Kriterien festgemacht werden. Auch sei nicht geprüft

Der EuGH verwies bei der Prüfung der Verhältnismäßigkeit der Vorschrift auf Art. 24 Abs. 2 RL 2004/38/EG.[1001] Die Bezugnahme auf die RL verdeutlicht, dass der EuGH bei der Urteilsfindung den gesamten Art. 24 Abs. 2 RL maßgeblich zur Auslegung herangezogen hat.[1002] Art. 24 Abs. 2 RL schreibt für studierende Unionsbürger vor, dass Studienbeihilfen einschließlich Beihilfen der Berufsausbildung (Stipendien oder Studiendarlehen) nicht vor Erwerb des Daueraufenthaltsrechts (nach fünf Jahren) gezahlt werden müssen und bezieht sich nicht auf Sozialhilfe, die der nichterwerbstätige Rentner möglicherweise in Anspruch nehmen müsste.[1003] Hier bestimmt Art. 24 Abs. 2 RL nur, dass Sozialhilfe nicht während der ersten drei Monate an nichterwerbstätige Rentner gewährt werden muss. Für den arbeitsuchenden Rentner besteht keine Pflicht zur Gewährung von Sozialhilfe für den Zeitraum der Arbeitsuche. Die Aufenthaltsdauer von fünf Jahren und daher faktisch das Abwarten bis zum Erhalt des Daueraufenthaltsrechts kann daher für eine Integration in den Aufnahmemitgliedstaat beim Rentner im Nebenerwerb nicht verlangt werden, da der Fall *Förster* hier gerade nicht übertragbar ist.

Auch verwendet der EuGH in der Rechtssache *Grzelzyk* das Korrektiv der Belastung „über Gebühr". Offen bleibt, wann eine solche Belastung vorliegt. Letztlich hat es also der EuGH den Mitgliedstaaten anheimgestellt, nach ihrem Ermessen zu entscheiden, wann die finanzielle Solidarität der Mitgliedstaaten überschritten ist bzw. ab wann die öffentlichen Finanzen der Mitgliedstaaten über Gebühr belastet werden.[1004] Dies ist als defizitär einzustufen, da nicht klargestellt wird, unter welchen Bedingungen das Aufenthaltsrecht beendet werden kann. Der EuGH versäumte es ebenfalls zu determinieren, wie die aufenthaltsbeendenden Entscheidungen der Mitgliedstaaten im Nachhinein selbst überprüfbar sind.[1005] Dies lässt Rechtsunsicherheit entstehen. Die bloße Übernahme der Hauptaussage

---

worden, ob es sich nur um vorübergehende finanzielle Schwierigkeiten der Studenten handele, so dass der Mitgliedstaat nicht unverhältnismäßig belastet werde.

1001 EuGH Rs. C-158/07 (Förster) Slg. 2008, I-8507, I-8565 Rn. 55.

1002 Vgl. *Semmelmann*, EuR 2009, 683 (689).

1003 So im Ergebnis wohl auch *Semmelmann*, EuR 2009, 683 (691), die in ihrem Ausblick anführt, dass zukünftig erst noch zu klären sei, inwieweit die Mitgliedstaaten in den Fällen, die nicht ausdrücklich von Art. 24 Abs. 2 RL erfasst sind, Sozialleistungen bei Ausübung des Freizügigkeitsrechts zu erbringen haben. Semmelmann legt die Reichweite des Urteils Förster streng am Wortlaut des Art. 24 Abs. 2 RL aus und geht somit davon aus, dass die nicht genannten Fälle auch von der fünfjährigen Mindestaufenthaltsdauer nicht erfasst seien.

1004 *Doerfert*, JA 2002, 464 (466); *Armbrecht*, ZEuS 2005, 175 (202).

1005 *Iliopoulou/Toner*, CMLR 2002, 609 (614).

des EuGH in der Rechtssache *Grzelczyk* in Art. 14 Abs. 3 RL, dass die Inanspruchnahme von Sozialleistungen nicht automatisch zu einer Ausweisung führen dürfe, in den Richtlinientext kann die Rechtsunsicherheit nicht beseitigen. Erklären lässt sich die wortgetreue Wiedergabe der Urteilspassage in der RL mit dem Bestreben des Unionsgesetzgebers, einen angemessenen Ausgleich herbeizuführen zwischen einem effektiven Freizügigkeitsrecht und dem Interesse der Mitgliedstaaten am Schutz ihrer nationalen Sozialleistungssysteme.[1006] Letztlich muss eingeräumt werden, dass mit Hilfe der zulässigen Freizügigkeitseinschränkungen, wie des Ordre-public-Vorbehalts und des Vorbehalts der sozialen Absicherung, es den Mitgliedstaaten ermöglicht wird, nichterwerbstätige Rentner in zulässiger Weise zu diskriminieren. Der Mitgliedstaat kann bei Nichterfüllung dieser zulässigen Freizügigkeitseinschränkungen aufenthaltsverweigernde oder -beendende Maßnahmen ergreifen, woraufhin der Aufenthalt des Unionsbürgers im Aufnahmemitgliedstaat rechtswidrig wird. Dann kann er sich nicht mehr auf den Gleichbehandlungsgrundsatz berufen und auch keine Leistungen in Anspruch nehmen. Insoweit erscheint die Gefahr einer möglichen finanziellen Zusatzbelastung der Mitgliedstaaten als überschaubar.[1007] So haben es die Mitgliedstaaten selbst in der Hand, im Einzelfall ihr nationales Sozialversicherungssystem vor Schäden zu bewahren.

In der Rechtssache *Baumbast* hat der EuGH unter Anwendung des Verhältnismäßigkeitsgrundsatzes entschieden, dass es ein unverhältnismäßiger Eingriff in das Aufenthaltsrecht sei, wenn dieses mit der Begründung versagt werde, dass die Krankenversicherung die Notversorgung im Aufenthaltsstaat nicht abdecke.[1008] Bedeutet dies etwa für die Auslegung des Vorbehalts der sozialen Absicherung, dass der Aufenthaltsstaat den vollen Krankenversicherungsschutz nur im Rahmen der Verhältnismäßigkeit verlangen kann?[1009] Dies wiederum widerspräche diametral der grundsätzlichen Aussage des Art. 7 Abs. 1 lit. b) RL, der für die Ausübung des Aufenthaltsrechts den umfassenden Krankenversicherungsschutz für alle Nichterwerbstätigen explizit verlangt.

cc. Der Anspruch auf Sozialhilfe und Art. 24 Abs. 1 RL

Problematisch ist ebenfalls, dass der Gleichbehandlungsgrundsatz nach Art. 24 Abs. 1 RL nicht unter den Vorbehalt der sozialen Absicherung des

---

1006 *Armbrecht*, ZEuS 2005, 175 (203); *Oppermann/Classen/Nettesheim*, Europarecht, § 17 Rn. 23.

1007 So ebenfalls *Scheuing*, EuR 2003, 744 (785).

1008 EuGH Rs. C-413/99 (Baumbast) Slg. 2002, I-7091, I-7168 Rn. 93.

1009 So *Hailbronner*, NJW 2004, 2185 (2189).

Art. 7 Abs. 1 RL 2004/38/EG gestellt wird. Begründend wird argumentiert, dass der Sozialhilfeanspruch und das Aufenthaltsrecht einander nicht entsprechen müssten. So könne dem nichterwerbstätigen Rentner zwar ein aus der Inländergleichbehandlung nach Art. 24 Abs. 1, 2 RL abgeleiteter Anspruch auf Sozialhilfe zustehen, sollte die Sozialhilfe jedoch in Anspruch genommen werden, könnte dies dann trotzdem zu aufenthaltsbeendenden Maßnahmen führen.[1010] Dadurch tritt eine „Verwirkung" des Anspruchs auf gleichberechtigten Zugang zu Sozialleistungen ein.[1011] Kritisiert wird an dieser in sich widersprüchlichen Rechtslage, dass damit letztlich das Aufenthaltsrecht der Unionsbürger in seinem Kern ausgehöhlt werde und die durch den EuGH gerade ausgeurteilte „Weite der Bedeutung des Unionsbürgerstatuts" durch exzessive Ausweisungen der Mitgliedstaaten zur Vermeidung der Inanspruchnahme ihrer Sozialhilfesysteme konterkariert werden könne.[1012] Es liege ein „Antagonismus" zwischen dem Recht auf Gleichbehandlung, welches auch bei dem Zugang zu Sozialleistungen gelte und den Voraussetzungen für die Ausübung des Freizügigkeitsrechts im Unionsrecht, die eben gerade bei Sozialleistungsbezug es dem Mitgliedstaat ermöglichen, das Freizügigkeitsrecht dem Unionsbürger zu entziehen, vor.[1013] Die sich aus den Artikeln der RL ergebende Rechtslage ist paradox. So hat der nichterwerbstätige Rentner einen Anspruch auf Sozialhilfe nach Art. 24 Abs. 1 RL. Aber gerade dieser Sozialhilfeanspruch aus der RL führt dazu, dass sein Aufenthaltsrecht beendet werden kann, weil er als Sozialhilfeempfänger die notwendigen Existenzmittel nach Art. 7 Abs. 1 lit. b) RL, einer Vorschrift aus derselben RL, nicht mehr aufbringen kann. Die RL räumt hier scheinbar dem nichterwerbstätigen Rentner eine Rechtsposition ein, welche sie ihm später durch die Inanspruchnahme des Rechts wieder nimmt. Dies ist für den Unionsbürger unverständlich. Der Transparenz der RL kann eine solche Vorschrift nicht dienen. Eine sehr restriktive Auffassung verlangt daher, dass der Unionsgesetzgeber in der RL normiert, dass ein Sozialhilfeanspruch vor Erwerb des Daueraufenthaltsrechts gänzlich auszuschließen sei.[1014] Dies ist jedoch viel zu weitgehend

---

1010 *Forsthoff* in: Grabitz/Hilf, Art. 45 AEUV Rn. 289 i. V. m. *Randelzhofer/Forsthoff* in: Grabitz/Hilf, 40. Ergänzungslieferung Art. 39 EGV Rn. 193; *Schönberger*, Unionsbürger, 375; *Kingreen*, EuR Beiheft 1/2007, 43 (63 f.); *Frenz*, ZESAR 2011, 307 (310).

1011 So auch *Raschka*, EuR 2013, 116 (125).

1012 *Frenz*, ZESAR 2011, 307 (311).

1013 So *Raschka*, EuR 2013, 116 (116).

1014 *Frenz*, ZAR 2011, 174 (176); *Frenz*, ZESAR 2011, 307 (311).

und beeinträchtigt den nichterwerbstätigen Rentner aufs Schärfste. Vielmehr sollte darauf verzichtet werden, die Voraussetzungen des Rechts auf Aufenthalt und die Teilhabe an Sozialleistungen voneinander abzukoppeln. Anstatt aufenthaltsbeendende Maßnahmen zu ergreifen, sollte den Mitgliedstaaten die Leistungsverweigerung zum ausreichenden Schutz ihrer nationalen Sozialversicherungssysteme als milderes Mittel dienen. In einem solchen Fall würde auch der Verhältnismäßigkeit Genüge getan.[1015] Sollte der Aufenthalt durch den Aufnahmemitgliedstaat aufgrund der Inanspruchnahme von Existenzmitteln nicht beendigt werden, besteht mit der hier vertretenen Ansicht ein Anspruch auf Vollintegration und somit auf völlige Gleichstellung mit den Inländern hinsichtlich aller sich an die Freizügigkeit anknüpfender Rechte (einschließlich des Sozialhilfebezugs).[1016]

dd. Die Dreimonatsfrist des Art. 24 Abs. 2 RL

Wie bereits dargelegt, kann die Dreimonatsfrist des Art. 24 Abs. 2 RL für den nichterwerbstätigen Rentner bzw. der Ausschluss des Sozialhilfeerhalts während der Zeit der Arbeitsuche für den arbeitsuchenden Rentner nicht ohne weiteres hingenommen werden. Durch diese kurze Frist werden nämlich die Anreize für die Mitgliedstaaten verstärkt, bedürftige Unionsbürger schnell auszuweisen, bevor sie die Möglichkeit haben, das Daueraufenthaltsrecht zu erhalten. Insoweit werde die Frage, ob der Aufnahmemitgliedstaat solidarisch mit zuwandernden Unionsbürgern verfährt, vom Sozialrecht in das Aufenthaltsrecht verlagert.[1017] Damit hat es sich der Unionsgesetzgeber letztlich zu leicht gemacht. Er sollte zwar nicht, wie es der Kommissionsvorschlag ursprünglich vorsah, die Frist zum Erhalt von Sozialhilfe auf fünf Jahre[1018] ausdehnen, aber im Interesse der Mitgliedstaaten einen angemessenen Zeitraum in der RL

1015 Vgl. *Heinig*, ZESAR 2008, 465 (474).

1016 Vgl. *Scheuing*, EuR 2003, 744 (786). So auch *Höfler*, Unionsbürgerfreiheit, 166, 172 f., 212, die allerdings noch weiter geht und ohne das Erfordernis von drei Jahren stets, wenn das Freizügigkeitsrecht nicht durch den Aufenthalt beendende Maßnahmen entzogen werde, die volle Freizügigkeit mit „allen daran anknüpfenden Rechten" gewähren möchte. A.A. *Raschka*, EuR 2013, 116 (126), der davon ausgeht, dass die Ausreisepflicht von den Mitgliedstaaten in der Praxis nicht immer durchgesetzt werden könne und die Auswirkung für die Unionsbürger zuerst der Verlust oder die Verweigerung von Sozialleistungen sein wird. Er geht somit von Sozialleistungsentzug ohne aufenthaltsbeendende Maßnahmen aus.

1017 *Schönberger*, Unionsbürger, 379, 381.

1018 Art. 21 Abs. 2 des Vorschlags der Kommission, KOM (2001), 257 endg. 20, 42.

benennen. So wird gefordert, nach einem Jahr den Sozialhilfeanspruch auch auf Nichterwerbstätige auszudehnen.[1019] Im Interesse der Transparenz, Vereinfachung und Rechtssicherheit wird hier vorgeschlagen, den Zeitraum von drei Jahren zu wählen, der als Maßstab für eine entsprechende Integration in den Aufnahmemitgliedstaat genügt.

Andere Ansichten in der Literatur wollen Art. 24 Abs. 2 RL 2004/38/EG aus sachlichen und rechtlichen Gründen auf Fälle des Missbrauchs bei der Inanspruchnahme solcher Leistungen reduzieren.[1020] Begründet werden kann dies damit, dass Art. 21 Abs. 2 AEUV nur zu Bestimmungen ermächtigt, die die Freizügigkeit erleichtern, aber nicht solchen, die diese verschärfen. Darüber hinaus trete die Europäische Union ansonsten in ihrem Gewährleistungsgehalt hinter die Rechtssache des EuGH *Grzelczyk* zurück.[1021] Andererseits ist freilich zuzugeben, dass diese Bestimmungen i. d. R. für die Praxis nicht von Bedeutung sind, da nach innerstaatlichem Recht regelmäßig Sozialhilfe bei faktischem Aufenthalt im Aufnahmemitgliedstaat gewährt wird und aufenthaltsbeendende Maßnahmen aufgrund der hohen Hürden des Unionsrechts i. d. R. ausgeschlossen sind.[1022] Durch Art. 24 Abs. 2 RL i. V. m. der 21. Präambelerwägung der RL 2004/38/EG hat der Unionsgesetzgeber versucht, aufgrund des Art. 18 Abs. 2 AEUV die Reichweite des allgemeinen Diskriminierungsverbots des Art. 18 Abs. 1 AEUV zu begrenzen, um der „gleichbehandlungsfreundlichen Rechtsprechung" des EuGH entgegenzutreten.[1023] Die Funktion des Art. 18 Abs. 2 AEUV kann wegen des Fundamentalcharakters des Art. 18 Abs. 1 AEUV nur noch darin bestehen, „Grenz- und Zweifelsfragen" zu klären und das Diskriminierungsverbot zu präzisieren, insb. in Bereichen, in denen mangels konkreter Bestimmungen des Unionsrechts Art. 18 Abs. 1 AEUV noch nicht unmittelbar anwendbar ist.[1024] Beispielhaft werden diesbezüglich Leistungen zum Ausgleich bei Verletzungen des Diskriminierungsverbots aufgrund der Staatsangehörigkeit angeführt und

---

1019 *Schönberger*, Unionsbürger, 379.

1020 *Scheuing* in: Dreier/Forkel/Laubenthal, FS 600 Jahre Würzburger Juristenfakultät, 103 (142).

1021 So jedenfalls *Scheuing* in: Dreier/Forkel/Laubenthal, FS 600 Jahre Würzburger Juristenfakultät, 103 (142).

1022 *Hailbronner*, ZAR 2002, 7 (9).

1023 *Giegerich* in: Schulze/Zuleeg/Kadelbach, § 9 Rn. 57.

1024 *Epiney* in: Calliess/Ruffert, EUV/AEUV, Art. 18 AEUV Rn. 49; *Streinz* in: Streinz, EUV/EGV, Art. 12 Rn. 66; *Zuleeg* in: von der Groeben/Schwarze, EU-/EG-Vertrag, Art. 12 EG Rn. 21.

manche Beziehungen Privater, bei denen Art. 18 Abs. 1 AEUV nicht unmittelbar greift.[1025] Eine Befugnis des Unionsgesetzgebers für eine Erweiterung oder Einschränkung des Diskriminierungsverbots besteht hingegen nicht.[1026] Es wird vom EuGH gefordert, Art. 24 Abs. 2 RL entweder einer primärrechtskonformen Interpretation zuzuführen oder die Vorschrift als primärrechtswidrig zu verwerfen.[1027] Obwohl der EuGH im Bereich der Studienbeihilfen (Rechtssache *Förster*)[1028] dem Unionsgesetzgeber gefolgt ist und das primärrechtliche Diskriminierungsverbot des Art. 18 Abs. 1 AEUV insoweit durch Art. 24 Abs. 2 RL begrenzt hat[1029] wird die Zukunft zeigen, wie der EuGH außerhalb von Studienbeihilfen auf Art. 24 Abs. 2 RL reagieren wird. Dass diese Rechtsprechung aber nicht auf die Rentner im Nebenerwerb übertragbar ist, wurde bereits aufgezeigt. Art. 24 Abs. 2 RL wirkt zu begrenzend für den nichterwerbstätigen Rentner und den arbeitsuchenden Rentner. Insoweit sollte Art. 24 Abs. 2 RL entweder gestrichen oder im Interesse der Rentner verändert werden.

In der Bewertung ist darauf hinzuweisen, dass bei der RL 2004/38/EG die nationalen Sicherungsinteressen (z. B. die Verhinderung von „Sozialleistungstourismus“) weitestgehend vernachlässigt wurden. Dies kann zu Widerständen in der Befolgung des sekundären Unionsrechts führen, so dass die Interessen der Mitgliedstaaten bei der Auslegung der RL ggf. zu berücksichtigen sind.[1030]

1025 *Zuleeg* in: von der Groeben/Schwarze, EU-/EG-Vertrag, Art. 12 EG Rn. 21; *Streinz* in: Streinz, EUV/EGV, Art. 12 Rn. 66; *von Bogdandy* in: Grabitz/Hilf, Art. 18 AEUV Rn. 64; *Epiney* in: Calliess/Ruffert, EUV/AEUV, Art. 18 AEUV Rn. 49.

1026 Siehe *Giegerich* in: Schulze/Zuleeg/Kadelbach, § 9 Rn. 57; *Zuleeg* in: von der Groeben/Schwarze, EU-/EG-Vertrag, Art. 12 EG Rn. 21; *Streinz* in: Streinz, EUV/EGV, Art. 12 Rn. 66. Dem stellt sich *Schönberger*, Unionsbürger, 419, entgegen, der implizit davon ausgeht, dass der Unionsgesetzgeber die Befugnis für die Regelung des Art. 24 Abs. 2 RL 2004/38/EG hatte, da er die Anerkennung einer zeitlichen Komponente durch den Unionsgesetzgeber durchaus als notwendig für die Dogmatik abgestufter Solidarität in der EU, welche er der Rechtsprechung des EuGH entnimmt, anerkennt. Vgl. dazu 417 ff.

1027 *Heinig*, ZESAR 2008, 465 (473).

1028 Vgl. EuGH Rs. C-158/07 (Förster) EuZW 2009, 44 (44 ff.).

1029 So auch *Giegerich* in: Schulze/Zuleeg/Kadelbach, § 9 Rn. 57; *Heinig*, ZESAR 2008, 465 (473).

1030 *Streinz* in: Crezelius/Hirte/Vieweg, FS für Röhricht, 1239 (1248 f.).

2. Lösungsansätze zur Differenzierung zwischen dem nichterwerbstätigen Rentner und dem Rentner im Nebenerwerb

a. Problemaufriss

Bezogen auf den Umfang der aus der Freizügigkeit gewährten Rechte ist einer der Hauptkritikpunkte an der RL 2004/38/EG die Differenzierung zwischen dem nichterwerbstätigen Rentner und dem Rentner im Nebenerwerb.[1031] So könnte z. B. gefordert werden, dass auch der nichterwerbstätige Rentner eine nahezu unbeschränkte Freizügigkeit gleich dem Rentner im Nebenerwerb genießen soll. Fraglich ist, ob dies sinnvoll ist. Im Folgenden sollen daher verschiedene Lösungsalternativen diesbezüglich präsentiert werden. Im Anschluss an die Lösungsansätze wird die Frage beantwortet, ob es sinnvoll ist, von der Differenzierung zwischen dem nichterwerbstätigen Rentner und dem Rentner im Nebenerwerb in Bezug auf das Recht auf Freizügigkeit in der RL 2004/38/EG in Zukunft abzurücken.

b. Meinungsspektrum

Der erste Lösungsansatz geht davon aus, dass entweder die Freizügigkeit stärker zu beschränken oder die vollständige Integration in den Sozialstaat zurückzufahren sei.[1032] Dies würde entweder restriktivere Aufnahme- und Aufenthaltsvorschriften durch die Mitgliedstaaten oder ein verringertes Sozialleistungsniveau zur Folge haben, welches die nichterwerbstätigen Rentner gebührend abschrecken würde.[1033]

Der zweite Ansatz sieht eine Reduzierung der Belastung des Sozialsystems des Aufnahmemitgliedstaats durch den nichterwerbstätigen Rentner darin, einen Wechsel zum Heimatland- oder Herkunftsprinzip zu vollziehen. Dadurch würden öffentliche Abgabepflichten und Leistungsansprüche durch eine zu definierende Herkunft oder Heimat von Personen entstehen und festgelegt.[1034] Die Unionsbürger genießen nach dieser Ansicht volle Freizügigkeit. Allerdings bliebe ihr

---

1031 Zur Frage, ob es tatsächlich in der vorliegenden Arbeit weiterführend ist, die Formulierungen „nichterwerbstätiger Rentner“, „Rentner im Nebenerwerb“ und „arbeitsuchender Rentner“ zu verwenden, ist bereits mehrfach Stellung bezogen worden.

1032 *Sinn*, 57. Jahrgang-ifo Schnelldienst, 13/2004, 13 (16), der insoweit eine „selektiv verzögerte Integration“ vorschlägt.

1033 *Kingreen*, EuR Beiheft 1/2007, 43 (67); *Pennings*, European Social Security Law, 280.

1034 Bundesministerium der Finanzen, Freizügigkeit, 58.

Heimatland weiterhin zuständig für die Erbringung von Sozialleistungen, deren Höhe sich nach dem Niveau im Heimatstaat richtet, wenn sie im Aufenthaltsstaat keiner Berufstätigkeit nachgehen.[1035]

Der dritte Lösungsvorschlag sieht eine selektiv verzögerte Integration in den Sozialstaat vor. Demnach soll der Unionsgesetzgeber, wie bereits in der RL 2004/38/EG vorgesehen, weiterhin einen Zeitraum determinieren, ab welchem an den nichterwerbstätigen Rentner durch den Aufnahmemitgliedstaat sämtliche Sozialhilfeleistungen erbracht werden müssen und er dann aus diesem nicht mehr ausgewiesen werden könne.[1036] Dafür wird beispielhaft ein Zeitraum von fünf Jahren angeführt, in welchem der bisher zuständige Träger die Sozialleistungen erbringt, wobei sich die Bemessung für die Leistungen nach den Bestimmungen richtet, die für die Aufenthaltsmitgliedstaaten gelten.[1037] Darüber hinaus verlangt diese Ansicht, dass Erwerbstätige, wie z. B. der Rentner im Nebenerwerb, die Steuern und Sozialabgaben zahlen, alle durch Beiträge finanzierten Sozialleistungen und freien Zugang zur öffentlichen Infrastruktur erhalten sollen. Demgegenüber solle dem Rentner im Nebenerwerb genau wie dem nichterwerbstätigen Rentnern der Zugang zu steuerfinanzierten Sozialleistungen, wie Sozialhilfe und Wohngeld, verwehrt werden.[1038]

c. Bewertung der Lösungsansätze

Der erste Lösungsansatz basiert auf der „Welfare Magnets Thesis" und will entweder die Freizügigkeit der nichterwerbstätigen Rentner durch restriktive

---

1035 Vgl. dazu *Höfler*, Unionsbürgerfreiheit, 176.

1036 Dazu schlägt diese Ansicht vor, die Frist von drei Monaten in der RL 2004/38/EG auf ein Jahr auszudehnen. Dieses eine Jahr sollte man nach dieser Ansicht auch als Zeitraum einstufen, nach welchem dem Unionsbürger garantiert wird, dass er nach dessen Ablauf nicht mehr in den Heimatstaat zurückgeschickt werden dürfe und für ihn durch den Aufnahmemitgliedstaat sämtliche „Fürsorgelasten" erbracht werden. Vgl. dazu *Schönberger*, Unionsbürger, 379 f. Zur „verzögerten Integration" auch *Becker*, EuR Beiheft 1/2007, 95 (108). Vgl. auch *Bundesministerium der Finanzen*, Freizügigkeit, 81 f., 84, welches hierbei maßgeblich für die Zuständigkeit für Sozialleistungen darauf abstellt, ob der Unionsbürger in dem Mitgliedstaat zuletzt über einen „zusammenhängenden Zeitraum von bspw. fünf Jahren ansässig war". Ist die Voraussetzung erfüllt, trete nach Ablauf der fünf Jahre ein Wechsel des zuständigen Trägers ein, wonach nunmehr der Aufnahmemitgliedstaat zuständig sei. Die Ansässigkeit sei in dem Staat, in dem engere persönliche und wirtschaftliche Beziehungen entstanden sind und somit der „Mittelpunkt der Lebensinteressen" bestehe, gegeben.

1037 Vgl. *Bundesministerium der Finanzen*, Freizügigkeit, 84, 86, 89.

1038 *Schönberger*, Unionsbürger, 380; *Becker*, EuR Beiheft 1/2007, 95 (108).

Aufnahme- und Aufenthaltsbestimmungen oder deren Integration in den Sozialstaat durch die Absenkung des Sozialleistungsniveaus beschränken.[1039] Argumentiert werden kann für diese Ansicht damit, dass in der Entstehungsgeschichte der RL 2004/38/EG der Rat und das Parlament die Absicht hatten, restriktiv jegliche Art Risiko eines Sozialleistungstourismusses zu verhindern. Hintergrund ist, dass jeder Anspruch auf die Ressourcen eines Staats abzielt, die von den Mitgliedern dieser „Sozialleistungsgesellschaft" geschaffen worden sind und auch i. d. R. nur den Mitgliedern einer solchen Gesellschaft zugutekommen sollen.[1040] Allerdings würde eine Eindämmung der Freizügigkeit durch restriktivere Aufnahme- und Aufenthaltsbestimmungen den Rechten der Europäischen Verträge widersprechen.[1041] Andererseits wird bei der Gewährung unbeschränkter Freizügigkeit des nichterwerbstätigen Rentners und der Nichterwerbstätigen allgemein vielfach befürchtet, dass dies zu einer erheblichen Belastung des Sozialstaats führen könnte bis hin zu einer völligen Erosion desselbigen.[1042] Es werden Ängste geschürt, dass eine zu weit gehende Freizügigkeitsgewährung innerhalb der Europäischen Union die Sozialleistungssysteme gefährden und letztlich die mitgliedstaatlichen Kompetenzen aushöhlen würde.[1043] Zu Bedenken ist, dass die „Welfare Magnets Thesis" letztlich auf unzutreffenden Prämissen beruht. So zum einen darauf, dass Mitgliedstaaten mit hohen Sozialleistungen nichterwerbstätige Rentner aus anderen Staaten anziehen und zum anderen, dass das bisherige Niveau des Sozialleistungssystems absinke, wenn die Mitgliedstaaten verpflichtet sind, nichterwerbstätige Rentner bei der Gewährung von Sozialleistungen ihren Staatsangehörigen gleichzustellen.[1044] Es ist weder wissenschaftlich bewiesen, ob die Sozialleistungsgewährung in einem Mitgliedstaat sich positiv auf die Entscheidung zum Umzug in diesen

---

1039 Vgl. ausführlich dazu *Kingreen*, EuR Beiheft 1/2007, 43 (67).

1040 Vgl. zur Auffassung des Rates und des Europäischen Parlaments, *Dougan/Spaventa* in: Spaventa/Dougan, Social Welfare, 181 (215).

1041 Die Gründung der Europäischen Wirtschaftsgemeinschaft (EWG) und der Europäischen Atomgemeinschaft (EURATOM) erfolgte durch die Unterzeichnung der Verträge am 25. März 1957 in Rom, welche nach ihrer Ratifizierung in den sechs Mitgliedstaaten am 1. Januar 1958 in Kraft traten. Der Vertrag zur Gründung der Europäischen Wirtschaftsgemeinschaft und der Vertrag über die Gründung der Europäischen Atomgemeinschaft ist unter http://eur-lex.europa.eu/de/treaties/index.htm#founding abrufbar (Abrufdatum: 29.11.2008). Vgl. auch *Sinn*, 57. Jahrgang – ifo Schnelldienst, 13/2004, 13 (16).

1042 Vgl. *Höfler*, Unionsbürgerfreiheit, 174.

1043 *Becker*, EuR Beiheft 1/2007, 95 (109).

1044 *Kingreen*, EuR Beiheft 1/2007, 43 (67).

Staat auswirkt, noch, ob Wanderungsbewegungen in der Europäischen Union tatsächlich einen negativen Effekt auf das Sozialleistungsniveau dieses Mitgliedstaats haben.[1045] Insoweit ist diese Ansicht insgesamt abzulehnen.

Der zweite Lösungsansatz geht von der Prämisse aus, dass infolge der Konkurrenz der einzelnen Mitgliedstaaten diejenigen, welche vorher umfangreiche Sozialprogramme bereithielten, diese einschränken könnten.[1046] Im Speziellen wird vielfach befürchtet, dass Unternehmen ihre Produktion dorthin verlagern, wo sie die geringsten Belastungen durch nationale Sozialabgaben oder Schutzstandards durch das Arbeitsrecht haben. Als Reaktion auf diese Entwicklung sähen sich die Mitgliedstaaten der Union mit einem hohen Sozialleistungsniveau dann zwangsläufig gezwungen, ihren national bestehenden hohen sozialen Standard abzusenken („social dumping").[1047] Daraus ergebe sich wiederum die Notwendigkeit der Europäischen Union harmonisierend einzugreifen.[1048] Die Regelungen der RL 2004/38/EG bringen diesbezüglich keine Beruhigung mit sich. Denn gerade weil sie für nichterwerbstätige Rentner freizügigkeitsfördernd sind, ist nicht zu negieren, dass in Europa vermutlich in den nächsten Jahren ein „Abschreckungswettbewerb" zwischen den Sozialstaaten mit der Folge der Verringerung des Schutzniveaus für den einzelnen Bürger stattfinden werde.[1049] Die Lösung aus diesem Dilemma sei ein Wechsel zum Heimatland- oder Herkunftsprinzip. Durch die Weitererbringung von Sozialleistungen durch den Heimat- oder Herkunftsstaat könne nach Vertretern dieser Ansicht gleichzeitig sowohl die vollständige Sozialstaatlichkeit als auch die vollumfängliche Freizügigkeit garantiert werden, was allerdings als nicht realisierbare „Ideallösung"

1045 Vgl. zur Umzugsentscheidung *Schönberger*, ZAR 2006, 226 (231); *Kingreen*, EuR Beiheft 1/2007, 43 (67 f.) und zur negativen Auswirkung auf das Sozialleistungsniveau *Kingreen*, EuR Beiheft 1/2007, 43 (68). Vgl. auch *Martin*, Ausländer ohne Aufenthaltsrecht, 31.

1046 *Wildasin*, 57. Jahrgang-ifo Schnelldienst, 17/2004, 18 (22).

1047 *Eichenhofer* in: Oetker/Preis, EAS B 1200, Rn. 27; *Laske*, CMLR 1993, 515 (539). Laske sieht in den unterschiedlichen nationalen Rechtsvorschriften für den Wanderarbeitnehmer ein Hindernis für dessen Freizügigkeit und die Gefahr, dass die Staaten ein „social dumping" praktizieren. Kritisch dazu *Mosley*, ILR 1990, 147 (160 f.); *Däubler* in: Däubler, Sozialstaat EG, 35 (62 f.); *Bundesministerium der Finanzen*, Freizügigkeit, 58, wo in diesem Zusammenhang von „race to the bottom" gesprochen wird.

1048 Aufgrund des Sozialdumpings sei die Union verpflichtet zu harmonisieren. *Petersen*, JCMSt 1991, 505 (513) geht davon aus, dass sich weder aus dem Subsidiaritätsprinzip noch aus der Gefahr des Sozialdumpings eine Notwendigkeit für eine „ex-ante Harmonisierung" ergebe.

1049 *Sinn*, 57. Jahrgang-ifo Schnelldienst, 13/2004, 13 (14, 15).

erscheine.[1050] Dieser Ansatz geht zudem von unzutreffenden Prämissen aus. So sei nicht mit absoluter Sicherheit vorhersehbar, wie sich eine Sozialkonkurrenz zwischen Mitgliedstaaten mit unterschiedlichen Sozialsystemen und Leistungsniveaus innerhalb eines „ökonomischen Großraums" auswirke.[1051] Vielmehr sollte der befürchteten Abwanderung von Unternehmen in Niedrigniveaumitgliedstaaten dadurch begegnet werden, dass die Union von ihren Kompetenzen im Bereich der Sozialpolitik verstärkten Gebrauch macht und durch eine Harmonisierung soziale Mindeststandards für alle Arbeitnehmer im Binnenmarkt durchsetzt. Die Union schafft somit eine Garantie für eine ausreichende soziale Sicherheit, die in Personen als Humankapital investiert und so deren Leistungsfähigkeit steigert.[1052] Die Vorstellung die Herkunftsstaaten würden bei der Leistungsbemessung, die sich nach den Verhältnissen im Aufnahmemitgliedstaat richtet, „mitspielen", erscheint fragwürdig. Vielmehr ist davon auszugehen, dass die ärmeren Mitgliedstaaten in geringerem Umfang in der Lage sind, einen möglicherweise weit über ihrem Standard liegenden Lebensstil finanziell zu ermöglichen.[1053]

Die Anknüpfung an das Herkunftsprinzip erscheint überholt. Zwar wirkt Herkunft einerseits verbindend, andererseits kann dieses Gefühl der Verbindung und Zugehörigkeit zum Herkunftsstaat im Laufe des Lebens wieder nachlassen.[1054] Das Herkunftsprinzip ist angesichts der Mobilität und Globalisierung in deren Folge Unionsbürger ihren ständigen Aufenthalt im Ausland nehmen und sich dort gut integrieren können, nicht mehr zeitgemäß. Es ist ausschließlich auf die Vergangenheit bezogen und steht aktiven Integrationsbemühungen des Aufnahmemitgliedstaats entgegen.[1055] Die zweite Ansicht ist daher abzulehnen.

Die selektiv verzögerte Integration als dritter Lösungsansatz führt zu einer nahezu wirklichen Gleichstellung von nichterwerbstätigen Rentnern und Rentnern im Nebenerwerb hinsichtlich ihres Freizügigkeitsrechts. Außerdem stellt die Anerkennung einer gewissen Wartezeit keine Neuheit im Internationalen Recht dar, sondern

---

1050 Vgl. dazu *Höfler*, Unionsbürgerfreiheit, 176.

1051 Vgl. dazu *Bieback*, EuR 1993, 150 (157 f.); *Jungk* in: Lichtenberg, Sozialpolitik in der EG, 1986, 35 (41).

1052 Siehe auch *Bieback*, EuR 1993, 150 (158). Vgl. ebenfalls *Wulff* in: Ennuschat/Geerlings/Mann/Pielow, GS für Tettinger, 645 (650). Wulff führt zutreffend an, dass die stärkere Mobilisierung älterer Menschen sich weiterzubilden, um damit künftige Beschäftigungslücken besser ausfüllen zu können und Einbrüche der Produktion zu vermeiden, eine existenzielle Notwendigkeit für die Unternehmen darstelle.

1053 Vgl. auch *Höfler*, Unionsbürgerfreiheit, 176.

1054 *Bundesministerium der Finanzen*, Freizügigkeit, 58.

1055 *Bundesministerium der Finanzen*, Freizügigkeit, 58.

ist z. B. in den Vereinigten Staaten gängige Praxis.[1056] Die Anforderung der Wartezeit vor dem Bezug von Sozialleistungen knüpft zudem an die RL 2004/38/EG an, wonach der Aufenthalt an das Vorhandensein von notwendigen Existenzmitteln geknüpft ist und die Sozialhilfe erst nach drei Monaten rechtmäßigen Aufenthalts dem nichterwerbstätigen Rentner zusteht. Die Karenzzeit soll insoweit den hinreichenden Bezug zwischen dem nichterwerbstätigen Rentner und dem Mitgliedstaat sichern, der bei dem Rentner im Nebenerwerb als Arbeitnehmer bereits durch die Teilnahme am Erwerbsleben nicht mehr in Frage zu stellen ist.[1057] Aus diesem Grunde ist es nicht nachvollziehbar, warum nach dieser Ansicht dem Rentner im Nebenerwerb als Arbeitnehmer der Erhalt von u. a. durch ihn selbst steuerfinanzierte Sozialleistungen verwehrt werden soll. So gibt der Ansatz gleich selbst zu bedenken, dass die sozialrechtliche Verzögerung bei Grenzübertritt für den Rentner im Nebenerwerb integrationspolitisch ein Nachteil sei. Nach der verzögerten Integration müssen im Beschäftigungsland Beiträge und Steuern entrichtet werden. Diese „Konstruktion der Teiläquivalenz" verstoße bei Leistungen, die steuerbezogenen sind, gegen das „Nonaffektationsprinzip"[1058] und bei solchen, die beitragsbezogenen sind gegen das „abgeschwächte Gegenleistungsprinzip der Sozialversicherung".[1059] Außerdem sei nach diesem Modell eine Trennung zwischen vorläufiger Erhebung von Abgaben nach den Bestimmungen des Beschäftigungsstaats und der endg. Abgabenfeststellung nach den Bestimmungen des Herkunftsstaats erforderlich, die Amtshilfe voraussetze und einen erhöhten Verwaltungsaufwand verlange.[1060] Der verzögerten Integration stehe die sozialrechtliche territoriale Verantwortung entgegen.[1061] Zudem wären die Sozialhilfeempfänger die großen „Gewinner der Reform", denn sie

---

1056 Bestehende Konstellationen sind in den Vereinigten Staaten Wartezeiten bei der Finanzierung von Studium und Ehescheidung. Vgl. dazu *Schönberger*, Unionsbürger, 419, Fn. 409.

1057 *Schönberger*, Unionsbürger, 419 f.

1058 Das Nonaffektationsprinzip stellt einen Haushaltsgrundsatz dar, der bestimmt, dass sämtliche öffentlichen Einnahmen zur Deckung aller öffentlichen Ausgaben zur Verfügung stehen müssen und daher eine Zweckbindung der öffentlichen Einnahmen verboten ist. Vgl. hierzu http://lexikon.meyers.de/wissen/Nonaffektationsprinzip (Abrufdatum: 15.11.2008). Vgl. auch http://www.brockhaus.de/wissen/nonaffektationsprinzip (Abrufdatum: 15.11.2008). Das Nonaffektationsprinzip gilt nicht nur in den Haushaltsplänen der Mitgliedstaaten der EU, sondern ebenfalls im Gesamthaushaltsplan der Europäischen Union, vgl. dazu http://www.eu-info.de/europa/eu-haushalt-finanzielle-vorausschau/ (Abrufdatum: 15.11.2008).

1059 *Becker*, EuR Beiheft 1/2007, 95 (108).

1060 *Bundesministerium der Finanzen*, Freizügigkeit, 88, 104.

1061 *Becker*, EuR Beiheft 1/2007, 95 (108).

hätten nach fünf Jahren bzw. dem Ablauf der bestimmten Periode (nach dieser Ansicht ein Jahr; nach hier vertretener Ansicht drei Jahre) im Aufnahmemitgliedstaat einen Anspruch auf Sozialhilfe und verlören diesen Anspruch nicht bei dem Grenzübertritt im Herkunftsstaat, was wiederum zu sozial unerwünschten Wanderungen führen würde.[1062] Allerdings ist darauf hinzuweisen, dass auch die Mitgliedstaaten nach fünf Jahren durch die RL 2004/38/EG einen Daueraufenthalt ermöglichen, der seinerseits davon unabhängig ist, ob Existenzmittel und ein umfassender Krankenversicherungsschutz vorliegen. Die verzögerte Integration durch eine Wartezeit von fünf Jahren ist notwendig, weil ansonsten das ausdifferenzierte Regelungsgefüge des Sekundärrechts, welches Erwerbstätige, wie z. B. den Rentner im Nebenerwerb betrifft, unsinnig wäre, wenn Nichterwerbstätige, wie z. B. der nichterwerbstätige Rentner, jede beitragsunabhängige Sozialleistung schlicht nach Art. 21 AEUV i. V. m. 18 AEUV beanspruchen könnten.[1063] Aus Sicht des Rentners im Nebenerwerb ist eine Wartezeit von fünf Jahren bis zum Erhalt des Daueraufenthalts und der berechtigten Inanspruchnahme von Sozialleistungen als unbillig anzusehen, wenn dieser zwar Steuern und Sozialabgaben zahlen darf, dann aber ebenso wie ein nichterwerbstätiger Rentner keinen Zugang zu steuerfinanzierten Sozialleistungen, wie Sozialhilfe und Wohngeld, erhalten soll. In einem solchen Fall muss die Leistungserbringung dahingehend gewertet werden, dass der Rentner im Nebenerwerb auch mehr Leistungen erhält und nicht mit den Nichtleistenden auf eine Ebene gestellt wird. Von Belang ist dies insb. deshalb, um als Mitgliedstaat dem Rentner im Nebenerwerb und den Erwerbstätigen allgemein Anreize zur Erwerbstätigkeit zu geben. Insoweit sollte weiterhin zwischen dem nichterwerbstätigen Rentner und dem Rentner im Nebenerwerb differenziert werden, mit der Konsequenz, dass der Rentner im Nebenerwerb, der als Erwerbstätiger Steuern und Sozialabgaben zahlt, bereits von Anfang an Zugang zu allen Sozialleistungen und somit auch zur Sozialhilfe erhält (Art. 24 Abs. 2 RL). Ebenso sind bei der Abschwächung des Schutzes für nichterwerbstätige Rentner die Interessen der Mitgliedstaaten am Erhalt der Leistungsfähigkeit ihrer Sozialleistungssysteme zu beachten. Letztlich kann eine derart verstandene verzögerte Integration mit der Knappheit finanzieller Mittel in den Mitgliedstaaten und dem Fehlen der vollständigen Zugehörigkeit des nichterwerbstätigen Unionsbürgers zum Solidarverband des Mitgliedstaats gerechtfertigt werden.[1064] Eine sofortige, vollumfängliche und bedingungslose Integration in den Sozialverband wird

---

1062 *Bundesministerium der Finanzen*, Freizügigkeit, 86, 95.

1063 *Tomuschat*, CMLR 2000, 449 (456 f.); *Niemann*, EuR 2004, 946 (950 f.); *Schönberger*, Unionsbürger, 420.

1064 *Schönberger*, Unionsbürger, 423 f.

den Unionsbürgern daher nicht garantiert. Allerdings können sie aufgrund der Unionsbürgerschaft beanspruchen, nicht dauerhaft aus dem Verband ausgeschlossen zu werden.[1065] Letztlich sei die verzögerte Integration nur Ausdruck der Struktur der Europäischen Union als „Staaten- und Verfassungsverbund“ und ermögliche eine Konfliktvermeidung mit dem Verfassungsrecht der Mitgliedstaaten.[1066] Daher ist an der grundsätzlichen Differenzierung der RL 2004/38/EG in nichterwerbstätige Rentner und Rentner im Nebenerwerb nichts zu beanstanden und diese als sinnvoll anzuerkennen. Es wird dem dritten Lösungsvorschlag, der selektiv verzögerten Integration gefolgt, allerdings mit der Modifikation, dass der Rentner im Nebenerwerb steuerfinanzierte Sozialleistungen im Aufnahmemitgliedstaat erhalten soll.

VII. Zusammenfassung zu Art. 21 AEUV und zur Richtlinie 2004/38/EG

1. Art. 21 Abs. 2 AEUV

(1) Art. 21 Abs. 2 AEUV stellt keine vollwertige Rechtsgrundlage für die RL 2004/38/EG dar. Um alle fragmentarisch geregelten Bestimmungen für die unterschiedlichen Personengruppen des persönlichen Geltungsbereichs (Arbeitnehmer, Selbstständige, Nichterwerbstätige etc.) in einem Rechtsakt zusammenfassen zu können, ist die RL daher zudem auf die Art. 46, 50 und 59 AEUV zu stützen. Art. 21 Abs. 2 AEUV ist für Bestimmungen über Nichterwerbstätige heranzuziehen.

(2) Art. 21 Abs. 1 AEUV gewährt primärrechtlich allen Unionsbürgern ein vertragliches allgemeines Bewegungs- und Aufenthaltsrecht, das sog. Recht auf Freizügigkeit in den Mitgliedstaaten der Europäischen Union, und zwar im Gegensatz zu den Personenverkehrsfreiheiten, unabhängig von einer wirtschaftlichen Tätigkeit. Daneben ergibt sich aus Art. 21 Abs. 1 AEUV ein Verbleiberecht im Aufnahmemitgliedstaat.

(3) Die RL 2004/38/EG erfüllt sämtliche Restriktionen des Art. 21 Abs. 2 AEUV. So kann der Rat gem. Art. 21 Abs. 2 AEUV Vorschriften nur erlassen, wenn zur Erreichung der Zielsetzung des Art. 21 Abs. 1 AEUV ein Tätigwerden

---

1065 *Schönberger*, Unionsbürger, 433.

1066 So differenziere das nationale Verfassungsrecht von jeher zwischen Staatsangehörigen und Ausländern und widerstreite somit der gleichen Freiheit aller Unionsbürger. Vgl. dazu *Huber*, ZaöRV 2008, 307 (325).

der Union erforderlich erscheint und die Verträge hierfür keine Befugnisse vorsehen. Zudem muss die Ausübung des Art. 21 Abs. 1 AEUV erleichtert werden. Die RL 2004/38/EG ist dabei durchaus als „Vorschrift" anzusehen. Sie ist zur Erreichung der Freizügigkeit nach Art. 21 Abs. 1 AEUV erforderlich, auch wenn sie Beschränkungen des Freizügigkeitsrechts, wie z. B. den Vorbehalt sozialer Absicherung enthält, da das Freizügigkeitsrecht nach Art. 21 Abs. 1 AEUV nur vorbehaltlich dieser Beschränkungen gewährt wird. Letztlich dienen gerade diese Beschränkungen der effektiven Herstellung der Freizügigkeit. Da die Freizügigkeit vor Einfügung des Art. 21 in den AEUV nur im Rahmen der Personenverkehrsfreiheiten (Art. 45 Abs. 3, 49 ff., 56 ff. AEUV) und daher nur im Zusammenhang mit einer wirtschaftlichen Tätigkeit garantiert wurde, bestanden zuvor keine primärrechtlichen Befugnisse für die Regelung eines Freizügigkeitsrechts für nichterwerbstätige Rentner. Insbesondere Art. 45 Abs. 3 lit. d) AEUV als primärrechtliche Verbleibevorschrift für den Arbeitnehmer im Beschäftigungsstaat kann nicht als vollwertiges Äquivalent für Art. 21 Abs. 2 AEUV angesehen werden, da er lediglich einen Verbleib im Beschäftigungsstaat garantiert. Indem die RL 2004/38/EG den Inhalt des sich direkt und konstitutiv aus Art. 21 Abs. 1 AEUV ergebenen Freizügigkeitsrechts bestimmt, erleichtert sie dessen Ausübung. Der Unionsgesetzgeber verfügt mit Art. 21 Abs. 2 AEUV über eine Regelungskompetenz, um Vorschriften für nichterwerbstätige Rentner in der RL 2004/38/EG zu erlassen.

Art. 21 AEUV ist aufgrund seiner wertsetzenden Bedeutung mit der überwiegenden Literatur und Rechtsprechung als unmittelbar vertikal anwendbar zu betrachten. Damit stellt jede Ausformung des Freizügigkeitsrechts, wie z. B. die Unabhängigkeit von sozialen Transfers im Aufnahmemitgliedstaat in der Unionsbürgerrichtlinie sich nicht als Ausgestaltung des Freizügigkeitsrechts, sondern als Schranke des durch Art. 21 AEUV unmittelbar vertikal garantierten Freizügigkeitsrechts dar. Aus diesem Grund wird das Aufenthaltsrecht bereits primärrechtlich gewährleistet und entsteht nicht erst konstitutiv durch Sekundärrecht. Es besteht allerdings keine horizontale Drittwirkung der Vorschrift.

(4) Art. 21 AEUV ist subsidiär zu den Freizügigkeitsgewährleistungen der Grundfreiheiten und des zu ihrer Durchführung ergangenen Sekundärrechts und kommt daher nur zum Einsatz, wenn kein Bezug zu einer wirtschaftlichen Betätigung gegeben ist.

(5) Bei Erlass der RL 2004/38/EG wurden die Verfahrensvoraussetzungen des Art. 21 Abs. 2 AEUV gewahrt.

(6) Der nichterwerbstätige Rentner, der Staatsangehöriger eines der Mitgliedstaaten der Europäischen Union ist, wird als Unionsbürger vom persönlichen Geltungsbereich des Art. 21 AEUV umfasst.

(7) Art. 21 Abs. 1 AEUV gewährleistet die Freizügigkeit aller Unionsbürger. Dies bedeutet, dass der einzelne nichterwerbstätige Rentner ein allgemeines Bewegungs- und Aufenthaltsrecht in den Mitgliedstaaten der Europäischen Union innehat. Das Recht auf Aufenthalt umfasst neben dem Kurz- auch den Daueraufenthalt. Der genaue Gehalt des in Art. 21 Abs. 1 AEUV verankerten Freizügigkeitsrechts ist noch nicht vollständig ausjudiziert, sondern muss vom EuGH erst im Rahmen seiner Rechtsprechung konkretisiert werden.

(8) Die Freizügigkeit ist ein Recht sui generis.

(9) Art. 21 AEUV bezieht in seinen sachlichen Geltungsbereich das Recht auf Aufenthalt mit ein. Art. 21 AEUV fungiert dabei als Maßstab zur Beantwortung der Frage, ob und unter welchen Voraussetzungen der Aufenthalt verweigert bzw. beendet werden kann. Art. 21 AEUV enthält keine Grundlage für Rechte im Aufenthalt und trifft insoweit auch keine Regelungen über die konkreten Modalitäten des Aufenthalts. Aus diesem Grunde enthält Art. 21 Abs. 1 AEUV lediglich ein Beschränkungs-, jedoch kein Diskriminierungsverbot.

(10) Art. 21 AEUV i. V. m. Art. 18 AEUV normiert das Recht im Aufenthalt. Durch den Aufenthalt nach Art. 21 AEUV wird der „Anwendungsbereich der Verträge“ und damit Art. 18 AEUV eröffnet.

(11) Das Diskriminierungsverbot lässt eine begrenzte Vollintegration aus Art. 20, 21 AEUV i. V. m. Art. 18 AEUV des nichterwerbstätigen Rentners zu, die streng an dem Maßstab des Verhältnismäßigkeitsgrundsatzes zu messen ist.

(12) Eine Beschränkung des aus Art. 21 Abs. 1 AEUV (auch i. V. m. Art. 18 AEUV) folgenden Freizügigkeitsrechts kann sich durch die in den Verträgen (AEUV und EUV) enthaltenen primärrechtlichen Schranken und die sich aus der RL 2004/38/EG verankerten Vorbehalte (z. B. Vorbehalt sozialer Absicherung bzw. Unabhängigkeit von sozialen Transfers im Aufnahmemitgliedstaat) ergeben. Die Bestimmungen der Richtlinie konkretisieren den Inhalt des sich bereits aus Art. 21 AEUV ergebenen Freizügigkeitsrechts mit Ausnahme der Beschränkungen und Bedingungen, die als allgemeiner Schrankenvorbehalt lediglich auf der Ebene der Rechtfertigung Wirkung entfalten. Daneben kommt als Schranke des Art. 21 Abs. 1 AEUV als ungeschriebener Rechtfertigungsgrund die „Wahrung der berechtigten Interessen der Mitgliedstaaten“ in Betracht, worunter auch der Schutz der nationalen Sozialleistungssysteme fällt. Beschränkungen sind nur zulässig, wenn sie als Schranken-Schranke den Grundsatz der Verhältnismäßigkeit wahren.

(13) Die Eingriffe der Mitgliedstaaten in Art. 21 Abs. 1 AEUV sind an den Unionsgrundrechten als Schranken-Schranke zu messen. Bei dem nichterwerbstätigen Rentner sind zum einen die finanziellen Interessen des Staats an der Ausweisung und zum anderen das Interesse des nichterwerbstätigen Rentners, bspw. aus familiären Gründen daran, im Aufnahmemitgliedstaat zu verbleiben, gegeneinander abzuwägen. Zudem sind einschränkende Vorschriften stets im Lichte der Bedeutung des Rechts des nichterwerbstätigen Rentners auf Freizügigkeit und Aufenthalt auszulegen und so zu interpretieren, dass dem besonderen Wesensgehalt dieses Rechts in jedem Fall Rechnung getragen wird.

(14) Nicht hinzunehmen ist der widersprüchliche Wortlaut des Art. 21 Abs. 1 AEUV, der nur „vorbehaltlich der in diesen Verträgen und in den Durchführungsvorschriften vorgesehenen Beschränkungen und Bedingungen" gilt. So muss rein nach dem Wortlaut des Art. 21 Abs. 1 AEUV der nichterwerbstätige Rentner im Regelfall zwingend den Vorbehalt sozialer Absicherung der RL 2004/38/EG erfüllen. Dies ist im Hinblick auf die Grundfreiheiten, die zu nahezu allumfassenden Gleichbehandlungsgeboten führen, die sich auch auf qualifizierte Bereiche des Privat- und Soziallebens erstrecken und die weiterentwickelt wurden, widersprüchlich. Vielmehr ist vor diesem Hintergrund der Vorbehalt sozialer Absicherung als reiner Missbrauchsvorbehalt auszulegen.

2. Richtlinie 2004/38/EG

(1) Die generellen Restriktionen (Subsidiaritätsgrundsatz, Verhältnismäßigkeitsgrundsatz, Pflicht zur Benennung der Vertragsartikel, Bestimmtheitsgrundsatz) wurden bei dem Erlass der RL gewahrt.

(2) Die RL 2004/38/EG über das Recht der Unionsbürger und ihrer Familienangehörigen, sich im Hoheitsgebiet der Mitgliedstaaten frei zu bewegen und aufzuhalten[1067], hob die bereichsspezifisch und fragmentarisch geregelten Bestimmungen über die Freizügigkeit für Arbeitnehmer (z. B. den Rentner im Nebenerwerb und den arbeitsuchenden Rentner), Selbstständige, Dienstleistende und Nichterwerbstätige (wie nichterwerbstätige Rentner, Studenten und sonstige Angehörige der Mitgliedstaaten) auf. Ziel der

1067 ABl. EU 2004 Nr. L 158/77 ff. v. 30.04.2004 (i.d.F. der Berichtigung ABl. EU 2004 Nr. L 229/35 ff).

Zusammenführung dieser Rechtsakte in einem einzigen Richtlinientext war die Verbesserung von Transparenz und Verständlichkeit.

(3) Der nichterwerbstätige Rentner, der Rentner im Nebenerwerb und der arbeitsuchende Rentner sind als Unionsbürger von dem persönlichen Geltungsbereich der RL umfasst.

(4) Der nichterwerbstätige Rentner, der Rentner im Nebenerwerb und der arbeitsuchende Rentner können sich nunmehr bis zu drei Monate in einem Mitgliedstaat aufhalten. Sie brauchen außer der Mitnahme von Ausweispapieren keine weiteren materiell-rechtlichen Voraussetzungen oder Formalitäten mehr zu erfüllen. Das Aufenthaltsrecht besteht nur, solange der nichterwerbstätige Rentner, der Rentner im Nebenerwerb und der arbeitsuchende Rentner die Sozialhilfeleistungen des Aufnahmemitgliedstaats „nicht unangemessen" in Anspruch nehmen. Was genau darunter zu verstehen ist, ist noch auslegungsbedürftig. Da der Rentner im Nebenerwerb und der arbeitsuchende Rentner, unbeschadet der Bestimmungen über die Ausweisung, aus Gründen der öffentlichen Ordnung, Sicherheit oder Gesundheit keinesfalls ausgewiesen werden dürfen, ist diese Anforderung letztlich nur durch den nichterwerbstätigen Rentner zu beachten.

(5) Bei einem Aufenthalt von über drei Monaten bis zu maximal fünf Jahren müssen nichterwerbstätige Rentner für sich selbst und ihre Familienangehörigen den Vorbehalt sozialer Absicherung erfüllen, um keine Sozialleistungen des Aufnahmemitgliedstaats beanspruchen zu müssen, da das Freizügigkeitsrecht in der RL 2004/38/EG für nichterwerbstätige Rentner von der Unabhängigkeit von sozialen Transfers im Aufnahmemitgliedstaat abhängt. Der Rentner im Nebenerwerb unterliegt im Gegensatz dazu einem unbeschränkten Aufenthaltsrecht. Der nichterwerbstätige Rentner, der Rentner im Nebenerwerb und der arbeitsuchende Rentner müssen sich bei dem Aufnahmemitgliedstaat anmelden. Der für die notwendigen Existenzmittel des nichterwerbstätigen Rentners als ausreichend zu betrachtende Betrag ist in der RL nicht genannt und darf von den Mitgliedstaaten nicht festgelegt werden. Er kann auch von Dritten (z. B. dem Lebenspartner) für den nichterwerbstätigen Rentner erbracht werden. Bei Nichterfüllung des Vorbehalts sozialer Absicherung können unter Beachtung unionsrechtlicher Grenzen aufenthaltsverweigernde oder -beendende Maßnahmen ergriffen werden, welche dann zum Entzug des Aufenthaltsrechts führen. Allerdings enthält Art. 21 Abs. 1 AEUV mit „Beschränkungen und Bedingungen" einen „Missbrauchsvorbehalt", so dass ein Entzug des Aufenthaltsrechts des nichterwerbstätigen Rentners einheitlich nur bis zu drei Jahre des Aufenthalts

aufgrund des Bezugs von Sozialhilfe noch möglich ist. Außerdem darf für den Erhalt der Sozialhilfe der Wohnsitz im Inland verlangt werden. Die aufenthaltsbeendenden Maßnahmen dürfen keine automatische Folge der Inanspruchnahme von Sozialhilfe sein.

(6) Das Recht auf Daueraufenthalt wird dem nichterwerbstätigen Rentner, dem Rentner im Nebenerwerb und dem arbeitsuchenden Rentner nach fünf Jahren gewährt. Der Arbeitnehmer, der eine Altersrente beanspruchen kann, erwirbt unter bestimmten Voraussetzungen bereits früher das Daueraufenthaltsrecht, allerdings nur im Beschäftigungsstaat. Neben einem rechtmäßigen Aufenthalt werden für das Daueraufenthaltsrecht keine weiteren Bedingungen (z. B. die Erfüllung des Vorbehalts sozialer Absicherung) mehr verlangt. Der Rentner im Nebenerwerb kann nach drei Jahren durchgängigen Aufenthalts und Beschäftigung im Aufnahmemitgliedstaat und anschließendem Arbeitswechsel in einen anderen Mitgliedstaat das Daueraufenthaltsrecht erwerben, wenn er in bestimmten Abständen in den Aufnahmemitgliedstaat zurückkehrt und dort weiterhin seinen Wohnsitz hat [Art. 17 Abs. 1 UA 1 lit. c) RL]. Erst mit Erlangung des Daueraufenthaltsrechts wird die Beschränkung auf Tätigkeiten und Gruppen des unionsrechtlichen Freizügigkeitsrechts aufgehoben. Ein Verlust des Daueraufenthaltsrechts ist dann nicht mehr ohne weiteres möglich. Der Daueraufenthalt beinhaltet wichtige Rechte, wie z. B. das Recht auf Sozialhilfe oder das Verbot von Abschiebung. Allerdings ist eine Ausweisung unter verschärften Voraussetzungen gem. Art. 28 Abs. 2 und 3 RL möglich.

(7) Die RL enthält in Art. 24 Abs. 1 RL ein Gleichbehandlungsgebot aus Gründen der Staatsangehörigkeit. Dieses geht über Art. 18 AEUV i. V. m. Art. 21 AEUV hinaus, da es auch Familienangehörige aus Drittstaaten mit einbezieht. Das Gleichbehandlungsrecht gilt nur vorbehaltlich spezifischer und ausdrücklich in den Verträgen und im Sekundärrecht vorgesehener Bestimmungen. Darunter fallen spezielle Ausgestaltungen der Inländergleichbehandlung im Sekundärrecht, wie z. B. Art. 7 Abs. 2 VO 492/2011, nicht jedoch der Vorbehalt der sozialen Absicherung der RL 2004/38/EG. Der Sozialhilfeanspruch und das Aufenthaltsrecht müssen sich nicht entsprechen und sind daher nicht aufeinander abgestimmt. So kann dem nichterwerbstätigen Rentner zwar ein aus der Inländergleichbehandlung nach Art. 24 Abs. 1, 2 RL abgeleiteter Anspruch auf Sozialhilfe zustehen; sollte diese aber in Anspruch genommen werden und die Existenzmittel nach Art. 7 Abs. 1 RL daher nicht mehr aufgebracht werden, kann dies dann trotzdem zu aufenthaltsbeendenden Maßnahmen führen. Das ist paradox und widerspricht der Zielsetzung der RL, die Transparenz von Freizügigkeitsregelungen zu fördern.

(8) Nach Art. 24 Abs. 2 RL ist der Aufnahmemitgliedstaat nicht verpflichtet, dem nichterwerbstätigen Rentner während der ersten drei Monate des Aufenthalts einen Anspruch auf Sozialhilfe zu gewähren. Art. 24 Abs. 2 RL i. V. m. der 21. Präambelerwägung RL zielt darauf ab, aufgrund des Art. 18 Abs. 2 AEUV die Reichweite des allgemeinen Diskriminierungsverbots einzuschränken. Dem Rentner im Nebenerwerb steht im Umkehrschluss dazu bereits während der ersten drei Monate Sozialhilfe zu. Dem arbeitsuchenden Rentner steht Sozialhilfe erst nach Ablauf des Suchzeitraums bzw. nach Ablauf einer Mindestaufenthaltsdauer zu.

(9) Eine Beschränkung des Freizügigkeitsrechts durch Ausweisung des nichterwerbstätigen Rentners, des Rentners im Nebenerwerb und des arbeitsuchenden Rentners ist auch aus Gründen der öffentlichen Ordnung, Sicherheit oder Gesundheit möglich.

(10) Als Besonderheiten der RL 2004/38/EG sind bei der Rechtsdurchsetzung die Pflicht zur Information der Rentner über den Inhalt der RL, die Pflicht zur Verhinderung von Rechtsmissbrauch und die Verpflichtung zur Ermöglichung der Einlegung von Rechtsbehelfen gegen Ausweisungsentscheidungen zu nennen. Bei den Rechtsfolgen der RL wird den Mitgliedstaaten auferlegt, wirksame und verhältnismäßige Sanktionen zu reglementieren und Maßnahmen zu treffen, die zur Durchsetzung der Sanktionen erforderlich sind.

(11) Die RL ist unmittelbar anwendbar.

(12) Die RL 2004/38/EG vereinfacht und verstärkt das Freizügigkeits- und Aufenthaltsrecht aller Unionsbürger. Die bestehenden Unterschiede zwischen den nichterwerbstätigen Rentnern, den Rentnern im Nebenerwerb und den arbeitsuchenden Rentnern im sachlichen Geltungsbereich sind nicht vollständig beseitigt worden. Diese Differenzierung tritt sowohl beim Aufenthalt des nichterwerbstätigen Rentners bis zu drei Monaten, bei mehr als drei Monaten und bei dem Daueraufenthaltsrecht zu Tage. Der Anspruch auf Gleichbehandlung des nichterwerbstätigen Rentners und des arbeitsuchenden Rentners wird ebenfalls eingeschränkt (Art. 24 Abs. 2 RL).

(13) Durch die Rechtsprechung des EuGH ist bisher nicht geklärt, unter welchen Voraussetzungen im konkreten Fall aufenthaltsbeendende Maßnahmen ergriffen werden können bzw. inwieweit diese justiziabel sind. Die Beantwortung dieser Frage überlässt der EuGH den Mitgliedstaaten. Diese Rechtsunsicherheit lässt sich nicht durch die Übernahme der Rechtsprechung des EuGH in Sekundärrechtsakte beseitigen.

(14) Die RL ist teilweise in sich widersprüchlich und führt aus diesem Grunde zu paradoxen Ergebnissen. Es ist z. B. nicht nachvollziehbar, warum dem

nichterwerbstätigen Rentner einerseits die Sozialhilfe zuerkannt werden kann, anderseits der Erhalt eben dieser Leistung zu aufenthaltsbeendenden Maßnahmen und damit letztlich zum Verlust des Aufenthaltsrechts führen soll. Diese Paradoxie wird dadurch abgemildert, dass eine Aufenthaltsbeendigung nur bei unangemessener Inanspruchnahme von Sozialhilfeleistungen erfolgen darf. Der Unionsbürger darf aber nicht automatisch bzw. systematisch ausgewiesen werden. Vielmehr hat eine Prüfung der Unangemessenheit der Inanspruchnahme von Sozialhilfeleistungen im Einzelfall zu erfolgen.

(15) Es gibt keine überzeugenden Alternativen zum Ansatz der selektiv verzögerten Integration. Insoweit ist letztlich die Differenzierung zwischen dem nichterwerbstätigen Rentner und dem Rentner im Nebenerwerb sinnvoll und beizubehalten, allerdings mit der Modifikation, dass der Rentner im Nebenerwerb steuerfinanzierte Sozialleistungen im Aufnahmemitgliedstaat erhalten soll.

VIII. Empfehlungen für den Unionsgesetzgeber

Im Ergebnis zielen die Empfehlungen für den Unionsgesetzgeber auf eine Ausweitung des Schutzes zugunsten des nichterwerbstätigen Rentners, des Rentners im Nebenerwerb und des arbeitsuchenden Rentners durch das Freizügigkeitsrecht des Art. 21 Abs. 1 AEUV bzw. der RL 2004/38/EG ab.

(1) In Art. 21 Abs. 1 AEUV sollte wegen des missverständlichen Wortlauts ein Satz 2 angefügt werden, der bestimmt, dass die „Beschränkungen und Bedingungen“ die Entstehung des Aufenthaltsrechts nicht berühren, sondern lediglich auf dessen Ausübung im Einzelfall bezogen sind.

(2) Es wird empfohlen, in Art. 14 Abs. 2 RL den UA 3 einzufügen, welcher bestimmt, dass ab einem Zeitraum von drei Jahren (und somit vor Erhalt des Rechts auf Daueraufenthalt nach fünf Jahren), ein Entzug des Aufenthaltsrechts aufgrund der Nichterfüllung des Vorbehalts sozialer Absicherung nicht mehr möglich ist. Der bestimmte Zeitraum von drei Jahren soll dem Unionsbürger garantieren, dass er nach dessen Ablauf nicht mehr in den Heimatstaat zurückgeschickt werden darf und für ihn durch den Aufnahmemitgliedstaat sämtliche Sozialhilfeleistungen erbracht werden.[1068]

1068 Vgl. auch *Schönberger*, Unionsbürger, 380, der allerdings einen Zeitraum von einem Jahr für ausreichend erachtet.

(3) In Art. 16 Abs. 1 RL sollte zur Klarstellung der UA 2 RL mit folgendem Text angefügt werden: „Sollte Sozialhilfe in den ersten drei Jahren des Aufenthalts nicht unangemessen beansprucht werden, wird dieser Zeitraum in die Berechnung der fünf Jahre des Daueraufenthalts einbezogen". In Art. 16 Abs. 1 sollte der UA 3 RL aufgenommen werden, dass für den nichterwerbstätigen Rentner und den arbeitsuchenden Rentner das Daueraufenthaltsrecht nach drei Jahren im Aufnahmemitgliedstaat gewährt wird. Denn Integration ist mehr als Erwerbstätigkeit, sie ist von mehreren Faktoren, wie Sprachfähigkeit, Offenheit den Mitmenschen gegenüber, den unbedingten Willen zur Integration, der Fähigkeit sich schnell in andere Situationen, Gebräuche, Sitten und Kulturkreise einzufühlen und insoweit stark von der persönlichen und geistigen Flexibilität der Rentner abhängig.

(4) Art. 24 Abs. 1 RL sollte um einen Satz 3 ergänzt werden, der reglementiert, dass der Gleichbehandlungsgrundsatz nach Art. 24 Abs. 1 RL unter den Vorbehalt der sozialen Absicherung des Art. 7 Abs. 1 RL 2004/38/EG gestellt wird.

(5) In Art. 24 Abs. 2 RL ist folgende Formulierung ersatzlos zu streichen „oder gegebenenfalls während des längeren Zeitraums nach Art. 14 Abs. 4 Buchstabe b)". In Art. 24 Abs. 2 RL ist ein Satz 2 einzufügen, in dem die dreimonatige Mindestaufenthaltsdauer für den arbeitsuchenden Rentner zur Klarstellung festgesetzt wird. Des Weiteren sollten konkrete Kriterien in Satz 3 des Art. 24 Abs. 2 RL eingefügt werden, aus denen die nationalen Behörden schließen können, dass der arbeitsuchende Rentner tatsächlich eine Beschäftigungssuche auf dem Arbeitsmarkt des Aufnahmemitgliedstaats vornimmt. Zudem ist in Art. 24 Abs. 2 RL ein Satz 4 anzufügen, der den Anspruch auf Sozialhilfe ausschließt, wenn ein Missbrauchstatbestand bei der Inanspruchnahme solcher Leistungen vorliegt. Alternativ ist zu überlegen, ob Art. 24 Abs. 2 RL zugunsten des nichterwerbstätigen Rentners und des arbeitsuchenden Rentners ersatzlos gestrichen werden sollte.

(6) Mit der Änderung der RL muss es der Unionsgesetzgeber wagen, zwei Extreme, die unbeschränkte Freizügigkeit auf der einen Seite und die damit verbundene Belastung bis hin zu einer völligen Erosion des Sozialstaats auf der anderen Seite auszugleichen und einen sachgerechten Mittelweg gehen. Dem Unionsgesetzgeber kann dieser Ausgleich nur gelingen, indem er die Differenzierung zwischen dem nichterwerbstätigen Rentner und dem Rentner im Nebenerwerb in Zukunft beibehält, welche entsprechende Konsequenzen für den nichterwerbstätigen Rentner in sich trägt. Aufgrund des Mangels an überzeugenden Alternativen hat sich der mit der RL verfolgte grundsätzliche Ansatz der Integration in der Vergangenheit durchaus als

sinnvoll erwiesen. In der RL 2004/38/EG werden die komplexen Rechtsvorschriften, die in dem Bereich der Freizügigkeit bestehen, zusammengeführt und flexibler ausgestaltet. So brauchen Unionsbürger keine Aufenthaltskarte mehr zu beantragen, es wird ein unbefristetes Aufenthaltsrecht eingeführt und die Befugnis der Behörden eingeschränkt, Drittstaatsangehörigen den Aufenthalt zu verweigern oder zu beenden.[1069] Die Freizügigkeitsrichtlinie vereinheitlicht und vereinfacht die Aufenthaltsrechte i. S. der Vorgaben des Art. 21 Abs. 2 AEUV in erheblichem Maße.[1070] Allerdings bietet die RL 2004/38/EG Raum für Verbesserungen des Schutzumfangs des nichterwerbstätigen Rentners, des Rentners im Nebenerwerb und des arbeitsuchenden Rentners, wie die Empfehlungen deutlich machen. Bei einer vollzogenen Auseinandersetzung des Unionsgesetzgebers mit den empfohlenen Änderungen wird die RL 2004/38/EG zu einem annehmbaren Spagat zwischen den zwei Extremen.

1069 Vgl. dazu ausführlich die Homepage der Europäischen Kommission zur Unionsbürgerschaft http://ec.europa.eu/justice/citizen/index_en.htm (Abrufdatum: 31.10.2011).

1070 *Kluth* in: Calliess/Ruffert, EUV/AEUV, Art. 21 AEUV Rn. 24.

Teil 5 Europäisches koordinierendes Sozialrecht und seine Auswirkungen auf den nichterwerbstätigen Rentner und den Rentner im Nebenerwerb

A. Einführung in die Problematik

In diesem Teil soll untersucht werden, inwieweit der nichterwerbstätige Rentner und der Rentner im Nebenerwerb von dem „Europäischen koordinierenden Sozialrecht" profitieren. Zur Einführung in die Problematik ist der Begriff „Europäisches koordinierendes Sozialrecht"[1071] zu definieren. Er bezeichnet die Summe sämtlicher Normen, die von der Union geschaffen wurden, für die Mitgliedstaaten der Europäischen Union verbindlich sind und das Sozialrecht der Mitgliedstaaten betreffen.[1072] Ziel dieser Normen ist es, eine Abgrenzung oder Verbindung von Sozialrechten der Mitgliedstaaten von- bzw. miteinander zu bewirken.[1073] Das Europäische „koordinierende" Sozialrecht ist neben dem Europäischen „harmonisierenden" Sozialrecht[1074]

1071 Vgl. zur Verwendung des Begriffs „Europäisches koordinierendes Sozialrecht" bspw. *Eichenhofer* in: Becker/Kaufmann/von Maydell/Schmähl/Zacher, FS für Ruland, 643 (643).

1072 *Schulte* in: von Maydell/Schulte, Zukunftsperspektiven, 45 (108); *Eichenhofer* in: Oetker/Preis, EAS B 1200, Rn. 1. A.A. *Muckel/Ogorek*, Sozialrecht, § 21 Rn. 3. Diese verstehen das Europäische koordinierende Sozialrecht eng. Dieses bestehe aus der Summe derjenigen Bestimmungen des Unionsrechts, die die nationalen Sozialrechtsordnungen unmittelbar beeinflussen. Dies geschehe z. B. dadurch, dass die Bestimmungen auf das nationale Sozialrecht und die nationale Praxis der Sozialleistungsgewährung zugriffen oder das sozialpolitische Handeln der Union steuerten.

1073 *Eichenhofer*, Sozialrecht, Rn. 86.

1074 Welche Bedeutung den Begriffen der Koordinierung und Harmonisierung zukommt, wird in der Literatur uneinheitlich gesehen. Nach der hier vertretenen Auffassung tritt die Harmonisierung eigenständig neben die Koordinierung und wird als Summe der internationalen Bestimmungen verstanden, die sich an Staaten richten und zum Ziel oder zur Verpflichtung haben, dass diese Staaten ihr nationales Recht entsprechend den Vorgaben der Harmonisierungsbestimmungen angleichen. Vgl. hierzu *Pennings*, European Social Security Law, 7. Nach anderer Ansicht wird die Harmonisierung als „flexibler, d. h. unterschiedliche Intensitätsstufen umfassender Oberbegriff" verstanden, der die Gegenstandsbereiche des „Binnensozialrechts" einerseits und der „Koordinierung" andererseits umfasse. Vgl. dazu *Schuler*, EuR 1985, 113 (113 Fn. 3). Demgegenüber führt *Wanders*, EuR 1985, 138 (142 f.)

Teil des „Europäischen Sozialrechts"[1075]. Das „Europäische Sozialrecht" bezeichnet den „Inbegriff der von der Europäischen Gemeinschaft [nunmehr Union] geschaffenen Normen [...], welche auf das Sozialrecht der Mitgliedstaaten gestaltend Einfluss nehmen".[1076] Unter der Harmonisierung des Sozialrechts werden Vorschriften gefasst, welche den Mitgliedstaaten durch einheitliche Grundsätze vorgeben, wie sie ihr nationales Sozialrecht auszugestalten haben.[1077] Die Koordinierung des Sozialrechts ist in Bezug auf die jeweiligen Sozialrechte der Mitgliedstaaten durch die Gestaltung der wechselseitigen Beziehungen gekennzeichnet. Die Aufgabe der Koordinierung ist es insb., die Sozialleistungssysteme der Mitgliedstaaten voneinander abzugrenzen und die Versicherungsverhältnisse, die in mehreren Mitgliedstaaten zurückgelegt worden sind, abzustimmen und ihre unionsweite aber auch internationale Wirkung

---

aus, dass Harmonisierung und Koordinierung der nationalen Systeme im AEUV eine identische Bedeutung erfahren und somit auch wechselweise in den Mitgliedstaaten als Synonyme verwendet werden. Nach der vorliegenden Begriffsdefinition wird *Eichenhofer*, Sozialrecht, Rn. 86 gefolgt, der das harmonisierende und koordinierende Sozialrecht als eigenständige Begriffe unter den Oberbegriff des „Europäischen koordinierenden Sozialrechts" bzw. des „Europäischen Sozialrechts" fasst. Nach der hier vertretenen Ansicht sind beide Begriffe somit unter das „Europäische Sozialrecht" zu fassen.

1075 Der Begriff „Europäisches Sozialrecht" wird bspw. von *Muckel/Ogorek*, Sozialrecht, § 21 Rn. 3; *Eichenhofer*, Sozialrecht, Rn. 86 verwendet. Das „Europäische Sozialrecht" wird zudem als „EG-Sozialrecht" [nunmehr EU-Sozialrecht] oder „Gemeinschaftssozialrecht" [nunmehr Unionssozialrecht] bezeichnet. Vgl. dazu *Schulte* in: von Maydell/Schulte, Zukunftsperspektiven, 45 (108 f.). Außerdem wird es allgemein als „Sozialrecht der Europäischen Gemeinschaften" [nunmehr Sozialrecht der Europäischen Union] bezeichnet, vgl. *Schuler*, das Internationale Sozialrecht, 61 oder als „Europäisches Sozialrecht" verstanden, siehe *Zacher* in: Schulte/Zacher, Wechselwirkungen zw. EU und BRD Sozialrecht, 11 (13); *Eichenhofer* in: Oetker/Preis, EAS B 1200, Rn. 1; *Waltermann*, Sozialrecht, Rn. 12; *Muckel/Ogorek*, Sozialrecht, § 21 Rn. 1.

1076 Vgl. zur Definition des „Europäischen Sozialrechts" *Eichenhofer* in: Oetker/Preis, EAS B 1200, Rn. 1.

1077 *Schuler*, das Internationale Sozialrecht, 61; *Eichenhofer*, Sozialrecht, Rn. 86. Vgl. ebenfalls *Muckel/Ogorek*, Sozialrecht, § 21 Rn. 5, der als Beispiele für die Harmonisierung des Europäischen Sozialrechts ein gleiches Rentenalter, gleiche sozialrechtliche Systeme mit gleichen Einzelregelungen in Bezug auf die Beitragsbemessungsgrenzen und Versicherungspflichtgrenzen anführt. Die Harmonisierung des Rentenalters ist auch in der Europäischen Union in der Diskussion. So wurde am 23.10.2011 auf dem Gipfeltreffen der Regierungschefs der Eurozone eine EU-Harmonisierung des Rentenalters auf eine Altersgrenze von 67 Jahren diskutiert. Vgl. dazu ZESAR 2012, 1 (2).

zu sichern.[1078] Da es sich bei der Koordinierung nicht um eine Harmonisierung handelt, werden Unterschiede zwischen den nationalen Sozialversicherungssystemen nicht aufgehoben.[1079] Koordinierung als „soziale Absicherung internationaler Freizügigkeit"[1080] will nur die „Entterritorialisierung" des nationalen Sozialrechts, dieses jedoch nicht inhaltlich vereinheitlichen.[1081] Mit Hilfe des koordinierenden Rechts sollen die nationalen Vorschriften einerseits so ausgelegt werden, dass alle Hindernisse, die den Einzelnen davon abhalten können, von seinem Freizügigkeitsrecht Gebrauch zu machen, beseitigt und andererseits das nationale System nicht grundlegend verändert wird.[1082] Die Harmonisierung schafft ein einheitliches materielles Recht, wohingegen die Koordinierung ein einheitliches internationales Sozialrecht bereitstellt.[1083] In Abgrenzung zur Harmonisierung, die eine einheitliche Wahrnehmung von Gestaltungsmacht aufgrund eigener von den Mitgliedstaaten auf die Europäische Union übertragener Zuständigkeiten bedeutet, besteht die Koordinierung in der aktiven und organisierten Koordinierung der Politik der einzelnen Mitgliedstaaten.[1084] Außerdem werden durch die Koordinierung mitgliedstaatliche Rechtsvorschriften ersetzt, die sich nachteilig für Wanderarbeitnehmer und Selbstständige auswirken.

1078 Vgl. *Eichenhofer*, Sozialrecht der EU, Rn. 8; *Eichenhofer*, Sozialrecht, Rn. 86; *Muckel/Ogorek*, Sozialrecht, § 21 Rn. 4; *Devetzi*, Kollisionsnormen, 21.

1079 *Pennings* in: Blanpain, Freedom of Services, 239 (242); *Pennings*, European Social Security Law, 7; *Rodière*, Droit Social, 572; *Schneider*, VVDStRL 64, 238 (242); *von Maydell*, ZVersWiss 1989, 1 (20); *Schulte* in: von Maydell/Ruland/Becker, Sozialrechtshandbuch, § 33 Rn. 26. Siehe zu den Unterschieden und Gemeinsamkeiten in den Sozialleistungssystemen der Mitgliedstaaten, die hinsichtlich der Ausgestaltung des Systems und der Art der Leistungsgewährung grundsätzlich frei sind und zwischen Systemen, die nach „Beveridge" oder nach „Bismark"scher Tradition aufgebaut sind *Van Overmeiren/Eichenhofer/Verschueren*, trESS Analytical Study 2011, 1 (18).

1080 *Schuler*, EuR 1985, 113 (113 Fn. 3).

1081 *Laske*, CMLR 1993, 515 (515); *Schulte*, ZFSH/SGB 2007, 259 (262); *Rodière*, Droit Social, 572 f.

1082 *Schulte*, ZFSH/SGB 2007, 259 (262); *Grotzer/Kraus/Hauschild*, DRV-Schriften 2004, 38 (42); *Becker*, ZFSH/SGB 2007, 134 (139 f.); *Pennings*, European Social Security Law, 7; *von Maydell*, ZVersWiss 1989, 1 (20, 22); *Schulte* in: von Maydell/Ruland/Becker, Sozialrechtshandbuch, § 33 Rn. 26.

1083 *Eichenhofer* in: Oetker/Preis, EAS B 1200, Rn. 25; *Eichenhofer*, Sozialrecht, Rn. 82, 86, definiert das „Internationale Sozialrecht" als jenen Teil des nationalen Sozialrechts, der die sich aus der Internationalität von Sozialrecht für ein nationales Sozialrecht ergebenen Folgen regelt.

1084 *Eichenhofer*, Sozialrecht der EU, Rn. 8. Siehe auch *Eichenhofer*, Sozialrecht der EU, 3. Auflage, Rn. 8.

Demgegenüber verändert die Harmonisierung die nationalen Bestimmungen für alle Arbeitnehmer oder sogar für alle Einwohner und ist somit nicht nur auf Wanderarbeitnehmer beschränkt.[1085]

Ausdruck der Koordinierung ist die VO (EG) 883/2004[1086] zur Koordinierung der Systeme der sozialen Sicherheit, als Nachfolgeregelung der VO (EWG) 1408/71[1087]. Ebenso ist die VO (EU) 492/2011 zum Beschäftigungszugang in einem anderen Mitgliedstaat Teil des koordinierenden Sozialrechts.[1088] Die VO 883/2004 und die VO 1408/71 werden im Folgenden auf ihren Schutzumfang hinsichtlich der Personengruppen des nichterwerbstätigen Rentners und des Rentners im Nebenerwerb untersucht.

Die VO 883/2004 über die Anwendung der Systeme der sozialen Sicherheit auf Arbeitnehmer und Selbstständige sowie deren Familienangehörige[1089], die innerhalb der Union zu und abwandern, stellt bemerkenswerterweise den am Weitesten fortgeschrittenen Teil der Sozialpolitik der Union dar.[1090]

Die VO 883/2004 war notwendig geworden, weil die VO 1408/71 insgesamt zu komplex war. Zudem musste sie in Anbetracht der Entwicklung auf der Unionsebene,

---

1085 *Pennings*, European Social Security Law, 7.

1086 VO 883/2004, abgedruckt in ABl. EU 2004 Nr. L 166/1 ff. v. 30.04.2004; zuletzt geändert durch VO (EU) Nr. 517/2013 vom 13.05.2013, ABl. EU 2013 Nr. L 158/1 ff. vom 10.06.2013. Konsolidierte Fassung vom 01.07.2013 abrufbar unter http://eur-lex.europa.eu/LexUriServ/LexUriServ.do?uri=CONSLEG:2004R0883:20130701:DE:PDF (Abrufdatum: 31.12.2013). Zur Durchführungsverordnung 987/2009 des Europäischen Parlaments und des Rates v. 16.09.2009, ABl. 2009, Nr. L 284/1 ff. vom 30.10.2009. Vgl. zur Entstehungsgeschichte der VO *Eichenhofer* in: Oetker/Preis, EAS B 1200, Rn. 49. Siehe auch zur Entwicklung des Europäischen koordinierenden Sozialrechts von 1950 bis zu den Verordnungen 883/2004 und 987/2009 *Schulte*, ZESAR 2010, 143 (144 ff.). In den Textpassagen, die auf „Art. […] VO“ oder auf die „VO“ Bezug nehmen, ist durchgehend die VO 883/2004 gemeint.

1087 VO 1408/71 des Rates vom 14.06.1971 zur Anwendung der Systeme der Sozialen Sicherheit auf Arbeitnehmer, Selbstständige sowie deren Familienangehörige, die innerhalb der Gemeinschaft zu und abwandern, ABl. EG 1971 Nr. L 149/2 ff., zuletzt geändert durch die Verordnung (EG) Nr. 592/2008 des Europäischen Parlaments und des Rates vom 17.06.2008, ABl. EG Nr. L 177/1 ff. v. 04.07.2008. Konsolidierte Fassung abrufbar unter Juris. Vgl. zur Entstehungsgeschichte der VO 1408/71 und deren Durchführungsverordnung 574/72, *Schulte*, DRV-Schriften Band 71 (2007), 9 (9 ff.); *Rodière*, Droit Social, 570. Vgl. zu der VO 1408/71 und deren Inhalt *Ruland*, EuR 1989, 303 (314 ff.).

1088 *Eichenhofer*, Sozialrecht, 88.

1089 Vgl. zum Begriff der Familienangehörigen Art. 1 lit. i) VO 883/2004.

1090 So *Eichenhofer*, VSSR 2011, 125 (134).

der Rechtsprechung des EuGH[1091] und der Vielfalt der nationalen Regelungen aktualisiert und vereinfacht werden.[1092] Die VO 1408/71 konnte insb. der Entwicklung des Sozialrechts in den Mitgliedstaaten nicht mehr gerecht werden. So erwähnte die VO 1408/71 nicht die in den Mitgliedstaaten entstandenen neuen Risiken und Leistungszweige, wie z. B. Pflegeleistungen oder Leistungen bei Kindererziehung.[1093] Da die Aufzählung der Leistungszweige in der VO abschließender Natur ist[1094], mussten diese notgedrungen einem der klassischen Leistungszweige durch die Rechtsprechung des EuGH zugeordnet werden.[1095] Die Reformierung der VO 1408/71 wurde

---

1091 Auffällig ist diesbezüglich, dass viele Urteile des EuGH, die seit dem Inkrafttreten der VO 1408/71 ergangen sind, im Text der VO überhaupt keine Umsetzung erfahren haben. Als Beispiel dafür ist die Verpflichtung des nicht primär zuständigen Staats, bei den Leistungen nach Titel III, Kap. 8 der VO 1408/71 anzusehen (der z. B. Waisenrenten, Familienbeihilfen an Kinder von Rentnern usw. enthält) Unterschiedsbeiträge zu zahlen. Vgl. hierzu EuGH Rs. C-251/89 (Athanasopoulos) Slg. 1991, I-2831, I-2849. Vgl. auch *Waltermann*, Sozialrecht, Rn. 83 a. Vgl. dazu auch die Power Point Präsentation von *Czysz* in Euro-Informationen, Chart 3, http://www.krankenkassen.de/static/common/files/view/4290/VO_883_Mobilitaet_in_Europa.pdf (Abrufdatum: 31.10.2011), der anführt, dass bis dato über 600 Urteile des EuGH zur grenzüberschreitenden Mobilität ergangen seien. Vgl. auch *Schulte*, ZESAR 2010, 143 (147), der von einer Zahl von 500 Urteilen des EuGH im Bereich der Koordinierung der Systeme der Sozialen Sicherheit der Wanderarbeitnehmer spricht.

1092 Erwägungsgrund Nr. 3 VO 883/2004.

1093 *Spiegel* in: Marhold, Sozialrecht der EU, 9 (13); *Spiegel*, ZIAS 2006, 85 (90); *Spiegel*, DRV-Schriften, Band 71 (2007), 25 (29). Pflegeleistungen sind aber durch die Rechtsprechung des EuGH in den sachlichen Anwendungsbereich der VO 883/2004 mit einbezogen worden. Vgl. EuGH Urt. v. 05.05.2011 Rs. C-206/10 (Kommission/Deutschland) ZESAR 2012, 285 (288). Vgl. dazu *Schulte*, Jahrbuch des Sozialrechts, Band 33, 2012, 509 (517 ff). Kritisch dazu äußert sich *Weber*, ZESAR 2012, 288 (289 f.). Dieser diskutiert vielmehr, ob die Leistungen der Bundesländer für Blinde, Gehörlose und Behinderte als besondere beitragsunabhängige Geldleistungen gem. Art. 70 VO 883/2004 oder Leistungen der sozialen Fürsorge einzuordnen sind.

1094 EuGH Rs. 249/83 (Hoeckx) Slg. 1985, 973, 986 Rn. 12, in welcher davon gesprochen wird, dass die Aufzählung „erschöpfend" sei. Die Entscheidung erging allerdings noch zu Art. 4 Abs. 1 VO 1408/71.

1095 So wurden Pflegeleistungen dem Bereich der Leistungen bei Krankheit zugeordnet. Vgl. hierzu Rs. C-160/96 (Molenaar) Slg. 1998, I-843, I-892 Rn. 44, I-893 f. Die Erziehungsleistungen wurden dem Bereich der Familienleistungen zugeschlagen. Vgl. dazu Rs. C-245/94 und C-312/94 (Hoever und Zachow) Slg. 1996, I-4895, I-4936 Rn. 27. Der EuGH hatte auch entschieden, dass Leistungen an Blinde, Gehörlose und Behinderte, die von dem Wohnsitz oder gewöhnlichen Aufenthalt im

auf dem Europäischen Rat in Edinburgh im Jahr 1992 initiiert.[1096] Im Jahr 1998 legte die Kommission ihren Vorschlag für eine neue VO 1408/71 vor.[1097] Dieser mit sehr weitreichenden Änderungen versehene Vorschlag war in seiner ursprünglichen Form nicht konsensfähig.[1098] Nach zahlreichen Analysen und Diskussionen des Kommissionsvorschlags durch die Mitgliedstaaten ist die VO 883/2004 zur Koordinierung der Systeme der sozialen Sicherheit am 29.04.2004 verabschiedet worden. Nach Art. 91 S. 1 VO 883/2004 ist diese VO am 20. Tag nach ihrer Veröffentlichung im Amtsblatt der Europäischen Union in Kraft getreten.[1099] Geltung entfaltete die

---

betreffenden Bundesland abhängig gemacht werden, gegen Art. 4 Abs. 1 i. V. m. Kap. 1 der VO 1408/71 (nunmehr Art. 3 Abs. 1 i. V. m. Kap. 1 883/2004) und Art. 7 Abs. 2 VO 1612/68 (nunmehr 492/2011) verstoßen. Diese Leistungen seien ebenso wie Pflegeleistungen als Leistungen der Krankheit anzusehen, da sie auf den Ausgleich von krankheits- und behinderungsbedingten Mehraufwendungen abzielen. Vgl. dazu *Schulte*, Jahrbuch des Sozialrechts, Band 33, 2012, 509 (517 f.) unter Verweis auf EuGH Urt. v. 05.05.2011 Rs. C-206/10 (Kommission/Deutschland).

1096 *Spiegel* in: Marhold, Sozialrecht der EU, 9 (14); *Spiegel*, ZIAS 2006, 85 (91). Die Initiative mündete im sog. „SLIM-Projekt", der „Simpler Legislation for the Single Market – Vereinfachung der Rechtsvorschriften im Binnenmarkt". Das SLIM-Projekt war ein reines Binnenmarkt-Konzept, welches u.a. die VO 1408/71 vereinfachen wollte. Vgl. dazu Bericht der Kommission an den Rat und das Europäische Parlament „Ergebnisse der dritten Phase der SLIM-Initiative und die Folgemaßnahmen zu den Empfehlungen der ersten und der zweiten Phase KOM (1999) 88 endg. 1 (2, 3). Vgl. auch *Eichenhofer*, ZESAR 2008, 339 (340), *Schulte*, ZESAR 2010, 143 (151).

1097 Vgl. Vorschlag für eine Verordnung (EG) des Rates zur Koordinierung der Systeme der Sozialen Sicherheit, KOM (1998) 779 endg. 1 (1 ff.); ders. in ABl. EG 1999 Nr. C 38/10 ff.

1098 Vgl. hierzu *Spiegel*, DRV-Schriften, Band 71 (2007), 25 (31); *Spiegel*, ZIAS 2006, 85 (92), der von „revolutionären Änderungen" sprach. Spiegel führt an, dass der Vorschlag im Bereich der Krankenversicherung eine Proratisierung der Kosten für die Sachleistungen für Rentner vorsah. Die Behandlungskosten eines Rentners während einer Urlaubsreise in einen dritten Mitgliedstaat müssten nach dem Vorschlag aufgeteilt werden, was wiederum einen sehr großen administrativen Aufwand bedeute. Zudem sah der Vorschlag vor, dass bei konkurrierenden Ansprüchen auf Familienleistungen immer die höchste Leistung zu gewähren war und sich alle anderen ebenfalls betroffenen Staaten anteilsmäßig an den Kosten beteiligen mussten. Dies würde eine ungeheure finanzielle Belastung für solche Staaten darstellen, die geringere Familienleistungen haben und z. B. ausschließlich aufgrund des Wohnorts eines Familienangehörigen als sekundär zuständig erachtet werden können. Der Vorschlag war diesbezüglich nicht tragbar.

1099 Das genaue Datum des Inkrafttretens müsste nach der Bekanntmachung im ABl. EU 2004 Nr. L 166/1 ff. somit der 20.05.2004 sein. Das ABl. EU 2004

VO 883/2004 gem. Art. 91 S. 2 VO ab dem Tag des Inkrafttretens der Durchführungsverordnung (DVO) 987/2009.[1100] Demzufolge gilt die VO 883/2004 seit dem 01.05.2010.[1101] Die Verzögerung der Geltung der VO hängt mit der Umstellung der Verwaltungsabläufe von Papier auf elektronische Kommunikation und somit einer die Strukturen sämtlicher Mitgliedstaaten umgestaltenden, technologischen Innovation im Bereich der sozialen Sicherheit zusammen.[1102] Die VO 987/2009 wurde am 30.10.2009 im Amtsblatt der EU veröffentlicht.[1103] Durch die VO 987/2009 wurden Änderungen an der VO 883/2004 insb. im Hinblick auf ihre Anhänge erforderlich, so dass eine Änderungsverordnung 988/2009 erging, welche am selben Tag im Amtsblatt der EU veröffentlicht wurde.[1104] In der Folgezeit ergaben sich weitere Änderungsverordnungen zur Aktualisierung der VO 883/2004.[1105] Ausgewählte Artikel der VO 987/2009 werden im Zusammenhang mit der VO 883/2004 genannt und in die weiteren Ausführungen mit einbezogen, wenn sie besonders relevante Verfahrens- und Durchführungsvorschriften enthalten. Die VO 987/2009 ist für die Umsetzung und Anwendung der Koordinierungsregeln unabdingbar, da die Koordinierung zumeist auf die Lösung vieler technischer Einzelfragen und Details angewiesen ist.[1106] Die Durchführungsverordnung zur VO 1408/71 enthielt

---

Nr. L 200/1 ff. berichtigte unverzüglich die VO, was für ein In-Kraft-Treten erst am 27.06.2004 spricht.

1100 Vgl. dazu Art. 91 „Inkrafttreten" der VO 883/2004.

1101 Vgl. auch *Geiger/Khan/Kotzur*, EUV/AEUV, Art. 48 AEUV Rn. 5,7.

1102 Vgl. dazu *Eichenhofer*, SGB 2010, 185 (185). Vgl. zur Umstellung auf den elektronischen Datenaustausch Art. 78 VO 883/2004 und die Art. 2 bis 4 VO 987/2009. Gemäß Art. 4 Abs. 1 VO 987/2009 werden in den Mitgliedstaaten die Papiervordrucke (E-Formulare) durch „Strukturierte elektronische Dokumente" die sog. SEDs ausgewechselt. Dies musste spätestens bis zum 30.04.2012 erfolgt sein (vgl. Art. 95 Abs. 1 VO 987/2009). Vgl. zum EDV-Einsatz auch *Bokeloh*, ZESAR 2011, 18 (20).

1103 ABl. EU 2009 Nr. L 284/1 ff. Die VO ist geändert worden durch die VO 1244/2010 (ABl. EU 2010 Nr. L 338/35 f.), die VO 465/2012 (ABl. EU 2012 Nr. L 149/4 ff.) und die VO 1224/2012 ABl. EU 2012 Nr. L 349/45 f.). Die konsolidierte Fassung der VO 987/2009 ist unter Juris und EUR-Lex abrufbar.

1104 VO 988/2009, ABl. EU 2009 Nr. L 284/43 ff.

1105 Insgesamt ist die VO fünfmal geändert worden. Durch die VO 988/2009; die VO 1244/2010 (ABl. EU 2010 Nr. L 338/35 f.), die VO 465/2012 (ABl. EU 2012 Nr. L 149/4 ff.), die VO 1224/2012 (ABl. EU 2012 Nr. L 349/45 f.) und die VO 517/2013 (ABl. EU 2013, Nr. L 158 /1 ff.). Die konsolidierte Fassung der VO 883/2004 ist unter Juris und EUR-Lex abrufbar.

1106 *Fuchs* in: Fuchs, Europäisches Sozialrecht, Eine Einführung, 4. Auflage, Rn. 39.

Bestimmungen über die beizubringenden Unterlagen für den Leistungserhalt und die zu beachtenden Formvorschriften über das Verfahren der verwaltungsmäßigen und ärztlichen Kontrolle sowie Vorschriften über die Erstattung für die von dem Träger[1107] eines Mitgliedstaats an einen Träger eines anderen Mitgliedstaats gewährten Leistungen.[1108] Die Durchführungsverordnung 987/2009 ergänzt die VO 883/2004 und regelt, wie schon der Name vermuten lässt, die Durchführung der Bestimmungen der VO 883/2004 im Detail.[1109] Trotz Geltung der VO 883/2004 sind weiterhin Teile der VO 1408/71 als unverändert zu beachten.[1110] Auch sind die Übergangsvorschriften der VO 883/2004 und 987/2009 zu berücksichtigen.[1111]

1107 Vgl. zum Begriff „Träger" Art. 1 lit. p) VO 883/2004.

1108 http://europa.eu/legislation_summaries/employment_and_social_policy/social_protection/c10517_de.htm (Abrufdatum: 31.10.2011).

1109 Vgl. dazu *Buschermöhle*, DStR 2010, 1845 (1845).

1110 Die VO 1408/71 beansprucht weiterhin Geltung für die Anwendung der VO 1661/85, ABl. 1985 Nr. L 160/7 f. v. 13.06.1985, die die Besonderheiten im Verhältnis zu Grönland regelt [vgl. auch Art. 90 Abs. 1 lit. b) VO 883/2004] und für die Anwendung des EWR-Abkommens sowie für die Anwendung des Freizügigkeitsabkommens mit der Schweiz. Da die Verordnungen 883/2004 und 987/2009 nicht „ipso jure" für die EWR-Staaten gelten, sollte das EWR-Abkommen dahingehend geändert werden, dass diese Verordnungen nunmehr Geltung entfalten. In diesem Sinne ist auch das Personenfreizügigkeitsabkommen mit der Schweiz abzuändern. Vgl. hierzu § 90 Abs. 1 lit. c) VO 883/2004. Siehe auch ausführlich *Bokeloh*, ZESAR 2011, 18 (19). Demgegenüber wurde durch Art. 1 und 2 VO (EU) 1231/2010, ABl. EU 2010 Nr. L 344/1 ff. die VO (EG) 859/2003 aufgehoben, die bisher im Rahmen des Art. 90 Abs. 1 VO 883/2004 unter Weitergeltung der VO 1408/71 Geltung beanspruchte. Nunmehr gelten die Verordnungen 883/2004 und 987/2009 für Drittstaatsangehörige, die wegen ihrer Staatsangehörigkeit nicht direkt unter die Verordnungen fallen. Vgl. dazu *Eichenhofer*, ZAR 2011, 52 (54). Vgl. zur vorherigen Rechtslage *Buschermöhle*, DStR 2010, 1845 (1845). Auch ist die Übergangsvorschrift des Art. 87 Abs. 8 VO 883/2004 zu beachten, wenn bei Anwendung der Vorschriften der VO 883/2004 die Rechtsvorschriften eines anderen Mitgliedstaats gelten, als bei Anwendung der VO 1408/71, setzt sich letztere durch. Allerdings gilt dies nur, wenn sich der Sachverhalt seit dem 01.05.2010 nicht änderte und auch kein Antrag auf Anwendung der Vorschriften der VO 883/2004 gestellt wurde.

1111 Vgl. zu den Übergangsregelungen der Verordnungen 883/2004 und 987/2009 ausführlich *Bokeloh*, ZESAR 2011, 18 (18 ff.). Im Zentrum steht dabei Art. 87 Abs. 3 VO 883/2004, wonach Leistungsansprüche auch für Ereignisse vor dem Beginn der Anwendbarkeit der Verordnungen 883/2004 und 987/2009 und daher vor dem 01.05.2010, begründet werden. Nach Bokeloh seien aber nur in die Zukunft hinein wirkende Ereignisse erfasst.

B. Rechtsgrundlage der Union für den Erlass der Verordnung 883/2004–Art. 48 AEUV

I. Notwendigkeit einer solchen Rechtsgrundlage

Da der Union eine allgemeine Rechtsetzungskompetenz fehlt, dürfen die Unionsorgane nur bei dem Vorliegen einer ausdrücklichen Rechtsgrundlage in den Verträgen tätig werden. Die Rechtsgrundlage für die VO 883/2004 ergibt sich aus Art. 48 AEUV (ex Art. 42 EGV) und aufgrund ergänzender Bestimmungen für Drittstaatsangehörige aus Art. 352 AEUV.[1112]

II. Art. 48 AEUV eine konkrete und hinreichende Rechtsgrundlage?

Art. 48 AEUV bestimmt, dass das koordinierende Sozialrecht auf die Herstellung der Freizügigkeit der Arbeitnehmer auf dem Gebiet der sozialen Sicherheit abzielt. Die Ermächtigungsgrundlage für die VO 883/2004 ergibt sich daher aus Art. 48 AEUV und steht in direktem Zusammenhang mit der Arbeitnehmerfreizügigkeit des Art. 45 AEUV.[1113] Art. 48 AEUV ist systematisch in den Art. 45 ff. AEUV verortet und hat daher auch die Aufgabe, die Voraussetzungen der Freizügigkeit zu sichern.[1114] Die Inanspruchnahme des Rechts auf Freizügigkeit kann die soziale Sicherung der Selbstständigen betreffen. Deshalb wurde Art. 2 Abs. 1 VO auf Selbstständige in seinem persönlichen Geltungsbereich erstreckt. Art. 48 AEUV erfasst im Gegensatz zu ex Art. 42 EGV nunmehr neben

---

1112 Vgl. Präambel zur VO 883/2004, ABl. EU 2004 Nr. L 166/1. Vgl. ebenfalls *Schulte* in: von Maydell/Ruland/Becker, Sozialrechtshandbuch, § 33 Rn. 144; *Fuchs* in: Fuchs, Europäisches Sozialrecht, Einführung, Rn. 67 f. Insoweit liegen der VO 883/2004 dieselben Rechtsgrundlagen zugrunde wie der VO 1408/71, die seinerzeit auf die ex Art. 51 und 235 EGV gestützt war. Vgl. hierzu ABl. EG 1971 Nr. L 149/1. Die Regelung des ex Art. 51 EGV gilt durch ex Art. 42 EGV sprachlich unverändert fort. Vgl. hierzu *Eichenhofer* in: Streinz, EUV/EGV, Art. 42 EGV Rn. 11. Modifiziert wurde lediglich das Rechtsetzungsverfahren. Vgl. hierzu *Hailbronner* in: Hailbronner/Wilms, Recht der EU, Art. 42 Rn. 4.

1113 *Becker*, ZFSH/SGB 2007, 134 (141).

1114 Vgl. *Schreiber* in: Schreiber/Wunder/Dern, Einl. Rn. 3.

Arbeitnehmern aus Art. 45 AEUV explizit auch Selbstständige.[1115] Da er jedoch keine Drittstaatsangehörigen erfasst, muss die VO diesbezüglich zusätzlich auf Art. 352 AEUV beruhen.[1116] Diese Erweiterung und die folgenden Änderungen waren neben Art. 48 AEUV stets auch auf Art. 352 AEUV zu stützen.[1117] Die Verwendung von Art. 48 AEUV und Art. 352 AEUV wird vielfach als ausreichend für die Erstreckung der Sozialrechtskoordinierung für Arbeitnehmer, Selbstständige und Nichterwerbstätige angesehen.[1118]

Demgegenüber wird vertreten, dass die Sozialrechtskoordinierung für alle Personengruppen auf Art. 48 AEUV i. V. m. Art. 21 Abs. 2 AEUV und Art. 352 AEUV zu stützen sei, da eine Koordinierung in verschiedenen Rechtsakten nicht für sinnvoll erachtet werde.[1119] Die Kommission zieht Art. 21 AEUV als Rechtsgrundlage für die Koordinierung der sozialen Sicherheit aller Unionsbürger zusätzlich heran.[1120]

Eine weitere Auffassung in der Literatur sieht in Art. 48 AEUV eine Rechtsgrundlage für die Einbeziehung sämtlicher Personengruppen.[1121]

1115 Damit hat sich der Streit, ob allein Art. 48 AEUV als Rechtsgrundlage für die Selbstständigen ausreiche oder zusätzlich noch Art. 352 AEUV herangezogen werden müsse, was als Durchbrechung des Prinzips der begrenzten Einzelermächtigung kritisiert wurde, zumindest hinsichtlich der Selbstständigen erledigt. Vgl. dazu *Langer* in: Fuchs, Europäisches Sozialrecht, Teil 1, Art. 48 AEUV Rn. 3.

1116 *Devetzi*, Kollisionsnormen, 29 f., die Art. 352 AEUV heranzieht, wenn Art. 48 AEUV keine Einbeziehung in den persönlichen Schutzbereich vorsieht.

1117 *Becker*, ZFSH/SGB 2007, 134 (141). Demgegenüber beruhe die VO 987/2009 primärrechtlich auf den Art. 48 und 352 AEUV und sekundärrechtlich auf dem Art. 89 VO 883/2004. Vgl. hierzu *Schulte*, ZESAR 2010, 202 (204).

1118 *Hailbronner* in: Hailbronner/Wilms, Recht der EU, Art. 42 EGV Rn. 26; *Schulte*, ZESAR 2010, 143 (151); *Schulte*, ZESAR 2010, 202 (202).

1119 *Becker* in: Schwarze, EU-Kommentar, Art. 42 EGV Rn. 10.

1120 Vgl. Vorschlag für eine Verordnung (EG) des Rates zur Koordinierung der Systeme der Sozialen Sicherheit, KOM (1998) 779 endg. 1 (2, 4).

1121 *Eichenhofer* in: Streinz, EUV/EGV, Art. 42 EGV Rn. 10. Nach Eichenhofer sei Art. 48 AEUV statt auf die Sicherung der Freizügigkeit, auf die Sicherung sämtlicher Grundfreiheiten ausgerichtet und stelle daher „den zentralen Rechtsgrund für das europäische koordinierende Sozialrecht“ dar. Vgl. auch *Eichenhofer*, Sozialrecht der EU, Rn. 496. Im Sozialrecht der EU stellte Eichenhofer heraus, dass die Europäische Union auch für die Sicherung der Dienstleistungsfreiheit einer Koordinierung nach Art. 48 AEUV bedürfe. Vgl. zum Dienstleistungsbegriff, der vordergründig eine Teilnahme am Wirtschaftsleben verlange und i. d. R. Selbstständige betreffe *Kluth* in: Calliess/Ruffert, EUV/AEUV, Art. 56 AEUV Rn. 8; *Geiger/Khan/Kotzur*, EUV/AEUV, Art. 56 AEUV Rn. 1. Daraus ergebe sich, dass für die umfassende und effektive Sicherung der Grundfreiheiten ihr sachlicher als auch ihr persönlicher

Für die vorliegende Untersuchung stellt sich die Frage, ob Art. 48 AEUV den nichterwerbstätigen Rentner und den Rentner im Nebenerwerb in seinen persönlichen Geltungsbereich miteinbezieht. Sollte dies nicht der Fall sein, wäre eine zusätzliche Abstützung auf Art. 21 AEUV erforderlich. Bezieht Art. 48 AEUV den nichterwerbstätigen Rentner in seinen persönlichen Schutzbereich mit ein, kann auf die zusätzliche Zitierung des Art. 21 AEUV in der VO durchaus verzichtet werden, womit Art. 48 AEUV insoweit als konkrete und hinreichende Rechtsgrundlage für die VO 883/2004 anzuerkennen wäre. Da es sich diesbezüglich um eine Fragestellung des persönlichen Geltungsbereichs des Art. 48 AEUV handelt, ist dieser nunmehr inzident zu prüfen.

Der persönliche Geltungsbereich des Art. 48 AEUV umfasst die Arbeitnehmer der Europäischen Union, die die Staatsangehörigkeit eines Mitgliedstaats besitzen und deren anspruchsberechtigte Familienangehörigen.[1122] Der Begriff des Arbeitnehmers i. S. des Art. 48 AEUV wird unionsrechtlich definiert.[1123] Er ist nicht identisch mit dem Arbeitnehmerbegriff des Art. 45 AEUV.[1124] Der Begriff des Arbeitnehmers i. S. des Art. 48 AEUV wird durch die VO 883/2004 definiert.[1125] Dies rechtfertigt sich dadurch, dass Art. 48 AEUV i. V. m. der VO 883/2004 keine subjektiven Rechte des Einzelnen begründet, sondern bestimmt, nach welchen nationalen Vorschriften Ansprüche und Leistungen erworben und aufrechterhalten werden können.[1126] Art. 2 VO gilt für Staatsangehörige eines Mitgliedstaats, Staatenlose und Flüchtlinge mit Wohnort[1127] in einem Mitgliedstaat,

---

Geltungsbereich durch Art. 48 AEUV gesichert werden müsse. Nach dieser Ansicht seien auch Selbstständige von Art. 48 AEUV erfasst.

1122 *Scheuer/Weerth* in: Lenz/Borchardt, EU-Verträge, Art. 48 AEUV Rn. 18; *Brechmann* in: Calliess/Ruffert, EUV/AEUV, Art. 48 AEUV Rn. 1. Noch weiter gehend *Brechmann* in: Calliess/Ruffert, EUV/EGV, 3. Auflage, 2007, Art. 42 EGV Rn. 1, der den persönlichen Geltungsbereich gar nicht auf Arbeitnehmer, so wie es der Wortlaut des Art. 48 AEUV vorgibt, beschränken möchte, sondern generell Unionsbürger und ihre anspruchsberechtigten Angehörigen in den persönlichen Geltungsbereich mit einbeziehe.

1123 *Pennings*, European Social Security Law, 35.

1124 *Scheuer/Weerth* in: Lenz/Borchardt, EU-Verträge, Art. 48 AEUV Rn. 19; *Langer* in: von der Groeben/Schwarze, EU-/EG-Vertrag, Art. 42 EG Rn. 37.

1125 Vgl. dazu *Scheuer/Weerth* in: Lenz/Borchardt, EU-Verträge, Art. 48 AEUV Rn. 19.

1126 EuGH Rs. C-340/94 (de Jaeck) Slg. 1997, I-461, I-504 Rn. 27; *Watson*, Social Security Law of the European Communities, 70.

1127 Der Wohnort ist in Art. 1 lit. j) VO 883/2004 definiert und wird durch Art. 11 VO 987/2009 näher bestimmt. Vgl. dazu *European Commission*, Practical guide on The applicable legislation in the EU, the EEA and Switzerland, 41 ff., abrufbar unter http://ec.europa.eu/social/main.jsp?langId=en&catId=868 (Abrufdatum:

für die die Rechtsvorschriften eines oder mehrerer Mitgliedstaaten gelten oder galten einschließlich ihrer Familienangehörigen und Hinterbliebenen. Dadurch, dass die VO Staatsangehörige eines Mitgliedstaats, Flüchtlinge und Staatenlose generell in ihren persönlichen Geltungsbereich einbezieht, schützt sie nicht nur Beschäftigte, sondern darüber hinaus auch selbstständig Erwerbstätige, Beamte, Studierende, Familienangehörige und Hinterbliebene.[1128] Mithin ist jeder Unionsbürger von dem persönlichen Geltungsbereich der VO umfasst, der

---

25.02.2014). Vgl. zur VO 987/2009 ABl. EU 2009, L 284/1 ff. vom 30.10.2009. Art. 11 VO 987/2009 stelle dabei eine unionsweite Vorschrift zur Definition des Wohnsitzes dar, welche auch für die besonderen beitragsunabhängigen Geldleistungen Geltung entfalte. Bei diesen reiche bereits die Wohnsitzbegründung aus, um eine tatsächliche Verbindung zum Aufnahmemitgliedstaat herzustellen. Diese Definition sei auch viel restriktiver als der Wohnsitzbegriff im Rahmen der RL 2004/38/EG, der sowohl den gewöhnlichen als auch den temporären Aufenthalt erfasse. Vgl. *Van Overmeiren/Eichenhofer/Verschueren*, trESS Analytical Study 2011, 1 (15). Der Wohnort ist dabei der Mittelpunkt des persönlichen Interesses einer Person an einem bestimmten Ort. Durch den Wohnort entstehe zugleich eine Verbindung zum Aufenthaltsstaat. Vgl. zu dieser Definition *Frings*, ZAR 2012, 317 (326). Vgl. auch *Schreiber*, NZS 2012, 647 (649), der darauf hinweist, dass die Rechtmäßigkeit der Begründung des Wohnsitzes vor dem Hintergrund der RL 2004/38/EG gerade nicht geprüft werde, weil diese den Unionsbürgern ein Aufenthaltsrecht in den ersten drei Monaten einräumt, welches nicht von der Erfüllung besonderer Voraussetzungen, wie z. B. den Vorbehalt sozialer Absicherung abhängig gemacht werden dürfe. Vielmehr gelte auch nach Ablauf der drei Monate die Vermutung eines rechtmäßigen Aufenthalts so lange bis die zuständigen Behörden und Gerichte den Verlust des Aufenthaltsrechts festgestellt haben. Vgl. zum Begriff des Wohnorts in der VO 883/2004 und in seiner konkreteren Ausgestaltung in der VO 987/2009 auch *Wendtland*, ZESAR 2013, 435 (438).

1128 *Fuchs* in: Fuchs, Europäisches Sozialrecht, 4. Auflage, Eine Einführung, Rn. 109 in welcher er erklärt, dass es hinsichtlich des persönlichen Geltungsbereichs der VO 883/2004 im Grundsatz bei dem „rechtlichen Status quo" der VO 1408/71 bleibe. Die VO 1408/71 hatte neben Arbeitnehmern auch Selbstständige, Beamte, Studierende, Familienangehörige und Hinterbliebene in ihren persönlichen Schutzbereich mit einbezogen. Vgl. dazu *Brechmann* in: Calliess/Ruffert, EUV/AEUV, Art. 48 AEUV Rn. 6 ff. Diesbezüglich decke sich der persönliche Geltungsbereich mit demjenigen der VO 1408/71. Vgl. zum persönlichen Geltungsbereich der VO 883/2004 zudem *Langer* in: Fuchs, Europäisches Sozialrecht, Teil 1, Art. 48 AEUV Rn. 9 ff.; *Fuchs* in: Fuchs, Europäisches Sozialrecht, Einführung, Rn. 40 f. A.A. *Hervey*, European Social Law, 88 f., welche „Nichterwerbstätige" bzw. „Nichtversicherte Personen", wie Studenten vom persönlichen Geltungsbereich ausnehmen will. Vgl. zum weiten persönlichen Geltungsbereich der VO 883/2004 auch *Marzo*, dimension sociale, 354.

abstrakt von seinem Mitgliedstaat unter Berücksichtigung der Leistungsarten des Art. 3 Abs. 1 VO gesichert ist. Dabei ist lediglich entscheidend, dass der Unionsbürger die potentielle Berechtigung innehat, Leistungen aus einem System der sozialen Sicherheit zu beziehen.[1129] So reicht neben einem aktuell bestehenden (z. B. nachweisbar durch Zahlung von Beiträgen, Erhalt von Leistungen oder Versicherteneigenschaft) auch ein früherer Bezug zu einem System der sozialen Sicherheit nach Art. 3 Abs. 1 VO. Entscheidend sei dabei lediglich dass überhaupt zuvor ein Anspruch oder ein Versicherungsschutz in einem System der sozialen Sicherheit in einem Unionsmitgliedstaat begründet worden ist.[1130]

Im Gegensatz zu Art. 1 lit. a) VO 1408/71, der noch den Begriff des Arbeitnehmers explizit verwendete, wurde der Begriff des „Arbeitnehmers" in Art. 1 lit. a) VO 883/2004 ersetzt durch den Begriff der „Beschäftigung".[1131] Nach Art. 1 lit. a) VO 883/2004 ist Beschäftigung jede Tätigkeit, die für die Zwecke der Rechtsvorschriften der sozialen Sicherheit des Mitgliedstaats, in dem die Tätigkeit ausgeübt wird, als solche gilt. Insoweit wird der Begriff nicht eigenständig durch die Verordnung definiert, sondern durch das Sozialrecht des Mitgliedstaats, das auf den jeweiligen Sachverhalt anzuwenden ist.[1132] Es können somit die

---

1129 Vgl. *Janda*, ZFSH/SGB 2013, 453 (455); *Marzo*, dimension sociale, 354; *Schulte*, Jahrbuch des Sozialrechts, Band 33, 2012, 509 (515).

1130 Vgl. dazu insgesamt *Schreiber*, NZS 2012, 647 (649), der darauf hinweist, dass es gerade nicht erforderlich sei, dass zum maßgeblichen Zeitpunkt der Prüfung des Unterfallens unter den persönlichen Geltungsbereich der VO 883/2004 ein aktueller Anspruch, ein Leistungsbezug oder ein Versicherungsschutz in Bezug auf einen Zweig der Sozialen Sicherheit des Art. 3 Abs. 1 VO vorliegen müsse. Vgl. auch *Janda*, ZFSH/SGB 2013, 453 (455).

1131 Der Sprachgebrauch wurde durch den Erlass der VO 883/2004 verändert. Zu der Legaldefinition des Begriffs „Beschäftigung", vgl. Art. 1 lit. a) VO 883/2004. Die Ausarbeitung berücksichtigt diese Veränderung und arbeitet, je nachdem, ob es sich um die VO 1408/71 oder die VO 883/2004 handelt, mit den entsprechenden Begrifflichkeiten. Im Zusammenhang mit der Verwendung des Art. 48 AEUV wird weiterhin auf den Arbeitnehmerbegriff zurückgegriffen.

1132 Das anwendbare Sozialrecht eines Mitgliedstaats ergibt sich aus den Vorschriften der Verordnung erst abschließend, wenn dessen Begriffe geklärt sind. Ob der Beschäftigtenbegriff erfüllt ist, stellt aber eine wichtige Vorfrage für den persönlichen Geltungsbereich der VO in Art. 2 Abs. 1 VO 883/2004 dar, gleichzeitig aber auch für das anwendbare Recht des betreffenden Mitgliedstaats (Art. 11 VO). Vgl. dazu EuGH Rs. C-121/92 (Zinnecker) Slg. 1993, I-5023, I-5058 Rn. 15, 17 f. Insoweit bestehe die Gefahr des Zirkelschlusses. Vgl. dazu und hinsichtlich einer möglichen Lösung der Problematik: *Devetzi*, Kollisionsnormen, 47. Aus der Bestimmung der Begriffe

Mitgliedstaaten frei entscheiden, wann ihrer Meinung nach eine selbstständige Tätigkeit oder abhängige Beschäftigung vorliegt.[1133] Der Begriff des selbstständig Erwerbstätigen wird ebenso definiert wie der des Beschäftigten.[1134] Nach Art. 90 Abs. 1 lit. a) VO 883/2004 entfaltete die Verordnung auch für Drittstaatsangehörige Geltung, da für diese die VO 1408/71 insoweit in Kraft blieb. Gerade diese Regelung war angreifbar. Art. 2 VO 883/2004 scheint den persönlichen Geltungsbereich auf Unionsbürger zu beschränken, wohingegen Art. 90 Abs. 1 lit. a) VO 883/2004 bestimmt, dass insoweit die VO 1408/71 anzuwenden ist, welche auch Drittstaatsangehörige schützte. Dies erschwert maßgeblich die Arbeit der Rechtsanwender[1135] und verletzt dadurch das Gebot der Rechtsklarheit.[1136] Es wird zu Bedenken gegeben, dass Änderungen der VO 883/2004 nicht gleichzeitig in der VO 1408/71 eingearbeitet werden, so dass sich das Koordinationsrecht für Unionsbürger auf der einen und Drittstaatsangehörigen auf der anderen Seite auseinanderentwickeln wird, worin statt Vereinfachung eine „gehörige Komplikation!" zu erblicken sei.[1137] Aus diesem Grund wurde durch die VO 1231/2010 bestimmt, dass die VO 883/2004 und 987/2009 auf Drittstaatsangehörige auszudehnen seien, die ausschließlich aufgrund ihrer Staatsangehörigkeit nicht bereits unter diese VO fallen.[1138] Die Einbeziehung von Drittstaatsangehörigen stellt keine Neuheit dar, sondern spiegelt teilweise den „internationalen Status quo" wider, da bereits das Übereinkommen Nr. 118 der Internationalen Arbeitsorganisation[1139]

---

resultieren auch Probleme der Anwendung des richtigen Kollisionsrechts, vgl. dazu EuGH Rs. C-178/97 (Banks) Slg. 2000, I-2005, I-2045 Rn. 9; *Horn*, ZIAS 2002, 120 (143 f.)

1133 *Voigt*, ZESAR 2004, 121 (122).

1134 Vgl. dazu Art. 1 lit. b) VO 883/2004/EG. Abzugrenzen sind selbstständige Erwerbstätige von Beschäftigten dadurch, dass sie „außerhalb eines Arbeitsvertrags oder der Ausübung eines freien Berufs oder des selbständigen Betriebs eines Unternehmens eine Berufstätigkeit ausüben oder ausgeübt haben, in deren Rahmen sie Leistungen erhalten, die es ihnen ermöglichen, ganz oder teilweise ihren Lebensunterhalt zu bestreiten, auch wenn diese Leistungen von Dritten erbracht werden." Vgl. dazu EuGH Rs. 300/84 (van Roosmalen) Slg. 1986, 3097, 3124 Rn. 23.

1135 *Grotzer*, DRV-Schriften, Band 71 (2007), 89 (92).

1136 *Eichenhofer* in: Fuchs, Europäisches Sozialrecht, 4. Auflage, Vorbemerkungen, Titel I, Allgemeine Vorschriften, Rn. 8.

1137 Siehe *Eichenhofer*, SGB 2010, 185 (186).

1138 Vgl. dazu VO 1231/2010, ABl. EU 2010 Nr. L 344/ 1 ff. Vgl. auch *Eichenhofer*, ZAR 2011, 52 (54).

1139 Übereinkommen über die Gleichbehandlung von Inländern und Ausländern in der Sozialen Sicherheit von 1962: http://www.ilo.org/ilolex/german/docs/convdisp1.htm (Abrufdatum: 30.08.2008)

in seinem Art. 3 Nr. 1 für viele europäische Länder[1140] die Einbeziehung von Drittstaatsangehörigen vorsieht und für die Drittstaatsangehörigen eine Gleichbehandlung hinsichtlich der sozialen Sicherheit gebietet bzw. jede Diskriminierung aufgrund der Staatsangehörigkeit untersagt.[1141]

Fraglich ist, ob Rentner unter den persönlichen Geltungsbereich der VO 883/2004 und unter den des Art. 48 AEUV fallen. So könnte zunächst der nichterwerbstätige Rentner unter den Begriff des Arbeitnehmers des Art. 48 AEUV zu subsumieren sein. Zur Determinierung des Arbeitnehmerbegriffs der VO 883/2004 wird grammatischhistorisch der persönliche Geltungsbereich der VO 883/2004 mit demjenigen der VO 1408/71 verglichen, unter Einbeziehung der Rechtsprechungsentwicklung des EuGH. In Art. 2 Abs. 1 VO 1408/71 bestimmte diese, dass die VO für „Arbeitnehmer und Selbstständige sowie für Studierende, für welche die Rechtsvorschriften eines oder mehrerer Mitgliedstaaten gelten oder galten, soweit sie Staatsangehörige eines Mitgliedstaats sind oder als Staatenlose oder Flüchtlinge im Gebiet eines Mitgliedstaats wohnen, sowie für deren Familienangehörige und Hinterbliebene“ Geltung entfaltet. Rein nach dem Wortlaut des Art. 2 Abs. 1 VO 1408/71 zu urteilen, waren Nichterwerbstätige von der VO nicht erfasst.[1142] Wer „Arbeitnehmer“ oder „Selbstständiger“ war, definierte Art. 1

1140 Ratifiziert haben das Übereinkommen Dänemark, Finnland, Frankreich, Deutschland, Irland, Italien, Norwegen, Schweden. Vgl. http://www.ilo.org/ilolex/german/docs/convdisp1.htm (Abrufdatum: 30.08.2008).

1141 So bestimmt Art. 3 Nr. 1 des Abkommens, dass jedes Mitglied in seinem Gebiet den Staatsangehörigen jedes anderen Mitgliedstaats bei der Anwendung seiner Gesetzgebung sowohl hinsichtlich des erfassten Personenkreises als auch des Anspruchs auf Leistungen in jedem Zweig der Sozialen Sicherheit, für den es die Verpflichtungen aus dem Übereinkommen übernommen hat, die gleiche Behandlung zu gewähren hat wie den eigenen Staatsangehörigen. Art. 2 des Übereinkommens sieht als Zweige der Sozialen Sicherheit die ärztliche Betreuung, das Krankengeld, die Leistungen bei Mutterschaft, Invalidität, Alter, Hinterbliebene, Arbeitsunfällen und Berufskrankheiten, bei Arbeitslosigkeit sowie Familienleistungen vor. Insoweit ähnelt das Übereinkommen von den Leistungszweigen her dem sachlichen Geltungsbereich in Art. 3 Abs. 1 VO 883/2004. Es fehlen lediglich das Sterbegeld und die Vorruhestandsleistungen. Vertragsstaaten sind u.a. Bangladesch, Bolivien, Guatemala, Irak, Indien, Israel, Jordanien und Kenia. Vgl. hierzu: http://www.ilo.org/ilolex/german/docs/convdisp1.htm unter Tabelle der Ratifizierungen (Abrufdatum: 30.08.2008). Nunmehr sind Drittstaatsangehörige in die Verordnungen 883/2004 und 987/2009 durch die VO 1231/2010, ABl. EU 2010 Nr. L 344/1 ff. einbezogen. Vgl. dazu auch *Eichenhofer*, ZAR 2011, 52 (54).

1142 Dazu *Eichenhofe*r in: Schulte/Barwig, Freizügigkeit und Soziale Sicherheit, 411 (414); *Schulte*, Jahrbuch des Sozialrechts, 2005/2006, 619 (625).

lit. a) VO 1408/71. Als Arbeitnehmer oder Selbstständiger galt jede Person, die gegen ein Risiko oder gegen mehrere Risiken eines Zweiges eines Systems der sozialen Sicherheit für Arbeitnehmer pflichtversichert oder freiwillig weiterversichert war [vgl. Art. 1 lit. a) i) VO 1408/71]. In Versicherungssystemen, die für alle Einwohner oder die gesamte erwerbstätige Bevölkerung gelten, war darauf abzustellen, ob die betreffende Person aufgrund der Art der Verwaltung oder der Finanzierung des Systems als Arbeitnehmer oder Selbstständiger unterschieden werden konnte. Ansonsten waren die in Anhang I der VO 1408/71 für die einzelnen Mitgliedstaaten genannten Kriterien zu erfüllen [vgl. Art. 1 lit. a) ii) VO 1408/71]. Die Definition des Arbeitnehmers durch die VO 1408/71 lässt auf eine Einbeziehung des nichterwerbstätigen Rentners schließen. Ursprünglich hatte der EuGH hinsichtlich des persönlichen Geltungsbereichs der VO 1408/71 den Arbeitnehmerbegriff noch i. S. des Art. 45 AEUV interpretiert, da die VO vorrangig die Arbeitnehmerfreizügigkeit ermöglichen sollte.[1143] In späteren Entscheidungen hat der EuGH den Arbeitnehmerbegriff sozialversicherungsrechtlich ausgelegt und ist von der Interpretation i. S. des Art. 45 AEUV vollständig abgerückt.[1144] Die VO 1408/71 verstand den Arbeitnehmerbegriff im Gegensatz zu Art. 45 AEUV speziell sozialversicherungsrechtlich. Dies gilt daher auch für das Begriffsverständnis des Arbeitnehmers nach Art. 48 AEUV.[1145] Nach dem EuGH besaß eine Person die Arbeitnehmereigenschaft i. S. der VO 1408/71, wenn sie auch nur gegen ein einziges Risiko bei einem der in der VO genannten allgemeinen und besonderen Systeme der sozialen Sicherheit, unabhängig vom Bestehen eines Arbeitsverhältnisses, pflichtversichert oder freiwillig versichert war.[1146] Dies hatte zur Folge, dass grundsätzlich jeder, der durch ein System eines Mitgliedstaats versichert ist, als Arbeitnehmer oder Selbstständiger anzusehen war.[1147] Um unter den Begriff des Arbeitnehmers zu fallen,

1143 Vgl. EuGH Rs. C-75/63 (Unger) Slg. 1964, 379, 396 f., 400; Rs. 139/85 (Kempf) Slg. 1986, 1741, 1751 Rn. 15. Vgl. dazu *Edelmann*, Arbeitnehmerfreizügigkeit, 31 ff.

1144 Vgl. dazu EuGH Rs. C-340/94 (de Jaeck) Slg. 1997, I-461, I-504 Rn. 28.

1145 *Langer* in: von der Groeben/Schwarze, EU-/EG-Vertrag, Art. 42 EG Rn. 37; *Scheuer/Weerth* in: Lenz/Borchardt, EU-Verträge, Art. 48 AEUV Rn. 19.

1146 EuGH Rs. C-85/96 (Martínez Sala) Slg. 1998, I-2691, I-2720 Rn. 36, wobei der EuGH nach dieser allgemeinen Feststellung die Frage, ob die Sozialhilfeempfängerin als Arbeitnehmerin zu betrachten sei, den nationalen Gerichten überantwortete. Vgl. hierzu EuGH Rs. C-85/96 (Martínez Sala) Slg. 1998, I-2691, I-2722 Rn. 45. Vgl. ebenfalls Rs. C-262/96 (Sürül) Slg. 1999, I-2685, I-2772 Rn. 95.

1147 *Schulte* in: von Maydell/Ruland/Becker, Sozialrechtshandbuch, § 33 Rn. 143, 145; *Devetzi*, Kollisionsnormen, 28; *Pieters*, ZIAS 1991, 72 (76, 90); *Eichenhofer* in:

brauchte eine Person gar keine Berufstätigkeit auszuüben.[1148] So waren vom Arbeitnehmerbegriff Personen erfasst, die nicht mehr in einem Beschäftigungsverhältnis standen,[1149] und mithin auch der ehemalige Arbeitnehmer, soweit er von einem gesetzlichen Sozialversicherungssystem erfasst wurde.[1150] Aus diesem Grund konnte der nichterwerbstätige Rentner unter den Begriff des Arbeitnehmers fallen, da er zumindest als ehemaliger Arbeitnehmer in der gesetzlichen Rentenversicherung versichert war, soweit auf ihn keine besonderen, für ihn erlassenen Bestimmungen anzuwenden sind.[1151] Dabei war nicht erforderlich, dass der Rentner bereits während seines Arbeitslebens in den Aufnahmemitgliedstaat gewechselt war, vielmehr reichte die vor Eintritt der Altersgrenze bestehende Ausübung der Arbeitstätigkeit in irgendeinem Mitgliedstaat aus.[1152] Dem stand nicht entgegen, dass der nichterwerbstätige Rentner z. B. nur unter die Vorschriften über Leistungen bei Krankheit oder Alter fiel und keine Leistungen bei Arbeitslosigkeit bezog, denn das Unterfallen unter einen speziellen Bereich des sachlichen Geltungsbereichs wurde vom EuGH als ausreichend anerkannt, um als „Arbeitnehmer" im Bereich der gesamten VO zu gelten.[1153] Waren Personen keine Arbeitnehmer i. S.

Fuchs, Europäisches Sozialrecht, 4. Auflage, Art. 2 Rn. 7. So im Ergebnis auch *Hervey*, European Social Law, 88 f., 90, die nur Nichterwerbstätige und Nichtversicherte, wie z. B. Studenten, von der VO ausnehmen möchte.

1148 *Pennings*, European Social Security Law, 36; *Devetzi*, Kollisionsnormen, 28.

1149 Vgl. EuGH Rs. 182/78 (Pierik II) Slg. 1979, 1977, 1993, Rn. 4; Rs. 82 und 103/86 (Loborero und Sabato) Slg. 1987, 3401, 3427 Rn. 19; Rs. C-194/96 (Kulzer) Slg. 1998, I-895, I-931 Rn. 26.

1150 EuGH Rs. C-194/96 (Kulzer) Slg. 1998, I-895, I-931 Rn. 24; *Langer* in: von der Groeben/Schwarze, EU-/EG-Vertrag, Art. 42 EG Rn. 37; *Schulte* in: Maydell/Ruland/Becker, Sozialrechtshandbuch, § 33 Rn. 43; Rs. 143/79 (Walsh) Slg. 1980, 1639, 1652 Rn. 7.

1151 EuGH Rs. 182/78 (Pierik II) Slg. 1979, 1977, 1993 Rn. 4. Der EuGH merkt explizit an, dass auch „Rentner, die nach den Rechtsvorschriften eines oder mehrerer Mitgliedstaaten zum Bezug von Rente berechtigt sind, auch wenn sie keine Erwerbstätigkeit ausüben, aufgrund ihrer Zugehörigkeit zu einem System der Sozialen Sicherheit unter die Bestimmungen der Verordnung über die „Arbeitnehmer" fallen, soweit auf sie keine besonderen, für sie erlassenen Bestimmungen anzuwenden sind." Vgl. dazu auch *Willms*, Soziale Sicherung, 71. Vgl. zudem *Linka* in: Marhold, Sozialrecht der EU, 65 (65), der davon ausgeht, dass der nichterwerbstätige Versicherte und somit auch der nichterwerbstätige Rentner in den persönlichen Geltungsbereich der VO 883/2004 einbezogen sei. Ebenso *Pennings*, European Social Security Law, 36.

1152 EuGH Rs. 284/84 (Spruyt) Slg. 1986, 685, 701 Rn. 24, 28.

1153 EuGH Rs. C-71/93 (Van Poucke) Slg. 1994, I-1101, I-1119 Rn. 25; *Pennings*, European Social Security Law, 39.

des Art. 2 VO 1408/71, fielen sie dennoch unter die VO, wenn sie in dem System, in dem sie früher als Arbeitnehmer versichert waren, weiterhin der Pflichtversicherung unterlagen. Als Beispiel hierfür konnten Rentner angeführt werden, die Sachleistungen bei Krankheit[1154] beanspruchen konnten und deshalb nach den Vorschriften über Leistungen bei Krankheit (Art. 34 Abs. 2 VO 1408/71; nunmehr Art. 31 VO 883/2004) als Arbeitnehmer galten.[1155] Dies bedeutete aber nicht, dass Art. 2 Abs. 1 VO 1408/71 einen unionsrechtlichen Arbeitnehmerbegriff schuf, nicht zuletzt deshalb, weil der Unionsgesetzgeber mit der VO 1408/71 lediglich koordinierend tätig wurde. Die grundsätzliche Anwendbarkeit des persönlichen Geltungsbereichs der VO 1408/71 wird nicht dadurch negiert, dass diese VO und Art. 48 AEUV bestimmte Anforderungen hinsichtlich der Mindeststundenanzahl, die der Arbeitnehmer beschäftigt sein muss, oder der Höhe der durch die Tätigkeit erzielten Einkünfte, stellen.[1156] Insoweit knüpfte die VO 1408/71 mit ihrem persönlichen Geltungsbereich nur an die mitgliedstaatlichen Regelungen an, die Personen als Arbeitnehmer in das Sozialversicherungssystem einbeziehen. Ob daher z. B. eine geringfügig beschäftigte Person als Arbeitnehmer i. S. der VO 1408/71 anzusehen war oder nicht, hing allein von den konkret anwendbaren nationalen Regelungen ab.[1157] Durch die Anknüpfung an die nationalstaatlichen Regelungen bestimmten letztlich die Mitgliedstaaten im Rahmen ihrer Autonomie indirekt den persönlichen Anwendungsbereich der VO 1408/71.[1158]

In der VO 883/2004 wird in der Umsetzung der Rechtsprechung des EuGH nicht mehr auf Arbeitnehmer oder Selbstständige, sondern generell auf Staatsangehörige eines Mitgliedstaats, Staatenlose und Flüchtlinge mit Wohnort in einem

---

1154 Vgl. zur Definition des Begriffs der Sachleistungen bei Krankheit Art. 1 lit. va) i) VO 883/2004.

1155 *Schulte* in: von Maydell/Ruland/Becker, Sozialrechtshandbuch, § 33 Rn. 44.

1156 Beides wird eindeutig von der VO 1408/71 nicht vorausgesetzt, bei der es einzig und allein auf den Versicherungsschutz ankommt. So werde keine Mindeststundenanzahl für den persönlichen Geltungsbereich der VO 883/2004 verlangt. Vgl. dazu EuGH Rs. C-2/89 (Kits van Heijningen) Slg. 1990, I-1755, I-1773 Rn. 10. Eine gewisse Höhe der durch den Nebenerwerb erzielten Einkünfte werde nicht vorausgesetzt. Vgl. hierzu EuGH Rs. 300/84 (van Roosmalen) Slg. 1986, 3097, 3123 Rn. 22, wonach es für den Begriff der Berufstätigkeit sogar ausreiche, wenn gar kein Entgelt als unmittelbare Gegenleistung erbracht werde, sondern die Person im Rahmen der Tätigkeit Leistungen erhält, die es ihr ermöglichen, ganz oder teilweise ihren Lebensunterhalt zu bestreiten.

1157 EuGH Rs. C-317/93 (Nolte) Slg. 1995, I-4625, I-4660 Rn. 33, 36; Rs. C-444/93 (Megner/Scheffel) Slg. 1995, I-4741, I-4752 Rn. 18.

1158 *Windisch-Graetz*, Europäisches Krankenversicherungsrecht, 138.

Mitgliedstaat, für die die Rechtsvorschriften eines oder mehrerer Mitgliedstaaten gelten oder galten, sowie auf ihre Familienangehörigen und Hinterbliebenen abgestellt. Der Begriff des Staatsangehörigen eines Mitgliedstaats ist schon vom Wortlaut und Wortsinn her weiter gefasst als der des Beschäftigten. Erfasst werden nunmehr alle versicherten Personen und deren Familienangehörige, wobei dieser Begriff alle Bürger, genauer bei Einwohnersystemen automatisch alle Einwohner und somit auch „Nichterwerbstätige" mit einbezieht.[1159] Durch den Verweis „die Rechtsvorschriften eines oder mehrerer Mitgliedstaaten gelten oder galten" wird herausgestellt, dass es bei dem persönlichen Geltungsbereich der VO 883/2004 letztlich auf die Versicherteneigenschaft nach nationalem Recht ankommt.[1160] Damit gilt sämtliche Rechtsprechung des EuGH zum persönlichen Geltungsbereich der VO 1408/71 auch für die VO 883/2004. Danach ist im Rahmen des Art. 48 AEUV Arbeitnehmer jede Person, die, ob sie nun eine Erwerbstätigkeit ausübt oder nicht, die versicherten Eigenschaften nach den für die soziale Sicherheit geltenden Rechtsvorschriften eines oder mehrerer Mitgliedstaaten besitzt.[1161] Der nationale Gesetzgeber legt fest,

---

1159 *Spiegel*, ZIAS 2006, 85 (95); *Hailbronner* in: Hailbronner/Wilms, Recht der EU, Art. 42 Rn. 101; *Schulte*, DRV-Schriften 71 (2007), 9 (9); *Spiegel* in: Marhold, Sozialrecht der EU, 9 (18). Vgl. auch *Pennings*, European Social Security Law, 53. So auch *Kingreen*, EuR Beiheft 1/2007, 43 (48), welcher ebenfalls davon ausgeht, dass der persönliche Geltungsbereich der VO 883/2004 nicht mehr zwischen Erwerbstätigen, Studierenden und anderen Unionsbürgern differenziere. Vgl. auch *Brechmann* in: Calliess/Ruffert, EUV/AEUV, Art. 48 AEUV Rn. 4.

1160 Vgl. zum persönlichen Geltungsbereich Art. 2 Abs. 1 VO 883/2003. Vgl. zum Begriff des Versicherten Art. 1 lit. c) VO 883/2004. A.A. *Frings*, ZAR 2012, 317 (319). Frings sieht die Begrenzung in der Literatur des persönlichen Geltungsbereichs auf „Versicherte" als missverständlich an. Sie verlangt allerdings, dass zunächst ein Versicherungsverhältnis vorliegen müsse, um leistungsberechtigt zu sein. Abzustellen sei nicht mehr darauf, ob eine Person versichert ist, sondern ob sie in den Anwendungsbereich einer von der VO 883/2004 erfassten Sozialleistung falle.

1161 EuGH Rs. 182/78 (Pierik II) Slg. 1979, 1977, 1993 Rn. 4. Vgl. auch EuGH Rs. C-275/96 (Kuusijärvi) Slg. 1998, I-3419, I-3452 Rn. 21 f.; Rs. C-389/99 (Rundgren) Slg. 2001, I-3731, 3776 Rn. 35. Vgl. dazu auch *Willms*, Soziale Sicherung, 71. Kritik dazu von *Klang*, Soziale Sicherheit, 163 ff., der insb. anmerkt, dass durch die Rechtsprechung des EuGH somit gleichlautende Begriffe in demselben Kap. des AEUV unterschiedlich ausgelegt werden würden. Solch eine Praxis verstoße gegen den Wortlaut, den Geist und die Systematik des AEUV. Er wendet sich dagegen, dass das Europäische Sozialrecht eigenständig sei. Vielmehr sei Art. 48 AEUV dem Art. 45 AEUV unterzuordnen. Insoweit sei auch eine Loslösung des Arbeitnehmerbegriffs von arbeitsrechtlichen Kriterien nicht gedeckt. Außerdem sei der sozialversicherungsrechtliche Arbeitnehmerbegriff als Abgrenzung nicht geeignet,

unter welchen Voraussetzungen eine Person dem nationalen System der sozialen Sicherheit oder einem bestimmten Zweig eines solchen Systems beitreten kann oder muss.[1162] Darüber hinaus legt er fest, unter welchen Voraussetzungen die Zugehörigkeit zu einem nationalen System der sozialen Sicherheit beendet wird.[1163]

Sollte ein nichterwerbstätiger Rentner nach den nationalen Vorschriften eines Mitgliedstaats der Europäischen Union bezüglich z. B. der Leistungen bei Krankheit, Pflegebedürftigkeit und Sterbegeld versichert sein [nach Art. 1 lit. c) VO ist Versicherter nur derjenige, der den in Titel III, Kap. 1 und 3 erfassten Zweigen der sozialen Sicherheit unterfällt], ist er nach dem Vorgenannten als Arbeitnehmer i. S. des Art. 48 AEUV anzusehen. Wenn der nichterwerbstätige Rentner als Versicherter und mithin Arbeitnehmer gilt, muss dies erst recht für den Rentner im Nebenerwerb gelten.[1164]

Auch wenn die Differenzierung zwischen den Kategorien „nichterwerbstätiger Rentner" als „Nichterwerbstätiger" und dem „Rentner im Nebenerwerb" als „Arbeitnehmer" in der Gesamtschau der VO 883/2004 gekünstelt erscheinen mag, da sich zwischen beiden Rentnergruppen keine großen Unterschiede ergeben, hat sie durchaus ihre Berechtigung. So besteht, insb. im Bereich der Krankenversicherung, wie noch aufzuzeigen sein wird, je nach Klassifizierung des Rentners im nationalen Recht, eine unterschiedliche Anwendung der Vorschriften der VO. So sind auf Arbeitnehmer bzw. Versicherte mit Ausnahme der Rentner die Art. 17 ff. VO und auf nichterwerbstätige Rentner die Art. 23 ff. VO anzuwenden. Dies

---

da es Sozialversicherungssysteme gebe, welche die gesamte Bevölkerung erfassen. Dieser Kritik wiederum begegnet *Willms*, Soziale Sicherung, 73. Willms führt zutreffend an, dass es nicht unüblich sei, dass gleichlautende Begriffe in einem unterschiedlichen systematischen Zusammenhang unterschiedlich ausgelegt werden, wie man an der unterschiedlichen Verwendung des Begriffs der Familienangehörigen in Art. 45 AEUV und 48 AEUV gut sehen könne. Des Weiteren räume Art. 48 AEUV weitergehende Rechtspositionen als Art. 45 AEUV ein, da er fordere, dass Wanderarbeitnehmer durch ihre Wanderung keine Nachteile bei der Sozialen Sicherheit in Kauf zu nehmen haben. Art. 45 AEUV sehe demgegenüber nur das allgemeine Recht auf Inländergleichbehandlung sowie Aufenthalts- und Verbleiberechte vor.

1162 EuGH Rs. 43/86 (De Rijke) Slg. 1987, 3611, 3629 Rn. 12; Rs. 368/87 (Troiani) Slg. 1989, 1333, 1354 Rn. 21.

1163 EuGH Rs. 43/86 (De Rijke) Slg. 1987, 3611, 3629 Rn. 12.

1164 So im Ergebnis auch *Langer* in: von der Groeben/Schwarze, EU-/EG-Vertrag, Art. 42 EG Rn. 36. Langer fasst unter den persönlichen Geltungsbereich der Verordnung generell ehemalige Arbeitnehmer und zählt beispielhaft als ehemaligen Arbeitnehmer den Rentner auf. Dabei unterscheidet er nicht zwischen dem nichterwerbstätigen Rentner und dem Rentner im Nebenerwerb, so dass davon auszugehen ist, dass beide Rentnergruppen erfasst sein sollen.

liegt darin begründet, dass der Begriff der Arbeitnehmer wie erläutert durch den Art. 2 VO definiert wird, der wiederum auf die Versicherteneigenschaft nach nationalem Recht abstellt. Das nationale Recht erlangt insb. Bedeutung bei der Krankenversicherung. Hier kann selbst der Rentner im Nebenerwerb als Arbeitnehmer, der aber eine bestimmte Einkommensgrenze im nationalen Recht nicht überschreitet, obwohl er Arbeitnehmer ist und daher nach der VO eigentlich unter die Art. 17 ff. VO fallen müsste, rechtlich wie ein nichterwerbstätiger Rentner und somit nach den Art. 23 ff. VO behandelt werden.[1165] Demgegenüber kann ein „Arbeitnehmer", der unter 400,00 Euro verdient und nicht zugleich Rentner ist, nicht den Sonderregelungen für Rentner gem. Art. 23 ff. VO unterfallen, da er die Rentnereigenschaft nicht besitzt. Sollte dem dennoch so sein, widerspräche dies dem klaren Wortlaut der Art. 23 ff. VO, da diese gerade nichterwerbstätige Rentner im Speziellen privilegieren sollen.[1166] Eine Besonderheit zum „Nichterwerbstätigen" und „Arbeitnehmer" ist bei dem nichterwerbstätigen Rentner und dem Rentner im Nebenerwerb darin zu sehen, dass diese die Regelaltersgrenze überschritten haben und eine Altersrente gem. Art. 50 ff. VO beziehen.

Der nichterwerbstätige Rentner und der Rentner im Nebenerwerb sind im Ergebnis, soweit sie z. B. der Rentenversicherung oder Krankenversicherung nach nationalem Recht unterliegen, von dem persönlichen Geltungsbereich des Art. 48 AEUV erfasst. Mithin ist zumindest bei diesen Personengruppen eine Zusatzzitierung des Art. 21 AEUV in der VO 883/2004 nicht erforderlich. Die Zweifel an der ausschließlichen Anwendung des Art. 48 AEUV für den Erlass der VO sind als unbegründet zurückzuweisen. Der Art. 48 AEUV bildet daher eine hinreichende Rechtsgrundlage für die Koordinierung der Systeme der sozialen Sicherheit in Bezug auf den nichterwerbstätigen Rentner und den Rentner im Nebenerwerb.

III. Voraussetzungen des Art. 48 AEUV

Fraglich ist, ob durch die VO 883/2004 die Restriktionen der Rechtsgrundlage des Art. 48 AEUV beachtet wurden. Dazu ist der Wortlaut von Art. 48 AEUV zu untersuchen.

1165 Vgl. hierzu C. IV. 2. d. aa. (2) Pkt. 3 die Konstellation des Mini-Jobbers.

1166 Vgl. C. IV. 2. d. aa. (2) Pkt. 3 wonach der nichterwerbstätige Rentner in der Konstellation des Mini-Jobbers privilegiert wird. Demgegenüber würde ein Arbeitnehmer ohne die Regelaltersgrenze überschritten zu haben und Rente zu beziehen, nicht unter die Art. 23 ff. VO 883/2004 fallen.

1. „auf dem Gebiet der sozialen Sicherheit“

Art. 48 AEUV ermächtigt zum Erlass von Maßnahmen „auf dem Gebiet der sozialen Sicherheit“. Es muss sich dabei um die Einführung eines Systems mit Sozialversicherungsleistungen handeln. Die Art der Finanzierung der Leistung und die Organisationsform des Sozialsystems sind demgegenüber unerheblich.[1167] Die VO koordiniert in Art. 3 Abs. 1 VO die dort genannten Zweige der sozialen Sicherheit. Die VO 883/2004 wurde insoweit auf dem Gebiet der sozialen Sicherheit erlassen.

2. „notwendigen Maßnahmen“

Nach Art. 48 AEUV müssen auf dem Gebiet der sozialen Sicherheit zur Herstellung der Freizügigkeit die notwendigen Maßnahmen getroffen werden. Art. 48 AEUV enthält keine Vorgaben hinsichtlich der Handlungsform. Insoweit konnte auf seiner Grundlage die VO 883/2004 in Gestalt einer VO ergehen.[1168] Art. 48 AEUV bestimmt, dass der Rat zur Herstellung der Freizügigkeit der Arbeitnehmer die notwendigen Maßnahmen zu treffen hat. Um diese zu erzielen, führt er ein System ein, welches aus- und einwandernden Arbeitnehmern und deren anspruchsberechtigten Angehörigen gem. Art. 48 UA 1 lit. a) AEUV die Zusammenrechnung aller nach den innerstaatlichen Rechtsvorschriften berücksichtigten Zeiten für den Erwerb und die Aufrechterhaltung des Leistungsanspruchs, die Berechnung der Leistungen sowie nach Art. 48 UA 1 lit. b) AEUV die Zahlung der Leistungen an Personen sichert, die in den Hoheitsgebieten der Mitgliedstaaten wohnen. Die in Art. 48 UA 1 lit. a) und b) AEUV beispielhafte Erwähnung von Maßnahmen ist nicht abschließend.[1169] Allerdings müssen die Maßnahmen der Freizügigkeit der Arbeitnehmer dienen und können nicht pauschal andere Motive haben, wie z. B. ein „soziales Europa“ zu errichten.[1170] Der Art. 48 UA 1 lit. a) und b) AEUV enthält Mindestmaßnahmen, die sich in den auf der Grundlage des Art. 48 AEUV ergangenen Rechtsakten wiederfinden müssen.[1171] Die VO 883/2004 enthält in Art. 6 eine Vorschrift zur Zusammenrechnung der leistungsbegründenden Zeiten. Zudem regelt Art. 7 VO den Grundsatz des Leistungsexports und setzt

---

1167 *Hailbronner* in: Hailbronner/Wilms, Recht der EU, Art. 42 EGV Rn. 5 f.

1168 *Langer* in: von der Groeben/Schwarze, EU-/EG-Vertrag, Art. 42 EG Rn. 7.

1169 EuGH Rs. 242/83 (Patteri) Slg. 1984, 3171, 3190 Rn. 8; *Pennings*, European Social Security Law, 20.

1170 *Pennings*, European Social Security Law, 21.

1171 So *Hailbronner* in: Hailbronner/Wilms, Recht der EU, Art. 42 EGV Rn. 9 f.

somit den Koordinierungsauftrag des Art. 48 UA 1 lit. b) AEUV um. Ziel ist es, mit Hilfe der Tatbestandsgleichstellung und dem Leistungsexport „soziale Besitzstände“ zu sichern und so die Freizügigkeit insgesamt zu fördern.[1172] Die VO enthält weitere Koordinierungsvorschriften, die aufgrund der beispielhaften Aufzählung in Art. 48 UA 1 lit. a) und b) AEUV zulässigerweise erlassen wurden. Aus diesem Grund steht zu Recht außer Zweifel, dass mit der VO eine Maßnahme getroffen wurde, die der Herstellung der Freizügigkeit dient, die Art. 48 UA 1 lit. a) und b) AEUV erfüllt und darüber hinausgehende zulässige Regelungen trifft und somit eine Maßnahme i. S. des Art. 48 AEUV darstellt.[1173] Folglich hat der Rat durch die VO 883/2004 eine „notwendige Maßnahme“ erlassen.

3. Erfüllung des Koordinierungsauftrags

Art. 48 AEUV begründet eine Rechtsgrundlage des Rates zur Koordinierung der Systeme der sozialen Sicherheit.[1174] Die Koordinierung der sozialrechtlichen Systeme ist, wie bei der Definition des „Europäischen koordinierenden Sozialrechts“ herausgestellt, von der Harmonisierung abzugrenzen. Eine umfassende Harmonisierung ist, da die Kompetenz für die Schaffung sozialrechtlicher Leistungsansprüche nach wie vor bei den Mitgliedstaaten liegt, von Art. 48 AEUV nicht erfasst und wäre mithin unionsrechtswidrig.[1175] Die Koordinierung passt entsprechend dem effet utile die nationalen Vorschriften so an, wie es für die Freizügigkeit notwendig ist, soll das nationale System aber nicht grundlegend ändern.[1176] Insoweit besteht ein schmaler Grad zwischen zulässiger Koordinierung, die „punktuelle Angleichungseffekte“[1177] im nationalen Recht auslöst, und unzulässiger Harmonisierung.[1178] Die VO enthält in Art. 11 ff.

1172 Siehe dazu *Schreiber* in: Schreiber/Wunder/Dern, Einl. Rn. 4.

1173 So auch *Pennings*, European Social Security Law, 21. Pennings führt generell an, dass eine Maßnahme, die vom Rat der Europäischen Union verabschiedet wurde, eine notwendige Maßnahme darstelle. Dies sei bei der VO 1408/71 der Fall, welche die Anforderungen des Art. 48 AEUV erfüllt habe. Da sich zwischen beiden Verordnungen keine gravierenden Veränderungen ergeben haben, ist davon auszugehen, dass diese Aussage Pennings auch auf die VO 883/2004 zutrifft.

1174 *Geiger/Khan/Kotzur*, EUV/AEUV, Art. 48 AEUV Rn. 1.

1175 *Hailbronner* in: Hailbronner/Wilms, Recht der EU, Art. 42 EGV Rn. 12.

1176 *Schulte*, ZFSH/SGB 2007, 259 (262); *Langer* in: von der Groeben/Schwarze, EU-/EG-Vertrag, Art. 42 EG Rn. 8.

1177 *Becker* in: Schwarze, EU-Kommentar, Art. 42 EGV Rn. 12.

1178 So auch *Langer* in: von der Groeben/Schwarze, EU-/EG-Vertrag, Art. 42 EG Rn. 8.

Normen zur Regelung des anwendbaren Rechts, gibt verbindlich vor, welches mitgliedstaatliche Recht sachlich anwendbar ist und geht über eine bloße Koordinierung hinaus.[1179] Die VO 883/2004 führt zu einer Abstimmung der unterschiedlichen Vorschriften auf dem Gebiet des Sozialrechts der Mitgliedstaaten, wenn durch diese die Freizügigkeit von Arbeitnehmern, wie z. B. dem Rentner im Nebenerwerb, beschränkt werden könnte.[1180] Da unterschiedliche Sozialleistungsniveaus in den Mitgliedstaaten akzeptiert werden und das mitgliedstaatliche Recht unter Beachtung des Gleichbehandlungsgrundsatzes regelt, welche Sozialleistungen unter welchen Voraussetzungen und in welcher Höhe gewährt werden,[1181] findet durch die VO keine Harmonisierung der mitgliedstaatlichen Sozialsysteme in Richtung auf eine schrittweise Vereinheitlichung und somit ein unionsweit gültiges Sozialversicherungssystem statt.[1182] Insoweit bewegen sich die Vorschriften der VO 883/2004 noch im Rahmen der zulässigen Koordinierung. Der Koordinierungsauftrag des Art. 48 AEUV ist erfüllt.

4. Unmittelbare Anwendbarkeit von Art. 48 AEUV

Art. 48 AEUV verleiht dem Einzelnen keine Rechte und Pflichten und ist daher auch nicht unmittelbar anwendbar.[1183] Das auf der Grundlage des Art. 48 AEUV erlassene Sekundärrecht ist dennoch an dieser vorrangigen Primärrechtsvorschrift zu

---

1179 *Langer* in: von der Groeben/Schwarze, EU-/EG-Vertrag, Art. 42 EG Rn. 8.

1180 *Hailbronner* in: Hailbronner/Wilms, Recht der EU, Art. 42 EGV Rn. 36.

1181 EuGH Rs. C-12/93 (Drake) Slg. 1994, I-4337, I-4357 Rn. 26 f.; *Langer* in: von der Groeben/Schwarze, EU-/EG-Vertrag, Art. 42 EG Rn. 10 f. Vgl. auch *Cornelissen*, CMLR 1996, 439 (444), der zusätzlich betont, dass die Mitgliedstaaten dadurch komplett frei seien in der Entscheidung, wer nach nationalem Recht als Versicherter gelte und wer nicht.

1182 Vgl. zur Feststellung, dass eine Harmonisierung zur Herstellung eines unionsweit gültigen Sozialversicherungssystems von Art. 48 AEUV gerade nicht gedeckt sei, EuGH Rs. 313/86 (Lenoir) Slg. 1988, 5391, 5423 Rn. 13; Rs. C-34/02 (Pasquini) Slg. 2003, I-6515, I-6558 Rn. 52. Vgl. ebenfalls *Brechmann* in: Calliess/Ruffert, EUV/AEUV, Art. 48 AEUV, Rn. 14; *Cornelissen*, CMLR 1996, 439 (443 f.); *Jésus* in: Léger, Commentaire CE, Art. 42 Rn. 3.

1183 Vgl. dazu bspw. *Becker* in: Schwarze, EU-Kommentar, Art. 42 EGV Rn. 3. Vgl. auch *Langer* in: von der Groeben/Schwarze, EU-/EG-Vertrag, Art. 42 EG Rn. 10, 13, wonach Art. 48 AEUV selbst keine unmittelbaren Rechte beinhalte, wohingegen sekundärrechtlichen Regelungen, die als Verordnung aufgrund des Art. 48 AEUV erlassen werden, durchaus die unmittelbare Geltung zuerkannt werde.

messen.[1184] Aufgrund der geringen inhaltlichen Vorgaben des Art. 48 AEUV wird es aber selten zu Normenkollisionen zwischen Sekundär- und Primärrecht kommen.[1185]

IV. Verfahren

Mit Art. 48 AEUV wurde das Einstimmigkeitserfordernis im Rat abgeschafft. Nunmehr beschließen das Europäische Parlament und der Rat „gemäß dem ordentlichen Gesetzgebungsverfahren" als Pendant zum vorherigen Mitentscheidungsverfahren. Damit verliert der AEUV eine „Rarität", da im Regelfall das Mitentscheidungsverfahren mit einem Abstimmungsverfahren im Rat nach der qualifizierten Mehrheit verbunden war.[1186] Bereits bei Schaffung des Art. 48 AEUV durch den Vertrag von Amsterdam wurde vereinzelt davon ausgegangen, dass aufgrund der Einstimmigkeit in ex Art. 42 EGV eine Weiterentwicklung der Regelungen in Bezug auf die Koordinierung der Sozialschutzsysteme nahezu ausgeschlossen sei, da sich der Rat und das Parlament gegenseitig blockieren würden.[1187] Ebenso bestand die Befürchtung, dass wegen der unterschiedlichen Interessen der Mitgliedstaaten die notwendige Änderung der VO 1408/71 durch die VO 883/2004 durch ein simples „Veto" eines Mitgliedstaats verhindert werden könnte.[1188] Betrachtet man die Entstehungsgeschichte der VO 883/2004, haben sich diese Bedenken nicht bestätigt. Die Auffassungsunterschiede zwischen Rat und Parlament und die sehr weitreichenden Änderungen am Kommissionsvorschlag durch den Rat bewirkten, dass zunächst in erster Lesung keine Einigung erzielt wurde. Eine Einigung konnte bereits in der zweiten Lesung erreicht werden, wobei auch eine Rolle gespielt haben mag, dass Europa-Wahlen anstanden und deshalb eine Neukonstituierung des Parlaments in greifbare Nähe rückte.[1189] In der Rückschau muss

---

1184 EuGH Rs. 24/75 (Petroni) Slg. 1975, 1149, 1160 Rn. 11/13; Rs. C-406/93 (Reichling) Slg. 1994, I-4061, I-4083 Rn. 31.

1185 So *Becker* in: Schwarze, EU-Kommentar, Art. 42 EGV Rn. 3.

1186 *Spiegel* in: Marhold, Sozialrecht der EU, 9 (12); *Spiegel*, ZIAS 2006, 85 (89).

1187 *Spiegel*, DRV-Schriften, Band 71 (2007), 25 (28); *Spiegel*, ZIAS 2006, 85 (89); *Spiegel*, Marhold, Sozialrecht der EU, 9 (12). Vgl. auch *Eichenhofer* in: Streinz, EUV/EGV, Art. 42 Rn. 14. Eichenhofer geht davon aus, dass das Erfordernis der Einstimmigkeit im Rat „die Modernisierung des europäischen koordinierenden Sozialrechts" erschwere.

1188 *Otting*, DRV-Schriften, Band 71 (2007), 23 (23); *Grotzer*, DRV-Schriften, Band 71 (2007), 89 (89).

1189 *Spiegel*, ZIAS 2006, 85 (93); *Spiegel*, DRV-Schriften, Band 71 (2007), 25 (31).

festgestellt werden, dass die Kompromisse, die der Rat aufgrund der Vorstellungen des Parlaments bei der Endverordnung eingegangen ist, als äußerst gering einzustufen sind.[1190] Der Schaffung der VO 883/2004 stand die Einstimmigkeit im Rat somit nicht entgegen. Unabhängig von der VO müssen die europäischen Institutionen arbeitsfähig sowie ihre Verfahren effektiv und effizient sein, so dass es letztlich unerlässlich war, von der Einstimmigkeit im Bereich der Koordinierung der Systeme der sozialen Sicherheit auf eine echte qualifizierte Mehrheit im Rat überzugehen.[1191] Sollte sich herausstellen, dass der Unionsgesetzgeber seine Entscheidungsfähigkeit in der Sozialrechtskoordinierung nicht sicherstellen kann, wird die Weiterentwicklung derselben dem EuGH obliegen.[1192]

Nach Art. 48 Abs. 2 AEUV kann ein Mitgliedstaat beantragen, dass der Europäische Rat mit dem Rechtsetzungsakt befasst wird, wenn der Entwurf eines Gesetzgebungsakts nach Art. 48 Abs. 1 AEUV „wichtige Aspekte seines Systems der sozialen Sicherheit, insb. dessen Geltungsbereich, Kosten oder Finanzstruktur verletzen oder dessen finanzielles Gleichgewicht beeinträchtigen würde“. Ein solches „qualifiziertes Vetorecht“ eines Mitgliedstaats hat zur Folge, dass das ordentliche Gesetzgebungsverfahren ausgesetzt wird.[1193] Der Europäische Rat kann nunmehr innerhalb von vier Monaten den Entwurf an den Rat zurückverweisen und so die Fortsetzung des ordentlichen Gesetzgebungsverfahrens bewirken. Außerdem steht es ihm neben der Möglichkeit, gänzlich inaktiv zu bleiben, offen, die Kommission um einen neuen Vorschlag für einen Unionsrechtsakt zu bitten. In beiden Fällen gilt der ursprünglich vorgeschlagene Rechtsakt als nicht erlassen. Aus der Erklärung Nr. 23 zu Art. 48 Abs. 2 AEUV ergibt sich, dass der Rat im Konsens entscheiden soll. Der Art. 48 AEUV wurde durch den Vertrag von Lissabon in einigen entscheidenden Punkten umgestaltet, auch wenn nach wie vor wichtige Punkte, wie die Einbeziehung des nichterwerbstätigen Rentners in den

---

1190 Das Parlament hat in der VO 883/2004 insb. auf den Erwägungsgrund Nr. 6 Einfluss genommen. Außerdem bewirkte es, dass Art. 28 Abs. 2 und 3 VO dahingehend geändert wurden, dass nicht drei, sondern zwei Jahre innerhalb der letzten fünf Jahre eine Grenzgängertätigkeit vorliegen muss. Vgl. dazu *Spiegel*, DRV-Schriften, Band 71 (2007), 25 (31 Fn. 50); *Spiegel*, ZIAS 2006, 85 (93 Fn. 50); *Spiegel* in: Marhold, Sozialrecht der EU, 9 (16 Fn. 41).

1191 *Tagger* in: Marhold, Sozialrecht der EU, 79 (96); *Schulte*, ZFSH/SGB 2007, 259 (265 f.); *Schulte*, ZESAR 2010, 143 (147).

1192 *Tagger* in: Marhold, Sozialrecht der EU, 79 (96).

1193 Vgl. zum Begriff „qualifiziertes Vetorecht“ *Eichenhofer*, SGB 2010, 185 (185). Siehe auch *Schulte*, ZESAR 2010, 143 (147, 151), der das Vetorecht als „Notbremse“ bezeichnet.

Artikel, nicht normiert wurden. Die Verfahrensvoraussetzungen des Art. 48 AEUV sind bei dem Erlass der VO gewahrt worden.

V. Geltungsbereich

1. Persönlicher Geltungsbereich

Der nichterwerbstätige Rentner und der Rentner im Nebenerwerb sind, soweit sie einem Koordinierungszweig der VO 883/2004 nach nationalem Recht unterliegen, von dem persönlichen Geltungsbereich des Art. 48 AEUV erfasst.

2. Sachlicher Geltungsbereich

Art. 48 AEUV gewährleistet, dass dem nichterwerbstätigen Rentner und dem Rentner im Nebenerwerb, wenn sie ihr Freizügigkeitsrecht innerhalb der Europäischen Union ausüben, Leistungen der sozialen Sicherheit nicht verloren gehen.[1194] Art. 48 AEUV beinhaltet somit für die Union einen Rechtsetzungsauftrag.[1195] Art. 48 AEUV enthält zudem einen Koordinierungsauftrag zur Sicherung der Freizügigkeit, welcher keine Verpflichtung zur Angleichung der mitgliedstaatlichen Systeme enthält.[1196] Dies bedeutet, dass die nationalen Regeln einerseits so auszulegen sind, dass dieses Ziel erreicht wird, andererseits aber keine grundlegende Veränderung des nationalen Sozialversicherungssystems bewirkt wird.[1197] So lässt Art. 48 AEUV die mitgliedstaatlichen sozialen Sicherungssysteme in ihrem Bestand unberührt und kreiert ein einheitliches internationales Sozialrecht.[1198] Bei der Anwendung von Art. 48 AEUV sei es durchaus hinnehmbar, wenn die von der Koordinierung erfassten Personen im Einzelfall gegenüber einer sesshaften Vergleichsperson begünstigt werden. Dies ist Ausdruck der erhöhten Schutzbedürftigkeit des mobilen Arbeitnehmers, der sich mit zwei oder mehr Systemen der sozialen Sicherheit konfrontiert sieht und ohnehin wegen deren unterschiedlicher

---

1194 EuGH Rs. 100/63 (van der Veen) Slg. 1964, 1213, 1232; *Brechmann* in: Calliess/Ruffert, EUV/AEUV, Art. 48 AEUV Rn. 1.

1195 *Eichenhofer* in: Oetker/Preis, EAS B 1200, Rn. 16; *Eichenhofer*, Sozialrecht, Rn. 87. Vgl. auch *Eichenhofer* in: Streinz, EUV/EGV, Art. 42 Rn. 13.

1196 *Scheuer/Weerth* in: Lenz/Borchardt, EU-Verträge, Art. 48 AEUV Rn. 2.

1197 EuGH Rs. C-356/89 (Stanton Newton) Slg. 1991, I-3017, I-3040 Rn. 18. *Langer* in: von der Groeben/Schwarze, EU-/EG-Vertrag, Art. 42 Rn. 8.

1198 *Brechmann* in: Calliess/Ruffert, EUV/EGV, 3. Auflage, 2007, Art. 42 EG Rn. 1.

Struktur eher der Gefahr der Benachteiligung ausgesetzt sei.[1199] Aus diesem Grund bezweckt Art. 48 AEUV, die Arbeitnehmer vor einer durch ihre Wanderungsbereitschaft bedingten Benachteiligung im Bereich der sozialen Sicherheit zu schützen.[1200] Bei dem Vorhandensein einer etwaigen Benachteiligung bestünde immer die Gefahr, dass die Arbeitnehmer von ihrem Recht auf Freizügigkeit keinen Gebrauch machen, wodurch wiederum die Freizügigkeit beeinträchtigt würde.[1201]

Art. 48 UA 1 lit. a) AEUV bestimmt die Sicherung der Zusammenrechnung aller nach den verschiedenen innerstaatlichen Rechtsvorschriften berücksichtigten Zeiten für den Erwerb und die Aufrechterhaltung des Leistungsanspruchs sowie für die Berechnung der Leistungen. Diese Koordinierungsmethode soll indirekte Diskriminierungen vermeiden und ermöglicht eine Sachverhaltsgleichstellung durch die Anrechnung der in einem anderen Mitgliedstaat zurückgelegten sozialversicherungsrechtlich relevanten Zeiten.[1202] Mit dieser werden Zeiten als anspruchsbegründend bzw. leistungserhöhend in Anrechnung gebracht, auch wenn sie in dem Mitgliedstaat, in dem sie tatsächlich erbracht wurden, zu keinem Leistungsanspruch geführt hätten.[1203]

Art. 48 UA 1 lit. b) AEUV soll die Zahlung der Leistungen an Personen, die in den Hoheitsgebieten der anderen Mitgliedstaaten wohnen, sichern. Hier sind zwei Fallkonstellationen denkbar. So kann es einerseits um die Gewährung von Leistungen in einem Staat gehen, in dem der Betroffene nicht versichert bzw. der Träger im Aufnahmemitgliedstaat nicht finanziell für die Leistung zuständig ist. Dieser „Leistungsexport" zielt darauf ab, dem Anspruchsberechtigten die Rückkehr in den Herkunftsmitgliedstaat oder einen anderen Mitgliedstaat zu erleichtern.[1204] Andererseits kann der Staat auch bestimmte Leistungen gewähren, wobei unter Umständen dann eine Erstattung durch den zuständigen Staat erfolgen muss.[1205] Die besonderen beitragsunabhängigen Geldleistungen sind allen im Inland wohnenden Personen zu gewähren. Dies bedeutet, dass jemand, der eine deutsche Rente bezieht und in Belgien wohnt, einen Anspruch auf die belgische Mindestrente hat, selbst wenn diese Person nie in Belgien beschäftigt gewesen war.[1206] Insgesamt wird durch

---

1199 *Langer* in: Fuchs, Europäisches Sozialrecht, Teil 1, Art. 48 AEUV Rn. 8.

1200 *Scheuer/Weerth* in: Lenz/Borchardt, EU-Verträge, Art. 48 AEUV Rn. 2.

1201 EuGH Rs. C-10/90 (Masgio) Slg. 1991, I-1119, I-1139 Rn. 17 f.

1202 *Langer* in: Fuchs, Europäisches Sozialrecht, Teil 1, Art. 48 AEUV Rn. 16.

1203 *Scheuer/Weerth* in: Lenz/Borchardt, EU-Verträge, Art. 48 AEUV Rn. 3.

1204 *Scheuer/Weerth* in: Lenz/Borchardt, EU-Verträge, Art. 48 AEUV Rn. 3.

1205 *Langer* in: Fuchs, Europäisches Sozialrecht, Teil 1, Art. 48 AEUV Rn. 17.

1206 Vgl. *Langer* in: Fuchs, Europäisches Sozialrecht, Teil 1, Art. 48 AEUV Rn. 22. Vgl. auch EuGH Rs. C-90/97 (Swaddling) Slg. 1999, I-1075, I-1101 Rn. 33, in welcher

Art. 48 UA 1 lit. b) AEUV eine „Entterritorialisierung“ der Leistungsbedingungen und der leistungsbegründenden Tatbestandsmerkmale bewirkt.[1207]

C. Regelungsgehalt der Verordnung 883/2004

I. Erfüllung genereller Restriktionen bei dem Erlass der VO 883/2004

1. Subsidiaritätsgrundsatz und Verhältnismäßigkeitsgrundsatz

Bei dem Erlass der VO 883/2004 ist der Rat an das Subsidiaritätsprinzip (Art. 5 Abs. 3 EUV) gebunden. Zudem ist der Verhältnismäßigkeitsgrundsatz (Art. 5 Abs. 4 EUV) zu beachten.

a. Subsidiaritätsgrundsatz

Die Union hat im Bereich der Sozialpolitik keine ausschließlichen Zuständigkeiten inne. Der Subsidiaritätsgrundsatz gilt im Rahmen des Art. 48 AEUV und der durch ihn zu erlassenden Koordinierungsregelungen.[1208] Auch müssen die Ziele der in Betracht gezogenen Maßnahmen auf Ebene der Mitgliedstaaten nicht ausreichend erreicht werden können. Die VO regelt die Koordinierung von Systemen sozialer Sicherheit der Mitgliedstaaten und löst das vormals in nationaler Zuständigkeit stehende zwischenstaatliche Recht ab. Sie regelt für alle Mitgliedstaaten z. B. den Leistungsexport, die Zusammenrechnung der Versicherungszeiten, setzt diverse Äquivalenzregeln und vereinheitlicht so das Internationale Sozialrecht aller Mitgliedstaaten.[1209] Die Koordinierung ist nicht auf das Gebiet eines Mitgliedstaats beschränkt, sondern macht nur Sinn, wenn die Gebiete aller Mitgliedstaaten mit einbezogen werden. Die VO weist somit transnationale Aspekte auf. Die VO enthält Regelungen für verschiedene Zweige sozialer Sicherheit und bestimmt durch Kollisionsnormen, welches nationale Sozialrecht konkret Anwendung findet. Dies kann nur einheitlich auf Seiten der Union geregelt werden. Das „Negativkriterium“ ist erfüllt.

---

ein ehemaliger Arbeitnehmer aus Frankreich in seinem neuen Wohnsitzstaat, dem Vereinigten Königreich, eine Einkommensbeihilfe erhalten durfte. Außerdem wurde in der Rechtssache geklärt, dass neben der Absicht des Wohnens nicht noch zusätzlich verlangt werden dürfe, dass eine „beträchtliche Zeit des Wohnens“ vorgelegen habe.

1207 *Scheuer/Weerth* in: Lenz/Borchardt, EU-Verträge, Art. 48 AEUV Rn. 3.

1208 *Kahil*, Europäisches Sozialrecht und Subsidiarität, 734.

1209 *Eichenhofer*, Sozialrecht, Rn. 88 f.

Die Art. 11 ff. VO regeln, dass hinsichtlich des Sozialversicherungsstatus grundsätzlich an den Beschäftigungsort oder Unternehmenssitz anzuknüpfen ist.[1210] Für die Lösung auf Unionsebene spricht hier eindeutig, dass nur einheitliche Kollisionsnormen auf Seiten der Europäischen Union dazu beitragen, dass unter den Mitgliedstaaten klar ist, welches mitgliedstaatliche Sozialrecht anzuwenden ist. Zudem wird durch den Leistungsexport und das Prinzip der Zusammenrechnung der Versicherungszeiten erreicht, dass für den Rentner im Nebenerwerb über seinen Beschäftigungsstaat hinaus seine Interessen gewahrt werden. Der Kompetenzverlust der Mitgliedstaaten auf diesen Gebieten führt zu einem erheblichen Integrationsgewinn in der Europäischen Union, da nunmehr alle von der VO erfassten Zweige der Koordinierung unterfallen und einheitlich festgelegt wird, welches nationale Recht Anwendung findet und zudem alle Mitgliedstaaten verpflichtet werden, andere Versicherungszeiten anzurechnen bzw. Leistungen zu exportieren. Hierdurch wird die Freizügigkeit des Rentners erleichtert, weil er jetzt keinen Sozialleistungsanspruchsverlust durch die Wanderung mehr befürchten muss. Dadurch wird die Hemmschwelle gesenkt, vom Freizügigkeitsrecht auch im Ruhestand Gebrauch zu machen und sich in andere Mitgliedstaaten unionsweit zu integrieren. Da vereinzelte Abkommen zwischen den Mitgliedstaaten eine unionsweite Integration mit einheitlichen Koordinierungsregelungen nicht bewirken, kann die Koordinierung besser auf Unionsebene erreicht werden. Das „Effizienzkriterium" ist erfüllt. Das Subsidiaritätsprinzip ist damit insgesamt unproblematisch gewahrt.

b. Verhältnismäßigkeitsgrundsatz

Von wissenschaftlichem Interesse ist zudem die Frage, ob die VO 883/2004 als verhältnismäßig anzusehen ist. Die VO soll durch die Sicherstellung bereits erworbener Sozialversicherungsansprüche garantieren, dass die Ausübung des Rechts auf Freizügigkeit nicht durch deren Verlust verhindert wird.[1211] Die Koordinierung durch die VO enthält wichtige Vorschriften für den Erhalt von Sozialversicherungsansprüchen auch bei einem Wechsel in einen anderen Mitgliedstaat und ist zur Zielerreichung geeignet. Die Koordinierung durch die VO regelt das anzuwendende Recht, vereinheitlicht aber nicht das nationale Recht, so dass dieses eigenständig bestimmt, ob eine Versicherungszugehörigkeit der entsprechenden Person besteht oder nicht. Sie ist somit weniger einschneidend als eine RL und

1210 *Eichenhofer*, Sozialrecht, Rn. 95.

1211 *Becker*, ZFSH/SGB 2007, 134 (134); *Streinz*, Europarecht, Rn. 880 b.

daher kann auf eine solche auch nicht ausgewichen werden. Die VO 883/2004 ist mithin erforderlich. Da die VO für alle Mitgliedstaaten einheitlich das anzuwendende Recht festlegt und dem Rentner den Erhalt seiner erworbenen Sozialleistungsansprüche auch bei einem Wechsel in einen anderen Mitgliedstaat garantiert, wobei sie koordiniert und nicht harmonisiert, bringt sie mehr Nutzen als Schaden für die Allgemeinheit und die geschützten Rechtspositionen der Unionsbürger mit sich. Die VO 883/2004 ist daher nicht als „übermäßig" zu qualifizieren. Der Verhältnismäßigkeitsgrundsatz ist im Ergebnis unproblematisch erfüllt.

2. Pflicht zur Benennung der Vertragsartikel

Die VO 883/2004 hat in Bezug auf den nichterwerbstätigen Rentner und den Rentner im Nebenerwerb Art. 48 AEUV als hinreichende Ermächtigungsgrundlage zitiert und ist somit im Hinblick auf diese Personengruppen der Pflicht zur Benennung der Vertragsartikel nachgekommen.

3. Bestimmtheitsgrundsatz

Die Regelungen der VO 883/2004 sind klar und deutlich formuliert. Insoweit bestehen hinsichtlich des Bestimmtheitsgrundsatzes keine Bedenken.

II. Aufbau

Die VO 883/2004 wird durch eine Präambel eingeleitet. Ihr folgt dann der Titel I, welcher die Anwendbarkeit der VO festlegt und zahlreiche Begriffe der Koordinierung definiert. Die „Allgemeinen Bestimmungen" des Titel I (Art. 1 bis 10) nehmen im Gegensatz zur VO 1408/71 verstärkt den Charakter eines Allgemeinen Teils des Koordinierungsrechts ein, indem sie die Leitprinzipien der Koordinierung festschreiben.[1212]

Der Titel II (Art. 11 bis 16) befasst sich mit der Bestimmung des anwendbaren Rechts und stellt deshalb einen detaillierten Katalog von Kollisionsnormen auf.

Der Titel III beinhaltet besondere Vorschriften für die einzelnen Leistungsarten. Dabei wird im Folgenden auf die Koordinierungszweige eingegangen, die

1212 Die Leitprinzipien der Koordinierung sind Gleichbehandlung, Tatbestandsgleichstellung, Zusammenrechnung der Zeiten, Export von Geldleistungen, Ausschluss der Kumulation von Leistungen und Erhalt der erworbenen Anwartschaften. Vgl. dazu *Bokeloh*, ZESAR 2011, 18 (18).

sowohl den nichterwerbstätigen Rentner als auch den Rentner im Nebenerwerb betreffen, bei denen nach Erreichen der entsprechenden Regelaltersgrenze der Leistungsfall für einen Anspruch auf Leistungen nach dem jeweiligen nationalen Recht eintritt. Für den nichterwerbstätigen Rentner und den Rentner im Nebenerwerb von Relevanz sind Kap. 1 mit den Leistungen bei Krankheit, Kap. 3 das Sterbegeld, Kap. 5 die Vorschriften hinsichtlich der Altersrenten und Kap. 8 zu den Familienleistungen für die Angehörigen der Rentner.

Kap. 2 betrifft die Leistungen bei Arbeitsunfällen und Berufskrankheiten. Bei Erreichen der Regelaltersgrenze greifen für den nichterwerbstätigen Rentner die vorgesehenen Leistungen bei Arbeitsunfällen und Berufskrankheiten nicht, weil er keinem Beschäftigungsverhältnis unterliegt. Dieser Koordinierungszweig betrifft ausschließlich den Rentner im Nebenerwerb. Da im Rahmen der Leistungen der sozialen Sicherheit beide Rentnergruppen zu betrachten und hinsichtlich einzelner Leistungsarten die beide betreffen zu vergleichen sind, wird auf die Leistungen bei Arbeitsunfällen und Berufskrankheiten nicht eingegangen. Das Kap. 4 „Leistungen bei Invalidität" und das Kap. 6 „Leistungen bei Arbeitslosigkeit" eröffnen dem nichterwerbstätigen Rentner nach nationalem Recht keinen Leistungsanspruch[1213], so dass er auch nicht den Koordinierungsvorschriften der VO unterliegt.

Das Kap. 7 „Vorruhestandsleistungen" regelt die Koordinierung vor Erreichen der Regelaltersgrenze und wird daher ebenfalls nicht behandelt. Das Kap. 9 widmet sich den besonderen beitragsunabhängigen Geldleistungen.

Der Titel IV trifft allgemeine Regelungen zu der Zusammensetzung und den Aufgaben der Verwaltungskommission und des Beratenden Ausschusses.

1213 So werde die Frage, ob eine Leistung bei Arbeitslosigkeit vorliegt, nicht nur dann bejaht, wenn sie einen Einkommensersatz wegen Arbeitslosigkeit darstelle und Unterhalt gewähren soll, sondern auch, wenn alle sonstigen Voraussetzungen für eine Leistung bei Arbeitslosigkeit nach nationalem Recht erfüllt seien. Vgl. dazu *Fuchs* in: Fuchs, Europäisches Sozialrecht, Teil 2, Titel I, Art. 3 VO 883/2004 Rn. 21. Arbeitnehmer haben ab Erreichen der Regelaltersgrenze nach deutschem Recht keinen Anspruch auf Arbeitslosengeld. Vgl. zu den Problemen die die VO 883/2004 im Bereich der Leistungsart des Art. 3 Abs. 1 lit. h) Leistungen bei Arbeitslosigkeit mit sich bringt, wie z. B. dem Arbeitslosengeld für selbstständige Grenzgänger oder dem Erstattungsverfahren ausführlich *Greiser/Kador*, ZFSH/SGB 2011, 507 (511 ff.). Vgl. zu den Leistungen bei Arbeitslosigkeit und insbesondere der Regelung des Art. 64 VO 883/2004, der einen begrenzten Leistungsexport in einen anderen Mitgliedstaat von Leistungen für Arbeitslosigkeit nur für drei Monate vorsieht und den dagegen vorgebrachten rechtlichen Einwänden ausführlich *Schulte*, ZESAR 2014, 58 (64 f., 66 ff.).

Der Titel V enthält verschiedene Bestimmungen, unter anderem zur Zusammenarbeit unter den Mitgliedstaaten und zum Datenschutz.

Der Titel VI beinhaltet die Übergangs- und Schlussbestimmungen.

Die VO hat elf Anhänge. In diesen werden z. B. die nationalen Vorschriften aufgeführt, die Ansprüche auf die entsprechenden Leistungen der Koordinierungszweige der VO 883/2004 beinhalten (vgl. Anhang I), Beschränkungen des Leistungsanspruchs vornehmen (vgl. Anhang III) oder den Mitgliedstaaten die Möglichkeit eröffnen, über die Gewährleistungen der VO noch hinauszugehen (vgl. Anhang IV).

III. Zielsetzung

Die VO 883/2004 bezweckt, zunächst die Leistungsansprüche bestimmter Personengruppen, wie z. B. ehemaliger Grenzgänger[1214] und deren Familienangehörigen, zu verbessern. Des Weiteren zielt sie auf eine Modernisierung ab, wie z. B. die Ausdehnung des persönlichen Geltungsbereichs auf alle Personen und somit auch auf Nichterwerbstätige, die in einem Mitgliedstaat von den nationalen Rechtsvorschriften der sozialen Sicherheit erfasst sind, oder die Erweiterung des sachlichen Geltungsbereichs.[1215] Daneben soll die Inanspruchnahme von Sachleistungen in einem anderen Staat erleichtert werden. Ein weiteres Bestreben der VO ist es, die Kostenlasten zwischen den jeweils beteiligten Staaten gerechter zu verteilen und die Rechtsprechung des EuGH in die VO mit einzubeziehen. Die VO soll zudem verhindern, dass die Ausübung des Rechts auf Freizügigkeit am Verlust bereits erworbener Sozialversicherungsansprüche scheitert, sondern soll diese vielmehr sicherstellen.[1216] Die nationalen Vorschriften sind einerseits so auszulegen, dass alle Hindernisse beseitigt werden, die den Einzelnen davon abhalten könnten, von seinem Freizügigkeitsrecht Gebrauch zu machen, und andererseits keine grundlegende Änderung der nationalen Systeme eintritt.[1217] Des Weiteren soll die VO eine Vereinfachung bewirken, d. h., die in der VO enthaltenen Regelungen sollen einfacher und leichter verständlich für die betroffenen Personen und Personengruppen sein, ohne jedoch die geltenden Grundprinzipien der VO 1408/71 zu verändern.[1218]

1214 Vgl. zum Begriff der Grenzgänger Art. 1 lit. f) VO 883/2004.

1215 *Linka* in: Marhold, Sozialrecht der EU, 65 (65).

1216 *Becker*, ZFSH/SGB 2007, 134 (134); *Streinz*, Europarecht, Rn. 880 b.

1217 *Schulte*, ZFSH/SGB 2007, 259 (262).

1218 Vgl. zu der Zielsetzung der VO 883/2004 insgesamt, *Bauer/Kreutzer/Klein/Deutsche Verbindungsstelle KrankenversicherungAusland (DVKA)*, DRV-Schriften, Band 71 (2007), 71 (72); *Marhold* in: Marhold, Sozialrecht der EU, 7 (7). Vgl. *Grotzer*,

Das Hauptziel der VO 883/2004 ist es, ebenso wie schon bei VO 1408/71 die durch die Verträge garantierte Freizügigkeit zu gewährleisten.[1219]

IV. Geltungsbereich

1. Persönlicher Geltungsbereich

Der Begriff des Arbeitnehmers i. S. des Art. 48 AEUV orientiert sich an dem persönlichen Geltungsbereich der VO 883/2004. Mithin sind sowohl der nichterwerbstätige Rentner allgemein als auch der Rentner im Nebenerwerb als Arbeitnehmer von der VO 883/2004 erfasst.

2. Sachlicher Geltungsbereich

a. Präambel

Zunächst ist auf die Präambel der VO 883/2004 hinzuweisen. Diese stellt die Änderungen gegenüber der bisherigen VO 1408/71 heraus und enthält zudem eine Darstellung der bestehenden Grundsätze und Regelungen der Koordinierung der Systeme der sozialen Sicherheit in ihren 45 Erwägungsgründen.

b. Titel I: Allgemeine Bestimmungen

aa. Art. 3 VO 883/2004 (Sachlicher Geltungsbereich der VO)

In Art. 3 VO 883/2004 sind die der Koordinierung unterworfenen Zweige geregelt. Danach gilt die VO für Leistungen „sozialer Sicherheit". Die Determinierung

---

DRV-Schriften, Band 71 (2007), 89 (89 f.); *Linka* in: Marhold, Sozialrecht der EU, 65 (65); hinsichtlich des Ziels der Vereinfachung des gegenwärtigen Wortlauts der Kap. Invalidität, Alters und Hinterbliebenenrenten, Arbeitsunfälle und Berufskrankheiten sowie Sterbegeld. Vgl. dazu auch die Power Point Präsentation von *Czysz* in Euro-Informationen, Chart 6, http://www.krankenkassen.de/static/common/files/view/4290/VO_883_Mobilitaet_in_Europa.pdf (Abrufdatum: 31.10.2011), der als Grundprinzipien des Koordinierungsrechts die Prinzipien der Zusammenrechnung, des Leistungsexports, der Gleichbehandlung aller Staatsangehörigen, der Zuständigkeit nur eines Mitgliedstaats benennt. Hinzugekommen sei durch die VO 883/2004 allein das Äquivalenzprinzip. Vgl. auch *Schulte*, ZESAR 2014, 58 (63) der noch zusätzlich den Grundsatz der Kooperation anführt, wonach die Mitgliedstaaten verstärkt zur Zusammenarbeit verpflichtet seien.

1219 Vgl. dazu *Beschorner*, ZFSH/SGB 2011, 61 (61).

dieses Begriffs ist nicht einfach. Art. 3 VO fasst darunter explizit Leistungen bei Krankheit; Leistungen bei Mutterschaft und gleichgestellte Leistungen bei Vaterschaft[1220]; Leistungen bei Invalidität; Leistungen bei Alter; Leistungen an Hinterbliebene; Leistungen bei Arbeitsunfällen und Berufskrankheiten; Sterbegeld; Leistungen bei Arbeitslosigkeit; Vorruhestandsleistungen; Familienleistungen [Art. 3 Abs. 1 lit. a) bis j) VO]. Diese Aufzählung ist abschließend, d. h. durch Aufzählung der einschlägigen Materien formuliert, was wiederum zur Folge hat, dass sozialrechtliche Ansprüche nur dann dem „Europäischen koordinierenden Sozialrecht" unterfallen, wenn eines der in der Aufzählung erwähnten sozialen Risiken abgesichert werden muss.[1221] Um den Begriff der sozialen Sicherheit definieren zu können, ist der Schutzzweck des Art. 48 AEUV entscheidend. Nach Art. 48 AEUV soll die Rechtsstellung der Arbeitnehmer, die verschiedenen nationalen Systemen der sozialen Sicherheit angehören, auf dem Gebiet der Sozialversicherung vor Benachteiligungen bei der Wanderung von einem Mitgliedstaat in den anderen geschützt werden. Vor dem Hintergrund dieser Schutzrichtung ist der sachliche Geltungsbereich weit zu fassen.[1222] Eine Leistung der sozialen Sicherheit ist gegeben, wenn sie den Begünstigten aufgrund eines gesetzlich umschriebenen Tatbestands gewährt wird, ohne dass im Einzelfall eine ins Ermessen gestellte

---

1220 Dabei sind „gleichgestellte Leistungen bei Vaterschaft" nur solche, die dem Vater gewährt werden, um z. B. die durch die Geburt noch geschwächte Mutter zu Hause zu unterstützen. Nicht darunter falle eine längerfristige Leistung, die einem Elternteil während der Kindererziehung gewährt werde. Vgl. dazu Erwägungsgrund Nr. 19 VO 883/2004. Vgl. auch *Schulte* in: von Maydell/Ruland/Becker, Sozialrechtshandbuch, § 33 Rn. 146; *Spiegel* in: Marhold, Sozialrecht der EU, 9 (21); *Spiegel*, ZIAS 2006, 85 (99); *Spiegel*, DRV-Schriften, Band 71 (2007), 25 (36). Vgl. ebenfalls *Eichenhofer*, SGB 2010, 185 (186), der anführt, dass die Leistung bezwecken müsse, Müttern und Vätern die Wahrnehmung der Erziehung und Betreuung für ein Neugeborenes zu ermöglichen, ähnlich wie beim Elterngeld nach dem deutschen Recht. Vgl. zu den Leistungen bei Mutterschaft und Vaterschaft allgemein auch *Merkel/Vießmann*, VSSR 2012, 249 (252 f.). Die Leistungen bei Krankheit werden unionsrechtlich weit und funktionsbezogen definiert, d.h. es komme darauf an, ob die Leistung das Risiko Krankheit und ihre Folgen vermindern könne. Vgl. dazu *Schreiber* in: Schreiber/Wunder/Dern, Vorbemerkung Art. 17 ff. VO 883/2004 Rn. 9.

1221 EuGH Rs. C-25/95 (Otte) Slg. 1996, I-3745, I-3797 Rn. 22. *Jésus* in: Léger, Commentaire CE, Art. 42 Rn. 23; *Eichenhofer*, Sozialrecht der EU, Rn. 105; *Rodière*, Droit Social, 597; *Hailbronner* in: Hailbronner/Wilms, Recht der EU, Art. 42 EG Rn. 105.

1222 Vgl. *Fuchs* in: Fuchs, Europäisches Sozialrecht, Teil 2, Titel I, Art. 3 VO 883/2004, Rn. 2.

Prüfung des persönlichen Bedarfs erfolgt.[1223] Ebenso sind die nationalen Systeme der sozialen Sicherheit in ihrer Gesamtheit erfasst, sofern sie sich auf den unter Art. 3 Abs. 1 VO statuierten Katalog der sozialen Risiken beziehen.[1224] Im Gegensatz zur VO 1408/71, die an vielen Stellen ausdrücklich an die Erwerbstätigkeit anknüpfte, sind nunmehr vom Begriff der sozialen Sicherheit der VO 883/2004 solche Systeme erfasst, die nicht dem herkömmlichen Verständnis von sozialer Sicherheit entsprechen, aber ebenfalls Leistungen bei Eintritt eines der genannten Risiken garantieren.[1225] Die VO 883/2004 gilt, sofern in dem Anhang XI nichts anderes bestimmt ist, für die allgemeinen und die besonderen, die auf Beiträgen beruhenden und die beitragsfreien Systeme der sozialen Sicherheit sowie für die Systeme, die Verpflichtungen von Arbeitgebern und Reedern regeln [Art. 3 Abs. 2 VO]. Art. 3 Abs. 2 VO zeigt, dass die VO eine umfassende Koordinierung der Sozialsysteme der Mitgliedstaaten zum Ziel hat.[1226] Dies bedeutet, dass die nationalen Systeme der sozialen Sicherheit in ihrer Gesamtheit erfasst sind, unabhängig davon, ob das jeweilige System allgemein gilt oder nur bestimmte Bevölkerungsgruppen betrifft. Auch die Art und Weise der Finanzierung des Systems ist unerheblich für seine Erfassung von der VO.[1227] Die durch die VO 1408/71 bestehende Möglichkeit der Sondersysteme für Selbstständige und Angehörige der freien Berufe ist in der VO 883/2004 abgeschafft worden, so dass jetzt alle gesetzlichen Systeme der sozialen Sicherheit einheitlich durch eine unionsrechtliche Koordinierung erfasst sind.[1228] Nach Art. 3 Abs. 3 VO 883/2004 sind auch die

---

1223 Vgl. EuGH Rs. C-215/99 (Jauch) Slg. 2001, I-1901, I-1943 Rn. 25.

1224 EuGH Rs. 104/76 (Jansen) Slg. 1977, 829, 840 Rn. 7.

1225 *Schulte* in: von Maydell/Ruland/Becker, Sozialrechtshandbuch, § 33 Rn. 146.

1226 EuGH Rs. 104/76 (Jansen) Slg. 1977, 829, 840 Rn. 7.

1227 EuGH verb. Rs. 379–381/85 und 93/86 (Giletti) Slg. 1987, 955, 976 Rn. 12; Rs. 147/87 (Zaoui) Slg. 1987, 5511, 5527 Rn. 8.

1228 Art. 1 lit. j) VO 1408/71 i. V. m. Anhang II der VO 1408/71 eröffnete noch die Möglichkeit, Sondersysteme für Selbstständige zu schaffen. Nach Art. 1 lit. j) VO 1408/71 umfasste der Begriff „Rechtsvorschriften" nicht die Bestimmungen für Sondersysteme für Selbstständige, deren Schaffung der Initiative der Betroffenen überlassen blieb oder deren Geltung auf einen Teil des Gebiets des betreffenden Mitgliedstaats beschränkt war. Von dieser Möglichkeit haben insb. Deutschland, Österreich, Frankreich und Spanien Gebrauch gemacht und die Versicherungs- und Versorgungswerke für Ärzte, Tierärzte, Rechtsanwälte von dem Anwendungsbereich der VO 1408/71 ausgenommen. Dies ist nunmehr nicht mehr möglich. Vgl. dazu *Spiegel*, ZIAS 2006, 85 (108); *Spiegel*, DRV-Schriften, Band 71 (2007), 25 (42). Vgl. *Mann*, NJW 1996, 1315 (1316 f.), der bereits 1996 auf den „demographischen und ökonomischen Anpassungsdruck auf soziale Sicherungssysteme" der freien Berufe hinwies. Mann konstatiert, dass eine

besonderen beitragsunabhängigen Geldleistungen[1229] als Mischform bzw. „Hybrid-

---

Abschaffung der Sondersysteme aufgrund Kompetenzmangels im GG nicht möglich sei. Die Europäische Union hat letztlich auf Unionsebene entsprechend Mann entschieden und eine Abschaffung der Versorgungssysteme nicht angestrebt, diese jetzt aber mit der VO 883/2004 zumindest einer einheitlichen Koordinierung unterworfen. Mit Mann bleibt festzuhalten, dass abgewartet werden solle, ob neue Gefährdungen entstehen, wenn sich „im europäischen Kontext ein erneuter Anpassungsbedarf ergeben sollte." Vgl. dazu *Mann*, NJW 1996, 1315 (1320).

1229 Der Begriff der Geldleistungen ist von dem der Sachleistungen abzugrenzen. Der EuGH unterscheidet diese nach ihrem Inhalt und ihrer Funktion. Geldleistungen haben nach dem EuGH Lohnersatzfunktion [vgl. hierzu EuGH Rs. C-160/96 (Molenaar) Slg. 1998, I-843, I-889 Rn. 31] oder betreffen reine Geldleistungspflichten [EuGH Rs. 33/65 (Dekker) Slg. 1965, 1185, 1190 f.]. Die Geldleistung wird unabhängig von der Erfüllung der in Art. 1 lit. va) i) VO 883/2004 genannten Zwecke für die Erbringung von Sachleistungen gezahlt. Sie diene dazu den Kranken finanziell zu unterstützen oder ihm ein Ersatzeinkommen zur Verfügung zu stellen, so dass er die Möglichkeit habe, trotz Krankheit, seinen allgemeinen Lebensstandard beizubehalten. Vgl. dazu ausführlich *Schreiber* in: Schreiber/Wunder/Dern, Art. 21 Rn. 5 f. Sachleistungen beziehen sich demgegenüber auf persönliche Dienstleistungen sowie im Bereich der Krankenversicherung auf Heil- und Hilfsmittel [EuGH Rs. 61/65 (Vaassen-Göbbels) Slg. 1966, 583, 607]. Die Sachleistungen für das Risiko Krankheit sind in Art. 1 lit. va) i) VO 883/2004 definiert. Die besonderen beitragsunabhängigen Geldleistungen sind in Art. 70 Abs. 2 VO 883/2004 näher definiert. In Art. 70 Abs. 2 lit c) i. V. m. Anhang X der VO werden von den Mitgliedstaaten die besonderen beitragsunabhängigen Geldleistungen, die über Art. 3 Abs. 3 VO mit in den sachlichen Geltungsbereich der VO einbezogen sind, konstitutiv festgelegt. In Deutschland sind als besondere beitragsunabhängige Geldleistungen z. B. die Leistungen nach dem Sozialgesetzbuch (SGB) Zweites Buch (II) – Grundsicherung für Arbeitsuchende – (im Folgenden SGB II) zu nennen, die auch im Anhang X der VO eingetragen worden sind. Vgl. dazu insgesamt *Steinmeyer* in: Fuchs, Europäisches Sozialrecht, 6. Auflage, Art. 7 VO 492/2011, Rn. 8. Die besonderen beitragsunabhängigen Leistungen sind als Mischform steuerfinanziert, gewähren dem Leistungsberechtigten ein Mindesteinkommen und sind an die in Art. 3 Abs. 1 VO 883/2004 genannten sozialen Leistungsarten geknüpft. Vgl. dazu *Janda*, ZFSH/SGB 2013, 453 (455). Vgl. zu den einzelnen besonderen beitragsunabhängigen Geldleistungen in den Mitgliedstaaten im Bereich von Leistungen bei Alter und Leistungen an Hinterbliebene, *Van Overmeiren/Eichenhofer/Verschueren*, trESS Analytical Study 2011, 1 (23, 26), die konstatieren, dass es einzig im Bereich der Leistungen bei Krankheit und Leistungen bei Mutterschaft sowie gleichgestellte Leistungen bei Vaterschaft keine besonderen beitragsunabhängigen Geldleistungen in den Mitgliedstaaten gebe. Unstrittig sei nach Schreiber, dass die besonderen beitragsunabhängigen Geldleistungen in Art. 70 Abs. 3 und 4 VO 883/2004 einer Sonderkoordinierung unterliegen. Art. 70 Abs. 3 VO 883/2004 bestimmt dabei, dass der Titel I, mit Ausnahme von Art. 7 VO 883/2004 und der Titel II und der Titel IV VO 883/2004 anwendbar sind. Die Art. 17 ff. VO 883/2004 des Titel III sind demgegenüber unanwendbar. Durch den Ausschluss von Art. 7 VO 883/2004 können die Mitgliedstaaten weiterhin Wohnsitzklauseln vorsehen und somit den Leistungsexport ausschließen. Darüber hinaus sei in Art. 70 Abs. 4 ein „genuin unionsrechtlicher Exportausschluss" enthalten. Die Leistungen werden nämlich nach Art. 70 Abs. 4 S. 1 VO als Sonderkoordinierung im Verhältnis zu den Art. 11 ff. VO 883/2004 ausschließlich nach den Rechtsvorschriften des Wohnortstaats gewährt. Vgl. dazu im Detail *Schreiber* in: Schreiber/Wunder/Dern, Art. 70 VO 883/2004 Rn. 23 f., 27, 30, 32. In Art. 70 VO 883/2004 werden die besonderen beitragsunabhängigen Geldleistungen definiert und gleichzeitig deren Rechtsfolge benannt. Diese Leistungen unterliegen einer Prüfung der Bedürftigkeit, wobei im Wohnsitzmitgliedstaat der Grundsatz der Gleichbehandlung gem. Art. 70 Abs. 3 und Art. 4 VO 883/2004 Geltung entfalte. Siehe dazu und zur Definition der besonderen beitragsunabhängigen Geldleistungen ausführlich *Schreiber* in: Schreiber/Wunder/Dern, Art. 70 Rn. 1 f., 6, 12 ff., 21. Nach Ansicht des LSG Rheinland-Pfalz gehören die Leistungen nach dem SGB II schon deshalb zu den besonderen beitragsunabhängigen Geldleistungen, weil sie „Teil eines einkommensabhängigen Grundversorgungssystems" seien und zugleich an ein in dem sachlichen Geltungsbereich des Art. 3 Abs. 1 VO 883/2004 genanntes Risiko anknüpfen, nämlich die Arbeitslosigkeit. Sie seien aber nicht der Gleichbehandlung nach Art. 4 VO 883/2004 und den allgemeinen Koordinierungsregelungen unterworfen. Es seien ausschließlich die Sonderregelungen des Art. 70 VO 883/2004 auf sie anwendbar. Insbesondere seien die Leistungen nach dem SGB II keine Leistungen der Sozialhilfe i. S. des Art. 24 Abs. 2 RL 2004/38/EG. Vgl. dazu LSG Rheinland-Pfalz, Beschluss v. 21.08.2012, Az.: L 3 AS 250/12 B ER, NZS 2013, 34 (35 ff.). In der Literatur ist es umstritten, ob die Leistungen nach dem SGB II als Sozialhilfe anzusehen sind. Vgl. dazu *Raschka*, EuR 2013, 116 (123). *Eichenhofer*, ZESAR 2012, 357 (359 f.) führt aus, dass die besonderen beitragsunabhängigen Geldleistungen der VO 883/2004, worunter auch die Grundsicherung nach dem SGB II fällt, keine Sozialhilfe i. S. der RL 2004/38/EG darstelle. Darüber hinaus konstatiert er, dass die besonderen beitragsunabhängigen Geldleistungen der VO 883/2004 gegenüber den Bestimmungen der RL 2004/38/EG und erst recht gegenüber dem nationalen Aufenthaltsrecht der Mitgliedstaten als vorrangig zu betrachten seien. Vgl. auch Hessisches Landessozialgericht, Beschluss v. 14.07.2011, Az.: L 7 AS 107/11 B ER Rn. 17 ff. A.A. LSG Berlin-Brandenburg, Beschluss v. 05.03.2012, Az.: L 29 AS 414/12 B ER, zitiert nach Juris Rn. 34 ff.; LSG Berlin-Brandenburg, Beschluss v. 03.04.2012, Az.: L 5 AS 2157/11 B ER, L 5 AS 2177/11 B PKH, zitiert nach Juris Rn. 5 ff., 9. Das LSG Berlin-Brandenburg geht davon aus, dass es sich bei den Leistungen nach dem SGB II um Sozialhilfeleistungen i. S. von Art. 24 Abs. 2 RL 2004/38/EG handele. Des Weiteren ist es der Rechtsauffassung, dass die Bestimmungen der UnionsbürgerRL spezieller seien und somit Vorrang vor der VO 883/2004 haben. Darüber hinaus hält es den Ausschluss des § 7 Abs. 1 S. 2 Nr. 2 SGB II mit Unionsrecht für vereinbar. Demgegenüber führt *Janda*, KritV 2011, 275 (280 ff.) aus, dass die Leistungen nach dem SGB II auch wegen der starken Verknüpfung zwischen dem Ziel der Eingliederung in den Arbeitsmarkt und der Existenzsicherung nicht als Sozialhilfe i. S. von Art. 24 Abs. 2 RL 2004/38/EG einzuordnen seien. Des Weiteren stellt sie fest, dass Art. 4 VO trotz der Sonderkoordinierung durch Art. 70 Abs. 3 VO 883/2004 dennoch anwendbar sei. Denn bei diesem handele es sich um eine absolute Garantie der Inländergleichbehandlung und gerade nicht um ein bloßes Diskriminierungsverbot, welches eine Rechtfertigung von Sonderregelungen zulasse. Die Wartefrist des § 7 Abs. 1 S. 2 Nr. 1 SGB II (drei Monate für Ausländer) und der durch § 7 Abs. 1 S. 2 Nr. 2 SGB II vorgesehene Leistungsausschluss (für Ausländer deren Aufenthaltszweck allein die Arbeitsuche ist) müssten für ihre Zulässigkeit daher auch uneingeschränkt für Deutsche Geltung entfalten [*Janda*, KritV 2011, 275 (286 f., 288)]. Im Hinblick auf § 7 Abs. 1 S. 2 Nr. 1 SGB II stellt Janda fest, dass diese Vorschrift an der Verhältnismäßigkeit scheitere, da sie die Besonderheiten des Einzelfalls nicht hinreichend berücksichtige. Denn wenn ein Ausländer in der Bundesrepublik Deutschland seinen gewöhnlichen Aufenthalt habe, i. S. einer „zukunftsoffenen Verlagerung des Lebensmittelpunktes“ in diese, bei der eine Rückkehr in den Herkunftsstaat nicht absehbar ist, sei dies für sich genommen bereits geeignet, die vom EuGH verlangte enge Verbindung zum Aufenthaltsstaat zu begründen. Hätte ein Nichterwerbstätiger einen gewöhnlichen Aufenthalt in der Bundesrepublik Deutschland begründet und sei dessen Unrechtmäßigkeit nicht in einem förmlichen Verfahren festgestellt worden, unterliege dieser wegen Art. 18 i. V. m. Art. 21 AEUV uneingeschränkter Gleichbehandlung. Den Leistungsausschluss des § 7 Abs. 1 S. 2 Nr. 2 SGB II sieht Janda deshalb als unverhältnismäßig an, weil der EU-Ausländer durch den gewöhnlichen Aufenthalt in der Bundesrepublik Deutschland eine hinreichende Verbindung zum Arbeitsmarkt des Aufenthaltsstaats nachweisen könne, der einen „Statuswechsel“ zur Folge habe. Er könne sich auf Art. 45 Abs. 2 AEUV berufen, weil er als „ungeschriebenes Tatbestandsmerkmal“ oder „Anknüpfungsmoment für die Zuständigkeit des Aufenthaltsstaats und die Eröffnung des Gleichbehandlungsgebots aus Art. 45 Abs. 2 AEUV “ das Kriterium der tatsächlichen Verbindung mit dem Aufnahmemitgliedstaat erfülle. Dieses stelle gerade keinen Rechtfertigungsgrund für Ungleichbehandlungen dar. Ein dauerhafter Ausschluss mache es dem Arbeitsuchenden unmöglich einen Nachweis für eine tatsächliche Verbindung zum Arbeitsmarkt zu erbringen. [Janda, KritV, 2011, 275 (282, 285 f.)]. Vgl. *Schreiber*, ZESAR 2014, 44 (48) der davon ausgeht, dass § 7 Abs. 1 S. 2 Nr. 2 SGB II gegen die RL 2004/38/EG verstößt, weil er keine Einzelfallprüfung ermögliche dahingehend, ob eine unangemessene Inanspruchnahme von Sozialhilfe vorliege. Dies betrifft nicht den vorliegend in das Zentrum der Betrachtungen gestellten nichterwerbstätigen Rentner. Denn gemäß § 7 Abs. 1 Nr. 1 i. V. m. § 7 a SGB II sind Rentner, die die Regelaltersgrenze überschritten haben, vom Leistungsbezug nach dem SGB II ausgeschlossen.

leistung"[1230] zwischen den nach Art. 3 Abs. 5 VO vom sachlichen Geltungsbereich ausgeschlossenen sozialen Fürsorgeleistungen (z. B. Sozialhilfe) und den Leistungen der sozialen Sicherheit i. S. von Art. 3 Abs. 1 VO erfasst.[1231] Im Focus steht nach dem Vorlagebeschluss des SG Leipzig an den EuGH nunmehr in Deutschland auch die Diskussion über die Einordnung von Leistungen nach dem SGB II in die VO und ob Art. 7 Abs. 1 S. 2 SGB II europarechtswidrig sei. Damit im Zusammenhang steht die Frage, ob der Gleichbehandlungsanspruch des Art. 4 VO auch für die besonderen beitragsunabhängigen Geldleistungen des Art. 70 VO gelte.[1232]

Vgl. zur Grundsicherung im Alter, die für den nichterwerbstätigen Rentner nach dem § 41 ff. SGB XII in Betracht kommt, da diese für Personen gilt, die die Regelaltersgrenze gem. § 35, 235 SGB VI überschritten haben, im deutschen Recht allgemein *Mleczko*, FuR 2013, 122 (122 ff.). Vgl. zu § 23 Abs. 3 S. 1 Alt. 2 SGB XII, der den arbeitsuchenden Rentner betrifft und der Möglichkeit diesen europarechtskonform gem. Art. 18 AEUV auszulegen, *Greiser*, ZESAR 2014, 18 (21 f., 26). Dem Gesetzgeber schlägt Greiser vor, § 23 Abs. 3 S. 1 Alt. 2 SGB XII dahingehend zu ändern, dass ein 6monatiger Mindestaufenthalt vorgesehen sowie eine Härtefallregelung eingeführt wird. Hinsichtlich § 7 Abs. 1 S. 2 Nr. 2 SGB II schlägt Greiser eine europarechtskonforme Auslegung im Lichte von Art. 45 Abs. 2 AEUV vor, bei welcher die Sozialleistungen in zulässiger Weise bei Nichterfüllung des Kriteriums der Verbindung zum Arbeitsmarkt beschränkt werden können. Dies sei auch vor dem Hintergrund von Art. 4 VO 883/2004 zulässig. § 7 Abs. 1 S. 2 Nr. 2 SGB II sollte dahingehend nach Greiser geändert werden, dass zwar ein Mindestaufenthalt von 3 Monaten aber auch Härtefälle als Ausnahmen vorgesehen werden.

1230 Vgl. zum Begriff der „Hybridleistung" bzw. Leistung mit „Hybridcharakter" *Schreiber* in: Schreiber/Wunder/Dern, Art. 70 Rn. 1, 8; *Schreiber*, NZS 2012, 647 (648).

1231 Als Beispiel hierfür ist das garantierte Einkommen für alte Menschen in Frankreich, EuGH Rs. 24/74 (Biason) Slg. 1974, 999, 1007 Rn. 9/12, 15 und Belgien EuGH Rs. 1/72 (Frilli) Slg. 1972, 457, 466 Rn. 14/15 zu nennen. Charakteristisch für diese Leistungen gemischter Art sei zum einen, dass die Bedürftigkeit ein wesentliches Kriterium für ihre Gewährung ist, sie nicht auf der Zusammenrechnung der Beschäftigungs- oder Beitragszeiten beruhen und diese somit Elemente der Sozialhilfe enthalten. Zum anderen zeichnen sie sich dadurch aus, dass das freie Ermessen bei ihrer Gewährung fehle, den Begünstigten daher eine gesetzlich umschriebene Rechtsposition eingeräumt werde und somit die Leistung ebenfalls Elemente der Sozialen Sicherheit in sich birge. Vgl. EuGH Rs. C-356/89 (Stanton Newton) Slg. 1991, I-3017, I-3041 Rn. 19. Vgl. auch Kap. IX, Art. 70 VO 883/2004.

1232 Vgl. Tenor des Vorlagebeschlusses des SG Leipzig, EuGH-Vorlage v. 03.06.2013, Az.: S 17 AS 2198/12 (eingereicht am 19.06.2013 bei dem EuGH; Az.: EuGH, C-333/13-Dano), Vorabentscheidung zitiert nach Juris. Zuvor hatte das Bundessozialgericht (BSG) wiederholt festgestellt, dass die Leistungen nach dem SGB II als besondere beitragsunabhängige Geldleistungen i. S. der VO 883/2004 zu

In diesem Zusammenhang ist weiterhin von Bedeutung die EuGH-Vorlage des Bundessozialgerichts vom 12.12.2013. In dieser geht es um dieselben rechtlich äußerst

qualifizieren seien. Vgl. BSG Urt. v. 16.05.2012, Az.: B 4 AS 105/11 R, zitiert nach Juris Rn. 20, BSG Beschluss v. 12.06.2013, Az.: B 14 AS 225/12 B zitiert nach Juris Rn. 5. Vgl. auch *Schreiber* in: Schreiber/Wunder/Dern, Art. 3 VO 883/2004 Rn. 22, Art. 70 VO 883/2004 Rn. 35 f., der anführt, dass es sich bei den Leistungen nach dem SGB II um besondere beitragsunabhängige Geldleistungen handele. Insoweit sei auch der an die Staatsangehörigkeit anknüpfende Leistungsausschluss des § 7 Abs. 1 S. 2 Nr. 2 SGB II wegen Art. 4 VO 883/2004 nicht anwendbar. Darüber hinaus werde die Anwendbarkeit des § 7 Abs. 1 S. 2 Nr. 2 SGB II durch die Art. 18, 21 AEUV und Art. 45 Abs. 2 AEUV bei einem „gewissen Grad an Integration" oder einer „tatsächlichen Verbindung zum Aufnahmestaat" ausgeschlossen. Siehe auch *Schreiber*, NZS 2012, 647 (648, 650 ff), wonach Art. 4 i. V. m. Art. 70 VO 883/2004 lex specialis zu dem durch Art. 18 i. V. m. 21 AEUV (für nichterwerbstätige Rentner) und Art. 45 Abs. 2 AEUV (für Rentner im Nebenerwerb und arbeitsuchende Rentner) gewährleisteten Diskriminierungsschutz seien, so dass sich die engeren „Schranken-Schranken" des Art. 4 VO gegenüber Rechtfertigungen von Zugangsbeschränkungen zum Aufnahmemitgliedstaat mittels einer „gewissen" Integration in den Aufnahmemitgliedstaat oder „einer tatsächlichen Verbindung zum Arbeitsmarkt" durchsetzen würden. Vgl. *Eichenhofer*, ZESAR 2012, 357 (361), der ebenfalls ausführt, dass Art. 4 VO 883/2004 eine Differenzierung nach der Staatsangehörigkeit nicht gestatte und dies auch bei den besonderen beitragsunabhängigen Geldleistungen gelte. Dementsprechend müssten jedenfalls Unionsbürger, die in Deutschland ihren Wohnsitz haben, den Deutschen gleichgestellt werden. Vgl. zur Prüfung der Leistungen nach dem SGB II anhand von Art. 4 VO 883/2004 auch LSG Berlin-Brandenburg, Beschluss v. 30.09.2011, Az.: L 14 AS 1148/11 B ER, L 14 AS 1152/11 B P KH, zitiert nach Juris Rn. 8ff. A.A. *Albers*, Arbeitsuchende Unionsbürger, 235 f., 325. Albers begründet seine Auffassung mit dem Sinn und Zweck der Sozialrechtskoordinierung. Er bezeichnet die Einbeziehung aller Unionsbürger mit Wohnsitz in dem Aufnahmemitgliedstaat in Art. 4 VO 883/2004 als paradox, da dann eine Nähe zum Arbeitsmarkt durch z. B. eine ernsthafte Arbeitsuche nicht mehr nachgewiesen werden müsse. Siehe auch *Hofmann/Kummer*, ZESAR 2013, 199 (202, 205 ff.). Diese ordnen die Leistungen nach dem SGB II als Sozialhilfe i. S. der RL 2004/38/EG ein. Sie gehen davon aus, dass § 7 Abs. 1 S. 2 Nr. 2 SGB II wegen Verstoßes gegen Art. 18 AEUV unionsrechtswidrig sei. Die Norm könne jedoch unionskonform dahingehend ausgelegt werden, dass nur solche Unionsbürger von ihr erfasst werden, die vollziehbar ausreisepflichtig seien. Darüber hinaus stelle das SGB II eine besondere beitragsunabhängige Geldleistung i. S. von Art. 70 VO 883/2004 dar und sei daher an Art. 4 VO 883/2004 zu messen. Auch sei Art. 4 VO 883/2004 nicht in Kohärenz mit Art. 24 Abs. 2 RL 2004/38/EG auszulegen. § 7 Abs. 1 S. 2 Nr. 1 und 2 SGB II müssten wegen Verstoßes gegen Art. 4 VO 883/2004 unangewendet bleiben.

bedeutsamen Fragen.[1233] Die besonderen beitragsunabhängigen Geldleistungen

---

1233 Vgl. EuGH Vorlagebeschluss des BSG v. 12.12.2013, Az.: B 4 AS 9/13 R, zitiert nach Juris. In diesem Verfahren hat das BSG dem EuGH drei Fragen vorgelegt. Erstens ob das Gleichbehandlungsgebot des Art. 4 VO 883/2004 – mit Ausnahme des Exportausschlusses des Art. 70 Abs. 4 VO 883/2004 – auch für die besonderen beitragsunabhängigen Geldleistungen i.S.v. Art. 70 Abs. 1, 2 VO 883/2004 gelte. Im Falle der Bejahung von erstens, hat das BSG zweitens die Frage vorgelegt, ob – ggf. auch in welchem Umfang – Einschränkungen des Gleichbehandlungsgebots des Art. 4 VO 883/2004 durch Bestimmungen in nationalen Rechtsvorschriften in Umsetzung des Art. 24 Abs. 2 RL 2004/38/EG möglich seien, nach denen der Zugang zu diesen Leistungen ausnahmslos nicht bestehe, wenn sich ein Aufenthaltsrecht des Unionsbürgers in einem anderen Mitgliedstaat allein aus dem Zweck der Arbeitsuche ergebe. Drittens hat das BSG die Frage vorgelegt, ob die Art. 45 Abs. 2 AEUV i. V. m. Art. 18 AEUV einer nationalen Bestimmung entgegenstehen, die arbeitsuchenden Unionsbürgern, eine Sozialleistung, die der Existenzsicherung dient und gleichzeitig den Zugang zum Arbeitsmarkt erleichtert, ausnahmslos für die Zeit eines Aufenthalts nur zur Arbeitsuche und unabhängig von der Verbindung mit dem Aufnahmemitgliedstaat verweigere. Letztlich geht es dem BSG darum die Rechtmäßigkeit des Leistungsausschlusses von EU-Ausländern von SGB II Leistungen durch § 7 Abs. 1 S. 2 Nr. 2 SGB II zu klären (Vgl. dazu Juris Rn. 30). Dabei stellt das BSG die konträren Ansichten hinsichtlich des Verständnisses des Begriffs der „Rechtsvorschriften" in Art. 4 VO dar und neigt letztlich zu der auch vorliegend vertretenen Auffassung, dass sämtliche besonderen beitragsunabhängigen Geldleistungen mit Ausnahme der in Art. 70 Abs. 3 VO 883/2004 direkt genannten Ausschlüsse uneingeschränkt dem sachlichen Geltungsbereich der VO und somit auch dem Art. 4 VO 883/2004 unterliegen. Zur Begründung verweist das BSG dabei überzeugend auf den Wortlaut des Art. 70 Abs. 3 VO, der den Ausschluss nur der „Rechtsvorschriften" des Titels III bestimmt. Denn in diesem heißt es explizit nur Art. 7 und die anderen Kap. dieses Titels (Titel III) gelten nicht für die besonderen beitragsunabhängigen Geldleistungen des Art. 70 Abs. 2 VO 883/2004. Auch mutet zutreffend merkwürdig an, wenn eine Einbeziehung sämtlicher Unionsbürger auf der einen Seite durch den Art. 2 VO 883/2004 erfolgt und auf der anderen Seite hinter den Gewährleistungen der ex VO 1408/71 zurückgeblieben werde. Bei festgestellter Verletzung von Art. 4 VO 883/2004 sei nach dem BSG unter der Prämisse, dass Art. 70 Abs. 4 VO eine Abweichung vom strikten Gleichbehandlungsverbot ermögliche, zu prüfen, ob eine nationale Regelung, wie § 7 Abs. 1 S. 2 Nr. 2 SGB II als zulässige Umsetzung des Art. 24 Abs. 2 RL 2004/38/EG anzusehen sei. Dabei möchte das BSG durch den EuGH klären lassen, ob es sich bei den Leistungen nach dem SGB II als besondere beitragsunabhängige Geldleistungen um „Sozialhilfe" und-/oder „Sozialhilfeleistungen" i. S. der RL 2004/38/EG handele. Darüber hinaus möchte das BSG wissen, ob Art. 24 Abs. 2 RL 2004/38/EG vor dem Hintergrund des Art. 18 AEUV erfordere, dass besondere Umstände wie z. B.

werden ausschließlich in dem Mitgliedstaat, in dem die betreffende Person wohnt und nach dessen Rechtsvorschriften gewährt. Die Leistungen werden vom Träger des Wohnorts und zu seinen Lasten erbracht. Durch diese Vorschrift sind Wohnortklauseln bei besonderen beitragsunabhängigen Geldleistungen ausdrücklich zugelassen. Auch können die Mitgliedstaaten nach der Legaldefinition des Art. 70 Abs. 2 VO letztlich durch den Eintrag in den Anhang X diese Leistungen festlegen. Die Aufnahme von besonderen beitragsunabhängigen Geldleistungen in die VO ist verbunden mit zahlreichen Befürchtungen der Unionsmitgliedstaaten, wie z.B. dem Entstehen von „Sozialleistungstourismus“ in den „Sozialhochleistungsgewährungsmitgliedstaaten“ und der erhöhten Inanspruchnahme von diesen

---

eine weitgehende Integration des Arbeitsuchenden zu berücksichtigen seien (zitiert nach Juris Rn. 34, 41 ff.). Nach Schreiber könne die unmittelbare Diskriminierung nicht gerechtfertigt werden, da eine Rechtfertigung nur durch Rechtfertigungsgründe möglich wäre, die sich aus der VO 883/2004 selbst ergeben und daher allenfalls der Ausschluss des Leistungsexports nach Art. 70 Abs. 4 VO 883/2004 zulässig sei [Vgl. *Schreiber*, NZS 2012, 647 (650), der darauf verweist, dass die allgemeinen Rechtfertigungsgründe aus dem Primärrecht und sekundärrechtlich Art. 24 Abs. 2 RL 2004/38/EG nach Wortlaut, Sinn und Zweck der sozialrechtlichen Koordinierung gerade unanwendbar seien. Die Folge wäre eine Nichtanwendbarkeit der nationalen Regelungen – hier des § 7 S. 2 Nr. 1 und 2 SGB II, wohingegen die übrigen Tatbestandsvoraussetzungen des Leistungsanspruchs zur Anwendung gereichten.]. A.A. *Thym*, NZS 2014, 81 (84, 87 f.), der eine Ungleichbehandlung unter Verweis auf die EuGH-Rechtsprechung als gerechtfertigt ansieht, wenn sie auf objektiven, von der Staatsangehörigkeit unabhängigen Erwägungen beruhe. So verlange der EuGH in seiner Rspr. einen gewissen Integrationsgrad oder eine tatsächliche Verbindung zum Arbeitsmarkt des Aufnahmemitgliedstaats. Zudem habe der EuGH schon entschieden, dass er SGB II-Leistungen eher nicht als Sozialhilfeleistungen i. S. von Art. 24 Abs. 2 RL 2004/38/EG ansieht. Vgl. dazu EuGH Urt. v. 04.06.2009, Rs. C-22/08, C-23/08 (Vatsouras/Koupatantze) zitiert nach Juris Rn. 45. Siehe zu der Einordnung von Leistungen nach dem SGB II *Schreiber*, NZS 2012, 647 (651). Dieser weist darauf hin, dass selbst wenn die Leistungen nach dem SGB II als „Sozialhilfe“ i. S. der RL 2004/38/EG anzusehen wären, diese nur die Möglichkeit eröffnen würden, den Zugang zur Sozialhilfe im Aufnahmemitgliedstaat einzuschränken, aber keinesfalls zwingendes Unionsrecht wie Art. 4 VO 883/2004 beschränken könnten, der das Ziel habe, die Gleichbehandlung im Wohnmitgliedstaat bei besonderen beitragsunabhängigen Geldleistungen vollumfänglich zu verwirklichen. Hinsichtlich der Europarechtswidrigkeit von § 7 Abs. 1 S. 2 Nr. 2 SGB II vertritt Janda, dass ein nicht auf den Einzelfall bezogener genereller und pauschaler Ausschluss aller Unionsbürger, die sich nur zur Arbeitsuche in Deutschland aufhalten von SGB II Leistungen unverhältnismäßig ist. Siehe *Janda*, KritV 2011, 275 (285).

Leistungen durch Nichterwerbstätige,[1234] wie den nichterwerbstätigen Rentner sowie vor einer Abschottung der Mitgliedstaaten unter extensiver Ausnutzung der Wohnortklauseln.[1235] Generell stellt sich die Frage nach dem Verhältnis zwischen der RL 2004/38/EG und der VO 883/2004. So sei fraglich, ob ein nichterwerbstätiger Rentner durch den Sozialleistungsbezug nach der VO 883/2004 den Vorbehalt sozialer Absicherung der RL 2004/38/EG erfülle. Des Weiteren wird die Frage aufgeworfen, ob sich der nichterwerbstätige Rentner i. S. der RL 2004/38/EG zunächst erst rechtmäßig im Aufnahmemitgliedstaat aufgehalten haben müsse, um Zugang zu den besonderen beitragsunabhängigen Geldleistungen und dem Krankenversicherungsschutz aus der VO 883/2004 erhalten zu können.[1236] Das Unionsrecht selbst enthält bei rechtlicher Analyse keine Anhaltspunkte für solche Interdependenzen. Vielmehr sind beide Rechtsakte unabhängig voneinander und im Einklang mit den Rechtsgrundlagen anzuwenden, auf denen sie beruhen.[1237] Ausgenommen vom Anwendungsbereich der VO sind Leistungen der sozialen und medizinischen Fürsorge, wie z. B. Leistungen der Sozialhilfe, der sozialen Entschädigung, betriebliche Sozialleistungen von privaten Trägern[1238] sowie Leistungen für Opfer des Krieges und seiner Folgen (Art. 3 Abs. 5 VO). Hintergrund für den Ausschluss der Sozialhilfe ist dabei, dass bei ihr der jeweilige konkrete Bedarf im Vordergrund steht, wohingegen die in Art. 3 Abs. 1 VO genannten Leistungen abhängig sind von einer vorherigen Erbringung von Beiträgen bzw. von einer vorherigen Erwerbstätigkeit, so dass es nur bei letzteren Leistungsarten dem Interesse der Mitgliedstaaten entsprach, diese einer unionsrechtlichen Koordinierung zu unterwerfen.[1239] Dennoch wird an dem Ausschluss vom Anwendungsbereich der VO kritisiert, dass dieser die Freizügigkeit behindert, die die VO 883/2004 gerade auch auf nichterwerbstätige Personen erstrecken möchte und nicht nur auf Arbeitnehmer.[1240]

1234 Vgl. dazu *Van Overmeiren/Eichenhofer/Verschueren*, trESS Analytical Study 2011, 1 (4).

1235 Siehe dazu *Schreiber*, NZS 2012, 647 (648).

1236 Vgl. zu den sich im Rahmen des Verhältnisses der VO 883/2004 zu der RL 2004/38/EG stellenden Fragen insgesamt *Van Overmeiren/Eichenhofer/Verschueren*, trESS Analytical Study 2011, 1 (4, 42 ff.).

1237 Vgl. *Van Overmeiren/Eichenhofer/Verschueren*, trESS Analytical Study 2011, 1 (4). Demgegenüber führt *Thym*, NZS 2014, 81 (82) an, dass die Unterscheidung zwischen beiden Rechtsakten „keine verbindungslose Koexistenz" bewirke.

1238 Vgl. hierzu *Eichenhofer*, Sozialrecht, Rn. 92. Vgl. zur Sozialhilfe, die damit vom Leistungsexport ausgenommen ist auch *Höfler*, Unionsbürgerfreiheit, 162.

1239 Vgl. dazu *Beschorner*, ZFSH/SGB 2011, 61 (62).

1240 Vgl. *Pennings* in: Spaventa/Dougan, Social Welfare and EU Law, 241 (251).

bb. Art. 4 VO 883/2004 (Gleichbehandlung)

Art. 4 VO enthält das Prinzip der Gleichbehandlung[1241] und setzt das gegenüber Art. 18 AEUV im Bereich der Freizügigkeit speziellere Diskriminierungsverbot des Art. 45 Abs. 2 AEUV um.[1242] Art. 45 Abs. 2 AEUV verlangt die Abschaffung jeder auf der Staatsangehörigkeit beruhenden unterschiedlichen Behandlung der Arbeitnehmer der Mitgliedstaaten in Bezug auf Beschäftigung, Entlohnung und sonstige Arbeitsbedingungen. Dementsprechend haben nach Art. 4 VO Personen, für die diese VO gilt, die gleichen Rechte und Pflichten aufgrund der Rechtsvorschriften eines Mitgliedstaats wie die Staatsangehörigen dieses Staats. Durch dieses Gleichbehandlungsgebot wird jegliche auf die Staatsangehörigkeit eines Mitgliedstaats gestützte Diskriminierung einer in den Geltungsbereich der VO fallenden Person auf dem Gebiet der sozialen Sicherheit untersagt. Verboten ist diesbezüglich die unmittelbare als auch mittelbare Diskriminierung.[1243] Das Verbot der mittelbaren Diskriminierung bezieht sich dabei nicht nur auf das Merkmal der Staatsangehörigkeit, sondern auf alle Elemente, die Nichtstaatsangehörige nicht oder nur erschwert erfüllen können.[1244] Das Diskriminierungsverbot erfasst den Zugang zu einer Sparte der sozialen Sicherheit, die Leistung und das Beitragswesen und somit letztlich das gesamte Sozialrechtsverhältnis.[1245] Es wird eine volle Inländergleichbehandlung oder „sozialrechtliche Meistbegünstigung", d. h. den Bürgern der Europäischen Union und des EWR[1246] aufgrund

---

1241 Dies war vormals in Art. 3 VO 1408/71 geregelt.

1242 *Schulte* in: von Maydell/Ruland/Becker, Sozialrechtshandbuch, § 33 Rn. 58 f.; *Fuchs* in: Fuchs, Europäisches Sozialrecht, Einführung, Rn. 58.

1243 EuGH Rs. 41/84 (Pinna) Slg. 1986, 1 (25 Rn. 23). Vgl. ebenfalls *Höfler*, Unionsbürgerfreiheit, 42; *Pennings*, European Social Security Law, 120; *Eichenhofer*, Sozialrecht der EU, Rn. 111, 114; *Eichenhofer* in: Fuchs, Europäisches Sozialrecht, Teil 2, Titel I, Art. 4 VO 883/2004 Rn. 1. Allerdings beschränkt Eichenhofer den Schutz vor mittelbarer Diskriminierung auf die Vorschriften der Verordnung zur mittelbaren Diskriminierung und will allenfalls die Figur der mittelbaren Diskriminierung zur Lückenschließung im sekundären Unionsrecht verwenden. Aus Art. 4 VO 883/2004 ergebe sich nach Eichenhofer somit kein allgemeines Prinzip des Verbots der mittelbaren Diskriminierung, vgl. dazu *Eichenhofer* in: Fuchs, Europäisches Sozialrecht, Teil 2, Titel I, Art. 4 VO 883/2004 Rn. 14 f.

1244 *Haverkate/Huster*, Europäisches Sozialrecht, Rn. 144; *Pennings*, European Social Security Law, 120.

1245 *Fuchs* in: Fuchs, Europäisches Sozialrecht, 4. Auflage, Eine Einführung, Rn. 66.

1246 Vgl. zum „Abkommen über den Europäischen Wirtschaftsraum", ABl. EG 1994 Nr. L 1/3 ff. Derzeit sind Vertragspartner neben der Union nur noch die

ihrer Staatsangehörigkeit derselbe sozialrechtliche Status gewährt, den das Recht des zuständigen Staats ansonsten seinen Staatsbürgern vorbehält.[1247] Daraus wird in der Literatur geschlussfolgert, dass es sich bei Art. 4 VO um eine über ein bloßes Diskriminierungsverbot hinausgehende „absolute Garantie der Inländergleichbehandlung" handele.[1248]

Eine unmittelbare Diskriminierung eines Rentners liegt bspw. vor, wenn er wegen seiner andersartigen Staatsangehörigkeit keine in Art. 3 Abs. 1 lit. d) VO bestehende Rente[1249] vom Wohnmitgliedstaat erhält, obwohl dieser dazu nach Art. 23 VO verpflichtet wäre.

Eine mittelbare Diskriminierung ist demgegenüber zu bejahen, wenn die Anforderungen für Sozialleistungen viel eher von Staatsangehörigen des Mitgliedstaats erfüllt werden können als von ausländischen Rentnern oder die Ansprüche auf diese Leistungen für wandernde Rentner eher enden und dafür keine objektiven Gründe zur Rechtfertigung vorliegen.[1250] Darüber hinaus läge eine mittelbare Diskriminierung des nichterwerbstätigen Rentners und des Rentners im Nebenerwerb vor, wenn er für den Erhalt einer Leistung im Inland beschäftigt oder seinen Wohnsitz haben müsste.[1251] So entschied der EuGH in der Rechtssache *Landtová*, dass der Gleichbehandlungsgrundsatz der VO einer innerstaatlichen Regelung entgegenstehe, bei der

---

Staaten Norwegen, Lichtenstein und Island, ausführlich dazu *Streit*, NJW 1994, 555 (555); *Weber* in: von der Groeben/Schwarze, EU-/EG-Vertrag, Art. 310 EG Rn. 58 ff. Art. 28 garantiert die Freizügigkeit, währenddessen Art. 29 über Garantien im Bereich der Sozialen Sicherheit Auskunft gibt. In der Anlage VI wird die Geltung der VO 1408/71 und der VO 574/72 einschließlich ihrer Änderungsvorschriften und Beschlüsse für den EWR festgeschrieben (ABl. EG 1994 Nr. L 1/3 ff., 9, 12, 327 ff.), womit auch die Nachfolgeregelung für den EWR als verbindlich anzusehen ist und damit Unionsbürger und EFTA-Bürger zumindest in den Bereichen soziale Sicherheit und Freizügigkeit gleichgestellt sind. Vgl. *Höller* in: Fuchs, Europäisches Sozialrecht, Teil 11, Sozialrecht in den Assoziationsabkommen, Rn. 24.

1247 EuGH Rs. C-124/99 (Borawitz) Slg. 2000, I-7293, I-7316 Rn. 25; EuGH Rs. C-85/99 (Offermanns) Slg. 2001, I-2261, I-2301 Rn. 49; *Eichenhofer*, ZIAS 2003, 404 (408).

1248 Vgl. *Janda*, KritV 2011, 275 (288). Sonderregelungen für EU-Ausländer, wie Wartezeiten oder Leistungsausschlüsse müssten demnach für Inländer uneingeschränkt Geltung entfalten. Demgegenüber lassen Diskriminierungsverbote eine Rechtfertigung von Sonderregelungen zu.

1249 Vgl. zur Definition des Begriffs „Rente" Art. 1 lit. w) VO 883/2004.

1250 *Pennings*, European Social Security Law, 120.

1251 *Schulte* in: von Maydell/Ruland/Becker, Sozialrechtshandbuch, § 33 Rn. 60.

eine Zulage zur Leistung bei Alter nur Staatsangehörigen dieses Staats mit Wohnsitz in diesem Staat (vorliegend tschechischen Staatsangehörigen mit Wohnsitz in der Tschechischen Republik) gezahlt werde.[1252] Allerdings kann auch die Anknüpfung an den inländischen Wohnort u. U. gerechtfertigt sein, so dass nicht jede Ungleichbehandlung nach Art. 4 VO verboten ist.[1253] Eine mittelbare Diskriminierung durch nationale Vorschriften ist nach dem Urteil des EuGH *Celozzi* dann zulässig, wenn diese Vorschriften durch objektive, von der Staatsangehörigkeit der betroffenen Arbeitnehmer unabhängige Erwägungen gerechtfertigt seien und in einem angemessenen Verhältnis zu dem Zweck stehen, der mit ihnen zulässigerweise verfolgt werde.[1254] Art. 4 VO lässt auch Ausnahmen vom Gleichbehandlungsgrundsatz zu, sofern in der VO 883/2004 nichts anderes bestimmt ist. So sind z. B. in „sehr engen Grenzen“ Ausnahmen in Bezug auf den Zugang zur Versicherung möglich.[1255]

cc. Art. 5 VO 883/2004 (Gleichstellung von Leistungen, Einkünften, Sachverhalten oder Ereignissen); Art. 6 VO 883/2004 und Art. 12 VO 987/2009 (Zusammenrechnung der Zeiten)

Neu aufgenommen wurden in die VO das Prinzip der Tatbestandsgleichstellung[1256] (Art. 5 VO) und die Zusammenrechnung der leistungsbegründenden Zeiten[1257]

1252 EuGH Urt. v. 22.06.2011 C-399/09 (Landtová) NZS 2011, 696 (696). Vgl. auch *Tiedemann*, ZFSH/SGB 2012, 266 (270).

1253 Vgl. 16. Erwägungsgrund zur VO 883/2004. Danach können in besonderen Fällen Ansprüche der Sozialen Sicherheit vom Wohnort der betreffenden Person abhängig gemacht werden. Dies gelte insb. bei Leistungen, die an das wirtschaftliche und soziale Umfeld der betreffenden Person gebunden sind. Vgl. dazu auch *Hailbronner* in: Hailbronner/Wilms, Recht der EU, Art. 42 EGV Rn. 48.

1254 EuGH Rs. C-335/05 (Celozzi) Rn. 25. Zu finden unter: http://curia.europa.eu/juris/recherche.jsf?language=de (Abrufdatum: 12.06.2013).

1255 Vgl. *Bokeloh*, ZESAR 2013, 398 (404 f.). Dieser führt als Beispiel an, dass nach Anhang XI, Bundesrepublik Deutschland, Ziff. 4 VO 883/2004 Staatsangehörige anderer Mitgliedstaaten mit Wohnsitz im EUAusland nur dann freiwillige Rentenbeiträge entrichten könnten, wenn sie bereits in Deutschland pflicht- oder freiwillig versichert gewesen seien. Diese Regelung erachtet er für zulässig, da ansonsten keine Verbindung zum deutschen Rentenversicherungssystem bestehe.

1256 Die Tatbestandsgleichstellung wird auch Sachverhaltsgleichstellung oder Äquivalenzregel genannt. Vgl. dazu *Eichenhofer*, Sozialrecht der EU, Rn. 115; *Eichenhofer*, Sozialrecht, Rn. 91.

1257 Dieses Prinzip wird auch „Totalisierung“ (vgl. hierzu *Fuchs* in: Fuchs, Europäisches Sozialecht, Einführung Rn. 61) oder „Aggregation“ (vgl. *Schulte* in: von Maydell/Ruland/Becker, Sozialrechtshandbuch, § 33 Rn. 32) genannt.

(Art. 6 VO). Als unnötig erscheint dabei die getrennte Auflistung beider, da das Prinzip der Zusammenrechnung der leistungsbegründenden Zeiten (Art. 6 VO) lediglich einen Anwendungsfall des allgemeinen Prinzips der Tatbestandsgleichstellung darstellt. Durch diese Dopplung wurde gegen das Gebot möglichst ökonomischer Rechtsetzung verstoßen.[1258]

Die allgemeine Tatbestandsgleichstellung des Art. 5 VO stellt die wesentlichste Neuregelung dar, denn durch sie wurde erstmals eine umfassende Gleichstellung sämtlicher Sachverhaltselemente geschaffen, unabhängig davon, in welchem Mitgliedstaat sie vorliegen.[1259] Sie stellt eine allgemeine Gleichstellungsregelung für die Rechtswirkungen des Bezugs von Leistungen der sozialen Sicherheit, sonstiger Einkünfte [Art. 5 lit. a) VO], bestimmter Sachverhalte oder Ereignisse [Art. 5 lit. b) VO] als Grundsatz dar. Ausnahmen von diesem Grundsatz müssen ausdrücklich geregelt werden. Sonderregelungen bzw. Ausnahmen diesbezüglich stellen der Erwägungsgrund Nr. 12 und die Art. 14 Abs. 4 VO 883/2004 sowie Art. 22 Abs. 2 VO 987/2009 dar.[1260] Hierbei bewirkt Art. 5 VO 883/2004 die Gleichstellung der Fakten, Sachverhalte, Tatsachen und Ereignisse, durch welche der jeweilige Tatbestand erfüllt werden kann (z. B. Gleichstellung von Ausbildung in einem anderen Mitgliedstaat, beruflichem Aufstieg, Erwerbseinkommen)[1261], und nicht die Gleichstellung von im nationalen Bereich definierten Tatbeständen (z. B. Erwerbsminderung, Invalidität, vgl. auch Art. 46 Abs. 3 VO)[1262]. Art. 5 VO bewirkt eine „Entterritorialisierung“ des Europäischen Sozialrechts, da es nunmehr keine Rolle mehr spielt, in welchem Mitgliedstaat sich der betreffende Sachverhalt ereignet hat.[1263] Art. 5 lit. a) VO 883/2004 war bereits in Ansätzen auch schon in der VO 1408/71 so vorgesehen,[1264] wohingegen Art. 5 lit. b) VO 883/2004 eine

---

1258 Siehe auch *Eichenhofer* in: Fuchs, Europäisches Sozialrecht, 4. Auflage, Vorbemerkungen, Titel I, Allgemeine Vorschriften, Rn. 8. Dass Art. 5 und 6 VO „gleichsinnig“ sind, ebenfalls herausstellend *Eichenhofer*, Sozialrecht der EU, Rn. 115.

1259 *Spiegel*, ZIAS 2006, 85 (108); *Spiegel* in: Marhold, Sozialrecht der EU, 9 (29).

1260 Siehe dazu *Dern* in: Schreiber/Wunder/Dern, Art. 5 VO 883/2004, Rn. 7 f.

1261 Vgl. zu den Anwendungsbeispielen für Art. 5 VO 883/2004 *Eichenhofer*, SGB 2010, 185 (187).

1262 Vgl. hierzu *Kraus/Hauschild*, DRV-Schriften Band 71 (2007), 99 (114 Fn. 20).

1263 Vgl. dazu auch die Power Point Präsentation von *Czysz* in Euro-Informationen, Chart 9: http://www.krankenkassen.de/static/common/files/view/4290/VO_883_Mobilitaet_in_Europa.pdf (Abrufdatum: 31.10.2011).

1264 Vgl. hierzu Art. 12 Abs. 2 VO 1408/71, wobei Art. 5 lit. a) VO 883/2004 über diese Regelung noch hinausgeht, da er nicht nur die Kürzung, das Ruhen oder die Entziehung von Leistungen (wie sie Art. 12 Abs. 2 VO 1408/71) vorsah, sondern sämtliche leistungsrechtlichen Aspekte betrifft. So löst die Gleichstellung nunmehr

„echte Revolution“ darstellt.[1265] Die Vorschrift führt zu einer wesentlichen Vereinfachung der bisherigen VO 1408/71, da sämtliche in dieser VO noch vereinzelt geregelten Sachverhaltsgleichstellungen nunmehr in einer einzigen Vorschrift zusammengefasst wurden.[1266] Art. 5 VO ist deshalb das „zentrale Gestaltungsmittel“ des „Europäischen koordinierenden Sozialrechts“.[1267] Es kann für die Auslegung des Art. 5 lit. b) VO auf die Rechtsprechung des EuGH zur VO 1408/71 verwiesen werden, in welcher er sich stets für eine extensive Sachverhaltsgleichstellung entschied.[1268] Dass dies Konfliktpotential in sich trägt ist nachvollziehbar,

---

bspw. auch einen Anspruch auf Mindestrente aus, wenn ausschließlich eine Rente aus einem anderen Mitgliedstaat bezogen wird und das nationale Recht es vorsieht, dass eine Mindestrente nur bei dem Bezug einer nationalen Grundrente gewährt wird (wie dies z. B. bei der österreichischen Ausgleichszulage der Fall ist). Nach der VO 1408/71 musste dies noch durch eine ausdrückliche Spezialregelung bestimmt werden (Art. 10 a Abs. 3 VO 1408/71).

1265 *Spiegel*, ZIAS 2006, 85 (108); *Spiegel*, DRV-Schriften, Band 71 (2007), 25 (43).

1266 Im Rahmen der VO 1408/71 bestand der Grundsatz, dass eine Gleichstellung eine ausdrückliche Regelung in der Verordnung voraussetze. Aus diesem Grund durchzogen die vereinzelt vorhandenen Sachverhaltsgleichstellungen die gesamte VO 1408/71 und konkretisierten die einzelnen Sachkapitel. Vgl. dazu Art. 9a (Verlängerung des Rahmenzeitraums), Art. 10 a Abs. 3 (Rentenbezug aus einem anderen Mitgliedstaat zum Auslösen einer beitragsunabhängigen Sonderleistung), Art. 10 Abs. 4 (erstmalige Feststellung der Invalidität in einem anderen Mitgliedstaat für die Gewährung von Leistungen an Invalide). Zudem lassen sich die einzelnen Sachverhaltsgleichstellungen in den einzelnen Leistungsbereichen finden. Vgl. zu den einzelnen Vorschriften der Sachverhaltsgleichstellung insgesamt *Kraus/Hauschild*, DRV-Schriften, Band 71 (2007), 99 (114 ff.). Nach Art. 5 sind die Sachverhalte oder Ereignisse nunmehr generell gleichgestellt, sofern in der Verordnung nicht ausdrücklich etwas anderes bestimmt ist. Art. 5 VO 883/2004 stellt eine Umkehr des im Rahmen der VO 1408/71 geltenden Grundsatzes dar, der vorsah, dass eine ausdrückliche Regelung in der Verordnung notwendig sei. Vgl. hierzu *Grotzer*, DRV-Schriften, Band 71 (2007), 89 (90).

1267 Vgl. *Eichenhofer*, Sozialrecht der EU, Rn. 115.

1268 Mit dieser extensiven Tatbestandsgleichstellung wollte der EuGH insb. indirekte Diskriminierungen von Wanderarbeitnehmern vermeiden. Vgl. zur Auflistung der Rechtsprechung in diesem Bereich *Spiegel*, DRV-Schriften, Band 71 (2007), 25 (43); *Spiegel* in: Marhold, Sozialrecht der EU, 9 (30); *Spiegel*, ZIAS 2006, 85 (109). Hervorgehoben sei hier insb., dass der EuGH sich für eine Sachverhaltsgleichstellung entschied, in Fällen, in denen Zeiten der Invalidität nur dann bei der Altersrente berücksichtigt werden, wenn der Betreffende bei Eintritt der Arbeitsunfähigkeit den Rechtsvorschriften dieses Mitgliedstaats unterlag, EuGH verb. Rs. C-45/92 und C-46/92 (Lepore und Scamuffa) Slg. 1993, I-6497, I-6543 Rn. 24.

da der nationale Gesetzgeber durchaus die Möglichkeit haben müsse, Begrenzungen auf inländische Sachverhalte vornehmen zu können, so dass der Grundsatz der Sachverhaltsgleichstellung nicht allumfassend angewendet werden sollte.[1269] Um diesen Befürchtungen Rechnung zu tragen, wurde in den Erwägungsgründen zur VO begrenzend festgehalten, dass durch die Sachverhaltsgleichstellung keine Versicherungszeiten geschaffen, sondern nur bestehende Versicherungszeiten zusammenzurechnen sind.[1270] Zudem dürfen die Zuständigkeiten zwischen den Mitgliedstaaten nicht verschoben werden (Erwägungsgrund 11 der VO).[1271] Aus dem Erwägungsgrund 11 zur VO 883/2004 und der Definition des zuständigen Staats in der VO[1272] wird teilweise geschlossen, dass eine Gleichstellung von Sachverhalten immer nur von einem Träger vorgenommen werden könne, der zum Zeitpunkt des Eintritts des Sachverhalts bereits „zuständig" sei, und es nicht sein könne, dass der Träger erst durch die Gleichstellung eines Sachverhalts zuständig werde.[1273] Zur Auslegung des Art. 5 VO insgesamt ist zudem die bisherige Rechtsprechung des EuGH in Bezug auf die mittelbare Diskriminierung bei der Wahrnehmung der Rechte der Freizügigkeit und Niederlassung heranzuziehen.[1274] Der Anhang XI zur VO 883/2004 sollte ergänzende Klarstellungen für die Mitgliedstaaten enthalten, um ungewünschte Konsequenzen der VO für die Mitgliedstaaten zu vermeiden. Als Beispiel kann Österreich als Mitgliedstaat herangezogen werden, in welchem nur die Personen der Krankenversicherung

---

1269 Ebenso *Spiegel*, ZIAS 2006, 85 (109); *Spiegel*, DRV-Schriften, Band 71 (2007), 25 (43).

1270 Erwägungsgrund Nr. 10 VO 883/2004.

1271 Erwägungsgrund Nr. 11 VO 883/2004 bestimmt, dass die Sachverhaltsgleichstellung in keinem Fall bewirken dürfe, dass ein anderer Mitgliedstaat zuständig wird oder dessen Rechtsvorschriften anwendbar werden.

1272 Nach Art. 1 lit. s) VO 883/2004 ist der „zuständige Mitgliedstaat" der Mitgliedstaat, in dem der zuständige Träger seinen Sitz hat. „Zuständiger Träger" ist wiederum vereinfacht der Träger, bei dem eine Versicherung besteht, vgl. dazu Art. 1 lit. q) VO 883/2004. Vgl. auch *Bauer/Kreutzer/Klein/Deutsche Verbindungsstelle KrankenversicherungAusland (DVKA)*, DRV-Schriften, Band 71 (2007), 71 (74).

1273 Dies befürwortend *Bauer/Kreutzer/Klein/Deutsche Verbindungsstelle KrankenversicherungAusland (DVKA)*, DRV-Schriften, Band 71 (2007), 71 (74).

1274 So auch *Schuler* in: Fuchs, Europäisches Sozialrecht, Vorbemerkungen, Teil 2, Titel III, Kap. 5, Vorbemerkungen, Rn. 5. Vgl. auch *Eichenhofer*, SGB 2010, 185 (186), der darauf hinweist, dass das Prinzip der Tatbestandsgleichstellung neben den Tatbestandsgleichstellungen in der VO 1408/71 vom EuGH ferner aus dem Verbot der mittelbaren Diskriminierung wegen der Staatsangehörigkeit abgeleitet wurde und Art. 5 VO 883/2004 den Rückgriff auf dieses Diskriminierungsverbot nunmehr entbehrlich mache.

unterliegen, die auch eine inländische Rente beziehen.[1275] Dies stellt eine mittelbare Diskriminierung dar, da zwar nicht direkt an die Staatsangehörigkeit angeknüpft wird, aber vordergründig lediglich Staatsangehörige eine inländische Rente beziehen und sich das „scheinbar" neutrale Kriterium somit negativ für freizügigkeitsbereite Rentner auswirkt. Wenn nun ein Rentner zwar in Österreich wohnt, im europäischen Ausland eine Rente bezieht, die ihm keinen Anspruch auf Leistungen bei Krankheit eröffnet, so bestehen nach Art. 24 VO auch keine Leistungsansprüche. Allerdings ist bei Rentnern der Wohnmitgliedstaat der zuständige Staat [Vgl. Art. 11 Abs. 3 lit. e) VO], so dass der Träger in Österreich wiederum die Sachverhaltsgleichstellung nach Art. 5 VO zu beachten hat. Österreich muss demnach die Kosten für die Leistungen bei Krankheit übernehmen. Dies ist für den in Österreich wohnenden nichterwerbstätigen Rentner durchaus von Vorteil. Allerdings erscheint die Rechtslage aus Sicht Österreichs etwas verworren und widersprüchlich, da nach Art. 24 VO kein Anspruch bestehe, dieser jedoch durch die Hintertür des Art. 11 Abs. 3 lit. e) VO gesichert werde. Ergänzende Klarstellungen durch den Anhang XI der VO Nr. 883/2004 erscheinen somit als unumgänglich.[1276]

Eine Vereinfachung der VO 883/2004 wurde durch die zentrale Vorschrift des Art. 6 VO über die Zusammenrechnung der Versicherungszeiten erreicht. Art. 6 VO soll die Betroffenen, die von ihrem europäisch garantierten Recht auf Freizügigkeit Gebrauch machen, so stellen, als hätten sie ihre gesamte Versicherungsbiographie in der Sozialrechtsordnung vorzuweisen, in der sie Leistungen begehren.[1277] Mitgliedstaaten können sich auch nicht von der Zusammenrechnung der Versicherungszeiten dadurch befreien, dass die Berücksichtigung von in anderen Mitgliedstaaten zurückgelegten Beitragszeiten administrative Schwierigkeiten beinhalte.[1278] In seinem Urteil *Försäkringskassan/Bergström* hat der EuGH

1275 Vgl. hier z. B. § 8 Abs. 1 Ziffer 1 lit. a) ASVG in Österreich. Vgl. dazu Bundesgesetz vom 09.09.1955 über die Allgemeine Sozialversicherung (Allgemeines Sozialversicherungsgesetz-ASVG.), BGBl. Österreich Nr. 189/1955 i.d.F. BGBl. II Österreich Nr. 346/2008.

1276 So ist hier an die Gleichstellung einer ausländischen Rente mit einer nationalen Rente zu denken, wenn nach nationalem Recht (wie z. B. in Österreich) nur die jeweils eigenen Rentner der Krankenversicherung unterliegen. Vgl. dazu *Spiegel*, DRV-Schriften, Band 71 (2007), 25 (45); *Spiegel*, ZIAS 2006, 85 (111).

1277 *Gobbers*, Gestaltungsgrundsätze, 75. Vgl. auch *Muckel*, Sozialrecht, 2. Auflage, § 20 Rn. 17, der von „gesamteuropäische Versicherungsbiographie" spricht.

1278 Dies hat der EuGH klar und deutlich in dem Urt. v. 03.03.2011 Rs. C-440/09 (Tomaszewska) EuZW 2011, 606 (606 ff.) zum Ausdruck gebracht. Danach können sich

klargestellt, dass bei der Zusammenrechnung der Zeiten ein Anspruch auf Gewährung einer Leistung durch das Zurücklegen von Zeiten in einem anderen Mitgliedstaat begründet werde, die der zuständige Träger des zuständigen Mitgliedstaats gegen sich gelten lassen müsse, auch wenn in dem zuständigen Mitgliedstaat selbst keine Versicherungszeiten zurückgelegt wurden.[1279] Damit sei die Zusammenrechnung i. S. eines „Gleichstellungsgebots“ bzw. einer „Äquivalenzregel“ zu interpretieren, bei der die Erfüllung der Voraussetzungen des Tatbestands für den Erhalt eines Sozialleistungsanspruchs in einem anderen Mitgliedstaat ausreichend sei, für die Erfüllung derselben Tatbestandsvoraussetzungen und damit den Leistungsbezug im zuständigen Mitgliedstaat.[1280] Art. 6 VO gilt einheitlich für alle Leistungszweige bis auf wenige Ausnahmen.[1281] Er greift als Auffangnorm nur, wenn die speziellen Zusammenrechnungsbestimmungen der VO (Art. 38, 46, 51, 61 VO) nicht anwendbar sind.[1282] Die Zusammenrechnung nach Art. 6 dritter Spiegelstrich VO erfasst die freiwillige Versicherung oder freiwillige Weiterversicherung. Art. 12 VO 987/2009 regelt die Einzelheiten der Zusammenrechnung und Art. 13 dieser VO die genaue Umrechnung von Zeiten.

dd. Art. 7 VO 883/2004 (Aufhebung der Wohnortklauseln)

Nach Art. 7 VO 883/2004 dürfen Geldleistungen, nicht jedoch Dienst- oder Sachleistungen, die nach den Rechtsvorschriften eines oder mehrerer Mitgliedstaaten oder nach dieser VO zu zahlen sind, nicht aufgrund der Tatsache gekürzt, geändert, zum Ruhen gebracht, entzogen oder beschlagnahmt werden, das der Berechtigte in einem anderen als dem Mitgliedstaat wohnt, in dem der zur Zahlung verpflichtete Träger seinen Sitz hat. Damit wurde eine allgemeine, für sämtliche sozialrechtlich geschuldete Geldleistungen bestehende Pflicht zum Leistungsexport unter gleichzeitiger Aufhebung sämtlicher Wohnortklauseln statuiert, wohingegen

---

die Mitgliedstaaten nur auf die ausdrücklich in Art. 45 Abs. 3 AEUV zugelassenen Ausnahmen der öffentlichen Ordnung, Sicherheit und Gesundheit berufen, um die Ausübung der Freizügigkeit der Arbeitnehmer zu beschränken. Vgl. dazu *Schulte*, Jahrbuch des Sozialrechts, Band 33, 2012, 509 (524).

1279 Vgl. dazu EuGH Urt. v. 15.12.2011 Rs. C-257/10 (Försäkringskassan/Bergström) ZESAR 2012, 334 (338).

1280 So zutreffend *Eichenhofer*, ZESAR 2012, 339 (340).

1281 Vgl. hierzu Art. 61 VO 883/2004, wonach eine Zusammenrechnung der Wohnzeiten nicht erfolgt und Art. 66 VO 883/2004, wonach eine Zusammenrechnung der Versicherungszeiten, Beschäftigungszeiten oder Zeiten einer selbstständigen Erwerbstätigkeit für den Leistungszweig der Vorruhestandsleistungen ausgeschlossen ist.

1282 Vgl. *Eichenhofer*, SGB 2010, 185 (187).

die Vorgängerregelung des Art. 10 Abs. 1 VO 1408/71 noch gegenständlich auf einzelne Leistungszweige reduziert war.[1283] Der Leistungsexport kann aber dennoch vereinzelt durch Sondervorschriften wie z. B. Art. 68 VO als „Antikumulierungsbestimmung bzw. Prioritätsregel“[1284] bei den Familienleistungen zur Vermeidung von Doppelleistungen bezüglich derselben Familienangehörigen, beschränkt werden.[1285] Art. 7 VO setzt den Koordinierungsauftrag des Art. 48 UA 1 lit. b) AEUV um, welcher den Grundsatz des Leistungsexports enthält. Exportpflichtig sind bspw. Renten, worunter auch rentenrechtliche Sonderleistungen, wie z. B. Rentenzuschläge und -zulagen (z. B. Erhöhung bei bestimmter Wohnzeit)[1286] und Leistungen zur Gewährleistung des Existenzminimums für alte Menschen[1287] fallen,

---

1283 *Eichenhofer* in: Oetker/Preis, EAS B 1200, Rn. 49; *Eichenhofer*, Sozialrecht der EU, Rn. 124 f, 128. Vgl. auch *Eichenhofer*, SGB 2010, 185 (187), der ausdrücklich darauf hinweist, dass Sach- und Dienstleistungen von Art. 7 VO 883/2004 nicht erfasst seien.

1284 „Antikumulierungsvorschriften“ bzw. „Prioritätsregeln“ greifen erst ein, wenn es trotz der ausdrücklichen Zuweisung durch die VO 883/2004 z. B. an den Mitgliedstaat der abhängigen Beschäftigung zu einem Zusammentreffen von Leistungen komme. Sind z. B. Familienleistungen in mehreren Mitgliedstaaten zu zahlen, führen diese Prioritätsregeln zur Aussetzung der Leistung im nachrangig zuständigen Mitgliedstaat. Sind die Leistungen in diesem Mitgliedstaat höher als im vorrangig zuständigen Staat, muss er einen Unterschiedsbetrag leisten. Vgl. dazu *Devetzi*, ZESAR 2012, 447 (449). Zur Zulässigkeit nationaler Antikumulierungsregelungen hat der EuGH entschieden, dass Art. 45 AEUV dahingehend auszulegen sei, dass er einer Entscheidung, mit der in Anwendung einer nationalen Antikumulierungsregel eine Kürzung der im ersten Mitgliedstaat bezogenen Altersrente um den Betrag der in dem anderen Mitgliedstaat bezogenen Leistungen verfügt wird, dann nicht entgegenstehe, wenn diese beim Leistungsempfänger nicht zu einer ungünstigeren Situation führe als bei einer Person, die sich in einer Situation ohne grenzüberschreitenden Bezug befinde, und falls ein Nachteil festgestellt werden würde, dieser durch objektive Erwägungen gerechtfertigt sei sowie in einem angemessenen Verhältnis zu dem mit dem nationalen Recht legitimer Weise verfolgten Zweck stehe. EuGH Urt. v. 15.05.2013 Rs. C-589/10 (Wencel) ZAR 2013, 304 (304). Vgl. *Fuchs*, NZS 2014, 121 (124 f.), der anführt, dass hier eine abschließende Prüfung anhand von Art. 45 AEUV erfolge. Dies erschien Fuchs bereits bei der Rs. C-127/11 (van den Booren) als erstaunlich, da Art. 48 AEUV als speziellere Vorschrift im Bereich der sozialen Sicherheit außen vor bleibe. Vgl. zur Rs. van den Booren, BeckRS 2013, 80479.

1285 Vgl. dazu *Dern* in: Schreiber/Wunder/Dern, Art. 7 VO 883/2004 Rn. 11.

1286 EuGH Rs. 51/73 (Smieja) Slg. 1973, 1213, 1222 Rn. 19/22; Rs. C-236/88 (Kommission/Frankreich) Slg. 1990, I-3163, I-3181 Rn. 10 f.

1287 Im konkreten Fall wurde die italienische Sozialrente jedem mindestens 65-jährigen italienischen Staatsangehörigen gewährt, der im Inland wohnt, keine andere

als auch Rentennachzahlungen.[1288] Art. 7 VO bewirkt, dass Sozialleistungen, z. B. Altersrenten, von Mitgliedstaat A in den Mitgliedstaat B exportiert werden müssen, wenn der Rentner in dem Mitgliedstaat B seinen Wohnsitz hat.

ee. Art. 10 VO 883/2004 und Art. 10 VO 987/2009 (Verbot des Zusammentreffens von Leistungen)

Nach Art. 10 VO 883/2004 kann sofern nichts anderes bestimmt ist, ein Anspruch auf mehrere „Leistungen gleicher Art" aus derselben Pflichtversicherungszeit weder erworben noch aufrechterhalten werden. Einschränkungen der Vorschrift sehen z. B. die Art. 34, 53 und 68 VO 883/2004 für die Rentner vor.[1289] Art. 10 VO 883/2004 soll den ungerechtfertigten gleichzeitigen Leistungsbezug aus mehreren Mitgliedstaaten der Union durch eine Person, mit der Folge, dass diese gegenüber Personen mit Leistungsansprüchen aus nur einem Mitgliedstaat besser gestellt wäre, verhindern.[1290]

Eine „Leistung gleicher Art" ist gegeben, wenn der Gegenstand, der Sinn und Zweck der Leistung sowie die ihr zugrunde gelegte Berechnungsgrundlage und die Voraussetzungen, unter denen die Leistung gewährt wird, identisch sind.[1291] Der EuGH hat aus der Rechtssache *Petroni* das allgemeine Grundprinzip abgeleitet, dass die Bestimmungen des „Europäischen koordinierenden Sozialrechts" nur rechtserweiternd und nicht rechtsverkürzend wirken dürfen.[1292] Daraus ergibt sich,

---

Leistung der Sozialen Sicherheit oder Sozialhilfe erhält und dessen Einkünfte oder Einkommen nicht ausreichen, um den Lebensunterhalt zu bestreiten. Vgl. EuGH Rs. 139/82 (Piscitello) Slg. 1983, 1427, 1438 Rn. 4, 1441 Rn. 16.

1288 EuGH Rs. C-124/99 (Borawitz) Slg. 2000, I-7293, I-7308 Rn. 2, I-7319. Vgl. insgesamt zu den zu exportierenden Rentenleistungen *Schuler* in: Fuchs, Europäisches Sozialrecht, Teil 2, Titel I, Art. 7 VO 883/2004 Rn. 7.

1289 Vgl. zu den Sonderregelungen allgemein *Dern* in: Schreiber/Wunder/Dern, Art. 10 VO 883/2004 Rn. 7.

1290 *Schuler* in: Fuchs, Europäisches Sozialrecht, Teil 2, Titel I, Art. 10 VO 883/2004 Rn. 2.

1291 EuGH Rs. C-98/94 (Schmidt) Slg. 1995, I-2559, I-2588 Rn. 24; Rs. C-366/96 (Cordelle) Slg. 1998, I-583, I-601 Rn. 19. Vgl. zur Definition der Formulierung: „Leistungen gleicher Art" auch *Pennings*, European Social Security Law, 148.

1292 Stehen einem Unionsbürger nach dem Recht eines Mitgliedstaats ohne Berücksichtigung der VO 883/2004 bereits höhere oder bessere Leistungen zu, dürfen diese nicht unter Anwendung der unionsrechtlichen Regelungen gekürzt werden. Aus diesem Grund hat der EuGH in der Rechtssache Petroni entschieden, dass die ordnungsgemäße Kumulierung zweier in verschiedenen Mitgliedstaaten erworbener Leistungen nicht unter Kürzung der in einem Mitgliedstaat allein nach dessen Rechtsvorschriften erworbenen Leistung beschränkt werden dürfe. Vgl. EuGH Rs. 24/75 (Petroni)

dass die Rente eines Rentners im Nebenerwerb, der in einem Mitgliedstaat A, in dem er einen Anspruch auf die höchstmögliche Rente aufgrund der zurückgelegten Versicherungszeiten erworben hat, diese nicht um den Zahlbetrag der Rente des Mitgliedstaats B, in dem ebenfalls ein Rentenanspruch besteht, gekürzt werden dürfe. Der Rentenanspruch gegen den Mitgliedstaat B bestehe dann in voller Höhe der dort erworbenen Rentenansprüche.[1293] Auch hat der EuGH in Anwendung des sog. Petroni-Prinzips entschieden, dass Empfänger von Altersrenten eines verstorbenen Arbeitnehmers für den das Recht des Beschäftigungsmitgliedstaats galt, dort die zugunsten behinderter Kinder vorgesehenen Familienleistungen in voller Höhe erhalten können, selbst wenn sie die in ihrem Wohnmitgliedstaat diesen vergleichbaren Leistungen nicht beantragten, sondern eine andere Leistung beanspruchten, sofern der Anspruch im Beschäftigungsmitgliedstaat allein nach

---

Slg. 1975, 1149, 1161 Rn. 22; EuGH Rs. C-548/11 (Mulders./.Rijksdienst voor Pensioenen) ZESAR 2013, 331 (336 Rn. 46). So soll das Unionsrecht auch im Hinblick auf eine mögliche Besserstellung der Wanderarbeitnehmer gegenüber Inländern für diese die vorteilhaftesten Voraussetzungen für die Wahrnehmung des Freizügigkeitsrechts innerhalb der Union schaffen. Vgl. zum „Petroni-Grundprinzip“ oder „Günstigkeitsprinzip“ *Schulte* in: von Maydell/Ruland/Becker, Sozialrechtshandbuch, § 33 Rn. 38. Siehe auch *Bokeloh*, ZESAR 2012, 121 (122 ff.), welcher Folgerechtsprechung nach dem Petroni-Urteil zu dessen Weiterentwicklung und Konkretisierung analysiert. Vgl. auch *Eichenhofer*, Sozialrecht Rn. 94. Dieser führt als Beispiel den Rentner an, der als ehemaliger Arbeitnehmer in Italien und Belgien Versicherungszeiten zurückgelegt und somit in beiden Mitgliedstaaten Rentenansprüche erworben habe. Zu seinen Gunsten ist es daher nach dem Petroni-Grundprinzip unzulässig, wenn dem Rentner, dem allein nach belgischem Recht die höchstmögliche Rente gewährt werde, von dieser belgischen Rente der Zahlbetrag der italienischen Rente abgezogen werde. Vgl. auch *Schulte* in: Schulte/Barwig, Freizügigkeit und Soziale Sicherheit, 39 (49). Eine Leistungskürzung komme nur in Betracht, wenn bei der Anspruchskumulierung beide Ansprüche erst durch die VO 883/2004 entstanden seien. Vgl. dazu *Schuler* in: Fuchs, Europäisches Sozialrecht, 4. Auflage, Art. 46 VO 1408/71 Rn. 54. Als weiteres Beispiel für das Petroni-Prinzip ist das EuGH Urt. v. 12.06.2012 verb. Rs. C-611/10 (Hudzinski) und Rs. C-612/10 (Wawrzyniak) ZESAR 2012, 475 (480 Rn. 48 und 49) zu nennen, bei dem der EuGH entschied, dass ein Mitgliedstaat, der nach Anwendung der Vorschriften der VO 883/2004 nicht der zuständige Mitgliedstaat sei, dennoch nach seinem nationalen Recht einem Wanderarbeitnehmer Leistungen gewähren könne, wenn diese Möglichkeit tatsächlich in seinen Rechtsvorschriften vorgesehen sei. Vgl. dazu *Devetzi*, ZESAR 2012, 447 (447, 450).

1293 Vgl. hierzu *Eichenhofer*, Sozialrecht, Rn. 94; *Muckel*, Sozialrecht, 2. Auflage, § 20 Rn. 18.

dessen Recht erworben worden sei.[1294] Der EuGH zeigt durch die kontinuierliche Anwendung des Petroni-Prinzips, dass er an diesem Prinzip auch in Zukunft festhalten wird, auch wenn dies zu Lasten der Interessen der Sozialversicherung geht, die insb. darauf abzielen, den Leistungsexport zu minimieren und möglichst zusätzlichen Verwaltungsaufwand durch die Anwendung des Unionsrechts zu vermeiden.[1295] Dies ist für den Rentner positiv, da es ihm die höchste Leistung sichert und Rechtsverkürzungen ausschließt.

c. Titel II: Bestimmung des anwendbaren Rechts

Die Art. 11 ff. VO 883/2004 stellen einseitige Kollisionsnormen[1296] dar, die für einen Sachverhalt mit Berührung zu mehreren Mitgliedstaaten die anwendbare Sozialrechtsordnung bezeichnen.[1297] Die Kollisionsnormen sind von höchster

---

1294 Vgl. *Schulte*, Jahrbuch des Sozialrechts, Band 33, 2012, 509 (524 f.) unter Verweis auf EuGH Urt. v. 20.10.2011 Rs. C-225/10 (Pérez García u.a./Familienkasse Nürnberg) ZESAR 2012, 423 (423 f.). Kritisch dazu *Reinhard*, ZESAR 2012, 430 (432 f.). Dieser gibt zu bedenken, dass das Ergebnis der Entscheidung auf zufälligen Konstellationen, wie u.a. die Eintragung der bezogenen spanischen Leistungen in den Anhang der VO 883/2004 beruhe, so dass diese nicht als Familienbeihilfe zu qualifizieren waren. Darüber hinaus stellt er Überlegungen dahingehend an, ob es nicht eine Diskriminierung behinderter Menschen sei, wenn sie aufgrund ihrer Behinderung dauerhaft „im rechtlichen Status eines Kindes gehalten werden“. Er gibt als Lösung vor, den Menschen mit Behinderung ab seiner Volljährigkeit selbst zum Inhaber des Anspruchs zu machen und ihm anstatt von deutschem oder spanischem Kindergeld eine „Leistung für behinderte Erwachsene“ zukommen zu lassen.

1295 Vgl. dazu *Bokeloh*, ZESAR 2012, 121 (129).

1296 *Eichenhofer* in: Oetker/Preis, EAS B 1200, Rn. 81; *Eichenhofer*, SGB 2010, 185 (187). A.A. *Steinmeyer* in: Fuchs, Europäisches Sozialrecht, Teil 2, Titel II, Vorbemerkungen, Rn. 1. Steinmeyer geht davon aus, dass die VO demgegenüber „allseitige“ Kollisionsnormen enthalte. Kritisch zur Einordnung als „allseitige“ Kollisionsnorm *Devetzi*, Kollisionsnormen, 141 ff., 196 f. Vgl. auch *Frank*, DAngVers 1996, 132 (134). Kollisionsnormen regeln, welcher Rechtsordnung die für einen Sachverhalt einschlägigen Sachnormen entspringen. Sachnormen sind die für die Beurteilung der Rechtsfragen maßgeblichen Normen, welche Rechte einräumen und Pflichten auferlegen. Vgl. zu den Begriffen Kollisionsnorm und Sachnorm *Eichenhofer*, Sozialrecht der EU, Rn. 142.

1297 *Muckel/Ogorek*, Sozialrecht, § 21 Rn. 17; *Schuler*, das Internationale Sozialrecht, 277; *Steinmeyer*, Einstrahlung, 24, 38 f., 81; *Eichenhofer*, Internationales Sozialrecht, § 4 Rn. 142, 144. Vgl. auch *Eichenhofer*, SGB 2010, 185 (187), der einseitige Kollisionsnormen dahingehend definiert, dass das Unionsrecht durch diese

Bedeutung, da sie das Entstehen von Normenmangel und Normenhäufung[1298] sowie doppelte Beitragslasten und Leistungserbringungen vermeiden.[1299] Die ausschließliche Geltung der Rechtsvorschriften nur eines Mitgliedstaats wird durch Art. 11 Abs. 1 VO ausdrücklich festgestellt. Dies führt zur Festlegung „eines einheitlichen Sozialrechtsstatuts".[1300] Der Verweis auf die Rechtsvorschriften eines konkreten Mitgliedstaats der Europäischen Union entfaltet dann hinsichtlich sämtlicher von der VO erfassten Zweige sozialer Sicherheit Geltung.[1301] Mithin

---

Normen den internationalen Geltungsbereich der Sozialrechte der Mitgliedstaaten für alle verbindlich festlege.

1298 *Devetzi*, Kollisionsnormen, 198; *Eichenhofer*, Sozialrecht der EU, Rn. 154; *Eichenhofer* in: Oetker/Preis, EAS B 1200, Rn. 25. Vgl. ebenfalls *Eichenhofer*, Sozialrecht, Rn. 89, 95. Eichenhofer liefert jeweils Beispiele. Er sieht Normenmangel als gegeben an, wenn eine Person in einem Staat beschäftigt wäre, der hinsichtlich der Leistungen bei Alter alle Bewohner erfasse und in einem Staat wohnen würde, der hinsichtlich der Leistungen bei Alter ausschließlich Beschäftigte in sein System der sozialen Sicherung mit einbeziehe. Hier stehe die Person letztlich schutzlos da, was unbedingt zu vermeiden sei. Eine Normenhäufung liege in dem Fall vor, in welchem der Beschäftigungsstaat alle Beschäftigten und der Wohnstaat alle Bewohner vom Sozialversicherungsrecht erfasse. Diesen Fall gelte es ebenfalls durch die Kollisionsnormen und somit Schaffung einer internationalen Zuständigkeit zu vermeiden. *Schulte* in: von Maydell/Ruland/Becker, Sozialrechtshandbuch, § 33 Rn. 32 bezeichnet Normenmangel als „negativen Gesetzeskonflikt" und Normenhäufung als „positiven Gesetzeskonflikt".

1299 EuGH Rs. 102/76 (Perenboom) Slg. 1978, 815, 821 Rn. 10/14, bei der die Erhebung von Sozialabgaben zusätzlich zum Beschäftigungsstaat in einem davon unabhängigen Wohnsitzstaat als unzulässig angesehen wurde. Vgl. auch EuGH Rs. 143/87 (Stanton) Slg. 1988, 3877, 3895 Rn. 16; Rs. C-53/95 (Kemmler) Slg. 1996, I-703, I-715 Rn. 11, 14. Vgl. zudem *Fuchs* in: Fuchs, Europäisches Sozialrecht, Einführung Rn. 54; *Steinmeyer* in: Fuchs, Europäisches Sozialrecht, Teil 2, Titel II, Art. 11 VO 883/2004 Rn. 1 ff. Vgl. zum exklusiven Effekt des Art. 11 Abs. 1 VO 883/2004 auch *Pennings*, European Social Security Law, 80 ff. Vgl. zur verbindlichen Wirkung des Art. 11 Abs. 1 VO 883/2004, *Pennings*, ebenda, 83 ff., 99. Pennings stellt klar, dass trotz des Fehlens der Formulierung „und zwar auch dann", die bisher als Grundlage der verbindlichen Wirkung des anwendbaren Rechts angesehen wurde, die Rechtsprechung des EuGH zum bindenden Effekt auch auf Art. 11 VO 883/2004 übertragen werden könne.

1300 Siehe dazu *Schreiber* in: Schreiber/Wunder/Dern, Einl. Rn. 19; Vorbemerkung zu Titel II Rn. 2.

1301 Da nur ein Mitgliedstaat für sämtliche Leistungen der Sozialen Sicherheit zuständig sei, können z. B. auch nicht in einem Mitgliedstaat die Krankenversicherung und in einem anderen die Rentenversicherung durchgeführt werden, da dann wiederum

sind nach der VO keine Fälle denkbar, wonach zwei Mitgliedstaaten gleichzeitig zuständig sind.[1302] Eine Ausnahme ist dabei für Art. 70 Abs. 4 VO vorzunehmen, welcher eine Sonderanknüpfung an den Wohnsitz des Berechtigten für besondere beitragsunabhängige Geldleistungen enthält.[1303] Die Art. 11 ff. VO treffen keine Bestimmungen über die Voraussetzungen, unter denen eine Person einem System sozialer Sicherheit oder einem bestimmten Zweig eines solchen Systems beitreten kann oder muss. Es obliegt nach wie vor dem einzelnen Mitgliedstaat, die Voraussetzungen für die Beendigung der Versicherungszugehörigkeit unter Beachtung des Diskriminierungsverbots wegen der Staatsangehörigkeit festzulegen.[1304] Zudem ist der Titel III der VO zu beachten, der ebenfalls teilweise Bestimmungen zur Regelung des anwendbaren Rechts enthält, die gegenüber den Art. 11 ff. VO als spezieller anzusehen sind.[1305] Hinsichtlich der Art. 11 ff. VO ist wie bisher vorrangig der Ort der Beschäftigung der Anknüpfungspunkt.[1306] Für den Rentner

---

mehrere nationale Sozialversicherungsrechte angewendet werden würden. Vgl. hierzu *Devetzi*, Kollisionsnormen, 96. Vgl. auch *Steinmeyer* in: Fuchs, Europäisches Sozialrecht, Teil 2, Titel II, Art. 11 VO 883/2004 Rn. 1.

1302 Wenn eine Person gleichzeitig eine selbstständige und eine unselbstständige Erwerbstätigkeit in mehreren Mitgliedstaaten ausübte, bestanden nach Art. 14 c lit. b) VO 1408/71 doppelte Zuständigkeiten, da hier jeweils gleichzeitig die Rechtsvorschriften der Mitgliedstaaten, in denen sie eine abhängige und eine selbstständige Tätigkeit ausübten, anwendbar waren.

1303 Vgl. dazu *Eichenhofer*, SGB 2010, 185 (187, 191), der die besonderen beitragsunabhängigen Geldleistungen als Grundsicherungsleistungen definiert, die an den Wohnsitz des Unionsbürgers anknüpfen und darauf abzielen, dessen notwendigen Lebensbedarf zu decken. Sie seien nicht gem. Art. 7 VO 883/2004 exportierbar. Vgl. auch *Schulte, ZESAR* 2010, 202 (207, 215), der in diesem Zusammenhang darauf hinweist, dass die Leistungen nach Art. 70 VO 883/2004 nur „bedarfsgeprüfte" Leistungen erfassen. Vgl. zur Definition auch *Janda*, ZFSH/SGB 2013, 453 (455).

1304 *Schulte* in: von Maydell/Ruland/Becker, Sozialrechtshandbuch, § 33 Rn. 65.

1305 EuGH Rs. 227/81 (Aubin) Slg. 1982, 1991, 2002 Rn. 11; *Devetzi*, Kollisionsnormen, 99.

1306 *Watson*, Social Security Law of the European Communities, 125; *Pennings* in: Blanpain, Freedom of Services, 239 (241). Vgl. auch Titel II, Art. 11 Abs. 3 lit. a) VO 883/2004. *Pennings*, European Social Security Law, 99 führt an, dass die Textpassage, welche die verbindliche Wirkung des Art. 13 Abs. 2 lit. a) VO 1408/71 herausstellen sollte („...und zwar auch dann, wenn sie im Gebiet eines anderen Mitgliedstaats wohnt...") in der VO 883/2004 weggefallen ist. Dennoch gelte der „bindende Effekt" dieser Passage auch in der Neuregelung so weiter. Vgl. zum Vorrang des Beschäftigungslandprinzips vor dem Wohnlandprinzip auch EuGH Rs. 102/76 (Perenboom) Slg. 1977, 815, 822 Rn. 15. Vgl. zu den Sonderregelungen für

im Nebenerwerb wäre daher i. d. R.[1307] auf den Ort seiner Beschäftigung abzustellen. Dies soll zum einen garantieren, dass ausländische Beschäftigte den inländischen Beschäftigten hinsichtlich der zu entrichtenden Beiträge und des Erhalts von Leistungen des Systems sozialer Sicherung gleichgestellt werden, und zum anderen verhindern, dass die Arbeitgeber aufgrund strengerer Anforderungen hinsichtlich der Beitragserbringung für ausländische Beschäftigte möglicherweise davon abgehalten werden, diese für den nationalen Arbeitsmarkt zu gewinnen.[1308] Allerdings bezeichnen die Kollisionsnormen das auf den Beschäftigten anzuwendende Recht, geben jedoch keine Auskunft darüber, ob die Person tatsächlich als Beschäftigter versichert ist. Die tatsächliche Einbeziehung in das System der sozialen Sicherheit wird vielmehr erst durch das nationale Recht bestimmt. Das nationale Recht legt fest, ob jemand tatsächlich Beschäftigter ist,[1309] allerdings steht es nach Art. 16 Abs. 1 VO den Parteien des Sozialversicherungsverhältnis-ses (z. B. Arbeitnehmern, Arbeitgebern und den nationalen Sozialverwaltungen) offen, Ausnahmen von der zwingenden Festlegung der Zuständigkeit zu treffen.[1310]

Beamte, Arbeitslose, Wehr- und Zivildienstleistende, Sonstige und Seeleute, Art. 11 Abs. 3 lit. b) bis e). und Abs. 4 VO. Weitere Sonderregelungen finden sich in Art. 12 bis 16 VO 883/2004. Vgl. auch *Pennings*, European Social Security Law, 99.

1307 Wie bereits im Rahmen der Prüfung des persönlichen Geltungsbereichs bei der Fragestellung, ob Art. 48 AEUV eine hinreichende Kompetenznorm darstellt, aufgezeigt und noch im Bereich der Krankenversicherung im Detail ausgeführt wird, richtet es sich letztlich nach nationalem Recht, ob der Rentner im Nebenerwerb als Beschäftigter oder Nichterwerbstätiger gilt.

1308 *Pennings*, European Social Security Law, 79. Darüber hinaus lassen sich historische Gründe für die grundsätzliche Geltung des Beschäftigungslandprinzips anführen. So sahen die ersten sechs Staaten der EWG die Beschäftigung als entscheidendes Kriterium für die Zugehörigkeit zum jeweiligen Sozialversicherungssystem an. Zudem werde in den Mitgliedstaaten mit dem Beschäftigungslandprinzip die Sozialversicherung durch Beiträge nach Erwerbseinkommen finanziert. In Staaten mit dem Wohnlandprinzip, in welchen die Finanzierung aus Steuermitteln erfolge, ist letztlich die Produktivität der Erwerbsbevölkerung entscheidend, da diese erst die Finanzierung der Sozialen Sicherheit ermögliche. Vgl. dazu *Langer* in: von Maydell/ Schulte, Zukunftsperspektiven des europäischen Sozialrechts, 25 (32); *Devetzi*, Kollisionsnormen, 82 f., 111.

1309 *Devetzi*, Kollisionsnormen, 47.

1310 Art. 16 Abs. 1 VO 883/2004. Vgl. zu den Ausnahmevereinbarungen nach Art. 16 Abs. 1 VO 883/2004 *Eichenhofer*, Sozialrecht, Rn. 95; *Devetzi*, Kollisionsnormen, 79 ff.

Nach Art. 11 Abs. 3 lit. e) VO als Auffangnorm[1311] unterliegt die Person, die keine Beschäftigung ausübt, den Rechtsvorschriften ihres Wohnmitgliedstaats. Es kommt somit darauf an, dass der nichterwerbstätige Rentner seinen gewöhnlichen Aufenthalt in einem Mitgliedstaat der EU begründet, was i. d. R. der Fall sein wird, wenn er seinen Lebensmittelpunkt faktisch in diesen Mitgliedstaat verlagert.[1312] Damit wird eindeutig vom Beschäftigungslandprinzip, welches der VO 1408/71 vor Einführung ihres Art. 13 Abs. 2 lit. f) VO 1408/71 zugrunde lag, in der VO 883/2004 abgerückt.[1313] Die Einführung des Wohnlandprinzips[1314] für „wirtschaftlich inaktive Personen"[1315] oder Nichterwerbstätige verhindert bei Wohnsitzsystemen, dass Wanderarbeitnehmer, die keiner Beschäftigung mehr nachgehen, gegenüber Inländern, die unter Umständen noch nie eine Beschäftigung ausgeübt haben, aber dennoch unter den nationalen Versicherungsschutz fallen, schlechter gestellt werden. Vorher galt, dass die Wanderarbeitnehmer den Rechtsvorschriften des letzten Beschäftigungsstaats unterlagen (der unter Umständen nicht mehr weiterzahlte) und sie deshalb im Wohnsitzland keine Ansprüche

---

1311 Vgl. *Eichenhofer* in: Oetker/Preis, EAS B 1200, Rn. 49. Eichenhofer führt diesbezüglich an, dass für die Kollisionsnormen gelte, dass die Anknüpfung an den Wohnsitz grundsätzlich hinter derjenigen an den Beschäftigungsort zurücktrete (wobei Ausnahmen nach Art. 16 VO 883/2004 möglich sind).

1312 Dabei führt *Eichenhofer*, ZESAR 2012, 357 (360) zutreffend aus, dass für die Verlagerung des Lebensmittelpunkts in einen anderen Staat und somit die „Wohnsitznahme" keine rechtlichen Zugangsbeschränkungen, weder in der VO 883/2004 noch in Art. 24 Abs. 2 RL 2004/38/EG, existieren. So würde Art. 24 Abs. 2 RL lediglich die Sozialleistungsberechtigung für drei Monate aussetzen, was aber wiederum konform zur vorrangigen VO 883/2004 sein müsse.

1313 *Pennings*, European Social Security Law, 89. Als bei der VO 1408/71 der Art. 13 Abs. 2 lit. f) noch nicht eingeführt worden war, hielt der EuGH noch an dem Beschäftigungslandprinzip fest. Dies zeigte sich in der Rechtssache Ten Holder, in welcher der EuGH noch entschied, dass das Recht des Beschäftigungsstaats auch dann anwendbar sei, wenn sich eine Person in einen anderen Staat begab und dort ihren Wohnsitz nahm, es sei denn, diese Person begann eine erneute Arbeitstätigkeit im Aufnahmemitgliedstaat. Vgl. EuGH Rs. 302/84 (Ten Holder) Slg. 1986, 1821, 1849 Rn. 8, 1850 Rn. 12. Die Konsequenz von Ten Holder war es, dass Personen keine Leistungen in ihrem Wohnsitzstaat in Anspruch nehmen konnten. Vgl. hierzu *Pennings*, ebenda, 87. Dann entschied der EuGH Rs. C-245/88 (Daalmeijer) Slg. 1991, I-555, I-578 Rn. 17, dass Art. 13 VO 1408/71 nicht anwendbar sei auf Personen, die ihre Erwerbstätigkeit endgültig aufgegeben haben. Im Anschluss daran wurde Art. 13 Abs. 2 lit. f) VO 1408/71 geschaffen, der entsprechend dem Art. 11 Abs. 3 lit. e) VO 883/2004 den Wohnmitgliedstaat als zuständig für diese Personen deklarierte.

1314 Auch als Wohnortprinzip oder Prinzip des Wohnsitzstaats bezeichnet.

1315 So *Schreiber* in: Schreiber/Wunder/Dern, Vorbemerkung zu Titel II, Rn. 9.

geltend machen konnten.[1316] Allerdings ist nach den Art. 11 ff. VO 883/2004 der Rückgriff auf den Wohnort nur als subsidiäres Kriterium heranzuziehen, wenn ansonsten keine sinnvolle Anknüpfung für sozialrechtliche Ansprüche gefunden werden konnte.[1317] Aus der Rechtsprechung des EuGH ist ableitbar, dass Art. 11 Abs. 3 lit. a) VO 883/2004 anwendbar ist, wenn die Leistung gleich im Anschluss an die Beschäftigung beansprucht wird. Entsteht eine Lücke, die z. B. durch Arbeitslosigkeit oder Krankheit hervorgerufen wird, ohne Bezug von Geldleistungen aus der vorangegangenen Beschäftigung, ist Art. 11 Abs. 3 lit. e) VO 883/2004 anzuwenden.[1318] Hier wäre eine eindeutige Regelung in Art. 11 Abs. 3 lit. a) VO sachdienlicher mit der Maßgabe, dass kurze Unterbrechungen der Beschäftigung, z. B. durch Arbeitslosigkeit oder Krankheit, unter Art. 11 Abs. 3 lit. a) VO fallen, alles andere aber Art. 11 Abs. 3 lit. e) VO zuzuordnen ist.[1319] Da eine solche Regelung in Art. 11 Abs. 3 lit. e) VO unterblieben ist, ist nunmehr statt des Beschäftigungsstaats der Wohnsitzstaat zuständig, womit wertungsmäßig eigentlich stärker in die Sphäre des Beschäftigungsstaats fallende Verpflichtungen auf den Wohnsitzstaat durch den Unionsgesetzgeber abgewälzt wurden.[1320] Dies betrifft den nichterwerbstätigen Rentner bzw. „Nur-Rentner, jenseits

---

1316 *Neumann-Duesberg* in: Schulte/Zacher, Wechselwirkungen, 83 (87).

1317 *Horn*, ZIAS 2002, 120 (130 ff.); *Devetzi*, Kollisionsnormen, 85.

1318 *Pennings*, European Social Security Law, 92 f., 100. Dies entnimmt Pennings den EuGH Rs. C-275/96 (Kuusijärvi) Slg. 1998, I-3419, I-3454 Rn. 32 und C-135/99 (Elsen) Slg. 2000, I-10409, I-10433 Rn. 28. Der Unterschied zwischen Frau Kuusijärvi und Frau Elsen sei darin zu sehen, das erstere bereits arbeitslos war, bevor ihr Kind geboren wurde und Frau Elsen ihre Arbeitstätigkeit erst nach der Geburt ihres Kindes aufgab. Frau Kuusijärvi falle somit unter Art. 11 Abs. 3 lit. e) VO 883/2004. Im Gegensatz zu Frau Kuusijärvi arbeitete Frau Elsen als in Frankreich wohnhafte Grenzgängerin ausschließlich in Deutschland und war auch als Arbeitnehmerin während der Geburt ihres Kindes versichert. Insoweit ist eine starke Verbindung zwischen der Kindererziehung und dem Versicherungsschutz als Arbeitnehmerin gegeben. Dies sei entscheidend für die Anwendung von Art. 11 Abs. 3 lit. a) VO 883/2004. Bei Frau Elsen seien somit die Kindererziehungszeiten in Frankreich auf die Rente nach deutschem Recht anzurechnen.

1319 Siehe dazu *Pennings*, European Social Security Law, 90.

1320 Vgl. dazu EuGH Rs. C-275/96 (Kuusijärvi) Slg. 1998, I-3419, I-3420. Hiernach ist Art. 11 Abs. 3 lit. e) VO auf jeden Fall anwendbar, in dem eine Person gleichgültig aus welchen Gründen den Rechtsvorschriften eines Mitgliedstaats nicht mehr unterliege. Dabei sei nicht erforderlich, dass diese Person ihre Beschäftigung in einem bestimmten Mitgliedstaat endgültig oder vorübergehend beendet habe. Daher könne der ehemalige Beschäftigungsstaat im Grunde stets auf den Wohnsitzstaat verweisen, wenn eine Beschäftigung aufgegeben wurde. Dies ist zu weitgehend.

von Art. 16 Abs. 2“[1321] VO 883/2004[1322] und den Rentner im Nebenerwerb, der unmittelbar im Anschluss an die Nebentätigkeit eine Beschäftigungslücke entstehen lässt.

Art. 11 Abs. 2 VO i. V. m. Abs. 3 lit a) VO umfasst die Fiktion einer andauernden Beschäftigung, wenn aufgrund oder infolge einer vorangegangenen Beschäftigung eine Geldleistung bezogen wird. Hintergrund dieser Regelung ist, dass nur Geldleistungen, die aufgrund oder infolge der Erwerbstätigkeit gewährt werden, wie z. B. Krankengeld, die bisherige Zuständigkeit verlängern können,[1323] nicht jedoch Leistungen, die allen Einwohnern zukommen.[1324] Nach Art. 11 Abs. 2 VO 883/2004 ist Art. 11 Abs. 3 lit. a) VO zumindest bei Krankheit, die nicht von unbegrenzter Dauer ist, und bei Arbeitslosigkeit zwingend anzuwenden.[1325] Allerdings bringt Art. 11 Abs. 2 VO eine Verbesserung aus Sicht des Rentners im Nebenerwerb im Vergleich zur vorherigen Rechtslage mit sich. Bisher konnte der ehemalige Beschäftigungsstaat entscheiden, ob er Personen, die Invaliditäts- oder Altersrenten erhalten und in einem anderen Mitgliedstaat wohnen, von dem System der sozialen Sicherung des vorherigen Beschäftigungsstaats erfasst bleiben. Nach Art. 11 Abs. 2 VO steht dem ehemaligen Beschäftigungsstaat eine solche Möglichkeit nicht mehr offen.[1326] Für den Rentner im Nebenerwerb bedeutet dies, dass er z. B. bei Zahlung von Krankengeld durch seinen ehemaligen Arbeitgeber noch als durch diesen beschäftigt gilt. Dies ist für den Rentner im Nebenerwerb als vorteilhaft zu bewerten. So erhält er, wenn die Krankheit nicht von unbegrenzter Dauer ist, auch Krankengeld vom Mitgliedstaat seiner ehemaligen Beschäftigung.

Die Art. 12 ff. VO enthalten Sonderregelungen, die das Beschäftigungslandprinzip konkretisieren oder von diesem abweichen.[1327] Art. 12 VO bestimmt für

1321 So *Schreiber* in: Schreiber/Wunder/Dern, Art. 11 Rn. 24.

1322 Vgl. auch *Eichenhofer*, Sozialrecht der EU, 157, Abbildung 1, 163.

1323 Die Verlängerung der Zuständigkeit wird dadurch bewirkt, dass nach Art. 11 Abs. 2 VO selbst bei Beendigung des Dienstverhältnisses für Bezieher von Geldleistungen, wie Krankengeld, die Beschäftigung als weiterhin ausgeübt gilt.

1324 *Spiegel*, ZIAS 2006, 85 (115); *Spiegel* in: Marhold, Sozialrecht der EU, 9 (34); *Spiegel*, DRV-Schriften, Band 71 (2007), 25 (47).

1325 Vgl. dazu auch *Pennings*, European Social Security Law, 100.

1326 Vgl. zu dieser Kritik auch *Pennings*, European Social Security Law, 100.

1327 Ob die Regelung des Art. 12 Abs. 1 VO 883/2004 tatsächlich eine Konkretisierung oder doch eher systematisch eine Ausnahme des von Art. 11 Abs. 3 lit. a) VO 883/2004 grundsätzlich proklamierten Beschäftigungslandprinzips sei oder ob sie die Beschäftigung eigenständig definiere, ist umstritten. Vgl. dazu *Eichenhofer*, SGB 2010, 185 (188). Da die Entsendungsvorschrift des Art. 12 Abs. 1 VO 883/2004 allerdings als rechtspolitisches Anliegen stabile und kontinuierliche Rechtspositionen verfolge, indem sie den Wechsel des Sozialversicherungssystems für

Beschäftigte, die in einen anderen Mitgliedstaat entsandt werden, die Geltung der Rechtsvorschriften des vormaligen Beschäftigungsstaats, wenn die Beschäftigten den Zeitraum von nunmehr 24 Monaten[1328] nicht überschreiten. Die uneingeschränkte Geltung der Vorschriften des Zwischenbeschäftigungsstaats würde zu unnötigen Kosten, Zeit- und Verwaltungsaufwand sowie zu Freizügigkeitsbeeinträchtigungen führen.[1329] Der bisherige Sozialrechtsstatus des Rentners im Nebenerwerb im Beschäftigungsstaat bleibt erhalten, wobei die genauen Umstände der Weitergeltung dieses Sozialrechtstatuts durch den Beschluss der Verwaltungskommission und einen praktischen Leitfaden ergänzt werden.[1330] Neben einem Beschäftigungsverhältnis im Entsendestaat, einem Ortswechsel, einer Entsendung bis zu 24 Monaten, setzt Art. 12 VO voraus, dass ein Entsendezweck i. S. einer „arbeitsrechtlichen Bindung", nachgewiesen durch Arbeitsvertrag, Entlohnung, Entlassung sowie durch die Entscheidungsgewalt des Arbeitgebers über die Art der Arbeit, vorliegen müsse.[1331] Konkretisiert wird

---

kurze Auslandsaufenthalte ausschalte, ist sie als Konkretisierungsvorschrift anzusehen. Vgl. hierzu *Devetzi*, Kollisionsnormen, 71 f. Vgl. auch *Eichenhofer*, SGB 2010, 185 (188).

1328 Art. 14 Abs. 1 lit. a) VO 1408/71 sah noch eine auf maximal 12 Monate beschränkte Entsenderegelung vor. Die Neureglung des Art. 12 Abs. 1 VO 883/2004 wird gemeinhin als positiv aufgenommen, da sie dem Entsendeunternehmen mehr Spielraum gibt und auch für die betroffenen Personen gewöhnlich von Vorteil ist, vgl. hierzu *Maxeiner/Raschke*, DRV-Schriften, Band 71 (2007), 79 (80); *Linka* in: Marhold, Sozialrecht der EU, 65 (66). „Entsendung" wird definiert als Situation, in welcher ein Arbeitgeber seinen Arbeitnehmer in einen anderen Mitgliedstaat sendet, um zeitlich begrenzte Aktivitäten in diesem Staat unter der Verantwortung seines Arbeitgebers auszuüben. Vgl. zu dieser Definition *Pennings* in: Blanpain, Freedom of Services, 239 (244).

1329 *Devetzi*, Kollisionsnormen, 66. Vgl. auch *Deinert*, RdA 1996, 339 (347); *Deinert*, Europäischer Kollektivvertrag, 64. Deinert weist auf die Vorteile der Regelung für den Arbeitgeber in Niedriglohnländern hin, wie die geringere Lohnhöhe und die niedrigeren Sozialversicherungsbeiträge.

1330 Vgl. dazu *Buschermöhle*, DStR 2010, 1845 (1846), der diesbezüglich auf den Beschluss A 2 der Verwaltungskommission v. 12.6.2009 (ABl. 2010 Nr. C 106/5 ff. v. 24.4.2010) und den praktischen Leitfaden der EU-Kommission verweist. Dieser ist in der aktuellen englischen Version von Dezember 2013, verfügbar. Vgl. *European Commission*, Practical guide on The applicable legislation in the European Union (EU), the European Economic Area (EEA) and in Switzerland, 7 ff. Zu finden unter http://ec.europa.eu/social/main.jsp?langId=en&catId=868 (Abrufdatum: 25.02.2014).

1331 Vgl. dazu *Schreiber* in: Schreiber/Wunder/Dern, Art. 12 Rn. 10, Rn. 4 ff. Siehe zu den Voraussetzungen des Art. 12 VO 883/2004 auch *Behrend*, ZESAR 2012, 55 (57 ff.).

Art. 12 VO 883/2004 durch Art. 14 VO 987/2009. Die Mitgliedstaaten können gem. Art. 16 Abs. 1 VO 883/2004 Ausnahmen von der 24-monatigen Frist vorsehen.[1332] Vielfach wird gefordert, diese Zeitspanne auch in der Vorschrift auszuweiten, da ein großes Interesse des Beschäftigten an einer einheitlichen „einheimischen" Versicherungsbiographie bestehe.[1333] Zudem sieht Art. 15 Abs. 1 VO 987/2009 vor, dass der Arbeitgeber den entsandten Arbeitnehmer i. d. R. vorab über den Tatbestand der Entsendung zu unterrichten habe. Die Behörden des Mitgliedstaats in den die Entsendung erfolgt, müssen im Gegensatz zur alten Rechtslage nicht mehr unterrichtet werden, wodurch das Verwaltungsverfahren vereinfacht wurde.[1334] Der Rentner im Nebenerwerb unterliegt somit noch den Vorschriften des vormaligen Beschäftigungsstaats, sollte er unter 24 Monate in einen Mitgliedstaat entsandt werden. Dazu wird ihm gem. Art. 19 Abs. 2 VO 987/2009 eine Entsendebescheinigung ausgestellt. Die neue Entsendebescheinigung „A-1" löst die „E-101" Bescheinigung der VO 1408/71 ab.[1335] Im Jahr 2012 ist Art. 12 Abs. 1 VO 883/2004 durch die VO (EU) 465/2012[1336] geändert worden.[1337]

Nach Art. 13 Abs. 1 lit. a) VO 883/2004 gilt für Rentner im Nebenerwerb, die gewöhnlich in zwei oder mehreren Mitgliedstaaten beschäftigt sind, dass nur dann der Wohnmitgliedstaat zuständig ist, wenn dort ein wesentlicher Teil der Erwerbstätigkeit ausgeübt wird. Bei den in Art. 13 Abs. 1 lit. a) VO enthaltenen „Mehrfachbeschäftigungen"[1338] wird vom Beschäftigungslandprinzip abgewichen, da dieses nur dort nützlich ist, wo die Beschäftigung ausschließlich in einem Staat erfolgt.[1339]

1332 Einige Mitgliedstaaten haben diese Frist auf fünf Jahre ausgedehnt, so z. B. Belgien, Griechenland, Vereinigtes Königreich, Dänemark, Irland, Italien und die Niederlande. Deutschland und Frankreich hingegen lassen Beschäftigung und Tätigkeiten bis zu acht Jahre zu, vgl. dazu *Devetzi*, Kollisionsnormen, 80; *Pennings*, European Social Security Law, 112.

1333 *Neumann-Duesberg* in: Schulte/Zacher, Wechselwirkungen, 83 (86).

1334 Vgl. dazu *Eichenhofer*, SGB 2010, 185 (188).

1335 Vgl. ausführlich zur Entsendebescheinigung A-1, *Schüren/Wilde*, NZS 2011, 121 (122).

1336 ABl. EU Nr. L 149/4 ff. vom 08.06.2012.

1337 So darf die Entsendung nunmehr nur noch ohne Ablösung eines anderen Entsandten erfolgen. Damit sollen „Kettenentsendungen" verboten werden. Vgl. dazu *Eichenhofer*, ZESAR 2013, 439 (440).

1338 Vgl. zu diesem Begriff *Eichenhofer*, SGB 2010, 185 (188). Danach bezeichne der Begriff „Mehrfachbeschäftigungen" die Ausübung einer selbstständigen oder abhängigen Tätigkeit, in verschiedenen Mitgliedstaaten der Union, während eines regelmäßig monatlichen Beitragsabrechnungszeitraums.

1339 *Devetzi*, Kollisionsnormen, 55. Durch die VO 465/2012 wurde Art. 13 VO 883/2004 geändert. Nunmehr gilt Art. 13 VO auch dann, wenn der Arbeitnehmer eine

Neu ist in Art. 13 Abs. 1 lit. a) VO 883/2004 die Formulierung „einen wesentlichen Teil". Nach Art. 14 Abs. 2 lit. b) i) VO 1408/71, der die Formulierung „zum Teil" verwendete, war es noch möglich, wenn jemand z. B. im Staat A wohnte und in Staat B arbeitete, gleichzeitig aber im Staat A eine als gering einzustufende Erwerbstätigkeit aufnahm (z. B. vier Stunden pro Woche in der Verwaltung eines Volleyballclubs arbeitete),[1340] diese Person dann vom System der sozialen Sicherheit des Staats A zu erfassen.[1341] Dies wird nunmehr ausgeschlossen. Allerdings bleibt offen, was genau unter „wesentlich" zu verstehen ist,[1342] so dass diesbezüglich noch Definitionsbedarf in der VO 883/2004 besteht. Art. 14 Abs. 8 VO 987/2009 verlangt lediglich, dass der Rentner im Nebenerwerb in einem Mitgliedstaat einen quantitativ erheblichen Teil seiner Tätigkeit ausübe, was nicht notwendigerweise der größte Teil seiner Tätigkeit sein müsse. Dabei werden als Orientierungskriterien Arbeitszeit und Arbeitsentgelt bei der Beschäftigung herangezogen. Wird ein Anteil von weniger als 25 % der Gesamtbeschäftigungszeit oder des Arbeitsentgelts erreicht, bestehe lediglich ein Anzeichen dafür, dass ein wesentlicher Teil nicht in dem Mitgliedstaat ausgeübt werde [Art. 14 Abs. 8 S. 2 lit. a), S. 3 VO 987/2009]. Dies bringt keine abschließende Klärung, da nur ein Anzeichen und damit ein Anhaltspunkt bei weniger als 25 % besteht und keine verbindlichen Zahlenwerte

---

wesentliche Tätigkeit bei mehreren Unternehmen oder mehreren selbstständigen Stellungen außerhalb des Wohnmitgliedstaats ausübe. Vgl. zu der Neuregelung *Eichenhofer*, ZESAR 2013, 439 (440).

1340 Dass es nicht auf die Arbeitsstunden pro Woche ankomme, um als Arbeitnehmer zu gelten, hat der EuGH in Rs. C-2/89 (Kits van Heijningen) Slg. 1990, I-1755, I-1773 Rn. 10 entschieden. Hierzu merkt Pennings an, dass mit den vier Stunden in dem Urt. Kits van Heijningen noch nicht einmal das Minimum erreicht sei. Pennings moniert an der Regelung des Art. 14 Abs. 2 lit. b) lit. i) VO 1408/71, das hier „zum Teil" sogar gegeben war, wenn die Erwerbstätigkeit als so gering anzusehen war, dass man sie nicht länger „Arbeit" nennen konnte. Vgl. hierzu *Pennings*, European Social Security Law, 276.

1341 Vgl. zu den Nachteilen dieser Konstellation unter Art. 14 Abs. 2 lit. b) lit. i) VO 1408/71, *Pennings*, European Social Security Law, 100 f., 276.

1342 In Art. 14 Abs. 2 lit. a) ii) VO 1408/71 wurde noch „überwiegend" verwendet. Eine Deutung des „wesentlich" in Art. 13 Abs. 2 VO 883/2004 als „überwiegend" scheidet jedoch aus, da ansonsten der Unionsgesetzgeber diese Formulierung einfach hätte übernehmen können. Demnach bleibt unklar, was „wesentlich" bedeuten soll. Vgl. *Maxeiner/Raschke*, DRV-Schriften, Band 71 (2007), 79 (80); *Pennings*, European Social Security Law, 101; *Eichenhofer*, SGB 2010, 185 (188). Vgl. zum Begriff wesentlicher Teil der Tätigkeit auch *European Commission*, Practical guide on The applicable legislation in the EU, the EEA and Switzerland, 21, 28 ff. Vgl. allgemein zu den Voraussetzungen von Art. 13 VO, S. 21 ff. Zu finden unter http://ec.europa.eu/social/main.jsp?langId=en&catId=868 (Abrufdatum: 25.02.2014).

mit der VO 987/2009 festgelegt werden. Die Kommission hat daher auch geplant Art. 14 VO 987/2009 im Hinblick auf die bestehende Rechtsunsicherheit zu ergänzen und auf konkrete Branchen bezogene Kriterien zu entwickeln.[1343] Als Vorschlag könnte dienen, dass bei einem „wesentlichen" Teil die Erwerbstätigkeit laut Arbeitsvertrag mindestens acht Stunden pro Woche ausgeübt werden müsse.[1344] Die Verwaltungskommission der Europäischen Union wollte die Schwelle noch weiter absenken. So wird als Anhaltspunkt für eine unbedeutende Tätigkeit durch die Note 135/10 der EU-Verwaltungskommission vom 07.04.2010 angeführt, dass eine unbedeutende Tätigkeit zumindest dann vorliege, wenn während eines Dreimonatszeitraums weniger als zwei Stunden pro Woche in einem anderen Mitgliedstaat eine Beschäftigung ausgeübt werde oder diese weniger als 5 % der Gesamtarbeitszeit ausmache.[1345] Daraus lässt sich schließen, dass nach Ansicht der EU-Verwaltungskommission eine wesentliche Tätigkeit vorliegt, wenn der Rentner im Nebenerwerb mehr als zwei Stunden pro Woche beschäftigt ist. Vorliegend wird der Ansicht der Kommission gefolgt und gefordert, dass auf konkrete Branchen bezogene Kriterien zu entwickeln sind, um zu bestimmen, wann genau ein „wesentlicher Teil" vorliegt. Darüber hinaus ist aufgrund der festgestellten Rechtsunsicherheit „Anzeichen" in Art. 14 Abs. 8 VO 987/2009 zu streichen.

Schwer zu definieren ist der Begriff des Wohnmitgliedstaats, wenn jemand hälftig in einem und dann im anderen Mitgliedstaat wohnt. Unklar ist trotz Art. 14 VO 987/2009 ebenfalls, wann eine Person „gewöhnlich" in zwei oder mehreren Mitgliedstaaten eine Beschäftigung ausübt. So wird durch die VO 883/2004 keine Mindestzeit vorgeschrieben, nach der man gewöhnlich in einem Mitgliedstaat arbeitet.[1346] Art. 14 Abs. 5 VO 987/2009 als Konkretisierung des Art. 13 VO 883/2004 bringt diesbezüglich auch keine Rechtssicherheit mit sich. Dies scheint die Kommission erkannt zu haben, weil sie nunmehr beabsichtigt marginale Tätigkeiten bei Mehrfachbeschäftigungen von dem Anwendungsbereich des Art. 13 VO 883/2004 auszunehmen, so dass diese nicht

---

1343 Vgl. dazu KOM (2010) 794 endg. Vgl. auch *Schreiber* in: Schreiber/Wunder/Dern, Art. 13 Rn. 11.

1344 So der Definitionsvorschlag von *Pennings*, European Social Security Law, 101.

1345 Vgl. zur Note der EG-Verwaltungskommission *Buschermöhle*, DStR 2010, 1845 (1847).

1346 Vgl. hierzu *Pennings*, European Social Security Law, 278. Pennings wirft diesbezüglich die vom EuGH noch nicht geklärte Frage auf, ob schon ein Monat Arbeit im Wohnsitzstaat im Vergleich zu elf Monaten im Beschäftigungsstaat ausreiche, um von zwei Mitgliedstaaten auszugehen, in denen eine Person „gewöhnlich" eine Beschäftigung ausübe. Pennings möchte als Mindestzeit für die „gewöhnliche" Beschäftigung parallel zu der Entsendung von Arbeitnehmern einen Zeitraum von 12 Monaten annehmen.

mehr als „gewöhnlich" anzusehen seien.[1347] Da die einzelnen Tatbestandsmerkmale des Art. 13 Abs. 1 lit. a) VO noch nicht definiert sind und mehrere Auslegungen zulassen, lässt die Vorschrift die notwendige Präzision und Abgrenzung vermissen. Nach Art. 16 Abs. 2 VO 987/2009 legt der Träger des Wohnorts[1348] unter Berücksichtigung von Art. 13 VO 883/2004 vorläufig fest, welchen nationalen Vorschriften der Rentner unterliegt.

Für nichterwerbstätige Rentner gilt die Bestimmung des Art. 16 Abs. 2 VO 883/2004, wonach der Rentner, der in einem anderen Mitgliedstaat wohnt, auf Antrag von der Anwendung der Rechtsvorschriften dieses Staats freigestellt werden könne und somit umfassend den Rechtsvorschriften des Nichtwohnsitzstaats unterliegt, in dem er Rente bezieht[1349] sofern er den Rechtsvorschriften nicht aufgrund der Ausübung einer Beschäftigung unterliegt. Damit soll dem Fall begegnet werden, dass ein Rentner in dem anderen Mitgliedstaat einer Doppelversicherung unterliegt, weil einige Mitgliedstaaten wie z. B. Deutschland die Rentenbezieher allein aufgrund des Bezugs der Sozialleistung Rente in ihr Krankenversicherungssystem eingliedern.[1350] Der nichterwerbstätige Rentner hat das Recht, einen solchen Antrag zu stellen, wenn er nicht dem Versicherungssystem des Wohnmitgliedstaats unterliegen möchte.

d. Titel III: Besondere Bestimmungen über die verschiedenen Arten von Leistungen

aa. Kapitel 1 (Art. 17 ff. VO 883/2004 und Art. 22 ff. VO 987/2009 Leistungen bei Krankheit)

(1) Allgemeines zur Anwendbarkeit der Vorschriften über Versicherte (Art. 17 ff. VO 883/2004) oder der Sonderbestimmungen für Rentner (Art. 23 ff. VO 883/2004)

Die Art. 17 ff. VO 883/2004 sind in zwei Artikelgruppen eingeteilt. Die erste Gruppe beschäftigt sich mit dem Versicherten, mit Ausnahme der Rentner. Die zweite Gruppe enthält in den Vorschriften der Art. 23 bis 33 VO Sonderbestimmungen für Rentenbezieher. Die Vorschriften 23 bis 30 VO sind subsidiär und

---

1347 Vgl. Kommission (2010) 794 endg. Siehe auch *Schreiber* in: Schreiber/Wunder/Dern, Art. 13 Rn. 7. Vgl. *European Commission*, Practical guide on The applicable legislation in the EU, the EEA and Switzerland, 27, abrufbar unter http://ec.europa.eu/social/main.jsp?langId=en&catId=868 (Abrufdatum: 25.02.2014).

1348 Vgl. zur Definition Art. 1 lit. r) VO 883/2004.

1349 Vgl. *Schreiber* in Schreiber/Wunder/Dern, Art. 16 Rn. 16.

1350 *Steinmeyer* in: Fuchs, Europäisches Sozialrecht, Teil 2, Titel II, Art. 16 VO 883/2004, Rn. 11.

gelten daher nicht für Rentenbezieher und deren Familienangehörige[1351], die aufgrund einer Beschäftigung Anspruch auf Leistungen nach den Rechtsvorschriften eines Mitgliedstaats haben.[1352] Hier finden die Vorschriften über die Krankenversicherung der Versicherten Anwendung. So wäre der Rentner im Nebenerwerb unter die Bestimmungen der Art. 17 bis 22 VO und der nichterwerbstätige Rentner unter die Vorschriften der Art. 23 bis 30 VO zu fassen. Für beide Rentnergruppen würden dann die Art. 31 bis 35 VO Geltung entfalten. Ganz so einfach, wie es auf den ersten Blick erscheint, ist es dann doch nicht. Vielmehr kann der persönliche Anwendungsbereich der VO durchaus deren sachlichen Geltungsbereich beeinflussen.[1353] Art. 2 VO gilt, wie bereits geprüft, für den nichterwerbstätigen Rentner und den Rentner im Nebenerwerb. Darauf aufbauend könnte man den nichterwerbstätigen Rentner pauschal unter die Sondervorschriften für Rentner (Art. 22 ff. VO) und den Rentner im Nebenerwerb per se unter die Bestimmungen über Versicherte (Art. 17 ff. VO) subsumieren. Dies führt bei einem richtigen Verständnis des Art. 2 VO nicht zur endg. Lösung des Problems. Denn Art. 2 VO schafft keinen unionsrechtlichen Beschäftigungsbegriff. Auch verweist Art. 1 lit. a) VO für den Begriff der „Beschäftigung" auf jede Tätigkeit, die für Zwecke der Rechtsvorschriften der sozialen Sicherheit des Mitgliedstaats, in dem sie ausgeübt wird, als solche gilt. Dies ergibt sich schon daraus, dass der Unionsgesetzgeber mit der VO 883/2004 koordinierend tätig wird. Insoweit knüpft die VO mit ihrem persönlichen Geltungsbereich nur an die mitgliedstaatlichen Regelungen an, die Personen als Beschäftigte in das Sozialversicherungssystem einbeziehen. Ob daher z. B. eine geringfügig

1351 Familienangehöriger im Kap. 1 Leistungen bei Krankheit ist in Art. 1 lit. i) Nr. 1 ii) VO 883/2004 legal definiert.

1352 Die Subsidiarität der Art. 23 ff. VO 883/2004 ergibt sich somit klar aus der Systematik und aus dem Wortlaut der Art. 17 ff. und Art. 23 ff. VO 883/2004. So knüpft Art. 17 VO allgemein an den Begriff des Versicherten an, wohingegen Art. 23 ff. VO speziell auf den Rentner abstellen. Der Versicherte ist somit u.a. der Beschäftigte. Außerdem ergibt sich die Subsidiarität aus einem Vergleich der Kollisionsregeln, die auch zuerst in Art. 11 Abs. 3 lit. a) VO den Beschäftigten (Rentner im Nebenerwerb) dem Recht des Beschäftigungsstaats unterwerfen und den nichterwerbstätigen Rentner nur als Auffangtatbestand in Art. 11 Abs. 3 lit. e) VO den Rechtsvorschriften des Wohnorts unterstellen. Auch hier wird systematisch zuerst der Beschäftigte behandelt und dann der Rentner, und somit gilt primär das Beschäftigungslandprinzip und nur sekundär das Wohnortsprinzip. Dies ist auch auf das Verhältnis nach Art. 17 ff. und 23 ff. VO 883/2004 übertragbar.

1353 Vgl. zu den Wechselwirkungen zwischen sachlichen und persönlichen Anwendungsbereich bei der VO 1408/71 *Scheuer/Weerth* in: Lenz/Borchardt, EU-Verträge, Art. 48 AEUV Rn. 17.

beschäftigte Person als Beschäftigter i. S. der VO anzusehen ist oder nicht, hängt allein von den konkret anwendbaren nationalen Regelungen ab. Durch die Anknüpfung an die nationalstaatlichen Regelungen bestimmen letztlich die Mitgliedstaaten im Rahmen ihrer Autonomie indirekt den persönlichen Anwendungsbereich der VO 883/2004. Dies bedeutet letztlich, dass auch für die Einordnung, ob jemand als nichterwerbstätiger Rentner oder als Rentner im Nebenerwerb unter die Art. 22 ff. oder die Art. 17 ff. VO fällt, das nationale Recht entscheidungserheblich ist. Die Frage der nationalen Einordnung ist allerdings nicht unproblematisch. Dazu ist zunächst darauf hinzuweisen, dass im Krankenversicherungsrecht in Europa drei Systeme unterschieden werden. Das erste System in einigen Mitgliedstaaten ist der nationale/staatliche Gesundheitsdienst (z. B. Dänemark, Finnland, Vereinigtes Königreich und Portugal). Das zweite System verfügt über eine Krankenversicherung. Die Krankenversicherung funktioniert nach dem Sachleistungsprinzip (z. B. Bundesrepublik Deutschland, Österreich) oder dem Kostenerstattungsprinzip (z. B. Belgien, Frankreich).[1354] In einigen Ländern besteht darüber hinaus als drittes System ein Mischsystem zwischen nationalem Gesundheitsdienst und Krankenversicherung (z. B. Bulgarien, Niederlande, Litauen).[1355]

Bei dem nationalen Gesundheitsdienst erbringt der zur Behandlung verpflichtete öffentlich-rechtliche Träger die geschuldeten Dienste und Sachleistungen unmittelbar, d. h. ohne eine Zwischenschaltung rechtlich selbstständiger Leistungserbringer, größtenteils unentgeltlich und finanziert die Leistungserbringung aus dem allgemeinen Steueraufkommen.[1356] Durch den nationalen Gesundheitsdienst

---

1354 *Neumann-Duesberg* in: Schulte/Zacher, Wechselwirkungen, 83 (84); *Eichenhofer*, Sozialrecht, Rn. 106. Vgl. zu einer Auflistung in welchen Unionsmitgliedstaaten ein nationaler Gesundheitsdienst und in welchen eine Krankenversicherung besteht, *Van Overmeiren/Eichenhofer/Verschueren*, trESS Analytical Study 2011, 1 (20).

1355 Vgl. *Schreiber* in: Schreiber/Wunder/Dern, Art. 25 VO 883/2004 Rn. 9. Siehe auch *Steinmeyer* in: ZEW Nr. 83, 1 (8). Dieser zählt noch folgende Mitgliedstaaten unter die Mischsysteme Griechenland, Italien und Spanien.

1356 Vgl. *Steinmeyer* in: ZEW Nr. 83, 1 (7); *Eichenhofer*, Internationales Sozialrecht, § 10 Rn. 403. Vgl. auch *Lewis* in: Magnus, Impact of Social Security Law on Tort Law, 56 (61 Rn. 17), der für England und Wales anführt, dass hier die Soziale Sicherheit fast komplett durch Steuereinnahmen finanziert werde. So auch *Alber/Bernardi-Schenkluhn*, Westeuropäische Gesundheitssysteme, 540, 570. Im Vereinigten Königreich wird der nationale Gesundheitsdienst (National Health Service, NHS), welcher eine universelle Versorgung mit Sachleistungen im Krankheitsfall garantiert und keine vorherige Beitragszahlung verlangt, größtenteils durch Steuern und die Sozialversicherungskasse (National Insurance Fund), finanziert. Die Sozialversicherungskasse finanziert sich wiederum im Umlageverfahren über

wird die gesamte Bevölkerung versichert, so dass im Bedarfsfall jeder Einwohner einen Anspruch auf die Leistungen der medizinischen Versorgung innehat.[1357] Demgegenüber kennt der nationale Gesundheitsdienst eine gruppenspezifische Pflichtversicherung und die Möglichkeit zur freiwilligen Krankenversicherung nicht.[1358] Voraussetzung für eine Sachleistung im nationalen Gesundheitsdienst als „situationsbezogenem Sicherungssystem“ ist einzig und allein das Vorliegen eines aktuellen Behandlungsbedarfs. Selbst Einkommensersatzleistungen bei Krankheit sind dem situationsbezogenen Sicherungssystem zuzuordnen, da zwar einheitliche Beiträge fällig sind, die einheitlichen Leistungen jedoch bei Verwirklichung des Risikos Krankheit aus einem Sozialversicherungssystem gezahlt werden, das von einem einheitlichen Träger verwaltet wird.[1359]

Daraus lässt sich schlussfolgern, dass sowohl die nichterwerbstätigen Rentner als auch die Rentner im Nebenerwerb unter die Vorschriften für Versicherte für die gesamte Bevölkerung fallen. Daher sind der nichterwerbstätige Rentner und der Rentner im Nebenerwerb unter die Vorschriften der VO über den Schutz der Versicherten der Art. 17 ff. VO bei dem nationalen Gesundheitsdienst zu fassen.[1360]

Pflichtbeiträge der Mehrheit der Arbeitnehmer und Arbeitgeber. Die beitragsunabhängigen Leistungen des nationalen Gesundheitsdienstes, die aus den allgemeinen Steuermitteln erbracht werden, hängen von individuellen Umständen ab (wie z. B. dem Vorliegen einer Erwerbstätigkeit oder dem Vorhandensein von Kindern). Vgl. dazu: http://ec.europa.eu/employment_social/missoc/2008/missoc_2008_organisation_de.pdf. Im Vereinigten Königreich wird im Einzelnen das Gesundheitssystem zu mehr als 70 % durch Steuereinnahmen, zu 20 % aus Sozialabgaben und zu 5 % aus diversen Gebühren finanziert. Das Gesundheitssystem des Vereinigten Königreichs ist somit größtenteils ein steuerfinanziertes, staatliches System. Vgl. dazu http://www.ess-europe.de/europa/krankenversicherung_england.htm (Stand September 2006; Abrufdatum: 09.12.2008). Die Beiträge zum National Insurance Fund wurden im Jahr 2008/2009 von dem Arbeitgeber zu 12,8 % und dem Arbeitnehmer zu 11,0 % erbracht, bei einem Arbeitseinkommen von 90 Pfund pro Woche. Siehe http://www.hmrc.gov.uk/rates/nic.htm (Abrufdatum: 09.12.2008).

1357 *Lewis* in: Magnus, Impact of Social Security Law on Tort Law, 56 (58 Rn. 7). Vgl. auch *Alber/Bernardi-Schenkluhn*, Westeuropäische Gesundheitssysteme, 533, 540.

1358 *Brall*, Export von Leistungen der Sozialen Sicherheit, 36. Vgl. ebenfalls *Kötter*, Steuerung der ambulanten ärztlichen Versorgung im Recht der gesetzlichen Krankenversicherung, 63, die insoweit von Universalismus im persönlichen Anwendungsbereich spricht.

1359 Vgl. zum situationsbezogenen System und den Einkommensersatzleistungen beim nationalen Gesundheitsdienst *Kötter*, Steuerung der ambulanten ärztlichen Versorgung im Recht der gesetzlichen Krankenversicherung, 63 f.

1360 Einzig über den Anteil aus der Volksversicherung, der zur Finanzierung des nationalen Gesundheitsdienstes herangezogen wird, könnte man in dem Vereinigten

Die gesetzliche Krankenversicherung stellt im Gegensatz zum nationalen Gesundheitsdienst eine gruppenspezifische Versicherung dar, die schrittweise im personellen Anwendungsbereich ausgedehnt wurde, so dass sie „nahezu" die gesamte Bevölkerung erfasst.[1361] In der gesetzlichen Krankenversicherung sind hauptsächlich beitragsfinanzierte entgeltliche Krankenkassen für das Erbringen von Leistungen an verschiedene Personengruppen zuständig.[1362] Die Höhe der Beiträge richtet sich nach der Höhe des Einkommens der Versicherten.[1363] Die gesetzliche Krankenversicherung ist ein Vorsorgesystem. Bei Einkommensersatzleistungen ist die Vorsorge, d. h. die Versicherteneigenschaft und die Beitragszahlung, sowohl für den Anspruch auf die Geldleistung an sich als auch auf die Höhe der jeweiligen Einkommensersatzleistung entscheidend.[1364]

Bei der Krankenversicherung, die nach dem Sachleistungsprinzip funktioniert, hat der Versicherte einen Rechtsanspruch auf die unentgeltliche Inanspruchnahme von Leistungen der Ärzte oder Krankenhäuser, deren Dienstleistung durch Zahlungen der Krankenversicherungen finanziert wird.[1365]

Bei einem Krankenversicherungssystem mit Kostentragung erbringt die Krankenversicherung selbst keine Sach- oder Dienstleistungen. Der Versicherte beschafft sich diese vielmehr auf dem Markt und nimmt ärztliche Leistungen als Privater in Anspruch. Die dem Versicherten entstehenden Kosten werden dann von der Krankenversicherung ganz oder z. T. liquidiert.[1366]

Der persönliche Geltungsbereich der VO stellt darauf ab, ob der Rentner nach nationalem Recht unter die Zweige der sozialen Sicherheit fällt, um in den Geltungsbereich der VO einbezogen zu werden. Im Folgenden wird anhand der

---

Königreich streiten, da hier zwischen Arbeitnehmern und Nichterwerbstätigen differenziert wird. Dieser Teil ist aber im Verhältnis zum großen Finanzierungsanteil des Steueraufkommens (70 %) unterzugewichten.

1361 *Kötter*, Steuerung der ambulanten ärztlichen Versorgung im Recht der gesetzlichen Krankenversicherung, 63.

1362 *Steinmeyer* in: ZEW Nr. 83, 1 (7); *Krause*, Nationale Versicherungskultur, 98.

1363 Daraus ergibt sich, dass bei einem höheren Einkommen höhere Beiträge zur Krankenversicherung als bei einem niedrigen Einkommen anfallen. Allerdings können die Beiträge nur bis zur Höhe einer bestimmten Beitragsbemessungsgrenze erhoben werden. Vgl. dazu *Krause*, Nationale Versicherungskultur, 98. Vgl. auch *Grillberger*, Österreichisches Sozialrecht, 23 f.

1364 *Kötter*, Steuerung der ambulanten ärztlichen Versorgung im Recht der gesetzlichen Krankenversicherung, 64; *Krause*, Nationale Versicherungskultur, 98.

1365 *Eichenhofer*, Sozialrecht, Rn. 106.

1366 Vgl. *Eichenhofer*, Internationales Sozialrecht, § 10 Rn. 403; *Eichenhofer*, Sozialrecht, Rn. 106.

gesetzlichen Krankenversicherung am Beispiel der Bundesrepublik Deutschland thematisiert, unter welchen Bedingungen der Rentner im Nebenerwerb jeweils krankenversichert ist und ob er in den einzelnen Konstellationen deshalb den Art. 17 ff. oder den Art. 23 ff. VO 883/2004 zuzuordnen wäre.

(2) Die Zuordnung des nichterwerbstätigen Rentners und des Rentners im Nebenerwerb zu den Vorschriften über Rentner und Arbeitnehmer im Krankenversicherungssystem der Bundesrepublik Deutschland zur Ziehung von Rückschlüssen auf den sachlichen Geltungsbereich der VO 883/2004

Pkt. 1 Generelle Bemerkungen zum deutschen Krankenversicherungssystem

Das deutsche Krankenversicherungssystem ist ein final ausgerichtetes Sozialversicherungssystem, d. h., es wird nicht nach den Ursachen des leistungsauslösenden Zustands gefragt. Es beruht auf einem zwangsweise organisierten kollektiven System, da bei Vorliegen der Tatbestandsvoraussetzungen unabhängig vom Willen des Betroffenen oder einer Feststellung per Verwaltungsakt durch die zuständige Krankenkasse die Versicherungspflicht eintritt.[1367] Wer versicherungspflichtig ist, ergibt sich aus § 5 SGB V. Nach § 5 Abs. 1 Nr. 11 SGB V sind Personen, die die Voraussetzungen für den Anspruch auf eine Rente aus der gesetzlichen Rentenversicherung erfüllen und diese Rente beantragt haben, versicherungspflichtig, wenn sie eine bestimmte Vorversicherungszeit[1368] erfüllt haben. So setzt § 5 Abs. 1 Nr. 11 SGB V das Erfüllen der Voraussetzungen für den Rentenanspruch voraus, ein tatsächlicher Geldfluss wird nicht verlangt.[1369] Über das Bestehen des Anspruchs entscheidet daher einzig und allein der Rentenversicherungsträger. Die Vorschrift ist nur auf nach § 5 Abs. 1 Nr. 11 bis 12 SGB V versicherte Mitglieder anwendbar, nicht dagegen auf Rentenbezieher,

---

1367 *Becker/Kingreen*, SGB V, § 5 Rn. 2.

1368 Dabei gilt aufgrund der Entscheidung des BVerfG v. 15.03.2000 (vgl. BVerfGE 102, 68), dass es mit Art. 3 Abs. 1 GG unvereinbar sei, wenn ein Arbeitnehmer nach § 5 Abs. 1 Nr. 11 SGB V zur Erfüllung der Vorversicherungszeit mindestens 9/10 der zweiten Hälfte des Zeitraums seit Beginn der Erwerbstätigkeit Mitglied in einer Pflichtversicherung gewesen sein müsse. Dem Urt. des BVerfG wird entnommen, dass die Vorversicherungszeit nicht ausschließlich als Pflichtmitglied, sondern auch durch eine freiwillige Mitgliedschaft erfüllt werden könne. Vgl. dazu auch *Gitter* in: Becker/Kaufmann/von Maydell/Schmähl/Zacher, FS für Ruland, 511 (515, 519).

1369 So wird als ausreichend angesehen, dass auf die Rente ein Anspruch dem Grunde nach bestehe. Ein Eintritt der Versicherungspflicht sei somit auch gegeben beim Ruhen oder der Versagung der Rente. Vgl. *Zipperer* in: Orlowski/Rau/Schermer/Wasem/Zipperer, GKV-Kommentar, SGB V, § 5 Rn. 96.

die nach anderen Vorschriften, z. B. aufgrund einer Beschäftigung versichert sind.[1370] Für diese gilt § 5 Abs. 1 Nr. 1 SGB V, wonach Arbeiter, Angestellte und zu ihrer Berufsausbildung Beschäftigte, die gegen Arbeitsentgelt beschäftigt sind, der Versicherungspflicht unterliegen. Der § 5 Abs. 1 Nr. 1 SGB V geht dem § 5 Abs. 1 Nr. 11 SGB V vor.[1371] Die Beiträge der gesetzlichen Krankenversicherung werden nach den beitragspflichtigen Einnahmen der Mitglieder bemessen (§ 223 Abs. 2 S. 1 SGB V). Dies bedeutet, dass grundsätzlich alle Rentner bis zu einer bestimmten Einkommensgrenze pflichtversichert[1372] sind. Bleibt eine Person unter der Versicherungspflichtgrenze, gilt sie als schutzbedürftig, womit eine zwangsweise Mitgliedschaft in der gesetzlichen Krankenversicherung einhergeht.[1373] Nach § 223 Abs. 3 SGB V werden Beiträge bis zur Beitragsbemessungsgrenze[1374] erhoben. Einnahmen, die diesen Betrag übersteigen, bleiben grundsätzlich außer Betracht (vgl. §§ 223 Abs. 3, 237 SGB V). Bei dem Personenkreis der Rentner sind in der gesetzlichen Krankenversicherung fünf Konstellationen zu unterscheiden.

Pkt. 2 Erste Konstellation: Der nichterwerbstätige Rentner unterhalb der Versicherungspflichtgrenze

Der nichterwerbstätige Rentner, der keiner abhängigen Beschäftigung nachgeht und lediglich eine Rente bezieht, ist nach § 5 Abs. 1 Nr. 11 SGB V versicherungspflichtig. Für nichterwerbstätige Rentner bestimmt § 237 S. 1 SGB V, dass bei versicherungspflichtigen Rentnern der Zahlbetrag der Rente der gesetzlichen Rentenversicherung, der Zahlbetrag der der Rente vergleichbaren Einnahmen und

---

1370 *Hauck/Noftz*, Sozialgesetzbuch § 237 Rn. 2.

1371 Vgl. § 5 Abs. 8 S. 1 SGB V. Siehe auch *Becker/Kingreen*, SGB V, § 5 Rn. 14.

1372 Im Jahr 2011 lag die Versicherungspflichtgrenze bei 4.012,50 Euro. Vgl. § 6 Abs. 6 SGB V, wonach die Versicherungspflichtgrenze bzw. Jahresarbeitsentgeltgrenze von der Bundesregierung jährlich durch Rechtsverordnung festgesetzt wird. Nach § 4 Abs. 1 VO über die maßgebenden Rechengrößen der Sozialversicherung für 2008 (Sozialversicherungs-Rechengrößenverordnung 2008), BGBl. 2007 I, 2797, 2798 beträgt die Jahresarbeitsentgeltgrenze für das Jahr 2008 48.150,00 Euro. 2009 betrug sie 48.600,00 Euro bzw. 44.100,00 Euro. Vgl. dazu auch *Becker/Kingreen*, SGB V, § 6 Rn. 4. Im Jahr 2013 beträgt die besondere Jahresarbeitsentgeltgrenze 47.250,00 Euro und die allgemeine Jahresarbeitsentgeltgrenze 52.200,00 Euro. Vgl. dazu *Marburger*, DÖD 2013, 25 (25, 27).

1373 *Sahmer* in: ZEW Nr. 83, 33 (35 f.).

1374 Die Beitragsbemessungsgrenze liegt derzeit bei 3.600,00 Euro pro Monat. Vgl. § 4 Abs. 2 VO über die maßgebenden Rechengrößen der Sozialversicherung für 2008 (Sozialversicherungs-Rechengrößenverordnung 2008), BGBl. 2007 I, 2797, 2798, in welcher die Grenze für das Jahr 2008 bei 43.200,00 Euro angesetzt ist.

das Arbeitseinkommen bei der Beitragsbemessung zugrunde gelegt werden. Das Arbeitseinkommen stellt nach § 15 Abs. 1 S. 1 SGB IV den nach den allgemeinen Gewinnermittlungsvorschriften des Einkommensteuerrechts ermittelten Gewinn aus einer selbstständigen Tätigkeit dar. Das Arbeitseinkommen ist somit das Gegenstück des Arbeitsentgelts[1375] nach § 14 Abs. 1 S. 1 SGB IV i. S. aller laufenden oder einmaligen Einnahmen aus einer Beschäftigung. Unter der Prämisse, dass der nichterwerbstätige Rentner in seinen aus § 237 SGB V zu errechnenden beitragspflichtigen Einnahmen unterhalb der Versicherungspflichtgrenze i. S. des § 6 Abs. 1 Nr. 1 SGB V bleibt, führt der Träger der Rentenversicherung die Hälfte der nach der Rente zu bemessenden Beiträge nach dem um 0,9 Beitragspunkte verminderten allgemeinen Beitragssatz (§§ 247, 241, 249 a SGB V) ab. In einem solchen Fall gilt nach deutschem Recht der nichterwerbstätige Rentner als Rentner und nicht als Arbeitnehmer. Der nichterwerbstätige Rentner fällt daher nach der VO 883/2004, deren persönlicher Geltungsbereich sich nach nationalem Recht richtet, unter die Sondervorschriften für Rentner nach den Art. 23 ff. VO 883/2004.

Pkt. 3 Zweite Konstellation: Der Rentner im Nebenerwerb unterhalb der Geringfügigkeitsgrenze („Minijobber“)

Der Rentner im Nebenerwerb ist gem. § 5 Abs. 1 Nr. 1 SGB V versicherungspflichtig. Nach § 226 Abs. 1 S. 1 SGB V werden bei versicherungspflichtig Beschäftigten bei der Beitragsbemessung zugrunde gelegt das Arbeitsentgelt aus einer versicherungspflichtigen Beschäftigung, der Zahlbetrag der Rente der gesetzlichen Rentenversicherung, der Zahlbetrag der der Rente vergleichbaren Einnahmen (Versorgungsbezüge) und das Arbeitseinkommen, soweit es neben einer Rente der gesetzlichen Rentenversicherung oder Versorgungsbezügen erzielt wird. Im nationalen Recht besteht für eine Nebentätigkeit die Geringfügigkeitsgrenze. Überschreitet der Rentner im Nebenerwerb mit seiner Nebentätigkeit die Geringfügigkeitsgrenze nicht, so zahlt er keine Krankenversicherungsbeiträge aus der Nebentätigkeit. Dies ergibt sich aus § 7 Abs. 1 SGB V, wonach derjenige, der eine geringfügige Beschäftigung nach § 8 Abs. 1 SGB IV ausübt, in dieser Beschäftigung versicherungsfrei ist.[1376] Nach § 7 Abs. 1 S. 1 SGB IV wird die

---

1375 Das Arbeitsentgelt ist dabei weit zu verstehen und ergebe sich aus der tatsächlichen wirtschaftlichen Stellung des Arbeitnehmers, so dass z. B. neben dem Arbeitslohn auch Trinkgeld im Gastronomiebereich erfasst sei. Vgl. hierzu eingängig *Deinert*, Privatrechtsgestaltung durch Sozialrecht, 136.

1376 Vgl. zur Konformität der geringfügigen Beschäftigung und damit einhergehend Sozialversicherungsfreiheit des geringfügig Beschäftigten mit dem europäischen Recht *Knospe*, ZESAR 2008, 323 (331 f.).

Beschäftigung als nichtselbstständige Arbeit, insb. in einem Arbeitsverhältnis, definiert. Eine Beschäftigung setzt einen wirksamen Arbeitsvertrag und den Eintritt in die Beschäftigung durch tatsächliche Arbeitsaufnahme voraus.[1377]

Gemäß § 8 Abs. 1 Nr. 1 SGB IV liegt eine geringfügige Beschäftigung vor, wenn das Arbeitsentgelt aus dieser Beschäftigung regelmäßig im Monat 400,00 Euro[1378] nicht übersteigt. Darüber hinaus ist eine solche gegeben, wenn die Beschäftigung nach ihrer Eigenart oder im Voraus vertraglich zeitlich begrenzt ausgeübt wird (unterhalb einer Grenze von zwei Monaten oder 50 Arbeitstagen innerhalb eines Kalenderjahres). Eine geringfügige Beschäftigung liegt demgegenüber nicht vor, wenn sie berufsmäßig ausgeübt wird und das Entgelt von 400,00 Euro monatlich übersteigt (§ 8 Abs. 1 Nr. 2 SGB IV). Der Ausschluss des Abzugs von Versicherungsbeiträgen aus dem Arbeitsentgelt und somit der Versicherungsfreiheit resultiert aus der Annahme, dass Personen mit geringfügiger Beschäftigung anderweitig ausreichend abgesichert sind (z. B. durch einen vollschichtig berufstätigen Ehepartner).[1379]

Bei Vorliegen einer versicherungsfreien geringfügig entlohnten Beschäftigung führt der Arbeitgeber pauschale Beiträge für Arbeitnehmer ab (seit 01.01.2006 13 % als Beitrag zur Krankenversicherung).[1380] Dies ergibt sich aus § 249 b SGB V, wonach vom Arbeitgeber Beiträge aus einer geringfügig entlohnten Beschäftigung zu erbringen sind. Diese Arbeitgeberbeiträge fließen in einen sog.

1377 Es genügt, wenn der Arbeitgeber Weisungsbefugnisse erlangt hat und zur Entrichtung des Lohns verpflichtet ist, um einen Eintritt in die Beschäftigung anzunehmen. Vgl. zum Begriff der Beschäftigung ausführlich *Deinert*, Privatrechtsgestaltung durch Sozialrecht, 130.

1378 Zum 01.01.2013 wurde die Grenze für geringfügig Beschäftigte, die ab dem 01.01.2013 eingestellt werden von 400,00 Euro auf 450,00 Euro erhöht. Vgl. Gesetz zur Änderung im Bereich der geringfügigen Beschäftigung vom 05.12.2012 (BGBl. 2012 I S. 2474). Nach der Übergangsregelung bis zum 31.12.2014 gilt die Versicherungspflicht für vor dem 01.01.2013 eingestellte Personen deren Entgelt zwischen 400,01 und 450,00 Euro liegt, weiterhin fort. Diese können sich aber von der Versicherungspflicht befreien lassen. Vgl. dazu umfassend *Marburger*, DÖD 2013, 25 (30).

1379 *Fedtke/Magnus* in: Magnus, Impact of Social Security Law on Tort Law, 86 (93 Rn. 10); *Waltermann*, Sozialrecht, Rn. 122.

1380 § 249 b SGB V. Vgl. auch http://www.nebentaetigkeitsrecht.de/recht/minijobs (Abrufdatum: 01.09.2008). Vgl. zur Bundesknappschaft, Gesetz zur Errichtung der Bundesknappschaft (Bundesknappschaft-Errichtungsgesetz-BKnEG) v. 28.07.1969 (BGBl. 1969 I, 974) zuletzt geändert durch das Gesetz vom 20.12.1982 (BGBl. 1982 I, 1857, 1896 ff.). Vgl. zudem zur Bundesknappschaft, § 29 SGB IV, § 4 Abs. 2 SGB V, § 136 SGB VI.

Risikostrukturausgleich der Krankenkassen. Die Minijobber erwerben daher aufgrund der Beschäftigung keinen Krankenversicherungsschutz.[1381]

Unter der Prämisse, dass der Rentner im Nebenerwerb, der die Geringfügigkeitsgrenze nicht überschreitet, mit seinen Einnahmen unterhalb der Versicherungspflichtgrenze bleibt, führt der Träger der Rentenversicherung hier wieder die Hälfte der nach der Rente zu bemessenden Beiträge nach dem um 0,9 Beitragspunkte verminderten allgemeinen Beitragssatz ab, wohingegen der Rentner den Restbeitrag erbringt (§§ 247, 241, 249 a SGB V). In einem solchen Fall ist nach deutschem Recht der Rentner im Nebenerwerb genauso zu behandeln wie der nichterwerbstätige Rentner unterhalb der Versicherungspflichtgrenze (vgl. Pkt. 2). Deshalb fällt der Rentner im Nebenerwerb nicht unter die Vorschriften für Versicherte nach den Art. 17 ff. VO, sondern vielmehr unter die Vorschriften für die Rentner (ebenso wie der nichterwerbstätige Rentner) nach den Art. 23 ff. VO 883/2004.

Pkt. 4 Dritte Konstellation: Der Rentner im Nebenerwerb mit einem Arbeitsentgelt zwischen 400,01 Euro und 800,00 Euro im Monat und einem Gesamteinkommen unter der Versicherungspflichtgrenze („Midijobber“)

Der Rentner im Nebenerwerb, der gem. § 20 Abs. 2 SGB IV aus seinem Beschäftigungsverhältnis ein Arbeitsentgelt innerhalb der Gleitzone zwischen 400,01 Euro und 800,00 Euro[1382] erzielt, wird als sog. Niedriglohnjobber (Midijobber) verstanden. Für ihn gilt § 226 SGB V. Ab 400,01 Euro besteht für diesen volle Versicherungspflicht, da er sich nicht mehr im Rahmen einer geringfügigen Beschäftigung bewegt. Überschreitet der Midijobber gem. § 226 Abs. 2 SGB V die Beitragsfreigrenze,[1383] sind Leistungen aus

---

1381 http://www.sueddeutsche.de/jobkarriere/erfolggeld/artikel/161/43118/ (Abrufdatum: 31.08.2008). Vgl. kritisch zu der Sozialversicherungsfreiheit geringfügig Beschäftigter *Griese/Preis/Kruchen*, NZA 2013, 113 (119 f.). So führe geringfügige Beschäftigung dazu, dass z. B. im Krankheitsfall bei Sozialversicherungsfreiheit keine Leistungen in Anspruch genommen werden können oder dazu, dass bei der Rentenversicherung hinsichtlich der arbeitgeberseitig abzuführenden Pauschale nur wenig Entgeltpunkte aufgebaut werden, was wiederum in Altersarmut münden würde. Vorgeschlagen werden von den Autoren daher eine Absenkung der Sozialversicherungsfreiheit von einem Betrag bis zu 450,00 Euro auf einen Betrag von bis zu 100,00 Euro.

1382 Die Gleitzone ist im Jahr 2013 von 450,01 Euro bis 850,00 Euro anzusetzen. Vgl. dazu Gesetz zur Änderung im Bereich der geringfügigen Beschäftigung vom 05.12.2012, BGBl. 2012 I S. 2474.

1383 Die Beitragsfreigrenze lag im Jahr 2008 bei 124,25 Euro im Monat. Nach § 2 Abs. 1 VO über die maßgebenden Rechengrößen der Sozialversicherung für

den Versorgungsbezügen und dem Arbeitseinkommen zu erbringen. Danach wäre zusätzlich zur Überschreitung der Geringfügigkeitsgrenze auch die Überschreitung der Beitragsfreigrenze entscheidend. In der vorliegenden Untersuchung geht es jedoch um den abhängig beschäftigten Rentner im Nebenerwerb. Dieser bezieht kein Arbeitseinkommen, sondern Arbeitsentgelt, auf welches § 226 Abs. 2 SGB V keine Anwendung findet. Insoweit kommt es vorliegend nur darauf an, dass der Rentner im Nebenerwerb aus einer versicherungspflichtigen Beschäftigung Krankenversicherungsbeiträge abzuführen hat. Allerdings hat der Rentner, wenn er sich in der Gleitzone befindet, niedrigere Beiträge abzuführen. Bei der Bemessung der Beiträge wird nicht der volle Verdienst herangezogen. Der Beitrag wird vielmehr abweichend von § 226 Abs. 1 Nr. 1 SGB V nach der in § 226 Abs. 4 SGB V i. V. m. § 163 Abs. 10, S. 1 bis 5 und 8, 276 b SGB VI vorgegebenen Formel ermittelt.[1384] Dabei wächst der Beitragsanteil des Beschäftigten, so auch für den Rentner im Nebenerwerb, allmählich von rund 4 % bei einem Verdienst von 400,01 Euro bis auf einen Beitrag von 21 % bei einem Verdienst von 800,00 Euro an. Auf diese Weise wird in der Gleitzone ein höheres Nettoeinkommen erzielt.[1385] In dieser Konstellation ist der Rentner im Nebenerwerb nach nationalem Recht als Arbeitnehmer anzusehen und fällt daher unter die Vorschriften der Art. 17 ff. VO 883/2004.

Pkt. 5 Vierte Konstellation: Der Rentner im Nebenerwerb bei einem Arbeitsentgelt ab 800,01 Euro und einem Gesamteinkommen unter der Versicherungspflichtgrenze

In dieser Konstellation überschreitet der Rentner im Nebenerwerb die Geringfügigkeitsgrenze in Höhe von 400,00 Euro monatlich (§ 5 Abs. 1 Nr. 1 SGB V i. V. m. § 8 Abs. 1 Nr. 1 SGB IV), liegt aber auch nicht mehr in der Gleitzone bis 800,00 Euro und bleibt in seinem Einkommen (Rente und Arbeitsentgelt)

2008 (Sozialversicherungs-Rechengrößenverordnung 2008), BGBl. 2008 I 2797, beträgt die Bezugsgröße i. S. des § 18 Abs. 1 SGB IV im Jahr 2008 29.820,00 Euro jährlich und somit 2.485,00 Euro monatlich. Nach der Teilung dieses Monatswertes durch 20 ergibt sich ein Betrag von 124,25 Euro im Monat.

1384 Die Formel ist unter www.gesetze-im-internet.de unter § 163 Abs. 10 SGB VI als PDF-Dokument in eigenem Fenster abrufbar.

1385 Vgl. http://www.nebentaetigkeitsrecht.de/recht/minijobs (Abrufdatum: 01.09.2008). Vgl. auch *Deinert*, Privatrechtsgestaltung durch Sozialrecht, 134.

unter der Versicherungspflichtgrenze nach § 6 Abs. 6 SGB V[1386]. Hier gilt wiederum § 249 Abs. 1 SGB V, wonach der Rentner im Nebenerwerb und sein Arbeitgeber die nach dem Arbeitsentgelt zu bemessenden Beiträge jeweils zur Hälfte erbringen und den Rentner die Erbringung des zusätzlichen Beitragssatzes allein trifft. Die Beiträge werden bis zur Höhe der Beitragsbemessungsgrenze entrichtet (§ 223 Abs. 3 SGB V). Der individuelle Beitrag errechnet sich dabei aus einem bestimmten Prozentsatz des Bruttoeinkommens einer Person (der sog. Beitragssatz).[1387] Die Krankenversicherungsträger können innerhalb der ihnen durch Gesetz vorgegebenen Grenzen über den Beitragssatz[1388] individuell entscheiden. Da der Rentner im Nebenerwerb Arbeitsentgelt als abhängig Beschäftigter und kein Arbeitseinkommen aus einer selbstständigen Erwerbstätigkeit erzielt, muss er auch nicht noch zusätzlich die Beitragsfreigrenze nach § 18 SGB IV[1389] überschritten haben. Er muss daher nur eine Grenze, nämlich die Überschreitung der Geringfügigkeitsgrenze, erfüllen. Dann können bis zur Höhe der Beitragsbemessungsgrenze i. S. der §§ 223 Abs. 3, 230 SGB V vom Rentner aus dem Arbeitsentgelt Beiträge erhoben werden. Nach § 226 Abs. 1 Nr. 1 SGB V ist hinsichtlich der Rangfolge der Einnahmearten für die Beitragsbemessungsgrenze zunächst das Arbeitsentgelt heranzuziehen. Nur soweit die Beitragsbemessungsgrenze i. S. d. §§ 223 Abs. 3, 230 SGB V noch nicht erreicht ist, werden auch die Versorgungsbezüge und ggf. anschließend die Arbeitseinkommen berücksichtigt. Der Zahlbetrag der Rente der gesetzlichen Rentenversicherung wird getrennt von den übrigen Einnahmearten

---

1386 Die Versicherungspflichtgrenze bezeichnet das Gesetz auch als Jahresarbeitsentgeltgrenze, vgl. dazu § 6 Abs. 1 SGB V.

1387 *Waltermann*, Sozialrecht, Rn. 127; *Fedtke/Magnus* in: Magnus, Impact of Social Security Law on Tort Law, 86 (95 Rn. 12). Die Beitragssätze der Krankenversicherung betragen im Jahr 2013 15,5 % inklusive 0,9 % allein für Arbeitnehmer. Vgl. dazu *Marburger*, DÖD 2013, 25 (26).

1388 § 21 SGB IV; § 220 SGB V.

1389 Nach § 2 Abs. 1 VO über die maßgebenden Rechengrößen der Sozialversicherung für 2008 (Sozialversicherungs-Rechengrößenverordnung 2008), BGBl. 2008 I 2797, beträgt die Bezugsgröße i. S. des § 18 Abs. 1 SGB IV im Jahr 2008 29.820,00 Euro jährlich und somit 2.485,00 Euro monatlich. Nach der Teilung dieses Monatswertes durch 20 ergibt sich ein Betrag von 124,25 Euro im Monat. Im Jahr 2009 betrug die Bezugsgrenze 30.240 Euro jährlich und somit 2.520 Euro monatlich. Für das Jahr 2010 beträgt die Bezugsgrenze 30.660 Euro jährlich und 2.555 Euro monatlich. Diese gilt für das Jahr 2011 fort. Vgl. hierzu *Fischer* in: Schlegel/Voelzke, Juris Praxiskommentar, SGB IV, § 18 Rn. 28.1. unter Verweis auf BGBl. I 2010, 1761 für das Jahr 2011). Im Jahr 2013 beläuft sich die Bezugsgröße auf 32.340,00 Euro jährlich und somit 2.695 Euro monatlich. Vgl. hierzu *Marburger*, DÖD 2013, 25 (26).

bis zur Beitragsbemessungsgrenze berücksichtigt. Aus diesem Grund erbringt der Rentner im Nebenerwerb Krankenversicherungsbeiträge aus der Rente gemeinsam mit dem Träger der Rentenversicherung, der seinen Anteil um einen 0,9 Beitragspunkte verminderten Beitragssatz kürzen kann (§ 249 a SGB V). Aufgrund der Sonderkonstellation, dass Rentner im Nebenerwerb aus ihrem Arbeitsentgelt und ihrer Rente Beiträge zur Krankenversicherung zu erbringen haben, können sie im Jahr 2013 Teile zu viel gezahlter Beiträge aus dem Jahr 2012 zurückbekommen.[1390] In dieser Konstellation gilt der Rentner nach deutschem Recht als Arbeitnehmer. Auf ihn sind daher die Vorschriften der 17 ff. VO anzuwenden.

Pkt. 6 Fünfte Konstellation: Der Rentner im Nebenerwerb bei einem Gesamteinkommen oberhalb der Versicherungspflichtgrenze

Hat der Rentner im Nebenerwerb die Jahresarbeitsentgeltgrenze nach § 6 Abs. 1 Nr. 1 und Abs. 6 SGB V überschritten, unterliegt er nicht mehr der Pflichtversicherung in der gesetzlichen Krankenversicherung. Nach § 6 Abs. 4 S. 1 SGB V endet die Versicherungspflicht, wenn die Jahresarbeitsentgeltgrenze überschritten worden ist, mit Ablauf des Kalenderjahres, in dem die Jahresarbeitsentgeltgrenze überschritten wird. Bei einem Überschreiten der Versicherungspflichtgrenze durch die Beschäftigung ist der Rentner in der Krankenversicherung versicherungsfrei. Der Rentner im Nebenerwerb mit einem Lohn oder Gehalt oberhalb der Versicherungspflichtgrenze kann dann ebenso wie Arbeiter, Angestellte, selbstständig oder freiberuflich Tätige frei entscheiden, wie er sich gegen das Risiko der Krankheit absichern möchte. Nach § 5 Abs. 1 Nr. 13 lit. a) SGB V, wonach Personen versicherungspflichtig sind, die zuletzt krankenversichert waren oder gem. § 5 Abs. 1 Nr. 13 lit. b) SGB V bisher nicht privat oder gesetzlich krankenversichert waren, es sei denn, dass sie eine hauptberuflich selbstständige Tätigkeit ausüben, oder zu den Personen nach § 6 Abs. 1 oder 2 SGB V (z. B. Beamte) zählen, gilt der Rentner im Nebenerwerb immer noch als Versicherungspflichtiger in der gesetzlichen Krankenversicherung. Durch das GKV-Wettbewerbsstärkungsgesetz[1391] wurde der Versicherungspflichttatbestand des § 5 Abs. 1 Nr. 13 SGB V eingeführt, welcher Personen erfasst, die noch der GKV zugeordnet werden können, wohingegen die übrigen Personen ab dem 01.01.2009 der Pflicht zur

---

1390 Vgl. zu dieser Problematik ausführlich anhand von Beispielen *Marburger*, DÖD 2013, 25 (28).

1391 Gesetz zur Stärkung des Wettbewerbs in der Gesetzlichen Krankenversicherung (GKV-Wettbewerbsstärkungsgesetz-GKV-WSG), BGBl. 2007 I 378, zuletzt geändert BGBl. 2008 I 874.

Versicherung in der Privaten Krankenversicherung unterliegen.[1392] Hier werden im System der gesetzlichen Krankenversicherung nur aus dem Arbeitsentgelt Beiträge erbracht. Der Rentner im Nebenerwerb gilt in dieser Konstellation als Arbeitnehmer. Insoweit sind auf ihn die Vorschriften für Versicherte nach den Art. 17 ff. VO 883/2004 anzuwenden.

(3) Vorschriften für den Rentner im Nebenerwerb nach Art. 17 ff. VO 883/2004

Grundsätzlich gilt für die Leistungen bei Krankheit, dass ein in einem bestimmten Staat gegen das Risiko Krankheit Versicherter nur Ansprüche gegenüber dem Leistungserbringer des zuständigen Staats auf seine Rechnung im Krankheitsfalle geltend machen kann. Dies entspricht in einer international mobilen Gesellschaft nicht mehr dem Zeitgeist.[1393] Nach Art. 17 VO werden deshalb Versicherte, wie der Rentner im Nebenerwerb[1394], in das System der Krankenversicherung ihres Wohnorts integriert und erhalten vom Träger ihres Wohnorts ihre Leistungen. Hintergrund der Regelung ist, dass das Risiko „Krankheit" oft kurzfristig und vorübergehend ist und deshalb stets einen ebenso kurzfristigen und reibungslosen Leistungsbezug in einem anderen Mitgliedstaat erfordert. Dieser wird in der Praxis durch ein System der sog. Sachleistungsaushilfe bewirkt, bei welcher der Träger eines anderen Staats für den Träger des zuständigen Staats auf dessen Kosten Sachleistungen erbringt in der Form und dem Umfang, wie er sie ansonsten auch an eigene Versicherte leisten würde.[1395] Die Konsequenz ist, dass je nachdem, wie die Leistungsniveaus zwischen dem zuständigen Versicherungsmitgliedstaat und dem Wohnmitgliedstaat divergieren, es entweder zu besseren oder schlechteren

---

1392 So steht dem Rentner im Nebenerwerb die private Krankenversicherung oder die Möglichkeit offen, sich nach dem Ende der Pflichtmitgliedschaft in der gesetzlichen Krankenversicherung als freiwilliges Mitglied zu versichern. *Becker/Kingreen*, SGB V, § 5 Rn. 3; *Sahmer* in: ZEW Nr. 83, 33 (36); *Fedtke/Magnus* in: Magnus, Impact of Social Security Law on Tort Law, 86 (93 Rn. 10).

1393 Aus diesem Grund enthalte die VO 883/2004 eine Reihe von Äquivalenzregeln für Grenzgänger, bei vorübergehenden Auslandsaufenthalten und Bestimmungen bei nicht hinreichender Behandlung im zuständigen Staat. Vgl. dazu *Eichenhofer*, Sozialrecht, Rn. 97.

1394 Wenn im Folgenden „Rentner im Nebenerwerb" angeführt wird, ist immer der Rentner gemeint, der nach nationalem Recht als Arbeitnehmer gilt, z. B. wie in den Konstellationen drei bis fünf des Fallbeispiels.

1395 *Muckel/Ogorek*, Sozialrecht, § 21 Rn. 24, die anführen, dass damit auch die Frage, ob ein Leistungs- bzw. Versicherungsfall überhaupt vorliege, nach dem nationalen Recht des aushelfenden Trägers beantwortet werde.

Leistungen für den Betroffenen kommen kann.[1396] Da bei den Leistungen bei Krankheit Sachleistungen im Vordergrund stehen, kommt eine Exportierbarkeit der Leistung nicht in Betracht.[1397] Dies berücksichtigt Art. 17 VO, der bestimmt, dass, wenn ein Versicherter in einem anderen als dem zuständigen Mitgliedstaat wohnt, er in diesem auch die Sachleistungen erhält, die vom Träger des Wohnorts nach den für ihn geltenden Rechtsvorschriften auf Rechnung des zuständigen Trägers erbracht werden, als ob der Versicherte nach diesen Rechtsvorschriften versichert wäre. Dies bedeutet, dass jemand, der in Mitgliedstaat A wohnt, seine Sachleistungen nach dem nationalen Recht des Mitgliedstaats A erhält, selbst wenn diese Person in dem Mitgliedstaat B versichert ist. Es kommt hier auf die Regelungen des Mitgliedstaats A an, selbst wenn diese sich von den Bestimmungen des Mitgliedstaats B unterscheiden. Mitgliedstaat B hat lediglich die Kosten zu tragen. Dies ist entscheidend für die verschiedenen Leistungsarten, die vor Ort im Mitgliedstaat A vorhanden sind, aber auch für die Konditionen, unter denen die Leistungen erbracht werden, wie z. B. die Höhe der Selbstbeteiligung des Patienten.[1398] Eine Ergänzung der Art. 17 ff. VO 883/2004 erfolgt durch die Art. 25 und 26 VO 987/2009. Von diesen Artikeln werden Fälle erfasst, in denen der Versicherte selbst die Kosten für die Behandlung gegenüber dem Leistungserbringer in vollem Umfang getragen hat und nunmehr einen „sachleistungsersetzenden Kostenerstattungsanspruch" gegenüber dem Träger entweder des Aufenthaltsstaats (Art. 25 Abs. 4 VO 987/2009) oder des zuständigen Staats (Art. 25 Abs. 5 VO 987/2009) geltend macht.[1399] Hierbei betreffe Art. 17 VO nur Sachleistungen bei Krankheit, die dazu dienen, Krankheiten zu verhüten, den Kranken zu umsorgen und zu seiner Erholung beizutragen, wie z. B. medizinische Leistungen, Krankenhausaufenthalte und die Versorgung mit Rollstühlen. Die genaue Bedeutung des Begriffs ergebe sich wiederum aus dem nationalen Recht und der Institution, die die konkrete Leistung

---

1396 *Schulte* in: von Maydell/Ruland/Becker, Sozialrechtshandbuch, § 33 Rn. 74, 80; *Muckel/Ogorek*, Sozialrecht, § 21 Rn. 24.

1397 Vgl. *Hailbronner* in: Hailbronner/Wilms, Recht der EU, Art. 42 EGV Rn. 76. Hailbronner benennt dafür auch gleich ein praktisches Argument: Sollten Sachleistungen exportierbar werden, würde dies bedeuten, dass inländische Ärzte oder üblicherweise im Inland bestehende medizinische Einrichtungen in einen anderen Mitgliedstaat entsandt werden müssen, um dort Sachleistungen zu erbringen. Vgl. auch *Bieback* in: Fuchs, Europäisches Sozialrecht, Teil 2, Titel III, Kap. 1, Abschnitt 1, Vorbemerkungen, Rn. 11.

1398 *Pennings*, European Social Security Law, 153.

1399 Vgl. dazu *Schreiber* in: Schreiber/Wunder/Dern, Vorbemerkung Art. 17 ff. VO 883/2004 Rn. 5.

erbringt.[1400] Demgegenüber findet auch bei der VO 883/2004 ein Geldleistungsexport direkt durch den zuständigen Träger statt.[1401]

Zu den Leistungen bei Krankheit gehören z. B. die Lohnfortzahlungen im Krankheitsfall,[1402] die Pflegeversicherung,[1403] und die Leistungen der medizinischen Rehabilitation.[1404] Der EuGH hat zu dem Leistungsexport von Pflegegeld aus der deutschen Pflegeversicherung nach Portugal entschieden, dass dieses den Leistungen bei Krankheit i. S. von Art. 3 Abs. 1 lit. a) VO 883/2004 gleichzustellen sei. Der EuGH führte aus, dass diese Leistungen auch Besonderheiten aufwiesen, wie z. B. die möglicherweise lang andauernde Zahlungsverpflichtung des zuständigen Trägers und somit Merkmale enthalte, die auch die Leistungsarten Invalidität und Alter betreffen, ohne dass sie einem von diesen Leistungsarten

1400 Vgl. hierzu und den Beispielen für Sachleistungen bei Krankheit *Pennings*, European Social Security Law, 152.

1401 *Schreiber* in: Schreiber/Wunder/Dern, Vorbemerkung Art. 17 ff. VO 883/2004 Rn. 3.

1402 EuGH Rs. C-45/90 (Paletta) Slg. 1992, I-3423, I-3462 Rn. 12.

1403 EuGH Rs. C-160/96 (Molenaar) Slg. 1998, I-843, I-893 f. zur deutschen Pflegeversicherung. Vgl. dazu EuGH Rs. C-208/07 (von Chamier-Glisczinski) Slg. 2009, I-6095, I-6138 Rn. 40, I-6151 Rn. 88, I-6152. Danach stellt das deutsche Pflegegeld eine exportierbare Geldleistung dar. Demgegenüber könne die tatsächliche Pflege als Sachleistung, die oft kostenintensiver sei, von Deutschland nach Österreich nicht exportiert werden. Die Pflege sei vom Wohnsitzstaat (hier Österreich) zu erbringen. Vgl. dazu auch *Bassen*, NZS 2010, 479 (483). Vgl. auch EuGH Rs. C-215/99 (Jauch) Slg. 2001, I-1901, zum Pflegegeld nach dem österreichischen Bundespflegegeldgesetz, das an Renten und Pensionsbezieher zur Aufstockung ihrer Renten gezahlt werde, um krankheitsbedingte Mehraufwendungen auszugleichen. Vgl. ebenfalls EuGH Rs. C-502/01 (Gaumain-Cerri) und C-31/02 (Barth) Slg. 2004, I-6483, I-6530 Rn. 27, in welchen der EuGH den Beitrag der gesetzlichen wie privaten Pflegekasse zur Rentenversicherung der Pflegeperson gem. § 44 SGB XI als eine zum Pflegegeld akzessorische Leistung angesehen und somit ebenfalls neben dem Pflegegeld als Geldleistung eingestuft habe. Vgl. auch EuGH Urt. v. 12.07.2013 Rs. C-562/10 (Kommission./.Deutschland) NZS 2012, 818 Rn. 46. Leistungen der Pflegeversicherung, insb. die häusliche Pflege durch Dritte sowie die Lieferung und die Installation von für den Versicherten notwendigen Einrichtungen, stellen sich danach als „Sachleistungen" i. S. von Titel III der VO 883/2004 dar.

1404 EuGH Rs. 69/79 (Jordens-Vosters) Slg. 1980, 75, 85 f. Rn. 9, 11. In der Rechtssache Jordens-Vosters entschied der EuGH, dass die Leistungen bei Krankheit auch für medizinische und chirurgische Maßnahmen gelten, selbst wenn diese in den nationalen Vorschriften unter Leistungen der Invalidität fallen. Allerdings können sich Leistungen bei Krankheit nur auf die speziellen Regelungen diesbezüglich erstrecken und nicht auf das gesamte Regelungskonzept.

eindeutig zugeordnet werden könnten.[1405] Der Begriff „Leistungen bei Krankheit" wird daher weit verstanden.[1406] Sachleistungen bei Krankheit müssen nicht notwendig als Sachleistung erbracht werden, sondern können z. B. auch in der Erstattung von Behandlungskosten liegen.[1407]

Hält sich der Rentner im Nebenerwerb in dem zuständigen Mitgliedstaat auf, wenn sich der Wohnort in einem anderen Mitgliedstaat befindet, kann er den Staat (Wohnmitgliedstaat oder zuständigen Staat) wählen, in dem er sich der ärztlichen Behandlung unterziehen will (vgl. Art. 17, 18 VO).[1408] Inkonsequent ist, dass für Familienangehörige des sog. Grenzgängers dieses Recht beschränkt werden kann, indem sich ein zuständiger Mitgliedstaat in den Anhang III VO 883/2004 eintragen lässt (Regel-Ausnahme-Prinzip).[1409]

Sollte sich der Rentner im Nebenerwerb in einem anderen als dem zuständigen Mitgliedstaat vorübergehend aufhalten [vgl. Art. 1 lit. k) VO z. B. als Durchreisender oder Tourist], hat er gegen den Träger des Aufenthaltsorts[1410] Anspruch auf die medizinisch notwendigen Sachleistungen. Was „medizinisch notwendig" ist,

---

1405 EuGH Urt. v. 30.06.2011 Rs. C-388/09 (da Silva Martins) ZESAR 2012, 32 (32). Vgl. dazu *Tiedemann*, ZFSH/SGB 2012, 266 (267). Siehe auch EuGH Urt. v. 12.07.2012 Rs. C-562/10 (Europäische Kommission/Bundesrepublik Deutschland) ZESAR 2012, 491 (496). Diese Klage hat der EuGH allerdings mangels ordnungsgemäßen Nachweises der Vertragsverletzung durch die Europäische Kommission abgewiesen.

1406 So hängt der Leistungsbegriff der VO „in erster Linie von den Wesensmerkmalen der jeweiligen Leistung, insb. von ihrem Zweck und den Voraussetzungen ihrer Gewährung, nicht dagegen davon ab, ob eine Leistung nach nationalen Rechtsvorschriften eine Leistung der Sozialen Sicherheit darstelle". Vgl. dazu EuGH Rs. C-160/96 (Molenaar) Slg. 1998, I-843, I-886 Rn. 19.

1407 EuGH Rs. 61/65 (Vaassen-Göbbels) Slg. 1966, 583, 607.

1408 So auch *Pennings*, European Social Security Law, 154.

1409 Hat sich der zuständige Mitgliedstaat in Anhang III eintragen lassen, haben die Familienangehörigen nach Art. 18 Abs. 2 i. V. m. 19 Abs. 1 VO 883/2004 nur Anspruch auf die medizinisch notwendigen Sachleistungen, wobei die Art der Leistungen und die voraussichtliche Aufenthaltsdauer zu berücksichtigen sind. Es haben sich derzeit bereits Dänemark, Estland, Irland, Spanien, Italien, Litauen, Ungarn, Niederlande, Finnland, Schweden und das Vereinte Königreich in den Anhang III VO 883/2004 eintragen lassen. Vgl. dazu kritisch *Bauer/Kreutzer/Klein/Deutsche Verbindungsstelle Krankenversicherung (DVKA)*, DRV-Schriften, Band 71 (2007), 71 (75); *Linka* in: Marhold, Sozialrecht der EU, 65 (67). Nach Linka bleibt nunmehr zu hoffen, dass sich nicht noch mehr Staaten in den Anhang III VO 883/2004 eintragen lassen, so dass die Ausnahme nicht zur Regel werde.

1410 Vgl. zur Definition Art. 1 lit. r) VO 883/2004.

muss anhand der Art der Leistung und der voraussichtlichen Dauer des Aufenthalts ermittelt werden (Art. 19 VO). Von Art. 19 VO sind i. d. R. all jene Leistungen erfasst, die bei Nichterbringung dazu führen, dass der Versicherte vor dem ursprünglich geplanten Zeitpunkt in den zuständigen Staat zurückkehren muss.[1411] Dies ist jetzt auch ausdrücklich in Art. 25 Abs. 3 VO 987/2009 normiert worden und soll bewirken, dass durch die Versagung der Krankenversicherungsleistungen kein Druck zur Rückkehr in den Heimatstaat des Unionsbürgers bewirkt werden dürfe. Letztlich ist hier wieder eine Zweck-Mittel-Abwägung erforderlich mit dem Ziel, das zur Behandlung Erforderliche im Verhältnis von Krankheitszustand, geplanter Dauer des Aufenthalts und Art der notwendigen Leistung sicherzustellen.[1412] Dabei werden eine Behandlung der Symptome einer Krankheit nicht mehr ausreichen und eine Anwendung grundlegender Therapien umso erforderlicher, je länger die Dauer des vorgesehenen Aufenthalts ist.[1413]

Nach Art. 20 VO 883/2004 bedarf ein Versicherter, der zur Sachleistungsinanspruchnahme gezielt in einen anderen Mitgliedstaat wechselt, der vorherigen Genehmigung des zuständigen Trägers. Art. 20 VO beschäftigt sich mit der Patientenmobilität, d. h. einer gezielten Reise einer Person in einen anderen Mitgliedstaat zu Behandlungszwecken.[1414] Ziel ist es, durch die Voraussetzung einer vorherigen Genehmigung präventiv die Kosten zu begrenzen und im eigenen Gesundheitssystem in gewissem Umfang Angebot und Nachfrage steuern zu können.[1415] Nach Art. 22 Abs. 1 lit. c) VO 1408/71 konnten die Rentner im Nebenerwerb vom zuständigen Träger des Mitgliedstaats die Genehmigung erhalten, die es ihnen erlaubte, sich in das Gebiet eines anderen Mitgliedstaats zu begeben, um dort eine angemessene Behandlung zu erhalten. Diese Genehmigung stand i. d. R. im Ermessen des zuständigen Staats und musste nur ausnahmsweise erteilt werden, wenn die Leistung nach den Rechtsvorschriften des zuständigen Staats vorgesehen war und der Versicherte die Leistung aufgrund seines Gesundheitszustands und

---

1411 Vgl. Beschluss Nr. 194 der Verwaltungskommission v. 17.12.2003, ABl. EU 2004 Nr. L 104/127 f., der zu Art. 22 Abs. 1 lit. a) VO 1408/71 i. d. F. der VO 631/2004 ergangen ist.

1412 Vgl. dazu *Bieback* in: Fuchs, Europäisches Sozialrecht, Teil 2, Titel III, Art. 19 VO 883/2004, Rn. 10.

1413 Vgl. zu diesem und anderen Beispielen für eine als noch medizinisch notwendig anzusehende Behandlung unter Anwendung der Zweck-Mittel-Abwägung, *Schreiber* in: Schreiber/Wunder/Dern, Art. 19 VO 883/2004 Rn. 9 ff.

1414 Zur Definition und zum Begriff der Patientenmobilität vgl. *Spiegel*, DRV-Schriften, Band 71 (2007), 25 (53); *Spiegel*, ZIAS 2006, 85 (123).

1415 Vgl. dazu *Schreiber* in: Schreiber/Wunder/Dern, Art. 20 VO 883/2004 Rn. 2, 6.

des voraussichtlichen Verlaufs der Krankheit nicht in einem Zeitraum erhalten konnte, der für die Behandlung im Wohnmitgliedstaat normalerweise erforderlich ist.[1416] Dem zuständigen Staat war es somit möglich, bei nationalen Wartelisten die Zustimmung zu verweigern.[1417] Dies ging auch dem EuGH zu weit. Der EuGH verlangte deshalb in seiner Rechtsprechung, dass die Kriterien, unter denen eine Genehmigung nach Art. 22 Abs. 1 lit. c) VO 1408/71 zu erteilen wäre, grundsätzlich dieselben sein müssen wie für eine Genehmigung unter der Dienstleistungsfreiheit für eine stationäre Behandlung in einer Krankenanstalt.[1418] Infolgedessen gilt nunmehr nach Art. 20 Abs. 2 S. 2 VO, dass die Genehmigung zu erteilen ist, wenn die betreffende Behandlung Teil der Leistungen ist, die nach den Rechtsvorschriften des Wohnmitgliedstaats der betreffenden Person vorgesehen ist und ihre Behandlung nicht innerhalb eines in Anbetracht des derzeitigen Gesundheitszustands und des voraussichtlichen Verlaufs der Krankheit medizinisch vertretbaren Zeitraums gewährt werden könne. In einem solchen Fall besteht dann ein Rechtsanspruch auf den Erhalt der Genehmigung.[1419] Der medizinisch vertretbare Zeitraum für den Verbleib im Wohnmitgliedstaat ist dabei prognostisch anhand eines objektiven, sich am medizinisch Notwendigen orientierenden Zeitmaßstabs zu bestimmen.[1420] Nach dieser Neuregelung kann sich der Mitgliedstaat zur Verweigerung der Genehmigung nicht mehr bloß auf nationale Wartezeiten oder sonstige Maßnahmen zur Kontingentierung berufen.[1421] Das Genehmigungsverfahren selbst ist in Art. 26 VO 987/2009 geregelt.

1416 Art. 22 Abs. 2 UA VO 1408/71.

1417 Vgl. ebenso *Spiegel*, ZIAS 2006, 85 (123); *Spiegel*, DRV-Schriften, Band 71 (2007), 25 (53 f.).

1418 EuGH Rs. C-56/01 (Inzian) Slg. 2003, I-12403, I-12440, Rn. 48; I-12443 Rn. 57. Vgl. dazu ebenfalls *Spiegel*, ZIAS 2006, 85 (124); *Spiegel*, DRV-Schriften, Band 71 (2007), 25 (54 f.).

1419 *Eichenhofer*, Sozialrecht, Rn. 97; *Bieback* in: Fuchs, Europäisches Sozialrecht, Teil 2, Titel III, Kap. 1, Abschnitt 1, Art. 20 VO 883/2004 Rn. 13, der auf die Rechtssache Inzian (EuGH Rs. C-56/01 Slg. 2003, I-12403) verweist, bei welcher der EuGH ein Ermessen bei der Anwendung der Voraussetzungen des Art. 20 VO 883/2004 abgelehnt hatte, womit von einer gebundenen Entscheidung des zuständigen Trägers und daher einem Rechtsanspruch des Betroffenen auszugehen sei.

1420 *Bieback* in: Fuchs, Europäisches Sozialrecht, Teil 2, Titel III, Kap. 1, Abschnitt 1, Vorbemerkungen, Rn. 16. Siehe auch *Schreiber* in: Schreiber/Wunder/Dern, Art. 20 VO 883/2004 Rn. 14.

1421 *Spiegel*, DRV-Schriften, Band 71 (2007), 25 (55); *Spiegel*, ZIAS 2006, 85 (125). Dies steht in Einklang mit der Rechtsprechung des EuGH Rs. C-372/04 (Watts) Slg. 2006, I-4325, I-4403 Rn. 68, I-4406 Rn. 79, I-4415 Rn. 119, die allerdings noch

Art. 21 Abs. 1 VO 883/2004 bestimmt für den Rentner im Nebenerwerb als Versicherten, das Geldleistungen vom zuständigen Träger an den Wohn- oder Aufenthaltsort des Rentners im Nebenerwerb exportiert werden müssen. Allerdings kann zwischen beiden Trägern vereinbart[1422] werden, dass der Träger des Wohn- und Aufenthaltsorts nach den Rechtsvorschriften des zuständigen Staats die Geldleistung auf Rechnung des zuständigen Trägers erbringt. Geldleistungen sind solche Leistungen, die im Fall der Krankheit dafür Sorge tragen, dass der Kranke über ein entsprechendes Einkommen verfügt.[1423]

(4) Vorschriften für den nichterwerbstätigen Rentner nach Art. 23 ff. VO 883/2004

Für nichterwerbstätige Rentner[1424] sind insb. die Art. 23 bis 30 VO 883/2004 von Bedeutung. Diese Regelungen sind sehr detailliert ausgestaltet und haben in ihrer Neuregelung zum Ziel, dass die Rentner und ihre Familienangehörigen den aktiv Beschäftigten gleichgestellt werden.[1425]

Hinsichtlich der Art. 23 bis 25 VO besteht bei nichterwerbstätigen Rentnern die Besonderheit, dass bei ihnen das Wohnsitzland des zuständigen Trägers, bei dem sie in das System der Rentenversicherung eingegliedert sind und der für sie die Krankenversicherung durchführt, und der Mitgliedstaat, in dem sie

---

zu Art. 22 Abs. 2 UA 2 VO 1408/71 ergangen ist und eine bloße Berufung auf Wartezeiten nicht genügen lasse. Eine vorherige Genehmigung dürfe nicht aufgrund der bloßen Existenz von Wartelisten verweigert werden, die dazu dienen, das Krankenhausangebot nach Maßgabe von vorab allgemein festgelegten klinischen Prioritäten zu planen und zu verwalten. Ein solches Vorgehen sei dann unzulässig, wenn keine objektive medizinische Beurteilung des Gesundheitszustands des Patienten, seiner Vorgeschichte, der voraussichtlichen Entwicklung seiner Krankheit, des Ausmaßes seiner Schmerzen und/oder der Art seiner Behinderung zum Zeitpunkt der erstmaligen oder erneuten Beantragung der Genehmigung erfolgt ist. Vgl. auch *Schreiber* in: Schreiber/Wunder/Dern, Art. 20 VO 883/2004 Rn. 12.

1422 Vgl. Zur Rechtsnatur der „Vereinbarung" durch schlichte Willenserklärung beider Träger und eben gerade nicht als Vereinbarung mit völkerrechtlichem Charakter *Schreiber* in: Schreiber/Wunder/Dern, Art. 21 Rn. 11.

1423 *Pennings*, European Social Security Law, 152.

1424 Als nichterwerbstätiger Rentner gilt im Folgenden derjenige, der nach nationalem Recht den Status des nichterwerbstätigen Rentners innehat. Vgl. auch die Konstellationen eins bis zwei des Fallbeispiels der Bundesrepublik Deutschland.

1425 *Bieback* in: Fuchs, Europäisches Sozialrecht, Teil 2, Titel III, Kap. 1, Abschnitt 1, Vorbemerkungen, Rn. 14.

ihre Wohnung haben, unterschiedlich sind. Hier erscheint fraglich, welcher Mitgliedstaat letztendlich für die Erbringung von Sachleistungen zuständig ist und wer die Kosten für diese Übernahme zu tragen hat. Bereits nach der VO 1408/71 hatten Rentner einen Anspruch auf alle erforderlichen Leistungen während eines Aufenthalts außerhalb des zuständigen Mitgliedstaats inne.[1426] Nach Art. 23 VO ist eine Fallkonstellation denkbar, bei der ein nichterwerbstätiger Rentner seine Rente von zwei oder mehreren Trägern unterschiedlicher Mitgliedstaaten tatsächlich erhält (Doppel- oder Mehrfachrentner), wovon einer der Wohnmitgliedstaat ist. Nach Art. 23 VO trifft den Träger des Wohnorts für dessen Rechnung die alleinige Leistungspflicht hinsichtlich des Anspruchs auf Sachleistungen aus der Krankenversicherung, sofern der nichterwerbstätige Rentner nach dem Recht des Wohnmitgliedstaats Sachleistungen bei Krankheit in Anspruch nehmen könne. Besitzt ein nichterwerbstätiger Rentner in dem Mitgliedstaat A und in dem Mitgliedstaat B einen Anspruch auf Altersrente und ist er in diesem krankenversichert, ist der Mitgliedstaat B als Wohnmitgliedstaat verpflichtet, für seine Rechnung Sachleistungen der Krankenversicherung zu erbringen. Die Höhe des erhobenen Beitrags zur Krankenversicherung der nichterwerbstätigen Rentner wird durch Art. 30 VO 987/2009 nach oben hin begrenzt.

Besteht kein Sachleistungsanspruch nach den Rechtsvorschriften des Wohnmitgliedstaats gegen den Träger des Wohnorts, reglementiert Art. 24 VO 883/2004 wie die VO 1408/71,[1427] dass der Träger des Wohnorts Sachleistungen nach seinen Rechtsvorschriften zu Lasten des für die Zahlung der Renten zuständigen Mitgliedstaats erbringen könne, wenn in dem zuständigen Rentenmitgliedstaat ein Sachleistungsanspruch bestehe, wenn der nichterwerbstätige Rentner in diesem wohnen würde (Art. 24 Abs. 1 VO). Bei Art. 24 VO gelten daher die Grundsätze der aushilfsweisen Sachleistungserbringung, wobei weitergehende Rechte und Ansprüche dem Rentner nicht entstehen und er somit nicht vollwertiges Mitglied der Krankenversicherung des Mitgliedstaats wird, der die Sachleistung letztlich aushilfsweise erbringt.[1428] Zieht ein nichterwerbstätiger Rentner, der im Mitgliedstaat A Sachleistungen aus der Krankenversicherung erhält, in den Mitgliedstaat B, in welchem er keinen Anspruch auf

1426 Art. 22 Abs. 1 lit. a) VO 1408/71.

1427 Bis auf geringfügige redaktionelle Änderungen sind Art. 24 Abs. 2 VO 883/2004 und Art. 28 Abs. 2 VO 1408/71 als identisch anzusehen.

1428 *Schuler* in: Fuchs, Europäisches Sozialrecht, Teil 2, Titel III, Kap. 1, Abschnitt 2, Art. 24 VO 883/2004 Rn. 6.

Sachleistungen aus der Krankenversicherung oder auf eine Altersrente hat, sind an diesen Rentner Krankenversicherungsleistungen in dem Mitgliedstaat B nach dem Recht des Mitgliedstaats B, allerdings auf Kosten des Mitgliedstaats A, zu erbringen. Sollten mehrere zuständige Mitgliedstaaten bestehen, übernimmt der Träger des Mitgliedstaats die Kosten, dessen Rechtsvorschriften für die betreffende Person am längsten, bzw. sollte dies nicht zu einer Lösung führen, für den Rentner zuletzt gegolten haben [Art. 24 Abs. 2 lit. b) VO]. Der EuGH hat klargestellt, dass mit den „Rechtsvorschriften" in Art. 24 Abs. 2 lit b) VO, die die längste Zeit für den Rentenberechtigten gegolten haben, die Rechtsvorschriften über Renten gemeint seien.[1429] Obwohl Art. 20 VO eigentlich eine Vorschrift für Versicherte wie den Rentner im Nebenerwerb darstellt, entschied der EuGH in der Rechtssache *van der Duin*, dass sie auch auf den nichterwerbstätigen Rentner anzuwenden sei, der in einem anderen Mitgliedstaat als dem zur Rentenzahlung verpflichteten Mitgliedstaat wohne, wenn er über einen Anspruch nach Art. 24 VO verfügt und sich zur ärztlichen Behandlung in den zur Rentenzahlung verpflichteten Mitgliedstaat begebe. Die Genehmigung wird dann durch den Träger des Wohnorts erteilt.[1430] Sollte sich der nichterwerbstätige Rentner in einem anderen als dem zuständigen Staat aufhalten und sich dort ärztlich behandeln lassen, ist er dem Beschäftigten gegenüber bessergestellt, da dann auf ihn Art. 20 VO wegen Art. 31 VO nicht anwendbar ist. Es erfolgt dann eine volle Integration des nichterwerbstätigen Rentners in das Krankenversicherungssystem des Aufenthaltsstaats, womit dieser alle Sozialversicherungsleistungen in diesem Mitgliedstaat beanspruchen kann.[1431]

Art. 25 VO 883/2004 behandelt den Fall, dass der Rentner, der eine Rente oder Renten nach den Rechtsvorschriften eines oder mehrerer Mitgliedstaaten erhält,[1432] in einem Mitgliedstaat wohnt, der den Sachleistungsanspruch nicht vom Bestand

---

1429 Vgl. EuGH Urt. v. 10.10.2013 Rs. C-321/12 (van der Helder) Rn. 56, abrufbar unter: http://curia.europa.eu/juris/recherche.jsf?language=de, (Abrufdatum: 27.12.2013). Vgl. dazu auch *Fuchs*, NZS 2014, 121 (126).

1430 EuGH Rs. C-156/01 (van der Duin) Slg. 2003, I-7045, I-7086 Rn. 48 f., 54.

1431 EuGH Rs. C-326/00, (Ioannidis) Slg. 2003, I-1703, I-1746 Rn. 38; *Voigt*, ZESAR 2004, 121 (123). Vgl. dazu auch *Fuchs*, NZS 2014, 121 (126).

1432 Art. 28 a VO 1408/71 bestimmte, dass eine Kostentragungspflicht für Rentner bestehe, die zum Bezug einer Rente berechtigt seien, vgl. hierzu *Kraus/Hauschild*, DRV-Schriften, Band 71 (2007), 99 (150) die in einer Synopse Art. 25 VO 883/2004 und Art. 28 a VO 1408/71 gegenüberstellen. Vgl. ebenfalls *Bauer/Kreutzer/Klein/ Deutsche Verbindungsstelle KrankenversicherungAusland (DVKA)*, DRV-Schriften, Band 71 (2007), 71 (75).

einer Versicherung (d. h. von Vorversicherungs- und Mitgliedschaftszeiten) abhängig macht, von dem er keine Rente erhält[1433] und der dem nichterwerbstätigen Rentner dann einen Sachleistungsanspruch gegen den Wohnmitgliedstaat auf Rechnung eines mit Hilfe des Art. 24 Abs. 2 VO zu bestimmenden Mitgliedstaats zubilligt. Hintergrund der Regelung ist die Notwendigkeit für solche Staaten, ihre Kosten von dem Staat ersetzt zu bekommen, aus dem der Rentner seine Rente bezieht, weil diese Staaten als Wohnmitgliedstaaten Sachleistungen der Krankenversicherung erbringen, aber dafür keine Vorversicherungszeiten verlangen.[1434] Die Vorschrift soll daher insb. Wohnmitgliedstaaten zu Gute kommen, die kein beitragsfinanziertes Krankenversicherungssystem vorsehen, sondern als steuerfinanzierte „nationale Gesundheitsdienste" die Krankenversicherung allen Einwohnern gewähren.[1435] Insoweit kann vorliegend der Gerechtigkeits- oder Ausgleichsgedanke begründend angeführt werden.

Sollten nichterwerbstätige Rentner ihren Wohnort in einen anderen Mitgliedstaat verlegen, hatten sie nach der VO 1408/71 zwar weiterhin die Beiträge zur Krankenversicherung an ihren die Rente auszahlenden Staat zu entrichten,[1436] waren aber im Falle einer Rückkehr in diesen Staat nur für Akutfälle abgesichert,[1437] da hier das Zustimmungserfordernis des Wohnortträgers bestand.[1438] Nach der Rechtslage können sie gem. Art. 18 Abs. 1 VO während des Aufenthalts im zuständigen Mitgliedstaat Anspruch auf alle Sachleistungen auf Rechnung des zuständigen Mitgliedstaats erheben, wenn sich der zuständige Mitgliedstaat im Anhang IV VO 883/2004[1439] hat eintragen lassen (vgl. Art. 27 Abs. 2 VO). In einem solchen Fall kann der Rentner ohne Einschränkungen Leistungen im zuständigen

---

1433 Dem Begriff „Rente" unterfalle dabei eine auf den Wohnsitz bezogene Rente, z. B. die finnische Volksrente, wie sie im Fall der Erwerbsunfähigkeit und des Alters vorgesehen sei und eine nach den Vorschriften des Wohnsitzstaats geschuldete, auf die Erwerbstätigkeit bezogene Rente. Vgl. dazu EuGH Rs. C-389/99 (Rundgren) Slg 2001, I-3731, I-3778 Rn. 39. Diese Rente dürfe dabei im Wohnsitzstaat gerade nicht gewährt werden.

1434 *Pennings*, European Social Security Law, 162.

1435 Vgl. dazu *Schreiber* in: Schreiber/Wunder/Dern, Art. 25 Rn. 5.

1436 Art. 33 VO 1408/71.

1437 Art. 31 VO 1408/71.

1438 Art. 22 Abs. 1 lit. c) VO 1408/71 i. V. m. Art. 93 Abs. 2 VO 574/72.

1439 Zunächst waren im Anhang IV aufgeführt Österreich, Belgien, Bundesrepublik Deutschland, Griechenland, Frankreich, Italien, Spanien, Schweden und Luxemburg, vgl. dazu auch *Linka* in: Marhold, Sozialrecht der EU, 65 (70). Derzeit sind es 15 Mitgliedstaaten. Siehe dazu *Schreiber* in: Schreiber/Wunder/Dern, Art. 27 Rn. 4.

Mitgliedstaat in Anspruch nehmen. Dies bedeutet eine erhebliche Besserstellung der Rechtsposition des nichterwerbstätigen Rentners.[1440]

Eine Verbesserung der Rechtsposition des nichterwerbstätigen Rentners wurde ebenfalls durch Art. 28 VO 883/2004, der Vorschrift für Grenzgänger[1441] in Rente, bewirkt. Nach der VO 1408/71 war dem nichterwerbstätigen Rentner als Grenzgänger im Ruhestand die Inanspruchnahme der Leistungen nur im Wohnmitgliedstaat möglich.[1442] Dies galt unabhängig davon, ob eine Rente aus dem Beschäftigungsstaat oder Renten aus mehreren Staaten (zumeist aus dem Beschäftigungsstaat und dem Wohnmitgliedstaat) bezogen wurden.[1443] Die Leistungsinanspruchnahme im ehemaligen Beschäftigungsstaat war nur in Akutfällen oder mit Zustimmung des Wohnortträgers möglich.[1444] In der Praxis waren die Grenzgänger im Ruhestand auf die Leistungen des Wohnorts beschränkt, da i. d. R. keine Zustimmung des Wohnortträgers zur Behandlung im ehemaligen Beschäftigungsstaat erteilt wurde. Des Weiteren mussten laufende Behandlungen und ärztliche, langjährige Vertrauensverhältnisse kurzfristig abgebrochen werden.[1445] Nach Art. 28 Abs. 1 VO kann der nichterwerbstätige Rentner als Grenzgänger im Ruhestand, die im ehemaligen Beschäftigungsstaat begonnene Behandlung fortsetzen. Dabei ist in Art. 28 Abs. 1 S. 2 VO definiert, was unter der Fortsetzung einer bereits begonnenen Behandlung zu verstehen ist. Gemäß Art. 28 Abs. 2 VO kann der nichterwerbstätige Rentner als ehemaliger Grenzgänger, wenn er in den letzten fünf Jahren vor dem Bezug der Altersrente mindestens zwei Jahre Grenzgänger war, darüber hinaus auch gegenüber dem alten Beschäftigungsstaat Sachleistungsansprüche geltend machen, soweit der Wohnmitgliedstaat mit dem ehemaligen Beschäftigungsstaat diesbezügliche

---

1440 So im Ergebnis auch *Linka* in: Marhold, Sozialrecht der EU, 65 (70).

1441 Grenzgänger sind gem. Art. 1 lit. f) VO 883/2004 Personen, die in einem Mitgliedstaat eine Beschäftigung oder eine selbstständige Erwerbstätigkeit ausüben und in einem anderen Mitgliedstaat wohnen, in den sie i. d. R. täglich, mindestens jedoch einmal wöchentlich zurückkehren.

1442 Da der Art. 28 VO 883/2004 neu in die VO 883/2004 eingefügt wurde, galt für Grenzgänger in Rente unter der VO 1408/71 der Grundsatz des Art. 27 VO 1408/71, nunmehr Art. 23 VO 883/2004, wonach die Vorschriften des Wohnmitgliedstaats ausschließlich anwendbar sind.

1443 *Linka* in: Marhold, Sozialrecht der EU, 65 (70). Siehe auch Anhang V VO 883/2004.

1444 Bestand kein Leistungsanspruch im Wohnmitgliedstaat aufgrund des Bezugs einer Rente aus diesem Staat, blieb die Zuständigkeit des ehemaligen Beschäftigungsstaats bestehen, allerdings nahm dann der Wohnmitgliedstaat selbst die Rolle des zuständigen Staats ein, vgl. dazu Art. 31 VO 1408/71 i. V. m. Art. 93 Abs. 2 VO 574/72.

1445 *Pennings*, European Social Security Law, 178; *Spiegel*, DRV-Schriften, Band 71 (2007), 25 (52); *Spiegel*, ZIAS 2006, 85 (121).

Vereinbarungen getroffen hat und beide Staaten in Anhang V der VO 883/2004 aufgeführt sind.[1446] Im Gegensatz zu Art. 28 Abs. 1 VO der eine konkrete Krankheit voraussetze, die bereits behandelt wurde im ehemaligen Beschäftigungsstaat, knüpfe Art. 28 Abs. 2 VO außer an die Vereinbarung und die Eintragung in Anhang V der VO keine weiteren Voraussetzungen an die Sachleistungsgewährung.[1447] Diese Neuerungen tragen dazu bei, dass das Koordinierungsrecht im Bereich der Krankenversicherung durch die VO vereinfacht und klarer geregelt wurde[1448] und Rentner insgesamt besser gestellt werden.[1449]

Die Geldleistungen für Rentner sind getrennt von den Sachleistungen geregelt. Sie werden dem Rentner vom primär zuständigen Träger des Mitgliedstaats gewährt, der auch ansonsten die Kosten für die Sachleistungen des Rentners im Wohnmitgliedstaat zu tragen hätte (Art. 29 VO).

Die Beiträge des Rentners sind an den Träger zu leisten, der die Kosten zu tragen hat (Art. 30 Abs. 1 VO). Der zuständige Träger ist berechtigt, das gesamte Einkommen des nichterwerbstätigen Rentners zu berücksichtigen und somit neben der inländischen Rente auch Renten aus anderen Mitgliedstaaten als Beitragsbemessungsgrundlage heranzuziehen, wenn dies im innerstaatlichen Recht so vorgesehen ist.[1450] Dies ist als positiv zu bewerten, da dadurch eine „Gerechtigkeitslücke" geschlossen werde.[1451] In den Art. 73 und 84 VO 987/2009 finden sich die Durchführungsvorschriften zur Einziehung und Erstattung von Beiträgen.

Neu aufgenommen wurde in den gemeinsamen Vorschriften für den nichterwerbstätigen Rentner und den Rentner im Nebenerwerb in Art. 34 VO, dass die Kosten der Pflegesachleistung auf die Pflegegeldleistung angerechnet werden können, wenn beide Leistungen bei Krankheit zu Lasten ein und desselben Staats gehen. Die Verhinderung von „Leistungskumulierung" ist ein großer Fortschritt im Vergleich zur VO 1408/71, denn das vom zuständigen Träger exportierte Pflegegeld verliere seine sozialpolitische Rechtfertigung, wenn die Sachleistungen im Wohnmitgliedstaat bereits das Risiko der Pflegebedürftigkeit teilweise

---

1446 Derzeit sind Österreich, Bundesrepublik Deutschland, Belgien, Frankreich, Portugal, Spanien und Luxemburg in Anhang V eingetragen, vgl. ebenfalls *Linka* in: Marhold, Sozialrecht der EU, 65 (70).

1447 Siehe dazu *Schreiber* in: Schreiber/Wunder/Dern, Art. 28 Rn. 4, 7.

1448 *Voigt*, ZESAR 2004, 121 (123).

1449 So auch *Spiegel*, ZIAS 2006, 85 (121); *Spiegel*, DRV-Schriften, Band 71 (2007), 25 (52).

1450 EuGH Rs. C-73/99 (Movrin) Slg. 2000, I-5625, I-5654 Rn. 50 f., *Pennings*, European Social Security Law, 165.

1451 *Otting*, DRV-Schriften, Band 71, (2007), 23 (24).

abdecken.[1452] In Art. 31 VO 987/2009 sind wechselseitige Informationspflichten des zuständigen Trägers sowie Trägers des Wohn- oder Aufenthaltsorts bezüglich des Exports von Pflegegeldleistungen und der Sachleistungsgewährung enthalten.

Die Regelungen über die Krankenversicherung der Rentner sind insgesamt sehr kompliziert ausgestaltet. Es drängt sich der Eindruck auf, dass der Unionsgesetzgeber der Zugehörigkeit des Rentners sowohl zu seinem alten Beschäftigungsmitgliedstaat als auch zu seinem neuen Wohn- und Aufenthaltsmitgliedstaat vollständig gerecht werden wollte.[1453] Für den nichterwerbstätigen Rentner ergeben sich durch die Art. 27 Abs. 2, 28 VO und für den Rentner im Nebenerwerb durch die Art. 20 Abs. 2 VO sowie für beide Rentnergruppen durch den Art. 34 VO viele Neuregelungen, die den Schutzumfang für diese Personen im Hinblick auf die Gewährung von Krankenversicherungsleistungen erheblich verbessern.

bb. Kapitel 3 (Art. 42 ff. VO 883/2004 und Art. 42 VO 987/2009-Sterbegeld)

Unter Sterbegeld versteht man gem. Art. 1 lit. y) VO 883/2004 jede einmalige Zahlung im Todesfall, mit Ausnahme der Kapitalabfindungen als Rente.[1454] Nach Art. 42 Abs. 1 VO 883/2004 gilt der Tod eines Versicherten und somit auch eines Rentners im Nebenerwerb[1455] als in dem zuständigen Mitgliedstaat eingetreten,

---

1452 So auch *Schulte* in: von Maydell/Ruland/Becker, Sozialrechtshandbuch, § 33 Rn. 147; *Spiegel* in: Marhold, Sozialrecht der EU, 9 (25); *Spiegel*, ZIAS 2006, 85 (104). Vgl. zu dieser Neuheit Erwägungsgrund Nr. 24 VO 883/2004. Vgl. zur Abgrenzung von Pflegegeldleistungen und Pflegesachleistungen und die Tatbestandsvoraussetzungen des Art. 34 Abs. 1 VO 883/2004 ausführlich *Schreiber* in: Schreiber/Wunder/Dern, Art. 34 Rn. 4 ff.

1453 *Bieback* in: Fuchs, Europäisches Sozialrecht, Teil 2, Titel III, Kap. 1, Abschnitt 1, Vorbemerkungen, Rn. 14.

1454 Die Legaldefinition in Art. 1 lit. y) VO 883/2004 ist dabei inhaltsgleich mit der Begriffsdefinition in Art. 1 lit. v) VO 1408/71. Kapitalabfindungen sind nach Art. 1 lit. w) VO 883/2004 auch Renten, da dieser bestimmt, dass „Renten" nicht nur Renten im engeren Sinn, sondern auch Kapitalabfindungen sind, die an deren Stelle treten können. Vgl. zur Abgrenzung des Begriffs Sterbegeld von dem Begriff Rente zudem EuGH Rs. 130/73 (Vandeweghe) Slg. 1973, 1329, 1334 Rn. 6 f.

1455 Die VO 1408/71 sprach in Art. 65 Abs. 1 als Parallelvorschrift zu Art. 42 Abs. 1 VO 883/2004 in ihrem persönlichen Geltungsbereich von „Arbeitnehmer, ein Selbstständiger, ein Rentner, ein Rentenantragsteller oder einer ihrer Familienangehörigen". Dass die VO 883/2004 die Formulierung „Tod eines Versicherten" verwendet, könnte bedeuten, dass sie jeden Versicherten erfasst. Daraus könnte entnommen werden, dass sie den nichterwerbstätigen Rentner und den Rentner im Nebenerwerb gleichermaßen in ihren persönlichen Geltungsbereich mit einbeziehen will. Stützen lässt sich diese

auch wenn der Tod des Rentners tatsächlich in einem anderen als dem zuständigen Mitgliedstaat eingetreten ist. Art. 42 VO 883/2004 hebt somit das Territorialitätsprinzip auf, wonach die Leistungen in den Staaten nur gewährt werden, wenn die Ereignisse in ihrem Geltungsbereich eingetreten seien.[1456] Nach Art. 42 Abs. 1 VO

Argumentation auch durch Art. 1 lit. c) VO 883/2004, welcher bestimmt, dass der „Versicherte" in Bezug auf die von Titel III Kap. 3 erfassten Zweige (Sterbegeld) jede Person ist, die unter Berücksichtigung der Bestimmungen dieser VO, die für einen Leistungsanspruch nach den Rechtsvorschriften des gemäß Titel II zuständigen Mitgliedstaats, vorgesehenen Voraussetzungen erfüllt. Vgl. zu sprachenvergleichenden Ansätzen des Begriffs „Person" auch i. S. von „alle" und „jedermann" *Burr/Mann* in: Burr/Gréciano, 33 (39). Burr/Mann nehmen allerdings auf die Verwendung des Wortes „Person" in der Grundrechtecharta Bezug. Die grundsätzlich umfassende Bedeutung des Wortes „Person" im Unionsrecht lässt sich aber auch für die vorliegende Argumentation fruchtbar machen. Insoweit könnte jeder Rentner im Nebenerwerb, der im zuständigen Mitgliedstaat über seine Nebentätigkeit versichert ist und eigentlich auch jeder nichterwerbstätige Rentner, der zumindest in der Rentenversicherung und zumeist auch Krankenversicherung versichert ist, unter die Vorschriften für das Sterbegeld fallen. Allerdings enthält Art. 43 VO eine Sondervorschrift zur Gewährung der Leistungen bei Tod eines Rentners. Die hintereinander folgende Regelung der Leistungsgewährung bei Tod eines Versicherten und eines Rentners kann nur bedeuten, dass der Unionsgesetzgeber an der bereits im Rahmen der Leistungen bei Krankheit vorgenommen Differenzierung zwischen Erwerbstätigen und Nichterwerbstätigen festhalten wollte. Der Rentner im Nebenerwerb ist daher als Versicherter von Art. 42 VO erfasst, wohingegen der nichterwerbstätige Rentner unter Art. 43 VO fällt.

1456 Die Verbindung zwischen dem System der Sozialen Sicherheit und dem Territorium eines Mitgliedstaats wird Territorialitätsprinzip genannt. So wird ein Mitgliedstaat i. d. R. seine Verantwortung im Bereich der Sozialen Sicherheit auf sein eigenes Territorium und seine eigenen Staatsbürger begrenzen wollen. Dieses Prinzip ist kein rechtliches Prinzip sondern eine Begriffsbezeichnung, welche bestimmt, dass ein nationales System der Sozialen Sicherheit nur anwendbar sei auf Ereignisse die in den nationalen Grenzen des betreffenden Staats stattfinden. Vgl. hierzu *Pennings*, European Social Security Law, 4. Siehe zum Territorialprinzip auch *Janda*, KritV 2011, 275 (276). Diese führt an, dass nach dem Territorialprinzip Staaten auch berechtigt seien, Sachverhalte außerhalb des eigenen Territoriums zu regeln, dafür bedürfen sie aber einer legitimen Anknüpfung, die sowohl territorialer, als auch personaler Natur sein könne. Vgl. zum Territorialitätsprinzip ebenfalls, allerdings im Zusammenhang mit dem Unfallversicherungsrecht, *Fuchs* in: Fuchs, Europäisches Sozialrecht, Teil 2, Titel III, Kap. 2, Vorbemerkungen, Rn. 1 ff.; *Watermann*, BG 1963, 321 (322 f.). Vgl. auch *Hailbronner* in: Hailbronner/Wilms, Recht der EU, Art. 42 EGV Rn. 67. Hailbronner weist auf die Rechtsprechung des EuGH hin, der das Territorialprinzip weitgehend einschränke.

883/2004 darf die Gewährung des Sterbegeldes nicht deshalb ausgeschlossen sein, weil der Sterbeort außerhalb des Gebiets des zuständigen Staats liegt. Art. 42 Abs. 1 VO 883/2004 fingiert somit den Eintritt des Todes im Gebiet des zuständigen Staats. Dieser ist nach Art. 1 lit. s) und q) i) VO der Staat des Trägers, bei dem die betreffende Person zum Zeitpunkt der Stellung des Antrags auf Leistungen versichert ist. Wohnt der Berechtigte in einem anderen als dem zuständigen Mitgliedstaat, ist der zuständige Träger dennoch zur Gewährung von Sterbegeld nach den für ihn geltenden Rechtsvorschriften verpflichtet (Art. 42 Abs. 2 VO 883/2004). Auch hinsichtlich eines anderen Wohnorts des Berechtigten ist das Territorialitätsprinzip insoweit aufgehoben worden. Verfahrensrechtlich ist Art. 42 VO 987/2009 zu beachten, der regelt, dass das Sterbegeld bei dem zuständigen Träger zu beantragen ist. Es genügt aber auch die Beantragung bei dem Träger des Wohnorts, der den Antrag dann an den zuständigen Träger weiterleitet.

Art. 43 VO 883/2004 enthält eine Sondervorschrift zur Gewährung von Leistungen bei Tod eines nichterwerbstätigen Rentners. Der zuständige Träger, der die Kosten für die Sachleistungen aus der Krankenversicherung gem. der Art. 24 und 25 VO 883/2004 zu erbringen hat, die der Rentner erhält, der im Gebiet eines anderen Mitgliedstaats wohnt, gewährt den Berechtigten des Rentners das Sterbegeld nach seinen Rechtsvorschriften, als ob der Rentner im Zeitpunkt seines Todes im Gebiet dieses Mitgliedstaats gewohnt hätte. Dies stellt eine echte unverzichtbare Zuständigkeitsregelung für Rentner dar,[1457] die aufgrund des Abstellens auf die Rechtsvorschriften des Mitgliedstaats des zuständigen Trägers, jedoch keine Vorschriften über Art und Umfang der Gewährung des Sterbegelds enthält.[1458] Die Art. 42, 43 VO 883/2004 sind nach ihrem Wortlaut nahezu mit den Art. 64 bis 66 VO 1408/71 identisch.[1459] Insoweit ist durch die VO 883/2004 im Vergleich zur VO 1408/71 keine Besserstellung des nichterwerbstätigen Rentners und des Rentners im Nebenerwerb in Bezug auf die Koordinierung des Sterbegelds zu konstatieren.

cc. Kapitel 5 (Art. 50 ff. VO 883/2004 und Art. 43 ff. VO 987/2009 Altersrenten)

Die Art. 50 ff. VO 883/2004 entfalten für Rentensysteme i. S. des Art. 3 Abs. 1 lit. d) i. V. m. Abs. 2 VO 883/2004 Geltung. Zunächst ist zu klären, was unter dem Begriff „Altersrenten" zu verstehen ist. Der EuGH definiert in der Rechtssache *Valentini* die

---

1457 *Spiegel*, ZIAS 2006, 85 (141 Fn. 303); *Spiegel*, DRV-Schriften, Band 71 (2007), 25 (67 Fn. 303).

1458 So *Wunder* in: Schreiber/Wunder/Dern, Art. 43 Rn. 3.

1459 Vgl. zum fast identischen Wortlaut *Kraus/Hauschild*, DRV-Schriften Band 71, 2007, 99 (170).

Altersrenten als Leistungen, die den Lebensunterhalt für Personen sicherstellen sollen, die bei Erreichen eines bestimmten Alters ihre Beschäftigung aufgegeben haben und zumindest nicht mehr verpflichtet seien, sich der Arbeitsverwaltung zur Verfügung zu stellen.[1460] Es ist wissenschaftlich sinnvoll zu erörtern, worauf sich das Koordinierungssystem der VO 883/2004 konkret erstreckt. Das Koordinierungssystem der VO 883/2004 bezieht sich ausschließlich auf die gesetzlichen Rentensysteme.[1461] Bei den gesetzlichen Rentensystemen unterscheidet man Sozialversicherungs- und Volksrentensysteme.[1462] Diese zeichnen sich in den einzelnen Mitgliedstaaten durch erhebliche Unterschiede, insb. hinsichtlich der gesetzlichen regelmäßigen Altersgrenze für die Renteninanspruchnahme, des persönlichen Geltungsbereichs (Gruppenversicherung oder Volksversicherung), der Finanzierung (Steuern und/oder Beiträge), des angestrebten Leistungsniveaus (Grundsicherung oder Vollsicherung) sowie hinsichtlich der konkreten Ausgestaltung der Leistungen aus.[1463] Eine

---

1460 EuGH Rs. 171/82 (Valentini) Slg. 1983, 2157, 2170 Rn. 14.

1461 Erfasst sind somit nur staatlich organisierte Systeme. Gerade nicht erfasst sind die ergänzenden Rentensysteme, also insb. die betrieblichen Zusatzversorgungssysteme, soweit diese nicht unter den Begriff der „Rechtsvorschriften" unter Art. 1 lit. l) VO fallen oder durch eine Erklärung des Mitgliedstaats an den Präsidenten des Europäischen Parlaments und den Präsidenten des Rates der EU ausdrücklich einbezogen sind. Vielmehr sind die betrieblichen Zusatzversorgungssysteme von der RL 98/49 EG v. 29.06.1998 zur Wahrung ergänzender Rentenansprüche erfasst, die als Koordinierungswerk strikt von der Koordinierung durch die VO 883/2004 zu trennen sei; vgl. hierzu *Schuler* in: Fuchs, Europäisches Sozialrecht, Teil 2, Titel III, Kap. 5, Vorbemerkungen Rn. 2. Auch *Wunder* in: Schreiber/Wunder/Dern, Vorbemerkung Art. 50 ff. VO 883/2004 Rn. 8 ff. führt an, dass trotz des Wegfalls des Verweises auf „öffentliche Mittel" bei der Definition der Altersrenten in Art. 1 lit. t) VO 1408/71 in der neuen VO 883/2004 diese nicht gleichzeitig für freiwillige und ergänzende Rentensysteme gelten solle und verweist hierzu insb. auf Art. 90 Abs. 2 VO 883/2004.

1462 Staaten mit Sozialversicherungssystemen sind bspw. Österreich, Frankreich, Bundesrepublik Deutschland, Italien, Belgien, Griechenland, Luxemburg, Spanien und Portugal. Die Volksrentensysteme lassen sich z. B. in Irland, Vereinigtes Königreich, den Niederlanden und Dänemark finden. Vgl. hierzu *Ruland*, EuR 1989, 303 (307 f.); *Glombik*, BayVBl. 2007, 524 (525).

1463 *Devetzi*, DRV-Schriften Band 45 (2003), 419 (420, 424 f.); *Zacher* in: Zacher, Alterssicherung im Rechtsvergleich, 25 (108). Vgl. zu den Unterschieden in den einzelnen Mitgliedstaaten, *Europäische Kommission*, Soziale Sicherheit in den Mitgliedstaaten der EU, Tabelle VI, S. 272 ff. Zu den Unterscheidungsmerkmalen zwischen Sozialversicherungssystemen und Volksrentensystemen vgl. ebenfalls *Ruland*, EuR 1989, 303 (306 f., 309 ff.); *Glombik*, BayVBl. 2007, 524 (525). Vgl. kritisch zur

Angleichung dieser Unterschiede zwischen Sozialversicherungs- und Volksrentensystemen werde durch ergänzende Systeme sozialer Sicherung weitestgehend erreicht.[1464] Die Rentensysteme fallen in die Regelungskompetenz der Mitgliedstaaten, so dass eine rechtliche Harmonisierung durch die Europäische Union bis dato nicht erfolgte.[1465] Die durch die VO 883/2004 vorgenommene Koordinierung nationaler

---

Vollversorgung durch die gesetzliche Krankenversicherung in Deutschland *Heinig*, NVwZ 2006, 771 (771).

1464 Die Mitgliedstaaten mit Sozialversicherungssystemen kennen subsidiäre, steuerfinanzierte Grundsicherungssysteme, wie z. B. in Frankreich die „Aide sociale" (Sozialhilfe). Demgegenüber haben die Volksrentensysteme Zusatzsicherungssysteme eingeführt, welche den Unterschied zwischen der Grundsicherung und der Absicherung des Lebensstandards zumindest teilweise ausgleichen sollen. Vgl. dazu *Ruland*, EuR 1989, 303 (308); *Glombik*, BayVBl. 2007, 524 (525). Vgl. zu einer Aufstellung in welchen Mitgliedstaaten neben diesen Rentensystemen noch ergänzende Rentensysteme bestehen, *Van Overmeiren/Eichenhofer/Verschueren*, trESS Analytical Study 2011, 1 (23).

1465 Die Harmonisierung der Sozialsysteme generell ablehnend *Glombik*, BayVBl. 2007, 524 (525 f.). Glombik steht jedoch einer Teilharmonisierung der nationalen Sicherungssysteme nicht entgegen. Raum für eine Teilharmonisierung im Bereich der Rentenversicherung bestehe nach Glombik in der Umschreibung der Risiken in den einzelnen Alterssicherungssystemen, der Ausschaltung der unterschiedlichen Altersgrenzen in den Mitgliedstaaten und der Garantie des Erhalts eines Mindesteinkommens im Falle des Alters, vgl. dazu insgesamt *Glombik*, BayVBl. 2007, 524 (526). Ebenso *Ruland*, EuR 1989, 303 (331 f., 333 ff.). Dieser weist darauf hin, dass anstelle der derzeitigen Koordinierung durchaus eine Harmonisierung im Bereich der Sozialpolitik aufgrund der allgemeinen Rechtsgrundlagen der Art. 114, 115, 352 AEUV i. V. m. Art. 151 AEUV in Betracht komme. Für eine solche Kompetenz reiche es bereits, wenn die Harmonisierung dazu diene, die Ausübung des freien Waren- und Personenverkehrs und die Herstellung binnenmarktähnlicher Zustände im Gemeinsamen Markt zu erleichtern. Danach sei die Harmonisierung bereits zulässig, wenn die unterschiedlichen Soziallasten als rechtliche Wettbewerbsverzerrungen zwischen den Unternehmen verschiedener Mitgliedstaaten angesehen würden. Darüber hinaus wird kritisiert, dass die unterschiedliche Ausgestaltung der Sozialrechtsordnungen der Mitgliedstaaten die Freizügigkeit beeinträchtige und durch eine Sozialrechtskoordinierung deshalb keine insgesamt befriedigende Lösung gefunden werden könne. Vgl. dazu *Ruland*, EuR 1989, 303 (331); *Schuler*, EuR 1985, 113 (120 f.); *Bieber/Epiney/Haag*, EU, § 11 Rn. 112, § 22 Rn. 12 ff. Diese sprechen sich für eine „Angleichung der Strukturen und Leistungsniveaus" der sozialen Sicherungssysteme aus und beziehen als allgemeine Rechtsgrundlagen für eine solche Angleichung die Art. 114, 115, 352 AEUV und als spezielle die Art. 153, 157 Abs. 3, 165, 166 AEUV mit ein.

Rentensysteme ist besonders anspruchsvoll, da es sich bei Rentenleistungen um langjährig erworbene Ansprüche handele und in diesem Bereich sich daher der Verlust von Anwartschaften besonders stark spürbar auswirke.[1466]

Art. 50 Abs. 1 VO 883/2004 bestimmt, dass alle zuständigen Träger, sollte ein Antrag in einem Mitgliedstaat gestellt werden, die Leistungsansprüche hinsichtlich einer Altersrente nach den Rechtsvorschriften aller Mitgliedstaaten, in denen Versicherungszeiten[1467] zurückgelegt wurden, festzustellen haben, es sei denn er beantragt ausdrücklich, die Feststellung der Altersrente in einem oder mehreren Mitgliedstaaten aufzuschieben. Es wird insoweit eine ordnungsgemäße Antragstellung auch in diesem Mitgliedstaat fingiert.[1468] Dementsprechend eröffnet Art. 45 Abs. 4 S. 1 VO 987/2009 dem Rentenantragsteller wahlweise die Möglichkeit den Rentenantrag beim Träger des Wohnorts oder bei dem Träger des Mitgliedstaats, dessen Rechtsvorschriften für ihn zuletzt gegolten haben, mit Wirkung für den zuständigen Staat zu stellen. Dabei ist der Zeitpunkt der Antragstellung für alle Träger verbindlich (Art. 45 Abs. 5 VO 987/2009).[1469] Nach den Rechtsvorschriften des konkreten Rentenrechts müssen in mehreren Mitgliedstaaten Versicherungszeiten i. S. des Art. 1 lit. t) VO 883/2004 zurückgelegt worden bzw. anrechnungsfähig sein. Daneben sind fremde Zeiten zu berücksichtigen.[1470] Nach Art. 50 Abs. 2 VO 883/2004 hat der Träger des Mitgliedstaats, in dem ein Leistungsanspruch besteht, fremdmitgliedstaatliche Zeiten in Mitgliedstaaten, in denen kein Leistungsanspruch gegeben ist, nur dann zu berücksichtigen, wenn die eigene Leistung dadurch nicht niedriger wird. Aufgrund der eigenverantwortlichen Ausgestaltung der Rentensysteme in den Mitgliedstaaten kann es vorkommen,

---

1466 Siehe dazu *Wunder* in: Schreiber/Wunder/Dern, Vorbemerkung zu Art. 50 ff. VO 883/2004, Rn. 2.

1467 Der EuGH entschied, dass aus Art. 21 AEUV folge, dass die zuständige Einrichtung eines ersten Mitgliedstaats dazu verpflichtet sei, im Hinblick auf die Gewährung einer Altersrente Kindererziehungszeiten zu berücksichtigen, die in einem zweiten Mitgliedstaat zurückgelegt wurden, wenn die betreffende Person nur in dem ersten Mitgliedstaat eine berufliche Tätigkeit ausgeübt habe und zur Zeit der Geburt ihrer Kinder ihre Berufstätigkeit vorübergehend einstellte und ihren Wohnsitz aus rein familiären Gründen im Hoheitsgebiet des zweiten Mitgliedstaats begründete und zwar so, als ob diese Kindererziehungszeiten im Inland zurückgelegt worden seien. EuGH Rs. C-522/10 (Reichel-Albert) NZS 2012, 935 (935 Rn. 45).

1468 Vgl. dazu auch EuGH Rs. 108/75 (Balsamo) Slg. 1976, 375, 383 Rn. 15.

1469 Vgl. aber auch die Abweichung von Art. 45 Abs. 5 VO 987/2009 in Art. 45 Abs. 6 VO 987/2009.

1470 Diese fremden Zeiten können dabei abkommensrechtlichen Versicherungslastregelungen entspringen, vgl. hierzu *Bauer/Hannemann/Kinzel*, Art. 44 Erläuterung zu Abs. 1.

dass kein Leistungsanspruch nach dem Recht eines Mitgliedstaats gegeben ist, weil dessen Anspruchsvoraussetzungen, wie z.B. die Erreichung des Renteneintrittsalters noch nicht vorliegen, wohingegen diese Voraussetzung bei dem anderen Mitgliedstaat unproblematisch gegeben sei.[1471] Art. 50 Abs. 2 VO stellt eine bedeutende Gewährleistung für den Rentner unter Beachtung des Günstigkeitsprinzips im Vergleich zum bisherigen Recht dar.[1472]

Die Rentenkoordinierung durch die VO 883/2004 hat den durch Art. 48 UA 1 lit. a) AEUV bestehenden Auftrag eingelöst.[1473] Eine Zusammenrechnung der Zeiten sieht Art. 6 VO 883/2004 vor, so dass eine nochmalige Feststellung in der VO 883/2004 im Kap. Altersrenten unterbleiben konnte.[1474] Das Gebot

---

1471 Siehe dazu *Wunder* in: Schreiber/Wunder/Dern, Art. 50 VO 883/2004 Rn. 6.

1472 Bisher wurden Zeiten in weiteren Mitgliedstaaten, in denen kein Leistungsanspruch bestand, nur im nationalen Recht berücksichtigt, wenn die nationale Leistung dadurch höher wurde [vgl. dazu Art. 49 Abs. 1 lit. a) und b) VO 1408/71]. Nunmehr haben die fremdmitgliedstaatlichen Zeiten unberücksichtigt zu bleiben, wenn die Berücksichtigung zu einem niedrigeren Leistungsbetrag führt (Art. 50 Abs. 2 883/2004). Die Neuregelung innerhalb der VO 883/2004 wahre die Interessen des Berechtigten (keine Leistungsminderung) und zugleich diejenigen der beteiligten Träger, da diese Neufeststellungen bei einem späteren Anspruch in einem Drittstaat vermeiden wollen. Insoweit minimiere die Neuregelung den Verwaltungsaufwand. Vgl. dazu *Grotzer*, DRV-Schriften, Band 71 (2007), 89 (91).

1473 Vgl. auch EuGH Rs. 232/82 (Baccini) Slg. 1983, 583, 596 Rn. 16 f. In der Rechtssache Baccini führte der EuGH zur VO 1408/71 an, dass es Ziel des AEUV sei, eine Schlechterstellung von Wanderarbeitnehmern infolge eines Wechsels von einem Mitgliedstaat in einen anderen zu verhindern. Der Beschäftigte dürfe bei einem Wechsel die Berücksichtigung seiner Beschäftigungszeiten nicht verlieren und somit schlechter gestellt werden, als wenn er seine gesamte berufliche Laufbahn in einem einzigen Mitgliedstaat verbracht habe. Durch Art. 45 Abs. 1 VO 1408/71 sei ein System der Zusammenrechnung sämtlicher Beschäftigungszeiten eingeführt worden, die auf diese Weise für den Erwerb oder die Aufrechterhaltung von gleichartigen Leistungsansprüchen in verschiedenen Mitgliedstaaten und für die Berechnung ihrer Höhe in Betracht kommen können.

1474 In der VO 1408/71 bestimmte Art. 45 Abs. 1 noch, dass die Versicherungs- und Wohnzeiten, die nach den Rechtsvorschriften zurückgelegt worden sind, die für den Arbeitnehmer oder Selbstständigen im Hinblick auf den Erwerb, die Aufrechterhaltung oder das Wiederaufleben des Leistungsanspruchs galten, berücksichtigt werden müssen. Der EuGH hat in der Rechtssache Tomaszewska entschieden, dass ex Art. 45 Abs. 1 VO 1408/71 dahingehend auszulegen sei, dass bei der Bestimmung des nationalen Rechts für den Erwerb des Anspruchs auf eine Altersrente durch einen Arbeitnehmer erforderliche Mindestversicherungszeit der zuständige Träger zur Bestimmung der Grenze, die die beitragsfreien Zeiten im Verhältnis zu

zur Berücksichtigung fremdmitgliedstaatlicher Zeiten bezieht sich nur auf die einen Anspruch begründenden versicherungsrechtlichen Voraussetzungen.[1475] Da die Ausgestaltung der Systeme der sozialen Sicherheit den Mitgliedstaaten obliegt, können die Mitgliedstaaten eigenständig festlegen, wann und in welcher Höhe ein solcher Anspruch besteht. So dürfen sie z. B. eine Mindestbeitragszeit für die Eröffnung eines Rentenanspruchs fixieren und bestimmen, welche konkreten Versicherungszeiten angerechnet werden, solange sie nur die in anderen Mitgliedstaaten zurückgelegten Zeiten in gleicher Weise berücksichtigen.[1476] Art. 51 Abs. 1 VO 883/2004 beschränkt die konkrete Gleichstellung im Falle eines Sondersystems für Beschäftigte dahingehend, dass eine Zusammenrechnung nur auf Zeiten bezogen ist, die innerhalb vergleichbarer Sondersysteme anderer Mitgliedstaaten oder, falls solche nicht existieren, in dem gleichen Beruf oder ggf. in der gleichen Beschäftigung zurückgelegt wurden.

Art. 52 VO 883/2004 beschreibt eine Rentenberechnung, die sich am Günstigkeitsprinzip orientiert. Die Berechnung ist charakterisiert durch eine Mischberechnung, bestehend aus einer Berechnung nach dem Pro-rata-temporis-Verfahren[1477], die auf Optimierung ausgelegt ist und einer Berechnung aufgrund ausschließlich nationaler Zeiten.[1478] Durch Art. 52 Abs. 1 lit. a) VO errechnet der zuständige Träger die Rente ausschließlich nach dem mitgliedstaatlichen Recht, d.h., für die Höhe der Leistungen sind nur die in dem einzelnen Mitgliedstaat erbrachten Zeiten entscheidend (autonome Leistung). Nach Art. 52 Abs. 1 lit. b) VO kann die Berechnung eines theoretischen Betrags und im Anschluss daran eines tatsächlichen Betrags

---

den Beitragszeiten nicht übersteigen dürfen, wie sie nach nationalem Recht vorgesehen ist, alle von dem Arbeitnehmer im Laufe des Berufslebens zurückgelegten Versicherungszeiten, auch solche in anderen Mitgliedstaaten der Union, zu berücksichtigen habe. Damit setze Art. 45 Abs. 1 VO 1408/71 den Grundsatz der Zusammenrechnung der Versicherungs-, Wohn- oder Beschäftigungszeiten aus Art. 48 lit a) AEUV um. Vgl. hierzu EuGH Urt. v. 03.03.2011 Rs. C-440/09 (Tomaszewska) EuZW 2011, 606 (608 Rn. 30, 35).

1475 Vgl. Art. 6 VO 883/2004, der die Versicherungs- und Beschäftigungszeiten nur berücksichtigt wissen will für „den Erwerb, die Aufrechterhaltung, die Dauer oder das Wiederaufleben des Leistungsanspruchs".

1476 Vgl. dazu *Schulte*, Jahrbuch des Sozialrechts, Band 33, 2012, 509 (524). Siehe auch *Wunder* in: Schreiber/Wunder/Dern, Vorbemerkung Art. 50 Rn. 12.

1477 Das Pro-rata-temporis-Verfahren bezeichnet das Zweier-Schritt-Verfahren zur Berechnung der anteiligen Leistung nach Art. 52 lit. b) VO 883/2004.

1478 *Eichenhofer* in: Oetker/Preis, EAS B 1200, Rn. 48.

durch Berücksichtigung des zeitlichen Anteils erfolgen (anteilige Leistung).[1479] Gemäß Art. 52 Abs. 2 VO 883/2004 wendet der zuständige Träger nach Ermittlung

1479 Bei der Errechnung des theoretischen Rentenbetrags werden alle fremdmitgliedstaatlichen Zeiten (Versicherungs- und/oder Wohnzeiten) derart berücksichtigt, als seien sie nach inländischem Recht anrechnungsfähige Zeiten. Dies gilt auch, wenn die fremdmitgliedstaatlichen Zeiten nach dem innerstaatlichen Recht der zuständigen Stelle nicht berücksichtigt werden müssen. Vgl. EuGH verb. Rs. C-113/92, C-114/92 und C-156/92 (Fabrizii) Slg. 1993, I-6707, 6748 Rn. 38. Ziel der Berechnung des theoretischen Betrags ist es, dem Beschäftigten den höchsten theoretischen Betrag zu sichern, den er beanspruchen könnte, wenn er alle Versicherungszeiten nur im Inland zurückgelegt hätte. Vgl. dazu *Schulte* in: von Maydell/Ruland/Becker, Sozialrechtshandbuch, § 33 Rn. 99. Im nächsten Schritt wird die so ermittelte hypothetische Gesamtrente nach dem Verhältnis der in den Mitgliedstaaten zurückgelegten Versicherungs- und Wohnzeiten der tatsächlich zu zahlende Betrag der entsprechenden Teilrente berechnet (tatsächlicher Betrag). Die anteilige Leistung ist dann der zeitliche Anteil des unter dem Recht des zuständigen Mitgliedstaats der Union erworbenen theoretischen Betrags. Der Unionsbürger könne dann von jedem Mitgliedstaat den höheren Betrag der autonomen und der anteiligen Leistung verlangen. Die Begriffe autonome und anteilige Leistung seien durch die VO 883/2004 eingeführt worden. Vgl. dazu auch *Eichenhofer*, SGB 2010, 185 (190); *Schulte*, ZESAR 2010, 202 (210). Zur Ermittlung des tatsächlichen Betrags sind auch der Art. 12 Abs. 3 bis 6 und der Art. 43 VO 987/2009 heranzuziehen, die Regelungen dazu treffen, wie bei der Berechnung des tatsächlichen Betrags Zeiten freiwilliger Versicherung zu berücksichtigen seien. Vgl. EuGH Urt. v. 21.01.2013 Rs C-282/11 (González./.INSS und TGSS) ZESAR 2013, 3 25 (329 Rn. 41 ff.). Siehe dazu auch *Plagemann*, ZESAR 2013, 330 (330). In diesem Urt. hat der EuGH es als Verstoß gegen Art. 48 AEUV angesehen, dass bei der Berechnung des theoretischen Betrags ihre in Portugal zurückgelegten Rentenversicherungszeiten bei der Berechnung der spanischen Rente deshalb nicht berücksichtigt worden seien, weil nach spanischem Recht für die Rentenberechnung entscheidend der Zeitraum von 15 Jahren bis zum letzten nach spanischem Recht entrichteten Beitrag ist und die Klägerin erst nach Ablauf dieses Zeitraums in Portugal gearbeitet habe. Siehe auch *Fuchs*, NZS 2014, 121 (123) wonach diese Entscheidung einmal mehr aufzeige, dass der EuGH über die VO 883/2004 hinaus Vorschriften nationalen Sozialrechts direkt am Primärrecht prüfe. Vgl. auch EuGH Rs. C-548/11 (Mulders./.Rijksdienst voor Pensioenen) ZESAR 2013, 331 (336) mit Anmerkung Hauschild, ZESAR 2013, 336 (338). Der EuGH führt an, dass es unzulässig sei, bei der Berechnung einer Altersrente einen Zeitraum der Arbeitsunfähigkeit, in der Leistungen der Krankenversicherung bezogen worden sind und der Arbeitnehmer Beiträge zur Altersversicherung erbracht habe, nicht zu berücksichtigen, obwohl klar sei, dass diese berücksichtigt worden wären, wenn der Arbeitnehmer seinen Wohnsitz in dem Mitgliedstaat gehabt hätte. Siehe auch *Fuchs*, NZS 2014, 121 (124, 128) der darauf hinweist, dass auch hier der EuGH maßgeblich auf die Art. 45 bis 48 AEUV abstellt. Fuchs sieht die Entwicklung in der

der autonomen und anteiligen Leistung alle nationalen Kürzungs-, Ruhens- und Entziehungsbestimmungen an. Das Pro-rata-temporis-Verfahren lässt die rechtlichen und finanziellen Unterschiede in den Rentenleistungsniveaus der Mitgliedstaaten unangetastet.[1480] Bei dieser Art der Koordinierung bleiben die einzelnen Mitgliedstaaten weiterhin zur Leistung verpflichtet und unterliegen einer Einstandspflicht. Es entstehe keine europäische „Gesamtrente", sondern vielmehr muss jeder Mitgliedstaat seine Teilrente erbringen, die nach dem Leistungsexportprinzip (Art. 7 VO 883/2004) in vollem Umfang auch an berechtigte Personen mit Wohnsitz in einem anderen Mitgliedstaat zu zahlen sei.[1481] Durch die Pro-rata-temporis-Berechnung wird garantiert, dass die tatsächliche Zeit der Versicherung, Beschäftigung bzw. des Wohnens in dem jeweiligen Mitgliedstaat bei der Leistungsberechnung berücksichtigt wird.[1482] Das Pro-rata-temporis-Verfahren hat die Aufgabe die „Rentenlast" gerecht zu verteilen und eine doppelte Rentengewährung auszuschließen.[1483] Insgesamt gilt bei der Berechnung das Günstigkeitsprinzip. So ist eine Berechnung vorgeschrieben, die dem Rentner die höchstmögliche nationale Leistung gewähren soll (Art. 52 Abs. 3 VO 883/2004). Zwar muss jeder Träger die Renten nur aus den unter seinem Recht erbrachten Zeiten berechnen, er schuldet aber den Zahlbetrag, der sich aus einem für die jeweiligen Versicherten günstigeren Berechnungsmodus ergebe.[1484] Die Orientierung der Rentenberechnung am Günstigkeitsprinzip ist für den nichterwerbstätigen Rentner und den Rentner im Nebenerwerb vorteilhaft, da sie sich auf diese Weise stets die höchstmögliche nationale Leistung sichern können.

Rechtsprechung nationales Sozialrecht am Maßstab der Art. 45 und 48 AEUV zu prüfen unter dogmatischen und rechtspolitischen Gesichtspunkten als bedenklich an.

1480 Vgl. zur Errechnung des theoretischen Betrags Art. 52 Abs. 1 lit. b) i) VO und zur Errechnung des tatsächlichen Betrags Art. 52 Abs. 1 lit. b) ii) VO; vgl. außerdem zu dem Pro-rata-temporis-Verfahren allgemein *Schuler* in: Fuchs, Europäisches Sozialrecht, Teil 2, Kap. 5, Art. 52 VO 883/2004 Rn. 17 ff., 34 ff.

1481 Diese anteilmäßige Berechnung werde unter das Prinzip der Proratisierung gefasst als Gegenstück zur Totalisierung, d. h. zur Zusammenrechnung der Zeiten. Vgl. dazu *Pompe*, Leistungen der Sozialen Sicherheit, 202.

1482 *Schulte* in: von Maydell/Ruland/Becker, Sozialrechtshandbuch, § 33 Rn. 32.

1483 Vgl. dazu *Wunder* in: Schreiber/Wunder/Dern, Vorbemerkung Art. 50 VO 883/2004 Rn. 14.

1484 Nach Art. 52 Abs. 3 VO 883/2004 sind der Betrag der autonomen Leistung einschließlich seiner Kürzungs-, Ruhens- und Entziehungsbestimmungen und der der anteiligen Leistung zu vergleichen, wobei der Anspruchsteller einen Anspruch auf den höheren Betrag habe. Vgl. dazu auch *Eichenhofer*, Sozialrecht, Rn. 99. Sollte der Betrag der autonomen Leistung in einem Mitgliedstaat immer gleich hoch oder höher als die anteilige Leistung sein, kann der zuständige Träger sogar ganz auf die Berechnung der anteiligen Leistung verzichten (Art. 52 Abs. 4 VO).

Die Art. 53 bis 56 VO enthalten spezielle Normen zur Koordinierung nationaler Doppelleistungsbestimmungen.[1485]

Art. 53 Abs. 1 und 2 VO 883/2004 enthalten die Legaldefinitionen des Zusammentreffens von Leistungen gleicher und unterschiedlicher Art.[1486]

Art. 57 Abs. 1 VO 883/2004 enthält eine sog. Minizeitenregelung, wonach geringfügige Versicherungszeiten von weniger als einem Jahr leistungsrechtlich nicht vom Mitgliedstaat abgegolten werden, nach dessen Rechtsvorschriften sie zurückgelegt wurden, wenn aufgrund allein dieser Zeiten[1487] kein Leistungsanspruch nach nationalem Recht erworben wurde. Dabei gibt Art. 57 Abs. 1 VO 883/2004 darüber Aufschluss, wie unter Anwendung der Minizeitenregelung der tatsächliche Betrag i. S. des Art. 52 Abs. 1 lit. b) ii) VO 883/2004 berechnet werde.[1488] Diese Minizeiten werden von den zuständigen Trägern der übrigen Mitgliedstaaten wie eigene Zeiten behandelt und somit leistungsrechtlich bei der Berechnung des theoretischen Betrags i. S. des Art. 52 Abs. 1 lit. b) i) VO 883/2004 übernommen.[1489]

1485 Art. 53 Abs. 3 lit. a) VO legt fest, dass fremdmitgliedstaatliche Leistungen oder erzielte Einkünfte im nationalen Recht nur dann berücksichtigt werden dürfen, wenn die nationalen Vorschriften dies vorsehen. Nach Art. 53 Abs. 3 lit. d) VO kann die nationale Leistung als Obergrenze höchstens um den Betrag der fremdmitgliedstaatlichen Leistung oder der in einem anderen Mitgliedstaat erzielten Einkünfte gekürzt werden.

1486 So gilt als Zusammentreffen von Leistungen gleicher Art jedes Zusammentreffen von Leistungen bei Invalidität, bei Alter oder an Hinterbliebene, die auf der Grundlage der von derselben Person zurückgelegten Versicherungs- und/oder Wohnzeiten berechnet oder gewährt wurden (Art. 53 Abs. 1 VO). Der EuGH nimmt Leistungen gleicher Art dann an, wenn ihr Gegenstand und ihr Zweck sowie ihre Berechnungsgrundlage und die Voraussetzungen für ihre Gewährung identisch seien, vgl. dazu EuGH Rs. C-366/96 (Cordelle) Slg. 1998, I-583, I-601 Rn. 19; Rs. C-107/00 (Insalaca) Slg. 2002, I-2403, I-2429 Rn. 24. Der Art. 53 Abs. 2 VO nimmt zu Art. 53 Abs. 1 VO eine Negativabgrenzung vor und bestimmt, dass jedes andere Zusammentreffen von Leistungen ein Zusammentreffen von Leistungen unterschiedlicher Art darstelle. Es sei somit darauf abzustellen, ob der Anspruch auf Alters-, Invaliditäts-, und/oder Hinterbliebenenrenten aufgrund einer einheitlichen Versicherungsbiographie nur einer Person begründet werde (Art. 53 Abs. 1 VO) oder aufgrund verschiedener Versicherungsbiographien (Art. 53 Abs. 2 VO). Siehe dazu auch *Wunder* in: Schreiber/Wunder/Dern, Art. 53 Rn. 6, 8.

1487 Es findet somit keine Berücksichtigung fremdmitgliedstaatlicher Zeiten, sondern allein eine Berücksichtigung nationaler Zeiten statt.

1488 Dies ergebe sich aus dem Vergleich von Art. 57 Abs. 1 mit Art. 57 Abs. 2 VO 883/2004. Siehe *Wunder* in: Schreiber/Wunder/Dern, Art. 57 Rn. 6.

1489 Sie werden bei der Ermittlung des theoretischen Betrags berücksichtigt. Vgl. dazu Art. 57 Abs. 1 und 2 VO. Vgl. auch *Schuler*, das Internationale Sozialrecht, 552. Zu

Mit dieser Regelung sollen „Kleinstrenten“ vermieden und das Ziel der Verwaltungsvereinfachung verfolgt werden.[1490] Im Gegensatz zum bisherigen Recht wurde nunmehr durch Art. 57 Abs. 1 S. 2 VO klargestellt, was unter dem Begriff „Zeiten“ zu verstehen ist.[1491] Dies führt zu Rechtsklarheit für den nichterwerbstätigen Rentner und den Rentner im Nebenerwerb bei der Rentenberechnung.

Nach Art. 58 Abs. 1 VO 883/2004 stehen Leistungsberechtigten in ihrem Wohnmitgliedstaat Renten zumindest in der Höhe der nach diesem nationalen Recht vorgesehenen Mindestleistungen für Renten[1492] zu, wenn die Voraussetzungen für die Gewährung der Mindestrente unter Einbeziehung sämtlicher zurückgelegter Versicherungszeiten nach den Art. 50 ff. VO 883/2004 erfüllt sind. Sollte die Summe der dem Berechtigten zustehenden Teilrenten niedriger ausfallen als die

---

beachten ist, dass entgegen dem Wortlaut „vom zuständigen Träger jedes betroffenen Mitgliedstaats“ in Art. 57 Abs. 2 VO 883/2004 nach dem Sinn und Zweck der Norm nur die Mitgliedstaaten verpflichtet seien den Rentenanspruch gem. Art. 57 Abs. 2 VO 883/2004 zu berechnen, in denen Leistungsansprüche begründet wurden und die somit nicht unter die Vorschrift des Art. 57 Abs. 1 VO 883/2004 fallen. So *Wunder* in: Schreiber/Wunder/Dern, Art. 57 Rn. 9, 10.

1490 Vgl. *Schuler* in: Fuchs, Europäisches Sozialrecht, Teil 2, Titel III, Art. 57 VO 883/2004 Rn. 1.

1491 „Zeiten“ sind dabei alle Versicherungszeiten, Beschäftigungszeiten, Zeiten der selbstständigen Erwerbstätigkeit oder Wohnzeiten, die entweder für den Leistungsanspruch oder unmittelbar für die Leistungshöhe heranzuziehen sind (Art. 57 Abs. 1 S. 2 VO 883/2004). Durch diese Regelung wurde klargestellt, welche Zeiten zu berücksichtigen sind. Durch die Formulierung „unmittelbar für die Leistungshöhe heranzuziehen sind“ wird sichergestellt, dass Zeiten wie z. B. die deutschen Berücksichtigungszeiten, die sich indirekt auf die Leistungshöhe auswirken, unberücksichtigt bleiben. Eine Ausnahme bestehe nur, wenn diese Berücksichtigungszeiten anspruchsbegründend seien, wie bei Altersrenten an langjährig Versicherte oder schwerbehinderte Menschen, vgl. dazu *Kraus/Hauschild*, DRV-Schriften 71 (2007), 99 (197 Fn. 164). In Art. 48 VO 1408/71 war ebenfalls vorgesehen, dass Versicherungszeiten, die kürzer als ein Jahr sind, von den anderen Mitgliedstaaten zu entschädigen seien. Ungeklärt blieb aber die Frage, ob es sich dabei um Zeiten, die für den Anspruch oder solche, die für die Leistungshöhe zu berücksichtigen sind, handeln müsse. Dies konnte nun durch die Definition der „Zeiten“ in Art. 57 Abs. 1 S. 2 VO 883/2004 geklärt werden.

1492 Eine Mindestleistung des Rentenrechts des Wohnmitgliedstaats liege dann vor, wenn das Rentenrecht des Wohnmitgliedstaats eine spezifische Garantie enthalte, die den Leistungsempfängern der Sozialen Sicherheit ein Mindesteinkommen sichern soll, das über dem Betrag der Leistungen liege, die sie allein aufgrund ihrer Versicherungszeiten und -beiträge verlangen können. Vgl. dazu EuGH Rs. 22/81 (Browning) Slg. 1981, 3357, 3371 Rn. 15.

Mindestrente, so hat der zuständige Träger eine Zulage in der Höhe des Differenzbetrags an den Leistungsberechtigten für die Zeiten, die er in dessen Hoheitsgebiet wohnt, zu zahlen (Art. 58 Abs. 2 VO).[1493] Dies ist für den nichterwerbstätigen Rentner und den Rentner im Nebenerwerb vorteilhaft, da sie zumindest die Mindestleistung nach nationalem Recht erhalten, auch wenn die Summe der Teilleistungen in den anderen Mitgliedstaaten niedriger ausfällt. Insoweit sind sie durch die Gewährung der Zulage dem nationalen Rentner finanziell gleichgestellt.

Für den nichterwerbstätigen Rentner und den Rentner im Nebenerwerb tragen die Vorschriften der Art. 50 Abs. 2, 57 Abs. 1, 58 Abs. 2 VO 883/2004 und die Orientierung der Rentenberechnung nach Art. 52 VO an dem Günstigkeitsprinzip sowie die neue Definition der Zeiten in Art. 57 Abs. 1 S. 2 VO zu einer Erhöhung des Schutzumfangs durch das europäische Sekundärrecht entscheidend bei. Die Rechtsposition der Rentner wird durch die Gewährung der Zulage zur Mindestleistung nach Art. 58 Abs. 2 VO gestärkt.

dd. Kapitel 8 (Art. 67 ff. VO 883/2004 und Art. 58 ff. VO 987/2009-Familienleistungen)

Familienleistungen weisen spezielle Charakteristika auf, die sie von anderen Leistungen unterscheiden. Es steht nicht der Anspruchsteller im Vordergrund, sondern eine dritte Person. Daher sind für die Bestimmung des Orts der Leistungsgewährung auch Familienangehörige in die Betrachtungen mit einzubeziehen. Zudem sollen Familienleistungen die Ausgaben der Familie abfedern und seien deshalb in Beziehung zu setzen zu dem aktuellen Lebensstandard und der häuslichen Situation des Antragstellers.[1494] Familienleistungen sollen unmittelbar diejenigen Personen entlasten, die einem anderen Familienangehörigen zum Unterhalt verpflichtet sind und nicht den Familienangehörigen selbst. Eine Abgrenzung zu anderen Leistungen der sozialen Sicherheit habe daher auch nach der „vorrangigen Finalität“ zu erfolgen.[1495] Nicht erheblich sei, wie die Leistung finanziert werde.[1496] Die Familienleistungen werden durch Art. 1 lit. z) VO 883/2004 neu definiert. Art. 1 lit. u) VO 1408/71 unterschied noch zwischen den nichterwerbstätigen

---

1493 Vgl. zu Art. 58 ausführlich *Schuler* in: Fuchs, Europäisches Sozialrecht, Teil 2, Titel III, Art. 58 VO 883/2004 Rn. 1.

1494 Vgl. zum Vorgenannten insgesamt *Pennings*, European Social Security Law, 203.

1495 Vgl. dazu *Merkel/Vießmann*, VSSR 2012, 249 (251 f.).

1496 EuGH Urt. v. 24.10.2013 Rs. C-177/12 (Lachheb) BeckRS 2013, 82039 Rn. 32, 37. Ein Kinderbonus der pro Kind zu einer Steuerermäßigung führe, sei daher eine Familienleistung. Vgl. zur Rs. Lachheb auch *Fuchs*, NZS 2014, 121 (128).

Rentnern, welchen nur die Familienbeihilfen zustanden und den Erwerbstätigen, wie dem Rentner im Nebenerwerb, welche alle Familienleistungen erhielten.[1497] Nach Art. 1 lit. z) VO 883/2004 sind Familienleistungen nunmehr alle Sach- oder Geldleistungen zum Ausgleich von Familienlasten, mit Ausnahme von Unterhaltsvorschüssen[1498] und besonderen Geburts- und Adoptionsbeihilfen nach Anhang I

1497 Dass Erwerbstätige und Arbeitslose Familienleistungen und Familienbeihilfen erhielten, ergab sich aus Titel III, Kap. 7 VO 1408/71. Die ausschließliche Gewährung von Familienbeihilfen für Rentner war Titel III, Kap. 8 VO 1408/71 zu entnehmen. Vgl. zu den Familienbeihilfen für Waisen eines verstorbenen Arbeitnehmers, EuGH Rs. C-619/11 (Dumont de Chassart) ZESAR 2013, 297 (288 ff., 293). Siehe auch Anmerkung *Gebhardt*, ZESAR 2013, 293 (293 ff.), der davon spricht, dass das Günstigkeitsprinzip in dieser Entscheidung fortentwickelt wurde. Der EuGH entschied, dass die Art. 72 und 79 Abs. 1 lit. a) VO 1408/71 verlangen, dass Versicherungs- und Beschäftigungszeiten, die der überlebende Elternteil des Kindes eines verstorbenen Arbeitnehmers in einem anderen Mitgliedstaat zurücklegte Berücksichtigung finden, wenn die Rechtsvorschriften des zuständigen Staats vorsehen, dass nicht nur der verstorbene, sondern auch überlebende Elternteil, sofern sie die Arbeitnehmereigenschaft hätten, einen Anspruch auf Leistungen für Waisen begründen könnte. Vgl. auch *Fuchs*, NZS 2014, 121 (124).

1498 Dies stellt im Vergleich zur VO 1408/71 eine Neuheit dar, die den sachlichen Geltungsbereich wesentlich beschränkt. Im Rahmen der VO 1408/71 hatte der EuGH noch entschieden, dass Unterhaltsvorschüsse nach dem österreichischen UVG Familienleistungen i. S. der VO 1408/71 darstellen. Vgl. hierzu EuGH Rs. C-85/99 (Offermanns) Slg. 2001, I-2261, I-2301 Rn. 49; I-2303; EuGH Rs. C-255/99 (Humer) Slg. 2002, I-1205, I-1252 Rn. 33. Vgl. zur Kritik an dieser Rechtsprechung des EuGH *Spiegel* in: Marhold, Sozialrecht der EU, 9 (23 f.); *Spiegel*, DRV-Schriften, Band 71 (2007), 25 (38); *Spiegel*, ZIAS 2006, 85 (102). Vgl. auch zur Notwendigkeit der Exportierbarkeit von Leistungen des deutschen Unterhaltsvorschussgesetzes und zur Unvereinbarkeit des Ausschlusses von „Unterhaltsvorschüssen“ mit den primärrechtlich gewährleisteten EU-Freiheitsrechten, insb. des Freizügigkeitsrechts der berechtigten Kinder, *Husmann*, NZS 2013, 121 (126 ff.). Vgl. zur Notwendigkeit der Neuregelung ebenfalls Erwägungsgrund Nr. 36 VO 883/2004, der diese Ausnahme mit der Zweckrichtung der Unterhaltsvorschüsse begründet. Erwägungsgrund Nr. 36 führt an, dass Unterhaltsvorschüsse zurückzuzahlende Vorschüsse sind, mit denen ein Ausgleich dafür geschaffen werden soll, dass ein Elternteil seiner gesetzlichen Verpflichtung zur Leistung von Unterhalt für sein Kind nicht nachkommt. Dabei sollen die Vorschüsse nicht direkt Leistungen aufgrund einer kollektiven Unterstützung zu Gunsten der Familien darstellen. Insoweit können sie eben auch nicht als Familienleistungen angesehen werden. Nach dem Anhang I der VO 883/2004 ist nunmehr der Unterhaltsvorschuss nach dem österreichischen UVG

der VO 883/2004.[1499] Zu den Familienleistungen gehören z. B. das Erziehungsgeld[1500] und das Kindergeld[1501]. Bei Rentnern kommt rein hypothetisch beides zum Tragen, wenn diese in einem höheren Alter Eltern geworden sind. Durch die Neudefinition der Familienleistungen nahm der Unionsgesetzgeber von der Differenzierung zwischen den Personengruppen aus der VO 1408/71 Abstand. Die Rechtsposition der nichterwerbstätigen Rentner hat sich dadurch erheblich verbessert, denn nunmehr können sie nicht nur Familienbeihilfen (wie z. B. Erziehungsleistungen), sondern auch alle sonstigen Familienleistungen für ihre Familienmitglieder beziehen.

---

von den Familienleistungen der VO ausgenommen; Vgl. auch *Marhold* in: Marhold, Sozialrecht der EU, 55 (57). Siehe auch *Merkel/Vießmann*, VSSR 2012, 249 (274).

1499 Das frühere Recht der VO 1408/71 unterschied in Art. 1 lit. u) i) und ii) noch zwischen dem weiteren Begriff der Familienleistungen und dem engeren Begriff der Familienbeihilfen. Diese Unterscheidung ist mit der VO 883/2004 weggefallen. Vgl. diesbezüglich Erwägungsgrund Nr. 34 der VO 883/2004, der beinhaltet, dass „die Familienleistungen sehr vielfältig sind und Schutz in Situationen gewähren, die als klassisch beschrieben werden können, sowie in Situationen, die durch ganz spezifische Faktoren gekennzeichnet sind [...] ist es erforderlich, diese Leistungen in ihrer Gesamtheit zu regeln."

1500 Der EuGH hat in den verb. Rs. C-245/94 und C-312/94 (Hoever und Zachow) Slg. 1996, I-4895, I-4936 Rn. 27 und in der Rs. C-85/96 (Martínez Sala) Slg. 1998, I-2691, I-2718 Rn. 28 entschieden, dass das Erziehungsgeld einer Familienleistung gleichzustellen sei. Der Grund dafür liege in ihrer Art der Gewährung und ihrem Zweck. Diese Leistung werde unabhängig von jeglichem Ermessen ohne weiteres den Personen gewährt, die bestimmte Voraussetzungen erfüllen. Sie diene dem Ausgleich von Familienlasten. Des Weiteren wird als Äquivalent zur Leistung des Erziehungsgelds in Finnland noch eine Beihilfe zur häuslichen Kinderbetreuung bis zur Schulpflichtigkeit der Kinder als Familienleistung i. S. des Art. 1 lit. z) VO 883/2004 gewährt, vgl. dazu EuGH Rs. C-333/00 (Maaheimo) Slg. 2002, I-10087, I-10113 Rn. 29. Vgl. Rs. C-216/12 und C-217/12 (Hliddal und Bornand) nach welcher der EuGH eine nach luxemburgischen Recht vorgesehene Ausgleichszulage für Elternurlaub als Familienleistung qualifizierte, BeckRS 2013, 81820 Rn. 60; siehe auch *Fuchs*, NZS 2014, 121 (128), der anführt, dass es vor dem Hintergrund der Rechtsprechung des EuGH mit ihren klaren Konturen im Bereich der Familienleistungen überraschend sei, dass es überhaupt zu diesem Rechtsstreit gekommen sei.

1501 EuGH Rs. C-266/95 (Garcia) Slg. 1997, I-3279, I-3312 Rn. 29, in welcher der EuGH feststellt, dass das Bundeskindergeldgesetz in Deutschland das Kindergeld als Familienleistung gewähre. Vgl. *Schulte*, Jahrbuch des Sozialrechts, Band 33, 2012, 509 (524 f.) unter Verweis auf EuGH Urt. v. 20.10.2011 Rs. C-225/10 (Pérez García/Familienkasse Nürnberg).

Nach Art. 67 S. 1 VO hat eine Person für Familienangehörige, die in einem anderen Mitgliedstaat wohnen, Anspruch auf Familienleistungen nach den Rechtsvorschriften des zuständigen Mitgliedstaats. Dabei ist unter Heranziehung der allgemeinen Kollisionsnormen (Art. 11 bis 16 VO) zu ermitteln, welcher Staat der zuständige Mitgliedstaat ist. In Bezug auf diesen zuständigen Staat erfolgt dann die Anwendung der Fiktion, dass die Familienangehörigen in diesem Mitgliedstaat wohnen.[1502]

Nach Art. 67 S. 2 VO, der im Zuge der Änderung der VO 883/2004 neu eingefügt wurde, hat ein Rentner Anspruch auf Familienleistungen nach den Rechtsvorschriften des für die Rentengewährung zuständigen Mitgliedstaats.[1503] Denkbar wäre den Art. 67 S. 2 VO als Sonderkollisionsnorm anzusehen, die für Rentner im Allgemeinen und für den nichterwerbstätigen Rentner lex specialis zu den Art. 11 ff. darstellen könnte.[1504] Art. 31 VO unterschied hinsichtlich der Leistungen bei Krankheit zwischen nichterwerbstätigen Rentnern und Rentnern im Nebenerwerb. Für Letztere wurde auf die normalen Vorschriften für erwerbstätige Versicherte verwiesen. In den Art. 67 ff. VO lässt sich eine solche Regelung nicht finden. Allerdings erfasst der Begriff der Familienleistungen nunmehr auch die Familienbeihilfen und hebt somit die Differenzierung zwischen den Personengruppen der Erwerbstätigen und Nichterwerbstätigen auf. In Art. 77 VO 1408/71 waren diese noch separat geregelt und enthielten für unterhaltsberechtigte Kinder gem. Art. 77 Abs. 2 lit. a) VO eine Parallelvorschrift zu Art. 67 S. 2 VO 883/2004. Als Ausnahme dazu regelte Art. 79 Abs. 3 VO 1408/71, dass der Anspruch nach Art. 77 VO 1408/71 ruhe, wenn die Kinder Anspruch auf Leistungen oder Familienbeihilfen nach den Rechtsvorschriften eines Mitgliedstaats wegen Ausübung einer Erwerbstätigkeit des Rentners haben. In einem solchen Fall wird angenommen,

---

1502 Durch die Fiktion des gleichen Wohnsitzes der Familienangehörigen im Wohnsitzstaat der in Art. 67 S. 1 VO 883/2004 genannten „Person" werden nationalstaatliche Wohnortklauseln ausgehebelt. Allerdings stelle Art. 67 VO keine Regelung mit eigenständigem Regelungsgehalt dar, da die Rechtsfolge aus Art. 67 S. 1 VO sich bereits aus der Tatbestandsgleichstellung des Art. 5 VO und der Aufhebung der Wohnortklauseln durch Art. 7 VO 883/2004 ergebe. Vgl. dazu *Dern* in: Schreiber/Wunder/Dern, Art. 67 Rn. 1.

1503 Art. 67 S. 2 VO 883/2004 entspricht inhaltlich Art. 77 Abs. 2 lit. a) VO 1408/71, wobei im Gegensatz zur VO 1408/71 bei der VO 883/2004 der Begriff der „Familienleistungen" gleichermaßen die Familienleistungen und Familienbeihilfen umfasst und nicht mehr, wie in der VO 1408/71, den Rentnern nur Familienbeihilfen zukommen lässt.

1504 So *Dern* in: Schreiber/Wunder/Dern, Art. 67 VO 883/2004 Rn. 2.

dass der Rentner im Nebenerwerb Arbeitnehmer ist. Diese Regelung taucht in der VO 883/2004 nicht mehr auf. Dies spricht dafür, dass Art. 67 S. 2 VO für nichterwerbstätige Rentner und Rentner im Nebenerwerb gleichermaßen gelten soll. Außerdem ist der für die Rente zuständige Mitgliedstaat leicht zu eruieren. Andererseits könnte man aber auch ein Redaktionsversehen annehmen, weil nicht genau ersichtlich ist, warum zwar die Familienbeihilfen in den Begriff der Familienleistungen integriert wurden, aber von der grundsätzlichen Regelung, auf den Beschäftigungsstaat bei Rentnern im Nebenerwerb abzustellen, durch die Nichtaufnahme der Ausnahmebestimmung des Art. 79 Abs. 3 VO 1408/71 in die VO 883/2004 abgerückt wurde. Zudem ist ein Wortlautargument heranzuziehen. Art. 67 S. 1 VO spricht von „Person" und Art. 67 S. 2 VO von „Rentner". Aus der Systematik der VO 883/2004 ergibt sich, dass der Begriff „Person" umfassend gemeint ist.[1505] Darüber hinaus fügt sich eine solche Interpretation des Art. 67 VO in die Gesamtsystematik der VO ein, die grundsätzlich differenziert zwischen dem nichterwerbstätigen Rentner, auf den die Sondervorschriften für Rentner Anwendung finden und dem Rentner im Nebenerwerb, für den die Vorschriften für Versicherte gelten. In dieser Unterscheidung spiegelt sich der Vorrang des Beschäftigungslandprinzips im allgemeinen Kollisionsrecht wider (Art. 11 ff. VO).[1506] Es ist somit davon auszugehen, dass die grundsätzliche Differenzierung zwischen nichterwerbstätigen Rentnern und Rentnern im Nebenerwerb auch im Bereich der Familienleistungen durchgreift. Für den Rentner im Nebenerwerb ist Art. 67 S. 1 VO und für den nichterwerbstätigen Rentner Art. 67 S. 2 VO anzuwenden. Art. 67 VO ist nur bei „Einfachrentnern" anwendbar, also solchen, die ihre Rente nach den Rechtsvorschriften nur eines Mitgliedstaats beziehen. Bei diesen greift das Prinzip des Leistungsexports.[1507]

1505 Vgl. zum Beispiel Art. 1 lit. c) d) f) VO 883/2004, wonach Versicherte, Beamte, Grenzgänger „jede Person" sind. Außerdem wird in der VO oft von „betreffende Person" gesprochen, wobei sich aus dem Zusammenhang der Vorschrift ergibt, dass damit jeglicher Anspruchsteller gemeint ist. Vgl. hierzu Art. 1 lit. r). Auch die Formulierung „Personen, für die diese Vorschrift gilt", in Art. 11 Abs. 1 VO spricht für eine allumfassende Einbeziehung durch den Begriff „Person" in die VO.

1506 A.A. wohl *Dern* in: Schreiber/Wunder/Dern, Art. 67 Rn. 2. Diese geht davon aus, dass es sich bei Art. 67 S. 2 VO 883/2004 um eine Vorschrift handele, die als Kollisionsnorm lex specialis zu den Kollisionsnormen der Art. 11 bis 16 VO sei.

1507 *Schuler*, das Internationale Sozialrecht, 612. A.A. *Merkel/Vießmann*, VSSR 2012, 249 (275 f.). Diese gehen davon aus, dass Art. 67 S. 2 VO 883/2004 im Gegensatz zur VO 1408/71, die noch eine spezielle Zuständigkeit eines bestimmten rentenzahlenden Staats vorsah, wenn Renten aus mehreren Mitgliedstaaten gleichzeitig

Art. 68 VO 883/2004 über Prioritätsregeln beim Zusammentreffen von Ansprüchen aus mehreren Mitgliedstaaten wurde im Vergleich zu der VO 1408/71 vollständig neu gefasst und vereinheitlichte alle zuvor separat geregelten Prioritätsvorschriften für die einzelnen Personengruppen.[1508] Es geht in Art. 68 Abs. 1 VO 883/2004 um den Vorrang von Leistungen. Ziel dieser Prioritätsregeln ist es, ungerechtfertigte Doppelleistungen im Fall des Zusammentreffens von Ansprüchen auf Familienleistungen aus dem zuständigen Mitgliedstaat mit solchen aus dem Wohnmitgliedstaat der Familienangehörigen zu vermeiden.[1509] Nach Art. 60 VO 987/2009 ist bei der Beantragung von Familienleistungen auf die gesamte Familie abzustellen. Unerheblich sei, ob derjenige, der den Anspruch hat, ihn auch geltend mache, da insoweit auch die anderen Familienmitglieder berechtigt seien, einen Antrag auf Familienleistungen zu stellen.[1510] Sind die Leistungen aus mehreren Mitgliedstaaten aus unterschiedlichen Gründen zu gewähren, stehen an erster Stelle die durch eine Beschäftigung (wie bei dem Rentner im Nebenerwerb), dann die durch den Bezug einer Rente (wie bei dem nichterwerbstätigen Rentner) und schließlich die durch den Wohnort der Kinder ausgelösten Ansprüche [Art. 68 Abs. 1 lit. a) VO 883/2004]. Der Art. 76 Abs. 1 VO 1408/71 stellte noch auf das Recht des Wohnmitgliedstaats des Kindes ab, wohingegen nunmehr die durch eine Beschäftigung ausgelösten Ansprüche an erster Stelle stehen.[1511]

---

gewährt wurden, nunmehr bestimmt, dass jeder rentenzahlende Mitgliedstaat zuständig sei. Alle entstehenden Ansprüche würden in einen „Anspruchspool" übergehen und seien dann den allgemeinen Antikumulierungsregeln des Art. 68 VO 883/2004 unterworfen.

1508 Die Prioritätsbestimmungen in der VO 1408/71 waren noch auf verschiedene Vorschriften verteilt. So galt für vollarbeitslose Arbeitnehmer Art. 72 a und für Arbeitnehmer und Selbstständige Art. 73 VO 1408/71. Art. 75 VO 1408/71 legte unterschiedliche Zuständigkeiten für Familienleistungen an Arbeitnehmer oder Selbstständige auf der einen Seite und Arbeitslose auf der anderen Seite fest. Für Rentner entscheidend enthielt Art. 76 VO 1408/71 die Prioritätsregel und Art. 77 VO 1408/71 die Leistungszuständigkeit für unterhaltsberechtigte Kinder von Rentnern. Die Art. 78, 78 a und 79, 79 a VO 1408/71 enthielten die Bestimmungen für Waisenrenten; vgl. hierzu *Kraus/Hauschild*, DRV-Schriften, Band 71 (2007), 99 (211 ff.)

1509 Vgl. hierzu Erwägungsgrund Nr. 35 VO 883/2004.

1510 Der zuständige Träger des Mitgliedstaats berücksichtigt einen Antrag auf Familienleistungen des anderen Elternteils des Kindes, wenn die anspruchsberechtigte Person das Recht auf Familienleistungen nicht geltend macht. Vgl. dazu Art. 60 Abs. 1 S. 3 VO 987/2009.

1511 Der Art. 76 Abs. 1 VO 1408/71 sah noch vor, dass die Familienleistung jene berechtigte Person erhalten kann, die nach dem Recht des Wohnmitgliedstaats des Kindes

Dies trägt zur Rechtsklarheit bei und ist in sich konsequent, da sie den grundsätzlichen Vorrang des Beschäftigungsstaats im Gegensatz zur VO 1408/71 auch im Rahmen der Familienleistungen bestätigt.

Nach Art. 68 Abs. 1 lit. b) VO richtet sich bei Ansprüchen, die von mehreren Mitgliedstaaten aus denselben Gründen gewährt werden und durch eine Beschäftigung entstehen, sowie solchen, die durch den Bezug einer Rente ausgelöst werden, nach dem Wohnort der Kinder.[1512] Diese Regelung soll den „Mehrfachrentnern" zugutekommen, die ihre Rente nach den Rechtsvorschriften mehrerer Mitgliedstaaten beziehen. Dass mit der Regelung bei Leistungen aus denselben Gründen auf den Wohnort des Kindes abgestellt wird, stellt eine Neuheit dar.[1513] Diese Neuregelung berücksichtigt die Aspekte, dass es nicht nur auf den Rentner im Nebenerwerb und

---

vorrangig in Betracht kommt. Nach der Neuregelung des Art. 68 Abs. 1 lit. a) VO 883/2004 stehen die durch eine Beschäftigung oder eine selbstständige Erwerbstätigkeit ausgelösten Ansprüche an erster Stelle; vgl. *Kraus/Hauschild*, DRV-Schriften, Band 71 (2007), 99 (210 f.); *Marhold* in: Marhold, Sozialrecht der EU, 55 (60).

1512 Sind Leistungen aus mehreren Mitgliedstaaten aus denselben Gründen zu gewähren, so richtet sich die Rangfolge, bei Ansprüchen die durch eine Beschäftigung ausgelöst werden (wie bei dem Rentner im Nebenerwerb), nach dem Wohnort der Kinder, wenn dort die Beschäftigung ausgeübt wird und subsidiär ggf. die nach den verschiedenen Rechtsvorschriften zu gewährende höchste Leistung zu erbringen ist [Art. 68 Abs. 1 lit. b) i) VO]. Dabei zahlt gem. Art. 58 S. 2 VO 987/2009 der zuständige Träger des Mitgliedstaats die höchste Leistung komplett aus, wobei ihm der zuständige Träger des anderen Mitgliedstaaten anteilig einen Betrag zukommen lassen muss, dessen Höhe sich nach Art. 58 S. 3 VO 987/2009 bestimmt. Bei Ansprüchen, die durch den Bezug einer Rente ausgelöst werden (wie bei dem nichterwerbstätigen Rentner), ist zunächst der Wohnort der Kinder entscheidend, allerdings unter der Voraussetzung, dass nach dessen Rechtsvorschriften eine Rente geschuldet werde. Wohnen die Kinder außerhalb des Zuständigkeitsbereichs einer der in Frage kommenden Träger, dann richtet sich die Zuständigkeit subsidiär nach der längsten Dauer der nach den widerstreitenden Rechtsvorschriften zurückgelegten Versicherungs- oder Wohnzeiten bei dem betreffenden Rentenversicherungsträger [Art. 68 Abs. 1 lit. b) ii) VO].

1513 *Kraus/Hauschild*, DRV-Schriften Band 71 (2007), 99 (211, Fn. 198); vgl. auch Art. 77 Abs. 2 lit. b) i) VO 1408/71, welcher noch darauf abstellte, dass der Rentner, der nach den Rechtsvorschriften mehrerer Mitgliedstaaten Rente beziehe, die Leistungen nach den Rechtsvorschriften des Staats, „in dessen Gebiet er wohnt", erhalte, wenn ein Leistungsanspruch nach den Rechtsvorschriften dieses Staats besteht. Es kam somit nach dieser Regelung darauf an, ob in dem Wohnmitgliedstaat des Rentners ein Rentenanspruch gegeben sei. Nach Art. 68 Abs. 1 lit. b) ii) VO 883/2004 ist nunmehr der Wohnort des Kindes entscheidend.

den nichterwerbstätigen Rentner bei Familienleistungen ankommt, sondern auch auf Dritte, nämlich den Familienangehörigen. Diese Regelung ist vorteilhaft für Rentner, deren Kinder in Sozialhochniveaustaaten studieren und dort ihren Wohnort haben, da es für die Gewährung des Kindergelds als Familienleistung auf den Wohnort des Kindes ankommt. Der Rentner erhält gem. Art. 68 Abs. 1 lit. b) VO somit ein höheres Kindergeld, als wenn auf seinen Wohnsitz bzw. den Staat seiner Beschäftigung abzustellen wäre.

Nach Art. 68 Abs. 2 VO 883/2004 unterliegt trotz Leistung durch den vorrangig zuständigen Staat auch der nicht vorrangig zuständige Staat einer Leistungspflicht, wenn der Betrag seiner Leistung höher ist als der des vorrangig zuständigen Staats. In diesem Fall hat er dem Anspruchsberechtigten den Differenzbetrag zu erstatten. Hintergrund dieser Regelung ist es, dass die durch die VO verfolgte Koordinierung nicht dazu führen dürfe, dass der bereits nach nationalem Recht eines Mitgliedstaats gegebene Leistungsanspruch durch das gleichzeitige Bestehen konkurrierender Ansprüche in anderen Mitgliedstaaten der Union im ersten Staat gekürzt oder beseitigt werde.[1514] Der Anspruch in dem sekundär zuständigen Staat werde daher nur ausgesetzt und rücke bei Nichtbestehen des Anspruchs im vorrangig zuständigen Staat nach.[1515]

Art. 68 Abs. 2 VO 883/2004 ist für den nichterwerbstätigen Rentner und den Rentner im Nebenerwerb von Bedeutung, da so Zufälligkeiten vermieden werden, die darin bestehen, welchen Staat die vorrangige Leistungspflicht trifft. Im Ergebnis wird dem Rentner unabhängig davon, welcher Staat primär zuständig ist, immer die höhere Leistung zugestanden.

Nach der VO 1408/71 konnte der nicht vorrangig zuständige Staat seinen Leistungsanspruch um Leistungen kürzen, die der prioritär zuständige Staat erbringen musste, auch wenn diese im primär zuständigen Mitgliedstaat nicht beantragt worden waren.[1516] Diese Regelung wirkte sich oft zum Nachteil der Familien aus.[1517] Statt dieser Vorschrift wurde die Norm des Art. 68 Abs. 3 VO 883/2004 geschaffen, der bestimmt, dass, wenn der Antrag bei einem nachrangig zuständigen Mitgliedstaat gestellt wird, der Träger den Antrag unverzüglich an den Träger des vorrangig zuständigen Mitgliedstaats weiterzuleiten und ggf. den in Art. 68

1514 Das steckt jedenfalls hinter dem sog. „Petroni-Prinzip“, vgl. dazu *Schulte* in: Schulte/Barwig, Freizügigkeit und Soziale Sicherheit, 39 (49); *Eichenhofer* in: Oetker/Preis, EAS B 1200, Rn. 112.

1515 So *Merkel/Vießmann*, VSSR 2012, 249 (278).

1516 Vgl. Art. 76 Abs. 2 VO 1408/71.

1517 *Spiegel*, DRV-Schriften, Band 71 (2007), 25 (66); *Spiegel*, ZIAS 2006, 85 (140).

Abs. 2 VO genannten Unterschiedsbetrag zu leisten hat [Art. 68 Abs. 3 lit. a) VO]. Es erfolgt somit eine europaweite Antraggleichstellung durch diese Vorschrift, da sich nunmehr jegliche Antragstellung gleichzeitig an alle in Betracht kommenden Träger der Mitgliedstaaten richtet, unabhängig davon, ob sie vorrangig oder nachrangig zuständig seien.[1518] Eine solche Regelung trägt Gerechtigkeitsaspekten Rechnung, verhindert Missbrauch und führt so zu einer rechtlichen Gleichstellung der Folgen sämtlicher Anträge der Rentner, ob sie nun bei dem primär oder sekundär zuständigen Staat gestellt wurden.

Art. 60 VO 987/2009 regelt insgesamt das Verfahren für den Erhalt von Familienleistungen.

Nach Art. 69 Abs. 2 VO 883/2004 werden Leistungen in Form von Renten und Rentenzuschüssen nach Kap. 5 (Alters- und Hinterbliebenenrenten) berechnet und gewährt. Die VO 1408/71 verknüpfte die Familienleistungen mit den Renten.[1519] Durch die Verweisung in Art. 69 Abs. 2 VO 883/2004 wurde sichergestellt, dass auf Witwer-, Witwen- und Waisenrenten bzw. auf Renten mit Kinderzuschüssen immer dieselben Grundsätze der Koordinierung, wie z. B. ein uneingeschränkter Leistungsexport, anzuwenden sind.[1520] Der Leistungsexport der Witwer- oder

1518 Vgl. auch *Kraus/Hauschild*, DRV-Schriften (2007), Band 71, 99 (212 Fn. 200); *Marhold* in: Marhold, Sozialrecht der EU, 55 (62).

1519 So galt Titel III, Kap. 8 VO 1408/71 gleichermaßen für Familienbeihilfen, Waisenrenten (Art. 78 VO 1408/71) und Kinderzuschüsse zu Renten (Art. 77 VO 1408/71).

1520 *Kaupper* in: Schulte/Zacher, Wechselwirkungen, 133 (141). Durch die Neuregelung wurde die unter der VO 1408/71 noch strittige Frage der Berechnung der Leistungen für unterhaltsberechtigte Kinder von Rentnern und Waisen bei dem Wohnort der Waisen oder des Rentners in einem Drittstaat geklärt. Nach dem Wortlaut der Einleitung des Art. 77 Abs. 2 VO 1408/71 („Die Leistungen werden ohne Rücksicht darauf, in welchem Mitgliedstaat die Rentner oder Kinder wohnen") bzw. Art. 78 Abs. 2 VO 1408/71 i. V. m. Art. 78 a VO 1408/71 („Die Leistungen für Waisen werden ohne Rücksicht darauf, in welchem Mitgliedstaat die Waisen oder die natürliche oder juristische Person, die ihren Unterhalt bestreitet, wohnen") wurde teilweise vertreten, dass diese Regelungen nur bei einem Wohnort in einem Mitgliedstaat greifen können. Deshalb hatten auch einige Mitgliedstaaten bilaterale Sonderregelungen geschaffen (wie z. B. Art. 8 des österreichisch-deutschen Abkommens über soziale Sicherheit v. 04.10.1995. Vgl. dazu 138. Abkommen zwischen der Bundesrepublik Österreich und der Bundesrepublik Deutschland über soziale Sicherheit v. 04.10.1995, BGBl. III Österreich Nr. 138/1998 S. 1039 ff./1041. Das Abkommen ist auf der Seite des Rechtsinformationssystems des Bundeskanzleramts von Österreich abrufbar unter: http://www.ris2.bka.gv.at/Dokumente/BgblPdf/1998_138_3/1998_138_3.pdf (Abrufdatum: 30.11.2008).

Witwenrenten und Renten mit Kinderzuschüssen gibt dem Rentner die Möglichkeit, diese in einem anderen Mitgliedstaat zu beziehen als dem zuständigen Staat, was die Flexibilität und Entscheidungsfreiheit des Rentners erhöht.

Für den nichterwerbstätigen Rentner ergab sich durch die Neuregelung des Begriffs der Familienleistungen in der VO 883/2004 eine Gleichstellung hinsichtlich des Umfangs der Familienleistungen mit dem Rentner im Nebenerwerb. Zudem verbesserte sich für den nichterwerbstätigen Rentner und den Rentner im Nebenerwerb durch die Vorschriften der Art. 68, 69 Abs. 2 VO 883/2004 ihr Schutzumfang in Bezug auf die Familienleistungen im Sekundärrecht.

V. Besonderheiten der Verordnung 883/2004

1. Rechtsdurchsetzung

a. Schutz der Rechte des nichterwerbstätigen Rentners und des Rentners im Nebenerwerb

Die VO 883/2004 koordiniert mitgliedstaatliche Rechte zum Schutz des Versicherten. Zu nennen sind dabei insb. der Schutz personenbezogener Daten (Art. 77 VO). Durch Art. 81 VO wird gewährleistet, dass der nichterwerbstätige Rentner und der Rentner im Nebenerwerb bei jedem beliebigen Mitgliedstaat der Union fristwahrend Rechtsbehelfe einlegen können, worauf dieser die Dokumente an eine Behörde, einen Träger oder ein Gericht in dem zuständigen Mitgliedstaat weiterleitet. Bei Eingang des Rechtsbehelfs in einer dieser benannten Institutionen[1521] wird fingiert, dass der Tag der Einlegung des Rechtsbehelfs bei dieser Behörde der Tag der Einlegung des Rechtsbehelfs bei der zuständigen Behörde, dem zuständigen Träger oder dem zuständigen Gericht ist. Dadurch werde eine „internationale Empfangszuständigkeit" bewirkt.[1522] Außerdem wird über Art. 81 S. 3 VO der Zugang des Rechtsbehelfs bei der zuständigen Institution fingiert, auch wenn dieser tatsächlich

---

1521 Dabei spricht der Wortlaut von Art. 81 VO 883/2004 von einer der Behörde, dem Träger oder dem Gericht des zuständigen Mitgliedstaats „entsprechenden Behörde, einem entsprechenden Träger oder einem entsprechenden Gericht". Nicht definiert wird allerdings was genau unter dieser Formulierung zu verstehen sei. Nach dem Sinn und Zweck der Regelung sei dieser Passus weit auszulegen und damit jede Einrichtung mit vergleichbaren Aufgaben wie die Behörde, der Träger und das Gericht gemeint. Siehe dazu *Schreiber* in: Schreiber/Wunder/Dern, Art. 81 VO 883/2004 Rn. 3 f.

1522 Vgl. dazu *Eichenhofer*, SGB 2010, 185 (192).

erst viel später durch Erhalt des Rechtsbehelfs durch die zuständige Institution im zuständigen Mitgliedstaat erfolgt.[1523] Insoweit ist der Unionsbürger nicht mehr verpflichtet, persönlich den zuständigen Träger zu konsultieren, um Rechtsbehelfe einzulegen. Vielmehr reicht die Einlegung des Rechtsbehelfs bei einer Behörde eines nichtzuständigen Staats aus, wobei es für die Fristwahrung nicht auf deren Weiterleitung an eine Behörde, einen Träger oder ein Gericht des zuständigen Mitgliedstaats ankommt. Nach Art. 76 Abs. 7 VO besteht sogar die Möglichkeit sich vor den Behörden, Trägern oder Gerichten jedes anderen Mitgliedstaats bei der Einreichung von Anträgen und sonstigen Schriftstücken der eigenen Sprache zu bedienen, wenn diese eine Amtssprache der Europäischen Union darstellt, womit diesen Stellen eine nicht unerhebliche „Übersetzungslast" aufgebürdet werde.[1524] Nach Art. 87 Abs. 11 VO sind die Mitgliedstaaten verpflichtet, ausreichende Informationen für den nichterwerbstätigen Rentner und den Rentner im Nebenerwerb über ihre Rechte und Pflichten aus der VO 883/2004 und der VO 987/2009 zur Verfügung zu stellen. Die Bereitstellung der erforderlichen Informationen durch die Verwaltungskommission, die Verantwortlichen Institutionen zur Verbreitung der Informationen und der Informationsinhalt sind in Art. 3 Abs. 1 und Art. 89 VO 987/2009 geregelt.

b. Regelung zur Einziehung von Beiträgen und Rückforderung von Leistungen

Art. 92 VO 1408/71 beschränkte sich noch auf die Eintreibung des Beitrags, die zusätzlich durch bilaterale Vereinbarungen[1525] ergänzt werden musste. Nunmehr ist in Art. 84 VO 883/2004 eine verpflichtende Regelung zur Einziehung von Beiträgen und zur Rückforderung von Leistungen vorgesehen. Das Verfahren zur Einziehung von Beiträgen und zur Rückforderung von Leistungen ist in Art. 84 Abs. 4 VO 883/2004 i. V. m. Art. 71 ff. VO 987/2009 geregelt. Insoweit ist gewährleistet, dass inländische Beitrags- und Rückforderungsbescheide im

---

1523 Vgl. dazu *Schreiber* in: Schreiber/Wunder/Dern, Art. 81 Rn. 9.

1524 Siehe *Eichenhofer*, SGB 2010, 185 (192).

1525 Als Beispiel für eine solche bilaterale ergänzende Vereinbarung kann Art. 10 des österreichisch-deutschen Abkommens über soziale Sicherheit v. 04.10.1995 angeführt werden. Vgl. dazu 138. Abkommen zwischen der Bundesrepublik Österreich und der Bundesrepublik Deutschland über soziale Sicherheit v. 04.10.1995, BGBl. III Österreich Nr. 138/1998 S. 039 ff./1041. Das Abkommen ist auf der Seite des Rechtsinformationssystems des Bundeskanzleramts von Österreich abrufbar unter: http://www.ris2.bka.gv.at/Dokumente/BgblPdf/1998_138_3/1998_138_3.pdf (Abrufdatum: 30.11.2008).

europäischen Ausland auf Antrag des zuständigen Trägers vollstreckt werden können.[1526] Diese Bestimmung stellt eine erhebliche Erhöhung der Rechtsdurchsetzungskraft von Beitrags- und Rückforderungsbescheiden dar. Nach dieser Regelung müssen vollstreckbare gerichtliche Entscheidungen durch ein Gericht eines Mitgliedstaats nicht noch zusätzlich in dem Staat der Vollstreckbarkeit durch ein dort ansässiges Gericht geprüft werden. Dies erhöht die Effektivität und Schnelligkeit der Rechtsdurchsetzung für den zuständigen Träger, der nunmehr die Beitrags- und Rückforderungsbescheide auch in einem anderen Mitgliedstaat auf Antrag vollstrecken kann. Dies bringt Rechtsklarheit für den nichterwerbstätigen Rentner und den Rentner im Nebenerwerb, da nunmehr i. d. R. in einem anderen EU-Mitgliedstaat Beitrags- und Rückforderungsbescheide gegen sie vollstreckbar sind und der Rentner nicht davon ausgehen kann, durch ein günstiges Gerichtsurteil im Aufnahmemitgliedstaat der Vollstreckbarkeit zu entgehen. Der Rentner kann sich nicht mehr der Vollstreckbarkeit ohne weiteres entziehen.

2. Rechtsfolgen bei Verletzung der Verordnung

Die VO 883/2004 koordiniert mitgliedstaatliches Recht und gibt den Mitgliedstaaten daher nicht konkret vor, wie sie Verstöße der zuständigen Träger oder Versicherten gegen die Inhalte der VO 883/2004 zu sanktionieren haben. Allerdings bestimmt Art. 76 Abs. 5 VO, dass eine Verletzung der Informationspflicht aus Art. 76 Abs. 4 UA 3 VO angemessene Maßnahmen nach dem nationalen Recht zur Folge haben kann, die vergleichbaren Tatbeständen der nationalen Rechtsordnung entsprechen und die Ausübung der durch die VO eingeräumten Rechte nicht praktisch unmöglich machen oder übermäßig erschweren dürfen. Nach Art. 76 Abs. 4 UA 3 VO müssen die von der VO betroffenen Personen die Träger des zuständigen Mitgliedstaats und des Wohnmitgliedstaats so bald wie möglich über jede Änderung ihrer persönlichen oder familiären Situation unterrichten. Für den Leistungsanspruch relevante Tatsachen seien „so bald wie möglich“ und damit ohne zeitliche Verzögerung dem Träger des zuständigen Mitgliedstaats und dem Träger des Wohnmitgliedstaats mitzuteilen.[1527] Eine solche Regelung ist auch für den nichterwerbstätigen Rentner und den Rentner im Nebenerwerb hinnehmbar, da sie nur, wenn sie ihre persönliche und familiäre Situation vollständig und wahrheitsgemäß mitteilen, davon ausgehen

---

1526 Dies als besonders positiv bewertend *Otting*, DRV-Schriften, Band 71 (2007), 23 (24).

1527 Vgl. *Schreiber* in: Schreiber/Wunder/Dern, Art. 76 VO 883/2004 Rn. 18.

können, dass die ihnen aus der VO 883/2004 gewährten Leistungen der sozialen Sicherheit nicht zurückgefordert werden und ihnen die gewährten Leistungen zustehen.

3. Unmittelbare Anwendbarkeit der Verordnung

Die VO gilt allgemein, ist in allen Teilen verbindlich und unmittelbar in jedem Mitgliedstaat anwendbar (Art. 288 UA 2 AEUV). Eine unmittelbare Anwendbarkeit ergibt sich schon aus der Wahl der Handlungsform als VO. Unmittelbar anwendbare Verordnungen gelten in den Mitgliedstaaten ohne ein weiteres Agieren der nationalen Rechtsetzungsorgane, ohne mitgliedstaatlichen Umsetzungsakt und begründen daher, vorausgesetzt sie sind hinreichend bestimmt, mit ihrem Inkrafttreten Rechte und Pflichten für den Einzelnen.[1528] Darüber hinaus geht die VO als supranationales Recht dem nationalen Recht der Mitgliedstaaten vor (Anwendungsvorrang).[1529] Daher entfaltet auch die VO 883/2004 als VO über die soziale Sicherheit unmittelbare Geltung[1530] für den nichterwerbstätigen Rentner und den Rentner im Nebenerwerb.

VI. Würdigung des Art. 48 AEUV und der Verordnung 883/2004

1. Persönlicher Geltungsbereich der VO 883/2004

Der persönliche Geltungsbereich der VO 883/2004 erfasst in Art. 2 VO alle Staatsangehörigen eines Mitgliedstaats, für die die Rechtsvorschriften eines oder mehrerer Mitgliedstaaten gelten. Insoweit werden durch den Wortlaut der VO 883/2004 im Gegensatz zur VO 1408/71 generell alle Personen einbezogen, die durch ein nationales Sozialversicherungssystem erfasst sind und somit auch der nichterwerbstätige Rentner. Die Einbeziehung des nichterwerbstätigen Rentners wird hinsichtlich der Altersrenten moniert. Von Mitgliedstaaten mit Einwohnersystemen wird hier eingewendet, dass „Sozialtourismus" entstehen könne, da für den Erwerb von Versicherungszeiten das bloße Wohnen in einem

1528 *Ruffert* in: Calliess/Ruffert, EUV/AEUV, Art. 288 AEUV Rn. 20; *Schulte* in: von Maydell/Schulte, Zukunftsperspektiven, 45 (70).

1529 *Ruffert* in: Calliess/Ruffert, EUV/AEUV, Art. 288 AEUV Rn. 20, Art. 1 AEUV Rn. 19.

1530 Ebenso *Schulte* in: von Maydell/Schulte, Zukunftsperspektiven, 45 (70); *Langer* in: von der Groeben/Schwarze, EU-/EG-Vertrag, Art. 42 EG Rn. 13.

Mitgliedstaat ausreiche, ohne dass eine Erwerbstätigkeit vorausgesetzt werde.[1531] Diese Stimmen würden die Interdependenz zwischen der Koordinierung im Rahmen der VO 883/2004 und dem Aufenthaltsrecht in der RL 2004/38/EG verkennen. Sei mit Art. 14 Abs. 2, 7 Abs. 1 lit. b) RL 2004/38/EG ein Aufenthaltsrecht zu bejahen, da der nichterwerbstätige Rentner über einen ausreichenden Krankenversicherungsschutz und die notwendigen Existenzmittel verfüge, müsse ohne Abstriche das Diskriminierungsverbot Geltung entfalten (vgl. hierzu Art. 24 RL 2004/38/EG). Der Unionsgesetzgeber konnte daher bei Erlass der VO 883/2004 keine generellen Ausnahmen für nichterwerbstätige Rentner treffen.[1532] Dies gelte trotz des Umstands, dass beide Rechtsakte nicht aufeinander Bezug nehmen, in den Begrifflichkeiten nicht identisch auszulegen seien und auch unterschiedliche Ziele verfolgen.[1533] Trotz Einbeziehung des nichterwerbstätigen Rentners sollte die Unionsbürgerschaft noch stärker fortentwickelt werden, hin zu einer „sozialen Unionsbürgerschaft", da sie nur in einem solchen Fall in der Lage sei, sich von der derzeitigen nationalitätsorientierten Konzeption des europäischen Sozialrechts zu lösen. Ansonsten schütze die Europäische Union nur „Gutverdienende" und scheitere letztlich in ihrer Sozialpolitik.[1534] Es sollte ein „konstitutives Sozialmodell" bzw. ein „europäischer Sozialraum" mit einheitlicher europäischer Sozialversicherung für die Jahrgänge ab 2020 geschaffen werden in der Europäischen Union, welches bzw. welcher soziale Absicherung für alle Unionsbürger garantieren sollte.[1535] Darüber hinaus wird an dem persönlichen Geltungsbereich

---

1531 Vgl. dazu *Spiegel*, DRV-Schriften, Band 71 (2007), 25 (59); *Spiegel* ZIAS 2006, 85 (131). A.A. Becker, der die Befürchtung, es könne ein Sozialtourismus entstehen, für wenig überzeugend erachte, vgl. *Becker*, ZFSH/SGB 2007, 134 (137).

1532 Vgl. hierzu *Spiegel,* ZIAS 2006, 85 (131); *Spiegel*, DRV-Schriften, Band 71 (2007), 25 (60).

1533 Vgl. dazu ausführlich *Raschka,* EuR 2013, 116 (119). Das Ziel der RL 2004/38/EG sei es, die Konditionen eines rechtmäßigen Aufenthalts zu determinieren, wohingegen die VO 883/2004 nur knapp auf den Wohnort eines Unionsbürgers als Grundlage für den persönlichen Geltungsbereich eingehe. Hinsichtlich der Begrifflichkeiten würde die VO 883/2004 detalliert die einzelnen Leistungsarten festlegen, wohingegen die RL 2004/38/EG nur allgemein von Sozialhilfeleistungen spreche.

1534 Siehe *Hervey*, European Social Law, 107 f.; so implizit auch *Ketelsen* in: Ress/Stein, Europäischer Sozialraum, 22. Ketelsen kritisiert, dass Nichterwerbstätige als Freizügigkeitsberechtigte den Erwerbstätigen auch nach der Rechtsprechung des EuGH gleichzustellen seien, im Einzelfall jedoch eine teleologisch reduzierende differenzierte Betrachtungsweise nicht ganz ausgeschlossen werden könne.

1535 Vgl. Hauptvortrag des DGB-Bundesvorsitzenden *Sommer,* Deutscher Sozialgerichtstag, Sozialrecht, 17 f.

der VO 883/2004 kritisiert, dass der einzelne Mitgliedstaat und nicht das Unionsrecht über die Einbeziehung des nichterwerbstätigen Rentners und des Rentners im Nebenerwerb in den persönlichen Geltungsbereich entscheide, was systemwidrig sei, da die Koordinierung in die ausschließliche Zuständigkeit der Union falle.[1536] Dies bedeute aber im Umkehrschluss, dass die Union in Zukunft bestimmen müsse, unter welchen Voraussetzungen ein Versicherter einen Anspruch auf die Leistungen der Koordinierungsverordnung habe. Letztlich läuft das widerum auf eine Vollharmonisierung der mitgliedstaatlichen Sozialversicherungssysteme hinaus, was zumindest im Sozialrecht nicht unter die ausschließliche Kompetenz der Union fällt, da die Ausgestaltung der nationalen Sozialversicherungssysteme nach wie vor der Zuständigkeit der Mitgliedstaaten unterliege.[1537] Der persönliche Geltungsbereich der VO sollte sich daher auf alle Personen erstrecken, die von dem Sozialleistungssystem eines Mitgliedstaats erfasst werden, unabhängig von deren Nationalität und sozialökonomischem Status.[1538] So ist der persönliche Geltungsbereich neu zu fassen. Es wird dabei angeregt, dass die VO für alle Personen Geltung entfaltet, für die die Rechtsvorschriften eines oder mehrerer Mitgliedstaaten gelten oder galten.

2. Definition des Begriffs der sozialen Sicherheit

Der EuGH hat in dem Art. 1 VO 883/2004 nicht den Begriff der sozialen Sicherheit definiert.[1539] Zwar schließt Art. 3 Abs. 5 VO die soziale und medizinische Fürsorge aus, er definiert aber nicht, was unter „soziale und medizinische Fürsorge“ zu verstehen sei.[1540] In Abgrenzung zur „sozialen und medizinischen Fürsorge“ müsse eine Leistung der sozialen Sicherheit dann angenommen werden, wenn

---

1536 *Eichenhofer* in: Schulte/Barwig, Freizügigkeit und Soziale Sicherheit, 411 (415).

1537 Vgl. ebenfalls EuGH Rs. 41/84 (Pinna) Slg. 1986, 1 (24 Rn. 20); Rs. 313/86 (Lenoir) Slg. 1988, 5391, 5423 Rn. 13. So auch *Schulte*, ZFSH/SGB 2007, 13 (21, 27); *Schneider*, VVDStRL 64, 238 (244); *Everling* in: ZEW Nr. 83, 67 (72).

1538 So ebenfalls *Eichenhofer*, Sozialrecht der EU, 3. Auflage, Rn. 494.

1539 Dies ist leider nicht erfolgt, wurde von *Pennings*, European Social Security Law, 64, 74 aber bereits zur Verbesserung der VO 1408/71 vorgeschlagen. So sei insb. fraglich, ob Wohngeld, Studienzuschüsse und Steuerermäßigungen unter den Begriff der sozialen Sicherheit fallen.

1540 *Pennings*, European Social Security Law, 64. Pennings hatte an dem Art. 4 Abs. 4 VO 1408/71 bereits kritisiert, dass die „Sozialhilfe“ nicht definiert worden sei. Anstelle der „Sozialhilfe“ in Art. 4 Abs. 4 VO 1408/71 ist nunmehr „soziale und medizinische Fürsorge“ in Art. 3 Abs. 5 VO 883/2004 getreten.

der Anspruchsberechtigte einen Anspruch auf die Leistung hat und die Leistung unter einen der Zweige der sozialen Sicherheit des Art. 3 Abs. 1 VO 883/2004 fällt.[1541] Eine Legaldefinition würde Rechtssicherheit für den nichterwerbstätigen Rentner und den Rentner im Nebenerwerb schaffen und die Begrifflichkeiten klären.

Im sachlichen Geltungsbereich könnte alternativ zur Definition des Begriffs der sozialen Sicherheit in Art. 1 VO in Art. 3 VO 883/2004 anstelle der dort enthaltenen Auflistung allgemein definiert werden, dass die „soziale Sicherheit ein System von bedürftigkeitsunabhängigen, risikobezogenen öffentlichen oder privaten Leistungen darstellt“. Durch diese Definition können neue soziale Risiken ohne Probleme vom Schutzumfang der VO erfasst werden.[1542] Ähnlich wie bei den Legaldefinitionen in Art. 53 Abs. 1 und 2 VO kann in Art. 3 Abs. 1 UA 1 VO 883/2004 der Begriff der „sozialen Sicherheit“ in der soeben aufgezeigten Weise definiert werden und dann in Abgrenzung zu diesem im Anschluss in Art. 3 Abs. 1 UA 2 VO 883/2004 folgendermaßen formuliert werden: „Leistungen, die nicht als Leistungen der sozialen Sicherheit angesehen werden können im Sinne von Art. 3 Abs. 1 UA 1 VO 883/2004, gelten als Leistungen der sozialen und medizinischen Fürsorge“.

3. Pflegeleistungen und Leistungen zur Kindererziehung

Zu beanstanden ist an der VO 883/2004, dass sie in Bezug auf die neuen Leistungszweige (Art. 3 VO), wie Pflegeleistungen oder Leistungen bei der Kindererziehung, nicht die gewünschten Neuerungen im Vergleich zur VO 1408/71 vollzogen hat. Aufgabe der VO 883/2004 war es, neue Leistungskategorien, wie Pflegeleistungen und Leistungen bei Kindererziehung, spezifischen Koordinierungsregelungen, die den Besonderheiten dieser Leistungsarten Rechnung tragen, zu unterwerfen.[1543] Im Gegensatz dazu gelten Leistungen bei

---

1541 Bei einem garantierten Mindesteinkommen für ältere Personen fordert Pennings darüber hinaus, dass die VO 883/2004 hier nur anwendbar sei, wenn es sich um einen Arbeitnehmer handele, der Arbeitszeiten unter einem Mitgliedstaat absolviere und seinen Wohnsitz in diesem Staat habe sowie eine Altersrente erhalte. Siehe *Pennings*, European Social Security Law, 68. Vgl. zum garantierten Mindesteinkommen für Behinderte auch EuGH Rs. 356/89 (Stanton Newton) Slg. 1991, 3017, I-3039 Rn. 14.

1542 Ebenso *Eichenhofer*, Sozialrecht der EU, Rn. 494.

1543 Vgl. dazu *Schulte* in: von Maydell/Ruland/Becker, Sozialrechtshandbuch, § 33 Rn. 147; *Spiegel*, ZIAS 2006, 85 (90 f.). Vgl. zudem *Spiegel*, DRV-Schriften,

Pflegebedürftigkeit des nichterwerbstätigen Rentners und des Rentners im Nebenerwerb nach wie vor als „Leistungen bei Krankheit".[1544] Ungeklärt bleibt insb., wie klassische Pflegeleistungen aufgrund ihrer Ähnlichkeit zu den besonderen beitragsunabhängigen Geldleistungen im Speziellen den „Leistungen, die allein dem besonderen Schutz des Behinderten dienen", abzugrenzen seien.[1545] Interessant ist auch, dass einige Mitgliedstaaten die Leistungen, die dieselben Kriterien wie die klassischen Pflegegelder erfüllen, nach dem Kap. „Leistungen bei Krankheit" koordinieren, wohingegen andere Mitgliedstaaten widerum diese nach wie vor der Sonderkoordinierung für besondere beitragsunabhängige Geldleistungen, in der z. B. keine Exportverpflichtung bestehe, unterwerfen wollen.[1546] Der EuGH hielt es in der Rechtssache *da Silva Martins* für unvereinbar mit Art. 48 AEUV, wenn ein ehemaliger Wanderarbeiter, der in seinem Wohnmitgliedstaat Anspruch auf Leistungen bei Krankheit beanspruche, einen Verlust aller Vergünstigungen hinzunehmen habe, die das Risiko der Pflegebedürftigkeit (vorliegend deutsches Pflegegeld aufgrund freiwilliger Weiterversicherung) betreffen und die die Gegenleistung für Beiträge darstellen, die er in

---

Band 71 (2007), 25 (29), der dies auch schon als Versäumnis der VO 1408/71 zutreffend erkannt hatte. Spiegel kritisiert weiterhin, dass in der VO 883/2004 dies bereits durch Klarstellungen im sachlichen Geltungsbereich hätte zum Ausdruck kommen müssen. So hätten solche Sonderkoordinationen bereits mit einer entsprechenden Definition zur Abgrenzung von den übrigen Leistungen beginnen müssen, hierzu *Spiegel* in: Marhold, Sozialrecht der EU, 9 (21 Fn. 65); *Spiegel*, ZIAS 2006, 85 (100 Fn. 84).

1544 Nach den Urteilen des EuGH zum deutschen [EuGH Rs. C-160/96 (Molenaar) Slg. 1998, I-843, I-880 ff.] bzw. österreichischen Pflegegeld [EuGH Rs. C-215/99 (Jauch) Slg. 2001, I-1901, I-1944 Rn. 28], gelten diese Leistungen nach der VO 883/2004 weiterhin als „Leistungen bei Krankheit". Siehe auch EuGH Urt. v. 12.07.2012 Rs. C-562/10 (Europäische Kommission/Bundesrepublik Deutschland) ZESAR 2012, 491 (496).

1545 Vgl. hierzu *Schulte* in: von Maydell/Ruland/Becker, Sozialrechtshandbuch, § 33 Rn. 147; *Spiegel*, ZIAS 2006, 85 (103, 106 f.); *Spiegel* in: Marhold, Sozialrecht der EU, 9 (24, 27 f.).

1546 Finnland, Schweden und das Vereinigte Königreich haben bereits angekündigt, diese Leistungen nach dem Anhang X zur VO 883/2004 der Sonderkoordinierung für „besondere beitragsunabhängige Geldleistungen" zu unterwerfen. In der VO 1408/71 hatten sie die Anwendung der Sonderkoordinierung für die dort als „beitragsunabhängige Sonderleistungen" bezeichneten Leistungen im Anhang II a der VO 1408/71 eintragen lassen und wollten diese Eintragungen nunmehr auch im Anhang X zur VO 883/2004 so beibehalten. Vgl. hierzu *Spiegel*, DRV-Schriften, Band 71 (2007), 25 (41 Fn. 112); *Spiegel*, ZIAS 2006, 85 (107 und 107 Fn. 112).

einem früheren Beschäftigungsmitgliedstaat zahlte. Dies gelte umso mehr, wenn im Wohnmitgliedstaat keine Geldleistungen der sozialen Sicherheit bestehen, die das Risiko der Pflegebedürftigkeit betreffen. Selbst wenn Portugal dem Kläger Pflegeleistungen, die in der Höhe geringer ausgefallen wären als in Deutschland gewährt hätte, wäre der zuständige Träger in Deutschland verpflichtet gewesen, den Unterschiedsbetrag zum deutschen Pflegegeld zu zahlen.[1547]

Es ist deshalb im Titel III Besondere Bestimmungen über die verschiedenen Arten von Leistungen, Kap. 1 Leistungen bei Krankheit sowie Leistungen bei Mutterschaft und gleichgestellte Leistungen bei Vaterschaft klarstellend zu formulieren: „Kapitel 1 Leistungen bei Krankheit, *insbesondere Pflegeleistungen* sowie Leistungen bei Mutterschaft und gleichgestellte Leistungen bei Vaterschaft". Darüber hinaus sollten in der VO 883/2004 neben den derzeitigen Leistungsarten im Titel III Besondere Bestimmungen spezielle Koordinierungsvorschriften für Pflegeleistungen (in Titel III Kap. 1 in einem gesonderten Abschnitt) zusammengefasst werden. In diesem gesonderten Abschnitt sollten dem Träger des Mitgliedstaats, des Wohn- oder Aufenthaltsorts des Unionsbürgers spezielle Informationspflichten gegenüber den Trägern anderer Mitgliedstaaten auferlegt und diesem die Auszahlung von Pflegegeld überantwortet werden. So sei es dem Wohnortmitgliedstaat einfacher möglich, eine sachgerechte Verrechnung zwischen Pflegegeld und Pflegesachleistungen vorzunehmen sowie Kriterien festzulegen, welche die Bezifferung der Kosten der Pflegeleistungen durch die Mitgliedstaaten betreffen.[1548]

Bei Kindererziehungsleistungen des nichterwerbstätigen Rentners und des Rentners im Nebenerwerb ist ebenfalls eine notwendige Sonderkoordinierung unterblieben. Diese sind nach wie vor als „Familienleistungen" anzusehen. Der EuGH hat diese Einordnung in seiner Rechtsprechung bestätigt.[1549] Allerdings sind Erziehungsleistungen nicht nur Leistungen für ein Kind. Vielmehr ist für

1547 EuGH Urt. v. 30.06.2011 Rs. C-388/09 (da Silva Martins) ZESAR 2012, 32 (32 ff.). Vgl. dazu auch *Tiedemann,* ZFSH/SGB 2012, 266 (267). Vgl. dazu auch *Bokeloh,* ZESAR 2012, 121 (122 Fn. 11, 128), der konstatiert, dass der EuGH mit seiner da Silva Martins Rechtsprechung gezeigt habe, dass er das Petroni-Prinzip auch außerhalb der Rentenbestimmungen und somit allgemein in der VO 883/2004 anwende.

1548 Schulte schlägt demgegenüber vor, ein Kap. 1 a in den Titel III „Besondere Bestimmungen über verschiedene Leistungen der VO 883/2004" einzuführen. Vgl. *Schulte,* ZESAR 2010, 202 (206).

1549 Vgl. dazu EuGH Rs. C-245/94 und C-312/94 (Hoever und Zachow) Slg. 1996, I-4895, I-4936 Rn. 27; Rs. C-275/96 (Kuusijärvi) Slg. 1998, I-3419, I-3461 Rn. 60 f.; Rs. C-543/03 (Dodl und Oberhollenzer) Slg. 2005, I-5049, I-5087 Rn. 50.

sie gerade charakteristisch, dass hier stärker als bei anderen Familienleistungen die konkrete Situation der erziehenden Person im Vordergrund steht. Es erscheine insoweit unbillig, die Familienleistung undifferenziert der Familie und dabei losgelöst von der nach der jeweils national anzuwendenden Rechtslage konkret anspruchsberechtigten Person, zu gewähren.[1550] In einem solchen Fall ergibt sich die Konstellation, dass, wenn eine Frau, die vorher als in Deutschland wohnende Grenzgängerin in Österreich eine Erwerbstätigkeit ausübte und deren Ehemann in Deutschland erwerbstätig ist, Erziehungsurlaub nimmt, Deutschland der primär zuständige Staat sei, obwohl die Frau in Österreich erwerbstätig war. Österreichisches Kinderbetreuungsgeld könne die Frau nach den Koordinierungsregeln der VO 883/2004 derzeit lediglich als Differenzzahlung in Anspruch nehmen.[1551] Des Weiteren ist zu berücksichtigen, dass die Kindererziehungszeit den Ausgleich des durch die Erziehung bedingten Verlusts an Rentenrechten bewirke und deshalb auf solche Zeiträume beschränkt werden soll, bei denen nach dem Recht des Beschäftigungsstaats eine Leistungspflicht für Mutterschafts- und/oder Erziehungsgeld bestehe.[1552] Insoweit ist zur Schaffung einer Sonderkoordinierung von Kindererziehungsleistungen im Titel III ein Kap. 8 a einzufügen, der die vorgenannten Besonderheiten regelt.

4. Art. 5 lit. b) VO 883/2004

Hinsichtlich des Art. 5 lit. b) VO als allgemeine Vorschrift zur Gleichstellung von Leistungen, Einkünften, Sachverhalten oder Ereignissen ist unklar, wie sich diese Vorschrift in Zukunft auswirken wird. Eine Generalisierung der Vorschrift im Sekundärrecht ist nicht zu empfehlen.[1553] Art. 5 lit. b) VO darf insb. nicht dazu führen, dass neue Ansprüche begründet werden[1554], da dies mit der bestehenden Kompetenzverteilung unvereinbar sei.[1555] Vielmehr sind die Vorschriften über

---

1550 So auch *Schulte* in: von Maydell/Ruland/Becker, Sozialrechtshandbuch, § 33 Rn. 147.

1551 *Spiegel*, ZIAS 2006, 85 (105); *Spiegel*, DRV-Schriften, Band 71 (2007), 25 (40); *Schulte*, ZESAR 2010, 202 (207).

1552 Vgl. hierzu *Eichenhofer* in: Becker/Kaufmann/von Maydell/Schmähl/Zacher, FS für Ruland, 643 (652).

1553 *Voigt*, ZESAR 2004, 121 (122); *Becker*, ZFSH/SGB 2007, 134 (142).

1554 So dürfe Art. 5 lit. b) VO 883/2004 nicht dazu führen, dass ausländische Zeiten als Versicherungszeiten nur deshalb anerkannt werden, weil sie in dem Mitgliedstaat als solche qualifiziert werden, in dem die entsprechenden Zeiten zurückgelegt worden seien. Vgl. dazu *Becker*, ZFSH/SGB 2007, 134 (142).

1555 *Becker*, ZFSH/SGB 2007, 134 (142).

die Zusammenrechnung der Zeiten und die Zuständigkeit der Mitgliedstaaten gegenüber dem Art. 5 lit. b) VO als vorrangig zu erachten.[1556]

5. Art. 11 ff. VO 883/2004

Unter Bezugnahme auf die Bestimmung des anwendbaren Rechts in den Art. 11 ff. VO 883/2004 und dem Titel II VO 883/2004 wird vielfach gefordert, dass der Unionsgesetzgeber von dem grundsätzlich vorrangigen Beschäftigungslandprinzip abrücken und sich dem Wohnlandprinzip entweder komplett oder beschränkt auf bestimmte Leistungen der sozialen Sicherheit zuwenden solle.[1557] Derzeit ist bereits im sachlichen Geltungsbereich eine Tendenz zur Abrückung vom grundsätzlichen Beschäftigungslandprinzip hin zum Prinzip des Wohnlands zu erkennen. Fraglich ist, inwiefern dies für die Zweige der sozialen Sicherheit der VO als sinnvoll zu bewerten ist. Für eine solche Regelung könne angeführt werden, dass auch viele nationale Systeme der sozialen Sicherheit, insb. die nordischen Staaten auf den Wohnsitz abstellen und nicht verlangen, dass die Anspruchsteller Beschäftigte seien.[1558] Hier wird insb. darauf verwiesen, dass diese z. B. bei Kindererziehung, Familienleistungen und Leistungen zum Existenzminimum im Alter das Wohnsitzerfordernis zur Leistungsgewährung aufstellen. Diesbezüglich werde das Beschäftigungslandprinzip nicht mehr als das passende Prinzip angesehen, um solche Systeme zu koordinieren.[1559] Allerdings haben bei uneingeschränkter Anwendung des Wohnlandprinzips innerhalb der Koordinierung durch die VO solche Mitgliedstaaten, wie Belgien, die Familienleistungen nur Beschäftigten und Selbstständigen gewähren, ein Problem, denn jemand, der in Belgien wohnt und in den Niederlanden arbeite, könne in Belgien keine Familienleistungen beanspruchen.[1560] Für die Auffassung hin zum Wohnlandprinzip, lässt sich anführen, dass sich bei der Anwendung dieses Prinzips der Export von Leistungen durch den Beschäftigungsstaat erledige und dadurch eine Vereinfachung bestimmter

---

1556 Vgl. dazu auch die Erwägungsgründe 10 und 11 VO 883/2004. Vgl. ebenfalls *Becker*, ZFSH/SGB 2007, 134 (142).

1557 Hierzu *Altmaier* in: Eichenhofer/Zuleeg, Rechtsprechung des Europäischen Gerichtshofs zum Arbeits und Sozialrecht, 71 (77 Fn. 15). Die Frage ebenfalls aufwerfend *Langer* in: von Maydell/Schulte, Zukunftsperspektiven des europäischen Sozialrechts, 25 (33).

1558 *Pennings*, European Social Security Law, 267.

1559 *Christensen/Malmstedt*, European Journal of Social Security 2000, 69 (103 f.).

1560 Vgl. zu diesem Beispiel *Pennings*, European Social Security Law, 268.

administrativer Verfahren eintrete.[1561] Dagegen lässt sich gewichtig argumentieren, dass die Anwendung der Rechtsvorschriften des Wohnmitgliedstaats ein hohes Maß an Homogenität zwischen den einzelnen Sozialversicherungssystemen und den verschiedenen Leistungen in den Mitgliedstaaten erfordere, sollte ein Verlust bereits erworbener Rechte verhindert werden.[1562] Gegen die Vorrangigkeit des Wohnlandprinzips spreche zudem, dass dieses bei der Erbringung von Steuern zu unbilligen Ergebnissen führe. Jemand, der in dem Mitgliedstaat A wohne, der auf dem Wohnlandprinzip beruhe und im Mitgliedstaat B arbeite, der auf dem Beschäftigungslandprinzip beruhe, müsse aufgrund der Koordinierung nach dem Wohnlandprinzip im Mitgliedstaat A versichert sein. Diese Person müsse dann Beiträge in dem Mitgliedstaat A erbringen aus der Beschäftigung, die er oder sie im Mitgliedstaat B verrichte. Sollte der Mitgliedstaat A das Einkommen nicht besteuern, sondern sein Sozialsystem aus Steuern finanzieren, sei dies nur von Vorteil für den im Nebenerwerb beschäftigten Rentner. Allerdings ist auch denkbar, dass der Rentner im Nebenerwerb in dem Mitgliedstaat B, der auf dem Beschäftigungslandprinzip beruhe, wohnt und im Mitgliedstaat A, der auf dem Wohnlandprinzip beruhe, arbeitet. Hier müsse der Arbeitgeber Abgaben an den Mitgliedstaat B erbringen, und zwar aus der Beschäftigung, die in Staat A verrichtet werde, aber so, als ob diese Erwerbstätigkeit im Mitgliedstaat B stattgefunden habe. Es seien daher Beiträge zu entrichten, die im Mitgliedstaat A (wenn dieser das Einkommen nicht besteuere) nicht entstanden wären.[1563] Für das Beschäftigungslandprinzip spreche, dass es vor „Sozialleistungstourismus“ schütze, weil von dem Schutz durch den Beschäftigungsstaat, wie das Wort schon sagt, nur solche Personen erfasst seien, die im Beschäftigungsland auch beschäftigt sind.[1564] Für das Beschäftigungslandprinzip lassen sich zudem die Ziele, welche mit der VO verfolgt werden, anführen, die Freizügigkeit der Arbeitnehmer sicherzustellen und einen fairen Wettbewerb zu garantieren. Daher sei in erster Linie der Arbeitnehmer vor Diskriminierungen im Verhältnis zu Staatsangehörigen des Beschäftigungsstaats zu schützen.[1565] Darüber hinaus ist die ökonomische Dimension zwischen den einzelnen Mitgliedstaaten in die Betrachtungen mit einzubeziehen. So werden

---

1561 Vgl. *Devetzi*, Kollisionsnormen, 112.

1562 *Langer* in: von Maydell/Schulte, Zukunftsperspektiven des europäischen Sozialrechts, 25 (33).

1563 Vgl. zu dem grundsätzlichen Problem *Pennings*, European Social Security Law, 270 f.

1564 *Pennings*, European Social Security Law, 273.

1565 Pennings geht sogar so weit anzunehmen, dass der Umstand, ob die Kinder des Arbeitnehmers nun höhere oder niedrigere Leistungen als andere Kinder von Staatsangehörigen im Wohnsitzstaat erhalten, vor dem primären Ziel der VO 883/2004 die

Arbeitnehmer aus ärmeren Mitgliedstaaten immer versuchen, in reicheren Mitgliedstaaten eine Erwerbstätigkeit aufzunehmen, vorausgesetzt, sie erleiden keine Nachteile bei der Bezahlung und der Inanspruchnahme von Leistungen der sozialen Sicherheit im Vergleich zu Staatsangehörigen in diesen Mitgliedstaaten. Es werde somit eine gute Verteilung von Arbeit bewirkt.[1566] Aus diesen Gründen sind sich selbst die Kritiker des Beschäftigungslandprinzips einig, dass ein Wechsel von diesem zum Wohnlandprinzip in nächster Zukunft nicht zu realisieren sei.[1567] Das Beschäftigungslandprinzip sollte daher der Grundstein der Koordinierung unter der VO 883/2004 bleiben.

Das in Art. 11 Abs. 3 lit. e) VO enthaltene Wohnlandprinzip beinhaltet, dass die Person auch im Wohnmitgliedstaat versichert ist. Das Wohnlandprinzip berge die Gefahr in sich, dass Personen in einen bestimmten Staat abwandern, um das dortige bessere oder umfangreichere Sozialleistungssystem in Anspruch nehmen zu können („Sozialleistungstourismus“).[1568] Diese Befürchtung ist anknüpfend an die Ausführungen zur RL 2004/38/EG[1569] nicht überzeugend. So ist insb. nicht erwiesen, ob sich die Gewährung von Sozialleistungen in einem Mitgliedstaat positiv auf die Entscheidung zum Umzug in diesen Staat auswirke.[1570] Danach ist Befürchtungen, der nichterwerbstätige Rentner betreibe gezielten „Sozialleistungstourismus“, entgegenzutreten.

Es ist fraglich, warum der „Wohnmitgliedstaat“ in Art. 11 Abs. 3 lit. e) VO nicht definiert wurde. Es findet sich lediglich in Art. 1 lit. j) VO die Definition des „Wohnorts“ als Ort des gewöhnlichen Aufenthalts einer Person und in Art. 11 VO 987/2009 eine Konkretisierung des Wohnorts. Die Konkretisierung des Begriffs Wohnort in Art. 11 VO 987/2009 sollte direkt in Art. 1 lit. j) VO integriert

---

Arbeitnehmerfreizügigkeit zu fördern, nicht relvant sei. Vgl. *Pennings*, European Social Security Law, 275.

1566 *Pennings*, European Social Security Law, 267 f. A.A. *Christensen/Malmstedt*, European Journal of Social Security 2000, 69 (90). Christensen/Malmstedt bestreiten die Annahme, dass nur wenn das gleiche Gehalt und dieselben Sozialleistungen dem Arbeitnehmer gewährt werden, dieser auch gewillt sei, von seinem Freizügigkeitsrecht Gebrauch zu machen. Sie verweisen darauf, dass es hierfür keine empirischen Beweise gebe und darüber auch keine Forschungen angestellt wurden.

1567 Vgl. hierzu *Devetzi*, Kollisionsnormen, 112; *Langer* in: von Maydell/Schulte, Zukunftsperspektiven des europäischen Sozialrechts, 25 (34).

1568 *Pennings*, European Social Security Law, 273.

1569 Teil 4 C. VI. 2. Lösungsansätze zur Differenzierung zwischen dem nichterwerbstätigen Rentner und dem Rentner im Nebenerwerb.

1570 *Schönberger*, ZAR 2006, 226 (231); *Kingreen*, EuR Beiheft 1/2007, 43 (67 f.).

werden. Damit werde die besondere Bedeutung des Wohnortkonzepts, die auch die faktische Wohnsitzbegründung ausreichen lasse, der VO zum Ausdruck gebracht.[1571] In Art. 1 lit. j) sollte lit. i) eingefügt und der „Wohnmitgliedstaat" als Mitgliedstaat definiert werden, in dem der Unionsbürger seinen Wohnort hat. Dann sollte in Art. 1 lit. j) ii) die Definition des „Wohnorts" eingefügt werden, wobei die Konkretisierungskriterien des Art. 11 VO 987/2009 in diesen aufzunehmen sind.

Sollte sich ein Nichterwerbstätiger hälftig im Jahr in dem Mitgliedstaat A aufhalten und die restliche Hälfte in dem Mitgliedstaat B, erscheint fraglich, wo er seinen Wohnmitgliedstaat innehat.[1572] In Art. 11 Abs. 3 lit. e) ist ein Satz 2 einzufügen und damit klarzustellen, in welchem Mitgliedstaat bei jeweils hälftigem Aufenthalt in zwei Mitgliedstaaten eine Person ihren gewöhnlichen Aufenthalt innehat.

Nach derzeitiger Rechtslage kann der ehemalige Beschäftigungsstaat auch bei kurzen Unterbrechungen ohne Einschränkungen den Wohnsitzstaat zur Leistung verpflichten. In Art. 11 Abs. 3 lit. a) VO 883/2004 sollte daher klarstellend eingeführt werden, „dass kurze Unterbrechungen der Arbeitstätigkeit und Krankheit den Rechtsvorschriften dieses Mitgliedstaats unterliegen. Dies gilt auch, wenn keine Geldleistungen aus der vorangegangenen Beschäftigung bezogen werden."

6. Art. 12 VO 883/2004

Im Hinblick auf die in Art. 12 VO enthaltene zeitliche Begrenzung der Entsendung in einen anderen Mitgliedstaat in einem Umfang von 24 Monaten wird gefordert, diese Zeitspanne auszuweiten, da ein großes Interesse des Beschäftigten an einer einheitlichen „einheimischen" Versicherungsbiographie im ursprünglichen Beschäftigungsstaat bestehe.[1573] Die uneingeschränkte Geltung der Vorschriften des Zwischenbeschäftigungsstaats führe nur zu unnötigem Kosten, Zeit und

---

1571 So *Van Overmeiren/Eichenhofer/Verschueren*, trESS Analytical Study 2011, 1 (51).

1572 So auch *Pennings*, European Social Security Law, 278. Vgl. dazu *European Commission*, Practical guide on The applicable legislation in the EU, the EEA and Switzerland, 43, 47 f. der darauf hinweist, dass Art. 11 VO 987/2009 nicht abschließend ist, sondern eine Gesamtbewertung aller Angaben zu erfolgen habe. Vorliegend wurde bei einem Rentnerehepaar, welches hälftig in Deutschland und Spanien wohnt auch der Umstand berücksichtigt, dass es sich um deutsche Staatsbürger handelte, die eine deutsche Rente beziehen und ihr Berufsleben in Deutschland verbrachten, um als Wohnort und somit gewöhnlichen Aufenthalt und daher letztlich auch Wohnmitgliedstaat Deutschland festzulegen. Vgl. http://ec.europa.eu/social/main.jsp?langId=en&catId=868 (Abrufdatum: 25.02.2014).

1573 *Neumann-Duesberg* in: Schulte/Zacher, Wechselwirkungen, 83 (86).

Verwaltungsaufwand sowie zu Freizügigkeitsbeeinträchtigungen.[1574] Art. 12 VO, der letztlich dem Rentner im Nebenerwerb zugutekommt, sollte auf 36 Monate ausgedehnt werden, da eine einheitliche Versicherungsbiographie für eine verstärkte Freizügigkeitsausübung sinnvoll ist.

7. Art. 13 Abs. 1 lit. a) VO 883/2004

Art. 13 Abs. 1 lit. a) VO, der den Wohnmitgliedstaat bei der Ausübung von Tätigkeiten des Rentners im Nebenerwerb in zwei oder mehreren Mitgliedstaaten für zuständig ansieht, wenn ein wesentlicher Teil der Erwerbstätigkeit darin ausgeübt wird, lässt offen, was genau unter „wesentlich" zu fassen ist.[1575] Der EuGH hatte in der Rechtssache *Kits van Heijningen* lediglich bei der VO 1408/71, die noch von „zum Teil" sprach, entschieden, dass bereits vier Stunden pro Woche für die Annahme einer Erwerbstätigkeit in einem Mitgliedstaat ausreichend seien. Die einzige Voraussetzung für die Anwendbarkeit des Art. 11 Abs. 3 lit. a) VO sei, dass der Rentner im Nebenerwerb als Beschäftigter in diesem Mitgliedstaat gelte.[1576] So ist davon auszugehen, dass vier Stunden pro Woche nicht einmal das Minimum darstellen. Der Minimumwert scheint vielmehr erst dann erreicht, wenn die Tätigkeit als so gering anzusehen ist, dass sie nicht länger als „Erwerbstätigkeit" bezeichnet werden kann. Daher sollte ein fester Zeitrahmen für die Erwerbstätigkeit in einem Mitgliedstaat in der VO verlangt werden.[1577] Insoweit ist hier eine Klarstellung durch den Unionsgesetzgeber zukünftig empfehlenswert. Zudem bleibt begrifflich in Art. 1 lit. j) i) VO zu definieren, was mit „Wohnmitgliedstaat" gemeint ist. Unklar ist ebenfalls, wann eine Person „gewöhnlich" in zwei oder mehreren Mitgliedstaaten eine Beschäftigung ausübt. So werde durch die VO keine Mindestzeit vorgeschrieben, nach der der Unionsbürger gewöhnlich

---

1574 *Devetzi*, Kollisionsnormen, 66.

1575 In Art. 14 Abs. 2 lit. a) ii) VO 1408/71 wurde noch „überwiegend" verwendet. Eine Deutung des „wesentlich" in Art. 13 Abs. 2 VO 883/2004 als „überwiegend" scheidet aus, da ansonsten der Unionsgesetzgeber diese Formulierung einfach hätte übernehmen können. Demnach bleibe unklar, was „wesentlich" bedeuten solle. Vgl. *Maxeiner/Raschke*, DRV-Schriften, Band 71 (2007), 79 (80); *Pennings*, European Social Security Law, 101.

1576 Vgl. EuGH Rs. C-2/89 (Kits van Heijningen) Slg. 1990, I-1755, I-1773 Rn. 10 f. In der Rechtssache falle eine Person, die einer Beschäftigung im Lohn- und Gehaltsverhältnis an zwei Tagen in der Woche während jeweils zwei Stunden nachgehe, unter die VO 883/2004.

1577 So auch *Pennings*, European Social Security Law, 276.

in einem Mitgliedstaat arbeite. Hier sei der Zeitraum von 24 Monaten parallel zur Entsendung von Arbeitnehmern anzusetzen.[1578] Vorliegend wird ein Zeitraum von 36 Monaten für sachdienlich erachtet, der sich ebenfalls an dem vorgeschlagenen Zeitraum für die Entsendung von Arbeitnehmern orientiert. Insgesamt verbleibt dem Rentner im Nebenerwerb reichlich Spielraum zur Erfüllung der Kriterien des Art. 13 Abs. 1 lit. a) VO. Die VO lässt die notwendige Präzision und Abgrenzung vermissen, warum es gerechtfertigt erscheinen soll, den Sozialrechtsstatus des jeweiligen Beschäftigungsstaats dem Rentner im Nebenerwerb aufzuerlegen.

8. Art. 16 VO 883/2004

Art. 16 VO 883/2004 lässt Ausnahmevereinbarungen von den strengen Bestimmungen der Art. 11 bis 15 VO zu, wovon nach der VO 1408/71 regen Gebrauch gemacht wurde, so dass eine künftige Ausnahmepraxis auch bei der VO 883/2004 zu erwarten sei. Aus diesem Grund wird bezweifelt, dass die Regelungen der VO 883/2004 flexibel genug seien, um den Interessen und Bedürfnissen global agierender Unternehmen und wandernder Arbeitnehmer gerecht zu werden.[1579]

9. Art. 20 Abs. 2 VO 883/2004

Nach Art. 20 Abs. 2 VO 883/2004 kann sich der Versicherte in einen anderen Mitgliedstaat begeben, wenn er die Leistung aufgrund seines Gesundheitszustands und des voraussichtlichen Verlaufs der Krankheit nicht in einem medizinisch vertretbaren Zeitraum erhalten kann. Dabei darf er nicht auf nationale Wartezeiten verwiesen werden.[1580] Diese Regelung bedeutet zwar eine Besserstellung der Versicherten, sei aber in Bezug auf die Dienstleistungsfreiheit problematisch.[1581] Nach der

1578 *Pennings*, European Social Security Law, 278. Pennings wirft diesbezüglich, die vom EuGH noch nicht geklärte Frage auf, ob schon ein Monat Arbeit im Wohnsitzstaat im Vergleich zu 11 Monaten im Beschäftigungsstaat ausreiche um von zwei Mitgliedstaaten auszugehen, in denen eine Person „gewöhnlich" eine Beschäftigung ausübe. Pennings schlägt vor, als Mindestzeit für die „gewöhnliche" Beschäftigung, parallel zu der Entsendung von Arbeitnehmern, einen Zeitraum von 12 Monaten anzunehmen.

1579 Vgl. dazu *Buschermöhle*, DStR 2010, 1845 (1848).

1580 Vgl. EuGH Rs. C-372/04 (Watts) Slg. 2006, I-4325, I-4426 Rn 1.

1581 Vgl. dazu *Eichenhofer* in: Schulte/Barwig, Freizügigkeit und Soziale Sicherheit, 411 (413); *Schulte* in: Schulte/Barwig, Freizügigkeit und Soziale Sicherheit, 39 (74); *Schulte*, Jahrbuch des Sozialrechts, 2005/2006, 619 (626); *von Maydell* in: von Maydell/Schnapp, Auswirkungen des EG-Rechts auf das Arbeits- und Sozialrecht

Rechtsprechung des EuGH in der Rechtssache *Kohll* gewährt die Dienstleistungsfreiheit diskriminierungsfreien Zugang zu Gesundheitsdienstleistungen in einem anderen Mitgliedstaat[1582] und schütze die Versicherten davor, dass die nationalen Systeme der sozialen Sicherheit sie von der Inanspruchnahme der medizinischen Dienstleistungen im Ausland, z. B. durch vorheriges Genehmigungserfordernis, abhalten.[1583] Auch entschied der EuGH in dem Vertragsverletzungsverfahren *Kommission/Spanien*, dass die Kosten der Krankenhausbehandlung dem zuständigen Träger eines anderen Mitgliedstaats, in dem sich der Unionsbürger vorübergehend aufhielt, durch den Versicherungsmitgliedstaat nach Maßgabe des in dem Aufenthaltsstaat vorhandenen Deckungsniveaus zu ersetzen seien. Der Versicherungsmitgliedstaat sei aber demgegenüber gerade nicht verpflichtet dem Patienten die Kosten zu ersetzen, die der Aufenthaltsstaat bei einer ungeplanten Krankenhausbehandlung dem Patienten auferlege.[1584] Ausnahmsweise sei das

---

der Bundesrepublik, 25 (33 f.). Vgl. dazu auch die Power Point Präsentation von *Czysz* in Euro-Informationen, Chart 14, http://www.krankenkassen.de/static/common/files/view/4290/VO_883_Mobilitaet_in_Europa.pdf (Abrufdatum: 31.10.2011), der kritisiert, dass der Unionsgesetzgeber mit der VO 883/2004 Grundfragen, wie das Verhältnis der VO 883/2004 zur Dienstleistungsfreiheit offen lasse und somit Patientenmobilität nach wie vor allein richterlicher Rechtsfortbildung überlasse.

1582 *Schulte* in: Schulte/Barwig, Freizügigkeit und Soziale Sicherheit, 39 (74); *Schulte*, ZFSH/SGB 2006, 719 (721); *Schulte*, ZFSH/SGB 2007, 13 (19).

1583 EuGH Rs. C-158/96 (Kohll) Slg. 1998, I-1935, I-1946 Rn. 33 ff., I-1950 Rn. 54, I-1951. In dieser Rechtssache wurde festgestellt, dass eine nationale Regelung, die die Erstattung der Kosten für eine Zahnbehandlung durch einen Zahnarzt in einem anderen Mitgliedstaat nach den Tarifen des Versicherungsstaats von der Genehmigung des Trägers der sozialen Sicherheit des Versicherten abhängig mache, gegen die Dienstleistungsfreiheit des AEUV verstoße. Von der Dienstleistungsfreiheit seien auch Krankenhausdienstleistungen, wie die Krankhauspflege umfasst. Vgl. dazu EuGH Rs. C-157/99 (Smits u. Peerbooms) Slg. 2001 I-5473, I-5528 Rn. 44 ff.; EuGH Rs. C-368/98 (Vanbraekel) Slg. 2001, I-5363, I-5400, Rn. 43; EuGH Rs. C-385/99 (Müller-Fauré und van Riet) Slg. 2003, I-4509, I-4556 Rn. 38 ff.; EuGH Rs. C-372/04 (Watts) Slg. 2006, I-4325, I-4408 Rn. 86; *Becker*, ZFSH/SGB 2007, 134 (143); *Kluth* in: Calliess/Ruffert, EUV/AEUV, Art. 56, 57 AEUV Rn. 30. Vgl. zu den Urteilen im Detail im Rahmen einer Urteilsbesprechung auch *Koutrakos* in: Spaventa/Dougan, Social Welfare and EU Law, 105 (106 ff.).

1584 So hat die Kommission in dem Vertragsverletzungsverfahren beantragt, festzustellen, dass das Königreich Spanien dadurch gegen ex Art. 49 EG (nunmehr Art. 56 AEUV) verstoßen habe, dass es den Empfängern von Leistungen des spanischen nationalen Gesundheitsdiensts die Erstattung von Kosten verweigerte, die in einem anderen Mitgliedstaat im Fall einer Krankenhausbehandlung entstanden seien, sofern das

Genehmigungserfordernis als Ungleichbehandlung nach Art. 56 AEUV im Fall einer stationären Pflege in einer Krankenanstalt wegen einer „erheblichen Gefährdung des finanziellen Gleichgewichts des Systems der sozialen Sicherheit" und

---

Deckungsniveau in dem Mitgliedstaat, in dem die Behandlung erteilt wurde, unter dem des spanischen Rechts liege. Im konkreten Fall war bei der Kommission eine Beschwerde eines französischen Staatsangehörigen eingegangen, der zwar in Spanien wohnte, aber sich aufgrund einer Erkrankung bei einem Aufenthalt in Frankreich einer stationären Behandlung in Frankreich unterziehen musste. Er verlangte die Erstattung der Kosten durch den zuständigen spanischen Träger, die ihm nach den französischen Rechtsvorschriften im Aufenthaltsort auferlegt worden seien. Diesen Teil der Behandlungskosten wollte Spanien bei der Rückkehr in den Wohnsitzstaat nicht erstatten. Vgl. zum Sachverhalt EuGH Urt. v. 15.06.2010 Rs. C-211/08 (Kommission/Spanien) EuZW 2010, 671 (671). Der EuGH geht davon aus, dass bei einem ungeplanten Krankenhausaufenthalt, der während eines vorübergehenden Aufenthalts in einem anderen Mitgliedstaat, als demjenigen in dem der Unionsbürger krankenversichert sei, erfolge, der Versicherungsmitgliedstaat nicht verpflichtet sei, dem Patienten die Kosten, die ihm in dem anderen Mitgliedstaat auferlegt wurden, zu ersetzen. Demgegenüber seien aber die Kosten dem Träger des Staats, in dem die Behandlung stattfand, zu erstatten, die dieser nach Maßgabe des in diesem Aufenthaltsstaat vorhandenen Deckungsniveaus zu tragen hatte. Die Dienstleistungsfreiheit sei hier nicht beeinträchtigt, da nicht zu erwarten sei, dass die Unionsbürger auf eine Urlaubsreise verzichten, weil sie im Falle einer Krankheit die Kosten vom zuständigen spanischen Träger nicht ergänzend ersetzt bekommen, wenn die Kosten einer gleichen Behandlung in Spanien über das im Aufenthaltsmitgliedstaat geltende Deckungsniveau hinausgehen. Vgl. dazu EuGH, EuZW 2010, 671 (675 Rn. 72). Vgl. dazu auch ausführlich *Janda*, ZESAR 2010, 465 (466 f., 469), die darauf hinweist, dass nach Art. 35 Abs. 1 VO 883/2004 nur die tatsächlich entstandenen Kosten des aushelfenden Trägers ersetzt werden sollen, sofern diese nicht aus Zweckmäßigkeitsgesichtspunkten durch Pauschalbeträge erstattet werden. Die Erstattung von darüber hinausgehenden ergänzenden Erstattungsansprüchen wie z. B. Selbstbehalte, sehe der Wortlaut gerade nicht vor. Auch handele es sich bei Art. 25 Abs. 7 VO 987/2009, welche Selbstbehalte unter bestimmten Voraussetzungen einer Erstattung zugänglich mache, um eine „Kann-Vorschrift" und gerade keine Verpflichtung des zuständigen Trägers. Allerdings ergebe sich auch kein Anspruch auf Erstattung des Selbstbehalts aus den Grundfreiheiten, da der hier vorliegende ungeplante touristische Aufenthalt im Gegensatz zur gezielten, geplanten Krankenhausbehandlung in einem anderen Mitgliedstaat zwecks medizinischer Behandlung nicht an dem Primärrecht und somit den Grundfreiheiten (z. B. der Dienstleistungsfreiheit) zu messen sei. Vgl. auch *Bokeloh*, ZESAR 2011, 18 (21), der anführt, dass die VO 883/2004 dem Grundsatz der Erstattung der tatsächlichen Kosten folge, wenn diese nicht unzweckmäßig ist aufgrund der Rechts- und Verwaltungsstruktur in bestimmten Mitgliedstaaten. Bei denjenigen Mitgliedstaaten, die in Anhang 3 VO 987/2009 aufgeführt sind, gilt die Pauschalerstattung.

aus Gründen der öffentlichen Gesundheit zulässig[1585], wobei das Ermessen des Mitgliedstaats hinsichtlich der Verweigerungsgründe durch den Verhältnismäßigkeitsgrundsatz erheblich beschränkt werde.[1586] Demgegenüber hat der EuGH bislang für die VO 883/2004 noch keine zwingenden Gründe des Allgemeinwohls für eine Beschränkung der Dienstleistungsfreiheit im Rahmen von ambulanten Behandlungen benannt.[1587] Die durch Abschottung charakterisierbaren Gesundheitsmärkte der Mitgliedstaaten wurden daher durch den EuGH einer „partiellen Öffnung" zugeführt.[1588] Die Dienstleistungsfreiheit verpflichte den zuständigen Mitgliedstaat, nach seinen Tarifen die Kosten für die Inanspruchnahme der grenzüberschreitenden ambulanten Arztbehandlung und nach einer Genehmigung auch die Kosten für eine stationäre Pflege in einer Krankenanstalt zu übernehmen.[1589] Ist von der Dienstleistungsfreiheit Gebrauch gemacht worden und hätte eine Genehmigung auch nach der VO 883/2004 erteilt werden müssen, sei bei unterschiedlichen Erstattungssätzen im für die Versicherung zuständigen und im Behandlungsstaat im Wege einer Differenzzahlung der höchste der beiden Beträge zu erstatten.[1590] Hier bewirke die

1585 *Tiedje/Troberg* in: von der Groeben/Schwarze, EU-/EG-Vertrag, Art. 49 EG Rn. 61; *Becker*, ZFSH/SGB 2007, 134 (143). Vgl. zudem EuGH Rs. C-372/04 (Watts) Slg. 2006 I-4325, I-4412 Rn. 103, 104. Dabei lässt sich der Rechtsprechung des EuGH entnehmen, dass als zwingende Gründe des Allgemeininteresses zur Rechtfertigung einer Beschränkung der Dienstleistungsfreiheit 1.) die Gewährleistung des finanziellen Gleichgewichts, 2.) die Gewährleistung einer ausgewogenen, allgemein zugänglichen ärztlichen und klinischen Versorgung, soweit sie der Erreichung eines hohen Gesundheitsschutzes diene, 3.) die Erhaltung eines bestimmten Umfangs medizinischer und pflegerischer Versorgung oder eines bestimmten Niveaus der Heilkunde im Inland für die Gesundheit der Bevölkerung, herangezogen werden können. Vgl. dazu *Tiedemann*, ZESAR 2012, 14 (18).

1586 *Schneider*, VVDStRL 64, 238 (245).

1587 Vgl. *Tiedemann*, ZESAR 2012, 14 (20).

1588 *Heinig*, StudZR 2007, 3 (15 f.).

1589 *Spiegel*, DRV-Schriften, Band 71 (2007), 25 (54); *Spiegel*, ZIAS 2006, 85 (124); *Kingreen*, EuR Beiheft 1/2007, 43 (46). Vgl. zu den grenzüberschreitenden ambulanten Arztbehandlungen auch EuGH Rs. C-385/99 (Müller-Fauré und van Riet) Slg. 2003, I-4509, I-4575 Rn. 104 ff., insb. Rn. 106). Vgl. zur stationären Pflege in einer Krankenanstalt EuGH Rs. C-372/04 (Watts) Slg. 2006, I-4325, I-4423 Rn. 143, 3. Spiegelstrich; *Tiedje/Troberg* in: v.d. Groeben/Schwarze, EU-/EG-Vertrag, Art. 49 EG Rn. 61, Art. 46 EG Rn. 36; *Schulte*, ZFSH/SGB 2007, 13 (21).

1590 EuGH Rs. C-368/98 (Vanbraekel) Slg. 2001, I-5363, I-5406, wobei diese Entscheidung des EuGH sich noch auf Art. 22 Abs. 2 UA 2 VO 1408/71 bezog. Der EuGH stellte in dem Urt. fest, dass, wenn die Erstattung von Kosten, die durch in einem Aufenthaltsmitgliedstaat erbrachte Krankenhausdienstleistungen nach den in diesem

Anwendbarkeit der VO 883/2004, dass sämtliche Kosten, die im Ausland entstehen, von den zuständigen Leistungsträgern übernommen werden und zwar ohne Begrenzung auf die Höhe der Kosten, die unter den gleichen Voraussetzungen im Inland entstanden wären.[1591] In diese Richtung geht auch die EuGH-Rechtsprechung. So hat der EuGH in der Rechtssache *Kommission/Portugal* entschieden, dass Portugal gegen Art. 56 AEUV verstoßen habe, indem der Mitgliedstaat außer unter den Voraussetzungen der VO 883/2004 keine Erstattungsmöglichkeit für in einem anderen Mitgliedstaat angefallene Krankheitskosten für ambulante Behandlungen vorgesehen habe und wenn eine solche Kostenerstattung für bestimmte Fälle vorgesehen war, diese im nationalen Recht von einer vorherigen dreifachen Genehmigung (durch den behandelnden Arzt, den Direktor des Krankenhauses und den Generaldirektor für Krankenhäuser) abhängig gemacht worden sei.[1592]

Bei Zahnbehandlungen ergibt sich hier ein problematisches Nebeneinander der Dienstleistungsfreiheit, bei der die Inanspruchnahme der Behandlung in einem anderen Mitgliedstaat nicht von einer Genehmigung abhängen darf und der VO 883/2004, die diese nach wie vor an eine Genehmigung knüpfen kann. Hier wird teilweise vertreten, dass im Rahmen der Inanspruchnahme der Dienstleistungsfreiheit nur nach den Tarifen des zuständigen Staats erstattet werden solle, d. h. ohne Zuzahlung oder nur mit einer Kostenbeteiligung, obwohl bei Inanspruchnahme der Dienstleistungsfreiheit in dem anderen Mitgliedstaat der Versicherte sämtliche Kosten der Behandlung wie ein Privatpatient zu tragen habe.[1593] Die Gegenansicht verlangt, dass der zuständige Staat die Kosten auch

---

Staat geltenden Regeln niedriger ist, als die sich aus der Anwendung der im Mitgliedstaat der Versicherungszugehörigkeit ergebenen Rechtsvorschriften, dem Versicherten vom zuständigen Träger eine ergänzende Erstattung gem. dem genannten Unterschied zu gewähren ist. Im Umkehrschluss kann man dieser Rechtsprechung entnehmen, dass die Kostenübernahme maximal die Erstattung der tatsächlich entstandenen Kosten umfassen kann, denn wird eine Genehmigung erteilt, erstattet der zuständige Träger die entstandenen Kosten nach dem höchsten Satz. Vgl. dazu auch *Bauer/Kreutzer/Klein/Deutsche Verbindungsstelle Krankenversicherung (DVKA)*, DRV-Schriften, Band 71 (2007), 71 (78).

1591 *Schulte*, DRV Schriften Band 71 (2007), 9 (16 f.); *Bauer/Kreutzer/Klein/Deutsche Verbindungsstelle Krankenversicherung (DVKA)*, DRV-Schriften, Band 71 (2007), 71 (78).

1592 Vgl. dazu *Schulte*, Jahrbuch des Sozialrechts, Band 33, 2012, 509 (522) unter Verweis auf das Urt. des EuGH v. 27.10.2011 Rs. C-255/09 (Kommission/Portugal) EuZW 2012, 65 (65 ff.).

1593 Vgl. zu dieser Problematik insgesamt *Spiegel* ZIAS 2006, 85 (124, 125); *Spiegel*, DRV-Schriften, Band 71 (2007), 25 (54).

nach den im Behandlungsstaat üblichen Sätzen erstatte.[1594] Die erste Ansicht erscheint zufällig und unbillig. Die Zweite Ansicht ist demgegenüber bereits aus Wertungsgesichtspunkten überzeugender. Diese führt gegen die ersten Ansicht an, dass es dem Betroffenen nach dieser nur möglich sei, seine Kosten voll ersetzt zu bekommen, wenn im zuständigen Staat die Vergütungssätze höher als in allen anderen Staaten seien. Auch urteilte der EuGH in der Rechtssache *Vanbraekel*, dass der zuständige Staat die Kosten der Sachleistungen nach den Vergütungssätzen des Behandlungsstaats zu zahlen habe.[1595] Im Ergebnis sollte reglementiert werden, dass der Leistungserbringer des Aufnahmemitgliedstaats die Sachleistungsaushilfe bei dem Träger des zuständigen Staats abrechnen könne, wobei die Kostenerstattung nicht auf die Erstattung der Dienst- und/oder Sachleistung nach den Sätzen im zuständigen Staat zu reduzieren sei.[1596] Der Art. 20 VO 883/2004 bleibt in seinem Gewährleistungsgehalt für den Rentner deutlich hinter der Rechtsprechung des EuGH zurück.[1597] Das Nebeneinander des Art. 20 VO hinsichtlich der Genehmigung für Behandlungen im Ausland und der verschiedenen Elemente der Dienstleistungsfreiheit, welche in der Dienstleistungsrichtlinie 2006/123/EG[1598] nicht geregelt worden sind[1599], ist

---

1594 *Eichenhofer*, Sozialrecht der EU, Rn. 204.

1595 Vgl. zu den Argumenten *Eichenhofer*, Sozialrecht EU, Rn. 204.

1596 Vgl. zu diesem Vorschlag ebenfalls *Eichenhofer* in: Schulte/Barwig, Freizügigkeit und Soziale Sicherheit, 411 (423). Vgl. auch *Schulte*, Jahrbuch des Sozialrechts, 2005/2006, 619 (627).

1597 So zutreffend *Eichenhofer* in: Oetker/Preis, EAS B 1200, Rn. 49.

1598 Vgl. RL 2006/123/EG des Europäischen Parlaments und des Rates vom 12. Dezember 2006 über Dienstleistungen im Binnenmarkt, ABl. EU 2006 Nr. L 376/36 ff. Vgl. zur DienstleistungsRL auch *Dauses*, EuZW 2013, 201 (201 f).

1599 Die DienstleistungsRL enthielt zunächst in ihrem Entwurf einen Art. 23, der eine grenzüberschreitende Inanspruchnahme von Gesundheitsleistungen vorsah. Vgl. dazu Vorschlag für eine RL des Europäischen Parlaments und des Rates über Dienstleistungen im Binnenmarkt (von der Kommission vorgelegt) [SEK(2004)21] in KOM (2004) 2 endg./2 (1 ff.). Diesbezüglich war fraglich, ob eine entsprechende Vorschrift nicht besser in der VO 883/2004 zu regeln sei oder ob in der DienstleistungsRL selbst ein Vorrang der VO 883/2004 gegenüber der DienstleistungsRL aufgenommen werden sollte. Vgl. dazu *Schulte*, ZFSH/SGB 2007, 13 (21). Die Beantwortung der Frage erübrigt sich, da der geänderte Vorschlag für eine RL des Europäischen Parlaments und des Rates über Dienstleistungen im Binnenmarkt in Art. 2 Nr. 2 lit. c) cc) RL [vgl. hierzu KOM (2006) 160 endg. (1 ff.)] eine solche Bestimmung nicht mehr enthielt. Vielmehr sind in dem geänderten Vorschlag zur DienstleistungsRL private als auch öffentliche Gesundheitsdienstleistungen vom sachlichen Anwendungsbereich der RL ausdrücklich ausgenommen. Auch die verabschiedete RL 2006/123/EG des Europäischen

für den Rentner nicht hinnehmbar.[1600] Die Rechtsprechung des EuGH in Richtung auf eine allgemeine Patientenmobilität wurde in der VO 883/2004 nicht berücksichtigt. Vielmehr besteht nach wie vor nur ein Anspruch auf Zugang zu Krankenleistungen außerhalb des zuständigen Staats, wenn der Wohnsitz in diesem anderen Mitgliedstaat liegt, ein Notfall besteht oder eine Genehmigung zur Sachleistungsinanspruchnahme des zuständigen Trägers vorliegt (Art. 18 bis 20 VO), obwohl das Primärrecht darüber hinausgehende Leistungsansprüche vorsieht.[1601] Hier ist eine zusammenfassende Regelung sämtlicher Gesichtspunkte der Patientenmobilität in der VO 883/2004 zu fordern.[1602] Der

---

Parlaments und des Rates vom 12. Dezember 2006 über Dienstleistungen im Binnenmarkt, ABl. EU 2006 Nr. L 376/36 ff., klammert in Art. 1 Abs. 2 RL die Liberalisierung von „Dienstleistungen von allgemeinem wirtschaftlichem Interesse, die öffentlichen oder privaten Einrichtungen vorbehalten sind" vom Anwendungsbereich der RL aus. Vgl. zu den Gründen für die Nichtaufnahme von gesundheitlichen und sozialen Dienstleistungen in der allgemeinen DienstleistungsRL *Schulte*, ZFSH/SGB 2006, 719 (732); *Schulte*, ZFSH/SGB 2007, 13 (21 f.); *Schulte*, ZFSH/SGB 2007, 323 (327 f.). Eichenhofer lehnt die Aufnahme der Problematik in die DienstleistungsRL generell ab und sieht die Möglichkeit zur Regelung des Nebeneinanders von Dienstleistungsfreiheit und Genehmigung nach der VO eher in Art. 20 VO 883/2004. Vgl. *Eichenhofer*, Sozialrecht der EU, Rn. 205; *Eichenhofer*, Sozialrecht der EU, 3. Auflage, Rn. 205.

1600 Vgl. *Spiegel* in: Marhold, Sozialrecht der EU, 9 (21); *Spiegel*, DRV-Schriften, Band 71 (2007), 25 (36); *Spiegel*, ZIAS 2006, 85 (100). Spiegel führt als Beispiel für diese „heillose Verwirrung" die Verpflichtung an, ggf. auch Differenzerstattungen zu leisten, falls der Anspruch im Rahmen der VO 1408/71 und nunmehr VO 883/2004 geringer sei als der im Rahmen der Dienstleistungsfreiheit zu erstattende Betrag. A.A. *Becker*, ZFSH/SGB 2007, 134 (143), der davon ausgeht, dass eine Vereinheitlichung durch die DienstleistungsRL oder der Erlass einer etwaigen Sonderregelung nicht erwartet werden könne, da der EuGH die Zulässigkeit der grenzüberschreitenden Gesundheitsbehandlung zuerst nur auf die Grundfreiheiten gestützt habe und die Hierarchie des Unionsrechts nur in beschränktem Umfang gesetzgeberische Korrekturen zulasse. Es könne daher nur verlangt werden, dass der Unionsgesetzgeber einen gemeinsamen Rahmen festlege. Die DienstleistungsRL ist Ende 2006 verabschiedet worden. Erläuterungen zur DienstleistungsRL lassen sich u.a. in dem von der Europäischen Kommission 2007 herausgegebenen Hdb. zur Umsetzung der DienstleistungsRL unter http://ec.europa.eu/internal_market/services/services-dir/proposal_de.htm abrufen (Abrufdatum: 11.05.2008). Die RL ist am 28.12.2006 in Kraft getreten.

1601 Vgl. zu dieser Kritik *Eichenhofer*, SGB 2010, 185 (189).

1602 *Spiegel*, ZIAS 2006, 85 (100); *Schulte* in: von Maydell/Ruland/Becker, Sozialrechtshandbuch, § 33 Rn. 147; *Schulte*, ZESAR 2010, 202 (209). Vgl. auch *Bauer/Kreutzer/Klein/Deutsche Verbindungsstelle Krankenversicherung (DVKA)*, DRV-Schriften, Band 71 (2007), 71 (72), die eine Umsetzung der Rechtsprechung

Unionsgesetzgeber hat diese Problematik auch erkannt. So hat er vor dem Hintergrund der Rechtsprechung des EuGH zur Inanspruchnahme medizinischer Versorgung von Unionsbürgern in einem anderen Mitgliedstaat als Ausfluss der Dienstleistungsfreiheit der EU die Patientenrechte-RL 2011/24/EU auf der Rechtsgrundlage der Art. 114 und 168 AEUV erlassen. Diese gibt den Rahmen für eine europäische Harmonisierung im Bereich der grenzüberschreitenden Inanspruchnahme von Dienstleistungen im Gesundheitswesen vor.[1603] Insgesamt ist zu überlegen, ob das Genehmigungserfordernis nach Art. 20 Abs. 1, 2 VO als Beschränkung des Prinzips der Sachleistungsaushilfe mit dem Verständnis des EuGH zur passiven Dienstleistungsfreiheit vereinbar ist.[1604] In der Konsequenz

---

des EuGH in Bezug auf die Warenverkehrs- und Dienstleistungsfreiheit in die VO 883/2004 fordern.

1603 Vgl. ABl. EU Nr. C 120/65 ff. v. 28.05.2009. So enthält diese Zuständigkeitsvorschriften für den Behandlungsmitgliedstaat und den Versicherungsmitgliedstaat hinsichtlich der Erbringung von Leistungen der grenzüberschreitenden Gesundheitsversorgung; Vorschriften zur Kostenerstattung und Regelungen über die Zusammenarbeit. Siehe ausführlich zum Inhalt der RL *Tiedemann,* ZFSH/SGB 2011, 462 (465 ff.). Im Gegensatz zur VO 883/2004 gibt die PatientenRL nur einen harmonisierenden Rahmen für die Normierung von Vorabgenehmigungspflichten im nationalen mitgliedstaatlichen Recht vor. Sie enthält in den Art. 8 und 9 RL die Voraussetzungen für eine Vorabgenehmigungspflicht. Wie sich aus dem 41. Erwägungsgrund ergibt, werden die Möglichkeiten zur objektiven Rechtfertigung der Beschränkung der Dienstleistungsfreiheit auch auf ambulante Behandlungen erstreckt, soweit bei diesen ein vergleichbarer Planungsbedarf im jeweiligen Mitgliedstaat vorhanden sei. Problematisch ist, ob die Erstreckung der Vorabgenehmigungspflicht auch auf ambulante Behandlungen dem Primärrecht widerspreche. Vgl. dazu insgesamt *Tiedemann*, ZESAR 2012, 14 (20 ff.). Von ihrem sachlichen Anwendungsbereich her, sei die RL 2011/24/EU enger gefasst als die VO 883/2004, da sie nur die gezielte grenzüberschreitende Beanspruchung von Leistungen erfasse. Darüber hinaus bestehe ein Konfliktverhältnis zwischen der RL 2011/24/EU und der VO 883/2004, wenn der Leistungsberechtigte einen Antrag auf Kostenerstattung beim zuständigen Träger des Versicherungsmitgliedstaats stelle. Hier können sich Erstattungsunterschiede ergeben. Während bei der RL 2011/24/EU im Ausland nur das erstattet werde, was auch das nationale Krankenversicherungssystem nach seinen Bestimmungen erstatte, wird der Versicherte bei der VO 883/2004 in das Recht des Behandlungsstaats integriert. Seien in diesem z. B. Heilpraktiker oder Homöopathieleistungen zugelassen, können sie auch dort nachgefragt werden. Vgl. dazu *Bieback*, ZESAR 2013, 143 (146, 148, 150 ff.).

1604 Eichenhofer wirft diesbezüglich die Frage auf, ob das Genehmigungserfordernis noch „zeitgemäß" sei. Vgl. auch *Eichenhofer* in: Schulte/Barwig, Freizügigkeit und Soziale Sicherheit, 411 (413).

zur Rechtsprechung des EuGH ist das Prinzip der Sachleistungsaushilfe an diese anzupassen und dementsprechend auszuweiten.[1605]

Art. 20 Abs. 2 VO 883/2004 ist entsprechend der Rechtsprechung des EuGH zur Dienstleistungsfreiheit abzuändern. Ebenso wie bei den Dienstleistungen muss auch im Rahmen der VO 883/2004 ein diskriminierungsfreier Zugang zu Sachleistungen wegen Krankheit in einem anderen Mitgliedstaat ohne vorheriges Genehmigungserfordernis garantiert werden. Ein Erfordernis der Genehmigung sollte nur ausnahmsweise bei der stationären Pflege aufgrund einer erheblichen Gefährdung des finanziellen Gleichgewichts des Systems der sozialen Sicherheit und aus Gründen der Gesundheit unter Wahrung des Verhältnismäßigkeitsgrundsatzes zulässig sein. Um der Dienstleistungsfreiheit vollumfänglich zur Durchsetzung zu verhelfen, ist es alternativ zu dem Vorhergesagten geboten, Art. 20 VO 883/2004 komplett zu streichen und so allein aufgrund der Zugehörigkeit zu einem System sozialer Sicherheit dem Rentner aufgrund dieses Rechtsverhältnisses Anspruch auf sämtliche Dienst- und Sachleistungen zuzubilligen, die er nach dem Recht seines Staats beanspruchen kann, auch gegenüber dem Aufnahmemitgliedstaat.

10. Kostenerstattungsfragen in Bezug auf Leistungen bei Krankheit

Aufgrund der steigenden Mobilität des Versicherten und vor dem Hintergrund bestehender Differenzen hinsichtlich des Leistungsniveaus in den einzelnen Mitgliedstaaten ist nicht nachvollziehbar, warum unter den Bestimmungen zu den Leistungen bei Krankheit sich keine verpflichtenden Regelungen über die Erstattung eines medizinisch notwendigen Rücktransports in den Herkunftsstaat durch den zuständigen Träger finden lassen. Eine Regelung zur Übernahme der Kosten für den Transport eines Verunglückten ist nur in Art. 37 VO 883/2004 in Bezug auf Leistungen bei Arbeitsunfällen und Berufskrankheiten getroffen worden. Darüber hinaus ist in Art. 26 Abs. 8 VO 987/2009 geregelt, dass wenn die nationalen Rechtsvorschriften des zuständigen Trägers eine Rücktransportkostenerstattung vorsehen und eine Genehmigung für die Behandlung in einem anderen Mitgliedstaat erteilt worden ist, der zuständige Träger die Rücktransportkosten (bzw. Reise- und Aufenthaltskosten) zu übernehmen habe. Wird ein solcher Rücktransport jedoch nicht vom Katalog nationaler Leistungen des zuständigen Trägers erfasst, sei er selbst dann nicht zur Leistungserbringung verpflichtet, wenn der Rücktransport, aufgrund möglicherweise geringerem medizinischen Versorgungsvermögen

1605 Vgl. *Eichenhofer* in: Schulte/Barwig, Freizügigkeit und Soziale Sicherheit, 411 (417).

im Aufenthaltsstaat medizinisch indiziert sei.[1606] Vielmehr ist zu fordern, dass von dem zuständigen Träger auch die Kosten für den Transport eines nichterwerbstätigen Rentners und des Rentners im Nebenerwerb von dem Unionsstaat in dem der Rentner erkrankte in den Herkunftsstaat übernommen werden,[1607] auch wenn die Übernahme der Kosten für den Rücktransport im nationalen Recht des zuständigen Trägers nicht vorgeschrieben ist.

Es sollte bei den Leistungen bei Krankheit der VO 883/2004 eine Koordinierungsvorschrift über die Erstattung eines medizinisch notwendigen Rücktransports in den Herkunftsstaat eingefügt und die Übernahme der Kosten des Rücktransports durch den zuständigen Träger gewährleistet werden. Diesbezüglich sollte in Art. 32 VO 883/2004 als Teil der gemeinsamen Vorschriften für den Rentner im Nebenerwerb und den nichterwerbstätigen Rentner der Rücktransport aufgenommen werden.

Die Vorschriften über die Kostenerstattung für Leistungen bei Krankheit werden die zwischenstaatlichen Verfahren erheblich verkomplizieren, auch wenn sie im Ergebnis als gerechter anzusehen sind.[1608] Art. 35 VO regelt die Erstattung der Kosten zwischen den Trägern. Zur Vereinfachung des Verfahrens der Abrechnung sollte bei ambulanter Behandlung generell eine Pauschalierung eingeführt und bei stationärer Behandlung direkt zwischen dem Krankenhaus und dem zuständigen Träger abgerechnet werden.[1609] Alternativ ist dies in der VO 987/2009 zu regeln.

Problematisch ist, dass die Regelungen über die Krankenversicherung der Rentner in der VO 883/2004 im Vergleich zur VO 1408/71 sehr kompliziert ausgestaltet sind, was nicht mit dem ursprünglichen Ziel der Vereinfachung vereinbar ist.[1610] Leider hat es den Anschein, als ob der Unionsgesetzgeber die Zugehörigkeit des Rentners sowohl zu seinem alten Beschäftigungsland als auch zu seinem neuen Wohn- und Aufenthaltsland unbedingt berücksichtigen wollte.[1611]

1606 Vgl. dazu *Schreiber* in: Schreiber/Wunder/Dern, Art. 19 Rn. 13 unter Verweis auf BSGE 83, 285.

1607 *Neumann-Duesberg* in: Schulte/Zacher, Wechselwirkungen, 83 (84).

1608 *Spiegel* in: Marhold, Sozialrecht der EU, 9 (36); *Spiegel*, ZIAS 2006, 85 (143).

1609 *Sendler* in: Schulte/Zacher, Wechselwirkungen, 169 (169). A.A. *Schulte*, ZESAR 2010, 202 (209), der fordert, dass die Kostenerstattung i. d. R. aufgrund der tatsächlich entstandenen Kosten erfolgen solle („Echtkostenverrechnung“) und nicht aufgrund von Pauschalbeträgen.

1610 *Eichenhofer* in: Oetker/Preis, EAS B 1200, Rn. 49.

1611 *Bieback* in: Fuchs, Europäisches Sozialrecht, 4. Auflage III. VO 1408/71, Titel III, Kap. 1, Vorbemerkung, Rn. 35; *Bieback* in: Fuchs, Europäisches Sozialrecht, Teil 2, Titel III, Kap. 1, Abschnitt 1, Vorbemerkungen Rn. 14.

11. Art. 42 VO 883/2004

Art. 42 VO 883/2004 als Regelung über das Sterbegeld hätte ersatzlos gestrichen werden können, um eine stärkere Vereinfachung der VO 883/2004 zu erreichen. Art. 42 Abs. 1 VO stellt, wenn der Tod außerhalb des zuständigen Mitgliedstaats eintritt, diesen mit dem Todeseintritt im zuständigen Mitgliedstaat gleich. Dies wird jedoch vollumfänglich bereits von Art. 5 VO (Sachverhaltsgleichstellung) und Art. 7 VO (Aufhebung der Wohnortklausel) erfasst und ist somit als eigenständige Regelung überflüssig.[1612]

12. Art. 50 ff. VO 883/2004

Hinsichtlich der Regelungen über die Altersrenten nach Art. 50 ff. VO ist auffällig, dass sich die nationalen Rentensysteme grundlegend verändert haben. So führen immer mehr Mitgliedstaaten Pensionskontensysteme oder Systeme mit Kapitaldeckung ein.[1613] Die Schaffung einer eigenen Berechnungsregelung für diese Staaten in dem Anhang XI VO 883/2004 oder in der VO 987/2009 ist daher sachdienlich.[1614]

Die ehemals geltende besondere Sachverhaltsgleichstellungsvorschrift des Art. 14 d Abs. 3 VO 1408/71 stellte mitgliedstaatliche Altersrenten z. B. einer deutschen Altersrente gleich, mit der Rechtsfolge der Versicherungsfreiheit. Nach Art. 14 d Abs. 3 VO 1408/71 bestand die Möglichkeit, die Versicherungspflicht zu beantragen, um die spätere deutsche Leistung zu erhöhen. Die VO 883/2004 enthält nunmehr lediglich die allgemeine Sachverhaltsgleichstellungsvorschrift des Art. 5 VO 883/2004. Nach dieser Vorschrift besteht die Wahlmöglichkeit nicht mehr, was unbedingt geändert werden sollte.[1615] Das Fehlen einer Art. 14 d Abs. 3 VO 1408/71 vergleichbaren Vorschrift in der VO 883/2004 ist für den nichterwerbstätigen

---

1612 So zutreffend auch *Spiegel*, ZIAS 2006, 85 (141 Fn. 303); *Spiegel*, DRV-Schriften, Band 71 (2007), 25 (67 Fn. 303). Ebenso *Wunder* in: Schreiber/Wunder/Dern, Art. 42 Rn. 7.

1613 Pensionskontensysteme bezeichnen Systeme, die zwar weiterhin auf dem Umlagesystem beruhen, aber bei der Leistungsberechnung ein kapitalgedecktes System fingieren. Vgl. hierzu und zur Feststellung, dass immer mehr Mitgliedstaaten die Pensionskontensysteme und Systeme mit Kapitaldeckung einführen *Spiegel*, DRV-Schriften, Band 71 (2007), 25 (59 und 59 Fn. 239); *Spiegel*, ZIAS 2006, 85 (130).

1614 Vgl. zur Problematik insgesamt *Spiegel*, ZIAS 2006, 85 (130 f.); *Spiegel*, DRV-Schriften, Band 71 (2007), 25 (59).

1615 Vgl. dazu auch *Grotzer*, DRV-Schriften, Band 71 (2007), 89 (92).

Rentner und den Rentner im Nebenerwerb nachteilig, da ihnen die Möglichkeit zur Erhöhung ihrer Altersrente nach der VO 883/2004 versagt bleibt.

13. Art. 67 ff. VO 883/2004

Zu kritisieren ist innerhalb der Vorschriften über Familienleistungen die Prioritätsvorschrift des Art. 68 Abs. 1 lit. b) ii) VO. Es ist nicht nachvollziehbar, warum bei mehrfacher Beschäftigung subsidiär die höhere Familienleistung ausschlaggebend sein soll, bei mehrfachem Rentenbezug dies aber nicht gelte. Nicht zu erklären ist ebenfalls, warum bei mehrfacher Beschäftigung, wenn sich der Wohnsitz der Kinder nicht in einem der Beschäftigungsstaaten befindet, im Ergebnis eine Kostenteilung stattfindet und bei mehreren Rententrägern der Träger jener Rente allein zuständig werde, in dem die längere Versicherungs- oder Wohnzeit zurückgelegt worden ist.[1616] Hier ist eine einheitliche Regelung sinnvoller.

14. Verhältnis der VO 883/2004 zur RL 2004/38/EG

Das Verhältnis zwischen der VO 883/2004 und der RL 2004/38/EG wirft einige sehr spannende Fragen auf, was die EuGH-Vorlagen des SG Leipzig[1617] und des Bundessozialgerichts[1618] unter Beweis stellen. Im Zentrum steht die Frage, ob in der Umsetzung des Art. 24 Abs. 2 RL 2004/38/EG und der damit verbundenen beschränkten Gleichbehandlung beim Zugang zur Sozialhilfe i. S. der RL 2004/38/EG durch nationale Vorschriften der Zugang zu besonderen beitragsunabhängigen Geldleistungen in Abweichung vom Gleichbehandlungsgrundsatz des Art. 4 VO 883/2004, zulässigerweise ausgeschlossen werden könne. Dafür müsse die RL 2004/38/EG spezieller als die VO 883/2004 sein, da letztere im Wohnsitzstaat eine strikte Gleichbehandlung über Art. 4 VO 883/2004 beim Zugang zu besonderen beitragsunabhängigen Geldleistungen, die u. a. sozialhilfeähnlich seien, vorsehe.[1619] Es geht auch um die Beantwortung der Frage, ob ein rechtmäßiger

---

1616 Vgl. zur Regelung bei mehreren Beschäftigungsstaaten Art. 68 Abs. 1 lit. b) i) VO und zu mehrfachem Rentenbezug Art. 68 Abs. 1 lit. b) ii) VO. Siehe zur Kritik *Marhold* in: Marhold, Sozialrecht der EU, 55 (61).

1617 Vorlagebeschluss des SG Leipzig, EuGH-Vorlage v. 03.06.2013, Az.: S 17 AS 2198/12 (eingereicht am 19.06.2013 bei dem EuGH, Az.: C-333/13), Vorabentscheidung zitiert nach Juris.

1618 EuGH Vorlagebeschluss des BSG v. 12.12.2013, Az.: B 4 AS 9/13 R, zitiert nach Juris.

1619 So LSG Berlin-Brandenburg, Beschluss v. 05.03.2012, Az.: L 29 AS 414/12 B ER, zitiert nach Juris Rn. 34 ff.; LSG Berlin-Brandenburg, Beschluss v. 03.04.2012,

Aufenthalt im Rahmen der RL 2004/38/EG verlangt werden könne, um erst später den Zugang zu den besonderen beitragsunabhängigen Geldleistungen der VO 883/2004 nach Ablauf dieses Zeitraums zu gewähren.[1620] Dagegen sprechen mehrere Faktoren. So nehmen beide Sekundärrechtsakte nicht aufeinander Bezug in ihrem Wortlaut, haben ein völlig anderes Verständnis der Wohnsitz- bzw. Aufenthaltsbegründung und berauben, wenn die RL 2004/38/EG den Gleichbehandlungsgrundsatz der VO 883/2004 beschränken könnte, auch das speziell geregelte Koordinierungssystem seiner Effektivität und praktischen Wirksamkeit. Zudem werde generell ein neues Freizügigkeitshindernis begründet.[1621] Der Zugang zu

---

Az.: L 5 AS 2157/11 B ER, L 5 AS 2177/11 B PKH, zitiert nach Juris Rn. 5 ff., 9. Das LSG Berlin-Brandenburg sieht die Leistungen nach dem SGB II als Sozialhilfeleistungen i. S. von Art. 24 Abs. 2 RL 2004/38/EG an. Des Weiteren ist es der Rechtsauffassung, dass die Bestimmungen der UnionsbürgerRL spezieller seien und somit Vorrang vor der VO 883/2004 haben. Vgl. zur Spezialität des Art. 24 Abs. 2 RL gegenüber Art. 4 VO auch *Greiser*, ZESAR 2014, 18 (25 f.).

1620 Vgl. zu den sich im Rahmen des Verhältnisses der VO 883/2004 zu der RL 2004/38/EG stellenden Fragen insgesamt *Van Overmeiren/Eichenhofer/Verschueren,* trESS Analytical Study 2011, 1 (4). Vgl. EuGH Urt. v. 19.09.2013 Rs. C-140/12 (Brey) ZESAR 2014, 36 (41 Rn. 44), der im Zusammenhang mit der VO 883/2004 feststellte, dass grundsätzlich nichts der Gewährung von Sozialleistungen an Nichterwerbstätige, die von dem Erfordernis abhängen, dass diese die Voraussetzungen für einen rechtmäßigen Aufenthalt im Aufnahmemitgliedstaat erfüllen, entgegenstehe. Vgl. dazu *Schreiber*, ZESAR 2014, 44 (47) der anführt, dass der EuGH dieses Erfordernis aufstellte, ohne es zu begründen oder auf die ständige Rspr. zur Vorgängervorschrift einzugehen, so dass über den Einzelfall hinaus er diesbezüglich keine Schlussfolgerungen aus dem Urt. ziehen könne.

1621 Vgl. hierzu insgesamt *Van Overmeiren/Eichenhofer/Verschueren,* trESS Analytical Study 2011, 1 (44 f.). Diese weisen darauf hin, dass die RL 2004/38/EG einen rechtmäßigen Aufenthalt voraussetze, wohingegen die VO 883/2004 die rein faktische Wohnsitzbegründung im Mitgliedstaat ausreichen lasse und auch die besonderen beitragsunabhängigen Geldleistungen vom ersten Tag an gewähre. Der faktische Wohnsitz reiche bei der VO 883/2004 aus, um eine tatsächliche Verbindung zum und Integration in den Wohnsitzstaat zu begründen. Auch verlange die VO 883/2004 nicht wie die RL 2004/38/EG die Erfüllung des Vorbehalts sozialer Absicherung für nichterwerbstätige Rentner. Darüber hinaus werde auch mit der Entstehungsgeschichte der besonderen beitragsunabhängigen Leistungen argumentiert. Danach haben die Mitgliedstaaten um diese Leistungen nicht exportieren zu müssen, gerade den Preis gezahlt, wenn sie in dem Anhang X eingetragen sind, diese Leistungen auch an jeden gewähren zu müssen, der bei ihnen faktisch seinen Wohnsitz nehme. Diese Ausbalanzierung zwischen den Interessen der Union und der Mitgliedstaaten im Hinblick auf die besonderen beitragsunabhängigen Geldleistungen werde

den besonderen beitragsunabhängigen Geldleistungen besteht, wie erläutert, sofort bei faktischer Wohnsitznahme im Mitgliedstaat. Wenn dabei zugleich Sozialhilfe i. S. von Art. 24 Abs. 2 RL vorliegt, muss trotzdem, da beide Rechtsakte quasi koexistieren, geprüft werden, ob nach dem Ablauf von drei Monaten eine unangemessene Inanspruchnahme nach der RL 2004/38/EG von Sozialhilfe gegeben ist. Der EuGH hat diesbezüglich entschieden, dass hier alle individuellen Faktoren (z. B. solche des 16. Erwägungsgrunds) und der Verhältnismäßigkeitsgrundsatz durch die nationalen Behörden zu berücksichtigen seien.[1622] Dabei könne es maßgeblich darauf ankommen, dass eine tatsächliche Verbindung des Unionsbürgers zum Aufnahmemitgliedstaat bestehe.[1623] Es sei auch zu berücksichtigen, welche Belastung für das nationale Sozialhilfesystem in seiner Gesamtheit konkret entstehe.[1624]

Insoweit stellt sich die Frage, ob die besonderen beitragsunabhängigen Geldleistungen (wie z. B. die Leistungen nach dem SGB II in Deutschland) unter Sozialhilfe i. S. der RL 2004/38/EG zu subsumieren seien.[1625]

---

ansonsten komplett aufgehoben. Vgl. zu den Anforderungen an den Wohnsitz auch *Bokeloh*, ZESAR 2013, 398 (400), der anführt, dass der Wohnsitz zwar auch „rechtmäßig" sein müsse, das aber die Frage, ob der Wohnsitz in der Tat rechtmäßig sei, sich nach nationalem Recht der Mitgliedstaaten richte.

1622 Vgl. EuGH Urt. v. 19.09.2013 Rs. C-140/12 (Brey) ZESAR 2014, 36 (43 f. Rn. 69, 72). Vgl. auch *Fuchs*, NZS 2014, 121 (122), der betont, dass der zuständige Träger zudem die persönlichen Umstände der betreffenden Person umfassend zu prüfen habe und der EuGH in diesem Zusammenhang auf die Vorschriften der Art. 8 Abs. 4 S. 1 und 2 und Art. 14 Abs. 3 RL 2004/38/EG verwies. Siehe auch *Thym*, NZS 2014, 81 (86) der die Unangemessenheit der Sozialhilfeinanspruchnahme unter Heranziehung der Kriterien des 16. Erwägungsgrunds anhand des Einzelfalls bestimmen will.

1623 EuGH Urt. v. 04.06.2009 Rs. C-22/08, C-23/08 (Vatsouras/Koupatantze) zitiert nach Juris Rn. 39 f., wonach eine solche tatsächliche Verbindung bei Arbeitsuchenden darin bestehen könne, dass er tatsächlich eine Beschäftigung während eines angemessenen Zeitraums in diesem Staat gesucht habe.

1624 Vgl. EuGH Urt. v. 19.09.2013 Rs. C-140/12 (Brey) ZESAR 2014, 36 (43 Rn. 64), siehe dazu kritisch *Fuchs*, NZS 2014, 121 (122) der einwendet, das nicht klar sei, wie aus einer individuellen Leistungsgewährung eine Belastung des nationalen Gesamtsozialsystems entstehen könne. Auch sei die diesbezügliche Prüfung durch ein nationales Gericht schwer durchschaubar.

1625 Teilweise wird vertreten, dass die Leistungen nach dem SGB II keine Sozialhilfe i. S. der RL 2004/38/EG darstellen. Vgl. dazu *Raschka*, EuR 2013, 116 (123). *Eichenhofer*, ZESAR 2012, 357 (359 f.). Siehe auch *Janda*, KritV 2011, 275 (280 ff.). A.A. LSG Berlin-Brandenburg, Beschluss v. 05.03.2012, Az.: L 29 AS 414/12 B ER, zitiert nach Juris Rn. 34 ff.; LSG Berlin-Brandenburg, Beschluss v. 03.04.2012,

Die Beantwortung dieser Fragen ist für den nichterwerbstätigen Rentner und den Rentner im Nebenerwerb in Deutschland nur generell und nicht speziell von Interesse. Dies gilt deshalb, weil es im Speziellen um die Einordnung von Leistungen nach dem SGB II durch den EuGH geht, von denen Rentner gemäß § 7 Abs. 1 S. 1 Nr. 1 i.V.m. § 7 a SGB II ausgeschlossen sind, da die Rentner die Altersgrenze für die Regelaltersrente nach § 35 SGB VI erreicht haben. Sie können jedoch Leistungen nach § 41 ff. SGB XII beantragen. Diese Leistungen sind ebenfalls in den Anhang X als Grundsicherung im Alter und bei Erwerbsminderung eingetragen. So dass auch für den nichterwerbstätigen Rentner und den Rentner im Nebenerwerb generell eine Abgrenzung zwischen der VO 883/2004 und der RL 2004/38/EG von großem Interesse ist. Auch für Rentner aus anderen EU-Mitgliedstaaten ist das Verhältnis der beiden Sekundärrechtsakte, aufgrund der in ihren Mitgliedstaaten gewährten beitragsunabhängigen Geldleistungen und der Umsetzungen der RL 2004/38/EG in Bestimmungen des mitgliedstaatlichen Rechts erörterungswürdig. Darüber hinaus findet sich in § 23 Abs. 3 S. 1, 2. Alt. SGB XII eine Parallelvorschrift zu § 7 Abs. 1 S. 2 Nr. 2 SGB II, so dass die vorliegende Abgrenzung zukünftig auch für arbeitsuchende Rentner aus anderen EU-Staaten relevant werden kann.

Klarstellend sollte der Unionsgesetzgeber in der RL 2004/38/EG eine Klausel aufnehmen, dass die RL 2004/38/EG nicht die nach der VO 883/2004 erlassenen Bestimmungen berühre und den Begriff der Sozialhilfe in der RL 2004/38/EG definieren und regeln, dass dieser Begriff die besonderen beitragsunabhängigen Geldleistungen i. S. der VO 883/2004 gerade nicht erfasse.[1626] Als Orientierung kann dabei die Definition von Sozialhilfe im Urt. *Brey* des EuGH dienen, wonach der Begriff der Sozialhilfe i. S. des mit der RL 2004/38/EG verfolgten Ziels auszulegen sei und „sich auf sämtliche von öffentlichen Stellen eingerichteten Hilfssysteme bezieht, die auf nationaler, regionaler oder örtlicher Ebene bestehen und die ein Einzelner in Anspruch nimmt, der nicht über ausreichende Existenzmittel zur Bestreitung seiner Grundbedürfnisse und derjenigen seiner Familie verfügt und deshalb während seines Aufenthalts möglicherweise die öffentlichen Finanzen des Aufnahmemitgliedstaats belasten muss, was Auswirkungen auf das gesamte Niveau der Beihilfe haben kann, die dieser Staat gewähren kann.“ Die Sozialhilfe

---

Az.: L 5 AS 2157/11 B ER, L 5 AS 2177/11 B PKH, zitiert nach Juris Rn. 5 ff., 9. Das LSG Berlin-Brandenburg geht davon aus, dass es sich bei den Leistungen nach dem SGB II um Sozialhilfeleistungen i. S. von Art. 24 Abs. 2 RL 2004/38/EG handele.

1626 Vgl. zur Klausel für die RL 2004/38/EG, welche Van Overmeiren/Eichenhofer/Verschueren an Art. 36 Abs. 2 VO 492/2011 anlehnen und dem Erfordernis den Begriff der Sozialhilfe in der RL 2004/38/EG zu definieren *Van Overmeiren/Eichenhofer/Verschueren,* trESS Analytical Study 2011, 1 (5, 50).

soll dabei ein Existenzminimum gewährleisten, das ohne Beiträge des Begünstigten vollständig durch die öffentliche Hand finanziert werde.[1627] Klargestellt hat der EuGH in diesem Urt. auch, dass der Begriff der „Sozialhilfeleistungen" in Art. 7 Abs. 1 lit. b) RL 2004/38/EG gerade nicht auf die Leistungen der sozialen Fürsorge reduziert werden könne, die gem. Art. 3 Abs. 5 VO 883/2004 vom sachlichen Geltungsbereich der VO 883/2004 ausgeschlossen werden. Darüber hinaus entschied der EuGH, dass es auf die Beantwortung der Frage, ob eine Leistung eine „besondere beitragsunabhängige Geldleistung" i. S. der VO 883/2004 sei, für die Auslegung des Begriffs der „Sozialhilfeleistung" in Art. 7 Abs. 1 lit. b) RL 2004/38/EG nicht ankomme, da beide Sekundärrechtsakte unterschiedliche Ziele verfolgen und die VO 883/2004 eine Koordinierungsverordnung darstelle, die unterschiedliche nationale Systeme bestehen lasse.[1628] Beide Begriffe sind

---

1627 Vgl. EuGH Urt. v. 19.09.2013 Rs. C-140/12 (Brey) ZESAR 2014, 36 (36, 40, 42 ff. Rn. 34, 60 ff.). In der Rechtssache Brey hat der EuGH entschieden, dass die Art. 7 Abs. 1 lit. b), 8 Abs. 4, 24 Abs. 1, 2 RL 2004/38/EG einer nationalen Regelung entgegenstehen, die bestimmt, dass in der Zeit nach dem dreimonatigen Aufenthalt die Gewährung einer Leistung wie der österreichischen Ausgleichszulage an einen Nichterwerbstätigen eines anderen Mitgliedstaats unter allen Umständen und automatisch ausgeschlossen sei. Der Unionsbürger hatte eine Anmeldebescheinigung, trotzdem sah die nationale Regelung vor, dass er die Voraussetzungen für einen rechtmäßigen Aufenthalt für mehr als drei Monate deshalb nicht erfülle, weil dieses Aufenthaltsrecht davon abhängig sei, dass er über ausreichende Existenzmittel verfüge, um diese Ausgleichszulage nicht beantragen zu müssen. Bei der österreichischen Ausgleichszulage handelte es sich um eine „besondere beitragsunabhängige Geldleistung" i. S. des Art. 70 VO 883/2004. *Thym*, NZS 2014, 81 (83) sieht die Definition der Sozialhilfeleistung als „großzügig" an, da sie sämtliche Maßnahmen der sozialen Fürsorge und alle beitragsunabhängigen besonderen Geldleistungen erfasst, die steuerfinanziert seien und der Sicherung der Existenz dienen. Vgl. auch *Schreiber*, ZESAR 2014, 44 (46), der die Definition der Sozialhilfe iSd. RL durch den EuGH als „etwas unterkomplex" bezeichnet, da auch besondere beitragsunabhängige Geldleistungen im Sinne der VO oft eine existenzsichernde Zielsetzung innehaben.

1628 Vgl. EuGH Urt. v. 19.09.2013 Rs. C-140/12 (Brey) ZESAR 2014, 36 (40 ff. Rn. 39 ff., 43, 50 ff., 58). So solle die RL 2004/38/EG die Freizügigkeit erleichtern, verstärken und auch Bedingungen (wie z. B. den Vorbehalt sozialer Absicherung) regeln, unter denen das Freizügigkeitsrecht ausgeübt werden könne. Demgegenüber solle die VO 883/2004 nachteilige Wirkungen, die die Ausübung der Freizügigkeit der Arbeitnehmer in Bezug auf den Genuss von Leistungen der sozialen Sicherheit durch sie und ihre Familienangehörigen haben könne, verhindern. Im Gegensatz zur Koordinierungsverordnung 883/2004 ziele die RL 2004/38/EG auf Harmonisierung

danach unabhängig voneinander auszulegen, so dass sie nicht dieselbe Definition und denselben Sinngehalt innehaben.

Diskussionswürdig könnte nunmehr noch sein, ob innerhalb der RL 2004/38/EG zwischen dem Begriff „Sozialhilfeleistungen" in Art. 7 Abs. 1 lit. b) RL 2004/38/EG und dem Begriff der „Sozialhilfe" in Art. 24 Abs. 2 RL zu differenzieren sei.[1629] Entgegen dieser Ansicht wird vorliegend davon ausgegangen, dass beide Begriffe in der RL 2004/38/EG deckungsgleich sind. Dazu kann der Wortlaut der RL 2004/38/EG herangezogen werden. So spricht der 16. Erwägungsgrund zwar davon, dass „Sozialhilfeleistungen" des Aufnahmemitgliedstaats nicht unangemessen in Anspruch genommen werden sollen. Es sollte bei Inanspruchnahme von Sozialhilfeleistungen nicht automatisch ausgewiesen werden. Der Mitgliedstaat müsse vielmehr bei seiner Entscheidung u. a. „den gewährten Sozialhilfebetrag berücksichtigen". Da es um die Prüfung einer unangemessenen Inanspruchnahme von Sozialhilfeleistungen geht, muss es sich bei diesem Betrag der „Sozialhilfe" auch um eine „Sozialhilfeleistung" handeln. Auch der Vergleich zwischen den verschiedenen Sprachfassungen zeigt, dass zwischen den Begriffen in Art. 7 Abs. 1 lit. b) RL und Art. 24 Abs. 2 RL keine nennenswerten Unterschiede bestehen.[1630] Fraglich ist, ob der EuGH auch zukünftig bei der Auffassung bleiben wird, dass es sich bei den SGB II-Leistungen nicht um eine Sozialhilfeleistung

---

und somit Schaffung eines einheitlichen materiellen mitgliedstaatlichen Rechts ab. *Fuchs*, NZS 2014, 121 (122) verweist diesbezüglich auch auf die Funktion der RL eine unangemessene Inanspruchnahme von Sozialhilfeleistungen im Aufnahmemitgliedstaat zu verhindern.

1629 Vgl. dazu BVerwG Urt. v. 31.05.2012, Az.: 10 C 8/12 NVwZ-RR 2012, 821 (824 Rn. 25). Das BVerwG führte an, dass die Begriffe „Sozialhilfeleistungen" i. S. von Art. 7 Abs. 1 lit. b) RL und „Sozialhilfe" i. S. von Art. 24 Abs. 2 RL nicht deckungsgleich sein müssen. Vgl. auch *Thym*, NZS 2014, 81 (83 Fn. 33), der diese Diskussion über unterschiedliche Begrifflichkeiten nur als „theoretisch" bezeichnet und letztlich konsequent darauf verweist, dass die Begriffsdifferenzierung vom BVerwG auch nur angedeutet wurde.

1630 Art. 7 Abs. 1 lit. b) RL spricht in der polnischen Fassung von „systemu pomocy społecznej"; englischen Sprachfassung von „social assistance system" und in der französischen Fassung von „système d'assistance sociale", was mit „Sozialhilfesystem" übersetzt wird. In Art. 24 Abs. 2 RL steht „pomocy społecznej"; „social assistance", „droit à une prestation d'assistance sociale", was mit „Sozialhilfe" bzw. „ein Anspruch auf Sozialhilfe" übersetzt werden kann. Siehe *Thym*, NZS 2014, 81 (83) unter Verweis auf die französische und englische Fassung. Dieser führt des Weiteren an, dass das Ziel den öffentlichen Haushalt zu schützen, sowohl von Art. 7 als auch Art. 24 Abs. 2 RL verfolgt werde.

i. S. der RL 2004/38/EG handele, da sie neben der Existenzsicherung auch den Zugang zur Beschäftigung erleichtere.[1631]

Es wird in der Literatur vorgeschlagen, in der VO 883/2004 eine Wartezeit für den Zugang zu an den Wohnsitz gekoppelte Sozialleistungen, wie die besonderen beitragsunabhängigen Geldleistungen des Art. 70 VO 883/2004, in die VO aufzunehmen.[1632] Dies wird vorliegend aus der besonderen Perspektive des Schutzes des nichterwerbstätigen Rentners nicht als zielführend erachtet. Ohne eine solche Wartezeit in der VO 883/2004 haben die nichterwerbstätigen Rentner über Art. 4 VO 883/2004 sofortigen Zugang zu den besonderen beitragsunabhängigen Geldleistungen des Wohnmitgliedstaats und verfügen somit neben ihrer Rente letztlich über weitere Existenzmittel und den Krankenversicherungsschutz.[1633] Dies muss sich der Unionsmitgliedstaat dann auch entgegenhalten lassen, wenn die zuständigen Behörden über die Frage der Beendigung des Aufenthaltsrechts und die Erfüllung des Vorbehalts sozialer Absicherung gem. der RL 2004/38/EG entscheiden. Dies gilt inbesondere deshalb, weil der EuGH bereits im Zusammenhang mit der RL 2004/38/EG entschieden hat, dass es auf die Herkunft der Existenzmittel gerade nicht ankomme, sondern auf deren bloße

---

1631 So hat der EuGH in der Rs. C-140/12 (Brey) ZESAR 2014, 36 (42 f. Rn. 60). ausdrücklich auf sein Urt. Vatsouras/Koupatantze Bezug genommen.

1632 Siehe zu diesem Vorschlag *Van Overmeiren/Eichenhofer/Verschueren,* trESS Analytical Study 2011, 1 (5). Darüber hinaus schlagen die Autoren vor, ein System einzuführen zwischen dem Mitgliedstaat, in dem zuvor der Wohnsitz begründet gewesen war und dem jetzigen Wohnmitgliedstaat, um die Verteilung der Kosten zwischen diesen Staaten in Bezug auf besondere beitragsunabhängige Geldleistungen zu regeln. Des Weiteren wird von ihnen empfohlen, sich stärker auf die Bewertung, wann eine Wohnsitzbegründung in einem Mitgliedstaat vorliege, zu fokussieren, um Missbrauch der Inanspruchnahme von an den Wohnsitz gekoppelte besondere beitragsunabhängige Geldleistungen auszuschließen. Dazu solle nach Auffassung der Autoren eine „Missbrauchsklausel“ in die VO 883/2004 aufgenommen werden.

1633 Siehe dazu auch *Van Overmeiren/Eichenhofer/Verschueren,* trESS Analytical Study 2011, 1 (16). Diese führen an, dass der nichterwerbstätige Rentner nur bei unangemessener Inanspruchnahme von Sozialleistungen nach der RL 2004/38/EG ausgewiesen werden dürfe. Das er Ansprüche auf Sozialleistungen und gegen die Krankenversicherung aus der VO 883/2004 habe, bietet ihm einen gewissen Ausweisungsschutz, weil er dann im Aufnahmemitgliedstaat die Sozialleistungen nicht unangemessen in Anspruch nimmt. Allerdings gelte dies nur, soweit diese Leistungen vom Herkunftsstaat in den Aufnahmemitgliedstaat exportiert werden und daher vordergründig für Renten und in der Krankenversicherung, in welcher Sachleistungen auf Rechnung des Herkunftsstaats erbracht werden.

Existenz.[1634] Sollte der EuGH die Koexistenz feststellen, müssen die Existenzmittel, die den Unionsbürgern durch die VO 883/2004 gewährt werden, auch im Rahmen der RL 2004/38/EG uneingeschränkt Berücksichtigung finden.

Nach der vorliegenden Auffassung ist der Gleichbehandlungsgrundsatz des Art. 4 VO auf besondere beitragsunabhängige Geldleistungen anwendbar.[1635] Die Leistungen nach dem SGB II stellen besondere beitragsunabhängige Geldleistungen dar. Verbleibt der EuGH bei seiner Auffassung aus *Vatsouras/Koupatantze*, dass SGB II-Leistungen keine Sozialhilfe i. S. der RL 2004/38/EG seien, da die Art. 14 ff. SGB II eindeutig dessen Zielsetzung zur Eingliederung in Arbeit belegen, ist der Ausschluss gem. § 7 Abs. 1 S. 2 Nr. 1 und 2 SGB II europarechtswidrig, da er gegen Art. 4 VO 883/2004 verstößt. Da hier an die „Ausländereigenschaft" und somit Staatsangehörigkeit angeknüpft wird, besteht eine unmittelbare Diskriminierung. In der Literatur wird dazu überwiegend die Ansicht vertreten, dass diese nur zulässig ist, wenn Ausnahmen und Rechtfertigungsgründe im Unionsrecht (hier in VO 883/2004 selbst) ausdrücklich vorgesehen sind (wie z. B. Art. 6 Abs. 1 RL in der RL 2000/78/EG).[1636] Ein solcher ausdrücklich vorgesehener Rechtfertigungsgrund

1634 So hat der EuGH entschieden, dass bei einem nahezu mittellosen nichterwerbstätigen Rentner die faktische Unterhaltsgewährung durch dessen Lebenspartner genüge. Vgl. dazu EuGH Rs. C-408/03 (Kommission/Belgien) Slg. 2006, I-2647, I-2681 Rn. 47.

1635 Dies gilt, da Art. 70 Abs. 3 VO nur die Geltung von Art. 7 VO des Titel I VO ausschließt.

1636 Vgl. allgemein zur RL 2000/78/EG und der Rechtfertigung unmittelbarer Diskriminierungen *Bieback* in: Fuchs, Europäisches Sozialrecht, Teil 4, Art. 19 AEUV Rn. 29, 43 ff. Vgl. auch *Stork*, Anti-Diskriminierungsrecht der EU, 85, der anführt, dass bei unmittelbaren Diskriminierungen eine Rechtfertigung nur ausnahmsweise möglich ist, wenn eine Bereichsausnahme vorliege. Siehe auch *Zapf*, Zivilrechtliche Diskriminierungsnormen, 11, 14. Vgl. zur unmittelbaren Diskriminierung auch *Mohr*, SAE 2007, 16 (19). Vgl. auch *Lüderitz*, Altersdiskriminierung durch Altersgrenzen, 52, der anführt, dass unmittelbare Diskriminierungen grundsätzlich nicht gerechtfertigt werden können und nur die Ausnahme- und Rechtfertigungsmöglichkeiten der RL imstande seien, daran etwas zu ändern. A.A. *Ellis*, EU Anti-Discrimination Law, 295, die darauf hinweist, dass Art. 6 RL ein Rechtfertigungsgrund und keine Ausnahme ist und nicht nur auf die mittelbare, sondern auch die unmittelbare Diskriminierung anwendbar ist. Allerdings findet auch Ellis diesen Umstand „verwirrend" bzw. „disturbing". Auch in der vorliegenden Arbeit wird Art. 6 RL als Rechtfertigungsgrund angesehen. Vgl. zur Problematik auch oben Fn. 1233 die Ausführungen von *Schreiber*, NZS 2012, 647 (650) und *Thym*, NZS 2014, 81 (84). A.A. *Greiser*, ZESAR 2014, 18 (23 f., 26), der die Rechtfertigung einer unmittelbaren Diskriminierung durch Art. 4 VO bei primärrechtskonformer

für eine unmittelbare Diskriminierung ist der VO 883/2004 für diesen Fall nicht zu entnehmen.[1637]

Erst wenn der EuGH zu dem Schluss kommt, dass die Leistungen nach dem SGB II „Sozialhilfe" darstellen, ist zu prüfen, ob der von Art. 24 Abs. 2 RL vorausgesetzte rechtmäßige Aufenthalt eine Abweichung von Art. 4 VO 883/2004 ermöglicht.

Unter der Prämisse, dass eine tatsächliche Koexistenz ohne gegenseitige Einflussnahme zwischen beiden Sekundärrechtsakten besteht, würde der widersprüchliche Zustand vorliegen, dass zwar nach der VO 883/2004 sofort die Leistung zu gewähren ist, wohingegen bei der RL 2004/38/EG erst noch der jeweilige Zeitraum abgewartet werden muss. Diese Paradoxie kann so nicht stehen bleiben. Es existieren mehrere Möglichkeiten zur Lösung.

Der EuGH könnte auf der einen Seite von einer wechselseitigen Abhängigkeit der Sekundärrechtsakte ausgehen und den rechtmäßigen Aufenthalt auch für die VO 883/2004 verlangen und so über die RL 2004/38/EG hinaus eine Abweichung von der VO 883/2004 zulassen. Auf der anderen Seite könnte der EuGH generell feststellen, dass in einer Konstellation, in der sowohl der Sozialhilfebegriff der RL 2004/38/EG als auch der Begriff der besonderen beitragsunabhängigen Geldleistungen der VO 883/2004 erfüllt ist, die Leistung trotz der beschränkenden Vorgaben der RL 2004/38/EG nach der VO 883/2004 uneingeschränkt dem nichterwerbstätigen Rentner und dem arbeitsuchenden Rentner zu gewähren ist. Dann wäre der Unionsgesetzgeber gefragt.

Selbst wenn der EuGH eine Abweichung zulässt, muss diese dann erfolgte Beschränkung des Gleichbehandlungsgrundsatzes des Art. 4 VO 883/2004 durch Art. 24 RL 2004/38/EG ihrerseits wiederum den Schranken-Schranken des Unionsrechts genügen und den Verhältnismäßigkeitsgrundsatz wahren. Denn auch Art. 4 VO 883/2004, der Art. 45 Abs. 2 AEUV umsetzt, ist als Konkretisierung des Gleichbehandlungsgrundsatzes wie die Arbeitnehmerfreizügigkeit als Grundfreiheit als Schranken-Schranke dem Verhältnismäßigkeitsgrundsatz unterworfen. Davon kann bei § 7 Abs. 1 S. 2 Nr. 1 und Nr. 2 SGB II nicht die Rede sein, da diese

---

Auslegung der Vorschrift im Lichte von Art. 45 Abs. 2 AEUV zumindest hinsichtlich der Rechtfertigung durch von der Staatsangehörigkeit unabhängige objektive Gründe wie z.B. das Erfordernis einer tatsächlichen Verbindung zum Arbeitsmarkt als zulässig ansieht.

1637 Dabei kann auch insbesondere nicht auf Art. 70 Abs. 4 VO 883/2004 abgestellt werden, da unter dieser Prämisse die RL 2004/38/EG als mögliche Abweichung nicht greifen würde, da der EuGH gerade in diesem Fall die Sozialhilfeeigenschaft verneint. Art. 70 Abs. 3 VO 883/2004 betrifft nur die Abweichung von Art. 7 VO 883/2004.

Vorschrift in keinster Weise die Besonderheiten des Einzelfalls berücksichtigt und rein pauschal sowie automatisch Unionsbürger von SGB II-Leistungen ausschließt.

15. Vereinfachung erreicht?

Festzustellen ist, dass das Hauptziel der Reform, die Bestimmungen der VO 1408/71 durch die VO 883/2004 zu vereinfachen, nicht erreicht wurde, da eine Kürzung nur wenige Artikel der VO 1408/71 betraf, wobei einige Artikel in ihrem Umfang sogar noch zunahmen. Darüber hinaus ist zu beklagen, dass der Unionsgesetzgeber mit der VO 883/2004 oftmals nur die Rechtsprechung des EuGH übernommen hat, ohne eigene Reformvorschläge vorzubringen und umzusetzen.[1638] Das Reformergebnis, die VO 883/2004, entpuppt sich als unübersichtlich. Erklärbar ist dies dadurch, dass die Komplexität der Materie hoch und daher mit einigen wenigen Vorschriften nicht auszukommen ist.[1639] Dies erscheint im Ergebnis paradox. Denn diese Komplexität sollte durch die VO 883/2004 gerade sinnvoll aufgefangen werden. Dieses hoch gesteckte Ziel scheiterte letztlich an der unionsgesetzgeberischen „Perfektion und Einzelfallgenauigkeit“, der die VO 883/2004 zum Opfer fiel.[1640] Auch ist es durch die weitere Anwendbarkeit der VO 1408/71 im Rahmen des Art. 90 Abs. 1 VO 883/2004 erforderlich, dass beide Verordnungen parallel bei der Prüfung von Ansprüchen heranzuziehen sind. Diesbezüglich seien Umsetzungsfehler der Sozialversicherungsträger und aus der Sphäre des Arbeitgebers z. B. bei der Personalbetreuung zu erwarten.[1641] Allerdings lassen sich in den in Titel I und II enthaltenen Prinzipien viele Vorschriften finden, die durchaus wichtig für die VO 883/2004 sind und deren Stärke ausmachen.[1642] Die detaillierten Regelungen der VO tragen dazu bei, dass wichtige Grundprinzipien des Europäischen Sozialrechts von dem nichterwerbstätigen Rentner und dem Rentner im Nebenerwerb als geradezu selbstverständlich hingenommen werden, wie z. B. der Export von Renten in andere EU-Mitgliedstaaten oder die medizinische Sachleistungserbringung für „Rentner-Touristen“ in allen Mitgliedstaaten der EU, obwohl sie an äußerst komplexe rechtliche, administrative und institutionelle Voraussetzungen gebunden sind, denen die VO 883/2004 Rechnung trägt.[1643]

1638 *Eichenhofer* in: Oetker/Preis, EAS B 1200, Rn. 49.

1639 *Becker*, ZFSH/SGB 2007, 134 (140).

1640 So auch *Eichenhofer* in: Oetker/Preis, EAS B 1200, Rn. 49.

1641 Vgl. *Buschermöhle*, DStR 2010, 1845 (1848).

1642 Zutreffend auch *Eichenhofer* in: Oetker/Preis, EAS B 1200, Rn. 49.

1643 Vgl. dazu *Eichenhofer*, VSSR 2011, 125 (134).

VII. Zusammenfassung zu Art. 48 AEUV und zur Verordnung 883/2004

1. Art. 48 AEUV

(1) Die Rechtsgrundlage für die VO 883/2004 ist in Art. 48 AEUV und aufgrund ergänzender Bestimmungen für Drittstaatsangehörige in Art. 352 AEUV zu erblicken.

(2) Art. 48 AEUV ist eine konkrete und hinreichende Kompetenznorm für den Erlass der Verordnung. Art. 48 AEUV orientiert sich bei der Definition des Begriffs des Arbeitnehmers in seinem persönlichen Geltungsbereich nicht an Art. 45 AEUV, sondern an Art. 2 VO 883/2004. Art. 2 VO stellt für die Einbeziehung eines Rentners in den persönlichen Geltungsbereich auf die Versicherteneigenschaft nach nationalem Recht ab. Art. 48 AEUV bezieht den nichterwerbstätigen Rentner und den Rentner im Nebenerwerb in seinen persönlichen Geltungsbereich mit ein.

(3) Aus Art. 48 AEUV lassen sich drei Restriktionen ableiten. So muss die VO auf dem Gebiet der sozialen Sicherheit ergehen, es dürfen nur die notwendigen Maßnahmen getroffen werden und es muss der in Art. 48 AEUV enthaltene Koordinierungsauftrag bei der Ausgestaltung der Verordnung beachtet worden sein. Da die VO die Sozialhilfe aus ihrem sachlichen Anwendungsbereich ausnimmt und Sozialversicherungsleistungen einbezieht, ist sie auf dem Gebiet der sozialen Sicherheit ergangen.

Art. 48 AEUV enthält keine Vorgaben hinsichtlich der Handlungsform, so dass der Erlass der Verordnung als Maßnahme ausreicht. Diese war notwendig, um die Mindestanforderungen des Art. 48 UA 1 lit. a) und b) AEUV in Art. 6 und Art. 7 VO 883/2004 zu integrieren. Zudem ist Art. 48 UA 1 lit. a) und b) AEUV nicht abschließend formuliert, so dass auch die anderen Koordinierungsregelungen der VO 883/2004 zulässig und von Art. 48 AEUV gedeckt sind.

Eine umfassende Harmonisierung ist, da die Kompetenz für die Schaffung sozialrechtlicher Leistungsansprüche nach wie vor bei den Mitgliedstaaten liegt, von Art. 48 AEUV nicht erfasst. Art. 48 AEUV begründet lediglich eine Regelungskompetenz zur Koordinierung der Systeme der sozialen Sicherheit. Die VO 883/2004 erfüllt den Koordinierungsauftrag, da sie keine umfassende Harmonisierung der mitgliedstaatlichen Sozialsysteme in Richtung auf eine schrittweise Vereinheitlichung und somit ein unionsweit gültiges Sozialversicherungssystem bewirkt. Sie bringt vereinzelt zulässige

Angleichungseffekte mit sich bringt, z. B. im Rahmen der Kollisionsregelungen der Art. 11 ff. VO 883/2004.

Art. 48 AEUV ist nicht unmittelbar anwendbar. Das auf der Grundlage des Art. 48 AEUV erlassene Sekundärrecht ist an Art. 48 AEUV als vorrangige Primärrechtsvorschrift zu messen.

(4) Die Verfahrensvoraussetzungen des Art. 48 AEUV sind bei dem Erlass der VO 883/2004 gewahrt worden.

(5) Der sachliche Geltungsbereich des Art. 48 AEUV gewährleistet, dass den nichterwerbstätigen Rentnern und den Rentnern im Nebenerwerb Leistungen der sozialen Sicherheit erhalten bleiben, wenn sie von ihrem Recht auf Freizügigkeit innerhalb der Europäischen Union Gebrauch machen. Art. 48 AEUV enthält einen Rechtsetzungsauftrag und einen Koordinierungsauftrag zur Sicherung der Freizügigkeit. Bei der Anwendung von Art. 48 AEUV ist es hinnehmbar, wenn die von der Koordinierung erfassten Personen im Einzelfall gegenüber einem Inländer begünstigt werden. Art. 48 UA 1 lit. a) AEUV bestimmt die Zusammenrechnung aller nach den verschiedenen innerstaatlichen Rechtsvorschriften berücksichtigten Zeiten für den Erwerb und die Aufrechterhaltung des Leistungsanspruchs sowie für die Berechnung der Leistungen. Art. 48 UA 1 lit. b) AEUV soll die Zahlung der Leistungen an Personen, die in den Hoheitsgebieten der anderen Mitgliedstaaten wohnen, sichern. Er erfasst zum einen den Leistungsexport und zum anderen den Fall, dass der Staat bestimmte Leistungen gewährt, wobei unter Umständen dann eine Erstattung durch den zuständigen Staat erfolgt.

2. Verordnung 883/2004

(1) Die generellen Restriktionen wie das Subsidiaritätsprinzip, der Verhältnismäßigkeitsgrundsatz, die Pflicht zur Benennung der Vertragsartikel und der Bestimmtheitsgrundsatz sind bei dem Erlass der VO 883/2004 unproblematisch gewahrt worden.

(2) Die VO 883/2004 dient der Aktualisierung und Vereinfachung der VO 1408/71 und soll verhindern, dass die Ausübung des Rechts auf Freizügigkeit am Verlust bereits erworbener Sozialversicherungsansprüche scheitert.

(3) Der nichterwerbstätige Rentner und der Rentner im Nebenerwerb sind von dem persönlichen Geltungsbereich des Art. 2 VO 883/2004 erfasst.

(4) Art. 3 VO zählt die Leistungen der sozialen Sicherheit der VO 883/2004 abschließend auf. Von der VO sind die nationalen Systeme der sozialen

Sicherheit in ihrer Gesamtheit umfasst. Ausgenommen vom Anwendungsbereich der VO sind Leistungen der sozialen und medizinischen Fürsorge, wie z. B. Leistungen der Sozialhilfe.

(5) Art. 4 VO gebietet die vollständige Gleichbehandlung des nichterwerbstätigen Rentners und des Rentners im Nebenerwerb mit den Staatsangehörigen des Aufnahmemitgliedstaats und somit die Gewährung des gleichen sozialrechtlichen Status. Er verbietet unmittelbare und mittelbare Diskriminierungen des nichterwerbstätigen Rentners und des Rentners im Nebenerwerb.

(6) Die VO 883/2004 stellt auf das Prinzip der Tatbestandsgleichstellung (Art. 5 VO) und die Zusammenrechnung der leistungsbegründenden Zeiten (Art. 6 VO) ab. Die separate Aufführung des zuletzt genannten Prinzips ist unnötig, da das Prinzip der Zusammenrechnung lediglich einen Anwendungsfall des allgemeinen Prinzips der Tatbestandsgleichstellung darstellt. Es wurde mithin gegen das Gebot möglichst ökonomischer Rechtsetzung verstoßen.

Art. 6 VO erfüllt den Rechtsetzungsauftrag aus Art. 48 UA 1 lit. a) AEUV. Der Art. 48 UA 1 lit. b) AEUV findet sich in der in Art. 7 VO enthaltenen allgemeinen, für sämtliche sozialrechtlich geschuldeten Geldleistungen bestehenden Verpflichtung zum Leistungsexport wieder.

Nach Art. 10 VO 883/2004 soll verhindert werden, dass der Rentner Leistungen gleicher Art aus mehreren Mitgliedstaaten ungerechtfertigt beziehen kann.

(7) Die Art. 11 ff. VO stellen einseitige Kollisionsnormen dar, die für einen Sachverhalt mit Berührung zu mehreren Mitgliedstaaten die anwendbare Sozialrechtsordnung festlegen. Die Mitgliedstaaten regeln nach wie vor eigenständig die Voraussetzungen für den Beitritt und die Beendigung der Versicherungszugehörigkeit unter Beachtung des Diskriminierungsverbots wegen der Staatsangehörigkeit. Zu beachten sind die besonderen Bestimmungen des Titels III der VO, welche den Art. 11 ff. VO gegenüber als spezieller anzusehen sind. Für den Rentner im Nebenerwerb ist nach den Art. 11 ff. VO wie bisher vorrangig der Ort der Beschäftigung der Anknüpfungspunkt, wohingegen bei dem nichterwerbstätigen Rentner auf den Wohnmitgliedstaat abzustellen ist. Der Rückgriff auf den Wohnort ist nur ein subsidiäres Kriterium, wenn ansonsten keine sinnvolle Anknüpfung für sozialrechtliche Ansprüche gefunden werden konnte. Kollisionsnormen bestimmen nur das auf den Beschäftigten anzuwendende Recht, geben aber keine Auskunft darüber, ob die Person tatsächlich als Beschäftigter versichert ist. Letztlich entscheidet das nationale Recht über die tatsächliche Einbeziehung in das System der sozialen Sicherheit und somit über die Stellung als Beschäftigter oder

Nichterwerbstätiger. Die Art. 12 ff. VO enthalten Sonderregelungen, die das Beschäftigungslandprinzip konkretisieren oder von diesem abweichen. Nach Art. 16 Abs. 1 VO können die Parteien des Sozialversicherungsverhältnisses Ausnahmen von der zwingenden Festlegung der Zuständigkeit durch die Art. 11 ff. VO treffen.

(8) Die Bestimmungen über Leistungen bei Krankheit (Art. 17 ff. VO) beschäftigen sich rein nach ihrem Wortlaut in Art. 17 bis 22 VO mit den Rentnern im Nebenerwerb und enthalten in den Art. 23 bis 30 VO Spezialvorschriften für nichterwerbstätige Rentner. Gemeinsame Vorschriften stellen die Art. 31 bis 35 VO 883/2004 dar. Dies gilt nicht uneingeschränkt. So kann der persönliche Anwendungsbereich des Art. 2 VO 883/2004 den sachlichen Geltungsbereich der VO beeinflussen. Art. 2 VO knüpft an die mitgliedstaatlichen Regelungen an, die Personen als Beschäftigte in das Sozialversicherungssystem einbeziehen. Ob der nichterwerbstätige Rentner oder der Rentner im Nebenerwerb unter die Vorschriften der Art. 23 ff. VO oder der Art. 17 ff. VO fallen, hängt ausschließlich davon ab, ob das nationale Recht sie als nichterwerbstätigen Rentner oder Rentner im Nebenerwerb ansieht. Als Beispiel dienten zur Erläuterung fünf mögliche Konstellationen der Krankenversicherung des Rentners nach deutschem Recht und deren jeweilige Zuordnung zu den Art. 23 ff. VO oder 17 ff. VO. Für den nichterwerbstätigen Rentner ergeben sich durch die Art. 27 Abs. 2, 28 VO und den Rentner im Nebenerwerb durch den Art. 20 Abs. 2 VO sowie für beide Rentnergruppen durch den Art. 34 VO Neuregelungen, die den Schutzumfang des Sekundärrechts im Hinblick auf den koordinierten Krankenversicherungsschutz für diese Rentner verbessern.

(9) In Bezug auf das Sterbegeld ergeben sich durch die VO 883/2004 keine Verbesserungen für die Rechtsposition des nichterwerbstätigen Rentners und des Rentners im Nebenerwerb, da die Vorschriften weitestgehend identisch mit den Bestimmungen der VO 1408/71 sind.

(10) Die Koordinierungsvorschriften über Altersrenten erstrecken sich auf die gesetzlichen Rentensysteme. Die Rentenkoordinierung erfüllt den durch Art. 48 UA 1 lit. a) AEUV bestehenden Auftrag zur Zusammenrechnung der Zeiten. Durch die VO 883/2004 wurde im Bereich der Altersrenten der Schutz des nichterwerbstätigen Rentners und des Rentners im Nebenerwerb ausgebaut. So enthält Art. 50 Abs. 2 VO das Verbot der Leistungsminderung durch die Berücksichtigung fremdmitgliedstaatlicher Zeiten aus Mitgliedstaaten, in denen kein Leistungsanspruch besteht. Die Orientierung der Rentenberechnung nach Art. 52 VO an dem Günstigkeitsprinzip ist für den

nichterwerbstätigen Rentner und den Rentner im Nebenerwerb vorteilhaft, da ihnen auf diese Weise die höchstmögliche nationale Leistung zu gewähren ist. Durch die VO 883/2004 erfolgten zahlreiche Definitionen, die der Rechtsklarheit bei der Rentenberechnung für Rentner dienen (z. B. Definition der Zeiten in Art. 57 VO). Darüber hinaus erhält der Rentner nach Art. 58 Abs. 2 VO die Mindestleistung eines Mitgliedstaats und ist somit nationalen Rentnern komplett gleichgestellt. Insgesamt sind die Vorschriften zu den Altersrenten gestrafft worden.

(11) Die VO 883/2004 definiert Familienleistungen neu und nimmt insoweit von der bisherigen Differenzierung zwischen dem nichterwerbstätigen Rentner und dem Rentner im Nebenerwerb Abstand. Im Übrigen bleibt die Differenzierung aber bestehen. So ist für den Rentner im Nebenerwerb Art. 67 S. 1 VO und für den nichterwerbstätigen Rentner Art. 67 S. 2 VO anzuwenden. Art. 68 VO wurde vollständig neu gefasst und vereinheitlicht sämtliche zuvor separat geregelten Prioritätsbestimmungen. Nunmehr gelten vorrangig die aufgrund der Beschäftigung ausgelösten Ansprüche bei Leistungen aus mehreren Mitgliedstaaten aus unterschiedlichen Gründen. Dies trägt zur Rechtsklarheit für den Rentner bei und unterstreicht den Vorrang des Beschäftigungslandprinzips. Nach Art. 68 Abs. 1 lit. b) VO ist bei Ansprüchen, die von mehreren Mitgliedstaaten aus denselben Gründen gewährt werden, unabhängig davon, ob die Ansprüche durch eine Beschäftigung oder den Bezug einer Rente ausgelöst werden, der Wohnort der Kinder entscheidend. Diese Neuregelung berücksichtigt die besonderen Charakteristiken der Familienleistungen und ist für den nichterwerbstätigen Rentner und den Rentner im Nebenerwerb von Vorteil, wenn ihre Kinder in einem Sozialhochleistungsgewährungsmitgliedstaat ihren Wohnsitz haben. Art. 68 Abs. 2 VO vermeidet Zufälligkeiten und gesteht dem Rentner unabhängig davon, welcher Mitgliedstaat prioritär zuständig ist, immer die jeweils höhere Leistung zu. Durch Art. 68 Abs. 3 VO erfolgt eine europaweite Antragsgleichstellung, da sich nunmehr jegliche Antragstellung unabhängig davon, ob die Träger der Mitgliedstaaten vorrangig oder nachrangig zuständig sind, unionsweit auswirkt. Eine solche Regelung trägt Gerechtigkeitsaspekten Rechnung, verhindert Missbrauch und führt so zu einer rechtlichen Gleichstellung für Rentner bei der Antragstellung. Die Verweisung des Art. 69 Abs. 2 VO 883/2004 auf das Kapitel 5 (Alters- und Hinterbliebenenrenten) stellt sicher, dass Leistungen in Form von Renten oder Rentenzuschüssen nach den dort genannten Vorschriften berechnet

und gewährt werden. Dies impliziert die Anwendung des Prinzips des Leistungsexports dieser Leistungen, wodurch die Flexibilität und Entscheidungsfreiheit des Rentners erhöht werden.

(12) Als Besonderheiten der VO ist in der Rechtsdurchsetzung auf den Schutz der Rechte des nichterwerbstätigen Rentners und des Rentners im Nebenerwerb aus Art. 77, 81, 76 Abs. 7, 87 Abs. 11 VO und die Regelung der Vollstreckbarkeit in allen Mitgliedstaaten der Europäischen Union auf Antrag nach Art. 84 VO hinzuweisen. Hinsichtlich der Rechtsfolgen werden die Mitgliedstaaten nur bei Unterlassen einer Informationspflicht zugunsten des nichterwerbstätigen Rentners und des Rentners im Nebenerwerb nach Art. 76 Abs. 5 VO sanktioniert. Als Verordnung ist die VO 883/2004 unmittelbar anwendbar.

VIII. Empfehlungen für den Unionsgesetzgeber

Als Ergebnis der vorangegangenen Untersuchung können nun Empfehlungen für den Unionsgesetzgeber in Bezug auf die Verbesserungen des europäischen koordinierenden Sozialrechts zugunsten des nichterwerbstätigen Rentners und des Rentners im Nebenerwerb angeführt werden.

(1) In Art. 1 VO 883/2004 sollte eine Definition des Begriffs der Leistung der sozialen Sicherheit aufgenommen werden. In Abgrenzung zur „sozialen und medizinischen Fürsorge“ müsse eine Leistung der sozialen Sicherheit dann angenommen werden, wenn der Anspruchsberechtigte einen Anspruch auf die Leistung hat und die Leistung unter einen der Zweige der sozialen Sicherheit des Art. 3 Abs. 1 VO 883/2004 fällt.[1644] In Art. 1 lit. j) sollte lit. i) eingefügt und der „Wohnmitgliedstaat“ als Mitgliedstaat definiert werden, in dem der Unionsbürger seinen Wohnort hat. Dann sollte in Art. 1 lit. j) ii) die Definition des „Wohnorts“ eingefügt werden, wobei die Konkretisierungskriterien des Art. 11 VO 987/2009 in diesen aufzunehmen sind.

1644 Bei einem garantierten Mindesteinkommen für ältere Personen fordert Pennings darüber hinaus, dass die VO 883/2004 hier nur anwendbar sei, wenn es sich um einen Arbeitnehmer handele, der Arbeitszeiten unter einem Mitgliedstaat absolviere und seinen Wohnsitz in diesem Staat habe sowie eine Altersrente erhalte. Siehe *Pennings*, European Social Security Law, 68. Vgl. zum garantierten Mindesteinkommen für Behinderte auch EuGH Rs. 356/89 (Stanton Newton) Slg. 1991, 3017, I-3039 Rn. 14.

(2) Der persönliche Geltungsbereich der VO sollte sich auf alle Personen erstrecken, die von dem Sozialleistungssystem eines Mitgliedstaats erfasst werden, unabhängig von deren Nationalität und sozialökonomischem Status.[1645] Der persönliche Geltungsbereich des Art. 2 VO 883/2004 sollte daher neu gefasst werden. Hier wird nahegelegt zu verlangen, dass die VO für alle Personen Geltung entfaltet, für die die Rechtsvorschriften eines oder mehrerer Mitgliedstaaten gelten oder galten.

(3) Im sachlichen Geltungsbereich wird empfohlen, den Begriff der Leistung der sozialen Sicherheit in Art. 1 VO in Art. 3 Abs. 1 VO 883/2004 zu übernehmen. Dies stellt eine Alternative zur Definition des Begriffs der Leistung der sozialen Sicherheit in Art. 1 VO dar.

Anstelle der Definition des Begriffs der Leistung der sozialen Sicherheit entweder in Art. 1 VO oder Art. 3 Abs. 1 VO 883/2004 könnte unter Streichung der einzelnen Zweige der sozialen Sicherheit in Art. 3 Abs. 1 VO dergestalt allgemeiner und umfassender definiert werden, dass die „soziale Sicherheit ein System von bedürftigkeitsunabhängigen, risikobezogenen öffentlichen oder privaten Leistungen darstellt“. Ähnlich wie bei den Legaldefinitionen in Art. 53 Abs. 1 und 2 VO wird empfohlen in Art. 3 Abs. 1 UA 1 VO 883/2004 den Begriff der „sozialen Sicherheit“ in der soeben aufgezeigten allgemeinen Art und Weise zu definieren und dann in Abgrenzung zu diesem im Anschluss in Art. 3 Abs. 1 UA 2 VO 883/2004 folgendermaßen zu formulieren: „Leistungen, die nicht als Leistungen der sozialen Sicherheit angesehen werden können im Sinne von Art. 3 Abs. 1 UA 1 VO 883/2004, gelten als Leistungen der sozialen und medizinischen Fürsorge“.

Durch die allgemeine Definition des Begriffs der sozialen Sicherheit können neue soziale Risiken ohne Probleme vom Schutzumfang der VO erfasst werden.[1646] Danach ist es nicht mehr nötig, im Rahmen richterlicher Rechtsfortbildung Leistungskategorien, wie z. B. Pflegeleistungen oder Leistungen bei der Kindererziehung, unter einen der abschließend formulierten Leistungszweige des derzeitigen sachlichen Anwendungsbereichs der VO 883/2004 fassen zu müssen.

Alternativ wird empfohlen, im Titel III Besondere Bestimmungen über die verschiedenen Arten von Leistungen, „Kapitel 1 Leistungen bei Krankheit sowie Leistungen bei Mutterschaft und gleichgestellte Leistungen bei Vaterschaft“ klarstellend zu formulieren: „Kapitel 1 Leistungen bei Krankheit,

1645 So ebenfalls *Eichenhofer*, Sozialrecht der EU, 3. Auflage, Rn. 494.
1646 Ebenso *Eichenhofer*, Sozialrecht der EU, Rn. 494.

insbesondere Pflegeleistungen sowie Leistungen bei Mutterschaft und gleichgestellte Leistungen bei Vaterschaft". Darüber hinaus sollten in der VO 883/2004 neben den derzeitigen Leisungsarten im Titel III Besondere Bestimmungen spezielle Koordinierungsvorschriften für Pflegeleistungen (in Titel III Kap. 1 in einem gesonderten Abschnitt) zusammengefasst werden. In diesem gesonderten Abschnitt sollten dem Träger des Mitgliedstaats, des Wohn- oder Aufenthaltsorts des Rentners spezielle Informationspflichten gegenüber den Trägern anderer Mitgliedstaaten auferlegt und diesem die Auszahlung von Pflegegeld überantwortet werden. So ist es dem Wohnortmitgliedstaat einfacher möglich, eine sachgerechte Verrechnung zwischen Pflegegeld und Pflegesachleistungen vorzunehmen sowie Kriterien festzulegen, welche die Bezifferung der Kosten der Pflegeleistungen durch die Mitgliedstaaten betreffen. Die Pflegeleistungen sollten darüber hinaus stärker von den besonderen beitragsunabhängigen Geldleitungen gemäß Art. 70 VO abgegrenzt werden.

Des Weiteren wird empfohlen, zur Schaffung einer Sonderkoordinierung von Kindererziehungsleistungen im Titel III das Kapitel 8 a einzufügen. Das Kindererziehungsgeld sollte sich nach dem Recht, das für die nach der jeweils national anzuwendenden Rechtslage anspruchsberechtigten Person gilt, richten und nicht pauschal der Familie zugesprochen werden. Außerdem wird empfohlen, dass die VO die Leistungspflicht auf Zeiträume beschränkt, bei denen nach dem Recht des Beschäftigungsstaats eine Leistungspflicht für Mutterschafts- und/oder Erziehungsgeld besteht.

(4) Zur Klarstellung wird angeregt in Art. 5 lit. b) VO 883/2004 einen zweiten Satz anzufügen, mit dem Inhalt, dass durch diese Vorschrift keine neuen Ansprüche begründet werden, sondern die Bestimmungen über die Zusammenrechnung der Zeiten und die Zuständigkeit der Mitgliedstaaten gegenüber dem Art. 5 lit. b) VO als vorrangig zu betrachten sind.

(5) Das Beschäftigungslandprinzip in Art. 11 Abs. 1 lit. a) VO 883/2004 sollte weiterhin Grundstein der Koordinierung bleiben. Art. 11 Abs. 1 lit. a) VO sollte unverändert fortbestehen.

In Art. 11 Abs. 3 lit. a) VO 883/2004 sollte klarstellend eingefügt werden, „dass kurze Unterbrechungen der Arbeitstätigkeit und Krankheit den Rechtsvorschriften dieses Mitgliedstaats unterliegen. Dies gilt auch, wenn keine Geldleistungen aus der vorangegangenen Beschäftigung bezogen werden."

In Art. 11 Abs. 3 lit. e) ist ein Satz 2 einzufügen und damit klarzustellen, in welchem Mitgliedstaat bei jeweils hälftigem Aufenthalt in zwei Mitgliedstaaten eine Person ihren gewöhnlichen Aufenthalt innehat.

(6) Der in Art. 12 VO 883/2004 vorgesehene Zeitraum von 24 Monaten einer Zwischenbeschäftigung in einem anderen Mitgliedstaat, sollte auf 36 Monate ausgedehnt werden.

(7) Dem Unionsgesetzgeber wird vorgeschlagen, in Art 13 Abs. 1 lit. a) VO oder in Art. 14 Abs. 8 VO 987/2009 den unbestimmten Rechtsbegriff des „wesentlichen Teils" zu definieren. Es sollten auf konkrete Branchen bezogene Kriterien zur Bestimmung des „wesentlichen Teils" entwickelt werden. Dem Unionsgesetzgeber wird nahegelegt zumindest die Formulierung „Anzeichen" in Art. 14 Abs. 8 VO 987/2009 ersatzlos zu streichen. Definitionsbedarf besteht auch dahingehend, wann eine Person „gewöhnlich" in zwei oder mehreren Mitgliedstaaten eine Beschäftigung ausübt. Diesbezüglich wäre eine Mindestzeit zu regeln. Hier könnte man parallel zur Entsendung einen Zeitraum von 36 Monaten vorsehen.

(8) Hinsichtlich der Leistungen bei Krankheit sollte der Art. 20 Abs. 2 VO 883/2004 entsprechend der Rechtsprechung des EuGH zur Dienstleistungsfreiheit abgeändert werden. Ebenso wie bei den Dienstleistungen müsse auch im Rahmen der VO 883/2004 ein diskriminierungsfreier Zugang zu Sachleistungen wegen Krankheit in einem anderen Mitgliedstaat ohne vorheriges Genehmigungserfordernis garantiert werden. Ein Erfordernis der Genehmigung sollte nur ausnahmsweise bei der stationären Pflege aufgrund einer erheblichen Gefährdung des finanziellen Gleichgewichts des Systems der sozialen Sicherheit und aus Gründen der Gesundheit unter Wahrung des Verhältnismäßigkeitsgrundsatzes zulässig sein. Des Weiteren wird vorgeschlagen in Art. 20 VO 883/2004 zu bestimmen, dass die Kosten für die Inanspruchnahme von Sachleistungen im Rahmen der Krankenversicherung vom zuständigen Staat nach den im Behandlungsstaat üblichen Sätzen zu erstatten sind. Um der Dienstleistungsfreiheit vollumfänglich zur Durchsetzung zu verhelfen, wäre es alternativ zu dem Vorhergesagten geboten, Art. 20 VO 883/2004 komplett zu streichen und so allein aufgrund der Zugehörigkeit zu einem System sozialer Sicherheit dem Rentner aufgrund dieses Rechtsverhältnisses Anspruch auf sämtliche Dienst- und Sachleistungen zuzubilligen, die er nach dem Recht seines Staats beanspruchen kann, auch gegenüber dem Aufnahmemitgliedstaat.

(9) Es sollte bei den Leistungen bei Krankheit der VO 883/2004 eine Koordinierungsvorschrift über die Erstattung eines medizinisch notwendigen Rücktransports in den Herkunftsstaat eingefügt und die Übernahme der Kosten des Rücktransports durch den zuständigen Träger gewährleistet werden. Diesbezüglich sollte in Art. 32 VO 883/2004 als Teil der gemeinsamen

Vorschriften für den Rentner im Nebenerwerb und den nichterwerbstätigen Rentner der Rücktransport aufgenommen werden.

(10) In Art. 35 VO 883/2004 über die Erstattung der Kosten zwischen den Trägern bei Leistungen bei Krankheit sollte im Abrechnungsverfahren bei ambulanter Behandlung generell eine Pauschalierung eingeführt und bei stationärer Behandlung direkt zwischen dem Krankenhaus und dem zuständigen Träger abgerechnet werden. Alternativ ist auch eine Regelung mit diesem Inhalt in der VO 987/2009 denkbar.

(11) Art. 42 VO 883/2004 als Regelung über das Sterbegeld ist ersatzlos zu streichen, da dessen Gewährleistung bereits durch Art. 5 und Art. 7 VO ausreichend garantiert wird.

(12) Zu den Altersrenten sollten für die Mitgliedstaaten mit Pensionskontensystemen oder Systemen mit Kapitaldeckung eigene vom Pro-rata-temporis-Verfahren abweichende Berechnungsregelungen in den Anhang XI VO 883/2004 oder in die VO 987/2009 aufgenommen werden. Außerdem sollte die ehemals in Art. 14 d Abs. 3 VO 1408/71 geregelte Möglichkeit, eine Versicherungspflicht zu beantragen, um die spätere Rentenleistung zu erhöhen, auch in die VO 883/2004 aufgenommen werden.

(13) Im Rahmen der Vorschriften über Familienleistungen wird empfohlen, Art. 68 Abs. 1 lit. b) ii) 2. HS VO 883/2004 ersatzlos zu streichen, wonach bei mehrfacher Beschäftigung subsidiär die höhere Familienleistung ausschlaggebend sein soll. Nicht zu erklären ist, warum nach Art. 68 Abs. 1 lit. b) i) VO bei mehrfacher Beschäftigung, wenn der Wohnsitz der Kinder sich nicht in einem der Beschäftigungsstaaten befindet, im Ergebnis eine Kostenteilung stattfindet und bei mehreren Rententrägern der Träger jener Rente allein zuständig wird, in dem die längere Versicherungs- oder Wohnzeit zurückgelegt worden ist. Auch diese Vorschrift wäre ersatzlos zu streichen.

(14) Es wird vorgeschlagen, einheitliche, einfach verständliche und elementare Prinzipien der Koordinierung sozialer Sicherung aufzustellen, welche die aktuelle EuGHRechtsprechung mit einbeziehen und insb. auch die Gewährleistungen der Grundfreiheiten für alle Zweige des sachlichen Geltungsbereichs der VO 883/2004 implementieren. Als Beispiele für die elementaren Prinzipien sind zu benennen, das Prinzip des Geldleistungsexports, der Zusammenrechnung der Versicherungszeiten, der wechselseitigen Unterstützung bei der Verwaltung im Rahmen der sozialen Sicherungssysteme, des freien Zugangs zu Dienstleistungen, des proportionalen Tragens von Leistungen, die auf einer langen Beschäftigungsphase basieren und der eigenständigen Übernahme der Leistungen durch den Staat der letzten Beschäftigung bei

kurzen Erwerbsphasen.[1647] Diese Prinzipien gehören allesamt in den Titel I zu den Allgemeinen Bestimmungen der VO unter Art. 5 VO 883/2004.

(15) Um klarzustellen, dass die VO 883/2004 und die RL 2004/38/EG nicht voneinander abhängig sind und insbesondere die VO 883/2004 in Bezug auf besondere beitragsunabhängige Geldleistungen nicht durch Art. 24 Abs. 2 RL eingeschränkt werden kann, sollte der Unionsgesetzgeber in die RL 2004/38/EG eine Klausel aufnehmen, dass die RL 2004/38/EG nicht die nach der VO 883/2004 erlassenen Bestimmungen berührt. Darüber hinaus sollte in der RL 2004/38/EG der Begriff der Sozialhilfe definiert werden und klargestellt werden, dass diese die besonderen beitragsunabhängigen Geldleistungen i. S. der VO 883/2004 gerade nicht erfasst. Als Orientierung kann dabei die Definition von Sozialhilfe im Urt. *Brey* des EuGH dienen, wonach der Begriff der Sozialhilfe im Sinne des mit der RL 2004/38/EG verfolgten Ziels auszulegen sei und „sich auf sämtliche von öffentlichen Stellen eingerichteten Hilfssysteme bezieht, die auf nationaler, regionaler oder örtlicher Ebene bestehen und die ein Einzelner in Anspruch nimmt, der nicht über ausreichende Existenzmittel zur Bestreitung seiner Grundbedürfnisse und derjenigen seiner Familie verfügt und deshalb während seines Aufenthalts möglicherweise die öffentlichen Finanzen des Aufnahmemitgliedstaats belasten muss, was Auswirkungen auf das gesamte Niveau der Beihilfe haben kann, die dieser Staat gewähren kann.“ Die Sozialhilfe soll dabei ein Existenzminimum gewährleisten, das ohne Beiträge des Begünstigten vollständig durch die öffentliche Hand finanziert wird, mit der Einschränkung das der Begriff der Sozialhilfe i. S. der RL 2004/38/EG die besonderen beitragsunabhängigen Leistungen gerade nicht erfasst.

(16) Die VO 883/2004 hat den durch die VO 1408/71 geschaffenen Regelungskomplex gestrafft, die neue Rechtsprechung des EuGH in den Verordnungstext eingefügt und diesen teilweise neu geregelt, wobei allerdings die Grundprinzipien der VO 1408/71 unangetastet blieben.[1648] Es wird empfohlen, die Anzahl an Normen zu reduzieren und die Regelungsgehalte zu vereinfachen.

(17) Konsequent ist vor dem Hintergrund der allgemeinen demographischen Entwicklung im europäischen Sozialrecht die Abkehr von der alleinigen Ausrichtung auf den Arbeitnehmer[1649] hin zur verstärkten Einbeziehung des

1647 Vgl. zu den elementaren Prinzipien *Eichenhofer*, Sozialrecht der EU, Rn. 494.

1648 So auch *Waltermann*, Sozialrecht, Rn. 83 a.

1649 Dazu auch *Waltermann*, Sozialrecht, Rn. 83 a.

nichterwerbstätigen Rentners in die Koordinierung. Insgesamt handelt es sich in der VO 883/2004 um eine äußerst komplexe Materie, die aber gerade im Hinblick auf die Gruppe der Rentner auf ein höheres Maß an Verständlichkeit durch den Unionsgesetzgeber zu bringen ist. Die derzeitige Fassung der VO lässt erkennen, dass der Unionsgesetzgeber sämtliche Eventualitäten einer adäquaten Lösung zuführen wollte, was nicht immer dem Hauptziel der VO 883/2004 der Vereinfachung der VO 1408/71 entspricht. Zukünftig kommt es darauf an, dass sich der Unionsgesetzgeber angesichts der vorhandenen sinnvollen Regelungen der VO 883/2004 auch mit deren Schwachstellen unter Einbeziehung der vorgenannten Empfehlungen auseinandersetzt, die Rechtsfortbildung des EuGH in die VO einfließen lässt, den Weg der Vereinfachung konsequent in Form von Änderungen der VO und ihrer Durchführungsverordnung fortsetzt und auf diese Art und Weise ein in sich logisches und übersichtlichen Regelwerk entwickelt.

Teil 6 Verordnung 492/2011 zu den sozialen Vergünstigungen

A. Einführung in die Problematik

Die Freizügigkeit der Arbeitnehmer wird primärrechtlich von Art. 45 AEUV gewährleistet. Der Freizügigkeitsgrundsatz ist in der VO 492/2011 (ex VO 1612/68/EWG[1650] i. d. F. der RL 2004/38/EG[1651]) konkretisiert worden. Die Vorgängerverordnung VO 1612/68 stellte die dritte Stufe zur Herstellung der Freizügigkeit bis zum Ende der Übergangszeit am 31.12.1969 dar[1652] und war im Gegensatz zu ihren Vorgängerverordnungen zeitlich nicht mehr befristet.[1653] Auch in der VO 492/2011 ist eine zeitliche Befristung nicht vorgesehen. Die VO 492/2011 ist mit der Vorgängerregelung der VO 1612/68 nahezu im Wortlaut identisch und verändert nicht deren Inhalt,[1654] so dass bei der Auslegung der Bestimmungen der VO 492/2011

1650 VO über die Freizügigkeit der Arbeitnehmer innerhalb der Gemeinschaft v. 15.10.1968, ABl. Nr. L 257/2 v. 19.10.1968; ber. durch ABl. Nr. L 295/12 v. 07.12.1968; zuletzt geändert durch RL 2004/38/EG v. 29.04.2004, ABl. EU 2004 Nr. L 158/77 v. 30.04.2004. Vgl. zur konsolidierten Fassung der VO 1612/68 vom 30.04.2006 abrufbar unter: http://eur-lex.europa.eu/LexUriServ/LexUriServ.do?uri=CONSLEG:1968R1612:20060430:DE:PDF (Abrufdatum: 09.12.2008).

1651 Vgl. zur RL 2004/38/EG in ihrer berichtigten Fassung ABl. 2004 Nr. L 229/35.

1652 Nach Art. 48 Abs. 1 EWGV war die Arbeitnehmerfreizügigkeit spätestens bis zum Ende der Übergangszeit am 31.12.1969 herzustellen. Der Vertrag zur Gründung der Europäischen Wirtschaftsgemeinschaft ist unter: http://eur-lex.europa.eu/de/treaties/dat/11957E/tif/TRAITES1957_CEE_1_XM_0182_x333x.pdf abrufbar (Abrufdatum: 26.11.2008). Die erste Etappe dazu stellte die VO (EWG) Nr. 15 „über die ersten Maßnahmen zur Herstellung der Freizügigkeit der Arbeitnehmer innerhalb der Gemeinschaft" dar, die am 01.09.1961 in Kraft trat. Vgl. dazu ABl. 1961 1073/61. Die Zweite Etappe stellte die VO (EWG) Nr. 38/64 dar. Vgl. hierzu ABl. 1964 II 965/64. Vgl. insgesamt zur Entstehungsgeschichte der VO 1612/68 *Lippert*, Soziale Vergünstigungen und Arbeitnehmerfreizügigkeit, 6 ff.

1653 *Lippert*, Soziale Vergünstigungen und Arbeitnehmerfreizügigkeit, 10.

1654 Vgl. dazu den Wortlaut der Verordnungen 492/2011, ABl. EU 2011, Nr. L 141/1 ff. und 1612/68, ABl. EG 1968 Nr. L 257/2 ff. sowie die Entsprechungstabelle im Anhang II der VO 492/2011. Vgl. auch *Husmann*, NZS 2013, 121 (128).

die Rechtsprechung des EuGH sowie die Ansichten in der Literatur zur Vorgängerverordnung 1612/68 ausnahmslos herangezogen werden können.

B. Rechtsgrundlage der Union für den Erlass der Verordnung 492/2011-Art. 46 AEUV

I. Notwendigkeit einer solchen Rechtsgrundlage

Die Rechtsetzungsorgane der Union dürfen nach Art. 5 Abs. 2 EUV nur aufgrund einer ausdrücklichen Ermächtigungsgrundlage in den Verträgen der Union tätig werden.

II. Art. 46 AEUV eine konkrete und hinreichende Rechtsgrundlage?

Die VO 492/2011 wurde auf Art. 46 AEUV gestützt.[1655] Art. 46 AEUV ermächtigt das Europäische Parlament und den Rat, Richtlinien und Verordnungen zu erlassen, die der Herstellung der Freizügigkeit der Arbeitnehmer i. S. des Art. 45 AEUV dienen. Art. 46 AEUV nimmt somit direkten Bezug auf Art. 45 AEUV, dessen sekundärrechtlicher Ausgestaltung er dient. Insoweit ist vorliegend im Zusammenhang mit Art. 46 AEUV stets auch Art. 45 AEUV ins Blickfeld der Betrachtungen zu stellen. Nach Art. 45 Abs. 1 AEUV wird innerhalb der Union die Freizügigkeit der Arbeitnehmer gewährleistet. Art. 45 Abs. 2 AEUV verbietet jede auf der Staatsangehörigkeit beruhende unterschiedliche Behandlung der Arbeitnehmer der Mitgliedstaaten in Bezug auf Beschäftigung, Entlohnung und sonstige Arbeitsbedingungen. Art. 45 Abs. 2 AEUV konkretisiert das allgemeine Diskriminierungsverbot in Art. 18 AEUV und beinhaltet einen Anspruch auf Gleichbehandlung.[1656] Auf der Grundlage des Art. 46 AEUV haben das Europäische Parlament und der Rat die VO 492/2011 über die Freizügigkeit der Arbeitnehmer erlassen, die den Grundsatz der Gleichbehandlung des Art. 45 Abs. 2 AEUV näher ausgestaltet und diese Vorschrift inhaltlich bestimmt.[1657] Art. 46 AEUV ist daher als konkrete und hinreichende Kompetenznorm für die VO 492/2011 anzusehen.

1655 *Forsthoff* in: Grabitz/Hilf, Art. 46 AEUV Rn. 2 f.; *Schneider/Wunderlich* in: Schwarze, EU-Kommentar, Art. 40 EGV Rn. 2, 7; *Franzen* in: Streinz, EUV/EGV, Art. 40 Rn. 1, allerdings noch zur Vorgängerverordnung 1612/68.

1656 *Prechtl*, IStR 2003, 586 (587).

1657 *Prechtl*, IStR 2003, 586 (587).

III. Voraussetzungen des Art. 46 AEUV

1. Ermächtigung und Verpflichtung zum Erlass einer Richtlinie oder Verordnung

Art. 46 AEUV ermächtigt und verpflichtet[1658] das Europäische Parlament und den Rat durch den Erlass einer RL oder einer VO als verbindliche Rechtsakte,[1659] die zur Herstellung der Freizügigkeit der Arbeitnehmer erforderlichen Maßnahmen zu treffen. Bei der Entscheidung, ob die Handlungsform der RL oder der VO zu wählen ist, verfügen die rechtsetzenden Organe über freies Ermessen.[1660] Art. 46 AEUV bildet daher eine Rechtsgrundlage für die auf dem Gebiet der Freizügigkeit bereits ergangenen Maßnahmen, enthält aber gleichzeitig auch die Verpflichtung, zukünftig alle erforderlichen Maßnahmen zu erlassen, um die Freizügigkeit herzustellen.[1661] Durch den Erlass der VO 492/2011 ist der Rat seiner Rechtsetzungsverpflichtung aus Art. 46 AEUV nachgekommen.

2. Maßnahmen nach Art. 46 lit. a) bis d) AEUV

Die in Art. 46 lit. a) bis d) AEUV aufgezählten Maßnahmen sind nicht abschließend, wie dem „insbesondere", mit dem sie eingeleitet werden, zu entnehmen ist.[1662] Diese Maßnahmen stellen ein „Minimum"[1663] dar, welches das Europäische Parlament und den Rat nicht davon abhalten kann, weitere Vorschriften, die sie zur Herstellung der Freizügigkeit für erforderlich erachten, zu erlassen. Hierbei besteht ein weites Ermessen der vorschlagsberechtigten Kommission sowie des Unionsgesetzgebers (Europäisches Parlament und Rat), zusätzliche nicht ausdrücklich aufgeführte Ziele

---

1658 So *Weerth* in: Lenz/Borchardt, EU-Verträge, Art. 46 AEUV Rn. 1.

1659 *Schneider/Wunderlich* in: Schwarze, EU-Kommentar, Art. 40 EGV Rn. 1.

1660 *Franzen* in: Streinz, EUV/EGV, Art. 40 Rn. 2; *Schneider/Wunderlich* in: Schwarze, EU-Kommentar, Art. 40 EGV Rn. 8; *Brechmann* in: Calliess/Ruffert, EUV/AEUV, Art. 46 AEUV Rn. 1; *Wölker/Grill* in: von der Groeben/Schwarze, EU-/EG-Vertrag, Art. 40 EG Rn. 16.

1661 *Brechmann* in: Calliess/Ruffert, EUV/AEUV, Art. 46 Rn. 1; *Hailbronner* in: Hailbronner/Wilms, Recht der EU, Art. 40 Rn. 4; *Schneider/Wunderlich* in: Schwarze, EU-Kommentar, Art. 40 EGV Rn. 1; *Wölker/Grill* in: von der Groeben/Schwarze, EU-/EG-Vertrag, Art. 40 EG Rn. 2.

1662 *Franzen* in: Streinz, EUV/EGV, Art. 40 Rn. 3; *Schneider/Wunderlich* in: Schwarze, EU-Kommentar, Art. 40 EGV Rn. 6; *Weerth* in: Lenz/Borchardt, EU-Verträge, Art. 46 AEUV Rn. 4.

1663 *Wölker/Grill* in: von der Groeben/Schwarze, EU-/EG-Vertrag, Art. 40 EG Rn. 6.

durch RL oder VO zu erreichen, solange die Maßnahme als Zweck die Herstellung der Freizügigkeit verfolgt.[1664] Die VO 492/2011 hat bereits in weiten Teilen den Maßnahmenkatalog des Art. 46 AEUV sekundärrechtlich realisiert.[1665]

3. Erforderlichkeit der Maßnahmen zur Herstellung der Freizügigkeit der Arbeitnehmer

Die durch das Europäische Parlament und den Rat erlassenen Maßnahmen müssen erforderlich zur Herstellung der Arbeitnehmerfreizügigkeit sein. Art. 46 AEUV ist als Rechtsgrundlage zur Herstellung der Arbeitnehmerfreizügigkeit äußerst weit formuliert, so dass dem Unionsgesetzgeber bei der genauen Beantwortung der Frage, welche Maßnahmen im Einzelnen erforderlich sind, ein großer Beurteilungsspielraum zukommt.[1666] Die Gewährleistung der Herstellung der Freizügigkeit umfasst dabei die Sicherstellung und die Verbesserung der Freizügigkeit der Arbeitnehmer, wobei hier zu keinem Zeitpunkt von der völligen Herstellung der Freizügigkeit gesprochen werden kann, da die Auffassungen darüber, welche rechtlichen und ökonomischen Unterschiede zwischen den Mitgliedstaaten die Freizügigkeit behindern, sich stetig im Fluss befinden und auch wieder ändern können.[1667] Außerdem kann die Rechtsetzung trotz des Wortlautverweises auf Art. 45 AEUV über die durch Art. 45 AEUV gewährleistete Arbeitnehmerfreizügigkeit hinausgehen. Deshalb sei aufgrund von Art. 46 AEUV eine Angleichung auch solcher nationaler Bestimmungen möglich, welche zwar eine Beeinträchtigung der Arbeitnehmerfreizügigkeit bewirken, aber durch „zwingende Erfordernisse" gerechtfertigt seien.[1668] Welche Maßnahmen erforderlich sind, hängt von der

---

1664 *Franzen* in: Streinz, EUV/EGV, Art. 40 Rn. 3. Vgl. zum Vorschlagsrecht der Kommission im ordentlichen Gesetzgebungsverfahren Art. 294 Abs. 2 AEUV. Vgl. zum ordentlichen Gesetzgebungsverfahren insgesamt Art. 294 AEUV i. V. m. Art. 46 AEUV.

1665 Vgl. hinsichtlich der Maßnahmen des Art. 46 lit. b) und c) AEUV, welche durch die Art. 1–10 VO 492/2011 (ex Art. 1 bis 12 VO 1612/68) umgesetzt wurden *Schneider/Wunderlich* in: Schwarze, EU-Kommentar, Art. 40 EGV Rn. 7. Vgl. auch *Franzen* in: Streinz, EUV/EGV, Art. 40 Rn 9. Vgl. hinsichtlich der Realisierung des Art. 46 lit. a) AEUV durch die Art. 11, 12 VO 492/2011 (ex Art. 13, 14 VO 1612/68) und Art. 46 lit. d) AEUV durch die Art.13 bis 17 VO 492/2011 (ex Art. 15 bis 19 VO 1612/68), *Franzen* in: Streinz, EUV/EGV, Art. 40 Rn. 10; *Hailbronner* in: Hailbronner/Wilms, Recht der EU, Art. 40 Rn. 9 f.

1666 *Wölker/Grill* in: von der Groeben/Schwarze, EU-/EG-Vertrag, Art. 40 EG Rn. 7.

1667 *Wölker/Grill* in: von der Groeben/Schwarze, EU-/EG-Vertrag, Art. 40 EG Rn. 7.

1668 *Forsthoff* in: Grabitz/Hilf, Art. 46 Rn. 4.

zukünftigen Entwicklung des Binnenmarkts und insb. des Konzeptes der Freizügigkeit der Europäischen Union ab.[1669] Die VO 492/2011 hat den Maßnahmenkatalog des Art. 46 AEUV in weiten Teilen sekundärrechtlich ausgestaltet, um die Herstellung der Arbeitnehmerfreizügigkeit im Sekundärrecht zu konkretisieren.[1670] Dies ergibt sich auch aus den Erwägungsgründen. Diese sind im Europäischen Sekundärrecht von erheblicher Relevanz für die Auslegung der Sekundärrechtsakte. Dies liegt darin begründet, dass keine den deutschen Gesetzgebungsentwürfen vergleichbare ausführliche erläuternde Begründung zu den Gesetzgebungsakten der Europäischen Union existiert und auch der EuGH i. d. R. die Erwägungsgründe zur Auslegung von Sekundärrechtsakten verwendet.[1671] Das Ziel durch die VO 492/2011 die Freizügigkeit zu konkretisieren und sekundärrechtlich als Umsetzung der Art. 45, 46 AEUV zu gewährleisten kommt insb. in den Erwägungsgründen Nr. 2, 3, 4, 6 und 7 der VO 492/2011 zum Ausdruck.[1672] Die VO 492/2011 ist daher als erforderliche Maßnahme zur Herstellung der Freizügigkeit der Arbeitnehmer anzusehen.

1669 *Hailbronner* in: Hailbronner/Wilms, Recht der EU, Art. 40 Rn. 11.

1670 Vgl. zur Konkretisierung des Art. 45 AEUV durch die VO 492/2011 *Brechmann* in: Calliess/Ruffert, EUV/AEUV, Art. 45 AEUV Rn. 4. Brechmann weist darauf hin, dass das Verhältnis der VO 492/2011 als Sekundärrecht zum Primärrecht noch nicht dogmatisch geklärt sei. Die überwiegende Auffassung und der EuGH gehen davon aus, dass die Vorschriften der VO 492/2011 Konkretisierungen von Art. 45 AEUV darstellen. Er hält dies auch für überzeugend, da die Grundfreiheiten unmittelbar anwendbare subjektive Rechte beinhalteten, die zwar durch Sekundärrecht ausgestaltet, aber nicht erst begründet werden könnten.

1671 Vgl. dazu *Schulte*, ZESAR 2010, 202 (202).

1672 Der 3. Erwägungsgrund VO 492/2011 enthält das Ziel der Konkretisierung der Freizügigkeit. Er legt fest, dass mit der VO 492/2011 Bestimmungen geschaffen werden sollten, mit denen die in den Art. 45 und 46 AEUV auf dem Gebiet der Freizügigkeit festgelegten Ziele erreicht werden können. Der 2. Erwägungsgrund benennt den Inhalt des Arbeitnehmerfreizügigkeitsrechts nach Art. 45 AEUV. Er bestimmt, dass die Freizügigkeit der Arbeitnehmer in der EU zu gewährleisten sei, was die Abschaffung jeder aufgrund der Staatsangehörigkeit bestehenden unterschiedlichen Behandlung von Arbeitnehmern in den Mitgliedstaaten in Bezug auf Beschäftigung, Entlohnung und sonstige Arbeitsbedingungen beinhalte. Darüber hinaus ist den Arbeitnehmern auch das Recht eingeräumt sich vorbehaltlich der Wahrung der öffentlichen Ordnung, Sicherheit und Gesundheit innerhalb der Union zur Ausübung einer Beschäftigung im Lohn- oder Gehaltsverhältnis frei zu bewegen. Der Umfang der Gewährleistung des Freizügigkeitsrechts ist in dem 6. Erwägungsgrund enthalten. Danach muss sich die Gleichbehandlung auf alles erstrecken, was mit der eigentlichen Ausübung der Tätigkeit im Lohn- oder Gehaltsverhältnis und mit der Wohnungsbeschaffung zu tun hat. Darüber hinaus sind auch alle

4. Unmittelbare Anwendbarkeit von Art. 46 AEUV

Art. 45 AEUV ist als Grundfreiheit unmittelbar anwendbar.[1673] Insoweit sind die in Art. 46 AEUV lit. b) und c) AEUV genannten Freizügigkeitshindernisse bereits durch den unmittelbar anwendbaren Art. 45 AEUV per se durch das Primärrecht untersagt.[1674] Auf eine unmittelbare Anwendbarkeit des Art. 46 lit. b) und c) AEUV kommt es somit nicht mehr an.[1675]

IV. Verfahren

Nach Art. 46 AEUV erlassen das Europäische Parlament und der Rat als Unionsgesetzgeber die Verordnungen und somit auch die VO 492/2011 gem. dem ordentlichen Gesetzgebungsverfahren gemeinsam (Art. 294 AEUV). Es bedarf eines Vorschlags der Kommission (Art. 294 Abs. 2 AEUV), einer Beteiligung des Europäischen Parlaments bei dem Erlass des Gesetzgebungsaktes (Art. 294 Abs. 3 bis 15 AEUV) und einer obligatorischen Anhörung des Wirtschafts- und Sozialausschusses (Art. 46 AEUV). Der ex Art. 40 EGV enthielt noch das Mitentscheidungsverfahren des ex Art. 251 EGV. Bahnbrechende inhaltliche Änderungen über reine redaktionelle Änderungen sind dem Art. 46 AEUV im Vergleich zur Rechtslage vor dem

---

Freizügigkeitshindernisse und dabei insb. solche für die Integration der Familie des Arbeitnehmers im Aufnahmemitgliedstaat zu beseitigen. Nach dem 7. Erwägungsgrund verlangt der Gleichbehandlungsgrundsatz auch, dass den Angehörigen der Mitgliedstaten in gleichem Umfang wie den inländischen Arbeitnehmern Zugang zu einer Beschäftigung gewährt werde. Die Ziele der Herstellung größtmöglicher Freizügigkeit sind im 4. Erwägungsgrund enthalten. So soll die Arbeitnehmerfreizügigkeit die Möglichkeit eröffnen, Lebens- und Arbeitsbedingungen zu verbessern und einen sozialen Aufstieg zu erleichtern.

1673 Vgl. hierzu *Brechmann* in: Calliess/Ruffert, EUV/AEUV, Art. 45 Rn. 4; *Feik*, Freizügigkeit der Arbeitnehmer, 70.

1674 *Franzen* in: Streinz, EUV/EGV, Art. 40 Rn. 9; *Forsthoff* in: Grabitz/Hilf, Art. 46 AEUV Rn. 3. Vgl. zur unmittelbaren Anwendbarkeit des Art. 45 AEUV im Speziellen *Becker*, EU-Erweiterung, 29. A.A. *Arndt/Fischer*, Europarecht, Rn. 512. Nach diesen sei Art. 45 Abs. 3 lit. d) AEUV und somit die Vorschrift über das Verbleiberecht nicht unmittelbar anwendbar. So auch *Wienbracke*, EuR 2012, 483 (497).

1675 In diesem Sinne auch *Brechmann* in: Calliess/Ruffert, EUV/AEUV, Art. 46 AEUV Rn. 5, der anführt, dass die Art. 46 lit. b) und c) AEUV bereits durch die Bestimmungen der Art. 1 – 10 VO 492/2011 weitestgehend verwirklicht worden seien und ihnen daher „keine aktuelle Bedeutung“ mehr zukomme.

Vertrag von Lissabon nicht zu entnehmen.[1676] Die VO 492/2011 ist ordnungsgemäß aufgrund der Voraussetzungen des Art. 46 AEUV erlassen worden.

V. Geltungsbereich

1. Persönlicher Geltungsbereich

Der Kreis der Berechtigten umfasst Arbeitnehmer i. S. des Art. 45 AEUV.[1677] Demgegenüber ermächtigt Art. 46 AEUV nicht generell zum Erlass von Regelungen über den Zugang zur Beschäftigung von Drittstaatsangehörigen, sondern nur zu Regelungen über Familienangehörige von Arbeitnehmern, die aus Drittstaaten stammen.[1678] Familienangehörige aus Drittstaaten werden daher in das zu Art. 46 AEUV erlassene Sekundärrecht mit einbezogen.[1679]

Der Begriff des Arbeitnehmers an sich ist aus dem Unionsrecht heraus zu definieren und bedarf keines Rückgriffs auf das nationale Recht der Mitgliedstaaten.[1680] Der unionsrechtliche Begriff des Arbeitnehmers wurde stets weit ausgelegt und umfasst nach dem EuGH eine Person, die eine echte und tatsächliche Erwerbstätigkeit ausübt[1681] und im Speziellen eine Person, die während einer vorgeschriebenen Zeit für einen anderen nach dessen Weisung Leistungen erbringt, für die sie im

---

1676 So auch *Forsthoff* in: Grabitz/Hilf, Art. 46 AEUV Rn. 1; *Brechmann* in: Calliess/Ruffert, EUV/AEUV, Art. 46 AEUV Rn. 1, der anführt, dass Art. 46 AEUV nur „redaktionell" geändert wurde.

1677 *Wölker/Grill* in: von der Groeben/Schwarze, EU-/EG-Vertrag, Art. 40 EG Rn. 8.

1678 *Forsthoff* in: Grabitz/Hilf, Art. 45 AEUV Rn. 29; *Brechmann* in: Calliess/Ruffert, EUV/AEUV, Art. 46 AEUV Rn. 2.

1679 Vgl. Art. 2 ff. RL 2004/38/EG und Art. 10 VO 492/2011. Vgl. ebenfalls *Schneider/Wunderlich* in: Schwarze, EU-Kommentar, Art. 40 EGV Rn. 4; *Franzen* in: Streinz, EUV/EGV, Art. 40 Rn. 5; *Feik*, Freizügigkeit der Arbeitnehmer, 45.

1680 *Willms*, Soziale Sicherung, 65; *Pennings*, European Social Security Law, 129; *Warnecke*, Koordinierendes Arbeitsförderungsrecht, 20; *Scheuer/Weerth* in: Lenz/Borchardt, EU-Verträge, Art. 45 AEUV Rn. 7; *Geiger/Khan/Kotzur*, EUV/AEUV, Art. 45 Rn. 8. Vgl. ebenfalls *Brechmann* in: Calliess/Ruffert, EUV/AEUV, Art. 45 AEUV, Rn. 11. Brechmann merkt an, dass auf das nationale Recht der Mitgliedstaaten wegen der einheitlichen Geltung und Wirksamkeit des Unionsrechts und dem Bedürfnis konkrete Personengruppen vor dem Verlust ihrer Unionsrechte zu schützen, nicht verwiesen werden dürfe.

1681 EuGH Rs. C-176/96 (Lehtonen) Slg. 2000, I-2681, I-2731 Rn. 43; Rs. C-456/02 (Trojani) Slg. 2004, I-7573, I-7604 Rn. 15; *Scheuer/Weerth* in: Lenz/Borchardt, EU-Verträge, Art. 45 AEUV Rn. 7. Vgl. zur Auslegung des Arbeitnehmerbegriffs nach

Gegenzug eine Vergütung erhält.[1682] Für die Erfüllung des Arbeitnehmerbegriffs ist es unabdingbar, dass das Beschäftigungsverhältnis tatsächlich vorliegt.[1683] Die Tätigkeit muss auch einen Bezug zum Wirtschaftsleben im Rahmen eines „Raumes der Freiheit, der Sicherheit und des Rechts" aufweisen (Art. 3 Abs. 2 EUV und Art. 4 EUV).[1684]

Fraglich ist, ob der nichterwerbstätige Rentner[1685] unter den persönlichen Geltungsbereich des Art. 45 AEUV fällt. Die Arbeitnehmereigenschaft endet grundsätzlich mit der Beendigung des Arbeitsverhältnisses.[1686] Der nichterwerbstätige Rentner unterliegt keinem Beschäftigungsverhältnis im Aufnahmemitgliedstaat und weist keinen Bezug zum Wirtschaftsleben auf. Er wandert in einen anderen Unionsmitgliedstaat aus, ohne vorher in diesem gearbeitet zu haben oder in diesem Arbeit gesucht zu haben.[1687] Er fällt somit nicht unter den unionsrechtlichen Begriff des Arbeitnehmers und mithin nicht unter den persönlichen Geltungsbereich des Art. 46 AEUV.

Der Rentner im Nebenerwerb ist unproblematisch unter den Arbeitnehmerbegriff zu subsumieren. Der Rentner im Nebenerwerb ist ein Beschäftigungsverhältnis im Aufnahmemitgliedstaat eingegangen. Der Subsumtion unter den unionsrechtlichen Arbeitnehmerbegriff stehen keine besonderen Anforderungen an die Nebentätigkeit entgegen, da für eine solche gerade keine bestimmte

---

Wortlaut, Systematik und Entstehungsgeschichte auch *Edelmann*, Arbeitnehmerfreizügigkeit, 7 ff.

1682 EuGH Rs. 66/85 (Lawrie-Blum) Slg. 1986, 2121, 2144 Rn. 17; *Brechmann* in: Calliess/Ruffert, EUV/AEUV, Art. 45 AEUV, Rn. 11; *Devetzi*, Kollisionsnormen, 29; *Willms*, Soziale Sicherung, 65 f. Vgl. zu den einzelnen Definitionsmerkmalen sehr ausführlich *Forsthoff* in: Grabitz/Hilf, Art. 45 AEUV Rn. 69 ff. Vgl. zu den einzelnen Merkmalen des Arbeitnehmerbegriffs (Erbringung von Leistungen, Weisungsgebundenheit, Vergütung als Gegenleistung) und dem sachlichen Schutzbereich des Art. 45 AEUV *Wienbracke*, EuR 2012, 483 (488 ff.).

1683 *Devetzi*, Kollisionsnormen, 29. Demgegenüber ist unerheblich, wie das Arbeitsverhältnis rechtlich ausgestaltet ist, womit auch Rechtsverhältnisse sui generis vom Arbeitnehmerbegriff mit umfasst sind. Vgl. hierzu *Forsthoff* in: Grabitz/Hilf, Art. 45 AEUV Rn. 84.

1684 *Edelmann*, Arbeitnehmerfreizügigkeit, 10.

1685 Dieser kann auch als wirtschaftlich nicht aktiver oder „Ausschließlichkeitsrentner" bezeichnet werden.

1686 EuGH Rs. C-43/99 (Leclere) zitiert nach Juris Rn. 55.

1687 In solchen Fällen nimmt auch *Wißmann* in: Müller-Glöge/Preis/Schmidt, Erfurter Kommentar zum Arbeitsrecht, Art. 45 AEUV Rn. 27 an, dass auf den nichterwerbstätigen Rentner Art. 45 AEUV nicht anwendbar sei.

Mindestbeschäftigungsdauer nach Unionsrecht vorgeschrieben[1688] ist und auch keine bestimmte Höhe einer Vergütung verlangt wird.[1689] Der Rentner im Nebenerwerb gilt daher selbst dann als Arbeitnehmer, wenn er eine Teilzeitbeschäftigung ausübt,[1690] aus der er nur minimale Einkünfte erzielt und trotz des Bezugs der Altersrente noch ergänzend eine Unterstützung aus öffentlichen Mitteln in Anspruch nehmen muss, da es einzig und allein auf das Ausüben einer tatsächlichen und echten Erwerbstätigkeit seitens des Rentners ankommt.[1691] Aus diesen Gründen ist bei der Nebentätigkeit kein bestimmter Umfang oder eine bestimmte Vergütung zu verlangen. Geringfügigkeitsaspekte spielen somit keine Rolle. Insoweit ist der Rentner im Nebenerwerb uneingeschränkt als Arbeitnehmer i. S. des Art. 45 AEUV anzusehen und unterfällt mithin dem persönlichen Geltungsbereich des Art. 46 AEUV.

Fraglich ist, ob der arbeitsuchende Rentner ein Arbeitnehmer i. S. des Art. 45 AEUV ist.

Als Ausnahme von dem Grundsatz, dass mit Beendigung des Arbeitsverhältnisses die Arbeitnehmereigenschaft erlischt, kann die Arbeitnehmereigenschaft nach Beendigung des Arbeitsverhältnisses in bestimmtem Umfang fortwirken und zudem ist auch derjenige als Arbeitnehmer anzusehen, der tatsächlich eine Arbeit sucht.[1692] Gemäß Art. 45 Abs. 3 lit. a) AEUV umfasst die Arbeitnehmerfreizügigkeit „Arbeitsuchende“ bzw. „Stellenbewerber“.[1693] Art. 45 Abs. 3 lit. a) AEUV gibt vorbehaltlich der aus Gründen der öffentlichen Ordnung, Sicherheit und

---

1688 EuGH Rs. C-317/93 (Nolte) Slg. 1995, I-4625, I-4660 Rn. 36. Vgl. auch *Forsthoff* in: Grabitz/Hilf, Art. 45 Rn. 79; *Wißmann* in: Müller-Glöge/Preis/Schmidt, Erfurter Kommentar zum Arbeitsrecht, Art. 45 AEUV Rn. 8.

1689 So kann eine Teilzeitbeschäftigung aus der die Einkünfte nicht das in dem betreffenden Mitgliedstaat festgelegte Existenzminimum erreichen, genügen. EuGH Rs. 53/81 (Levin) Slg. 1982, 1035, 1051 Rn. 18. Vgl. auch *Brechmann* in: Calliess/Ruffert, EUV/AEUV, Art. 45 AEUV Rn. 14 f.; *Fehrenbacher*, NVwZ 2002, 1344 (1345).

1690 Vgl. EuGH Rs. 53/81 (Levin) Slg. 1982, 1035 Rn. 11.

1691 *Fehrenbacher*, NVwZ 2002, 1344 (1345); *Lippert*, Soziale Vergünstigungen und Arbeitnehmerfreizügigkeit, 46.

1692 Vgl. EuGH Rs. C-43/99 (Leclere) zitiert nach Juris Rn. 55, in welcher der EuGH auch auf andere Urteile verweist, in denen ähnlich entschieden worden ist, z.B. die Rs. 66/85 (Lawrie-Blum) Slg. 1986, 2121, Rn. 17; die Rechtssache 39/86 (Lair) Slg. 1988, 3161, Rn. 31 ff. und die Rechtssache C-85/96 (Martínez Sala) Slg. 1998, I-2691, Rn. 32.

1693 Vgl. EuGH Rs. C-292/89 (Antonissen) Slg. 1991, I-745, Rn. 8 ff. zitiert nach Juris Rn. 8 ff. Siehe auch *Wienbracke*, EuR 2012, 483 (493).

Gesundheit gerechtfertigten Beschränkungen den Arbeitnehmern das Recht, sich um tatsächlich angebotene Stellen zu bewerben. Nach Art. 45 Abs. 3 lit. b) AEUV kann sich der Stellenbewerber zu Bewerbungszwecken im Hoheitsgebiet der Mitgliedstaaten frei bewegen. Der EuGH hat diesbezüglich in der Rechtssache *Antonissen* dem Arbeitsuchenden als Arbeitnehmer das Aufenthaltsrecht zum Zwecke der Arbeitsuche eingeräumt. Denn eine enge Auslegung des Art. 45 Abs. 3 AEUV würde die Chancen des arbeitsuchenden Unionsbürgers eines Mitgliedstaats vermindern, in dem Aufnahmemitgliedstaat eine Stelle zu finden und dem Art. 45 Abs. 3 AEUV die praktische Wirksamkeit nehmen. Der Arbeitsuchende profitiere von der Arbeitnehmerfreizügigkeit, die auch das Recht enthalte, sich in anderen Mitgliedstaaten frei zu bewegen und sich dort aufzuhalten, um eine Stelle zu suchen.[1694] Für die Einbeziehung des arbeitsuchenden Rentners spricht, dass die Arbeitnehmerfreizügigkeit gerade eben nicht eng zu verstehen ist und die ausdrückliche Einbeziehung der Stellenbewerber in die VO 492/2011 durch den Unionsgesetzgeber ausdrücklich gewollt ist.[1695] Dabei erachtete der EuGH einen Zeitraum von sechs Monaten im Grundsatz als ausreichend für die Stellensuche. Ziel sei es, dem Unionsbürger die Möglichkeit zu geben, von den Stellenangeboten, die ihren beruflichen Qualifikationen entsprechen, Kenntnis zu erlangen und sich ggf. auf solche Stellen zu bewerben. Erbringt der Unionsbürger allerdings den Nachweis, dass er weiterhin und mit begründeter Aussicht auf Erfolg Arbeit suche, sei eine Ausweisung aus dem Aufnahmemitgliedstaat nach Ablauf des sechsmonatigen Zeitraums zur Stellensuche verboten.[1696] Der arbeitsuchende Rentner ist Arbeitnehmer i. S. von Art. 45 AEUV und unterfällt dem persönlichen Geltungsbereich des Art. 46 AEUV.

Fraglich ist des Weiteren, ob der verbleibeberechtigte und der daueraufenthaltsberechtigte Rentner unter den Begriff des Arbeitnehmers i. S. v. Art. 45 AEUV fallen. Grundsätzlich gilt, dass die Arbeitnehmereigenschaft i. d. R. dann endet, wenn

---

1694 Vgl. dazu EuGH Urt. v. 26.02.1991 Rs. C-292/89 (Antonissen) zitiert nach Juris Rn. 12 ff.

1695 So verweist Wißmann insb. darauf, dass nach Art. 5 VO 492/2011 Arbeitsuchende im Aufnahmemitgliedstaat die gleiche Hilfe durch das Arbeitsamt beanspruchen können, wie arbeitsuchende Inländer. Darin komme der Wille des Unionsgesetzgebers zur Einbeziehung von Stellenbewerbern zum Ausdruck. Vgl. *Wißmann* in: Müller-Glöge/Preis/Schmidt, Erfurter Kommentar zum Arbeitsrecht, Art. 45 AEUV Rn. 22. Darüber hinaus kann auch Art. 6 VO 492/2011 angeführt werden, bei dem der Stellenbewerber angeworben wurde oder über ein Stellenangebot bereits verfügt.

1696 Vgl. dazu EuGH Urt. v. 26.02.1991 Rs. C-292/89 (Antonissen) zitiert nach Juris Rn. 21.

der Arbeitnehmer in den Ruhestand eintritt. Eine Ausnahme besteht dann, wenn dem Arbeitnehmer gem. Art. 45 Abs. 3 lit. d) AEUV ein Verbleiberecht zusteht.[1697] Art. 46 AEUV als Rechtsgrundlage der VO 492/2011 dient der Herstellung der Freizügigkeit nach Art. 45 AEUV. Außerdem stellt Art. 45 Abs. 3 lit. d) AEUV in Bezug auf das Verbleiberecht ehemaliger Arbeitnehmer die speziellere Kompetenznorm dar, die Art. 46 AEUV verdrängt.[1698]

Nach Art. 45 Abs. 3 lit. d) AEUV haben ehemalige Arbeitnehmer nach Beendigung einer Beschäftigung im Hoheitsgebiet eines Mitgliedstaats das Recht unter Bedingungen, welche die Europäische Kommission in Verordnungen festlegt, in diesem Mitgliedstaat zu verbleiben. Da Inhalt und Umfang des Verbleiberechts einer besonderen Ausführungsregelung vorbehalten sind, ergibt sich das Verbleiberecht nicht unmittelbar aus dem AEUV.[1699] Das Verbleiberecht soll den sog. Wanderarbeitnehmern ermöglichen, dass sie dort, wo sie während ihrer Erwerbstätigkeit das Zentrum ihrer Lebensbeziehungen aufgebaut haben, auch nach Beendigung ihrer Arbeitstätigkeit verbleiben können.[1700] Wichtig ist, dass bei der Prüfung des Verbleiberechts stets das Aufenthaltsrecht des Art. 21 AEUV mit einzubeziehen ist.[1701] Ehemaliger Arbeitnehmer ist, wer in einem Arbeitsverhältnis gestanden hat, aber kein neues Beschäftigungsverhältnis eingehen wird.[1702] Er ist wie ein Arbeitnehmer zu behandeln.[1703] Die Voraussetzungen, unter denen der Arbeitnehmer nach Beschäftigungsende in dem Mitgliedstaat verbleiben durfte, ergaben sich früher aus der VO 1251/70/EWG („Verbleibe-Verordnung"), deren Rechtsgrundlage Art. 45 Abs. 3 lit. d) AEUV darstellt. Diese wurde durch die RL 72/194 ergänzt.[1704] Das Verbleiberecht setzte nach Art. 2 Abs. 1 lit. a) V O 1251/70 voraus, dass der Arbeitnehmer bei Erreichen der Altersgrenze einen Mindestaufenthalt von drei Jahren und eine Beschäftigung während der letzten zwölf Monate ausgeübt hat. Die Verordnung wurde durch die VO 635/2006[1705] aufgehoben. Nunmehr regelt Art. 17 Abs. 1 UA 1 lit. a) S. 1 RL 2004/38/EG das Verbleiberecht und entspricht inhaltlich dem Art. 2 Abs. 1 lit. a) VO 1251/

1697 So auch *Wißmann* in: Müller-Glöge/Preis/Schmidt, Erfurter Kommentar zum Arbeitsrecht, Art. 45 AEUV Rn. 26.

1698 *Franzen* in: Streinz, EUV/EGV, Art. 40 EG Rn. 6.

1699 *Wölker/Grill* in: von der Groeben/Schwarze, EU-/EG-Vertrag, Art. 39 EG Rn. 2.

1700 *Dietrich*, Freizügigkeit der Arbeitnehmer, 295.

1701 *Wölker/Grill* in: von der Groeben/Schwarze, EU-/EG-Vertrag, Art. 39 EG Rn. 2.

1702 *Willms*, Soziale Sicherung, 77.

1703 *Willms*, Soziale Sicherung, 78.

1704 *Geiger/Khan/Kotzur*, EUV/AEUV, Art. 45 AEUV Rn. 28.

1705 Vgl. zur VO 635/2006 ABl. 2006, Nr. L 112/9.

70/EWG.[1706] Dass die RL 2004/38/EG nicht als Durchführungsvorschrift der Kommission zu Art. 45 AEUV ergangen ist, sondern sich als RL des Parlaments und des Rates insb. auf Art. 21 AEUV und Art. 46 AEUV als Rechtsgrundlagen stützt, steht dem nicht entgegen, da bei dem Verbleiberecht, wie festgestellt, immer Art. 21 AEUV heranzuziehen ist. Dies gilt selbstverständlich auch für die auf der Grundlage des Art. 21 AEUV erlassenen Sekundärrechtsakte. Zudem stützt sich die RL auf Art. 46 AEUV und dient, wie es Art. 46 AEUV vorschreibt, der Herstellung der Freizügigkeit der Arbeitnehmer unter Verwendung

---

1706 Dies ergibt sich aus einem Vergleich zwischen Art. 2 Abs. 1 lit. a) VO 1251/70/EWG und dem Art. 17 Abs. 1 UA 1 lit. a) S. 1 RL 2004/38/EG. Nach Art. 17 RL 2004/38/EG erwerben Personen vor Ablauf der fünfjährigen Frist für den Erhalt des Daueraufenthaltsrechts gem. Art. 16 Abs. 1 RL das Recht auf Daueraufenthalt im Aufnahmemitgliedstaat, wenn sie gem. Art. 17 Abs. 1 UA 1 lit. a) S. 1 RL als Arbeitnehmer oder Selbstständige, die zum Zeitpunkt des Ausscheidens aus dem Erwerbsleben das in dem betreffenden Mitgliedstaat für die Geltendmachung einer Altersrente gesetzlich vorgesehene Alter erreicht haben, sofern sie diese Erwerbstätigkeit in dem betreffenden Mitgliedstaat mindestens während der letzten 12 Monate ausgeübt und sich dort seit mindestens drei Jahren ununterbrochen aufgehalten haben. Insoweit entspricht Art. 17 RL 2004/38/EG inhaltlich dem Art. 2 Abs. 1 lit. a) VO 1251/70, welcher die Modalitäten des Verbleiberechts regelte und zur Ausführung des Art. 45 Abs. 3 lit. d) AEUV ergangen war und mittlerweile durch die VO 635/2006 aufgehoben wurde. Vgl. Vorschlag für eine RL des Europäischen Parlaments und des Rates über das Recht der Unionsbürger und ihrer Familienangehörigen, sich im Hoheitsgebiet der Mitgliedstaaten frei zu bewegen und aufzuhalten, KOM (2001) 257 endg., 6. In diesem merkte die Kommission an, dass sie angesichts des Ziels, den Erwerbstätigen und den Nichterwerbstätigen in einem einzigen Rechtsakt zu regeln, auf ihre in Art. 45 Abs. 3 lit. d) AEUV enthaltene Befugnis, Durchführungsverordnungen festzulegen, verzichtet hat. Dies erklärte sie damit, dass in der RL 2004/38/EG Bestimmungen der VO 1251/70 der Kommission, die das Verbleiberecht regeln, aufgenommen wurden. Diese VO war daher aufzuheben. Vgl. zur VO 1251/70 und ihrem Inhalt *Willms*, Soziale Sicherung, 78; ABl. 1970, Nr. L 142/24 ff., berichtigt durch ABl. 1975, Nr. L 324/31 ff. Vgl. zur VO 635/2006 ABl. 2006, Nr. L 112/9. Insoweit ist davon auszugehen, dass Art. 17 RL 2004/38/EG nunmehr das Verbleiberecht regeln soll und damit in Ausfüllung zu Art. 45 Abs. 3 lit. d) AEUV bestimmt, dass auch der ehemalige Arbeitnehmer als Arbeitnehmer gilt. A.A. *Brechmann* in: Calliess/Ruffert, EUV/EGV, 3. Auflage, 2007, Art. 39 EG Rn. 88, der anführt, dass Art. 17 RL ein erleichtertes Daueraufenthaltsrecht für Personen vorsehe, die im Aufnahmemitgliedstaat aus dem Erwerbsleben ausgeschieden seien und dieses lediglich „ergänzend" zu dem Art. 2 VO 1251/70 hinzutrete. Allerdings ging Brechmann wohl fälschlicherweise von der Fortgeltung der Vorschrift aus. Dies erkennend wird dieser Umstand in *Brechmann* in: Calliess/Ruffert, EUV/AEUV, Art. 45 AEUV Rn. 89 nicht mehr erwähnt.

des Arbeitnehmerbegriffs des Art. 45 AEUV. Dies bedeutet, dass der Rentner, der die Regelaltersgrenze überschritten hat, sich in den letzten drei Jahren im Aufnahmemitgliedstaat aufhielt und zudem während der letzten zwölf Monate in diesem beschäftigt war, ein Verbleiberecht nach Art. 45 Abs. 3 lit. d) AEUV besitzt und daher als Arbeitnehmer im Sinne des Art. 45 AEUV gilt.[1707] Da er nicht beabsichtigt, ein neues Arbeitsverhältnis einzugehen, stellt er einen ehemaligen Arbeitnehmer dar.

Fraglich ist, ob das Verbleiberecht, so wie es Art. 17 Abs. 1 UA 1 lit. a) S. 1 RL 2004/38/EG vermuten lässt, nur im Aufnahmemitgliedstaat gilt.[1708] Im Art. 1 lit. b) RL 2004/38/EG und im Primärrecht des Art. 45 Abs. 3 lit. d) AEUV wird allgemein zum Gegenstand der RL das Recht auf Daueraufenthalt bzw. das Verbleiberecht der Unionsbürger „im Hoheitsgebiet der Mitgliedstaaten" bzw. „im Hoheitsgebiet eines Mitgliedstaats" geregelt. Auch ist die Richtlinie u. a. auf die Rechtsgrundlage des Art. 46 AEUV gestützt, der an Art. 45 AEUV anknüpft. Art. 45 Abs. 3 lit. d) AEUV spricht vom „Hoheitsgebiet eines Mitgliedstaats" hinsichtlich des Verbleiberechts, so dass diese Formulierungen wiederum darauf hindeuten können, dass das Verbleiberecht auch in anderen Staaten der Union als dem Aufnahmemitgliedstaat bestehe.[1709] Dazu hat der EuGH in der Rechtssache *Eind* entschieden, dass der Verbleibeberechtigte auch in seinen Herkunftsstaat zurückkehren könne und zwar auch ohne Ausübung einer wirtschaftlichen Tätigkeit im Herkunftsstaat. Ansonsten bestehe ein Abschreckungseffekt und dies wirke sich negativ auf die praktische Wirksamkeit des Freizügigkeitsrechts aus. Die Voraussetzung der Ausübung einer wirtschaftlichen Tätigkeit im Herkunftsstaat könne einen Unionsbürger möglicherweise abschrecken, seinen Herkunftsstaat,

---

1707 Dass der Rentner, der Art. 45 Abs. 3 lit. d) AEUV erfüllt, nicht die Eigenschaft als Arbeitnehmer verliert, betont *Franzen* in: Streinz, EUV/EGV, Art. 39 EGV Rn. 34. Franzen geht demgegenüber davon aus, dass Unionsbürger, die in einem anderen Mitgliedstaat ehemals abhängig beschäftigt waren, keine Arbeitnehmer i. S. des Art. 45 AEUV darstellen. Ihnen würden lediglich durch das Unionsrecht bestimmte Vergünstigungen gewährt. A.A. *Schneider/Wunderlich* in: Schwarze, EU-Kommentar, Art. 39 EGV Rn. 20, wonach Unionsbürger die Arbeit in einem Aufnahmemitgliedstaat suchen oder in diesem bereits abhängig beschäftigt waren keine Arbeitnehmer i. S. des Art. 45 AEUV seien.

1708 Art. 17 Abs. 1 UA 1 lit. a) S. 1 RL 2004/38/EG bestimmt, dass die von der Vorschrift erfassten Personen, abweichend von Art. 16 RL, vor Ablauf des ununterbrochenen Zeitraums von fünf Jahren das Recht auf Daueraufenthalt „im Aufnahmemitgliedstaat" erwerben.

1709 So hinsichtlich des Art. 45 Abs. 3 lit. d) AEUV zumindest *Wölker/Grill* in: von der Groeben/Schwarze, EU-/EG-Vertrag, Art. 39 EG Rn. 120.

dessen Staatsangehöriger er ist, zu verlassen, um im Hoheitsgebiet eines anderen Mitgliedstaats eine Beschäftigung im Lohn- oder Gehaltsverhältnis auszuüben.[1710] Das alleinige Abstellen auf Art. 45 Abs. 3 lit. d) AEUV liefe dem Grundsatz zuwider, dass das Verbleiberecht durch das Sekundärrecht ausgestaltet werden müsse. Mit Art. 17 Abs. 1 UA 1 lit. a) S. 1 RL 2004/38/EG ist eine Spezialvorschrift zu Art. 1 RL 2004/38/EG ergangen. Insoweit ist das Verbleiberecht zunächst auf den Aufnahmemitgliedstaat begrenzt.[1711]

Abzugrenzen von dem verbleibeberechtigten Rentner ist der aufenthaltsberechtigte Rentner nach der RL 2004/38/EG. Das dem nichterwerbstätigen Rentner ein Aufenthaltsrecht aus der RL 2004/38/EG vor Erhalt des Daueraufenthaltsrechts [A rt. 17 Abs. 1 UA 1 lit. a) S. 1 RL 2004/38/EG bzw. Art. 16 RL 2004/38/EG] zusteht, ist Ausdruck der Entscheidung des Unionsgesetzgebers im neuen europarechtlichen Aufenthaltsrecht der RL 2004/38/EG, nicht auf eine Erwerbstätigkeit abzustellen, sondern unter bestimmten Voraussetzungen dem nichterwerbstätigen Rentner auch in jedem anderen Mitgliedstaat als dem ehemaligen Beschäftigungsstaat ein Aufenthaltsrecht zu gewähren. Dieses Recht ist jedoch an die Erfüllung des Vorbehalts der sozialen Absicherung in der RL 2004/38/EG gebunden und ergeht

---

1710 Vgl. EuGH Urt. v. 11.12.2007 Rs. C-291/05 (Eind) zitiert nach Juris Rn. 35. Allerdings wird in der Rechtssache Eind darauf abgestellt, dass der Unionsbürger, der wirtschaftlich in seinem Herkunftsstaat nicht mehr aktiv ist, ein Aufenthaltsrecht nach Art. 21 AEUV habe. Er und dessen Familienangehörige würden unter die RL 2004/38/EG fallen. Vgl. EuGH Urt. v. 11.12.2007 Rs. C-291/05 (Eind) zitiert nach Juris Rn. 28, 30. Demgegenüber leitet *Wienbracke*, EuR 2012, 483 (494) aus der Rechtssache Eind ab, dass auch derjenige, der nach Art. 45 Abs. 3 lit. d) AEUV über ein Verbleiberecht verfüge, ein Arbeitnehmer sei bzw. von dem sachlichen Anwendungsbereich der Arbeitnehmerfreizügigkeit des Art. 45 AEUV erfasst sei.

1711 Siehe auch *Dietrich*, Freizügigkeit der Arbeitnehmer, 296. A.A. *Wölker/Grill* in: von der Groeben/Schwarze, EU-/EG-Vertrag, Art. 39 EG Rn. 120, die davon ausgehen, dass der Art. 1 Abs. 1 RL 90/365/EWG auch auf ehemalige Wanderarbeitnehmer anwendbar ist, die sich in einem anderen Mitgliedstaat als dem ihrer letzten Berufstätigkeit niederlassen wollen. Dies spräche teilweise dafür, dass das Verbleiberecht auch in anderen Mitgliedstaaten bestehe. Wölker/Grill berücksichtigen jedoch nicht, dass mittlerweile diese RL durch die RL 2004/38/EG abgelöst wurde und deren Art. 17 RL dem diametral zuwider läuft. Er stellt eine Spezialvorschrift für aus dem Erwerbsleben ausgeschiedene Personen dar, die im Aufnahmemitgliedstaat verbleiben dürfen und vorzeitig ein Recht auf Daueraufenthalt erhalten. Selbst der Regelfall, von welchem Art. 17 RL eine Ausnahme darstellt, gewährt das Daueraufenthaltsrecht nur im Aufnahmemitgliedstaat (vgl. Art. 16 Abs. 1 RL 2004/38/EG).

auf der Rechtsgrundlage des Art. 21 AEUV.[1712] Daher wird der aufenthaltsberechtigte nichterwerbstätige Rentner auch nicht in den persönlichen Geltungsbereich des Art. 46 AEUV einbezogen. Demgegenüber wird der daueraufenthaltsberechtigte Rentner von dem persönlichen Geltungsbereich des Art. 46 AEUV umfasst. Denn mit dem Erhalt des Daueraufenthaltsrechts wird das Aufenthaltsrecht des Unionsbürgers an keine weiteren Voraussetzungen der RL 2004/38/EG mehr geknüpft (z. B. Vorbehalt der sozialen Absicherung). Ab diesem Zeitpunkt wird der personenbezogene Ansatz der RL 2004/38/EG aufgehoben, so dass eine völlige Gleichstellung von Arbeitnehmern und Nichterwerbstätigen nach der RL 2004/38/EG bewirkt wird.[1713] Dies gilt selbstverständlich auch, wenn der daueraufenthaltsberechtigte Rentner sich bereits fünf Jahre lang ununterbrochen im Aufnahmemitgliedstaat rechtmäßig aufgehalten hat und somit das Daueraufenthaltsrecht gem. Art. 16 Abs. 1 RL 2004/38/EG erworben hat. Diese besondere Privilegierung durch Art. 16 RL 2004/38/EG muss sich auch auf den Arbeitnehmerbegriff des Art. 45 AEUV auswirken.

Der verbleibeberechtigte und der daueraufenthaltsberechtigte Rentner sind mithin Arbeitnehmer i. S. von Art. 45 AEUV und somit vom persönlichen Geltungsbereich des Art. 46 AEUV umfasst[1714].

Der Rentner im Nebenerwerb, der arbeitsuchende Rentner, der verbleibeberechtigte und der daueraufenthaltsberechtigte Rentner sind somit Arbeitnehmer i.S.d. Art. 45 AEUV und deshalb vom persönlichen Geltungsbereich des Art. 46 AEUV erfasst.

2. Sachlicher Geltungsbereich

Das Europäische Parlament und der Rat werden durch Art. 46 AEUV zum Erlass von verbindlichen Rechtsakten (Richtlinien oder Verordnungen) ermächtigt und verpflichtet,[1715] alle erforderlichen Maßnahmen zur Herstellung der Freizügigkeit der Arbeitnehmer nach Art. 45 AEUV zu treffen. Die Arbeitnehmerfreizügigkeit

---

1712 Vgl. zur Abgrenzung zwischen dem verbleibeberechtigten ehemaligen Wanderarbeitnehmer und dem aufenthaltsberechtigten Rentner *Dietrich*, Freizügigkeit der Arbeitnehmer, 297.

1713 So auch *Schönberger*, Unionsbürger, 368.

1714 Dieses Ergebnis ebenfalls stützend *Famira*, der freie Personenverkehr, 37; *Warnecke*, Koordinierendes Arbeitsförderungsrecht, 22, der den persönlichen Geltungsbereich des Art. 45 AEUV auch auf ehemalige Arbeitnehmer erstreckt. Vgl. zum Verbleiberecht auch *Brechmann* in: Calliess/Ruffert, EUV/AEUV, Art. 45 Rn. 89.

1715 So *Weerth* in: Lenz/Borchardt, EU-Verträge, Art. 46 AEUV Rn. 1.

führt für Arbeitnehmer und ihre Familienangehörigen den Grundsatz des Art. 4 Abs. 2 lit. a) AEUV aus, wonach die geteilte Zuständigkeit der Union auch den Binnenmarkt umfasst, der durch die Beseitigung der Hindernisse für den freien Personenverkehr zwischen den Mitgliedstaaten als Raum ohne Binnengrenzen gekennzeichnet ist.[1716] Die Art. 45 und 46 AEUV bilden somit die Grundlage für die Freizügigkeit der Arbeitnehmer, d.h. für die Ausübung einer abhängigen Erwerbstätigkeit in einem anderen Mitgliedstaat.[1717] Die Arbeitnehmerfreizügigkeit stellt eine Grundfreiheit[1718] dar und wird vereinzelt sogar als „echtes" oder „soziales Grundrecht" bezeichnet.[1719] Die Arbeitnehmerfreizügigkeit nach Art. 45 Abs. 2 AEUV beseitigt jede auf der Staatsangehörigkeit beruhende Ungleichbehandlung der Arbeitnehmer in Bezug auf Beschäftigung, Entlohnung und sonstige Arbeitsbedingungen. Hierbei sind unmittelbare und mittelbare Diskriminierungen erfasst.[1720] Eine solche unmittelbare Diskriminierung würde bspw. gegeben sein, wenn der Beruf des Unternehmensberaters, der durchaus auch noch nach Überschreiten der Regelaltersgrenze ausgeübt werden kann, nur eigenen Staatsangehörigen offen steht.

Eine mittelbare Diskriminierung ist dann gegeben, wenn nationale Rechtsvorschriften eine Unterscheidung anhand des Wohnsitzes dahingehend treffen, indem sie nur gebietsansässigen Personen bestimmte Steuervergünstigungen gewähren, da sich eine solche Regelung hauptsächlich bei ausländischen Unionsbürgern auswirken wird, da diese zumeist gebietsfremd seien.[1721] Auch hat der EuGH eine Regelung eines Mitgliedstaats für unvereinbar mit Art. 45 AEUV erklärt, welche eine Beihilfe zur Einstellung älterer Arbeitnehmer an die Bedingung knüpfte, dass dieser im selben Mitgliedstaat als arbeitsuchend gemeldet sein müsse, wenn eine solche Meldung an das Erfordernis des Wohnsitzes in diesem Staat geknüpft sei.[1722] Außerdem gewährt die Arbeitnehmerfreizügigkeit, vorbehaltlich der Beschränkungen aus Gründen der öffentlichen Ordnung,

---

1716 Siehe zur Legaldefinition des Binnenmarkts *Geiger/Khan/Kotzur*, EUV/AEUV, Art. 26 AEUV Rn. 4. Vgl. zur Legaldefinition auch Art. 26 Abs. 2 AEUV.

1717 *Feik*, Freizügigkeit der Arbeitnehmer, 31.

1718 *Geiger/Khan/Kotzur*, EUV/AEUV, Art. 45 AEUV Rn. 1; *Birk* in: Kohte/Dörner/Anzinger, FS für Wissmann, 523 (527); *Eichenhofer*, Sozialrecht der EU, Rn. 331.

1719 *Dietrich*, Freizügigkeit der Arbeitnehmer, 184. Vgl. auch 4. Erwägungsgrund VO 492/2011, wonach die Arbeitnehmerfreizügigkeit ein „Grundrecht" sei.

1720 EuGH Rs. 15/69 (Ugliola) Slg. 1969, 363, 369 Rn. 6.

1721 Vgl. dazu EuGH Rs. C-279/93 (Schumacker) zitiert nach Juris Rn. 28.

1722 Vgl. EuGH Urt. v. 13.12.2012 C-379/11 (Caves Krier Frères Sàrl/Directeur de l'Administration de l'emploi) NZA 2013, 83 (83, 86). Siehe auch *Junker*, RIW 2014, 2 (2 f.).

Sicherheit und Gesundheit, einem Arbeitnehmer, das Recht, sich in einen anderen Mitgliedstaat zu begeben, um dort nach den für die Arbeitnehmer dieses Staats geltenden Rechts- und Verwaltungsvorschriften eine Beschäftigung auszuüben oder nach Beendigung der Beschäftigung dort zu verbleiben (Art. 45 Abs. 3 AEUV). Als Schranke der Arbeitnehmerfreizügigkeit kommt somit der Ordre-public-Vorbehalt in Betracht. Daneben können noch immanente Schranken und die europäischen Grundrechte die Arbeitnehmerfreizügigkeit beschränken.[1723] Als Schranken-Schranke ist der Grundsatz der Verhältnismäßigkeit zu wahren.[1724]

C. Regelungsgehalt der Verordnung 492/2011

I. Erfüllung genereller Restriktionen bei dem Erlass der VO 492/2011

1. Subsidiaritätsgrundsatz und Verhältnismäßigkeitsgrundsatz

Bei dem Erlass der VO 492/2011 binden das Subsidiaritätsprinzip und der Verhältnismäßigkeitsgrundsatz den Rat bei seiner Rechtsetzung.

a. Subsidiaritätsgrundsatz

Die Sozialpolitik ist keine ausschließliche Zuständigkeit der Union. Zunächst müssen die Ziele der in Betracht gezogenen Maßnahmen auf Ebene der Mitgliedstaaten nicht ausreichend erreicht werden können. Der Art. 46 AEUV

1723 Vgl. *Arndt/Fischer*, Europarecht, Rn. 525 f. Vgl. zu der Prüfung der immanenten Schranken durch den EuGH Rs. C-40/05 (Lyyski) Slg. 2007, I-99, I-134 f. Rn. 46, Rn. 49. Dabei werden unmittelbare Diskriminierungen durch den Ordre-public-Vorbehalt gerechtfertigt. Mittelbare Diskriminierungen können dabei aber auch durch zwingende Gründe des Allgemeinwohls, wie z. B. die Kohärenz der Regelungen über die Steuer gerechtfertigt werden. So *Wienbracke*, EuR 2012, 483 (507 f., 510). So auch *Greiser*, ZESAR 2014, 18 (23 f. Fn. 72, 79). Greiser weist zudem darauf hin, dass Ungleichbehandlungen durch von der Staatsangehörigkeit unabhängige objektive Gründe gerechtfertigt werden können, wenn sie in einem angemessenen Verhältnis zum mit der Regelung verfolgten legitimen Zweck stehen. Darüber hinaus sei auch das Erfordernis einer tatsächlichen Verbindung zum heimischen Arbeitsmarkt zulässig.

1724 Vgl. *Wienbracke*, EuR 2012, 483 (508 f.). Siehe auch *Greiser*, ZESAR 2014, 18 (24).

dient der Herstellung der Freizügigkeit der Arbeitnehmer. Die VO 492/2011 soll zum einen die unterschiedliche Behandlung aufgrund der Staatsangehörigkeit in tatsächlicher und rechtlicher Hinsicht verhindern, um die völlige Freizügigkeit der Arbeitnehmer auf dem Gebiet der Europäischen Union zu erreichen,[1725] und zum anderen den Wanderarbeitnehmer und seine Familie in das soziale Leben des Aufnahmemitgliedstaats seiner Beschäftigung integrieren.[1726] Die VO 492/2011 regelt dementsprechend die Freizügigkeit, indem sie jedes Hindernis beseitigt, welches der freien Aufenthaltsbegründung und Arbeitsaufnahme entgegensteht.[1727] Darüber hinaus bestimmt sie in Art. 7 Abs. 2 VO 492/2011 für ausländische Arbeitnehmer im Staat der Beschäftigung, dass sie ebenso wie der inländische Arbeitnehmer steuerliche und soziale Vergünstigungen erhalten. Es wird somit eine Inländergleichbehandlung bewirkt.[1728] Dadurch soll die berufliche Mobilität des Arbeitnehmers in Europa erhöht werden.[1729] Da die VO mithin transnationale Aspekte aufweist und ihr sachlicher Geltungsbereich nur auf der Ebene der Union geregelt werden kann, ist das „Negativkriterium“ erfüllt.

Die Gewährleistung der gleichen steuerlichen und sozialen Vergünstigungen für den Arbeitnehmer kann somit besser auf Unionsebene erreicht werden. Denn nur so werden alle Mitgliedstaaten verpflichtet, in der gesamten Europäischen Union den Arbeitnehmern die gleichen steuerlichen und sozialen Vergünstigungen einzuräumen. Es kann kein Mitgliedstaat Ausnahmen vorsehen oder den Umfang des nationalen Katalogs der steuerlichen und sozialen Vergünstigungen national für ausländische Arbeitnehmer beschränken. Bei Erhalt derselben steuerlichen und sozialen Vergünstigungen wird dem Arbeitnehmer der besondere Wert der Freizügigkeit bewusst, die den Arbeitnehmer auch nicht von der Wahrnehmung der Rechte ausschließt, die der inländische Arbeitnehmer innehat. Durch die Inländergleichbehandlung wird erst wirkliche Integration in den Aufnahmemitgliedstaat ermöglicht. Die VO 492/2011 konkretisiert die

---

1725 Vgl. dazu 1. Begründungserwägung der Präambel der VO 1612/68. Vgl. auch *Hervey*, European Social Law, 86.

1726 EuGH verb. Rs. 389 und 390/87 (Echternach) Slg. 1989, 723, 764 Rn. 35; *Schulte*, ZFSH/SGB 2007, 259 (264). Siehe auch 5. Begründungserwägung VO 1612/68, ABl. EG 1968 Nr. L 257/2.

1727 *Eichenhofer*, Sozialrecht der EU, Rn. 331.

1728 *Muckel/Ogorek*, Sozialrecht, § 21 Rn. 42, 44; *Schulte* in: von Maydell/Ruland/Becker, Sozialrechtshandbuch, § 33 Rn. 152.

1729 Vorschlag für eine Verordnung (EG) des Europäischen Parlaments und des Rates zur Änderung der Verordnung (EWG) Nr. 1612/68 des Rates über die Freizügigkeit der Arbeitnehmer innerhalb der Gemeinschaft KOM (1998) 394 endg., 2.

Gleichbehandlungsvorgabe des Art. 45 Abs. 2 AEUV und erhöht dadurch insgesamt die berufliche Mobilität des Arbeitnehmers in der Europäischen Union. Den Arbeitnehmern steht in einem solchen Fall ein größerer europäischer Arbeitsmarkt offen. Darüber hinaus können die Arbeitnehmer dadurch europäische Berufserfahrung sammeln und ihre Anpassungsfähigkeit an den jeweiligen Arbeitsmarkt unter Beweis stellen, was wiederum ihre Qualifikation verbessert und ihren Erfahrungshorizont deutlich erweitert.[1730] Außerdem wird Arbeitnehmern dadurch ermöglicht, eine fremde Sprache zu erlernen bzw. eine andere Unternehmenskultur als die des Herkunftsstaats kennen zu lernen.[1731] Der Kompetenzverlust der Mitgliedstaaten auf diesen Gebieten führt mithin zu einem erheblichen Mobilitäts- und Integrationsgewinn der Arbeitnehmer in die Europäische Union. Das „Effizienzkriterium“ und somit das Subsidiaritätsprinzip insgesamt sind bei dem Erlass der VO 492/2011 beachtet worden.

b. Verhältnismäßigkeitsgrundsatz

Fraglich ist, ob die VO 492/2011 verhältnismäßig ist. Die Zweckrichtung der VO ist es, jegliche Diskriminierung aufgrund der Staatsangehörigkeit zu verhindern, um die völlige Freizügigkeit der Arbeitnehmer auf dem Gebiet der Europäischen Union zu erreichen.[1732] Zudem ist es das Ziel der VO 492/2011, den Wanderarbeitnehmer und seine Familie in das soziale Leben des Aufnahmemitgliedstaats seiner Beschäftigung zu integrieren.[1733] Die VO 492/2011 reglementiert in Art. 1 Abs. 1 VO die Gleichbehandlung bei der Aufnahme und Ausübung einer Beschäftigung in einem anderen Mitgliedstaat nach den für die Inländer geltenden Rechts- und Verwaltungsvorschriften. Die Verpflichtung zur Gleichbehandlung erstreckt sich dabei auch auf steuerliche und soziale Vergünstigungen im Beschäftigungsstaat (Art. 7 Abs. 2 VO). Die VO 492/2011 ist somit zur Erfüllung der anvisierten Zielsetzung geeignet. Die VO 492/2011 bestimmt,

---

1730 Vorschlag für eine Verordnung (EG) des Europäischen Parlaments und des Rates zur Änderung der Verordnung (EWG) Nr. 1612/68 des Rates über die Freizügigkeit der Arbeitnehmer innerhalb der Gemeinschaft KOM (1998) 394 endg., 2.

1731 Vorschlag für eine Verordnung (EG) des Europäischen Parlaments und des Rates zur Änderung der Verordnung (EWG) Nr. 1612/68 des Rates über die Freizügigkeit der Arbeitnehmer innerhalb der Gemeinschaft KOM (1998) 394 endg., 3.

1732 Vgl. dazu 1. Begründungserwägung der Präambel der VO 1612/68. Vgl. auch *Hervey*, European Social Law, 86.

1733 EuGH verb. Rs. 389 und 390/87 (Echternach) Slg. 1989, 723, 764 Rn. 35; *Schulte*, ZFSH/SGB 2007, 259 (264). Siehe auch 5. Begründungserwägung VO 1612/68, ABl. EG 1968 Nr. L 257/2.

dass der Arbeitnehmer die gleichen steuerlichen und sozialen Vergünstigungen erhalten soll, die der jeweilige Mitgliedstaat auch für seine inländischen Arbeitnehmer vorsieht. Eine Vollharmonisierung in dem Sinne, dass in Europa nunmehr alle Staaten dieselben steuerlichen und sozialen Vergünstigungen gewähren, ist von der VO 492/2011 nicht abgedeckt. Die VO 492/2011 ist mithin weniger einschneidend als eine die steuerlichen und sozialen Vergünstigungen in allen Mitgliedstaaten der Union vollharmonisierende RL. Es kann daher auf eine RL auch nicht ausgewichen werden. Die VO 492/2011 ist daher erforderlich. Art. 1 Abs. 1 VO 492/2011 gebietet jedem Mitgliedstaat, die ausländischen Arbeitnehmer bei der Aufnahme und Ausübung der Beschäftigung gleich ihren inländischen Arbeitnehmern zu behandeln. Dabei verbürgt sie lediglich die grundsätzliche Inländergleichbehandlung und verlangt keine einheitlichen Leistungen und Anspruchsvoraussetzungen für diese Leistungen in der Europäischen Union. Mithin bringt die VO 492/2011 mehr Nutzen als Schaden für die Allgemeinheit und die geschützten Rechtspositionen der Unionsbürger mit sich, womit der Verhältnismäßigkeitsgrundsatz gewahrt wurde.

2. Pflicht zur Benennung der Vertragsartikel

Die VO 492/2011 zitiert als Rechtsgrundlage insb. Art. 46 AEUV als hinreichende und konkrete Kompetenzvorschrift für ihren Erlass. Der Unionsgesetzgeber ist somit bei Erlass der VO 492/2011 der Pflicht, den entsprechenden Vertragsartikel zu benennen, auf den sich der Rechtsakt stützt, nachgekommen.

3. Bestimmtheitsgrundsatz

Die Bestimmungen der VO 492/2011 sind klar, präzise und verständlich formuliert und erfüllen daher den Bestimmtheitsgrundsatz.

II. Aufbau

Der VO 492/2011 ist eine Präambel mit neun Erwägungsgründen vorangestellt. Die VO 492/2011 enthält in ihrem Kap. I, welches aus drei Abschnitten besteht, Bestimmungen über die Beschäftigung, die Gleichbehandlung und die Familienangehörigen der Arbeitnehmer. Der Abschnitt 1 der VO 492/2011 verpflichtet zur Gleichberechtigung von Wanderarbeitern mit Arbeitnehmern des aufnehmenden Mitgliedstaats im Hinblick auf den Zugang zur Beschäftigung (Art. 1 bis 6 VO). Der Abschnitt 2 der VO 492/2011 reglementiert die Gleichbehandlung bei der

Ausübung der Beschäftigung (Art. 7 bis 9 VO). Insoweit konkretisiert die VO u.a.[1734] die subjektiven Rechte der Arbeitnehmer. Im Abschnitt 3 der VO wird die Einbeziehung der Familienangehörigen der Arbeitnehmer in den Anwendungsbereich der Freizügigkeitsregelungen behandelt (Art. 10 VO).[1735]

Das Kap. II der VO 492/2011 mit dem Titel „Zusammenführung und Ausgleich von Stellenangeboten und Arbeitsgesuchen" widmet sich der Zusammenarbeit zwischen den Mitgliedstaaten und der Kommission (Abschnitt 1, Art. 11 bis 12 VO). Es setzt sich mit dem Verfahren zum Ausgleich der Stellenangebote und Arbeitsgesuche zwischen den Mitgliedstaaten auseinander (Abschnitt 2, Art. 13 bis 16 VO), ermöglicht regulierende Maßnahmen, um das Gleichgewicht auf dem Arbeitsmarkt zu fördern (Abschnitt 3, Art. 17 VO) und führt ein Europäisches Koordinierungsbüro zur Unterstützung der nationalen Dienststellen der Arbeitsverwaltungen ein (Abschnitt 4, Art. 18 bis 20 VO).

Das Kap. III bezeichnet die Organe, die notwendig sind, um eine enge Zusammenarbeit zwischen den Mitgliedstaaten der Union auf dem Gebiet der Freizügigkeit und der Beschäftigung der Arbeitnehmer herbeizuführen. Dies sind der Beratende Ausschuss (Abschnitt 1, Art. 21 bis 28 VO) und der Fachausschuss (Abschnitt 2, Art. 29 bis 34 VO).

Das Kap. IV der VO 492/2011 befasst sich mit den Schlussbestimmungen (Art. 35 bis 42 VO).

In der vorliegenden Untersuchung wird holzschnittartig im Kap. I der Abschnitt 1 vorgestellt und anschließend im Abschnitt 2 auf Art. 7 VO 492/2011 eingegangen. Im Rahmen der Besonderheiten der VO 492/2011 ist im Kap. II der Abschnitt 1 und das Kap. IV der VO 492/2011 relevant.

1734 Außerdem regelt die VO 492/2011 in Art. 10 VO das Recht der Kinder von Wanderarbeitern auf Gleichbehandlung in Bezug auf die Teilnahme am allgemeinen Unterricht und die Berufsausbildung und zwar auch dann, wenn die Familie bereits in das Herkunftsland zurückgekehrt ist. Vgl. dazu Art. 10 Abs. 1 VO 492/2011 „beschäftigt ist oder beschäftigt gewesen ist". Vgl. dazu *Scheuer/Weerth* in: Lenz/Borchardt, EU-Verträge, Art. 45 AEUV Rn. 72.

1735 Bezüglich der Kinder von Wanderarbeitnehmern hat der EuGH mit Urt. v. 23.02.2010 Rs. C-310/08 (London Borough of Harrow/Ibrahim) NVwZ 2010, 892 (892) entschieden, dass Kindern eines Staatsangehörigen eines Mitgliedstaats, der im Aufnahmemitgliedstaat beschäftigt ist oder gewesen ist und dem Elternteil, dem die elterliche Sorge für die Kinder tatsächlich obliegt, ein Recht auf Aufenthalt in diesem Staat auf der Grundlage allein von Art. 10 VO 492/2011 zustehe, ohne dass sie über ausreichende Existenzmittel und einen umfassenden Krankenversicherungsschutz in diesem Staat verfügen müssen.

III. Zielsetzung

Die VO 492/2011 bezweckt jegliche unterschiedliche Behandlung aufgrund der Staatsangehörigkeit in tatsächlicher und rechtlicher Hinsicht in Bezug auf Beschäftigung, Entlohnung und sonstige Arbeitsbedingungen zu verhindern, um die völlige Freizügigkeit als Mittel zur Verbesserung der Lebens- und Arbeitsbedingungen einschließlich des sozialen Aufstiegs der Arbeitnehmer auf dem Gebiet der Union zu erreichen.[1736]

Zudem ist es das Ziel der VO 492/2011, den Wanderarbeitnehmer und seine Familie in das soziale Leben des Aufnahmemitgliedstaats seiner Beschäftigung zu integrieren.[1737] Die VO 492/2011 soll darüber hinaus der Klarstellung und der Übersichtlichkeit dienen, da die Vorgängerverordnung 1612/68 dreimal in erheblicher Art und Weise abgeändert worden war und eine Neukodifizierung der Verordnung durch die VO 492/2011 erforderte.[1738]

IV. Geltungsbereich

1. Persönlicher Geltungsbereich

Die VO 492/2011 ist lediglich auf Arbeitnehmer anwendbar, die gleichzeitig Staatsangehörige eines Mitgliedstaats der Europäischen Union sind (vgl. Art. 1 Abs. 1, Art. 7 Abs. 1 VO 492/2011). Nach ihrem Wortlaut gilt sie nicht für den selbstständig Erwerbstätigen.[1739] Um in den persönlichen Geltungsbereich der VO 492/2011 einbezogen zu werden, müssen der nichterwerbstätige Rentner, der Rentner im Nebenerwerb, der arbeitsuchende Rentner, der verbleibeberechtigte Rentner und der daueraufenthaltsberechtigte Rentner zunächst unter den Begriff des Arbeitnehmers i. S. der VO 492/2011 subsumiert werden. Im Gegensatz zur VO 883/2004, die in den Arbeitnehmerbegriff einen weiteren Personenkreis mit einbezieht, konzentriert sich die VO 492/2011 streng auf den Begriff der Arbeitnehmer i. S. des Arbeitsrechts.[1740] Der Arbeitnehmerbegriff ist in Art. 1 Abs. 1 VO 492/2011

1736 Vgl. dazu 2. und 4. Erwägungsgrund der Präambel der VO 492/2011. Vgl. auch *Hervey*, European Social Law, 86.

1737 EuGH verb. Rs. 389 und 390/87 (Echternach) Slg. 1989, 723, 764 Rn. 35; *Schulte*, ZFSH/SGB 2007, 259 (264). Siehe ebenfalls 6. Erwägungsgrund VO 492/2011.

1738 Vgl. 1. Erwägungsgrund VO 492/2011.

1739 So auch *Pennings*, European Social Security Law, 129.

1740 Dazu *Pennings*, European Social Security Law, 129. So auch *Langer* in: von der Groeben/Schwarze, EU-/EG-Vertrag, Art. 42 EG Rn. 38.

umschrieben als eine Person, die eine „Tätigkeit im Lohn- oder Gehaltsverhältnis“ erbringt. Art. 1 Abs. 1 VO 492/2011 setzt ein abhängiges Arbeitsverhältnis zwischen einem Arbeitnehmer und einem Arbeitgeber voraus.[1741] Eine genaue Definition der Begriffe „Arbeitnehmer“ oder „Tätigkeit im Lohn- oder Gehaltsverhältnis“ nimmt die VO 492/2011 nicht vor. Dies ist auch nicht notwendig, denn diese Begriffe haben eine unionsrechtliche Bedeutung.[1742] Es muss sich um die Ausübung einer tatsächlichen und echten Tätigkeit handeln, wobei nur solche Tätigkeiten außer Betracht bleiben, die einen so geringen Umfang haben, dass sie sich als völlig untergeordnet und unwesentlich darstellen.[1743] Der EuGH erkennt an, dass in den europäischen Arbeitsmärkten der Arbeitnehmer Vollzeitarbeitsverhältnissen, Teilzeitarbeitsverhältnissen, geringfügigen Beschäftigungen usw. unterliegen kann.[1744] Bei der Interpretation des Arbeitnehmerbegriffs innerhalb der VO 492/2011 ist letztlich auf den unionsrechtlichen Arbeitnehmerbegriff abzustellen. Der Begriff des Arbeitnehmers ist daher in der VO 492/2011 nach den Kriterien des Art. 45 AEUV zu determinieren.[1745] Eine Person gilt als Arbeitnehmer, die eine echte und tatsächliche Tätigkeit im Lohn- oder Gehaltsverhältnis ausübt und während einer konkreten Zeit für einen anderen nach dessen Weisung Leistungen erbringt, für die sie im Gegenzug eine Vergütung erhält, wobei der EuGH weder eine bestimmte Mindestvergütung, noch ein Minimum an Arbeitszeit verlangt.[1746]

Fraglich ist, ob der nichterwerbstätige Rentner von dem persönlichen Geltungsbereich der VO 492/2011 erfasst ist.

Der nichterwerbstätige Rentner könnte zunächst als Familienangehöriger durch die VO 492/2011 geschützt sein. Vor der Änderung der Vorgängerverordnung 1612/68 durch die RL 2004/38/EG waren die Familienangehörigen in Art. 10 und 11 VO 1612/68 geregelt. Der nichterwerbstätige Rentner war unter

---

1741 *Brechmann* in: Calliess/Ruffert, EUV/AEUV, Art. 45 AEUV Rn. 11.

1742 EuGH Rs. 53/81 (Levin) Slg. 1982, 1035 Rn. 11; Rs. 75/63 (Unger) Slg. 1964, 379, 397, 400.

1743 EuGH Rs. 53/81 (Levin) Slg. 1982, 1035 Rn. 17.

1744 *Raschka*, EuR 2013, 116 (120).

1745 Vgl. dazu *Husmann*, ZAR 2009, 305 (306).

1746 EuGH Rs. 66/85 (Lawrie-Blum) Slg. 1986, 2121, 2144 Rn. 17; *Brechmann* in: Calliess/Ruffert, EUV/AEUV, Art. 45 AEUV, Rn. 13; *Feik*, Freizügigkeit der Arbeitnehmer, 53 f., 61; *Devetzi*, Kollisionsnormen, 29; *Willms*, Soziale Sicherung, 65 f.; *Stewen*, Freizügigkeitsrecht und soziale Begleitrechte, 150. Stewen betont, dass danach auch derjenige zu den Arbeitnehmern zähle, der Leistungen für eine Vergütung unter dem Existenzminimum erbringe und aus diesem Grunde ergänzende Sozialansprüche geltend machen müsse gem. Art. 7 Abs. 2 VO 492/2011.

Art. 10 Abs. 1 VO 1612/68 zu subsumieren, da dieser Verwandte des Arbeitnehmers in aufsteigender Linie in den persönlichen Geltungsbereich der VO 1612/68 einbezog.[1747] Diese Vorschriften wurden durch die RL 2004/38/EG aufgehoben. Stattdessen gelten nunmehr die Bestimmungen der RL 2004/38/EG, welche den Familienangehörigen ein Aufenthaltsrecht unter bestimmten Voraussetzungen einräumen.[1748] Der EuGH hat entschieden, dass ein Grenzgänger, der sein Dienstverhältnis in einem Mitgliedstaat der Union beibehalte und seinen Wohnsitz in einen anderen Mitgliedstaat verlege, den Status als „Wanderarbeitnehmer" i. S. der VO 492/2011 innehabe. In einem solchen Fall könnten auch

---

1747 Art. 10 Abs. 1 VO 1612/68 bestimmte, dass zu den Familienangehörigen der Ehegatte des Arbeitnehmers sowie die Verwandten in absteigender Linie, die noch nicht 21 Jahre alt sind oder denen Unterhalt gewährt wird und die Verwandten des Arbeitnehmers oder die seines Ehegatten in aufsteigender Linie gehören, denen er Unterhalt gewährt. Bei dem Merkmal der Unterhaltsgewährung kam es dabei nur auf das Vorliegen einer tatsächlichen Unterhaltsleistung an. Vgl. dazu EuGH Rs. 316/85 (Lebon), Slg. 1987, 2811, 2837 Rn. 14. Unerheblich waren die Gründe für die Unterhaltsleistung oder die Möglichkeit des Familienangehörigen, den notwendigen Lebensunterhalt anderweitig decken zu können. Dies resultiert daraus, dass der EuGH, da er die Unterhaltsgewährung als soziale Vergünstigung für den Arbeitnehmer selbst ansah, auf eine Bedürftigkeitsprüfung des Familienangehörigen ganz verzichtete. Vgl. dazu EuGH, Rs. 32/75 (Christini), Slg. 1975, 1085, 1095 Rn. 10/13, 14/18, 19; Rs. 94/84 (Deak), Slg. 1985, 1873, 1886 Rn. 21 f. Art. 10 Abs. 2 VO 1612/68 bestimmte, dass der Zugang für alle übrigen Familienangehörigen zu sozialen Vergünstigungen zu begünstigen sei, sofern ihnen von dem betreffenden Arbeitnehmer Unterhalt gewährt wird oder sie mit diesem im Herkunftsland in häuslicher Gemeinschaft leben. Nach der Vorschrift des Art. 10 Abs. 1 VO 1612/68 wäre auch die Einbeziehung von nichterwerbstätigen Rentnern denkbar gewesen, wenn gegenüber diesen nach dem Recht eines Mitgliedstaates eine Unterhaltspflicht bestanden hätte. Sollte dies nicht der Fall sein, wäre der nichterwerbstätige Rentner, soweit er im Herkunftsland mit dem Arbeitnehmer in häuslicher Gemeinschaft gelebt hat, trotzdem als Familienangehöriger anzusehen. Durch die Streichung ist nunmehr davon auszugehen, dass die nichterwerbstätigen Rentner nicht mehr als Familienangehörige in die VO 1612/68 einbezogen werden. Hintergrund dieser Regelung könnte sein, dass seit dem 01.07.1992 für nichterwerbstätige Rentner ein gesondertes Aufenthaltsrecht nach der RL 90/365/EWG bestand. Dieses Aufenthaltsrecht sollte den Rentnern entsprechend der RL nur zugute kommen, wenn ihre finanzielle Situation derart stabil war, dass sie keine Unterstützung zur Deckung des notwendigen Lebensbedarfs benötigten und sie über einen ausreichenden Krankenversicherungsschutz verfügten. Diese Regelungen gelten durch die Nachfolgeregelung der RL 90/365/EWG fort (vgl. RL 2004/38/EG).

1748 *Pottschmidt*, Arbeitnehmerähnliche Personen in Europa, 141, Fn. 667.

dessen Familienangehörige von den Gewährleistungen der VO 492/2011 profitieren.[1749] Die VO 492/2011 regelt in Art. 10 VO ausschließlich die Rechte der Kinder der Wanderarbeitnehmer. Vor diesem Hintergrund ist davon auszugehen, dass der nichterwerbstätige Rentner nicht als Familienangehöriger in den persönlichen Geltungsbereich der VO 492/2011 einbezogen werden soll. Allerdings können die Kinder als Familienangehörige ihrem Elternteil ein abgeleitetes Aufenthaltsrecht vermitteln. So hat der EuGH entschieden, dass dem Elternteil eines volljährig gewordenen Kindes, das auf der Grundlage des Art. 10 VO 492/2011 Zugang zur Bildung erhalten hat, weiterhin ein abgeleitetes Aufenthaltsrecht nach diesem Artikel zustehen könne, wenn dieses Kind nach wie vor der Anwesenheit und Fürsorge des Elternteils bedürfe, um seine Ausbildung fortzusetzen und abschließen zu können.[1750] Allerdings bezieht sich dieses Aufenthaltsrecht auf die

---

1749 So hat der EuGH im Urt. v. 18.07.2007, Rs. C-212/05 (Gertraud Hartmann/Freistaat Bayern), ZESAR 2008, 93 (93) entschieden, dass ein Arbeitnehmer, der unter Beibehaltung seines Dienstverhältnisses in einem Mitgliedstaat der Union seinen Wohnsitz in einen anderen Mitgliedstaat verlegt und seine Berufstätigkeit seitdem als Grenzgänger ausübe unter den Begriff des „Wanderarbeitnehmers" im Sinne der VO 1612/68 zu subsumieren sei und daher auch die sich aus dieser Verordnung ergebenen Rechte beanspruchen könne. Daneben könne sich auch dessen nicht erwerbstätige Ehefrau ebenfalls auf Art. 7 Abs. 2 VO 1612/68 berufen. Diesbezüglich verstoße der Ausschluss von der sozialen Vergünstigung des Erziehungsgelds gegen Art. 7 Abs. 2 VO auch wenn der Ehegatte in dem anderen Mitgliedstaat in dem der Grenzgänger seiner Berufstätigkeit nachgeht weder einen Wohnsitz noch seinen gewöhnlichen Aufenthalt habe. Zur Begründung stellt der EuGH hier maßgeblich darauf ab, dass das Erziehungsgeld zum Auslgeich der Familienlasten bestimmt sei, einem Elternteil ermögliche sich der Kleinkindererziehung zu widmen und somit der Familie insgesamt zugute komme, unabhängig davon wer die Leistung letztlich beantrage (somit unabhängig von der Frage, ob dies der Wanderarbeitnehmer oder sein nichterwerbstätiger Ehepartner sei). Vgl. dazu EuGH ZESAR 2008, 93 (95 Rn. 18 f., 27).

1750 EuGH Urt. v. 08.05.2013, Rs. C-529/11 (Olaitan Ajoke Alarpe, Olukayode Azeez Tijani/Secretary of State fort he Home Departement, AIRE Centre), zitiert nach Juris Rn. 31, 34 ff. Desweiteren hat der EuGH entschieden, dass die Zeiten des abgeleiteten Aufenthaltsrechts des Staatsangehörigen eines Drittstaats im Aufnahmestaat, wenn diese nicht zugleich die Voraussetzungen der RL 2004/38/EG erfüllen nicht für die Zwecke des Erwerbs des Daueraufenthaltrechts der RL 2004/38/EG herangezogen werden können. Dies ist nämlich nur möglich für den Drittstaatsangehörigen, wenn der Unionsbürger selbst die in Art. 16 Abs. 1 RL 2004/38/EG genannten Voraussetzungen im streitigen Zeitraum erfülle. Dafür hätte der Unionsbürger die Voraussetzungen von Art. 7 Abs. 1 RL erfüllen müssen. Vorliegend hatte der Familienangehörige eines Unionsbürgers, der nicht die Staatsangehörigkeit eines Mitgliedstaats besitzt sich

RL 2004/38/EG und sagt nichts darüber aus, ob auch die Eltern in den persönlichen Geltungsbereich der VO 492/2011 einzubeziehen sind.

Gegen ein weites Verständnis des Art. 7 Abs. 2 VO in Bezug auf den nichterwerbstätigen Rentner wird vielfach angeführt, dass dann praktisch jeder in den Genuss der mit der Freizügigkeit verbundenen Rechte komme.[1751] Außerdem wird unterstützend angeführt, dass es bei einem Unterfallen des nichterwerbstätigen Rentners unter die gesamte VO 492/2011 der RL 2004/38/EG nicht mehr bedurft hätte, die u. a. das Aufenthaltsrecht von nichterwerbstätigen Unionsbürgern regele.[1752] In diesem Zusammenhang wird vielfach die strikte Begrenzung des persönlichen Geltungsbereichs des Art. 7 Abs. 2 VO 492/2011 auf Arbeitnehmer angeführt.[1753] Der nichterwerbstätige Rentner kann auch keine vertiefte Verbindung zum Aufenthaltsstaat nachweisen, die den Bezug von sozialen Vergünstigungen rechtfertigen würde. Aufgrund der derzeit noch sehr starken Fixierung des persönlichen Geltungsbereichs der VO 492/2011 auf den Arbeitnehmer ist der nichterwerbstätige Rentner vom persönlichen Geltungsbereich ausgeschlossen.

Da der Rentner im Nebenerwerb eine abhängige Tätigkeit im Lohn- oder Gehaltsverhältnis ausübt und somit in einem Arbeitsverhältnis zu einem Arbeitgeber steht, in dem er während einer bestimmten Zeit für den Arbeitgeber nach dessen Weisung Leistungen erbringt, für die er als Gegenleistung eine Vergütung erhält, ist er unproblematisch als Arbeitnehmer i. S. des Art. 1 Abs. 1 VO 492/2011 anzusehen.

Fraglich ist, ob der arbeitsuchende Rentner als „Arbeitnehmer" unter den persönlichen Geltungsbereich der VO 492/2011 zu fassen ist. Grundsätzlich ist der EuGH der Auffassung, dass mit der Beendigung des Arbeitsverhältnisses die Arbeitnehmereigenschaft verloren geht.[1754] Er hat anerkannt, dass die Arbeitnehmereigenschaft aber durchaus „Folgewirkungen" haben könne.[1755] In der Rechtssache *Collins* hat der EuGH den persönlichen Anwendungsbereich der VO 492/2011, welcher auf

---

nur auf der Grundlage des Art. 10 VO 492/2011 bzw. genauer gesagt ex. Art. 12 VO 1612/68 in dem Mitgliedstaat aufgehalten. Er selbst erfüllte nicht die Voraussetzungen von Art. 7 Abs. 1 lit. a) RL. Insoweit konnte auch die Mutter, als Elternteil ebenfalls Drittstaatsangehörige ihre Zeiten, die sie aufgrund des abgeleiteten Aufenthaltsrechts ihres Sohnes zurücklegte, nicht für das Daueraufenthaltsrecht geltend machen.

1751 *Feik*, Freizügigkeit der Arbeitnehmer, 59.

1752 *Feik*, Freizügigkeit der Arbeitnehmer, 60.

1753 Siehe *Eichenhofer*, ZESAR 2012, 357 (361).

1754 EuGH Rs. C-85/96 (Martínez Sala) Slg. 1998, I-2691, I-2719 Rn. 32. Vgl. Auch *Forsthoff* in: Grabitz/Hilf, Art. 45 AEUV Rn. 101.

1755 EuGH Rs. C-33/99 (Hassan Fahmi, M. Esmoris Cerdeiro-Pinedo Amado) EuZW 2001, 277 (280 Rn. 42).

Arbeitnehmer beschränkt ist, auch auf Arbeitsuchende erstreckt, da dies im Hinblick auf den grundlegenden Status der Unionsbürgerschaft geboten sei.[1756] Außerdem soll sich der EU-Arbeitsmarkt optimal an die Entwicklungsfähigkeit der Wirtschaft anpassen, ein Ziel, welches gerade in Bezug auf die Freizügigkeit im Vordergrund steht und durch diese Erstreckung noch gefördert werden kann.[1757] Nach dem EuGH ist in Bezug auf Art. 7 Abs. 2 VO 492/2011 hinsichtlich des persönlichen Geltungsbereichs zu differenzieren. Während für Angehörige der Mitgliedstaaten, die in einen anderen EU-Mitgliedstaat zuwandern, um eine Beschäftigung zu suchen, der Grundsatz der Gleichbehandlung nur für den Zugang zur Beschäftigung (Art. 2, Art. 5 VO 492/2011) gelte, genießen diejenigen, die bereits Zugang zum Arbeitsmarkt des Aufnahmemitgliedstaats gefunden haben, aufgrund von Art. 7 Abs. 2 VO 492/2011 die gleichen sozialen und steuerlichen Vergünstigungen wie inländische Arbeitnehmer.[1758] So ist der Begriff des „Arbeitnehmers" in Art. 7 Abs. 2 VO i. w. S. zu verstehen. Er erfasst auch solche „Arbeitnehmer", die im Aufnahmemitgliedstaat bereits gearbeitet haben, aber nicht mehr in einem Arbeitsverhältnis stehen und „gleichwohl als Arbeitnehmer gelten".[1759] Dies ist sinnvoll, denn der arbeitsuchende Rentner, der bereits eine Tätigkeit in einem anderen Mitgliedstaat ausgeübt hat, ist wesentlich stärker integriert im Aufnahmemitgliedstaat als ein Arbeitsuchender, der erstmalig in den Mitgliedstaat zuwandert und eine Beschäftigung sucht.[1760]

Dass der EuGH und der Unionsgesetzgeber den arbeitsuchenden Rentner von der durch Art. 45 AEUV garantierten Arbeitnehmerfreizügigkeit als erfasst ansehen, ergibt sich sowohl aus der VO 492/2011 als auch aus der Rechtsprechung des EuGH. Der EuGH hat in der Rechtssache *Antonissen* klargestellt, dass die arbeitsuchenden Rentner während der Stellensuche ein Aufenthaltsrecht direkt aus Art. 45 Abs. 3 AEUV ableiten können und sich dieses sekundärrechtlich aus den Art. 1 bis 5 der VO 492/2011 ergebe. Die Art. 1 ff. VO 492/2011 gewähren den arbeitsuchenden Rentnern das Recht als Unionsbürger, sich zur Stellensuche in einen anderen Mitgliedstaat zu begeben und setzen demzufolge voraus, das in diesem Aufnahmemitgliedstaat ein Aufenthaltsrecht besteht.[1761]

1756 *Wollenschläger*, EuZW 2005, 309 (311).

1757 Vgl. dazu *Frings*, ZAR 2012, 317 (322).

1758 Vgl. EuGH Rs. C-224/98 (D'Hoop) Slg. 2002, I-6191, I-6220 Rn. 18. Vgl. auch *Stewen*, Freizügigkeitsrecht und soziale Begleitrechte, 152.

1759 EuGH Rs. C-138/02 (Collins) Slg. 2004, I-2703, I-2745 Rn. 30–32. Vgl. auch *Feik*, Freizügigkeit der Arbeitnehmer, 58, der die ehemaligen Arbeitnehmer als „Quasi-Arbeitnehmer" bezeichnet.

1760 *Lippert*, Soziale Vergünstigungen und Arbeitnehmerfreizügigkeit, 47.

1761 Vgl. EuGH Urt. v. 26.02.1991 Rs. C-292/89 (Antonissen) zitiert nach Juris Rn. 14.

Der arbeitsuchende Rentner ist von dem persönlichen Geltungsbereich der VO 492/2011 erfasst. Differenziert werden muss allerdings hinsichtlich des sachlichen Geltungsbereichs zwischen dem arbeitsuchenden Rentner, der bereits im Aufnahmemitgliedstaat gearbeitet hat (Art. 7 Abs. 2 VO 492/2011) und demjenigen, der erstmalig zur Arbeitsuche in diesen einreist (Art. 2, Art. 5 VO 492/2011).

Fraglich ist, ob der verbleibeberechtigte Rentner dem arbeitsuchenden Rentner gleichzustellen ist und auch dieser dem persönlichen Geltungsbereich der VO 492/2011 unterfällt. Des Weiteren wird untersucht, ob auch der daueraufenthaltsberechtigte Rentner von der VO 492/2011 erfasst wird.

Für eine Gleichstellung mit dem arbeitsuchenden Rentner könnte sprechen, dass der verbleibeberechtigte Rentner bereits im Aufnahmemitgliedstaat gearbeitet hat und daher einen ähnlichen Integrationsgrad aufweist. Von Art. 7 Abs. 2 VO 492/2011 werden auch Unionsbürger erfasst, die bereits aus dem Erwerbsleben ausgeschieden sind, wenn die von ihnen beanspruchten sozialen Vergünstigungen untrennbar mit der früheren Erwerbstätigkeit verknüpft sind.[1762] Dies steht in Übereinstimmung mit Art. 45 Abs. 3 lit. d) AEUV, der den Begriff des Arbeitnehmers auch auf „ehemalige Arbeitnehmer" erstreckt, die in einem Arbeitsverhältnis gestanden haben, aber kein neues mehr eingehen werden. Die ehemaligen Arbeitnehmer sind im Aufnahmemitgliedstaat wie einheimische Arbeitnehmer zu behandeln.[1763] Da der Arbeitnehmerbegriff des

---

1762 EuGH Rs. C-389/99 (Rundgren) Slg. 2001, I-3731, I-3776 Rn. 34; Rs. C-85/96 (Martínez Sala) Slg. 1998, I-2691, I-2719 Rn. 32; Rs. C-57/96 (Meints) Slg. 1997, I-6689, 6719 Rn. 40.

1763 *Willms*, Soziale Sicherung, 78. Dies ergibt sich auch im Vergleich mit der RL 2004/38/EG. Nach Art. 17 RL 2004/38/EG erwerben Personen vor Ablauf der fünfjährigen Frist für den Erhalt des Daueraufenthaltsrechts gem. Art. 16 Abs. 1 RL das Recht auf Daueraufenthalt im Aufnahmemitgliedstaat, wenn sie gem. Art. 17 Abs. 1 UA 1 lit. a) S. 1 RL als Arbeitnehmer oder Selbstständige, die zum Zeitpunkt des Ausscheidens aus dem Erwerbsleben das in dem betreffenden Mitgliedstaat für die Geltendmachung einer Altersrente gesetzlich vorgesehene Alter erreicht haben, sofern sie diese Erwerbstätigkeit in dem betreffenden Mitgliedstaat mindestens während der letzten 12 Monate ausgeübt und sich dort seit mindestens drei Jahren ununterbrochen aufgehalten haben. Insoweit entspricht Art. 17 RL 2004/38/EG inhaltlich dem Art. 2 Abs. 1 lit. a) VO 1251/70, welche die Modalitäten des Verbleiberechts regelte und zur Ausführung des Art. 45 Abs. 3 lit. d) AEUV ergangen war und mittlerweile durch die VO 635/2006 aufgehoben wurde. Vgl. zur VO 1251/70 und ihrem Inhalt *Willms*, Soziale Sicherung, 78; ABl. 1970, Nr. L 142/24 ff., berichtigt durch ABl. 1975, Nr. L 324/31 ff. Vgl. zur VO 635/2006 ABl. 2006, Nr. L 112/9. Insoweit ist davon auszugehen, dass Art. 17 RL 2004/38/EG nunmehr das Verbleiberecht

Art. 1 Abs. 1 VO 492/2011 wie Art. 45 AEUV hinsichtlich des persönlichen Geltungsbereichs auszulegen ist,[1764] könnte der verbleibeberechtigte Rentner von der VO 492/2011 erfasst sein. Dies wäre auch sinnvoll, denn in der Sache stellt dieser niemand anderen dar als einen Arbeitnehmer, der im Wohnsitzmitgliedstaat aus seinem bisherigen Arbeitsleben ausgeschieden ist. Der Begriff des Arbeitnehmers gem. Art. 45 AEUV gilt auch hinsichtlich der dem Arbeitnehmer zustehenden sozialen und steuerlichen Vergünstigungen.[1765]

Der EuGH hat die Gleichbehandlung des verbleibeberechtigten Rentners als ehemaligen Arbeitnehmer allerdings bisher nur auf die sozialen Vergünstigungen nach Art. 7 Abs. 2 VO 492/2011 beschränkt.[1766] Nach dem EuGH ist zumindest das

---

regeln soll und damit in Ausfüllung zu Art. 45 Abs. 3 lit. d) AEUV bestimmt, dass auch der ehemalige Arbeitnehmer als Arbeitnehmer gilt.

1764 Vgl. dazu *Husmann*, ZAR 2009, 305 (306).

1765 Vgl. *Brinkmann* in: Huber, AufenthG, § 2 FreizüG/EU Rn. 9. A.A. *Brechmann* in: Calliess/Ruffert, EUV/AEUV, Art. 46 AEUV Rn. 2. Danach sei Art. 46 AEUV für die VO 492/2011 die Rechtsgrundlage. Art. 45 Abs. 3 lit. d) AEUV stelle demgegenüber die speziellere Rechtsgrundlage für das Verbleiberecht dar. Daraus könnte man entnehmen, dass dann auch die VO 492/2011 nicht den verbleibeberechtigten Rentner in ihren persönlichen Geltungsbereich mit einbeziehen könne.

1766 Vgl. dazu EuGH Rs. C-57/96 (Meints) EuZW 1999, 512 (512). In der Rechtssache Meints ging es um den Fall eines deutschen Staatsangehörigen, der in Deutschland wohnt und zuvor als Grenzgänger bei einem landwirtschaftlichen Betrieb in den Niederlanden beschäftigt gewesen und infolge von Flächenstilllegungsmaßnahmen seines früheren Arbeitgebers unfreiwillig arbeitslos geworden war. Herr Meints begehrte daraufhin von den Niederlanden eine Entschädigung, welche allerdings an das Vorhandensein eines Anspruches nach dem niederländischen Arbeitslosengesetz gekoppelt war, welches wiederum einen inländischen Wohnsitz voraussetzte. Der EuGH erklärte daraufhin die niederländische Regelung für unvereinbar mit Art. 7 Abs. 2 VO 1612/68 (nunmehr 492/2011). Siehe auch EuGH Rs. C-33/99 (Hassan Fahmi, M. Esmoris Cerdeiro-Pinedo Amado) EuZW 2001, 277 (281 Rn. 49). Der EuGH wies im Zusammenhang mit dieser Rechtssache in den Entscheidungsgründen darauf hin, dass der damals noch geltende Art. 7 VO 1251/70 über das Verbleiberecht der Arbeitnehmer ausdrücklich bestimme, dass das in der VO 492/2011 enthaltene Recht auf Gleichbehandlung auch für Wanderarbeitnehmer gelte, die ihre Erwerbstätigkeit im Aufnahmemitgliedstaat beendet und sich entschlossen haben in diesem zu verbleiben. Diese Rechtsprechung ist konsequent und gilt auch fort. Durch die RL 2004/38/EG und die Aufhebung der VO 1251/70 hat sich daran nichts geändert. Die VO 1251/70 ist in Art. 17 Abs. 1 UA 1 lit. a) S. 1 RL 2004/38/EG aufgegangen, so dass nicht von einer Änderung der Rechtslage auszugehen ist. Mithin gilt das Verbleiberecht auch für Rentner im ehemaligen Beschäftigungsstaat fort. Nach Art. 17 Abs. 1 UA 1 lit. a) S. 1 RL 2004/38/EG erwerben Arbeitnehmer, die zum Zeitpunkt

in Art. 7 Abs. 2 VO 492/2011 enthaltene Gleichbehandlungsrecht auch auf ehemalige Arbeitnehmer anzuwenden. Die soziale Vergünstigung wird als jedwede öffentliche Zuwendung an eine einzelne in einem Mitgliedstaat arbeitende und/oder sich dort gewöhnlich aufhaltende Person, zur Verbesserung ihrer sozialen oder wirtschaftlichen Verhältnisse verstanden.[1767] Diese Begriffsdefinition lässt

---

des Ausscheidens aus dem Erwerbsleben die gesetzliche Regelaltersgrenze erreicht haben und somit Anspruch auf Altersrente haben, das Daueraufenthaltsrecht im ehemaligen Beschäftigungsstaat, wenn sie die Erwerbstätigkeit mindestens während der letzten zwölf Monate in dem Staat ausgeübt und sich dort seit mindestens drei Jahren ununterbrochen aufgehalten haben. Mit Erhalt des Daueraufenthaltsrechts, sind diese Personen nicht an die Voraussetzungen des Kap. III der RL 2004/38/EG mehr gebunden (Vorbehalt sozialer Absicherung, Krankenversicherungsschutz) und können somit sämtliche Sozialleistungen des Aufnahmemitgliedstaats (auch Sozialhilfe) in Anspruch nehmen. Siehe zur Einbeziehung Nichterwerbstätiger in den Begriff des Arbeitnehmers auch *Feik*, Freizügigkeit der Arbeitnehmer, 58 f. Vgl. zur Einbeziehung des verbleibeberechtigten Rentners *Albers*, Arbeitsuchende Unionsbürger, 89 f. Dieser verweist dazu auf EuGH Urt. v. 18.06.1987 Rs. 316/85 (Lebon) Slg. 1987, 2811; Urt. v. 21.06.1988 Rs. 39/86 (Lair) Slg. 1988, 3161 und Urt. v. 21.06.1988 Rs. 197/86 (Brown) Slg. 1988, 3205, denen er entnimmt, dass die VO 492/2011 entscheidend an den Begriff des „Arbeitnehmers" anknüpfe. Nichterwerbstätige Rentner als „Ausschließlichkeitsrentner" aber auch solche, die in einen anderen Mitgliedstaat zur Arbeitsuche einreisen, in dem sie vorher noch nicht beschäftigt waren, sollen nicht erfasst sein. Demgegenüber seien nach dem EuGH Urt. Lair (Rn. 32 f.), aber Arbeitnehmer erfasst, die zunächst im Aufnahmemitgliedstaat arbeiteten und dann unfreiwillig arbeitslos wurden. Nach dem Urt. Lair gelten Personen, die im Aufnahmemitgliedstaat bereits abhängig beschäftigt waren, aber nicht mehr in einem Beschäftigungsverhältnis stehen, als Arbeitnehmer die sich dann auf Art. 7 Abs. 2 VO 492/2011 berufen können.

1767 Die soziale Vergünstigung wird in ständiger Rechtsprechung als jede Vergünstigung bezeichnet, die ob sie nun auf einem Arbeitsvertrag basiert oder nicht den inländischen Arbeitnehmern wegen ihrer Arbeitnehmereigenschaft oder ihres gewöhnlichen Wohnsitzes im Inland gewährt werde. Vgl. EuGH Urt. v. 10.09.2009 Rs. C-269/07, EuR 2010, 811 (814 Rn. 39). Vgl. auch EuGH Urt. v. 05.05.2011 Rs. C-206/10 (Europäische Kommission/Bundesrepublik Deutschland) BeckRS 2011, 80458 Rn. 32, 34. In dieser Rs. entschied der EuGH, dass die Bundesrepublik Deutschland gegen ihre Verpflichtungen aus Art. 3 Abs. 1 lit. a) VO 883/2004 und Art. 7 Abs. 2 VO 492/2011 dadurch verstoßen habe, dass sie für die Gewährung von Leistungen an Blinde, Gehörlose und Behinderte nach Bestimmungen des Landesrechts für Unionsbürger für die die Bundesrepublik Deutschland der zuständige Staat ist, verlange, dass der Wohnsitz oder der gewöhnliche Aufenthalt im Inland bestehe. Vgl. auch *Eichenhofer*, Sozialrecht der EU, Rn. 332.

sich ebenfalls für die Einbeziehung von verbleibeberechtigten Rentnern anführen. So betreffen die sozialen Vergünstigungen nach Art. 7 Abs. 2 VO 492/2011 nicht mehr nur die Stellung der begünstigten Personen als Arbeitnehmer, sondern auch die Integration in die Gesellschaft des Aufnahmemitgliedstaats.[1768] Sollten ehemalige Arbeitnehmer aber erst als Rentner und somit nach Eintritt in den Ruhestand in einen Mitgliedstaat auswandern, in dem sie selbst nie gearbeitet oder Arbeit gesucht haben und dort auch nicht die Absicht haben eine Beschäftigung im Lohn- oder Gehaltsverhältnis aufzunehmen, ist auf sie Art. 45 AEUV unanwendbar.[1769] Neben dem Recht im Aufnahme- und Beschäftigungsmitgliedstaat zu verbleiben, kommt dem Rentner, das Recht zu, nach dem Ende ihrer Berufstätigkeit in dem Aufnahmemitgliedstaat in ihren Heimatmitgliedstaat zurückzukehren, auch wenn sie sich dort nicht mehr wirtschaftlich betätigen wollen.[1770] Vor diesem Hintergrund wird von der VO 492/2011 der verbleibeberechtigte Rentner erfasst, der im Aufnahmemitgliedstaat ehemals Arbeitnehmer war, aber auch der, der in seinen Heimatstaat zurückkehrt. Fraglich ist, ob dies vor dem Hintergrund der

---

1768 *Everling*, EuR Beiheft 1/1990, 81 (87).

1769 Vgl. EuGH Urt. v. 14.10.2010 Rs. C-345/09 (van Delft) Beck EuRS 2010, 524338 Rn. 90, 91, 93, 95. Im konkreten Fall ging es um niederländische Staatsangehörige (van Delft), die ihre gesamte Berufstätigkeit in den Niederlanden zurückgelegt hatten und erst nach dem Eintritt in den Ruhestand ihren Wohnsitz in einen anderen Mitgliedstaat verlegen wollten, ohne dort je eine Berufstätigkeit ausgeübt oder Arbeit gesucht zu haben. Hier entschied der EuGH dass Art. 45 AEUV keine Anwendung finde. Die Kläger könnten sich aber auf Art. 21 AEUV berufen.

1770 Vgl. hierzu EuGH Urt. v. 11.12.2007 Rs. C-291/08 (Eind) NVwZ 2008, 402 (403 Rn. 27, 32, 35 f.). Danach hat ein Wanderarbeitnehmer das Recht in den Mitgliedstaat zurückzukehren und sich dort aufzuhalten, dessen Staatsangehöriger er ist, nachdem er einer Beschäftigung in einem anderen Mitgliedstaat nachgegangen war. Die Gewährung dieses Rechts sei zur Gewährleistung der praktischen Wirksamkeit des Freizügigkeitsrechts notwendig. Auch könne der Unionsbürger von der Wahrnehmung der Arbeitnehmerfreizügigkeit abgeschreckt werden, wenn er nicht die Aussicht habe nach Ende der Ausübung einer Beschäftigung im Lohn- und Arbeitsverhältnis wieder im Heimatmitgliedstaat mit seinen nahen Angehörigen zusammenleben zu dürfen. Der EuGH wich somit diametral von seiner vorherigen Rechtsprechung im Fall Fahmi und Esmoris ab. Vgl. EuGH Rs. 33/99 (Fahmi und Esmoris) Slg. 2001, I-2415, I-2476 Rn. 58. Hier entschied der EuGH noch, dass der Anspruch für den verbleibeberechtigten Rentner nur auf den Aufnahmemitgliedstaat beschränkt sei und hielt eine Verpflichtung zur Leistung aus Art. 7 Abs. 2 VO 492/2011 nicht mehr für gegeben, wenn der ehemalige Arbeitnehmer den vorherigen Beschäftigungsstaat verlasse und in seinen Herkunftsstaat zurückkehre.

Einheitlichkeit der Unionsrechtsordnung im Vergleich zu Konkretisierungen des Verbleiberechts nach Art. 45 Abs. 3 lit. d) AEUV durch das Sekundärrecht nicht zu beschränkend wirkt, sondern vielmehr ein unionsweites Verbleiberecht zu fordern wäre. Art. 17 Abs. 1 UA 1 lit. a) S. 1 RL 2004/38/EG stellt eine sekundärrechtliche Konkretisierung des Verbleiberechts nach Art. 45 Abs. 3 lit. d) AEUV und gleichsam eine Fortgeltung der VO 1251/70 dar. Das Verbleiberecht nach Art. 17 Abs. 1 UA 1 lit. a) S. 1 RL 2004/38/EG kommt dem verbleibeberechtigten Rentner als ehemaligen Beschäftigten des Aufnahmemitgliedstaats zugute. Von Art. 17 Abs. 1 UA 1 lit. a) S. 1 RL 2004/38/EG ist das Aufenthaltsrecht des daueraufenthaltsberechtigten Rentners zu trennen, welches diesem durch Art. 16 Abs. 1 RL 2004/38/EG gewährt wird. Art. 16 RL 2004/38/EG führt auf der Rechtsgrundlage des Art. 21 Abs. 2 AEUV bei dem daueraufenthaltsberechtigten Rentner nach fünf Jahren ununterbrochenen Aufenthalts im Aufnahmemitgliedstaat zu einem Daueraufenthaltsrecht und ist nicht an eine vorherige Erwerbstätigkeit gekoppelt.[1771] Bei einem Vergleich des Art. 16 und 17 RL 2004/38/EG fällt auf, dass beide Vorschriften nur in einem Mitgliedstaat gelten (bei Art. 16 RL 2004/38/EG im Mitgliedstaat des fünfjährigen ununterbrochenen Aufenthalts und bei Art. 17 RL 2004/38/EG im Mitgliedstaat der ehemaligen Beschäftigung). Dies erscheint konsequent, da nur nach fünfjährigem ununterbrochenem Aufenthalt (Art. 16 RL 2004/38/EG) und zwölfmonatiger Mindestbeschäftigung bei einem dreijährigen ununterbrochenen Aufenthalt (Art. 17 RL 2004/38/EG) der Unionsgesetzgeber von einer Integration in den Aufnahmemitgliedstaat ausgeht. Denn ab diesen Zeiträumen gewährt der Unionsgesetzgeber das Aufenthaltsrecht auf Dauer. Außerdem hat der ehemalige Beschäftigte im Rahmen seiner Erwerbstätigkeit Beiträge nur zu dem Sozialversicherungssystem der letzten Beschäftigung erbracht und nicht in alle Mitgliedstaaten der EU. Er hat sich somit, auch wenn soziale Vergünstigungen, wie z. B. Sozialhilfe beitragsunabhängig sind, durch den Aufenthalt und die finanzielle Beisteuerung durch seine Erwerbstätigkeit und die damit verbundene gesellschaftliche Integration in den Aufnahmemitgliedstaat die sozialen Vergünstigungen eher „verdient" als in jedem anderen europäischen Mitgliedstaat. Der

1771 Dies ebenfalls vertretend *Feik*, Freizügigkeit der Arbeitnehmer, 139, der von einem „Aufenthaltsrecht anderer Natur" spricht und somit zwischen dem Aufenthaltsrecht nach der RL 2004/38/EG und demjenigen aus der VO 1612/68 durchaus differenziert. Allerdings vergleicht Feik nicht das Verbleiberecht aus der RL mit dem Daueraufenthaltsrecht, sondern das Verbleiberecht mit dem Recht nichterwerbstätiger Rentner in jeden anderen Mitgliedstaat der Union sich aufzuhalten, wenn sie nur über Existenzmittel und einen ausreichenden Krankenversicherungsschutz verfügen [Art. 7 Abs. 1 lit. b) RL 2004/38/EG].

Unionsgesetzgeber schließt so eine unionsweite Geltung des Verbleiberechts bzw. vorzeitigen Daueraufenthaltsrechts nach Art. 17 RL 2004/38/EG und des Daueraufenthaltsrechts nach Art. 16 RL 2004/38/EG aus, was aufgrund der vorgenannten Gesichtspunkte nachvollziehbar erscheint. Nach der Rechtsprechung des EuGH in der Rechtssache *Eind* hat der ehemalige Arbeitnehmer, das Recht von sämtlichen Sozialleistungen im Beschäftigungsstaat profitieren zu können. Diese Rechtsprechung hat der EuGH noch erweitert und diesem auch das Recht zugestanden in seinen ehemaligen Herkunftsstaat zurückzukehren.[1772] Die Begründung des EuGH dazu ist ebenfalls überzeugend, da es den Unionsbürger durchaus abschrecken könne, wenn er seine Beschäftigung in einem anderen Mitgliedstaat ausübt und zum Erhalt von sozialen Vergünstigungen in diesem Mitgliedstaat zu verweilen habe und nicht aus Gründen der Familienzusammenführung in seinen Herkunftsstaat zurückkehren dürfe.[1773]

Für eine Anwendbarkeit des persönlichen Geltungsbereichs der VO 492/2011 auch auf verbleibeberechtigte Rentner kann der Art. 7 VO 1251/70 angeführt werden. Art. 7 VO 1251/70 bestimmte, dass das in der VO 1612/68 nunmehr VO 492/2011 festgelegte Recht auf Gleichbehandlung auch für die Begünstigten der VO 1251/70 galt. Die VO 1251/70 regelte das Recht der Arbeitnehmer, nach Beendigung der Beschäftigung im Hoheitsgebiet eines Mitgliedstaats zu verbleiben. Nunmehr ist das Verbleiberecht in Art. 17 RL 2004/38/EG reglementiert. Durch den Verweis in der VO 1251/70 auf die VO 1612/68, nunmehr VO 492/2011, sollte auch auf Verbleibeberechtigte als ehemalige Arbeitnehmer der Art. 7 Abs. 2 VO 492/2011 Anwendung finden.[1774] Danach wäre der verbleibeberechtigte Rentner in den persönlichen Geltungsbereich der VO 492/2011 mit einbezogen.

Gegen eine Erstreckung des persönlichen Geltungsbereichs der VO 492/2011 auf verbleibeberechtigte Rentner spricht, dass der Verweis in der RL 2004/38/EG auf die VO 492/2011 und ihr Gleichbehandlungsrecht nicht mehr zu finden ist. Der Erwägungsgrund 19 der RL 2004/38/EG verweist nur auf die VO

1772 Vgl. hierzu EuGH Urt. v. 11.12.2007 Rs. C-291/08 (Eind) NVwZ 2008, 402 (403 Rn. 27, 32, 35 f.). Das der Arbeitnehmer sämtliche Sozialleistungen im Beschäftigungsstaat beanspruchen kann, ergibt sich dabei aus einem Umkehrschluss zu Rn. 28 und 29 des Urteils.

1773 Vgl. zur Begründung ausführlich EuGH Urt. v. 11.12.2007 Rs. C-291/08 (Eind) NVwZ 2008, 402 (403 Rn. 27, 32, 35 f.).

1774 Vgl. dazu *Feik*, Freizügigkeit der Arbeitnehmer, 137. Dieser ging davon aus, dass der Verweis für die ehemaligen nunmehr verbleibeberechtigten Arbeitnehmer vor allem die Wahrung der Rechte des Art. 7 Abs. 2 VO 1612/68 bedeute.

1251/70 aber nicht auf die Fortgeltung des Gleichbehandlungsgrundsatzes der VO 492/2011. Dies könnte auch als unnötig erscheinen, da sich bereits aus Art. 24 Abs. 1 RL 2004/38/EG ein umfassendes Gleichbehandlungsrecht unmittelbar aus der RL für den durch die RL geschützten Personenkreis und somit auch den verbleibeberechtigten Rentner ableiten lässt. Gegen die Anwendbarkeit der VO 492/2011 kann darüber hinaus angeführt werden, dass das Daueraufenthaltsrecht in der RL 2004/38/EG geregelt worden ist. Für den verbleibeberechtigten Rentner, der aus dem Arbeitsleben im Beschäftigungsstaat ausgeschieden ist und bereits das vorzeitige Daueraufenthaltsrecht erworben hat, wird deshalb angenommen, dass dieser nunmehr vorrangig gem. Art. 24 Abs. 1 RL 2004/38/EG einem umfassenden Gleichbehandlungsgebot unterliege, welcher die Anwendung des Art. 7 Abs. 2 VO 492/2011 ausschließe.[1775] Eines Rückgriffs auf den allgemeinen Gleichbehandlungsgrundsatz des Art. 7 Abs. 1 VO 492/2011, der eine Gleichbehandlung mit inländischen Arbeitnehmern im Aufnahmemitgliedstaat vorsieht hinsichtlich aller Beschäftigungs- und Arbeitsbedingungen, und den besonderen Gleichheitssatz des Art. 7 Abs. 2 VO 492/2011, der eine Gleichbehandlung hinsichtlich der sozialen und steuerlichen Vergünstigungen mit inländischen Arbeitnehmern vorschreibt, bedarf es nach dieser Auffassung nicht. Dafür spricht auch, dass sich der Wortlaut des Art. 1 Abs. 1, Art. 7 Abs. 1 VO 492/2011 ausdrücklich nur auf Arbeitnehmer bezieht. Des Weiteren lässt sich nicht überzeugend von der Begriffsdefinition der sozialen Vergünstigungen auf den sachlichen Geltungsbereich des Art. 7 Abs. 2 VO 492/2011 und dann auf den persönlichen Geltungsbereich schließen. Für die Anwendbarkeit des sachlichen Geltungsbereichs ist aber zunächst Voraussetzung, dass auch der persönliche Geltungsbereich der VO erfüllt ist. Diese beiden Geltungsbereiche dürfen nicht miteinander vermischt werden. Ansonsten besteht die Gefahr eines Zirkelschlusses. Die RL 2004/38/EG sollte umfassend das Freizügigkeitsrecht für Nichterwerbstätige regeln und steht damit neben der VO 492/2011. Da sich der persönliche Geltungsbereich der VO 492/2011 strenggenommen nur auf Arbeitnehmer bezieht, die mit Ausnahme des arbeitsuchenden Rentners über ein aktuelles abhängiges Arbeitsverhältnis verfügen, müssten der verbleibeberechtigte Rentner und der daueraufenthaltsberechtigte Rentner eigentlich außen vor bleiben. Danach wären der verbleibeberechtigte Rentner und der daueraufenthaltsberechtigte Rentner von dem persönlichen Geltungsbereich der VO 492/2011 nicht erfasst.

Nach der hier vertretenen weiten Auffassung sind der verbleibeberechtigte und der daueraufenthaltsberechtigte Rentner von dem persönlichen Geltungsbereich

1775 Vgl. *Stewen*, Freizügigkeitsrecht und soziale Begleitrechte, 152 f.

der VO 492/2011 erfasst. Denn eine Nichteinbeziehung des verbleibeberechtigten Rentners und des daueraufenthaltsberechtigten Rentners mangels Verweises in der RL 2004/38/EG auf die VO 492/2011 und ihren Gleichbehandlungsgrundsatz erscheint insgesamt als zu restriktiv.

Wenn der EuGH den Arbeitnehmerbegriff schon unionsrechtlich versteht und den verbleibeberechtigten Rentner als Arbeitnehmer generell ansieht (vgl. zum Arbeitnehmerbegriff i. S. des Art. 45 AEUV),[1776] dann kann er bei der sekundärrechtlichen Ausgestaltung nicht zurückrudern und den eigentlich unter den Arbeitnehmerbegriff zu subsumierenden verbleibeberechtigten Rentner lediglich die sozialen Vergünstigungen nach Art. 7 Abs. 2 VO 492/2011 zukommen lassen. Hier ist davon auszugehen, dass der EuGH, wenn er den verbleibeberechtigten Rentner als Arbeitnehmer anerkennt, ihm sämtliche dem Arbeitnehmer aus der VO 492/2011 zuerkannten Rechte zukommen lassen sollte. Der EuGH kann den Arbeitnehmerbegriff nach dem Vorgesagten nur einheitlich verstehen. Dies gilt insb. vor dem Hintergrund, dass es sich bei Art. 45 AEUV um Primärrecht handelt, welches schon in der europäischen Hierarchiestruktur dem Sekundärrecht vorgeht und insoweit sich das Sekundärrecht auch hinsichtlich seiner Gültigkeit an dem Primärrecht messen lassen müsse.[1777] Das Sekundärrecht hat das Primärrecht unbedingt zu beachten bzw. das Sekundärrecht ist entsprechend dem Primärrecht auszulegen.

Der EuGH kann selbstverständlich auch hier die Zuerkennung der Rechte an ein bestehendes Verbleiberecht im Aufnahmemitgliedstaat nach Art. 45 Abs. 3 lit. d) AEUV i. V. m. Art. 17 Abs. 1 UA 1 lit. a) S. 1 RL 2004/38/EG knüpfen. Sollte ein solches aber existieren, kann er dem verbleibeberechtigten Rentner den Arbeitnehmerstatus nicht mehr verweigern. In der Vergangenheit hat er in seiner Rechtsprechung, allerdings noch unter Bezugnahme auf die VO 1251/70 den verbleibeberechtigten im Ruhestand sich befindenden Rentner als Arbeitnehmer angesehen. Beispielhaft wird diesbezüglich das Urt. des EuGH *Schmid* benannt. Hier hat der EuGH einem Kläger, der früher bei einer Europäischen Organisation (im vorliegenden Fall Eurocontrol) als Beamter beschäftigt war und sich im Ruhestand befand und auf ein Verbleiberecht berufen konnte, als Arbeitnehmer

---

1776 *Wölker/Grill* in: von der Groeben/Schwarze, EU-/EG-Vertrag, Art. 40 EG Rn. 8.

1777 Vgl. zum Verhältnis von Primärrecht und Sekundärrecht *Wißmann* in: Müller-Glöge/Preis/Schmidt, Erfurter Kommentar zum Arbeitsrecht, Vorbemerkung zum AEUV Rn. 17. Siehe auch *Husmann*, ZESAR 2014, 70 (78) der das Primärrecht als das ranghöchste EU-Recht bezeichnet, an dem sich die Ausgestaltung des Sekundärrechts messen lassen müsse.

i. S. der VO 1612/68 angesehen. Der Kläger, der eine Beschäftigung in dem Aufnahmemitgliedstaat ausgeübt hatte, könne sich auf sämtliche Bestimmungen der VO 1612/68, insb. auf Art. 7 Abs. 2 VO 1612/68 berufen.[1778] Trotz des Fehlens des Verweises in Art. 17 Abs. 1 UA 1 lit. a) S. 1 RL 2004/38/EG ist nicht ersichtlich, warum der EuGH seine Rechtsprechung, die den Unionsbürger begünstigt, aufgeben sollte. Vielmehr ist der Nichtverweis in Art. 17 RL 2004/38/EG auf die VO 492/2011 möglicherweise als Redaktionsversehen des Unionsgesetzgebers anzusehen und sollte bei einer zukünftigen Änderung der RL unbedingt wieder in dieser enthalten sein. Darüber hinaus sind die Begriffe Sozialleistungen oder Sozialhilfe in der RL 2004/38/EG nicht deckungsgleich mit dem Begriff der sozialen Vergünstigungen i. S. der VO 492/2011. Dies kann schon bereits deshalb nicht der Fall sein, weil mit der Gewährung der Leistungen der VO 492/2011 die Arbeitnehmer privilegiert werden sollen im Verhältnis zu Nichterwerbstätigen der RL 2004/38/EG. Wenn jemand, der dem Gleichbehandlungsgrundsatz der RL 2004/38/EG unterfällt, immer auch sofort von sämtlichen sozialen Vergünstigungen profitieren sollte, wäre eine spezielle Privilegierung und Abstellung auf den Begriff der Arbeitnehmer in der VO 492/2011 komplett überflüssig. Vielmehr stellt die Sozialhilfe lediglich ein Beispiel für eine soziale Vergünstigung dar. Die soziale Vergünstigung ist aber nicht stets Sozialleistung i. S. der RL 2004/38/EG. Die Unterscheidung zwischen Nichterwerbstätigen und Arbeitnehmern wäre ansonsten vollkommen aufgehoben. Das kann der Unionsgesetzgeber nicht gewollt haben. Demzufolge kann es nicht als ausreichend angesehen werden, wenn der verbleibeberechtigte Rentner nur dem Gleichbehandlungsgrundsatz der RL 2004/38/EG unterfällt und Sozialleistungen oder Sozialhilfe erhält, aber von anderen sozialen Vergünstigungen der VO 492/2011 ausgeschlossen wird.

1778 Vgl. EuGH Rs. C-310/91 zitiert nach Juris Rn. 21 ff. In der Rechtssache hat der EuGH Art. 7 Abs. 2 VO 1612/68 dahingehend ausgelegt, dass sich ein Staatsangehöriger eines Mitgliedstaats, der ehemaliger Beamter einer internationalen Organisation sei, auf ihn berufen könne, um eine in den Rechtsvorschriften des Mitgliedstaats, in dem er wohnhaft ist und der nicht sein Herkunftsmitgliedstaat ist, vorgesehene Leistung für erwachsene Behinderte zugunsten seines unterhaltsberechtigten Kindes erlangen könne. Eine an die Staatsangehörigkeit des Begünstigten anknüpfende Bedingung sei mit dieser Bestimmung unvereinbar. Vgl. auch die Schlussanträge des GA Lenz v. 12.01.1993 Slg 1993, I-3022, I-3032 ff. Der GA Lenz stellte hierbei aber insb. darauf ab, dass der Kläger seiner Tochter weiterhin zum Unterhalt verpflichtet war. Siehe Slg. 1993, I-3034.

Auch verfängt das Argument nicht, dass der verbleibeberechtigte und der daueraufenthaltsberechtigte Rentner bereits ausreichend durch den allgemeinen Gleichbehandlungsgrundsatz des Art. 24 Abs. 1 RL 2004/38/EG geschützt seien. Nach Art. 24 Abs. 1 RL 2004/38/EG genießen der verbleibeberechtigte und der daueraufenthaltsberechtigte Rentner die sich aufgrund der RL im Hoheitsgebiet des Aufnahmemitgliedstaats aufhalten, im Anwendungsbereich des AEUV – nur vorbehaltlich spezifischer und ausdrücklich im AEUV und im Sekundärrecht vorgesehener Bestimmungen – die gleiche Behandlung wie Staatsangehörige des Mitgliedstaats. Der in Art. 24 Abs. 1 RL enthaltene Vorbehalt bezieht sich vordergründig auf spezielle Ausgestaltungen der Inländergleichbehandlung im Sekundärrecht, wie z. B. Art. 7 Abs. 2 VO 492/2011.[1779] Der Gleichbehandlungsgrundsatz aus Art. 7 Abs. 1 und 7 Abs. 2 VO 492/2011 ist somit tatsächlich spezieller als der allgemeine Gleichbehandlungsgrundsatz des Art. 24 Abs. 1 RL 2004/38/EG. Unterfallen der verbleibeberechtigte und der daueraufenthaltsberechtigte Rentner dem Schutzbereich der VO 492/2011, was vorliegend vertreten wird, sind auf sie auch die spezielleren Gleichbehandlungsgrundsätze für Arbeitnehmer anzuwenden und ein Rückgriff auf Art. 24 Abs. 1 RL 2004/38/EG gerade nicht ausreichend.

Mit Erhalt des Daueraufenthaltsrechts nach Art. 17 Abs. 1 UA 1 lit. a) S. 1 RL 2004/38/EG wird das Aufenthaltsrecht des Unionsbürgers an keine weiteren Voraussetzungen der RL 2004/38/EG mehr geknüpft (z. B. Vorbehalt der sozialen Absicherung). Ab diesem Zeitpunkt wird der personenbezogene Ansatz der RL 2004/38/EG aufgehoben, so dass eine völlige Gleichstellung von Arbeitnehmern und Nichterwerbstätigen nach der RL 2004/38/EG bewirkt wird.[1780] Dies gilt selbstverständlich auch, wenn der daueraufenthaltsberechtigte Rentner sich bereits fünf Jahre lang ununterbrochen im Aufnahmemitgliedstaat rechtmäßig aufgehalten hat und somit das Daueraufenthaltsrecht gem. Art. 16 Abs. 1 RL 2004/38/EG erworben hat. Diese besondere Privilegierung durch die Art. 16 und Art. 17 RL 2004/38/EG sollte auch auf die VO 492/2011 durchschlagen.

Wird ein verbleibeberechtigter Rentner als Arbeitnehmer vom EuGH angesehen, verfügt er auch über alle Rechte, die der EuGH dem Arbeitnehmer aus der VO 492/2011 zubilligt. Alles andere würde zu Rechtsunsicherheit führen und der vom EuGH propagierten Einheitlichkeit des Arbeitnehmerbegriffs diametral entgegenlaufen. Nach dem EuGH kommen dem arbeitsuchenden Rentner in der Rechtssache *Collins* nach Beendigung des Arbeitsverhältnisses im Aufnahmemitgliedstaat die Rechte aus Art. 7 Abs. 2 VO zugute, wenn sich der arbeitsuchende

1779 *Schönberger*, Unionsbürger, 371.

1780 So auch *Schönberger*, Unionsbürger, 368.

Rentner um eine neue Beschäftigung im Aufnahmemitgliedstaat bemüht und nicht von vornherein feststeht, dass eine Erwerbstätigkeit nicht mehr möglich ist.[1781] Es ist aufgrund der Notwendigkeit Rechtssicherheit und Rechtsklarheit zu schaffen, unabdingbar, dass die Ausstrahlungswirkung der RL 2004/38/EG und der mit ihr verbundenen Zielsetzung des Unionsgesetzgebers die Freizügigkeit Nichterwerbstätiger zu fördern, auch bei der Auslegung der VO 492/2011 berücksichtigt wird. Der EuGH hat in der Rechtssache *Collins* deshalb auch zu Recht darauf hingewiesen, dass der Begriff des Arbeitnehmers in der VO 492/2011 nicht einheitlich gebraucht werde. Vielmehr geschehe dies im Einklang mit der Rechtsprechung des Gerichtshofs. Nach der Rechtssache *Collins* hat der EuGH aber ganz klar herausgestellt, dass der arbeitsuchende Rentner, der in seinem Aufnahmemitgliedstaat bereits gearbeitet hat und jetzt nicht mehr in einem Arbeitsverhältnis steht, aber dort weiterhin Arbeit sucht, als Arbeitnehmer i. S. der VO 492/2011 anzusehen ist.

Der EuGH sollte konsequenterweise dementsprechend auch den verbleibeberechtigten und den daueraufenthaltsberechtigten Rentner ausdrücklich in den persönlichen Geltungsbereich mit einbeziehen. Darüber hinaus könnte auch der Unionsgesetzgeber für Klarheit sorgen und rechtsetzend tätig werden. So wird zunehmend in der Literatur bezweifelt, ob eine strikte Beschränkung des Gleichbehandlungsgrundsatzes in Art. 7 Abs. 2 VO 492/2011 auf Arbeitnehmer noch mit der Fortentwicklung des Freizügigkeitsrechts, welches der Unionsgesetzgeber ausdrücklich auch auf Nichterwerbstätige erstreckt hat, vereinbar ist.[1782]

Die Fortentwicklung des Freizügigkeitsrechts und deren Erstreckung auch auf verbleibeberechtigte Rentner, sollte Niederschlag in der VO 492/2011 finden und damit den Rentnern allgemein die Möglichkeit gegeben werden soziale Vergünstigungen zu erhalten. Unklar ist insoweit warum er lediglich Sozialhilfe nach der RL 2004/38/EG als eine mögliche soziale Vergünstigung beziehen kann und nicht auch an allen anderen sozialen Vergünstigungen partizipieren soll. Die Beschränkung auf die bloße Erwerbstätigkeit in der VO 492/2011 erscheint vor dem Hintergrund der Erstreckung des Freizügigkeitsrechts auf Nichterwerbstätige

---

1781 Vgl. EuGH Rs. 122/84 (Scrivner und Cole) Slg. 1985, 1027, 1031 Rn. 5, 1033 Rn. 12, 1034f Rn. 20, 1036 Rn. 26, wonach ausreicht, dass der Unionsbürger „zur Arbeit zur Verfügung steht“ für die Subsumierung der belgischen „Hilfe zum Lebensunterhalt“ und damit einer Leistung, durch die der notwendige Lebensunterhalt sichergestellt werden soll, unter Art. 7 Abs. 2 VO 1612/68. Vgl. ebenfalls *Stewen*, Freizügigkeitsrecht und soziale Begleitrechte, 153. Vgl. auch *Forsthoff* in: Grabitz/Hilf, Art. 45 AEUV Rn. 111.

1782 So *Eichenhofer*, ZESAR 2012, 357 (361).

in der RL 2004/38/EG als zu restriktiv. Demnach sollte ein Verweis in Art. 17 RL 2004/38/EG auf die VO 492/2011 aufgenommen werden, welcher klarstellt, dass der verbleibeberechtigte und der daueraufenthaltsberechtigte Rentner vom persönlichen Geltungsbereich der VO 492/2011 erfasst sind und die Rechte aus der VO 492/2011 auch für diese Geltung entfalten. Der zum Daueraufenthalt berechtigte [entweder nach fünf Jahren gem. Art. 16 Abs. 1 RL 2004/38/EG oder vorzeitig als verbleibeberechtigter ehemaliger Arbeitnehmer gem. Art. 17 Abs. 1 UA 1 lit. a) S. 1 RL 2004/38/EG] Rentner, der bereits einmal Zugang zum Arbeitsmarkt des Aufnahmemitgliedstaats gefunden hatte, sollte durch die Rechtsprechung des EuGH oder durch eine Änderung des persönlichen Geltungsbereichs der VO 492/2011 durch den Unionsgesetzgeber in die VO 492/2011 ausdrücklich mit einbezogen werden.

Im Ergebnis ist der nichterwerbstätige Rentner von dem persönlichen Geltungsbereich der VO 492/2011 ausgenommen.

Der Rentner im Nebenerwerb als Arbeitnehmer, der von seiner Arbeitnehmerfreizügigkeit Gebrauch macht, ist unproblematisch von der VO 492/2011 umfasst.

Ein „Arbeitnehmer" i. S. der VO 492/2011 stellt auch der arbeitsuchende Rentner dar.

Auf den vorzeitig als verbleibeberechtigten ehemaligen Arbeitnehmer gem. Art. 17 Abs. 1 UA 1 lit. a) S. 1 RL 2004/38/EG oder den regulär nach fünf Jahren zum Daueraufenthalt berechtigten Rentner erstreckt sich der persönliche Geltungsbereich der VO 492/2011.

2. Sachlicher Geltungsbereich

Art. 1 Abs. 1 VO 492/2011 beinhaltet für jeden Staatsangehörigen eines Mitgliedstaats und somit den Rentner im Nebenerwerb, den arbeitsuchenden Rentner, den verbleibeberechtigten Rentner und den daueraufenthaltsberechtigten Rentner ungeachtet des Wohnorts, das Recht der Aufnahme und Ausübung einer abhängigen Erwerbstätigkeit im Hoheitsgebiet eines anderen Mitgliedstaats nach den für die Arbeitnehmer dieses Staats geltenden Rechts- und Verwaltungsvorschriften. Nach Art. 1 Abs. 2 VO 492/2011 gilt das Diskriminierungsverbot der VO 492/2011 auch für das Arbeitsvermittlungsverfahren.[1783] Nach Art. 1 Abs. 2

1783 *Eichenhofer* in: Dauses, Hdb. d. EU-Wirtschaftsrechts, Band 1, D. III. Rn. 22. Vgl. auch Art. 1 Abs. 2 VO 1612/68 wonach jeder Staatsangehörige eines Mitgliedstaats der EU in einem anderen Mitgliedstaat wie Staatsangehörige dieses Mitgliedstaats mit dem „gleichen Vorrang Anspruch auf Zugang zu den verfügbaren Stellen" habe.

VO 492/2011 haben Arbeitnehmer eines anderen EU-Staats das Zugangsrecht im Aufnahmemitgliedstaat zu den verfügbaren Stellen, wie die Staatsangehörigen im Inland. Dies impliziert, dass Gründe wie etwa hohe Arbeitslosigkeit im Inland nicht mehr für einen Ausschluss des Freizügigkeitsrechts des Rentners im Nebenerwerb oder arbeitsuchenden Rentners herangezogen werden dürfen.[1784]

Die Gleichbehandlung muss sich „tatsächlich und rechtlich auf alles erstrecken, was mit der eigentlichen Ausübung einer Tätigkeit im Lohn- oder Gehaltsverhältnis und mit der Beschaffung einer Wohnung im Zusammenhang steht".[1785] Darüber hinaus müssen alle Mobilitätshindernisse beseitigt werden und somit insb. das Recht des Arbeitnehmers gewährleistet sein, seine Familie nachkommen zu lassen.[1786] Die VO 492/2011 enthält im Wesentlichen in Art. 1 VO 492/2011 den Grundsatz der Inländergleichbehandlung.[1787] Art. 1 VO 492/2011 wird durch die Art. 2 bis 6 VO 492/2011 konkretisiert.[1788] Diese Artikel schreiben eine Gleichbehandlung des Rentners im Nebenerwerb hinsichtlich der Stellenangebote oder der Arbeitsgesuche (Art. 2 VO) und des Zugangs zu einer Erstbeschäftigung für den arbeitsuchenden Rentner und einer anderen Beschäftigung für den Rentner im Nebenerwerb (Art. 3 VO) vor. Der Rentner ist vor unmittelbaren und mittelbaren Diskriminierungen geschützt, die den Rentnern den Zugang zur Beschäftigung erschweren bzw. einen solchen ausschließen.[1789] Unzulässige nationale Vorschriften und Praktiken sind in Art. 3 Abs. 2 VO 492/2011 zu finden. Danach ist z. B. ein in einem Mitgliedstaat zwingend vorgeschriebenes besonderes Verfahren für die Anwerbung ausländischer Arbeitnehmer von der VO 492/2011 nicht gedeckt [vgl. Art. 3 Abs. 2 lit. a) VO]. Allerdings können hinsichtlich des Zugangs zur Beschäftigung aufgrund des Erfordernisses von Sprachkenntnissen für bestimmte Stellen Ausnahmen getroffen werden (Art. 3 Abs. 1 UA 2 VO). Zahlen- oder anteilsmäßige Beschränkungen für die Beschäftigung ausländischer Staatsangehöriger werden von Art. 4 VO untersagt. In diesem Zusammenhang hat der EuGH eine nationale Regelung als unionsrechtswidrig angesehen, die ein Schiff nur dann zum Fischfang unter Ausnutzung seiner Fangquoten zuließ, wenn 75 % der Besatzungsmitglieder in diesem Mitgliedstaat wohnten, da dies eine mittelbare Diskriminierung aus Gründen

---

1784 Siehe *Feik*, Freizügigkeit der Arbeitnehmer, 119.

1785 Vgl. 6. Erwägungsgrund VO 492/2011.

1786 Vgl. 6. Begründungserwägung der Präambel VO 492/2011.

1787 *Muckel/Ogorek*, Sozialrecht, § 21 Rn. 42, 44; *Schulte* in: von Maydell/Ruland/Becker, Sozialrechtshandbuch, § 33 Rn. 152.

1788 *Coester/Denkhaus* in: Oetker/Preis, EAS B 2100, Rn. 23.

1789 *Coester/Denkhaus* in: Oetker/Preis, EAS B 2100, Rn. 26.

der Staatsangehörigkeit sei.[1790] Art. 5 VO verpflichtet nationale Arbeitsämter zur Gleichbehandlung des arbeitsuchenden Rentners und des Rentners im Nebenerwerb mit den eigenen Staatsangehörigen bei der Arbeitssuche. Art. 6 Abs. 1 VO betrifft unmittelbar den Arbeitgeber und verlangt eine Gleichbehandlung hinsichtlich der Prüfung der Einstellungsvoraussetzungen (Gesundheitszustand, Berufs- bzw. Qualifikationsvoraussetzungen, sonstige Anforderungen). Insoweit darf z. B. nicht pauschal von ausländischen Arbeitnehmern verlangt werden, dass sie unterhalb einer Altersgrenze von 45 Jahren für eine Einstellung liegen, wenn dies nicht ebenfalls von Inländern zu erfüllen ist. Insgesamt garantieren die Art. 1 bis 6 VO 492/2011 einen gleichberechtigten Zugang zum Arbeitsmarkt für den Rentner im Nebenerwerb und den arbeitsuchenden Rentner aus einem anderen Mitgliedstaat.

Das allgemeine europarechtliche Verbot der Diskriminierung ausländischer Arbeitnehmer (Art. 45 Abs. 2 AEUV) wird durch die Art. 7 bis 9 VO im Hinblick auf die Ausübung der Beschäftigung konkretisiert.[1791] Die Art. 7 bis 9 VO beruhen auf der Erwägung, dass nur eine volle Gleichberechtigung zwischen den aus anderen Mitgliedstaaten stammenden und den inländischen Arbeitnehmern die von Art. 4 Abs. 2 lit. a) AEUV i. V. m. Art. 26 Abs. 2 AEUV angedeutete Beseitigung der Hindernisse des freien Personenverkehrs verwirklichen könne.[1792] Die wichtigste Norm im Hinblick auf Rentner stellt Art. 7 Abs. 1 und 2 VO dar. Art. 7 Abs. 1 VO bestimmt die Gleichberechtigung für Arbeitnehmer, die Staatsangehörige eines Mitgliedstaats der Union sind, im Hinblick auf die Beschäftigungs- und Arbeitsbedingungen in einem anderen Mitgliedstaat. Die Bestimmung bezweckt, Arbeitnehmer in den Mitgliedstaaten in Bezug auf Vorschriften, die ihre finanziellen Ansprüche und ihre Rechtsstellung betreffen, abzusichern.[1793] Dabei erstreckt sich die Gleichbehandlung auf die in den Arbeitsverträgen enthaltenen Konditionen als auch auf alle vom Arbeitgeber gewährten Zusatzleistungen.[1794] Art. 7 Abs. 1 VO ist daher nur auf

1790 EuGH Urt. v. 14.12.1989 Rs. C-3/87 zitiert nach Juris Rn. 26; EuGH Urt. v. 17.11.1992 Rs C-279/89 zitiert nach Juris Rn. 45. In diesen Urteilen wurde es als unzulässig angesehen, dass die Staatsangehörigen eines anderen Mitgliedstaats das Wohnsitzerfordernis in dem Mitgliedstaat (hier: Vereinigtes Königreich) erfüllen mussten, unter dessen Flagge das Schiff fuhr.

1791 *Schneider/Wunderlich* in: Schwarze, EU-Kommentar, Art. 39 EGV Rn. 70.

1792 Vgl. 6. Erwägungsgrund VO 492/2011. Vgl. ebenfalls *Feik*, Freizügigkeit der Arbeitnehmer, 71.

1793 *Coester/Denkhaus* in: Oetker/Preis, EAS B 2100, Rn. 34.

1794 Vgl. *Feik*, Freizügigkeit der Arbeitnehmer, 72f. Erfasst seien nach Feik auch z.B. Vereinbarungen über den technischen Arbeitsschutz, die Aufstiegsmöglichkeiten, freiwillige Sozialleistungen, Arbeitszeit.

den ersten Blick für den Rentner im Nebenerwerb von Bedeutung, da nur dieser aufgrund des Beschäftigungsverhältnisses spezifischen Arbeitsbedingungen unterliegt. Allerdings kann er auch für den daueraufenthaltsberechtigten Rentner hinsichtlich der beruflichen Wiedereingliederung und Wiedereinstellung von Bedeutung sein.

Art. 7 Abs. 2 VO verfügt eine Gleichberechtigung des ausländischen Arbeitnehmers mit inländischen Arbeitnehmern hinsichtlich steuerlicher und sozialer Vergünstigungen. Nach der grammatischen und teleologischen Auslegung der Vorschrift sind beide Arten der Vergünstigung als gleichberechtigt anzusehen und schränken sich nicht gegenseitig ein.[1795] Dabei werden alle durch ein Gesetz oder andere hoheitliche Maßnahmen gewährten Vergünstigungen umfasst. Hierbei ist es unerheblich, ob es sich um eine Maßnahme der Zentralgewalt, der Organe eines Bundesstaats oder sonstiger Gebietskörperschaften handelt.[1796] Diskriminierungen sind nach ständiger Rechtsprechung nur durch vernünftige Gründe zu rechtfertigen und müssen verhältnismäßig sein.[1797] Art. 7 Abs. 2 VO verfügt zunächst eine Gleichbehandlung hinsichtlich der steuerlichen Vergünstigungen. Dies ist insb. deshalb für den Rentner im Nebenerwerb von Bedeutung, weil das Recht der direkten Steuern, wie z. B. der Einkommenssteuer, nach wie vor in die Zuständigkeit der Mitgliedstaaten fällt.[1798] Beeinträchtigungen der Gewährleistung des Art. 7 Abs. 2 VO hatte der EuGH mit der Begründung der „Kohärenz des Steuersystems“ als gerechtfertigt angesehen.[1799] Demgegenüber hat der EuGH als

1795 Vgl. dazu *Lippert*, Soziale Vergünstigungen und Arbeitnehmerfreizügigkeit, 69.

1796 EuGH Rs. 9/74 (Casagrande) Slg. 1974, 773, 780 Rn. 6.

1797 EuGH Rs. C-221/89 (Factortame) Slg. 1991, I-3905, I-3967 Rn. 32; *Beschorner*, ZFSH/SGB 2007, 643 (645, 647).

1798 EuGH Urt. v. 13.12.2005 Rs. C-446/03 (Marks & Spencer) EuR 2006, 266 (269 Rn. 29); EuGH Urt. v. 30.01.2007 Rs. C-159/04 (Kommission/Dänemark) EuZW 2007, 341 (342 Rn. 34); *Schneider/Wunderlich* in: Schwarze, EU-Kommentar, Art. 39 EGV Rn. 76.

1799 EuGH Rs. C-107/94 (Asscher) Slg. 1996, I-3089, I-3128 Rn. 56. Der EuGH verlangte später einen unmittelbaren Zusammenhang zwischen der Gewährung des Vorteils und der steuerlichen Belastung, welche den Steuervorteil auszugleichen habe und das Belastung und Ausgleich bei demselben Steuerpflichtigen im Rahmen einer einzigen Besteuerung erfolgen müssten [vgl. hierzu EuGH Rs. C-168/01 (Bosal) Slg. 2003, I-9409, I-9442 Rn. 29], womit infolge der restriktiven Rechtsprechung die Rechtfertigungsmöglichkeit „praktisch leer“ laufe. Vgl. mit Verweis auf diese Rechtsprechungsentwicklung *Schneider/Wunderlich* in: Schwarze, EU-Kommentar, Art. 39 EGV Rn. 77. Inzwischen scheint der EuGH dem Kriterium desselben Steuerpflichtigen nicht mehr so viel Gewicht beizumessen. Vgl. dazu EuGH Rs. C-524/04 (Thin Group Litigation) Rn. 68 f. abrufbar unter: http://curia.europa.eu/de/content/juris/

mittelbare Diskriminierungen nationale Regelungen, die die Erstattung zu viel einbehaltener Steuern von der ständigen Ansässigkeit im Inland während des Steuerjahres abhängig machen, für nicht gerechtfertigt und mithin unzulässig erklärt.[1800] Bei Arbeitnehmern, wie z. B. Rentnern im Nebenerwerb, die zugleich Grenzgänger sind und somit nicht in dem Mitgliedstaat wohnen, in dem sie beschäftigt sind, bejahte der EuGH das Vorliegen einer verbotenen indirekten Diskriminierung, wenn der Gebietsfremde in seinem Wohnsitzstaat keine Einkünfte besitze und er sein zu versteuerndes Einkommen im Wesentlichen aus der Tätigkeit beziehe, die er im Beschäftigungsstaat ausübe, so dass der Wohnmitgliedstaat nicht in der Lage sei, ihm die Vergünstigungen zu gewähren, die ihm aufgrund seiner persönlichen Lage und seines Familienstands eigentlich zustehen.[1801]

Art. 7 Abs. 2 VO bestimmt für den Rentner im Nebenerwerb, den arbeitsuchenden Rentner, den verbleibeberechtigten Rentner und den daueraufenthaltsberechtigten Rentner eine Gleichbehandlung hinsichtlich der sozialen Vergünstigungen. Nach dem Wortlaut und der Systematik des Art. 7 Abs. 2 VO 492/2011 nahm der EuGH zunächst restriktiv an, dass diese Vorschrift als soziale Vergünstigungen nur solche Leistungen einschließe, die einen Bezug zu der Tätigkeit des Arbeitnehmers aufweisen, also in irgendeiner Weise mit der Beschäftigung verbunden seien.[1802] Diesen restriktiven Ansatz hat der EuGH bald wieder verworfen und demgegenüber den Begriff der sozialen Vergünstigungen i. S. des Art. 7 Abs. 2 VO weit ausgelegt.[1803] Der EuGH stellte fest, dass die Gewährung der Vergünstigung nicht aufgrund eines Arbeitsverhältnisses erfolgen müsse. Eine soziale Vergünstigung betreffe vielmehr alle Sozialleistungen, unabhängig davon, ob sie an einen Arbeitsvertrag anknüpfen, die wegen der objektiven Arbeitnehmereigenschaft oder des gewöhnlichen Wohnsitzes im Inland gewährt werden und die wirtschaftliche und soziale

---

index_note.htm (Abrufdatum: 15.12.2008). Vgl. auch EuGH Urt. v. 30.01.2007 Rs. C-159/04 (Kommission/Dänemark) EuZW 2007, 341 (345 Rn. 70), wonach die Kohärenz des Steuersystems bestimmte Ungleichbehandlungen rechtfertigen könne, wenn ein „unmittelbarer Zusammenhang zwischen dem steuerlichen Vorteil und einem damit in Wechselbeziehung stehenden Nachteil besteht".

1800 EuGH Rs. C-175/88 (Biehl) Slg. 1990, I-1779, I-1794 Rn. 19.

1801 EuGH Rs. C-279/93 (Schumacker) Slg. 1995, I-225, I-261 Rn. 36; Rs. C-169/03 (Wallentin) Slg. 2004, I-6443, I-6464 Rn. 17; Rs. C-182/06 (Lakebrink) Slg. 2007, I-6705 Rn. 30, abrufbar unter: http://curia.europa.eu/en/content/juris/c2.htm (Abrufdatum: 13.12.2008).

1802 So noch EuGH Rs. 76/72 (Michel) Slg. 1973, 457, 463 Rn. 6/10.

1803 Vgl. *Hervey*, European Social Law, 87; *Schulte* in: von Maydell/Ruland/Becker, Sozialrechtshandbuch, § 33 Rn. 156; *Höfler*, Unionsbürgerfreiheit, 42.

Lage der Arbeitnehmer verbessern sollen.[1804] Ziel ist es die Mobilität der Arbeitnehmer und deren „soziale Integration“ in den Aufnahmemitgliedstaat zu fördern.[1805] Art. 7 Abs. 2 VO stellt neben dem Kriterium der Arbeitnehmereigenschaft auch auf den gewöhnlichen Wohnsitz im Inland und damit die Zugehörigkeit des Arbeitnehmers zur Gesellschaft des Aufnahmemitgliedstaats ab.[1806] Der EuGH entschied diesbezüglich, dass es mittelbar diskriminierend sei, den inländischen Wohnsitz für den Erhalt von deutschem Erziehungsgeld zu verlangen, da das Wohnsitzerfordernis eher von inländischen Arbeitnehmern als von Wanderarbeitnehmern erfüllt werden könne. Dennoch bestehe eine Rechtfertigung, wenn neben dem Wohnsitz auch ein maßgeblicher Beitrag zum Arbeitsmarkt ein Kriterium für die Bindung an den Mitgliedstaat sei.[1807] Im Gegensatz zu Art. 7 Abs. 1 VO müssen die sozialen und steuerlichen Vergünstigungen nicht an den Arbeitsvertrag anknüpfen, solange die Arbeitnehmereigenschaft gegeben ist.[1808] Mit Art. 7 Abs. 2 VO soll unabhängig vom Arbeitsvertrag eine Gleichstellung auch in Bezug auf Umstände erwirkt werden, die den Erwerb einer beruflichen Qualifizierung und den sozialen Aufstieg erleichtern.[1809] An dem Umstand, dass Art. 7 Abs. 2 VO auch bei Nichtvorliegen eines Arbeitsvertrags und somit eines „Arbeitsmarktbezugs“ eingreift, wird teilweise moniert, dass dadurch die „Mobilität als Integrationsfaktor zum Selbstzweck“ werde.[1810] Art. 7 Abs. 2 VO setzt für den Leistungsanspruch voraus, dass eine Arbeitsaufnahme, ein Arbeitsplatzwechsel oder die Beendigung des Arbeitsverhältnisses Sozialleistungsansprüche auslöst.

1804 EuGH Rs. 32/75 (Christini) Slg. 1975, 1085, 1095 Rn. 10/13; EuGH Rs. 207/78 (Even) Slg. 1979, 2019, 2034 Rn. 22; EuGH Rs. 39/86 (Lair) Slg. 1988, 3161, 3196 Rn. 21; EuGH Rs. C-269/07 (Kommission/Deutschland) EuZW 2009, 743 (745 Rn. 39); *Wyatt/Dashwood*, European Union Law, 404. Vgl. auch *Eichenhofer*, Sozialrecht der EU, Rn. 332; *Schulte* in: von Maydell/Ruland/Becker, Sozialrechtshandbuch, § 33 Rn. 157; *Dietrich*, Freizügigkeit der Arbeitnehmer, 446 f; *Schulz*, Freizügigkeit der Unionsbürger, 257; *Apap*, Freedom of movement of persons, 39; *Europäische Kommission*, Arbeit in einem anderen EU-Mitgliedstaat, 15.

1805 So *Schulte*, Jahrbuch des Sozialrechts, Band 33, 2012, 509 (526).

1806 *Everling*, EuR Beiheft 1/1990, 81 (86); *Feik*, Freizügigkeit der Arbeitnehmer, 75 f..

1807 Vgl. EuGH Urt. v. 18.07.2007 Rs. C-212/05 (Gertraud Hartmann/Freistaat Bayern) ZESAR 2008, 93 (93 f. Rn. 28, 96 Rn. 30 f., 33, 36 f.).

1808 *Schneider/Wunderlich* in: Schwarze, EU-Kommentar, Art. 39 EGV Rn. 78; *Steinmeyer* in: Hanau/Steinmeyer/Wank, Hdb. europäisches Arbeits- und Sozialrecht, § 22 Rn. 6. Steinmeyer geht noch weiter, indem er anführt, dass die Leistung weder an ein Gesetz, einen Arbeitsvertrag, eine Kollektivvereinbarung noch eine autonome Entscheidung des Arbeitgebers anknüpfen muss.

1809 EuGH Rs. 235/87 (Matteucci) Slg. 1988, 5589, 5610 Rn. 11.

1810 *Feik*, Freizügigkeit der Arbeitnehmer, 75.

Der bloße Wechsel in einen anderen Mitgliedstaat, um von einem großzügigeren Sozialleistungssystem profitieren zu können, ist demgegenüber gerade nicht erfasst.[1811] Der Rentner im Nebenerwerb ist somit geschützt, da dessen aktuelles Arbeitsverhältnis Sozialleistungsansprüche auslöst. Der arbeitsuchende Rentner hat zwar für den Zeitpunkt der Arbeitsuche keinen Anspruch auf Sozialhilfe, aber dennoch Sozialleistungsansprüche beruhend auf seiner vorherigen Beschäftigung. Der verbleibeberechtigte Rentner hat Sozialleistungsansprüche nach Erfüllung der ggf. vorgesehenen Wartezeiten und dem daueraufenthaltsberechtigten Rentner, der wie nachgewiesen, nach Beendigung des Arbeitsverhältnisses das Recht auf Sozialleistungsansprüche im Aufnahmemitgliedstaat hat, kommt ebenfalls Art. 7 Abs. 2 VO zugute.

Der EuGH lässt sich bei der Entscheidung, ob eine soziale Vergünstigung vorliegt, davon leiten, ob die Leistung dazu geeignet ist, die Mobilität innerhalb der Union zu erleichtern bzw. ob das zugestandene Recht einen Beitrag zur Integration des Arbeitnehmers und seiner Familie in die Gesellschaft und die Lebensverhältnisse des Aufnahmemitgliedstaats leistet.[1812] Für die genannten Rentnergruppen von Bedeutung sind folgende durch den EuGH anerkannte soziale Vergünstigungen i. S. des Art. 7 Abs. 2 VO: das Wohngeld,[1813] die

---

1811 *Eichenhofer*, Internationales Sozialrecht, § 16 Rn. 594. So gelte auch hier unausgesprochen im Rahmen des Art. 7 Abs. 2 VO 492/2011, dass bei Nichterwerbstätigen die notwendigen Existenzmittel bzw. ein ausreichender Krankenversicherungsschutz verlangt werden könne. Dies sei ein allgemeines Prinzip, welches auch für die Freizügigkeit von Wanderarbeitnehmern gelte. Sollte der Erhalt von Sozialhilfe alleiniges Motiv der Wanderung sein, könne diese nicht als Gebrauch von Freizügigkeit gelten.

1812 *Lippert*, Soziale Vergünstigungen und Arbeitnehmerfreizügigkeit, 88.

1813 So zumindest die überwiegende Ansicht in der Literatur *Schulte*, ZFSH/SGB 2007, 259 (264); *Schulte*, ZFSH/SGB 2006, 719 (725). Allerdings hat der EuGH eine Leistung wie den „Familiy Credit" als beitragsfreie wöchentliche Geldleistung, die einkommensschwachen Familien gewährt werde und gleichzeitig sowohl eine Familienunterstützung als auch Wohngeld darstelle, nicht als soziale Vergünstigung, sondern als Familienleistung i. S. von Art. 3 Abs. 1 lit. j) VO 883/2004 eingeordnet. Der Family Credit diene dem Ausgleich von Familienlasten. Vgl. dazu EuGH Urt. v. 16.07.1992 Rs. C-78/91 (Rose Hughes) Beck EuRS 1992, 190339 Rn. 4, 19 f. Zum deutschen Wohngeld, das ähnlich wie die Sozialhilfe steuerfinanziert werde, liegt noch keine Entscheidung des EuGH vor. Bezüglich des Wohngelds wird verwiesen auf das Vorabentscheidungsverfahren, eingereicht vom Tribunale di Bolzano (Italien) vom 07.12.2010 Rs. C-571/10 in welchem die Frage geklärt werden soll, ob bei der Gewährung des Wohngelds (dort bezeichnet als eine „Vergünstigung", was auf eine Einordnung nach Art. 7 Abs. 2 VO 492/2011 durch das italienische Gericht schließen lässt), ein Mitgliedstaat der Union einen Drittstaatsangehörigen oder Staatenlosen ungünstiger diesbezüglich als Unionsbürger, die in Italien ebenfalls

Sozialhilfe[1814] und Leistungen zur Sicherung eines Existenzminimums.[1815] Des Weiteren für den Rentner im Nebenerwerb, den arbeitsuchenden Rentner, den

---

langfristig gebietsansässig sind, behandeln könne. Darüber hinaus soll geklärt werden, ob das Unionsrecht einer Regelung entgegenstehe, die nur von Drittstaatsangehörigen für den Bezug von Wohngeld verlangt, dass diese über das Erfordernis eines Aufenthalts von mehr als fünf Jahren in dem betreffenden Mitgliedstaat noch zusätzlich die Voraussetzung einer dreijährigen Erwerbstätigkeit im Inland zu erfüllen haben. Vgl. dazu Beck EuRS 2010, 559941 Rn. 3, 5. Vgl. zur Entscheidung des EuGH Urt. v. 24.04.2012 C-571/10 (Kamberaj./.IPES) zu finden unter Juris.

1814 Bei der Sozialhilfe ist die Abgrenzung zu Leistungen der sozialen Sicherheit in der Praxis schwer zu handhaben. Nach dem EuGH kommt es für die Abgrenzung darauf an, ob der Leistungsgewährung nach den gesetzlichen Vorschriften eine für die Sozialhilfe typische eigene Bedürftigkeitsprüfung im Einzelfall vorausgeht, so dass der Anspruch auf Sozialhilfe nicht von dem gesetzlichen Status des Arbeitnehmers oder von bestimmten zurückgelegten Wohn- oder Beschäftigungszeiten abhänge, sondern von der Ermessensentscheidung der zuständigen Behörde. Vgl. dazu EuGH Rs. 1/72 (Frilli) Slg. 1972, 457, 466 Rn. 14/15. Später trat in der Rechtsprechung des EuGH das Kriterium der Zweckbestimmung der Leistung und die Voraussetzungen ihrer Gewährung an die Stelle der vorherigen Bedürftigkeitsprüfung, vgl. EuGH Rs. 122/84 (Scrivner) Slg. 1985, 1027, 1034 Rn. 18. So hat der EuGH in der Rechtssache Scrivner die Unterscheidung zwischen Leistungen, die unter die VO 883/2004 fallen und solche die unter die VO 1612/68 fallen, von den grundlegenden Merkmalen der Leistung abhängig gemacht. So komme es insb. auf die Zielsetzung und die Voraussetzungen der Gewährung der Leistung für eine Subsumtion unter die VO 883/2004 an, nicht dagegen darauf, ob eine Leistung als Leistung der sozialen Sicherheit angesehen werde. Des Weiteren müsse ein Bezug zu den in Art. 3 Abs. 1 VO 883/2004 genannten Risiken bestehen, die erschöpfend aufgelistet seien. Eine soziale Leistung, die den notwendigen Lebensunterhalt sicherstellen soll, könne damit nicht unter den sachlichen Geltungsbereich des Art. 3 Abs. 1 VO 883/2004 eingeordnet werden und sei daher auch keine Leistung der sozialen Sicherheit. Vielmehr falle sie unter die sozialen Vergünstigungen des Art. 7 Abs. 2 VO 1612/68. Vgl. zu den Leitsätzen des Urteils auch BeckRS 2004, 71404. In Deutschland wird in Zukunft aufgrund der niedrigen Rente, verursacht z. B. durch längere Zeiten der Kindererziehung, eine selbstständige Tätigkeit oder Zeiten der Arbeitslosigkeit, verstärkt Sozialhilfe bzw. Grundsicherung nach dem SGB XII auch von Rentnern in Anspruch genommen werden. Vgl. dazu *Conradis* in: Richter/Schmidt/Klatt/Doering-Striening, Seniorenrecht, § 7 Rn. 1, 2. Allerdings ist die Grundsicherung im Alter und bei Erwerbsminderung nach dem Vierten Kap. des SGB XII in dem Anhang X der VO 883/2004 als „besondere beitragsunabhängige Geldleistung“ aufgelistet worden. Sie wird damit durch die VO 883/2004 koordiniert.

1815 EuGH Rs. 249/83 (Hoeckx) Slg. 1985, 973, 989 Rn. 25; Rs. 316/85 (Lebon) Slg. 1987, 2811, 2836 Rn. 12 f.

verbleibeberechtigten Rentner und den daueraufenthaltsberechtigten Rentner sind insb. von Bedeutung die Mindesteinkommensleistungen für alte Menschen,[1816] die Leistungen für kinderreiche Familien,[1817] die Fahrpreisermäßigungen,[1818] der Zugang zu Sozialwohnungen,[1819] das Bestattungsgeld,[1820] das Erziehungsgeld[1821]

1816 EuGH Rs. 261/83 (Castelli) Slg. 1984, 3199, 3213 Rn. 11; *Schulte*, ZFSH/SGB 2007, 259 (264). Allerdings ordnete der EuGH demgegenüber das belgische Altersmindesteinkommen als Leistung der sozialen Sicherheit ein. Vgl. hierzu EuGH Rs. 1/72 (Frilli) Slg. 1972, 457, 468. Insoweit bestehe eine breite „Grauzone" zwischen der sozialen Sicherheit im klassischen Sinn und der Fürsorge. Dies führte später zur Einführung der „beitragsunabhängigen Sonderleistungen" durch Art. 4 Abs. 2 a VO 1408/71, nunmehr Art. 70 VO 883/2004. Als Besonderheit gilt für diese gerade nicht die Verpflichtung zum Leistungsexport nach Art. 7 VO 883/2004 (vgl. Art. 70 Abs. 3 VO 883/2004). Vgl. dazu *Devetzi*, Kollisionsnormen, 36 f.

1817 Vgl. EuGH Urt. v. 29.10.1998 Rs. C-185/96 (Kommission/Griechenland) Beck EuRS 1998, 230251 Rn. 8, 21, 27, 35. So können Mütter, die als Elternteil einer kinderreichen Familie in Griechenland anerkannt sind eine monatliche Geldleistung für jedes Kind bis zur Vollendung des 25. Lebensjahres des Kindes erhalten. Darüber hinaus erhalten die Mütter auch eine lebenslange Rente, wenn sie keinen Anspruch mehr nach der vorstehenden Regelung haben. Der EuGH hat in dem Vertragsverletzungsverfahren entschieden, dass der Mitgliedstaat u.a. gegen Art. 7 Abs. 2 VO 1612/68 verstoße, wenn er durch Rechtsvorschriften oder Verwaltungspraxis unionsangehörige Arbeitnehmer sowie deren Familienangehörige aufgrund ihrer Staatsangehörigkeit von der Anerkennung als kinderreich ausschließe und ihnen somit den Erhalt von Leistungen verwehre, die für kinderreiche Familien vorgesehen seien. In den Entscheidungsgründen hat der EuGH herausgestellt, dass es sich bei allen Leistungen der griechischen Regelung um soziale Vergünstigungen i. S. von Art. 7 Abs. 2 VO 1612/68 handele. Darüber hinaus seien sie aber auch als Familienleistungen i. S. von Art. 3 Abs. 1 lit. j) VO 883/2004 zu qualifizieren.

1818 EuGH Rs. 32/75 (Christini) Slg. 1975, 1085, 1095 Rn. 10/13. Der EuGH entschied demgegenüber, dass die Republik Österreich dadurch gegen ihre Verpflichtungen aus Art. 18 AEUV i. V. m. Art. 20 und Art. 21 AEUV sowie Art. 24 RL 2004/38/EG verstoßen habe, dass sie die Vergünstigung von Fahrpreisermäßigungen grundsätzlich Studierenden vorbehalten habe, deren Eltern österreichische Familienbeihilfen beziehen. Vgl. dazu EuGH Urt. v. 04.10.2012, Rs. C-75/11 (Kommission/Republik Österreich) BeckRS 2012, 81991.

1819 EuGH Urt. v. 14.01.1988 Rs. 63/86 (Kommission/Italien) Beck EuRS 2004, 73466 Rn. 1, 10, 11, 12; *Bundesministerium der Finanzen*, Freizügigkeit, 14.

1820 EuGH Rs. C-237/94 (O'Flynn) Slg. 1996, I-2617, 2641 Rn. 30.

1821 So hat der EuGH klargestellt, dass das deutsche Erziehungsgeld eine „soziale Vergünstigung" i. S. von Art. 7 Abs. 2 VO 1612/68 sei, vgl. hierzu EuGH Rs. C-85/96 (Martínez Sala) Slg. 1998, I-2691, 2718 Rn. 26. Vgl. auch *Beschorner*, ZFSH/SGB 2007, 643 (644). Beschorner stellte bei der Besprechung der

sowie immaterielle Vorteile.[1822] Darüber hinaus lassen sich aus Art. 7 Abs. 2 VO bestimmte Leistungen für verbleibeberechtigte Rentner als ehemalige Arbeitnehmer ableiten, die mit ihrem speziellen Status als ehemalige Arbeitnehmer

---

Rechtsprechung des EuGH dar, dass der EuGH einen Anspruch auf das deutsche Erziehungsgeld auch für den Fall annahm, dass der beantragende Ehegatte eines im Ausland ansässigen Grenzgängers nicht erwerbstätig war. Der nichterwerbstätige Ehepartner eines Arbeitnehmers, der unter die VO 1612/68 fällt, sei nur mittelbarer Nutznießer. Daher könne sich die Gewährung der Leistung nur auf den nicht erwerbstätigen Ehepartner erstrecken, wenn diese für den berufstätigen Ehegatten eine „soziale Vergünstigung“ i.S. Art. 7 Abs. 2 VO 1612/68 darstelle. Eine Leistung wie das deutsche Erziehungsgeld, das zum Ausgleich der Familienlasten bestimmt ist, komme der Familie insgesamt zugute, unabhängig davon, welcher Elternteil diese Leistung beantrage. Insoweit könne auch der nicht erwerbstätige Ehegatte wie ein inländischer Arbeitnehmer Erziehungsgeld verlangen. Vgl. *Beschorner*, ZFSH/SGB 2007, 643 (645). Denkbar wäre somit auch die Zahlung von Erziehungsgeld an einen nicht erwerbstätigen Rentner, dessen Ehegatte Arbeitnehmer ist. In Deutschland wurde das Erziehungsgeld nach dem Bundeserziehungsgeldgesetz zum 01.01.2007 durch das neue Elterngeld nach dem Gesetz zum Elterngeld und zur Elternzeit (Bundeselterngeld- und Elternzeitgesetz-BEEG) abgelöst. Vgl. zum BEEG das Gesetz zur Einführung des Elterngeldes vom 05.12.2006, BGBl. 2006 I 2748. Allerdings hat der EuGH einen Grenzgänger auch bereits vom Erhalt des Erziehungsgelds ausgeschlossen. So stehe Art. 7 Abs. 2 VO 492/2011 einer nationalen Regelung eines Mitgliedstaats (Deutschland) nicht entgegen, die Staatsangehörigen eines anderen Mitgliedstaats, die in diesem anderen Mitgliedstaat wohnen (Niederlande) und im erstgenannten Mitgliedstaat (Deutschland) eine geringfügige Beschäftigung (zwischen 3 und 14 Stunden pro Woche) ausüben, vom Bezug einer sozialen Vergünstigung wie dem deutschen Erziehungsgeld allein aus dem Grund ausschließe, dass diese Unionsbürger im zuerst genannten Mitgliedstaat (Deutschland) weder ihren Wohnsitz noch ihren gewöhnlichen Aufenthalt inne haben. Begründet hat der EuGH seine Entscheidung damit, dass bei einem Grenzgänger das Fehlen einer ausreichend ins Gewicht fallenden Erwerbstätigkeit in dem betreffenden Mitgliedstaat durchaus ein ausreichender Rechtfertigungsgrund für die Nichtgewährung der sozialen Vergünstigung sein könne. So sei die Anknüpfung an den Wohnsitz eben nicht das einzige Kriterium für eine ausreichende Bindung an den Mitgliedstaat gewesen. Vielmehr hätte auch ein maßgeblicher Beitrag zum deutschen Arbeitsmarkt als Integrationskriterium genügt. Vgl. EuGH Urt. v. 18.07.2007 Rs. C-213/05 (Wendy Geven/Land NRW) NZS 2008, 32 (33 f. Rn. 3, 15, 16, 20).

1822 Zu den immateriellen Vorteilen gehören z. B. das Recht, sich in einem Gerichtsverfahren seiner eigenen Sprache zu bedienen [EuGH Rs. 137/84 (Mutsch) Slg. 1985, 2681, 2696 Rn. 18] und das Aufenthaltsrecht für die Lebensgefährtin eines Wanderarbeitnehmers [EuGH Rs. 59/85 (Reed) Slg. 1986, 1283, 1303 Rn. 28].

verbunden sind, wie z. B. Zusatzrentenversicherungen.[1823] Für den Rentner im Nebenerwerb und den arbeitsuchenden Rentner interessant ist ebenfalls, dass als soziale Vergünstigung von Art. 7 Abs. 2 VO jede Vergünstigung erfasst ist, die den Erwerb einer beruflichen Qualifizierung und den sozialen Aufstieg erleichtert.[1824] Darüber hinaus hat der EuGH entschieden, dass die Bundesrepublik Deutschland durch die Einführung und Beibehaltung der Vorschriften zur ergänzenden Altersvorsorge in den §§ 79 bis 99 des Einkommenssteuergesetzes gegen die Art. 21 und 45 AEUV sowie den Art. 7 Abs. 2 VO 492/2011 verstoßen habe, indem diese Vorschriften erstens Grenzarbeitnehmern die Altersvorsorgezulage verweigern, falls sie in Deutschland nicht unbeschränkt steuerpflichtig seien, zweitens Grenzarbeitern nicht gestatten das Kapital für die Anschaffung einer zu eigenen Wohnzwecken dienenden Wohnung außerhalb Deutschlands zu verwenden und drittens bestimmen, dass die Zulage zurückzuerstatten ist, wenn die unbeschränkte Steuerpflicht in Deutschland ende.[1825] Darüber hinaus kommen noch soziale Vergünstigungen an die Familienangehörigen der Rentner in Betracht. Dies rechtfertigt der EuGH damit, dass es sich faktisch um soziale Vergünstigungen für den Rentner im Nebenerwerb, den arbeitsuchenden Rentner, den verbleibeberechtigten Rentner und den daueraufenthaltsberechtigten Rentner selbst handeln würde, jedenfalls so lange wie sie für den Unterhalt ihrer Familienangehörigen (z. B. ihrer Kinder) aufkommen.[1826] Der EuGH hat zudem entschieden, dass das Königreich der Niederlande dadurch gegen seine Verpflichtung aus Art. 45 AEUV und Art. 7 Abs. 2 VO 492/2011 verstoßen habe, dass es Wanderarbeitnehmern und die von ihnen weiterhin unterhaltenen Familienangehörigen einem

---

1823 So jedenfalls *Pennings*, European Social Security Law, 266 der von „insurance for supplementary pensions“ spricht.

1824 EuGH Rs. 235/87 (Matteucci) Slg. 1988, 5589, 5610 Rn. 11.

1825 Vgl. dazu EuGH Urt. v. 10.09.2009 Rs. C-269/07 (Kommission/Deutschland) EuZW 2009, 743 (743). Im Vertragsverletzungsverfahren nahm der EuGH zur Gewährung der Altersvorsorgezulage gem. § 79 EStG durch die Bundesrepublik Deutschland Stellung.

1826 Vgl. dazu EuGH Urt. v. 14.06.2012 Rs. C-542/09 (Europäische Kommission/Königreich der Niederlande) ZESAR 2013, 37 (41). In dieser Entscheidung hat das Königreich der Niederlande gerade gerügt, dass der EuGH Art. 7 Abs. 2 VO 492/2011 zu weit auslege und dieser grundsätzlich nur den Wanderarbeitnehmer selbst betreffe. Der EuGH ist dem jedoch nicht gefolgt. Der EuGH formuliert in seinem Urt. deutlich, dass es sich um eine soziale Vergünstigung handele bei der Studienfinanzierung des Wanderarbeitnehmers, aber nur insoweit als er seine Abkömmlinge weiter unterstütze. Vgl. dazu *Steinmeyer* in: Fuchs, Europäisches Sozialrecht, 6. Auflage, Art. 7 VO 492/2011 Rn. 10. Siehe auch *Weber*, ZESAR 2013, 44 (45).

Wohnsitzerfordernis unterwarf, einer sogenannten „Drei-von-sechs-Jahren“-Regel. Das Königreich der Niederlande kam nur für die Angehörigen auf, die im Ausland studierten, wenn sie diese Regel erfüllten.[1827] Der EuGH führte an, dass Haushaltserwägungen keine zwingenden Gründe des Allgemeininteresses zur Rechtfertigung der mittelbaren Diskriminierung darstellen könnten, um ein Wohnsitzerfordernis zu rechtfertigen. Auch sei bei Wander- und Grenzarbeitnehmern, dadurch dass sie Zugang zum Arbeitsmarkt des Aufnahmemitgliedstaats gefunden haben, gerade ein hinreichendes Maß an Integration in die Gesellschaft dieses Mitgliedstaats anzunehmen.[1828] Durch die weite Ausdehnung des Begriffs der sozialen Vergünstigungen in Art. 7 Abs. 2 VO in der Rechtsprechung des EuGH trug dieser dazu bei, dass der Gleichbehandlungsgrundsatz nicht nur eine beschäftigungsrechtliche, sondern eine „umfassende sozialrechtliche Dimension“ hat.[1829]

Die sozialen Vergünstigungen i. S. von Art. 7 Abs. 2 VO 492/2011 sind i. d. R. nicht „exportierbar“,[1830] da die VO 492/2011 nur innerhalb des Mitgliedstaats,

1827 Vgl. dazu EuGH Urt. v. 14.06.2012 Rs. C-542/09 (Europäische Kommission/Königreich der Niederlande) ZESAR 2013, 37 (37 ff.).

1828 Vgl. EuGH Urt. v. 14.06.2012 Rs. C-542/09 (Europäische Kommission/Königreich der Niederlande) ZESAR 2013, 37 (42 f.).

1829 Vgl. dazu *Davy*, VVDStRL 68, 122 (153, 155).

1830 Vgl. *Huster*, NZS 1999, 10 (11 ff.). Danach bestehe eine Exportverpflichtung aus Art. 7 Abs. 2 VO 1612/68 nicht originär, sondern sei „diskriminierungsverbotsparasitär“. Danach könne z. B. eine Leistung, bei der die VO 492/2011 zwar den Leistungsexport an sich nicht gebiete, dennoch einem solchen aufgrund des Diskriminierungsverbots des Art. 7 Abs. 2 VO 492/2011 unterliegen. A.A. *Brechmann* in: Calliess/Ruffert, EUV/AEUV, Art. 45 AEUV Rn. 72. Dieser geht grundsätzlich davon aus, dass die Leistungen nach Art. 7 Abs. 2 VO 492/2011 ähnlich wie die Leistungen der sozialen Sicherheit i. d. R. exportierbar seien. Von den sozialen Vergünstigungen i. S. von Art. 7 Abs. 2 VO 1612/68 grenzt Brechmann die „beitragsunabhängigen besonderen Geldleistungen“ des Art. 70 Abs. 4 VO 883/2004 ab, die nur in dem Wohnmitgliedstaat gewährt werden und somit gerade nicht exportierbar sind, es sei denn, sie befinden sich in Anhang X der VO 883/2004. Vgl. ebenso auch *Forsthoff* in: Grabitz/Hilf, Art. 45 AEUV Rn. 291. Dieser weist darüber hinaus darauf hin, dass bei Anwendung der VO 883/2004 auf die spezifische Leistung, die Anwendbarkeit des Art. 7 Abs. 2 VO 492/2011 nicht ausgeschlossen sei. Allerdings seien in einem solchen Fall die konkreten Wertungen der VO 883/2004 auch auf die VO 492/2011 zu übertragen. Solche Wertungen können z. B. der Nichtexport der Leistung oder ihre Anknüpfung an den Wohnort sein. Forsthoff verweist dabei auf die Rs. Hendrix. Vgl. dazu EuGH Rs. C-287/05 (Hendrix) Beck EuRS 2007, 455037, Rn. 51 ff.

in dem die Arbeit verrichtet oder der Wohnort besteht, garantiert ist. Sollten die Arbeitnehmer wieder zu ihrem Herkunftsstaat, dessen Nationalität sie haben, zurückkehren, haben sie keinen Anspruch mehr auf die sozialen Vergünstigungen.[1831] Dass Sozialhilfeleistungen nicht exportiert werden können, wird damit begründet, dass Sozialhilfeempfänger mangels abhängiger Erwerbstätigkeit typischerweise nicht in die nach der VO 883/2004 zu koordinierenden Systeme der sozialen Sicherheit einbezogen seien. Darüber hinaus werden Sozialhilfeleistungen als Reaktion auf eine individuelle Bedürftigkeit gewährt und beruhen nicht auf Beitragszahlungen, so dass ein genereller Leistungsexport nicht geboten sei.[1832] Eine Ausnahme davon ist allerdings dann zu machen, wenn es sich um den Rentner im Nebenerwerb als Grenzgänger handelt. Bei Grenzgängern ist ein Leistungsexport auch gem. Art. 7 Abs. 2 VO zulässig.[1833]

Darüber hinaus garantiert Art. 7 Abs. 2 VO die Gleichbehandlung ausländischer und inländischer Arbeitnehmer hinsichtlich der grundsätzlichen Gewährung der sozialen Vergünstigungen, schreibt aber kein konkretes Niveau des sozialen Schutzes vor. Aus diesem Grund können die Mitgliedstaaten, solange sie den Gleichbehandlungsgrundsatz beachten, je nach Belieben großzügig oder restriktiv hinsichtlich des von ihnen gewährten sozialen Schutzes sein.[1834] Das Diskriminierungsverbot wird im Hinblick auf die steuerlichen und sozialen Vergünstigungen nach Art. 7 Abs. 2 VO verletzt, wenn Mitgliedstaaten, ohne dies für ihre eigenen Staatsangehörigen vorzuschreiben, die Gewährung der in Art. 7 Abs. 2 VO 492/2011 vorgesehenen Vergünstigungen von einer Berufstätigkeit von bestimmter Dauer[1835] oder von einem Wohnsitz im Inland über einen bestimmten Zeitraum[1836] abhängig machen. Eine solche mittelbare Diskriminierung

1831 EuGH Rs. C-33/99 (Fahmi und Esmoris) Slg. 2001, I-2415, I-2473 Rn. 47; *Muckel/Ogorek*, Sozialrecht, § 21 Rn. 45; *Hervey*, European Social Law, 87; *Schulte* in: von Maydell/Ruland/Becker, Sozialrechtshandbuch, § 33 Rn. 37, 157.

1832 *Bergmann*, NZS 2003, 175 (182).

1833 EuGH Rs. C-57/96 (Meints) Slg. 1997, I-6689, 6721 Rn. 51; Rs. C-337/97 (Meeusen) Slg. 1999, I-3289, 3313 Rn. 21.

1834 *Hervey*, European Social Law, 87.

1835 EuGH Rs. 39/86 (Lair) Slg. 1988, 3161, 3201 Rn. 44.

1836 EuGH Rs. 249/83 (Hoeckx) Slg. 1985, 973, 989 Rn. 25. Vgl. EuGH Urt. v. 20.06.2013 Rs. C-20/12 (Giersch /Großherzogtum Luxemburg) EuGRZ 2013, 429 (435); AuR 2013, 330 (330). Hier hatte der EuGH entschieden, dass eine nationale Regelung, die die Gewährung einer finanziellen Studienbeihilfe von der Erfüllung des Wohnsitzerfordernisses durch den Studierenden abhängig macht Art. 7 Abs. 2 VO 1612/68 entgegensteht. Denn dies führe zu einer mittelbaren Diskriminierung von Personen, die in dem Mitgliedstaat ihren Wohnsitz haben und Studierenden die zwar nicht

ist gerechtfertigt, wenn die diskriminierende nationale Bestimmung objektiv gerechtfertigt ist und in einem angemessenen Verhältnis zum verfolgten Zweck steht. Dabei darf sich die mittelbare Diskriminierung aber nicht ihrem Wesen nach eher auf Wanderarbeitnehmer als auf inländische Arbeitnehmer auswirken und die Gefahr bestehen, dass gerade Wanderarbeitnehmer einer besonderen Benachteiligung unterliegen.[1837] Eine solche besondere Benachteiligung hatte der EuGH für die Gewährung von Leistungen an Blinde, Gehörlose und Behinderte angenommen, da diese an den Wohnsitz oder gewöhnlichen Aufenthalt im Inland geknüpft worden sind und das Wohnsitzerfordernis für deutsche Arbeitnehmer einfacher als für Arbeitnehmer anderer Unionsmitgliedstaaten erfüllbar war.[1838] Zur Rechtfertigung kann den Mitgliedstaaten nach wie vor eine hinreichend enge Verbindung zum Aufnahmemitgliedstaat dienen. So stellt es nach Ansicht des EuGH eine gerechtfertigte mittelbare Diskriminierung dar, wenn das mitgliedstaatliche Recht das Erziehungsgeld einer Person versage, die lediglich eine sehr geringfügige Tätigkeit in dem jeweiligen Mitgliedstaat ausübe, den Wohnsitz und den gewöhnlichen Aufenthalt aber in einem anderen Mitgliedstaat habe.[1839]

Art. 7 Abs. 3 VO 492/2011 garantiert dem Rentner im Nebenerwerb und dem arbeitsuchenden Rentner entsprechende Berufsbildungs- und Umschulungsmaßnahmen. Dabei stellt die in Art. 7 Abs. 3 VO 492/2011 vorgesehene Inanspruchnahme von Berufsschulen und Umschulungszentren eine „besondere soziale Vergünstigung" dar.[1840] In Art. 7 Abs. 4 VO 492/2011 wird die Einhaltung des Gleichbehandlungsgrundsatzes

---

in dem Mitgliedstaat wohnen, aber Kinder von Grenzgängern seien, die in diesem Mitgliedstaat eine Tätigkeit ausüben. Der Grad der Verbundenheit mit dem Studienstaat sei bereits deshalb hoch, weil ein Elternteil, der weiter für den Unterhalt des Studierenden aufkomme, Grenzgänger ist, der in dem Mitgliedstaat eine dauerhafte Beschäftigung ausübe. Vgl. *Fuchs*, NZS 2014, 121 (128), welcher anführt, dass der EuGH hier mit „einleuchtenden Gründen" die Erforderlichkeit des Wohnsitzerfordernisses verneint habe.

1837 Vgl. EuGH Urt. v. 05.05.2011 Rs. C-206/10 (Europäische Kommission/Bundesrepublik Deutschland) BeckRS 2011, 80458 Rn. 37.

1838 Vgl. EuGH Urt. v. 05.05.2011 (Europäische Kommission/Bundesrepublik Deutschland) Rs. C-206/10, Beck EuRS 2011, 80458 Rn. 38, 39, 41. In dem Vertragsverletzungsverfahren stellte der EuGH heraus, dass die VO 883/2004 zwar nicht denselben persönlichen Geltungsbereich wie die VO 492/2011 habe, dass Art. 7 Abs. 2 VO 492/2011 aber auf soziale Vergünstigungen Anwendung finde, die zugleich in den besonderen Geltungsbereich der VO 883/2004 fallen würden.

1839 Die geringfügige Beschäftigung betrug drei bis vierzehn Stunden pro Woche. Vgl. EuGH Rs. C-213/05 (Wendy Geven) EuZW 2007, 576 (576 Rn. 28 f.).

1840 Vgl. EuGH Urt. v. 21.06.1988 Rs. 39/86 zitiert nach Juris Rn. 27.

allgemein im Privatrecht festgeschrieben.[1841] Das Gebot der Gleichstellung in Art. 7 Abs. 1 VO gilt dabei für die durch Gesetz oder andere hoheitliche Maßnahmen festgesetzten oder in Einzel- oder Kollektivverträgen ausgehandelten Konditionen und alle vom Arbeitgeber freiwillig gewährten Leistungen.[1842] Diesbezüglich sind sowohl unmittelbare als auch mittelbare Diskriminierungen verboten.[1843] Somit enthält Art. 7 Abs. 1 und Abs. 4 VO 492/2011 ein umfassendes arbeitsrechtliches Diskriminierungsverbot ausländischer Arbeitnehmer.[1844]

Art. 8 VO 492/2011 gewährleistet die Gleichbehandlung hinsichtlich der Zugehörigkeit zu Gewerkschaften und der Ausübung gewerkschaftlicher Rechte. Allerdings ist der Ausschluss des EU-Ausländers von der Teilnahme an der Verwaltung von Körperschaften des öffentlichen Rechts und der Ausübung des öffentlich-rechtlichen Amtes zulässig. Die Vorschrift stellt eine sekundärrechtliche Umsetzung des Vorbehalts des Art. 45 Abs. 4 AEUV dar, wonach Art. 45 AEUV keine Anwendung auf eine Beschäftigung in der öffentlichen Verwaltung findet.[1845]

Gemäß Art. 9 VO 492/2011 genießen der Rentner im Nebenerwerb, der arbeitsuchende Rentner, der verbleibeberechtigte Rentner und der daueraufenthaltsberechtigte Rentner als Arbeitnehmer i. S. der VO hinsichtlich der Wohnung, inklusive der Erlangung des Eigentums an der von ihnen benötigten Wohnung alle Rechte und Vergünstigungen, die auch inländischen Arbeitnehmern gewährt werden. Art. 9 VO stellt einen Spezialfall des Art. 7 Abs. 2 VO dar und verlangt eine Gleichbehandlung z. B. bei der Suche der Wohnung, der Höhe der Miete, Vergabe von Sozialwohnungen, vergünstigter Immobilienkredite oder der Erlangung des Eigentums an der Wohnung.[1846]

1841 *Wölker/Grill* in: von der Groeben/Schwarze, EU-/EG-Vertrag, Art. 39 Rn. 16. Vgl. ebenfalls *Feik*, Freizügigkeit der Arbeitnehmer, 77 f. Feik merkt zutreffend an, dass bei bloßer Nichtigkeit der Vorschriften, wie sie der Wortlaut des Art. 7 Abs. 4 VO vorsehe, die Gleichbehandlungsvorschrift weitestgehend bedeutungslos wäre, so dass sie zur Sicherung des „effet utile“ dergestalt auszulegen sei, dass sie den Betroffenen auch ein effektives Recht auf Gleichbehandlung einräume.

1842 EuGH Rs. 152/73 (Sotgui/Deutsche Bundespost) Slg. 1974, 153, 163 Rn. 8.

1843 *Fuchs/Marhold*, Europäisches Arbeitsrecht, 65; *Coester/Denkhaus* in: Oetker/Preis, EAS B 2100, Rn. 34.

1844 *Fuchs* in: Fuchs, Europäisches Sozialrecht, Einführung, Rn. 21.

1845 *Feik*, Freizügigkeit der Arbeitnehmer, 178.

1846 Vgl. hierzu *Feik*, Freizügigkeit der Arbeitnehmer, 79 ff. Feik sieht bei einer weiten Auslegung der Vorschrift auch den Erwerb von Immobilien im Allgemeinen und Grundstücken als von Art. 9 VO 492/2011 erfasst an. Zur Begründung seiner These verweist er auf das Urt. des EuGH Urt. v. 30.05.1989 Rs. 305/87 (Kommission/Griechenland) zitiert nach Juris Rn. 16 ff. wobei der EuGH darauf hinweist, dass

Nach Art. 10 VO 492/2011 können Kinder als Familienangehörige der Rentner, die im Hoheitsgebiet eines anderen Mitgliedstaats beschäftigt sind oder beschäftigt gewesen waren, wenn sie im Hoheitsgebiet dieses Mitgliedstaats wohnen, am allgemeinen Unterricht sowie an der Lehrlings- und Berufsausbildung teilnehmen. Der EuGH hat von Art. 10 VO 492/2011 die Absolvierung der Schule und des Studiums als erfasst angesehen.[1847] Auch in der Literatur wird angenommen, dass sich die Bandbreite der Bildungsmöglichkeiten der Kinder auf „jegliche Form und Stufe der Ausbildung“ erstrecke und von der „Volksschule bis zur Universität“ reiche.[1848]

Der EuGH geht in seiner Rechtsprechung noch über den Wortlaut der VO 492/2011 hinaus und hält die Anwendbarkeit der Arbeitnehmerfreizügigkeit und der in der VO 492/2011 genannten Rechte selbst dann für gegeben, wenn lediglich der Wohnsitz aus berufsfremden Gründen in einen anderen Mitgliedstaat verlegt wird.[1849]

V. Besonderheiten der Verordnung

1. Rechtsdurchsetzung

Die VO 492/2011 enthält in Art. 12 Abs. 3 UA 1 VO 492/2011, dass die besonderen Dienststellen der Mitgliedstaaten eine Verbreitung der aktuellen Informationen über die Lebens- und Arbeitsbedingungen sowie über die Arbeitsmarktlage, die geeignet sind, den Arbeitnehmern in den anderen Mitgliedstaaten als Orientierungshilfe zu dienen, zu garantieren haben. Die weitreichende Verbreitung

---

die Frage der Feststellung eines Verstoßes gegen Art. 9 VO 492/2011 nicht von der Kommission gestellt worden war, sondern lediglich die Frage nach einem Verstoß gegen Art. 46 AEUV. In dem Urt. hat der EuGH es als unionsrechtswidrig angesehen, wenn Rechtsgeschäfte über Immobilien für Wanderarbeitnehmer von anderen Konditionen abhängig gemacht werden als solche, die mit Inländern geschlossen werden. Hinsichtlich der Wohnungssuche ist auf Art. 9 Abs. 2 VO 492/2011 hinzuweisen, wonach die Arbeitnehmer berechtigt sind, sich in Listen der Wohnungssuchenden einzuschreiben, um so die gleichen Vergünstigungen und den gleichen Rang zu erlangen. Nach Art. 9 Abs. 3 VO wird die Familie, die im Herkunftsland verblieben ist, zu diesem Zweck als in dem Aufnahmemitgliedstaat wohnend angesehen, soweit auch für inländische Arbeitnehmer eine entsprechende Vermutung gilt.

1847 EuGH Urt. v. 17.09.2002 Rs. C-413/99 (Baumbast) zitiert nach Juris Rn. 51, 58, 63.

1848 Vgl. dazu *Feik*, Freizügigkeit der Arbeitnehmer, 201.

1849 EuGH Rs. C-212/05 (Hartmann) Rn. 18 f., abrufbar unter: http://curia.europa.eu/en/content/juris/c2.htm (Abrufdatum: 12.12.2008).

durch die besonderen Dienststellen ist dabei insb. durch die Übermittlung an die zuständigen Arbeitsämter und durch den Einsatz aller Kommunikationsmittel sicherzustellen, die sich zur Information interessierter Arbeitnehmer eignen (Art. 12 Abs. 3 UA 2 VO 492/2011). Dies ist für den Rentner im Nebenerwerb, den arbeitsuchenden Rentner, den verbleibeberechtigten Rentner sowie den daueraufenthaltsberechtigten Rentner vorteilhaft, da diese die Möglichkeit haben, sich bei dem jeweiligen Arbeitsamt über die aktuelle Arbeitsmarktlage und die Lebens- und Arbeitsbedingungen des Wunschbeschäftigungsstaats zu informieren.

2. Rechtsfolgen bei Verletzung der Verordnung

Die Verordnung trifft in ihrem Kap. IV, welches die Schlussbestimmungen enthält, keine Bestimmungen über die Sanktionierung von Verstößen gegen ihre Inhalte durch die Mitgliedstaaten oder die zuständigen Träger der Mitgliedstaaten.

3. Unmittelbare Anwendbarkeit der Verordnung

Die Art. 45 ff. AEUV regeln die Freizügigkeit der Arbeitnehmer. Nach Art. 46 AEUV kann der Rat alle erforderlichen Maßnahmen zur schrittweisen Herstellung der Freizügigkeit treffen. Daher hat die Europäische Union innerhalb des Binnenmarkts die Kompetenz inne über die Rechtsstellung von Arbeitnehmern und ihren Familienangehörigen zu befinden. Die aufgrund des Vertrags erlassenen Freizügigkeitsvorschriften des Sekundärrechts gelten unmittelbar und vorrangig innerhalb der Union. Sie müssen somit nicht ins nationale Recht inkorporiert werden.[1850] Darüber hinaus wurde die Handlungsform der VO gem. Art. 288 Abs. 2 AEUV gewählt, so dass deren unmittelbare Anwendbarkeit außer Zweifel steht.[1851] Dies wird zudem deklaratorisch nach Art. 42 VO 492/2011 durch den Satz „Die Verordnung […] gilt unmittelbar in jedem Mitgliedstaat." festgestellt. Der Rentner im Nebenerwerb, der arbeitsuchende Rentner, der verbleibeberechtigte und der daueraufenthaltsberechtigte Rentner können sich daher

---

1850 Die unmittelbare Anwendbarkeit der VO 1612/68 galt bis zum Ablauf der Übergangszeit am 31.12.1969 (Art. 8 Abs. 1 EWG). Der Vertragstext ist abrufbar unter: http://eur-lex.europa.eu/de/treaties/dat/11957E/tif/TRAITES_1957_CEE_1_XM_0176_x222x.pdf (Abrufdatum: 16.10.2011). Vgl. zur unmittelbaren Anwendbarkeit der VO auch *Hailbronner* in: Deutsche Sektion der Internationalen Juristen-Kommission, Freizügigkeit von Arbeitnehmern, 3 (9); *Feik*, Freizügigkeit der Arbeitnehmer, 44.

1851 So auch *Prechtl*, IStR 2003, 586 (587).

gegenüber den nationalen Behörden und Gerichten auf die in der VO 492/2011 garantierten Rechte berufen. Der Gleichbehandlungsgrundsatz bindet die Mitgliedstaaten, den Unionsgesetzgeber und gilt auch im Verhältnis zwischen Privatpersonen.[1852] Die horizontale Drittwirkung lässt sich damit erklären, dass die Beseitigung der staatlichen Schranken für den Personenverkehr nicht durch in privatrechtlicher Autonomie gesetzte Hindernisse wieder umgangen werden soll.[1853] Die VO 492/2011 ist unmittelbar anwendbar.

VI. Würdigung des Art. 46 AEUV und der Verordnung 492/2011

1. Persönlicher Geltungsbereich

Fraglich ist, warum die VO 492/2011 in ihrem persönlichen Geltungsbereich nicht angepasst wird. Rein nach ihrem Wortlaut erfasst sie den Staatsangehörigen eines Mitgliedstaats und daher den nichterwerbstätigen Rentner sowie den Rentner im Nebenerwerb gleichermaßen in ihren Art. 1 bis 6 VO. Allerdings stellt auch das Wortlautargument letztlich ein „Scheinargument" dar, da selbst in Art. 1 Abs. 1 VO jeder Staatsangehörige nur berechtigt ist eine Tätigkeit im Lohn- oder Gehaltsverhältnis im Hoheitsgebiet eines anderen Mitgliedstaats nach den für Arbeitnehmer dieses Staats geltenden Rechts- und Verwaltungsvorschriften aufzunehmen und daher im Ergebnis auch Art. 1 Abs. 1 VO 492/2011 auf den Arbeitnehmerbegriff abstellt. Der nichterwerbstätige Rentner kann daher auch nicht unter Heranziehung des Wortlauts des Art. 1 Abs. 1 VO 492/2011 von dem persönlichen Geltungsbereich der VO erfasst werden. Der Art. 7 Abs. 2 VO bezieht sich systematisch und von dem Wortlaut her („er") auf den „Arbeitnehmer" des Art. 7 Abs. 1 VO. Danach wären von Art. 7 Abs. 2 VO rein nach dessen Wortlaut nur der Rentner im Nebenerwerb und der arbeitsuchende Rentner als Arbeitnehmer erfasst, obwohl die Rechtsprechung des EuGH unter Art. 7 Abs. 2 VO Personen subsumiert, die im Aufnahmemitgliedstaat bereits gearbeitet haben, aber nicht mehr in einem Arbeitsverhältnis stehen und trotzdem „gleichwohl als Arbeitnehmer gelten".[1854] Daher ist auch der verbleibeberechtigte Rentner nach

---

1852 Vgl. Art. 7 Abs. 4 VO 492/2011. Vgl. auch *Feik*, Freizügigkeit der Arbeitnehmer, 44, 70.

1853 *Feik*, Freizügigkeit der Arbeitnehmer, 70 f.

1854 EuGH Rs. C-138/02 (Collins) Slg. 2004, I-2703, I-2745 Rn. 30–32. Vgl. auch *Feik*, Freizügigkeit der Arbeitnehmer, 58, der die ehemaligen Arbeitnehmer als „Quasi-Arbeitnehmer" bezeichnet.

Art. 17 Abs. 1 UA 1 lit. a) S. 1 RL 2004/38/EG als durch Art. 7 Abs. 2 VO erfasst anzusehen. Darüber hinaus wird die Differenzierung zwischen Arbeitnehmern und Nichterwerbstätigen nach fünf Jahren mit Erhalt des Daueraufenthalts aufgegeben.[1855] Insoweit fällt auch der daueraufenthaltsberechtigte Rentner unter die VO 492/2011. Hier bedarf es einer Klarstellung in der VO 492/2011.

Darüber hinaus ist unklar, warum dem arbeitsuchenden Rentner, dem verbleibeberechtigten Rentner und dem daueraufenthaltsberechtigten Rentner nicht generell dieselben Rechte wie dem Rentner im Nebenerwerb als Arbeitnehmer gewährt werden sollen. So können alle zugleich ein Interesse an der Wiedereinstellung in eine Beschäftigung gem. Art. 7 Abs. 1 VO haben. Dies hätte zur Konsequenz, dass der EuGH den ehemaligen Arbeitnehmer in den persönlichen Geltungsbereich der VO 492/2011 einbeziehen müsste, indem er ihm die sozialen und steuerlichen Vergünstigungen zuspricht. Hat der verbleibeberechtigte Rentner aber das vorzeitige Daueraufenthaltsrecht nach Art. 17 Abs. 1 UA 1 lit. a) S. 1 RL 2004/38/EG oder der daueraufenthaltsberechtigte Rentner nach fünf Jahren gem. 16 Abs. 1 RL 2004/38/EG erworben und somit Anspruch auf die sozialen Vergünstigungen des Art. 7 Abs. 2 VO 492/2011, ohne ausgewiesen zu werden, ist es kaum nachvollziehbar, warum diese Rentner nicht alle sonstigen Rechte des Arbeitnehmers innehaben sollten.

2. Soziale Vergünstigungen-Art. 7 Abs. 2 VO 492/2011

a. Begriff soziale Vergünstigungen und seine Abhängigkeit von der Arbeitnehmereigenschaft

Als problematisch wird teilweise das weite Verständnis der sozialen Vergünstigungen durch den EuGH angesehen. Vereinzelt wird vertreten, dass die Loslösung des Begriffs der sozialen Vergünstigungen von der Arbeitnehmereigenschaft nicht hinzunehmen sei. So werden solche sozialen Vergünstigungen dem Gleichbehandlungsgrundsatz unterworfen, die „kaum noch mit einem Arbeitsverhältnis oder mit der Arbeitnehmereigenschaft in einen, wenn auch nur losen Zusammenhang gebracht werden können".[1856] Dies widerspreche dem Wortlaut des Art. 7 Abs. 2 VO, der nur soziale Vergünstigungen im Zusammenhang mit der Arbeitnehmereigenschaft erfassen will, und dem Art. 45 AEUV, der die Aufgabe hat, die Mobilität der Arbeitnehmer innerhalb der Union sicherzustellen.[1857]

1855 So auch *Schönberger*, Unionsbürger, 368.

1856 *Hailbronner*, Ausländerrecht, Rn. 801.

1857 *Hailbronner*, Ausländerrecht, Rn. 802.

Außerdem werden dadurch die Unterschiede zwischen den sozialen Bedingungen bei der Ausübung einer abhängigen Erwerbstätigkeit und allgemeinen Sozialhilfeleistungen verwischt.[1858] Dagegen lässt sich überzeugend anführen, dass es gerade die Durchsetzung der Mobilität der Arbeitnehmer und ihre Integration in den Mitgliedstaat fördere, wenn der Begriff der sozialen Vergünstigungen von der engen Verknüpfung mit der Arbeitnehmereigenschaft abgekoppelt werde und den Arbeitnehmern sowie ihren Familienangehörigen daher von der Arbeitnehmereigenschaft unabhängige Vergünstigungen zukommen. Dies ist mit der Zielsetzung des Art. 45 AEUV, die Mobilität der Arbeitnehmer zu sichern, vereinbar.[1859] Außerdem bleibt es jedem Mitgliedstaat selbst überlassen, welches konkrete Niveau des sozialen Schutzes und somit auch in welchem Umfang er soziale Vergünstigungen gewährt.[1860] Sollte er die sozialen Vergünstigungen für zu weitgehend halten, wäre er immer noch in der Lage, sein Angebot an sozialen Vergünstigungen, die nicht mit der Arbeitnehmereigenschaft verknüpft sind, einzuschränken. Für die Einbeziehung sozialer Vergünstigungen, die nichts mit der Arbeitnehmereigenschaft zu tun haben, spricht die Einbeziehung des arbeitsuchenden Rentners, des verbleibeberechtigten Rentners oder des daueraufenthaltsberechtigten Rentners, die sich in keinem Arbeitsverhältnis mehr befinden und daher auf eine Reihe der sozialen Vergünstigungen, die an die aktuelle Beschäftigung gebunden sind, keinen Anspruch hätten, obwohl sie nach der hier vertretenen Auffassung als Arbeitnehmer gelten.

Die Kommission möchte den Begriff der sozialen Vergünstigungen in der VO 492/2011 noch weiter fassen.[1861] Sie möchte der Rechtsprechung des EuGH Rechnung tragen, wonach soziale Vergünstigungen alle Vergünstigungen sind, die ob sie an einen Arbeitsvertrag anknüpfen oder nicht, den inländischen Arbeitnehmern hauptsächlich wegen ihrer objektiven Arbeitnehmereigenschaft oder einfach wegen ihres gewöhnlichen Wohnsitzes im Inland gewährt werden. Die Ausdehnung auf diese Personen soll deren Mobilität innerhalb der Union erleichtern.[1862]

1858 *Hailbronner* in: Deutsche Sektion der Internationalen Juristen-Kommission, Freizügigkeit von Arbeitnehmern, 3 (20).

1859 So zutreffend auch *Lippert*, Soziale Vergünstigungen und Arbeitnehmerfreizügigkeit, 94.

1860 *Hervey*, European Social Law, 87.

1861 Vgl. Vorschlag für eine Verordnung (EG) des Europäischen Parlaments und des Rates zur Änderung der Verordnung (EWG) Nr. 1612/68 des Rates über die Freizügigkeit der Arbeitnehmer innerhalb der Gemeinschaft KOM (1998) 394 endg., 15.

1862 Vgl. zu dieser Rechtsprechung EuGH Urt. v. 10.09.2009 Rs. C-269/07, EuR 2010, 811 (814 Rn. 39).

Nach Ansicht der Kommission strebe der EuGH mit seiner Rechtsprechung eine alle Bereiche umfassende, vollständige Integration des Arbeitnehmers, also wirtschaftlich, kulturell, gesellschaftlich usw. an.[1863] Die Neufassung des Art. 7 Abs. 2 VO 492/2011 sollte nach der Kommission folgendermaßen lauten: „Ein Arbeitnehmer, der Staatsangehöriger eines Mitgliedstaats ist, genießt die gleichen wirtschaftlichen, steuerlichen, sozialen, kulturellen oder sonstigen Vergünstigungen wie die inländischen Arbeitnehmer."[1864] Dieses weite Verständnis entspricht dem Ziel des Art. 45 AEUV, die Mobilität des Arbeitnehmers zu erhöhen. Erst eine Person, die umfassend den inländischen Arbeitnehmern gleichgestellt wird, wird sich mit Freude in die Arbeitswelt und das gesellschaftliche und kulturelle Leben des Beschäftigungsstaats integrieren. Insoweit ist dieser Vorschlag zu unterstützen allerdings unter der Prämisse, dass von dem Arbeitnehmerbegriff in Art. 7 Abs. 2 VO 492/2011 nach der hier vertretenen Ansicht auch der daueraufenthaltsberechtigte Rentner erfasst ist.

b. Verhältnis des Art. 7 Abs. 2 VO 492/2011 zur VO 883/2004

aa. Subsidiarität des Art. 7 Abs. 1 VO 492/2011

Diskussionswürdig ist zudem das Verhältnis des Art. 7 Abs. 2 VO 492/2011 zu den Gewährleistungen der VO 883/2004. Die VO 883/2004 wird in der Literatur und in der früheren Rechtsprechung des EuGH teilweise als speziell gegenüber der VO 492/2011 angesehen.[1865] Art. 7 Abs. 2 VO 492/2011 stelle danach einen Auffangtatbestand dar, der eine möglichst weitgehende Gleichbehandlung aller Arbeitnehmer in Bezug auf den sozialen Schutz in der Europäischen Union garantieren solle. Dabei gehe Art. 7 Abs. 2 VO weiter als die Koordinierungsregeln

---

1863 Dies bringt die Kommission in ihrem Vorschlag für eine Verordnung (EG) des Europäischen Parlaments und des Rates zur Änderung der Verordnung (EWG) Nr. 1612/68 des Rates über die Freizügigkeit der Arbeitnehmer innerhalb der Gemeinschaft KOM (1998) 394 endg., 15 zum Ausdruck.

1864 Vorschlag für eine Verordnung (EG) des Europäischen Parlaments und des Rates zur Änderung der Verordnung (EWG) Nr. 1612/68 des Rates über die Freizügigkeit der Arbeitnehmer innerhalb der Gemeinschaft KOM (1998) 394 endg., 27.

1865 Vgl. zur VO Nr. 3/58 als Vorgängerverordnung der VO 1408/71, EuGH Rs. 1/72 (Frilli) Slg. 1972, 457, 465 Rn. 4. Vgl. zur VO 1408/71 als Vorgängerverordnung zur VO 883/2004, EuGH Rs. 122/84 (Scrivner) Slg. 1985, 1027, 1034 Rn. 16. Vgl. ebenfalls *Steinmeyer* in: Fuchs, Europäisches Sozialrecht, Teil 3, VO (EWG) Rn. 1612/68, Art. 7 Rn. 2; *Muckel/Ogorek*, Sozialrecht, § 21 Rn. 42, 44; *Schulte* in: von Maydell/Ruland/Becker, Sozialrechtshandbuch, § 33 Rn. 152.

der VO 883/2004, die nur die dort ausdrücklich genannten Leistungsbereiche der sozialen Sicherheit umfassen.[1866] Gerade aufgrund dieser Funktion als Auffangtatbestand sei der subsidiäre Art. 7 Abs. 2 VO 492/2011 gegenüber der VO 883/2004 als nachrangig zu prüfen.[1867] Aus der Auffangfunktion ergebe sich ebenfalls, dass ein Rückgriff auf Art. 7 Abs. 2 VO 492/2011 ausscheide, wenn eine Leistung unter das Koordinierungssystem der VO 883/2004 falle. Es sei daher stets zunächst im Einzelfall zu prüfen, ob die Sozialleistung unter den sachlichen Anwendungsbereich der VO 883/2004 fällt. Nur wenn dies nicht der Fall sei, komme eine soziale Vergünstigung i. S. der VO 492/2011 in Betracht.[1868]

Der EuGH ist inzwischen von seinem ursprünglichen Kurs abgewichen und hat festgestellt, dass ein und dieselbe Leistung sowohl an Art. 7 Abs. 2 VO 492/2011 als auch an der VO 883/2004 geprüft werden könne und somit beide VO auf ein

---

1866 *Steinmeyer* in: Fuchs, Europäisches Sozialrecht, Teil 3, VO (EWG) Rn. 1612/68, Art. 7 Rn. 2. Siehe auch *Schreiber* in: Schreiber/Wunder/Dern, Einl. Rn. 53. So sei der Anwendungsbereich der VO 492/2011 insb. im Hinblick auf den Ausschluss in Art. 3 Abs. 5 VO 883/2004 weiter, da die Verordnung 492/2011 auch die von der VO 883/2004 ausgeschlossenen Sozialleistungen abdecke.

1867 Als Ausgangspunkt war dabei zunächst zu ermitteln, ob die Leistung unter einen der Zweige der sozialen Sicherheit nach dem sachlichen Anwendungsbereich des Art. 3 Abs. 1 lit. a) bis j) VO 883/2004 fiel. War dies nicht der Fall, lag dennoch eine Leistung der sozialen Sicherheit vor, wenn sie nach ihren Merkmalen, ihrer Zielsetzung und den Voraussetzungen ihrer Gewährung mit den Leistungen der VO 883/2004 vergleichbar gewesen ist. Vgl. dazu auch EuGH Rs. C-66/92 (Acciardi) Slg. 1993, I-4567, I-4595 Rn. 13. Dafür sollte es nach dem EuGH bereits genügen, wenn eine gesetzliche Regelung unter anderem einen Bezug zu einem der in Art. 3 Abs. 1 genannten Zweige der sozialen Sicherheit hatte. Vgl. hierzu EuGH Rs. 122/84 (Scrivner) Slg. 1985, 1027, 1034 Rn. 17. Vgl. dazu und zur Abgrenzungsproblematik im Allgemeinen auch *Steinmeyer* in: Fuchs, Europäisches Sozialrecht, Teil 3, VO 1612/68, Art. 7 Rn. 4. Vgl. auch *Stewen*, Freizügigkeitsrecht und soziale Begleitrechte, 144 f.

1868 Vgl. zur genauen Abgrenzung des sachlichen Anwendungsbereichs der VO 883/2004 und der sozialen Vergünstigung i. S. von Art. 7 Abs. 2 VO 492/2011 *Steinmeyer* in: Fuchs, Europäisches Sozialrecht, 6. Auflage, Art. 7 VO 492/2011 Rn. 4 f. Steinmeyer weist in diesem Zusammenhang auch auf den Ausschlussgrund des Art. 3 Abs. 5 VO 883/2004 hin und darauf, dass besondere beitragsunabhängige Geldleistungen i. S. von Art. 3 Abs. 3, 70 VO 883/2004 gerade keine sozialen Vergünstigungen darstellen. Vielmehr sei Art. 7 Abs. 2 VO 492/2011 als besondere Ausprägung des Art. 45 Abs. 2 AEUV hinsichtlich der sozialen Vergünstigungen eben wie diese Norm auszulegen.

und dieselbe Leistung kumulativ anwendbar seien.[1869] Fraglich ist, ob durch diese Neubewertung des EuGH Art. 7 Abs. 2 VO 492/2011 nicht mehr lediglich als Auffangtatbestand, sondern als gleichberechtigt neben die VO 883/2004 trete.[1870] Hierzu wird angeführt, dass im Gegensatz zur VO 883/2004 bei der VO 492/2011 keine Koordinierung stattfinde, sondern durch die von der VO 492/2011 zwingend vorgeschriebene Inländergleichbehandlung nur eine ähnliche Wirkung erzielt werde.[1871] Die VO 492/2011 beruht auf einem ganz anderen Grundsystem als die VO 883/2004 und erzielt dieser gegenüber lediglich vergleichbare Wirkungen. Außerdem umfasst die VO 492/2011 auch einen anderen sachlichen Geltungsbereich als die VO 883/2004. Art. 3 Abs. 5 VO 883/2004 nimmt die sozialen Vergünstigungen als soziale Fürsorge vom sachlichen Anwendungsbereich der VO 883/2004 aus. Daher überschneiden sich beide Verordnungen zumindest nicht hinsichtlich der deutlich von den Sozialleistungen abgrenzbaren sozialen Vergünstigungen. Selbst wenn es Überschneidungen zwischen einer Leistung der sozialen Sicherheit i. S. der VO 883/2004 und einer sozialen Vergünstigung i. S. der VO 492/2011 geben sollte, sieht der EuGH dies ebenfalls nicht als problematisch an. Vielmehr postuliert er generös, dass in jedem Verstoß gegen Art. 4 VO 883/2004 und das darin enthaltene Diskriminierungsverbot zugleich eine Verletzung von Art. 7 Abs. 2 VO 492/2011 gesehen werden könne, weil die Leistungen der sozialen Sicherheit stets auch soziale Vergünstigungen darstellen.[1872] Danach lässt sich jede Vergünstigung entweder unter die VO 883/2004 oder den Art. 7 Abs. 2 VO 492/2011 subsumieren. Ein Subsidiaritätsverhältnis des Art. 7 Abs. 2 VO 492/2011 wird dadurch nicht zum Ausdruck gebracht.

Nicht mehr ganz so eindeutig urteilte der EuGH in dem Vertragsverletzungsverfahren *Kommission/Bundesrepublik Deutschland*. In diesem stellte er heraus,

---

1869 EuGH Rs. C-85/96 (Martínez Sala) Slg. 1998 I-2691, I-2718 Rn. 27; Rs. C-185/96 (Kommission/Griechenland) Slg. 1998, I-6601, 6623 Rn. 19; Rs. C-111/91 (Kommission/Luxemburg) Slg. 1993, I-817, 846 Rn. 21.

1870 Schulte geht hierbei davon aus, dass die Artikel der Verordnungen 883/2004 und 987/2009 in ihrem sachlichen Geltungsbereich dem Art. 7 Abs. 2 VO 1612/68 vorgehen. Vgl. dazu *Schulte*, ZESAR 2010, 202 (216). Siehe auch *Schulte*, Jahrbuch des Sozialrechts, Band 33, 2012, 509 (526 f.), wonach Art. 7 Abs. 2 VO 492/2011 nur eine „wichtige Ergänzung" zu der VO 883/2004 in Bezug auf Sozialleistungen, die keine Leistungen der sozialen Sicherheit sind, darstelle.

1871 So auch *Steinmeyer* in: Fuchs, Europäisches Sozialrecht, Teil 3, VO (EWG) Rn. 1612/68, Art. 7 Rn. 2.

1872 EuGH Rs. C-326/90 (Kommission/Belgien) Slg. 1992, I-5517, 5526 f. Rn. 1, I-5527; *Eichenhofer*, Sozialrecht der EU, Rn. 332.

dass die VO 883/2004 und die VO 492/2011 zwar unterschiedliche persönliche Geltungsbereiche hätten, aber der Art. 7 Abs. 2 VO 492/2011, der „allgemeine Bedeutung“ für die Arbeitnehmerfreizügigkeit habe, „aber auf soziale Vergünstigungen Anwendung finden kann, die zugleich in den besonderen Geltungsbereich der VO Nr. 1408/71 fallen“.[1873] Dieses Urt. des EuGH lässt sich zunächst entsprechend der früheren Rechtsprechung dahingehend interpretieren, dass die Formulierung „allgemeine Bedeutung“ im Zusammenhang mit dem Art. 7 Abs. 2 VO 492/2011 und „besonderen Geltungsbereich“ im Zusammenhang mit der VO 883/2004 verdeutlicht, dass Art. 7 Abs. 2 VO 492/2011 der VO 883/2004 gegenüber subsidiär sein soll. Andererseits könnte die Formulierung „allgemeine Bedeutung“ für die Arbeitnehmerfreizügigkeit im Zusammenhang mit Art. 7 Abs. 2 VO 492/2011 aber auch nur als allgemeine Feststellung angesehen werden und nicht als Aussage im Hinblick auf ein mögliches Subsidiaritätsverhältnis. Der EuGH spricht vielmehr an, dass Art. 7 Abs. 2 VO 492/2011 im Rahmen der im sachlichen Geltungsbereich des Art. 3 Abs. 1 VO 883/2004 genannten sozialen Vergünstigungen Anwendung finden könne. Sollte eine Subsidiarität des Art. 7 Abs. 2 VO 492/2011 vorliegen, hätte es dieser ausdrücklichen Feststellung des EuGH gar nicht bedurft, da dann ja stets speziell auf die VO 883/2004 in ihrem sachlichen Geltungsbereich abzustellen wäre. Es macht die Gegenüberstellung bzw. Abgrenzung zwischen persönlichem und sachlichem Geltungsbereich in den Entscheidungsgründen dann keinen Sinn, wenn neben dem als unterschiedlich bezeichneten persönlichen Geltungsbereich auch noch der sachliche Geltungsbereich der VO 492/2011 und 883/2004 grundsätzlich unterschiedlich ist und sich nicht, wie vom EuGH angenommen bei bestimmten sozialen Vergünstigungen überschneiden kann. Der EuGH geht somit von einem Nebeneinander der VO 492/2011 und der VO 883/2004 aus, zumindest was deren sachlichen Geltungsbereich anbelangt.

Die weitgehende Erfassung sozialer Vergünstigungen für die Arbeitnehmer ist geeignet, entsprechend der Zielsetzung der Art. 46, 45 AEUV die Mobilität der Arbeitnehmer zu fördern und deren Freizügigkeit herzustellen. Der sonstige sachliche Geltungsbereich der VO 492/2011 enthält im Gegensatz zur VO 883/2004 keine Koordinierung einzelner Leistungszweige der sozialen Sicherheit, wie z. B. der Leistungen bei Krankheit, Alter, Arbeitslosigkeit und regelt auch nicht das anwendbare nationale Recht, sondern verpflichtet jeden Mitgliedstaat im Rahmen seines anwendbaren Rechts die ausländischen Arbeitnehmer wie Inländer zu behandeln. Für die Subsidiarität des Art. 7 Abs. 2 VO 492/2011 wird vielfach

---

1873 Vgl. EuGH Urt. v. 05.05.2011 Rs. C-206/10 (Europäische Kommission/Bundesrepublik Deutschland) BeckRS 2011, 80458 Rn. 39.

angeführt, dass Art. 48 AEUV lex specialis zu Art. 46 AEUV sei, was sich dann auch auf das Verhältnis der Verordnungen zueinander auswirken müsse.[1874] Danach sei die VO 883/2004 als die speziellere Norm anzuerkennen. Gestützt wurde diese Argumentation durch die Analyse der Verfahren der beiden Vorschriften. Die VO 883/2004 konnte nach ex Art. 42 EGV (nunmehr Art. 48 AEUV) trotz der Anwendung des Mitentscheidungsverfahrens nach ex Art. 251 EGV nur nach einstimmigem Beschluss durch den Rat erlassen werden. Die Schaffung der VO 492/2011 unterlag diesen hohen Verfahrenshürden nicht und konnte im ordentlichen Gesetzgebungsverfahren nach qualifizierter Mehrheit im Rat ergehen.[1875] Demgegenüber lässt sich anführen, dass mit dem Vertrag von Lissabon eine verfahrensrechtliche Vereinfachung gelungen ist. Die Rechtsgrundlage für die VO 883/2004, Art. 48 AEUV, ebenso wie Art. 46 AEUV als Rechtsgrundlage für die VO 492/2011 verlangen nunmehr einheitlich das ordentliche Gesetzgebungsverfahren. Folglich können unterschiedliche Verfahrensanforderungen als Argument nicht mehr überzeugend herangezogen werden.

Darüber hinaus sei der persönliche Geltungsbereich nach der Einbeziehung der Selbstständigen in die VO 883/2004 nicht mehr deckungsgleich, da die VO 492/2011 nur für den abhängig Beschäftigten gelte.[1876] Dieses Argument ist nicht schlüssig. Jeder Unionsrechtsakt soll den in seinem Geltungsbereich festgelegten Personen Schutz gewähren. Dass er andere Personengruppen ausschließt, liegt in der Natur des jeweiligen Rechtsakts. Dies kann kein Argument für die Subsidiarität eines Sekundärrechtsakts gegenüber einem anderen sein. Auch erscheint nicht überzeugend, dass allein die Anforderungen an das Verfahren darüber entscheiden können, wann die Subsidiarität einer Kompetenzgrundlage im Unionsrecht gegeben ist. In einem solchen Fall müssten Art. 352 AEUV und Art. 48 AEUV einen gleichen Rang aufweisen, da Art. 352 AEUV ebenfalls die Einstimmigkeit im Rat verlangt. Art. 352 AEUV ist aber gerade eine Vertragslückenschließungskompetenz und daher streng subsidiär gegenüber den besonderen Rechtsetzungskompetenzen der Union. Als anderes Beispiel könnte eine Gleichrangigkeit von Art. 18 AEUV und Art. 46 AEUV angeführt werden. Allerdings sind die Art. 45 Abs. 2 i. V. m. Art. 46 AEUV spezieller als das allgemeine Verbot der Diskriminierung aufgrund

---

1874 Vgl. Schlussantrag des GA Cosmas v. 09.12.1997 zu EuGH Rs. C-160/96 (Molenaar) Slg. 1998, I-843, I-877 f. Rn. 99. Die Argumentation des GA befürwortend auch *Gassner*, NZS 1998, 313 (314). Nach Gassner zeuge diese Argumentation von großer dogmatischer Klarheit.

1875 Siehe *Gassner*, NZS 1998, 313 (314).

1876 Vgl. *Gassner*, NZS 1998, 313 (314).

der Staatsangehörigkeit nach Art. 18 AEUV. Insoweit kann das Argument der Verfahrensvoraussetzungen keine überzeugende Lösung anbieten. So ist mit der hier vertretenen Auffassung nicht erkennbar, dass zwischen dem Art. 46 AEUV, auf dem die VO 492/2011 beruht und dem Art. 48 AEUV, auf dessen Rechtsgrundlage die VO 883/2004 erlassen wurde, ein Spezialitätsverhältnis besteht.[1877] Vielmehr dienen beide Vorschriften der Herstellung der Freizügigkeit der Arbeitnehmer. Insoweit kann auch zwischen dem zu diesen Vorschriften ergangenen Sekundärrecht kein Spezial- oder Subsidiaritätsverhältnis begründet werden. Daher ist Art. 7 Abs. 2 VO 492/2011 nicht als subsidiär gegenüber VO 883/2004 anzusehen. Vielmehr stehen beide Verordnungen als gleichberechtigt nebeneinander.

bb. Verletzung der Kompetenzen des Unionsgesetzgebers durch Annahme eines weiten Verständnisses des Begriffs der sozialen Vergünstigungen durch den EuGH?

Anknüpfend an die vorgenannten Gesichtspunkte könnte der EuGH dadurch, dass er den Begriff der sozialen Vergünstigungen des Art. 7 Abs. 2 VO 492/2011 weit auslegt und insb. auch die Sozialhilfe einbezogen hat, die Entscheidung des Unionsgesetzgebers, Sozialhilfeleistungen aus dem Geltungsbereich der VO 883/2004 auszunehmen, unterlaufen und damit praktisch die Rolle des Unionsgesetzgebers übernommen haben.[1878] Dem lässt sich überzeugend entgegenhalten, dass die Rechtsfortbildung zur Schließung von Lücken des Unionsrechts neben der Auslegung und Anwendung des Unionsrechts eine der wesentlichen Aufgaben des EuGH ist.[1879] Es ist die reguläre Aufgabe des EuGH, Sekundärrechtsakte einerseits auszulegen und anzuwenden und andererseits gesetzesvertretend Lücken zu schließen. Durch die Rechtsfortbildung des Art. 7 Abs. 2 VO 492/2011 hat der EuGH nicht die Entscheidung des Unionsgesetzgebers umgehen wollen, die Sozialhilfeleistungen aus der VO 883/2004 herauszuhalten. Denn soziale und medizinische Fürsorgeleistungen werden wegen Art. 3 Abs. 5 lit. a) VO 883/2004 von dem Wortlaut dieser Verordnung nicht erfasst. Dies heißt aber nicht, dass die Sozialhilfe nicht durch andere Rechtsakte wie die VO 492/2011, die wie festgestellt keine der VO 883/2004 vergleichbaren Koordinierungsregelungen enthält, erfasst sein kann. Außerdem ist darauf hinzuweisen, dass beide Sekundärrechtsakte streng voneinander zu trennen sind, da sie nach wie vor

---

1877 A.A. *Feik*, Freizügigkeit der Arbeitnehmer, 88 Fn. 62. Demnach sei Art. 48 AEUV als Rechtsgrundlage für die VO 883/2004 spezieller als die Rechtsgrundlage des Art. 46 AEUV, auf dem die VO 492/2011 beruht.

1878 Siehe *Lippert*, Soziale Vergünstigungen und Arbeitnehmerfreizügigkeit, 140.

1879 *Bleckmann/Pieper* in: Dauses, Hdb. d. EU-Wirtschaftsrechts, Band 1, B. I Rn. 79.

fundamentale Unterschiede aufweisen. So soll Art. 7 Abs. 2 VO 492/2011 weiter gehen als die Koordinierungsregeln der VO 883/2004, die ausschließlich die dort genannten Leistungsbereiche der sozialen Sicherheit erfassen.[1880] Art. 7 VO 883/2004 bestimmt für die Zweige der sozialen Sicherheit den Grundsatz des Leistungsexports von Geldleistungen. Die sozialen Vergünstigungen des Art. 7 Abs. 2 VO 492/2011, wie z. B. die Sozialhilfe sind grundsätzlich nicht exportierbar.[1881] Eine Ausnahme davon ist allerdings dann zu machen, wenn es sich um den Rentner im Nebenerwerb als Grenzgänger handelt. Bei Grenzgängern ist ein Leistungsexport auch gem. Art. 7 Abs. 2 VO zulässig.[1882] Die sozialen Vergünstigungen sind daher ausschließlich vom jeweiligen Wohnsitzstaat zu gewähren. Der EuGH hat durch die fehlende Exportierbarkeit der sozialen Vergünstigungen der VO 492/2011 den Begriff der sozialen Vergünstigungen bereits restriktiv interpretiert. Außerdem sind bei sozialen Vergünstigungen der Rentner im Nebenerwerb, der arbeitsuchende Rentner, der verbleibeberechtigte oder daueraufenthaltsberechtigte Rentner gleich dem Inländer zu behandeln, wohingegen im Rahmen der VO 883/2004 umfassendere Sachverhaltsgleichstellungen verbürgt werden. Dass der Unionsgesetzgeber das Problem der weiten Interpretation des Begriffs „Leistungen der sozialen Sicherheit" nach der VO 883/2004, aber auch der sozialen Vergünstigungen nach

1880 *Steinmeyer* in: Fuchs, Europäisches Sozialrecht, Teil 3, VO (EWG) 1612/68, Art. 7 Rn. 2.

1881 EuGH Rs. C-33/99 (Fahmi und Esmoris) Slg. 2001, I-2415, I-2473 Rn. 47; *Muckel/Ogorek*, Sozialrecht, § 21 Rn. 45; *Hervey*, European Social Law, 87; *Schulte* in: von Maydell/Ruland/Becker, Sozialrechtshandbuch, § 33 Rn. 37, 157. Vgl. ebenfalls *Stewen*, Freizügigkeitsrecht und soziale Begleitrechte, 145.

1882 EuGH Rs. C-57/96 (Meints) Slg. 1997, I-6689, 6721 Rn. 51; Rs. C-337/97 (Meeusen) Slg. 1999, I-3289, 3313 Rn. 21. Dies gilt nach dem Urt. des EuGH Hartmann auch für den nichterwerbstätigen Ehegatten. So hat der EuGH im Urt. v. 18.07.2007 Rs. C-212/05 (Gertraud Hartmann/Freistaat Bayern) ZESAR 2008, 93 (95 Rn. 18 f. 27) entschieden, dass ein Arbeitnehmer, der unter Beibehaltung seines Dienstverhältnisses in einem Mitgliedstaat der Union seinen Wohnsitz in einen anderen Mitgliedstaat verlegt und seine Berufstätigkeit seitdem als Grenzgänger ausübe unter den Begriff des „Wanderarbeitnehmers" i. S. der VO 1612/68 zu subsumieren sei und daher auch die sich aus dieser Verordnung ergebenen Rechte beanspruchen könne. Unter diesen Umständen könne sich auch dessen nicht erwerbstätige Ehefrau ebenfalls auf Art. 7 Abs. 2 VO 1612/68 berufen. Der Ausschluss von der sozialen Vergünstigung des Erziehungsgelds durch den Beschäftigungsmitgliedstaat des Grenzgängers verstoße demnach gegen Art. 7 Abs. 2 VO 1612/68 auch wenn der Ehegatte in dem anderen Mitgliedstaat in dem der Grenzgänger seiner Berufstätigkeit nachgeht weder einen Wohnsitz noch seinen gewöhnlichen Aufenthalt habe.

der VO 492/2011 erkannte, zeigt, dass zuvor in der VO 1408/71 in Art. 4 Abs. 2 a und nunmehr separat in Art. 3 Abs. 3, 70 VO 883/2004 die besonderen beitragsunabhängigen Geldleistungen als Mischleistungen zwischen Sozialleistungen und Sozialhilfe aufgeführt sind. Auch nach Art. 70 Abs. 3 und 4 VO 883/2004 sind die besonderen beitragsunabhängigen Geldleistungen nicht exportierbar und daher ausschließlich vom Wohnsitzstaat zu gewähren. Daher stellte der Unionsgesetzgeber sie letztlich rechtlich den sozialen Vergünstigungen der VO 492/2011 gleich und brachte zum Ausdruck, dass er die Sozialhilfe und Leistungen, welche Elemente der Sozialhilfe enthalten, nicht vollumfänglich dem System der VO 883/2004 und somit der Exportpflicht aus Art. 7 VO 883/2004 unterwerfen will. Insoweit hat der Unionsgesetzgeber auch bei der Schaffung der VO 883/2004 seine Auffassung hinsichtlich der Exportverpflichtung für die besonderen beitragsunabhängigen Geldleistungen nicht geändert.[1883] Dies entspricht dem Sinn und Zweck des Leistungsexports nach Art. 7 VO 883/2004. Dieser zielt darauf ab, Arbeitnehmer, die von ihrem Recht auf Freizügigkeit Gebrauch machen, vor einem Rechtsverlust zu bewahren, der dadurch entsteht, dass sie die Leistungen, die sie durch Beiträge im früheren Mitgliedstaat erbracht haben, durch den Grenzübertritt in den anderen Mitgliedstaat verlieren.[1884] Sozialhilfeleistungen sind demgegenüber beitragsunabhängig und sind somit gar nicht in der Lage, die Zweckrichtung des Art. 7 VO 883/2004 zu erfüllen. Sie sollten daher vom Prinzip des Leistungsexports ausgenommen sein. Durch die Regelung der besonderen beitragsunabhängigen Geldleistungen trägt der Unionsgesetzgeber der Schwierigkeit der Abgrenzung beider Leistungen Rechnung, ohne jedoch so weit zu gehen, die Sozialhilfe in die Leistungen der VO 883/2004 einzubeziehen. Der Unionsgesetzgeber ließ sich somit ein Türchen offen, ohne es jedoch sperrangelweit zu öffnen. Auch der EuGH hat die besonderen beitragsunabhängigen Geldleistungen i. S. der VO 883/2004 keiner Exportverpflichtung unterworfen.[1885] Lediglich bei Grenzgängern erklärte der EuGH zur Herstellung der Arbeitnehmerfreizügigkeit die sozialen Vergünstigungen gem. Art. 7 Abs. 2 VO 492/2011 auch für exportierbar. Insoweit berücksichtigte der EuGH die grundsätzliche Entscheidung des Unionsgesetzgebers hinsichtlich des Exportverbots für soziale Vergünstigungen.

1883 Vgl. Art. 4 Abs. 2 a, 2 b und Art. 10 a Abs. 1 der VO 1408/71, welche beitragsunabhängige Sonderleistungen bereits aus der Exportverpflichtung ausnahmen.

1884 *Schuler* in: Fuchs, Europäisches Sozialrecht, Teil 2, Titel I, VO 883/2004, Art. 7 Rn. 1.

1885 Vgl. EuGH Urt. v. 11.09.2007 Rs. C-287/05 (Hendrix) Beck EuRS 2007, 455037 Rn. 58, wonach die VO 492/2011 der Regelung in der VO 883/2004 nicht entgegenstehe, wonach die besondere beitragsunabhängige Geldleistung nur Personen gewährt werden dürfe, die ihren Wohnsitz im Inland haben, so dass hier gerade keine Exportverpflichtung bestehe.

Da der Unionsgesetzgeber das Problem der Abgrenzung zwischen Sozialleistungen und sozialen Vergünstigungen durch Schaffung der besonderen beitragsunabhängigen Geldleistungen selbst erkannte, sich aber trotzdem nicht für eine Exportverpflichtung entschied, stimmt er letztlich mit der Rechtsprechung des EuGH überein, dass die Sozialhilfe eben gerade nicht von der VO 883/2004 erfasst ist. Dennoch hielt der Unionsgesetzgeber die besonderen beitragsunabhängigen Geldleistungen, die Elemente der Sozialhilfe enthalten, für schützenswert und unterwarf sie der Koordinierung durch die VO 883/2004. Der EuGH hat dadurch, dass er den Begriff der sozialen Vergünstigungen des Art. 7 Abs. 2 VO 492/2011 weit auslegt und insb. auch die Sozialhilfe einbezogen hat, von seiner Rechtsfortbildungsfunktion in zulässiger Weise Gebrauch gemacht und nicht die Rolle des Unionsgesetzgebers übernommen.

cc. Sachverhaltsgleichstellungsklausel in der VO 492/2011

Die Kommission wollte in Art. 7 Abs. 5 VO 492/2011 eine den Art. 5 und 6 VO 883/2004 vergleichbare Sachverhaltsgleichstellungsklausel aufnehmen.[1886] Diese Klausel sollte bewirken, dass der Grundsatz der Vergleichbarkeit in beruflicher Hinsicht sekundärrechtlich festgeschrieben wird, da er für die tatsächliche Schaffung eines Raums beruflicher Mobilität grundlegend sei und die Erfahrung zeige, dass es für Arbeitnehmer schwierig sei, einen Anspruch auf bestimmte soziale oder berufliche Vergünstigungen zu erwerben, da die einschlägigen Rechts- und Verwaltungsvorschriften nur diejenigen anspruchsbegründenden Tatsachen oder Ereignisse berücksichtigen, die im Inland eingetreten sind.[1887] Als Beispiel hat es der EuGH für unzulässig erachtet, wenn ein Grenzgänger als Gebietsfremder in seinem Wohnsitzstaat keine Einkünfte besitzt und er sein zu versteuerndes Einkommen im Wesentlichen aus der Tätigkeit bezieht, die er im Beschäftigungsstaat ausübt und der Wohnsitzstaat aufgrund nationaler Vorschriften nicht in der Lage ist, ihm die Vergünstigungen zu gewähren, die ihm aufgrund seiner persönlichen Lage und seines Familienstands eigentlich zustehen.[1888] Der EuGH hat

---

1886 Vorschlag für eine Verordnung (EG) des Europäischen Parlaments und des Rates zur Änderung der Verordnung (EWG) Nr. 1612/68 des Rates über die Freizügigkeit der Arbeitnehmer innerhalb der Gemeinschaft KOM (1998) 394 endg., 16 ff.

1887 Vorschlag für eine Verordnung (EG) des Europäischen Parlaments und des Rates zur Änderung der Verordnung (EWG) Nr. 1612/68 des Rates über die Freizügigkeit der Arbeitnehmer innerhalb der Gemeinschaft KOM (1998) 394 endg., 16.

1888 EuGH Rs. C-279/93 (Schumacker) Slg. 1995, I-225, I-261 Rn. 36; Rs. C-169/03 (Wallentin) Slg. 2004, I-6443, I-6464 Rn. 17; Rs. C-182/06 (Lakebrink) Rn. 30, abrufbar unter: http://curia.europa.eu/en/content/juris/c2.htm (Abrufdatum: 15.12.2008).

sich diesbezüglich somit für eine Anerkennung der gleichen persönlichen und beruflichen Tatsachen und Umstände ausgesprochen, die im Beschäftigungsstaat eingetreten sind. Für eine Sachverhaltsgleichstellung spricht auch die Abstellung in Tarifverträgen des öffentlichen Dienstes auf rein inländische Sachverhalte, wo es z. B. ähnlich wie im Beamtenrecht auf inländische Diplome, eine Ausbildung im Inland oder die Absolvierung eines inländischen Wehrdienstes ankommt.[1889] Dies ist in einem immer stärker zusammenwachsenden Europa nicht hinnehmbar. Insoweit ist der Kommission zuzustimmen, dass die Freizügigkeit der Arbeitnehmer nicht voll verwirklicht werden könne, wenn Arbeitnehmern in den anderen Mitgliedstaaten erworbene Abschlüsse und berufliche oder persönliche Qualifikationen nicht wie bei den Inländern für die Karriere angerechnet werden, z. B. weil sie dort nicht reglementiert sind und somit auch nicht von der RL 2005/36/EG über die Anerkennung von Berufsqualifikationen erfasst sind.[1890] Daher bedarf es der Einfügung eines Art. 7 Abs. 5 VO 492/2011 in die VO, der sinngemäß reglementiert, dass, wenn in einem Mitgliedstaat die Festlegung der

---

1889 So auch Vorschlag für eine Verordnung (EG) des Europäischen Parlaments und des Rates zur Änderung der Verordnung (EWG) Nr. 1612/68 des Rates über die Freizügigkeit der Arbeitnehmer innerhalb der Gemeinschaft KOM (1998) 394 endg., 17.

1890 Die Kommission weist in diesem Zusammenhang auch nachvollziehbar auf die unzureichende Abdeckung dieser Problematik durch die Richtlinien über die Anerkennung der beruflichen Befähigungsnachweise hin. Vgl. zur RL 2005/36/EG des Europäischen Parlaments und des Rates vom 07.09.2005 über die Anerkennung von Berufsqualifikationen, ABl. 2005 Nr. L 255/22 ff., zuletzt geändert durch VO (EU) 213/2011 v. 03.03.2011, ABl. 2011 Nr. L 59/4. Diese setzt in Art. 2 Abs. 1 RL voraus, dass ein Unionsbürger einen „reglementierten“ Beruf in einem anderen Mitgliedstaat als dem, in dem er seine Berufsqualifikation erworben hat, ausüben will. Gemäß Art. 2 Abs. 2 RL haben dann die aufnehmenden Mitgliedstaaten, wenn der Unionsbürger eine Berufsqualifikation gem. Art. 3 Abs. 1 lit. a) RL vorweisen kann, ihm die Ausübung des reglementierten Berufs zu gestatten. Vgl. dazu weiterführend Vorschlag für eine Verordnung (EG) des Europäischen Parlaments und des Rates zur Änderung der Verordnung (EWG) Nr. 1612/68 des Rates über die Freizügigkeit der Arbeitnehmer innerhalb der Gemeinschaft KOM (1998) 394 endg., 17 f. Darüber hinaus kritisiert die Kommission, dass die RL nicht auf die Anerkennung von beruflichen (oder persönlichen) Qualifikationen anwendbar sei, die keine Voraussetzungen für den Zugang zur Beschäftigung darstellen, aber für die Verbesserung von Berufsausübungsbedingungen entscheidend sein können. So könne der Unionsbürger sich nur auf seine Befähigungsnachweise in Bezug auf den Zugang zur Beschäftigung berufen, nicht aber darauf, wenn es um eine spätere Beförderung innerhalb der eingeschlagenen Laufbahn gehe.

Beschäftigungsbedingungen, die Entwicklung der beruflichen Laufbahn oder die Gewährung gewisser Vergünstigungen für Arbeitnehmer von bestimmten Voraussetzungen abhängig gemacht werden und der Arbeitnehmer diese Voraussetzungen in einem anderen Mitgliedstaat erfüllt, diese Umstände im Aufnahmemitgliedstaat in gleicher Weise anerkannt werden müssen und dieselben Vergünstigungen dem Arbeitnehmer zu gewähren sind.[1891]

c. Rentner im Nebenerwerb als Grenzgänger-Zugang zu sozialen Vergünstigungen?

Kritisch gesehen wird auch die besondere Situation der Rentner im Nebenerwerb als Grenzgänger. Problematisch ist hier insb., dass der Rentner im Nebenerwerb sich zumindest mit zwei Rechtssystemen in zwei Mitgliedstaaten konfrontiert sieht. Die Grenzgänger sind deshalb durch den EuGH insb. hinsichtlich des Leistungsexports gegenüber dem „regulären“ Wanderarbeitnehmer privilegiert worden. Zur Verbesserung der Rechtssicherheit von Grenzgängern ist es notwendig, dass in die VO 492/2011 eine Vorschrift aufgenommen wird, wonach die Mitgliedstaaten einem Grenzgänger die in Art. 7 Abs. 2 VO 492/2011 genannten Vergünstigungen nicht vorenthalten dürfen. Dies ist insb. deshalb von Bedeutung, weil die entsprechenden Gesetze zumeist für inländische Arbeitnehmer konzipiert sind und der Grenzgänger das Wohnsitzerfordernis im Beschäftigungsland zumeist nicht erfüllt.[1892]

VII. Zusammenfassung zu Art. 46 AEUV und zur Verordnung 492/2011

1. Art. 46 AEUV

(1) Die Rechtsgrundlage der VO 492/2011 stellt Art. 46 AEUV dar.

1891 Vgl. ebenfalls Vorschlag für eine Verordnung (EG) des Europäischen Parlaments und des Rates zur Änderung der Verordnung (EWG) Nr. 1612/68 des Rates über die Freizügigkeit der Arbeitnehmer innerhalb der Gemeinschaft KOM (1998) 394 endg., 28.

1892 So auch Vorschlag für eine Verordnung (EG) des Europäischen Parlaments und des Rates zur Änderung der Verordnung (EWG) Nr. 1612/68 des Rates über die Freizügigkeit der Arbeitnehmer innerhalb der Gemeinschaft KOM (1998) 394 endg., 19.

(2) Der Art. 46 AEUV ist eine konkrete und hinreichende Kompetenznorm für die VO 492/2011.
(3) Aus Art. 46 AEUV ergeben sich drei Restriktionen. Art. 46 AEUV ermächtigt und verpflichtet zum Erlass von Verordnungen, enthält einen nicht abschließenden Maßnahmenkatalog und lässt nur solche Maßnahmen zu, die zur Herstellung der Freizügigkeit der Arbeitnehmer erforderlich sind. Bei dem Erlass der VO 492/2011 wurden die spezifischen Restriktionen des Art. 46 AEUV erfüllt. Die in Art. 46 lit. b) und c) AEUV aufgezählten Freizügigkeitshindernisse werden bereits durch den unmittelbar anwendbaren Art. 45 AEUV untersagt. Auf eine unmittelbare Anwendbarkeit des Art. 46 lit. b) und c) AEUV kommt es daher nicht an.
(4) Die Verfahrensvoraussetzungen des Art. 46 AEUV wurden zum Zeitpunkt des Erlasses der VO 492/2011 gewahrt.
(5) Der persönliche Geltungsbereich des Art. 46 AEUV umfasst Arbeitnehmer i. S. des Art. 45 AEUV. Der Begriff des Arbeitnehmers ist aus dem Unionsrecht zu definieren und bedarf keines Rückgriffs auf das nationale Recht der Mitgliedstaaten. Der Rentner im Nebenerwerb, der arbeitsuchende Rentner, der verbleibeberechtigte und der daueraufenthaltsberechtigte Rentner sind somit Arbeitnehmer i.S.d. Art. 45AEUV und deshalb vom persönlichen Geltungsbereich des Art. 46 AEUV erfasst.
(6) In seinem sachlichen Geltungsbereich ermächtigt und verpflichtet Art. 46 AEUV zum Erlass von VO, um alle erforderlichen Maßnahmen zur Herstellung der Freizügigkeit der Arbeitnehmer nach Art. 45 AEUV zu treffen. Die Freizügigkeit der Arbeitnehmer als Ausübung einer abhängigen Erwerbstätigkeit in einem anderen Mitgliedstaat stellt eine Grundfreiheit dar und wird teilweise als „soziales Grundrecht“ angesehen. Nach Art. 45 Abs. 2 AEUV beseitigt sie jede auf der Staatsangehörigkeit beruhende spezifische Diskriminierung der Arbeitnehmer in Bezug auf Beschäftigung, Entlohnung und sonstige Arbeitsbedingungen. Die Arbeitnehmerfreizügigkeit erfasst unmittelbare und mittelbare Diskriminierungen. Außerdem gewährt sie das Recht, sich in einen anderen Mitgliedstaat zu begeben, um dort nach den für die Arbeitnehmer dieses Staats geltenden Rechts- und Verwaltungsvorschriften eine Beschäftigung auszuüben oder nach Beendigung der Beschäftigung dort zu verbleiben [Art. 45 Abs. 3 lit. d) AEUV]. Die Arbeitnehmerfreizügigkeit wird durch den Ordre-public-Vorbehalt und immanente Schranken sowie die europäischen Grundrechte in ihrem sachlichen Schutzbereich begrenzt. Als Schranken-Schranke ist der Grundsatz der Verhältnismäßigkeit zu wahren.

2. Verordnung 492/2011

(1) Bei dem Erlass der VO 492/2011 wurden generelle Restriktionen, wie der Subsidiaritätsgrundsatz, der Verhältnismäßigkeitsgrundsatz, die Pflicht zur Benennung der Vertragsartikel und der Bestimmtheitsgrundsatz erfüllt.

(2) Die VO 492/2011 konkretisiert den in Art. 45 AEUV enthaltenen Freizügigkeitsgrundsatz. Die VO 492/2011 bezweckt die völlige Arbeitnehmerfreizügigkeit auf dem Gebiet der Europäischen Union zu erreichen und den Wanderarbeitnehmer sowie dessen Familienangehörigen in das soziale Leben des Aufnahmemitgliedstaats zu integrieren.

(3) Die VO 492/2011 ist auf abhängig Beschäftigte und nicht auf selbstständig Erwerbstätige anwendbar. Für den Begriff des Arbeitnehmers kommt es auf eine unionsrechtliche Begriffsdefinition an, wonach jeder erfasst wird, der eine tatsächliche und echte Tätigkeit im Lohn- oder Gehaltsverhältnis ausübt und während einer bestimmten Zeit für einen anderen nach dessen Weisung Leistungen erbringt, für die er als Gegenleistung eine Vergütung erhält. Der Rentner im Nebenerwerb, der arbeitsuchende Rentner, der verbleibeberechtigte Rentner im ehemaligen Beschäftigungsstaat sowie der daueraufenthaltsberechtigte Rentner sind von dem Arbeitnehmerbegriff erfasst. Um Rechtssicherheit zu bewirken, ist dies in der VO 492/2011 durch den Unionsgesetzgeber ausdrücklich klarzustellen. Außerdem muss die Einbeziehung des arbeitsuchenden, des verbleibeberechtigten und des daueraufenthaltsberechtigten Rentners in den persönlichen Geltungsbereich der VO auch Auswirkungen auf den sachlichen Geltungsbereich haben, so dass diesen Rentnern alle sonstigen Rechte der VO 492/2011, die vom Wortlaut her den Arbeitnehmern zustehen, garantiert werden.

(4) Die Art. 1 bis 6 VO beinhalten für jeden Staatsangehörigen eines Mitgliedstaats, d.h. auch für den Rentner im Nebenerwerb, den arbeitsuchenden Rentner, den verbleibeberechtigten Rentner sowie den daueraufenthaltsberechtigten Rentner, Gleichbehandlungsrechte hinsichtlich der Arbeitsaufnahme (inklusive des Arbeitsvermittlungsverfahrens) und der Arbeitsausübung.

(5) Das allgemeine europarechtliche Diskriminierungsverbot des Art. 45 Abs. 2 AEUV wird durch die Art. 7 bis 9 VO im Hinblick auf die Ausübung der Beschäftigung konkretisiert. Art. 7 Abs. 1 VO verpflichtet zur Gleichbehandlung hinsichtlich der Beschäftigungs- und Arbeitsbedingungen in einem anderen Mitgliedstaat.

(6) Der Art. 7 Abs. 2 VO verfügt eine Gleichbehandlung hinsichtlich steuerlicher und sozialer Vergünstigungen, wobei beide Arten der Vergünstigung als gleichberechtigt nebeneinanderstehen.

(7) Im Rahmen der steuerlichen Vergünstigungen hat der EuGH in seiner Rechtsprechung eine weitreichende Anerkennung ausländischer Steuertatbestände festgestellt. Beeinträchtigungen lassen sich aber nach wie vor mit der Kohärenz des Steuersystems rechtfertigen.

(8) Der EuGH legt den Begriff der sozialen Vergünstigungen gem. Art. 7 Abs. 2 VO zutreffend weit aus. Die sozialen Vergünstigungen müssen daher nach der hier vertretenen Auffassung nicht mit dem Arbeitsverhältnis verknüpft sein, sondern können auch an einen inländischen Wohnsitz gebunden sein, der eine hinreichende Verbindung zum Aufnahmemitgliedstaat garantiert. Es kommt nach dem EuGH auf die Zugehörigkeit des Arbeitnehmers zur Gesellschaft des Aufnahmemitgliedstaats an. Entscheidend ist, dass die soziale Vergünstigung geeignet ist, die Mobilität innerhalb der Union zu erleichtern bzw. das zugestandene Recht einen Beitrag zur Integration des Arbeitnehmers und seiner Familienangehörigen in die Gesellschaft und die Lebensverhältnisse des Aufnahmemitgliedstaats leistet.

(9) Der Art. 7 Abs. 2 VO 492/2011 ist nicht als subsidiär gegenüber der VO 883/2004 anzusehen. Vielmehr stehen beide Verordnungen als gleichberechtigt nebeneinander. Durch die weite Auslegung des Begriffs der sozialen Vergünstigungen, die insb. die Sozialhilfe erfassen, im Rahmen richterlicher Rechtsfortbildung, hat der EuGH die Entscheidung des Unionsgesetzgebers, Sozialhilfeleistungen aus dem Geltungsbereich der VO 883/2004 auszunehmen, nicht unterlaufen und mithin in keinster Weise praktisch die Rolle des Unionsgesetzgebers übernommen. Soziale Vergünstigungen sind nicht exportierbar, ausgenommen solche, die Grenzgängern gewährt werden. Art. 7 Abs. 2 VO schreibt kein bestimmtes Niveau des sozialen Schutzes vor.

(10) Das Diskriminierungsverbot hinsichtlich sozialer und steuerlicher Vergünstigungen ist verletzt, wenn Mitgliedstaaten, ohne dies für ihre eigenen Staatsangehörigen vorzuschreiben, die Gewährung der in Art. 7 Abs. 2 VO 492/2011 vorgesehenen Vergünstigungen von einer Berufstätigkeit von bestimmter Dauer, von einem Wohnsitz im Inland über einen bestimmten Zeitraum abhängig machen. Als Maßstab für die Prüfung der Rechtfertigung der Verweigerung von sozialen und/oder steuerlichen Vergünstigungen nach nationalem Recht kann dem Mitgliedstaat eine hinreichend enge Verbindung zum Aufnahmemitgliedstaat dienen.

(11) Der Art. 7 Abs. 3 VO 492/2011 verpflichtet zu einer Gleichbehandlung hinsichtlich angebotener Berufsbildungs- und Umschulungsmaßnahmen und Art. 7 Abs. 4 VO schreibt den Gleichbehandlungsgrundsatz allgemein im

Privatrecht fest. Art. 7 Abs. 1 und Abs. 4 VO enthält ein umfassendes arbeitsrechtliches Diskriminierungsverbot ausländischer Arbeitnehmer.

(12) Der EuGH hält die Anwendbarkeit der Arbeitnehmerfreizügigkeit und die in der VO 492/2011 genannten Rechte selbst dann für gegeben, wenn lediglich der Wohnsitz aus berufsfremden Gründen in einen anderen Mitgliedstaat verlegt wird und garantiert die Arbeitnehmerfreizügigkeit daher letztlich umfassend.

(13) Als besondere Vorschrift ist Art. 12 Abs. 3 UA 1 VO 492/2011 zu erwähnen, wonach sich der Rentner im Nebenerwerb, der arbeitsuchende Rentner, der verbleibeberechtigte Rentner sowie der daueraufenthaltsberechtigte Rentner bei dem jeweiligen Arbeitsamt über die aktuelle Arbeitsmarktlage und die Lebens- und Arbeitsbedingungen des Wunschbeschäftigungsstaats informieren können. Sanktionen für die Mitgliedstaaten bei Nichtbeachtung der VO enthält die VO 492/2011 nicht. Die VO 492/2011 ist unmittelbar anwendbar.

VIII. Empfehlungen für den Unionsgesetzgeber

Als Ergebnis werden die Empfehlungen für den Unionsgesetzgeber in Bezug auf die Ausweitung des Umfangs sozialer Vergünstigungen zugunsten des Rentners im Nebenerwerb, des arbeitsuchenden Rentners, des verbleibeberechtigten Rentners sowie des daueraufenthaltsberechtigten Rentners zum Ausdruck gebracht.

(1) In Art. 1 Abs. 1 VO 492/2011 sollte ein Unterabsatz 2 eingefügt werden, der den Begriff des Arbeitnehmers abschließend definiert. Als Arbeitnehmer sollten explizit aus dem Fokus der vorliegenden rechtlichen Analyse der Rentner im Nebenerwerb, der arbeitsuchende Rentner, der verbleibeberechtigte Rentner und der daueraufenthaltsberechtigte Rentner subsumiert werden. Dadurch würden diese Rentnergruppen im sachlichen Geltungsbereich der VO 492/2011 sämtliche Rechte innehaben, die der Arbeitnehmer sein Eigen nennen darf (also insb. die Art. 7 ff. VO 492/2011). Darüber hinaus sollte der daueraufenthaltsberechtigte Rentner erfasst sein, der zwar nicht die Voraussetzungen des Art. 17 RL 2004/38/EG erfüllt, aber sich ununterbrochen während der letzten fünf Jahre im Aufnahmemitgliedstaat aufhielt.

(2) In Art. 7 Abs. 2 VO 492/2011 sollte klarstellend der Satz 2 angefügt werden, dass die sozialen und steuerlichen Vergünstigungen auch für Personen gelten, die im Aufnahmemitgliedstaat bereits gearbeitet haben, aber nicht mehr in einem Arbeitsverhältnis stehen. In der Konsequenz müsste von Art. 7 Abs. 2 VO auch der verbleibeberechtigte Rentner erfasst werden. Geht man über die bloße Abbildung der Rechtsprechung des EuGH hinaus, sollte

in der gesamten VO überall dort, wo von „Arbeitnehmern“ die Rede ist, klargestellt werden, dass von diesem Begriff auch Personen erfasst sind, die im Aufnahmemitgliedstaat bereits gearbeitet haben, aber nicht mehr in einem Arbeitsverhältnis stehen.

(3) Um die Aufnahme des arbeitsuchenden Rentners, des verbleibeberechtigten sowie des daueraufenthaltsberechtigten Rentners in den persönlichen Geltungsbereich der VO 492/2011 klarzustellen, sollte in Art. 17 RL 2004/38/EG ein Verweis auf die VO 492/2011 nach dem Vorbild des Verweises der VO 1251/70 in die VO 1612/68 aufgenommen werden.

(4) Der sachliche Anwendungsbereich des Art. 7 Abs. 2 VO sollte anstelle der derzeitigen Fassung unter Beachtung der laufenden Nr. 6 der Empfehlungen als Unterabsatz 1 weiter gefasst und in Zukunft folgendermaßen formuliert werden: „Ein Arbeitnehmer, der Staatsangehöriger eines Mitgliedstaats ist, genießt die gleichen wirtschaftlichen, steuerlichen, sozialen, kulturellen oder sonstigen Vergünstigungen wie ein inländischer Arbeitnehmer.“

(5) In Art. 7 VO 492/2011 sollte der Abs. 5 eingefügt werden, der die Mitgliedstaaten verpflichtet, wenn sie die Festlegung der Beschäftigungsbedingungen, der Entwicklung der beruflichen Laufbahn oder der Gewährung gewisser Vergünstigungen für die Arbeitnehmer von bestimmten Voraussetzungen abhängig machen, die der Arbeitnehmer in einem anderen Mitgliedstaat bereits erfüllt hat, dass diese Erfüllung in gleicher Weise im Inland anerkannt und dem Arbeitnehmer dieselben Vergünstigungen gewährt werden.

(6) Zur Verbesserung der Rechtssicherheit von Grenzgängern wird empfohlen, das der Unionsgesetzgeber in den Art. 7 Abs. 2 VO 492/2011 einen Unterabsatz 2 ergänzend aufnimmt, dass die Mitgliedstaaten einem Grenzgänger die in Art. 7 Abs. 2 VO 492/2011 genannten Vergünstigungen gewähren.

(7) Insgesamt stellt die VO 492/2011, welche eine umfassende Gleichstellung von Wanderarbeitnehmern mit inländischen Arbeitnehmern reglementiert und durch Art. 7 Abs. 2 VO 492/2011 die soziale Integration der Arbeitnehmer fördert, eine wichtige Ergänzung zum sich allein auf die soziale Sicherheit des Unionsrechts beziehenden eigentlichen „Europäischen koordinierenden Sozialrecht“ nach der VO 883/2004 dar.[1893] Durch die VO 492/2011 wird die Priorität des nationalen Arbeitsmarkts aufgehoben, so dass Arbeitnehmer aus anderen Mitgliedstaaten den inländischen Arbeitnehmern vollumfänglich gleichzustellen sind.[1894] Es wird empfohlen

1893 So zugleich *Schulte*, ZFSH/SGB 2007, 259 (264).

1894 *Feik*, Freizügigkeit der Arbeitnehmer, 34.

für den Rentner im Nebenerwerb, den arbeitsuchenden Rentner, den verbleibeberechtigten sowie den daueraufenthaltsberechtigten Rentner, den Schutz dieser Personengruppen auszubauen und explizit zu garantieren. Die Ausweitung des Begriffs der sozialen Vergünstigungen und die vorgeschlagene Sachverhaltsgleichstellung beinhalten einen Schritt in die richtige Richtung. Es bleibt abzuwarten, ob der Unionsgesetzgeber dem folgen wird.

Teil 7 Schlussbemerkungen und Ausblick

Die Untersuchung ergab, dass die grundsätzliche Differenzierung zwischen dem nichterwerbstätigen Rentner und dem Rentner im Nebenerwerb hinsichtlich des Umfangs der Gewährleistungen im Bereich der Freizügigkeit und der Sozialen Sicherheit, wenn auch in abgeschwächter Weise, beizubehalten ist. Allerdings sollten die Grenzen zwischen beiden Personengruppen angenähert und der Schutz des nichterwerbstätigen Rentners schrittweise dem des Rentners im Nebenerwerb angeglichen werden. Dazu dienen die vorliegend ausgearbeiteten Empfehlungen, die die Erweiterung des Schutzumfangs für den nichterwerbstätigen Rentner und den Rentner im Nebenerwerb zum Ziel haben. Beispielhaft für diese Empfehlungen kann die Ausweitung des Begriffs der sozialen Vergünstigungen und die vorgeschlagene Sachverhaltsgleichstellung genannt werden. Es bleibt abzuwarten, ob der Unionsgesetzgeber dem folgen wird. Es wird sich zeigen, ob die Europäische Union, die durch den Vertrag von Lissabon in den einzelnen Kompetenznormen eingeführten Verfahrenserleichterungen sinnvoll nutzt, um die einzelnen Sekundärrechtsakte derart aufeinander abzustimmen, dass Unklarheiten und Widersprüchlichkeiten zwischen den einzelnen Rechtsakten im Bereich der Sozialpolitik eingegrenzt bzw. ganz beseitigt werden.

Es ist zusammenfassend festzustellen, dass der Schutz des nichterwerbstätigen Rentners und des Rentners im Nebenerwerb im europäischen Sekundärrecht eher fragmentarisch und minimalistisch geregelt ist. Es existieren noch viele Kritikpunkte und rechtliche Lücken. Insoweit besteht noch ausreichender Regelungsbedarf für den Unionsgesetzgeber. Er sollte durch Ausdehnung einer schrittweisen Setzung von Mindeststandards in Kernbereichen der europäischen Sozialpolitik[1895] verstärkt tätig werden. Dabei ist die Koordinierungsverordnung 883/2004 noch stärker zu straffen und zu vereinfachen. Die Rechtsangleichung zugunsten der nichterwerbstätigen Rentner und Rentner im Nebenerwerb sollte im Bereich der Altersdiskriminierung noch stärker pointiert werden. Diese Schritte sind notwendig, um aus der Union eine Europäische Sozialunion werden zu lassen, von der alle Menschen und insb. diejenigen partizipieren können, die zeit ihres Lebens

1895 So bereits *Schulz*, Maastricht und die Grundlagen einer Europäischen Sozialpolitik, 178.

für die Europäische Union berufstätig waren. Insoweit ist die These, dass der europäische Rentner nur in sehr beschränktem Umfang vom Sekundärrecht vor Altersdiskriminierungen, Beschränkungen der Freizügigkeit und dem Verlust seiner erworbenen Leistungsansprüche sowie dem Verlust von sozialen Vergünstigungen geschützt wird und es daher genügend Spielraum für den Erlass von Empfehlungen und Änderungsvorschlägen gibt, voll und ganz bestätigt worden. Es besteht auf europäischer Ebene gerade kein ausreichender Schutz von Rentnern im europäischen Sekundärrecht. Es drängt sich der Gedanke auf, dass es der Europäischen Union vordergründig um die Förderung der Zielgruppe der Arbeitnehmer vor Erreichen des Rentenalters geht. Dies ist als integrationshemmend zu verwerfen, da die demographische Entwicklung zukünftig ausreichend nachhaltig und angemessen zu berücksichtigen ist. So wird die Zahl der Europäer im Alter zwischen 15 bis 65 Jahren bis zum Jahre 2050 um fast 50 Mio. zurückgehen, während die Zahl der Rentner um fast 60 Millionen ansteigt.[1896] Denn der demographische Wandel ist unaufhaltbar. Anstatt es bei dem Status quo der Sekundärrechtsakte zu belassen, sollte die Europäische Union dazu übergehen, den demographischen Wandel und das damit verbundene zukünftige Übergewicht von nichterwerbstätigen Rentnern und Rentnern im Nebenerwerb als Chance zu begreifen. Es ist verstärkt durch die Europäische Union darauf hinzuwirken, durch Fort- und/oder Weiterbildungsmaßnahmen für nichterwerbstätige Rentner und Rentner im Nebenerwerb deren Motivation zu steigern beruflich tätig zu sein. Darüber hinaus sollte die Besserstellung des Rentners im Nebenerwerb nicht vollends aufgegeben werden, um dem nichterwerbstätigen Rentner Anreize zu schaffen ein Arbeitsverhältnis einzugehen und somit das zukünftig entstehende Loch an Arbeitskräften im europäischen Arbeitsmarkt zu füllen und drohende Altersarmut einzudämmen. In einem solchen Fall könnte bei dem Rentner der Willen zur Berufstätigkeit bis ins hohe Alter hinein geweckt werden und dies wiederum der Union zukünftig die Besetzung ihrer offenen Arbeitsstellen sichern. Wenn nichterwerbstätige Rentner sich dazu entschließen, nicht zu arbeiten, sind ihnen diesselben Rechte wie dem erwerbstätigen Rentner zu gewähren, wenn sie ehemalige Arbeitnehmer sind, denn dann haben sie sich quasi für den Rest des Lebens die Arbeitnehmerrechte

---

1896 Vgl. dazu Rede von *Pöttering* im Königlichen Universitätszentrum Escorial Maria Cristina vom 04.05.2006 mit dem Titel: Die Europäische Union: Werte – Politik – Wirtschaft, abrufbar unter: http://cdu-europa.de/blog/2006/05/04/rede-von-prof-dr-hans-gert-pottering-mdep-vorsitzender-der-evp-ed-fraktion-im-europaischen-parlament-im-koniglichen-universitatszentrum-escorial-maria-cristina/ (Abrufdatum: 11.12.2008).

gesichert. Darüber hinaus sollte sich die Europäische Union generell auf die zukünftige große Anzahl von Rentnern einstellen und begleitende Maßnahmen ergreifen, um ihnen das Leben so angenehm, sicher und aktiv wie möglich zu gestalten, worunter unter anderem Maßnahmen zur Anpassung an die besonderen Bedürfnisse von Rentnern in Bereichen des öffentlichen Transports, der Unterkunft und des Gesundheitswesens gehören.[1897] Der Schutz des Rentners auf der Ebene der Europäischen Union ist im Interesse einer Sozialunion und im Interesse der Rentner als wichtiges Bindeglied unserer Gesellschaft zu erweitern.

Außerdem sind durch den Unionsgesetzgeber die vorhandenen Sekundärrechtsakte an die Rechtsprechung des EuGH und die gesellschaftliche Entwicklung anzupassen, neue Sekundärrechtsakte zu schaffen, die den spezifischen Interessen der Rentner in Bezug auf die Gesundheit, Pflege, Betreuung, Haushaltshilfen, das Wohnen, lebenslanges Lernen, die Weiterbildung, den Umgang mit neuen Technologien, die Erwerbstätigkeit bis ins hohe Alter gerecht werden. Den Rentnern ist ein möglichst langes, selbstbestimmtes, freies, angenehmes und finanziell sorgenfreies Leben zu sichern, ob sie nun weiterhin berufstätig sind oder nicht. Es ist Sache des Unionsgesetzgebers hier rechtsgestaltend Einfluss zu nehmen.

1897 Vgl. *Europäische Kommission* Active ageing, 115, 131, 136, 138. Diese weist z. B. darauf hin, dass es gerade im Rentenalter wichtig ist räumlich nah Zugang zu medizinischer Versorgung oder öffentlichen Transportmöglichkeiten zu erhalten. Außerdem müsse sichergestellt werden, dass Rentner in einer sicheren Wohnumgebung wohnen, sozial integriert und mobil sind. Dies könne z. B. durch Wohnformen, wie Mehrgenerationenhäuser mit angegliederter medizinischer Betreuung, erreicht werden.

Teil 8 Thesenartige Zusammenfassung der Ergebnisse der Untersuchung

Die vorgenannten Ausführungen haben die eingangs aufgestellte These, dass europäische Rentner nur in sehr beschränktem Umfang vom Sekundärrecht vor Altersdiskriminierungen, Beschränkungen der Freizügigkeit, dem Verlust ihrer erworbenen Sozialleistungsansprüche, dem Verlust von sozialen Vergünstigungen geschützt werden und es daher noch genügend Spielraum für den Erlass von Empfehlungen und Änderungsvorschlägen gibt, bestätigt. Zu verweisen ist dabei auf die Empfehlungen an den Unionsgesetzgeber, die bei der Analyse und Würdigung eines jeden Sekundärrechtsaktes entstanden sind.

Im Einzelnen lassen sich folgende Ergebnisse festhalten:

Gemeinsam ist allen Sekundärrechtsakten, dass sie nach dem Prinzip der begrenzten Einzelermächtigung einer entsprechenden Rechtsgrundlage in den Verträgen bedürfen. Alle Sekundärrechtsakte sind auf konkrete und hinreichende Rechtsgrundlagen gestützt worden. Bei der RL 2000/78/EG besteht die Besonderheit, dass die Art. 153 Abs. 1, Abs. 2 AEUV und Art. 165, 166 AEUV noch zusätzlich zur eingeschränkten Ermächtigungsnorm des Art. 19 AEUV zur Ausfüllung der Tatbestandsvoraussetzungen des Art. 19 AEUV herangezogen werden müssen. Alle Sekundärrechtsakte erfüllen die Restriktionen, die sich aus dem Wortlaut des jeweiligen Rechtsaktes ergeben. Die Frage nach der unmittelbaren Anwendbarkeit ist bei Art. 19 AEUV, 48 AEUV zu verneinen, bei Art. 21 AEUV zu bejahen und braucht bei Art. 46 AEUV nicht entschieden zu werden [Teil 3, Teil 4, Teil 5, Teil 6 jeweils B., I., II., III.].

Der Vertrag von Lissabon brachte für sämtliche Sekundärrechtsakte kleine redaktionelle Anpassungen und verfahrensrechtliche Neuerungen mit sich und bedeutet insgesamt keine grundlegende Umwälzung der materiellen Gewährleistungen der Vorschriften. Hinzuweisen ist auf die neue Fassung des Art. 21 AEUV. Der Art. 21 AEUV erstreckt die Wirkung des bisher auf den EGV beschränkten Art. 21 Abs. 1, 2 AEUV auch auf den EUV. Der Art. 21 Abs. 3 AEUV gestattet dem Unionsgesetzgeber erstmalig, grenzüberschreitende Sozialansprüche selbst zu schaffen. Darüber hinaus ist auf Art. 9 AEUV hinzuweisen, der eine Sozialklausel in den AEUV einführt, welche die Union dazu verpflichtet, unabhängig von dem jeweiligen Betätigungsfeld im Rahmen ihrer Politik soziale Aspekte zu berücksichtigen. Bei Erlass aller Sekundärrechtsakte wurden die jeweiligen spezifischen zum Erlasszeitpunkt geltenden Verfahrensvoraussetzungen der Rechtsgrundlagen gewahrt [Teil 3, Teil 4, Teil 5, Teil 6 jeweils B., IV.].

Von dem persönlichen Geltungsbereich aller Kompetenzgrundlagen der Primärrechtsakte werden sowohl der nichterwerbstätige Rentner als auch der Rentner im Nebenerwerb erfasst mit der Besonderheit, dass Art. 21 AEUV als Rechtsgrundlage für die RL 2004/38/EG lediglich den nichterwerbstätigen Rentner einschließt. Dieser Umstand ist unschädlich, da die RL zugleich auf Art. 46 AEUV gestützt wurde, der den Rentner im Nebenerwerb als Arbeitnehmer in den persönlichen Geltungsbereich der RL einbezieht. Ferner wurde eruiert, dass sich bei Art. 48 AEUV die Einbeziehung in den persönlichen Geltungsbereich letztlich nach nationalem Recht der Mitgliedstaaten richtet, wohingegen bei allen anderen Vorschriften die unionsrechtliche Definition für die Bestimmung des persönlichen Geltungsbereichs heranzuziehen ist. Eine weitere Besonderheit besteht bei der VO 492/2011, bei der die Kompetenznorm des Art. 46 AEUV neben dem Rentner im Nebenerwerb, den arbeitsuchenden Rentner, den verbleibeberechtigten Rentner (gem. Art. 17 Abs. 1 UA 1 lit. a) S. 1 RL 2004/38/EG) und den daueraufenthaltsberechtigten Rentner (gem. Art. 16 RL 2004/38/EG) als Arbeitnehmer i. S. d. Art. 45 AEUV vom persönlichen Geltungsbereich des Art. 46 AEUV umfasst [Teil 3, Teil 4, Teil 5, Teil 6 jeweils B. V. 1.].

Vom sachlichen Geltungsbereich her unterscheiden sich die Kompetenzgrundlagen der Sekundärrechtsakte dahingend, dass Art. 19 AEUV Diskriminierungen aufgrund des Alters verbietet, Art. 21 AEUV das Recht aller Unionsbürger unabhängig von einer wirtschaftlichen Betätigung auf Freizügigkeit garantiert, wobei die Art. 20, 21 AEUV i. V. m. Art. 18 AEUV eine streng an den Verhältnismäßigkeitsgrundsatz gebundene Vollintegration in den Aufnahmemitgliedstaat bewirken und Art. 48 AEUV den Erhalt von Sozialleistungen bei Inanspruchnahme des Rechts auf Freizügigkeit garantiert. Art. 46 AEUV verbürgt u.a., dass soziale Vergünstigungen dem Arbeitnehmer gleich einem inländischen Arbeitnehmer im Beschäftigungsstaat gewährt werden [Teil 3, Teil 4, Teil 5, Teil 6 jeweils B. V. 2.].

Bei den erlassenen Richtlinien ist zunächst eine Tendenz zur Rechtsaktzusammenfassung zu erkennen, um möglichst viele Rechtsakte mit vereinheitlichenden Bestimmungen (z. B. im Bereich der Rechtsdurchsetzung oder der Rechtsfolgen) in einem Sekundärrechtsakt zu regeln (z. B. die RL 2000/78/EG als Rahmenrichtlinie oder die RL 2004/38/EG). Diese Praxis des Unionsgesetzgebers trägt dem Ziel der Kommission, das bestehende Unionsrecht zu vereinfachen, Rechnung [Teil 3, Teil 4, Teil 5, Teil 6 jeweils C., V., 1., 2.; darüber hinaus Teil 4, C., VI., 1., a. und Teil 5 A., C., III sowie C., VI., 15.].

Die Sekundärrechtsakte beachten die generellen Restriktionen für den Erlass von Sekundärrechtsakten im Unionsrecht (wie z. B. das Subsidiaritätsprinzip) [Teil 3, Teil 4, Teil 5, Teil 6 jeweils C. I.].

Bis auf die RL 2000/78/EG, die als Beschäftigungsrichtlinie nur für den Rentner im Nebenerwerb und den arbeitsuchenden Rentner Geltung entfaltet und die VO 492/2011, die den nichterwerbstätigen Rentner vom persönlichen Geltungsbereich ausnimmt, beziehen alle Sekundärrechtsakte in ihren persönlichen Geltungsbereich neben dem Rentner im Nebenerwerb und dem arbeitsuchenden Rentner, auch den nichterwerbstätigen Rentner, der endg. keiner Berufstätigkeit mehr nachgehen möchte, mit ein. Als Besonderheit, sind von dem persönlichen Geltungsbereich der VO 492/2011 der verbleibeberechtigte und der der daueraufenthaltsberechtigte Rentner erfasst. In der Änderung der VO 492/2011 ist ersichtlich zu machen, dass der verbleibeberechtigte Rentner und der daueraufenthaltsberechtigte Rentner von der VO 492/2011 erfasst werden, da sich dieser Umstand weder aus der bisherigen Fassung der VO 492/2011 selbst noch durch einen Verweis auf die Art. 16 und Art. 17 Abs. 1 lit. a) RL 2004/38/EG in der VO 492/2011 ergibt [Teil 3, Teil 4, Teil 5, Teil 6, jeweils C., IV., 1.].

Die sachlichen Geltungsbereiche der Sekundärrechtsakte konkretisieren die spezifischen Gewährleistungen der Kompetenzgrundlagen. Die RL 2000/78/EG und die RL 2004/38/EG verdeutlichen zunächst den konkreten Inhalt des jeweiligen Diskriminierungsverbots. Anschließend werden die zulässigen Beschränkungsmöglichkeiten präsentiert. Die VO 883/2004 erläutert zunächst allgemeine Prinzipien der Koordinierungsverordnung, reglementiert anschließend das anwendbare Recht und analysiert danach spezielle Koordinierungsvorschriften auf ihren materiellen Gehalt hin. Im Rahmen der VO 492/2011 wird zunächst auf den Zugang zur Beschäftigung und dem folgend die Gewährung von sozialen Vergünstigungen im sachlichen Geltungsbereich eingegangen. Dabei stellte sich heraus, dass die VO 883/2004 das größte Regelungswerk darstellt und umfassende Koordinierungsregelungen enthält [Teil 3, C., IV., 2., 3., 4; Teil 4, C., IV., 2. a. bis g.; Teil 5, C., IV., 2., a. bis d.; Teil 6, C., IV., 2.].

Die meisten Regelungen zu den Besonderheiten des Sekundärrechtsakts enthält die RL 2000/78/EG. Im Gegensatz dazu lassen sich in der VO 492/2011 kaum Regelungen diesbezüglich finden. Dies liegt an der Wahl der Handlungsform des Sekundärrechtsakts als VO [Teil 3, Teil 4, Teil 5, Teil 6 jeweils C., V.].

Die rechtliche Würdigung der einzelnen Sekundärrechtsakte ergibt, dass jeder Rechtsakt, dadurch dass zentrale Begriffe nicht definiert werden, Probleme der Rechtsklarheit und Rechtssicherheit mit sich bringt. Als Beleg lässt sich anführen, dass in der RL 2000/78/EG der Begriff „Alter" nicht abschließend definiert und auch die Personengruppen Rentner im Nebenerwerb und arbeitsuchende Rentner nicht als besonders schützenswerte Gruppe in den persönlichen Geltungsbereich aufgenommen wurden. Zudem fehlt in der RL 2004/38/EG eine Definition des Begriffs der „Sozialhilfe“, in Art. 1 VO 883/2004 eine Definition der „sozialen Sicherheit“ bzw. in Art. 11 Abs. 3 lit. e) VO 883/2004 eine Definition des „Wohnmitgliedstaats“. In der VO 492/2011 bedarf es einer Definition des „Arbeitnehmers“ unter Einbeziehung des verbleibeberechtigten Rentners und des daueraufenthaltsberechtigten Rentners [Teil 3, C., VI., 2., b.; Teil 5, C., VI., 2., 5.; Teil 5, C., VI., 14; Teil 6, C., VI., 1., 2.].

Festzustellen ist, dass sich den Mitgliedstaaten zahlreiche Möglichkeiten bieten, den Gewährleistungsgehalt der Sekundärrechtsakte einzudämmen. Beispielhaft sei hierbei auf die zahlreichen Rechtfertigungs- und Ausnahmebestimmungen der RL 2000/78/EG verwiesen [Teil 3, C., IV., 3., 4.].

Des Weiteren widersprechen sich einzelne Gewährleistungen der Rechtsakte gegenseitig. So kann dem nichterwerbstätigen Rentner zwar ein aus der Inländergleichbehandlung nach Art. 24 Abs. 1, 2 RL 2004/38/EG abgeleiteter Anspruch auf Sozialhilfe zustehen; sollte die Sozialhilfe aber in Anspruch genommen werden, kann dies dann trotzdem zu aufenthaltsbeendenden Maßnahmen führen. In der VO 492/2011 werden dem verbleibeberechtigten Rentner gem. Art. 17 Abs. 1 lit. a) RL 2004/38/EG die gleichen steuerlichen und sozialen Vergünstigungen gem. Art. 7 Abs. 2 VO 492/2011 gewährt, obwohl er unter den Arbeitnehmerbegriff fällt und durchaus auch ein Interesse an den sonstigen Arbeitnehmerrechten der VO 492/2011 haben kann [Teil 4, C., VI., 1., g., cc.; Teil 6, C., IV., 1.].

Auffällig ist, dass einzelne Normen der Sekundärrechtsakte sich in ihrer inhaltlichen Aussage oft überschneiden. Diesbezüglich wird beispielhaft Art. 2 Abs. 5 RL 2000/78/EG angeführt, der bereits größtenteils von Art. 4 RL 2000/78/EG abgedeckt wird. Als überflüssig erweist sich Art. 6 VO 883/2004, die Vorschrift über die Zusammenrechnung von leistungsbegründenden Zeiten, die lediglich einen Anwendungsfall des allgemeinen Prinzips der Tatbestandsgleichstellung des Art. 5 VO 883/2004 darstellt, oder Art. 42 VO 883/2004 über das Sterbegeld [Teil 3, C., VI., 3., b.; Teil 5, C., IV., 2., b., cc.; Teil 5, C., IV., 2., d., bb.].

Zudem nehmen einige Sekundärrechtsakte aufeinander Bezug. So wird zur Eruierung des persönlichen Geltungsbereichs der VO 492/2011 auf die RL 2004/38/EG rekurriert und daher letztlich von einem bestehenden Daueraufenthaltsrecht beim daueraufenthaltsberechtigten Rentner abhängig gemacht [Teil 6, C., IV., 1.].

Für eine Beschränkung der Rechte des Rentners nachteilig ist, dass der EuGH großzügig den Mitgliedstaaten Spielraum für die Durchsetzung ihrer Interessen belässt. So prüft er z. B. im Rahmen des Art. 6 RL 2000/78/EG in der Verhältnismäßigkeit derzeit von der bloßen Willkürkontrolle („vernünftige Gründe") bis hin zur strengen Verhältnismäßigkeit (Geeignetheit, Erforderlichkeit, Angemessenheit). In der Vielzahl der Entscheidungen prüft der EuGH aber keine Angemessenheit und lässt die Erforderlichkeit einer nationalen Maßnahme oder lediglich „vernünftige Gründe" genügen, um eine Rechtfertigung einer Altersdiskriminierung bejahen zu können. Dies ist aus Sicht des Rentners defizitär. Es bedarf eines einheitlichen Rechtfertigungsmaßstabs bzw. verbindlicher Kriterien für den EuGH, um ihm nicht zu viel Raum für eine Beschränkung der Rechte des Rentners zu geben [Teil 3., C., IV., 4., b.].

Erkennbar ist insgesamt, dass immer noch deutliche Unterschiede zwischen dem nichterwerbstätigen Rentner und dem Rentner im Nebenerwerb in dem Schutzumfang in den Sekundärrechtsakten fortbestehen. Ganz besonders herausgestellt wird dieser Umstand durch die RL 2000/78/EG, die beim Zugang zur Beschäftigung nur den Rentner im Nebenerwerb und den arbeitsuchenden Rentner in ihren persönlichen Geltungsbereich mit einbezieht. In abgeschwächter Form kommt dies in der RL 2004/38/EG zum Ausdruck. Die RL zielt darauf ab, das Freizügigkeitsrecht aller Unionsbürger zu stärken, hat aber die bestehenden Unterschiede zwischen den nichterwerbstätigen Rentnern und den Rentnern im Nebenerwerb nicht vollständig beseitigt, da nach wie vor besondere Bedingungen an das Aufenthaltsrecht des nichterwerbstätigen Rentners geknüpft werden dürfen. Die völlige Gleichstellung des Rentners ist erst ab Erhalt des Daueraufenthaltsrechts nach Art. 16 RL oder des Erwerbs eines vorzeitigen Daueraufenthaltsrechts nach Art. 17 Abs. 1 lit. a) RL gegeben [Teil 3, C., IV., 1.; Teil 4, B., V., 2., a.; Teil 4 C., IV., 2., c., d.].

Die bestehenden Lücken versucht der EuGH durch Auslegung der Rechtsakte und zulässige richterliche Rechtsfortbildung zu schließen. Die Rechtsprechung des EuGH sollte Klarheit bewirken, verstrickt sich aber oft in abstrakte Formulierungen, die wiederum auslegungsbedürftig, oft auf den Einzelfall bezogen sind und meist zugunsten des Mitgliedstaats genügend eigenen Spielraum belassen. Beispielhaft wird auf die Feststellung des EuGH hingewiesen, dass das Sekundärrecht eine bestimmte finanzielle Solidarität der Angehörigen des Aufenthaltsstaats mit den Angehörigen des anderen Mitgliedstaats anerkenne.[1898] Offen bleibt, wann eine solche „bestimmte finanzielle Solidarität" anzunehmen ist und welchen Umfang sie hat [Teil 4, C., VI., 1., g., bb.].

In der vorliegenden Untersuchung sind Widersprüche innerhalb der Rechtsprechung des EuGH aufgedeckt worden. So stellt der EuGH in einigen Rechtssachen bei der Ermittlung, ob ein Aufenthaltsrecht beendet werden kann, darauf ab, ob der

---

1898 EuGH, Rs. C-184/99 (Grzelczyk), Slg. 2001, I-6193, I-6245 Rn. 44.

Aufenthaltsberechtigte nur vorübergehend finanziellen Schwierigkeiten unterliegt, und bezieht somit subjektive Komponenten mit ein. In anderen Rechtssachen kommt es ihm bei dieser Entscheidung demgegenüber darauf an, welche objektiven Wirkungen die Teilhabe an den Sozialleistungen hat und ob die Gewährung dieser Sozialleistungen für den jeweiligen Staat zu einer übermäßigen Belastung führen würde, die Auswirkungen auf das gesamte Niveau der Beihilfe haben könnte, die dieser Staat gewähren kann. Diesbezüglich ist eine lineare Richtschnur in der Rechtsprechung des EuGH nicht erkennbar [Teil 4, C., IV., 2., c.].

Im Rahmen der Erarbeitung konnte dargelegt werden, dass die Sekundärrechtsakte in ihrem sachlichen Geltungsbereich teilweise im Widerspruch zu den Grundfreiheiten stehen. So steht z. B. das Aufenthaltsrecht für alle Unionsbürger, nämlich der den Grundfreiheiten gegenüber subsidiäre Art. 21 AEUV, unter dem Vorbehalt der sozialen Absicherung der RL 2004/38/EG. Bei den Grundfreiheiten können aber die primär- und sekundärrechtlichen Einschränkungsmöglichkeiten die Entstehung des Aufenthaltsrechts nicht beeinträchtigen. Auch bleibt die VO 883/2004 merklich hinter dem Schutzumfang zurück, den der EuGH im Rahmen der Dienstleistungsfreiheit gewährt. Diesbezüglich ist erheblich nachzubessern [Teil 4, B., V., 2. c.; Teil 4, C., VI., 1., g., aa.; Teil 5, C., VI., 9.].

Durch die dezidierte Auseinandersetzung mit den einzelnen Rechtsakten ergab sich, dass vielfach der Unionsgesetzgeber bestimmte Verbesserungen für den Schutz der Rentner noch nicht bei dem Erlass der Sekundärrechtsakte einkalkuliert hatte. Zu nennen ist diesbezüglich z. B. der Rücktransport bei den Leistungen bei Krankheit. Für weitere Anregungen ist auf die Empfehlungen, die jedem Sekundärrechtsakt angefügt sind, zu verweisen. [Teil 3, Teil 4, Teil 5, Teil 6 jeweils C., VIII; Teil 5, C., VI., 10.].

Dennoch wurden auch positive Tendenzen in den Sekundärrechtsakten festgestellt. So interpretiert der EuGH den Begriff der sozialen Vergünstigungen weit, bezieht grundsätzlich den nichterwerbstätigen Rentner in den persönlichen Geltungsbereich der Rechtsakte mit ein und hat durch die vorliegend behandelten Sekundärrechtsakte in Ansätzen schon in die richtige Richtung weisende Entscheidungen zum Schutz nichterwerbstätitiger Rentner und Rentner im Nebenerwerb vorgegeben. Ebenfalls ist teilweise eine Gleichstellung beider Personengruppen im Vergleich zu den Vorgängerregelungen bewirkt worden. So profitiert der nichterwerbstätige Rentner von denselben Familienleistungen nach der VO 883/2004. Auch wurde im Bereich der Koordinierung der VO 883/2004 in Bezug auf den nichterwerbstätigen Rentner an der Anwendung des Wohnlandprinzips festgehalten. Ferner diente die genaue Analyse der einzelnen Rechtsakte dazu, Empfehlungen an den Unionsgesetzgeber für die Überarbeitung der jeweils anderen Rechtsakte zu geben. Diesbezüglich kann die Übertragung einer der Sachverhaltsgleichstellung des Art. 5 VO 883/2004 vergleichbaren Vorschrift in die VO 492/2011 oder die Schaffung einer Vorschrift für den Rentner im Nebenerwerb als Grenzgänger in der VO 492/2011 angeführt werden. Darüber hinaus sollte zur Abgrenzung der RL 2004/38/EG von der VO 883/2004 in die RL eine Klausel aufgenommen werden, dass die RL 2004/38/EG nicht die nach der VO 883/2004 erlassenen Bestimmungen berührt. Insoweit kann der Unionsgesetzgeber von seinen eigenen weitsichtigen und modernen Regelungen in einigen Rechtsakten lernen, andere unter Berücksichtigung der Rechtsfortbildung des EuGH und der Empfehlungen weiterentwicklen und sich für den nichterwerbstätigen Rentner und den Rentner im Nebenerwerb als vorteilhaft erweisende Vorschriften auch auf andere Rechtsakte erstrecken [Teil 6, C., IV., 2.; Teil 5, C., IV., 2., d., dd.; Teil 5, C., IV., 2., c.; Teil 5, C., VI., 14; Teil 6, C., VI., 2., b., cc.; Teil 6, C., VI., 2., c.].

Schließen möchte ich meine Ausführungen mit einen unkommentierten Zitat:

Tout âge porte ses fruits, il faut savoir les cueillir.[1899]

1899 *Radiguet*, Le bal du comte d'Orgel, 22.

www.ingramcontent.com/pod-product-compliance
Ingram Content Group UK Ltd.
Pitfield, Milton Keynes, MK11 3LW, UK
UKHW021317071026
8980IPUK00046B/259

9 783631 65319